中国非物质文化遗产

百 科 全 书

The Encyclopedia of Chinese Intangible Cultural Heritage

冯骥才⊙总主编

传承人卷
Transmitters

中国文联出版社
http://www.clapnet.cn

《中国非物质文化遗产百科全书》总编委会

总顾问： 孙家正　　赵　实

顾　问： 李　屹　　左中一　　夏　潮　　李前光　　郭运德　　陈建文

总主编： 冯骥才

常务副总主编： 罗　杨　　向云驹　　揣振宇

副总主编： 周燕屏　　朱　庆　　奚耀华

总编委（按姓氏笔画排序）：

万建中	马雄福	王　娟	王勇超	王锦强	韦苏文	乌丙安	户晓辉
尹虎彬	孔宏图	叶　涛	叶舒宪	冯骥才	吕　军	朱　庆	朱辉军
乔晓光	向云驹	刘　华	刘晓春	刘晔原	刘铁梁	刘锡诚	刘魁立
齐　欣	安德明	李耀宗	杨利慧	吴元新	邹明华	沙马拉毅	张　锠
张志学	陈玉胜	陈连山	陈泳超	陈勤建	苑　利	林继富	罗　杨
岳永逸	周燕屏	郑土有	孟慧英	赵　书	赵　琛	施爱东	索南多杰
奚耀华	高丙中	陶立璠	陶思炎	萧　放	曹保明	康　丽	彭　牧
揣振宇	潘鲁生						

编　辑：

柴文良	王东升	周小丽	王柏松	龚　方	王素珍	李婉君

《中国非物质文化遗产百科全书·传承人卷》编委会

主　编：成　功

顾　问：揣振宇　汪振军

编　委（按姓氏笔画排序）：

杨文华　　杨　琦　　陈博梅　　金雅昭　　郝晓彤　　袁钰莹　　徐凡启

本卷撰稿：

民间文学：陈博梅

传统音乐：杨　琦

传统舞蹈：郝晓彤

传统戏剧：金雅昭

曲　　艺：杨　琦

传统体育、游戏与杂技：杨文华

传统美术：袁钰莹

传统技艺：徐凡启

传统医药：成　功

民　　俗：杨　琦

总 序

　　《中国非物质文化遗产百科全书》是一项旨在集结前人智慧、体现学术精华、弘扬传统文化的智力成果。编纂《中国非物质文化遗产百科全书》之所以能够成就，与当下的时代背景和文化繁荣息息相关，既满足了迫在眉睫的文化需求，又顺应了弘扬中华文明的大势所趋。

　　首先，"非物质文化遗产"是我们这个时代具有象征意义的文化样式。在学术界和文化艺术界又成为最具时代感和最时尚的一个名词，甚至有人将我们这个时代称为"非遗时代"。我国作为世界上的"非遗"大国，"非遗"资源就达87万项，这些项目反映在我国的各个民族和文化的各个领域。作为人类古老的文明形态，非物质文化遗产不是一种孤立的文化表象，它与物质文化遗产和自然文化遗产、甚至与我们精神文化遗产都有着内在的依存关系，涉及人类文化的诸多根脉和基因问题。因此，联合国教科文组织在2002年通过的《伊斯坦布尔宣言》中强调了非物质文化遗产的重要性，认为"非遗"是人类文化多样性的熔炉和可持续发展的保证。对"非遗"项目的立档、保存、研究、宣传、普及、弘扬、传承和振兴成为保护"非遗"的关键所在。

　　其次，盛世修典。在历史上，我国历朝历代都有修典撰志之风尚，唐代有《艺文类聚》、宋代有《太平御览》、明代有《永乐大典》、清代有《古今图书集成》、当代有《中华大典》。传统文化作为一个民族国家精神的实质内核，在当下仍然具有无可替代的功能和作用。它对综合国力的强弱越来越具有决定性的影响，成为综合国力竞争的关键因素。我国已经成为国际社会的重要成员，文化的交流和互动日益成为与国际社会沟通的重要方式，因此，普及性和大众化的读物在满足我国日益增长的物质文化和精神文化需求方面发挥着越来越大的作用。任继愈先生认为，一个民族的历史和文化是"国家兴亡之学，民族盛衰之学"。科学、抢救性地记录和汇总我国各民族传统知识的精华，使之得到在地化保存，即是保护和传承中华民族优秀文化遗产的有力举措。在此基础上，普及和教育传统文化，用普及性读物弘扬中华文明就成为我们这个时代和这代人肩负的重要使命，是实现中华民族伟大复兴的战略要求，也是全球化视野中保护文化多样性，促进与人类不同文明传统间对话、交流之必需。

　　再次，2006年5月20日，国务院批准文化部确定并公布第一批国家级非物质文化遗产名录518项。2008年6月14日，国务院又发布了第二批国家级非物质文化遗产名录510项和第一批国家级非物质文化遗产扩展项目名录147项。2011年6月10日，国务院公布了批准文化部确定的第三批国家级非物质文化遗产名录 191 项和国家级非物质文化遗产名录扩展项目名录 164 项。至此，国家级非物质文化遗产名录项目已达 1219 项，各省（区、市）人民政府也公布了省级非物质文化遗产名录近 1 万项。大部分市、县也建立了本级非物质文化遗产名录。同时，我国积极参与国际合作，推动国际非物质文化遗产保护规则制定，目前入选联合国教科文组织"人类非物质文化遗产代表作名录"30 项，"急需保护的非物质文化遗产名录"7 项，总数达 37 项，成为世界上入选项目最多的国家。

2012 年，经中国文联出版社立项，并由中国文联文学艺术基金会资助，中国非物质文化遗产首次向读者展示其"百科全书"的真正面目。经过近两年的努力，我们对目前国内外有关非物质文化遗产研究方面的学术成果进行了全面系统的综合性盘点、梳理，吸收和借鉴最新的学术成果，编纂出这部"百科全书"。书中所列条目和内容清晰、全面、明确，编者对相关研究进行了细致、深入的梳理，这在国内尚属首次，这也是本书所具有的最大价值。同时，本书对于弘扬优秀的传统中国文化，促进各民族、各地区之间的文化交流，增进不同民族、不同地域人民之间的相互了解，推动我国文化多样性的保护和发展，增强中华民族的凝聚力都将具有重要的现实意义和深远的历史意义。

《中国非物质文化遗产百科全书》编委会

前 言

　　联合国教科文组织认为非物质文化遗产是指被各群体、团体、有时为个人所视为其文化遗产的各种实践、表演、表现形式、知识体系和技能及其有关的工具、实物、工艺品和文化场所。这些非物质文化遗产在人们生活当中世代传承，具有鲜明的民族特点和生活气息，其最大的特点就是依托于人们的日常生活，在日常生活中口耳相传，从而使文化得以延续和发展。在当今时代，人们意识到这些非物质文化遗产对于人类自身文化的传承和延续有着相当重要的作用，于是保护非物质文化遗产成为世界性的热门话题。作为文明古国，中国的非物质文化遗产在世界上令人瞩目，保护非物质文化遗产，就是保护一个民族的根脉，一个民族发展的根基，一个民族的精神承续。如何将这些辉煌灿烂的重要文化保护、传承和发扬光大，这是摆在人们面前的重大课题。非物质文化遗产是无形的，是以人为载体的。非物质文化遗产的传承需要身怀绝技的传承人，他们是这些优秀文化遗产的储藏者和持有者；非物质文化遗产需要在他们的言传身教中才能得到传承和发展，离开了传承人，就会造成"人亡歌息，人去艺绝"的遗憾状况。传承人是非物质文化遗产能够存在的基础、核心和灵魂，没有这些传承人，非物质文化遗产就失去了传承的脉络，因而非物质文化遗产传承人也被人们认为是非物质文化遗产的保护神。我国自 2007 年批准认定第一批国家级非物质文化遗产项目代表性传承人始，至 2012 年底一共认定 4 个批次，共 1986 位国家级非物质文化遗产传承人，涉及非物质文化遗产的十个门类。这些非物质文化遗产传承人通过家族传承、师徒传承、群体传承等各种方式，继承了这些非物质文化遗产的技艺。他们肩负着将这些优秀的文化遗产传承、普及和发扬光大的重任，因而为这些国家级非物质文化遗产传承人修纂基本档案，让人们了解这些传承人以及非物质文化遗产项目传承的基本信息，成为非物质文化遗产传承与发展的一个重要环节。

　　2012 年，经中国文联出版社立项，并由中国文联文学艺术基金会资助，启动出版《非物质文化遗产大百科全书·传承人卷》计划，为这 1986 位国家级非物质文化遗产传承人修纂基本档案资料。我们经过一年多的努力，多方收集相关传承人的资料，着重从三个方面来描述传承人：1. 其如何习得该技艺。在我国的非物质文化遗产传承中，有家族传承、师徒传承、学校传承，还有神授传承等不同方式。2. 其技艺特点或主要贡献，包括其代表作。3. 传承人目前的传承情况，是否带有徒弟及传承方式。因为传承人除了本身技艺超群之外，他还有传承的任务，所以传承是我们比较关注的，因而我们在词条撰写过程中特别关注传承的脉络。有些可以找到该非物质文化遗产项目的传承谱系，我们在传承人词条后面或者是词条本身都有谱系备注。由于种种原因，有些传承人的资料并不完整，有的甚至信息缺失严重，这成为本书的一个缺憾。无论怎样，我们尽其所能成就《中国非物质文化遗产百科全书·传承人卷》，它对于我们了解目前我国非物质文化遗产传承人的基本信息是一个指南。

　　传承人是非物质文化遗产的核心，他们身怀绝技，也肩负着非物质文化遗产传承的重任，是民族文化的瑰宝。如果说非物质文化遗产项目是珍宝，传承人就是珍宝的珍藏者，如何让非物质文化遗产的珍宝在新时代更加夺目，焕发出时代的色彩，是传承人的重要职责，也是全社会的责任。对非物质文化遗产传承人的爱护、尊重就是对非物质文化遗产保护和传承的实际行动。希望这卷书可以成为人们了解非物质文化遗产传承人的一个窗口，让人们借着它来熟悉中国传统文化，让文化传承的脉络借着它永远延续下去。愿我们编撰的此书，可以为中华民族文化的传承贡献一份绵薄之力。

《中国非物质文化遗产百科全书·传承人卷》编委会

2014 年 11 月于北京

凡　例

1. 本书名为《中国非物质文化遗产百科全书·传承人卷》，所收内容为国务院分别于 2007 年、2008 年、2009 年、2012 年批准文化部确定的四批国家级非物质文化遗产项目代表性传承人（共计 1986 人），并以条目的形式在书中出现。

2. 本书按中国非物质文化遗产的分类方法编排。不同批次的名录中其分类有不同名称，如第一批名录中为"民间音乐"、"民间舞蹈"、"杂技与竞技"、"民间美术"、"传统手工技艺"等，之后批次对其有所调整。本书采用 2012 年公布的第四批国家级非物质文化遗产项目代表性传承人中的分类名称，即：民间文学，传统音乐，传统舞蹈，传统戏剧，曲艺，传统体育、游艺与杂技，传统美术，传统技艺，传统医药，民俗，共计十类。

3. 在每一项分类下，按传承人认定的批次排列，即第一批、第二批、第三批和第四批，有些批次该类别没有批准传承人即空缺；每一批次下面按申报地区来编排传承人，地区的编排顺序如下：即中央、北京、天津、河北、山西、内蒙古、辽宁、吉林、黑龙江、上海、江苏、浙江、安徽、福建、山东、河南、湖北、湖南、广东、广西、海南、重庆、四川、贵州、云南、西藏、陕西、甘肃、青海、宁夏、新疆、香港、澳门；地区下按照非遗项目编号顺序编排，每一项目下如果有多位传承人，则按非遗传承人编号顺序排列。

4. 条目标题是国家级非物质文化遗产项目代表性传承人人名，例如"钱美华"、"谭振山"、"陆瑞英"等。

5. 本书的条目释文使用规范化的现代汉语。

6. 本书条目的基本信息包括名称、序号、编号、批次、类别、申报地区或单位，释文部分主要包括传承区域、历史渊源、表现形态、文化价值等内容，并附有相关的国家级非物质文化遗产项目代表性传承人信息。本书条目所收集的内容：一基本信息，包括姓名、性别、民族、生卒年份、居住地区、传承项目类别与批次、被批准成为传承人的时间批次、申报地区、项目名称编号、类别。二传承信息，包括主要技艺特点或贡献、代表作、习得该项技艺的方式、时间、师从何人，以及目前的传承状况。

7. 部分艺人同样精于某项技艺，但并未申报批准成为国家级非遗传承人，本书也将其附在该词条后面。每位传承人的词条字数在300—500，个别信息较多附备注，也有信息缺失严重的不足300字。

8. 本书包括条目分类目录和汉语拼音索引，以便读者查阅。

9. 本书字体除必须用繁体字和异体字外，均使用《简化字总表》所列的简化字。

10. 本书除部分计量单位沿用地方习惯表达外，均使用法定计量单位。

目 录

二、传统音乐

三、传统舞蹈

四、传统戏剧

五、曲艺

六、传统体育、游艺与杂技

七、传统美术

八、传统技艺

九、传统医药

十、民俗

民间文学

第一批国家级非物质文化遗产项目代表性传承人

河北

Ⅰ-14 耿村民间故事

靳景祥

男，汉族，1928年生，2012年5月卒，河北省藁城市常安镇耿村人。2006年5月，耿村民间故事被列入第一批国家级非物质文化遗产名录民间文学类，项目编号Ⅰ-14。2007年6月，靳景祥入选为第一批国家级非物质文化遗产项目代表性传承人，河北省藁城市申报。靳景祥不仅善于积累在生活中听到的故事，还善于把不完整的故事进行加工，使其首尾相连，内容丰满充实，能讲述340多个故事。他口齿清晰，语言精练，讲述故事绘声绘色，妙趣横生。1989年公开出版了故事家专集《花灯疑案》（由中国民间文艺出版社出版）荣获河北省第三届文艺振兴奖，其讲述的《砂锅记》和故事专辑《靳正新故事百篇》分别获省文艺振兴奖。1998年被评为全国十大民间故事家之一。代表作有《嫦娥与后羿》、《花灯疑案》、《箱子里装小偷》、《石阁老的传说》、《藁城土地庙为嘛在城外》、《砂锅记》、《扫帚破案》、《靳正新故事百篇》等。

靳正新

男，汉族，1927年7月生，2009年12月卒，河北省藁城市常安镇耿村人。2006年5月，耿村民间故事被列入第一批国家级非物质文化遗产名录民间文学类，项目编号Ⅰ-14。2007年6月，靳正新入选为第一批国家级非物质文化遗产项目代表性传承人，河北省藁城市申报。靳正新一生致力于民间故事传承与讲述活动，能讲800多个故事，是耿村会讲故事最多的人（一说讲500多个故事）。他善于对传统民间故事进行修补性加工和再创作，因此他讲的故事结构完整，情节曲折，不乏5000字以上的大故事，是耿村故事家中主要讲述者之一。1998年被联合国教科文组织和中国文联授予"中国十大民间故事家"称号。代表作有《砂锅记》、故事专辑《靳正新故事百篇》和《耿村的一千零一夜》。

其他著名的传承人还有王玉田、孙胜台，夫妻故事家张才才、侯果果等。传承形式有故事家庭、故事夫妻、故事母子、故事父子、故事兄弟等（王玉田一家三代都讲故事，为故事家庭，张才才、侯果果为故事夫妻，张才才、张才长为故事兄弟，张书娥、王连锁为故事母子，靳建民、靳清华为故事父子）。随着时间的推移，民间故事家们都年事已高，而新一代对故事的兴趣淡漠，耿村民间故事面临着断代的危险。

辽宁

Ⅰ-20 谭振山民间故事

谭振山

男，汉族，1925年12月生，2011年4月卒，祖籍河北，生于辽宁省新民市罗家房乡太平庄村。2006年5月，谭振山民间故事被列入第一批国家级非物质文化遗产名录民间文学类，项目编号Ⅰ-20。2007年6月，谭振山入选为第一批国家级非物质文化遗产项目代表性传承人，辽宁省新民市申报。这是目前中国唯一一个个体非物质文化遗产项目。谭振山从小就听奶奶讲故事，再加上三伯父谭福臣、继祖父赵国宝等都是讲故事的好手，他从小耳濡目染。谭振山所讲述的民间故事，内容多为风物传说、鬼狐精怪故事、历史人物传说及生活故事和笑话。据统计，他一共能讲 1015 个故事。他善于驾驭听众，营造讲述氛围，具有高超的讲述技巧，不突出形体渲染，注重语气和表情，以情节曲折生动见长，风格质朴而具有感染力。谭振山民间故事虽有少量传承人，但只能讲述其中的一部分。

江苏

Ⅰ-22 吴歌

陆瑞英

女，汉族，1932 年 5 月生，江苏省常熟市古里镇白茆上塘村人。2006 年 5 月，吴歌被列入第一批国家级非物质文化遗产名录民间文学类，项目编号Ⅰ-22。2007 年 6 月，陆瑞英入选为第一批国家级非物质文化遗产项目代表性传承人，江苏省苏州市申报。陆瑞英自幼得到祖母顾妙和、大爷陆雨松、大伯陆二咲所述民间故事的熏陶。她讲述的民间故事，内容以社会生活故事为主，语言生动，极富乡土气息。代表作为《陆瑞英民间故事歌谣集》，全书共整理收录了陆瑞英讲述的 80 多个故事和她唱过的 130 首白茆山歌。这些故事和歌谣语言生动、鲜活、充满浓浓的生活气息，真实记录了常熟农村从古到今的"天地人物"传说，记录了吴地风土人情的"乡土传说"和人民群众对美的不懈追求的"家庭伦理故事"和"生活故事"等。至今，陆瑞英已带出了王美琴、孙妙林、徐桂英、陆美玉、李妙芬、闵月娟、唐妙琴、邹瑛、朱金妹、孙琴芳、陆衡、屈菲等一大批优秀的老中青三代著名山歌手。她的孙女陆衡和外孙女因得到她的真传，现在已是远近闻名的青年山歌手。

杨文英

女，汉族，1948 年 3 月生。2006 年 5 月，吴歌被列入第一批国家级非物质文化遗产名录民间文学类，项目编号Ⅰ-22。2007 年 6 月，杨文英被列入第一批国家级非物质文化遗产项目代表性传承人，江苏省苏州市申报。1956—1961 年小学阶段，杨文英在学校跟著名山歌手陆阿妹学唱山歌，她唱的山歌承袭了陆阿妹的演唱特点。她在长期唱山歌的生涯中，根据自己的嗓音条件，把山歌曲调的硬转腔，进行修磨加工，使唱腔更加委婉细腻，将山歌中的衬词，叠句都予以细致的处理，使山歌声更加抑扬顿挫。杨文英具有即兴创作和立地编歌的能力。代表作有《村口》、《水乡飞出金凤凰》、《芦墟风情歌》等。1997 年，杨文英退休后，积极推广和普及山歌，普及推广的学员达千余人。在她的学员中，杨柳青、顾蕊、顾蓓吉、武家琪等十几名为杨文英最得意的嫡传弟子。

湖北

Ⅰ-16 下堡坪民间故事

刘德方

男，汉族，1938 年生，湖北省宜昌市人。2006 年 5 月，下堡坪民间故事被列入第一批国家级非物质文化遗产名录民间文学类，项目编号Ⅰ-16。2007 年 6 月，刘德方入选为第一批国家级非物质文化遗产项目代表性传承人，湖北省宜昌市夷陵区申报。刘德方自小常听故事，记忆力好。20 多岁开始，他就把听来的故事、戏文改编成故事讲给别人听。刘德方能讲 400 多个故事，各类民间故事文武兼备，他吐词清晰、表达准确、内容简练、生动自然、富有吸引力和爆发力，他的故事浸透了浓郁的乡情民情，散发出诱人的生活气息。2005 年被中国民间艺术家协会授予"中国民间故事家"称号。代表作有《野山笑林》、《郎啊姐》、《刘德方笑话馆》等。1994 年，刘德方录有 8 盘故事磁带；1996 年文字记录 380 多个故事；1999 年整理《野山笑林》，载有 213 个故事；2004 年，其传记文学《奇遇人生》出版。使刘德方传讲传唱的部分故事、山歌、民歌得到有效保护和传承。

在下堡坪，能讲 50 个故事以上的有 100 多人，其中能讲 100 个故事以上的有 20 多人，能讲 200 个故事以上的有 4 人。目前杰出的下堡坪民间故事传承人大多年事较高，年青一代对故事的兴趣越来越小，因而下堡坪民间故事正濒临消亡。

重庆

Ⅰ-17 走马镇民间故事

魏显德

男，汉族，1923 年生，2009 年 4 月卒，重庆市九龙坡区走马镇人。2006 年 5 月，走马镇民间故事被列入第一批国家级非物质文化遗产名录民间文学类，项目编号Ⅰ-17。2007 年 6 月，魏显德入选为第一批国家级非物质文化遗产项目代表性传承人，重庆市九龙坡区申报。魏显德出身于说唱世家，其祖父和父亲都会讲民间故事，能唱民间歌谣。在日常生活中，学习和记录了大量谚语、歌谣和民间故事，也从日常生活中获取可供讲故事的题材，还搜集了大量的风土人情素材和民间风俗资料。他讲述的民间故事，门类多，题材广，内容丰富，语言朴实，通俗上口，易记易传，形象鲜明，个性突出。据统计，他一共能讲述民间故事 1700 多则，演唱民间歌谣 500 多首，背述民间谚语 676 条、歇

后语 271 条，重庆出版社出版了《魏显德民间故事集》。联合国教科文组织和中国民间文艺家协会授予他"中国十大民间故事家"称号。其孙魏国建是魏显德的传承人。20 世纪 90 年代，他能讲述的民间故事、歌谣、谚语、歇后语等已被录制下来。

走马镇民间故事内容丰富，全镇民间故事家共 316 人，其中能讲 1000 则故事的有 2 人，能讲 500 则至 1000 则的有 3 人，能讲 200 则至 500 则的有 10 人。

四川

Ⅰ-27 格萨（斯）尔

阿尼

男，藏族，1949 年生，四川省德格县格洛洞乡色巴村人。2006 年 5 月，"格萨（斯）尔"被列入第一批国家级非物质文化遗产名录民间文学类，项目编号Ⅰ-27。2007 年 6 月，阿尼入选为第一批国家级非物质文化遗产项目代表性传承人，四川省申报。阿尼的舅舅本人就是一位民间艺人格萨（斯）尔说唱家，一次在梦中得到格萨（斯）尔王的神谕，说阿尼会成为格萨（斯）尔说唱的传人。于是他舅舅便开始教阿尼学藏文 30 个字母，做他的启蒙老师。1961 年，舅舅去世，阿尼就自学舅舅留下的厚厚三本《英雄格萨尔》。15 岁时在梦中得到格萨尔王的神授。阿尼自述，他说唱的格萨尔有 30% 是从书上看来的，60% 是从梦中得来的，还有一少部分是生病中恍惚得来的。目前阿尼能说唱 50 多部《格萨尔》，每部有 200 多个唱腔，一个唱腔少说唱四五分钟，多则十几分钟。

贵州

Ⅰ-1 苗族古歌

王安江

男，苗族，1940年12月生，2010年6月卒，贵州省台江县台盘乡棉花坪村人。2006年5月，苗族古歌被列入第一批国家级非物质文化遗产名录民间文学类，项目编号Ⅰ-1。2007年6月，王安江入选为第一批国家级非物质文化遗产项目代表性传承人，贵州省台江县申报。从20世纪60年代起，王安江开始学习苗族古歌，遍访苗乡歌师，在学歌的同时对苗族古歌进行整理和记录，很快成为远近闻名的歌师。为收集各地不同的苗族古歌，其足迹遍布贵州、云南、广西、广东、湖北、缅甸、越南等苗族聚居区，广泛收集和整理苗族古歌。2008年，凝聚了他毕生心血之作的《王安江版苗族古歌》由贵州大学出版社出版，包含12部古歌，60余万字。在收集整理古歌的同时，王安江也组织村寨的古歌爱好者，教他们学唱古歌。

刘永洪

男，苗族，1936年10月生，贵州省台江县施洞镇芳寨人。2006年5月，苗族古歌被列入第一批国家级非物质文化遗产名录民间文学类，项目编号Ⅰ-1。2007年6月，刘永洪入选为第一批国家级非物质文化遗产项目代表性传承人，贵州省台江县申报。刘永洪的母亲能歌善舞，是当地有名的歌师。他从小受到母亲的熏陶。经过几十年的积累，刘永洪熟练掌握了苗族创世古歌共12部，以及劳动生活歌、开亲歌等。主要是在酒宴上的对唱、劳动生活中的说唱及闲暇时光的交流传唱。刘永洪的唱腔深情低回婉转，旋律优美流畅，具有明显的古风遗韵特征。他的苗族创世古歌和"酿酒歌"、"仰欧瑟"等苗族歌谣多次在各种酒宴及当地的姊妹节、龙舟节、游方场等场合交流传唱。2004年，刘永洪被省民协、县文化局、县文保办表彰为"古歌歌师"。闲暇时，他也教村里青年、小孩唱歌。

龙通珍

女，苗族，1936年4月生，贵州省黄平县谷陇镇谷陇村人。2006年5月，苗族古歌被列入第一批国家级非物质文化遗产名录民间文学类，项目编号Ⅰ-1。2007年6月，龙通珍入选为第一批国家级非物质文化遗产项目代表性传承人，贵州省黄平县申报。龙通珍5岁时就接受母亲和祖母的教导，开始学习苗族山歌、酒歌等古歌。苗族没有文字，所以其古歌技艺主要为口头演唱和口头传授。她因为有超凡的记忆能力，任凭叙事古歌、盘歌对唱、山歌小调等她都能唱，每逢庆典或酒宴时，可连续口唱三天三夜。70多年来，她在各种婚嫁、迎客、酒宴等活动场所唱歌已达1000余次，她的歌声清脆悦耳，符合苗族人的审美习惯。她传授苗歌时，对徒弟的要求极为严格，大至一句歌词，小至一个调子，一丝表情，她都要求不能出错，不能随意，要严格尊重史实。经她传授的苗族歌手已经有200多人，最为突出的就是她的女儿阿幼朵。

王明芝

女，苗族，1939年6月生，家乡在贵州省黄平县翁坪乡牛岛村。1960年至今居住在黄平县新州镇。2006年5月，苗族古歌被列入第一批国家级非物质文化遗产名录民间文学类，项目编号Ⅰ-1。2007年6月，王明芝入选为第一批国家级非物质文化遗产项目代表性传承人，贵州省黄平县申报。王明芝从小受浓郁的苗歌文化的熏陶，15岁开始，她先后向寨子里的"歌王"王垢山、王巫仙、王巫桑等苗族老歌手学习苗族古歌、大歌、情歌、酒歌，逐渐掌握了演唱技巧。20岁后她成了十里八村苗族群众公认的歌手，30岁成为歌师。1974年，她对贞丰、关岭的苗歌演唱技巧进行了认真揣摩，对演唱中的高、中、低声部的音质、音色处理进行反复试唱，并在试唱中找出了黄平、贞丰、关岭三地之间苗歌演唱技巧的相同之处和不同之处，通过在演唱中的有机融合，使她的苗族古歌演唱技巧又得到了较大的提高。王明芝收集整理各种苗歌120多首，自编自唱的情歌、飞歌、酒歌、游方歌等80余首。她成师之后不仅教自己的儿女们，还经常教片区苗寨年轻人学习苗歌。这些歌手在谷陇九月芦笙会、飞云崖"四月八"民族集会、黄飘高坡民族集会等大型民间自发性集会的山歌、情歌、酒歌比赛中均获得优异成绩。

Ⅰ-5 刻道

石光明

男，苗族，1941年6月生，贵州省施秉县人。2006年5月，刻道被列入第一批国家级非物质文化遗产名录民间文学类，项目编号Ⅰ-5。2007年6月，石光明入选为第一批国家级非物质文化遗产项目代表性传承人，贵州省施秉县申报。石光明17岁拜王应光为师，学习苗族酒歌。石光明不仅会演唱苗族十二路酒歌，特别对苗族《刻道》情有独钟，他能把苗族《刻道》歌的内容和符号倒背如流。2007年7月石光明参加黔东南州庆原生态民族文化遗产展览荣获二等奖。石光明能演唱的主要代表作有苗族《开亲歌》（《刻道》）、《叙牛歌》、《豆勺歌》、《叙酒歌》等。石光明把苗族《刻道》的各种唱法教授给愿意跟从其学习唱歌的人。

吴治光

男，苗族，1946年9月生，贵州省施秉县人。2006年5月，刻道被列入第一批国家级非物质文化遗产名录民间文学类，项目编号Ⅰ-5。2007年6月，吴治光入选为第一批国家级非物质文化遗产项目代表性传承人，贵州省施秉县申报。吴治光16岁拜同寨的蔺师傅学习《刻道》歌的符号和内容，最终掌握了苗族最难的《刻道》歌，成为当地有名望的歌师。吴治光曾为多家电视台拍摄的《刻道》歌担任主角和主唱；中央民族大学将苗族《刻道》保护工作列为"985"工程课题内容之一，把《刻道》纳入中国古文字博物馆进行保护性的展览，由吴志光、石光明两位歌师讲述。吴治光主要代表作有苗族开亲歌《刻道》、《姊妹歌》、《年歌》、《择日歌》、《叙酒歌》等。他将自己所学毫无保留地教给寨子里到他家学歌的青年。

云南

Ⅰ-3 遮帕麻和遮咪麻

曹明宽

男，阿昌族，1943年10月生，云南省梁河县九保阿昌族乡勐科村人。2006年5月，遮帕麻和遮咪麻被列入第一批国家级非物质文化遗产名录民间文学类，项目编号Ⅰ-3。2007年6月，曹明宽入选为第一批国家级非物质文化遗产项目代表性传承人，云南省梁河县申报。据其自述，他是第五代传承人。1965年得了一场大病，病中得到其已过世祖父曹连定的传授，病愈之后开始从事祭祀活动，祭祀中以通神方式表演史诗。1979年正式就职为活袍（阿昌族传统宗教祭司）。截至2013年2月，已经主持了1300多场丧礼和祭祀活动。云南省梁河县每年公历3月20日的阿露窝罗节，由曹明宽活袍主持诵经活动，念诵"遮帕麻和遮咪麻"的造天织地传人部分，开启阿露窝罗节的庆典。曹明宽还掌握多种阿昌族传统曲调和传说故事。其孙曹胜勇（男，阿昌族）是其唯一的公开传人，生于1990年1月。

在梁河县境内，民间公认的史诗"遮帕麻和遮咪麻"在世传承人还包括囊宋阿昌族乡弄丘村的梁其美（男，阿昌族，活袍），关璋村的曹连文（男，阿昌族，活袍），弄别村的杨发云（男，阿昌族，活袍），九保阿昌族乡芒展村张恩富（男，阿昌族，活袍）。1983年，云南人民出版社出版由赵安贤（男，阿昌族，活袍）演唱，杨叶生（男，阿昌族）翻译的《遮帕麻和遮米麻》，这是目前唯一公开的版本。

Ⅰ-4 牡帕密帕

李扎戈

男，拉祜族，1939年生，云南省澜沧拉祜族自治县酒井乡勐根村。2006年5月，牡帕密帕被列入第一批国家级非物质文化遗产名录民间文学类，项目编号Ⅰ-4。2007年6月，李扎戈入选为第一批国家级非物质文化遗产项目代表性传承人，云南省普洱市申报。李扎戈13岁时跟随本寨芦笙舞师傅张扎克学习芦笙舞传统动作和套路。他现掌握芦笙舞的青蛙舞、老鹰舞、鱼翻身舞、捉鱼舞、小鸟舞、纺线舞、织布舞、织包舞、摘果子舞、高兴舞等80多套，被称为"嘎叩八"（芦笙舞王子）。此外，他还创作了许多新的模拟动物习性和表现情绪的舞蹈套路。他的芦笙舞表演有自己的独特风格，其表演拉祜族芦笙舞已收入《中国民族民间舞蹈集成·云南卷》，曾在"第三届中国昆明国际旅游节澜沧拉祜族文化节"开幕式上表演芦笙舞。他不仅能唱拉祜创世史诗《牡帕密帕》、《根古》、《叫魂歌》等，还能主持送鬼、叫魂等祭祀活动，并懂得很多草医医药知识。

李扎俫

男，拉祜族，1943年生，云南省澜沧拉祜族自治县酒井乡勐根村人。2006年5月，牡帕密帕被列入第一批国家级非物质文化遗产名录民间文学类，项目编号Ⅰ-4。2007年6月，李扎俫入选为第一批国家级非物质文化遗产项目代表性传承人，云南省普洱市申报。李扎俫自幼喜爱本民族传统文化，少年时期开始学习芦笙舞和拉祜族口述文学《牡帕密帕》的演唱。他与哥哥李扎戈跟随村里的老艺人学了10多年，能完整地演唱《牡帕密帕》。兄弟二人演唱风格为大调式，一般由一人演唱或一人演唱多人跟唱，或多人轮唱。李扎俫对拉祜族传统习俗、节日庆典、祭祀礼仪等传统文化理解透彻，并编创了许多情绪舞和模拟动物的舞蹈，生动活泼地表现生产生活全过程，被当地拉祜族群众称为"芦笙王子"。目前，完整演唱《牡帕密帕》整部长诗的艺人不到10人，为使这部拉祜族的百科全书代代相传，他招收了5名邻近村寨的年轻人，传授《牡帕密帕》的演唱方法和内容。

Ⅰ-24 四季生产调

朱小和

男，哈尼族，1940年生，云南省元阳县攀枝花乡硐浦村人。2006年5月，四季生产调被列入第一批国家级非物质文化遗产名录民间文学类，项目编号Ⅰ-24。2007年6月，朱小和入选为第一批国家级非物质文化遗产项目代表性传承人，云南省红河哈尼族彝族自治州申报。朱小和出身于"莫批"（或者"摩批"）家庭，是家传第三代"莫批"。"莫批"是哈尼文化中能够背诵史诗、家谱，懂得各种宗教祭祀活动以及民间医术的人。朱小和的大伯是著名莫批，曾经是勐弄土司的专职祭司，朱小和幼时曾跟从大伯学习莫批。后拜元阳县胜村乡高城村普科罗为师，并不断自学，逐步学会了《哈尼四季生产调》，朱小和能将整首歌曲倒背如流，1955年，朱小和演唱的哈尼族创始史诗《窝果策尼果》获第二届云南省文学艺术创作奖一等奖；2002年，他被云南省文化厅、云南省民族事务委员会命名为"云南省民族音乐师"。1973年，他开始收徒弟传承《哈尼四季生产调》的技艺，现在已有学徒5人，但至今没有找到最合适的下一代传承人。

Ⅰ-28 阿诗玛

毕华玉

男，彝族，1952年生，2013年3月卒，云南省石林彝族自治县人。2006年5月，阿诗玛被列入第一批国家级非物质文化遗产名录民间文学类，项目编号Ⅰ-28。2007年6月，毕华玉入选为第一批国家级非物质文化遗产项目代表性传承人，云南省石林彝族自治县申报。毕华玉出身于彝族毕摩（彝族能够通鬼神的人，通常掌握彝族的文化知识）世家，34岁时，按照家族传统，他正式继承父业做了毕摩，系统地学习《阿诗玛》的演唱，是第六代毕摩传人。他能主持《尼姆》、《占卜》、《祭祀》、《叫魂》等60多种民俗礼仪。他收藏了《尼姆》、《占卜书》、《指路经》、《阿诗玛的传说》等5套彝文古籍，内容涉及本民族的政治、经济、文化艺术、历史、哲学等方面。毕华玉被特聘到石林彝族自治县民宗局文史研究室，从事彝族撒尼彝文典籍的收集整理工作，参与了石林彝文古籍丛书的整理出版、彝族文字教授等工作。毕华玉每年都要参与石林县民委开办民族文化传承人培训班的授课，传承《阿诗玛》文化，教授彝族文字、毕摩文化与民俗礼仪等。

王玉芳

女，彝族，1941年生，云南省石林彝族自治县长湖镇宜政村人。2006年5月，阿诗玛被列入第一批国家级非物质文化遗产名录民间文学类，项目编号Ⅰ-28。2007年6月，王玉芳入选为第一批国家级非物质文化遗产项目代表性传承人，云南省石林彝族自治县申报。王玉芳幼时受家人和周边浓郁的彝族传统文化的影响，16岁开始跟随母亲和寨子里的民间歌谣能手学唱"该谜"（情歌）、"喜调"、"骂调"、"叙事调"、"婚礼调"、"绣花调"、"月琴调"、"犁地调"等各类民间歌谣，掌握了彝族撒尼的经典民歌《牧羊姑娘》、《圭山彩虹》、《竹叶长青》、《库吼调》、《地名调》等。她能演唱不同版本和不同演唱形式的彝族撒尼语口传叙事长诗《阿诗玛》，唱词曲调质朴感人，声情并茂，具有浓烈的乡土气息，被彝族撒尼人誉为活在民间的"阿诗玛"。目前，王玉芳的徒弟有大儿媳金荣芳和孙女普瑞等。

西藏

Ⅰ-27 格萨（斯）尔

次仁占堆

男，藏族，1968年生，西藏自治区班戈县人。2006年5月，格萨（斯）尔被列入第一批国家级非物质文化遗产名录民间文学类，项目编号Ⅰ-27。2007年6月，次仁占堆入选为第一批国家级非物质文化遗产项目代表性传承人，西藏自治区申报。据次仁占堆自己讲，他13岁时，曾经失踪过三个月的时间，之后，可以讲些片段的格萨（斯）尔。一年后开始在梦中学习格萨（斯）尔，开始能有顺序和有条理地说唱格萨（斯）尔了。这类艺人属于"托梦艺人"，也叫"神授艺人"，其父也为"神授艺人"。他说唱时声音洪亮，表情丰富，内容精彩。1991

年，由国家民委、文化部、中国社会科学院、中国民间文艺家协会授予他"格萨尔说唱家"的称号。次仁占堆到全国很多地方说唱过，目前已讲了200多个格萨（斯）尔故事。

甘肃

Ⅰ-13 河西宝卷

乔玉安

男，汉族。2006年5月，河西宝卷被列入第一批国家级非物质文化遗产名录民间文学类，项目编号Ⅰ-13。2007年6月，乔玉安入选为第一批国家级非物质文化遗产项目代表性传承人，甘肃省酒泉市肃州区申报。

Ⅰ-27 格萨（斯）尔

王永福

又名更登什嘉，男，土族，1931年生，青海省互助县人。2006年5月，格萨（斯）尔被列入第一批国家级非物质文化遗产名录民间文学类，项目编号Ⅰ-27。2007年6月，王永福入选为第一批国家级非物质文化遗产项目代表性传承人，甘肃省申报。王永福的外公恰黑龙江（1875—1946），是土族著名的《格萨（斯）尔》说唱艺人。他的父亲杨增（1890—1957）从岳父那里学会了说唱《格萨（斯）尔》。1945年，王永福师从其父杨增学习《格萨尔》说唱技艺，10多岁时就逐渐能单独说唱《格萨（斯）尔》了。父亲病逝后，王永福又四方求教，从别的土族艺人那里学习新的东西，如酒曲、赞词、祝词、吉祥语等，来充实自己的说唱。到了1947年之后，他已成为名闻四方的"酒曲匠"了。王永福是我国目前唯一健在的一位能说唱长篇土族

《格萨尔》的艺人。他说唱的《格萨尔》的录音部分被翻译整理，编入《格萨尔文库》第三卷土族《格萨（斯）尔》。

青海

Ⅰ-27 格萨（斯）尔

才让旺堆

男，藏族，1933年生，籍贯西藏自治区那曲，现居青海省西宁市。2006年5月，格萨（斯）尔被列入第一批国家级非物质文化遗产名录民间文学类，项目编号Ⅰ-27。2007年6月，才让旺堆入选为第一批国家级非物质文化遗产项目代表性传承人，青海省申报。才让旺堆9岁朝觐唐古拉圣山时，因疲惫不堪，在一个石洞里入睡，在梦中梦到精彩的《格萨（斯）尔》故事，之后，他就无师自通地会说《格萨（斯）尔》的故事。他自报能说唱120部《格萨（斯）尔》史诗部本，说唱的史诗部本，内容新颖，故事完整，情节曲折，语言流畅，而且能根据不同人物配以不同的唱腔，精神高度集中，眼睛一动不动地看着观众或合十聚拢的手指，说唱内容一气呵成，具有很高的文学价值和研究价值。截至目前，他已说唱录制了《阿达夏宗》、《吉祥五祝福》等11部濒临失传的史诗珍本。2007年，由文化部、中国民间文艺家协会授予"《格萨尔》杰出传承人"称号。

达哇扎巴

男，藏族，1978年生。2006年5月，格萨（斯）尔被列入第一批国家级非物质文化遗产名录民间文学类，项目编号Ⅰ-27。2007年6月，达哇扎巴入选为第一批国家级非物质文化遗产项目代表性传承人，青海省申报。达哇扎巴出身于牧民家庭，15岁时，经过一场神秘般的梦境之后，开始说唱《格萨（斯）尔》故事。他的说唱风格独特，结构严谨，情节曲折生动；说唱表情丰富，不断变换手势，并随着情节的变化而变化；曲调丰富多样，按不同的人物和不同的故事情节变化曲调。他自报能说唱153部《格萨（斯）尔》，是截至目前青海省《格萨（斯）尔》艺人中掌握部头最多的艺人。至今，他已说唱录制了26部《格萨尔》新部本，其中记录整理了《夏赤纳布茶宗》、《阿扎羊宗》等10多部，出版了的有《勒赤察宗》和《延牟尼神宗》。

Ⅰ-29 拉仁布与吉门索

何全梅

女，土族，青海省互助土族自治县。2006年5月，拉仁布与吉门索被列入第一批国家级非物质文化遗产名录民间文学类，项目编号Ⅰ-29。2007年6月，何全梅入选为第一批国家级非物质文化遗产项目代表性传承人，青海省互助土族自治县申报。

新疆

Ⅰ-25 玛纳斯

居素甫·玛玛依

男，柯尔克孜族，1918年生，新疆维吾尔自治区阿合奇县哈拉布拉克乡米尔凯奇村人。2006年5月，玛纳斯被列入第一批国家级非物质文化遗产名录民间文学类，项目编号Ⅰ-25。2007年6月，居素甫·玛玛依入选为第一批国家级非物质文化遗产项目代表性传承人，新疆维吾尔自治区克孜勒苏柯尔克孜自治州、新疆维吾尔自治区文联民间文艺家协会申报。居素甫·玛玛依8岁的时候就开始在哥哥的指导下，学习演唱背诵《玛纳斯》史诗，用了八年多时间将哥哥所搜集记录的二十多万行的八部《玛纳斯》全部背了下来。他是目前唯一一位能演唱8部《玛纳斯》史诗的《玛纳斯》演唱者，是当地著名的"玛纳斯奇"，被国内外史诗专家誉为"活着的荷马"，也是目前世界上唯一一个活着的《玛纳斯》大师。居素甫·玛玛依讲述，13岁时在梦境中梦到玛纳斯，成为"玛纳斯奇"，很多玛纳斯演唱大师都有相似的说法。他在史诗的基础上，经过加工，创造出独特的演唱变体。从1961年到1983年，他曾先后三次完整地演唱过《玛纳斯》。2007年，他挑选了10位擅长演唱史诗《玛纳斯》的当地人为徒，其中最大的50多岁，最小的仅14岁。

沙尔塔洪·卡德尔

男，柯尔克孜族，新疆维吾尔自治区克孜勒苏柯尔克孜自治州乌恰县黑孜苇乡康西湾村人。2006年5月，玛纳斯被列入第一批国家级非物质文化遗产名录民间文学类，项目编号Ⅰ-25。2007年6月，沙尔塔洪·卡德尔入选为第一批国家级非物质文化遗产项目代表性传承人，新疆维吾尔自治区克孜勒苏柯尔克孜自治州、新疆维吾尔自治区文联民间文艺家协会申报。沙尔塔洪·卡德尔从7岁时跟从曾外公学习演唱《玛纳斯》。他演唱的《玛纳斯》不用乐器伴奏，曲调高亢有力，情感随内容变化，能演唱5个小时。沙尔塔洪先后带了21个徒弟，江努日跟沙尔塔洪学唱《玛纳斯》已有十多年了，也是当地小有名气的"玛纳斯奇"，现在能唱五六个小时了。此外，为传承好《玛纳斯》，沙尔塔洪现在在乌恰县的各个小学教三年级起的孩子们开始学唱《玛纳斯》。

Ⅰ-26 江格尔

加·朱乃

男，蒙古族，1924年生，新疆维吾尔自治区和布克赛尔蒙古自治县那仁和布克牧场人。2006年5月，江格尔被列入第一批国家级非物质文化遗产名录民间文学类，项目编号Ⅰ-26。2007年6月，加·朱乃入选为第一批国家级非物质文化遗产项目代表性传承人，新疆维吾尔自治区和布克赛尔蒙古自治县申报。加·朱乃出身于和布克赛尔一个说唱《江格尔》的世家，他是第十三代传唱人，加·朱乃的太祖父能说唱70部《江格尔》。1931年，他开始学唱《江格尔》，加上父亲的言传身教，日积月累，如今他能演唱1000多小时的《江格尔》，包括25章，24万行，还有完整的手抄稿。他还能用4种歌调进行演唱，演唱时声音洪亮，唱词清楚，节奏分明，语言精练。到目前为止，他是在世的知道最多《江格尔》段落的"江格尔奇"（演唱《江格尔》的民间艺人）。他整理出版了《加·朱乃的〈江格尔〉手抄本》，由内蒙古人民出版社出版。加·朱乃已培养了20多名弟子，他的孙子尼曼是他的下一代传人。

李日甫

男，蒙古族，1956年生。2006年5月，江格尔被列入第一批国家级非物质文化遗产名录民间文学类，项目编号Ⅰ-26。2007年6月，李日甫入选为第一批国家级非物质文化遗产项目代表性传承人，新疆维吾尔自治区巴音郭楞蒙古自治州、新疆维吾尔自治区文联民间文艺家协会申报。

夏日尼曼

男，蒙古族，1941年生。2006年5月，江格尔被列入第一批国家级非物质文化遗产名录民间文学类，项目编号Ⅰ-26。2007年6月，夏日尼曼入选为第一批国家级非物质文化遗产项目代表性传承人，新疆维吾尔自治区巴音郭楞蒙古自治州、新疆维吾尔自治区文联民间文艺家协会申报。

Ⅰ-27 格萨（斯）尔

吕日甫

男，新疆维吾尔自治区尼勒克县科克浩特浩尔蒙古民族乡人，现为尼勒克县科克浩特浩尔蒙古民族乡寺庙喇嘛。2006年5月，格萨（斯）尔被列入第一批国家级非物质文化遗产名录民间文学类，项目编号Ⅰ-27。2007年6月，吕日甫入选为第一批国家级非物质文化遗产项目代表性传承人，新疆维吾尔自治区申报。

第三批国家级非物质文化遗产项目代表性传承人

内蒙古

Ⅰ-27 格萨（斯）尔

罗布生

（编号：03-0789），男，蒙古族，1944年4月生，内蒙古自治区乌兰察布市人。2006年5月，格萨（斯）尔被列入第一批国家级非物质文化遗产名录民间文学类，项目编号Ⅰ-27。2009年6月，罗布生入选为第三批国家级非物质文化遗产项目代表性传承人，内蒙古自治区申报。罗布生在5岁时被认定为第五世沙卜隆转世灵童；9岁时，他被迎请到四子王旗希拉穆仁庙，在经师指点下修习佛教经文。1959年，罗布生开始随格萨（斯）尔说唱大师、蒙古族民间艺人琶杰学习格萨（斯）尔。罗布生精通乌力格尔表演、创作及格萨（斯）尔、好来宝演唱与创作。他在研究传统格萨（斯）尔艺术的基础上，善于博采众家之长，艺术表现手法、故事的结构形式、语言的运用方式等进行艺术创造，使新曲目富有生活情趣，受到蒙古族听众的欢迎。他说唱功底扎实，音色深沉厚重，高低音过渡自然流畅，语言富于哲理性。罗布生通过集中授课、个别指导等方式，将自己在数十年艺术生涯中积累的各种技艺传授给青年曲艺演员。他在传承的过程中代表国家参与多次对外文化交流活动，被中国民间文艺家协会确定和命名为"中国民间文化杰出传承人"，是内蒙古地区唯一一位获此称号的乌力格尔说唱艺人。

辽宁

Ⅰ-18 古渔雁民间故事

刘则亭

（编号：03-0783），男，汉族，1944年生。2006年5月，古渔雁民间故事被列入第一批国家级非物质文化遗产名录民间文学类，项目编号Ⅰ-18。2009年6月，刘则亭入选为第三批国家级非物质文化遗产项目代表性传承人，辽宁省大洼县申报。刘则亭自幼从祖父刘英文、外祖父邵树本、父亲刘维珍、母亲邵汝兰以及老一代打鱼人那里了解了许多关于古渔雁的民间传说。多年来，刘则亭从事着"古渔雁"民间故事的挖掘、整理与保护工作，是辽河口"古渔雁"民间故事的集大成者。目前，刘则亭已经收集整理了近千个故事、渔歌、谚语，寻访老渔民记录的手稿60万字，录制数十盘磁带，并整理出版了《渔家的传说》、《渔家风物民俗史话》等多部书。2006年，刘则亭被授予"辽宁省民间艺术家"称号。

Ⅰ-19 喀左东蒙民间故事

刘永芹

（编号：03-0784），女，蒙古族，辽宁省喀喇沁左翼蒙古族自治县人。2006年5月，喀左东蒙民间故事被列入第一批国家级非物质文化遗产名录民间文学类，项目编号Ⅰ-19。2009年6月，刘永芹入选为第三批国家级非物质文化遗产项目代表性传承人，辽宁省喀喇沁左翼蒙古族自治县申报。刘永芹能讲述的民间故事已达到215篇，整理完毕的有201篇。

Ⅰ-53 满族民间故事

爱新觉罗·庆凯

（编号：03-0790），男，满族，辽宁省本溪满族自治县高官镇尼塔村人。2008年6月，满族民间故事被列入第二批国家级非物质文化遗产名录民间文学类，项目编号Ⅰ-53。2009年6月，爱新觉罗·庆凯入选为第三批国家级非物质文化遗产项目代表性传承人，辽宁省文学艺术界联合会民间文艺家协会申报。爱新觉罗·庆凯的祖父和伯父都是村里远近闻名的故事大王，在祖辈潜移默化的熏陶下，继承了很多民间故事。他能清晰地记得560多个民间故事，讲故事时语言幽默诙谐，手势语调引人入胜，也注意因人而异，给不同的人讲不同的故事。他讲述的200多个故事编入了《本溪满族民间故事》、《燕东瑰宝》、《奉溪县资料本》等众多书籍里，并且还收集了2700多条满族民间谚语。

上海

Ⅰ-22 吴歌

王锡余

（编号：03-0785），男，汉族。2006年5月，吴歌被列入第一批国家级非物质文化遗产名录民间文学，项目编号Ⅰ-22。2009年6月，王锡余入选为第三批国家级非物质文化遗产项目代表性传承人，上海市青浦区申报。

江苏

Ⅰ-22 吴歌

张浩生

（编号：03-0786），男，汉族。2006年5月，吴歌被列入第一批国家级非物质文化遗产名录民间文学类，项目编号Ⅰ-22。2009年6月，张浩生入选为第三批国家级非物质文化遗产项目代表性传承人，江苏省无锡市申报。孩提时代的张浩生受民间吴歌手周阿友影响，喜欢上了吴歌，收集到不少吴歌题材。1986年参加纪念阖闾城建城2500周年活动时演唱的吴歌得到了肯定和赞赏，之后正式拜吴歌专家朱海容老先生和无锡东亭的民间山歌大王钱阿福老先生为师，学到了《沈七哥》、《华抱山》等长篇吴歌和插秧、耘耥稻、牵砻等劳动、生活吴歌。张浩生在继承老歌手的基础上，对吴歌进行了创新。他根据自己的嗓音条件，在某些地方将调子拉高、拉长，让吴歌在高低起伏的音域间变得更加优美动听。1995年，张浩生搜集整理了一批牵砻吴歌，并在原来的基础上进行再创作，以一曲《砻口里珍珠喷满场》参加江、浙、沪两省一市吴歌大赛荣获男歌手一等奖，并获得"吴歌王"称号。目前，在"吴歌进校园"和"吴歌进社区"活动中，作为教师教授吴歌，但还没有继承人。

湖北

Ⅰ-56 都镇湾故事

孙家香

（编号：03-0791），女，土家族，1919年11月生，湖北省长阳土家族自治区县都镇杜家冲村。2008 年 6 月，都镇湾故事被列入第二批国家级非物质文化遗产名录民间文学类，项目编号Ⅰ-56。2009 年 6 月，孙家香入选为第三批国家级非物质文化遗产项目代表性传承人，湖北省长阳土家族自治县申报。孙家香自幼就在生活中，学得了一手讲故事的绝活。她能讲 400 多个民间故事，大多是惩恶扬善、宣扬传统美德，体现善恶有报的世界观。她讲述的故事干净利落，情节动人。2007 年，中国民间文艺家协会授予孙家香"中国民间文化杰出传承人"的称号，她也是土家族第一位杰出的民间口头文学传承人。1998 年，长江文艺出版社出版了她的故事专著《孙家香故事集》。

Ⅰ-15 伍家沟民间故事

罗成贵

（编号：03-0781），男，汉族，1942 年生，湖北省丹江口市六里坪镇伍家沟村人。2006 年 5 月，伍家沟民间故事被列入第一批国家级非物质文化遗产保护名录民间文学类，编号Ⅰ-15。2009 年 6 月，罗成贵入选为第三批国家级非物质文化遗产项目代表性传承人，湖北省丹江口市申报。伍家沟一带盛行讲民间故事，罗成贵从小耳濡目染，也就喜欢听故事、讲故事。多年来，罗成贵收集了相当数量的民间故事和古老的传唱歌本。他既能讲述大量的民间故事，也是民歌师傅，能说能唱，所唱的民歌内容十分广泛，有灯歌、田歌、民俗歌、儿歌与民间小调，尤其是"孝歌"最有价值，有深厚的秦楚文化底蕴。他有 18 个故事入选中国民间文艺出版社出版的《伍家沟民间故事集》；10 首民歌入选长江文艺出版社 1993 年出版的《伍家沟民间歌谣》。

在伍家沟村，能讲出 50 个故事以上者有 47 人，能讲 100 个故事以上者有 9 人。

湖南

Ⅰ-80 土家族梯玛歌

彭继龙

（编号：03-0801），男，土家族，1949 年 11 月生，湖南省龙山县内溪乡双坪村人。2008 年 6 月，土家族梯玛歌被列入第二批国家级非物质文化遗产名录民间文学类，项目编号Ⅰ-80。2009 年 6 月，彭继龙入选为第三批国家级非物质文化遗产项目代表性传承人，湖南省龙山县申报。"梯玛"是土家语音译，"梯玛"既指土家族的一种原始宗教仪式，又是巫师的土家语称呼，即"敬神的人"。彭继龙家世代为梯玛。彭继龙 10 岁就跟着父亲彭武根跑堂，15 岁时学艺出师，继承了土家族梯玛歌，1998 年正式成为梯玛掌堂师，法名"彭法万"。57 岁时，他在父亲彭武根患病卧床后开始正式掌坛。彭继龙传承的梯玛歌内容丰富，表演形式古拙、原始，形象独特，现在他是湘西州的梯玛神歌传承人，同时被誉为"湘西三大梯玛"之一。

广西

Ⅰ-2 布洛陀

黄达佳

（编号：03-0779），男，壮族。2006 年 5 月，布洛陀被列入第一批国家级非物质文化遗产名录民间文学类，项目编号Ⅰ-2。2009 年 6 月，黄达佳入选为第三批国家级非物质文化遗产项目代表性传承人，广西壮族自治区田阳县申报。黄达佳出身于山歌世家，祖上几代都是歌王。黄达佳从小向父亲学习布洛陀，是布洛陀第六代传人。壮族始祖布洛陀造人、造天、造地、造火、造水、造鸡、造万物的山歌，黄达佳可采用唐皇调、山歌调、经书调、喃调等多种调子进行演唱，并能一字不漏地唱完整本《布洛陀经诗》，因此被当地群众誉为"布洛陀歌王"，被壮学会专家们称为壮族历史的"活化石"。1987年，他参加了广西山歌函授大学课程的学习，随后着手进行民歌古歌的整理工作。现在已录制及创作了几千首山歌，其中包括布洛陀古歌12卷。他打算还要继续把布洛陀古歌的其他部分整理出来，全部刻录成光碟出专辑。

重庆

Ⅰ-17 走马镇民间故事

刘远洋

（编号：03-0782），男，汉族。2006年5月，走马镇民间故事被列入第一批国家级非物质文化遗产名录民间文学类，项目编号Ⅰ-17。2009年6月，刘远洋入选为第三批国家级非物质文化遗产项目代表性传承人，重庆市九龙坡区申报。

四川

Ⅰ-75 彝族克智

海来热几

（编号：03-0800），男，彝族，1969年3月生，四川省美姑县子威乡子威村人。2008年6月，彝族克智被列入第二批国家级非物质文化遗产名录民间文学类，项目编号Ⅰ-75。2009年6月，海来热几入选为第三批国家级非物质文化

遗产项目代表性传承人，四川省美姑县申报。海来热几自幼喜欢彝族口头论辩传统，随父亲和叔父学习"克智"，同时也为学"克智"常出入于婚礼、丧葬等场所向"克智"能手学习口头论辩。24岁以后，常被人邀请到各种婚礼场所表演"克智"。海来热几参加过数百场婚礼场所的克智论辩，几乎无对手，在凉山彝区有广泛的影响，曾参加过凉山州、喜德、美姑等地举办的克智表演比赛获奖。

贵州

Ⅰ-1 苗族古歌

张定强

（编号：03-0778），男，苗族，贵州省台江县施洞镇岑孝村人。2006年5月，苗族古歌被列入第一批国家级非物质文化遗产名录民间文学类，项目编号Ⅰ-1。2009年6月，张定强入选为第三批国家级非物质文化遗产项目代表性传承人，贵州省台江县申报。张定强是苗族古歌师第七代传人，自幼跟伯父学习古歌，中年以后，开始向清水江沿岸有名的歌师学习，并到剑河县、施秉县等地学习。目前张定强已经将其所掌握的苗歌录制了近百盒录音磁带，收录有《开天辟地》、《三保》、《十二保》、《五母歌》等近千首歌曲。他向本村和附近的村民传授古歌，有不少人跟他学习。

云南

Ⅰ-63 梅葛

郭有珍

（编号：03-0793），女，彝族，1941 年生，云南省楚雄彝族自治州姚安县官屯乡人。2008 年 6 月，梅葛被列入第二批国家级非物质文化遗产名录民间文学类，项目编号Ⅰ-63。2009 年 6 月，郭有珍入选为第三批国家级非物质文化遗产项目代表性传承人，云南省楚雄彝族自治州申报。梅葛没有文字记载，完全靠口耳相传保存下来。郭有珍是马游坪有名的彝族梅葛演唱者，也是马游村能够完整演唱"梅葛"少数老艺人之一。她有着彝族梅葛演唱的深厚功底，无论是"老年梅葛"、"中年梅葛"、"青年梅葛"、"娃娃梅葛"，都形成了自己独特的演唱风格。近年来，为了保护传承彝族梅葛，郭有珍经常到当地小学教学生唱梅葛。2013 年郭有珍获得"第二届中华非物质文化遗产传承人薪传奖"。

Ⅰ-65 达古达楞格莱标

李腊翁

（编号：03-0794），男，德昂族，1929 年生，云南省德宏傣族景颇族自治州芒市三台山德昂族乡人。2008 年 6 月，达古达楞格莱标被列入第二批国家级非物质文化遗产名录民间文学类，项目编号Ⅰ-65。2009 年 6 月，李腊翁入选为第三批国家级非物质文化遗产项目代表性传承人，云南省德宏傣族景颇族自治州申报。李腊翁生活艰苦，长期在畹町、瑞丽一带各乡村奔波谋生，因而受到各地民族歌舞熏染，消化吸收了许多歌的演唱技法，并初步掌握了以《雷弄》、《串》为代表的许多民间歌曲的演唱要领。在演唱方法上打破了德昂族传统的演唱习惯，把歌唱、器乐演奏有机地结合在一起。他的歌明快悠扬，情意绵绵，具有独特的个人风格和韵味。

西藏

Ⅰ-27 格萨（斯）尔

桑珠

（编号：03-0788），男，藏族，1922 年生，2011 年 2 月卒，西藏自治区丁青县人。2006 年 5 月，格萨（斯）尔被列入第一批国家级非物质文化遗产名录民间文学类，项目编号Ⅰ-27。2009 年 6 月，桑珠入选为第三批国家级非物质文化遗产项目代表性传承人，西藏自治区申报。桑珠和其他说唱艺人一样，都认为自己是"神授"艺人，在说唱前都要降"故事神"。他说 11 岁时，梦到格萨尔王后，精神经常处于恍惚。桑珠的父亲将他带到仲护寺请烈丹活佛明鉴，活佛留下了桑珠，几天后他便痊愈了。但是痊愈后的他经常梦见自己像活佛一样在看《格萨尔》的书。他醒来时，书中的内容竟然历历在目，满脑子都是格萨尔的故事。为了让听众感到亲切，他每到一地都尽量地采用当地的方言，变换语汇、音调。2000 年，由中国社会科学院与西藏社会科学院合作，开始立项并启动了桑珠说唱本（共 45 部）的录音、整理与出版项目，他是至今唯一一位出版完整说唱本的艺人。

甘肃

Ⅰ-13 河西宝卷

李作柄

（编号：03-0780），男，汉族，1931年生。2006年5月，河西宝卷被列入第一批国家级非物质文化遗产保护名录民间文学类，项目编号Ⅰ-13。2009年6月，李作柄入选为第三批国家级非物质文化遗产项目代表性传承人，甘肃省武威市凉州区申报。李作柄早年跟随祖父和父亲学习念唱宝卷，他会念诵十字调、七字调、哭五更、莲花落等宝卷曲调。

Ⅰ-59 嘎达梅林

何巴特尔

（编号：03-0792），男，蒙古族。2008年6月，嘎达梅林被列入第二批国家级非物质文化遗产名录民间文学类，项目编号Ⅰ-59。2009年6月，何巴特尔入选为第三批国家级非物质文化遗产项目代表性传承人，内蒙古自治区科尔沁左翼中旗申报。2002年，何巴特尔带了10个徒弟，最小的只有12岁。

Ⅰ-68 米拉尕黑

马虎成

（编号：03-0795），男，东乡族。2008年6月，米拉尕黑被列入第二批国家级非物质文化遗产名录民间文学类，项目编号Ⅰ-68。2009年6月，马虎成入选为第三批国家级非物质文化遗产项目代表性传承人，甘肃省东乡族自治县申报。

青海

Ⅰ-69 康巴拉伊

才仁索南

（编号：03-0796），男，藏族，1970年生，青海省治多县渠乡治加村人。2008年6月，康巴拉伊被列入第二批国家级非物质文化遗产名录民间文学类，项目编号Ⅰ-69。2009年6月，才仁索南入选为第三批国家级非物质文化遗产项目代表性传承人，由青海省治多县申报。才仁索南也属于神授艺人。

Ⅰ-70 汗青格勒

茶汉扣文

（编号：03-0797），男，蒙古族，1933年7月生，青海省海西蒙古族藏族自治州大柴旦镇人。2008年6月，汗青格勒被列入第二批国家级非物质文化遗产名录民间文学类，项目编号Ⅰ-70。2009年6月，茶汉扣文入选为第三批国家级非物质文化遗产项目代表性传承人，青海省海西蒙古族藏族自治州申报。茶汉扣文15岁师从著名说唱艺人乌子尔学习《汗青格勒》、《格斯尔》等民间故事。他能说唱的作品有《汗青格勒》、《格斯尔》、《三岁的布呼吉日格勒》、《辉特·美日根·特木尼》、《山羊尾巴儿子》、《达兰太翁》等。2005年9月，在第三届柴达木"孟赫嘎拉"牧民文化节上，茶汉扣文演唱的蒙古族英雄史诗《汗青格勒》获二等奖。2007年9月，在第六届柴达木"孟赫嘎拉"牧民文化节上，获一等奖。现在，他的儿子德力格尔也开始学习他说唱的《汗青格勒》、《格斯尔》等民间传说故事。

新疆

Ⅰ-25 玛纳斯

买买提阿力·阿拉马提

（编号：03-0787），男，柯尔克孜族。2006年5月，玛纳斯被列入第一批国家级非物质文化遗产名录民间文学类，项目编号Ⅰ-25。2009年6月，买买提阿力·阿拉马提入选为第三批国家级非物质文化遗产项目代表性传承人，新疆维吾尔自治区克孜勒苏柯尔克孜自治州申报。在买买提阿力16岁时，他便以书信和拜访的形式，向其他人学习《玛纳斯》，20世纪70年代，开始跟随玛纳斯大师居素甫学习。据买买提阿力介绍，他自己能诵唱5部《玛纳斯》。2009年，他受邀到乌鲁木齐录制《玛纳斯》，录制5天，录音资料达20小时，十几万行。

Ⅰ-71 维吾尔族达斯坦

夏赫·买买提

（编号：03-0798），男，维吾尔族，1918年生。2008年6月，维吾尔族达斯坦被列入第二批国家级非物质文化遗产名录民间文学类，项目编号Ⅰ-71。2009年6月，夏赫·买买提入选为第三批国家级非物质文化遗产项目代表性传承人，新疆维吾尔自治区申报。夏赫·买买提的父亲帕萨尔阿訇和他哥哥夏赫库尔班都是著名的"达斯坦奇"，即善于演唱这种达斯坦的人。他从小耳濡目染，喜欢上了弹奏乐器和演唱达斯坦。善于演唱《阿布都热合曼汗·和卓》、《斯依提诺奇》和《艾拜都拉汗》等达斯坦，并根据不同的场合和环境演唱不同的达斯坦。即在婚礼时，演唱《尼卡纳玛》（婚礼歌），在麻扎（陵墓）集会时，演唱《伊玛目霍赛因》，在斋月期间，演唱《依帕尔纳玛》等达斯坦。夏赫·买买提的表演有富于激情的演唱和投入的讲说，唱词富有韵味，感染力强。

Ⅰ-72 哈萨克族达斯坦

哈孜木·阿勒曼

（编号：03-0799），男，哈萨克族，1932年生，新疆福海县阔克阿尕什乡齐勒哈仁村人。2008年6月，哈萨克族达斯坦被列入第二批国家级非物质文化遗产名录民间文学类，项目编号Ⅰ-72。2009年6月，哈孜木·阿勒曼入选为第三批国家级非物质文化遗产项目代表性传承人，新疆维吾尔自治区福海县申报。哈孜木·阿勒曼的祖父和父亲都是当地有名的"达斯坦奇"，他12岁正式跟随父亲学唱达斯坦。在现存较为完整的200多部达斯坦叙事诗中，哈孜木·阿勒曼掌握的有104部，其中有历史故事、英雄传说、爱情故事、革命传奇等。不用翻看任何文字资料，哈孜木·阿勒曼能将每部上万字的达斯坦完整吟唱，人们因此称他为达斯坦的"活唱片"、"活录音机"，他也是当下唯一一个能吟唱百首以上达斯坦的传承人，他现在也开始用文字和录音的方式整理自己掌握的达斯坦叙事诗。

Ⅰ-83 柯尔克孜族约隆

塔瓦力地·克里木

（编号：03-0802），男，柯尔克孜族，1933年生，新疆维吾尔自治区乌恰县人。2008年6月，柯尔克孜族约隆被列入第二批国家级非物质文化遗产名录民间文学类，项目编号Ⅰ-83。2009年6月，塔瓦力地·克里木入选为第三批国家级非物质文化遗产项目代表性传承人，新疆维吾尔自治区乌恰县申报。

第四批国家级非物质文化遗产项目代表性传承人

河北

Ⅰ-14 耿村民间故事

张才才

（编号：04-1490），男，汉族，1930年9月生，河北省藁城市常安镇耿村人。2006年5月，耿村民间故事被列入第一批国家级非物质文化遗产名录民间文学类，项目编号Ⅰ-14。2012年12月，张才才入选为第四批国家级非物质文化遗产项目代表性传承人，河北省藁城市申报。张才才能讲200多个耿村民间故事，其妻侯果果也是一位故事家，能讲故事150多个。

吉林

Ⅰ-12 满族说部

富育光

（编号：04-1489），男，满族，1933年5月生，黑龙江省爱辉县人，民族学家。2006年5月，满族说部被列入第一批国家级非物质文化遗产名录民间文学类，项目编号Ⅰ-12。2012年12月，富育光入选为第四批国家级非物质文化遗产项目代表性传承人，吉林省申报。富育光从小受满族文化的熏陶，家族长辈逢年过节讲述满族传统说部"乌勒本"，所以他逐渐掌握了家族十余部著名的家传长篇说部故事。富育光1958年毕业于东北人民大学（吉林大学）中文系，之后被分配到中国社会科学院吉林省分院文学研究所，从事民间口碑文学挖掘、搜集与研究工作。1994年以来，他征集与珍藏了满族等北方诸民族萨满世代传袭之萨满神谕手抄原件、萨满创世神话满文资料、宗谱、神服、神偶、神鼓、神像、面具、图腾柱以及信仰民俗等实物与图绘百余件，并组织东北诸民族萨满文化遗存专题资料片的文稿撰写、整理、翻释、民俗指导与摄制事宜。他的代表作有满族民间传说选《七彩神火：满族民间传说故事》、《萨满教与神话》、《萨满论》、《萨满教女神》、《萨满艺术论》等。

上海

Ⅰ-22 吴歌

张永联

（编号：04-1491），男，汉族，1938年2月生，上海市青浦区练塘镇人。2008年6月，吴歌被列入第一批国家级非物质文化遗产扩展项目名录民间文学类，项目编号Ⅰ-22。2012年12月，张永联入选为第四批国家级非物质文化遗产项目代表性传承人，上海市青浦区申报。张永联除了部分曲调向其舅父田山歌头歌手张同甫学习外，大部分都是在田间农作时跟着其他农民一起学会的。他的嗓音清脆响亮，声音起伏跌宕，拖腔蜿蜒动听，韵味独特。2005年10月，练塘镇被命名为青浦田山歌传承基地，他积极主动配合组织培养下一代传承人。目前收有弟子二人：王叶忠和杨晓峰。

福建

Ⅰ-30 畲族小说歌

钟昌尧

（编号：04-1496），男，畲族，1932年12月生，福建省霞浦县溪南镇白露坑村人。2006年5月，畲族小说歌被列入第一批国家级非物质文化遗产名录民间文学类，项目编号Ⅰ-30。2012年12月，钟昌尧入选为第四批国家级非物质文化遗产项目代表性传承人，福建省霞浦县申报。钟昌尧是歌王钟学吉第三代孙，作为歌王后人，钟昌尧从小就耳濡目染，跟着先辈学唱畲歌，是当地闻名畲族小说歌的歌手。自20世纪80年代末起，钟昌尧一直致力于畲族歌言的搜集、整理与传承，足迹遍及福建和浙江的畲族聚居区，完成了300多万字的畲族歌言集。近年来，致力于畲歌的传承、各级各类培训班和在白露坑小学教唱畲歌。

湖北

Ⅰ-56 都镇湾故事

李国新

（编号：04-1497），男，土家族，1933年12月生，湖北省长阳土家族自治县都镇湾镇十五溪村人。2008年6月，都镇湾故事被列入第二批国家级非物质文化遗产名录民间文学类，项目编号Ⅰ-56。2012年12月，李国新入选为第四批国家级非物质文化遗产项目代表性传承人，湖北省长阳土家族自治县申报。李国新从事农村民间文艺活动50余年，能讲故事400余则，其内容涉及天文地理、婚丧习俗、鬼狐精怪、机智人物等，讲述时，表情丰富、手舞足蹈，引人入胜。他所讲的多则故事被《中国民间故事全书》（湖北·长阳卷）、湖北省非物质文化遗产研究丛书《农民生活中的虚拟世界》等书籍收录。多年来李国新参加过许多大型的文化传承活动，同时在中小学担任兼职教师。

湖南

Ⅰ-112 土家族哭嫁歌

彭祖秀

（编号：04-1503），女，土家族，1931年1月生，湖南省古丈县断龙山乡报吾列村人。2011年6月，土家族哭嫁歌被列入第三批国家级非物质文化遗产名录民间文学类，项目编号Ⅰ-112。2012年12月，彭祖秀入选为第四批国家级非物质文化遗产项目代表性传承人，湖南省古丈县申报。彭祖秀从小师承外婆、母亲等前辈哭嫁歌艺人。她综合了前辈演唱的各种风格，形成了自己的鲜明特色，有16字诀："以哭为歌、以歌言情、以情催声、以声感人。"彭祖秀演唱哭嫁歌时大多即兴演唱，注重语言的天然质朴、品语入诗，常用生活中的细小情节、抒发情感，由此及彼，语多重叠，调多反复，强调情感效果，演唱中经常巧妙运用比兴、比拟、联想、夸张、排比、反复、和谐、双关等多种修辞语法以着力增强哭嫁歌的感染力，歌词句式长短不一，利用拖词或紧句来完成唱腔。结构严谨完整，段落清晰，意思表达通俗易懂。彭祖秀先后传习、授徒280多人。

广西

Ⅰ-23 刘三姐歌谣

谢庆良

（编号：04-1492），男，仫佬族，1953年1月生，广西壮族自治区宜州市庆远镇东屏村人。2006年5月，刘三姐歌谣被列入第一批国家级非物质文化遗产名录民间文学类，项目编号Ⅰ-23。2012年12月，谢庆良入选为第四批国家级非物质文化遗产项目代表性传承人，广西壮族自治区宜州市申报。谢庆良自幼受当地山歌熏陶，慢慢学会了对唱山歌的方法，掌握了七八种山歌的调子，根据场景即兴编歌也是他的拿手绝活儿。近20年来，他把小品的幽默诙谐的特色借鉴过来，对山歌进行了创新。目前他已经收了3名徒弟。

贵州

Ⅰ-62 布依族盘歌

吴廷贵

（编号：04-1498），男，布依族，1947年8月生。2008年6月，布依族盘歌被列入第二批国家级非物质文化遗产名录民间文学类，项目编号Ⅰ-62。2012年12月，吴廷贵入选为第四批国家级非物质文化遗产项目代表性传承人，贵州省盘县申报。

Ⅰ-118 亚鲁王

陈兴华

（编号：04-1505），男，苗族，1945年12月生，贵州省紫云苗族布依族自治县猴场镇打哈村人。2011年6月，亚鲁王被列入第三批国家级非物质文化遗产名录民间文学类，项目编号Ⅰ-118。2012年12月，陈兴华入选为第四批国家级非物质文化遗产项目代表性传承人，贵州省紫云苗族布依族自治县申报。陈兴华15岁时跟随伯父学唱《亚鲁王》，能演唱10万多句，主持并唱诵《亚鲁王》上百场。《亚鲁王》的传承主要以家族传承为主，但目前由于传承状况堪忧，陈兴华自己收有徒弟，也在打哈村办有《亚鲁王》歌师传习班，打破了传承界限。《亚鲁王》汉译本已经于2012年由中华书局出版。

云南

Ⅰ-27 格萨（斯）尔

和明远

（编号：04-1494），男，藏族，1944年7月生，云南省迪庆藏族自治州维西傈僳族自治县塔城镇塔城村人。2006年5月，格萨（斯）尔被列入第一批国家级非物质文化遗产名录民间文学类，项目编号Ⅰ-27。2012年12月，和明远入选为第四批国家级非物质文化遗产项目代表性传承人，云南省申报。和明远11岁时到东竹林寺当喇嘛，师从同顿活佛和格汝农都活佛学习《格萨（斯）尔》说唱。最终掌握了《格萨（斯）尔》表演唱腔、唱词、说唱形式和基本内容，并在学习和传承的过程中，基本上统一了传统的说唱形式，使这一古老的说唱史诗得以在云南传承至今，他也是云南藏区唯一的一位《格萨（斯）

尔》说唱艺人。和明远现已将他的女儿和继英、女婿阿星作为徒弟传授《格萨（斯）尔》，和继英、阿星已经学会了《格萨（斯）尔》的基本唱腔唱法和大部分唱词。

Ⅰ-64 查姆

方贵生

（编号：04-1499），男，彝族，1950年8月生，云南省双柏县大麦地镇大麦地村人。2008年6月，查姆被列入第二批国家级非物质文化遗产名录民间文学类，项目编号Ⅰ-64。2012年12月，方贵生入选为第四批国家级非物质文化遗产项目代表性传承人，云南省双柏县申报。方贵生出身于毕摩世家，其家传有彝文古籍《查姆》、《作媒查》、《纳得碌媒查》30多部。1978年，他师从下莫且法村施大毕摩学生学习彝文和祭祀的各种仪式，能熟练通读家传的《查姆》等彝文古籍，掌握各种祭祀仪式，是远近闻名的毕摩。参与楚雄州和双柏县有关单位翻译《查姆》，以及《彝族毕摩经典译注》等工作，为彝文经典的翻译作出了贡献。他收有徒弟方贵兴、方红兴、李永生等。

Ⅰ-74 司岗里

岩桑

（编号：04-1502），男，佤族，1930年2月生，云南省西盟佤族自治县勐卡镇大马散村人。2011年6月，司岗里被列入第二批国家级非物质文化遗产扩展项目名录民间文学类，项目编号Ⅰ-74。2012年12月，岩桑被列入第四批国家级非物质文化遗产项目代表性传承人，云南省西盟佤族自治县申报。1944年，岩桑师从其父学习佤族创始史诗《司岗里》的说唱，以及祭祀仪式。岩桑是为数不多几个能够完整

地吟唱《司岗里》的传承者，能够系统讲述司岗里的传说故事，迁徙路径和家谱。熟悉佤族的传统民俗和各类祭祀活动，是当地德高望重的"巴猜"（即主持祭祀活动能够通鬼神的人），主持各类祭祀活动，精通看卦。其传人有岩有。

Ⅰ-113 坡芽情歌

农凤妹

（编号：04-1504），女，壮族，1965年4月生，云南省富宁县剥隘镇甲村人。2011年6月，坡芽情歌被列入第三批国家级非物质文化遗产名录民间文学类，项目编号Ⅰ-113。2012年12月，农凤妹入选为第四批国家级非物质文化遗产项目代表性传承人，云南省富宁县申报。2006年，《坡芽歌书》发现于农凤妹家。据农凤妹介绍，从记事起，村中老人便在火塘边、沙地上边传授山歌边教她们画一些歌中借以表情达意的图案以帮助记忆，久而久之，这些图案深入人心，只要看到某一图案，就能知道是哪一首山歌或哪类歌谣。农凤妹可以用"大河边调"、"呃哎调"、"戈麻调"和"赞歌调"四种曲调演唱坡芽情歌，每种唱法都有不同的韵味和演唱风格。在村里，她把自己演唱山歌的技法和《坡芽歌书》的书写方法传承给了孩子们，但还未收徒。

Ⅰ-120 洛奇洛耶与扎斯扎依

张桂芬

（编号：04-1506），女，哈尼族，1944年11月生，云南省墨江哈尼族自治县联珠镇新发村人。2011年6月，洛奇洛耶与扎斯扎依被列入第三批国家级非物质文化遗产名录民间文学类，项目编号Ⅰ-120。2012年12月，张桂芬入选为第四批国家级非物质文化遗产项目代表性传承人，云南省墨江哈尼族自治县申报。张桂

芬 7 岁时跟随老艺人鲍李氏和母亲李琼学习哈尼族的歌舞技艺，用哈尼腊达调演唱《洛奇洛耶与扎斯扎依》和各类哈尼民歌。成年后成为墨江县和附近家喻户晓的歌手。她演唱的《洛奇洛耶与扎斯扎依》内容丰富、节奏优美，语言生动活泼、通俗易懂。张桂芬收有 3 名徒弟，都已掌握了《洛奇洛耶与扎斯扎依》的演唱技巧，她还将《洛奇洛耶与扎斯扎依》教给村里的孩子们，努力传承这一哈尼族民间文化的奇葩。

Ⅰ-121 阿细先基

何玉忠

（编号：04-1507），男，彝族，1942 年 7 月生，云南省弥勒县一镇红万村人。2008 年 6 月，阿细先基被列入第一批国家级非物质文化遗产名录民间文学，项目编号Ⅰ-121。2012 年 12 月，何玉忠入选为第四批国家级非物质文化遗产项目代表性传承人，云南省弥勒县申报。何玉忠出身于毕摩世家，26 岁时开始跟随老祖父郭兴林和祖父何开国学唱《阿细先基》，40 多岁时跟随师傅昂家顺学习彝族《指路经》。他全面掌握了彝族创世史诗《阿细先基》的主要内容、曲调和唱法，以及各种丧葬、祭祀礼词，能将整部《阿细先基》清楚唱完。还能根据不同场合，现编现唱《阿细先基》，内容丰富，唱腔优美，极具感染力。何玉忠现在是红万村第九代毕摩，红万村一年一度阿细祭火节的主持者。现带有徒弟 5 人。

西藏

Ⅰ-27 格萨（斯）尔

巴嘎

（编号：04-1495），男，藏族，1970 年 7 月生，西藏自治区那曲县那曲镇人。2006 年 5 月，格萨（斯）尔被列入第一批国家级非物质文化遗产名录民间文学类，项目编号Ⅰ-27。2012 年 12 月，巴嘎入选为第四批国家级非物质文化遗产项目代表性传承人，西藏自治区申报。

青海

Ⅰ-70 汗青格勒

索克

（编号：04-1500），男，蒙古族，1946 年 10 月生。2008 年 6 月，汗青格勒被列入第二批国家级非物质文化遗产名录民间文学类，项目编号Ⅰ-70。2012 年 12 月，索克入选为第四批国家级非物质文化遗产项目代表性传承人，青海省海西蒙古族藏族自治州申报。

新疆

Ⅰ-26 江格尔

巴达

（编号：04-1493），男，蒙古族，1962 年 1 月生。2006 年 5 月，江格尔被列入第一批国家级非物质文化遗产名录民间文学类，项目编号

Ⅰ-26。2012 年 12 月，巴达入选为第四批国家级非物质文化遗产项目代表性传承人，新疆维吾尔自治区博尔塔拉蒙古自治州申报。巴达的《江格尔》说唱则抑扬顿挫，在程式的严整之外有不少即兴的味道。

Ⅰ-71 维吾尔族达斯坦

乌布力艾

（编号：04-1501），男，维吾尔族，1954 年 7 月生。2008 年 6 月，维吾尔族达斯坦被列入第二批国家级非物质文化遗产名录民间文学类，项目编号Ⅰ-71。2012 年 12 月，乌布力艾入选为第四批国家级非物质文化遗产项目代表性传承人，新疆维吾尔自治区申报。

Ⅰ-123 恰克恰克

黑萨木丁·库尔万

（编号：04-1508），男，维吾尔族，1930 年 8 月生。2010 年 5 月，恰克恰克被列入第三批国家级非物质文化遗产名录民间文学项目类，项目编号Ⅰ-123。2012 年 12 月，黑萨木丁·库尔万入选为第四批国家级非物质文化遗产项目代表性传承人，新疆维吾尔自治区伊宁市申报。

传统音乐

第二批国家级非物质文化遗产项目代表性传承人

中央

Ⅱ-34 古琴艺术

郑珉中

字从易，晚号南郭琴叟，男，汉族，1923年生，原籍福建闽侯，寄籍四川华阳，生于北京。2003年11月，古琴艺术入选联合国教科文组织第二批"人类口头和非物质遗产代表作"。2006年5月，古琴艺术被列入第一批国家级非物质文化遗产名录传统音乐类，项目编号Ⅱ-34。2008年2月，郑珉中入选为第二批国家级非物质文化遗产项目代表性传承人，中国艺术研究院申报。1946年前在家塾读书，先随王杏东、李浴星学琴，1940年拜管平湖为师，学琴4年，得管氏弹琴、鉴琴、修琴的琴学。1946年秋到故宫博物院工作，长期从事中国古代艺术品的陈列与研究。1982年后，重点从事古琴、古砚的研究。郑珉中对于古琴的断代和鉴定颇有造诣，发表了30多篇有关传世古琴的分期断代与具有鉴定性的论文。其古琴演奏意态庄重，指法优美，稳健细腻，声情并茂。代表作有《故宫古琴》、《古琴及其它》和《论唐琴的特点及其真伪的问题》等。

陈长林

男，汉族，1932年7月生，福建福州市人。2003年11月，古琴艺术入选联合国教科文组织第二批"人类口头和非物质遗产代表作"。2006年5月，古琴艺术被列入第一批国家级非物质文化遗产名录传统音乐类，项目编号Ⅱ-34。2008年2月，陈长林入选为第二批国家级非物质文化遗产项目代表性传承人，中国艺术研究院申报。陈长林1946年向闽派琴家——父亲陈琴趣和表姨吴子美学琴。1951年和1956年先后加入今虞琴社和北京古琴研究会，又向吴景略、张子谦、查阜西等名家学习，在闽派基础上兼学各家之长。1958年陈长林开始打谱，现已打谱"胡笳十八拍"等70首琴曲。陈长林的专业是电脑，他将电脑与古琴结合，利用编程软件开发出MIDI古琴，将古琴与电脑结合，为古琴的传承作出了重大贡献。陈长林精于《龙朔操》、《大胡笳》、《春江花月夜》、《平沙落雁》的弹奏。1957年以来，陈长林已发表有近20篇古琴学术文章，并多次出席海内外古琴演奏会及学术会议。雨果公司出版发行有陈长林古琴专辑CD《闽江琴韵》。

吴钊

男，汉族，1935年12月生，江苏省苏州市人。2003年11月，古琴艺术入选联合国教科文组织第二批"人类口头和非物质遗产代表作"。2006年5月，古琴艺术被列入第一批国家级非物质文化遗产名录传统音乐类，项目编号Ⅱ-34。2008年2月，吴钊入选为第二批国家级非物质文化遗产项目代表性传承人，中国艺术研究院申报。吴钊11岁时跟随父亲学琴，18岁时拜著名的古琴艺术家查阜西为师，20岁时又拜师中央音乐学院吴景略学琴。1959年大学毕业后，入中央音乐学院民族音乐研究所，师从音乐史家杨荫浏研究中国音乐史。吴钊出版多部书籍、发表很多论文探讨古琴艺术，并在国内外多所大学演讲，对古琴的发展有不可磨灭的贡献。近年来，作为古琴艺术的代表人和音乐界著名学人，吴钊越来越多地走出国门，让世界了解中国音乐和中国古琴。其演奏也较多保留了传统古琴的演奏技法和风格，在意境、情趣和韵味的创造上，特色鲜明。吴钊的主要著述有《追寻逝去的音乐足迹——图说中国音乐史》、《中国音乐史略》（合著）、《中国古琴珍萃》（主编）、《琴曲集成》（整理）、《中国古代音乐史料辑要》、《古琴基础教程》（VCD）及古琴演奏专集《忆故人》、《汉宫秋月》等。慕名前来向吴钊求学者甚众，他的传人也众多。

姚公白

男，汉族，1948年生，浙江省杭州市人。2003年11月，古琴艺术入选联合国教科文组织第二批"人类口头和非物质遗产代表作"。2006年5月，古琴艺术被列入第一批国家级非物质文化遗产名录传统音乐类，项目编号Ⅱ-34。2008年2月，姚公白入选为第二批国家级非物质文化遗产项目代表性传承人，中国艺术研究院申报。姚公白自幼爱好音乐，稍长跟随父亲姚丙炎先生系统学习古琴，后来曾受教于吴振平、张子谦先生。姚公白继承了姚门的主要风格和内在韵味，节奏明快、细腻精当、清新淡雅、寓动于静，并以右手轻灵、下指干净、挥洒自如的特点著称，积数十年来操缦不辍、清心内养之功，渐入纯净自如之境，琴品如其人品，在传统琴人中独具一格，以弹奏姚丙炎先生打谱之琴曲最具心得，代表作有"胡笳"系列、《广陵散》、《乌夜啼》、《孤馆遇神》、《秋宵步月》等大小琴曲数十首。又有自己打谱的《高山》、《鹤鸣九皋》、《泽畔吟》、《颐真》（均为《神奇秘谱》）等。对于古琴古指法、琴曲演变、律学等亦深有研究，颇具心得。

刘赤城

男，汉族，1938年12月生，江苏省南通市人。2003年11月，古琴艺术入选联合国教科文组织第二批"人类口头和非物质遗产代表作"。2006年5月，古琴艺术被列入第一批国家级非物质文化遗产名录传统音乐类，项目编号Ⅱ-34。2008年2月，刘赤城入选为第二批国家级非物质文化遗产项目代表性传承人，中国艺术研究院申

报。刘赤城国家一级演奏员。5岁即跟随其父著名国画家、古琴家刘嵩樵先生习画习琴，后拜师徐立孙门下。刘赤城立足传统形成了鲜明独特的个人艺术风格，创造了回锋、滚轮、闪滑、退复吟、荡吟等新的演奏技法，极大地强化发展了诸城派古琴演奏艺术的内涵，使具有山东典型地方音腔的琴曲演奏风味得到进一步充实和完善。其演奏刚柔相济，清旷沉雄而洒脱豪放，讲求收放与吞吐，开合有度，形神并举，以音传情，风格浓郁而迥异寻常。多年来，刘赤城致力于古琴音乐遗产的发掘、整理打谱等工作，卓有成就，古琴曲目积累计40余首。出版有多盘专辑盒带及CD唱片发行海内外，其中包括1991年由广州新时代音像公司出版的专辑《梅庵真传》及台湾摇篮唱片公司出版的《国宝级珍藏版：中国古琴大师——刘赤城专辑》。2008年9月，刘赤诚收"诸城琴派"鼻祖王燕卿的第五世孙女王亚男为徒。

李璠

男，汉族，1914年12月生，2007年卒。湖北省大悟人。2003年11月，古琴艺术入选为联合国教科文组织第二批"人类口头和非物质遗产代表作"。2006年5月，古琴艺术被列入第一批国家级非物质文化遗产名录传统音乐类，项目编号Ⅱ-34。2008年2月，李璠入选为第二批国家级非物质文化遗产项目代表性传承人，中国艺术研究院申报。1941年毕业于四川大学农学院，曾任四川和东北农业大学副教授、中华教育文化基金会研究员、中科院遗传研究所植物遗传室主任、北京市委会小麦科技顾问、中国科学院遗传研究所研究员，原中国古琴协会顾问。1939年，李璠在四川成都读书期间师从蜀中琴家裴铁侠学琴，后又师从胡莹堂，后又曾受学于查阜西。得裴铁侠传授《高山》、《流水》；得胡莹堂传授《平沙落雁》、《鸥鹭忘机》、《长门怨》、《潇湘水云》等曲。李璠深得蜀派古

琴真传，可以说是身怀绝技，其抚琴风格儒雅，深富传统韵味，其琴风淡定恬然，古朴宁静，有隐士之风。代表作是《高山》。李璠注重技艺的传承，门下弟子多人。

吴文光

男，汉族，1946年生，江苏省常熟市人。2003年11月，古琴艺术入选为联合国教科文组织第二批"人类口头和非物质遗产代表作"。2006年5月，古琴艺术被列入第一批国家级非物质文化遗产名录传统音乐类，项目编号Ⅱ-34。2008年2月，吴文光入选为第二批国家级非物质文化遗产项目代表性传承人，中国艺术研究院申报。吴文光的古琴演奏师承吴景略，以表现自然之趣和擅长心理描写为追求，形成了新时代的文人行吟风格，把古琴的表现技术和美学理论向前推进了一步。20世纪70年代以后，吴文光致力于明代琴谱《神奇秘谱》的研究，在挖掘、整理和用打谱来重建中国古代音乐的实际影响方面独树一帜，由他打谱并经他演奏的古代作品有：《幽兰》、《樵歌》、《离骚》、《秋鸿》、《大胡笳》、《小胡笳》、《列子御风》、《关雎》等。在古琴教学方面，采用中西融通之实证方法，揭示中国传统音乐的深层结构和微观体系。著作与文章有《中国音乐现象的美学探索》、《吴景略的古琴音乐》（英文）、《论古琴情感形象的生理记录法》、《〈碣石调·幽兰〉研究》、《琴调》、《打谱探赜》等。现任中国音乐学院教授，教授民族音乐学、中国音乐史论和古琴专业课程。

林友仁

男，汉族，1938年生，出生于上海，定居于南京。2003年11月，古琴艺术入选为联合国教科文组织第二批"人类口头和非物质遗产代表作"。2006年5月，古琴艺术被列入第一批国家级非物质文化遗产名录传统音乐类，项目编号Ⅱ-34。2008年2月，林友仁入选为第二批

国家级非物质文化遗产项目代表性传承人，中国艺术研究院申报。林友仁1956年跟随金陵派琴家夏一峰学习，师承广陵派刘少椿，他还曾先后受学于梅庵派琴家刘景韶、川派琴家顾梅羹、沈草农等先生，并得到国乐大师卫仲乐的指导。1963年毕业于上海音乐学院古琴专业，后任职于上海音乐学院音乐研究所。其演奏风格浑朴自然、韵味醇厚、意境悠远。其教学方法，别称"松—钟功"，既独树一帜，又继承传统精神，使学生从习琴之始就回归自性修养、舒展心灵、缓解压力，充分领悟琴道的内涵与意境，从而获得身心的和谐与充实，极为难得。在中国古代音乐史、古琴的研究与教学等方面都颇有心得，对中国音乐文化的内涵与特征等方面见地尤为深入。

李祥霆

男，满族，1940年生，吉林省辽源市人。2003年11月，古琴艺术入选为联合国教科文组织第二批"人类口头和非物质遗产代表作"。2006年5月，古琴艺术被列入第一批国家级非物质文化遗产名录传统音乐类，项目编号Ⅱ-34。2008年2月，李祥霆入选为第二批国家级非物质文化遗产项目代表性传承人，中国艺术研究院申报。李祥霆1957年师承查阜西，1958年考入中央音乐学院，师从吴景略学古琴。1963年毕业留校任教。他将自己的全部心智和精力都倾注在古琴演奏技艺的整理和古琴文献、传统琴曲研究上。代表作有打谱《幽兰》、《古怨》，新旧体诗《自嘲》等及古琴曲《三峡船歌》、《风雪筑路》。著有《唐代古琴演奏美学及音乐思想研究》（在台北出版）、《古琴实用教程》（上海音乐出版社出版）、《略谈古琴音乐艺术》、《吴景略先生古琴演奏艺术》、《查阜西先生古琴演奏艺术》、《古琴即兴演奏艺术研究大纲》、《弹琴录要》等专著与论文，出版专辑十多种。作为当代最具影响力的古琴家之一，李祥霆一

直致力于古琴艺术的推广和传播。他的学生多达数百人，遍及世界各地。

龚一

男，汉族，1941 生，江苏省启东人。2003年 11 月，古琴艺术入选为联合国教科文组织第二批"人类口头和非物质遗产代表作"。2006年 5 月，古琴艺术被列入第一批国家级非物质文化遗产名录传统音乐类，项目编号Ⅱ-34。2008年 2 月，龚一入选为第二批国家级非物质文化遗产项目代表性传承人，中国艺术研究院申报。龚一于 1954 年开始学琴，1957 年考入上海音乐学院附中，1966 年毕业于上海音乐学院专科。曾随张正吟、夏一峰、刘少椿、王生香、赵云青、张子谦、顾梅羹、沈草农、刘景韶等 12 位琴家学琴，广泛学习了广陵、金陵、泛川、诸城、梅庵等多个琴派的风格，艺贯 5 个琴派、熔各家所长于一炉，自成一家，形成了清和婉转、中正秀丽的琴风。龚一长期研究和整理古琴音乐，发表论文《琴乐散论》等；打谱整理的《古怨》、《碣石调·幽兰》、《大胡笳》、《神人畅》、《泛浪沧》等，对研究唐宋前后的中国古代音乐有一定的参考价值；录制《酒狂》、《潇湘水云》、《山水情》、《平沙落雁》等专辑；以古琴与民乐团进行合奏，创新古琴演奏方式。龚一的代表作有《潇湘水云》、《平沙落雁》、《醉渔唱晚》等。龚一自 1979 年起担任上海音乐学院客座古琴教师，目前国内几所高等音乐学院的古琴教师大多曾受教于他的门下，可谓桃李满天下。

北京

Ⅱ-65 智化寺京音乐

张本兴

男，汉族，1922 年生，北京市人。2006 年 5 月，智化寺京音乐被列入第一批国家级非物质文化遗产名录传统音乐类，项目编号Ⅱ-65。2008 年 2 月，张本兴入选为第二批国家级非物质文化遗产项目代表性传承人，北京市申报。智化寺音乐乐曲的乐谱、乐器、乐调、曲牌以及演奏技巧和方法上，都保留有唐宋燕乐甚至上溯到更远年代的一些旧制。张本兴 12 岁出家，跟广济庵的安详法师和智化寺的普远法师学习京音乐，成为智化寺的末代艺僧，智化寺京音乐的第二十六代传人。1951 年，张本兴还俗参加工作。1991 年，智化寺文化保管所（即现在的文博交流馆）恢复对这种古乐的保护，张本兴终于得以重新接触久违的京音乐。1986 年 3 月，在班禅大师和佛教协会赵朴初会长的支持下，以智化寺的京音乐为基干，组成北京佛教音乐团。乐团还曾多次赴国外访问演出，引起极大轰动。京音乐代表作品有《喜秋风》、《拿天鹅》、《清江引》、《梅花引》、《小华严》、《醉翁子》等。从 20 世纪 90 年代开始，他指导来自河北屈家营的胡学庆、屈炳庆、胡庆友、林忠城、屈永增、姚志国 6 人学习京音乐。他们作为京音乐第二十七代传人已经担纲所有曲目的演出。

河北

Ⅱ-55 河北鼓吹乐

刘红升

男，汉族，1930年11月生，河北省永年县人。2006年5月，河北鼓吹乐被列入第一批国家级非物质文化遗产名录传统音乐类，项目编号Ⅱ-55。2008年2月，刘红升入选为第二批国家级非物质文化遗产项目代表性传承人，河北省永年县申报。刘红升10岁时跟着父亲学吹唢呐；18岁的时候，刘红升加入河北省吹歌队。刘红升全面掌握着永年鼓吹乐技法技巧，熟练演奏曲目近200个，他尤为擅长吹咔戏笛，被当地人称为"吹得就跟唱的一样"，反串旦角尤其精彩。常演曲目有《满堂红》、《句句双》、《柳青娘》、《小磨房》、《绣红灯》、《老官调子》等。

Ⅱ-59 冀中笙管乐〔屈家营音乐会〕

冯月池

男，汉族，1926年3月生，河北省固安县人。2006年5月，冀中笙管乐（屈家营音乐会）被列入第一批国家级非物质文化遗产名录传统音乐类，项目编号Ⅱ-59。2008年2月，冯月池入选为第二批国家级非物质文化遗产项目代表性传承人，河北省固安县申报。冯月池16岁参加屈家营音乐会演出，师从许德发、冯玉才等学习管子、笙、钹演奏，精通屈家营音乐会所有历史和曲目，是屈家营音乐会仅存的一名能清唱现存所有曲目的艺人。冯月池会演奏多种乐器，尤擅长法器演奏，其风格粗犷豪放又温柔细腻，打钹刚柔并济，演奏曲目达200多首。1999年参加在重庆举办的全国群星音乐大赛获银牌。代表作有《霸王鞭》、《刘备过江》

等。冯月池数年来坚持传承音乐，指导演奏，指导弟子数十人，国家级传承人胡庆学就是他的弟子。

Ⅱ-59 冀中笙管乐〔高洛音乐会〕

蔡玉润

男，汉族，1954年6月生，河北省涞水县义安镇高洛村人。2006年5月，冀中笙管乐（高洛音乐会）被列入第一批国家级非物质文化遗产名录传统音乐类，项目编号Ⅱ-59。2008年2月，蔡玉润入选为第二批国家级非物质文化遗产项目代表性传承人，河北省涞水县申报。1978年起，蔡玉润师从闫文煜学习古乐，他熟悉高洛音乐会各种乐器的演奏，尤精于管子，兼演奏钹、铙等乐器，为涞水高洛古乐第二十一代传承人。其保存的工尺谱资料被收入《河北民间工尺谱》。蔡玉润现任东村音乐会主要负责人、演奏人员，同时负责学员的培养工作，目前乐队成员已经发展到25人。2005年，蔡玉润创办"高洛古乐网"，把高洛音乐会介绍给世界。

Ⅱ-59 冀中笙管乐〔高桥音乐会〕

尚学智

男，汉族，1947年3月生，河北省霸州市高桥村人。2006年5月，冀中笙管乐（高桥音乐会）被列入第一批国家级非物质文化遗产名录传统音乐类，项目编号Ⅱ-59。2008年2月，尚学智入选为第二批国家级非物质文化遗产项目代表性传承人，河北省霸州市申报。尚学智9岁随叔父学习高桥古乐，14岁继承祖业从事"点笙"（制笙、修笙），他的"点笙"技艺高超，所制的笙远销山西、内蒙古、京津；19岁成为主乐手，精通并能熟练演奏音乐会所有的乐器，尤擅吹笙，演奏音律精准、格调古雅，是音乐会主要传乐授艺人。高桥村音乐原有曲谱3册，现存1册，收录47首，他能演奏的有20余首。

Ⅱ-59 冀中笙管乐（胜芳音乐会）

胡德明

男，汉族，1947年3月生，河北省霸州市胜芳镇人。2006年5月，冀中笙管乐（胜芳音乐会）被列入第一批国家级非物质文化遗产名录传统音乐类传统音乐类，项目编号Ⅱ-59。2008年2月胡德明入选为第二批国家级非物质文化遗产项目代表性传承人，河北省霸州市申报。胡德明15岁时入胜芳音乐会，跟随二叔胡达生学艺并参加演出，是胜芳音乐会的主乐手和传乐师傅，现在是胜芳音乐会的会头。胡德明主持复兴了胜芳音乐会，每年率音乐会为民俗、节庆服务演出上百场。他擅长吹笙、击鼓，音调精准、洗练，乐感明爽、旋律高亢、凌厉。他还能吹奏昆曲，格调古朴。代表作有《山坡羊》、《走马》、《辞曹》、《东游》、《逃军会》等。

山西

Ⅱ-2 河曲民歌

辛里生

男，汉族，1938年10月生，山西省河曲县楼子营辛家坪村人。2006年5月，河曲民歌被列入第一批国家级非物质文化遗产名录传统音乐类，项目编号Ⅱ-2。2008年2月，辛里生入选为第二批国家级非物质文化遗产项目代表性传承人，山西省河曲县申报。辛里生自幼喜爱河曲民歌和二人台，十三四岁时已经是乡里出色的二人台演员。22岁时由于他天生一副亮嗓子，又历经多年磨炼，再加上出众的文艺才干，

正式被河曲县二人台剧团录用。其间虚心向贾小秃、李法子、邬怀义、任艾英等顶尖的二人台演员拜师、学习，演唱艺术逐渐走向成熟。他演唱声音洪亮，音色纯正，高、中、低音色统一，其歌声声如裂帛，高亢疏散、有韵无拍，达到了民歌演唱的高境界。多次在各种比赛中获各类奖项。1995年至2004年，他在河曲县文化馆举办的河曲民歌二人台艺术学校，教授河曲民歌二人台的技艺，将自己特有的唱功、技巧、戏法、表演等技艺尽力相传。

吕桂英

女，汉族，1941年10月生，山西省河曲县岱狱殿村人。2006年5月，河曲民歌被列入第一批国家级非物质文化遗产名录传统音乐类，项目编号Ⅱ-2。2008年2月，吕桂英入选为第二批国家级非物质文化遗产项目代表性传承人，山西省河曲县申报。吕桂英10岁时师承本村二人台艺人李法子。1955年入河曲县二人台歌剧团，享誉晋、陕、蒙周边地区，当年河曲流行的一句话，叫作"看了任爱英的《走西口》，增产节约喝稀粥，看了补莲子的《走西口》，不枉上世走一走"。1976年调县文化馆，二人台戏校班，任二人台唱功教师。曾经出演过40多部二人台剧目，表演本真朴实，深入人心。代表剧目有《走西口》、《打金钱》、《寡妇上坟》、《方四姐》、《打樱桃》等。吕桂英培养过很多学生，二人台名角许月英、张美兰、苗俊英、杜焕荣都是她的弟子。

内蒙古

Ⅱ-3 蒙古族长调民歌

巴德玛

女，蒙古族，1940年生，内蒙古自治区阿拉善盟额济纳旗人。2005年11月，蒙古族长调民歌入选为联合国教科文组织第三批"人类口头和非物质遗产代表作"。2006年5月，蒙古族长调民歌被列入第一批国家级非物质文化遗产名录传统音乐类，项目编号Ⅱ-3。2008年2月，巴德玛入选为第二批国家级非物质文化遗产项目代表性传承人，内蒙古自治区申报。巴德玛受家庭熏陶自幼学习民歌，能演唱300多首古老完整的蒙古族长、短调民歌。她演唱的长调民歌质朴优雅、风格苍劲悠远，具有很强的艺术感染力。代表作有《白灰马》、《枣红色的赤兔马》、《富饶美丽的阿拉善》、《查干套海家乡》等。巴德玛长期致力于推广阿拉善的长调民歌事业，特别对传承和保护额济纳土尔扈特长调民歌作出了卓越贡献。近10多年来，巴德玛组织了宏大的民歌搜集整理工作，她亲自带队，到边远牧区挨家挨户寻访民间老民歌艺人，搜集、整理散落在民间的土尔扈特民歌传统曲目。同时她还坚持每年不定期开展长调民歌比赛，在中小学教唱民歌等活动。2009年开始，巴德玛在内蒙古大学任教，把长调民歌艺术传授给一批批学生。

额日格吉德玛

女，蒙古族，1932年生，内蒙古自治区阿左旗巴彦浩特镇人。2005年11月，蒙古族长调民歌入选为联合国教科文组织第三批"人类口头和非物质遗产代表作"。2006年5月，蒙古族长调民歌被列入第一批国家级非物质文化遗产名录传统音乐类，项目编号Ⅱ-3。2008年，额日格吉德玛入选为第二批国家级非物质文化遗产项目代表性传承人，内蒙古自治区申报。她18岁就掌握了近百首长调歌曲，其原生态的演唱风格，被音乐人和观众所喜爱。

莫德格

女，蒙古族，1932年生，内蒙古锡林郭勒盟西乌珠穆沁旗人。2005年11月，蒙古族长调民歌入选为联合国教科文组织第三批"人类口头和非物质遗产代表作"。2006年5月，蒙古族长调民歌被列入第一批国家级非物质文化遗产名录传统音乐类，项目编号Ⅱ-3。2008年2月，莫德格入选为第二批国家级非物质文化遗产项目代表性传承人，内蒙古自治区申报。莫德格的母亲是当地有名的民间歌手，她自幼跟随母亲学唱长调民歌。1949年考入内蒙古文工团，成为新中国成立后第一位专业文艺团体长调歌唱演员。后结识长调歌王哈扎布，从此开始学习和模仿哈扎布的歌和演唱技法。莫德格的演唱纯朴、自然、深沉、婉约，意义深远、凝练，同时伴有一股心旷神怡、游刃有余的厚重历史的豪迈气概。1979年，她应邀参加内蒙古首届民间音乐戏曲录音会，录制了大量的长调民歌，为弘扬民族音乐事业作出了贡献。代表作有《孤独的驼羔》、《凉爽宜人的杭盖》、《绿缎子》、《长尾马》、《枣骝马》等。莫德格相继被内蒙古师范大学、内蒙古大学聘请为客座教授，对保护、传承和发展长调歌曲作出了重要贡献。

宝音德力格尔

女，蒙古族，1934年2月生，内蒙古自治区呼伦贝尔盟新巴尔虎左旗人。2005年11月，蒙古族长调民歌入选为联合国教科文组织第三批"人类口头和非物质遗产代表作"。2006年5月，蒙古族长调民歌被列入第一批国家级非物质文化遗产名录传统音乐类，项目编号Ⅱ-3。2008

年2月，宝音德力格尔入选为第二批国家级非物质文化遗产项目代表性传承人，内蒙古自治区申报。宝音德力格尔国家一级演员。她3岁时跟随父亲学习长调民歌，11岁时她开始跟着民间艺人达巴海学唱民歌。她的嗓音甜美，音质纯净，气息充沛，行腔自如，具有高亢豪放的草原风格，是呼伦贝尔草原民歌流派的杰出代表，有"蒙古族长调歌后"之称。前苏联著名作曲家肖斯塔科维奇称其是"罕见稀有的民间女高音"。宝音德力格尔的代表作有《海骝马》、《辽阔的草原》等长调歌曲。1975年宝音德力格尔到内蒙古艺术学院任副校长，并兼任民歌教师。在教学实践中，宝音德力格尔总结了许多宝贵经验，使这一领域逐渐专业化、系统化和规范化，同时培养了一大批优秀的艺术人才。从2006年起，她的家乡内蒙古新巴尔虎左旗每年都会举办"宝音德力格尔杯"蒙古族长调大奖赛，选拔优秀的长调民歌新秀。

Ⅱ-35 蒙古族马头琴音乐

齐·宝力高

男，蒙古族，1944年2月生，内蒙古自治区科尔沁左翼中旗哈拉胡少村人。2006年5月，蒙古族马头琴音乐被列入第一批国家级非物质文化遗产名录传统音乐类，项目编号Ⅱ-35。2008年2月，齐·宝力高入选为第二批国家级非物质文化遗产项目代表性传承人，内蒙古自治区申报。齐·宝力高为国家一级演奏员。他自幼学习马头琴，14岁入内蒙古实验剧团（后改名为歌剧团）工作，专业演奏马头琴，拜师于蒙古族马头琴演奏大师桑都仍门下。引领马头琴艺术的三次重大改革，为马头琴的改革、创新、提高、发展及马头琴能够立足于世界艺术之林做出了卓越的贡献。1974年出版了马头琴历史上第一本马头琴演奏法的书；1986年创建"齐·宝力高野马马头琴乐团"，成为世界上

第一支马头琴乐队；1993年获国际青年艺术节大使奖；1996年获全国色拉西马头琴大赛大师奖；2001年被蒙古国授予成吉思汗奖章。经典代表曲目《万马奔腾》。齐·宝力高创办了内蒙古大学齐·宝力高国际马头琴学院，他的弟子遍布在世界各地。他还通过改进、融合马头琴的演奏方法，使马头琴变为易学的演奏乐器，为马头琴文化的传播作出了杰出的贡献。

Ⅱ-36 内蒙古四胡音乐

吴云龙

又名官布斯楞，男，蒙古族，1935年8月生，内蒙古自治区奈曼旗八仙筒镇朝诺海人。2006年5月，蒙古四胡音乐被列入第一批国家非物质文化遗产名录传统音乐类，项目编号Ⅱ-36。2008年2月，吴云龙入选为第二批国家级非物质文化遗产项目代表性传承人，内蒙古自治区通辽市申报。吴云龙于1942年拜奈曼旗大沁寿宁寺领衔乐师梁申德为师，系统地学习四胡演奏技艺以及工尺谱等乐学知识。吴云龙在高音四胡的琴筒、琴弦、千斤、微调、琴弓等方面进行调整和改革，取得了很好的效果。他不仅是一位杰出的四胡演奏家，同时在四胡音乐创作、乐器改革以及教育传承等方面，均作出过重要贡献。他是一位集传统与现代、民间与专业于一身的蒙古四胡艺术集大成者。他的演奏具有浓郁的民族风格、传统韵味和鲜明的时代特色。吴云龙悉心搜集、整理了300多首民歌，后因"文革"丢失，但凭记忆又重新整理出了200多首。出版了有史以来的第一部《四胡教程》。他的代表性创作曲目有《白马》、《牧马青年》、《春到科尔沁》、《欢乐的牧民》、《节日圆舞曲》、《快马加鞭》等。1975年后吴云龙相继收嘎尔迪、洪巴图等为徒弟，培养了300多名学生，不少人在国内舞台上都占有重要地位。

特格喜都楞

男，蒙古族，1934 年生，内蒙古自治区通辽市人。2006 年 5 月，蒙古四胡音乐被列入第一批国家非物质文化遗产名录传统音乐类，项目编号Ⅱ-36。2008 年 2 月，特格喜都楞入选为第二批国家级非物质文化遗产项目代表性传承人，内蒙古自治区通辽市申报。特格喜都楞出身于民间艺术世家，自幼学习蒙古四胡音乐，特格喜都楞先天性失明，但天资聪慧，7 岁就能拉四胡，19 岁开始收徒，至今已经招收了百余名蒙古族四胡爱好者成为他的弟子。特格喜都楞是非物质文化遗产的重要承载者和传递者，掌握着非物质文化遗产的丰富知识和精湛技艺，在文化保护部门的支持下，将内蒙古四胡音乐进行录音、录像，共录制四胡曲 200 多首。

辽宁

Ⅱ-39 辽宁鼓乐

刘振义

男，汉族，1914 年 9 月生，辽宁省大石桥市人。2006 年 5 月，辽宁鼓乐被列入第一批国家级非物质文化遗产名录传统音乐类，项目编号Ⅱ-39。2008 年 2 月，刘振义入选为第二批国家级非物质文化遗产项目代表性传承人，辽宁省申报。刘振义 1934 年入鼓乐班坊当学徒，师从著名鼓乐艺人纪德功。1937 年出徒从事鼓乐演奏。刘振义的演奏在传统技艺基础上形成了自己的特色，擅长演奏汉吹曲，谙熟公尺谱，笙、管、咔戏、大唢呐等乐器，演奏技巧娴熟；在声、律、调的掌握方面积累了丰富的经验，对唢呐中的"借字法"转调等高难度演奏技法熟练并有所创新，如"加花"、"变奏"等手法；能独奏、合奏，或为戏曲、秧歌伴奏，在营口

地区和海城一带有较高的知名度。代表作有《大红梅》等。20 世纪 40 年代，刘振义与刘守本、梅洪奎、陆德福、绳乃武、绳全福组成"六合鼓乐班"，并开始带徒传艺，据不完全统计，先后传承艺徒 50 余人，成名的徒弟有王连斌（艺名四满子）、刘忠义（艺名二良子）、杨凤元、邓永双、舒大宝、原忠民等，刘振义的艺徒又带艺徒，传承至今未断代，形成传承谱系。

上海

Ⅱ-40 江南丝竹

陆春龄

男，汉族，1921 年 9 月生，上海市人。2006 年 5 月，江南丝竹被列入第一批国家级非物质文化遗产名录传统音乐类，项目编号Ⅱ-40。2008 年 2 月，陆春龄入选为第二批国家级非物质文化遗产项目代表性传承人，上海市申报。陆春龄 7 岁时即向一位皮匠师傅学笛，十几岁就参加了民间丝竹团体"紫韵国乐社"，1940 年与友人组织"中国国乐团"；1952 年成为上海民族乐团的笛子独奏演员。他广蓄并纳，笛子演奏独树一帜，是南派笛艺的代表人物，素有"魔笛"、"笛王"之称。他演奏的作品，音色淳厚圆润、纯净甜美，表演细腻，气息控制功力尤深，并能自如地运用颤音、震音、历音、打音等润饰曲调。他创作的笛子曲目有《今昔》、《喜报》、《江南春》、《工地一课》、《练兵场上》等，整理的笛子曲有《鹧鸪飞》、《欢乐歌》、《小放牛》、《中花六板》等，都已成为笛子的保留曲目，《鹧鸪飞》于 1989 年获中国首届金唱片奖。1976 年至今，陆春龄任教于上海音乐学院民乐系，他教过的学生遍及海内外，笛子演奏家俞逊发就是他的学生。

周皓

男，汉族，1929年生。2006年5月，江南丝竹被列入第一批国家级非物质文化遗产名录传统音乐类，项目编号Ⅱ-40。2008年2月，周皓入选为第二批国家级非物质文化遗产项目代表性传承人，上海市申报。其代表作有《寒春风曲》、《中花六板》和《行街》等江南丝竹传统乐曲；学术论文有《江南丝竹二胡演奏艺术》、《二泉映月与江南丝竹》等。

江苏

Ⅱ-41 海州五大宫调

赵绍康

男，汉族，1922年8月生（一说1925年11月生），江苏省连云港市人。2006年5月，海州五大宫调被列入第一批国家级非物质文化遗产名录传统音乐类，项目编号Ⅱ-41。2008年2月，赵绍康入选为第二批国家级非物质文化遗产项目代表性传承人，江苏省连云港市申报。赵绍康12岁开始自学拉二胡，1960年前后师从海州五大宫调名玩友孙汝德、徐锦凤、钱乐山等学唱海州五大宫调中的部分大调，擅唱波扬、叠落、南调等。后专攻二胡伴奏，对海州五大宫调的伴奏很有研究，能随乐曲情绪的变化，演奏不同风格的曲牌，能掌握不同演唱者的风格。特别在节奏把握和调性转换上能做到恰到好处，即兴演奏性很强，善于运用"指颤音"很好地烘托玩友演唱。1970年开始招徒，其中陈竟刚、徐开达、张步高、杨庆才等都已成为各自"小曲堂"的骨干。1960年后广泛收集、整理海州五大宫调的各类曲牌、曲目25本，计200多首曲目，为海州五大宫调保留了一批丰厚的遗产。

刘长兰

女，汉族，1939年生，江苏省连云港市人。2006年5月，海州五大宫调被列入第一批国家级非物质文化遗产名录传统音乐类，项目编号Ⅱ-41。2008年2月，刘长兰入选为第二批国家级非物质文化遗产项目代表性传承人，江苏省连云港市申报。刘长兰六七岁时跟着舅舅学唱民间小调，18岁时师从钱乐山先生学唱海州五大宫调。刘长兰擅唱海州五大宫调的各个大调及套曲，她的演唱吐字清楚，对节奏把握尤显功力，声腔韵味很强，同时演唱时能熟练地为自己敲打碟琴伴奏，琴点密集而娴熟。刘长兰曾参与海州五大宫调的抢救保护工作，将自己熟记于心的海州五大宫调录下来，再请人翻译整理，保存了一批海州五大宫调的内容。代表作有长篇套曲《活捉张三郎》等。1980年后，刘长兰开始授徒，徐毓花和封秀丽是她的弟子中比较出众的，能演唱海州五大宫调的各类曲目。

Ⅱ-68 苏州玄妙观道教音乐

毛良善

原名赵福根，男，汉族，1928年4月生，江苏省苏州市人。2006年5月，苏州玄妙观道教音乐被列入第一批国家级非物质文化遗产名录传统音乐类，项目编号Ⅱ-68。2008年2月，毛良善入选为第二批国家级非物质文化遗产项目代表性传承人，江苏省苏州市申报。毛良善自幼随祖父赵子琴学道教斋醮音乐，随父赵厚福学习飞钹技艺，13岁师从沈宜生道长学习道教经典及斋醮音乐。毛良善精通道教音乐中曲弦、笛子、堂鼓演奏，尤其擅长苏州道教斋醮活动中特有的高难度技艺——飞钹。曾随道教音乐团赴中国北京、中国香港、中国澳门、中国台湾、新加坡、英国等地。1989年起，毛良善就在苏州道教音乐培训班担任教师培养道教音乐后继人才，并且收徒 4 人传授飞钹。代表作有《华夏颂》、《步虚辞》等。

薛桂元

男，汉族，1917 年生，江苏省苏州市人。2006 年 5 月，苏州玄妙观道教音乐被列入第一批国家级非物质文化遗产名录传统音乐类，项目编号Ⅱ-68。2008 年 2 月，薛桂元入选为第二批国家级非物质文化遗产项目代表性传承人，江苏省苏州市申报。薛桂元年轻时在安齐王庙拜吴子明学习法师，按照道教正一派字辈传箓授箓传承的教规，他在学法师 8 年，授箓后，为第三十代传人，法名罗玲。后在水仙庙从事道教斋醮科仪。从 1989 年至 2001 年在玄妙观从事道教斋醮科仪，1984 年后在玄妙观担任高功法师。他收徒授箓 4 人，分别是陆武铭、韩武镨、孙武钧、徐武镡。代表作有《华夏颂》、《步虚辞》等。

浙江

Ⅱ-42 嵊州吹打

尹功祥

男，汉族，1929 年 10 月生，浙江省嵊州市黄泽镇白泥坎村人。2006 年 5 月，嵊州吹打被列入第一批国家级非物质文化遗产名录传统音乐类，项目编号Ⅱ-42。2008 年 2 月，尹功祥入选为第二批国家级非物质文化遗产项目代表性传承人，浙江省嵊州市申报。嵊州吹打在演奏一支曲子时，要使用到丝竹、吹奏和锣鼓三类，丰富的表演形式使其与其他民乐有着较大的不同。乐曲悠扬，有着 110 多年的历史。尹功祥19 岁开始跟魏淇园先生学习鼓曲，1952 年开始

学习魏淇园先生创作的《春风》、《夏雨》、《秋收》、《冬乐》四季曲，擅长《春风》和《夏雨》两曲，在演奏中主要发挥打奏乐器"五小锣"作用。其中《夏雨》曲谱已被上海音乐学院出版和制作唱片收藏。因老一代艺人相继离世，嵊州吹打的传承难以为继。黄泽镇政府在白泥坎投资建设了白泥坎村民乐传承保护基地，尹功祥负责传授技艺，村民自己组织乐队，排练演习。

Ⅱ-43 舟山锣鼓

高如丰

男，汉族，1937 年 10 月生，浙江省舟山市人。2006 年 5 月，舟山锣鼓被列入第一批国家级非物质文化遗产名录传统音乐类，项目编号Ⅱ-43。2008 年 2 月，高如丰入选为第二批国家级非物质文化遗产项目代表性传承人，浙江省舟山市申报。高如丰出身锣鼓世家，10 岁左右师从父亲正式学舟山锣鼓。19 世纪 50 年代末，父亲两位哥哥和他四人组成的"高家小唱班"，集他人之长，又把高家班传统曲牌"将军令"为主体旋律的"三番锣鼓"以大小不同的几面锣与鼓组合起来进行演奏，形成了新的锣鼓曲，使原来乐曲的艺术表现力及观赏性更加丰富，少年高如丰也开始崭露头角。高家兄弟汲取民间文化的精华创作"海上锣鼓"，将民间音乐元素，譬如《鱼游春水》、《渔家号子》等曲调，应用到乐曲中，形成了具有鲜明海洋文化印记的锣鼓。整部乐曲以锣、鼓、钹、唢呐演奏为主，中间以丝竹搭配，音响洪亮，旋律奔放，气氛热烈，鼓点子奔放跳跃，表现力强，极具渔民性格和海岛生活气息，给人以极大的震撼力。《海上锣鼓》成了"舟山锣鼓"乐种史上首创的有标题的音乐作品。舟山锣鼓如今名声在外，在城乡及艺术团体各个不同层面活跃。

福建

Ⅱ-71 南音

黄淑英

女，汉族，1942年生。2006年5月，南音被列入第一批国家级非物质文化遗产名录传统音乐类，项目编号Ⅱ-71。2008年2月，黄淑英入选为第二批国家级非物质文化遗产项目代表性传承人，福建省泉州市申报。黄淑英师承林文淑、吴敬水、吴萍水、苏来好等南音著名艺人，掌握传统曲目约300首、南音的滚门108个。黄淑英能弹能唱，韵味独特，与马香缎、杨双英和苏诗咏被誉为南音乐团四大柱。黄淑英还对南音传统演唱方法进行大胆的发展和创新，按照多行当角色唱腔特色，进行独自演唱的尝试，在一出戏中，一人演唱多个角色，并唱出不同的性格特征和声音特色。她的代表作有《刑罚》、《陈三五娘》等。近年来，潜心于南音艺术教育事业，任教于泉州师院和老年大学，为全市中小学教师培养师资和南音人才，培养了李白燕、董宝颖、王彩娥、庄丽芬、蔡雅艺、黄美娥、蔡丽影、李薇薇等南音知名艺人。

苏统谋

男，汉族，1939年生。2006年5月，南音被列入第一批国家级非物质文化遗产名录传统音乐类，项目编号Ⅱ-71。2008年2月，苏统谋入选为第二批国家级非物质文化遗产项目代表性传承人，福建省泉州市申报。苏统谋出身于一个艺术世家，七八岁时开始学南音，专门学唱腔。9岁时，苏统谋正式拜师陈天保学艺，学习了南音的各种乐器以及拍板演唱，16岁加入晋江木偶剧团。后又师从苏宗家等闽南传统音乐艺人。他精通南音器乐演奏，其中尤以洞箫和琵琶见长。苏统谋还整理大量的曲谱，全面系统地整理了弦管指、谱、曲，与丁水清合作，受其协助，主编出版《弦管指谱大全》、《弦管古曲选集》十卷精装南音谱曲，这是泉州弦管史上的创举。苏统谋自年轻时就致力于南音艺术的传承工作，口传身授培养了大批学生，对上门求教的学生更是倾力教授。他的弟子有陈丽娟、陈奎珍、孙红娜等。

吴彦造

男，汉族，1926年生。2006年5月，南音被列入第一批国家级非物质文化遗产名录传统音乐类，项目编号Ⅱ-71。2008年2月，吴彦造入选为第二批国家级非物质文化遗产项目代表性传承人，福建省泉州市申报。吴彦造10岁拜师南音著名艺人苏德兴、高铭网学习南音。1952年，他被吸收到泉州高甲剧团工作，系统学习了纳音理论和作曲技巧。他作曲的《桃花搭渡》至今仍在闽南和东南亚一代流传，他编曲整理的高甲折子戏《扫秦》和《妗婆打》至今都是高甲戏保留剧目。他精通南音的词牌及各种乐器，擅长二弦、唢呐演奏，曾被誉为“闽南第一弦”。1993年，石狮市文化馆整理出版了由吴彦造作曲、泉州古城一些知名人士作词的《古韵新声集》。该书以传统的谱式为基础，创作新的南音乐曲，既保持南音原有的优美声腔韵律、演奏程式和表演艺术，又充实和丰富了南音乐曲库。吴彦造的代表作有《海峡情》、《侨乡新气象》等。吴彦造自1943年开始传艺授徒，培养了蔡友镖、蔡维镖、王阿心、纪安心、张真好等南音知名艺人。

丁水清

男，汉族，2009年1月卒。2006年5月，南音被列入第一批国家级非物质文化遗产名录传统音乐类，项目编号Ⅱ-71。2008年2月，丁水清入选为第二批国家级非物质文化遗产项目代表性传承人，福建省泉州市申报。丁水清自幼喜爱南音，后师从蔡森木、黄守万、任清水等南音师傅，擅长琵琶弹奏，精通弹奏南音的指、谱、曲。丁水清与苏统谋合作，编校了《弦管指谱大全》，被中国艺术研究院音乐研究所视为"以现代方式保护和传播南音艺术"的一大突破，目前已被国家博物馆收藏。1979 年，陈埭民族南音社成立后，丁水清开始在那里任教，培育了一大批南音人才如丁育芳、陈锦珊、丁美珊等。

苏诗永

男，汉族，1950 年生。2006 年 5 月，南音被列入第一批国家级非物质文化遗产名录传统音乐类，项目编号 Ⅱ-71。2008 年 2 月，苏诗永入选为第二批国家级非物质文化遗产项目代表性传承人，福建省泉州市申报。

夏永西

男，汉族，1949 年生，福建省泉州市人。2006 年 5 月，南音被列入第一批国家级非物质文化遗产名录传统音乐类，项目编号 Ⅱ-71。2008 年 2 月，夏永西入选为第二批国家级非物质文化遗产项目代表性传承人，福建省泉州市申报。夏永西 12 岁时，师从陈泽霖、蔡锡森等南音知名艺人学吹南嗳，擅长南音乐器演奏，尤其是南嗳、二弦。1984—2003 年，夏永西受邀在菲律宾一家南音社传授南音艺术，为南音的发展作出了巨大贡献。参加过历届国际南音大会唱，出访东南亚各国演出。1991 年出版个人专辑。

吴世安

男，汉族，1948 年生，福建省厦门市人。2006 年 5 月，南音被列入第一批国家级非物质文化遗产名录传统音乐类，项目编号 Ⅱ-71。2008 年 2 月，吴世安入选为第二批国家级非物质文化遗产项目代表性传承人，福建省厦门市申报。吴世安为国家一级演奏员。他出身南音世家，自幼受到南音艺术的熏陶，7 岁开始学南音，擅长南音洞箫的演奏及音乐作品的创作，在国内外南音界享有很高的声誉，被称为"厦门南音第一人"。代表作有《长恨歌》、《千里共婵娟》、《听见杜鹃》、《闽海渔歌长恨歌》等，其中《长恨歌》获 2002 年文化部"文华新剧目奖"。

Ⅱ-44 十番音乐（茶亭十番音乐）

陈英木

男，汉族，1933 年生，福建省福州市人。2006 年 5 月，十番音乐（茶亭十番音乐）被列入第一批国家级非物质文化遗产名录传统音乐类，项目编号 Ⅱ-44。2008 年 5 月，陈英木入选为第二批国家级非物质文化遗产项目代表性传承人，福建省福州市申报。陈英木自幼跟随父亲陈海官学习十番音乐，15 岁便随"三听月楼"乐社参加演奏活动。经过多年的艺术实践，陈英木能准确掌握各种乐器的演奏技巧，熟悉十番音乐演出时前后堂的操作，是一名全能的十番艺人，尤其擅长椰胡、逗管、狼串和清鼓的演奏。陈英木于1973 年开始组织培养十番乐队，几十年来带领茶亭十番乐队参与各种演出和接待活动，组织茶亭十番老艺人录制了 14 首十番打击乐曲。2006 年至今，致力于福州市台江区少儿十番音乐基地建设，培养十番音乐新人。

江西

Ⅱ-8 兴国山歌

徐盛久

男，汉族，1927 年生，江西省兴国县长冈乡石燕村人。2006年5月，兴国山歌被列入第一批国家级非物质文化遗产名录传统音乐类，项目编号Ⅱ-8。2008年2月，徐盛久入选为第二批国家级非物质文化遗产项目代表性传承人，江西省兴国县申报。徐盛久21岁时师承本村艺人朱先昭，学会了一整套"跳觋"的山歌表演。跳觋是道教"茅山教"的一个支派，师徒相传，徐盛久属"闾山堂盛应雷坛"，是盛应雷坛第89代弟子。目前，他是唯一掌握全套"跳觋"功夫的人。27岁时，徐盛久顺利出师，开始自己独立带班外出唱山歌。在山歌演唱中，徐盛久形成了自己独特的艺术风格，达到了炉火纯青的艺术境地，可以男扮女装，且歌且舞；可以即兴演唱，出口成章，词汇极为丰富，且形象生动；嗓音高亢嘹亮，有板有眼，韵味浓郁。60余年来，他从未间断过唱山歌和带徒传艺，在大量兴国山歌的经典精华即将失传时，他及时选拔山歌好苗子，传授山歌技艺。徐盛久还将山歌技艺传授给自己的儿子、孙子。如今徐盛久夫妇和四个儿子、两个女儿及其孙子、曾孙都会唱山歌。张祖德是徐盛久的第一位弟子。

山东

Ⅱ-22 聊斋俚曲

蒲章俊

男，汉族，1945年7月生，山东省淄博市蒲家庄人。2006年5月，聊斋俚曲被列入第一批国家级非物质文化遗产名录传统音乐类，项目编号Ⅱ-22。2008年2月，蒲章俊入选为第二批国家级非物质文化遗产项目代表性传承人，山东省淄博市申报。聊斋俚曲由清代文人蒲松龄创作，1999年10月，蒲松龄第十二世孙蒲先明历经16年时间整理出版了《聊斋俚曲集》，进一步挖掘搜集整理俚曲的曲谱。蒲章俊是蒲松龄第十一代孙，他从小跟着太祖父蒲人润学唱聊斋俚曲，后经老师的指导，演唱技巧得到提高。蒲章俊的演唱轻巧别致，韵味十足，俗中见雅，旋律优美。淄川区成立乐聊斋俚曲演唱团，蒲章俊做些指导工作，并向青年歌手传授聊斋俚曲的演唱风格和技巧。其所教授的唯一的徒弟邹锜，现在已成功举办了一场聊斋俚曲个人专场演唱会，并受邀到各地演唱聊斋俚曲。

Ⅱ-45 鲁西南鼓吹乐

伊双来

男，汉族，1949年生，山东省嘉祥县人。2006年5月，鲁西南鼓吹乐被列入第一批国家级非物质文化遗产名录传统音乐类，项目编号Ⅱ-45。2008年2月，伊双来入选为第二批国家级非物质文化遗产项目代表性传承人，山东省嘉祥县申报。伊双来8岁时开始跟随叔父伊正乾学艺，15岁开始领班独奏，17岁开始随嘉祥县演出队伍演出。他能两只手各持一支唢呐，每支唢呐吹一个音，快速轮流吹奏，音响准确、均匀、干净、脆生，充分表现出他口封的控制功力。他还会笑吹，笑吹时，他能用牙齿咬住唢呐哨片、用舌根抵住哨片吹奏，表演时嘴角自然上翘呈微笑状，仅用腹腔运气、用舌头控制。更令人惊叹的是他的"二龙戏珠"、"二龙吐须"等演艺技巧。他用两只手各持一支唢呐，将唢呐插入两个鼻孔，用鼻子吹响两支唢呐。代表曲目《农家乐》。伊双来现收徒8人，包括他的两个女儿、一个女婿，他仍用口传身授的方式教授他的徒弟们。

河南

Ⅱ-37 唢呐艺术

贺德义

男，汉族，1953年6月生，河南省沁阳市人。2006年5月，唢呐艺术被列入第一批国家级非物质文化遗产名录传统音乐类，项目编号Ⅱ-37。2008年2月，贺德义入选为第二批国家级非物质文化遗产项目代表性传承人，河南省沁阳市申报。贺德义是贺家唢呐的第六代传人、唢呐高手麻金（贺全龙）的儿子。他5岁时开始跟随父亲学习唢呐艺术，12岁起随父辈外出从艺。1977年，贺德义进入沁阳县豫剧团工作。他的唢呐艺术极具感染力，唢呐一响全场为之一振，可以让戏有魂。唢呐的传承主要以家传或口传身授为主，鲜有完整的角本和曲牌乐谱，因此传承难度较大，为了将唢呐艺术传承下去，贺德义开始自己动手整理唢呐乐谱。如今，他已整理出失传的唢呐曲谱12篇，且均已由县文化局审定。贺德义还自费将唢呐曲目中的代表作，如《一枝花》、《朝阳沟》、《南阳关》、《智斗》、《京剧脸谱》等录制成光碟，为唢呐艺术的传承留下了宝贵的文字、音像资料。目前，他已开设3个少儿音乐辅导班，招收学员60余名，并自编《浅谈硬功唢呐艺术》作为教材。

李金海

男，汉族，1948年10月生，河南省沁阳市人。2006年5月，唢呐艺术被列入第一批国家级非物质文化遗产名录传统音乐类，项目编号Ⅱ-37。2008年2月，李金海入选为第二批国家级非物质文化遗产项目代表性传承人，河南省沁阳市申报。李金海先跟随沁阳唢呐名家贾家第三代传人贾自成（绰号麻饼）学艺，是贾自成的得意门生。后又跟随马银河、贺全龙等学习唢呐演奏技艺。他继承了沁阳多家的吹奏技艺，融会贯通，在"十八板"、"紧板曲"等曲目中，擅长使用大换气方式演奏，一口气可以吹奏三五分钟。其唢呐吹奏技艺令人惊叹，他演奏的唢呐曲"九峰情话"，声音婉转圆润，技巧纯熟；《百鸟朝凤》天衣无缝。他创作并演奏的唢呐曲《沁阳春》，河南音像出版社出版发行。曾获全国唢呐邀请赛二等奖。李金海目前担任沁阳市实验小学唢呐课的特聘顾问，他还奔赴周边地区授艺。

Ⅱ-46 板头曲

宋光生

男，汉族，1940年生，河南省南阳市人。2006年5月，板头曲被列入第一批国家级非物质文化遗产名录传统音乐类，项目编号Ⅱ-46。2008年2月，宋光生入选为第二批国家级非物质文化遗产项目代表性传承人，河南省南阳市申报。宋光生14岁时拜古筝演奏家、教育家曹东扶为师学习古筝，后又学习了三弦、琵琶。宋光生采用传统技法演奏古筝，比较出彩的是大指的演奏，大量使用托劈指法，演奏酣畅淋漓，扣人心弦。其演奏的板头曲版本最为完整。代表作有《闺中怨》、《高山流水》、《闹元宵》、《上楼》、《下楼》等。近几年，他一边培育新人，一边着手整理古筝相关技法和曲谱，板头曲和大调曲的资料。2008年2月，同心出版社出版了他创作的《古筝基础训练》一书。2000年退休后，宋光生开班传授古筝，每年都有不少学生考入各类艺术院校。

湖北

Ⅱ-9 兴山民歌

陈家珍

女，汉族，1936 年生，湖北省兴山县黄粮镇户溪村人。2006 年 5 月，兴山民歌被列入第一批国家级非物质文化遗产名录传统音乐类，项目编号Ⅱ-9。2008 年，陈家珍入选为第二批国家级非物质文化遗产项目代表性传承人，湖北省兴山县申报。陈家珍 8 岁学唱山歌。1950 年，陈家珍嫁到同村的锣鼓家（打薅草锣鼓的民间艺人）世家，学会了更多的兴山民歌。陈家珍熟练掌握兴山民歌的滚音、闪音、滑音等技巧，并把这些技巧发挥到了极致。滚音清脆明亮，似珠落玉盘；闪音缠绵悱恻，有无限柔情。她年轻时能唱 400 多首山歌。1981 年，陈家珍的山歌开始为人所知，慕名而来学习和研究的人逐渐增多。她传唱山歌，使濒危的兴山民歌在户溪村得到传承，该村也成为"兴山民歌村"。

Ⅱ-46 宜昌丝竹

黄太柏

男，汉族，1935 年生，湖北省宜昌市夷陵区人。2006 年 5 月，宜昌丝竹被列入第一批国家级非物质文化遗产名录传统音乐类，项目编号Ⅱ-47。2008 年 2 月，黄太柏入选为第二批国家级非物质文化遗产项目代表性传承人，湖北省宜昌市夷陵区申报。1946 年黄太柏拜师宜昌丝竹第五代传人杨树柏的门下，学习演奏宜昌丝竹，成为宜昌丝竹的第六代传人。黄太柏还学会了自己做乐器，除了金属质地的锣、钹等，其他的几乎都可以自己制作。黄太柏带了不少徒弟，在周边乡村组建了 6 个丝竹乐班。然而学成的徒弟们大多都在 50 岁左右，少有年轻的晚辈来潜心学习。2008 年 3 月，宜昌丝竹正式纳入鸦鹊岭中心小学的校本课程内容，确定鸦鹊岭中心小学为宜昌丝竹传承基地，宜昌丝竹正式走进了课堂。

相关传承人还有杨龙洲、蔡子纯、杨树柏、冯玉亭等。

Ⅱ-48 枝江民间吹打乐

杜海涛

男，汉族，1934 年 12 月生，湖北省枝江市人。2006 年 5 月，枝江民间吹打乐被列入第一批国家级非物质文化遗产名录传统音乐类，项目编号Ⅱ-48。2008 年 2 月，杜海涛入选为第二批国家级非物质文化遗产项目代表性传承人，湖北省枝江市申报。杜海涛，17 岁开始学艺。

湖南

Ⅱ-54 土家族打溜子

罗仕碧

男，土家族，1931 年生，湖南省湘西土家族苗族自治州永顺县石堤镇人。2006 年 5 月，土家族打溜子被列入第一批国家级非物质文化遗产名录传统音乐类，项目编号Ⅱ-54。2008 年 2 月，罗仕碧入选为第二批国家级非物质文化遗产项目代表性传承人，湖南省湘西土家族苗族自治州申报。罗仕碧从小受到传统技艺的熏陶，跟随伯父罗玉轩学习"五人打溜子"，学艺不久，就能熟练地参加演奏。在日后的演奏生涯中，尤以唢呐见长。他吹奏的唢呐音色高亢、明亮，特别是循环换气技巧，更是运用自如，是当地的王牌唢呐演奏者，而他也顺理成章地成为罗家班第三代传人。代表曲目《将军令》、《安庆》等。2002 年，被张家界民族风情园聘请为师傅，传授溜子、唢呐技艺。尽管罗仕碧年事已高，但仍在指点教授儿孙们打溜子，先后带有弟子罗庭林、罗庭友、曾宪柯、王成照等，他的大儿子继承了他的溜子衣钵，二儿子学会了唢呐。

备注：罗家班土家族打溜子传承谱系，第一代，罗永彪；第二代，罗玉轩、罗习芝；第三代，罗仕碧、王贵生；第四代，罗庭林；第五代，甘召双；第六代，罗启发。

田隆信

男，土家族，1942 年 6 月生，湖南省湘西土家族苗族自治州龙山县坡脚乡人。2006 年 5 月，土家族打溜子被列入第一批国家级非物质文化遗产名录传统音乐类，项目编号 Ⅱ -54。2008 年 2 月，田隆信入选为第二批国家级非物质文化遗产项目代表性传承人，湖南省湘西土家族苗族自治州申报。田隆信七八岁时，向民间艺人向积皇、向积培学习打溜子。他精通土家族语言，擅长演唱、演奏土家族民歌及各种土家民族乐器。多年来他搜集整理了土家族溜子曲牌 230 多个，咚咚喹曲牌、摆手歌、哭嫁歌等音乐资料 120 多万字；收集整理各种地方戏曲唱腔曲牌和表演艺术资料 40 多集 260 多万字，先后写出了《湘西州曲艺音乐集成》、《中国曲艺志：龙山县资料本》、《中国民族民间器乐曲集成：湖南卷龙山县资料本》三本书；把咚咚喹创新成为一种适合舞台演奏的民族乐器。他创作、演奏的土家族咚咚喹乐曲《山寨的清晨》、《锦鸡出山》登上国际舞台，引起轰动，其中《锦鸡出山》被中央音乐学院作为"新中国成立后海内外有影响的中国民间乐曲"收藏。因其突出贡献，田隆信被誉为"土家族音乐的活灵魂"及"中国引领原生态土家民乐的人"。

广东

Ⅱ -11 梅州客家山歌

余耀南

男，汉族，1938 年 10 月生，广东省大埔县青溪镇长丰村人。2006 年 5 月，梅州客家山歌被列入第一批国家级非物质文化遗产名录传统音乐类，项目编号 Ⅱ -11。 2008 年，余耀南入选为第二批国家级非物质文化遗产项目代表性传承人，广东省梅州市申报。余耀南自幼酷爱山歌，母亲和众多爱唱山歌的村民，是余耀南的启蒙老师。1958 年，其被吸收到大埔白玉歌剧团当演员，跟随客家山歌传承人张照英学会了创作山歌和五句板的基础知识，并成就了后来他在即兴山歌、打竹板上的造诣。余耀南特别善于对歌，语言机巧，对答如流，擅长竹板打击，技巧高超，在梅州地区有广泛的影响，有"梅州山歌大师"之称。余耀南十分注重山歌的传承和发展，以搜集山歌原始资料、创作和演唱山歌、培养山歌文艺骨干为己任。他与人合著的《客家山歌知识大全》获广东文艺界的最高奖项"鲁迅文艺奖"。从 20 世纪 60 年代开始至今收徒近 500 人，整理编辑出版了《客家俗语精选》、《大埔县民间故事传说笑话集》、《客家山歌知识大全》等大量有关客家山歌、民间故事、客家俗语的论著。人们把他及汤明哲、周天和、黄火兴三位山歌大师称为"客家山歌的宝贝"。

Ⅱ -12 中山咸水歌

吴志辉

男，汉族，1939 年生，广东省中山市坦洲镇人。2006 年 5 月，中山咸水歌被列入第一批国家级非物质文化遗产名录传统音乐类，项目编号Ⅱ-12。2008年2月，吴志辉入选为第二批国家级非物质文化遗产项目代表性传承人，广东省中山市申报。吴志辉自小爱唱咸水歌，通过口耳相传来学习中山咸水歌，1955年参加村宣传队公开演唱咸水歌。吴志辉擅长随时随地即兴演唱，特别是在唱情、唱景、唱人、唱物方面有很高的"爆肚"才华，而且很好地保留了原生态唱法，声调高昂，保持高八度男声独特唱法，很有特色。代表作有《送郎一首花手帕》。近年来他还致力于中山咸水歌的传承工作，天天用录音笔录下自己记得的歌曲，要将这些留给后人。而且定期会在坦洲文化广场义教咸水歌，并集合了一支自发组织的"咸水歌队"。坦洲镇政府开展咸水歌进入学校、培养本地咸水歌教育工作者、成立村级民歌组织、举办民歌竞赛等多种活动。为保护和发展中山的非物质文化遗产作出了积极努力。

Ⅱ-49 广东音乐

陈哲深

男，汉族，1938年生，2008年卒。2006年5月，广东音乐被列入第一批国家级非物质文化遗产名录传统音乐类，项目编号Ⅱ-49。2008年2月，陈哲深入选为第二批国家级非物质文化遗产项目代表性传承人，广东省台山市申报。陈哲深中学时跟陈品豪学习琵琶、笛子、高胡，后随李凌、刘天一学艺，从事音乐演奏和创作40多年。他善于将自己的演奏技巧与乐曲的意境融为一体，其高胡演奏琴音优美，音色委婉动听。陈哲深的代表作有《走不出这片土地》、《游台山国华电厂》等，《水乡儿女绣春色》获国家文化部"群星奖"优秀奖及省港澳首届广东音乐大赛演出奖和创作奖。出版了《陈哲深音乐作品选集》、《台山民间歌曲集》等著作。1971年开始，陈哲深从事音乐的收集整理、研究工作，收集记录整理了大批民歌资料。

Ⅱ-50 潮州音乐

黄义孝

男，汉族，1935年5月生，广东省潮州市人。2006年5月，潮州音乐被列入第一批国家级非物质文化遗产名录传统音乐类，项目编号Ⅱ-50。2008年2月，黄义孝入选为第二批国家级非物质文化遗产项目代表性传承人，广东省潮州市申报。1946年，黄义孝跟随邱猴尚学习潮州大锣鼓。后又向许裕兴、陈松、林顺泉等各门派的潮州大锣鼓名师学习《三休樊梨花》、《大战牛头山》、《反朝歌》、《复中兴》等传统牌子。黄义孝掌握了潮州大锣鼓的所有传统牌子，形成了自己的独特风格，其锣鼓演奏风格自然淳朴、刚健激昂，艺术表现丰富多彩、精湛超越。黄义孝从1960年起开始单独或联合创作潮州大锣鼓曲目，其中由其独自创作的《钢水奔流》、《强渡乌江》等比较著名，特别是《强渡乌江》集中了潮州大锣鼓三大流派的鼓法特点，成为经典。黄义孝1960年担任了汕头市民间音乐曲艺团青少年鼓乐队的辅导教师，多年来致力于潮州大锣鼓的传承，先后培养了黄唯奇、陈佐辉、蔡琦、黄玉鹏等400多名鼓手。

林立言

男，汉族，1932年11月生，广东省汕头市人。2006年5月，潮州音乐被列入第一批国家级非物质文化遗产名录传统音乐类，项目编号Ⅱ-50。2008年2月，林立言入选为第二批国家级非物质文化遗产项目代表性传承人，广东省汕头市申报。林立言10岁学习司鼓，并师从潮阳笛套古乐大师郑国瑞学习笛套古乐、大锣鼓、苏锣鼓乐曲、牌子的吹奏及相应鼓点科介等，又先后师从高丁城、王邦豪、郑开创、林光等学习司鼓，跟随许叙乐学外江司鼓。在名师的指点下，林立言很快就学会了潮州音乐和潮阳笛套音乐的司鼓吹拉弹奏全套技艺。林立言最感兴趣的就是笛套音乐，专心研究套笛技艺，博采众长，练就自成一体、大方准确，刚柔相济的演奏风格，又成长为创作乐谱的艺人。他与师弟蔡衍生共同收集保护和整理的潮阳笛套音乐曲谱多达 20 余首。1997 年他创建潮阳震东城笛套锣鼓队和潮阳潮声丝竹社，全力打造传承队伍与基地，在他的悉心呵护培育下，这支队伍已培养了多名笛套音乐演奏员。

杨秀明

男，汉族，1935 年生，广东省潮州市人。2006 年 5 月，潮州音乐被列入第一批国家级非物质文化遗产名录传统音乐类，项目编号 Ⅱ -50。2008 年 2 月，杨秀明入选为第二批国家级非物质文化遗产项目代表性传承人，广东省汕头市申报。杨秀明既是古筝演奏家又是作曲家，是潮州筝派代表人物。他自小喜欢潮乐，师从古筝大师徐涤生，经过不懈的艺术探索，形成自己独特的艺术风格，雅而不矜，丽而不俗，动中有静，静中有动，清朗恬淡，光明洞徹，达到了天人合一的境界。他打谱并演奏的《十杯酒》、《千声佛》、《西江月》、《大八板》等多首筝曲被广为传习。1981 年，中国北京古筝研究会会长曹正大力推荐，应邀至中国音乐学院执教，培养学生众多，著名者有邱大成、林玲、李淑萍、王勇、李萌、周望、李景侠、刘顺等。

Ⅱ -51 广东汉乐

罗邦龙

男，汉族，1942 年生，广东省大埔县人。2006 年 5 月，广东汉乐被列入第一批国家级非物质文化遗产名录传统音乐类，项目编号 Ⅱ -51。2008 年 2 月，罗邦龙入选为第二批国家级非物质文化遗产项目代表性传承人，广东省

大埔县申报。罗邦龙幼年即跟随村里的俱乐部小乐队学习汉乐乐器演奏，后来在李德礼的指导下演奏技艺日趋成熟。1965 年，罗邦龙考进了大埔县汉剧团，师从余敦昌，学会了客家大锣鼓。他能熟记各式锣鼓经，掌握琴艺、音色、节奏及各种乐器演奏特点，拉头弦饱满豪爽，司鼓鼓点匀称，演奏风格独特，成为汉剧团首席头弦领奏和汉乐大锣鼓鼓手。代表作有《江河水》、《长城随想》、《渔樵问答》、《单点尾》、《玉山坡》等。为培养广东汉乐人才，大埔县连续多年举办暑期青少年广东汉乐培训班，免费为喜爱汉乐的青少年培训二胡、扬琴、古筝、琵琶等科目，罗邦龙担当重任，共培养学员数百人。

广西

Ⅱ -28 侗族大歌

吴光祖

男，侗族，1944 年生，广西壮族自治区三江侗族自治县梅林乡新民村人。2006 年 5 月，侗族大歌被列入第一批国家级非物质文化遗产名录传统音乐类，项目编号 Ⅱ -28。2008 年 2 月，吴光祖入选为第二批国家级非物质文化遗产项目代表性传承人，广西壮族自治区三江侗族自治县申报。吴光祖出生在一个善唱侗族大歌的家庭，受家庭熏陶和影响，他 13 岁开始学唱侗族大歌。1985 年，他在村里组织成立侗族大歌文艺队，去周围各个地区去演唱。多年来，他走村串寨，为大家传授侗族歌曲。后组织大歌队到北京、上海等城市参加各种文艺演唱会，使"三江侗族大歌"名扬海内外。2004 年，三江侗族大歌在北京录制了音响唱片的音碟——《侗族大歌》。2004 年，吴光祖开始组织举办

侗乡歌会，成为传承与发扬侗族大歌的重要载体和平台。他的女儿吴雪梅是其继承人，此外，他还收了4女2男总共6个得意弟子。2008年，吴光祖受聘于梅林小学，担任专职的侗族大歌传授教师。

覃奶号

女，侗族，1945年生，广西壮族自治区三江侗族自治县富禄乡高安村人。2006年5月，侗族大歌被列入第一批国家级非物质文化遗产名录传统音乐类，项目编号Ⅱ-28。2008年2月，覃奶号入选为第二批国家级非物质文化遗产项目代表性传承人，广西壮族自治区三江侗族自治县申报。覃奶号是祖传侗族大歌第二代传人，师承其姑妈，是侗族大歌歌师。她的歌声婉转悠扬，模拟自然界的高山流水，虫鸣鸟叫的声音更是清脆动人。由于覃奶号没上过学，语言上的障碍使他一直局限在家乡，但她的歌确实深受当地群众认可，是当地著名的歌师。1956年至今，她一直在指导村业余文艺队、村小学银铃少儿班演唱侗族大歌。在她的辅导下，当地少儿版童声合唱的侗族大歌早已声名远扬。

Ⅱ-32 那坡壮族民歌

罗景超

男，壮族，1941年生，广西壮族自治区那坡县人。2006年5月，那坡壮族民歌被列入第一批国家级非物质文化遗产名录传统音乐类，项目编号Ⅱ-32。2008年2月，罗景超入选为第二批国家级非物质文化遗产项目代表性传承人，广西壮族自治区那坡县申报。罗景超从1973年开始拜师学唱山歌，20岁时就可以不重复连唱500首山歌，是有名的"山歌王"。罗景超经常受邀参加各级比赛，屡创佳绩。1988年，他从单位离职，一直致力于收集整理口传山歌资料。他先后收集整理出版《那坡壮族山歌》两大卷，

收集创作山歌100套上万首，同时遴选了一批通俗易懂、雅俗共赏的山歌，通过专业歌手演唱，制作一系列高质量的山歌影像资料。罗景超开办培训班，培养歌手；他还依托那坡县"山歌进校园"这个平台，利用每年8月至12月间，在县文化馆开办两期中小学生山歌歌手培训班。

海南

Ⅱ-14 儋州调声

唐宝山

男，汉族，1949年12月生，海南省儋州市三都镇唐屋村人。2006年5月，儋州调声被列入第一批国家级非物质文化遗产名录传统音乐类，项目编号Ⅱ-14。2008年2月，唐宝山入选为第二批国家级非物质文化遗产项目代表性传承人，海南省儋州市申报。唐宝山自幼酷爱山歌，20世纪60年代是当地有名的歌手。20世纪70年代，唐宝山开始了儋州调声山歌的创作和编剧工作；1976年在儋州北部大寨办山歌队任总编导期间，编写山歌2000多首；在1979年的儋州山歌调声大赛中，他一唱成名。从1980年起，他成立了山歌剧团，担任剧团团长、导演和编剧，编写山歌剧本，把调声作为山歌剧的主要唱腔，自任主要角色。至今，先后编写调声500多首，山歌剧本40多本，培养了歌手和演员100多人。他2001年参加"广西南宁国际民歌节"演唱获优秀奖。代表作有《观音庙》、《藕断丝连》、《秦香莲》、《儿大爹三岁》等。

重庆

Ⅱ-15 石柱土家啰儿调

刘永斌

男，土家族，1941年生，重庆市石柱土家族自治县黄水镇枫木乡村人。2006年5月，石柱土家啰儿调被列入第一批国家级非物质文化遗产名录传统音乐类，项目编号Ⅱ-15。2008年2月，刘永斌入选为第二批国家级非物质文化遗产项目代表性传承人，重庆市石柱土家族自治县申报。刘永斌早年受到父辈影响，迷上了土家民间艺术，能唱上百首"啰儿调"民歌，对土家啰儿调有比较深的领悟，风格突出，演唱情真意切，音准、节奏控制得较好，被誉为"啰儿调"歌王。他将"啰儿调"唱出土家山寨，多次在各类比赛中获奖。代表作有《太阳出来喜洋洋》、《长年歌》、《怀胎歌》、《小情郎》等。目前石柱土家啰儿调的传承面临困境，刘永斌仍在继续挖掘、整理土家啰儿调民歌。

Ⅱ-25 南溪号子

杨正泽

男，土家族，1952年6月生，重庆市黔江区鹅池镇南溪村人。2006年5月，南溪号子被列入第一批国家级非物质文化遗产名录传统音乐类，项目编号Ⅱ-25。2008年2月，杨正泽入选为第二批国家级非物质文化遗产项目代表性传承人，重庆市黔江区申报。杨正泽自幼喜爱"南溪号子"，在生产生活中，向当地老一辈南溪号子喊唱者学习，很快就学会了南溪号子的重要腔板，成为当地的南溪号子能手，多次在各项文艺赛演中荣获大奖，在黔江区山歌比赛中获得"歌王"称号。代表作品有《大板腔》、《三

台深》、《打闹台》、《南河号》、《唢呐号》、《一枝号》和《九道拐》等。目前南溪号子濒临传承断代的危险，杨正泽努力收集整理部分重要资料，并向年轻人传讲南溪号子。2011年，杨正泽的学生李林江和胡小燕在重庆市国家级非物质文化遗产代表性传承人学徒竞技大赛中荣获三等奖，杨正泽也获"传承指导优秀奖"。

Ⅱ-26 木洞山歌

潘中民

男，汉族，1936年生，重庆市巴南区木洞镇景星村人。2006年5月，木洞山歌被列入第一批国家级非物质文化遗产名录传统音乐类，项目编号Ⅱ-26。2008年2月，潘中民入选为第二批国家级非物质文化遗产项目代表性传承人，重庆市巴南区申报。潘中民13岁开始学唱山歌，他是家里第七代传人。潘中民老人现在仍记得3000多首山歌、200多个调子。但目前缺少传承人。

Ⅱ-52 吹打（接龙吹打）

唐佑伦

男，汉族，1960年生，重庆市巴南区接龙镇塘边村人。2006年5月，吹打（接龙吹打）被列入第一批国家级非物质文化遗产名录传统音乐类，项目编号Ⅱ-52。2008年2月，唐佑伦入选为第二批国家级非物质文化遗产项目代表性传承人，重庆市巴南区申报。唐佑伦出身于吹打世家，自幼受到家庭熏陶，从10岁开始随父亲唐家照学习丫溪调，后又向跳石镇唐旭洲学习昆词，1996年师从重庆民间艺术家翁庆华学习青山调吹打，2003年向全国著名唢呐演奏家罗庆忠学习唢呐吹奏技术。经多方名师指教，唐佑伦能演奏多种乐器，尤以唢呐技艺精湛，击打乐器运用娴熟，是巴渝吹打中的著名乐手

之一。1999 年，接龙吹打在重庆民间艺术节上一举获特等奖，后又参加了各种演出，使接龙吹打被人们逐渐认识和接受。唐佑伦参与接龙吹打的普查，整理相关资料，为接龙吹打的保护和传承做出努力。他还担负培养和训练当地的吹打队伍，培养新一代的传承人。

Ⅱ-52 吹打（金桥吹打）

张登洋

男，汉族，1963 年出生，汉族，重庆市万盛区金桥镇人。2006 年 5 月，吹打（金桥吹打）被列入第一批国家级非物质文化遗产名录传统音乐类，项目编号Ⅱ-52。2008 年 2 月，张登洋入选为第二批国家级非物质文化遗产项目代表性传承人，重庆市万盛区申报。张登洋自幼喜爱音乐，于 1977 年拜本村吹打艺人许绍华为师，学习吹打；后又师从吹打高手向紫钦之子向仕林；1989 年又拜重庆市民间优秀艺术家翁庆华为师。张登洋所学吹打继承了正宗的"马风派"风格，在吹奏中保持独特的换气法，一口气能吹 5 分钟以上。他还根据金桥吹打第四代传人向紫钦后裔的描述复制出青山莽台唢呐。近些年，张登洋还致力于金桥吹打的调查、整理和挖掘工作，现在已经整理出 80 余首濒临失传的曲谱。代表作有《急马出山》、《青山水落音》、《快乐的山村》、《鸡公调》、《蛟龙翻身》等。他还为金桥小学校培训少儿吹打学员 30 多人，但传承前景依然不容乐观。

Ⅱ-53 梁平癞子锣鼓

刘官胜

男，汉族，1955 年生，重庆市梁平县龙门镇三官村人。2006 年 5 月，梁平癞子锣鼓被列入第一批国家级非物质文化遗产名录传统音乐类，项目编号Ⅱ-53。2008 年 2 月，刘官胜入选为第二批国家级非物质文化遗产项目代表性传承人，重庆市梁平县申报。它是流行于重庆市梁平县，以锣和鼓为主要乐器、以"18 癞子"为主要曲调的梁平癞子锣鼓一种打击民乐。刘官胜自 6 岁开始随父亲学习梁平癞子锣鼓，能非常熟练地打好 36 个"癞子"，是当地远近闻名的锣鼓手，已逐渐成长为癞子锣鼓第四代传人。癞子表演需要 4 人组合才能完成，他的三个兄弟刘官银、刘官友、刘官应也都继承这一"衣钵"，组建癞子锣鼓队，走村串户参与演出。代表作有《老癞子》、《金银灯》、《战灵芝》、《急尾子》等。多年来刘官胜毫无保留地向前来拜师的锣鼓爱好者们授艺，现已教授徒弟 36 人，其子刘清勇已成为第五代传人。2012 年刘官胜获"中华非物质文化遗产传承人薪传奖"。但总体上梁平癞子锣鼓传承并不乐观。

四川

Ⅱ-16 巴山背二歌

陈治华

男，汉族，1944 年 6 月生，四川省巴中市巴州区白庙乡甘沟河村人。2006 年 5 月，巴山背二歌被列入第一批国家级非物质文化遗产名录传统音乐类，项目编号Ⅱ-16。2008 年 2 月，陈治华入选为第二批国家级非物质文化遗产项目代表性传承人，四川省巴中市申报。陈治华 19 岁当上"背二哥"，以帮人背东西为生。在长期背送货物的过程中，学习传唱老一辈背运工唱巴山背二歌，逐渐熟悉和掌握了这种独特的民间音乐。他能唱出 1000 多首山歌，嗓音清脆高亢，每首歌都演唱得圆润、饱含深情，是当地有名的"山歌大王"。由于现代化进程的加剧，背运业由原来的长途背运演变为今天的短途背运，且从业人数越来越少，"巴山背二歌"正逐步失去生存和发展的空间，濒临危机，亟须保护。陈治华收了10多个热爱山歌的徒弟，免费教他们唱山歌，让山歌代代相传。

Ⅱ-27 川北薅草锣鼓

王绍兴

男，1933年生，四川省青川县青溪镇阴平村人。2006年5月，川北薅草锣鼓被列入第一批国家级非物质文化遗产名录传统音乐类，项目编号Ⅱ-27。2008年2月，王绍兴入选为第二批国家级非物质文化遗产项目代表性传承人，四川省青川县申报。王绍兴从小就对北薅草锣鼓这种山歌很感兴趣，不断地向歌唱能手学习，成为远近闻名的"川北薅草锣鼓"民间艺术家。王绍兴不断搜集历代先贤遗留下来的优秀民间音乐文化，并向人们口授心传川北薅草锣鼓的传统唱词和即兴唱词技术。

Ⅱ-38 羌笛演奏及制作技艺

龚代仁

男，羌族，1934年生，四川省茂县雅都乡人。2006年5月，羌笛演奏及制作技艺被列入第一批国家级非物质文化遗产名录传统音乐类，项目编号Ⅱ-38。2008年2月，龚代仁入选为第二批国家级非物质文化遗产项目代表性传承人，四川省茂县申报。龚代仁13岁就跟着父亲学习演奏和制作羌笛，20世纪80年代以来对传统演奏曲目和羌笛制作上的不足进行了改进，其制作的羌笛曾在日本、法国和中国台湾等国家和地区展演，其中《丰收庆》在国际民间艺术节上获一等奖。龚代仁曾经带过几名徒弟，茂县歌舞团团长陈海元就是其中之一。但目前羌笛

演奏和制作人数有限，为了使这一技艺能够传承下去，龚代仁受邀在学校教授小学生羌笛演奏技艺，选拔一些学生，让他们逐步掌握羌笛演奏技巧，目前已带徒多名。

贵州

Ⅱ-28 侗族大歌

吴品仙

女，侗族，1945年8月生，贵州省黎平县永从乡三龙侗寨人。2006年5月，侗族大歌被列入第一批国家级非物质文化遗产名录传统音乐类，项目编号Ⅱ-28。2008年2月，吴品仙入选为第二批国家级非物质文化遗产项目代表性传承人，贵州省黎平县申报。吴品仙6岁起开始学歌，师从吴挺会、奶娘替等，后被选到北京民族歌舞团当侗歌演员，后回家乡工作。吴品仙在不断地摸索和总结中提高技艺，她能以歌传情，以歌养心，充分展现侗歌的纯朴之音，让世间的纷扰和喧嚣在侗歌纯朴的音律下得以净化，把人带到一个恬静的心灵世界。1996年，退休后，吴品仙与吴学桂、吴美芳一起组建了"三龙侗歌队"，举办业余侗歌班。现在吴品仙老人将原汁原味的侗族大歌唱法传承给喜欢的人们，目前已经有学生2000余人，杰出者如吴永琴、吴国英、吴烯立等10位歌手。2012年，吴品仙获"首届中华非物质文化遗产传承人薪传奖"。

Ⅱ-29 侗族琵琶歌

吴家兴

男，侗族，1942年12月生，贵州省榕江县寨蒿镇晚寨侗寨人。2006年5月，侗族琵琶歌被列入第一批国家级非物质文化遗产名录传统

音乐类，项目编号Ⅱ-29。2008年2月，吴家兴入选为第二批国家级非物质文化遗产项目代表性传承人，贵州省榕江县申报。吴家兴从1957年起向本寨歌师吴华江学习弹琵琶技艺和学唱琵琶歌，到1970年他已熟练地掌握琵琶的弹奏技艺和琵琶歌的演唱，学会歌堂对歌的全套礼仪和所有的传统歌词，并借用汉字记侗音的方式记下了9个歌本。现能编唱新歌，成为当地著名歌手。改革开放后，他开始培养琵琶歌传承人，他广收学生，很多已经成长为歌师。他的徒弟吴兆文、吴长良等学有所成，已熟练地掌握琵琶歌的演唱技艺和读通汉字记侗音歌本，名扬各地歌堂。还有吴长姣已成长为省级传承人。

吴玉竹

女，侗族，1967年9月生，贵州省黎平县尚重镇务弄村人。2006年5月，侗族琵琶歌被列入第一批国家级非物质文化遗产名录传统音乐类，项目编号Ⅱ-29。2008年2月，吴玉竹入选为第二批国家级非物质文化遗产项目代表性传承人，贵州省黎平县申报。1980年，吴玉竹正式向吴士恒拜师学艺。在老歌师的精心调教下，吴玉竹不仅学会了弹唱，还能自己编些词，她的歌声婉转动听，深受十里八乡侗族人民的喜爱。多年来，参加省、市、县、乡的各级表演和比赛，也远赴北京参加会演。代表作有《处世歌》、《无价之宝》、《勤俭立身之本》、《六道曼阳》、《寄帕姑妹》、《戏让》、《二十四节气》、《弄归者》、《朝平雷》等。她先后编了"情歌"、"赞歌"、"敬老歌"、"孝顺歌"、"建桥歌"、"建校歌"、"起房造屋歌"、"婚姻嫁娶歌"等，现存歌7本，歌词500余首。她编的歌主题鲜明，通俗易懂，押韵上口。1989年起开始教授琵琶歌，也担任务弄小学艺术班老师，先后有吴兰、吴清狗、吴清岜、胡爱书等12个徒弟。

Ⅱ-60 铜鼓十二调

王芳仁

男，布依族，1930年10月生，贵州省镇宁布依族苗族自治县扁担山乡革老坟村人。2006年5月，铜鼓十二调被列入第一批国家级非物质文化遗产名录传统音乐类，项目编号Ⅱ-60。2008年2月，王芳仁入选为第二批国家级非物质文化遗产项目代表性传承人，贵州省镇宁布依族苗族自治县申报。王芳仁5岁时就跟随父亲王兰友学习敲击铜鼓，继承了布依族铜鼓十二调的敲击演奏技艺。他敲击的铜鼓节奏明快感，铿锵有力、古朴悠远，其击鼓姿势优美，表情激昂而生动，声情并茂，含义深刻，感召力强，具有浓厚的布依族音乐文化色彩。王芳仁的主要代表作有布依族铜鼓的"祭祀调"、"喜庆调"、"祭鼓调"、"散花调"、"三六九调"等鼓调。他多次参加省、市、县及当地周边地区的重大活动演出，多次受到群众好评。1978年，按照传内不传外，传男不传女的传承规矩，王芳仁选择了同支系的两个小伙子王科、王芳标收为弟子，并举行了拜师和拜鼓仪式，通过言传身教进行传授，他们已经可以登台表演。

王永占

男，布依族，1941年1月生，贵州省贞丰县小屯乡纳秧村人。2006年5月，铜鼓十二调被列入第一批国家级非物质文化遗产名录传统音乐类，项目编号Ⅱ-60。2008年2月，王永占入选为第二批国家级非物质文化遗产项目代表性传承人，贵州省贞丰县申报。布依族铜鼓十二调的传承来源于家族祖传，1962年王永占师承其堂哥王永正学习铜鼓十二调。由于布依族没有文字，没有记录谱子，布依族铜鼓十二调面临失传的危险。王永占通过多方走访请教，后来在其舅舅梁光合等老人的帮助下，以汉字音译的方式来记录鼓谱调子，才把铜鼓十二调整理记录下来，熟练掌握了铜鼓的演奏技巧。他的代表作有《布依族铜鼓十二调》、《上天堂调》等。多年来，王永占带领铜鼓队在各地演出，广受好评。近年来，王永占积极开展铜鼓十二调传承活动，但按照传承规矩，要在农历正月间或七月间学习，并且需要一系列的仪式，且在家族内传承，传男不传女，所以他先后传授铜鼓十二调演奏技艺给兄弟王永平、长子王昌禄、侄子王昌品、王昌福、孙子王隆丰人。

云南

Ⅱ-17 傈僳族民歌

王利

男，傈僳族，1929年生，云南省泸水县古登乡干本村人。2006年5月，傈僳族民歌被列入第一批国家级非物质文化遗产名录传统音乐类，项目编号Ⅱ-7。2008年2月，王利入选为第二批国家级非物质文化遗产项目代表性传承人，云南省泸水县申报。王利自幼酷爱民歌演唱，先后拜村中德高望重的益邓、郁丽仙二位老艺人为师，学习傈僳族民歌演唱和"期奔"弹奏，并形成自己独特的演唱风格。他弹唱的傈僳"期奔"功底深厚，技艺高超，在当地傈僳族中影响甚广。他能针对不同的场合演唱不同的曲调，比如傈僳族传统节日、进新房、婚嫁、丧事等。擅长演唱情歌小调，吟唱古歌和叙事长诗，他能即兴创作，自如演唱。他演唱的傈僳民歌"三大调"能给人一种内在的深厚力量，让听众回味无穷。1993年在本村成立民族民间文艺队，王利将自己掌握的吹、拉、弹、唱传给王秀和等6人，现在仍为傈僳族民歌的保护和传承工作而努力。

Ⅱ-30 哈尼族多声部民歌

车格

女，哈尼族，1965年生，云南省红河哈尼族彝族自治州红河县阿扎河乡普春村人。2006年5月，哈尼族多声部民歌被列入第一批国家级非物质文化遗产名录传统音乐类，项目编号Ⅱ-30。2008年2月，车格入选为第二批国家级非物质文化遗产项目代表性传承人，云南省红河哈尼族彝族自治州申报。1974年，车格拜马阿楼为师开始学艺，主要学习哈尼族山歌和哭丧、婚嫁歌。1985年，车格开始学习哈尼族多声部民歌的各种曲目和技法。在哈尼族多声部音乐《吾处阿茨》、《欧楼兰楼》等作品中担任女高音主旋律的主唱和"梅琶"（野姜叶）乐器的伴奏，是传唱哈尼族多声部民歌不可或缺的骨干传承人。2003年参加中央电视台"西部民歌大赛"，同年被红河州文化局、州民族事务委员会授予"民间音乐艺人"称号，曾多次应邀到国内外参加交流演出。目前带有白斗收、车波衣、车白优、陈皮优等5位女徒弟。

陈习娘

男，哈尼族，1965年12月生，云南省红河哈尼族彝族自治州红河县阿扎河乡普春村人。2006年5月，哈尼族多声部民歌被列入第一批国家级非物质文化遗产名录传统音乐类民间音乐类，项目编号Ⅱ-30。2008年2月，陈习娘入选为第二批国家级非物质文化遗产项目代表性传承人，云南省红河哈尼族彝族自治州申报。1975年，陈习娘拜张和阿、张明呼等师傅学习哈尼族的背马、山歌、乐器、舞蹈等。多年来，陈习娘通过刻苦学习，掌握了哈尼族多声部民歌吹、拉、弹、唱的各种技艺，能表现出哈尼族多声部民歌的传统旋律、调式、音色、技法等精髓，他也能自己制作乐器。在哈尼族多声部音乐《吾处阿茨》演唱中担任主旋律演唱和小三弦的伴奏。与车格一起，曾多次应邀到国内外参加交流演出。目前收有杨泽干等5位徒弟，在哈尼族多声部民歌传承方面作出了很大努力。

Ⅱ-31 彝族海菜腔

后宝云

男，彝族，1942年生，云南省红河哈尼族彝族自治州石屏县龙朋镇巴窝大寨人。2006年5月，彝族海菜腔被列入第一批国家级非物质文化遗产名录传统音乐类，项目编号Ⅱ-31。2008年2月，后宝云入选为第二批国家级非物质文化遗产项目代表性传承人，云南省红河哈尼族彝族自治州申报。后宝云自幼受父母的熏陶和当地民俗民风的影响，对当地传统的民族民间歌舞十分喜爱，拜当地有名的民歌手李正昌、李发忠为师，经指点和勤学苦练，学会了滇南四大腔（海菜腔、山莜腔、五三腔、四腔）、冷腔，掌握了100多套烟盒舞套路，成为当地海菜腔和烟盒舞高手，在当地享有"海菜腔师傅"、"曲子老板"、"款白话大王"、"烟盒舞能手"的美称。20多年来，后宝云精心传艺，先后培养学员300多人。其弟子李怀秀多次参加国内外的演出活动及赛事活动，并获得10多个奖项。近年来后宝云不断受邀参加各种商业、非商业演出活动，为彝族海菜腔的传播和发展作出了不懈的努力和突出的贡献，2012年获"首届中华非物质文化遗产传承人薪传奖"。

阿家文

男，彝族，1939年生，云南省红河哈尼族彝族自治州石屏县哨冲镇曲左村人。2006年5月，彝族海菜腔被列入第一批国家级非物质文化遗产名录传统音乐类，项目编号Ⅱ-31。2008年2月，阿家文入选为第二批国家级非物质文化遗产项目代表性传承人，云南省红河哈尼族彝族自治州申报。阿家文12岁开始跟随父亲阿成宝学习

四弦演奏，18岁时基本掌握了当地彝族民间调子。后熟练掌握滇南四大腔"海菜腔"、"山莜腔"、"五三腔"、"四腔"等民歌演奏技法，形成独特的"阿氏"流派，被当地人誉为"海菜师傅"、"曲子老板"。他还精于制作四弦琴，技艺精湛。1993年，受中央音乐学院田丰教授邀请到云南民族文化艺术传习馆传授彝族滇南四大腔，在多年的传习教员生涯中，阿家文受邀到多个国家进行文化交流和演出，将古老朴素的彝族四弦琴旋律展示给无数个不同语言民俗的国度。近几年，阿家文主动在村里办起民间歌舞传习班。

陕西

Ⅱ-61 西安鼓乐

赵庚辰

男，汉族，1918年7月生，陕西省华县人。2006年5月，西安鼓乐被列入第一批国家级非物质文化遗产名录传统音乐类，项目编号Ⅱ-61。2008年2月，赵庚辰入选为第二批国家级非物质文化遗产项目代表性传承人，陕西省申报。赵庚辰14岁时开始学习西安鼓乐，15岁起师从梁振源等艺人学习韵曲及笙、管子、笛子的演奏技艺。赵庚辰是目前唯一系统全面掌握西安鼓乐曲式的传承者、演奏者、研究者和教育者，是西安鼓乐的第四代传人。目前演奏的很多西安古乐曲目都是赵庚辰重新加工创造的。因其在西安古乐中的重要地位，他被人们称为长安鼓乐的"活化石"、西安鼓乐一代宗师。赵庚辰以超凡的记忆力吟唱、口述鼓乐乐谱，把自己的所学传授给弟子们。他打破行规，无论男女、亲疏，凡愿意学习者，他都乐意传授，因而培养了大批西安古乐传人，如有关门女弟子马西平、嫡传弟子赵筱民等。

顾景昭

男，汉族，1946年生，陕西省周至县南集贤镇东村人。2006年5月，西安鼓乐被列入第一批国家级非物质文化遗产名录传统音乐类，项目编号Ⅱ-61。2008年2月，顾景昭入选为第二批国家级非物质文化遗产项目代表性传承人，陕西省申报。顾景昭16岁刚初中毕业回村，便报名参加鼓乐社，跟随师傅王顺堂、陈友等学司鼓。他的演奏细腻与热情并重，善于做到以情化曲，以曲育情。他诠释作品独具匠心，手法雄浑大气，别具一格，具有鲜明的风格特征。他在表演中常常合着旋律的进展，随时使用不同的鼓，他以敲鼓轻重缓急疏密程度来引领演奏，使曲子富有强烈的感染力，散发出西安鼓乐特有的气质和韵味。多年来，顾景昭编排了大量曲目，代表作有《浪头子》、《三股鞭》、《法点》、《女退鼓》、《花退鼓》等百余首。他们的演出受到国际和国内的极大关注。顾景昭于2002年，招收了30多名新学员，顾景昭和老社友们倾注了全部的心血教授他们，经过几年的辛苦努力，现在这些学员已经能和老社员一起演奏70多首曲子。

田中禾

男，汉族，1942年生，陕西省周至县集贤镇西村人。2006年5月，西安鼓乐被列入第一批国家级非物质文化遗产名录传统音乐类，项目编号Ⅱ-61。2008年2月，田中禾入选为第二批国家级非物质文化遗产项目代表性传承人，陕西省申报。田中禾出身于鼓乐世家，祖父是乐社中的定锣把式，父亲是乐社中的管子演奏家和打鼓拍能手，田中禾从15岁开始跟张有明学司鼓，尽得其真传，最终成为集贤镇西村鼓乐第四十六代掌门人。田中禾掌握乐社的鼓槌，以鼓槌来指挥整个乐队的演奏，挥洒自如，感情激昂，被乐迷们誉为"鼓神"。近年来，鼓乐社多次参加国家、省、市文艺表演，也在国际上引起广泛重视和好评。2000年，田中禾担

任集贤西村鼓乐社社长，他打破传男不传女的传统，招收了17名女社员。在田中禾的带领下，西村鼓乐社迅速壮大，成为诸多西安古乐队中的佼佼者，很多成员成为西安古乐社的中坚力量。可以独立演奏的鼓谱有《浪头子》、《三股鞭》、《法点》、《女退鼓》、《花退鼓》、《笨点退鼓》、《大赐福》、《帽子头》、《干鼓》等百余首。

甘肃

Ⅱ-20 花儿（松鸣岩花儿会）

马金山

男，东乡族，1943年生，甘肃省和政县松鸣镇科托村人。2006年5月，花儿（松鸣岩花儿会）被列入第一批国家级非物质文化遗产名录传统音乐类，项目编号Ⅱ-20。2008年2月，马金山入选为第二批国家级非物质文化遗产项目代表性传承人，甘肃省和政县申报。马金山出身民歌世家，自幼跟随父母学唱民歌，七八岁开始参加花儿会、宴席场表演。曾先后拜师著名的花儿歌手王绍明、马古白、马占山等人学唱花儿，逐渐形成了个性鲜明并极具传统的演唱风格，会唱的"花儿"曲调近百种。他不仅对传统曲目进行改造创新，还不断地创作反映新生活的新曲目，还挖掘、搜集、整理了一些群众比较熟悉的河州大令、水红花令、咿呀咿令、尕马儿令等曲令，编辑完成了《马金山原生态花儿集》。代表作有《东乡令》、《尕阿姐令》、《夸新姐》、《我的眼睛是千里眼》等。他还指导培养了罗文英、马尔洒等民间花儿歌手。2006年，马金山办起了"花儿"艺术学校，义务为喜欢"花儿"的孩子们传授技艺。因其在花儿传承中的突出贡献，2013年获"第二届中华非物质文化遗产传承人薪传奖"。

青海

Ⅱ-20 花儿（老爷山花儿会）

马得林

男，回族，1949年1月生，青海省大通回族土族自治县人。2006年5月，花儿（老爷山花儿会）被列入第一批国家级非物质文化遗产名录传统音乐类，项目编号Ⅱ-20。2008年2月，马得林入选为第二批国家级非物质文化遗产项目代表性传承人，青海省大通回族土族自治县申报。马得林自幼就受到"花儿"的熏陶和浸染，长期以来，学到不少"花儿"。他演唱的风格细腻委婉、抒情悠长、高亢嘹亮，十分感人。马得林还进行歌词创作，他创作的"花儿"与传统四句大传"花儿"有很大的不同。他的"花儿"为六句，以两句半为起兴，两句半来写意。而且歌词韵律独特、优美抒情、起兴句都与主旨有着意义上的关联，或烘托气氛，或暗存寓意，其音调、用韵、章法分明，平仄和词韵的关系较密切，词颈联对仗自由，词句节奏明显，起承转合得当，表现着一种历史的纵深感和浑厚感。1986年，马得林开始整理、研究面临失传的"花儿"，经过长达17年的艰苦搜集整理，他创作的《新编大传"花儿"》正式出版发行，为老爷山花儿会的保护和传承作出了巨大的贡献。

Ⅱ-20 花儿（丹麻土族花儿会）

马明山

女，土族，1949年生，青海省互助土族自治县人。2006年5月，花儿（丹麻土族花儿会）被列入第一批国家级非物质文化遗产名录传统音乐类，项目编号Ⅱ-20。2008年，马明山入选为第二批国家级非物质文化遗产项目代表性传承人，青海省互助土族自治县申报。马明山自幼喜欢唱歌，有非常好的音乐天赋，在父母的影响下学会了很多当地土族儿歌，使她在潜移默化中学会了很多"花儿"曲令。成年后，她每年都参加一年一度的丹麻土族花儿会，并开始崭露头角。1987年，以一曲《梁梁上浪来》一鸣惊人，后外出参加各种表演和比赛，并多次获奖。马明山正式收徒多人，其中李世宝是其最为出色的徒弟。

Ⅱ-20 花儿（七里寺花儿会）

赵存禄

男，东乡族，1930年6月生，甘肃省东乡族自治县上湾村人。2006年5月，花儿（七里寺花儿会）被列入第一批国家级非物质文化遗产名录传统音乐类，项目编号Ⅱ-20。2008年2月，赵存禄入选为第二批国家级非物质文化遗产项目代表性传承人，青海省民和回族土族自治县申报。赵存禄自幼喜爱"花儿"，在放羊时跟随民间艺人学习花儿。后来赵存禄每年都参加民间文化盛会七里寺"花儿"会。在这里，他一边学习"花儿"，一边记录"花儿"，并向民间艺人和各民族"花儿"歌手专程登门拜访求教。赵存禄在收集和整理青海民间文学的同时，根据自己的人生经历，1979年创作了长篇"花儿"叙事诗《东乡人之歌》，被专家喻为"新编'花儿'中篇幅最长、语言最生动、'花儿'味道最地道的一部叙事长诗"，这部作品在青海"花儿"史上具有重大的意义。他一生记录了20多本民歌唱词和不同曲令的"花儿"原始资料，有效地抢救和保护了许多古老而又濒临失传的非物质文化遗产。近30年来，赵存禄整理出了《民和县民族民间文学集》、《民和新花儿》等珍贵著作。2011年赵存禄荣获联合国教科文卫组织授予的"世界民间文艺'感动中国'——十大世界杰出终身成就艺术家"荣誉称号。

张英芝

女，青海省民和回族土族自治县人。2006年5月，七里寺花儿会被列入第一批国家级非物质文化遗产名录传统音乐类，项目编号Ⅱ-20。2008年2月，张英芝入选为第二批国家级非物质文化遗产项目代表性传承人，青海省民和回族土族自治县申报。

Ⅱ-20 花儿（瞿昙寺花儿会）

王存福

男，1946年生，青海省乐都县人。2006年5月，花儿（瞿昙寺花儿会）被列入第一批国家级非物质文化遗产名录传统音乐类，项目编号Ⅱ-20。2008年2月，王存福入选为第二批国家级非物质文化遗产项目代表性传承人，青海省乐都县申报。

Ⅱ-21 藏族拉伊

切吉卓玛

女，藏族，1942年8月生，青海省贵德县河东乡查达扎次洛村人。2006年5月，藏族拉伊被列入第一批国家级非物质文化遗产名录传统音乐类，项目编号Ⅱ-21。2008年2月，切吉卓玛入选为第二批国家级非物质文化遗产项目代表性传承人，青海省海南藏族自治州申报。受祖母传唱藏族拉伊的影响，切吉卓玛自幼就喜爱藏族拉伊。她9岁开始师从其家族的第三代传承人姨妈尖措吉口学习藏族拉伊，成为其家族中藏族拉伊的第四代传承人。后又拜研究藏族拉伊的公保为师，使其发音技巧和演唱技巧有了较大提高。1981年，切吉卓玛口述，整理出版了首本藏文版《藏族拉伊集》，给藏族群众提供了通俗易懂的歌词。她多次参加藏区的拉伊比赛，屡屡获奖，成为安多藏区家喻户晓

的拉伊歌唱家。切吉卓玛多年来，坚持选择有一定嗓音基础的学员进行言传身教，陆续培养了一大批学员。其中比较有影响的有卓玛才让、扎西才让、拉青家、空太加、卓格措、才让卓玛、李毛措、花格措、赛毛措等。

宁夏

Ⅱ-20 花儿（宁夏回族山花儿）

马生林

男，东乡族，1950年生，祖籍甘肃省临夏，现居宁夏回族自治区海原县城关乡。2006年5月，花儿（宁夏回族山花儿）被列入第一批国家级非物质文化遗产名录传统音乐类，项目编号Ⅱ-20。2008年2月，马生林入选为第二批国家级非物质文化遗产项目代表性传承人，宁夏回族自治区申报。马生林从小喜欢唱花儿、宴席曲、地方小戏等，跟附近的回族"花儿把式"学唱花儿。他擅长演唱各种不同风格的花儿曲调，音色独特、明亮，演唱风格高亢、浑厚、洪亮、苍劲有力，中音区厚实、真假声结合运用自如，还可以即兴编曲、编词、演唱不同风格的花儿小调。1998年获中国沙湖杯花儿歌手大奖赛特别奖，被当地人誉为"花儿王子"，还在多部电视剧中配唱花儿。代表作有《牛佬佬调》、《黑猫儿卧在锅台上》、《尕妹妹就在大门上站》等。他教授了许多弟子，其中代表人物有马汉东、妥燕、罗建华等。

Ⅱ-63 回族民间器乐

马兰花

女，回族，1940年生，宁夏回族自治区灵武市郝家桥镇崔渠口村人。2006年5月，回族

民间器乐被列入第一批国家级非物质文化遗产名录传统音乐类，项目编号Ⅱ-63。2008年2月，马兰花入选为第二批国家级非物质文化遗产项目代表性传承人，宁夏回族自治区申报。马兰花6岁开始跟父亲马金贵学弹口弦，经过长期摸索，不仅能弹得一首好口弦，还会制作口弦。最让人称奇的是她能用口弦模仿驼铃声。她弹得非常熟练的3段乐曲，分别被命名为《驼铃》、《廊檐滴水》、《回乡情》，已被有关部门录像录音保存。马兰花和她的姊妹妯娌等一起组建了一支12人的口弦演奏乐队，活跃在各种演出场合，希望能将口弦技艺传承下去，她的女儿和孙子也掌握了她的技艺。

新疆

Ⅱ-70 新疆维吾尔木卡姆艺术（十二木卡姆）

玉素甫·托合提

男，维吾尔族，1952年4月生，新疆维吾尔自治区麦莎车县人。2005年11月，新疆维吾尔木卡姆艺术入选联合国教科文组织第三批"人类口头和非物质遗产代表作"。2006年5月，新疆维吾尔木卡姆艺术（十二木卡姆）被列入第一批国家级非物质文化遗产名录传统音乐类，项目编号Ⅱ-70。2008年2月，玉素甫·托合提入选为第二批国家级非物质文化遗产项目代表性传承人，新疆维吾尔自治区申报。玉素甫·托合提的父亲是20世纪50年代当地著名的木卡姆艺人，他自幼喜爱木卡姆艺术，7岁时开始从父亲学习木卡姆，12岁就和父亲登台演出了。曾与阿布来提·赛来两次到国家大剧院演出。

阿布来提·赛来

男，维吾尔族，1957年4月出生，新疆维吾尔自治区莎车县人。2005年11月，新疆维吾尔木卡姆艺术入选联合国教科文组织第三批"人类口头和非物质遗产代表作"。2006年5月，新疆维吾尔木卡姆艺术（十二木卡姆）被列入第一批国家级非物质文化遗产名录传统音乐类，项目编号Ⅱ-70。2008年2月，阿布来提·赛来入选为第二批国家级非物质文化遗产项目代表性传承人，新疆维吾尔自治区申报。阿布来提·赛来自幼酷爱木卡姆，年轻时演唱木卡姆的演技就已经相当精练。受阿布来提·赛来的熏陶，阿布来提·赛来的儿子麦麦提吐孙·阿布来提自幼酷爱并钻研"木卡姆"文化，现已系统掌握了拉克、且比亚特、木夏乌热克等诸多"木卡姆"选段的演唱技巧，会演奏艾捷克、热瓦甫等多种乐器。阿布来提·赛来的孙子也正在学习木卡姆。阿布来提·赛来还在县里建立的木卡姆文化传承中心上课。

吐尼莎·萨拉依丁

女，维吾尔族，1944年8月生，新疆维吾尔自治区人。2005年11月，新疆维吾尔木卡姆艺术入选联合国教科文组织第三批"人类口头和非物质遗产代表作"。2006年5月，新疆维吾尔木卡姆艺术（十二木卡姆）被列入第一批国家级非物质文化遗产名录传统音乐类，项目编号Ⅱ-70。2008年2月，吐尼莎·萨拉依丁入选为第二批国家级非物质文化遗产项目代表性传承人，新疆维吾尔自治区申报。1958年，吐尼莎·萨拉依丁被新疆艺术学校录取，她的音色圆润甜美，吐字清晰，热情奔放，演唱风格属南疆民族唱法，尤其是她擅长用沙塔尔琴自拉自唱，歌声婉转悠扬，韵味隽永。1980年，她集中精力学习木卡姆艺人演唱和演奏十二木卡姆，对木卡姆的地域特色和时代特点进行了分析和研究。她的代表作有《种瓜歌》、《木卡姆》、

《我的誓言》、《跳舞的少女古丽玛热木》等。

乌斯曼·艾买提

男，维吾尔族，1958 年 8 月生，新疆维吾尔自治区人。2005 年 11 月，新疆维吾尔木卡姆艺术入选联合国教科文组织第三批"人类口头和非物质遗产代表作"。2006 年 5 月，新疆维吾尔木卡姆艺术（十二木卡姆）被列入第一批国家级非物质文化遗产名录传统音乐类，项目编号 II -70。2008 年 2 月，乌斯曼·艾买提入选为第二批国家级非物质文化遗产项目代表性传承人，新疆维吾尔自治区申报。乌斯曼·艾买提是新疆少有的几位能够演唱《十二木卡姆》序曲的艺人，又是维吾尔族木卡姆演唱大师。

II -70 新疆维吾尔木卡姆艺术（吐鲁番木卡姆）

买买提·吾拉音

男，维吾尔族，1949 年 5 月生，新疆维吾尔自治区鄯善县人。2005 年 11 月，新疆维吾尔木卡姆艺术入选联合国教科文组织第三批"人类口头和非物质遗产代表作"。2006 年 5 月，新疆维吾尔木卡姆艺术（吐鲁番木卡姆）被列入第一批国家级非物质文化遗产名录传统音乐类，项目编号 II -70。2008 年 2 月，买买提·吾拉音入选为第二批国家级非物质文化遗产项目代表性传承人，新疆维吾尔自治区鄯善县申报。买买提·吾拉音自幼喜爱音乐，7 岁时，迷上了笛子。

吐尔逊·司马义

男，维吾尔族，1949 年 10 月生，新疆维吾尔自治区鄯善县鲁克沁镇托万买里村人。2005 年 11 月，新疆维吾尔木卡姆艺术入选联合国教科文组织第三批"人类口头和非物质遗产代表作"。2006 年 5 月，新疆维吾尔木卡姆艺术（吐鲁番木卡姆）被列入第一批国家级非物质文化遗产名录传统音乐类，项目编号 II -70。2008 年 2 月，吐尔逊·司马义入选为第二批国家级非物质文化遗产项目代表性传承人，新疆维吾尔自治区鄯善县申报。吐尔逊·司马义是鲁克沁镇木卡姆的第七代代表人物，12 岁开始学习木卡姆艺术，目前是为数不多能完整演唱吐鲁番木卡姆的艺人。组织老艺人对散乱、繁复的木卡姆重新进行整理；他在自己家里建有一个木卡姆博物馆，收藏了 20 多种木卡姆乐器，近百幅木卡姆老艺人肖像及木卡姆成就照片，80 多件有关木卡姆的音像制品和书籍；根据多年来的演奏心得，他对手鼓演奏的手法、形式提出了明确、具体、规范的要求。2000 年，他应邀赴英国皇家剧院演出，获得成功。鲁克沁镇建了新疆第一个吐鲁番木卡姆传承中心，村里建立了好几个木卡姆艺术团，吐尔逊·司马义也担负着授课的工作，目前学生有数十个。

II -70 新疆维吾尔木卡姆艺术（哈密木卡姆）

艾赛提·莫合塔尔

男，维吾尔族，1938 年生，新疆维吾尔自治区哈密地区人。2005 年 11 月，新疆维吾尔木卡姆艺术入选联合国教科文组织第三批"人类口头和非物质遗产代表作"。2006 年 5 月，新疆维吾尔木卡姆艺术（哈密木卡姆）被列入第一批国家级非物质文化遗产名录传统音乐类，项目编号 II -70。2008 年 2 月，艾赛提·莫合塔尔入选为第二批国家级非物质文化遗产项目代表性传承人，新疆维吾尔自治区哈密地区申报。艾赛提·莫合塔尔曾任哈密市陶家宫乡文化站站长，当时就对陶家宫木卡姆进行了修复性保护，退休后，更是致力于对哈密木卡姆的发掘、整理和传承，把其所掌握的木卡姆篇章进行梳理，成为哈密木卡姆颇具代表性的艺人。多年来，跟随他学习哈密木卡姆艺术的民间艺人已有300多人。为表彰其在哈密木卡姆传承上所作出的贡献，2013年6月，艾赛提·莫合塔尔获"第二届中华非物质文化遗产传承人薪传奖"。

Ⅱ-70 新疆维吾尔木卡姆艺术（刀郎木卡姆）

玉苏因·亚亚

男，维吾尔族，1941年6月生，新疆维吾尔自治区麦盖提县人。2005年11月，新疆维吾尔木卡姆艺术入选联合国教科文组织第三批"人类口头和非物质遗产代表作"。2006年5月，新疆维吾尔木卡姆艺术（刀郎木卡姆）被列入第一批国家级非物质文化遗产名录传统音乐类，项目编号Ⅱ-70。2008年2月，玉苏因·亚亚入选为第二批国家级非物质文化遗产项目代表性传承人，新疆维吾尔自治区麦盖提县申报。玉苏因·亚亚自幼痴迷刀郎木卡姆，在他不到15岁的时候，就能无师自通地演奏达甫（手鼓）了，后师从孜尔·克里木、苏裴克·苏皮和吾布拉音·毛拉克。他十六七岁就能唱完刀郎木卡姆的全部歌词，他的嗓音雄浑响亮、高亢有力，被人称为有着金属般声音的刀郎歌王。麦盖提县职业高中成立了木卡姆班，玉苏因·亚亚成了木卡姆教师，现已经招收了多届学生。除此以外，他还教授了不少徒弟。

阿不都吉力力·肉孜

男，维吾尔族，1934年3月生，新疆维吾尔自治区麦盖提县人。2005年11月，新疆维吾尔木卡姆艺术入选联合国教科文组织第三批"人类口头和非物质遗产代表作"。2006年5月，新疆维吾尔木卡姆艺术（刀郎木卡姆）被列入第一批国家级非物质文化遗产名录传统音乐类，项目编号Ⅱ-70。2008年2月，阿不都吉力力·肉孜入选为第二批国家级非物质文化遗产项目代表性传承人，新疆维吾尔自治区麦盖提县申报。阿不都吉力力·肉孜就是刀郎木卡姆中最著名的卡龙琴师，他12岁时，开始学习演奏木卡姆，现掌握9套刀郎木卡姆（原本12套，现有3套已经失传）。

第三批国家级非物质文化遗产项目代表性传承人

中央

Ⅱ-34 古琴艺术

李禹贤

（编号：03-0832），号劲草，又号琴童，男，汉族，1937年生，2011年8月卒，山东省桓台县人。2003年11月，古琴艺术入选联合国教科文组织第二批"人类口头和非物质遗产代表作"。2006年5月，古琴艺术被列入第一批国家级非物质文化遗产名录传统音乐类，项目编号Ⅱ-34。2009年5月，李禹贤入选为第三批国家级非物质文化遗产项目代表性传承人，中国艺术研究院申报。李禹贤16岁开始学琴，启蒙教师是著名国画家、古琴教育家张正吟先生，后受业于著名琴家夏一峰先生；1956年考入上海音乐学院附中，师从古琴大师刘景韶、张子谦、管平湖先生，后执教于福建省艺术学校。李禹贤习琴50余年，初学"金陵派"，后又习"梅庵派"，采纳"广陵派"的路向，因而其琴艺在博采众长的基础上，形成了苍劲老辣、潇洒自如、音韵悠长、耐人寻味的风格，达到"慢中取韵、韵中含情、情中生景、景中有我、凝神入化"之境界。李禹贤先生曾走遍福建全省，去寻找、搜集古琴谱，抢救了许多几近失传的古琴谱。代表作有《流水》、《风云际会》、《雉朝飞》、《高山》、《江月白》、《春怨》、《修禊吟》、《胡笳十八拍》、《满江红》等。李禹贤除在艺术学院任教外，还于1986年创立"劲草琴堂"培养琴界新秀。

河北

Ⅱ-37 唢呐艺术（唐山花吹）

姚少林

（编号：03-0837），男，汉族，1948年3月生，河北省滦南县司各庄镇中姚各庄村人。2008年6月，唢呐艺术（唐山花吹）被列入第一批国家级非物质文化遗产扩展项目名录传统音乐类，项目编号Ⅱ-37。2009年5月，姚少林入选为第三批国家级非物质文化遗产项目代表性传承人，河北省唐海县申报。姚少林是姚式唢呐的第六代传承人，师承其父。他广泛研究民间管乐在各个时期、各个地域的沿革与发展的历史，并对各地流行的与行将失传的唢呐曲目进行比较、鉴别，在继承的基础上，博采众家之长，对保留的《百鸟朝凤》、《闹花灯》、《跑驴》等一系列传统曲目，加以整理创新；在艺术上吸收了江南丝竹曲调、塞北的牧歌调，从而形成了自己独特的唢呐艺术风格。姚少林能一口气吹奏唢呐12秒，他将杂技——转碟糅进唢呐表演中，使唢呐吹奏在音色美的基础上增加了观赏性。他的代表作有《百鸟朝凤》、《闹花灯》等。为了将唐山花吹传承下去，姚少林打破家族式传承模式，开办了一个专业花吹培训室。在姚少林的带领下，第七代姚氏唢呐继承人姚希呐、姚凤荣等已在艺坛显露出杰出的艺术才华。

Ⅱ-59 冀中笙管乐（安新县圈头村音乐会）

夏老肥

（编号：03-0849），男，汉族，1932年生，河北省安新县圈头乡桥东村人。2008年6月，冀中笙管乐（安新县圈头村音乐会）被列入第一批国家级非物质文化遗产扩展项目名录传统音乐类，项目编号Ⅱ-59。2009年5月，夏老肥入选为第三批国家级非物质文化遗产项目代表性传承人，河北省安新县申报。夏老肥自幼喜爱音乐，师从夏喜章，他十几岁的时候就能演奏全套乐曲，尤以管子兼笙见长。演奏指法轻灵巧妙，乐曲韵律韵味优美。演奏技艺上，用舌音、打音、颤音、唇音、闷音等技法产生独特效果，在几代管子艺人当中，技艺独一无二，深得众人的认可和佩服。他教授了一批批徒弟，其中绝大部分已经成为音乐会的骨干力量。

Ⅱ-59 冀中笙管乐（东韩村拾幡古乐）

刘勤

（编号：03-0850），男，汉族，1932年生，河北省易县凌云册乡东韩村人。2008年6月，冀中笙管乐（东韩村拾幡古乐）被列入第一批国家级非物质文化遗产扩展项目名录传统音乐类，项目编号Ⅱ-59。2009年5月，刘勤入选为第三批国家级非物质文化遗产项目代表性传承人，河北省易县申报。东韩村拾幡古乐是清朝乾隆年间一位叫顾善堂的宫廷乐师告老还乡后向村民传授的，至今已有200多年的历史，分文曲25首、武曲10余首，但武曲目前大都已经失传。刘勤的高祖刘长曾师从顾善堂，至今刘家已五代传承拾幡古乐。刘勤16岁开始跟随父亲学习识谱、吹笙，精通拾幡古乐的全部曲谱，并完整地继承了祖代的吹笙技巧，是易县拾幡古乐的第七代传人。1982年，以刘勤为首的一些老艺人重新组成了拾幡古乐演奏团。从2005年到2007年，刘勤和拾幡圣会会长于学深牵头，采用口唱、录音、转化、校对的形式，一路摸索，完整地将近40首曲目转化成实用简谱，采用两谱对照的形式，以便于古乐的传承与发展。

Ⅱ-59 冀中笙管乐（子位吹歌）

王如海

（编号：03-0851），男，汉族，河北省定州市子位镇子位二村人。2008年6月，冀中笙管乐（子位吹歌）被列入第一批国家级非物质文化遗产扩展项目名录传统音乐类，项目编号Ⅱ-59。2009年5月，王如海入选为第三批国家级非物质文化遗产项目代表性传承人，河北省定州市申报。王如海出身于民间吹歌艺术世家，12岁时，正式拜子位吹歌能人王礼吉、王木科和父亲王成奎等为师，学习笙演奏。受祖辈影响，王如海将子位吹歌传统曲目及演奏技法进行了彻底的传承，并全面掌握了笙的演奏技巧、演奏技术和风格。他还保留有祖、父辈流传下来的吹歌传统曲目资料，收藏有子位歌传统曲目资料——工尺谱。为了便于传承，王如海把工尺古谱传承的40多首传统曲目转化成实用简谱，使子位吹歌曲谱变得通俗易懂。王如海从1985年至今授徒30名，教授大管、唢呐、笙和子位吹歌传统曲目的演奏技法。定州市2009年成立了子位吹歌艺术学校，王如海与其他9名吹歌艺人亲自执教。

Ⅱ-139 道教音乐（广宗太平道乐）

张玉保

（编号：03-0894），男，汉族，河北省广宗县大平台乡中清村人。2008年6月，道教音乐（广宗太平道乐）被列入第二批国家级非物质文化遗产名录传统音乐类，项目编号Ⅱ-139。2009年5月，张玉保入选为第三批国家级非物质文化遗产项目代表性传承人，河北省广宗县申报。太平道乐与"正一派"和"全真派"道乐不同，其演奏在民间而非道观，演奏者均为民间艺人。多年来，广宗太平道乐赴全国各地有过多次演出，目前能够演奏的艺人还有 38 人，能演奏 134 首曲牌。张玉保现任广宗县道教协会会长，是广宗太平道乐第 20 代传承人。他系统整理了醮场科仪、工尺谱等诸多资料。2011 年，邢台市举办了首届太平道乐演奏大赛，有 101 名民间艺人参加。广宗太平道乐代表作有《迎身旗》、《小凤韵》、《救命食》、《小花园》、《慢板》、《万年花》等。广宗太平道乐世代相传，传男不传女，长子、次子均可传承。

相关传承人还有张俊华（广宗县平台村人，据说是广宗道乐第十八代传人）、吕增云（广宗县砖窑村，一家四代都能演奏广宗道乐）等。

山西

Ⅱ-1 左权开花调

刘改鱼

（编号：03-0803），女，汉族，1939 年生，山西省左权县人。2006 年 5 月，左权开花调被列入第一批国家级非物质文化遗产名录传统音乐类，项目编号 Ⅱ-1。2009 年 5 月，刘改鱼入选为第三批国家级非物质文化遗产项目代表性传承人，山西省左权县申报。刘改鱼自六七岁起跟村里人学唱民歌和左权开花戏，后师从程计年等当地民歌手学习经典民歌。刘改鱼的演唱朴实动人、浑厚圆润、刚柔相济，其风格清新自然、流丽婉转，被称为"声美、情真、味足"。是她把左权民歌首次带入北京，然后通过演出、灌制唱片等，使左权民歌声名远扬，成为山西民歌的一大流派。代表作有《桃花红杏花白》、《门搭搭开花》、《土地还乡》等。刘改鱼曾在中央音乐学院和天津音乐学院等学校开设民歌课程，并亲自教授慕名而来的学生；也在山西多所大学教授左权民歌，培养了大批学生。

相关传承人有郝玉兰、赵三珠等。

Ⅱ-2 河曲民歌

韩运德

（编号：03-0804），男，汉族，1942 年 2 月生，山西省河曲县巡镇镇河南村人。2006 年 5 月，河曲民歌被列入第一批国家级非物质文化遗产名录传统音乐类，项目编号 Ⅱ-2。2009 年 5 月，韩运德入选为第三批国家级非物质文化遗产项目代表性传承人，山西省河曲县申报。韩运德在五寨师范读书时受音乐老师苏菲亚的影响开始爱上唱歌。从学校毕业后，先后在河曲县歌剧团、河曲县二人台歌剧团、河曲县博物馆等地工作。在工作中，他寻访民间艺人，从事民歌收集和整理工作。通过 40 余年的整理，从民间共收录 600 多首河曲民歌和 80 台二人台剧目，创作 1400 多首民歌，他的创作使原有民歌变得丰富而意蕴深沉。他将一首好的河曲民歌归结为"直、味、情"三个字，再加上方言土语，即内容连、韵味突出，感情真挚。被人们尊称为"河曲民歌的活字典"。他的民歌很多被收入教材，他曾到中央音乐学院演讲，亲自教授忻州音乐学院学生和来访者学习河曲民歌。相关传承人有吕桂英等。

Ⅱ-37 唢呐艺术（晋北鼓吹）

卢补良

（编号：03-0838），男，汉族，1960 年生，山西省忻州市忻府区解原乡解原村人。2008 年 6 月，唢呐艺术（晋北鼓吹）被列入第一批国家级非物质文化遗产扩展项目名录传统音乐类，项目编号 Ⅱ-37。2009 年 5 月，卢补良入选为第三批国家级非物质文化遗产项目代表性传承人，山西省忻州市申报。卢补良 16 岁时，师从八音世家传人武桂兰老先生学习唢呐。1981 年被原忻州地区北路梆子剧团选中，成为专业唢呐演奏员。他的演奏风格奔放舒展，既有粗犷豪放的韵味，又有细腻逼真的成分；既有传统演奏技法的继承，又有现代技巧的熟练应用，做到了与时俱进、雅俗共赏。2006 年 7 月，以一曲《山水关豪情》获"全国首届民间吹打乐大赛"和"第七届中国民间艺术山花奖大赛"、"山花奖"，卢补良个人荣获"全国吹歌大王"称号。经过卢补良十几年的潜心研究和资料收集，濒临失传的《八大套》曲目已有 5 套完成，剩余 3 套资料已收集完毕。代表作有《山水关豪情》、《大得胜》、《三对面》等。1987 年组建小苟八音会班；2004 年，成立"忻州八音艺术团"，进行唢呐表演和交流。相关传承人有田玉锁。

Ⅱ-37 唢呐艺术（上党乐户班社）

牛其云

（编号：03-0839），男，汉族，1950 年生，山西省壶关县黄山乡沙窟村人。2008 年 6 月，唢呐艺术（上党乐户班社）被列入第一批国家级非物质文化遗产扩展项目名录传统音乐类，项目编号Ⅱ-37。2009 年 5 月，牛其云入选为第三批国家级非物质文化遗产项目代表性传承人，山西省壶关县申报。牛其云出身于祖传"礼仪细乐"家庭，历史上上党乐户在本群体内通婚，传承方式也是在群体内部，分家庭传承和拜师传授两种形式，传男不传女，有流传下来的古赛仪手抄本和"工尺谱"。牛其云 6 岁时跟父亲学艺，13 岁考入艺校，14 岁进修，15 岁参加壶关秧歌剧团搞创作工作。

Ⅱ-56 晋南威风锣鼓

王振湖

（编号：03-0847）男，汉族，山西省翼城县南唐乡东下坪村人。2006 年 5 月，晋南威风锣鼓被列入第一批国家级非物质文化遗产名录传统音乐类，项目编号Ⅱ-56。2009 年 5 月，王振湖入选为第三批国家级非物质文化遗产项目代表性传承人，山西省临汾市申报。王振湖从小就喜爱威风锣鼓、参加威风锣鼓表演。1961 年山西大学中文系毕业后，王振湖长期在临汾从事文化艺术工作，一直从事与威风锣鼓有关的工作，并一直担任锣鼓协会会长至今。王振湖对威风锣鼓的源头、曲谱、音乐、服饰、乐器制作、文化产业、传承保护等方面面进行过深入研究和探索，对它的过去、现在和未来有着独到的认识和见解。他曾编著出版了二十多部书，其中威风锣鼓著作就有十多部。在他的努力下，临汾的锣鼓行业有了长足发展，从业人员多，普及面广，影响甚至波及海外，相关研究日渐成熟。代表作有《威风锣鼓的发展》。

相关传承人还有宋根生、程平、单建洲等。

Ⅱ-58 上党八音会

黄一宝

（编号：03-0848）男，汉族，1955 年生，山西省泽州县大阳镇人。2006 年 5 月，上党八音会被列入第一批国家级非物质文化遗产名录传统音乐类，项目编号Ⅱ-58。2009 年 5 月，黄一宝入选为第三批国家级非物质文化遗产项目代表性传承人，山西省晋城市申报。受生长环境影响，黄一宝从小就酷爱音乐。后师从大阳镇有名的"东盛昌"乐户的第六代传人薛银旺，14 岁时学会拉板胡，并很快就掌握了鼻吹、口琴子、唢呐吹奏和真假嗓音碗子咔戏等演奏技巧，成长为"东盛昌"乐户第七代传人。经过30多年的艺术磨炼，稔熟于唢呐、板胡等民间八音会乐器，其娴熟的演奏技艺和独特的演奏风格独树一帜。在继承传统的基础上，黄一宝还对八音会进行了大胆创新，引入流行音乐中的电子琴和架子鼓，从而使八音会这一传统艺术绽放新的生命活力。在进行艺术实践的同时，他还对上党八音会进行挖掘、整理和研究，先后整理完善了上党八音会大量传统民间曲牌，为原本口传心授的上党八音会开文字记载的先河，使上党音乐会的传承有了文字基础。他组建了大阳八音会艺术团，一边演出一边培训人员，其徒黄宝喜、杨万乐、张国英、李雪保、张林等已成为上党八音会的中坚力量。

Ⅱ-64 文水鈲子

武济文

（编号：03-0854），男，汉族，1952年生，山西省文水县岳村人。2006年5月，文水鈲子被列入第一批国家级非物质文化遗产名录传统音乐类，项目编号Ⅱ-64。2009年5月，武济文入选为第三批国家级非物质文化遗产项目代表性传承人，山西省文水县申报。武济文从小酷爱民间艺术，1980年开始，主动出资，积极投身文水鈲子事业，现在是岳村鈲子艺术团负责人。

Ⅱ-64 五台山佛乐

释汇光

（编号：03-0855），俗名王环展，男，汉族，1966年生，山西省繁峙县岩头乡花桥村人。2006年5月，五台山佛乐被列入第一批国家级非物质文化遗产名录传统音乐类，项目编号Ⅱ-64。2009年5月，释汇光入选为第三批国家级非物质文化遗产项目代表性传承人，山西省

五台县申报。1991年，释汇光来五台山南山寺，拜万富为师，由塔院寺高僧寂度亲授具足戒。开始参禅礼佛，受持戒规，同时学习吟诵经文的曲牌和演奏乐器的技艺。佛教音乐的学习需要靠师傅口传心授，因地域不同，口音不同，因而乐曲极为丰富。乐队至少需要8—12人，能演奏的传统曲目有47首，在南山寺内，灵、慈、悲、万、汇、伽六和（辈分，即六世）共住同修，全寺50多名僧人有20多名能够演奏。汇光现任南山寺主持，他非常重视佛教音乐的传承延续，致力于整理遗存下来的曲谱，扩大佛乐队伍并主抓佛乐培训班乐僧的训练。他们演奏的主要曲目有《上经台》、《秘摩岩》、《普庵咒》、《云中鸟》、《进兰房》等。1986年南山寺正式挂牌成立了禅门佛事音乐培训班，培养了一批从事佛乐的高素质年轻僧人。

章样摩兰

（编号：03-0856），俗名梁林虎，男，1969年9月生，山西省五台县人。2006年5月，五台山佛乐被列入第一批国家级非物质文化遗产名录传统音乐类，项目编号Ⅱ-64。2009年5月，章样摩兰入选为第三批国家级非物质文化遗产项目代表性传承人，山西省五台县申报。13岁的梁林虎便与佛结缘，走进了菩萨顶。1990年任管委会副主任，专门负责文物保护和文化抢救工作。1996年，章样摩兰被推选为菩萨顶的住持。章样摩兰从出家开始就倾心到佛乐的吹奏、金刚舞的排练等重要的藏传佛教音乐的浩瀚大海中。他整理出了藏传佛教金刚舞的全部佛乐，还恢复了不少有民乐特色的庙堂音乐，为汉藏文化交流写下了重要的一笔。如今，章样摩兰已与镇海寺管家金光喇嘛、万佛阁管家常青喇嘛共同培养出了一批演奏藏传佛教音乐的青年喇嘛。

Ⅱ-123 锣鼓艺术（太原锣鼓）

刘耀文

（编号：03-0882），男，汉族，1933年生，山西省太原市柴村镇人。2008年6月，锣鼓艺术（太原锣鼓）被列入第二批国家级非物质文化遗产名录传统音乐类，项目编号Ⅱ-123。2009年5月，刘耀文入选为第三批国家级非物质文化遗产项目代表性传承人，山西省太原市申报。刘耀文从新中国成立到1963年左右主要在三桥街高跷队和西华门舞狮队击鼓，他的鼓点稳健有力，重章迭句、错落有致，能给人以厚重紧凑，回环反复的印象。刘耀文是太原锣鼓"农村一二五"鼓曲引进人之一。相关传承人还有韩起祥、王平华、裴广明等。

Ⅱ-139 道教音乐（恒山道乐）

李满山

（编号：03-0895），男，汉族，1945年生，山西省阳高县人。2008年6月，道教音乐（恒山道乐）被列入第二批国家级非物质文化遗产名录传统音乐类，项目编号Ⅱ-139。2009年5月，李满山入选为第三批国家级非物质文化遗产项目代表性传承人，山西省阳高县申报。李满山恒山道乐的传承者和守护者，恒山道乐第七代掌门。恒山道乐是家传技艺，他六七岁时受父亲李清的启蒙和指点，开始参加恒山道乐活动，如今的恒山道乐班也多是李氏弟子。李满山带领的恒山道乐班能够完整地演奏古老的恒山道乐"六大套曲"，曾多次赴北京及国外进行演出。代表作有《大拜年》、《大走马》、《挂红灯》等。李满山一边热心培养对恒山道乐有兴趣的年轻人，一边加紧整理曲谱，统一阳高道教曲目、写一部有关这方面的专著，吸纳更多的人来学习恒山道乐，使这一艺术奇葩不至于失传。

内蒙古

Ⅱ-3 蒙古族长调民歌

扎格达苏荣

（编号：03-0805），男，蒙古族，1954年12月生，内蒙古自治区锡林郭勒盟苏尼特左旗来苏木巴彦额尔敦嘎查人。2005年11月，蒙古族长调民歌入选联合国教科文组织第三批"人类口头和非物质遗产代表作"。2006年5月，蒙古族长调民歌被列入第一批国家级非物质文化遗产名录传统音乐类，项目编号Ⅱ-3。2009年5月，扎格达苏荣入选为第三批国家级非物质文化遗产项目代表性传承人，内蒙古自治区申报。扎格达苏荣国家一级演员。他自幼受家人及乡邻影响，就显露出音乐上过人的才华。1974年被召入苏尼特左旗乌兰牧骑，做专业长调歌手。1976年，前往内蒙古艺校进修，师从长调教育家照那斯图，也得到草原歌王哈扎布的亲传。同时在演出中四方寻找民间长调艺人，博采众长，掌握了大量地方蒙古族歌曲。扎格达苏荣完好地保持着锡林郭勒长调的传统风格和演唱技艺，音域宽广、音色甜美、演唱歌曲热情饱满，尤其是演唱蒙古族长调民歌时风格独特、质朴纯净，给听众和观众宽广辽阔和回味无穷的感受。曾获得过长调演唱歌王称号，被内蒙古自治区称为蒙古族的长调"帕瓦罗蒂"。代表作有蒙古族长调民歌《走马》、《清凉的杭盖》等。2004年，扎格达苏荣开始在德德玛艺术学院任长调教师，教授众多学生。

阿拉坦其其格

（编号：03-0806），女，蒙古族，1955年生，内蒙古自治区阿拉善盟阿拉善右旗人。2005年11月，蒙古族长调民歌入选联合国教科文组织第三批"人类口头和非物质遗产代表作"。2006年5月，蒙古族长调民歌被列入第一批国家级非物质文化遗产名录传统音乐类，项目编号Ⅱ-3。2009年5月，阿拉坦其其格入选为第三批国家级非物质文化遗产项目代表性传承人名录，内蒙古自治区申报。阿拉坦其其格是国家一级演员。她自幼受家庭和周围环境的熏陶，7岁开始登台表演；1973年参加阿拉善右旗乌兰牧骑，任独唱演员；1976年入内蒙古艺术学院，师从歌唱家照那斯图学习蒙古族长调演唱技法；1978年，在西北民族学院艺术系进修；1983年调入内蒙古广播艺术团。拉坦其其格的演唱音色浑厚明亮，音域宽广，气息充沛，行腔委婉自如，典雅华丽，被业内专家誉为"新时代蒙古族长调民歌的国宝"，也以"天籁歌后"著称。多次在国内外各类赛事和大型演出中获奖。代表曲目有《金色圣山》、《辽阔富饶的阿拉善》、《永登哥哥》、《孤独的白驼羔》、《黄骠马》、《宴歌》等。阿拉坦其其格是我国首位蒙古族长调演唱艺术硕士生导师，长调教育家，被中央民族大学特聘为教授，任内蒙古师范大学音乐学院硕士研究生导师。

淖尔吉玛

（编号：03-0807），女，蒙古族，1931年生，内蒙古自治区阿拉善右旗阿拉腾朝克苏木人。2005年11月，蒙古族长调民歌入选联合国教科文组织第三批"人类口头和非物质遗产代表作"。2006年5月，蒙古族长调民歌被列入第一批国家级非物质文化遗产名录传统音乐类，项目编号Ⅱ-3。2009年5月，淖尔吉玛入选为第三批国家级非物质文化遗产项目代表性传承人，内蒙古自治区申报。淖尔吉玛从幼时起便具有敏锐乐感，将众多喀尔喀蒙古族长调民歌铭记在心，并传承至今。她从母亲布拜——阿拉善右旗极负盛名的长调歌手那里继承了大量珍贵的曲目及完整的演唱技艺，而且传承了喀尔喀马

头琴的传统演奏技艺。淖尔吉玛能演唱的蒙古族长调民歌有60多首。代表作有《美丽的阿拉善》、《母亲》、《牧人》等。

赛音毕力格

（编号：03-0808），男，蒙古族，1954年生，内蒙古自治区库伦旗人。2005年11月，蒙古族长调民歌入选联合国教科文组织第三批"人类口头和非物质遗产代表作"。2006年5月，蒙古族长调民歌被列入第一批国家级非物质文化遗产名录传统音乐类，项目编号Ⅱ-3。2009年5月，赛音毕力格入选为第三批国家级非物质文化遗产项目代表性传承人，内蒙古自治区申报。赛音毕力格的母亲是著名歌手，受到母亲的影响，他从小爱好长调民歌。1972年考入库伦旗乌兰牧骑成为了一名舞蹈演员；1973年到呼和浩特直属乌兰牧骑进修，向拉苏荣老师学唱长调民歌。1976年，调到原哲里木盟歌舞团，成了专业的科尔沁长调歌唱演员。他利用20多年的时间搜集整理了153首科尔沁长调（其中大部分都是散落在民间的）。他的代表作有《诺恩吉雅》、《沿着大寨道路前进》等。

Ⅱ-30 多声部民歌（超尔道—蒙古族合声演唱）

芒来

（编号：03-0829），男，蒙古族，1962年生，内蒙古自治区锡林郭勒盟镶黄旗人。2008年6月，多声部民歌（超尔道—蒙古族合声演唱）被列入第一批国家级非物质文化遗产扩展项目名录传统音乐类，项目编号Ⅱ-30。2009年5月，芒来入选为第三批国家级非物质文化遗产项目代表性传承人，内蒙古自治区锡林浩特市申报。

Ⅱ-35 蒙古族马头琴音乐

布林

（编号：03-0836），男，蒙古族，1940年2月生，内蒙古自治区原哲里木盟科左中旗人。2006年5月，蒙古族马头琴音乐被列入第一批国家级非物质文化遗产名录传统音乐类，项目编号Ⅱ-35。2009年5月，布林入选为第三批国家级非物质文化遗产项目代表性传承人，内蒙古自治区申报。布林从小喜欢四胡，曾先后从师于潮尔大师色拉西、蒙古四胡一代宗师孙良、著名马头琴艺人巴拉贡、桑都仍等艺术大家学习马头琴、潮尔、四胡等民间乐器。他是现今蒙古族唯一一位完整地传承了马头琴传统演奏法的艺术家。在20多年的音乐实践中，他对马头琴等蒙古族音乐有独到的理论见解，1980年初提出马头琴三种定弦五种演奏法理论体系，广泛引起业内人士的关注。代表作有《牧马人之歌》、《叙事曲》、《怀念》、《在隔壁高原上》等。布林现任内蒙古师范大学音乐学院硕士生导师，内蒙古大学艺术学院客座教授，长年从事马头琴人才培养，培养了布和那森·呼和等一大批马头琴艺术及教学人才。2013年6月，布林获"第二届中华非物质文化遗产传承人薪传奖"。

辽宁

Ⅱ-67 千山寺庙音乐

洪振仁

（编号：03-0857），男，汉族，1952年生。2006年5月，千山寺庙音乐被列入第一批国家级非物质文化遗产名录传统音乐类，项目编号Ⅱ-67。2009年5月，洪振仁入选为第三批国家级非物质文化遗产项目代表性传承人，辽宁省鞍山市申报。千山寺庙音乐分佛教和道教音乐两种，二者乐器相似，但诵唱的内容和韵味不同。洪振仁曾受到精通千山寺庙音乐的房守业等人的口传笔授，是千山寺庙音乐的第二代传承人。从1989年接任千山寺庙乐团团长，带领乐团到全国各地甚至国外进行演出，并对千山寺庙音乐的资料进行了一系列的整理，创作了《大佛出世》、《弥勒赞》、《观音菩萨》等乐曲，收藏整理近80余首千山佛教乐曲，参与组织了千山历届大佛节的开光法会等活动。

千山寺庙音乐的传承人主要还有房增胜、韩漫、房艳等。

Ⅱ-121 笙管乐（复州双管乐）

刁登科

（编号：03-0880），男，汉族，1923年10月生，辽宁省瓦房店市复州城镇人。2008年6月，笙管乐（复州双管乐）被列入第二批国家级非物质文化遗产名录传统音乐类，项目编号Ⅱ-121。2009年5月，刁登科入选为第三批国家级非物质文化遗产项目代表性传承人，辽宁省瓦房店市申报。刁登科出身于民间"吹打乐"世家，8岁开始吹唢呐，13岁开始独立演奏双管。由于他对民族器乐有着特殊的迷恋，因而学会了诸多乐器，吹拉弹唱样样都会。经过潜心研究，刁登科将双管进行了深层次的研究，把和声、口上的技巧都发挥到了极致。1964年，刁登科被抽调到北京《东方红》大型音乐舞蹈史诗剧组，担任民乐队队长。退休后，刁老将双管技艺传授给更多人，著名唢呐演奏家胡春波是其弟子。

上海

Ⅱ-40 江南丝竹

周惠

（编号：03-0841），男，汉族。2006 年 5 月，江南丝竹被列入第一批国家级非物质文化遗产名录传统音乐类，项目编号 Ⅱ-40。2009 年 5 月，周惠入选为第三批国家级非物质文化遗产项目代表性传承人，上海市申报。周惠是"江南丝竹四大名家"之一，他的演奏风格精细。他的代表作有《阳八曲》、《行街》。周惠老先生多年来一直致力于江南丝竹的演奏、普及、研究与创新，传授有弟子阮弘。

Ⅱ-119 琵琶艺术（瀛洲古调派）

殷荣珠

（编号：03-0876），女，汉族。2008 年 6 月，琵琶艺术（瀛洲古调派）被列入第二批国家级非物质文化遗产名录传统音乐类，项目编号 Ⅱ-119。2009 年 5 月，殷荣珠入选为第三批国家级非物质文化遗产项目代表性传承人，上海市崇明县申报。1956—1960 年，殷荣珠在上海音乐学院附属中等音乐专科学校琵琶专业学习，师从瀛洲古调派传人樊伯炎教授，专门学习瀛洲古调琵琶曲，毕业后留校任教，教授琵琶专业，悉心钻研瀛洲古调，成了瀛洲古调的嫡系传人。1984 年，她与樊伯炎、陈恭则两位先生整理编辑成《瀛洲古调选曲》由人民音乐出版社，使瀛洲古调琵琶曲在全国范围内流传开，成为重要的琵琶教学与演奏资料。她的作品特点音色细腻柔和，善于表现文静、幽雅的情感，具有闲适、纤巧的情趣。她的代表作有《飞花点翠》、《昭君怨》等。殷荣珠培养学生众多，

有不少学生在各类比赛中获各类奖项。

Ⅱ-119 琵琶艺术（浦东派）

林嘉庆

（编号：03-0877），男，汉族，1938 年生，上海市人。2008 年 6 月，琵琶艺术（浦东派）被列入第二批国家级非物质文化遗产名录传统音乐类，项目编号 Ⅱ-119。2009 年 5 月，林嘉庆入选为第三批国家级非物质文化遗产项目代表性传承人，上海市南汇区申报。林嘉庆为国家一级演员。他出身于上海音乐世家，从小随父林石城教授学习琵琶等乐器，1979 年考入上海音乐学院，师从教育家、琵琶大师卫仲乐教授、孙裕德教授学习汪派琵琶。林嘉庆完整地继承了浦东派琵琶艺术，也吸收其他主流传统琵琶流派优点及现代元素，是浦东琵琶的第七代传人。录制、发表了《琵琶三十课》、《林嘉庆琵琶独奏音乐专辑》、《怎样挑选琵琶》、《广东音乐漫谈》、《考级乐曲浅谈》等 VCD、音乐磁带和文章。代表作有《十面埋伏》、《春江花月夜》等。为了宣扬和普及中国民族音乐和浦东派琵琶文化及林石城"大中国琵琶学派"理念、组建了"三味乐社"，演出达千场，一生教授学生众多，多有出众者。

备注：浦东派琵琶传承谱系，鞠士林→鞠茂堂→陈子敬→倪清泉→沈浩初→林石城→林嘉庆。

Ⅱ-139 道教音乐（上海道教音乐）

石季通

（编号：03-0896），男，汉族，1923 年生，上海市人。2008 年 6 月，佛教音乐（上海道教音乐）被列入第二批国家级非物质文化遗产名录传统音乐类，项目编号 Ⅱ-139。2009 年 5 月，

石季通入选为第三批国家级非物质文化遗产项目代表性传承人，上海市道教协会申报。石季通是上海道教音乐的传承人，法名鼎通，是嘉定地区道教界的知名人物。1931年，年仅8岁的石季通随父石付岩学艺，学会了吹、打、写、念，掌握了道家职业的全部基本功。石季通热心参与"上海道教音乐"资料收集，提供许多珍贵资料，尽心竭力做传承工作，为保护濒临灭绝的道教音乐作出了巨大贡献。上海道教音乐代表作有《万花灯》、《大红袍》、《大救苦赞》、《小救苦赞》等。

江苏

Ⅱ-34 古琴艺术（金陵琴派）

刘正春

（编号：03-0833），男，汉族，1935年3月生，2013年6月卒，江苏省南京市人。2003年11月，古琴艺术入选联合国教科文组织第二批"人类口头和非物质遗产代表作"。2008年6月，古琴艺术（金陵琴派）被列入第一批国家级非物质文化遗产扩展项目名录传统音乐类，项目编号Ⅱ-34。2009年5月，刘正春入选为第三批国家级非物质文化遗产项目代表性传承人，江苏省南京市申报。刘正春15岁时，师从泛川派周空明习琴，以后又从学于诸城派王生香、金陵派夏一峰、广陵派刘少椿、梅庵派程午嘉、金陵派赵云青等琴家。他的琴风以金陵派为根本，别取诸家之长，形成顿挫典雅、苍劲古朴、韵远声稀的艺术风格，是金陵派代表人物。著有《琴曲探源》、《金陵琴坛五十载》、《王生香的古琴艺术生涯》、《关于〈山中思友人〉的考证与订谱》（与刘为霖合撰）、《琴琐杂说》、《二琴屋琴谱》等琴学著作。有《香檀—金陵遗风》

《中国古琴、名家宗师——刘正春（金陵派宗师）》等个人古琴专辑。代表作有《秋江夜泊》、《平沙落雁》等琴曲。刘正春先生一生坚持义务授琴，培养海内外琴生千余人。

Ⅱ-34 古琴艺术（梅庵琴派）

刘善教

（编号：03-0834），男，汉族，1949年10月生，江苏省镇江人。2003年11月，古琴艺术入选联合国教科文组织第二批"人类口头和非物质遗产代表作"。2008年6月，古琴艺术（梅庵琴派）被列入第一批国家级非物质文化遗产扩展项目名录传统音乐类，项目编号Ⅱ-34。2009年5月，刘善教入选为第三批国家级非物质文化遗产项目代表性传承人，江苏省镇江市申报。刘善教从小在父亲刘景韶的熏陶下开始接触古琴。1972年春，刘善教在上海音乐学院师从其父专攻古琴艺术，掌握了梅庵琴派必学的14首曲目，同时也学习和涉猎了虞山派和广陵派的经典古琴曲。在上海音乐学院学琴时期，刘善教还得到了吴景略先生和龚一先生的指导。刘善教的古琴演奏虚静高雅，蕴含丰厚的中国文化。1996年刘善教接任梦溪琴社社长，后又主持出版《梦溪琴刊》。刘善教弹得一手好琴，也是修制、调试、鉴琴的高手。代表作有《长门怨》、《梅花三弄》、《平沙落雁》等。刘善教于20世纪80年代中期开始带学生，指导培养国内外古琴学生众多，并经常和其他各地琴社及扬州民族乐器研制厂开展交流活动。

Ⅱ-75 高邮民歌

王兰英

（编号：03-0862），女，汉族，1937年生，江苏省高邮市高邮镇新华村人。2008年6月，高邮民歌被列入第二批国家级非物质文化遗产名录传统音乐类，项目编号Ⅱ-75。2009年5月，王兰英入选为第三批国家级非物质文化遗产项目代表性传承人，江苏省高邮市申报。王兰英从小爱听民歌、爱唱民歌，跟祖母学会了很多民歌，是当地有名的"民歌篓子"。因《数鸭蛋》一曲而闻名，目前这一民歌已编入江苏省九年制义务教育小学音乐教材。王兰英的演唱纯朴自然，嗓音不加修饰，单单号子，王兰英就会唱《走路号子》、《挑担号子》、《打夯号子》等七八种。后因生活原因，未能继续演唱生涯。

Ⅱ-138 佛教音乐（天宁寺梵呗唱诵）

松纯

（编号：03-0889），俗名孙正宏，男，汉族，1927年9月生，江苏省兴化市大垛镇人。2008年6月，佛教音乐（天宁寺梵呗唱诵）被列入第二批国家级非物质文化遗产名录传统音乐类，项目编号Ⅱ-138。2009年5月，松纯入选为第三批国家级非物质文化遗产项目代表性传承人，江苏省常州市申报。松纯1935年在江苏东台鲍舍庵依守恒大师出家，1946年在江苏句容宝华山隆昌律寺受具足戒。1986年，松纯长老任天宁禅寺代方丈，1990年11月任天宁禅寺方丈至今。常州天宁寺是南方佛乐的代表性寺院，其梵呗唱诵当前仍然保持着节奏哀婉沉稳的传统风貌，曲调统一规范，其"唱赞"部分，古朴委婉，格调高雅，庄严肃穆，韵味古朴清雅，严格地保持着"一板三眼"的节拍特点；"诵经"部分的节奏张弛有度，并形成具有民族特色的多声部，是汉传佛教音乐的主体部分和典范。松纯习得正统梵呗唱诵精华，具有深厚的功力，出声宽厚扎实，曲调流畅清晰，节奏沉着缓慢，韵味古朴清雅，且尤擅击鼓技艺。1990年10月，天宁寺梵呗唱诵团应邀赴京参加首届"中国佛教、道教音乐周"演出，深得各方好评，并出版了《天宁寺唱诵》专辑。此后，在松纯的不懈努力下，天宁寺梵呗唱诵保持着汉传佛教梵呗唱诵的领军地位，也带出了一批后起之秀。

相关传承人还有觉醒大和尚、心澄大和尚、能修大和尚等。

Ⅱ-139 道教音乐（无锡道教音乐）

尤武忠

（编号：03-0897），男，汉族，1932年生，2009年6月卒，江苏省无锡市新安镇人。2008年6月，佛教音乐（无锡道教音乐）被列入第二批国家级非物质文化遗产名录传统音乐类，项目编号Ⅱ-139。2009年5月，尤武忠入选为第三批国家级非物质文化遗产项目代表性传承人，江苏省无锡市申报。尤武忠出身于道士世家，法号罗纬，属于正一派。尤武忠是无锡道教界一位颇具影响的法师，在无锡道教音乐上，他属于第三代传人。8岁跟父亲到城里洞虚宫火神殿学习道教技艺，从小就对道教音乐所使用的鼓、笛、笙、胡等乐器感兴趣，胡琴、琵琶、三弦、笛子、笙样样通。尤擅三弦、笙等乐器演奏，谙熟经文咒语，做功威严洒脱。代表作有《十八六四二》、《十八拍》、《下西风》、《翠凤毛》等。其认可的传人有伍虎勇。

浙江

Ⅱ-7 畲族民歌

蓝陈启

（编号：03-0811），女，畲族，1938年1月生，浙江省景宁畲族自治县鹤溪镇双后降村人。2006年5月，畲族民歌被列入第一批国家级非物质文化遗产名录传统音乐类，项目编号Ⅱ-7。2009

年 5 月，蓝陈启入选为第三批国家级非物质文化遗产项目代表性传承人，浙江省景宁畲族自治县申报。蓝陈启生长在浓郁的畲族文化氛围中，她从小跟母亲学唱山歌。不仅能传唱众多的畲族史歌、生活歌、劳动歌等，还擅长临场发挥即兴创作，极富生活情趣。因而成为畲族文化的代表性人物，获得"畲族歌王"称号，是景宁畲族形象的代言人。她的嗓音浑厚、古朴圆润，1994 年，她参加了日本福井市民间艺术祭（节）民歌交流活动。她的代表作有《大生产》、《高皇歌》等。现在蓝陈启言传身教，为村表演队教唱山歌。

Ⅱ-40 江南丝竹

沈凤泉

（编号：03-0842），男，汉族，1934 年 12 月生，浙江省杭州市人。2008 年 6 月，江南丝竹被列入第一批国家级非物质文化遗产扩展项目名录传统音乐类，项目编号Ⅱ-40。2009 年 5 月，沈凤泉入选为第三批国家级非物质文化遗产项目代表性传承人，浙江省杭州市申报。沈凤泉 10 岁起跟着叔父沈碧澄学二胡。1956 年，他被保送直升上海音乐学院本科。1980 年，沈凤泉和浙江民乐团的笛子演奏家宋景濂先生成立全国第一个江南丝竹研究小组。沈凤泉演奏的江南丝竹音乐，华丽、润厚、甜美，既保持了传统的演奏特点，又融汇了现代二胡的各种技艺。对旋律加花和演奏上的装饰手法，已形成个性化的艺术风格，被誉为浦东南汇派，有江南丝竹二胡演奏南汇派开创者之称。所编演奏乐谱和录音、录像，已被众多音乐、艺术院校纳为教材，在世界各地，尤其是在东南亚国家中流传。沈凤泉学生有果俊明、刘昌卢、王方亮等。

Ⅱ-44 十番音乐（塔楼细十番）

楼正寿

（编号：03-0843），男，汉族，1944 年 11 月生，浙江省杭州市萧山区塔楼镇人。2006 年 5 月，十番音乐（塔楼细十番）被列入第一批国家级非物质文化遗产名录传统音乐类，项目编号Ⅱ-44。2009 年 5 月，楼正寿入选为第三批国家级非物质文化遗产项目代表性传承人，浙江省杭州市申报。楼正寿出身于"细十番"世家，从小对"细十番"情有独钟，从 9 岁起随父学艺，从民间老艺人到京剧团的演奏家，拜师无数。他对塔楼细十番所演奏的"吹、拉、弹、打"各类乐器都基本掌握，其专长是塔楼细十番的主奏乐器——板胡。楼正寿能带领细十番演奏人员把握节奏、力度及韵味。20 世纪 70 年代末，楼正寿带领老一代艺人，走上了重振"细十番"之路，2006 年至今演出及培训活动已达 200 多场次。楼正寿现在主要致力于教授下一代学习细十番，希望能将这一艺术形式传承下去。

Ⅱ-87 嘉善田歌

顾友珍

（编号：03-0865），女，汉族，1937 年生，浙江省嘉善县人。2008 年 6 月，嘉善田歌被列入第二批国家级非物质文化遗产名录传统音乐类，项目编号Ⅱ-87。2009 年 5 月，顾友珍入选为第三批国家级非物质文化遗产项目代表性传承人，浙江省嘉善县申报。顾友珍自幼和妹妹顾秀珍随母亲学唱田歌，从 20 世纪 50 年代起就活跃在湖北各地的舞台上。后演唱的田歌多次被中央电视台等媒体争相采访和拍播专题片，从而扩大了田歌的知名度。顾友珍、顾秀珍姐妹俩被确定为"嘉善田歌"传承人。代表作有《五姑娘》、《大花名》、《四个姑娘去踏车》等。

近年来，嘉善田歌已进入姚庄等镇的中小学课堂，通过举办培训班、田歌演唱赛等形式，使更多的年轻人了解田歌、演唱田歌、传承田歌。

Ⅱ-119 琵琶艺术（平湖派）

朱大祯

（编号：03-0878）男，汉族，1939年7月生，浙江省平湖市新仓镇庆丰村人。2008年6月，琵琶艺术（平湖派）被列入第二批国家级非物质文化遗产名录传统音乐类，项目编号Ⅱ-119。2009年5月，朱大祯入选为第三批国家级非物质文化遗产项目代表性传承人，浙江省平湖市申报。朱大祯是平湖派琵琶演奏技艺第六代传人朱荇菁之子。他自幼受父亲熏陶，父亲亡故后，师承西安音乐学院平湖派琵琶传承人任鸿翔、上海音乐学院琵琶演奏家蒋伯彦等人。朱大祯是目前华东地区唯一一位掌握平湖派琵琶演奏技艺的人。目前，富有地方特色、民族特色的文化瑰宝平湖琵琶濒临后继无人。2004年，朱大祯开始在一家琴行授课，有了第一批学生4个；2009年4月，平湖市百花小学设立传承训练基地，朱大祯收徒培养平湖琵琶传承人。

福建

Ⅱ-7 畲族民歌

雷美凤

（编号：03-0810），女，畲族，1969年生，福建省宁德市蕉城区八都镇猴盾村人。2006年5月，畲族民歌被列入第一批国家级非物质文化遗产名录传统音乐类，项目编号Ⅱ-7。2009年5月，雷美凤入选为第三批国家级非物质文化遗产项目代表性传承人，福建省宁德市申报。雷美凤的家乡以畲族二声部山歌"双音"而闻名，这是畲族优秀民间文化中最为高级和复杂的形势，是畲族优秀文化的珍宝。雷美凤八九岁时就在父母亲的教授下开始学习畲歌，13岁就开始和大人对歌，逢年过节由她为客人表演。演唱的畲族二声部山歌"双音"是畲族民歌的"活化石"。她如今能唱上万首歌曲，有"畲歌女王"之称。曾多次参加国内重大民族音乐活动，其所唱歌曲于2008年随神七遨游太空。代表作有《采茶歌》、《凤凰歌》等。如今，雷美凤招收了6名学生，通过口传心授来传承畲族歌言。

Ⅱ-71 南音

杨翠娥

（编号：03-0858），女，汉族，1972年生，福建省惠安县洛阳镇屿头村人。2006年5月，南音被列入第一批国家级非物质文化遗产名录传统音乐类，项目编号Ⅱ-71。2009年5月，杨翠娥入选为第三批国家级非物质文化遗产项目代表性传承人，福建省泉州市申报。杨翠娥从小跟父亲学习南音，后师从陈永辉、庄泳棋、庄步联等南音大师，擅长琵琶、二弦演奏，她能灵巧掌握并运用指、谱40多套，具备演奏"四管全"的能力；唱法古典传统，有较深的科学发声功底，深得马香缎演唱精髓，演唱中对感情处理得十分细腻，达到有机把握作品的不同格调，使古典乐曲的唱法更富有民族传统艺术气质和魅力。她圆润甜美的唱腔、含蓄柔美的音色被专家学者们誉为"当代绝唱"。在东南亚华侨中，杨翠娥的表演深受欢迎。她还出版了三辑《杨翠娥南音专辑》。目前她在泉州艺校、泉州师范学院艺术学院及泉州各地南音馆社任教，培养了众多南音艺人，如蔡雅艺、张梅琼等。

王秀怡

（编号：03-0859）女，汉族，1957年生。

2006年5月，南音被列入第一批国家级非物质文化遗产名录传统音乐类，项目编号Ⅱ-71。2009年5月，王秀怡入选为第三批国家级非物质文化遗产项目代表性传承人，福建省厦门市申报。王秀怡擅长琵琶演奏，10多次代表省、市出访法国、捷克、日本及东南亚各国和中国港澳台地区，曾被台湾以"大陆杰出人士"身份邀请赴台进行艺术交流。长年从事南音艺术的教学和传承工作，并整理出版《厦门南乐指谱全集》，填补了厦门南乐指谱无成书的空白，该书成为南音界了解、学习厦门南音艺术流派的范本之一。2002年参加国际首届华乐节比赛参与器乐合奏《梅花操》获"金牌"。

江西

Ⅱ-8 兴国山歌

王善良

（编号：03-0812），男，汉族，1942年生，江西省兴国县人。2006年5月，兴国山歌被列入第一批国家级非物质文化遗产名录传统音乐类，项目编号Ⅱ-8。2009年5月，王善良入选为第三批国家级非物质文化遗产项目代表性传承人，江西省兴国县申报。他的代表曲目有《园中芥菜起了芯》、《绣香包》、《行行都出状元郎》、《赞八仙》等。

Ⅱ-27 薅草锣鼓（武宁打鼓歌）

孟凡林

（编号：03-0824），男，汉族，1927年12月生，江西省武宁县东林乡东林村人。2008年6月，薅草锣鼓（武宁打鼓歌）被列入第一批国家级非物质文化遗产扩展项目名录传统音乐类，

项目编号Ⅱ-27。2009年5月，孟凡林入选为第三批国家级非物质文化遗产项目代表性传承人，江西省武宁县申报。孟凡林的祖父、父亲和叔叔都会唱打鼓歌，他1945年开始随父亲学唱打鼓歌。他掌握了大量打鼓歌的歌词，可以长时间不重复演唱，并能根据劳动进度恰如其分第控制节奏，被当地人誉为"歌王"。他的歌声高亢嘹亮，激越悠扬，善唱昂颈歌，尤其是他的复音发声唱法，为当代歌手少见的发音方式，成为武宁打鼓歌艺术的一代宗师。他演唱的昂颈歌被《中国音乐辞典》收为辞条并被收入上海、武汉学院音乐教材。2008年，他把父亲口授的200多首以及他自己编写的30多首打鼓歌全部免费提供给了《武宁打鼓歌集》编撰部门。孟凡林几十年来通过言传身教带徒上百人，其中徐高福、李仕义、王义进等都已成为当地的著名歌手。

Ⅱ-37 唢呐艺术（于都唢呐公婆吹）

刘有生

（编号：03-0840），男，汉族，江西省于都县宽田乡山下村人。2008年6月，唢呐艺术（于都唢呐公婆吹）被列入第一批国家级非物质文化遗产扩展项目名录传统音乐类，项目编号Ⅱ-37。2009年5月，刘有生入选为第三批国家级非物质文化遗产项目代表性传承人，江西省于都县申报。刘有生出身于唢呐世家，从祖父起就开始演奏唢呐，他自小耳濡目染，对唢呐有着极大的兴趣。刚懂事时，父亲刘自福便亲自给他传授唢呐吹奏技艺。目前他是于都唢呐"公婆吹"最具代表性的人物。2007年，刘有生与村里的谢海明、刘称生、郭二伏、熊月长、曾冬长等人自发组成唢呐"公婆吹"演奏班。代表作有《将军下马》、《下山虎》、《百凤朝阳》、《春景天》。2012年10月，于都唢呐公婆吹传承培训基地在于都县段屋乡寒信村

挂牌成立，刘有生对艺人和爱好者提供唢呐公婆吹的专业传授和培训。

相关传承人还有邱奇标、刘福长。

山东

Ⅱ-120 古筝艺术（山东古筝乐）

赵登山

（编号：03-0879），男，汉族，1933年生，山东省郓城县陈坡乡杨寺村人。2008年6月，古筝艺术（山东古筝乐）被列入第二批国家级非物质文化遗产名录传统音乐类，项目编号Ⅱ-120。2009年5月，赵登山入选为第三批国家级非物质文化遗产项目代表性传承人，山东省菏泽市申报。赵登山是国家一级演奏员。他自幼酷爱民间音乐，8岁开始师从老艺人杨安字、王登吉、梁衍义等学习曲艺、坠琴、软弓胡；后师承民间艺术家樊西雨、张应易、李大邦、王邦贵等学习古筝。赵登山承袭了山东古筝乐的技艺精髓，并有所突破。他的弹奏更能体现音韵的细腻，音色更加悠长，极大地丰富了古筝的表现力。同时对山东筝派技艺进行了进一步的挖掘和整理，将古代工尺谱整理翻译成现代简谱，使这些濒临失传的音乐瑰宝得以完整地保存下来，再现了千年遗韵。他还创作和改编了许多充满乡土气息的独奏、合奏筝曲，如《春到田间》、《欢庆节日》、《松花湖池歌》等都广为流传，成为古筝曲的新经典曲目。赵登山的弟子众多，可谓桃李满天下。许多学生荣获国际、国家和省市大奖，成为新一代古筝演奏家。

河南

Ⅱ-121 笙管乐（超化吹歌）

王国卿

（编号：03-0881），男，汉族，1963年8月生，河南省新密市超化镇人。2008年6月，笙管乐（超化吹歌）被列入第二批国家级非物质文化遗产名录传统音乐类，项目编号Ⅱ-121。2009年5月，王国卿入选为第三批国家级非物质文化遗产项目代表性传承人，河南省新密市申报。"吹歌"是我国十分古老的一种吹奏乐演奏形式，是吹奏乐和打击乐的组合，大约起源于我国的商周时期。河南新密超化寺的吹歌来自皇宫或国家祭祀大典的吹歌，与当地的音乐杂糅而成，后由僧人传入民间。1949年之前，新密很多地方都有"吹歌社"。王国卿1978年在超化寺吹歌社跟父祖学艺，主奏乐器管子，现为超化寺第十代传承人。王国卿先后在河南省第六届、第九届民间音舞大赛中获金奖。王国卿把鼓乐演奏技巧传授给了弟弟王国权。在两人20岁左右时，创办了"王家鼓乐班"，曾赴国外演出。主要代表作品有宫廷音乐《传令》、《青河令》、《小桃红》等，寺庙音乐《神童子》、《五圣佛》、《三尺佛》等。超化吹歌是集体演奏项目，所以还有宋俊忠等相关艺人。但目前传承十分困难。

Ⅱ-138 佛教音乐（大相国寺梵乐）

释隆江

（编号：03-0890），男，汉族，1925年生，河南省民权县白云村人。2008年6月，佛教音乐（大相国寺梵乐）被列入第二批国家级非物质文化遗产名录传统音乐类，项目编号Ⅱ-138。2009年5月，释隆江入选为第三批国家级非物质文化遗产项目代表性传承人，河南省开封市申报。释隆江 1932 年出家，1938 年拜大相国寺著名乐僧释安伦、释安修为师，学习梵乐。释隆江法师吹奏的"筹"，是大相国寺乐僧所使用的各种乐器中最为独特的一种。释隆江法师吸收了各地梵乐之精华并加以开拓创新，使筹乐锦上添花。他吹筹的音色具箫之哀婉、笛之悠扬，被誉为"世界之绝响，佛家之仙乐"，对佛乐的内涵有着完美诠释和独到的艺术见解，是目前全国唯一一位佛教筹乐演奏人；作为负责锡管演奏的乐僧，他还专门为自己铸造了锡管，并揣摩出一首风格独特的锡管演奏曲——《油葫芦》。相关代表作有《抱钟台》、《胡溜》、《筹笙合奏》、《油葫芦》、《杨乃武与小白菜》、《筹笙合奏》等。释隆江收徒传承梵乐，已经出师 1 人，锡管吹奏较好的有 5 人。

湖北

Ⅱ-9 兴山民歌

彭泗德

（编号：03-0813），男，汉族，1931 年 8 月生，湖北省兴山县人。2006 年 5 月，兴山民歌被列入第一批国家级非物质文化遗产名录传统音乐类，项目编号 Ⅱ-9。2009 年 5 月，彭泗德入选为第三批国家级非物质文化遗产项目代表性传承人，湖北省兴山县申报。彭泗德是兴山当地有名的集打、念、唱等技艺于一身的"歌师傅"，会薅草锣鼓、丧鼓、地花鼓、彩莲船、道士、端公，能演唱 48 个"阳雀"、48 个"午时中"、24 个"花名"，当地人评价他是"唱三天三夜不唱重句子"。

Ⅱ-27 薅草锣鼓（长阳山歌）

王爱民

（编号：03-0825），男，土家族，1971 年 6 月生，湖北省长阳土家族自治县贺家坪镇李家槽村人。2008 年 6 月，薅草锣鼓（长阳山歌）被列入第一批国家级非物质文化遗产扩展项目名录传统音乐类，项目编号 Ⅱ-27。2009 年 5 月，王爱民入选为第三批国家级非物质文化遗产项目代表性传承人，湖北省长阳土家族自治县申报。王爱民从小受其父王纯成的影响开始唱山歌，他有着高亢明亮的嗓音和丰富的山歌演唱技巧。2004 年，王爱民和父亲王纯成参加第二届"中国南北民歌擂台赛"，父子俩荣获"中国南北民歌擂台赛"第三名，获得"歌王"称号；2005 年 5 月，王爱民"祖孙三代"参加中央电视台、文化部、中央文明办联合举办的全国"四进家"社区文艺展，荣获金奖。2007 年 11 月，王爱民、王爱华兄弟演唱的《喊歌》在全国第八届中国艺术节上获文化部群星奖大奖；同年 12 月，兄弟俩在全国原生态民歌大赛中获组合组金奖。代表作有《花咚咚的姐》、《打起鼓盆唱起歌》等。

Ⅱ-54 土家族打溜子

简伯元

（编号：03-0846），男，土家族，1944 年生，湖北省宜昌市五峰土家族自治县仁和坪镇梅坪村人。2008 年 6 月，土家族打溜子被列入第一批国家级非物质文化遗产扩展项目名录传统音乐类，项目编号 Ⅱ-54。2009 年 5 月，简伯元入选为第三批国家级非物质文化遗产项目代表性传承人，湖北省五峰土家族自治县申报。简伯元 7 岁起开始跟随父亲学习祖传民间器乐"打溜子"，小小年纪就成为"打溜子"的行家。"文革"结束后，简伯元马上组织民间器乐团以乐会友，并到各地拜访名师，通过苦心钻研，精心揣摩，扬长避短，巧妙地融汇了 5 位师傅的精妙技艺，形成了自己独特的风格，让它更能为观众们所接受，为老百姓所喜闻乐见。简伯元除了亲自传授学生之外，还整理出了大量的曲谱，他先后招收的 40 多名弟子如今遍布土家山寨。

Ⅱ-81 马山民歌

王兆珍

（编号：03-0863），女，汉族，1938 年 12 月生，湖北省荆州市荆州区马山镇人。2008 年 6 月，马山民歌被列入第二批国家级非物质文化遗产名录传统音乐类，项目编号Ⅱ-75。2009 年 5 月，王兆珍入选为第三批国家级非物质文化遗产项目代表性传承人，湖北省荆州市荆州区申报。王兆珍从十几岁起就开始唱马山民歌，通过不断的努力将马山民歌从田间搬上了舞台。1957 年马山民歌手王兆珍等人在北京中南海怀仁堂演唱《喇叭调》、《嘚嘚调》。她的风格旋律流畅动听，节奏鲜活明快，歌词凝精辟，通俗易学上口。目前，过去优秀的马山民歌手大量流失，民歌的传承一度中断，近年没有出现新的优秀歌手。目前马山中学将马山民歌引入校园，请王兆珍等老艺人来教授。

Ⅱ-83 吕家河民歌

姚启华

（编号：03-0864），男，汉族，1942 年生，湖北省丹江口市官山镇吕家河村人。2008 年 6 月，吕家河民歌被列入第二批国家级非物质文化遗产名录传统音乐类，项目编号Ⅱ-83。2009 年 5 月，姚启华入选为第三批国家级非物质文化遗产项目代表性传承人，湖北省丹江口市申报。姚启华出生在民歌之乡，自幼受环境影响，学会了当地民歌。姚启华能唱 2000 多首民歌，79 种调，歌声委婉而又诚挚，运气发自丹田。所唱歌曲有庆典歌曲与丧礼歌曲，还有长篇叙事诗。代表作有《十二月熬长工》和《石本上工》等。近年来，老年歌手去世的速度逐年加快，面临"人亡艺绝"的境地。

Ⅱ-104 老河口丝弦

余家冰

（编号：03-0866），女，汉族，1944 年 1 月生，湖北省老河口市人。2008 年 6 月，老河口丝弦被列入第二批国家级非物质文化遗产名录传统音乐类，项目编号Ⅱ-104。2009 年 5 月，余家冰入选为第三批国家级非物质文化遗产项目代表性传承人，湖北省老河口市申报。余家冰出身音乐之家，父母都是音乐教师，她自幼对音乐有一种敏感和天赋。9 岁时，她师从王直夫，小学毕业时，余家冰基本学会了老河口丝弦的大部分曲牌。她的曲风古朴、韵味典雅，旋律委婉曲折，优美动听。1980 年初，余家冰已调到老河口群艺馆工作，将王直夫所掌握的老河口丝弦全部整理保留了下来。撰写了一本约 50 万字的书（手抄本），记载了老河口丝弦的全部曲牌演奏方法、历史渊源、传承情况、艺术特征等。对《思情》、《思春》、《思乡》、《闺中怨》、《高山流水》、《打雁》等曲目都作了重点介绍。余家冰搜集整理的民歌 21 首、民器曲 45 首及有关文章分别选入《中国民歌集成·湖北卷》、《中国民器曲集成·湖北卷》。2006 年余家冰组建了"老河口丝弦演出队"，由她亲自培训、演示和教授，现已在各个场合演出。

湖南

Ⅱ-109 苗族民歌（湘西苗族民歌）

陈千均

（编号：03-0867），男，苗族，1943年10月生，湖南省吉首市丹青镇吉鱼村人。2008年6月，苗族民歌（湘西苗族民歌）被列入第二批国家级非物质文化遗产名录传统音乐类，项目编号Ⅱ-109。2009年5月，陈千均入选为第三批国家级非物质文化遗产项目代表性传承人，湖南省吉首市申报。陈千均出身于湘西苗歌之乡，从小就跟随父母及乡邻学习苗歌，13岁就开始登场唱歌。陈千均歌路甚宽，擅长风俗歌、情歌、生活歌、啄啄歌等，比兴贴切，通俗易懂，尤其爱巧用双关语，懂得历史典故，富有浪漫主义色彩。多年来一直活跃在湘西苗族地区，为当地人服务。十几年来，陈千均先后搜集整理了数十万字的苗族山歌，分别刊布在《湘西歌谣大观》、《吉首市民间文字歌谣集成》、《团结报》等各地报刊上。他还在吉首市中小学成功地举办了10多期苗族山歌培训班，培养了一大批苗族山歌爱好者，为湘西苗歌的传承和发展作出了卓越的贡献。

Ⅱ-110 瑶族民歌（花瑶呜哇山歌）

戴碧生

（编号：03-0868），男，瑶族，1949年12月生，湖南省隆回县虎形山瑶族乡草原村人。2008年6月，瑶族民歌（花瑶呜哇山歌）被列入第二批国家级非物质文化遗产名录传统音乐类，项目编号Ⅱ-110。2009年5月，戴碧生入选为第三批国家级非物质文化遗产项目代表性传承人，湖北省隆回县申报。戴碧生11岁开始学唱呜哇山歌，师从陈世达，至今已有48年，会唱山歌近2000余首。戴碧生演唱的呜哇山歌具有其独特的民族风格、粗放的瑶山韵味。2004年，戴碧生和陈世达组成花瑶呜哇山歌组合，在全国第二届南北民歌擂台赛上获最佳歌手奖和薪传奖；2005年12月，参加湖南省第二届少数民族文艺调演，和陈世达演唱《花瑶呜哇歌》获金奖；2007年赴西安参加中国原生民歌大赛，获优秀演唱奖。2007年开始带徒传艺。

Ⅱ-125 土家咚咚喹

严三秀

（编号：03-0882），女，土家族，1954年生，湖南省龙山县靛房镇人。2008年6月，土家咚咚喹被列入第二批国家级非物质文化遗产名录传统音乐类，项目编号Ⅱ-125。2009年5月，严三秀入选为第三批国家级非物质文化遗产项目代表性传承人，湖南省龙山县申报。严三秀从小迷恋吹咚咚喹，不断向当地民间艺人学习，成为远近闻名的咚咚喹能手。严三秀所演奏的"咚咚喹"、"巴列咚"、"呆都哩"、"乃哟乃"、"拉帕克"、"毕取业"、"张打铁"、"米屎颗颗"、"呔呔嘟呔呔"、"唉啰啰"等曲牌家喻户晓，不少已载入书本，形成教材。严三秀还是制作咚咚喹乐器的高手。她所制作的咚咚喹乐器，作为纪念品被许多专家、学者收藏。她将自己多年演奏的技艺传授给他人，传授的弟子很多相当出色，尤其是其女儿彭香花更是其得意门徒。

Ⅱ-129 芦笙音乐（侗族芦笙）

杨枝光

（编号：03-0886），男，侗族。2008年6月，芦笙音乐（侗族芦笙）被列入第二批国家级非物质文化遗产名录传统音乐类，项目编号

Ⅱ-129。2009 年 5 月，杨枝光入选为第三批国家级非物质文化遗产项目代表性传承人，湖南省通道侗族自治县申报。

广东

Ⅱ-11 梅州客家山歌

汤明哲

（编号：03-0814），男，汉族，1934 年 10 月生，广东省蕉岭县人。2006 年 5 月，梅州客家山歌被列入第一批国家级非物质文化遗产名录传统音乐类，项目编号Ⅱ-11。2009 年 5 月，汤明哲入选为第三批国家级非物质文化遗产项目代表性传承人，广东省梅州市申报。汤明哲从 15 岁起，受母亲的熏陶，开始唱山歌，稔熟于客家山歌，能够自编自演、自弹自唱，而且他才思敏捷，擅长即兴对歌。在长期的山歌创作和演唱实践中，被誉为"山歌大王"、"急智歌星"，形成了自己别具一格的汤腔流派。1990 年由梅州市人民政府授予的"山歌大师"称号。2000 年，获中国文化部授予"新中国曲艺五十年特别贡献曲艺家"称号。出版专著《山歌汤创作选》等 8 本，《客家山歌》等音像制品 CD、VCD 共 50 多种。以歌为媒介，多次出国表演。代表作有《灯笼妹》、《山魂》等。汤明哲在各地及艺术院校教唱客家山歌，广收学徒，学生遍布世界各地，其中不乏高徒。

Ⅱ-34 古琴艺术（岭南派）

谢导秀

（编号：03-0835），男，汉族，1940 年 2 月生，广东省梅县周溪村人。2003 年 11 月，古琴艺术入选联合国教科文组织第二批"人类口头和非物质遗产代表作"。2008 年 6 月，古琴艺术（岭南派）被列入第一批国家级非物质文化遗产扩展项目名录，项目编号Ⅱ-34。2009 年 5 月，谢导秀入选为第三批国家级非物质文化遗产项目代表性传承人，广东省广州市申报。谢导秀是岭南古琴艺术的当代大师、岭南派第八代传人。谢导秀自幼受客家文化的影响，5 岁就能敲打客家锣鼓点套路，特别喜爱客家山歌、闹八音等民间音乐形式。1963 年 7 月，谢导秀考入广州音乐专科学校古琴系。谢导秀不但古琴技巧纯熟，其演奏更充分体现了岭南派刚健、爽朗、明快的特点。1975 年，谢导秀与其师杨新伦先生共同着手对岭南琴曲《古冈遗谱》进行重新整理与记录，并为《双鹤听泉》、《神化引》打谱。代表作有《鸥鹭忘机》、《神化引》、《碧涧流泉》、《乌夜啼》等，专辑有《绝》。1980 年 10 月，广东古琴研究会成立，谢导秀任秘书长，1990 年接任会长。他通过对琴谱琴曲和琴式琴名的收集整理与研究、表演展示及对外交流，培养出的新一代岭南古琴爱好者，其中像陈磊、谢东笑等新一代的门徒已能独当一面。

Ⅱ-49 广东音乐

汤凯旋

（编号：03-0844），男，汉族，1945 年生，广东省新会县人。2006 年 5 月，广东音乐被列入第一批国家级非物质文化遗产名录传统音乐类，项目编号Ⅱ-49。2009 年 5 月，汤凯旋入选为第三批国家级非物质文化遗产项目代表性传承人，广东省广州市申报。汤凯旋是国家一级演奏员。15 岁时考入广州艺术学校，在叶孔昭老师的启蒙下，汤凯旋从弹秦琴转学扬琴。汤凯旋的扬琴演奏造诣很深，技法娴熟和全面，对演奏各类不同题材、风格的作品都能挥洒自如，蕴含艺术的魅力。他从曲子内容出发，通过大幅度的音色、节奏、速度和力度的强烈对比，塑造如泣如诉或愤恨呼号的不同意境，把扬琴的技巧和功能发挥得淋漓尽致。汤凯旋熟习广东音乐，整理和编配多首传统乐曲，并发表了多首广东音乐新作。他表演和创作的广东音乐曾多次在全国、省、市的大赛评比中获奖，其中他创作的《云山春色》获全国第二届民族交响乐展演优秀奖。代表作有《阮玲玉》、《云山春色》、《雏凤新声颂伟人》。汤凯旋是广东音乐曲艺团的艺术顾问，还兼任了中山大学民族乐团和中山市青少年民族乐团的艺术顾问，培养广东音乐后人。

广西

II-30 多声部民歌（壮族三声部民歌）

温桂元

（编号：03-0830），男，壮族，1933 年 11 月生，广西壮族自治区马山县古零镇安善村下安屯人。2008 年 6 月，多声部民歌（壮族三声部民歌）被列入第一批国家级非物质文化遗产扩展项目名录传统音乐类，项目编号 II-30。2009 年 5 月，温桂元入选为第三批国家级非物质文化遗产项目代表性传承人，广西壮族自治区马山县申报。温桂元的父亲是马山当地声名远扬的三声部民歌高手，他从小在父亲温文德的歌声中耳濡目染，逐渐成长为广西一代歌王，也是马山民歌的第三代传承人。温桂元已经整理和创作了上千首壮族三声部民歌，他在传统壮族礼数民歌中加入现代元素，还给民歌划分了种类，如婚宴歌、爱情歌、公益歌等。温桂元的儿子和孙女分别是马山民歌的第四代和第五代传人。同时，温桂元把壮族三声部民歌展示中心和培训基地设在了自己的家中，为培训班编写了教材《勉妮学山歌》，免费招收各地热爱壮族三声

部民歌的学员。目前有 40 个弟子，每人都已掌握三声部民歌的技艺，时常到包括北京在内的各地演出，让更多人了解和学会欣赏壮族三声部民歌。因其在传承中的突出贡献，2012 年获"首届中华非物质文化遗产传承人薪传奖"。

海南

II-111 黎族民歌（琼中黎族民歌）

王妚大

（编号：03-0869），女，黎族，1923 年 12 月生，海南省琼中族苗族自治县什运镇什运村人。2008 年 6 月，黎族民歌（琼中黎族民歌）被列入第二批国家级非物质文化遗产名录传统音乐类，项目编号 II-111。2009 年 5 月，王妚大入选为第三批国家级非物质文化遗产项目代表性传承人，海南省琼中黎族苗族自治县申报。王妚大从小喜爱民歌，10 岁时随堂叔王仁福学习民歌。她熟悉 34 种歌调，能唱上千首民歌，被誉为海南黎族歌后。她的民歌曾录入《中国民歌大典》，被《诗刊》和《战地新歌》刊登。王妚大被授予"琼中民族终身成就奖"和"琼中民间艺术大师奖"。代表作有《叫侬唱歌侬就唱》、《有歌不唱留做乜》、《解放大军真是好》、《毛主席是咱国父》、《哎来哟调》等。培养和指导了众多黎族民间歌手，如王玉梅、王兰香、王玉香等，现正培养她的孙女学习黎族民歌。

重庆

Ⅱ-15 石柱土家啰儿调

黄代书

（编号：03-0815），男，土家族，1944年4月生，重庆市石柱土家族自治县马武镇金鑫村人。2006年5月，石柱土家啰儿调被列入第一批国家级非物质文化遗产名录传统音乐类，项目编号Ⅱ-15。2009年5月，黄代书入选为第三批国家级非物质文化遗产项目代表性传承人，重庆市石柱土家族自治县申报。黄代书自小受民间文化的熏陶，十分喜爱啰儿调。四五岁开始学唱，至今已收集和整理传统啰儿调300余首，并结合日常生活创编新啰儿调30余首，既通俗易懂又发人深省，在民间传唱度很高。代表作有《太阳出来喜洋洋》、《土家人的啰儿调》等。黄代书开设啰儿调课堂传承民族文化，并到各土家族村寨学校教唱啰儿调，希望能够培养出啰儿调的传承人。他目前着力培养的"接班人"是他刚满9岁的孙子黄奇峰。

Ⅱ-26 木洞山歌

喻良华

（编号：03-0823），男，汉族，1933年生，重庆市巴南区人。2006年5月，木洞山歌被列入第一批国家级非物质文化遗产名录传统音乐类，项目编号Ⅱ-26。2009年5月，喻良华入选为第三批国家级非物质文化遗产项目代表性传承人，重庆市巴南区申报。喻良华从小受生活环境的影响，学唱山歌，他嗓音明亮高昂，音域宽广，音色纯净，穿透力强；在演唱的同时，他还能谱曲作词。喻良华60多年来先后创作出具有时代特色的木洞山歌上千首，被当地人称

为木洞山歌歌王。他对木洞山歌进行改良，将悲情唱腔柔化，也创新很多山歌曲调和韵律，让歌曲抑扬顿挫，更易于现代人接受；同时，对舞台表演也做了一些包装。代表作有《迎亲》等。喻良华和几位木洞山歌老歌手成立了木洞山歌艺术团，经常排演和外出表演，借此推广木洞山歌。他还收徒20多人，靠言传身教传承木洞山歌。其弟子中比较出名的有李福美、高启兰、代正美等。

Ⅱ-52 吹打（接龙吹打）

李自春

（编号：03-0845），男，汉族。2006年5月，吹打（接龙吹打）被列入第一批国家级非物质文化遗产名录传统音乐类，项目编号Ⅱ-52。2009年5月，李自春入选为第三批国家级非物质文化遗产项目代表性传承人，重庆巴南区申报。

四川

Ⅱ-30 多声部民歌（羌族多声部民歌）

郎加木

（编号：03-0831），男，羌族，1945年4月生，四川省松潘县小姓乡埃溪村人。2008年6月，多声部民歌（羌族多声部民歌）被列入第一批国家级非物质文化遗产扩展项目名录传统音乐类，项目编号Ⅱ-30。2009年5月，郎加木入选为第三批国家级非物质文化遗产项目代表性传承人，四川省松潘县申报。郎加木15岁时师从雷蹉学习羌族多声部民歌，属师徒传承。1982年起独立演唱，已掌握羌族多声部民歌近百首，现在九寨沟高原红艺术团任演员。郎加木掌握多声部民歌的四、五度及大二度音程，纵向结

合羌族多声部民歌演唱技巧，以及我国其他地区少见的大幅度慢速颤音唱法，曾在国内重大表演和比赛活动中演出。代表作有《哈拉哈依》、《哈依哈拉》、《萨姆》、《毕曼》、《尼萨》等。

贵州

Ⅱ-28 侗族大歌

吴仁和

（编号：03-0826），男，侗族，1931 年生，贵州省从江县人。2008 年 6 月，侗族大歌被列入第一批国家级非物质文化遗产扩展项目名录传统音乐类，项目编号 Ⅱ-28。2009 年 5 月，吴仁和入选为第三批国家级非物质文化遗产项目代表性传承人，贵州省从江县申报。

潘萨银花

（编号：03-0827），女，侗族，1944 年生，贵州省从江县高增乡小黄村人。2008 年 6 月，侗族大歌被列入第一批国家级非物质文化遗产扩展项目名录传统音乐类，项目编号 Ⅱ-28。2009 年 5 月，潘萨银花入选为第三批国家级非物质文化遗产项目代表性传承人，贵州省从江县申报。潘萨银花当了 48 年的歌师，能熟唱 300 多首侗歌，获得各种荣誉数百项。侗族没有自己的文字，侗歌传承全靠口传心授。2010 年 3 月，潘萨银花老人在家中成立小黄村侗族大歌传习所，常年开设侗族大歌课程，义务向村民授课，更注重培养年轻一代学习侗歌唱法。多年来，潘萨银花老人培养出了上千名侗族歌手。除了传授侗歌，她还带领着村里的其他侗歌歌师一同创作新歌，为侗族文化的传承作出巨大的贡献。

Ⅱ-29 侗族琵琶歌

吴仕恒

（编号：03-0828），男，侗族，1919 年生，贵州省黎平县尚重镇西弥村人。2006 年 5 月，侗族琵琶歌被列入第一批国家级非物质文化遗产名录传统音乐类，项目编号 Ⅱ-29。2009 年 5 月，吴仕恒入选为第三批国家级非物质文化遗产项目代表性传承人，贵州省黎平县申报。吴仕恒 15 岁开始用汉字记侗音自编侗歌，其初期所编的侗歌多半是爱情歌（当地侗语称"嘎样"），也编写针砭时弊和劝诫的侗歌。1958 年，他加入"黎、从、榕侗族合唱团"，同年 11 月入"黎平县民间合唱团"，专事侗歌和侗戏的改编工作。他所创编的侗歌有近 2000 首，可分为"大众歌"、"情歌"、"喜事歌"和"历史歌"四类。代表作有《吃了洋烟害处多》、《抓兵派款比那豺狼更可恶》、《一百零作为韵》、《勤俭立身之本》、《为人处世》、《中国新历史》等。吴仕恒培养出的著名弟子有吴明清、赵学开、杨锦康、吴宇香、吴家明等 10 多名。

云南

Ⅱ-17 傈僳族民歌

李学华

（编号：03-0816），男，傈僳族，1954 年生，云南省泸水县人。2006 年 5 月，傈僳族民歌被列入第一批国家级非物质文化遗产名录传统音乐类，项目编号 Ⅱ-17。2009 年 5 月，李学华入选为第三批国家级非物质文化遗产项目代表性传承人，云南省泸水县申报。李学华从小爱唱傈僳族民歌，喜弹起奔等乐器。他技艺娴熟，能即兴演唱各种民歌。代表作有《木棉花开》等。

Ⅱ-114 布朗族民歌（布朗族弹唱）

岩瓦洛

（编号：03-0870），男，布朗族，1959年生，云南省西双版纳傣族自治州勐海县打洛镇人。2008年6月，布朗族民歌（布朗族弹唱）被列入第二批国家级非物质文化遗产名录传统音乐类，项目编号Ⅱ-114。2009年5月，岩瓦洛入选为第三批国家级非物质文化遗产项目代表性传承人，云南省勐海县申报。岩瓦洛从小喜欢布朗族民歌，16岁拜本村老艺人岩三为师，掌握了布朗民歌的传统唱法，并能弹唱布朗族的迁徙、祭祀、缅怀祖先等各种叙事、祝福的曲调。他即兴演唱能力强，在当地布朗族中享有盛誉。岩瓦洛设立布朗族弹唱传习所，1998年岩瓦洛正式收本村玉喃坎和岩帕星为徒弟。这两个徒弟也已成为有影响力的布朗族民间歌手。

西藏 ·

Ⅱ-138 佛教音乐（直孔噶举派音乐）

顿珠

（编号：03-0891），男，藏族，1944年生，西藏自治区那曲县人。2008年6月，佛教音乐（直孔噶举派音乐）被列入第二批国家级非物质文化遗产名录传统音乐类，项目编号Ⅱ-138。2009年5月，顿珠入选为第三批国家级非物质文化遗产项目代表性传承人，西藏自治区墨竹工卡县申报。

陕西

Ⅱ-61 西安鼓乐

何忠信

（编号：03-0852），男，汉族，1953年12月生，陕西省西安市长安区何家营村人。2006年5月，西安鼓乐被列入第一批国家级非物质文化遗产名录传统音乐类，项目编号Ⅱ-61。2009年5月，何忠信入选为第三批国家级非物质文化遗产项目代表性传承人，陕西省申报。何家营鼓乐脱胎于唐代长安燕乐，是以打击乐和吹奏乐混合演奏的大型乐种，大气、雄浑、高雅，保持着相当完整的曲目、谱式、结构、乐器及演奏形式，是中国古代音乐的"活化石"，是迄今为止在我国发现并保存最完整的大型民间乐种之一。何忠信1968年开始师从著名鼓乐艺人何生哲、何生碧学习鼓乐，现任何家营鼓乐社社长。他收集整理古老乐器和乐谱，管理和维护何家营鼓乐陈列馆，2008年被评为"西安市十佳民间艺人"称号。1987年何忠信随社赴京参加了全国第五届华夏之声音乐会及"亚洲传统音乐讨论会"演出，广受好评。何家营古乐社代表曲目有行乐《番调》、坐乐《群英宴》，以及《杜甫观花》、双云锣《尺调引令》、花鼓段《霸王鞭》等。先后培养了四批共112名鼓乐传承人，并在何家营小学开设鼓乐课堂，培训的何家营小学少年鼓乐队于2007年1月荣获"全国少儿器乐赛一等奖"。

Ⅱ-73 陕北民歌

王向荣

（编号：03-0860），男，汉族，1952年生，陕西省府谷县人。2008年6月，陕北民歌被列入第二批国家级非物质文化遗产名录传统音乐类，项目编号Ⅱ-73。2009年5月，王向荣入选为第三批国家级非物质文化遗产项目代表性传承人，陕西省榆林市申报。王向荣父母都是著名的二人台、山曲艺人，他从小就受到民间音乐的熏陶。王向荣从老艺人那里收集了大量的民歌，在这些民间民歌手身上，他不仅学到了集陕、晋、内蒙古、宁、甘等地各个品种的民歌、山曲，而且感受到了民歌所反映的民俗、民风和文化。无论是山歌、小调，还是神曲、酒歌，他充满激情的演唱风格都能将陕北民歌的苍凉厚重、高亢激昂表达得淋漓尽致，让听者顿生浸透肺腑、刻骨铭心之感，乡土气息也地地道道、原汁原味完美地呈现。2005年，中国唱片总公司推出了首张王向荣个人演唱专辑《"陕北歌王"王向荣》。代表作有《五哥放羊》、《打金钱》、《走西口》等。

贺玉堂

（编号：03-0861），男，汉族，1949年生，陕西省安塞县沿河湾乡人。2008年6月，陕北民歌被列入第二批国家级非物质文化遗产名录传统音乐类，项目编号Ⅱ-73。2009年5月，贺玉堂入选为第三批国家级非物质文化遗产项目代表性传承人，陕西省延安市申报。贺玉堂从小酷爱民歌，他10岁起正式跟着父辈们在农事闲暇时学唱民歌，练就了一副金嗓子。他的发音高度为高音F，比举世闻名的帕瓦罗蒂的高音C高出三度。贺玉堂嗓音嘹亮，音色纯正，音域宽广，歌声高亢激越，优美动情。他演唱的陕北民歌属原生态唱法，色彩鲜明，个人风格突出，在众多陕北歌手中独树一帜，经他收集整理、创作改编的陕北民歌达千首之多。先后参加了《黄土地》、《黄河》等70余部影视的拍摄、配插曲工作。如今，贺玉堂虽然已年近古稀，但嗓音仍然嘹亮，音色仍然纯正，唱歌的感情依然饱满。代表作有《王贵与李香香》、《兰

花花》等。贺玉堂主动担任安塞县安塞民间艺术团艺术指导，常年辅导县里民歌爱好者学习演唱技法，言传身教。

Ⅱ-139 道教音乐（白云山道教音乐）

张明贵

（编号：03-0898），原名张增庆，男，汉族，1931年3月生，陕西省佳县人。2008年6月，佛教音乐（白云山道教音乐）被列入第二批国家级非物质文化遗产名录传统音乐类，项目编号Ⅱ-139。2009年5月，张明贵入选为第三批国家级非物质文化遗产项目代表性传承人，陕西省佳县申报。张明贵是佳县白云山白云观道士，道号希仙子，全真道龙门派第二十代传人。他11岁时正式拜张元桐为师，开始系统地学习道教音乐、舞蹈、焰火、剪纸等各种技能，专练吹笙，不久即掌握了白云山道教所用的全部经卷，能用笙吹奏当时演奏的所有笙管曲牌，吹、打、写、念、做，样样精通。1980年，张明贵主持白云山道教事务以来，在修葺道观、培训学员、抢救整理道教资料等方面，作出了重大贡献。近年来，他同申飞雪、康至功等一起，潜心整理白云观道教音乐，为后人留下了道教文化资料。相关继承人是他的儿子张鹏程。相关传承人有冯兴剑、黄世真等。

甘肃

Ⅱ-19 裕固族民歌

杜秀兰

（编号：03-0817），女，裕固族，1942年生，甘肃省肃南裕固族自治县人。2006年5月，

裕固族民歌被列入第一批国家级非物质文化遗产名录传统音乐类，项目编号Ⅱ-19。2009年5月，杜秀兰入选为第三批国家级非物质文化遗产项目代表性传承人，甘肃省肃南裕固族自治县申报。杜秀兰拥有超人才智和灵性、储存着大量裕固族民歌，她的声音清脆响亮，直入苍穹。代表作有《学步歌》、《十二生肖》等6首裕固族歌曲。

杜秀英

（编号：03-0818），女，裕固族，1941年生，甘肃省肃南裕固族自治县人。2006年5月，裕固族民歌被列入第一批国家级非物质文化遗产名录传统音乐类，项目编号Ⅱ-19。2009年5月，杜秀兰入选为第三批国家级非物质文化遗产项目代表性传承人，甘肃省肃南裕固族自治县申报。

相关传承人还有钟玉珍、杜秀兰、贺俊山等人。

Ⅱ-20 花儿（莲花山花儿会）

汪莲莲

（编号：03-0819），原名汪海娥，女，汉族，1957年生，现居甘肃省渭源县峡城乡门楼寺村。2006年5月，花儿（莲花山花儿会）被列入第一批国家级非物质文化遗产名录传统音乐类，项目编号Ⅱ-20。2009年5月，汪莲莲入选为第三批国家级非物质文化遗产项目代表性传承人，甘肃省康乐县申报。汪莲莲自小生长在莲花山下，受祖辈世家"花儿"的熏陶，她天生一副透亮甜美的歌喉，能编会唱，她所唱的"花儿"就像山林间的小溪水，清新鲜活，其内容或含蓄或直露，或白描或精雕细琢，题材或爱情或景物或史料，令人赞叹不已。1986年，在甘肃省首届"花儿"歌手大奖赛上，汪莲莲夺得冠军；1994年，她在中国第四届艺术节上获"花儿"

演唱三等奖，得到了"花儿皇后"的美誉；1998年获文化部、广播电影电视局授予"音乐丰收奖"。代表作《莲花山令》、《传承人的歌》、《莲花山花儿集萃》等。主要是以口传心授的方式传承，目前也收了不少徒弟。

相关传承人还有景满堂、丁如兰、掌声才、朱淑秀等。

Ⅱ-20 花儿（二郎山花儿会）

刘郭成

（编号：03-0820），男，汉族，甘肃省岷县人。2006年5月，花儿（二郎山花儿会）被列入第一批国家级非物质文化遗产名录传统音乐类，项目编号Ⅱ-20。2009年5月，刘郭成入选为第三批国家级非物质文化遗产项目代表性传承人，甘肃省岷县申报。

相关传承人还有姜照娃和潘吉平。

Ⅱ-115 藏族民歌（华锐藏族民歌）

马建军

（编号：03-0871），男，藏族，甘肃省天祝藏族自治县人。2008年6月，藏族民歌（华锐藏族民歌）被列入第二批国家级非物质文化遗产名录传统音乐类，项目编号Ⅱ-115。2009年5月，马建军入选为第三批国家级非物质文化遗产项目代表性传承人，甘肃省天祝藏族自治县申报。

Ⅱ-115 藏族民歌（甘南藏族民歌）

华尔贡

（编号：03-0872），男，藏族，1948年生，甘肃省玛曲县尼玛乡人。2008年6月，藏族民歌（甘南藏族民歌）被列入第二批国家级非物质文化遗产名录传统音乐类，项目编号Ⅱ-115。2009年5月，华尔贡入选为第三批国家级非物质文化遗产项目代表性传承人，甘肃省甘南藏族自治申报。华尔贡于1970年在西北民院医务科毕业后被分配到玛曲县采日玛卫生院工作，1974年后历任县人民医院副院长、院长等职。他从小跟随父亲浪迹草原为牧民歌唱，1970年大学毕业后，华尔贡在长期深入牧区行医的过程中，搜集整理大量的民族艺术。曾受到第六世贡唐仓大师的指点。在他的不懈努力下，使藏族古老的龙头琴弹唱艺术喷发新的活力，也使龙头琴弹唱艺术走出甘肃，受到藏族同胞和其他兄弟民族的喜爱。到2001年，华尔贡创作新曲58首，新编歌词28篇，他先后出版了《华尔贡弹唱专集》、《藏族龙头琴弹唱》、《贡唐仓活佛（大法会）赞歌》、《鲜花盛开的草原》等8盒弹唱磁带。华尔贡从1983年开始带学生，其中有闻名藏区的德白、勒格嘉、容中尔甲等。

Ⅱ-138 佛教音乐（拉卜楞寺佛殿音乐道得尔）

成来加措

（编号：03-0892），男，藏族，1944年生。2008年6月，佛教音乐（拉卜楞寺佛殿音乐道得尔）被列入第二批国家级非物质文化遗产名录传统音乐类，项目编号Ⅱ-138。2009年5月，成来加措入选为第三批国家级非物质文化遗产项目代表性传承人，甘肃省夏河县申报。

青海

Ⅱ-115 藏族民歌（玉树民歌）

达哇战斗

（编号：03-0873），男，藏族，1965年生。2008年6月，藏族民歌（玉树民歌）被列入第二批国家级非物质文化遗产名录传统音乐类，项目编号Ⅱ-115。2009年5月，达瓦战斗入选为第三批国家级非物质文化遗产项目代表性传承人，青海省玉树藏族自治州申报。达瓦战斗声音高亢嘹亮，代表作有《东格白马骑士》。达瓦战斗不仅自己学习和继承玉树民歌，而且他还在家乡办起了一个学习传统民族歌曲的培训班，以培养更多的玉树民歌传承人。

Ⅱ-118 回族宴席曲

安宝龙

（编号：03-0874），男，回族，1954年生，青海省门源回族自治县泉沟台乡窑洞庄村人。2008年6月，回族宴席曲被列入第二批国家级非物质文化遗产名录传统音乐类，项目编号Ⅱ-118。2009年5月，安宝龙入选为第三批国家级非物质文化遗产项目代表性传承人，青海省门源回族自治县申报。安宝龙自幼酷爱"回族宴席曲"，跟着"老把势"学唱，凭着刻苦好学和天赋，掌握了大量的曲词。他花费了30多年挖掘、搜集、整理了100多种200多首宴席曲。安宝龙的演唱清澈悠长，优美婉转，吐字清晰，他的舞蹈动作愉快幽默、潇洒奔放、灵动细腻、美轮美奂。安宝龙将回族宴席曲传统与时尚结合，创作编排出了如《白鹦哥》、《妻儿回》、《小康路上的尕回民》等作品，既保留了传统的原汁原味，也展现出浓郁的现代回族的生活气息。

安宝龙组建了门源回族宴席曲演唱队演出队，通过这一途径发展和传承回族宴席曲。

宁夏

Ⅱ-20 花儿（宁夏回族山花儿）

张明星

（编号：03-0821），男，回族，宁夏回族自治区固原县张易镇阎关村人。2006年5月，花儿（宁夏回族山花儿）被列入第一批国家级非物质文化遗产名录传统音乐类，项目编号Ⅱ-20。2009年5月，张明星入选为第三批国家级非物质文化遗产项目代表性传承人，宁夏回族自治区申报。张明星7岁开始跟村里人学唱"花儿"，张明星创作的"花儿"歌词有不少都很有文采，用词达意，非常贴切而富有诗意。他的歌特色鲜明，风格独特，乡土气息浓郁。张明星一方面传承民族特色，另一方面又有自己的独创。他的"花儿"创作与社会和时代融为一体，深刻反映着当地的民俗、民间文学并与当代生活紧密结合，有很强的时代特点。张明星的代表作有《要实现共产主义的明天》、《地震扶贫》等。

Ⅱ-63 回族民间乐器

杨达吾德

（编号：03-0853），男，回族，1969年生，宁夏回族自治区平罗县人。2006年5月，回族民间乐器被列入第一批国家级非物质文化遗产名录传统音乐类，项目编号Ⅱ-63。2009年5月，杨达吾德入选为第三批国家级非物质文化遗产项目代表性传承人，宁夏回族自治区申报。杨达吾德出身于一个有着上百年制埙史的回族家庭，祖辈三代都擅长制泥哇呜，杨达吾德从小就对泥哇呜有深厚的感情，传至他已是第四代。1997年，他开始了整整13年的泥哇呜的探索道路。他将流落在民间的泥哇呜造型及民间的装饰加以整理、开发，研制出37个品种，使泥哇呜的外形更漂亮。另外，杨达吾德对传统的泥哇呜进行了大胆的改造，拓宽其音域。同时，杨达吾德研究出独一无二的复模制作方法，实现泥哇呜生产规模化。2002年，杨达吾德在平罗县沙湖旅游区附近创办了器乐坊，专门烧制泥哇呜和陶笛等回族乐器。这个器乐坊已成为宁夏回族乐器传承保护基地。泥哇呜的制作工艺和吹奏技艺后继乏人。代表作有《阳关三叠》、《苏武牧羊》、《泥哇呜吹响新生活》等。

Ⅱ-138 佛教音乐（北武当庙寺庙音乐）

徐建业

（编号：03-0893），男，汉族，1944年生，宁夏回族自治区平罗县人。2008年6月，佛教音乐（北武当庙寺庙音乐）被列入第二批国家级非物质文化遗产名录传统音乐类，项目编号Ⅱ-138。2009年5月，徐建业入选为第三批国家级非物质文化遗产项目代表性传承人，宁夏回族自治区平罗县申报。武当庙寺庙音乐有文乐与武乐之分，文乐唱谱是用"工尺谱"记录下来的；而武乐是用我国的一种古代对打击乐器竖行式的记谱方法记录下来的，又名"渣渣子"，是北武当庙佛教音乐最具价值的部分。经明末清初理义大法师，清康熙年间心禧老和尚、清末的寂念高僧、续早老法师等历代僧人唱念演奏传承至今，流传于宁夏全境，内蒙古磴口、甘肃平凉、陕北西部等地区。徐建业是传承了"渣渣子"念唱演奏技艺的极少数人之一。他12岁出家（后还俗），至今仍然研究佛教及佛教音乐，他通过搜集、听僧人演奏、演唱而记录了一些曲谱。特别是 1972 年，徐建业找到普济寺里曾经师从昌瑞法师的寂念法师，抢救了 20 多首佛教音乐曲谱，为之后佛教音乐得以在武当庙尽快传播作出重要贡献。目前"渣渣子"濒临灭绝，亟须保护。

新疆

Ⅱ-3 蒙古族长调民歌

加·道尔吉

（编号：03-0809），男，蒙古族。2008 年 6 月，蒙古族长调民歌被列入第一批国家级非物质文化遗产扩展项目名录传统音乐类，项目编号Ⅱ-3。2009 年 5 月，加·道尔吉入选为第三批国家级非物质文化遗产项目代表性传承人名录，新疆维吾尔自治区和布克赛尔蒙古自治县申报。

Ⅱ-20 花儿（新疆花儿）

韩生元

（编号：03-0822）男，回族，1921 年生，2011 年卒，新疆维吾尔自治区米泉市长山子镇人。2006 年 5 月，花儿（新疆花儿）被列入第一批国家级非物质文化遗产名录传统音乐类，项目编号Ⅱ-20。2009 年 5 月，韩生元入选为第三批国家级非物质文化遗产项目代表性传承人，新疆维吾尔自治区乌鲁木齐市米东区申报。韩生元的"花儿"技艺主要是从祖父韩忠和父亲那里学来的，后来被以一姓马的"花儿"歌手收养，从此开始创作"花儿"。他从各民族民歌演唱艺术的精髓中汲取营养，创造了独具特色、融合了新疆各民族民歌艺术精华的新疆"花儿"，他的演唱中少拖腔、曲调中少花音、唱词和曲

调铿锵有力、洒脱自如，最绝的是他能用多种民族的语言演唱各民族的民歌，这也是新疆花儿的特色。韩生元能熟练地演唱 20 多个不同的花儿曲令，各种不同类型的"花儿"。他的作品经整理和记录的就有 500 多首，他自己也创作有近百首"花儿"。他还擅长唱新疆地方小戏，仅新疆曲子剧就能演唱 20 余部，同时他还创作许多快板、小曲子、民间故事等。代表作品《花花尕妹》、《我和尕妹要团圆》、《我的花儿》、《阿妹是救命的恩人》等。如今他的弟子遍布大江南北，得意门生有王秀芳和马光辉，都是自治区级传承人。

Ⅱ-117 乌孜别克族埃希来、叶来

排孜拉·依萨克江

（编号：03-0873），男，乌孜别克族，1956 年生，新疆维吾尔自治区莎车县人。2008 年 6 月，乌孜别克族埃希来、叶来被列入第二批国家级非物质文化遗产名录传统音乐类，项目编号Ⅱ-117。2009 年 5 月，排孜拉·依萨克江入选为第三批国家级非物质文化遗产项目代表性传承人，新疆维吾尔自治区喀什地区申报。排孜拉·依萨克江从小受父亲——南疆乌孜别克族民间歌曲演唱代表性宗师依萨克江·阿不都拉的影响喜欢上埃希来、叶来。七八岁时，他就开始学习弹奏都塔尔、热瓦甫，还学会了拉小提琴。排孜拉·依萨克江收集、整理《亚尔、亚尔》、《吐尔那拉》等民间歌曲 20 余首，《乌孜别克民间谚语》200 页，整理、出版我国乌孜别克族诗人费尔凯特的《费尔凯特作品文选》。2005 年开始，排孜拉陆续带了 4 个徒弟，其中两个很得他的喜爱，即麦苏尔和木特力甫江。

Ⅱ-126 哈萨克六十二阔恩尔

库尔曼江·孜克热亚

（编号：03-0884），男，哈萨克族，1964年6月生。2008年6月，哈萨克六十二阔恩尔被列入第二批国家级非物质文化遗产名录传统音乐类，项目编号Ⅱ-126。2009年5月，库尔曼江·孜克热亚入选为第三批国家级非物质文化遗产项目代表性传承人，新疆维吾尔自治区伊犁哈萨克自治州申报。库尔曼江·孜克热亚为国家一级演员。他自小受父母启蒙，刻苦学习哈萨克族传统民间乐器冬不拉弹奏技艺，先后从师于著名民间冬不拉演奏家、艺人达吾提·马扎全合、加布合巴依·哈塔等。他的表演热情大方、幽默风趣、感染力强。他的演唱声音洪亮、音域宽广、流畅自如。1984年，他开始利用演出的机会深入伊犁、塔城、阿勒泰等偏远的牧区，收集民间歌曲、乐曲和民间传说，共收集到200多首"六十二阔恩尔"。通过整理和研究，发表理论文章《关于民间作曲家阿特汗·伊沙作品的初探》、《关于哈萨克族六十二阔恩尔之阿克鹊阔恩尔的初步研究》等；创作了《鸟翅》、《风暴》、《心声》等乐曲、歌曲、铁尔麦等。为了传承哈萨克艺术，库尔曼江·孜克热亚先后三次开设培训班，培养出100多名学员及5名"六十二阔恩尔"后续传承人。

Ⅱ-127 维吾尔族鼓吹乐

于苏甫江·亚库普

（编号：03-0885），男，维吾尔族。2008年6月，维吾尔族鼓吹乐被列入第二批国家级非物质文化遗产名录传统音乐类，项目编号Ⅱ-127。2009年5月，于苏甫江·亚库普入选为第三批国家级非物质文化遗产项目代表性传承人，新疆维吾尔自治区申报。

Ⅱ-132 哈萨克族冬不拉艺术

阿迪力汗·阿不都拉

（编号：03-0887），男，哈萨克族。2008年6月，哈萨克族冬不拉艺术被列入第二批国家级非物质文化遗产名录传统音乐类，项目编号Ⅱ-132。2009年5月，阿迪力汗·阿不都拉入选为第三批国家级非物质文化遗产项目代表性传承人，新疆维吾尔自治区伊犁哈萨克自治州申报。1960年，阿迪力汗·阿不都拉进入伊犁州歌舞团，师从李英奇、木合台、吐尔逊学习制作冬不拉，全面完整地继承了三位师傅的技艺。

Ⅱ-133 柯尔克孜族库姆孜艺术

阿迪里别克·卡德尔

（编号：03-0888），男，柯尔克孜族。2008年6月，柯尔克孜族库姆孜艺术被列入第二批国家级非物质文化遗产名录传统音乐类，项目编号Ⅱ-133。2009年5月，阿迪里别克·卡德尔入选为第三批国家级非物质文化遗产项目代表性传承人，新疆维吾尔自治区乌恰县申报。

第四批国家级非物质文化遗产项目代表性传承人

中央

Ⅱ-34 古琴艺术

余清欣

（编号：04-1514），女，汉族，1956年7月生。2003年11月，古琴艺术入选联合国教科文组织第二批"人类口头和非物质遗产代表作"。2006年5月，古琴艺术被列入第一批国家级非物质文化遗产名录传统音乐类，项目编号Ⅱ-34。2012年12月，余清欣入选为第四批国家级非物质文化遗产项目代表性传承人，中国艺术研究院申报。

赵家珍

（编号：04-1515），女，汉族，1962年8月生。2003年11月，古琴艺术入选联合国教科文组织第二批"人类口头和非物质遗产代表作"。2006年5月，古琴艺术被列入第一批国家级非物质文化遗产名录传统音乐类，项目编号Ⅱ-34。2012年12月，赵家珍入选为第四批国家级非物质文化遗产项目代表性传承人，中国艺术研究院申报。1980年，赵家珍考入中央音乐学院民乐系本科古琴专业，师承虞山吴派奠基人、一代宗师吴景略先生，且有幸得到广陵派一代宗师张子谦先生的精心指教，并承蒙龚一先生和吴文光先生的悉心教诲；1984年以优异的成绩毕业并留校任教至今。赵家珍的演奏刚柔并济、清丽飘逸、灵巧多变。对乐曲的演绎出新意于法度之中，集虞山吴（景略）派的自然之趣和广陵张（子谦）派的夸张豪放于一身。代表作品有《笑傲江湖》、《三国演义》等。2011年个人古琴独奏专辑《琴——赵家珍》获第十届美国独立音乐大奖——世界音乐最佳专辑奖。曾为多部电影、电视剧录制古琴音乐，并录制有《琴逸》、《琴思》、《琴想》、《风入松》、《琴箫佛曲》、《诗之古韵》等多张古琴独奏专辑。赵家珍桃李满天下，其中许多人已成为当代著名的古琴演奏家、专业古琴教师及古琴理论研究者、弘扬者。

丁承运

（编号：04-1516），男，汉族，1944年3月生，河南省邓州人。2003年11月，古琴艺术入选联合国教科文组织第二批"人类口头和非物质遗产代表作"。2006年5月，古琴艺术被列入第一批国家级非物质文化遗产名录传统音乐类，项目编号Ⅱ-34。2012年12月，丁承运入选为第四批国家级非物质文化遗产项目代表性传承人，中国艺术研究院申报。丁承运是享誉国内外的著名学者与琴、瑟演奏家，丁承运出身于河南开封的一个艺术世家，自幼学琴、筝于胞姊丁伯琴，后师从古琴大师顾梅羹与张子谦先生，及中州琴家陈仲巳、陈树三、黄松涛，中州筝家王省吾诸先生游。治琴学凡40余年，并致力于中国乐律学、中州筝派的发掘研究，琴、瑟、筝乐器的研制，发掘并恢复失传千余年之古瑟宝弦及演奏法，逐步揭开了汉唐清商三调、楚调、侧调之谜，抢救并推广濒于式微的中州古调，主张推行中国音乐传统的传习方式等。打谱发掘琴曲《神人畅》、《白雪》、《六合游》、《石上流泉》、《卿云歌》、《歌》、《修禊吟》、《流觞》等十余首。为当代中州琴派、中州筝派的代表人。学界评价其演奏"雄浑高古，儒雅蕴藉，体现了一位学者与演奏家的完美结合"。代表作有《神人畅》、《阳关三叠》、《渔樵问答》、《关山月》《平沙落雁》、《潇湘水云》等。丁承运现任武汉音乐学院教授，传承古琴艺术。

成公亮

（编号：04-1517），男，汉族，1940年8月生。2003年11月，古琴艺术入选联合国教科文组织第二批"人类口头和非物质遗产代表作"。2006年5月，古琴艺术被列入第一批国家级非物质文化遗产名录传统音乐类，项目编号Ⅱ-34。2012年12月，成公亮入选为第四批国家级非物质文化遗产项目代表性传承人，中国艺术研究院申报。1960年毕业于上海音乐学院附中高中部古琴专业，1965年毕业于上海音乐学院民族音乐理论作曲系。成公亮先后师承梅庵派大师刘景韶和广陵派大师张子谦，在演奏技法上更多地继承了广陵琴派的风格。成公亮把声音处理得细腻丰富，充分表达内心的情感。日本当代哲人加滕周一认为成公亮的琴表现了"内心情感的极致"。数年来，他已打出了《凤翔千仞》、《遁世操》、《孤竹君》、《忘忧》、《文王操》等古谱，发表了《存见明代琴谱中有纯律调弦法吗？》等论文，出版了《是曲不知所从起——成公亮打谱集》、《秋籁居琴话》等书籍以及《广陵琴韵》、《如是宁静》等个人专辑。代表作品有《凤翔千仞》、《遁世操》、《孤竹君》、《忘忧》、《文王操》等。成公亮曾执教于南京艺术学院音乐系，培养学生多人。

北京

Ⅱ-65 智化寺京音乐

胡庆学

（编号：04-1529），男，汉族，1974年6月生，河北省固安县屈家营村人。2006年5月，智化寺京音乐被列入第一批国家级非物质文化遗产名录传统音乐类，项目编号Ⅱ-65。2012年12月，胡庆学入选为第四批国家级非物质文化遗产项目代表性传承人，北京市申报。胡庆学到北京市智化寺学艺，分别拜本兴、福广、慧明等师父为师，成为智化寺京音乐的第27代传人。胡庆学在京音乐演奏中主攻管子，他的演奏技法娴熟，如行云流水，演奏水平较高；在京音乐演奏中，他还常兼奏笙、云锣及其他法器，因此在管、笙、云锣方面均有很高的造诣。现在，胡庆学掌握智化寺京音乐现存的40余首乐曲的管子演奏谱和工尺谱唱谱。他还把智化寺京音乐古工尺谱整理成直观明了的演奏工尺谱。在钻研古乐谱的过程中，将4首已经失传的乐曲复原再现出来。同时，他还录制了多张智化寺京音乐的音乐碟，并在众多重要演出中传播智华寺京音乐。

河北

Ⅱ-59 冀中笙管乐（屈家营音乐会）

胡国庆

（编号：04-1528），男，汉族，1952年5月生，河北省固安县礼让店乡屈家营村人。2008年6月，冀中笙管乐（屈家营音乐会）被列入第一批国家级非物质文化遗产扩展项目名录传统音乐类，项目编号Ⅱ-59。2012年12月，胡国庆入选为第四批国家级非物质文化遗产项目代表性传承人，河北省固安县申报。胡国庆自幼接受古音乐的熏陶，全面掌握了吹奏乐和打击乐的精华。在担任音乐会会长的20余年间，组织会员长期进行音乐活动，他自己也参加了屈家营音乐会的全部演出活动。而且，胡国庆搜集、整理和保存了音乐会的大量实物和资料，为继承、传授和宣传古音乐奠定了坚实基础。屈家营音乐会的代表曲目有《骂王郎》、《玉芙蓉》、《泣颜回》、《望江南》、《绵搭絮》、《五圣佛》

等。"屈家营音乐会"通过口传心授的方式传承，其笙管乐曲目丰富，乐谱完整，乐手技艺精湛，在中国古代音乐及寺庙音乐与民间音乐交融演变的研究上，有较高的参考价值。目前屈家营音乐会分三批培养了大量新人，第一批被招聘到北京智华寺，成为寺院的乐队主力；第二批是当前音乐会骨干；第三批正在学习当中。

山西

Ⅱ-66 五台山佛乐

果祥

（编号：04-1530），男，汉族，1977年4月生。2006年5月，五台山佛乐被列入第一批国家级非物质文化遗产名录传统音乐类，项目编号Ⅱ-66。2012年12月，果祥入选为第四批国家级非物质文化遗产项目代表性传承人，山西省五台县申报。果祥现任山西省佛教协会副秘书长、五台山佛教协会副会长、五台山殊像寺监院、佛教协会理事、五台山殊像寺住持。果祥1998年出家于五台山殊像寺，师承五台山老一辈佛教音乐演奏艺人释常治，主工笙、管、笛演奏，现能熟练演奏40多首佛乐曲目，是五台山殊像寺佛乐训练班的负责人，担负着整理佛乐资料和教授佛乐的任务。曾带领五台山殊像寺佛乐队在北京人民大会堂、中山音乐厅等地演出，并出访韩国等国家或地区，受到好评。果祥法师学习佛乐，主要还沿用工尺谱及师傅心传口授的方式。近几年，他还学习了一些简谱，这样更利于佛乐的学习和传承。

内蒙古

Ⅱ-4 蒙古族呼麦

胡格吉勒图

（编号：04-1509），男，蒙古族，1961年7月生，内蒙古巴林右旗人。2006年5月，蒙古族呼麦被列入第一批国家级非物质文化遗产名录传统音乐类，项目编号Ⅱ-4。2012年12月，胡格吉勒图入选为第四批国家级非物质文化遗产项目代表性传承人，内蒙古自治区申报。胡格吉勒图是内蒙古广播艺术团合唱团声乐演员，主攻低音。1999年胡格吉勒图开始拜蒙古国呼麦大师、国际呼麦学会副会长巴特尔·敖都苏荣为师学唱呼麦。胡格吉勒图在竭力保留原生态"呼麦"的同时，也借助蓝调、摇滚等形式，融入现代元素。2002年，参加在韩国釜山举办的第二届国际奥林匹克大赛，胡格吉勒图担纲呼麦领唱，囊括大赛三项金奖；2003年，被内蒙古授予"文艺创新青年带头人"称号。2005年，胡格吉勒图成立了内蒙古第一个呼麦5人组合《蔚蓝之声》。2008年，胡格吉勒图的第1张呼麦专辑《天籁之音》出版，代表作有《四岁的海骝马》、《牧歌》、《天驹》、《成吉思汗颂》等。胡格吉勒图从2002年开始办呼麦学习班，教过的学生有几百人之多。现在，内蒙古呼麦协会每年都要定期举办呼麦培训班，胡格吉勒图定期去上课，培训学员多人。

Ⅱ-36 蒙古族四胡音乐

巴彦保力格

（编号：04-1518），男，蒙古族，1956年3月生，祖籍辽宁省，生于内蒙古自治区科尔沁左翼中旗。2006年5月，蒙古族四胡音乐被列入第一批国家级非物质文化遗产名录传统音乐类，项目编号Ⅱ-36。2012年12月，巴彦保力格入选为第四批国家级非物质文化遗产项目代表性传承人，内蒙古自治区通辽市申报。巴彦保力格出身于四胡之乡科尔沁草原的蒙古四胡世家，自幼喜爱四胡，1974年师从蒙古四胡一代宗师孙良先生，1975年8月，巴彦保力格加入内蒙古广播电视艺术团，后又考入内蒙古师范大学音乐系理论作曲专业。他出神入化地把握了孙良的演奏风格和技艺精髓，在20多年的四胡演奏中，他先后为内蒙古人民广播电台、内蒙古电视台、中央人民广播电台、中央电视台录制近千首蒙古四胡乐曲。2007年春节，巴彦保力格在维也纳金色音乐大厅拉响四胡，这是蒙古四胡首次在维也纳演奏。代表作有《欢乐的牧人》、《民歌主题变奏曲》、《美丽的春天》。巴彦保力格致力于蒙古四胡的传承和发展，2005年成立内蒙古四胡协会，编写了《四胡考级教程》，还成功举办了3届8省区四胡音乐大赛。

孟义达吗

（编号：04-1519），男，蒙古族，1948年2月生。2006年5月，蒙古族四胡音乐被列入第一批国家级非物质文化遗产名录传统音乐类，项目编号Ⅱ-36。2012年12月，孟义达吗入选为第四批国家级非物质文化遗产项目代表性传承人，内蒙古自治区通辽市申报。

Ⅱ-92 漫瀚调

奇附林

（编号：04-1532），男，蒙古族，1953年11月生，内蒙古自治区准格尔旗大路镇小滩子村人。2008年6月，漫瀚调被列入第二批国家级非物质文化遗产名录传统音乐类，项目编号Ⅱ-92。2012年12月，奇附林入选为第四批国

家级非物质文化遗产项目代表性传承人，内蒙古自治区准格尔旗申报。奇附林出生在一个漫瀚调之家，受父母的熏陶，他从10岁起就开始唱歌，并接受了当地民间艺人潜移默化的影响。奇附林的演唱善于运用各种装饰音、下滑音、甩音，善于把握漫瀚调中激情比兴的特点，用声表情。他还能够将传统技法与现代唱法进行有机融合，形成自己新的演唱技巧，并力图使新时代的漫瀚调更加幽默诙谐、热情泼辣。奇附林在演唱中还凭借着HighA高音一举出名。多次参加各种演出，并获奖无数，将漫瀚调唱到世界各地。2007年获"中国民间文化杰出传承人"称号。代表作有《王爱召》、《天下黄河九十九道弯》、《圪梁梁》、《栽柳树》、《三十里的明沙二十里的水》等。

Ⅱ-105 蒙古族民歌（鄂尔多斯短调民歌）

哈勒珍

（编号：04-1533），女，蒙古族，1950年11月生，内蒙古自治区鄂尔多斯人。2008年6月，蒙古族民歌（鄂尔多斯短调民歌）被列入第二批国家级非物质文化遗产名录传统音乐类，项目编号Ⅱ-105。2012年12月，哈勒珍入选为第四批国家级非物质文化遗产项目代表性传承人，内蒙古自治区鄂尔多斯市申报。哈勒珍出身于民歌世家，深受家族的影响，掌握了大量的鄂尔多斯短调民歌，并精通扬琴、四胡、三炫等鄂尔多斯传统乐器。代表作有《成吉思汗两匹骏马》、《鄂尔多斯民歌联唱》、《鄂尔多斯婚礼大歌曲》、《多彩人生》等。至今，哈勒珍已经培养出80多名年轻一代的传承人，并组建民间艺术团体，长年活跃于基层。

吉林

Ⅱ-153 伽倻琴艺术

金星三

（编号：04-1539），男，朝鲜族，1955年10月生，吉林省延吉市人。2011年6月，伽倻琴艺术被列入第三批国家级非物质文化遗产名录传统音乐类，项目编号Ⅱ-153。2012年12月，金星三入选为第四批国家级非物质文化遗产项目代表性传承人，吉林省延吉市申报。

江苏

Ⅱ-34 古琴艺术（梅庵琴派）

王永昌

（编号：04-1511），男，汉族，1940年6月生，江苏省南通市人。2003年11月，古琴艺术入选联合国教科文组织第二批"人类口头和非物质遗产代表作"。2008年6月，古琴艺术（梅庵琴派）被列入第一批国家级非物质文化遗产扩展项目名录传统音乐类，项目编号Ⅱ-34。2012年12月，王永昌入选为第四批国家级非物质文化遗产项目代表性传承人，江苏省南通市申报。王永昌早年拜古琴大师徐立孙和琵琶大师孙裕德为师，得二师嫡传，继承了徐立孙的衣钵并成为他的关门弟子，系梅庵琴派古琴和瀛洲古调派琵琶当代主要代表人，为该派琵琶45首独奏曲当代唯一全套承传者，又兼得汪派琵琶之传。王永昌多年来致力于梅庵琴艺的传承，打谱或创作琴曲并独奏《平沙落雁》、《捣衣》、《高山》、《高山流水》、《关雎》、《列子御风》、《长江天际流》等。其独奏的瀛洲古调派琵琶主要代

表曲有《十面埋伏》、《飞花点翠》、《美人思月》、《梅花点脂》、《思春》、《昭君怨》、《傍妆台》、《泣颜回》被上海市民乐集成办公室录音存档。王永昌在《中国音乐》、《中国音乐学》等刊物发表论文多篇。王永昌热心致力于梅庵琴派的理论研究和琴艺的传播普及，多次到一些大专院校开设古琴讲座并现场演奏，并被当地的院校和南通大学聘为兼职教授。在他的悉心指导下，梅庵派古琴的第四代传承人倪诗韵、周通生也被评为非遗项目的市级传承人。

Ⅱ-44 十番音乐（邵伯锣鼓小牌子）

王荣棠

（编号：04-1524），男，汉族，1937年8月生，江苏省江都市邵伯人。2008年6月，十番音乐（邵伯锣鼓小牌子）被列入第一批国家级非物质文化遗产扩展项目名录传统音乐类，项目编号Ⅱ-44。2012年12月，王荣棠入选为第四批国家级非物质文化遗产项目代表性传承人。王荣棠自幼喜爱锣鼓艺术，他幼年就从当地的民间艺人接触到邵伯锣鼓小牌子，后被吸纳进演出队，慢慢开始表演酒杯、酒盅、三弦、琵琶等各种乐器。年轻时常在乡间演奏曲牌，练就了扎实的器乐演奏功底；晚年则一直倾心于邵伯"牌子曲"的挖掘、拯救。邵伯锣鼓小牌子没有乐谱记载，王荣棠全凭记忆进行整理，至今已挖掘整理出20余首"小牌子"。他在曲调中注入积极向上、活泼轻松的元素，并融入西洋乐曲的精华，从而赋予其新的生机和活力。他改编的《十送红军》民乐合奏，融入了部分西洋乐，一经推出，好评如潮。王荣棠参与整理的"小牌子"被收进《中国民间乐器集成》。代表作有《八段锦》、《十八省》、《鹦鹉歌》、《十八省夹堂子》。2001年，王荣堂牵头组建甘堂文化活动中心，目前已经形成老中青三代演出阵容，他还担任邵伯镇中心小学课外乐曲辅导员，

先后培养出两批共 40 名小弟子。

Ⅱ-137 吟诵调（常州吟诵）

秦德祥

（编号：04-1534），男，汉族，1939 年 5 月生。2008 年 6 月，吟诵调（常州吟诵）被列入第二批国家级非物质文化遗产名录传统音乐类，项目编号Ⅱ-137。2012 年 12 月，秦德祥入选为第四批国家级非物质文化遗产项目代表性传承人，江苏省常州市申报。秦德祥自小读过一年多私塾，为吟诵打下了基础。1987 年在赵元任、钱小山的影响下开始研究常州吟诵，在 20 余年的时间里，他搜集、挖掘、整理常州吟诵，先后收集赵元任、屠岸、周有光、陆汝挺等 29 人的吟诵录音，共 300 分钟的录音资料，基本掌握了当前尚存的常州吟诵全貌及其艺术规律。从 2002 年开始，常州文化馆支持秦德祥先后出版了四本关于"常州吟诵"的专著，分别为《吟诵音乐》、《赵元任程曦吟诵遗音录》、《"绝学"探微——吟诵文集》、《吟诵教程》。从 2010 年开始，常州文化馆开办了常州吟诵研习班，秦德祥亲自授课，后在这个研习班的基础上开办了常州吟诵传习所，希望能将它永远传承下去。

浙江

Ⅱ-34 古琴艺术（浙派）

郑云飞

（编号：04-1512），男，汉族，1939 年 3 月生，浙江省杭州市人。2003 年 11 月，古琴艺术入选联合国教科文组织第二批"人类口头和非物质遗产代表作"。2008 年 6 月，古琴艺术（浙派）被列入第一批国家级非物质文化遗产扩展项目名录传统音乐类，项目编号Ⅱ-34。2012 年 12 月，郑云飞入选为第四批国家级非物质文化遗产项目代表性传承人，浙江省杭州市申报。1955 年，郑云飞师从新浙派古琴大师徐元白学琴，得传《古琴吟》、《阳关三叠》、《平沙落雁》、《忆故人》等曲。1957 年春，在徐师仙逝后，郑云飞追慕其师演奏风格，刻苦自学。尤以《高山》、《平沙》最得徐师遗韵。其演奏指法规正，出音刚柔相济，清净圆润，继承了其师质而不野、文而不史的浙派传统风格，也有自己苍劲古朴、雄浑雅正的独特韵味。他打谱的古曲有《楚歌》、《屈原问渡》、《漪兰》、《泛沧浪》等，还移植了琵琶曲《塞上曲·宫苑春思》、洞箫曲《梧桐月》等。代表作有《高山》、《平沙落雁》、《醉渔唱晚》、《忆故人》、《鸥鹭忘机》、《楚歌》等。2008 年 12 月中央音乐学院录制了他演奏的《潇湘水云》、《高山》、《楚歌》、《普庵咒》、《梅花三弄》、《渔樵问答》等十几首琴曲作为院藏古琴音乐资料。郑云飞于 1982 年起向社会传授古琴，始终秉承传统一对一、口传心授的教学方式，授课严谨，对学生慈爱，深得学生敬重。

徐晓英

（编号：04-1513），女，汉族，1937 年 10 月生，浙江省衢州人。2003 年 11 月，古琴艺术入选联合国教科文组织第二批"人类口头和非物质遗产代表作"。2008 年 6 月，古琴艺术（浙派）被列入第一批国家级非物质文化遗产扩展项目名录传统音乐类，项目编号Ⅱ-34。2012 年 12 月，徐晓英入选为第四批国家级非物质文化遗产项目代表性传承人，浙江省杭州市申报。1954 年徐晓英拜浙派古琴大师徐元白为师，并成为他的入室弟子，后也受教于张味真、查阜西、管平湖、溥雪斋、吴景略、张子谦等古琴大师及浙派古筝大师王撰之先生。徐晓英一生致力于浙派古琴的发掘、传承和发扬。她的演奏具有浙派古琴清、微、淡、远的独特风格，并以声情并茂的琴歌演唱而蜚声海内外。先后编写了《霞影古琴教程》上、下册，《霞影古筝教程》上、下册等。其代表作有《阳关三叠》、《泣颜回》、《苏武思君》、《渔樵问答》、《忆故人》等。徐晓英于2001年11月成立霞影琴馆，是浙江省最早举办琴筝培训班的老师，所授学生多达上千人。她的两个女儿章怡青、章怡雯及多名弟子在北京、杭州、宁波、绍兴、衢州、温州等地带徒授课，培养了不少琴筝人才。

福建

Ⅱ-44 十番音乐（闽西客家十番音乐）

李贞煜

（编号：04-1525），男，汉族，1948年8月生，福建省连城县人。2006年5月，十番音乐（闽西客家十番音乐）被列入第一批国家级非物质文化遗产名录传统音乐类，项目编号Ⅱ-44。2012年12月，李贞煜入选为第四批国家级非物质文化遗产项目代表性传承人，福建省龙岩市申报。由于从小受父母的影响和熏陶，李贞煜很小就会笛子、二胡、三弦等，16岁时就已熟练掌握各种十番乐器的演奏，并经常随同参加民间民俗活动。代表作有《南词》、《北调》、《采茶灯》、《十送红军》等。李贞煜牵头组成了一个客家民俗乐队，有定期、定点的演出活动，还经常到社区、冠豸山石门湖景区义务演奏，每年至少演出20余次。李贞煜经常与喜欢民乐的音乐教师联系，一起办培训班，还尝试向京剧学习，吸取精华，发展十番音乐。

Ⅱ-44 十番音乐（黄石惠洋十音）

方元往

（编号：04-1526），男，汉族，1934年6月生，福建省莆田市黄石镇惠下村人。2008年6月，十番音乐（黄石惠洋十音）被列入第一批国家级非物质文化遗产扩展项目名录传统音乐类，项目编号Ⅱ-44。2012年12月，方元往入选为第四批国家级非物质文化遗产项目代表性传承人，福建省莆田市申报。方元往是惠洋十音的第五代传人，13岁起师承民国初著名民间十音演奏家方春杳，并在宗亲影响下，精通乐器演奏。他的演奏原汁原味，并具有乡土音韵十音，尤其在笛子的吹法上有独特的技巧。代表作有《古台序》、《荔枝楼》、《北台妆》等。为传承十番音乐艺术，方元往组织当地十音老艺人，成立了少年十音演奏队，对本村8岁至15岁之间的中小学生进行免费培训。经过老艺人们的精心培训，现在这支少年十音演奏队已能够独立演奏"十音八乐"了。

Ⅱ-72 泉州北管

庄龙宗

（编号：04-1531），男，汉族，1926年3月生。2006年5月，泉州北管被列入第一批国家级非物质文化遗产名录传统音乐类，项目编号Ⅱ-72。2012年12月，庄龙宗入选为第四批国家级非物质文化遗产项目代表性传承人，福建省泉州市申报。庄龙宗10岁开始参加村里的北管乐队，学习打击乐器，演唱北管曲。由于有一副好嗓子，加上良好的音乐素质，此后70年，他活跃在当地农村艺术舞台上。如今，成了泉州北管的一代宗师，代表作有《四大景》、《红绣鞋》、《采桑》、《采莲》、《采茶》、《玉美人》、《纱窗外》、《层剪花》等。

山东

Ⅱ-45 鲁西南鼓吹乐

李广福

（编号：04-1527），男，汉族，1943年2月生，山东省菏泽市牡丹区小留镇李庄人。2008年6月，鲁西南鼓吹乐被列入第一批国家级非物质文化遗产扩展项目名录传统音乐类，项目编号Ⅱ-45。2012年12月，李广福入选为第四批国家级非物质文化遗产项目代表性传承人，山东省菏泽市牡丹区申报。李广福出身于"喇叭李庄"的唢呐世家，他5岁开始跟着祖父和父亲学习唢呐，后又拜唢呐大师袁子文、张莲生为师。1952年被山东省鄄城县豫剧团录为乐队唢呐演奏员，1981年调到菏泽市牡丹区文化馆工作。李广福在继承祖辈们演奏技艺和精华的同时，还虚心向民间著名艺人学习，集百家之长。他在学习与创作过程中，整理与演奏了一批面临失传的北方吹奏乐曲和技法，发展了"软吐"、"哈哈吐"、爆发性"哈哈吐"、"拂音"等技法，发音俏丽，音色明亮。同时，他还吸收西方管乐精华，独创了多种演奏技法，提高了唢呐的表现力。1987年在全国民族乐器比赛中，他演奏的唢呐曲《抬花轿》获二等奖；1992年在全国唢呐比赛中获一等奖。代表作有《抬花轿》、《六子开门》、《二人谈》、《花乡催春》等。1997年，他创办了菏泽民族音乐中等专业学校，他培养出了一万多名学生，遍布全国各地。

Ⅱ-138 佛教音乐（鱼山梵呗）

释永悟

（编号：04-1535），字参天，号鱼山上人，男，汉族，1968年9月生。2008年6月，佛教音乐（鱼山梵呗）被列入第二批国家级非物质文化遗产名录传统音乐类，项目编号Ⅱ-138。2012年12月，释永悟入选为第四批国家级非物质文化遗产项目代表性传承人，山东省东阿县申报。释永悟自幼入少林寺习武禅，1989年至1997年追随素喜、海景等大师学习念佛、武术，跟随印松禅师学习针灸、师伯印海老法师学习念唱。曾出版《中国武术家辞典》、《禅拳道秘籍》等专著。2002年8月，主持修建鱼山梵呗寺。释永悟多年数次与日本多纪道忍法师的再传弟子梦江及其爱徒正明等梵呗学人进行交流与参学，组织教学两界百余位长老、教授专家，特别得到著名佛教音乐学家田青先生的大力支持和亲身指导，将鱼山梵呗原有的"五音、五行、五气"与国内"一板三眼"等特征完美地结合，恢复了鱼山梵呗的基本原始面貌。释永悟组织门徒钻研修炼，开办了"鱼山梵呗培训班"，成立了鱼山梵呗研究所，使鱼山梵呗得以恢复和继承，同时还使弘扬有了新的方向。编著《鱼山梵呗声明集》、《鱼山梵呗论文集》、《鱼山梵呗念诵集》等专著。弟子众多，遍及日本、韩国、新加坡、美国等海内外各国，影响广泛。

湖南

Ⅱ-37 唢呐艺术（青山唢呐）

莫柏槐

（编号：04-1520），男，汉族，1964年6月生，湖南省湘潭人。2008年6月，唢呐艺术（青山唢呐）被列入第一批国家级非物质文化遗产扩展项目名录传统音乐类，项目编号Ⅱ-37。2012年12月，莫柏槐入选为第四批国家级非物质文化遗产项目代表性传承人，湖南省湘潭县申报。莫柏槐出身于青山唢呐世家，幼年师从父亲莫林生学习南派唢呐演奏技巧。参加工作后，先后师从老艺人朱梅江、刘若权、方彰祥等。1984年在湖南省艺术学校进修学习一年，并得到省戏曲研究所曾祥嗣教授，省花鼓戏剧院彭思其、张定高、李坚等艺术家的悉心指导。莫柏槐作为"青山唢呐"第四代杰出传人，在南派唢呐创作与演奏、民间器乐艺术的挖掘整理、大型舞台表演节目编排等方面独有建树。他对民间器乐的发展与渊源也有一定研究，将自己多年考证的筚管用于"鸣箫牌子"的源流、演变、应用等有价值的历史资料提供给《中国民族民间器乐曲集成》组委会。先后荣获湖南省第五届"三湘群星奖"金奖、"全国民间文艺山花奖暨民间艺术展演活动优秀奖（最高奖）"、"中国乡土艺术表演成就奖"。代表作有《凤鸣青山》、《祈丰年》等。莫柏槐培养了数十名青少年唢呐演奏员，佼佼者有刘玺荣、莫惠馨等。

四川

Ⅱ-138 佛教音乐（觉囊梵音）

嘉阳乐住

（编号：04-1536），男，藏族，1974年6月生。2011年6月，佛教音乐（觉囊梵音）被列入第二批国家级非物质文化遗产扩展项目名录传统音乐类，项目编号Ⅱ-138。2012年12月，嘉阳乐住入选为第四批国家级非物质文化遗产项目代表性传承人，四川省壤塘县申报。嘉阳乐住活佛，俗名华丹。家庭世代笃信藏传佛教觉囊派。5岁被认作该寺前喇嘛赞吾的灵童，8岁时被喇嘛晋美多吉携众将其迎入上世住锡的大藏寺。14岁开始闭关，连续6年。

贵州

Ⅱ-28 侗族大歌

胡官美

（编号：04-1510），女，侗族，1955年9月生，贵州省榕江县栽麻乡宰荡村人。2008年6月，侗族大歌被列入第一批国家级非物质文化遗产扩展项目名录传统音乐类，项目编号Ⅱ-28。2012年12月，胡官美入选为第四批国家级非物质文化遗产项目代表性传承人，贵州省榕江县申报。胡官美五六岁开始跟着歌师父亲学歌，积累了《蝉之歌》、《大森林真美好》、《开堂歌》、《拦路歌》等数百首侗歌，基本掌握了侗歌的各种唱法。其嗓音嘹亮清脆，旋律优美，保持着侗族大歌的传统特色。同时胡官美还收集了大量的侗歌，将其所掌握的侗歌传授给村寨的其他人。他还培养了当地诸多的学龄儿童，为侗族大歌的传承及走向中国和世界的舞台作出了贡献。2007年胡官美被中国文联、中国民间文艺家协会命名为"中国民间文化杰出传承人"。目前胡官美在宰荡寨带了3个演唱队，并义务为当地人和来访者教歌。她的两个女儿杨秀珠、杨秀梅传其衣钵成为侗歌"姊妹花"，2006年，姐妹二人在所参加的侗族大歌"蝉之歌"组合，以及北京举行的全国青年歌手大奖赛上获得了原生态唱法银奖和最佳人气奖。

云南

Ⅱ-145 弥渡民歌

李彩凤

（编号：04-1538），女，彝族，1943年4月生，

云南省弥渡县寅街镇多祜村人。2011 年 6 月，弥渡民歌被列入第三批国家级非物质文化遗产名录传统音乐类，项目编号 Ⅱ-145。2012 年 12 月，李彩凤入选为第四批国家级非物质文化遗产项目代表性传承人，云南省弥渡县申报。云南省弥渡县是著名的民歌之乡，李彩凤从小受到当地人的熏陶，非常喜爱山歌，自幼跟随母亲学唱山歌，12 岁登台演出。她的嗓音圆润、高亢，山野味十足，韵味悠长，穿透力强，歌声弥漫着彝族民间文化独特的醇香。她能演唱山歌、小调、花灯 500 余首，内容涵盖彝家习俗、彝家人的爱憎以及彝山万物的灵性。她在继承古老民歌传唱技巧的同时，凭着超常的记忆力和"指山为歌"的即兴创作才能，创作出大量风格各异的彝家山歌调子。代表作有《小河淌水》、《放羊调》，还有彝族叙事诗《黑七腊白》、《弥渡山歌》等。2004 年被俄罗斯爱乐交响乐团邀约在云南曲靖、昆明等地举行音乐会。她还通过歌唱、表演、收徒的方式，坚持向村里的大人和孩子传授山歌、小调，时至今日，已授课十余载，授徒上百人。

陕西

Ⅱ-37 唢呐艺术（绥米唢呐）

李岐山

（编号：04-1521），男，汉族，1945 年 5 月生，陕西省米脂县人。2008 年 6 月，唢呐艺术（绥米唢呐）被列入第一批国家级非物质文化遗产扩展项目名录传统音乐类，项目编号 Ⅱ-37。2012 年 12 月，李岐山入选为第四批国家级非物质文化遗产项目代表性传承人，陕西省米脂县申报。李岐山七岁时开始跟父亲学习唢呐吹奏，16 岁时带着村里人集体学起了吹唢呐。他在学习唢呐的过程中，从不局限在传统中，而是不断与同行进行切磋，虚心请教，集众家之长然后加以创新，逐渐形成了自己独特的风格。他在高音区加花装饰吹奏，可以略有调皮气息，声音好像珠子一样一颗一颗地蹦出来，与大音程跳动吹奏形成了鲜明的起伏跌宕。既可以增强立体感，又可以弥补传统吹奏拖拉力乏的不足。其代表作有《狮子令》唢呐曲 13 首等。

汪世发

（编号：04-1522），艺名斗，男，汉族，1949 年 8 月生，陕西省绥德县四十里铺镇后街村人。2008 年 6 月，唢呐艺术（绥米唢呐）被列入第一批国家级非物质文化遗产扩展项目名录传统音乐类，项目编号 Ⅱ-37。2012 年 12 月，汪世发入选为第四批国家级非物质文化遗产项目代表性传承人，陕西省绥德县申报。汪世发出身于唢呐世家，12 岁开始跟随本街唢呐艺人曹来前学习唢呐，19 岁成立自己的唢呐班子，是陕北唢呐的第三代传承人。40 多年来，汪世发带领他的唢呐班子走遍全国各地。汪世发不仅演奏技艺高超，音色浑厚洪亮，配以长号，演奏很有气魄，他还能独立创作新的唢呐曲目，在陕北唢呐艺人圈里享有很高的威望。1984 年，山西省出版社出版了他的录音带《陕北唢呐曲牌选集》，热销全国。1990 年 9 月，在北京亚运会开幕式上为安塞腰鼓队表演领吹，曾轰动京城，为陕北绥米唢呐在全国创下了品牌。绥德汉唢呐团成立后，汪世发作为主吹，参加过国家、省、市级 20 多次大型演出活动，受到各级奖励和演艺界音乐家们的好评。其代表作有《大摆队》、《花道则》、《大开门》、《小开门》、《南风吹》等。

甘肃

Ⅱ-37 唢呐艺术

马自刚

（编号：04-1523），男，汉族，1962年6月生，甘肃省宁县焦村乡人。2006年5月，唢呐艺术被列入第一批国家级非物质文化遗产名录传统音乐类，项目编号Ⅱ-37。2012年12月，马自刚入选为第四批国家级非物质文化遗产项目代表性传承人，甘肃省庆阳市申报。马自刚上初中期间就跟随民间唢呐艺人外祖父郭彦儒和舅爷张彦德学习吹唢呐，一年后即能入班演奏。1980年跟随庆阳市文化馆专职唢呐演奏家梁平正学艺，并跟民间唢呐艺人王贵友、王生喜、马汉银等搭班演奏。其间拜访众多艺人，搜集、掌握了大量传统曲牌。他博采众长，既继承传统，又有现代的创新，形成了自己的演奏风格。他的演奏自然细腻，委婉流畅，技艺娴熟，功底扎实。2006年7月，在第七届中国文艺山花奖民间艺术表演奖暨全国首届民间吹歌展演中被评为"全国吹歌大王"。代表作《平吊担水》、《送亲人》、《秋季生》等。马自刚协助梁平正老师基本完成了庆阳唢呐演奏上的乐器规范化，还应邀到陇东职专教授唢呐，为继承和发展陇东唢呐艺术作出了积极的贡献。

澳门

Ⅱ-139 道教音乐（澳门道教科仪音乐）

吴炳志

（编号：04-1537），字镇堂，道号大志，男，汉族，1959年2月生，澳门人。2008年6月，道教音乐（澳门道教科仪音乐）被列入第二批国家级非物质文化遗产名录传统音乐类，项目编号Ⅱ-139。2012年12月，吴炳志入选为第四批国家级非物质文化遗产项目代表性传承人，澳门特别行政区申报。澳门道教科仪音乐的第四代的传人。吴炳志承曾祖父吴谒元、祖父吴玉生、父亲吴京意的道教正一派，为澳门吴庆云道院第四代传人，自幼随祖父及父亲学习道教科仪音乐，深得家族真传，不仅谙熟道教科仪音乐，而且是出色的敲击法师。2000年在江西龙虎山嗣汉天师府受录，道号大志。吴氏道教音乐完整地保存了原有道教科仪音乐的精华，并有自己独特的发展线索，不仅是澳门也是周边华人地区独具一格的道教音乐典范。在弘扬道法的同时，致力于道教科仪音乐的传承和发展。2003年组织成立了道教音乐团，奔赴在各地举行演出，并发表相关论文多篇，与他人合作编著《澳门道教科仪音乐》一书。其子吴炯章已经深得其真传，目前已能独当一面，为道教科仪音乐的第五代传人。

传统舞蹈

第二批国家级非物质文化遗产项目代表性传承人

北京

Ⅲ-1 京西太平鼓

高洪伟

男，汉族，1969年生，北京市门头沟区三家店村人。2006年5月，京西太平鼓被列入第一批国家级非物质文化遗产名录民间舞蹈类，项目编号Ⅲ-1。2008年2月，高洪伟入选为第二批国家级非物质文化遗产项目代表性传承人，北京市门头沟区申报。据称太平鼓在唐代已有，多配合舞蹈，形成鼓舞，用于祭祀、祈福及民间欢庆节日。太平鼓在清末由北京城区传至门头沟地区，是为"京西太平鼓"，主要是妇女演练。高洪伟的父亲高殿启从其祖母那里学会了太平鼓，高洪伟10岁从父学艺。高洪伟耍起鼓来，左手持鼓，右手持鼓槌，一面击鼓抖环，一面腾挪跳跃，人随鼓，鼓缠人。太平鼓表现的是艮劲、颤劲、扭劲、刨劲，他自己总结为"舞步重心在后跟，抬脚后刨带颤肩，人随鼓点而舞动，耍起鼓来要走圆，鼓缠人舞人不见，扭起身躯似柳弯"。2006年，高洪伟从首钢辞职，全职组织京西太平鼓表演团。团队由4人发展到40余人，队员都是利用下班时间排练和演出。现已开始把太平鼓推广到中小学。

河北

Ⅲ-2 秧歌（昌黎地秧歌）

周贺华

男，汉族，1940年10月生，河北省昌黎县关谷宋庄人。2006年5月，秧歌（昌黎地秧歌）被列入第一批国家级非物质文化遗产名录民间舞蹈类，项目编号Ⅲ-2。2008年2月，周贺华入选为第二批国家级非物质文化遗产项目代表性传承人，河北省昌黎县申报。周贺华14岁开始师从著名昌黎地秧歌表演艺术家其叔父——"周派"秧歌丑角周国宝学习，同时又学习了其他派别的风格，博采众长、融会贯通。1954年，全国兴起民间舞蹈热，周贺华和曹玉霞、田桂珍、周淑兰、周桂芬、郭桂英、鲁美菊、张立正等8人被推荐到河北省文化学院艺术系接受舞蹈培训。他扮相青春活泼，动作舒展大方，优美到位，从形体神态到动作风格，展现着昌黎几派秧歌的特征和多名秧歌名角之优长，他以扭丑为主，能扮演多种角色。他还学演了《跑驴》、《踢缸》、《摸杆》等传统出子秧歌，以及《老鹰捉小鸡》、《拿蝈蝈》（三秋图之一）、《东郭先生和狼》、《半夜鸡叫》等新编节目，从秧歌各个行当独特的扇花、身段、步法阐释着对剧情和角色的理解。周贺华多次参加县文化局举办的秧歌培训班，传授秧歌技艺，培育一代秧歌新人。

于振江

男，汉族，1943年8月生，河北省昌黎县城关人。2006年5月，秧歌（昌黎地秧歌）被列入第一批国家级非物质文化遗产名录民间舞蹈类，项目编号Ⅲ-2。2008年2月，于振江入选为第二批国家级非物质文化遗产项目代表性传承人，河北省昌黎县申报。于振江幼时在昌黎县大张庄向张学明、韩红喜等老艺人学艺，打下了扎实的秧歌基础。20 世纪 60 年代初期，于振江被调到了社里的秧歌队专门从事秧歌表演，并成为名角儿周国宝的编外弟子。周国宝毫不吝啬地把技艺悉数传给他。经过十多年的专业学习，掌握了昌黎地秧歌的舞步，也对昌黎秧歌做了许多动作上的改进，收到了很好的效果。他们的传统节目《打灶》、《跑驴》、《扑蝶》、《错中错》等，以及新创作的《拔牙》、《理发》、《相亲》等一批批优秀曲目，扭遍了大江南北。20 世纪 70 年代，他组建了昌黎第一支秧歌队，制作道具 80 余种，服装 50 余套，并招收了学员，根据其各自的特点在不失原味的基础上进行大胆的动作创新。20 年间，他带出的 40 多个徒弟，个个都成了秧歌队中的"顶梁柱"。

Ⅲ -3 井陉拉花

武新全

男，汉族，1941 年 10 月生，河北省井陉县东南正村人。2006 年 5 月，井陉拉花被列入第一批国家级非物质文化遗产名录民间舞蹈类，项目编号Ⅲ -3。2008 年 2 月，武新全入选为第二批国家级非物质文化遗产项目代表性传承人，河北省井陉县申报。武新全出身于拉花世家，祖父武庭是著名的拉花艺人。他从八九岁开始向父亲武连喜及其他老艺人学习拉花，掌握拉花中各类角色的表演技法，熟悉拉花的各种乐器，对于拉花音乐造诣颇深。他的舞姿健美舒展，动作收放自如、粗犷含蓄，充分体现出井陉拉花舞蹈幅度大、力度强、情绪深沉苍凉的艺术风格。他在继承传统的基础上，不但丰富了舞蹈动作和场面变化，还改革了伴奏音乐，在不失传统音乐风格的基础上，加快节奏，增加大小唢呐和大小鼓打击乐，加强音乐的厚度和色彩，对井陉拉花的传承和发展作出了重要贡献。拉花在当地主要是以祖传孙、父传子侄的传统

保守方式进行的，武新全的两个女儿武丽平和武晓丽也是从小便跟在父亲身边学习，但他认为两个女儿还有许多神韵上的东西需要体会。现在的武新全不仅忙着带队参加各种演出，还在井陉当地的小学中举办了好几次学习班。

Ⅲ -5 狮舞（徐水狮舞）

王利忠

男，汉族，1943 年 5 月生，河北省徐水县史端乡北里村人。2006 年 5 月，狮舞（徐水狮舞）被列入第一批国家级非物质文化遗产名录民间舞蹈类，项目编号Ⅲ -5。2008 年 2 月，王利忠入选为第二批国家级非物质文化遗产项目代表性传承人，河北省徐水县申报。1965 年，王利忠拜牛金玉为师学习舞狮，成为徐水狮舞的第六代传人。他在继承传统表演套路的基础上，大胆创新，改革舞狮道具，创新舞狮技艺，使原先的舞狮动作由呆板笨拙变为灵活，使舞蹈更加易于表现狮子勇猛威武的形象。王利忠舞狮功底深厚，动作灵巧，将"狮子"的各种神态表演得生动逼真。为了便于安排大型演出和平衡利益，北里村成立了狮舞艺术团，王利忠是团长。他积极培养舞狮传人，为徐水狮舞的传承发展作出了很大贡献。目前王利忠的徒弟已经遍布周边地区，直接传承与间接传承达百人。

山西

Ⅲ -5 狮舞（天塔狮舞）

李登山

男，汉族，1946 年 3 月生，山西省临汾市襄汾县陶寺村人。2006 年 5 月，狮舞（天塔狮舞）

被列入第一批国家级非物质文化遗产名录民间舞蹈类，项目编号Ⅲ-5。2008年2月，李登山入选为第二批国家级非物质文化遗产项目代表性传承人，山西省襄汾县申报。李登山是天塔狮舞第六代传人。李登山在师傅李六五手把手地调教下，16岁时就能登台表演，能在9米高的塔台上腾、挪、跳、跃，动作大起大落，空中造型优美。李登山和襄汾文化馆的梁铁锁合作，对天塔狮舞进行了一系列大胆的改革，伴奏中吸收了京剧的锣鼓板式，突出了表演的层次感、节奏感和韵律感；将双狮表演变为群狮表演；编创了"水中捞月"、"蜻蜓点水"、"瑶池摘星"、"高空倒书"等高难度动作。他们的表演也相继荣获第六届中国艺术节、第七届中国民间艺术节的各大奖项。李登山广收弟子，成功地组建了表演艺术团，培养出两班"天塔舞狮"表演队伍和8个舞龙队伍，多次外出表演，载誉而归。

备注：《天塔狮舞》传承谱系：第一代，张小随；第二代，张小月；第三代，张二丑；第四代，秦宝华；第五代，李五六；第六代，李登山；第七代，秦二旦；第八代，李军。

Ⅲ-11 翼城花鼓

杨作梁

男，汉族，山西省翼城县唐兴镇杨家庄人。2006年5月，翼城花鼓被列入第一批国家级非物质文化遗产名录民间舞蹈类，项目编号Ⅲ-11。2008年2月，杨作梁入选为第二批国家级非物质文化遗产项目代表性传承人，山西省翼城县申报。杨作梁出生在打花鼓世家，6岁就开始练打花鼓；9岁正式拜本村花鼓第三十代传人杨生汉为师，学得了其全部花鼓精华，13岁就因打花鼓成名，人送艺名"十三红"，并以独创《三鼓朝阳》鼓段闻名乡里。他擅长多鼓表演，尤其以《三鼓朝阳》最拿手，其造型形象生动，动作惊险动人，被人们称为"花鼓杂技"。

自从事花鼓表演至今50年来，表演的花鼓节目，曾被省、市、县文化部门及主办单位授予"优秀表演奖"及"最佳鼓手奖"等。他表演的花鼓，还被摄入电影《红花遍地开》。代表作有《喜迎春》、《观灯》、《工农大联盟》等。杨作梁还积极带徒传艺，被县"花鼓教研基地"聘为老师，为该县培养了一批又一批的花鼓艺人。

杨作梁老人去世以后，现传的翼城花鼓传承人就只有4个。过去曾经是传男不传女，现在已经放开。

内蒙古

Ⅲ-29 蒙古族安代舞

那仁满都拉

男，蒙古族，1946年生，内蒙古自治区库伦旗养畜牧嘎查人。2006年5月，蒙古族安代舞被列入第一批国家级非物质文化遗产名录民间舞蹈类，项目编号Ⅲ-29。2008年2月，那仁满都拉入选为第二批国家级非物质文化遗产项目代表性传承人，内蒙古自治区库伦旗申报。那仁满都拉从小受库伦旗安代艺人额尔敦巴拉的影响，喜欢安代舞。高中毕业后，一面做民办教师，一面组建了一支业余乌兰牧骑演出队，表演安代舞。1979年，那仁满都拉及他的团队参加了全省（原属吉林省）的农村群众业余文艺会演，表演的安代《万岁人民》荣获一等奖。而后，在各级各地的比赛中，他们的演出团队屡屡获奖。那仁满都拉从事安代传承50多年来，创作了大量作品。近年来，他正不断收集整理安代曲目和唱词，并把经典曲目《欢庆丰收》、《万岁安代》、《万岁人民》等进行系统归纳。同时，他还撰写了理论文章《安代及发展概况》，填补了安代舞理论上的空白。

辽宁

Ⅲ-9 高跷（海城高跷）

邢传佩

男，汉族，1953年11月生（一说1956年），2006年5月，高跷（海城高跷）被列入第一批国家级非物质文化遗产名录民间舞蹈类，项目编号Ⅲ-9。2008年2月，邢传佩入选为第二批国家级非物质文化遗产项目代表性传承人，辽宁省海城市申报。邢传佩8岁跟随其二伯习艺，16岁正式学习民间舞蹈，又先后得到了王广让、胡藻文、郭丽华等人的指点，技艺不断提高，成了海城地区小有名气的"头跷"演员。他掌握了扇子架、手绢花等绝活儿，其艺术特点以扭、逗、浪、相为主。20世纪80年代，邢传佩成立了海城民间高跷秧歌艺术团，在挖掘、整理、探索、传承上作出了重大贡献，带领第五、第六代传承人多次参加国内外大型国际民间艺术节、亚洲艺术节等国际国内表演和比赛。2005年获"华夏一绝"银奖；同年获第四届央视CCTV舞蹈大赛获银奖；2009年，参加第二届中国成都国际非物质文化遗产节，获得"太阳神鸟金奖"；2011年，获得中国民间文艺山花奖。邢传佩作为一名海城高跷秧歌的重要组织者、传承者，培养了30多位新人，也正在研究、探索海城高跷秧歌今后的发展保护机制，准备创建辽宁海城高跷秧歌培训基地。2013年，获"第二届中华非物质文化遗产传承人薪传奖"。

吉林

Ⅲ-24 朝鲜族农乐舞（象帽舞）

金明春

男，朝鲜族，1961年生，吉林省延边朝鲜族自治州汪清县百草沟镇吉祥村人。2006年5月，朝鲜族农乐舞（象帽舞）被列入第一批国家级非物质文化遗产名录民间舞蹈类，项目编号Ⅲ-24。2008年2月，金明春入选为第二批国家级非物质文化遗产项目代表性传承人，吉林省延边朝鲜族自治州申报。金明春是象帽舞的第四代传承人。他从小热爱舞蹈艺术，高中毕业加入村里宣传队，1978年，参加百草沟镇文化站举办的象帽舞培训班。在多年的艺术实践中，金明春在象帽舞表演中加入了许多现代舞蹈元素，使其从动作到内容上推陈出新。他将武术、街舞和芭蕾舞等融入其中，风格新颖、独特。在技巧上，由过去仅有的"平甩"、"左右甩"，发展为"抖甩"、"飞甩"、"立甩"、"叠甩"、"旋甩"、"狂甩"等，以及"钻圈"、"旋子"、"扶地翻"、"扫堂腿"等多个高难度表演技法。目前，金明春甩动的多层象帽彩带长达32米，堪称世界之最。目前，汪清县已发展到17个象帽舞培训基地，上至80岁老人，下到七八岁孩童都在学习象帽舞，金明春的"徒弟"已发展到千人以上。

浙江

Ⅲ-4 龙舞（长兴百叶龙）

谈小明

男，汉族，1949年12月生，浙江省长兴县天平村人。2006 年 5 月，龙舞（长兴百叶龙）被列入第一批国家级非物质文化遗产名录民间舞蹈类，项目编号Ⅲ-4。2008 年 2 月，谈小明入选为第二批国家级非物质文化遗产项目代表性传承人，浙江省长兴县申报。谈小明师承百叶龙第三代传人王长根，学习扎龙、舞龙。从 20 世纪 70 年代末谈小明就和长兴百叶龙一起参加各种演出和比赛，将百叶龙舞出长兴，舞到了北京，舞出了国门。1980 年进京参加全国部分省、直辖市、自治区农民业余艺术调演之后，留在北京，拍摄了电影《泥土的芬芳》。谈小明打破舞龙技巧传内不传外、传男不传女的规矩，辅导县里百叶龙培训基地的百叶龙舞。2004 年，长兴县成立了 12 个百叶龙艺术培训基地，谈小明正式被聘为"百叶龙"艺术培训基地艺术总顾问，让这一民间绝活儿得以发扬光大。

Ⅲ-4 龙舞（奉化布龙）

陈行国

男，汉族，1960 年月生，浙江省奉化市尚田镇苕霅村人。2006 年 5 月，龙舞（奉化布龙）被列入第一批国家级非物质文化遗产名录民间舞蹈类，项目编号Ⅲ-4。2008 年 2 月，陈行国入选为第二批国家级非物质文化遗产项目代表性传承人，浙江省奉化市申报。陈行国是奉化布龙的第五代传人，1975 年跟随父亲陈银康学会了祖传的舞龙艺术与制龙手艺，后又投师在舞龙高手陈世雄门下。除了舞龙，陈行国还擅长制作布龙，这个技艺也得自家传。1977 年，他与陈存光、陈飞侠、陈善强等一道组建少年舞龙队，他执掌龙头。1978 年，以他为龙头的奉化（苕霅）布龙队参加全省舞龙大赛并一举夺魁。1988 年 9 月，陈行国率队赴京参加舞龙大赛又捧回了银奖。陈行国除了会"快船龙"、"摇船龙"、"擦身龙"、"左右跳"等奉化布龙传统舞姿外，又独创了"半起伏"、"蝴蝶式"、"水

荷花"、"高塔盘"等造型。陈行国还在家里开设了神龙制作坊，在 30 年内为省内外舞龙队提供了五百多条高质量的布龙。陈行国还在民间热心传授舞布龙技艺，他现在是省内外三十多支舞龙队的兼职教练，并且在家乡的奉港中学、尚田镇小学等培养出了十多条"少年龙"。

Ⅲ-5 狮舞（黄沙狮子）

王曰友

男，汉族，1949 年生，浙江省临海市白水洋镇上游村人。2006 年 5 月，狮舞（黄沙狮子）被列入第一批国家级非物质文化遗产名录民间舞蹈类，项目编号Ⅲ-5。2008 年 2 月，王曰友入选为第二批国家级非物质文化遗产项目代表性传承人，浙江省临海市申报。相传北宋庆历至皇佑年间，白水洋镇黄沙洋有位少林拳师杨显枪，开设习武会馆，在教弟子舞狮和武艺外，还开创了狮子跳桌功夫。王曰友出身于戏伶世家，自幼跟随父母四处巡演，22 岁起学习舞狮，成为黄沙狮子的第六代传人。他掌握了黄沙狮子的舞狮、武艺、锣鼓三方面技艺，如舞狮从出场跳四脚到狮子向正上方三拜完毕；武艺的"叠罗汉"、"接人长"、"桌上倒立"、"走桌脚"等；乐器包括大锣、小锣、叫锣、大钹、皮鼓等。2004 年，王曰友重新组建了"黄沙狮子会"。当时最拿手儿的绝活是在九台堆叠的三丈二尺高处四脚朝天的桌脚上，狮子跨步移动，凌空翻飞，尽显惊险，其势危耸，令人叫绝。王曰友收过一些弟子，多是中年人，其中掌握较好的有 4 名。为了更好地传承这一传统舞蹈，他劝服大儿子王克胜学艺。

安徽

Ⅲ-6 花鼓灯（蚌埠花鼓灯）

冯国佩

艺名"小金莲"，男，汉族，1914年8月生，2012年10月卒，安徽省蚌埠市人。2006年5月，花鼓灯（蚌埠花鼓灯）被列入第一批国家级非物质文化遗产名录民间舞蹈类，项目编号Ⅲ-6。2008年2月，冯国佩入选为第二批国家级非物质文化遗产项目代表性传承人，安徽省蚌埠市申报。冯国佩为国家一级演员。冯国佩的花鼓灯舞蹈既有家传，又有师传。从家传上，冯国佩已是第四代，他的祖父、叔父以及冯姓家族的许多人都有玩灯的艺名，而且各有特点。20岁以后冯国佩便以扮演"兰花"的惟妙惟肖精湛技艺而饮誉乡里，他的表演秀丽中含端庄，娴静中有活泼，温柔里露风骨，因而被称为冯派。他倡导花鼓灯表演创新，推动花鼓灯适应现代舞蹈，创新出独舞、双人舞、群舞、小舞剧、表演唱、歌舞表演、新舞剧等多种形式。20世纪60年代，他带头编导了第一部大型花鼓灯歌舞剧《摸花轿》，成功地融歌、舞、剧于一体，轰动了当时文艺界。他先后自己创作改编了花鼓灯的《大花场》、《小花场》、《新游春》、《扑蝴蝶》等舞蹈。他还与别人共同创作和指导创作了《送郎参军》、《接模范》、《卖余粮》、《柳岸情长》等大小十多个花鼓灯歌舞节目和歌舞剧。如今，冯国佩数以百计的传人已经遍布各地。

Ⅲ-6 花鼓灯（蚌埠花鼓灯）

郑九如

艺名"小白鞋"，男，汉族，1920年3月生，2011年2月卒，安徽省怀远县荆芡乡郑家岗人。

2006年5月，花鼓灯（蚌埠花鼓灯）被列入第一批国家级非物质文化遗产名录民间舞蹈类，项目编号Ⅲ-6。2008年2月，郑九如入选为第二批国家级非物质文化遗产项目代表性传承人，安徽省蚌埠市申报。郑九如的父亲郑广发是当地有名的大鼓架子，与灯友袁小鸭齐名。郑九如14岁就开始跟父亲玩灯，同时也师承郑九林（花鼓灯著名兰花）、郑九棵（花鼓灯著名兰花）、肖炳为（花鼓灯著名丑鼓）等。因其聪明好学，能唱会跳，不久，即成为享有盛名的"兰花"了。郑九如扮相俊秀，服饰素雅，身段苗条，又总爱穿着一双白鞋，因而赢得了"小白鞋"的艺名。他善于表演刚强高傲的农村姑娘形象，舞蹈洒脱大方，飘逸流畅，姿态优美，敏捷利落，以多变的扇花和各种样式的"风摆柳"闻名，是怀远流派的主要代表人物之一。代表作有《五姑娘送粮》和《淮北姑娘》。1958年，郑九如被怀远文工团聘请担任花鼓灯教师，他对兰花的传统舞蹈动作，进行整理筛选，加工组合，编导出一组《兰花舞》。

Ⅲ-6 花鼓灯（凤台花鼓灯）

陈敬芝

艺名"一条线"，男，汉族，1919年8月生，2012年9月卒，安徽省凤台县陈巷村人。2006年5月，花鼓灯（凤台花鼓灯）被列入第一批国家级非物质文化遗产名录民间舞蹈类，项目编号Ⅲ-6。2008年2月，陈敬芝入选为第二批国家级非物质文化遗产项目代表性传承人，安徽省凤台县申报。陈敬芝是著名花鼓灯艺术大师，陈派花鼓灯创始人，12岁开始学习花鼓灯。他独创的"颤、颠、抖"舞姿和"绕扇、抱扇、抽扇"等扇花已成为花鼓灯舞蹈中的经典语汇；他从劳动和自然中参悟创新的"簸簸箕"、"端针匾"、"上山步"、"风摆柳"、"燕子驰水"、"凤凰三点头"等动作独具风格，成为花鼓灯中的经典动作。他的舞姿轻盈优美，歌声婉转空灵，因而有"一条线"、"小蜜蜂"之美誉。他在弦子灯基础上创造出推剧艺术，成为推剧创始人。1986 年，编导的舞蹈《黄毛丫头》荣获全国民间音乐舞蹈比赛创作二等奖；1992 年在安徽省第二届花鼓灯会上表演的舞蹈《代代花》获一等奖；他创作的独舞《游春》已成为安徽花鼓灯的优秀传统剧目。1962 年至 1964 年，到安徽省艺校担任花鼓灯舞蹈教师；1984 年，被北京舞蹈学院聘为客座教授；1984 年以后在凤台县艺校教学，培养学生无数，遍及各地。

Ⅲ-6 花鼓灯（颍上花鼓灯）

王传先

男，汉族，1923 年生，安徽省颍上县鲁口镇临淮村人。2006 年 5 月，花鼓灯（颍上花鼓灯）被列入第一批国家级非物质文化遗产名录民间舞蹈类，项目编号Ⅲ-6。2008 年 2 月，王传先入选为第二批国家级非物质文化遗产项目代表性传承人，安徽省颍上县申报。王传先 1939 年师承颍上花鼓灯艺人唐佩金，专攻"大兰（腊）花"、"小清唱"，系唐派传人，是唐派花鼓灯关门弟子。他主演"大兰花"，因长相俊美，身材纤细，加之嗓音甜润，因而有"小蜜蜂"之美誉。他的花鼓灯技艺以抖、颤、颠见美，犹如一条抖动的绳，因而又获得"一条绳"艺名。他扮"兰花"上场独舞或与鼓架子配对演出，一手拿手帕一手持折扇，表演花鼓灯的各种身法、步法、架式和技巧，曲调高雅、舞姿优美、意境无穷。他擅长演出大花场中"二龙出水"、"乌龙摆尾"、"蛇蜕皮"、"别篱笆"、"偷梁换柱"、"走四门"、"五朵门"、"三引场"、"堆花"、"卸花"、"满天星"等二十来种舞蹈；"长篱笆"、"团篱笆"、"双门转子"、"单门转子"等小游场也是他的拿手好戏。代表作有《小放牛》、《送郎治淮河》、《打徐州》、

《叹五更》及现代花鼓灯舞蹈《三月三》等。一生从艺演出计一千多场，教授徒弟 800 多人。

江西

Ⅲ-7 傩舞（南丰跳傩）

罗会武

男，汉族，1940 年生，江西省南丰县三溪乡石邮村人。2006 年 5 月，傩舞（南丰跳傩）被列入第一批国家级非物质文化遗产名录民间舞蹈类，项目编号Ⅲ-7。2008 年 2 月，罗会武入选为第二批国家级非物质文化遗产项目代表性传承人，江西省南丰县申报。罗会武在 1959 年 11 月加入石邮傩班，先后师从彭润仔、刘加龙、李长仙、罗会友等石邮傩班老艺人学跳傩。他曾先后担任傩班"八伯"、"七伯"、"六伯"、"五伯"、"四伯"、"三伯"、"二伯"，2003 年 2 月担任"大伯"（领班），负责傩班的管理，熟悉傩班各项仪规程序，主持各项傩仪和跳傩活动，教授传承傩舞艺徒。在多年跳傩中，熟练掌握石邮傩班《开山》、《纸钱》、《雷公》、《傩公傩婆》、《钟馗醉酒》、《跳凳》、《双伯郎》、《关公》全部 8 个节目的各个角色，技艺全面、精湛，堪称南丰傩乡有代表性的傩舞艺人。1984 年，先后教授传承陆续加入石邮傩班的叶根明、聂毛富、罗润印、张水根、彭春根 5 人学跳傩。目前罗会武正在把自己掌握的傩艺（包括念咒绝活）悉心传授给目前傩班"三伯"叶根明。

Ⅲ-7 傩舞（婺源傩舞）

胡振坤

男，汉族，1932 年生，江西省婺源县秋口镇长径村人。2006 年 5 月，傩舞（婺源傩舞）

被列入第一批国家级非物质文化遗产名录民间舞蹈类，项目编号Ⅲ-7。2008年2月，胡振坤入选为第二批国家级非物质文化遗产项目代表性传承人，江西省婺源县申报。胡振坤15岁随父胡开林和叔父胡长林、胡挂林学艺。掌握了该班24个节目《孟姜女送寒女》、《丞相操兵》、《太阳和月亮》；同时也熟悉该班的"开橱仪式"、"搭架追王"等各种"祭词"、"喝彩词"等。他保留了传统剧目中的音乐与唱腔，继承了远古时代搭架追王的傩仪和彩词及各种仪式，表演粗犷、古朴、简练、夸张、形象、传神。而且也演奏打击乐和笛子与唢呐等吹管乐器，是傩舞中的全才。1986年1月正式成立长径村傩舞团，他担任团长兼导演。代表作有《孟姜女送寒衣》、《丞相操兵》、《太阳和月亮》、《饮毒酒》、《搭架追王》等。他将傩舞音乐传授给其子胡连盛，仪式等传承给程长庆，傩舞表演艺术传给程开禄、程付保等。

Ⅲ-10 永新盾牌舞

吴三桂

男，汉族，1948年生，江西省永新县龙源口镇南塘村人。2006年5月，永新盾牌舞被列入第一批国家级非物质文化遗产名录民间舞蹈类，项目编号Ⅲ-10。2008年2月，吴三桂入选为第二批国家级非物质文化遗产项目代表性传承人，江西省永新县申报。吴三桂出生在素有"不练盾牌舞，不是男子汉"之说的龙源口镇南塘村，自幼习武健身，对盾牌舞更是耳濡目染。7岁起，他开始拜师学舞，小学毕业时就全部掌握盾牌舞的四角阵、长蛇阵等8个阵势，初中毕业后加入南塘村盾牌舞对外表演队。18岁时，由于时代原因，他没有正式拜师学舞，但跟随村里老人吴茂俚、吴法舵习得了全部的盾牌舞技艺。吴三桂的舞姿刚烈勇猛，形象却俊俏灵秀，动作幅度虽小，但频率异常快，一手短刀，

一手藤盾，推、挡、搭、驾、逼、闪、跌、滚灵活多样。他亲手组建了一支专业的盾牌舞表演队伍，将盾牌舞打造成特点鲜明、适合展演的民间文化艺术奇葩。如今，吴三桂在本村带了徒弟近百人，并协助县表演队培训100余人；同时，还将盾牌舞引进龙源口中学的课堂。现在，能进行盾牌舞表演的人数已从10年前的寥寥数人上升到三百多人。其主要的传人是吴晓明。

山东

Ⅲ-2 秧歌（鼓子秧歌）

杨克胜

男，汉族，1946年8月生，山东省商河县孙集乡杨庙村人。2006年5月，秧歌（鼓子秧歌）被列入第一批国家级非物质文化遗产名录民间舞蹈类，项目编号Ⅲ-2。2008年2月，杨克胜入选为第二批国家级非物质文化遗产项目代表性传承人，山东省商河县申报。商河鼓子秧歌大体分为三种派别：插伞派、扛伞派和举伞派。杨克胜10岁时拜"商河第一伞"韩振玉为师，主攻领伞舞的技法。他属于插伞派，同时又有抗伞的功夫，表演起来情绪饱满，热情奔放，"抗伞如雄鹰展翅，舒展大方，插伞则潇洒飘逸，稳健豪放"。杨克胜不但伞跳得好，鼓也打得非常到位，铿锵有力，有着商河人质朴豪爽的情怀。近五十年来，杨克胜共参加各种形式的演出六百余场，多次参加市、省及全国的民间艺术大赛，并屡获大奖。而经过多年的学习与表演实践，他不但很好地继承和发扬了插伞派的技法，更是熟练掌握了举伞派、扛伞派等不同流派的表演技能和传授方法。杨克胜积极授徒，在商河县多地培养了大量的鼓子秧歌的爱好者。

Ⅲ-2 秧歌（胶州秧歌）

吴英民

男，汉族，1955 年生，山东省胶州市胶东镇斜沟崖村人。2006 年 5 月，秧歌（胶州秧歌）被列入第一批国家级非物质文化遗产名录民间舞蹈类，项目编号Ⅲ-2。2008 年 2 月，吴英民入选为第二批国家级非物质文化遗产项目代表性传承人，山东省胶州市申报。吴英民 13 岁拜村里的李敬贤老人为师正式开始学习秧歌，全面掌握了胶州秧歌的表演技艺和理论知识，不仅将秧歌中的"翠花"、"扇女"、"小嫚"、"棒槌"、"鼓子" 5 个角色表演得淋漓尽致，而且对秧歌的各种伴奏乐器也运用得得心应手。经过近几年的发掘，将传说中的 72 部秧歌恢复整理出传统曲目二十余出，成为胶州秧歌的第六代传人之一。他在继承传统的基础上，创作了许多反映老百姓现代生活的新曲目，如《七仙女观店口》、《计划生育好》等新的秧歌剧。目前他的两个女儿吴昭梅、吴昭芝也跟他学习胶州秧歌，同时在周边地带带动了近百个秧歌团队的发展。

Ⅲ-2 秧歌（海阳大秧歌）

王发

男，汉族，1919 年 3 月生，2007 年卒，山东省海阳县里店镇西朱坞村人。2006 年 5 月，秧歌（海阳大秧歌）被列入第一批国家级非物质文化遗产名录民间舞蹈类，项目编号Ⅲ-2。2008 年 2 月，王发入选为第二批国家级非物质文化遗产项目代表性传承人，山东省海阳市申报。王发 14 岁时被老艺人相中，带其学演秧歌，先是扮"小嫚"，后又随本村著名艺人颜述学演"王大娘"。他酷爱"王大娘"这一角色，对人物理解颇具独到之处，在长期的艺术实践中，摸索、

钻研，终自成一派。自创动作"大遮阳"、"大闪腰"、"燕打场"等，形成"拧"、"提"、"抻"、"翻"的动作特点，塑造出了一个纵情泼辣、浪野妩媚、人见人爱的风流女子形象，有"扭断腰"的美称。他的许多动作语汇经专家提炼加工，或载入《中国民族民间舞蹈集成》、《中国当代艺术界名人录》、《齐鲁文化博览》等典籍，或被编入艺术院校的民间舞蹈教材。1994 年随海阳大秧歌赴沈阳参加国际秧歌节，获得秧歌节金玫瑰奖第一名。他曾在村里办起了比较正规的海阳大秧歌传习所，广泛招收海阳大秧歌爱好者，免费教习大秧歌，特别是"王大娘"这一角色的演技，先后培训学员近百人。他的儿女们也个个出类拔萃，亦是秧歌的后起之秀。

鞠洪钧

男，汉族，1926 年生，2008 年卒，山东省海阳市凤城街道办事处鞠家庵村人。2006 年 5 月，秧歌（海阳大秧歌）被列入第一批国家级非物质文化遗产名录民间舞蹈类，项目编号Ⅲ-2。2008 年 2 月，鞠洪钧入选为第二批国家级非物质文化遗产项目代表性传承人，山东省海阳市申报。鞠洪钧 16 岁师从本村的老秧歌艺人鞠荣，学习"乐大夫"（海阳大秧歌中的领头人），很快就掌握了表演技艺。随后，他把当时流行的武术"螳螂拳"中的一些功夫动作移植到秧歌表演中，形成了他独特的刚劲、沉稳、风趣的艺术风格，表现出"八卦门"特色。为了让海阳大秧歌薪火相传，鞠洪钧把自己这门技艺传给兄弟鞠洪彬、儿子鞠进东、侄子鞠卫波。经过几年的传授，鞠洪彬、鞠进东、鞠卫波已经深得鞠洪钧真传。之后他的小孙女鞠萍丽也进入了秧歌队。目前他的亲人个个都是秧歌队里的骨干。他曾应县文化馆的邀请，在全县秧歌培训班担任教师，向全县的学员传授秧歌技艺。多年来，他不仅在本市向年轻人传授秧歌技艺，还多次接待来

自各艺术院校的专业舞蹈老师和学生，向他们讲述海阳大秧歌的历史渊源和秧歌中人物的特征及动作特点，为海阳大秧歌的传承与发展作出了自己的贡献。

湖北

Ⅲ -18 土家族撒叶儿嗬

覃自友

男，土家族，1941 年 12 月生，湖北省长阳土家族自治县渔峡口镇双龙村人。2006 年 5 月，土家族撒叶儿嗬被列入第一批国家级非物质文化遗产名录民间舞蹈类，项目编号Ⅲ -18。2008 年 2 月，覃自友入选为第二批国家级非物质文化遗产项目代表性传承人，湖北省长阳土家族自治县申报。覃自友自幼喜爱民间文化，17 岁跟覃恐海学艺。熟悉撒叶儿嗬、花鼓子等民间艺术，特别是掌握并通晓渔峡口地区土家族撒叶儿嗬的展示流程，内容全面，技艺精湛。他从 20 世纪 70 年代以来，积极协助文化等相关部门做好民族民间文化的挖掘、搜集和整理工作，曾两次被特邀参加湖北省群众艺术馆举办的民族文化学术研讨会，多次参加市、县、乡人民政府举办的民族民间文化活动。自 20 世纪 90 年代以来，被渔峡口中小学校聘为特聘教师，为 460 多人传习土家族撒叶儿嗬，其中有 60 多人全面掌握了撒叶儿嗬多种舞段。

张言科

男，土家族，1947 年 3 月生，湖北省长阳土家族自治县资丘镇人。2006 年 5 月，土家族撒叶儿嗬被列入第一批国家级非物质文化遗产名录民间舞蹈类，项目编号Ⅲ -18。2008 年 2 月，张言科入选为第二批国家级非物质文化遗产项目代表性传承人，湖北省长阳土家族自治县申报。张言科认为，自己学习撒叶儿嗬独有的一大优势是母亲是知客师（乡村重大喜事活动的司仪），懂很多传统的土家文化礼仪。而撒叶儿嗬正是深深植根于土家传统文化。他自幼受当地环境影响，就经常参加各种跳撒叶儿嗬的场合，跟他人学如何唱、跳。能唱 300 多首民歌，爱好舞狮、长阳南曲、花鼓子、彩莲船等民间艺术，最拿手的是跳撒叶儿嗬。凭借 40 余年从艺实践和超常记忆，他整理土家文化，撰写完成《土家原生态文化集锦》一书。其中分土家民间礼仪、花鼓子和土家撒叶儿嗬等 3 个部分，共收录他搜集积累的土家民间礼仪类 26 项、花鼓子 80 多首、撒叶儿嗬唱词 260 多首。多年来，他一直担任资丘镇中心学校校本课程辅导教师和"撒叶儿嗬传习基地"辅导教员，已带出撒叶儿嗬弟子 3000 多人，并多次参加省、市、县民族民间文化表演。

湖南

Ⅲ -17 土家族摆手舞

田仁信

男，土家族，1933 年生，湖南省湘西土家族苗族自治州永顺县大坝乡双凤村人。2006 年 5 月，土家族摆手舞被列入第一批国家级非物质文化遗产名录民间舞蹈类，项目编号Ⅲ -17。2008 年 2 月，田仁信入选为第二批国家级非物质文化遗产项目代表性传承人，湖南省湘西土家族苗族自治州申报。田仁信从小受到摆手舞这一民族民间艺术的熏陶，6 岁就跟父亲田万、爷爷田富贵学跳摆手舞，是典型的家族传承方式。他表演的摆手舞动作古朴，原始气息十分浓郁。1953 年代表湘西州到长沙参加少数民族文艺会演,1956年9月上北京参加全国少数民族文艺会演;2002年在全县"舍巴日"活动中,由田仁信领唱、领跳千人摆手舞。同时,田仁信也注重对摆手舞的传承,先后带有弟子田朝发、田明孔等。

备注:大坝乡双凤村土家族摆手舞传承谱系:第一代,田英华、田家齐;第二代,田万发;第三代,田仁信;第四代,田朝发;第五代,田明礼。

张明光

男,土家族,1938年4月生,湖南省湘西土家族苗族自治州龙山县农车乡人。2006年5月,土家族摆手舞被列入第一批国家级非物质文化遗产名录民间舞蹈类,项目编号Ⅲ-17。2008年2月,张明光入选为第二批国家级非物质文化遗产项目代表性传承人,湖南省湘西土家族苗族自治州申报。张明光初中毕业后拜农车土家大摆手第二十四代掌堂师秦恩如为师,学习土家摆手舞。在师傅的口传心授下,掌握了土家族大摆手的歌舞内容及其仪式,如《摆手歌》中的"长马辞"、"短马辞"、"梭尺卡"、"嘎麦请"、"嘎麦嗡"、"四季农事歌"及"十二月农事歌"等。他记忆力强,嗓音亮,风格浓郁,内容完整,舞姿优美潇洒。从1984年以来就一直担任农车乡土家大摆手堂掌堂师,成为土家族摆手舞的第二十五代掌堂师。他除在本地传授摆手舞以外,还应邀到长沙、吉首、张家界等地授艺,为各地培养了不少摆手舞艺人,如胡清文、田承德、秦长彬、秦恩瑞、秦世文、张友、张志宏等。

Ⅲ-30 湘西苗族鼓舞

洪富强

男,苗族,1936年1月生,湖南省湘西土家族苗族自治州人。2006年5月,湘西苗族鼓舞被列入第一批国家级非物质文化遗产名录民间舞蹈类,项目编号Ⅲ-30。2008年2月,洪富强入选为第二批国家级非物质文化遗产项目代表性传承人,湖南省湘西土家族苗族自治州申报。洪富强的祖父母曾是吕洞山区最好的鼓手,祖父洪荣科打的是男式矮桩苗鼓,祖母张大姐打的是女式高桩苗鼓。洪富强八九岁时即在祖父母的耳濡目染下爱上了苗鼓,并在他们的指导下学会了打鼓。洪富强技多艺熟,熟则翻新,掌握了花鼓、迎宾鼓、猴儿鼓等传统苗鼓。他把"八合拳"融入鼓法中,形成了一套由冲拳(击)"三防"、"五进关公"、"狂风击耳"、"八仙平跪"、"九转连防"、"击边"、"九响连印"、"猛虎起跳"、"顺反破门"、"花手牵目"、"拳术站立式"出入场等10多个动作组合而成的苗鼓新打法,被称为"八合鼓"。这种鼓不仅体现了苗族民间舞蹈的轻松、活泼、优美,还体现了"八合拳"的舒展、刚劲、有力。他在传统苗鼓和"八合鼓"的启发和指导下,又编创了吉祥鼓、如意鼓、团结鼓、铁棚鼓等苗鼓新打法。在新鼓的影响下,当地鼓队逐步增加和发展,原来只有米塔和葫芦两支鼓队,现在连其他县市的都来向他学习,在外县又发展了几十支鼓队。

石顺民

女,苗族,1949年11月生,湖南省湘西土家族苗族自治州吉首市人。2006年5月,湘西苗族鼓舞被列入第一批国家级非物质文化遗产名录民间舞蹈类,项目编号Ⅲ-30。2008年2月,石顺民入选为第二批国家级非物质文化遗产项目代表性传承人,湖南省湘西土家族苗族自治州申报。石顺民自小喜爱苗族鼓舞,跟随自己的母亲龙帕英学习苗族鼓舞的技艺。石顺民在几十年的鼓舞生涯中,利用自身的舞蹈功底,将舞蹈中的"立体旋转"加工成鼓舞中的高难度动作"鹞子翻身",又用"跨一字腿"创造了优美矫健的击鼓造型，自编了一套气氛热烈的苗鼓舞蹈"庆丰收"。成为继湘西自治州第一代苗族女鼓王龙英堂之后的第二代苗族女鼓王。代表作有《苗族花鼓》、《庆丰收》、《苗族女民兵》、《鼓王献艺》等。20 世纪 80 年代，曾在多地辅导和教授苗族鼓舞。2004 年，石顺民从自治州文化馆退休后，利用自家后院开办了湘西第一个苗族鼓舞传习所，并对农村学员免费培训，培养了第三代和第四代苗族女鼓王，第五代女鼓王是她的再传弟子。如今，在她的传承谱系内，已组建了苗鼓队 180 余支，队员近万人。

Ⅲ -31 湘西土家族毛古斯舞

彭英威

男，土家族，1933 年生，湖南省湘西土家族苗族自治州永顺县大坝乡双凤村人。2006 年 5 月，湘西土家族毛古斯舞被列入第一批国家级非物质文化遗产名录民间舞蹈类，项目编号 Ⅲ -31。2008 年 2 月，彭英威入选为第二批国家级非物质文化遗产项目代表性传承人，湖南省湘西土家族苗族自治州申报。彭英威 6 岁便跟父亲彭南贵、祖父彭继尧跳毛古斯舞，对毛古斯舞的一整套表演程序了如指掌。1997 年，在永顺县"舍巴日"活动中由他领演的毛古斯舞粗犷豪放，刚劲激昂，让人们领略到远古时代的原始艺术，成为永顺县土家族毛古斯的掌门人。2004 年，彭英威指导土家族毛古斯舞，参加南昌国际傩文化周演出获金奖。该舞蹈主要采取家族内部传承，彭英威先后带有弟子 120 人。现在彭英威年事已高，健康状态欠佳，但还是时常指导儿孙们演练。

备注：湘西土家族毛古斯舞传承谱系，第一代，彭继祯、彭继尧；第二代，彭南贵；第三代，彭英威；第四代，彭振兴、彭振华；第五代，彭家龙、彭武金。

广东

Ⅲ -4 龙舞（汕尾滚地金龙）

黄锐胜

男，汉族，1943 年 10 月生，广东省汕尾市陆丰市大安镇南溪村人。2006 年 5 月，龙舞（汕尾滚地金龙）被列入第一批国家级非物质文化遗产名录民间舞蹈类，项目编号 Ⅲ -4。2008 年 2 月，黄锐胜入选为第二批国家级非物质文化遗产项目代表性传承人，广东省汕尾市申报。黄锐胜据称是滚地金龙的第十六代传人，先祖黄潜善是南宋年间朝廷大臣，发明了"金龙戏水"，后改名为"滚地金龙"而流传于民间。他的祖先从福建移居到陆丰市大安镇南溪村，带来《滚地金龙舞蹈史传》，并一直延续下来。他 18 岁就参加武术训练，后成为滚地金龙中舞龙头的艺人。他十分熟悉滚地金龙的动作、舞段、套路，舞技高超，尤善于体现金龙舞的传统特点，在丰富、完善滚地金龙的表现形态上发挥了重要作用。2005 年 8 月，参加第七届中国民间艺术"山花奖"暨民间艺术表演赛，荣获"优秀作品"奖杯。他目前积极招收学生弟子，并认真传授汕尾滚地金龙的技艺。

Ⅲ -5 狮舞（广东醒狮）

李荣仔

男，汉族，1965 年生，广东省遂溪县黄略镇龙湾村人。2006 年 5 月，狮舞（广东醒狮）被列入第一批国家级非物质文化遗产名录民间舞蹈类，项目编号 Ⅲ -5。2008 年 2 月，李荣仔入选为第二批国家级非物质文化遗产项目代表性传承人，广东省遂溪县申报。李荣仔十五六岁就跟着师傅、长辈们"玩"醒狮。20 世纪 80

年代初期，师从本村醒狮第二代传人梁汝义学艺（注：按龙湾村醒狮传承谱系，第一代传人为清末民初的梁汝义之父梁益）。后来在村委会和全村广大村民的支持下，组建了龙湾醒狮队。1985 年，他开始学习狮具制作。1993 年，他拜佛山黄飞鸿武术狮艺馆黎念忠师傅学狮。李荣仔在实践中创新了"高桩飞狮断桩"、"醒狮攀高杆"等动作。他除在本村授艺于第四代传人李国豪和梁其献、李国连等数百人外；更主动走出村围，传艺带出遂溪石盘、雷州大边塘、廉江沙坡、湖南株洲、广西白沙以及深圳等数十个醒狮班。其中，廉江沙坡醒狮队勇夺 2007 年厦门国际舞狮邀请赛金奖、遂溪石盘醒狮队获邀参加中央电视台《一方水土》节目制作、雷州大边塘和禄盘等狮班也先后跻身全国赛。

Ⅲ -8 英歌（普宁英歌）

陈来发

男，汉族，1957 年生，广东省揭阳市人。2006 年 5 月，英歌（普宁英歌）被列入第一批国家级非物质文化遗产名录民间舞蹈类，项目编号Ⅲ -8。2008 年 2 月，陈来发入选为第二批国家级非物质文化遗产项目代表性传承人，广东省揭阳市申报。陈来发 18 岁开始练习英歌舞，19 岁担任英歌队头槌，1990 年担任英歌队教练兼头槌，1995 年起任英歌队教练至现在。陈来发所练习、传承、创编的南山英歌舞是普宁快板英歌的杰出代表，其特点是：运棒灵活威武、有气魄、动作快速、生龙活虎、声势浩大，形成独特的快捷威猛的艺术风格；主要动作有扣棒、藏剑、拔刀、镖枪、揽槌、勾脚、挥拳等。陈来发担任英歌队教练以来，不断创新发展，将广场艺术搬上舞台，现在南山英歌技艺经常代表普宁英歌在全国各地展示演出。据陈来发说，老一辈艺人们基本都已谢世，现存的艺人中像陈书瑜等技术比较高超，其他人则各有所

长。1990 年以后，南山英歌队才 20 人左右，老一辈队员极少传艺授徒，英歌舞这一古老的艺术日渐凋零。陈来发自任教练以来，无私传教，每年都有几十个新队员加入队伍。目前在该队经常参加演出活动的队员就有 100 多人。

Ⅲ -8 英歌（潮阳英歌）

杨卫

男，汉族，1932 年生，广东省潮阳县人。2006 年 5 月，英歌（潮阳英歌）被列入第一批国家级非物质文化遗产名录民间舞蹈类，项目编号Ⅲ -8。2008 年 2 月，杨卫入选为第二批国家级非物质文化遗产项目代表性传承人，广东省汕头市申报。杨卫从 14 岁时就开始暗自学习英歌，17 岁时跟着开武馆的陈宣师傅习武和学习英歌，18 岁已成为潮阳英歌舞左手头槌和教头。他保留的套路造型有"双龙出海"、"北斗七星"、"天罡朝拜"、"六合长春"、"四海升平"、"众星拱月"等。杨卫曾担任后溪英歌队总教练，现任理事会会长，是潮阳后溪英歌队的领军人物，有 50 多年跳英歌的丰富经验。他建立的英歌队有近百人，同时他开始广招弟子。

海南

Ⅲ -32 黎族打柴舞

黄家近

男，黎族，1937 年 2 月生，海南省三亚市崖城镇郎典村人。2006 年 5 月，黎族打柴舞被列入第一批国家级非物质文化遗产名录民间舞蹈类，项目编号Ⅲ -32。2008 年 2 月，黄家近入选为第二批国家级非物质文化遗产项目代表性传承人，海南省三亚市申报。从 8 岁开始，黄

家近从父辈那里接触打柴舞，10岁时正式跟长辈黄亚县学跳打柴舞，后成为打柴舞的编导和组织者。黄家近在长期的实践中，创造出八种舞步：平步、磨刀步、搓绳步、青蛙步、追鹿步、筛米步、猴子步、乌鸦步等。他跳舞时，有胆量，身手脚步灵敏，变化多样，舞姿优美，并与击木音乐配合默契。60多年来，每当村里有老人过世，黄家近都要去跳打柴舞，他是村里跳打柴舞跳得最好的人。目前整个海南黎族打柴舞传承人只剩3人，随着年龄的增大，黄家近渴望有人能接自己的班，把打柴舞继续传承下去。其子黄乐强正在他的指导下学习打柴舞。

重庆

III-4 龙舞（铜梁龙舞）

黄廷炎

男，汉族，1941年12月生，重庆市铜梁县人。2006年5月，龙舞（铜梁龙舞）被列入第一批国家级非物质文化遗产名录民间舞蹈类，项目编号III-4。2008年2月，黄廷炎入选为第二批国家级非物质文化遗产项目代表性传承人，重庆市申报。1955年，黄廷炎11岁就在铜梁县安居镇跟随沈俊声、赵海涛等老艺人舞彩龙、打锣鼓。1965年开始学习龙舞领队。1988年后开始创编铜梁龙舞艺术，在继承老一辈艺术家舞龙动作的基础上，融入一些故事情节，并创作了既有难度又富有情韵的套路，将川剧吹打乐、戏曲功架、武功把子巧妙地融合在一起，使其富有节奏，动静相宜，造型独特，含义深刻。黄廷炎创作的舞龙技艺在国内外享有盛誉，其"大蠕龙"、"竞技龙"、"火龙"、"荷花龙"等套路参加国内外重大展演赛屡获佳绩，深受广大群众欢迎，其艺术价值得到舞蹈界专

家的肯定。1994年国家体委将龙舞作为体育竞技比赛项目之一。黄廷炎所创编的部分套路，如大横8字花、连环套、飞龙追珠、金龙抱柱、单手侧翻、滚翻、打挺等，被国家体委采用作为规定套路规范标准。黄廷炎于1994年开始广泛授徒，在北京、上海、苏州、重庆、四川等地广招弟子。

四川

III-4 龙舞（泸州雨坛彩龙）

罗德书

男，汉族，1949年生，四川省泸县方洞镇丰收村人。2006年5月，龙舞（泸州雨坛彩龙）被列入第一批国家级非物质文化遗产名录民间舞蹈类，项目编号III-4。2008年5月，罗德书入选为第二批国家级非物质文化遗产项目代表性传承人，四川省泸县申报。罗德书是雨坛彩龙第三代传人。罗德书从14岁起和兄弟罗德一起跟随其父罗银坤——雨坛彩龙第二代传人学习民间龙舞技艺。在继承祖辈民间龙舞的基础上，他们吸收了杂技艺术和外地龙舞技艺的精华，将雨坛彩龙进行创新和发展，系统地继承了雨坛龙舞的20多种耍技，在连贯变化的太极图形中相继呈现出"龙出洞"、"龙夺宝"、"龙抱蛋"、"龙翻滚"等数十个生活模拟动作和造型动作。他曾多次参加全国各种大型庆典活动，载誉颇多。2012年以来，方洞镇在雨坛学校建立起"泸县雨坛彩龙传习所"，聘请雨坛彩龙第五代传人罗德书为专职教师。由雨坛学校学生组成彩龙队和乐器队，坚持每周开展排练活动，每学年初中毕业班学生走后，又补充新的学员，以老带新，把彩龙技艺代代传下去。

Ⅲ-33 卡斯达温舞

斯旦真

男，藏族，1925年生，四川省黑水县人。2006年5月，卡斯达温舞被列入第一批国家级非物质文化遗产名录民间舞蹈类，项目编号Ⅲ-33。2008年2月，斯旦真入选为第二批国家级非物质文化遗产项目代表性传承人，四川省黑水县申报。

贵州

Ⅲ-23 苗族芦笙舞（锦鸡舞）

李金英

女，苗族，1965年8月生，贵州省丹寨县排调镇羊先村人。2006年5月，苗族芦笙舞（锦鸡舞）被列入第一批国家级非物质文化遗产名录民间舞蹈类，项目编号Ⅲ-23。2008年2月，李金英入选为第二批国家级非物质文化遗产项目代表性传承人，贵州省丹寨县申报。李金英在八九岁时，就跟在其母亲张阿妮身后，在社区的活动中跳锦鸡舞。她组队编排的"苗族锦鸡舞"参加多种文化艺术活动，并获奖。李金英除擅长锦鸡舞外，还可以制作芦笙，缝制锦鸡舞的服饰，她制作的锦鸡苗族服饰被国家民族博物馆收藏。李金英的代表作包括锦鸡舞、芒筒芦笙舞、铜鼓舞等民间舞蹈。多年来，她积极授徒，耐心地传播其技艺。社区在她的带动下，越来越多的人参与到锦鸡舞之中。

余贵周

男，苗族，1965年2月生，贵州省丹寨县排调镇麻鸟村人。2006年5月，苗族芦笙舞（锦鸡舞）被列入第一批国家级非物质文化遗产名录民间舞蹈类，项目编号Ⅲ-23。2008年2月，余贵周入选为第二批国家级非物质文化遗产项目代表性传承人，贵州省丹寨县申报。余贵周熟谙芦笙音律，吹奏技艺精湛，舞蹈动作娴熟优美。他不仅是跳芦笙舞的高手，也是制作芦笙的名师，其家族做芦笙已传承6代，是村寨里少有的会制作芦笙的师傅，他家弟兄三人也是该村主要的芦笙制作艺人。余贵周的主要代表作有苗族锦鸡舞、芒筒舞、铜鼓舞、芦笙舞、四滴水芦笙和多管芦笙制作等。1999年余贵周组织本村队员协同县代表队参加中国凯里国际芦笙节比赛，分别荣获一二等奖。自编自排的"苗族锦鸡舞"节目参加文化艺术节演出，多次荣获一二等奖，在多彩贵州舞蹈大赛中协同吹芦笙伴奏演出获得金黔奖。他生产的芦笙、芒筒等在不同场合获奖，他本人获"黔东南名匠"称号。在芦笙制作上，他恪守传男不传女的祖训，因其无子，而将技艺以身授而非口传的方式传给他的侄子。

Ⅲ-23 苗族芦笙舞（滚山珠）

王景才

男，汉族，苗族，1968年2月生，贵州省纳雍县猪场苗族彝族乡人。2006年5月，苗族芦笙舞（滚山珠）被列入第一批国家级非物质文化遗产名录民间舞蹈类，项目编号Ⅲ-23。2008年2月，王景才入选为第二批国家级非物质文化遗产项目代表性传承人，贵州省纳雍县申报。王景才自幼师承其舅父黄顺强学习苗族芦笙舞技艺，12岁时他就学会跳苗族芦笙舞"地龙滚荆"，苗语叫"子落夺"。1984年7月，王景才加入纳雍县民族杂技艺术团学习。在此期间，他将学到的杂技技巧融入到了苗族芦笙舞"地龙滚荆"中，形成了集芦笙吹奏、舞蹈表演、技巧艺术为一体的完整舞蹈。舞蹈刚柔相济，动静结合，惊险奇绝。1989年，县文化局将"地龙滚荆"更名为"滚山珠"。经王景才创编后的"滚山珠"在保留其苗族传统的芦笙技巧表演基础上，增加了一些更高难度的动作，如"搭桥"、"腹上倒栽桩"、"叠罗汉"、"双飞雁"等技巧，使"滚山珠"的表演更具观赏性和艺术性。现在，王景才先后培养了数批"滚山珠"表演队伍，其长子李飞龙已经继承了父亲的芦笙舞技艺，成了新一代"滚山珠"剧组的主力队员。2013年，王景才获"第二届中华非物质文化遗产传承人薪传奖"。

Ⅲ-25 木鼓舞（反排苗族木鼓舞）

万政文

男，苗族，1951年2月生，贵州台江县方召乡反排村人。2006年5月，木鼓舞（反排苗族木鼓舞）被列入第一批国家级非物质文化遗产名录民间舞蹈类，项目编号Ⅲ-25。2008年2月，万政文入选为第二批国家级非物质文化遗产项目代表性传承人，贵州省台江县申报。反排木鼓舞是贵州省黔东南州苗族的一种祭祀性舞蹈，20世纪80年代以前，反排木鼓舞是随十二年一次过鼓藏节才能跳一次，过节时跳木鼓舞不能说话，年轻人只能跟着会跳的人学，寨上平时也不能敲击木鼓。所以，跳时不是口传身授，而是通过有心人眼看模仿、耳听心记方式的传承。万政文约七八岁时就开始在节日时观摩动作，暗自学习敲木鼓和跳木鼓舞。20世纪80年代之后，节日活动增多，老一辈人也开始向下一代人传授，万政文正式向张荣鲁等老一辈人学习。他对木鼓舞有着特殊的领悟，掌握木鼓舞的全套动作与木鼓舞鼓点的所有音节，充分理解舞蹈的内涵，舞姿优美规范、动作粗犷奔放、洒脱和谐、层次分明。1982年他与本寨十来个志同道合的人一起成立了表演队并任队长，将木鼓舞带出了村寨，走向了世界。万政文利用一切机会，向年轻人积极传授木鼓舞，因贡献突出，2013年，万政文获"第二届中华非物质文化遗产传承人薪传奖"。

云南

Ⅲ-20 锅庄舞（迪庆锅庄舞）

达珍区批

男，藏族，1931年生，云南省迪庆藏族自治州香格里拉县东旺乡新联村人。2006年5月，锅庄舞（迪庆锅庄舞）被列入第一批国家级非物质文化遗产名录民间舞蹈类，项目编号Ⅲ-20。2008年2月，达珍区批入选为第二批国家级非物质文化遗产项目代表性传承人，云南省迪庆藏族自治州申报。达珍区批的爷爷翁姆和奶奶达珍布尺是村里有名的锅庄能手和风俗礼仪主持人，他在祖父母的悉心传授下，熟知迪庆州藏族锅庄的全套动作、套路、队形及相关习俗，掌握锅庄的各种舞蹈样式，会演唱40多种不同音律的曲调，还能吹奏鹰骨笛，说唱祝词，赞词，主持婚嫁、丧葬、祭祀等礼仪习俗，形成了自己的风格特色，在当地有一定名气，是当地德高望重的艺人。达珍区批的东旺锅庄唱词具有"低吟浅唱，娓娓叙来"的风格，他的舞姿庄重稳健，一招一式都显得古朴典雅。每当村里逢年过节或办喜事、盖新房都要进行通宵达旦的锅庄舞会。很多中青年人慕名前来拜师学艺，现在已有徒弟扎史培楚、都吉培楚、格茸七林、娘念、鲁茸旺堆、史律娘念、布尺娘念、阿茸区批等30余人，遍及东旺、格咱、建塘镇等地域，他们已逐步成长为当地锅庄舞代表人物。其中格茸七林是其得意传人。

徐桂莲

女，藏族，1944年生，云南省迪庆藏族自治州德钦县奔子栏镇奔子栏村人。2006年5月，锅庄舞（迪庆锅庄舞）被列入第一批国家级非物质文化遗产名录民间舞蹈类，项目编号Ⅲ-20。

2008 年 2 月，徐桂莲入选为第二批国家级非物质文化遗产项目代表性传承人，云南省迪庆藏族自治州申报。徐桂莲从小喜爱藏族民间歌舞，尤其喜好锅庄舞。从少年时代开始，在务农之余，她向奔子栏习木贡居民小组的格玛等众多的老艺人学习，积累了丰富的锅庄词、曲、舞步，系统掌握了奔子栏锅庄舞蹈的各种套路，渐渐成为当地民间歌舞的能手。锅庄舞的秘诀是长调和短调的歌曲，长调的歌曲一般人不会唱，甚至无法听懂，但是在婚礼等活动的迎来送往中，长调才是决定胜负的关键。她通过拜师学艺，经过 20 年的不懈努力，终于掌握了长调的技艺。她曾参加首届迪庆香格里拉艺术节锅庄舞表演队，多次参加省、州、县级文艺调演的锅庄舞表演。1999 年 10 月，作为奔子栏特色锅庄歌舞的代表艺人之一，赴日本参加国际民间艺术节；2002 年被命名为云南省民间舞蹈艺人。虽然现在不少当地的藏族青年人也学习了锅庄舞，但是她认为锅庄舞的关键是古老的词曲，而不是舞步，所以希望青年人能够耐心地全面学习传统的锅庄舞。

Ⅲ-26 铜鼓舞 （文山壮族、彝族铜鼓舞）

陆孝宗

男，彝族，1949 年 12 月生，云南省文山壮族苗族自治州麻栗坡县新寨乡新寨村委会城寨村人。2006 年 5 月，铜鼓舞（文山壮族、彝族铜鼓舞）被列入第一批国家级非物质文化遗产名录民间舞蹈类，项目编号Ⅲ-26。2008 年 2 月，陆孝宗入选为第二批国家级非物质文化遗产项目代表性传承人，云南省文山壮族苗族自治州申报。陆孝宗自幼学习了铜鼓舞，现在是城寨村文艺队队长，有着一身绝好的舞艺绝技。他精通白倮人的民间舞蹈、民歌、器乐等，能跳铜鼓舞、二胡舞、荞菜舞、月亮舞等 20 余种民间舞蹈，对铜鼓舞中的 34 个套路都基本精通；能唱彝族白倮支系历史歌、建房歌、月亮歌、荞菜歌、生产生活歌、犁牛歌等 150 余首民歌，并能绘声绘色地讲述各民歌、舞蹈的产生、形成、演变等。此外，他还是铜鼓、二胡、笛子、唢呐等乐器的演奏能手。他还结合本民族的传统文化，对舞蹈的一些基本动作进行改编，编排成一些新的舞蹈。1992 年在全国第三届民族艺术节上为云南代表团夺得比赛金牌。现培养有田金培、陆荣山、陆荣香、陆荣芬、陆友权等 30 多名徒弟。

黄正武

男，彝族，1945 年生，云南省文山壮族苗族自治州富宁县人。2006 年 5 月，铜鼓舞（文山壮族、彝族铜鼓舞）被列入第一批国家级非物质文化遗产名录民间舞蹈类，项目编号Ⅲ-26。2008 年 2 月，黄正武入选为第二批国家级非物质文化遗产项目代表性传承人，云南省文山壮族苗族自治州申报。黄正武从 14 岁开始跟随父辈学跳铜鼓舞、芦笙舞、木鼓舞和竹竿舞，在长期的学习和锻炼中，他熟练掌握了本民族文化、民俗活动技能。黄正武带领铜鼓舞多次参加富宁县和外地的一些演出。2002 年，黄正武被云南省文化厅任命为"云南省民族民间舞蹈艺人"。黄正武在努力提高自身技艺的同时，十分重视彝族"跳宫节"传承人的培养。为了让技艺得到传承，他带了许多徒弟，其中黄永明、黄贵兵已能独当一面，目前已基本能够主持各种传统节日和婚嫁活动。但是铜鼓舞是与当地彝族的"跳宫节"紧密联系的，所以真正的传承还直接与民族文化的兴衰密切相关。

Ⅲ-27 傣族孔雀舞

约相

男，傣族，1948年生，云南省德宏傣族景颇族自治州瑞丽市勐卯镇姐东村人。2006年5月，傣族孔雀舞被列入第一批国家级非物质文化遗产名录民间舞蹈类，项目编号Ⅲ-27。2008年2月，约相入选为第二批国家级非物质文化遗产项目代表性传承人，云南省瑞丽市申报。约相从小就喜爱傣族民间流行的孔雀舞，年轻时先后师承孔雀舞大师帅哏撒卜、毛相，习练孔雀舞，18岁便成为中缅边境一带闻名遐迩的民间艺人。约相还创造了孔雀拳。他的动作柔中有刚，出拳时身体柔韧起伏，形成三道弯的造型。手法飘灵、脚步轻盈、双臂的缠绵起伏带动全身关节的和谐运转。挺胸、收腹、提气等每个动作都与眼神相配合。约相曾两次参加文化部举办的会演和比赛并获奖，两次参加全国少数民族运动会表演"孔雀拳"，获表演奖。为了使孔雀舞后继有人，约相将孔雀舞教授给儿子、孙子和孙女，还精心为孙子孙女创作了雌雄孔雀双舞，使孔雀舞得到了升华。现在，他的孙子散瑞已经是瑞丽市民族歌舞团的舞蹈演员了，孙女也在昆明一家舞蹈中心跳舞。约相不仅传自家人，还毫不保留地把自己研习大半生的孔雀舞传授给其他人，现在约相有500多名徒弟。

旺腊

男，傣族，1946年生，云南省瑞丽市广拉寨人。2006年5月，傣族孔雀舞被列入第一批国家级非物质文化遗产名录民间舞蹈类，项目编号Ⅲ-27。2008年2月，旺腊入选为第二批国家级非物质文化遗产项目代表性传承人，云南省瑞丽市申报。1957年，旺腊师承孔雀舞大师瑞板、毛相学习傣族民间舞蹈。他表演的孔雀舞别具一格，能用眼神、抖肩的动作把孔雀生活习性原汁原味、惟妙惟肖地表现出来。旺腊多次参加全省文艺会演和全国少数民族舞蹈比赛，提高了孔雀舞在全国的影响力和知名度。1979年参加云南省文艺调演，他表演的《孔雀舞》获一等奖；1982年参加全国少数民族舞蹈比赛，他表演的《象脚鼓》获二等奖；1995年在舞蹈《花伞舞》中担任主要编创。他曾先后到北京、成都、广州、南京和泰国、老挝参加大型文艺活动的表演，深受观众喜爱。旺腊跳孔雀舞已有40余年，所教学生有400余人，其中晓玉、昆弄、丽川、丽兴、孟杰等在当地跳孔雀舞已有一定知名度。退休后，旺腊作为瑞丽市老年艺术团的骨干，由文化馆聘请传承孔雀舞，在孔雀舞的传承和发展中起着重要的作用。

Ⅲ-35 傈僳族阿尺木刮

熊自义

男，傈僳族，1941年生，云南省维西傈僳族自治县叶枝镇新洛村人。2006年5月，傈僳族阿尺木刮被列入第一批国家级非物质文化遗产名录民间舞蹈类，项目编号Ⅲ-35。2008年2月，熊自义入选为第二批国家级非物质文化遗产项目代表性传承人，云南省维西傈僳族自治县申报。熊自义曾经拜傈僳族音节文字的创造者哇忍波为师，学习傈僳族传统文化和木刮调，包括"直鲁木刮"（放羊调）、"尼义木刮"（劳动调）、"尼赤木刮"（情调）、"马华木刮"（婚调）和"处于木刮"（丧调）等调式。他在17岁时就掌握了"阿尺木刮"的全套唱腔和舞蹈动作，常常被人请去演唱。阿尺木刮在"文革"中中断，现在又在熊自义等人的组织、传授下活动起来。熊自义组织了80人阿尺木刮表演队，农闲时排练，使年轻人也能掌握傈僳族的民间艺术。同时他对阿尺木刮进行改编，排练出五角星、八卦图、字形图等多种队形，令人叹为观止。

Ⅲ-36 彝族葫芦笙舞

钟天珍

女，彝族，1946年12月生，云南省文山壮族苗族自治州西畴县鸡街乡海子村委会曼竜村人。2006年5月，彝族葫芦笙舞被列入第一批国家级非物质文化遗产名录民间舞蹈类，项目编号Ⅲ-36。2008年2月，钟天珍入选为第二批国家级非物质文化遗产项目代表性传承人，云南省文山壮族苗族自治州申报。受家庭和老一辈艺人影响，钟天珍12岁跟随母亲学跳葫芦笙舞，很快学会了跳葫芦笙舞和弦子舞等多种民间舞蹈，尤其擅长跳葫芦笙舞，并成为当地有影响的民间舞蹈艺人。每逢节庆，她都要带领曼奄村村民一起跳葫芦笙舞和弦子舞，演唱山歌。跳葫芦笙舞时，她带领妇女们排成排，闻笙起舞，从头部至足踩一刻不停地呈左摇右摆，动作简洁，却不失韵味。在她的带领和影响下，当地村中的妇女全部会跳葫芦笙舞和弦子舞。

杨应金

男，彝族，1953年生，云南省文山壮族苗族自治州西畴县鸡街乡海子村委会曼竜村人。2006年5月，彝族葫芦笙舞被列入第一批国家级非物质文化遗产名录民间舞蹈类，项目编号Ⅲ-36。2008年2月，杨应金入选为第二批国家级非物质文化遗产项目代表性传承人，云南省文山壮族苗族自治州申报。自12岁起，杨应金跟随父亲学习彝族民间传统乐器葫芦笙的演奏，能熟练地演奏葫芦笙舞曲，同时还会弹弦子、拉二胡、吹笛子、箫、唢呐，是当地有名的民间歌舞传承人。在跳葫芦笙舞时杨应金既是吹笙者，又是领舞者。他双手持葫芦笙吹奏领舞，边吹边跳、时而踩脚、时而踢腿、时而俯身、时而翘首，旋转自如，古老悠扬的旋律在他的十指间流淌。杨应金经常利用农闲时间教村里的年轻人跳葫芦笙舞，演奏葫芦笙。在他的精心培养下，村里已有杨永龙、杨永发、李金发等5位青年人会演奏葫芦笙乐器和其他乐器，儿子杨小龙是他的演奏技艺接班人。

Ⅲ-37 彝族烟盒舞

施万恒

男，彝族，1947年9月生，云南省红河哈尼族彝族自治州石屏县龙朋镇桃园村人。2006年5月，彝族烟盒舞被列入第一批国家级非物质文化遗产名录民间舞蹈类，项目编号Ⅲ-37。2008年2月，施万恒入选为第二批国家级非物质文化遗产项目代表性传承人，云南省红河哈尼族彝族自治州申报。施万恒是当地能歌善舞的民间艺人，12岁开始学习唱跳、弹曲子，成年后唱跳俱佳，弹得一手好四弦，逐渐成为龙朋一带有名的唱曲高手。他演唱的包括海菜腔在内的滇南四大腔和跳的石屏烟盒舞远近闻名。20世纪70年代就在当地享有"曲子师傅"、"四弦老板"的称号。施万恒曾获中央电视台CCTV西部民歌电视大赛原生态组金奖；云南省"大雁同心杯"歌手大奖赛原生态组金奖。从20世纪80年代以来，施万恒培养了数十名弟子，其中包括李怀秀和普美芳等一批优秀民间艺人。2003年5月开始，他在家乡桃园小学长期举办烟盒舞培训班，白天教学生，晚上教老师，普及烟盒舞，培训了数百名小学生，颇受当地民众推崇。

西藏

Ⅲ-19 弦子舞（芒康弦子舞）

次仁旺堆

男，藏族，1956年生，西藏自治区昌都地区芒康盐井纳西民族乡人。2006年5月，弦子舞（芒康弦子舞）被列入第一批国家级非物质文化遗产名录民间舞蹈类，项目编号Ⅲ-19。2008年2月，次仁旺堆入选为第二批国家级非物质文化遗产项目代表性传承人，西藏自治区申报。次仁旺堆生长在弦子舞的起源地，自幼接触并深深热爱弦子艺术，通过自己努力，传承了这一民间舞蹈，并取得了较高的艺术造诣，曾经编导的"扎西热巴"获全国"群星奖"金奖，"弦子故乡"获自治区级创新奖。现任芒康县民间艺术团编导，创编多部作品，并培养了一批优秀的文艺工作者。

江措

男，藏族，1950年生，西藏自治区昌都地区芒康索多西乡人。2006年5月，弦子舞（芒康弦子舞）被列入第一批国家级非物质文化遗产名录民间舞蹈类，项目编号Ⅲ-19。2008年2月，江措入选为第二批国家级非物质文化遗产项目代表性传承人，西藏自治区申报。江措的舞蹈技艺主要学自其父亲阿朱，并通过自身不断钻研努力，逐渐成为芒康索多西弦子舞的代表性人物。他经常组织当地群众进行弦子舞蹈排练，并教授下一代年轻人进行弦子表演，为芒康弦子的继承和发扬作出了较大贡献。

Ⅲ-20 锅庄舞（昌都锅庄舞）

松吉扎西

男，藏族，1939年生，西藏自治区昌都地区城关镇人。2006年5月，锅庄舞（昌都锅庄舞）被列入第一批国家级非物质文化遗产名录民间舞蹈类，项目编号Ⅲ-20。2008年2月，松吉扎西入选为第二批国家级非物质文化遗产项目代表性传承人，西藏自治区申报。松吉扎西自小受寺庙宗教舞蹈训练，并热爱锅庄艺术，通过不断学习和钻研，取得了较好的表演功力，

在昌都锅庄界享有较高的威望。在传承方面一直积极支持和配合组织各项表演，在发掘和培养新人方面作出了贡献。

洛松江村

男，藏族，1938年生，西藏自治区昌都县人。2006年5月，锅庄舞（昌都锅庄舞）被列入第一批国家级非物质文化遗产名录民间舞蹈类，项目编号Ⅲ-20。2008年2月，洛松江村入选为第二批国家级非物质文化遗产项目代表性传承人，西藏自治区申报。洛松江村17岁开始接触锅庄艺术，24岁进入昌都县民间艺术团。五十多年来，洛松江村一直致力于传承和弘扬锅庄艺术，把农区、牧区、寺庙三个不同种类的锅庄的精华汇集一身。

Ⅲ-21 热巴舞（丁青热巴）

丹增曲塔

男，藏族，1946年8月生，西藏自治区丁青县色扎乡人。2006年5月，热巴舞（丁青热巴）被列入第一批国家级非物质文化遗产名录民间舞蹈类，项目编号Ⅲ-21。2008年2月，丹增曲塔入选为第二批国家级非物质文化遗产项目代表性传承人，西藏自治区申报。色扎乡的多琼热巴粗犷豪放，与优美动听的弦子完美结合，舞姿优美，旋律动听，深受人们的喜爱和欢迎。丹增曲塔12岁学艺，拜当时著名的热巴艺人为师，因是在农闲和劳动间隙学习，所以断断续续地用了16年。1974年，他学成出师，开始带徒弟。他积极组织丁青县热巴业余演出队的演出和排练，曾多次率队参加地区文艺比赛。目前，他已经培养了40多名弟子。他的儿子次仁达措在他的指教下，也学习丁青热巴。

四郎曲珍

女，藏族。2006年5月，热巴舞（丁青热巴）

被列入第一批国家级非物质文化遗产名录民间舞蹈类，项目编号Ⅲ-21。2008年2月，四郎曲珍入选为第二批国家级非物质文化遗产项目代表性传承人，西藏自治区申报。

Ⅲ-21 热巴舞（那曲比如丁嘎热巴）

嘎鸟

男，藏族，1968年生。2006年5月，热巴舞（那曲比如丁嘎热巴）被列入第一批国家级非物质文化遗产名录民间舞蹈类，项目编号Ⅲ-21。2008年2月，嘎鸟入选为第二批国家级非物质文化遗产项目代表性传承人，西藏自治区申报。嘎鸟是第九代丁嘎尔热巴传承人。

Ⅲ-22 日喀则扎什伦布寺羌姆

喇嘛·次仁

男，藏族，1919年5月生，2011年8月卒，西藏自治区日喀则谢通门县人。2006年5月，日喀则扎什伦布寺羌姆被列入第一批国家级非物质文化遗产名录民间舞蹈类，项目编号Ⅲ-22。2008年2月，喇嘛·次仁入选为第二批国家级非物质文化遗产项目代表性传承人，西藏自治区申报。日喀则扎什伦布寺羌姆最初由第四世班禅罗桑·却吉坚赞在1617年创建，他当时创立了"色莫钦姆羌姆"的前身——每年藏历12月29日表演的"古多"（驱鬼羌姆）。后来第七世班禅丹白尼玛在此基础上借鉴、吸收了其他寺院羌姆的段落，在1862年正式创立了"色莫钦姆羌姆"，由孜贡扎仓的僧人担任表演。喇嘛·次仁21岁开始接触羌姆艺术。

喇嘛·米玛

男，藏族，1938年生。2006年5月，日喀则扎什伦布寺羌姆被列入第一批国家级非物质文化遗产名录民间舞蹈类，项目编号Ⅲ-22。2008年2月，喇嘛·米玛入选为第二批国家级非物质文化遗产项目代表性传承人，西藏自治区申报。

Ⅲ-39 山南昌果卓舞

索朗

男，藏族，1975年生。2006年5月，山南昌果卓舞被列入第一批国家级非物质文化遗产名录民间舞蹈类，项目编号Ⅲ-39。2008年2月，索朗入选为第二批国家级非物质文化遗产项目代表性传承人，西藏自治区申报。索朗是卓舞传承人中最年轻的一位，从16岁开始学跳舞。

边巴次仁

男，藏族。2006年5月，山南昌果卓舞被列入第一批国家级非物质文化遗产名录民间舞蹈类，项目编号Ⅲ-39。2008年2月，边巴次仁入选为第二批国家级非物质文化遗产项目代表性传承人，西藏自治区申报。

陕西

Ⅲ-2 秧歌（陕北秧歌）

李增恒

艺名"六六旦"，男，汉族，1928年11月生，2008年12月卒，陕西省榆林市绥德县韭园沟乡蒲家圪村人。2006年5月，秧歌（陕北秧歌）被列入第一批国家级非物质文化遗产名录民间舞蹈类，项目编号Ⅲ-2。2008年2月，李增恒入选为第二批国家级非物质文化遗产项目代表性传承人，陕西省绥德县申报。李增恒年轻时和村里一个叫闫文斌的老师学习旦角，他扮演的旦角惟妙惟肖，"包头"的动作质朴、活泼，包含了农村女性的诸多特点，"水船"、"闪腰"远近闻名，在当地有"六六旦的走，风摆柳；六六旦的跑，水上飘"之说，在表演中既有套路，也即兴创造很多内容。他把陕北姑娘的俊俏、灵巧、含羞、娇媚表现得机动灵活。他还对秧歌里的动作进行了命名，将表演造型和服装进行改进。其代表作为《踢场子》。他收了许多徒弟传授秧歌技艺，但由于男性学习旦角的人很少，他一直没有满意的弟子。

Ⅲ-13 安塞腰鼓

曹怀荣

男，汉族，1939年12月生，陕西省安塞县真武洞镇郭家峁村人。2006年5月，安塞腰鼓被列入第一批国家级非物质文化遗产名录民间舞蹈类，项目编号Ⅲ-13。2008年2月，曹怀荣入选为第二批国家级非物质文化遗产项目代表性传承人，陕西省安塞县申报。曹怀荣8岁时开始跟父亲学习腰鼓，9岁时拜腰鼓名师杨步浩为师，掌握了多种腰鼓表演技艺，如"大缠腰"、"猛虎下山"等传统动作，他的动作干净利落，威武有力，极具感染力。据介绍，曹怀荣所掌握的15种腰鼓表演技艺是陕北广泛流传的5种鼓舞中体系最完整、风格最独特的鼓舞表演形式。他曾经在电影《黄土地》中饰演腰鼓手。曹怀荣主要是在家族内部传承其腰鼓技艺的。先是其儿子们，之后是侄子、孙子辈，也传授技艺给本村或附近村庄的人。

Ⅲ-14 洛川蹩鼓

张万玖

男，汉族，1951年生，陕西省洛川县黄章乡现头行政村人。2006年5月，洛川蹩鼓被列入第一批国家级非物质文化遗产名录民间舞蹈类，项目编号Ⅲ-14。2008年2月，张万玖入选为第二批国家级非物质文化遗产项目代表性传承人，陕西省洛川县申报。张万玖受父辈的影响，自幼酷爱蹩鼓艺术，十三四岁即参加"蹩鼓"表演，到19世纪80年代初，张万玖技艺日臻成熟，形成自己的独特风格，他打鼓热烈火爆，动作粗犷有力，形成当地驰名"现头派"，又称为双跳，舞者双脚同时起跳、双脚落地，上身略后仰突出弹跳，舞者狂动有力，给人以奋发向上的感觉，有一种勇往直前的精神。2009年，他成立了"现头蹩鼓"艺术协会，制定了协会章程，对当地的年轻演员进行了三次集中的培训。目前已有会员近百人，经他指导过的演员为数众多。多年来，张万玖的蹩鼓在各种比赛中屡次获奖，在云南首届全国广场舞比赛中获金奖；沈阳全国优秀秧歌大赛一等奖等。

甘肃

Ⅲ-15 兰州太平鼓

缪正发

男，汉族，甘肃省兰州市永登县苦水镇苦水街村人。2006年5月，兰州太平鼓被列入第一批国家级非物质文化遗产名录民间舞蹈类，项目编号Ⅲ-15。2008年2月，缪正发入选为第二批国家级非物质文化遗产项目代表性传承人，甘肃省兰州市申报。缪正发很小就有艺术天赋，30多年来醉心太平鼓艺术，钟情民俗文化研究，他带领村民耍社火，整理苦水下二调，挖掘濒临失传的木偶戏，使苦水镇成为非物质文化遗产集中之地。他自己置办了20多桶太平鼓，2条龙河80多套社火服装，带领村民四处演出，参加过100多场太平鼓表演。1991年，他带领30多人的太平鼓队远赴山西太原，代表甘肃参加"山西国际锣鼓节"并获金奖。现在，缪正发身兼多职：永登"红玫瑰社火会"会长、兰州"红玫瑰太平鼓队"队长等。

青海

Ⅲ-20 锅庄舞（玉树卓舞）

昂加措

男，藏族，1945年生，青海省玉树藏族自治州人。2006年5月，锅庄舞（玉树卓舞）被列入第一批国家级非物质文化遗产名录民间舞蹈类，项目编号Ⅲ-20。2008年2月，昂加措入选为第二批国家级非物质文化遗产项目代表性传承人，青海省玉树藏族自治州申报。

Ⅲ-40 土族於菟

阿吾

男，土族，1950年5月生，青海省同仁县年都乎乡年都乎村人。2006年5月，土族於菟被列入第一批国家级非物质文化遗产名录民间舞蹈类，项目编号Ⅲ-40。2008年2月，阿吾入选为第二批国家级非物质文化遗产项目代表性传承人，青海省同仁县申报。阿吾出身于年都乎村唯一的"拉哇"（即土族宗教活动的执行者）世家，他是世袭的第七代"拉哇"。於菟是一种古老的原始宗教文化，每年农历十一月二十日在年都乎村要选7名土族男青年在面部及身上涂上虎纹，装扮成老虎的模样进行表演，其目的在于驱逐妖魔，祈福迎祥。"拉哇"在祭祀活动中代表神行事，是整个跳於菟活动的组织者和主持人，任何人不能替代。由于"拉哇"是世袭，要在家族内传承，因此阿吾的儿子就是土族於菟的不二人选，但其子并未真正开始学习。

新疆

Ⅲ-41 塔吉克族鹰舞

库尔班·托合塔什

男，塔吉克族，1931年生，新疆维吾尔自治区塔什库尔干塔吉克自治县人。2006年5月，塔吉克族鹰舞被列入第一批国家级非物质文化遗产名录民间舞蹈类，项目编号Ⅲ-41。2008年2月，库尔班·托合塔什入选为第二批国家级非物质文化遗产项目代表性传承人，新疆维吾尔自治区塔什库尔干塔吉克自治县申报。库尔班·托合塔什15岁时，开始跟着父亲学鹰舞。在帕米尔高原上，他成了鹰舞之王，他跳的鹰舞《商人与马》、《天鹅与狐狸》等，没有人能与之相媲美。他和另一位鹰舞国家级传承人买热木汗·阿地力一起发掘和努力，培养了大批的鹰舞传者，当地能跳鹰舞的人多达几百人，遍布城乡。

买热木汗·阿地力

女，塔吉克族，新疆维吾尔自治区塔什库尔干塔吉克自治县人。2006年5月，塔吉克族鹰舞被列入第一批国家级非物质文化遗产名录民间舞蹈类，项目编号Ⅲ-41。2008年2月，买热木汗·阿地力入选为第二批国家级非物质文化遗产项目代表性传承人，新疆维吾尔自治区塔什库尔干塔吉克自治县申报。买热木汗·阿地力6岁时开始在父母的指导下学跳鹰舞。19岁时，买热木汗已经是远近闻名的鹰舞高手，不仅掌握了女子鹰舞的全部动作，也会跳男子鹰舞。她所跳的鹰舞有着鹰的精神和气质。在她和另外一位鹰舞国家级传承人库尔班·托合塔什共同努力下，将塔什库尔干全县十个乡镇的鹰舞融合为一体，使鹰舞深入每一户人家。他们的徒弟可以说遍及塔吉克族鹰舞的各种聚会。

第三批国家级非物质文化遗产项目代表性传承人

北京

Ⅲ-5 狮舞（白纸坊太狮）

王建文

（编号：03-0905），男，汉族，1965年生，北京市宣武区人。2008年6月，狮舞（白纸坊太狮）被列入第一批国家级非物质文化遗产扩展项目名录传统舞蹈类，项目编号Ⅲ-5。2009年6月，王建文入选为第三批国家级非物质文化遗产项目代表性传承人，北京市申报。1984年，王建文加入北京印钞公司舞狮队，师从刘德海师傅学习白纸坊太狮狮头表演技艺，是白纸坊太狮的第七代传人。白纸坊太狮的表演是由"狮头"和"狮尾"相互默契配合来完成的"双人"表演技艺，杨敬伟与他同时学艺，学习狮尾表演技艺。他基本功扎实，表演经验丰富，对白纸坊太狮表演的招式、动作烂熟于心，且积累了丰富的教学经验。他在北京印钞公司职工内招收队员，利用闲暇时间传授舞狮技艺，其弟子有范志磊和徐进等。2001年至2007年，王建文在北京体育大学和首都体育学院教授舞狮课，以吸引年轻人将传统舞狮技艺传承下去。

河北

Ⅲ-4 龙舞（曲周龙灯）

郑玉华

（编号：03-0901），男，汉族，1939年生。2008年6月，龙舞（曲周龙灯）被列入第一批国家级非物质文化遗产扩展项目名录传统舞蹈类，项目编号Ⅲ-4。2009年6月，郑玉华入选为第三批国家级非物质文化遗产项目代表性传承人，河北省曲周县申报。

Ⅲ-5 狮舞（沧县狮舞）

尹少山

（编号：03-0906），男，汉族，1961年生，河北省沧县黄递铺乡人。2008年6月，狮舞（沧县狮舞）被列入第一批国家级非物质文化遗产扩展项目名录传统舞蹈类，项目编号Ⅲ-5。2009年6月，尹少山入选为第三批国家级非物质文化遗产项目代表性传承人，河北省沧县申报。尹少山号称"北狮王"，1980年创立刘吉舞师团并任团长。沧县狮子舞最早起源于汉朝，分为"文狮"和"武狮"两类。"武狮"以黄递铺乡北张为代表，历史近六百年，尹少山即由北张传承而来。刘吉舞狮团在表演中不断创新，把武术动作和杂技技巧融入狮舞之中，赋予舞狮以新颖的艺术生命。获文化部主办的全国群星奖比赛金奖、全国舞狮精英赛金奖及全国第六届民间艺术大赛"民间绝技金奖"、中国文联举办的"中国一绝"全国大赛金等。尹少山成立了"河北省沧县舞狮研习校"，招收了黄骅、盐山、沧县等地许多年轻的学员，舞狮团队员已发展到了300多人。

Ⅲ-43 麒麟舞

杨印海

（编号：03-0928），男，汉族，1938年生，河北省黄骅市齐家务乡大王庄村人。2008年6月，麒麟舞被列入第二批国家级非物质文化遗产名录传统舞蹈类，项目编号Ⅲ-43。2009年6月，杨印海入选为第三批国家级非物质文化遗产项目代表性传承人，河北省黄骅市申报。杨印海自幼喜爱画画，从小跟随村中老艺人学扎麒麟，18岁时被麒麟扎制技艺第三代传承人吴宝安收为徒弟，成为麒麟扎制第四代传承人。他扎制的麒麟形象逼真，栩栩如生。麒麟的传统扎制方法是使用竹木做成骨架后，用纸糊好，再用画笔绘出鲜艳的鳞甲等，做出的麒麟容易破损。1999年，他自己设计图纸，改进了工艺，竹木做出骨架后，用彩色丝绸和镭射纸做出一片片鳞甲，把它缝制在麒麟的丝绸外套上，头部、牙齿等部位用油彩绘制。这样做出的麒麟色彩鲜艳、形象逼真且结实耐用。黄骅麒麟舞表演时热闹喜庆，杨印海经常为当地农民表演，传授表演技艺。2007年，杨印海绘制出麒麟骨架结构图，包括麒麟各部位的构造、尺寸等，为麒麟制作的传承作出巨大贡献。2008年，正式收其孙子杨明月为徒。

Ⅲ-46 沧州落子

张洪通

（编号：03-0933），男，汉族，1951年生，河北省南皮县冯家口镇车官屯村人。2008年6月，沧州落子被列入第二批国家级非物质文化遗产名录传统舞蹈类，项目编号Ⅲ-46。2009年6月，张洪通入选为第三批国家级非物质文化遗产项目代表性传承人，河北省南皮县申报。张洪通所在的车官屯村盛行表演沧州落子，他自幼跟随村中老艺人学习跑落子，成为沧州落子能手，属梅派落子传承人。后成为车官屯村跑落子的当家人，经他辅导的落子，1989年参加北京"龙潭杯全国民间舞蹈大赛"获二等奖，2004年获"河北省第七届燕赵群星奖"。现任南皮车官屯中心校校长，积极支持并推动落子艺术的传承和发展，专门请来3名跑落子的"专家"教授学生跑落子技艺，为沧州落子培养后继人才。

辽宁

Ⅲ-9 高跷（海城高跷）

杨敏

（编号：03-0915），艺名杨小美，女，汉族，1954年9月生，辽宁省海城市人。2006年5月，高跷（海城高跷）被列入第一批国家级非物质文化遗产名录传统舞蹈类，项目编号Ⅲ-9。2009年6月，杨敏入选为第三批国家级非物质文化遗产项目代表性传承人，辽宁省海城市申报。杨敏13岁学艺，得海城县马风镇邢立巨、邢立才真传，后师从辽宁省舞蹈家协会副主席兼秘书长胡藻文，鞍山群众艺术馆郭丽华，练就了集海城高跷秧歌的集体舞、人物刻画、人物造型等绝活儿，并全面掌握了曲牌、鼓点运用。曾多次编导国内外大型民间文化交流、海城高跷节目，为海城高跷秧歌的第五代传承人。2004年荣获第六届国际民间艺术节踩街优秀表演奖；2005年荣获"华夏一绝"大赛表演银奖和编导银奖。通过言传身教、手把手传艺，杨敏和其夫邢传佩领导的海城高跷秧歌艺术团，已培养了一批新生代高跷艺人。

Ⅲ-9 高跷（盖州高跷）

王新惠

（编号：03-0916），男，汉族，1937年生，辽宁省盖州市太阳升办事处花园坨村人。2008年6月，高跷（盖州高跷）被列入第一批国家级非物质文化遗产扩展项目名录传统舞蹈类，项目编号Ⅲ-9，辽宁省盖州市申报。2009年6月，王新惠入选为第三批国家级非物质文化遗产项目代表性传承人。王新惠18岁开始学高跷，师承郭锡成、姜运德、孙洪池，跟随孙荣政学习鼓乐。其高跷秧歌具有"扭、稳、浪、俏、哏、相、逗、兴、默"的艺术特点，熔歌唱、舞蹈、戏剧、杂技为一炉，活泼浪漫，炽烈火爆，舒展豪放，乡土味浓，别具特色，自成一派。其弟子有曹兴权等，曹兴权又授徒于陈君等。

Ⅲ-24 朝鲜族农乐舞（乞粒舞）

金明焕

（编号：03-0923），男，朝鲜族，1948年生，辽宁省本溪市桓仁满族自治县人。2006年5月，朝鲜族农乐舞（乞粒舞）被列入第一批国家级非物质文化遗产名录传统舞蹈类，项目编号Ⅲ-24。2009年6月，金明焕入选为第三批国家级非物质文化遗产项目代表性传承人，辽宁省本溪市申报。金明焕出身于朝鲜族农乐舞（乞粒舞）世家，其祖父金兴振、父亲金成龙都是乞粒舞大师，受家庭环境熏陶，金明焕自幼喜爱并学习乞粒舞，七八岁时就能站在大人的肩膀上边唱边跳乞粒舞，是乞粒舞第四代传人。1964年，考入辽宁省朝鲜族师范学校，系统学习了音乐和舞蹈，毕业后回乡执教。1984年，他开始组织村民重新跳起了乞粒舞。后调入桓仁县文化馆，致力于乞粒舞的研究。他按照朝鲜族的民族特点对乞粒舞进行创新，重新编排了音乐和部分舞蹈动作，将朝鲜族传统的"碟舞"、"扇子舞"、"顶碗舞"等舞蹈动作融合到乞粒舞中，让乞粒舞焕发新的活力。为了将乞粒舞更好地传承下去，他克服乞粒舞演员不太固定、流失严重等诸多困难，并把儿子金山、侄子金明哲培养成为乞粒舞的主力。

Ⅲ-24 朝鲜族农乐舞

韩奎昇

（编号：03-0924），男，朝鲜族，1925年生，辽宁省铁岭市人。2008年6月，朝鲜族农乐舞被列入第一批国家级非物质文化遗产扩展项目名录传统舞蹈类，项目编号Ⅲ-24。2009年6月，韩奎昇入选为第三批国家级非物质文化遗产项目代表性传承人，辽宁省铁岭市申报。韩奎升毕业于辽宁辽阳技术学校，后成为铁岭朝鲜族学校的创始人和第一任校长。1948年，他以学校为中心广泛开展各项朝鲜族文化活动，并拜民间艺人金商喆为师学习朝鲜族农乐舞，熟练掌握了朝鲜族农乐舞的基本舞步和面具制作工艺。随后，他开始在夜校和学校的文艺活动中广泛推广朝鲜族农乐舞。1986年，韩奎升在铁岭组建了首个朝鲜族老年协会——友谊村朝鲜族老年人协会，积极开展文艺活动，并根据朝鲜族古典名著编排了农乐舞《兴夫传》和《沈青传》等，广受欢迎。有专家将其称为"推进农乐舞发展第一人"。他先后培养了李永浩等50多名文艺骨干，使朝鲜族农乐舞后继有人。

上海

Ⅲ-4 龙舞（舞草龙）

费土根

（编号：03-0902），男，汉族，1948年生，上海市松江区叶榭镇人。2008年6月，龙舞（舞草龙）被列入第一批国家级非物质文化遗产扩展项目名录传统舞蹈类，项目编号Ⅲ-4。2009年6月，费土根入选为第三批国家级非物质文化遗产项目代表性传承人，上海市松江区申报。费土根自幼学习手工竹编，20世纪70年代，拜著名草龙传人孙岳贤为师学习制作草龙、水族舞和滚灯。1987年，参加当地文化站组织的滚灯草龙制作队，此后，多次受邀参加制作滚灯、草龙等，工艺日臻娴熟。费土根熟练掌握草龙等的传统制作工艺，他扎草龙，没有图纸，不需设计尺寸，全凭感觉。在道具制作中，他会根据实际情况不断改进、创新，为"舞草龙"多次成功演出作出了巨大贡献。2008年，叶榭镇组织传承队伍，他亲自教授、指导50多名学生滚灯与草龙的舞蹈动作及制作。

江苏

Ⅲ-4 龙舞（骆山大龙）

杨书范

（编号：03-0903），男，汉族，1936年生，江苏省溧水县和凤镇骆山村人。2008年6月，龙舞（骆山大龙）被列入第一批国家级非物质文化遗产扩展项目名录传统舞蹈类，项目编号Ⅲ-4。2009年6月，杨书范入选为第三批国家级非物质文化遗产项目代表性传承人，江苏省溧水县申报。

Ⅲ-44 竹马（东坝大马灯）

汤裕道

（编号：03-0929），男，汉族，1949年生，江苏省高淳县东坝镇东坝村人。2008年6月，竹马（东坝大马灯）被列入第二批国家级非物质文化遗产名录传统舞蹈类，项目编号Ⅲ-44。2009年6月，汤裕道入选为第三批国家级非物质文化遗产项目代表性传承人，江苏省高淳县申报。汤裕道20岁时开始跟随本村汤春山老艺人学跑大马灯，成为东坝大马灯第五代传人。他精通大马灯表演的种种阵法和技巧，主要负责跑头马，是大马灯队伍的核心人物。跑马通常是在一块开阔的场地上跑出"天下太平"四个字，头马要随着锣鼓节奏声带好头、踩准步，这样才能跑好字。表演过程中，头马还要撒开另外6匹马自由行动，模仿马蹄跳跃。汤裕道的表演虎虎生威、活灵活现，技术难度很高。其亲传弟子有汤仁龙等4人，间接带的徒弟有二三十人，为东坝大马灯培养了后继人才。

安徽

Ⅲ-6 花鼓灯（蚌埠花鼓灯）

杨再先

（编号：03-0908），男，汉族，1921年生，安徽省怀远县人。2006年5月，花鼓戏（蚌埠花鼓灯）被列入第一批国家级非物质文化遗产名录传统舞蹈类，项目编号Ⅲ-6。2009年6月，杨再先入选为第三批国家级非物质文化遗产项目代表性传承人，安徽省蚌埠市申报。杨再先自幼跟随老艺人学习花鼓灯，14岁正式登台表演。他擅演兰花，艺名"小红鞋"。杨再先的花鼓灯舞蹈技艺以舞步见长，步伐灵巧细碎，身段妖娆，他的舞蹈粗犷泼辣、热情奔放、情感强烈，带有一股浓郁乡土气息的独特艺术风格。在花鼓灯的唱腔上，他将流行于淮北一带地方小戏中的曲调，自然贴切地糅进花鼓灯灯歌之中，加以创新和发扬。每次登台，头扎红花，脚穿红色绣花鞋，服饰艳丽，舞姿迷人，技艺精湛，将乡野村姑自然质朴的形象表现得惟妙惟肖、淋漓尽致。1958年，杨再先被怀远县文工团聘为花鼓灯教师，培养了一大批花鼓灯演员。

Ⅲ-6 花鼓灯（凤台花鼓灯）

邓虹

（编号：03-0909），女，汉族，1944年10月生，安徽省怀远县城关镇人。2006年5月，花鼓戏（凤台花鼓灯）被列入第一批国家级非物质文化遗产名录传统舞蹈类，项目编号Ⅲ-6。2009年6月，邓虹入选为第三批国家级非物质文化遗产项目代表性传承人，安徽省凤台县申报。邓虹12岁开始学习花鼓灯，她的兰花技艺受陈敬芝、李兆叶的影响。其表演艺术精湛，在舞台上塑造了不同风格的艺术角色，尤其是在花鼓灯双人舞《小花场》中运用和创造了"大颤步"、"颤颤步"、"蝴蝶飞"、"颤颤拔泥"、"抱头揉扇"、"前仰后合"等花鼓灯动作，其表演出神入化。她与张士根合作，加工整理并表演的《小花场》，被誉为"安徽首席小花场"，在1986年全国民间音乐舞蹈比赛中荣获编导三等奖、表演三等奖。邓虹为研究、整理与传承花鼓灯民间艺术作出了突出贡献，1990年至今培养了近300名学生。

张士根

（编号：03-0910），男，汉族，1943年生，安徽省凤台县城关人。2006年5月，花鼓戏（凤台花鼓灯）被列入第一批国家级非物质文化遗产名录传统舞蹈类，项目编号Ⅲ-6。2009年6月，

张士根入选为第三批国家级非物质文化遗产项目代表性传承人，安徽省凤台县申报。张士根13岁开始学习花鼓灯，先后师从著名花鼓灯老艺人万方启、朱冠香、詹乐亭等，是公认的第二代花鼓灯传人。他与邓虹合作编导表演的《小花场》在1986年全国民间音乐舞蹈比赛中荣获编导三等奖、表演三等奖。张士根长期致力于花鼓灯艺术表演、普及培训和艺术教学工作，深入基层农村培养花鼓灯幼苗，结合舞台实践探索了一套行之有效的教学方法。1982年至今已培养四百多名学生。

Ⅲ-48 火老虎

孙永超

（编号：03-0934），男，汉族，1923年10月生，安徽省凤台县人。2008年6月，火老虎被列入第二批国家级非物质文化遗产名录传统舞蹈类，项目编号Ⅲ-48。2009年6月，孙永超入选为第三批国家级非物质文化遗产项目代表性传承人，安徽省凤台县申报。火老虎是流传于凤台独有的民间舞蹈艺术形式，通过夸张、写意的手法把老虎的威武凶猛作以艺术再现。孙永超出身于火老虎世家，其家传火老虎艺术已有200多年历史，受家庭环境影响，他自幼喜爱并学习火老虎表演，主要扮演狮子，演技精湛，其表演套路在原有基础上加以改进，在当地极负盛名。火老虎的道具工艺复杂，材料独特，孙永超是火老虎道具扎制的主要研制者。曾先后带队参加全省十运会开幕式狮舞表演，同时，是每年一届的"中国豆腐文化节"表演主要队伍之一。他常年致力于指导年青一代练狮舞和火老虎的玩法技艺，以及制作技艺，传人有孙以银、孙胖文、孙多元、孙同辉、孙志健、郭如义、孙志兵等。现收存着狮子舞和火老虎的全部道具及维修所必备的相关材料。

福建

Ⅲ-12 泉州拍胸舞

邱剑英

（编号：03-0917），男，汉族，1930年生，福建省泉州市人。2006年5月，泉州拍胸舞被列入第一批国家级非物质文化遗产名录传统舞蹈类，项目编号Ⅲ-12。2009年6月，邱剑英入选为第三批国家级非物质文化遗产项目代表性传承人，福建省泉州市申报。邱剑英12岁时对泉州拍胸舞（乞丐拍胸舞）产生浓厚兴趣，常常跟随乞丐队伍自学步法，还拜老艺人福全为师学跳拍胸舞。1947年，邱剑英进入义全高跷戏团，广泛学习民间舞蹈，并开始整理拍胸舞，尝试将其他戏种的动作融入拍胸舞中。其表演的拍胸舞风格粗犷、诙谐，主要动作组合有"击掌回音"、"玉驴颠步"、"金鸡独立"、"蟾蜍出洞"等。1956后，邱剑英的拍胸舞每年都成为当时晋江专区、泉州市文艺演出的压轴曲目，拍胸舞名气大振。1961年，邱剑英参加福建省民兵会演，演出其自己编排的拍胸舞《海上擒适敌》，夺得大奖。代表作有《田间乐》、《海上擒适敌》等。20世纪50年代始，便有许多人慕名前来向邱剑英学习拍胸舞，其弟子众多，甚至包括许多外国人。他还将拍胸舞带进课堂，免费传艺，为拍胸舞的传承和传扬作出了极大贡献。

Ⅲ-45 灯舞（莆田九鲤灯舞）

陈金文

（编号：03-0930），男，汉族，1923年生，福建省莆田市黄石镇和平村人。2008年6月，灯舞（莆田九鲤灯舞）被列入第二批国家级非物质文化遗产名录传统舞蹈类，项目编号Ⅲ-45。2009年6月，陈金文入选为第三批国家级非物质文化遗产项目代表性传承人，福建省莆田市申报。陈金文是九鲤灯舞的第六代传人，精通九鲤灯舞的舞步、编舞和道具制作。莆田九鲤灯舞的道具制作和舞蹈口诀都是家族式身教口授传承下来，从不外传。陈金文及其徒弟陈文水，与村里的其他老艺人共同组织成立了3支九鲤灯舞队，其中一支是女子灯舞队，经常出村参加文艺踩街、文艺赛事调演等，扩大了莆田九鲤灯舞的影响力，为莆田九鲤灯舞培养后继人才。其徒弟陈文水已成为莆田九鲤灯舞嫡传掌门人。

江西

Ⅲ-7 傩舞（婺源傩舞）

程长庆

（编号：03-0911），男，汉族，1934年生，江西省婺源县长径村人。2006年5月，傩舞（婺源傩舞）被列入第一批国家级非物质文化遗产名录传统舞蹈类，项目编号Ⅲ-7。2009年6月，程长庆入选为第三批国家级非物质文化遗产项目代表性传承人，江西省婺源县申报。程长庆16岁时开始学习傩舞，师从村内老艺人胡叙林、程杜金、胡桂树，打下了扎实的傩舞演艺功底，他熟知各种傩仪剧目、礼俗，并能熟练掌握和运用傩舞表演中的全部技能。1958年，长径村成立业余傩舞剧团，程长庆是骨干演员之一。1962年，开始学习目连戏打击乐，曾多次受邀到县文化馆传授傩舞技艺。程长庆与同村艺人胡振坤一起培养了何柏坤、汪树坤、程金生、程坤祥等，使长径村业余傩舞剧团长兴不衰，后继有人，其中程金生2012年被评为第四批国家级非物质文化遗产传承人。

山东

Ⅲ-2 秧歌（济阳鼓子秧歌）

姚大新

（编号：03-0900），男，汉族，1967年生，山东省济阳县仁风司防村人。2008年6月，秧歌（济阳鼓子秧歌）被列入第一批国家级非物质文化遗产扩展项目名录传统舞蹈类，项目编号Ⅲ-2。2009年6月，姚大新入选为第三批国家级非物质文化遗产项目代表性传承人，山东省济阳县申报。姚大新出身于秧歌世家，其父亲姚书林为济阳鼓子秧歌的传承和复兴倾尽心力。1984年，姚大新正式跟随父亲及村里老艺人学习秧歌技艺，他苦练秧歌套路动作，逐渐精通"棒、伞、鼓、花"等秧歌技艺，成为秧歌队骨干成员。1984年，姚大新开始打头伞，"头伞"是秧歌队表演中的灵魂人物。他基本功扎实，表演热情奔放，表情透露出发自内心的喜悦和欢乐，将农民的淳朴、豪放、热情以舞蹈形式淋漓尽致地表现出来，易引起共鸣，并极具震撼力。1993年，姚大新带领鼓子秧歌队赴欧洲演出，引起轰动。他还先后参加全国民间舞蹈比赛、山东文博会以及中央电视台举办的民间艺术舞蹈大赛，并多次获奖。其徒弟有女儿姚永芹等，现已成为秧歌队骨干成员。

河南

Ⅲ-5 狮舞（槐店文狮子）

李大志

（编号：03-0907），男，回族，1931年11月生，河南省沈丘县人。2008年6月，狮舞（槐店文狮子）被列入第一批国家级非物质文化遗产扩展项目名录传统舞蹈类，项目编号Ⅲ-5。2009年6月，李大志入选为第三批国家级非物质文化遗产项目代表性传承人，河南省沈丘县申报。李大志现任沈丘县回族文狮子文化协会会长。文狮子舞自海鼻耳始创，历经尼玛拉丁、巴都，到李大志为"文狮子"的传人之时，已传承了23代。李大志师从老艺人马忠州、马忠泰、李大春，学习狮尾、虎头表演及道具制作等。曾先后参加过各种会演，其中在2006年举办的河南省第五届少数民族传统体育运动会上获二等奖。

Ⅲ-45 灯舞（苏家作龙凤灯舞）

毋启富

（编号：03-0932），男，汉族，1944年11月生，河南省博爱县苏家作乡苏家作村人。2008年6月，灯舞（苏家作龙凤灯舞）被列入第二批国家级非物质文化遗产名录传统舞蹈类，项目编号Ⅲ-45。2009年6月，毋启富入选为第三批国家级非物质文化遗产项目代表性传承人，河南省博爱县申报。毋启富少年时代拜老艺人毋致成、毋启宝为师，主攻龙头、凤头和太阳灯的舞蹈技巧，并迅速成为骨干演员，擅长的技艺有"龙游场"、"甩大尾"、"龙翻滚"、"龙脱皮"等。他带领苏家作龙凤灯舞队曾先后25次获得县市春节民间艺术会演一等奖。1987年起，任苏家作村党支部书记，积极鼓励、促进龙凤灯舞的传承和发展，与其他老艺人一起重点培养了4名接班人，并筹划建设一个龙凤灯文艺展览馆，使龙凤灯的技艺，由靠口耳相传的传统老办法，逐步过渡到图书、视频影像等现代传播手段。

湖北

Ⅲ-52 肉连响

吴修富

（编号：03-0935），男，土家族，1928年10月生，湖北省利川市人。2008年6月，肉连响被列入第二批国家级非物质文化遗产名录传统舞蹈类，项目编号Ⅲ-52。2009年6月，吴修富入选为第三批国家级非物质文化遗产项目代表性传承人，湖北省利川市申报。吴修富自学成才，模仿一种乞丐乞讨时的舞蹈"泥神道"，后经过提炼、归纳、借鉴，把秧歌舞、耍耍、跳丧舞、莲湘等民间舞蹈的动作融为一体，不用道具，通过拍击肩、臂、肘、肋、胯、腿、脚等部位，发出有节奏的声响，刚劲粗犷、豪迈奔放，形成其独特的肉连响舞蹈。2007年12月，吴修富率队在全国民运会开幕式上表演肉连响，获得金奖。其弟子有上百人，其中，徒弟刘守红建立了利川市肉连响民族文化传艺馆，并经常应邀到学校和单位传授技艺，现已有学生700多人。

湖南

Ⅲ-60 瑶族长鼓舞

赵明华

（编号：03-0938），男，瑶族，1943年5月生，湖南省江华瑶族自治县大圩镇瑶家山寨人。2008年6月，瑶族长鼓舞被列入第二批国家级非物质文化遗产名录传统舞蹈类，项目编号Ⅲ-60。2009年6月，赵明华入选为第三批国家级非物质文化遗产项目代表性传承人，湖南省江华瑶族自治县申报。在村里长鼓文化的熏陶下，赵明华自幼喜爱长鼓舞。1981年，拜被誉为"长鼓王"的李根普为师，全面系统学习瑶族长鼓舞艺术。通过师傅的指点传授和自己的勤奋努力，他熟练地掌握了长鼓舞的主要表演动作和表演技巧。他长期致力于收集瑶族长鼓舞资料。1983年始，他把搜集到的长鼓舞资料进行整理，与其他民间艺人、文化工作者共同研究，用文学、图画记录下了瑶族长鼓舞的72套打法动作。同时，对瑶族民间的其他舞蹈进行研究、记录，并出版了《江华民间舞蹈集成》一书。退休后，曾担任长鼓舞指导教师，培养了近200人的初级和中级水平的长鼓舞表演后备队伍，并组织村镇的40多名长鼓舞爱好者成立大圩瑶族长鼓舞队。

广东

Ⅲ-4 龙舞〔醉龙〕

黄焯根

（编号：03-0904），男，汉族，1930年生，广东省中山市西区长洲人。2008年6月，龙舞（醉龙）被列入第一批国家级非物质文化遗产扩展项目名录传统舞蹈类，项目编号Ⅲ-4。2009年6月，黄焯根入选为第三批国家级非物质文化遗产项目代表性传承人，广东省中山市申报。黄焯根出身于龙舞世家。1938年起，他随祖父黄万英学习龙狮武术基础，1943年起，随父亲黄干南研习龙狮技艺。"文革"期间，他冒着极大的风险将古旧木龙收藏于家中，使得长洲醉龙得以保存。2005年7月，长洲醉龙醒狮队组建，他出任醉龙舞教练。在他的努力和影响下，2005年起，长洲社区开始挖掘、整合和保护醉龙所蕴藏的历史文化。2007年，黄焯根带领醉龙赴澳大利亚，参加悉尼庆祝春节的盛大巡游表演。

2010年，赴上海世博会演出，同年，参加广州亚运会闭幕式演出。黄焯根热心教授社区居民醉龙表演技巧，努力将醉龙艺术传承下去并发扬光大。其子黄金渐已继承醉龙技艺，成为长洲醉龙队骨干成员。

Ⅲ-7 傩舞（湛江傩舞）

彭英芳

（编号：03-0912），男，汉族，1923年6月生，广东省湛江市麻章区湖光镇旧县村人。2008年6月，傩舞（湛江傩舞）被列入第一批国家级非物质文化遗产扩展项目名录传统舞蹈类，项目编号Ⅲ-7。2009年6月，彭英芳入选为第三批国家级非物质文化遗产项目代表性传承人，广东省湛江市麻章区申报。彭英芳出身于傩舞世家，自幼跟随祖父、父亲学习跳傩，有丰富的跳傩经验。彭英芳在保留傩舞原有特点的基础上，对傩舞面具、服饰及道具进行了改良及创新，使之更适应现代社会对传统文化的审美和需求。他成立了旧县傩舞艺术团，带领傩舞队到各地演出，并在村里长期培养教授学员，现傩舞队队员有32人，大力推动了傩舞的发展，使得傩舞得以传承延续。

Ⅲ-45 灯舞（沙头角鱼灯舞）

吴观球

（编号：03-0931），男，汉族，1943年生，广东省深圳市盐田区沙栏吓村人。2008年6月，灯舞（沙头角鱼灯舞）被列入第二批国家级非物质文化遗产名录传统舞蹈类，项目编号Ⅲ-45。2009年6月，吴观球入选为第三批国家级非物质文化遗产项目代表性传承人，广东省深圳市申报。1956年始，吴观球跟随老艺人吴胜源等学艺，熟练掌握了沙头角鱼灯舞的表演、配乐

谱调、鱼灯道具制作等技艺。他熟谙鱼灯舞表演艺术特征，擅长站低马、八字脚功架，手举鱼灯配合锣鼓乐声模仿水中鱼儿的形态，配合鱼灯摆动的姿势，做出"铲沙"、"跳跃"追逐搏斗等动作，其身手矫健，舞蹈轻盈灵活，表情自然到位。曾荣获深圳市第七届"鹏城金秋文化艺术节"金奖，及在广州举办的"广东省岭南民间艺术节"金奖。目前在村内担任鱼灯舞总教练，与其他老艺人一起指导后辈学习鱼灯舞舞步、鱼灯道具扎作等技艺。其弟子吴天其是沙栏吓村鱼灯舞现任传承人。

重庆

Ⅲ-17 土家族摆手舞（酉阳摆手舞）

田景仁

（编号：03-0918），男，土家族，1943年生。2008年6月，土家族摆手舞（酉阳摆手舞）被列入第一批国家级非物质文化遗产扩展项目名录传统舞蹈类，项目编号Ⅲ-17。2009年6月，田景仁入选为第三批国家级非物质文化遗产项目代表性传承人，重庆市酉阳土家族苗族自治县申报。其徒弟有田景民等。

四川

Ⅲ-20 锅庄舞（甘孜锅庄）

阿德

（编号：03-0919），女，藏族。2008年6月，锅庄舞（甘孜锅庄）被列入第一批国家级非物质文化遗产扩展项目名录传统舞蹈类，项目编

号Ⅲ-20。2009年6月，阿德入选为第三批国家级非物质文化遗产项目代表性传承人，四川省新龙县申报。

白马尼麦

（编号：03-0920），男，藏族。2008年6月，锅庄舞（甘孜锅庄）被列入第一批国家级非物质文化遗产扩展项目名录传统舞蹈类，项目编号Ⅲ-20。2009年6月，白马尼麦入选为第三批国家级非物质文化遗产项目代表性传承人，四川省新龙县申报。

Ⅲ-55 翻山铰子

吴华得

（编号：03-0936），男，汉族，1966年生，四川省平昌县高峰乡关房村人。2008年6月，翻山铰子被列入第二批国家级非物质文化遗产名录传统舞蹈类，项目编号Ⅲ-55。2009年6月，吴华得入选为第三批国家级非物质文化遗产项目代表性传承人，四川省平昌县申报。受父亲吴连仁的影响，吴华得自幼喜爱吹唢呐和表演翻山铰子。15岁时拜曾和举老艺人为师正式学习翻山铰子，刻苦练习技艺。16岁时，开始跟随师傅到平昌县西兴片区以及相邻的营山县农村表演。18岁时，吴华得开始收徒弟，成立了一支最年轻的翻山铰子表演队，并奔走于平昌县、营山县、达县一带的农村，主要为农村婚嫁喜庆活动而表演。他的翻山铰子技艺已炉火纯青，其动作敏捷、矫健，令人目不暇接，表演风格独树一帜，被尊称为"吴派"。吴华得曾收25名徒弟，但由于生计所迫，鲜有人坚持学艺。他毫无保留地将其技艺教授给前来学艺的学员，并将翻山铰子技艺传授给兄弟和儿子，力图将翻山铰子保留、传承下去。

Ⅲ-62 羌族羊皮鼓舞

朱金龙

（编号：03-0939），男，羌族，1953年生，四川省汶川县龙溪乡巴夺寨人。2008年6月，羌族羊皮鼓舞被列入第二批国家级非物质文化遗产名录传统舞蹈类，项目编号Ⅲ-62。2009年6月，朱金龙入选为第三批国家级非物质文化遗产项目代表性传承人，四川省汶川县申报。朱金龙师从岳父释比（羌族宗教仪式的执行者、羌文化的重要传承人）学习在仪式中使用的羊皮鼓舞。羊皮鼓舞是羌族每逢春耕之际的"祭山"活动和农历十月初一的"羌年"活动。羊皮鼓舞队，击鼓舞蹈，敬天敬地，以祀万物，愿风调雨顺，五谷丰登。羊皮鼓舞没有固定的表演程序，朱金龙即兴起舞，其舞步有蹉跳步、掂跳步、商羊步等，能连续表演"持鼓绕头"、"屈腿左右旋转"等，这些多为自然膜拜和劳动生活的动作再现，其动作沉稳、敏捷、粗犷、激烈，舞蹈时口诵经文，十分虔诚。其徒弟有侄子余正国和杨俊清，都已成为羌族释比。

云南

Ⅲ-70 彝族打歌

茶春梅

（编号：03-0940），女，彝族，1962年8月生，云南省巍山彝族回族自治县马鞍山乡青云村人。2008年6月，彝族打歌被列入第二批国家级非物质文化遗产名录传统舞蹈类，项目编号Ⅲ-70。2009年6月，茶春梅入选为第三批国家级非物质文化遗产项目代表性传承人，云南省巍山彝族回族自治县申报。茶春梅所在的青云村是彝族聚居区，打歌历史悠久，在耳濡目染下，茶春梅自幼喜爱打歌，虽未正式拜师，但她通过向村中老艺人请教打歌要领，并刻苦练习，技艺日渐精进，成为当地打歌能手。其舞蹈语言丰富，舞步激昂多变，擅长"十六步平摆"、"三步一掂"、"半翻半转"、"全翻"、"三翻三转"等动作。曾参加第二、三届中国民族艺术节。茶春梅现任青云小学打歌教师，为打歌培养后继人才。2013年，云南师范大学请茶春梅为艺术系的学生教授彝族打歌。

Ⅲ-71 彝族跳菜

鲁朝金

（编号：03-0941），男，彝族，1967年生。云南省南涧彝族自治县宝华镇拥政村人。2008年6月，彝族跳菜被列入第二批国家级非物质文化遗产名录传统舞蹈类，项目编号Ⅲ-71。2009年6月，鲁朝金入选为第三批国家级非物质文化遗产项目代表性传承人，云南省南涧彝族自治县申报。彝族跳菜被誉为"东方饮食文化一绝"。鲁朝金出身于跳菜世家，其祖父、父亲都是跳菜能手，他8岁开始学习跳菜，成年后成为跳菜的带头人，多次随南涧跳菜艺术团的著名艺人阿本枝到各地演出，积累了丰富的舞台表演经验，跳菜技艺日渐精进。其动作热情洋溢、幽默滑稽，舞步舒展大方，舞姿轻快优美。为了发扬光大"南涧跳菜"，他打破跳菜传内不传外的祖规，成立了"南涧拥正民间跳菜队"，培养了30多名跳菜艺人。其中已有10多名徒弟成为"南涧跳菜"的骨干，如李开富、李怀剑、李志刚等。他还到拥政村小学任教，教小学生跳菜，使"跳菜"艺术后继有人。

Ⅲ-77 布朗族蜂桶鼓舞

俸继明

（编号：03-0942），男，布朗族，1954年生。2008年6月，布朗族蜂桶鼓舞被列入第二批国家级非物质文化遗产名录传统舞蹈类，项目编号Ⅲ-77。2009年6月，俸继明入选为第三批国家级非物质文化遗产传承人，云南省双江拉祜族佤族布朗族傣族自治县申报。

Ⅲ-79 拉祜族芦笙舞

李增保

（编号：03-0943），男，拉祜族，1929年1月生，云南省澜沧拉祜族自治县人。2008年6月，拉祜族芦笙舞被列入第二批国家级非物质文化遗产名录传统舞蹈类，项目编号Ⅲ-79。2009年6月，李增保入选为第三批国家级非物质文化遗产传承人，云南省澜沧拉祜族自治县申报。2005年以来，澜沧县每年都举办一次拉祜族歌舞培训班，李增保作为教师之一，努力将拉祜族芦笙舞传承下去。2013年获"第二届中华非物质文化遗产传承人薪传奖"。

西藏

Ⅲ-80 宣舞（普堆巴宣舞）

昂嘎

（编号：03-0944），女，藏族。2008年6月，宣舞（普堆巴宣舞）被列入第二批国家级非物质文化遗产名录传统舞蹈类，项目编号Ⅲ-80。2009年6月，昂嘎入选为第三批国家级非物质文化遗产传承人，西藏自治区墨竹工卡县申报。

Ⅲ-82 堆谐（拉孜堆谐）

拉巴

（编号：03-0945），男，藏族，西藏自治区拉孜县人。2008年6月，堆谐（拉孜堆谐）被列入第二批国家级非物质文化遗产名录传统舞蹈类，项目编号Ⅲ-82。2009年6月，拉巴入选为第三批国家级非物质文化遗产传承人，西藏自治区拉孜县申报。拉巴平常教授年轻人学习堆谐，目前也在收集整理传统堆谐唱词，已收集到《隆桑啦》、《聂拉桑伯》、《欧玛良吉》等三四十个老曲目。

Ⅲ-83 谐钦（拉萨纳如谐钦）

索朗次仁

（编号：03-0946），男，藏族，西藏自治区拉萨市城关区人。2008年6月，谐钦（拉萨纳如谐钦）被列入第二批国家级非物质文化遗产名录传统舞蹈类，项目编号Ⅲ-83。2009年6月，索朗次仁入选为第三批国家级非物质文化遗产传承人，西藏自治区拉萨市城关区申报。

Ⅲ-83 谐钦（南木林土布加谐钦）

次旺丹增

（编号：03-0947），男，藏族，西藏自治区南木林县人。2008年6月，谐钦（南木林土布加谐钦）被列入第二批国家级非物质文化遗产名录传统舞蹈类，项目编号Ⅲ-83。2009年6月，次旺丹增入选为第三批国家级非物质文化遗产传承人，西藏自治区南木林县申报。

Ⅲ-85 嘎尔

平措玉杰

（编号：03-0948），男，藏族。2008年6月，嘎尔被列入第二批国家级非物质文化遗产名录传统舞蹈类，项目编号Ⅲ-85。2009年6月，平措玉杰入选为第三批国家级非物质文化遗产传承人，西藏自治区申报。

Ⅲ-86 芒康三弦舞

江白轮珠

（编号：03-0949），男，藏族。2008年6月，芒康三弦舞被列入第二批国家级非物质文化遗产名录传统舞蹈类，项目编号Ⅲ-86。2009年6月，江白轮珠入选为第三批国家级非物质文化遗产传承人，西藏自治区芒康县申报。

Ⅲ-89 廓孜

扎桑

（编号：03-0950），男，藏族。2008年6月，廓孜被列入第二批国家级非物质文化遗产名录传统舞蹈类，项目编号Ⅲ-89。2009年6月，扎桑入选为第三批国家级非物质文化遗产传承人，西藏自治区曲水县申报。

陕西

Ⅲ-2 秧歌（陕北秧歌）

贺俊义

（编号：03-0899），男，汉族，1939年10月生，陕西省绥德县崔家湾镇贺家湾村人。2006年5月，秧歌（陕北秧歌）被列入第一批国家级非物质文化遗产名录传统舞蹈类，项目编号Ⅲ-2。2009年6月，贺俊义入选为第三批国家级非物质文化遗产项目代表性传承人，陕西省绥德县申报。贺俊义自9岁起开始随村里的秧歌队四处演出，13岁起独立表演陕北秧歌二人场子（包头角色）。19岁时，被当地"包头"名角刘奋雄（艺名十八娃）收为关门弟子，经师傅教授、指点，贺俊义成为绥德秧歌南川的代表。其扮相俊俏，舞姿优美大方，粗犷中饱含细腻，柔中含娇，笑可羞花，飘走间随意多变、自然传神的扇子和手绢姿态大多是他根据现场的情绪即兴表现出的，其表演风格独树一帜。其最具代表性的表演是大秧歌中"伞头"和"踢场子"中的"包头"，"俏耸肩"、"怀抱月"、"飘风照镜"是他独有的三种风格动作。他受绥德县文化馆邀请培训学员，亲自示范、讲授秧歌动作的要领和内涵，为陕北秧歌培养了大量优秀后继人才。

Ⅲ-42 鼓舞（横山老腰鼓）

李成元

（编号：03-0925），男，汉族，1954年8月生，陕西省横山县南塔乡张村有地村人。2008年6月，鼓舞（横山老腰鼓）被列入第二批国家级非物质文化遗产名录传统舞蹈类，项目编号Ⅲ-42。2009年6月，李成元入选为第三批国家级非物质文化遗产项目代表性传承人，陕西省横山县申报。李成元出身于腰鼓世家，其祖父和父亲都喜爱并擅长腰鼓表演。李成元13岁时开始跟随父亲学习并表演腰鼓，是公认的腰鼓全才。其表演一气呵成、彪悍威武、潇洒大方、变化多端，充满了原生态的美感，擅长的动作有踮脚打、过堂打、翻身转步等。为了将横山老腰鼓更好地传承和发展下去，李成元整理了腰鼓的详实资料，还根据表演经验，对横山老腰鼓的队形变化、音乐打击韵律、服装等进行了研究，

此外还创新出十几种队形，如"和谐大中华"等。他已收10名徒弟，但其徒弟多以打工为生，难以完全继承其腰鼓绝技。

Ⅲ-56 靖边跑驴

张有万

（编号：03-0937），男，汉族，1954年12月生，陕西省靖边县东坑乡人。2008年6月，靖边跑驴被列入第二批国家级非物质文化遗产名录传统舞蹈类，项目编号Ⅲ-56。2009年6月，张有万入选为第三批国家级非物质文化遗产项目代表性传承人，陕西省靖边县申报。张有万自幼喜爱文艺，并跟随村中长辈学跳秧歌，19岁时被选为村里秧歌队的班头。1978年，经不断摸索、琢磨，他创作出跑驴的基本表演形式——男扮女装、模仿婆姨骑驴的姿势，并自制表演道具——木模毛驴。1979年，他自编自演的跑驴秧歌剧《老两口参加三干会》在全国文艺调演中，荣获优秀节目奖。1995年，他创作设计的民间艺术表演道具"毛驴"获专利，被编入《世界优秀专利技术精选（中国卷）》，并获第十届美国爱因斯坦发明博览会金奖。他表演的跑驴将驴的神态模仿得惟妙惟肖、活灵活现，将现实生活与艺术的浪漫有机融合，有着浓厚的艺术感染力。张有万成立信天游艺术团，开办舞蹈培训班，开展文艺活动，以扩大靖边跑驴的影响力，为跑驴培养后继人才。

甘肃

Ⅲ-7 傩舞（文县池哥昼）

余杨富

（编号：03-0913），男，藏族，1927年生。

2008 年 6 月，傩舞（文县池哥昼）被列入第一批国家级非物质文化遗产扩展项目名录传统舞蹈类，编号Ⅲ -7。2009 年 6 月，余杨富入选为第三批国家级非物质文化遗产项目代表性传承人，甘肃省文县申报。

Ⅲ -7 傩舞（永靖七月跳）

范廷禄

（编号：03-0914），男，汉族。2008 年 6 月，傩舞（永靖七月跳）被列入第一批国家级非物质文化遗产扩展项目名录传统舞蹈类，项目编号Ⅲ -7。2009 年 6 月，范廷禄入选为第三批国家级非物质文化遗产项目代表性传承人，甘肃省永靖县申报。

Ⅲ -42 鼓舞（凉州攻鼓子）

杨门元

（编号：03-0926），男，汉族，1960 年生，甘肃省武威市凉州区四坝镇人。2008 年 6 月，鼓舞（凉州攻鼓子）被列入第二批国家级非物质文化遗产名录传统舞蹈类，项目编号Ⅲ -42。2009 年 6 月，杨门元入选为第三批国家级非物质文化遗产项目代表性传承人，甘肃省武威市申报。杨门元自幼喜爱鼓乐，8 岁开始跟随自家兄弟杨泽元、杨枝元等学习攻鼓子表演，熟练掌握了大型攻鼓子广场舞蹈的步伐及队列队形变化，16 岁开始正式参加演出至今，是攻鼓子表演艺术的第四代传人。现任甘肃武威攻鼓子艺术团团长，培养了大批攻鼓子手，扩大了攻鼓子的影响力。曾带领艺术团参加电视剧《怒剑啸狂沙》、《八千里路云和月》的拍摄。1996 年，参加在浙江金华举办的全国民间鼓舞比赛，荣获银奖。1997 年，荣获甘肃省敦煌艺术一等奖，后连续两次获得甘肃省民间艺术比赛的金奖。

Ⅲ -42 鼓舞（武山旋鼓舞）

代三海

（编号：03-0927），男，汉族，1961 年生，甘肃省武山县滩歌镇人。2008 年 6 月，鼓舞（武山旋鼓舞）被列入第二批国家级非物质文化遗产名录传统舞蹈类，项目编号Ⅲ -42。2009 年 6 月，代三海入选为第三批国家级非物质文化遗产项目代表性传承人，甘肃省武山县申报。

Ⅲ -90 多地舞

李扎西

（编号：03-0951），男，藏族，甘肃省舟曲县人。2008 年 6 月，多地舞被列入第二批国家级非物质文化遗产名录传统舞蹈类，项目编号Ⅲ -90。2009 年 6 月，李扎西入选为第三批国家级非物质文化遗产传承人，甘肃省舟曲县申报。

Ⅲ -91 巴郎鼓舞

卢永祥

（编号：03-0952），男，藏族，甘肃省卓尼县人。2008 年 6 月，巴郎鼓舞被列入第二批国家级非物质文化遗产名录传统舞蹈类，项目编号Ⅲ -91。2009 年 6 月，卢永祥入选为第三批国家级非物质文化遗产传承人，甘肃省卓尼县申报。

青海

Ⅲ -20 锅庄舞

才哇

（编号：03-0921），男，藏族，青海省称多县人。2008年6月，锅庄舞（称多白龙卓舞）被列入第一批国家级非物质文化遗产扩展项目名录传统舞蹈类，编号Ⅲ-20。2009年6月，才哇入选为第三批国家级非物质文化遗产项目代表性传承人，青海省称多县申报。

布扎西

（编号：03-0922），男，藏族，青海省囊谦县白扎乡白扎村人。2008年6月，锅庄舞（囊谦卓干玛）被列入第一批国家级非物质文化遗产扩展项目名录传统舞蹈类，项目编号Ⅲ-20。2009年6月，布扎西入选为第三批国家级非物质文化遗产项目代表性传承人，青海省囊谦县申报。布扎西从小就热爱舞蹈，受当地村民的熏陶，跟村民学习一些基本舞蹈常识。培养了丁巴江才、才拉央措等同村40余人。

新疆

Ⅲ-95 锡伯族贝伦舞

月香

（编号：03-0953），女，锡伯族，1935年生，新疆维吾尔自治区伊犁哈萨克自治州察布查尔锡伯自治县爱新舍里镇乌珠牛录村人。2008年6月，锡伯族贝伦舞被列入第二批国家级非物质文化遗产名录传统舞蹈类，项目编号Ⅲ-95。2009年6月，月香入选为第三批国家级非物质文化遗产传承人，由新疆维吾尔自治区察布查尔锡伯自治县申报。月香12岁开始学习贝伦舞，在没有师傅教导的情况下自学成才，成为一名民间贝伦、秧歌以及民间歌曲的高手。月香把锡伯族的贝伦舞与一些歌曲结合在一起，自创出一套别有风味的贝伦舞。从1970年开始，逐渐为人们所熟识，并成为察布查尔锡伯自治县

众多贝伦舞艺人中的佼佼者。以月香为代表的察布查尔县爱新舍里镇民间贝伦舞文艺队，曾多次到乌鲁木齐、东北沈阳等地演出，得到了观众的好评。月香将贝伦舞技艺传授给子女，现在她的孙子孙女都会跳，使得贝伦舞得以代代传承。

Ⅲ-96 维吾尔族赛乃姆

艾买提·司马义

（编号：03-0954），男，维吾尔族，1932年生。2008年6月，维吾尔族赛乃姆被列入第二批国家级非物质文化遗产名录传统舞蹈类，项目编号Ⅲ-96。2009年6月，艾买提·司马义入选为第三批国家级非物质文化遗产传承人，新疆维吾尔自治区哈密地区申报。

第四批国家级非物质文化遗产项目代表性传承人

北京

Ⅲ-1 京西太平鼓（怪村太平鼓）

吕翠琴

（编号：04-1540），女，汉族，1950年9月生，北京市丰台区怪村人。2008年6月，京西太平鼓（怪村太平鼓）被列入第一批国家级非物质文化遗产扩展项目名录传统舞蹈类，项目编号Ⅲ-1。2012年12月，吕翠琴入选为第四批国家级非物质文化遗产项目代表性传承人，北京市丰台区申报。吕翠琴的母亲是怪村太平鼓第二代传人，她自幼跟随母亲李云香学习太平鼓的舞蹈套路和动作，如"串花篱笆"、"四方斗"、"大圆鼓"等。其表演动作舒展，腰随鼓动，眼随鼓移，鼓点随舞步而变化，脚步轻盈，双肩随鼓点自然耸动，时而柔韧，时而轻快，将太平鼓"颤"、"飘"、"柔"等动作韵律充分展现出来。她在表演与实践中编创了"摇鼓"、"新式斗公鸡"、"跳步圆鼓"等新动作，充实丰富了怪村太平鼓的表演套路，使得表演更为生动活泼。她根据自己的实践经验绘制了太平鼓的图谱和乐谱，为太平鼓的传承和传播留下丰富的文字资料。

Ⅲ-2 秧歌（小红门地秧歌）

赵凤岭

（编号：04-1541），男，汉族，1946年10月生，北京市朝阳区。2011年6月，秧歌（小红门地秧歌）被列入第二批国家级非物质文化遗产扩展项目名录传统舞蹈类，项目编号Ⅲ-2。2012年12月，赵凤岭入选为第四批国家级非物质文化遗产项目代表性传承人，北京市朝阳区申报。赵凤岭出身于秧歌世家，其祖辈都从事小红门地秧歌花会表演。他8岁开始学艺、练习基本功，现为地秧歌第四代传承人、小红门地秧歌花会会首。赵凤岭熟悉地秧歌中每个角色的技艺特点和动作，是如今唯一会"全活"的地秧歌艺人。其表演融合了刚劲与巧劲、韧劲与艮劲。他较熟练且全面地掌握地秧歌中唱的部分，如今能通晓地秧歌演唱形式的艺人也已极少。他利用业余时间整理存世的秧歌词，并将其录制成音频文件。赵凤岭还撰写整理了地秧歌会的会规会礼，将秧歌会中的道具使用、服装穿戴、走会规矩用文字的方式保留下来。他带领地秧歌会多年来坚持每年到北京妙峰山朝顶表演以保证地秧歌的完整活态传承。他将地秧歌带进小红门中心小学的课堂，开展"民俗特色教育"，为地秧歌培养后继人才。侄子卢林是地秧歌第五代传承人，其孙子也已进入秧歌队表演。此外，他打破"传男不传女，传内不传外"的门规，招收4名女弟子。

Ⅲ-5 狮舞（白纸坊太狮）

杨敬伟

（编号：04-1549），男，汉族，1958年11月生，北京人。2008年6月，狮舞（白纸坊太狮）被列入第一批国家级非物质文化遗产扩展项目名录传统舞蹈类，项目编号Ⅲ-5。2012年12月，杨敬伟入选为第四批国家级非物质文化遗产项目代表性传承人，北京市申报。1984年，杨敬伟加入北京印钞公司舞狮队，从师刘德海师傅学习白纸坊太狮狮尾表演技艺，是白纸坊太狮第七代传人。白纸坊太狮的表演是由"狮头"和"狮尾"相互默契配合来完成的"双人"表演技艺，王建文（白纸坊太狮第三批国家级传承人）与他同时学艺，学习狮头表演技艺。他继承和发扬了白纸坊太狮凶猛、刚健、勇敢、神形兼备的特点，与狮头配合默契，其表演体现出白纸坊太狮"以形传神，动静相依"的特点，将白纸坊太狮的艺术特色刻画得活灵活现、细致入微。他参与北京印钞公司主持的《白纸坊太狮》史料专著的编写筹备、资料收集工作。1993年，杨敬伟协助传授舞狮表演技艺，现担任公司舞狮队教练员，培养了骨干狮尾演员二十多人。

Ⅲ-42 鼓舞（花钹大鼓）

高如常

（编号：04-1570），男，汉族，1945年2月，北京市昌平区小汤山镇后牛坊村人。2008年6月，鼓舞（花钹大鼓）被列入第二批国家级非物质文化遗产名录传统舞蹈类，项目编号Ⅲ-42。2012年12月，高如常入选为第四批国家级非物质文化遗产项目代表性传承人，北京市昌平区申报。高如常10岁开始随父亲学习花钹大鼓。其表演鼓、钹、舞同出一辙，声、情、貌高度统一，以情带舞，以舞传声，鼓带钹声，钹追鼓点，节奏明快，变化自然灵活，整套乐舞给人以轻松自由之感。弹颤动律步伐贯穿始终，轻盈洒脱奔放，自由欢畅，全场动作行云流水，一气呵成。其表演形式灵活多变，适应性较强，各套路在变化衔接中都能做到自然流畅、统一完整。2000年，他整理了一套"花钹大鼓"文字资料，记录了起源、展演、鼓谱、套路、服装、道具等方面的内容。在传承方面，他将花钹大鼓带进校园，培养青少年学员。2005年，他改变了传统口传心授的教学方法，用音乐鼓谱的方法进行传授，为花钹大鼓的传承进行了有益的尝试。

河北

Ⅲ-2 秧歌（昌黎地秧歌）

秦梦雨

（编号：04-1542），男，汉族，1938年10月生，河北省昌黎县十里铺乡张各庄村人。2006年5月，秧歌（昌黎地秧歌）被列入第一批国家级非物质文化遗产名录传统舞蹈类，项目编号Ⅲ-2。2012年12月，秦梦雨入选为第四批国家级非物质文化遗产项目代表性传承人，河北省昌黎县申报。秦梦雨出身于秧歌世家，14岁正式拜老艺人周国宝为师，学习昌黎地秧歌中传统经典曲目《跑驴》、《扑蝶》等的套路和动作。他擅长丑角，表演活灵活现，手眼呼应，表情自然，诙谐生动，且善于综合各种表演流派，在实践中不断丰富表演技巧，被推崇为丑行第一，是村里秧歌队主力。他将现实生活、生产劳动中的情节、场景和动作融入传统剧目，使得秧歌表演更具现代生活气息，给传统秧歌带来新的活力。代表作品有《跑驴》等。他组建"三星"秧歌队，已培养了几十名徒弟，现大多已成为秧歌队骨干。

山西

Ⅲ-7 傩舞（寿阳爱社）

韩富林

（编号：04-1557），男，汉族，1943年12月生，山西省寿阳县平头镇韩沟村人。2008年6月，傩舞（寿阳爱社）被列入第一批国家级非物质文化遗产扩展项目名录传统舞蹈类，项目编号Ⅲ-7。2012年12月，韩富林入选为第四批国家级非物质文化遗产项目代表性传承人，山西省寿阳县申报。寿阳爱社的整个表演既无唱词也无说白，伴奏仅有锣鼓而无丝弦，表演动作糅合了小洪拳的成分且具有程式性，无班社组织，表演具有群体性。韩富林与十余名韩沟村村民是如今仅存的能表演寿阳爱社的艺人，韩富林是寿阳爱社第六代传承人。爱社中鬼傩面具的制作工艺较为复杂，是古代民间傩舞道具工艺技术的绝活，只有韩富林一人掌握制作工艺。韩富林现培养了少量年轻人进行表演，但鬼傩面具的制作工艺目前尚无人愿意学习传承，濒临失传。

Ⅲ-9 高跷（高跷走兽）

段铁成

（编号：04-1561），男，汉族，1944年4月生，山西省稷山县清河镇阳城村人。2006年5月，高跷（高跷走兽）被列入第一批国家级非物质文化遗产名录传统舞蹈类，项目编号Ⅲ-9。2012年12月，段铁成入选为第四批国家级非物质文化遗产项目代表性传承人，山西省稷山县申报。段铁成自幼随父亲学习高跷走兽技艺，精通高跷走兽道具制作、化妆等技艺，是稷山县高跷走兽第六代传承人。他多年来致力于挖掘保护高跷走兽这一文化遗产，在走兽的制作、表演、伴奏等方面不断创新。2006年，在当地文化局的支持下，段铁成牵头组成了阳城庙会文艺理事会，组建了高跷走兽保护中心。自理事会成立以来，已参加各类演出一百余场，得到国内外一致好评，扩大了高跷走兽文化的影响力。他招收一批青年演员为徒，进行传、帮、带，使高跷走兽这一项目后继有人，不断传承。

Ⅲ-42 鼓舞（万荣花鼓）

王企仁

（编号：04-1571），男，汉族，1941年4月生，山西省万荣县南景村人。2011年6月，鼓舞（万荣花鼓）被列入第二批国家级非物质文化遗产扩展项目名录传统舞蹈类，项目编号Ⅲ-42。2012年12月，王企仁入选为第四批国家级非物质文化遗产项目代表性传承人，山西省万荣县申报。王企仁7岁起跟随同村两位长辈学习万荣花鼓，成年后开始四处表演，担任花鼓头儿，是万荣花鼓第十九代传人。其舞蹈动作奔放有力、热情活泼，其鼓点时如爆竹霹雳，时如雨点飞溅，极富节奏感，其表情生动自然。王企仁始终致力于万荣花鼓的传承和发扬，并为此进行了诸多尝试和努力。万荣花鼓原本有头鼓、胸鼓、腰鼓和脚骨，表演时一般为一人身负4—5个鼓。1964年，王企仁对花鼓进行创新，去掉胸鼓，增加了臂鼓和膝鼓，花鼓数量达到8个，使表演更有观赏性，减少了表演所需的人数。王企仁的创新花鼓被广泛学习，不少花鼓表演队伍因此存活下来。他将万荣花鼓编成健身操，免费教授给大家，扩大了花鼓的影响力。他已收2名入室弟子，并每周去南景小学教授花鼓传承课一次，为花鼓培养后继人才。

内蒙古

Ⅲ-57 查玛

道尔吉

（编号：04-1573），男，蒙古族，1937年10月生，内蒙古自治区阿拉善盟。2008年6月，查玛被列入第二批国家级非物质文化遗产名录传统舞蹈类，项目编号Ⅲ-57。2012年12月，道尔吉入选为第四批国家级非物质文化遗产项目代表性传承人，内蒙古自治区阿拉善盟申报。

辽宁

Ⅲ-4 龙舞（金州龙舞）

李成家

（编号：04-1543），男，汉族，1957年2月生，辽宁省大连市金州区友谊街道园艺村人。2008年6月，龙舞（金州龙舞）被列入第一批国家级非物质文化遗产扩展项目名录传统舞蹈类，项目编号Ⅲ-4。2012年12月，李成家入选为第四批国家级非物质文化遗产项目代表性传承人，辽宁省大连市金州区申报。李成家自幼喜爱龙舞，从师老艺人李田英学艺，是金州龙舞第七代传承人。1988年，李成家带领园艺村龙舞队进京演出，获得极大反响。为了将龙舞技艺传承下去，李成家集中整理一整套制作金州龙的资料，将制作龙的各个环节拍摄下来，保存整理。2007年，金州区第二幼儿园成为金州龙舞的传承基地，成为龙舞第十代传人。老师们拜李成家为师跟随他学习龙舞技艺，然后教授给小朋友，使得龙舞得以薪火相传。李成家的弟子有陈志远等。

上海

Ⅲ-5 狮舞（马桥手狮舞）

孙炳祥

（编号：04-1550），男，汉族，1931年8月生，上海市闵行区马桥村人。2011年6月，狮舞（马桥手狮舞）被列入第二批国家级非物质文化遗产扩展项目名录传统舞蹈类，项目编号Ⅲ-5。2012年12月，孙炳祥入选为第四批国家级非物质文化遗产项目代表性传承人，上海市闵行区申报。孙炳祥13岁跟随其表哥学习舞手狮和扎手狮技艺，同年参加元宵灯会舞狮表演。孙炳祥精通手狮舞的套路、动作，其表演活灵活现、自然生动，原汁原味地保留了传统手狮舞的表演方式，被誉为"狮王"。1983年，孙炳祥和其他多位艺人参加"振兴中华"火炬接力庆贺活动，表演手狮舞，引起轰动，后多次参加上海市文艺活动。1992年，赴北京参加全国民间民乐舞蹈比赛，表演《手狮舞》，荣获三等奖。代表作品有《手狮舞》、《云牌狮子灯》等。现退居幕后编排舞狮节目，教授年轻人制作手狮技艺。他已收马桥强恕学校的美术老师、体育老师等为徒，经由老师教给学生扎制手狮和舞手狮技艺。

江苏

Ⅲ-4 龙舞（骆山大龙）

杨木海

（编号：04-1544），男，汉族，1947年10月生，江苏省溧水县和凤镇骆山村人。2008年6月，龙舞（骆山大龙）被列入第一批国家级非物质文化遗产扩展项目名录传统舞蹈类，项目编号Ⅲ-4。2012年12月，杨木海入选为第四批国家级非物质文化遗产项目代表性传承人，江苏省溧水县申报。杨木海是骆山大龙第五代传人，他从11岁起，开始学习，并熟练掌握了骆山大龙扎制的各种技艺，以及骆山大龙的全套活动程序。在1983年、2005年两次恢复骆山大龙的工作中，杨木海都是骨干成员。2008年7月以来，杨木海接管骆山大龙传承的事务管理工作，并多方筹资建造了骆山大龙陈列馆，同时组织民间文艺队伍参加市县各类民间文艺表演。现任骆山村"龙委会"会长，"龙委会"是村民自发为舞大龙而组织的特定团体，是打造骆山大龙必不可少的组织，负责大龙的筹备、制作、乌龙活动等所有相关事宜。

浙江

Ⅲ-16 余杭滚灯

汪妙林

（编号：04-1563），男，汉族，1945年9月生，浙江省杭州市余杭区南苑街道西安村人。2006年5月，余杭滚灯被列入第一批国家级非物质文化遗产名录传统舞蹈类，项目编号Ⅲ-16。2012年12月，汪妙林入选为第四批国家级非物质文化遗产项目代表性传承人，浙江省杭州市余杭区申报。汪妙林出身于滚灯世家，其祖父、父亲都极擅长耍滚灯。受家庭环境影响，他自幼酷爱滚灯，师从父亲传承了各种滚灯招式，16岁起正式表演。其表演的滚灯跳法多样，有跳、滚、爬、窜、举、晃、转、旋等十多种，擅长"霸王举鼎"、"金球缠身"、"金猴戏球"、"旭日东升"、"蜘蛛吐丝"、"众星拱月"、"荷花争放"等传统动作，且能站在狭长的高凳上表演，动作惊险，变化多样。他义务教授由西安村村民组成的滚灯队队员滚灯表演技艺，担任滚灯队指导，促进余杭滚灯的推广普及。其子已传承其滚灯技艺，成为滚灯队骨干成员。

安徽

Ⅲ-6 花鼓灯（蚌埠花鼓灯）

石春彩

（编号：04-1556），男，汉族，1951年12月生，安徽省蚌埠市怀远县河溜镇莲花村人。2006年5月，花鼓灯（蚌埠花鼓灯）被列入第一批国家级非物质文化遗产名录传统舞蹈类，项目编号Ⅲ-6。2012年12月，石春彩入选为第四批国家级非物质文化遗产项目代表性传承人，安徽省蚌埠市申报。石春彩出身于花鼓灯世家，受环境熏陶，自幼酷爱花鼓灯。1962年，拜花鼓灯著名老艺人"小红鞋"杨再先（已故）为师，他天资聪颖，学艺刻苦，15岁时便崭露头角，在当地已小有名气，成为蚌埠花鼓灯第三代传承人，是目前为数不多的"男兰花"之一。他较全面地继承了师傅杨再先的艺术风格，同时也兼收并蓄，吸收不同流派舞蹈的表演风格，不断创新，技艺精湛、娴熟，舞姿优美、热情，表演情感强烈、自然质朴。他演唱的花鼓灯灯歌，调式丰富，委婉悠扬。代表作品有《小花场》、《歌唱党的好政策》等。1987年，他与其他老艺人在莲花村开办花鼓培训班，言传身教，已培养近百名学员。

Ⅲ-7 傩舞（祁门傩舞）

汪宣智

（编号：04-1558），男，汉族，1932年8月生，安徽省祁门县芦溪乡芦溪村人。2008年6月，傩舞（祁门傩舞）被列入第一批国家级非物质文化遗产扩展项目名录传统舞蹈类，项目编号Ⅲ-7。2012年12月，汪宣智入选为第四批国家级非物质文化遗产项目代表性传承人，安徽省祁门县申报。汪宣智 18 岁开始在傩舞班社学习表演，此后每年跟随班社到各地跳傩。他全面传承了老一辈的表演技艺，在此基础上，兼收并蓄，不断创新，是芦溪傩舞班第五代传承人之一。每年正月、腊月或农闲时，他在本村跳傩或外出巡回表演，主要饰"刘海"、"将军"、"牵狮"、"跳和合"等角色，曾多次参加市、县组织的重大节日庆典、民俗会演等活动，连续参加"祁门国际红茶节"、"民俗表演"、"文化遗产日"等大型纪念活动的傩舞表演展示。

福建

Ⅲ-7 傩舞（邵武傩舞）

龚茂发

（编号：04-1559），男，汉族，1935 年 9 月生，福建省邵武市大埠岗河源村人。2008 年 6 月，傩舞（邵武傩舞）被列入第一批国家级非物质文化遗产扩展项目名录传统舞蹈类，项目编号Ⅲ-7。2012 年 12 月，龚茂发入选为第四批国家级非物质文化遗产项目代表性传承人，福建省邵武市申报。龚茂发自幼喜爱邵武傩舞。1950 年，龚茂发拜邵武傩舞第二代传人龚青山为师学艺，全面完善地继承了邵武傩舞的精髓，是邵武傩舞第三代传承人。20 世纪 80 年代，他发起了跳傩活动，重新组建傩舞队，请村中老艺人对年轻傩舞艺人进行教授和指导，使河源村的傩舞活动得以恢复和发展。1990 年，参加全省民间艺术节，1997 年参加南平建市十周年庆典演出。其代表作有《跳番僧》、《跳八蛮》等。在他的大力倡导和影响下，目前已有 30 多名年青人加入傩舞队。他打破了"传男不传女"的传统，招收了一批女徒弟。

Ⅲ-12 泉州拍胸舞

郭金锁

（编号：04-1562），男，汉族，1940 年 10 月生，祖籍福建省泉州市南安官桥镇，现居福建省福州市。2006 年 5 月，泉州拍胸舞被列入第一批国家级非物质文化遗产名录传统舞蹈类，项目编号Ⅲ-12。2012 年 12 月，郭金锁入选为第四批国家级非物质文化遗产项目代表性传承人，福建省泉州市申报。郭金锁 7 岁起先后随民间艺人郭善、吴孝曾等多人学艺，掌握多种传统民间舞蹈，其拍胸舞集多家风格于一身。拍胸舞一套共有 4 种形式：游行式、田间割稻式、酒醉式和乞丐式。郭金锁是目前全国唯一一位全面掌握拍胸舞 4 种形式的民间艺人。其主要动作组合有"打八响"、"欢喜步"、"斗鸡步"、"雨来步"、"大人步"、"李铁拐"、"不倒翁"、"蜘蛛步"、"蟋蟀跳"等。曾在福建省歌舞团、福建艺术职业学院任职，现是福建师范大学的民间舞老师，国家二级演员。其子郭锋已继承父亲的拍胸舞，是郭家拍胸舞第二代传人。

江西

Ⅲ-5 狮舞（古陂蓆狮、犁狮）

谢达祥

（编号：04-1551），男，汉族，1936 年 7 月生，江西省信丰县古陂镇古陂村。2011 年 6 月，狮舞（古陂蓆狮、犁狮）被列入第二批国家级非物质文化遗产扩展项目名录传统舞蹈类，项目编号Ⅲ-5。2012 年 12 月，谢达祥入选为第四批国家级非物质文化遗产项目代表性传承人，江西省信丰县申报。谢达祥自幼喜爱传统蓆狮表演，13 岁开始参加舞狮，勤学苦练，逐渐成为村里舞狮能手。他精通蓆狮的舞蹈绝活儿，有丰富的表演经验。在他的努力传承和带领下，蓆狮表演在赣南地区产生较大影响力，经由他指导、教授的蓆狮表演弟子曾在第二届赣州国际脐橙节上表演，为蓆狮的传承与传播作出巨大贡献。目前，蓆狮传承情况不容乐观，谢达祥仅有谢达章一名徒弟。

Ⅲ-7 傩舞（婺源傩舞）

程金生

（编号：04-1560），男，汉族，1940年5月生，江西省婺源县秋口镇长径村人。2006年5月，傩舞（婺源傩舞）被列入第一批国家级非物质文化遗产名录传统舞蹈类，项目编号Ⅲ-7，由江西省婺源县申报。2012年12月，程金生入选为第四批国家级非物质文化遗产项目代表性传承人。长径村是婺源的傩文化保护小区，受村里浓郁的傩文化影响，程金生自幼喜爱观看并学习傩班表演。1960年，他正式学习傩舞，师从胡叙林、胡桂树、程仕金，同时，跟随查荣泉、全德师学习目连戏。此后每年他都随傩舞团到各地演出，积累了丰富的表演经验，技艺也日臻成熟。他的傩舞保留着古朴、粗犷、简练、夸张、形象、传神的独特风貌。代表作品有《开天辟地》、《丞相操兵》、《判官醉酒》、《后羿射日》等。1980年，程金生与胡振坤一起传艺，教授傩舞队年轻队员，其徒弟有汪树坤、何伯坤、程汉平、程观金、程小开等。

河南

Ⅲ-5 狮舞（小相狮舞）

李金土

（编号：04-1552），男，汉族，1958年1月生，河南省巩义市鲁庄镇小相村人。2008年6月，狮舞（小相狮舞）被列入第一批国家级非物质文化遗产扩展项目名录传统舞蹈类，项目编号Ⅲ-5。2012年12月，李金土入选为第四批国家级非物质文化遗产项目代表性传承人，河南省巩义市申报。小相狮舞被誉为"中原第一狮"。1982年李金土拜著名舞狮传人杨西轩为师，系统地学习了小相狮舞技艺，如地台、高台、桌子、仙人掌、牢杆等。2005年获河南省第二届民间艺术节特殊贡献奖。他现任巩义市鲁庄镇小相村狮鼓文化传播公司总经理，负责小相狮舞的各项事宜。

Ⅲ-5 狮舞（槐店文狮子）

李道海

（编号：04-1553），男，回族，1951年10月生，河南省沈丘县人。2008年6月，狮舞（槐店文狮子）被列入第一批国家级非物质文化遗产扩展项目名录传统舞蹈类，项目编号Ⅲ-5。2012年12月，李道海入选为第四批国家级非物质文化遗产项目代表性传承人，河南省沈丘县申报。1963年，李道海师从当地老艺人刘义生、李道凯、刘保光等，学习文狮子中"母狮舞"、"麒麟舞"、"独角虎舞"三种舞式，主攻麒麟舞的头舞，后又学习了狮舞及道具的制作。2006年，参加河南省第五届少数民族传统运动会，荣获二等奖。在周口、商丘、开封等地的演出中多次获奖，先后被多家媒体宣传报道。历任沈丘县回族文狮子文化协会副会长、会长职务，河南省非物质文化遗产（槐店文狮子）传习所负责人兼总教练。他先后已收六十余名徒弟，并举办不同形式的传习和培训，扩大文狮子舞的影响。

湖北

Ⅲ-4 龙舞 （地龙灯）

邓斌

（编号：04-1545），男，1932 年 9 月生，湖北省来凤县旧司乡板沙界村人。2011 年 6 月，龙舞（地龙灯）被列入第二批国家级非物质文化遗产扩展项目名录传统舞蹈类，项目编号Ⅲ-4。2012 年 12 月，邓斌入选为第四批国家级非物质文化遗产项目代表性传承人，湖北省来凤县申报。邓斌自幼随父亲跳梯玛（土家族宗教仪式的主持者，从事祭祀、婚丧礼仪、占卜等），可赤脚爬锋利的刀梯、裸身在碎玻璃上打滚、裸胸在刀尖上做高空盘旋动作，练就一身绝活儿，使得他在表演地龙灯的高巧技艺上几乎无人与之媲美。他自己出钱添置地龙灯演出所需的锣、鼓等乐器，自己雕刻龙头、缝制龙衣，并牵头组织表演活动，为地龙灯的传承、传播倾尽心力。他多次参加州县地龙灯表演，1986 年，由他主演的地龙灯在中央电视台《虎跃华年三楚乐》节目中播出，获得极大反响。2004 年，作为旧司乡代表参加武汉国际旅游节展演地龙灯绝技。他已培养六十多名年轻学员，现担任旧司乡少年地龙灯队教练。

湖南

Ⅲ-4 龙舞 （芷江孽龙）

田宗林

（编号：04-1546），男，1933 年 6 月生，湖南省芷江侗族自治县土桥乡富家团村人。2011 年 6 月，龙舞（芷江孽龙）被列入第二批国家级非物质文化遗产扩展项目名录传统舞蹈类，编号Ⅲ-4。2012 年 12 月，田宗林入选为第四批国家级非物质文化遗产项目代表性传承人，湖南省芷江侗族自治县申报。孽龙舞由一人舞龙、一人舞宝，表演空间大而灵活。田宗林自幼随父田师炯（已故世）学习舞龙、舞宝，和其搭档的田希佳（已故）是公认的舞龙、舞宝高手，舞遍整个芷江侗族地区。他技艺娴熟、精妙，将"龙"的精、气、神表达得淋漓尽致、活灵活现。芷江孽龙仅在田氏家族内传承，田宗林的弟子有田志军、田小东等。近些年田宗林也给孩子们传授技艺，希望孽龙舞能够重新发扬光大。

Ⅲ-4 龙舞 （城步吊龙）

丁志凡

（编号：04-1547），男，苗族，1937 年 10 月生，湖南省城步苗族自治县丹口镇下团村人。2011 年 6 月，龙舞（城步吊龙）被列入第二批国家级非物质文化遗产扩展项目名录传统舞蹈类，项目编号Ⅲ-4。2012 年 12 月，丁志凡入选为第四批国家级非物质文化遗产项目代表性传承人，湖南省城步苗族自治县申报。丁志凡出身于龙舞世家，其祖辈都是舞、扎吊龙的传人。受家庭环境影响，他自幼喜爱吊龙。17 岁开始跟随父亲正式学艺，很快掌握了整套舞龙技术，成为舞龙能手，擅长"横空出世"、"奋勇腾飞"、"双龙抢宝"等舞龙动作。20 岁时得父亲亲传舞吊龙时的所有祭祀程序，如出灯祭祀、收灯祭祀等，成为当时最年轻的舞龙师傅。在扎制吊龙方面，丁志凡在传统扎制技术基础上，不断创新，运用新型材料，使吊龙更加轻巧漂亮。同时，他设计了许多难度高、观赏性强的舞龙动作，为传统舞龙表演注入了新活力。1996 年，他与徒弟（本村村民）兰立校组建"下团苗乡飞龙队"，自筹资金扎制男女两条吊龙，每逢节庆便四处表演，扩大了城步吊龙的影响力。

Ⅲ-31 湘西土家族毛古斯舞

彭南京

（编号：04-1569），男，土家族，1942 年 6 月生，湖南省湘西土家族苗族自治州老土家乡靛房镇人。2006 年 5 月，湘西土家族毛古斯舞被列入第一批国家级非物质文化遗产名录传统舞蹈类，项目编号Ⅲ-31。2012 年 12 月，彭南京入选为第四批国家级非物质文化遗产项目代表性传承人，湖南省湘西土家族苗族自治州申报。彭南京能歌善舞，他表演的毛古斯舞内容丰富、表演独特，以其古拙、原始的舞蹈形象，博得专家学者及观众的一致好评。他还擅长土家摆手舞、咚咚喹等民间艺术。在继承方面他博采广集，走访民间艺人，集众人所长于一身，使之成为土家族民间文化的多面手。在发展方面，他积极组织当地民众开展土家族民间文化活动，他所在的石堤村，全方位地保留了土家毛古斯、摆手舞、打溜子、咚咚喹、土家梯玛、哭嫁歌、土家情歌等一系列民间文化。他还协助乡文化站在坡脚街上创办了"土家族实验艺术团"，培养了一批民间文化新秀。

Ⅲ-98 仗鼓舞（桑植仗鼓舞）

钟会龙

（编号：04-1584），男，白族，1932 年 5 月生，湖南省桑植县麦地坪白族乡麦地坪村人。2011 年 6 月，仗鼓舞（桑植仗鼓舞）入选为第三批国家级非物质文化遗产名录传统舞蹈类，项目编号Ⅲ-98。2012 年 12 月，钟会龙入选为第四批国家级非物质文化遗产项目代表性传承人，湖南省桑植县申报。1936 年起，钟会龙师从民间艺人钟朝锐、钟朝恩、钟良旭，掌握了桑植白族仗鼓舞原始套路"硬翻身、兔儿望月、霸王撒鞭、雄鹰展翅、狮子坐楼台"等"九九八十一"套路，后通过对麦地坪白族 700 多年的生产、生活习俗研究，以"倒丁字步"为步伐，将高难度的"四十八花枪"等武术动作融进传统舞蹈中，使仗鼓舞更加灵巧多变，是桑植县白族仗鼓舞的"活化石"。1984 年桑植白族乡成立后，他先后到马合口、洪家关、芙蓉桥等白族乡指导和跳仗鼓舞。同时，他还熟悉掌握桑植跳丧舞、花灯、傩舞等舞蹈的基本套路。其徒弟有钟耀群、钟彩香等。

广东

Ⅲ-4 龙舞（六坊云龙舞）

蔡沾权

（编号：04-1548），男，汉族，1934 年 5 月生，2013 年 6 月卒，广东省中山市人。2011 年 6 月，龙舞（六坊云龙舞）被列入第二批国家级非物质文化遗产扩展项目名录传统舞蹈类，项目编号Ⅲ-4。2012 年 12 月，蔡沾权入选为第四批国家级非物质文化遗产项目代表性传承人，广东省中山市申报。蔡沾权受舞云龙的叔父影响，自幼喜爱舞云龙表演。他 14 岁开始跟随村里的长辈到澳门舞云龙，熟练掌握了云龙舞的套路、动作，如"双珠出龙"、"双飞蝴蝶"、"团龙"等。他熟悉云龙舞的历史，对云龙舞的各样道具的制作和使用十分了解。1964 年到 21 世纪初，蔡沾权在六坊村担任会计，兼顾六坊云龙的收藏保管工作，始终致力于六坊云龙舞道具和资料的收集、整理、修复等工作。也向年轻人传授云龙的扎制技术和云龙舞的技艺，常年举办云龙舞培训班。

Ⅲ -5 狮舞（松岗七星狮舞）

文琰森

（编号：04-1554），男，汉族，1941 年 1 月生，广东省深圳市松岗山门村人。2011 年 6 月，狮舞（松岗七星狮舞）被列入第二批国家级非物质文化遗产扩展项目名录传统舞蹈类，项目编号Ⅲ -5。2012 年 12 月，文琰森入选为第四批国家级非物质文化遗产项目代表性传承人，广东省深圳市申报。文琰森的哥哥早年在醒狮团"打镲"，受哥哥的影响，他自幼酷爱狮舞表演。9 岁时拜七星狮舞传人焦贤为师，掌握了"七星狮舞"的各种套路和舞蹈动作，身怀"逗蛇"绝技，身型灵活、矫健，成为松岗七星狮舞的第二代传承人，被誉为"七星狮王"。2006 年，文琰森成立了"山门文琰醒狮训练社"，专授七星狮舞，已先后培训了三千多名弟子，已将七星狮舞传承了两代。此外，他在英国、荷兰和中国香港等国家和地区广收徒弟，其弟子文英纳1976 年在英国成立武馆并传教七星狮舞。

Ⅲ -54 蜈蚣舞

陈喜顺

（编号：04-1572），男，汉族，1952 年 10

月生，广东省汕头市澄海区西门社区人。2008 年 6 月，蜈蚣舞被列入第二批国家级非物质文化遗产名录传统舞蹈类，项目编号Ⅲ -54。2012 年 12 月，陈喜顺入选为第四批国家级非物质文化遗产项目代表性传承人，广东省汕头市澄海区申报。陈喜顺 10 岁起开始学习蜈蚣舞，是蜈蚣舞第五代传承人和掌门人，在当地被亲切地称为"蜈蚣头"。蜈蚣舞因抗日战争曾一度沉寂，1985 年，陈喜顺等人重新发起组织蜈蚣舞演出，在"蜈蚣"制作、表演方面都进行创新，为蜈蚣舞注入了新活力，如将"蜈蚣"体内用于照明发光的蜡烛改为光电，既让蜈蚣躯体伸缩自如，其身、脚、尾、眼又都能发光透亮，"蜈蚣"行走的姿态更为逼真，且更加色彩斑斓。此后，蜈蚣舞多次参加当地民俗节日和大型庆展活动。1997 年，西门社区居委因蜈蚣舞获"广东省民族民间艺术之乡"美誉，央视等媒体也曾多次拍摄蜈蚣舞演出盛况。但因蜈蚣舞阵容庞大，每次演出需 160—170 人，且费用开销大，加之人们的文化需求改变，蜈蚣舞的传承不容乐观。

Ⅲ -58 鹤舞（三灶鹤舞）

陈福炎

（编号：04-1574），男，汉族，1933 年 10 月生，广东省珠海市金湾区三灶镇海澄村人。2011 年 6 月，鹤舞（三灶鹤舞）被列入第二批国家级非物质文化遗产扩展项目名录传统舞蹈类，项目编号Ⅲ -58。2012 年 12 月，陈福炎入选为第四批国家级非物质文化遗产项目代表性传承人，广东省珠海市申报。陈福炎 6 岁开始接触鹤舞，16 岁正式跟随村中长辈学艺，同年开始登台演出。他精通"仙鹤"的制作技艺，有丰富的舞台经验，其表演自编歌舞二百余出，在当地广为传唱。参加 1995 年、2006 年两届珠海花草大巡游，并多次参加市民间艺术活动，多次获奖。在他的言传身教下，海澄村鹤舞队日益壮大，技艺不断提高。2008 年，三灶海澄小学开设鹤舞传承班，陈福炎亲自授课，为鹤舞培养后继人才。其亲传弟子有谭森荣等。他还打破"传男不传女"的旧俗，收邓爱珍等女徒弟。

广西

Ⅲ-26 铜鼓舞（田林瑶族铜鼓舞）

班点义

（编号：04-1568），男，瑶族，1948 年 7 月生，广西壮族自治区田林县潞城乡三瑶村人。2008 年 6 月，铜鼓舞（田林瑶族铜鼓舞）被列入第一批国家级非物质文化遗产扩展项目名录传统舞蹈类，项目编号Ⅲ-26。2012 年 12 月，班点义入选为第四批国家级非物质文化遗产项目代表性传承人，广西壮族自治区田林县申报。班点义自幼随父亲学习铜鼓舞，13 岁时继承父亲衣钵，保管铜鼓，主持铜鼓舞活动。1984 年，他率队参加南宁盘王节演出，得到中外专家学者和观众的高度评价；此后多次参加百色市、田林县、潞城乡等地组织铜鼓舞演出，是当地著名的民间老艺人，现为瑶怒屯的寨老和铜鼓舞传习师傅。2009 年起，被田林县政府聘为铜鼓舞技艺的传授教师，每年到县专业剧团传授铜鼓舞技艺 3 次以上，并教授本村中小学生学习铜鼓舞，对瑶族铜鼓舞的传承和传播作出了较大的贡献。

Ⅲ-60 瑶族长鼓舞（黄泥鼓舞）

盘振松

（编号：04-1575），男，瑶族，1944 年 9 月生，广西壮族自治区金秀瑶族自治县六巷乡下古陈屯人。2011 年 6 月，瑶族长鼓舞（黄泥鼓舞）被列入第二批国家级非物质文化遗产扩展项目名录传统舞蹈类，项目编号Ⅲ-60。2012 年 12 月，盘振松入选为第四批国家级非物质文化遗产项目代表性传承人，广西壮族自治区金秀瑶族自治县申报。盘振松自幼跟随父亲学习黄泥鼓舞，鼓艺精湛且精通黄泥鼓制作，远近闻名，是黄泥鼓第二十六代传人。1996 年，作为中国大陆唯一受邀演出团队，盘振松与两位黄泥鼓舞搭档，赴日本参加"民族艺人团"演出，广受关注与好评。黄泥鼓舞的歌词、动作依靠口耳相传、言传身教，为了将黄泥鼓舞更好地传承下去，盘振松完整地记录了"跳盘王"等曲目及舞蹈，手写成《跳盘王盘王书》一本。

海南

Ⅲ-101 老古舞

钟朝良

（编号：04-1585），男，黎族，1941 年 10 月生，海南省白沙黎族自治县。2011 年 6 月，老古舞被列入第三批国家级非物质文化遗产名录传统舞蹈类，项目编号Ⅲ-101。2012 年 12 月，钟朝良入选为第四批国家级非物质文化遗产项目代表性传承人，海南省白沙黎族自治县申报。

重庆

Ⅲ-5 狮舞（高台狮舞）

唐守益

（编号：04-1555），男，苗族，1942 年 9 月生，重庆市彭水苗族土家族自治县靛水乡古文村人。2011 年 6 月，狮舞（高台狮舞）被列入第二批国家级非物质文化遗产扩展项目名录传统舞蹈类，项目编号Ⅲ-5。2012年12月，唐守益入选为第四批国家级非物质文化遗产项目代表性传承人，重庆市彭水苗族土家族自治县申报。唐守益十几岁开始学习狮舞表演，有丰富的表演经验，精通高台狮舞的套路、动作，是彭水县著名狮舞师傅，其擅长套路动作有"蹬黄冬儿"、"黄龙缠腰"、"翻天印"、"钻圈"等。唐守益现为唐家班高台狮舞辈分最高的传人，常年主持唐家班事务，教授唐氏弟子近10人，同时打破高台狮舞"传内不传外"宗族传统，收外姓弟子王东平、毛峰、毛雪建等。此外，他将高台狮舞带进校园，培养多名在校青少年学生，为高台狮舞的传承与传播作出了巨大贡献。

Ⅲ-17 土家族摆手舞（酉阳摆手舞）

田景民

（编号：04-1564），男，土家族，1943年2月生，重庆市酉阳土家族苗族自治县可大乡客寨人。2008年6月，土家族摆手舞（酉阳摆手舞）被列入第一批国家级非物质文化遗产扩展项目名录传统舞蹈类，项目编号Ⅲ-17。2012年12月，田景民入选为第四批国家级非物质文化遗产项目代表性传承人，重庆市酉阳土家族苗族自治县申报。2012年，田景民参加国家级非物质文化遗产代表性传承人学徒技艺大赛，他表演的《土家族摆手舞》获二等奖。

四川

Ⅲ-66 得荣学羌

格玛次仁

（编号：04-1576），男，藏族，1930年10月生，四川省得荣县人。2008年6月，得荣学羌被列入第二批国家级非物质文化遗产名录传统舞蹈类，项目编号Ⅲ-66。2012年12月，格玛次仁入选为第四批国家级非物质文化遗产项目代表性传承人，四川省得荣县申报。

云南

Ⅲ-25 木鼓舞（沧源佤族木鼓舞）

陈改保

（编号：04-1567），男，佤族，1939年5月生，云南省沧源佤族自治县岩帅镇建设村人。2006年5月，木鼓舞（沧源佤族木鼓舞）被列入第一批国家级非物质文化遗产名录传统舞蹈类，项目编号Ⅲ-25。2012年12月，陈改保入选为第四批国家级非物质文化遗产项目代表性传承人，云南省沧源佤族自治县申报。佤族木鼓被佤族人民认为是通天神器，木鼓舞是祭祀木鼓的时候所跳的一种舞蹈，其舞蹈粗犷狂野、热情奔放。陈改保出身于佤族木鼓世家，他家世代都是主持木鼓祭祀活动的传承人，木鼓祭祀传承到他已有28代。他精通木鼓的音乐、舞蹈，并熟练掌握木鼓祭祀的程式、套路等，保留着佤族木鼓舞的原始风貌。

Ⅲ-76 纳西族热美蹉

和振强

（编号：04-1577），男，纳西族，1938年2月生，云南省丽江市古城区。2008年6月，纳西族热美蹉被列入第二批国家级非物质文化遗产名录传统舞蹈类，项目编号Ⅲ-76。2012年12月，和振强入选为第四批国家级非物质文化遗产项目代表性传承人，云南省丽江市古城区申报。

Ⅲ-103 棕扇舞

龙正福

（编号：04-1586），男，哈尼族，1943年9月生，云南省元江哈尼族彝族傣族自治县西竜村人。2011年6月，棕扇舞入选为第三批国家级非物质文化遗产名录传统舞蹈类，项目编号Ⅲ-103。2012年12月，龙正福入选为第四批国家级非物质文化遗产项目代表性传承人，云南省元江哈尼族彝族傣族自治县申报。龙正福11岁时开始跟随父亲学习棕扇舞，在同辈的学习者中，仅龙正福能熟练掌握棕扇舞全部基本动作。棕扇舞动作拙朴厚重、风趣，并具有一定的技巧性，独特而优美。其擅长舞蹈动作有"猴子搂腰"、"老鹰拍翅膀"等十多套。在传承过程中，龙正福结合当地的哈尼族文化特点，对舞蹈动作进行反复推敲和改进，融入了自身的风格特点，使棕扇舞更具观赏性和趣味性。棕扇舞的主要传承方式为师徒之间的口传心授。龙正福将棕扇舞传给他的儿女，力图将棕扇舞一代一代传承下去。

西藏

Ⅲ-22 羌姆（拉康加羌姆）

白玛群久

（编号：04-1565），男，藏族，1941年4月生，西藏自治区洛扎县人。2011年6月，羌姆（拉康加羌姆）被列入第二批国家级非物质文化遗产扩展项目名录传统舞蹈类，项目编号Ⅲ-22。2012年12月，白玛群久入选为第四批国家级非物质文化遗产项目代表性传承人，西藏自治区洛扎县申报。

Ⅲ-22 羌姆（曲德寺阿羌姆）

土旦群培

（编号：04-1566），男，藏族，1969年6月生，西藏自治区贡嘎县人。2011年6月，羌姆（曲德寺阿羌姆）被列入第二批国家级非物质文化遗产扩展项目名录传统舞蹈类，项目编号Ⅲ-22。2012年12月，土旦群培入选为第四批国家级非物质文化遗产项目代表性传承人，西藏自治区贡嘎县申报。

Ⅲ-80 宣舞（普堆巴宣舞）

罗杰

（编号：04-1578），男，1945年1月生，西藏自治区墨竹工卡县直孔人。2008年6月，宣舞（普堆巴宣舞）被列入第二批国家级非物质文化遗产名录传统舞蹈类，项目编号Ⅲ-80。2012年12月，罗杰入选为第四批国家级非物质文化遗产项目代表性传承人，西藏自治区墨竹工卡县申报。罗杰自幼喜爱普堆巴宣舞。20世纪80年开始，罗杰先后跟随直孔宣文化传承人强卓、桑旦、德吉卓玛等人学习研究直孔宣文化，对民间文学、民间歌舞、敬酒歌、民间谚语等多个领域进行了学习。几十年来，罗杰深入民间，收集整理材料，并做了相关记录，整理出一套直孔普堆巴宣舞原生态歌词、习俗的完整资料——《普堆巴宣》。2005年，墨竹工卡县委宣传部组织相关部门启动了宣文化的拯救和保护工作，罗杰担任主要负责人。他退休后致力于教授宣舞，他的女儿已成为宣舞佼佼者。

Ⅲ-81 拉萨囊玛

洛布曲珍

（编号：04-1579），女，藏族，1935年9月生，

西藏自治区拉萨市人。2008 年 6 月，拉萨囊玛被列入第二批国家级非物质文化遗产名录传统舞蹈类，项目编号Ⅲ -81。2012 年 12 月，洛布曲珍入选为第四批国家级非物质文化遗产项目代表性传承人，西藏自治区拉萨市申报。

Ⅲ -85 嘎尔

扎西次仁

（编号: 04-1580），男，藏族，1942 年 1 月生，西藏自治区人。2008 年 6 月，嘎尔被列入第二批国家级非物质文化遗产名录传统舞蹈类，项目编号Ⅲ -85。2012 年 12 月，扎西次仁入选为第四批国家级非物质文化遗产项目代表性传承人，西藏自治区申报。其代表作有《扎啦西巴》、《曲廓拉萨》等。

Ⅲ -88 旦嘎甲谐

扎西

（编号: 04-1581），男，藏族，1952 年 1 月生，西藏自治区日喀则地区萨嘎县旦嘎乡萨当村人。2008 年 6 月，旦嘎甲谐被列入第二批国家级非物质文化遗产名录传统舞蹈类，项目编号Ⅲ -88。2012 年 12 月，扎西入选为第四批国家级非物质文化遗产项目代表性传承人，西藏自治区萨嘎县申报。扎西是旦嘎甲谐的第六代传承人，担任旦嘎甲谐领舞，舞蹈动作粗犷、豪放，显示出藏民族彪悍、勇敢的性格特征，充满了原生态的美感。旦嘎甲谐经口耳相传、代代相承，在内容和形式上基本保持了原汁原味。随着文化产业的开发，旦嘎甲谐的演出机会逐渐增多，扎西等村民曾赴日喀则、拉萨等地表演旦嘎甲谐，2010 年，赴北京在天安门广场进行表演，扩大了旦嘎甲谐的影响力。

Ⅲ -105 协荣仲孜

桑珠

（编号: 04-1587），男，藏族，1959 年 4 月生，西藏自治区曲水县协荣村人。2011 年 6 月，协荣仲孜入选为第三批国家级非物质文化遗产名录传统舞蹈类，项目编号Ⅲ -105。2012 年 12 月，桑珠入选为第四批国家级非物质文化遗产项目代表性传承人，西藏自治区曲水县申报。桑珠是协荣仲孜（野牦牛舞）第七代传人，其舞蹈步法古朴，唱腔独特。协荣村已招收 20 多位年轻人学习协荣仲孜，由桑珠亲自传授技艺，力图将协荣仲孜代代传承下去。

甘肃

Ⅲ -108 巴当舞

杨景艳

（编号: 04-1588），男，汉族，1951 年 1 月生，甘肃省岷县人。2011 年 6 月，巴当舞被列入第三批国家级非物质文化遗产名录传统舞蹈类，项目编号Ⅲ -108。2012 年 12 月，杨景艳入选为第四批国家级非物质文化遗产项目代表性传承人，甘肃省岷县申报。

青海

Ⅲ -92 藏族螭鼓舞

道吉才让

（编号: 04-1582），男，藏族，1962 年 4 月生，青海省循化撒哈拉族自治县人。2008 年

6月，藏族螭鼓舞被列入第二批国家级非物质文化遗产名录传统舞蹈类，项目编号Ⅲ-92。2012年12月，道吉才让入选为第四批国家级非物质文化遗产项目代表性传承人，青海省循化撒哈拉族自治县申报。

新疆

Ⅲ-96 赛乃姆（库车赛乃姆）

那斯尔·奴苏尔

（编号：04-1583），男，维吾尔族，1932年12月生，新疆维吾尔自治区库车县人。2011年6月，赛乃姆（库车赛乃姆）被列入第二批国家级非物质文化遗产扩展项目名录传统舞蹈类，项目编号Ⅲ-96。2012年12月，那斯尔·奴苏尔入选为第四批国家级非物质文化遗产项目代表性传承人，新疆维吾尔自治区库车县申报。

传统戏剧

第二批国家级非物质文化遗产项目代表性传承人

中央

Ⅳ-28 京剧

李世济

女，汉族，1933年5月生于苏州，长于上海。2010年11月，京剧入选"人类非物质文化遗产代表作名录"。2006年5月，京剧被列入第一批国家级非物质文化遗产名录传统戏剧类，项目编号Ⅳ-28。2008年2月，李世济入选为第二批国家级非物质文化遗产项目代表性传承人，中国京剧院申报。李世济为国家一级演员，工青衣，京剧大师程砚秋义女，程派艺术传人中的杰出代表。李世济在程派的基础上形成了自己独有的风格，表演人物声情并茂，善于细致刻画人物。她的韵味醇厚，唱腔委婉圆润，情真意切，动听感人，以情带声，以声传情。在继承程派的基础上，将程腔大众化、普及化，更能为当代观众所欣赏，给程腔增加了新的活力，被很多人称为"新程派"。2008年获第七届造型表演艺术成就奖；2011年荣获终身艺术成就奖。代表剧目《文姬归汉》、《锁麟囊》、《英台抗婚》、《梅妃》、《陈三两》、《武则天轶事》等，以及现代剧《党的女儿》、《南方来信》、《刘三姐》等。其弟子有王学勤、刘桂娟、李海燕、吕洋、隋晓庆等。

张春华

原名张士铭，男，汉族，1924年12月生，天津人。2010年11月，京剧入选"人类非物质文化遗产代表作名录"。2006年5月，京剧被列入第一批国家级非物质文化遗产名录传统戏剧类，项目编号Ⅳ-28。2008年2月，张春华入选为第二批国家级非物质文化遗产项目代表性传承人，中国京剧院申报。张春华10岁入天津稽古社科班学戏，工丑角和武生，得娄廷玉、丁秉春等传授，并得尚和玉指点。1943年拜叶盛章先生为师，是叶派武丑的主要继承人。他幼功扎实，技艺精湛，台风光彩照人，允文善武，在表演中以技艺塑造人物，擅长设计武打动作。他一方面继承和革新传统戏，另一方面也致力于新剧目的设计编创，创树了"敏捷、矫健、迅疾、火爆、脆快、俊秀、亲切、热情"的表演艺术风格。1951年，他赴德参加第三届世界青年联欢节，以哑剧形式参赛，主演《三岔口》，获表演一等奖；1952年他参加第一届全国戏曲观摩演出，获演员一等奖；还曾获得国家造型表演艺术创作研究基金理事会颁发的表演艺术成就奖。代表剧目有《三岔口》、《盗银壶》、《打瓜园》、《时迁偷鸡》等。传人为孙绍东、骆焕友、严庆谷、石晓亮、年金鹏等。

刘秀荣

女，汉族，1935年8月生，北京人。2010年11月，京剧入选"人类非物质文化遗产代表作名录"。2006年5月，京剧被列入第一批国家级非物质文化遗产名录传统戏剧类，项目编号Ⅳ-28。2008年2月，刘秀荣入选为第二批国家级非物质文化遗产项目代表性传承人，中国京剧院申报。刘秀荣是京剧王派传人，工旦角。1947年，她进入北平四维戏剧学校学习，排名维蔓；1949年后转入中国戏曲学校。1952年，拜王瑶卿为师，是王瑶卿晚年最得意的弟子，被公认为是王派艺术最好的传人。她在认真继承王派艺术的基础上，注意博采众长，创造了更多的新角色，既保持了王瑶卿唱念的特点，也以她甜亮宽润的嗓音，创造出擒纵自如、长短中度的美妙唱念，她形成了自己的奔逸壮丽、刚健遒劲的艺术风格。刘秀荣有深厚的基本功，掌握各种高难度的技术、技巧，善于准确地表现出人物的性格、思想、感情。代表剧目有《秋江》、《合玉镯》、《穆桂英》、《孔雀东南飞》、《万里缘》、《玉堂春》等。传人有马佳、马永臣和王艳等。

刘长瑜

原名周长瑜，女，汉族，1942年1月生，江苏省无锡市人，生于北京。2010年11月，京剧入选"人类非物质文化遗产代表作名录"。2006年5月，京剧被列入第一批国家级非物质文化遗产名录传统戏剧类，项目编号Ⅳ-28。2008年2月，刘长瑜入选为第二批国家级非物质文化遗产项目代表性传承人，中国京剧院申报。刘长瑜为国家一级演员。1951年至1959年在中国戏曲学校学习京剧表演艺术，曾受教于筱翠花、华慧麟、雪艳琴、赵桐珊等名家；1958年拜荀慧生为师，工青衣、花旦、刀马旦，尤擅花旦，是荀派传人。她扮相俊美，嗓音清脆，吐字明快，表演真切，同时善于博采众长，广泛吸收，形成独具特色的表演风格。将众多观众熟悉的戏剧人物进行重新塑造，赋予新鲜的生命力。获首届中国戏剧梅花奖，1992年获中国唱片总公司颁发的金唱片奖。1993年获"梅兰芳金奖大赛"（旦角组）金奖，是新时期京剧"八大名旦"之首。其成名作是《卖水》，代表剧目还有《春草闯堂》、《红灯记》、《红灯照》、《燕燕》、《玉树后庭花》等。她的传人有耿巧云、吕慧敏、管波、张佳春等。

李金泉

原名李景泉，男，汉族，1920年生，2012年1月卒，北京人。2010年11月，京剧入选"人类非物质文化遗产代表作名录"。2006年5月，京剧被列入第一批国家级非物质文化遗产名录传统戏剧类，项目编号Ⅳ-28。2008年2月，李金泉入选为第二批国家级非物质文化遗产项目代表性传

承人，中国京剧院申报。李金泉13岁入中华戏曲专科学校，为金字科学生，初学老生，后改老旦，受教于文亮臣、徐寿祺、孙甫亭、刘俊峰、时青山等，具有深厚的基本功。1942年，李金泉拜李多奎为师，得其真传。李金泉远学龚（云甫）派，近学李（多奎）派，兼收两家之长。他还曾向昆曲名家曹心泉学过昆曲，善于自己设计新腔，几乎所有他主演的戏都由自己设计唱腔。他的嗓音行腔高亮清冽，圆润甜脆，韵味醇厚，既具有龚派的"衰音"、"娇音"、"脆音"，又具备李派的"宽音"、"醇音"、"苍音"、"涩音"，逐步创立了以激越醇厚、细腻委婉、清新俏丽、声情并茂的老旦新李派。代表剧目有《钓金龟》、《遇后龙袍》、《太君辞朝》、《三关宴》、《岳母刺字》等。其传人有赵葆秀、王梦云、王晶华、王晓临、刘莉莉、郭跃进、袁慧琴、温娜、郑子茹等。

杜近芳

女，汉族，1932年生，北京人。2010年11月，京剧入选"人类非物质文化遗产代表作名录"。2006年5月，京剧被列入第一批国家级非物质文化遗产名录传统戏剧类，项目编号Ⅳ-28。2008年2月，杜近芳入选为第二批国家级非物质文化遗产项目代表性传承人，中国京剧院申报。杜近芳自幼随京剧名家律佩芳学习青衣，也曾受陈世鼎、刘玉芳等指教。1948年，她拜王瑶卿为师，后又拜梅兰芳为师。杜近芳的艺术风格兼融梅（兰芳）、王（瑶卿），且有自己的创造，既有婀娜娇艳之美，又具刚劲坚实之力。她的演唱音色甜美、圆润清醇，真假声结合，以声传情；吐字清晰，善于控制气息、音量和节奏；舞台形象秀丽典雅，刻画人物栩栩如生。她除擅演诸多梅派剧目外，还有许多独有剧目，如《柳荫记》、《白蛇传》、《桃花扇》、《玉簪记》、《佘赛花》、《满江红》、《白毛女》、《红色娘子军》等，《野猪林》更被称为是"传世经典"。杜近芳因首创京剧旦角的科学女性发

声方法，并将人物心境与京剧传统的象征性动作有机结合，为京剧的程式动作赋予新的生命，2004 年她荣获第三届（造型）表演艺术终身成就奖。其亲传弟子有丁晓君、窦晓璇、黄孝慈、陈淑芳、李洁、李经文等。

杨秋玲

女，汉族，1937 年生，2009 年 9 月卒，北京人。2010 年 11 月，京剧入选"人类非物质文化遗产代表作名录"。2006 年 5 月，京剧被列入第一批国家级非物质文化遗产名录传统戏剧类，项目编号Ⅳ-28。2008 年 2 月，杨秋玲入选为第二批国家级非物质文化遗产项目代表性传承人，中国京剧院申报。1950 年杨秋玲进入中国戏曲学校学习，得王瑶卿、程砚秋、华慧麟、赵桐珊等授艺，工青衣、花衫、刀马旦，后拜梅兰芳为师。她扮相端庄，嗓音宽亮，功夫扎实，技艺全面，唱、念、做、打俱佳，青衣、花衫、刀马旦兼长；既潜心致力于梅派表演艺术，嗓音、扮相、表演、吐字皆具梅大师风韵，又博采众长，兼长"尚派"，兼收并蓄，不拘成套，自成含蓄蕴藉、稳重大方的艺术风格。代表剧目有《杨门女将》、《满江红》、《宇宙锋》、《凤还巢》、《奇双会》、《龙女牧羊》，及现代京剧《潇湘夜雨》、《红灯照》等。《杨门女将》成为京剧艺术领域里程碑式的作品，至今在京剧舞台上焕发着常演常新的艺术魅力，她也因此被誉为"小梅兰芳"。其传人有董圆圆、张馨月、潘欣等。

北京

Ⅳ-1 昆曲

侯少奎

男，汉族，1939 年 1 月生，祖籍河北省玉田县，现居北京市。2001 年 5 月，昆曲被联合国教科文组织列为第一批"人类口述和非物质遗产代表作"。2006 年 5 月，昆曲被列入第一批国家级非物质文化遗产名录传统戏剧类，项目编号Ⅳ-1。2008 年 2 月，侯少奎入选为第二批国家级非物质文化遗产项目代表性传承人，北京市申报。侯少奎为国家一级演员。出身于梨园世家，其祖父侯益才是著名昆剧演员，其父亲侯永奎是京剧、昆剧表演艺术家。侯少奎 1956 年开始学习昆曲表演艺术，1957 年进入北方昆曲剧院工作，师承其父侯永奎及侯炳武、傅德威、赵松想、王瑞芝，主攻武生，兼红净和武生勾脸戏。其扮相魁梧、豪迈、英武，嗓音高亢，吐字清晰，韵味纯正。由于其家门四代嫡宗传承昆曲，其表演剧目在百年传承中形成了系统、规范和完整的侯派昆曲武生艺术风格。1985 年，获第二届中国戏剧梅花奖。代表剧目有《节振国》、《红灯记》、《林冲夜奔》、《单刀会》等。其徒弟有杨帆、唐珲等。

杨凤一

女，汉族，1962 年生，祖籍山东省青岛市，现居北京市。2001 年 5 月，昆曲被联合国教科文组织列为第一批"人类口述和非物质遗产代表作"。2006 年 5 月，昆曲被列入第一批国家级非物质文化遗产名录传统戏剧类，项目编号Ⅳ-1。2008 年 2 月，杨凤一入选为第二批国家级非物质文化遗产项目代表性传承人，北京市申报。杨凤一为国家一级演员。1973 年考入中国戏曲学院，师从李金鸿、荀令香、谢锐青、张正芳、吴吟秋等名家，主攻京剧刀马旦。1982 年调入北方昆曲剧院，拜侯玉山、马祥麟、吴祥珍、孔昭、蔡瑶铣、张敦义等为师学习昆曲表演技巧，打下了扎实的专业基础，唱、念、做、打俱佳，以武旦应工。曾获第十二届梅花奖、第四届中国戏剧节优秀表演奖。2006 年，杨凤一获意大利佛罗伦萨妇女国际奖，成为获得该奖的首位亚洲人。代表剧目有《天罡阵》、《挡马》、《村姑小姐》、《借扇》、《百花公主》等。杨凤一现任北方昆剧院院长，注重培养青年演员，在她的推荐及扶持下，北方昆曲剧院有3位青年演员先后获得中国戏剧梅花奖。

Ⅳ -28 京剧

谭元寿

男，汉族，1928年11月生，祖籍武汉江夏，现居北京。2010年11月，京剧入选"人类非物质文化遗产代表作名录"。2006年5月，京剧被列入第一批国家级非物质文化遗产名录传统戏剧类，项目编号Ⅳ 28。2008年2月，谭元寿入选为第二批国家级非物质文化遗产项目代表性传承人，北京市申报。其曾祖父谭鑫培为京剧老生谭派创始人，祖父谭小培、父亲谭富英均继承谭派。谭元寿6岁学戏，7岁登台。1938年，10岁的谭元寿入富连成第六科坐科，艺名元寿，先后师从雷喜福、张连福、王连平、茹富兰、刘盛通等，受到严格的基本功训练。1945年结束科班生活。出科后由祖父谭小培、父亲谭富英、舅父宋继亭亲传谭派、余派剧目，后又拜李少春先生为师，并得亲传《狮子楼》等戏。他向高盛麟先生学习《连环套》等戏，向马连良先生学习《广泰庄》等戏，其戏路极宽，能戏极多。他嗓音高亢，功底扎实，文武兼备，较全面地继承了谭派的艺术风格，是谭派第五代掌门人。其代表作有《定军山》、《南阳关》、《桑园寄子》、《问樵闹府》等。1964年在现代戏《沙家浜》中饰演郭建光，颇有创造。其长子谭孝曾是谭派第六代传人，孙子谭正岩为谭派的第七代传人，其入室弟子有韩胜存、姚中文、王平、张学治等。

梅葆玖

男，汉族，1934年3月生，祖籍上海，现居北京。2010年11月，京剧入选"人类非物质文化遗产代表作名录"。2006年5月，京剧被列入第一批国家级非物质文化遗产名录传统戏剧类，项目编号Ⅳ -28。2008年2月，梅葆玖入选为第二批国家级非物质文化遗产项目代表性传承人，北京市申报。梅葆玖的父亲是京剧艺术大师梅兰芳。他10岁开始学艺，13岁正式登台。其启蒙教师是王瑶卿之侄王幼卿先生，后又向陶玉芝先生学习《穆柯寨》、《虹霓关》等武功及刀马旦戏，包括打把子、小武套等基本功。此外，他还师从南昆名青衣花旦朱传茗先生学习《游园惊梦》等昆曲。他后又师从朱琴心先生学习花旦。18岁始与其父同台演出。其在"文革"前常演剧目有《苏三起解》、《玉堂春》等梅派京昆剧目，"文革"后常演《霸王别姬》、《贵妃醉酒》、《穆桂英挂帅》等梅派经典剧目。梅葆玖嗓音甜美圆润，唱念字真韵美，表演端庄大方，艺术精湛，在青衣、花衫、刀马旦、昆曲等诸行当技艺方面，均有较高造诣。梅葆玖现任梅兰芳京剧团团长，北京梅兰芳基金会会长，同时也是全国政协委员。他现有36位弟子，培养了李胜素、董圆圆、张晶、张馨月、田慧、肖迪等优秀梅派后学，其中胡文阁是其唯一的男旦弟子。

孙毓敏

女，汉族，1940年1月生，祖籍上海，现居北京。2010年11月，京剧入选"人类非物质文化遗产代表作名录"。2006年5月，京剧被列入第一批国家级非物质文化遗产名录传统戏剧类，项目编号Ⅳ -28。2008年2月，孙毓敏入选为第二批国家级非物质文化遗产项目代表性传承人，北京市申报。孙毓敏8岁学戏，同年第一次参加演出。10岁孙毓敏考入北京市艺培戏曲学校。她初习花旦，后学武旦，先后师从李金鸿和赵绮霞。1953年孙毓敏转入北京戏曲学校，师从张君秋学《望江亭》等戏。1959年孙毓敏毕业后分配到荀慧生剧团，拜荀慧生先生为师，演出《红娘》等荀派戏。1963 年她调入梅兰芳剧团，学习了《西施》等梅派剧目。代表剧目有《打焦赞》、《贵妃醉酒》、《思凡》、《秋江》、《天女散花》、《白蛇传》、《蝴蝶杯》、《红娘》、《红楼二尤》、《玉堂春》、《杜十娘》、《荀灌娘》、《西施》等。著述有《荀派艺术语言特色》等。1991 年她担任北京戏曲艺术学校（现已升格为北京戏曲艺术职业学院）校长，现已退休，为该校名誉校长。她先后荣获第二届中国戏剧梅花奖，首届梅兰芳金奖等，并担任全国政协委员、中国剧作家协会理事、北京京昆协会会长等职务。其入室弟子达 100 多人，唐禾香、常秋月、熊明霞、李静、陈扬、许翠等都是她的得意门生。

赵燕侠

女，汉族，1928 年 3 月生，祖籍天津武清县大三庄，现居北京。2010 年 11 月，京剧入选"人类非物质文化遗产代表作名录"。2006 年 5 月，京剧被列入第一批国家级非物质文化遗产名录传统戏剧类，项目编号Ⅳ -28。2008 年 2 月，赵燕侠入选为第二批国家级非物质文化遗产项目代表性传承人，北京市申报。赵燕侠的祖父赵广义工京剧小生，父亲赵庆祥，艺名赵筱楼，工京剧武生。她自幼练功学艺，7 岁随父登台，14 岁拜诸茹香为师学艺。后拜李凌枫、荀慧生、褚玉香、何佩华等名家为师学习青衣、花旦。15 岁演出《十三妹》（与侯喜瑞合演）等，开始在京剧舞台崭露头角。1947 年，赵燕侠组建"燕鸣社"，其代表作有《红娘》、《玉堂春》等。新中国成立后，"燕鸣社"改名"燕鸣京剧团"，后于 1960 年并入北京京剧团，赵燕侠任副团长。1964 年，赵燕侠主演现代京剧《芦荡火种》（即《沙家浜》），成功塑造了阿庆嫂的艺术形象。她戏路宽，做戏洒脱，唱腔悠扬婉转，念白清脆甜亮，咬字清晰，并结合个人条件，大胆突破。1979 年，赵燕侠任北京京剧团一团团长。

她的著述有《燕舞梨园》、《我的舞台生涯》等，曾任第六届全国人大代表，并荣获全国文联颁发的"表演艺术成就奖"。其弟子有女儿张雏燕，以及吴昊颐、朱虹等。

李维康

女，汉族，1947 年 2 月生，祖籍北京，现居北京。2010 年 11 月，京剧入选"人类非物质文化遗产代表作名录"。2006 年 5 月，京剧被列入第一批国家级非物质文化遗产名录传统戏剧类，项目编号Ⅳ -28。2008 年 2 月，李维康入选为第二批国家级非物质文化遗产项目代表性传承人，北京市申报。1958 年，11 岁的李维康考入中国戏曲学校，14 岁登台，师承程玉菁、华慧麟、赵桐珊、李香匀、雪艳琴、荀令香等名家。1966 年毕业后进入中国京剧院任主演，1977 年在新编戏《蝶恋花》中饰演杨开慧，获得巨大成功。她扮相端庄，台风大方，嗓音宽亮甜美，熔梅、程、张等流派的声腔艺术于一炉，借鉴地方戏曲与歌曲的演唱方法，根据自身条件，兼收并蓄，以情带唱，逐步形成自己的演唱风格。代表作有《霸王别姬》、《秦香莲》、《红灯记》、《红色娘子军》等。她是首届中国戏剧梅花奖得主，1993 年获梅兰芳金奖大赛旦角组金奖。20 世纪 80 年代初至 90 年代曾担任中国京剧院二团团长，曾是全国人大代表和全国政协委员，现任中国文联副主席、中国剧协副主席职务。她是中国戏曲学院资深教授，桃李遍天下，但她自己不收徒弟。

叶少兰

男，汉族，1947 年 2 月生，祖籍安徽太湖，现居北京。2010 年 11 月，京剧入选"人类非物质文化遗产代表作名录"。2006 年 5 月，京剧被列入第一批国家级非物质文化遗产名录传统戏剧类，项目编号Ⅳ -28。2008 年 2 月，叶少兰入选为第二批国家级非物质文化遗产项目代表性传承人，北京市申报。叶少兰出身于梨园世家，父亲为京剧"叶派"小生创始人叶盛兰，姑父是著名京剧文武小生茹富兰。他7岁开始随父亲和姑父学艺，1952年考入中国实验戏剧学校，学文武小生，曾得姜妙香、萧连芳、陈盛泰、阎庆林等传授。1963年拜俞振飞为师。1965年，进入中央戏剧学院导演系进修班学习。他嗓音宽亮，文武兼长，擅演翎子生、武小生、官生、扇子生，其声腔刚柔相济、韵味醇厚、委婉细腻、悦耳动听。大、小嗓运用自如、和谐，过渡不露痕迹，具宽厚圆润、明亮优美之特色。在继承的基础上把京剧小生的表演和声腔艺术推到了一个新的高峰。代表剧目有《群英会》、《临江会》、《吕布与貂蝉》、《群英会》、《罗成叫关》、《周仁献嫂》等。首届梅花奖获得者，中国人民解放军少将军衔。1999年获得美国美华艺术中心授予的终身成就奖。其弟子包括李宏图、江其虎、宋小川等。

王金璐

男，汉族，1919年11月生，祖籍北京，现居北京。2010年11月，京剧入选"人类非物质文化遗产代表作名录"。2006年5月，京剧被列入第一批国家级非物质文化遗产名录传统戏剧类，项目编号Ⅳ-28。2008年2月，王金璐入选为第二批国家级非物质文化遗产项目代表性传承人，北京市申报。王金璐原名王庆禄，曾用艺名王金禄。他11岁入中华戏曲专科学校，排在"和"字班。初从陈少五、王荣山等学习老生，并从曹心泉学习昆曲。14岁拜马连良为师，15岁后专工武生，先后师从曹玺彦、迟月亭等，并跟从李洪春学红生戏。他对长靠戏、短打戏均有较高造诣，在武生行当里，堪称全才，为"杨派"传人之一。他博采众长，戏路宽广，嗓音高亢洪亮，表演重视深刻细腻的内心，吸收了"麒派"贴近生活的演技以刻画人物，又从"马派"表演中摄取营养，使台风和身段大方飘逸，寓

文于武，别具一格。其代表作有长靠戏《挑滑车》等，短打戏《林冲夜奔》等，红生戏《古城会》等。2002年得到中华人民共和国文化部造型表演艺术创作研究成就奖。其弟子有王元信、郭仲春、杨少春等。

李长春

男，汉族，1939年生，北京人。2010年11月，京剧入选"人类非物质文化遗产代表作名录"。2006年5月，京剧被列入第一批国家级非物质文化遗产名录传统戏剧类，项目编号Ⅳ-28。2008年2月，李长春入选为第二批国家级非物质文化遗产项目代表性传承人，北京市申报。李长春1951年入戏曲实验学校（中国戏曲学校前身），师承宋富亭、孙盛文、李春恒、侯喜瑞、郝寿臣、李桂春、骆连翔等名家。1961年拜中国京剧大师、裘派艺术创始人裘盛戎为师，是裘盛戎先生的入室弟子，我国京剧裘派花脸代表人物，北京军区战友京剧团的著名京剧表演艺术家。李长春韵味醇厚、节奏鲜明、刚柔相济，表演气势恢宏，特别是在《连环套》、《将相和》等京剧经典剧目中塑造了难以磨灭的艺术形象。代表剧目有《姚期》、《连环套》、《大保国·探皇陵·二进宫》、《将相和》、《赤桑镇》、《群英会》、《铡美案》、《白良关》、《强项令》、《海港》等。他在京剧传承上倾尽心力，弟子众多，如陶锡祥、杨东虎、耿露、高明博、王越等。

天津

Ⅳ-28 京剧

张幼麟

男，汉族，1955年生，河北省廊坊市文安县人。2010年11月，京剧入选"人类非物质文

化遗产代表作名录"。2006 年 5 月，京剧被列入第一批国家级非物质文化遗产名录传统戏剧类，项目编号Ⅳ -28。2008 年 2 月，张幼麟入选为第二批国家级非物质文化遗产项目代表性传承人，天津市申报。张幼麟生于梨园世家，是著名武生演员张世麟之子。自幼受到家庭熏陶，基本功扎实，16 岁初中毕业后因逢"文革"之乱，正式入行学习京剧。其父张世麟创立的张派武生，以技巧繁重、文武兼备闻名。作为传人的张幼麟表演火炽，开打勇猛，台风严肃认真，扑跌功夫出色，对人物的刻画非常到位。在《马超》中的城楼"三摔"，对其父创造的 540 度转体的完美表演，成功塑造了马超刚毅悲壮、骁勇善战的形象。其代表剧目有《冀州城》、《铁笼山》、《挑滑车》、《蜈蚣岭》、《赚历城》、《金翅大鹏》、《白水滩》等，近年来排演了《藏珍楼》、《十八罗汉收大鹏》、《铁公鸡》等名戏，其中许多剧目至今只有他独家公演。目前他任中国戏剧家协会理事，天津市政协委员。授徒主张训练徒弟的毅力和基本功，以亲身示范的方式进行教学，主要传承人有王大兴（男，汉族，1986 年生）、王俊鹏（男，汉族，1984 年生）等。

李荣威

男，汉族，1925 年 12 月生，2011 年 1 月卒，北京人。2010 年 11 月，京剧入选"人类非物质文化遗产代表作名录"。2006 年 5 月，京剧被列入第一批国家级非物质文化遗产名录传统戏剧类，项目编号Ⅳ -28。2008 年 2 月，李荣威入选为第二批国家级非物质文化遗产项目代表性传承人，天津市申报。李荣威 10 岁进入"荣春社"科班学戏，以"口传心授"的方式学戏，师从孙胜文、尚小云等。因嗓音洪亮而工铜锤花脸，有"小金少山"之称。出科后，在裘盛戎门下深造，后拜侯喜瑞、苏连汉为师，继承了侯派艺术的精髓，是侯派花脸的传人。李荣威代表剧目有《御果园》、《铫期》、《大探二》、《坐寨盗马》、《失空斩》、《六号门》等，其在现代京剧《六号门》中以传统戏的深厚功底和艺术造诣，吸收现代表演艺术，成功塑造了天津海河码头搬运工人"胡二"的典型艺术形象。2011 年李荣威去世后，中国戏曲表演学会和北京振兴京昆协会追授其"中国京剧表演艺术终身成就奖"。李荣威先后收徒十几人，与妻子张志云创办"秋荣社"，曾为孟广禄、王文斌、杨光、王德刚等津门净角授业。

河北

Ⅳ -22 河北梆子

齐花坦

女，汉族，1937 年 11 月生，河北省保定市高阳县人，现居河北省石家庄市。2006 年 5 月，河北梆子被列入第一批国家级非物质文化遗产名录传统戏剧类，项目编号Ⅳ -22。2008 年 2 月，齐花坦入选为第二批国家级非物质文化遗产项目代表性传承人，河北省申报。齐花坦为国家一级演员。1945 年参加冀中军区培新剧社学艺，成为剧社里唯一的女学员，也是新中国成立后河北省第一批戏曲学员之一。先后拜河北梆子表演艺术家贾桂兰、金桂芬、高凤英为师。1950 年开始登台演出，并迅速成为省级剧团领衔主演。1960 年，她成为京剧四大名旦之一荀慧生先生的入室弟子，学习《红娘》等戏。在其演艺生涯中，共演出近百个剧目，塑造了花旦、闺门旦、刀马旦、青衣等行当的不同人物。退休后，她策划拍摄了《孔雀岭》、《蝴蝶杯》等 7 部电视戏曲片。代表剧目《宝莲灯》、《蝴蝶杯》、《窦娥冤》、《拾玉镯》等。其弟子有彭蕙蘅等。

张惠云

女，汉族，1941年生，河北省保定市高阳县人。2006年5月，河北梆子被列入第一批国家级非物质文化遗产名录传统戏剧类，项目编号Ⅳ-22。2008年2月，张惠云入选为第二批国家级非物质文化遗产项目代表性传承人，河北省申报。张惠云为国家一级演员。7岁开始跟随母亲张凤仙学习河北梆子，主工青衣、闺门旦，8岁开始演主戏，10岁时随母参加冀中九分区剧社，14岁加入河北定县梆子团。1959年调入省跃进梆子团，随著名表演艺术家刘香玉学习《夜宿花亭》等。1963年，她拜四大名旦之一荀慧生先生为师，学习《香罗带》等。其唱腔高亢有力、婉转动听、气势磅礴，被誉为"完美动人而又富于激情"、"有一种震撼人心的力量"。张惠云还对河北梆子的唱腔进行改革，使之更符合剧情发展和人物心理，成为其保留唱段。她曾是第三届中国戏剧"梅花奖"获得者。代表剧目有《陈三两》、《夜宿花亭》、《秦香莲》、《大登殿》等。教授弟子多人，如荣秋莲、许荷英等，均已成为骨干演员。

裴艳玲

原名裴信，女，汉族，1947年8月生，祖籍河北省肃宁县人，现居河北省石家庄市。2006年5月，河北梆子被列入第一批国家级非物质文化遗产名录传统戏剧类，项目编号Ⅳ-22。2008年2月，裴艳玲入选为第二批国家级非物质文化遗产项目代表性传承人，河北省申报。裴艳玲为国家一级演员。出身于梨园世家，其父裴园是著名京剧武生，其继母袁喜珍为著名河北梆子旦角演员。她自幼随父练功，拜李崇帅、崔盛斌、郭景春为师学艺，先学京剧、昆曲，后改唱河北梆子。5岁登台，9岁开始先后在乐陵、灵寿、束鹿京剧团担任主演。1960年进入河北省梆子剧院，拜李少春、侯永奎、郭景春为师。其嗓音高亢嘹亮，行腔似云流水，武功出众，

表演出神，戏路宽广，文武皆备，唱、做、念、打俱佳。她曾先后两次荣获中国戏剧梅花奖。代表剧目有《宝莲灯》、《林冲夜奔》、《哪吒》、《钟馗》等，已被拍成电影艺术片。其弟子有苑瑞芳、郑标、安大哈、谢涵等。

Ⅳ-40 石家庄丝弦

边树森

男，汉族，1940年12月生，河北省石家庄市藁城县人，现居住河北省石家庄市。2006年5月，石家庄丝弦被列入第一批国家级非物质文化遗产名录传统戏剧类，项目编号Ⅳ-40。2008年2月，边树森入选为第二批国家级非物质文化遗产项目代表性传承人，河北省石家庄市申报。边树森1956年考入"丝弦培训班"，后被剧团送入河北省歌舞剧院、河北省梆子剧院学习，工小生兼须生，曾先后师从丝弦"四大须生"之一"平山红"封广亭、王永春等。他横跨小生、老生行当，演唱刚柔相济，以情传声、以情带声、声情并茂，被尊为"边派"。他刻苦研究音律，潜心研究前辈们的演唱特色，并从京剧、评剧、豫剧、河北梆子、秦腔以及西河大鼓、歌曲中汲取营养，融入自己的唱腔中。代表剧目有《李天保吊孝》、《刘墉下南京》、《金殿铡子》、《铡太师》等。还在新编剧目《萧何与韩信》等剧中塑造了新的艺术形象。《李天保吊孝》成为丝弦剧种的代表剧目，也成为丝弦的保留剧目。其唱腔多次在省、市电台播放，并录有盒式磁带。被人们赞誉为石家庄市丝弦剧团的"台柱子"。2007年开始全力编辑《边树森唱腔》。收徒王慧英等。

张鹤林

男，汉族，1944年12月生，河北省保定市安新县人，现居住河北省石家庄市。2006年5月，石家庄丝弦被列入第一批国家级非物质文化遗

产名录传统戏剧类，项目编号Ⅳ-40。2008年2月，张鹤林入选为第二批国家级非物质文化遗产项目代表性传承人，河北省石家庄市申报。张鹤林为丝弦界首位国家一级演员，石家庄丝弦剧团领衔主演。出身于梨园世家，自幼随父亲著名老调演员张国堂学戏。1960年张鹤林调至石家庄少年丝弦剧团，工文武老生，得丝弦表演艺术家王永春、刘砚芳亲授，为丝弦"四红"第三代传人。他博采众长，在唱腔方面继承传统丝弦粗犷、凄婉的表现手法外，还吸收了京剧、梆子、老调、西河大鼓等艺术精华，形成本嗓醇厚圆润、甩腔高亢豪放的演唱风格；在表演方面借鉴"麒派"艺术精髓，表演动作娴熟、塑造人物深刻，念白韵味足，武打功底深厚，被誉为"艺术纯精名天下，鹤立群首第一人"。代表作品有《调寇》、《白罗衫》、《文王访贤》、《金沙滩》、《杨继业碰碑》、《黄飞虎反五关》、《宗泽与岳飞》等；现代戏有《八一风暴》、《大山恋情》、《黑脸》；莎士比亚名剧《李尔王》。现仍活跃在舞台上，传承剧目，培养丝弦接班人，学生众多，较出色的有张勇、王会英等。

Ⅳ-51 评剧

刘秀荣

女，汉族，1957年10月生，河北省阜城县人。2006年5月，评剧被列入第一批国家级非物质文化遗产名录传统戏剧类，项目编号Ⅳ-51。2008年2月，刘秀荣入选为第二批国家级非物质文化遗产项目代表性传承人，河北省申报。刘秀荣为国家一级演员。1971年，考入阜城评剧团，1975年担任剧团领衔主演，1987年调石家庄评剧院青年评剧团担任领衔主演。1982年，刘秀荣拜新凤霞为师，深得新派真传。其嗓音珠圆玉润、甜亮脆美、婀娜委婉、如小河流水，珠落玉盘；表演质朴自然、行腔气足神完；刻画人物鲜活生动、感人至深，在很好地继承新

派的基础上，形成了自己独具特色的艺术风格，赢得了"国宝再现"、"小新凤霞"等众多赞誉。她曾两度获得中国戏剧"梅花奖"；上海国际艺术"白玉兰奖"、大众电视"飞天奖"和"文华表演奖"等。代表剧目有《胡风汉月》、《刘巧儿》、《花为媒》、《乾坤带》、《三看御妹》等。截至2013年6月，刘秀荣共招收了徐金仙、周海萍等10余名徒弟，其中还有8位洋弟子。

洪影

女，满族，1930年生，2012年6月卒，河北省滦县人。2006年5月，评剧被列入第一批国家级非物质文化遗产名录传统戏剧类，项目编号Ⅳ-51。2008年2月，洪影入选为第二批国家级非物质文化遗产项目代表性传承人，河北省申报。1938年，洪影随金百灵学戏，初学京剧，1952年正式唱评剧，主演小生，也擅演老生、老旦、彩旦等。洪影的音域宽广，音色丰富，音域宽广，高音和低音各有特色，明亮苍劲。由于早年学习京剧，并接触了河北梆子、京韵大鼓等各类艺术，因而在评剧表演中，将这些艺术形式融会贯通，突破评剧原生腔板式束缚，创造出新颖流畅的唱腔，独树一帜，尤其是在演唱中注重人物感情的表达，以情带声，被称为"洪派"，是"洪派"小生的创始人。代表剧目有《刘翠萍哭井》、《梁祝》、《刘伶醉酒》、《十五贯》、《红龙传》、《周仁献嫂》、《孙安动本》、《孙庞斗志》、《御河桥》、《王二姐思夫》。洪影共收徒63人，包括张俊玲、孙振宇、石文明等。

Ⅳ-52 武安平调落子

杜银方

男，汉族，1942年生，河北省武安市人。2006年5月，武安平调落子被列入第一批国家级非物质文化遗产名录传统戏剧类，项目编号

Ⅳ-52。2008年2月，杜银方入选为第二批国家级非物质文化遗产项目代表性传承人，河北省武安市申报。杜银方出身于梨园世家，自幼师承父亲杜庚会，主攻文武小生，兼攻二净三脸（丑）。其嗓音嘹亮，唱腔有独特韵味，能扮演除旦角外各行角色，身段和唱腔均独树一帜。在表演实践中，杜银方还对平调落子的唱腔进行改革，将原本在戏中分离的"二板"和"娃子板"结合、串用，使平调落子活跃起来，能随着人物的情绪跌宕起伏。他还精通武安平调、武安落子各行当唱腔板式。2001年，《送闺女》获得全国第十一届"群星奖"的金奖，2007年，主演的《二嘎蛋还乡》获得了第十四届"群星奖"的大奖。代表剧目有《雄关红哨》、《卖妙郎》、《吕蒙正赶斋》、《丢官记》等。杜银方授徒众多，其徒弟多为各地平调落子剧团的中坚力量。

陈淮山

男，汉族，1957年生，河北省武安市冶陶镇冶陶村人。2006年5月，武安平调落子被列入第一批国家级非物质文化遗产名录传统戏剧类，项目编号Ⅳ-52。2008年2月，陈淮山入选为第二批国家级非物质文化遗产项目代表性传承人，河北省武安市申报。陈淮山的父亲在当地是有名的"头把弦"，从小受父亲熏陶，喜爱音乐。平调落子原本没有作曲，所有谱曲都靠老艺人的口传心授。1981年，陈淮山进入武安市平调落子剧团工作，跟随武安平调落子第一代作曲家孟永祥学习。陈淮山根据老艺人们的口传心授，结合自己所学乐理知识整理编撰平调落子曲谱，还把平调落子上升为理论研究，编写了《武安平调各种板式解析》等资料，为后人学习平调落子打下基础。其作曲技艺成熟，旋律优美流畅，具有鲜明地方特色。所谱剧目有《半夜夫妻》、《酷情》、《吴汉杀妻》、《丢官记》、《对花枪》、《送闺女》、《夕阳红》等30部。

Ⅳ-70 秧歌戏（隆尧秧歌戏）

刘巧菊

女，汉族，1942年生，河北省隆尧县东关村人。2006年5月，秧歌戏（隆尧秧歌戏）被列入第一批国家级非物质文化遗产名录传统戏剧类，项目编号Ⅳ-70。2008年2月，刘巧菊入选为第二批国家级非物质文化遗产项目代表性传承人，河北省隆尧县申报。刘巧菊1955年3月考入河北省隆尧秧歌团，拜秧歌艺人、名丑（兼青衣）第六代传人杨保田为师，初学小旦戏。1958年进入冯村戏校秧歌班学习小生、武生、须生，1959年至1966年、1976年至1989年在隆尧县剧团任演员，为隆尧秧歌戏第七代传人。其嗓音清晰纯正，唱腔道白通俗易懂、优美动听，表演细腻，善于刻画人物内心情感，并擅长甩发技能。代表作有《彩楼配》、《罗通征北》等。她与丈夫一直致力于隆尧秧歌的发扬光大，为秧歌艺人们提供食宿和排练场地。她和其他隆尧秧歌老艺人一起带领业余演员，每年在河北省邢台市的各县农村演出100余场次。

吴年成

男，汉族，1942年生，籍贯河北省任县后安庄村，现居河北省隆尧县。2006年5月，秧歌戏（隆尧秧歌戏）被列入第一批国家非物质文化遗产名录传统戏剧类，项目编号Ⅳ-70。2008年2月，吴年成入选为第二批国家级非物质文化遗产项目代表性传承人，河北省隆尧县申报。吴年成于1952年进入石家庄前进秧歌剧团，随其伯父——著名秧歌戏艺人吴喜堂学艺，主攻武生，后随其姑姑——隆尧秧歌戏第六代传人吴淑英学艺，主攻武生、导演，并跟随著名京剧红净何月楼学习武功，后进入石家庄市丝弦戏校拜郝横莲为师。现为隆尧秧歌戏第七代传人。其武功根底深厚、扎实，尤以《截江夺斗》

中的赵云、《蜈蚣岭》中的武松等角色闻名。代表作还有《闹大厅》、《抓阄》等。

Ⅳ -70 秧歌戏（定州秧歌戏）

张占元

男，汉族，1941 年生，河北定州人。2006 年 5 月，秧歌戏（定州秧歌戏）被列入第一批国家级非物质文化遗产名录传统戏剧类，项目编号Ⅳ -70。2008 年 2 月，张占元入选为第二批国家级非物质文化遗产项目代表性传承人，河北省定州市申报。1957 年，张占元进入秧歌剧团，师从甫申法学习文戏和打击乐，后跟随贾登科、张小凯学习文戏和武戏，精通定州秧歌戏的音乐、板式、唱腔、打击乐伴奏，通晓各行当的演唱技艺，是定州秧歌第五代传人。1959 年，他开始把定州秧歌传播到保定、石家庄、衡水等地。为了让古老的秧歌戏焕发新的活力，张占元将古韵谱新词，古词换新曲，先后创作并改编了《打经堂》、《扒糕情》等优秀秧歌戏作品。他历时 5 年完成了一部长达 72 万字的巨著——《定州秧歌史料》，涵盖定州秧歌的发展历程、音乐、板式、唱腔及传统剧目等。2004 年，他导演并设计的秧歌戏《扒糕情》获文化部第十三届"群星奖"。2005 年，表演《社区就是一首歌》，获河北省社区文化月展演一等奖。其代表剧目有《一把草》等。为了定州秧歌的传承，张占元免费教授秧歌戏。

Ⅳ -72 哈哈腔

裴印昌

男，汉族，1944 年，河北省清苑县人。2006 年 5 月，哈哈腔被列入第一批国家级非物质文化遗产名录传统戏剧类，项目编号Ⅳ -72。2008 年 2 月，裴印昌入选为第二批国家级非物质文化遗产项目代表性传承人，河北省清苑县申报。裴印昌早年就读于天津音乐学院三年制民乐学科，毕业后分配到河北省广播文工团工作，1962 年调入河北省保定市清苑县哈哈腔剧团从事哈哈腔的研究与创作，曾任清苑县哈哈腔剧团团长。他是国家一级作曲家，作曲创作 40 余出哈哈腔剧目，其设计的唱腔音乐乡土特色浓郁，具有很高的艺术价值。他撰写了哈哈腔剧种第一部理论专著《冀中戏曲哈哈腔》，并参与撰写 20 余篇学术论文，先后发表在国家级、省级学术刊物上，并多次获国家级、省级一等奖。《中国戏曲志》、《中国戏曲音乐集成》、《中国戏曲剧种大辞典》、《中国音乐词典》中有关哈哈腔剧种、剧目、表演、音乐的记述均由裴印昌来完成。代表作有《御酒埋香》、《书房误》等。其弟子有王玉荣、刘焕珍、闫秋艳等 20 余名，均已成为清苑县哈哈腔剧团第四代主要演员。

王兰荣

女，汉族，1957 年生，河北省清苑县人。2006 年 5 月，哈哈腔被列入第一批国家级非物质文化遗产名录传统戏剧类，项目编号Ⅳ -72。2008 年 2 月，王兰荣入选为第二批国家级非物质文化遗产项目代表性传承人，河北省清苑县申报。王兰荣 1971 年在河北省保定市清苑戏校学习，师承于 20 世纪 60 年代哈哈腔著名旦行演员宋艳玲、唐荣仙、钟爱珍等老师，主攻青衣、花旦。王兰荣擅长悲剧喜演，大喜大悲，独树一帜。在唱腔上以刚劲见长，以委婉著称，刚柔相济，在唱腔、板式、旋律运用、形体表演等方面较前人都有所突破。根据自己的条件，经过多年的历练，她形成了独特的唱腔艺术——王派。其行腔是以规矩、工整、刚劲为基础，做到了刚柔相映、对比鲜明、运用自如。代表作有《秦香莲》、《宝莲灯》等。她是国家三级导演，曾任河北省清苑县哈哈腔剧团团长，现已退休。保定市人大代表，同时也是中国戏剧家协会，河北省分会的会员。目前哈哈腔的传承堪忧，2012年，王兰荣在清苑县教育局帮助下义务教授小学生学习哈哈腔。

刘宗发

男，汉族，1950年生，河北省青县人。2006年5月，哈哈腔被列入第一批国家级非物质文化遗产名录传统戏剧类，项目编号Ⅳ-72。2008年2月，刘宗发入选为第二批国家级非物质文化遗产项目代表性传承人，河北省青县申报。刘宗发1961年至1964年师从著名哈哈腔老艺人杨万荣学戏，1965年至1967年在呼和浩特市中学学习，并跟从父亲刘相义学唱哈哈腔，1968年至1982年师从杨万荣的女儿杨桂兰学戏。其间，曾拜李俊岳、杨常坤、曹希福等哈哈腔老艺人为师，并担任哈哈腔主唱演员。1983年至今创办青县复兴哈哈腔剧团，任该团团长。作为青县中路哈哈腔的第七代传人，他在哈哈腔表演及演唱技巧方面形成了自己独特的艺术风格，其声音响而不噪，穿透力强，处理细腻，表现力丰富。他采取"以工养文"的方式使哈哈腔这一古老戏曲文化的遗存得以保护传承。他创作的《三月三》、《红管家》、《三世仇》、《向北方》等作品深受群众喜爱，其他代表作有《李香莲卖画》、《杨二舍化缘》等。1984年，沧州地区会演中荣获男演员一等奖；在沧州狮城之春文艺调演中获最佳表演奖。

Ⅳ-73 二人台

史万富

男，汉族，1955年生，河北省康保县人。2006年5月，二人台被列入第一批国家级非物质文化遗产名录传统戏剧类，项目编号Ⅳ-73。2008年2月，史万富入选第二批国家级非物质文化遗产项目代表性传承人，河北省康保县申报。史万富1971年入康保县剧团工作，任团支

部书记、乐队队长司鼓，1986年任剧团团长、党支部书记，1988年任康保县文化局党支部书记、艺术股副股长，1996年任康保县文化馆馆长，现任康保县二人台歌舞团副团长。他在继承传统二人台的基础上，组织团内创作骨干精心研究，大胆探索，使过去只能演出小戏、对唱的二人台发展到能演出大型剧目的二人台。其组织执笔的音乐设计代表作品有《高原激浪》、《抢财神》等。同时，他一直注重培养后人，先后招收3批二人台学员计80多人。

冯俊才

男，汉族，1953年生，河北省康保县人。2006年5月，二人台被列入第一批国家级非物质文化遗产名录传统戏剧类，项目编号Ⅳ-73。2008年2月，冯俊才入选为第二批国家级非物质文化遗产项目代表性传承人，河北省康保县申报。冯俊才10岁拜师学艺，从事"二人台"笛子演奏。1968年至1970年，冯俊才随老艺人和专业团体流动演出，1971年被选入河北省康保县剧团担任伴奏和主奏，1982年由剧团调入康保县文化馆，从事二人台戏剧研究，1987年带培训班培训"二人台"后备力量，1990年至今从事二人台戏剧创作和研究，并担任历次大赛的编排、主奏。他已创作汇编出二人台曲谱100多首，编辑整理完成了二人台传统曲一集，并培养了120多名笛子爱好者。他被誉为"康保小白灵"，是康保二人台第五代传承人、二级演奏员。代表作有《抢财神》、《乡音一曲西口情》等。

Ⅳ-89 傩戏 （武安傩戏）

李增旺

男，汉族，1950年生，河北省武安市固义村人。2006年5月，傩戏（武安傩戏）被列入第一批国家级非物质文化遗产名录传统戏剧类，项目编号Ⅳ-89。2008年2月，李增旺入选为第

二批国家级非物质文化遗产项目代表性传承人，河北省武安市申报。李增旺祖上及祖父李正年都是傩戏"社首"，他自己8岁便登台表演傩戏。1972年，他正式随祖父学艺，1985年至今一直担任武安傩戏戏首，是武安固义傩戏的第十九代传人。作为"社首"，李增旺负责组织演出的人事安排和事务性工作，本人并不参加演出，也不扮演任何角色。1985年，在李增旺的努力下，组织恢复了武安傩戏的演出，成为武安傩戏的主要组织人和表演者，为武安傩戏的传承工作作出了积极的贡献。他组织领导的傩戏剧目参加2005年在中央7套"中国魅力名镇"中的演出，参加了中央6套《我爱中国》电视剧的演出。其代表傩戏为《捉黄鬼》。武安傩戏一般为父子传承。

Ⅳ-91 皮影戏（唐山皮影戏）

丁振耀

男，汉族，1938年12月生，河北省唐山市乐亭县人。2006年5月，皮影戏（唐山皮影戏）被列入第一批国家级非物质文化遗产名录传统戏剧类，项目编号Ⅳ-91。2008年2月，丁振耀入选为第二批国家级非物质文化遗产项目代表性传承人，河北省唐山市申报。丁振耀自幼爱好皮影戏，少年时期求教于唐山皮影名家曹福权、刘作信等。1956年考入唐山专署实验影社，拜厉景阳为师，专工皮影配唱黑头。1973年起先后任唐山市皮影剧团副团长、团长。在不断地学习、演出实践中，丁振耀博采众长，认真学习研究前人的艺术特点，有机地融合到自己的演出当中，从而逐渐形成了自己特有的演唱风格。其演唱声音洪亮，底气足，口齿利索，塑造的人物个性分明。他多次参加皮影新创剧目的唱腔设计；合作参与拍摄了大型皮影剧目《五锋会》；与人合作录制推出了百部精品皮影光盘《二度梅》等；为唐山皮影戏的传承和发展作出了较大贡献。2006年获河北省第七届戏剧节唱腔设计奖，其改编整理的《三打白骨精》参加文化部"皮影、木偶戏调演"荣获一等奖。其弟子有丁立、李飞琴等。

齐永衡

男，汉族，1933年2月生，河北省秦皇岛市昌黎县耿庄人。2006年5月，皮影戏（唐山皮影戏）被列入第一批国家级非物质文化遗产名录传统戏剧类，项目编号Ⅳ-91。2008年2月，齐永衡入选为第二批国家级非物质文化遗产项目代表性传承人，河北省唐山市申报。齐永衡出身于皮影世家，其父齐炳勋、叔父齐殿良都是著名皮影艺人。1945年，他跟随父亲学习皮影，并师从赵善元、田庆广等，13岁登台演出。1947年，参加冀东军区第12军分区军民影社第三分社，充任皮影操杆手，并兼唱"花生"（丑角）。在1960年举行的全国第二届木偶戏、皮影戏观摩会演中，齐永衡表演新编大型神话剧《火焰山》，突破了传统皮影的操纵方法，并对影人的各种设置进行了改革。1981年11月，唐山皮影剧团表演的皮影戏《孙悟空三打白骨精》在北京举行的全国木偶戏、皮影戏观摩会演上受到热烈欢迎，他表演出白马踏着迟、急、快、慢的音乐节拍，马头抖动，马蹄迈步，地下起烟的三次过场，在白骨精出场时，梳洗穿衣的表演精彩绝伦。被誉为"飞线大王"、"箭杆王"、"活影人齐"。2006年，被中国木偶皮影艺术学会授予终身成就奖。其弟子张向东是昌黎向东皮影剧团团长，有"小箭杆王"的美誉，其他弟子有韩迟、韩兴等。

Ⅳ-91 皮影戏（冀南皮影戏）

傅希贤

男，汉族，1936年生，河北省邯郸市安县北漳村人。2006年5月，皮影戏（冀南皮影戏）

被列入第一批国家级非物质文化遗产名录传统戏剧类，项目编号Ⅳ-91。2008年2月，傅希贤入选为第二批国家级非物质文化遗产项目代表性传承人，河北省邯郸市申报。傅希贤1953年正式向皮影艺术家苏文秀学习操杆并兼学打击乐器，技艺渐于精妙。20世纪50年代在石家庄皮影剧团工作，操杆主干，成为剧团骨干演员，至今在冀南城乡演出，曾多次组班，传授技艺。他的皮影刻造型淳朴，刀工老练；他的操杆技术准确利落，表演惟妙惟肖，被称为"铁杆"。其对白善于吸收流行语、俏皮话，风趣幽默，演唱主攻青衣、小生，声音饱满，唱腔悠长，拿手绝活儿是骑马甩鞭。代表剧目有《西游记》、《封神演义》、《杨家将》等。其弟子有霍江涛、霍志涛等5人。

申国瑞

男，汉族，1934年生，河北省成安县西姚堡村人。2006年5月，皮影戏（冀南皮影戏）被列入第一批国家级非物质文化遗产名录传统戏剧类，项目编号Ⅳ-91。2008年2月，申国瑞入选为第二批国家级非物质文化遗产项目代表性传承人，河北省邯郸市申报。申国瑞10岁开始跟随父亲申锡志学习打击乐器，跟随成安县西姚堡村第一代皮影戏传人苏文秀学习刻制皮影人物和掌扦技艺，后跟随郭永年和郭春荣学习演唱，因而身兼多种技艺。1949年至今长期从事皮影戏演出。他刻制的皮影风格古朴，形象夸张，很具装饰风格；掌扦技术娴熟、变化灵活。他个人出资搭建演出棚和场地，曾为法国、日本学者表演《火云洞》等皮影戏，并多次获得所在市县文化部门的奖励。其儿子和孙子都学习了皮影戏功夫。此外，他还培养了三批共10个徒弟，其中有主掌扦的郭江臣、申银山等，主乐器的申江舟，主演唱的申永清等。

山西

Ⅳ-18 晋剧

牛桂英

女，汉族，1925年6月生，山西省晋中市榆次区张庆乡小张义村人，现居山西省太原市。2006年5月，晋剧被列入第一批国家级非物质文化遗产名录传统戏剧类，项目编号Ⅳ-18。2008年2月，牛桂英入选为第二批国家级非物质文化遗产项目代表性传承人，山西省申报。牛桂英8岁拜梁柱为师，9岁开始在太原"唱票儿"；后改投李庭柱门下，初学须生，后改学青衣，亦演花旦。20世纪40年代是牛桂英演艺生涯的黄金时期，广交各派名家，广闻博采，逐步形成了自己特有的"牛派"表演艺术风格，遂蜚声三晋，誉满平津。后牛桂英随戏班入京，受京剧和李子健先生影响，开始从唱腔、道白、表演等方面对晋剧进行改革，尤其是她创造的既遵循普通话的声韵，又保持着太原语调特色的牛派新道白，使之成为晋剧发展历程中里程碑式的人物。牛桂英的唱腔稳重大方、韵味醇厚，表演庄重大气、清雅含蓄，行腔收韵讲究、吐字清晰，声情并茂，被誉为"云遮月"。她的表演、声腔与道白对晋剧旦角行产生了巨大影响。代表剧目有《打金枝》、《三击掌·算粮》、《骂殿》、《重台》、《蝴蝶杯》、《百花点将》、《明公断》。牛桂英培养了一批批后起之秀，使牛派艺术遍布三晋大地。

郭彩萍

女，汉族，1944年9月生，山西省文水县下曲镇人，现居山西太原。2006年5月，晋剧被列入第一批国家级非物质文化遗产名录传统戏剧类，项目编号Ⅳ-18。2008年2月，郭彩萍入选为第二批国家级非物质文化遗产项目代表性传承人，山西省申报。郭彩萍为国家一级演员。1956年被破格选拔进太原市晋剧团，未几，又被选送到太原市戏剧学校深造，专攻小生；其间受诸多名家教诲，并拜晋剧郭派艺术创始人著名晋剧表演艺术家郭凤英为师。其扮相清秀英俊，嗓音浑厚甜美，唱腔舒展豪放，表演细腻大方，技艺超群出众，念白情切。在长期的艺术实践中，郭彩萍比较全面地继承了郭派真实、细腻、深刻、隽永的艺术特点。但她师古而不泥古，博采众长，对晋剧小生唱、念、做、舞都有较大的创新与突破，使晋剧小生行当的表演艺术进入一个新的阶段。其翎子功更是堪称一绝，成为一名声、色、艺俱佳，唱、念、做、舞皆优的著名表演艺术家。代表剧目有《小宴》、《双罗衫》、《调寇》、《智激张仪》等。1985年之后，郭彩萍大力培养晋剧后备人才，甚至个人出资办班免费培养山区孩子；近年来，她亦有收徒，如侯润娥、王亚卿等，均有建树。同时亦有京剧、评剧等其他剧团向她学习翎子功。

王爱爱

女，汉族，1940年6月生，山西省晋中市榆次区郭家堡乡南关村人，现居山西太原。2006年5月，晋剧被列入第一批国家级非物质文化遗产名录传统戏剧类，项目编号Ⅳ-18。2008年2月，王爱爱入选为第二批国家级非物质文化遗产项目代表性传承人，山西省申报。王爱爱为国家一级演员。出身梨园世家，祖母为晋剧名旦筱桂花，祖父王金奎承班多年，王爱爱7岁时开始随祖母学戏，9岁即在祖母的教导下很快唱红晋中一带。1956年，王爱爱转入晋中专区晋剧团，受教于著名晋剧表演艺术家程玉英，继承了程派"咳咳腔"的艺术精华。后又得到著名晋剧青衣大家牛桂英的倾囊相授，拜京剧大师尚小云为师。王爱爱把程派和牛派的艺术精髓融会贯通，既继承了程派热情奔放、刚劲挺拔的特

点，又吸收了牛派稳健大方、委婉缠绵的风格，同时还借鉴了著名歌唱家郭兰英将民歌唱法与戏曲唱法巧妙结合的经验，形成了音色甜美、音域宽广、吐字清晰、韵味醇厚，特别是唱腔尾音的润腔灵巧多变、高低自如的"爱爱腔"，在晋剧青衣行中独树一帜，被誉为"晋剧皇后"。代表剧目有《打金枝》、《算粮》、《采桑》、《明公断》、《教子》、《金水桥》等。截至2007年，她已有24个徒弟。2004年王爱爱还受聘于山西戏剧职业学院，开始了她的职业传承生涯。

武忠

男，汉族，1940年生，山西省文水县杨乐堡村人，现居山西太原。2006年5月，晋剧被列入第一批国家级非物质文化遗产名录传统戏剧类，项目编号Ⅳ-18。2008年2月，武忠入选为第二批国家级非物质文化遗产项目代表性传承人，山西省申报。武忠为国家一级演员。1954年进入张宝魁的剧团当随团学员，受张宝魁、花艳君、张美琴等名家指点；1957年，随河北梆子剧团学习深造期间，得河北梆子大师王玉磬指教；1961年他拜晋剧大师丁果仙为师，专攻晋剧须生；20世纪80年代京剧大师李万春又收武忠为关门弟子，同时他也得天津京剧团厉惠良先生亲授，成功将"老爷戏"引入晋剧。在多年的艺术实践中，武忠以晋剧丁派传统唱法为基础，融合兄弟剧种风韵，为浓郁的传统唱腔中注入新鲜血液，科学地探索出了一整套虚实交替、气息支撑控制有序的适应晋剧男须生的演唱方法，突破了晋剧舞台上主角由女演员独掌的失衡局面，其表演细腻深刻，文戏韵味无穷，武戏功力刚劲，有"活关公"之称。代表剧目《卖画劈门》、《徐策跑城》、《古城会》等。武忠门下的弟子有30多人，其中最为著名的是其子武凌云，以及牛建伟、王晋文、谭俊明等。

Ⅳ-19 蒲州梆子

张峰

男，汉族，1925年4月生，山西省运城市临猗县人，现居山西临汾。2006年5月，蒲州梆子被列入第一批国家级非物质文化遗产名录传统戏剧类，项目编号Ⅳ-19。2008年2月，张峰入选为第二批国家级非物质文化遗产项目代表性传承人，山西省临汾市申报。张峰是山西省四大梆子传承人当中唯一一位作曲家。1955年，入晋南民声蒲剧团当导演，改革蒲剧落后保守的唱腔。他通过记录演员的唱腔和乐器点曲牌给演员扫谱盲，降低传统的唱腔调门设计新的音乐唱腔，增添新的乐器补足中低音。他改编的蒲剧传统剧本《三家店》在1957年的全省观摩演出大会上一鸣惊人，蒲剧改革也由此获得了业界的认可与关注。数十年来他先后创造了肖板、摇板、大甩腔等，大大丰富了蒲州梆子的板式，创作了大量的唱腔。他的作品既根植于传统精华，又辅以创新心血，既有豪放刚健之情，又有婀娜委婉之韵，蒲剧界三代艺术家的唱腔大都经过他的加工润色。他还是第一个用简谱记录蒲剧音乐唱腔，并对蒲剧音乐资料进行搜集、整理和研究，著作颇丰，合作编撰的蒲剧史上第一部音乐著作《蒲剧音乐》更是成为蒲剧工作者必备书籍。此外，他还先后为蒲剧培养了李恩泽、杨凯旋、武秉正、吴鸣、卫泽等一批优秀作曲人才。

任跟心

女，汉族，1963年9月生，山西省临汾市襄汾县人。2006年5月，蒲州梆子被列入第一批国家级非物质文化遗产名录传统戏剧类，项目编号Ⅳ-19。2008年2月，任跟心入选为第二批国家级非物质文化遗产项目代表性传承人，山西省临汾市申报。任跟心1979年戏校毕业后进入蒲剧院，主攻旦角，在赵乙和张巧凤老师的培育下，任跟心传承了蒲剧名旦"王派"王存才的表演风格，擅以技巧塑造人物，她继承了蒲剧表演艺术中的扇子功、手帕功、水袖功、椅子功等传统表现技巧和表演方法，并独创了"跪步双托荷叶袖"。2000年她成功出演《土炕上的女人》，被誉为戏曲现代戏"成熟或趋于成熟的标志"。1998年她主持临汾蒲剧院工作以来，参与了《蒲州梆子志》的编纂工作，结束了蒲州梆子有剧无史的历史，并积极整理抢救濒临失传的蒲剧艺术。代表剧目有《拾玉镯》、《挂画》、《打神告庙》等。她携手郭泽民创办蒲剧定向班，开创了整体培训蒲剧人才的模式，改变了蒲剧人才青黄不接的窘境；将蒲剧院建成蒲剧传承基地；设立了少儿蒲剧奖学基金会。

郭泽民

男，汉族，1960年8月生，山西省临汾市人。2006年5月，蒲州梆子被列入第一批国家级非物质文化遗产名录传统戏剧类，项目编号Ⅳ-19。2008年2月，郭泽民入选为第二批国家级非物质文化遗产项目代表性传承人，山西省临汾市申报。郭泽民于1975年考入临汾戏校，毕业后在县剧团担任演员，后调入临汾地区蒲剧院青年团；1982年拜著名蒲剧须生演员张庆奎为师，成为其关门弟子。郭泽民唱做俱佳、文武兼备，善于熟练运用靴子功、马鞭功、髯口功、翅子功来塑造人物形象，并在继承张庆奎表演艺术的基础上又有所发展，如翅子功中两翅的逆向旋转，以鞭子功配合唱念、身段、台步，将人物表现得活灵活现、栩栩如生。1983年以《黄逼宫》、《徐策跑城》、《杀驿》三剧中的角色获首届中国戏剧"梅花奖"；2000年他成功出演《土炕上的女人》，该剧被誉为戏曲现代戏"成熟或趋于成熟的标志"。为培养蒲剧后备力量，他与任跟心集资创办了蒲剧定向班和少儿蒲剧奖学基金会，共有十余名小学员获"小梅花"称号，成绩斐然。

武俊英

女，汉族，1956年5月生，山西省新绛县三泉镇三泉村人，现居山西省运城市。2006年5月，蒲州梆子被列入第一批国家级非物质文化遗产名录传统戏剧类，项目编号Ⅳ-19。2008年2月，武俊英入选为第二批国家级非物质文化遗产项目代表性传承人，山西省运城市申报。武俊英12岁考入新绛县蒲剧团，师从一代名伶田郁文。全面继承了孙广盛、田郁文的精彩表演和唱腔艺术，并有所创新，形成了自己字清、情准、韵浓、腔顺的"俊英腔"。武俊英对蒲剧旦角的唱腔进行了改革创新，一方面，大胆采用附加音、装饰音和弱音、轻音、气音、干板清唱、无字吟唱等唱法，使唱腔既激越高亢又委婉缠绵，既有蒲剧传统韵味又有时代气息；另一方面，她纵向继承了蒲剧旦角名家杨翠花、裴青莲、朱秀英等人的唱腔技巧，又横向借鉴了京剧、豫剧、评剧、秦腔、越剧、黄梅戏的发音运腔，甚至融入了当代流行音乐元素，极大地丰富了唱腔的内涵和表现力。1987年荣获第五届中国戏剧"梅花奖"。代表剧目有《苏三起解》、《送女》等。其弟子中突出的有贾菊兰、王苗苗、段虹、李红丽，被誉为武派"四大名旦"。

王秀兰

女，汉族，1932年生，山西省临猗县人，现居山西省运城市。2006年5月，蒲州梆子被列入第一批国家级非物质文化遗产名录传统戏剧类，项目编号Ⅳ-19。2008年2月，王秀兰入选为第二批国家级非物质文化遗产项目代表性传承人，山西省运城市申报。王秀兰1939年入西安晋风剧社，受业于蒲剧花旦月月仙，渐渐蜚声西北。1950年回山西，被称为蒲剧"五大泰斗"之一，把蒲剧艺术推向了新的高峰。王秀兰擅花旦，除师父月月仙外，亦曾受到孙广盛、王存才、筱艳秋等人的教诲及梅兰芳、程砚秋的指点，加之其勤奋好学，博采众长，因而戏路宽广，传统根底深厚。在广泛地继承传统艺术的基础上，她努力进行革新创造，逐步形成了自己嗓音清脆，咬字清晰真切，演唱委婉大方，韵味醇厚，声情并茂的艺术风格。此外她还重视艺术经验的总结和戏曲理论的探讨，并著有不少艺术散论。代表剧目有《杀狗》、《窦娥冤》、《卖水》等。王秀兰广收学徒，并四处奔走筹资，于1973年兴办临汾戏曲学院运城文艺班，1980年兴办运城地区艺术学校，已培养蒲剧新人1000余名，如景雪变、吉有芳、张广爱、刘晓玉等著名蒲剧演员均为其学生。

Ⅳ-20 北路梆子

李万林

男，汉族，1937年7月生，山西省兴县城关镇人。2006年5月，北路梆子被列入第一批国家级非物质文化遗产名录传统戏剧类，项目编号Ⅳ-20。2008年2月，李万林入选为第二批国家级非物质文化遗产项目代表性传承人，山西省忻州市申报。李万林为国家一级演员。1951年进入兴县剧团，开始学习中路梆子，师从董翠珍（艺名十七生），被人称为"十六红"。1970年，李万林被调往忻县地区北路梆子剧团，改唱北路梆子。李万林戏路很广，传统戏、新编古代戏、现代戏均有造诣，须生、衰派老生皆能应工，主演的剧目达40余个。他博采各家大师之长，尤其吸收了晋剧大师丁果仙的唱腔，创造了独树一帜的"万林腔"，形成了新的流派唱腔，是北路梆子第二代领军人物。代表剧目有《五台县令》、《血手印》、《续范亭》等。李万林指导的学生众多有成凤英、杨仲义、郝建东、继锋、刘素芳、王丽娟、郭秋玲、张志强等。

翟效安

男，汉族，1943 年 10 月生，山西省代县翟街人。2006 年 5 月，北路梆子被列入第一批国家级非物质文化遗产名录传统戏剧类，项目编号Ⅳ-20。2008 年 2 月，翟效安入选为第二批国家级非物质文化遗产项目代表性传承人，山西省忻州市申报。翟效安为国家一级演员。1956 年翟效安考入忻州地区戏剧表演专业，出师"算盘红"李定官，专攻文武须生。1960 年，他被分配至忻州地区北路梆子剧团，得到"九岁红"高玉贵老师的栽培。1962 年，拜蒲剧大师阎逢春为师学习"髯口"功、"帽翅"功。翟效安的"梢子"功、"帽翅"功、"髯口"功技巧被观众誉为"三绝"，他被称为北路梆子的"麒麟童"。其唱腔也有独特风格，既高亢激昂又婉转自如，保持了浓郁的老北路腔的风格韵味，形成了翟效安腔的特点。代表剧目有《寇准背靴》、《血手印》、《四郎探母》等。他培养的学生有成凤英、郝建东、周建平、贾粉桃，退休前把一生演过的戏全部传授于现任北路梆子二团团长的张宇平。1999 年退休，间断性地被忻州文化艺术学校聘任教师。2006 年，在忻州市奇芳雁剧青年团任教并兼演出活动。2009 年，被聘在忻州市振兴北路梆子实验团任教兼演出。

Ⅳ-21 上党梆子

马正瑞

男，汉族，1942 年 10 月生，山西省泽州县晋庙镇天井关人。2006 年 5 月，上党梆子被列入第一批国家级非物质文化遗产名录传统戏剧类，项目编号Ⅳ-21。2008 年 2 月，马正瑞入选为第二批国家级非物质文化遗产项目代表性传承人，山西省晋城市申报。马正瑞为国家一级演员。1960 年，他拜郭金顺为师，是上党梆子的第三代传承人之一。他也曾拜上党名须生申银洞、阎发生和陈玉富为师，完整地继承了申派艺术并有所发展。他从京剧、越剧乃至电影中汲其营养，结合上党梆子的特点，形成了新一代上党梆子老生的唱腔和形体。其唱腔醇厚清晰，表演深刻，塑造人物惟妙惟肖，有"活唐王"、"活寇准"之称。代表剧目有《牛头山》、《仙云盏》、《挂龙灯》、《红灯记》等。他培养了一大批国家一级演员：1991 年，张爱珍、吴国华共同获第 9 届梅花奖；1998 年张保平获得第 16 届梅花奖；郭孝明现在是上党戏剧院副院长。他们都成了上党梆子第四代代表人物。

Ⅳ-41 雁北耍孩儿

薛瑞红

艺名"小小飞罗面"，女，汉族，1966 年 5 月生，山西省怀仁县人。2006 年 5 月，雁北耍孩儿被列入第一批国家级非物质文化遗产名录传统戏剧类，项目编号Ⅳ-41。2008 年 2 月，薛瑞红入选为第二批国家级非物质文化遗产项目代表性传承人，山西省大同市申报。薛瑞红为国家一级演员。出身梨园世家，父亲薛国治，艺名"小飞罗面"，著名耍孩表演艺术家，师从"飞罗面"辛致极。薛瑞红从小受父母的艺术熏陶，1979 年考入大同市艺术学校耍孩儿班，主攻小旦、花旦兼青衣；1982 年毕业，入大同市耍孩儿剧团参加工作至今。她师承其父，擅长耍孩儿剧中特有的挖步功、马鞭功、扇子功、水袖功、手绢功，以及顶灯等；表演上更是承袭了其父的风格，唱腔流畅婉转，有一咏三叹、回肠荡气之妙。代表作品有《扇坟》、《龙凤镯》、《杨府送印》、《猪八戒背媳妇》、《琵琶声声》等，《扇坟》被评为山西"十大文化品牌"。《杨府送印》、《送妹》、《喜荣归》等剧目被山西省音像出版社、中华文采音像出版社录制成 VCD 和盒式磁带，并出版发行，深受广大群众的欢迎。现与其夫王斌祥努力培养青年演员。

王斌祥

男，汉族，1962年6月生，祖籍山西省应县，现居山西省大同市。2006年5月，雁北耍孩儿被列入第一批国家级非物质文化遗产名录传统戏剧类，项目编号Ⅳ-41。2008年2月，王斌祥入选为第二批国家级非物质文化遗产项目代表性传承人，山西省大同市申报。王斌祥为国家一级演员。1979年他考入大同市艺术学校"耍孩儿班"，师承耍孩儿名演员辛致极、高宪、薛治国、孙有等。1982年毕业，入大同市耍孩儿剧团工作至今。主攻须生、老生，他擅长帽翅功、稍子功、髯口功等，唱腔上继承了耍孩儿最具特色的后嗓发声，形成了独特的演唱风格和音乐效果，同时在表演和脸谱方面均有独到之处。在各种剧目中成功塑造不同角色，获誉颇多。代表剧目有《狮子洞》、《扇坟》、《金木鱼》、《龙凤镯》、《黑虎与丹丹》等。现与其妻薛瑞红努力培养青年演员。

Ⅳ-49 碗碗腔（孝义碗碗腔）

张建琴

女，汉族，1952年生，山西省孝义市梧桐镇人。2006年5月，碗碗腔（孝义碗碗腔）被列入第一批国家级非物质文化遗产名录传统戏剧类，项目编号Ⅳ-49。2008年2月，张建琴入选为第二批国家级非物质文化遗产项目代表性传承人，山西省孝义市申报。张建琴为国家一级演员。12岁考入孝义县碗碗腔剧团，主攻小旦、花旦和刀马旦，15岁逐渐成为团中的台柱子，后师承著名京剧演员刘长渝。张建琴逐渐形成了既生活化又个性化的表演风格。她大胆突破了碗碗腔的传统演唱模式，将京剧、地方民间小调、豫剧等引入碗碗腔声腔体系，使碗碗腔的"尖子"、"二音"更如行云流水、圆润委婉。1999年，张建琴获得中国戏剧第六届"梅花奖"。

代表剧目有《风流父子》、《风流婆媳》、《风流寡妇》、《酸枣坡》等。作为孝义市碗碗腔剧团的团长，张建琴致力于碗碗腔的发展和传承，培养新演员。

田学思

男，汉族，1944年10月生，山西省孝义市人。2006年5月，碗碗腔（孝义碗碗腔）被列入第一批国家级非物质文化遗产名录传统戏剧类，项目编号Ⅳ-49。2008年2月，田学思入选为第二批国家级非物质文化遗产项目代表性传承人，山西省孝义市申报。田学思于1960年向老艺人冯洞斯、高仲玉学习孝义碗腕腔板胡演奏艺术，也曾得到著名老艺人那鹏飞、李正有等的指导和培养。1969年开始创作设计碗碗音乐和唱腔。他在演奏技巧上有自己独特的风格，在演奏欢快活泼的曲调和唱腔时经常用高超的上下滑弦奏法；演奏悲伤曲调和唱腔时模仿哭泣声音常应用压弦和揉弦法。剧情表现力丰富多彩，听得让人陶醉。同时，在板胡演奏方面，他具有非凡的功力和高超的演奏技巧，是孝义碗碗腔板胡演奏和伴奏的顶尖者，也是孝义碗碗腔音乐创作和唱腔设计的主要人选。1969—1974年期间田学思先后在碗碗腔现代戏《红嫂》、《白毛女》等剧目中担任音乐创作和唱腔的设计。他设计的碗碗腔《酸枣坡》现代戏被山西省评为"五个一"工程奖。1997年退休后，其被孝义市艺术学校聘任为碗碗腔音乐专业教师，重点传授孝义碗碗腔音乐的伴奏和唱腔的设计。

Ⅳ-70 秧歌戏 （朔州秧歌戏）

张元业

男，汉族，1932年2月生，山西朔州市城区里磨疃村人。2006年5月，秧歌戏(朔州秧歌戏)被列入第一批国家级非物质文化遗产名录传统戏剧类，项目编号Ⅳ-70。2008年2月，张元业入选为第二批国家级非物质文化遗产项目代表性传承人，山西省朔州市申报。张元业，艺名元顺旦，出身于秧歌世家，为第四代朔城秧歌传承人。8岁起跟随其祖父学习基本功，11岁开始旦角的练习。1948年至1952年，他先后拜薛宏、常海为师学艺。张元业精通朔州秧歌戏的所有剧目、曲调、音乐、服饰、砌末，能根据剧情需要捏塑数十种面具，并兼任导演。其表演做功大方，擅长表演上吊流血、刀砍颜面等特技，代表作有《夜宿花亭》、《明公断》等。1990年，他获山西省国土杯大奖赛一等奖，2004年，山西省文物局5·18"晋祠杯"文物保护文艺节目中获二等奖第一名。其弟子有20多名，如白俊英（艺名"白灵雀儿"）等。其子张福现任大秧歌剧团的团长，是朔州大秧歌的第六代传人。

Ⅳ-71 道情戏 （临县道情戏）

张瑞锋

男，汉族，1964年1月生，山西省临县人。2006年5月，道情戏（临县道情戏）被列入第一批国家级非物质文化遗产名录传统戏剧类，项目编号Ⅳ-71。2008年2月，张瑞锋入选为第二批国家级非物质文化遗产项目代表性传承人，山西省临县申报。张瑞锋自幼酷爱音乐，在临县县办艺校学艺三年。1983年进入临县道情剧团，从事临县道情音乐的演奏工作。他曾跟随临县道情戏名艺人杜守长、杜恩郁二位老师学习技艺，并拜省歌舞剧院国家一级作曲家孟只争老师为师学习作曲。张瑞锋深入临县各地，搜集整理古老传统等剧本34个，收集了部分前代艺人的剧照、生活照、录音、录像资料，获得60年代、70年代两个版本的"临县道情音乐书"两本。1998年，在山西省歌舞比赛中，他参与作曲的《牧羊情》获作曲奖，同时在吕梁98歌舞比赛中获一等奖。2009年，新创作道情戏《碛口古镇》。张瑞锋所在的临县道情剧团从1998

年始连续开设了几期培训班，他担任音乐老师，培养了一支20余人的高质量道情戏乐队。他在1999年吕梁地区举办的艺术新苗选拔赛中荣获"优秀辅导教师奖"。

任林林

女，汉族，1969年2月生，山西省临县人。2006年5月，道情戏（临县道情戏）被列入第一批国家级非物质文化遗产名录传统戏剧类，项目编号Ⅳ-71。2008年2月，任林林入选为第二批国家级非物质文化遗产项目代表性传承人，山西省临县申报。1980年，时年11岁的任林林考取临县道情剧团，拜师道情戏著名演员杜守成、杜恩郁、王香连学艺；又于2000年至2003年，在山西省戏剧职业学校戏剧专业学习进修。她已经从业30余年，专攻小旦，先后在多部道情戏中扮演不同的角色。在唱腔上，她可以将虚腔和唱词分清，从而避免了虚腔湮没唱词；在表演上，她坚持表演生活化，故此克服了大剧种容易程式化的问题。她所塑造的众多舞台形象，不论是主角还是配角，都能做到形象鲜明，栩栩如生。1989年，她在吕梁地区优秀青年分彩赛上，以《挡马》荣获二等奖；1998年山西歌舞比赛中，参与编导的《牧羊情》获编导奖；1998年在北京龙潭庙会上，《湫川腰鼓》获个人表演奖，2000年在中国第二届小荷风彩赛中获优秀奖。她与另一位临县道情戏国家级传承人张瑞锋组建有民营剧团。

备注： 道情戏在发展过程中曾涌现出众多著名演员。早期有李明春、沈成法、张广志、龚长法、李济广、张耀然、阮丘玉等。辛亥革命后，道情戏不断出现女演员，以朱凤仙、李玲、傅喜贵等较为知名。如今，道情戏的传承人以朱锡梅、张瑞锋、任林林等为代表。朱锡梅是新中国成立后道情戏的第一代传人。其表演声情并茂、嗓音洪亮，曾与常香玉、马金凤等大师同台演出，堪称道情这一稀有剧种的代表演员。

Ⅳ-91 皮影戏（孝义皮影戏）

梁全民

男，汉族，1932年生，山西省孝义市驿马乡后驿马村人。2006年5月，皮影戏(孝义皮影戏)被列入第一批国家级非物质文化遗产名录传统戏剧类，项目编号Ⅳ-91。2008年2月，梁全民入选为第二批国家级非物质文化遗产项目代表性传承人，山西省孝义市申报。梁全民自幼酷爱皮影木偶艺术，十几岁时拜著名艺人冯洞厮为师。梁全民表演皮影戏的签子功，功底扎实、技艺娴熟、干净利索；文戏武戏、一招一式、颇见功夫。他能用孝义皮腔、孝义碗碗腔两种唱腔给皮影戏伴唱，字正腔圆，婉转流畅。他的木偶操作技艺精湛，台步的到位、撑仗的分寸，把握得恰到好处，人物刻画活灵活现、栩栩如生，配唱水平也属一流。代表作有孝义皮腔纸窗影戏《闹朝歌》、《黄河阵》、《攒心钉》，孝义碗碗腔沙窗影戏《桃花记》、《苦极图》、《观音堂》、《忠孝图》。1989年，他主演的木偶戏《走山》、《天蓬戏嫦娥》等获得第二届山西省民间艺术节金奖。1994年，梁全民参加了中国木偶精英荟萃大赛，以《走山》荣获"精英奖"，同时被誉为"国宝级的演员"；在"中国首届民间艺术节"中荣获"银杯奖"。1997年，荣获"吕梁人民艺术家"称号。梁全民培养了武兴、郝凤莲、吴晓静等一批优秀艺术人才。

李世伟

男，汉族，1947年生，山西省孝义市人，现居山西省侯马市。2006年5月，皮影戏（孝义皮影戏）被列入第一批国家级非物质文化遗产名录传统戏剧类，项目编号Ⅳ-91。2008年2月，李世伟入选为第二批国家级非物质文化遗产项目代表性传承人，山西省孝义市申报。李世伟16岁师承著名雕刻大师何德润、侯光元。25岁考入孝义皮影木偶剧团。他在博采众长的基础上，结合中国南北各派木偶制作的特点，不断进行创新，逐渐形成自己的创作风格，制作的木偶形象逼真、神采飞扬、栩栩如生。他采用泥塑制模，再用纸浆翻模，兼具传统泥塑和木刻的风格，浅刻和深刻结合，浮雕和镂雕结合，把含蓄、凝练的艺术淋漓尽致地表现在木偶形象上，突破了传统的程式，根据剧中人物性格特征而设计制作木偶。其代表作有《草原红花》、《通天河》、《张羽煮海》等。2005年，他创作的皮腔纸窗影戏人物，荣获首届唐山国际皮影艺术节雕刻展览一等奖。李世伟夫妻与三个女儿都在从事皮影的制作加工，他的外甥女和侄女也在学习这门工艺。

内蒙古

Ⅳ-73 二人台

冯来锁

男，汉族，1965年生，内蒙古自治区乌兰察市人。2006年5月，二人台被列入第一批国家级非物质文化遗产名录传统戏剧类，项目编号Ⅳ-73。2008年2月，冯来锁入选为第二批国家级非物质文化遗产项目代表性传承人，内蒙古自治区申报。冯来锁自幼喜爱二人台，15岁初中毕业后，他考入了内蒙古艺校乌蒙戏曲班。后师从名为"白菜心"的民间老艺人赵有根，学到了传统二人台的唱腔与表演。师从杨志清排开门戏，与二人台著名艺人武利平"亦师亦友亦兄弟"。冯来锁集二人台硬码戏、带鞭戏于一身，以表演老生和三花脸（丑角）见长，其表演滑稽幽默、感情真挚，极有艺术感染力。冯来锁秉承了东路二人台的演剧风格。目前冯来锁任乌兰察布市二人台实验剧团团长，并在母校内蒙古艺校担任教师，迄今已带出 6 个班的学生，并积极为学生提供舞台。2007 年内蒙古乌兰察布市东路二人台学会成立，为二人台的传承提供了平台。

辽宁

Ⅳ-28 京剧

周仲博

男，汉族，1925 年 8 月生，河北省沧州市人。2010 年 11 月，京剧入选"人类非物质文化遗产代表作名录"。2006 年 5 月，京剧被列入第一批国家级非物质文化遗产名录传统戏剧类，项目编号Ⅳ-28。2008 年 2 月，周仲博入选为第二批国家级非物质文化遗产项目代表性传承人，辽宁省申报。周仲博生于梨园世家，自幼随曾在"永胜和"科班坐科的父亲周凯亭学艺。6 岁开始登台演出，艺名为"盖神童"。8 岁时接受"富连成"科班张盛禄的一对一授课，主攻文武老生。其表演文武兼备，声音高亢响亮，武功扎实，戏路宽广，刻画的人物形象生动而细腻。他博采众长、兼收并蓄，通过舞台实践，在掌握了马派、余派、唐派等各个流派表演艺术精华外，还对麒派表演艺术进行了探索和钻研，结合自身特点形成了独具特色的艺术风格。被誉为东北京剧界文武老生的代表人物，是目前唯一健在且熟知唐派艺术的老演员。代表剧目有《逍遥津》、《徐策跑城》、《失空斩》、《四郎探母》等。他与妻子共同整理了《血战金沙滩》、《两狼山》、《二子登舟》、《未央宫》等剧本，其中不乏曾经失传的名段。2011 年获得"第六届中国京剧终身成就奖"。

汪庆元

男，汉族，1938 年 7 月生，2008 年 5 月卒，山东省文登市人。2010 年 11 月，京剧入选"人类非物质文化遗产代表作名录"。2006 年 5 月，京剧被列入第一批国家级非物质文化遗产名录传统戏剧类，项目编号Ⅳ-28。2008 年 2 月，汪庆元入选为第二批国家级非物质文化遗产项目代表性传承人，辽宁省申报。汪庆元幼年参加农村子弟剧团学演娃娃生；1955 年进入凤城京剧团学戏，专攻文武老生和红、黑二净，主演关公、包公戏，拜冯世奎为师；1980 年调入沈阳京剧院，拜唐韵笙亲传弟子李刚毅、王玉海为师，学演唐派红净关公戏，是沈阳京剧院唐派再传弟子；1985 年拜李万春为师。其嗓音洪亮，苍劲有力，唱腔念白激越高亢，有独特的红净味道，表演工架凝重稳健、规范大气，善于刻画人物，富有感人魅力，饰演的红净关公戏，气度不凡。其代表剧目有《古城会》、《青石山》、《华容道》、《千里走单骑》、《包龙图》、《李逵探母》、《盗魂铃》、《红灯记》、《沙家浜》等。

Ⅳ-51 评剧

冯玉萍

女，汉族，1959 年 11 月生，辽宁省沈阳市人。2006 年 5 月，评剧被列入第一批国家级非物质文化遗产名录传统戏剧类，项目编号Ⅳ-51。2008 年 2 月，冯玉萍入选为第二批国家级非物质文化遗产项目代表性传承人，辽宁省沈阳市申报。冯玉萍为国家一级演员。1973 年，考入沈阳评剧院学员班，1981 年拜著名评剧表演艺术家、评剧花派创始人花淑兰为师，并得到韩少云、筱俊亭两位评剧大师的指点。其音域宽厚，声音明亮甜润；表演做工扎实，能准确细腻地把握人物的性格和心理特征。在舞台生涯中，塑造了众多性格特征鲜明、生动感人的艺术形象，形成了独特的演唱、表演风格，是第一位两次荣获中国戏剧梅花奖的演员。代表剧目有《半把剪刀》、《谢瑶环》、《魂断天波府》、《穆桂英挂帅》、《茶瓶计》等。冯玉萍于 2005 年底开山收徒，弟子为盘锦评剧团的齐丽君和沈阳评剧院的孙明月。

筱俊亭

原名张忠善，又名张俊亭，女，汉族，1921 年 12 月生，天津人。2006 年 5 月，评剧被列入第一批国家级非物质文化遗产名录传统戏剧类，项目编号 Ⅳ -51。2008 年 2 月，筱俊亭入选为第二批国家级非物质文化遗产项目代表性传承人，辽宁省沈阳市申报。1930 年，筱俊亭拜蹦蹦戏老艺人杨义为师，1932 年被白玉霜看中，加入白剧团，后又得朱金财、刘庆堂、寇文质等多位老艺人指教。工青衣花旦，以青衣见长，特别是在老旦的表演上，有独特创新，兼容各家低腔之长，并吸收曲艺的演唱方法，形成了中低音浑厚宽亮，演唱细腻深沉，低回婉转，节奏灵活、收放自如的艺术风格。在 75 年的演艺生涯中，筱俊亭塑造了众多有血有肉的人物形象，创造出独具风采的老旦唱腔，为老旦表演积累了一套唱腔和表演模式，世称"筱派"。代表剧目有《打金枝》、《对花枪》、《杨八姐游春》、《小院风波》、《井台会》等。其女儿"小筱俊亭"是其艺术流派的得力传人，其他传人包括冯玉萍、李冬梅等。

Ⅳ -91 皮影戏（复州皮影戏）

宋国超

男，汉族，1950 年生，辽宁省瓦房店市得利寺镇花红沟儿屯人。2006 年 5 月，皮影戏（复州皮影戏）被列入第一批国家级非物质文化遗产名录传统戏剧类，项目编号 Ⅳ -91。2008 年 2 月，宋国超入选为第二批国家级非物质文化遗产项目代表性传承人，辽宁省瓦房店市申报。宋国超一家三代都是皮影人，宋国超 7 岁开始学戏，在父亲和戏班里其他演员的精心调教下，宋国超十几岁时，就能在戏班里独当一面。其技艺全面，不仅吹、拉、唱、打、拿样样精通，还擅长雕刻皮影人，也能编剧和导演。他能演出的戏剧有 10 多出，代表作有《奇缘传》、《盗马关》、《唐英烈》、《锁阳关》等传统戏。其弟子有王静波、邓淑华、吴亚男等，但传承状况不佳。

孙德深

男，汉族，1940 年生，辽宁省瓦房店市复州城镇人。2006 年 5 月，皮影戏（复州皮影戏）被列入第一批国家级非物质文化遗产名录传统戏剧类，项目编号 Ⅳ -91。2008 年 2 月，孙德深入选为第二批国家级非物质文化遗产项目代表性传承人，辽宁省瓦房店市申报。孙德深出身于皮影艺人世家，其祖父和父亲都是著名皮影艺人，做过复州著名皮影戏班"德胜班"班主，孙德深受家庭影响。13 岁跟随一些老艺人学习皮影技艺，1956 年，正式出师，成为"德胜班"第三代传人。"文革"期间，皮影戏被禁演，1982 年，孙德深重新组建"德胜班"。孙德深是目前少有的四项全能皮影艺人，即懂操影、拉弦、唱戏和打鼓板的技艺。他一共演过 100 多部皮影戏，其中有 20 多部都是他自己的创作，其余是祖先保留下来的剧本，其家中珍藏了多部"影卷"。代表作品有《开天辟地》、《大英烈》、《西游记》、《红楼梦》等。目前其子孙福绪和其孙孙洪波继承制影、耍影、唱影的技术，孙福绪现已刻得一手好皮影，成为复州皮影戏第四代接班人。

Ⅳ -91 皮影戏（凌源皮影戏）

徐积山

男，汉族，辽宁省凌源市刀而登镇南店村人。

2006 年 5 月，皮影戏（凌源皮影戏）被列入第一批国家级非物质文化遗产名录传统戏剧类，项目编号Ⅳ-91。2008 年 2 月，徐积山入选为第二批国家级非物质文化遗产项目代表性传承人，辽宁省凌源市申报。徐积山自幼热爱文艺，喜欢唱评戏舞秧歌，更酷爱皮影艺术。在他 30 岁时，向兄长徐栋和老艺人郭永山正式学艺，从演唱到操影再到伴奏。在 36 岁时，他自己拴影箱领影从艺，主攻贴线、唱髯等。1981—1983 年，独立刻制影人一堂，沿用至今。在 48 岁之后，嗓力减弱，于是改为唱丑。他长期活跃在河北省承德市宽城县、河北省秦皇岛市青龙县和辽宁凌源南部的农村，是当地有名的老艺人。

刘景春

男，汉族，辽宁省凌源市人。2006 年 5 月，皮影戏（凌源皮影戏）被列入第一批国家级非物质文化遗产名录传统戏剧类，项目编号Ⅳ-91。2008 年 2 月，刘景春入选为第二批国家级非物质文化遗产项目代表性传承人，辽宁省凌源市申报。刘景春受其大哥影响，自幼学习二胡。1971 年，他被选入沈阳前进歌舞团，成为一名二胡手，并得到了歌舞团老师们的倾心传授。1978 年，他转学皮影，用唱机记录皮影艺人的影调，并逐一演习生、旦、净、末、丑各个行当的唱法，用简谱形式记录传统的嘟当韵，并掌握了皮影的演奏技巧。1979 年，凌源县皮影剧团成立时，刘景春成为凌源县皮影戏团的伴奏员。刘景春拜过多位师傅，包括当地的盲艺人董文、尹和林、宋广达等，他还拜河北省唐山皮影戏团的黄亿金学习四弦演奏，习得了《孙悟空三打白骨精》、《火焰山》、《盘丝洞》等珍贵的谱本。刘景春倾力培养皮影继承人，女儿刘兴梅在他的严格指导下成为凌源皮影界最年轻的识谱演唱者，习得《人参姑娘》、《白蛇传》、《牛郎织女》等剧本，并于 2005 年在中国国际皮影展演中获得国际演唱一等奖。

Ⅳ-92 木偶戏 （辽西木偶戏）

王娜

女，辽宁省锦州市人。2006 年 5 月，木偶戏（辽西木偶戏）被列入第一批国家级非物质文化遗产名录传统戏剧类，项目编号Ⅳ-92。2008 年 2 月，王娜入选为第二批国家级非物质文化遗产项目代表性传承人，辽宁省盘锦市申报。1975 年，王娜开始学习木偶艺术，后进入锦州木偶剧团，参加了《通天河》、《草原红花》、《通天河》、《木偶奇遇记》等几部大戏的演出，是辽西木偶艺术表演第三代传人。1988 年，剧团解散。但王娜没有放弃她对木偶艺术的追求，始终致力于木偶戏的恢复和推广工作。2000 年，锦州木偶剧团成立，王娜担任剧团团长。她率领剧团不断创新，掌握了《变脸》、《书法》、《长绸舞》等一些绝活儿节目。2008 年 2 月，王娜和她的学生们参加在上海仙乐斯剧场举办的"全国木偶皮影中青年技艺大赛"，获得了全国木偶艺术的最高荣誉——金狮奖。王娜的女儿在她的影响下也酷爱木偶戏，在上海戏剧学院学习导演，现已成长为辽西木偶戏的第四代传人。王娜走进艺术职专等学校游说，招收有潜质的学生学习木偶制作、表演，以期能将木偶艺术更好地传承下去。

上海

Ⅳ-1 昆曲

蔡正仁

男，汉族，1941 年 7 月生，祖籍江苏省吴江县，现居上海。2001 年 5 月，昆曲被联合国教科文组织列为第一批"人类口述和非物质遗产代表作"。2006 年 5 月，昆曲被列入第一批国家级非物质文化遗产名录传统戏剧类，项目编号Ⅳ-1。2008年2月，蔡正仁入选为第二批国家级非物质文化遗产项目代表性传承人，上海市申报。蔡正仁为国家一级演员。1961年毕业于上海市戏曲学校首届昆剧演员班，工小生，师承俞振飞、沈传芷等昆曲名家，同时得到姜妙香、周传瑛等指点，昆曲继字辈。擅长塑造官生、巾生、穷生等不同人物；其音色宽厚洪亮，表演洒脱大方，能昆能京，唱念俱佳，历有"小俞振飞"、"活唐明皇"之美誉。获第四届中国戏剧梅花奖、第五届上海戏剧白玉兰表演艺术主角奖和上海文化艺术节优秀成果奖。代表剧目有《长生殿》、《见娘》、《亭会》、《惊变埋玉》等。其弟子有张军、黎安等。

计镇华

男，汉族，1943年生。2001年5月，昆曲被联合国教科文组织列为第一批"人类口述和非物质遗产代表作"。2006年5月，昆曲被列入第一批国家级非物质文化遗产名录传统戏剧类，项目编号Ⅳ-1。2008年2月，计镇华入选为第二批国家级非物质文化遗产项目代表性传承人，上海市申报。计镇华为国家一级演员。1961年毕业于上海戏曲学校，师承郑传鉴、倪传钺等名家，主攻老生，昆曲继字辈。其嗓音洪亮，表演上善于继承，敢于创造，舞台风度颇佳，享有"第一老生"之美誉。他能昆能京，是剧、影、视三栖演员。曾获第四届中国戏剧梅花奖和第二届上海戏剧白玉兰主角奖。代表剧目有昆曲《十五贯》、《蔡文姬》、《钗头凤》，电影《风流千古》，电视越剧《杜十娘》和京剧《孽缘记》、《游龙戏凤》等。其弟子有许乃强、袁国良等。

倪传钺

原名筱荣，后易名宗扬，男，汉族，1908年12月生，2010年9月卒，江苏省苏州市人。2001年5月，昆曲被联合国教科文组织列为第一批"人类口述和非物质遗产代表作"。2006年5月，昆曲被列入第一批国家级非物质文化遗产名录传统戏剧类，项目编号Ⅳ-1。2008年2月，倪传钺入选为第二批国家级非物质文化遗产项目代表性传承人，上海市申报。1922年，倪传钺进入苏州昆剧传习所学习昆曲，传字辈，师承吴义生，工老外，兼老生。出科后加入"新乐府"昆班演出。他嗓音较老生稍阔，比白面略苍，是典型的老外嗓子。他善于揣摩剧情，剖析角色，擅长做功，能戏颇多。代表剧目有《八义记·闹朝、扑犬》、《如是观·交印》、《浣纱记·寄子》、《绣襦记·打子》。1957年起，倪传钺积极从事昆曲教学工作，培养了三代昆曲演员，对昆曲的保留、传承作出了巨大贡献，其弟子有计镇华、甘明智、姚祖福、杨晓勇、高雪生等。

梁谷音

女，汉族，1942年4月生，祖籍浙江省新昌县，现居上海。2001年5月，昆曲被联合国教科文组织列为第一批"人类口述和非物质遗产代表作"。2006年5月，昆曲被列入第一批国家级非物质文化遗产名录传统戏剧类，项目编号Ⅳ-1。2008年2月，梁谷音入选为第二批国家级非物质文化遗产项目代表性传承人，上海市申报。梁谷音为国家一级演员。1954年，考入华东戏曲研究院昆剧演员训练班（后改为上海戏曲学校），师承沈传芷、张传芳、朱传茗，专攻六旦（花旦），昆曲继字辈。1961年毕业后加入上海青年京昆剧团，成为剧团十大金牌之一。她戏路宽广，擅长正旦、花旦等；其嗓音甜润，表演细腻动人，在舞台生涯中塑造了各种不同性格、生动丰满的人物形象。曾获第三届中国戏剧梅花奖，第一届和第五届两届上海戏剧白玉兰表演艺术主角奖。代表剧目有《烂柯山》、《潘金莲》、《琵琶行》、《佳期》等。其弟子有郑懿、顾预等。

张洵澎

女，汉族，1941年3月生，上海市人。2001年5月，昆曲被联合国教科文组织列为第一批"人类口述和非物质遗产代表作"。2006年5月，昆曲被列入第一批国家级非物质文化遗产名录传统戏剧类，项目编号Ⅳ-1。2008年2月，张洵澎入选为第二批国家级非物质文化遗产项目代表性传承人，上海市申报。张洵澎为国家一级演员。1953年，进入上海市戏曲学校第一届昆曲演员班，师承言慧珠、朱传茗、沈传芷、姚传芗等名家，昆曲继字辈。1961年毕业后参与成立上海青年京昆曲团。1994年，她在上海举办个人专场演出，被誉为"东方舞蹈皇后"。其嗓音甜美，表演细腻。曾获第六届上海戏剧白玉兰表演艺术主角奖，她主演的昆剧电视剧《牡丹亭》获全国电视优秀戏曲片一等奖、全国电视"飞天奖"和"金鹰奖"。代表剧目有《牡丹亭·寻梦》、《牡丹亭·游园惊梦》、《玉簪记》、《白蛇传·断桥》、《连环记·小宴》等。其弟子有汪思雅、蒋珂、姚徐依、史依弘等。

刘异龙

男，汉族，1940年生，祖籍江西省九江市，现居上海市。2001年5月，昆曲被联合国教科文组织列为第一批"人类口述和非物质遗产代表作"。2006年5月，昆曲被列入第一批国家级非物质文化遗产名录传统戏剧类，项目编号Ⅳ-1。2008年2月，刘异龙入选为第二批国家级非物质文化遗产项目代表性传承人，上海市申报。刘异龙为国家一级演员。1961年毕业于上海市戏曲学校第一届昆曲演员班，工丑、副，师从传字辈华传浩、王传淞、周传沧老师，昆曲继字辈。其表演出色地继承了昆剧传统丰富的丑角艺术，且在求新求通俗化方面作了成功的突破。他唱念俱佳，文武兼备，表演诙谐风趣，嬉戏怒骂皆能入戏，塑造了众多特色鲜明的人物形象，如《十五贯》中的娄阿鼠、《孙悟空三打白骨精》中的猪八戒、《长生殿》中的高力士等，被誉为"江南名丑"、"昆坛清丑"。曾获得首届上海戏剧白玉兰表演艺术配角奖、首届中国昆剧艺术节荣誉表演奖。代表剧目《济公三戏花太岁》、《一捧雪》等。其弟子有胡刚、侯哲、柳春林、谭笑、俞玖林和曾杰等。

岳美缇

女，汉族，1941年3月生，上海人。2001年5月，昆曲被联合国教科文组织列为第一批"人类口述和非物质遗产代表作"。2006年5月，昆曲被列入第一批国家级非物质文化遗产名录传统戏剧类，项目编号Ⅳ-1。2008年2月，岳美缇入选为第二批国家级非物质文化遗产传承人，上海市申报。岳美缇为国家一级演员。1954年，成为上海戏曲学校昆剧班首批学员，师从昆曲大师俞振飞、沈传芷等，起初攻花旦，后改学小生。毕业后进入上海昆剧团，成为剧团骨干，还曾进入戏剧导演班进修，对昆曲理论和实践均有独到见解。岳美缇的生角表演温柔多情，风流倜傥，生动细腻，格调素雅清新，富有俞派小生所特有的气质和风度。曾获第四届中国戏剧梅花奖、第四届上海戏剧白玉兰主角奖、上海宝钢高雅艺术奖等。代表剧目有《墙头马上》、《红楼梦》、《占花魁》、《牡丹亭》等。目前致力于培养昆曲接班人。

张静娴

女，汉族，1947年生，上海人。2001年5月，昆曲被联合国教科文组织列为第一批"人类口述和非物质遗产代表作"。2006年5月，昆曲被列入第一批国家级非物质文化遗产名录传统戏剧类，项目编号Ⅳ-1。2008年2月，张静娴入选为第二批国家级非物质文化遗产项目代表性传承人，上海市申报。张静娴为国家一级演员。1959年，进入上海市戏剧学校第二届昆剧演员班习艺，坐科八年，师承杰出的戏曲教育家朱传茗，主攻闺门旦，后又得方传芸、沈传芷、姚传芗、俞振飞等众多昆剧名家亲授。其基本功扎实，戏路宽广，扮相端庄，嗓音亮丽，声情并茂，表演风格细腻传神，刚柔相济，塑造了许多性格鲜明的舞台形象。曾获首届上海戏剧节表演奖、第七届中国戏剧梅花奖、第八届白玉兰戏剧表演主角奖等。代表剧目有《斩娥》、《刺虎》等。退休后，张静娴将全部精力投入指导青年演员上，其徒弟有余彬、顾卫英等。2013年，因其在昆曲传承上的贡献，获"第二届中国非物质文化遗产传承人薪传奖"。

Ⅳ-28 京剧

尚长荣

男，汉族，1940年7月生，祖籍河北省邢台市南宫县，现居上海市。2010年11月，京剧入选"人类非物质文化遗产代表作名录"。2006年5月，京剧被列入第一批国家级非物质文化遗产名录传统戏剧类，项目编号Ⅳ-28。2008年2月，尚长荣入选为第二批国家级非物质文化遗产项目代表性传承人，上海市申报。尚长荣是四大名旦之一尚小云之子，5岁登台，10岁正式拜师学习京剧花脸，先后师从陈富瑞、苏连汉、侯喜瑞等名家，也兼学金少山、裘盛戎的"金"、"裘"两派。尚长荣将京剧传统手法与现代文化意识有机融合，强调以京剧固有的表现手法和技法刻画人物和表现情感，力求把握情感的细微之处，并通过严格的规范化技法表现出来。其嗓音洪亮、宽厚，唱功吃重的"铜锤戏"和做表繁难的"架子花"均能驾驭，博采众长，形成独特的表演风格。首位梅花奖得主，还曾获上海白玉兰戏剧表演艺术主角奖、中国戏剧节优秀表演奖、中国京剧艺术节优秀表演奖等。2011年在国际戏剧协会第33届世界代表大会当选为"世界戏剧大使"，成为世界上第八位获此殊荣者。代表剧目有《姚刚》、《敬德装疯》、《黑旋风李逵》、《将相和》等。其弟子有黄彦忠、顾谦、孙健南、李志翔等。

陈少云

男，汉族，1948年生，祖籍北京，现居上海市。2010年11月，京剧入选"人类非物质文化遗产代表作名录"。2006年5月，京剧被列入第一批国家级非物质文化遗产名录传统戏剧类，项目编号Ⅳ-28。2008年2月，陈少云入选为第二批国家级非物质文化遗产项目代表性传承人，上海市申报。陈少云出身于梨园世家，9岁学艺，10岁登台，先后师从方航生、侯育臣等，工文武老生，后拜麒派名家张信忠、明毓昆以及杨派名家曹世嘉为师学艺，1980年拜著名麒派老生赵麟童及著名戏剧导演阿甲为师。其嗓音浑厚宽甜，继承麒派音型洒放、吐字运腔强烈、情感节奏奔放的演唱特征；其表演注重探究人心，准确细腻表现人物情感，形成了自己"外朴内秀"的风格特色，是当代优秀麒派艺术继承人。曾获第十一届中国戏剧梅花奖、文化部文华表演奖、上海白玉兰戏剧表演艺术（主角）奖。代表剧目有《萧何月下追韩信》、《宋江杀惜》、《鸿门宴》、《宰相刘罗锅》、《狸猫换太子》等。其弟子有朱丁奇、冯盛章等。

王梦云

女，汉族，1938年8月生，祖籍北京，现居上海市。2010年11月，京剧入选"人类非物质文化遗产代表作名录"。2006年5月，京剧被列入第一批国家级非物质文化遗产名录传统戏剧类，项目编号Ⅳ-28。2008年2月，王梦云入选为第二批国家级非物质文化遗产项目代表性传承人，上海市申报。王梦云为国家一级演员。1950年进入中国戏曲学校学习老旦，师从时青山、孙甫亭、徐少琪等。1958年毕业后，又拜李金泉、王玉敏、李盛泉、李多奎等为师。1970年，从北京京剧院调至上海京剧院。她基本功扎实，嗓音嘹亮，戏路较广，唱做兼备，表演富于激情，创造了许多个性鲜明的"现代奶奶"形象，为京剧创新发展作出了有益的探索。代表作剧目有《钓金龟》、《打龙袍》、《岳母刺字》、《沙家浜》等。1994年，王梦云任上海戏曲学校校长，培养了大批优秀演员。其弟子有陈幼玲、姜志军、丁丽润等。

孙正阳

原名孙小羊，男，汉族，1931年生，祖籍河北省玉田县，现居上海市。2010年11月，京剧入选"人类非物质文化遗产代表作名录"。2006年5月，京剧被列入第一批国家级非物质文化遗产名录传统戏剧类，项目编号Ⅳ-28。2008年2月，孙正阳入选为第二批国家级非物质文化遗产项目代表性传承人，上海市申报。孙正阳为国家一级演员。20世纪40年代考入上海戏剧学校正字科，师从刘嵩樵、罗文奎等，工丑角。1949年，加入上海京剧院。孙正阳的丑角表演别具一格，兼容并蓄南北流派艺术，形成了具有个性的表演风格，嗓音脆亮、念白爽利，善于刻画丑角人物内心世界，表演谐而不俗，秀雅别致，有"漂亮小丑"、"江南名丑"之誉。他还独创了一些以丑角为主的剧目，如《海周过关》、《蒋平捞印》等，在不断积累前辈丑角艺人舞台经验的基础上，结合自己的特点，不断创新，为丰富丑角表演剧目作出了贡献。曾获第八届中国京剧艺术节"优秀表演奖"。代表剧目有《贞观盛事》、《秋江》、《智取威虎山》、《磐石湾》等。其弟子有奚培民等。

关栋天

原名关怀，男，汉族，1956年生，祖籍浙江省杭州市，现居上海市。2010年11月，京剧入选"人类非物质文化遗产代表作名录"。2006年5月，京剧被列入第一批国家级非物质文化遗产名录传统戏剧类，项目编号Ⅳ-28。2008年2月，关栋天入选为第二批国家级非物质文化遗产项目代表性传承人，上海市申报。关栋天为国家一级演员。出身于梨园世家，父亲关正明是武汉京剧团著名老生演员，母亲李蔷华是著名程派京剧演员。关栋天自幼随父学艺，工老生。1978年，考入武汉京剧团。1984年，正式调入上海京剧院。其演唱风格深受父亲的影响，同时仔细揣摩余叔岩、杨宝森等余派和杨派的声腔，相互有机结合，形成自己飘逸流畅的唱腔。由于关栋天音色宽亮醇厚，因而演唱时声音富有激情，高亢饱满，极富艺术感染力，有"唱不倒的金嗓子"之称，被誉为京剧界的"男高音"。曾获上海戏剧"白玉兰"主演奖、第六届中国艺术节优秀表演奖、第三届中国京剧艺术节优秀表演奖、第九届中国戏剧节优秀表演奖和第十二届文华表演奖等。代表剧目《打金砖》、《贞观盛事》、《廉吏于成龙》等。

Ⅳ-53 越剧

袁雪芬

女，汉族，1922年3月生，2011年2月卒，浙江省嵊县杜山村人。2006年5月，越剧被列入第一批国家级非物质文化遗产名录传统戏剧类，项目编号Ⅳ-53。2008年2月，袁雪芬入选为第二批国家级非物质文化遗产项目代表性传承人，上海市申报。1933年，袁雪芬入四季春越剧科班开始学艺，初学男班丝弦正调腔，攻青衣正旦，也兼演小生，出科后与女子越剧四工腔时期的代表人物王杏花同台，唱腔受其影响。袁雪芬大胆改革了越剧唱腔，形成和丰富了尺调腔，使越剧在唱腔板式上得到了丰富，更增强了抒情性和戏剧性，其所开创的越剧"袁派"就是在尺调腔的基础上发展来的。袁雪芬的唱腔在质朴中见韵味，细腻中有深沉，委婉含蓄，演唱气息饱满有力，吐字坚实而富有弹性，运腔中运用欲放又收、抑扬有致的处理，形成特有的韵味美。代表剧目有《梁山伯与祝英台》、《西厢记》、《祥林嫂》、《王昭君》、《红粉金戈》、《黑暗家庭》、《香妃》等。袁雪芬传人有朱东韵、方亚芬、陶琪、李沛婕等。

徐玉兰

女，汉族，1921年12月生，浙江省新登县人。2006年5月，越剧被列入第一批国家级非物质文化遗产名录传统戏剧类，项目编号Ⅳ-53。2008年2月，徐玉兰入选为第二批国家级非物质文化遗产项目代表性传承人，上海市申报。1933年，徐玉兰进新登东安舞台科班学艺，初学花旦，后习老生。文戏师傅是俞传海，武戏师傅是徽班文武老生袁世昌。1939年，徐玉兰与吴月奎等组建兴华越剧社，1947年自组白玉兰剧团。1943年她与刘涛先生合作，将越剧从无文字剧本的"幕表戏"改革为"剧本戏"，从而使自己也成长为一代越剧大师。其表演富有激情，塑造的人物形象俊逸潇洒、神采夺人，尤其擅长扮演风流倜傥的角色，在越剧界享有盛誉。嗓音嘹亮，旋律常在中高音区进行，唱腔除继承越剧传统老调外，广泛吸收京、绍、杭等剧种的声腔成分，突破了越剧平稳委婉的风格，具有高昂激越的特色，被称为"徐派"。代表剧目有《红楼梦》、《西厢记》、《春香传》、《追鱼》、《北地王》。徐玉兰的学生和传人有徐小兰、金美芳、刘丽华、汪秀月、钱惠丽、郑国凤，徐持平、翁荔英、钱丽亚、张小君、刘觉等。

傅全香

原名孙泉香，女，汉族，1923年8月生，浙江省嵊县后庄村人。2006年5月，越剧被列入第一批国家级非物质文化遗产名录传统戏剧类，项目编号Ⅳ-53。2008年2月，傅全香入选为第二批国家级非物质文化遗产项目代表性传承人，上海市申报。傅全香为国家一级演员。父亲孙琴文，是业余打鼓佬，后任四季春科班鼓师。1933年，傅全香入四季春科班学艺，工

花旦，师傅为绍兴文戏男班艺人鲍金龙。在演艺实践中，不断借鉴其他剧种的唱腔，形成了风格亮丽独特的唱腔与表演，首开定腔定谱先例。她的嗓音明亮、音域宽广，在演唱中，真假嗓音结合，声音华丽多彩，激情荡漾，婉转多姿，注重花腔润色，被誉为越剧界的"金嗓子"、"越剧花腔女高音"，创造出越剧"傅派"；其表演以"花衫"戏见长，善用强烈的外部动作来表现人物的内心感情，最擅长于表现具有强烈反抗精神的悲剧妇女形象。代表剧目有《江姐》、《情探》、《杜十娘》、《李娃传》、《劈山救母》、《人比黄花瘦》、《孔雀东南飞》、《梁山伯与祝英台》等。傅全香的学生和传人有张榕华、胡佩娣、何英、陈颖、洪芬飞等。

王文娟

女，汉族，1926年12月生，浙江省嵊县坑边村人。2006年5月，越剧被列入第一批国家级非物质文化遗产名录传统戏剧类，项目编号Ⅳ-53。2008年2月，王文娟入选为第二批国家级非物质文化遗产项目代表性传承人，上海市申报。王文娟为国家一级演员。1939年师从表姐——越剧小生竺素娥，初习小生，后改学花旦。王文娟的唱腔平易质朴，流畅自然，中低音区音色浑厚柔美，吐字清晰，在平淡中见新奇，委婉中见华彩，在表现人物情感变化时，运用不同曲调和板式组织为成套唱腔，一层层深入展开表现人物，形成自己的风格，有"王派"之称；表演上以善于描摹人物神态，能够将人物内心感情生动传神地传达出来，塑造了多个性格迥异、个性鲜明的舞台形象。代表剧目有《追鱼》、《春香传》、《红楼梦》。王文娟的学生有钱爱玉、王志萍、单仰萍等。

范瑞娟

别名范竹山，女，汉族，1924年1月生，浙江省嵊县黄泽镇人。2006年5月，越剧被列

入第一批国家级非物质文化遗产名录传统戏剧类，项目编号Ⅳ-53。2008年2月，范瑞娟入选为第二批国家级非物质文化遗产项目代表性传承人，上海市申报。范瑞娟为国家一级演员。1935年入龙凤舞台科班学戏，启蒙师傅为黄炳文，工小生。范瑞娟的表演稳健大方，质朴无华，具有男性气质的阳刚之美。戏路宽广，既擅演正直、敦厚、儒雅的书生，也能表演英武刚韧的武将英雄；唱腔在继承男班正调腔的基础上，吸收了京剧马连良、高庆奎等名家的唱腔音调和润腔处理，形成音调宽厚响亮、咬字坚实稳重，行腔迂回流畅的特点，被称为"范派"。代表剧目有《梁山伯与祝英台》、《孔雀东南飞》、《李娃传》、《打金枝》、《祥林嫂》等。范瑞娟的学生和传人有陈琦、邵文娟、史济华、韩婷婷、章瑞虹、江瑶、方雪雯、吴凤花、张志明、张惠忠和韩林根等。

张桂凤

女，汉族，1922年11月生，2012年3月卒，浙江省萧山县人。2006年5月，越剧被列入第一批国家级非物质文化遗产名录传统戏剧类，项目编号Ⅳ-53。2008年2月，张桂凤入选为第二批国家级非物质文化遗产项目代表性传承人，上海市申报。1936年，张桂凤入嵊县招龙桥科班学艺，工老生。张桂凤的唱腔刚劲挺拔，声情并茂，在演唱时，能根据人物感情变化灵活运用各种曲调、板式，展现人物的具体心态情感和思想变化，甚至为表现人物也借用其他剧种和艺术种类的音乐元素，因而唱腔旋律丰富，节奏多变，配合表演充分表现不同人物的个性，刻画人物惟妙惟肖，塑造出一个个个性迥异、鲜明生动的戏剧形象，有"性格演员"之称。代表剧目有《打金枝》、《二堂放子》、《凄凉辽宫月》、《祥林嫂》等。张桂凤的传人有王金萍、董柯娣、章海灵、费禄姣、乐彩珍、张国华、张承好、吴群等、周勤等。

Ⅳ-54 沪剧

杨飞飞

原名翁凤请，女，汉族，1923年生，2012年5月卒，浙江省慈溪县人。2006年5月，沪剧被列入第一批国家级非物质文化遗产名录传统戏剧类，项目编号Ⅳ-54。2008年2月，杨飞飞入选为第二批国家级非物质文化遗产项目代表性传承人，上海市申报。1935年，杨飞飞开始学文明戏，1938年拜丁婉娥为师，学习申曲（1941年更名为沪剧）。1942年，杨飞飞加盟沪剧界有"半壁江山"之称的文滨剧团。1948年与赵春芳、丁国滨等组建勤艺沪剧团并任团长。杨飞飞的演唱被称为"杨派"，以柔和为特色，在其嗓音宽厚洪亮的基础上，注意发声的共鸣，同时在继承沪剧传统的基础上，吸收了越剧、锡剧、评弹、蹦蹦戏等剧种的成分，创造出了这种朴实无华、委婉亲切的唱腔，讲究演唱中表现感情，以情制腔。以《妓女泪》中的"金媛自叹"最具代表性，被誉为"杨八曲"，是沪剧中的经典唱段。代表剧目有《方珍珠》、《茶花女》、《家》、《为奴隶的母亲》等。现宝山沪剧团团长华雯是杨飞飞传人。

马莉莉

女，汉族，1949年2月生，江苏省常州市人。2006年5月，沪剧被列入第一批国家级非物质文化遗产名录传统戏剧类，项目编号Ⅳ-54。2008年2月，马莉莉入选为第二批国家级非物质文化遗产项目代表性传承人，上海市申报。马莉莉为国家一级演员。1960年，马莉莉入杨浦区艺校沪剧班。1964年毕业后，杨飞飞进入爱华沪剧团，1973年转上海沪剧团（今上海沪剧院）。马莉莉嗓音甜美，表演有悟性，戏路较宽。在沪剧表演初期，刻画了一系列坚韧不屈的女英雄,而被戏称为"英雄花旦";后来则在《日出》、《雷雨》、《宋庆龄在上海》中塑造了性格迥异、人生环境截然不同的女性形象。她还将京剧中的武打引入沪剧,为沪剧表演增加了动感和舞台效果。1990 年获首届上海白玉兰戏剧表演主角奖,1993 年获第三届中国戏剧节优秀演员奖,1994 年获第十一届中国戏剧"梅花奖";1995 年获第三届中国"金唱片奖";她的主要代表作品有《红灯记》、《沙家浜》、《日出》、《宋庆龄在上海》等。如今马莉莉在沪剧传承中,更多地扶持青年演员,收徒有沪剧演员程臻等。

王盘声

男,汉族,1923 年 6 月生,江苏省苏州市鸿山镇梁鸿村人。2006 年 5 月,沪剧被列入第一批国家级非物质文化遗产名录传统戏剧类,项目编号Ⅳ-54。2008 年 2 月,王盘声入选为第二批国家级非物质文化遗产项目代表性传承人,上海市申报。1937 年,王盘声入沪艺文月社学艺,师从陈秀山。而后长期在文滨剧团演出,1945 年起成为该团台柱之一。王盘声重视研究沪剧传统的各种唱腔特点,在继承沪剧传统唱腔的基础上,吸收了其他各种剧种的唱腔优势,形成了唱腔潇洒飘逸,音色清澈甜润,吐字清晰,声腔中传情达意,舒展流畅的特点,自成一派,有"王派"之称。他的"刘志远敲更"及"志超读信"等唱段,就是王派唱腔的代表,充分展现了王派唱腔的飘逸潇洒的特征。代表剧目有《黄浦怒潮》、《金沙江畔》、《三代人》等。王盘声弟子有出身"沪剧世家"的程文俊等 10 余名。

陈瑜

女,汉族,1947 年 8 月生,上海人。2006 年 5 月,沪剧被列入第一批国家级非物质文化遗产名录传统戏剧类,项目编号Ⅳ-54。2008 年 2 月,陈瑜入选为第二批国家级非物质文化遗产项目代表性传承人,上海市申报。陈瑜为国家一级演员。1960 年,陈瑜进入上海黄浦区戏曲学校学艺,1962 年转艺华沪剧团学馆,1965 年毕业后留团当演员,陈瑜的表演富有激情,在赋子板的演唱上尤见功力。擅长塑造各类不同性格、不同命运的母亲形象,也因此被誉为沪剧舞台上的"母亲专业户"。曾两次获白玉兰奖和国家文华表演奖。代表剧目有《雪夜春风》、《半把剪刀》、《樱花》、《画女情》、《清风歌》、《明月照母心》、《方桥情缘》、《雷雨》、《心有泪千行》和《上海老师》等。陈瑜目前致力于沪剧的传承,于 2007 年收徒王嫣、徐蓉。

江苏

Ⅳ-1 昆曲

张继青

女,汉族,原名张忆青,1939 年 1 月生,上海人。2001 年 5 月,昆曲被联合国教科文组织列为第一批"人类口述和非物质遗产代表作"。2006 年 5 月,昆曲被列入第一批国家级非物质文化遗产名录传统戏剧类,项目编号Ⅳ-1。2008 年 2 月,张继青入选为第二批国家级非物质文化遗产项目代表性传承人,江苏省申报。张继青为国家一级演员,著名昆曲表演艺术家,继字辈。出身曲艺世家,从小耳濡目染,1952 年从艺,工闺门旦、初习苏剧,曾得到昆曲前辈全福班老艺人尤彩云、曾长生的教授。1958 年以后开始专工昆曲,得到昆曲名家沈传芷、姚传芗、俞锡侯传授。她的戏路较宽,正旦、五旦、六旦演来均得心应手,表演风格含蓄蕴藉,唱腔刚柔相济、韵味隽永,吐字归音圆润可赏。在 40 余年的舞台演艺生涯中,曾塑造多个舞台艺术形象,广获好评,尤以"三梦"《痴梦》、

《惊梦》、《寻梦》而著称，被誉为"昆曲皇后"。1984年以全票而名列首届中国戏剧梅花奖榜首，后在美国肯尼迪艺术中心获得"华人艺术家终身成就奖"。2002年被联合国教科文组织和文化部授予长期潜心昆曲事业成绩显著的艺术家，在国际文化界享有较高名望与盛誉。正式弟子有陶红珍、顾卫英、沈丰英、单雯四人。

王芳

女，汉族，1963年4月生，江苏省苏州市人。2001年5月，昆曲被联合国教科文组织列为第一批"人类口述和非物质遗产代表作"。2006年5月，昆曲被列入第一批国家级非物质文化遗产名录传统戏剧类，项目编号Ⅳ-1。2008年2月，王芳入选为第二批国家级非物质文化遗产项目代表性传承人，江苏省申报。王芳为国家一级演员，弘字辈。1977年进江苏省苏昆剧团学习，工闺门旦和刀马旦，曾得著名昆剧艺术家沈传芷、姚传芗、张传芳、张继青和著名京剧演员施雍容及著名苏剧演员庄再春、蒋玉芳等人教授。在传统技艺上有良好的基础，昆剧、苏剧均擅表演。戏路宽广，文武皆能，表演风格细腻，含蓄蕴藉，唱腔刚柔相济，吐字归音，圆润可赏，颇具苏昆风格。多年来领衔主演了数十部优秀大戏及传统折子戏，尤以《醉归》、《寻梦》、《养子》著称。主演的昆剧电影《折柳阳关》被选入第60届威尼斯国际电影节及第28届香港国际电影节展映；主演的《西施》获中共中央宣传部第十届精神文明建设"五个一工程"入选作品奖。曾向翁育贤传艺，收有小徒弟石婉玉。

Ⅳ-55 苏剧

蒋玉芳

女，汉族，1922年生，2008年2月卒，江苏省苏州市人。2006年5月，苏剧被列入第一批国家级非物质文化遗产名录传统戏剧类，项目编号Ⅳ-55。2008年2月，蒋玉芳入选为第二批国家级非物质文化遗产项目代表性传承人，江苏省苏州市申报。1951年，蒋玉芳参与创建民锋苏剧团（江苏省苏昆剧团前身）。蒋玉芳擅演小生，兼演老生。她嗓音软糯，中低音醇厚，高声部中气较足，苏白咬字清晰有力，字正腔圆韵味浓厚；其唱腔借鉴了苏州评弹中的"丽调"、"蒋调"等声腔，又融入南方戏曲的"南方调"，凸显她个人文静端庄之风格，使演唱听起来委婉柔绵，情真意切。代表剧目有《醉归》、《离魂追舟》。蒋玉芳弟子有王芳等。

尹斯明

女，汉族，1921年生，上海人。2006年5月，苏剧被列入第一批国家级非物质文化遗产名录传统戏剧类，项目编号Ⅳ-55。2008年2月，尹斯明入选为第二批国家级非物质文化遗产项目代表性传承人，江苏省苏州市申报。尹斯明出身于上海苏滩（苏剧的前身）世家，是苏剧第一代表演艺术家和苏剧创始人。尹斯明自12岁起随父亲尹仲秋在上海演唱苏滩，唱遍了大小世界、神仙世界、大千世界等几乎所有的上海戏园子，还兼唱堂会、电台。既学苏剧，也能演京剧和昆曲，表演婉转清丽，细腻动人，能演小生、老生、花旦、彩旦等不同行当。在表演同时，她还能作曲和演奏乐器，是苏滩不可多得的多面手。1951年，尹斯明加入"民锋苏剧团"，自编唱段，自谱曲，为苏剧《玉蜻蜓》、《月是故乡明》等设计唱腔。1980年，尹斯明担任江苏省苏昆剧团艺术指导。代表剧目有《白兔记》、《吕布与貂蝉》、《汉宫秋月》、《王十朋》等。在她的演艺生涯中，已经将苏剧传承继、承、弘字辈三代人，其子尹建民为其主要传人之一。

Ⅳ-56 扬剧

李开敏

女，汉族，1939 年生，江苏省扬州市头桥镇人。2006 年 5 月，扬剧被列入第一批国家级非物质文化遗产名录传统戏剧类，项目编号Ⅳ-56。2008 年 2 月，李开敏入选为第二批国家级非物质文化遗产项目代表性传承人，江苏省扬州市申报。李开敏为国家一级演员。1953 年开始学艺；1956 年，进入江苏省戏校进修，工青衣，闺门旦。1966 年，李开敏参加了江苏省首期戏剧训练班，向清曲大师王万清学会了虚声唱法；向音乐专家武俊达学乐理知识。李开敏后师承"扬剧泰斗"高秀英，被观众誉为"维扬正宗之花"。李开敏博采众家之长，也追求个人风格，其唱腔清丽婉转，韵律流畅，柔美中带有刚毅，节奏起伏跌宕，被称为"李派"；表演中刻画人物深刻细腻，塑造了众多妇女形象。全国第二届"金唱片奖"获得者。代表剧目有《血冤》、《夺印》、《蝶恋花》和《皮九辣子》等。李开敏的儿子李政成也是扬剧名家，有"扬剧王子"之称，其还另有徒弟葛瑞莲等人。

汪琴

女，汉族，1940 年 1 月生，江苏省淮安市人。2006 年 5 月，扬剧被列入第一批国家级非物质文化遗产名录传统戏剧类，项目编号Ⅳ-56。2008 年 2 月，汪琴入选为第二批国家级非物质文化遗产项目代表性传承人，江苏省扬州市申报。汪琴为国家一级演员。1955 年，参加了扬州地区举办的农民骨干艺术培训班，初接触扬剧；1956 年 2 月，汪琴考入扬州市人民扬剧团学艺。汪琴的表演风格刚柔相济，洒脱细腻，唱腔豪放有力，吐字情真意切，在广大扬剧观众中享有盛誉。在表演同时，汪琴还能编写剧本，《雪冤》（与人合作）、《千金乞丐》（与人合作）、《红颜泪》（与人合作）等发表在各级刊物上。代表剧目有《审土地》、《皮九辣子》、《血冤》等。汪琴退休后创办了民营扬剧团，为扬剧带出了一批新人，主要学生有国家一级演员王苓芬、许虹，国家二级演员孙爱民等。

浙江

Ⅳ-1 昆曲

林天文

男，汉族，1936 年 12 月生，浙江省温州市平阳县水头镇人。2001 年 5 月，昆曲被联合国教科文组织列为第一批"人类口述和非物质遗产代表作"。2006 年 5 月，昆曲被列入第一批国家级非物质文化遗产名录传统戏剧类，项目编号Ⅳ-1。2008 年 2 月，林天文入选为第二批国家级非物质文化遗产项目代表性传承人，浙江省申报。林天文 1956 年考入温州巨轮昆剧团，1957 年此剧团改制为永嘉昆剧团，他开始作曲，1984 年永嘉昆剧团解散后调永嘉文化局工作，2006 年回复建后的永嘉昆剧团任艺术团长。师从旦角周云娟、阿宝和武戏老师张仁杰等，也得到上昆华文漪、周志刚、蔡正仁等人的帮助，他是永嘉昆剧团解散前的当家旦角。在昆曲抢救工程之中，整理出《三请樊梨花》、《十五贯》、《折桂记》、《白蛇传》、《百花公主》等大戏，重新打造了青春版《张协状元》、《琵琶记》、《荆钗记》；排演了《疯僧扫秦》、《火焰山借扇》、《吃糠》、《牲祭》等 20 多出经典折子戏。主演剧目有《白蛇传》、《百花公主》、《飞龙传》、《荆钗记》、《三请樊梨花》、《玉簪记》、《墙头马上》等。传承《三请樊梨花》、《百花公主》戏给新秀由腾腾。

汪世瑜

男，汉族，1941年3月生，江苏省太仓市人。2001年5月，昆曲被联合国教科文组织列为第一批"人类口述和非物质遗产代表作"。2006年5月，昆曲被列入第一批国家级非物质文化遗产名录传统戏剧类，项目编号Ⅳ-1。2008年2月，汪世瑜入选为第二批国家级非物质文化遗产项目代表性传承人，浙江省申报。汪世瑜为国家一级演员，世字辈，第三届中国戏剧"梅花奖"得主。14岁考入国风苏昆剧团，随团学艺，师承著名昆剧表演艺术家周传瑛，工小生，冠生、鞋皮生兼能，尤以"巾生"见长。经40余年舞台磨炼，蜚声海内外，获"昆曲巾生魁首"之誉。汪世瑜扮相清秀俊美，嗓音甜润，身段潇洒，颇具名家风范，擅演风流俊爽之才子书生，表演上不拘泥于程式，注重以情出戏，以情感人，声情并茂，深受观众和行家推崇。代表剧目有《拾画·叫画》、《琴挑》、《跪池》、《牡丹亭》、《西园记》、《桃花扇》、《风筝误》、《长生殿》、《浮沉记》等。汪世瑜有弟子陶铁斧、周志清、俞玖林和徐铭。台湾艺人"小虎队"成员陈志朋也跨界拜其为师。

林为林

男，汉族，1964年6月生，浙江省绍兴市人。2001年5月，昆曲被联合国教科文组织列为第一批"人类口述和非物质遗产代表作"。2006年5月，昆曲被列入第一批国家级非物质文化遗产名录传统戏剧类，项目编号Ⅳ-1。2008年2月，林为林入选为第二批国家级非物质文化遗产项目代表性传承人，浙江省申报。林为林为国家一级演员，著名昆剧表演艺术家，秀字辈。9岁学艺，1978年入浙江昆剧团，师承张正堃、邱唤、沈斌、曲永春、魏克玉等京昆名家，受益于著名昆剧表演艺术家周传瑛和京剧表演艺术家历慧良的指导。他扮相英武，台风沉稳，功底扎实，以长靠、短打武生戏见长，腿功尤为叫绝，

享有"江南一条腿"之美誉。21岁获中国戏剧梅花奖"二度梅"。2002年度参加全国昆曲评比展演，一举荣获由联合国教科文组织和文化部颁发的"昆曲艺术促进奖"，名列榜首。1994年开始任浙江戏曲会演评委，浙江省高级职称艺术类评委，兼职任台湾国立艺术学院客座教授，香港中文大学驻校艺术家。被香港演艺学院授予"2013荣誉院士"荣衔。代表作有《界牌关》、《挑滑车》、《夜奔》、《探庄》、《吕布试马》、《钟馗嫁妹》及新编历史剧《公孙子都》、《红泥关》、《暗箭记》、《吕布与貂蝉》等。

Ⅳ-7 高腔（西安高腔）

严帮镇

男，汉族，1918年生，2011年1月卒，浙江省衢州市人。2006年5月，高腔（西安高腔）被列入第一批国家级非物质文化遗产名录传统戏剧类，项目编号Ⅳ-7。2008年2月，严帮镇入选为第二批国家级非物质文化遗产项目代表性传承人，浙江省衢州市申报。严帮镇16岁时，师从逃难流浪到浙江省衢州市柯城区航埠镇严村的老艺人学艺。严帮镇传唱西安高腔70余年，行踪遍及杭州、温州、瑞安、乐清、金华等地。他掌握了高腔全套的曲牌，并精通古道场高腔、古木偶戏剧高腔。尤为突出的是，他一人能同时演奏锣、鼓、二胡、笛子等13种乐器，边吹打边念唱，能一人演唱徽戏三四十个剧本，人称"一人剧团"。其致力于发掘、搜集、传承地方稀有剧种"西安高腔"成绩显著，新中国成立后多次荣获省、市（区）地方戏曲贡献奖。严帮镇培养了戏剧弟子500余人，还曾创办地方剧团4个。

汪家惠

男，汉族，1955年生，浙江省衢州市人。2006年5月，高腔（西安高腔）被列入第一批

国家级非物质文化遗产名录传统戏剧类，项目编号Ⅳ-7。2008年2月，汪家惠入选为第二批国家级非物质文化遗产项目代表性传承人，浙江省衢州市申报。汪家惠现在是国家一级作曲。他1970年进入衢州市婺剧团；1981年，考入上海音乐学院作曲系戏曲作曲干部专修班学习作曲，师从何占豪等教授；毕业后即担任衢州市婺剧团作曲，至今已为100多个剧目创作了音乐。他在婺剧团工作中，从多方面收集整理了西安高腔剧目和曲牌资料。现已收集西安高腔剧目15本及部分折子戏、曲牌音乐近百首，并进行了大量的研究论证工作，为抢救、保护西安高腔做了大量工作。整理改编了西安高腔折子戏《推车接父》、《槐阴分别》谱本等。在音乐创作中，曾以西安高腔音乐为素材，创作了现代婺剧《天鹅魂》的全剧音乐，获得成功。代表作有《孙悟空大战红孩儿》、合作创作音乐的大型戏曲《女皇错断梨花案》等。

Ⅳ-7 高腔（松阳高腔）

吴陈基

男，汉族，1964年3月生，浙江省丽水市松阳县人。2006年5月，高腔（松阳高腔）被列入第一批国家级非物质文化遗产名录传统戏剧类，项目编号Ⅳ-7。2008年2月，吴陈基入选为第二批国家级非物质文化遗产项目代表性传承人，浙江省松阳县申报。吴陈基曾向吴大水、吴陈俊两位老艺人学习，擅演净角，长期担任松阳高腔周安剧团负责人。松阳高腔周安剧团在周安村和新岗村建立了松阳高腔传承基地，挖掘整理高腔剧目，鼓励剧目创新，培养年轻演员。目前松阳高腔的传承主要采用相对原始的、家族式的口传身授，演员一般都是其家庭成员。

陈春林

男，汉族，1957年生，浙江省丽水市松阳县人。2006年5月，高腔（松阳高腔）被列入第一批国家级非物质文化遗产名录传统戏剧类，项目编号Ⅳ-7。2008年2月，陈春林入选为第二批国家级非物质文化遗产项目代表性传承人，浙江省松阳县申报。陈春林是松阳高腔白沙岗剧团负责人，从艺20多年，主演净、丑、生角色，和吴陈基一道被认为是松阳高腔的代表性传承人中较年轻的两位。

Ⅳ-8 新昌调腔

章华琴

女，汉族，1941年生，浙江省新昌县人。2006年5月，新昌调腔被列入第一批国家级非物质文化遗产名录传统戏剧类，项目编号Ⅳ-8。2008年2月，章华琴入选为第二批国家级非物质文化遗产项目代表性传承人，浙江省新昌县申报。章华琴考入新昌县调腔剧团学习旦角，用3年时间学会了60余本调腔传统剧目，成为团里的骨干演员。代表剧目有《闹九江》、《北西厢》、《红灯记》等。退休后，她受剧团的返聘，现任剧团训练班指导老师，其弟子有王嘉瑜、梁晶娜等，是新昌调腔的第七代传人。

蔡德锦

男，汉族，1942年生，2008年2月卒，浙江省新昌县人。2006年5月，新昌调腔被列入第一批国家级非物质文化遗产名录传统戏剧类，项目编号Ⅳ-8。2008年2月，蔡德锦入选为第二批国家级非物质文化遗产项目代表性传承人，浙江省新昌县申报。蔡德锦15岁考入新昌调腔培训班，1959年毕业后一直从事调腔艺术工作。他演过60多部戏，扮演过小生、正生、老生、小丑等角色，正、反面人物皆能演。他刻苦钻研调腔艺术，演艺十分精湛。他倾尽心力拍摄新昌调腔电视片《闹九江》，四处奔走筹集资金，最终成功将古老的调腔艺术搬上银屏，为新昌调腔的推广和传承作出巨大贡献。

Ⅳ-39 乱弹

许定龙

男，汉族，1946年生，现居浙江省台州市椒江区。2006年5月，乱弹被列入第一批国家级非物质文化遗产名录传统戏剧类，项目编号Ⅳ-39。2008年2月，许定龙入选为第二批国家级非物质文化遗产项目代表性传承人，浙江省台州市申报。

傅林华

男，汉族，1958年11月生，现居浙江省台州市椒江区。2006年5月，乱弹被列入第一批国家级非物质文化遗产名录传统戏剧类，项目编号Ⅳ-39。2008年2月，傅林华入选为第二批国家级非物质文化遗产项目代表性传承人，浙江省台州市申报。傅林华任职台州海东方乱弹剧团（现更名浙江台州乱弹剧团），二级作曲，浙江台州乱弹传承办公室主任兼作曲，担任"台州乱弹传统喜剧"《借妻》作曲。中国胡琴协会会员、中国民族乐器协会会员，作品荣获国际金奖1次，国家级群星奖、梅花奖各1次，荣获浙江省"五个一"工程奖，省金奖4次。

Ⅳ-53 越剧

茅威涛

女，汉族，1962年8月生，浙江省桐乡县人。2006年5月，越剧被列入第一批国家级非物质文化遗产名录传统戏剧类，项目编号Ⅳ-53。2008年2月，茅威涛入选为第二批国家级非物质文化遗产项目代表性传承人，浙江省申报。茅威涛为国家一级演员。1979年考入桐乡县越剧团，后入浙江艺术学校进修。因出演《卖油郎独占花魁女》得尹桂芳、尹小芳赏识，被尹桂芳收为弟子，并得尹派第一、第二代传人尹小芳、宋普南的指导，工小生。茅威涛的唱腔因袭尹派，吐字清晰流畅，音色圆润，韵味悠长，而且在继承中有所创新，形成自己独特的艺术风格，被称为"茅腔"。在表演上能够汲取京剧、昆曲和川剧等其他剧种的表演手段，浓郁刻画人物，表演细腻生动，展现出人物不同性格和情绪，扮相俊美，台风高雅脱俗。她是越剧界唯一三度获梅花奖的演员。代表剧目有《五女拜寿》、《汉宫怨》、《陆游与唐琬》、《西厢记》、《大观园》、《孔乙己》等。茅威涛现有弟子蔡浙飞、李宵雯等。

董柯娣

女，汉族，1960年8月生，浙江省象山县人。2006年5月，越剧被列入第一批国家级非物质文化遗产名录传统戏剧类，项目编号Ⅳ-53。2008年2月，董柯娣入选为第二批国家级非物质文化遗产项目代表性传承人，浙江省申报。董柯娣为国家一级演员。1980年考进象山越剧团训练班，先学小生，师承老师尹瑞芳；后改老生，师承徐天鹏。1982年，董柯娣被选入浙江小百花越剧团，拜著名越剧表演艺术家张桂凤为师。董柯娣扮相英武，台风稳重大气，表演刚劲洒脱，塑造的人物个性鲜明，气宇轩昂，形成了自己独特的老生表演风格，被誉为"最有魅力的老生"；嗓音洪亮高亢，演唱刚劲有力，有"唱不败的金嗓子"之称。1998年获第十届白玉兰奖，1999年获第十七届中国戏剧梅花奖。代表剧目有《五女拜寿》、《汉宫怨》、《西厢记》、《赵氏孤儿》、《藏书之家》等。

Ⅳ-91 皮影戏（海宁皮影戏）

徐二男

男，汉族，1933 年 10 月生（一说 1932 年 10 月生），浙江省海宁周王庙镇石井村人。2006 年 5 月，皮影戏（海宁皮影戏）被列入第一批国家级非物质文化遗产名录传统戏剧类，项目编号Ⅳ-91。2008 年 2 月，徐二男入选为第二批国家级非物质文化遗产项目代表性传承人，浙江省海宁市申报。徐二男的父亲徐玉林曾是周王庙地区的知名老艺人之一。受其影响，徐二男 12 岁起就开始随父学艺，16 岁正式演出，父亲去世后，18 岁的他带领六人的徐家班在海宁各地演出皮影戏。徐二男能戏几多，精通传统皮影戏剧目 150 余出。他擅长各种开台（折子武戏）、正本戏演出，武打场面中的短刀格斗和空拳对打，动作利索、节奏明快，尤以"挑头"技艺最为精彩；文戏中的小旦动作，身段优美，动作细腻。代表作有《薛刚闹花灯》、《狄青平西》、《薛刚反唐》、《孙悟空闹三宫》、《蜈蚣岭》、《南天国》、《聚宝盆》、《白家双状元》和《三请樊梨花》等。2003 年其在海宁盐官风情街坐台任上手（领班），演出至今。现已收毕业于浙江师范大学音乐表演专业毕业的赵力为徒。

Ⅳ-92 木偶戏（泰顺药发木偶戏）

周尔禄

男，汉族，1944 年生，浙江省泰顺县大安乡大洋村人。2006 年 5 月，木偶戏（泰顺药发木偶戏）被列入第一批国家级非物质文化遗产名录传统戏剧类，项目编号Ⅳ-92。2008 年 2 月，周尔禄入选为第二批国家级非物质文化遗产项目代表性传承人，浙江省泰顺县申报。周尔禄 18 岁开始跟随父亲周守明学艺，赴各地演出，是泰顺药发木偶戏的第十代传人。1997 年为庆

祝香港回归在县城表演后，被勒令停止制作火药及与火药有关的药发木偶。2005 年，在非物质文化遗产保护中心的大力支持下，恢复正常制作药发木偶。在烟花制作上，他仍然保持着传统手工制作方法，相对来说较为粗犷，但是整场表演结合得非常巧妙、熟练。他所创作、制作的木偶形象造型粗犷、表情幽默。在烟火光影下凌空飞舞，动作丰富，甚为美观。在传承方面，药发木偶只传授自家人，传男不传女，他只有儿子周祖余一个徒弟。

安徽

Ⅳ-6 青阳腔

汪正科

男，汉族，1931 年 7 月生，安徽省青阳县杜村镇长垅汪家村人。2006 年 5 月，青阳腔被列入第一批国家级非物质文化遗产名录传统戏剧类，项目编号Ⅳ-6。2008 年 2 月，汪正科入选为第二批国家级非物质文化遗产项目代表性传承人，安徽省青阳县申报。在父兄的影响下，汪正科自小就对青阳腔产生了浓厚的兴趣。汪正科幼年随父兄学习青阳腔，后相继师承池州市贵池区董家冲人刘干明和青阳县人潘双贵。汪正科 14 岁时，进入刘干明带领的剧团边学边演。1996 年，汪正科受九华山佛教协会委托，组建"长垅目连戏剧团"。汪正科集编、导、演和指挥于一身，排练演出的青阳腔剧目，唱腔稳定优美，刚柔相济，抑扬顿挫，声音洪亮，气势恢宏，能有效调动观众情绪，达到台上台下演员和观众默契配合的演出效果。念、做、打、唱，有板有眼，极符合观众欣赏习惯和要求。"滚调"运用，灵活多变，更加彰显了青阳腔特色。汪正科的主要代表作品有《目连戏》、《珍珠

塔》。多年来，汪正科培养出了几十名青年演员，为青阳腔的传承作出了巨大贡献。

Ⅳ-7 高腔（岳西高腔）

蒋小送

男，汉族，1935年5月生，安徽省岳西县田头乡人。2006年5月，高腔（岳西高腔）被列入第一批国家级非物质文化遗产名录传统戏剧类，项目编号Ⅳ-7。2008年2月，蒋小送入选为第二批国家级非物质文化遗产项目代表性传承人，安徽省岳西县申报。1953年，蒋小送进入田头高腔班，正式拜师蒋焕南，学习高腔演唱，主攻生角，兼演旦角。后成为当地较有影响的高腔艺人。蒋小送较系统地承袭了岳西高腔的表演艺术，表演朴实无华，台风稳健，身段指法规范，举止端庄，刻画人物个性鲜明，演唱曲目众多，唱腔韵味悠长，感染力强，深得同行及观众称道。1986年，蒋小送参加《中国戏曲音乐集成·安徽卷》的唱腔采集录音，有《锦上花·回宫》等多首唱腔入编。代表剧目有《绿袍记·挂幡》、《锦上花》、《玉簪记·夜等》、《拜月记·扯伞》、《三元记·教子》、《琵琶记·书馆》等。作为唯一的岳西高腔传承人，蒋小送收徒13人，为岳西高腔的保护传承作出了许多积极努力。

王琦福

男，汉族，1935年3月生，安徽省岳西县五河镇人。2006年5月，高腔（岳西高腔）被列入第一批国家级非物质文化遗产名录传统戏剧类，项目编号Ⅳ-7。2008年2月，王琦福入选为第二批国家级非物质文化遗产项目代表性传承人，安徽省岳西县申报。王琦福出身乡土文人世家，自幼工诗文，喜高腔。1952年开始师从著名高腔艺人储遂怀（县高腔剧团教师）学习岳西高腔，专司生行。其表演身段规范，

台风儒雅，举止飘逸。刻画人物性格细致入微。所会唱腔曲目众多，嗓音洪亮，气息充沛，韵味悠长，继承了高腔古朴率真的演唱风格。代表剧目有《香球记·姜碧钓鱼》、《卖水记·生祭彦贵》、《锦上花》、《拜月记·扯伞》、《玉簪记.秋江别》等。多年来，王琦福口传身授，培养传人有王业胜、王合年等多人。为岳西高腔的传承作出了突出的贡献。

Ⅳ-29 徽剧

章其祥

男，汉族，1944年9月生，安徽省黄山市屯溪区黎阳镇高枧人。2006年5月，徽剧被列入第一批国家级非物质文化遗产名录传统戏剧类，项目编号Ⅳ-29。2008年2月，章其祥入选为第二批国家级非物质文化遗产项目代表性传承人，安徽省申报。章其祥为国家一级演员。出身于梨园世家，祖父章思涛为安徽休宁县"大阳春班"班主，父亲章雪如自幼跟随祖父章思涛学戏。章其祥自幼随父亲学艺，14岁便崭露头角。在徽剧《水淹七军》、《情义千秋》、《淤泥河》、《快活林》、《磨房会》中饰演主要角色。章其祥表演风格独特，他饰演的关公得到"气概威武，渊停岳峙。架势造型，轩昂边式。外表庄敬，内心柔慈，观之生敬而令人同情。共鸣音圆亮，低音宽厚，从头唱全终场而声不竭，大饱耳福"的赞誉。章其祥唯一入门弟子王少群，生于1970年，卒于2010年3月8日，曾获全国红梅武生大奖赛金奖等诸多奖项。另汪育殊等也跟随章其祥学习部分剧目。

李龙斌

男，汉族，1956年2月生，安徽省明光市人。2006年5月，徽剧被列入第一批国家级非物质文化遗产名录传统戏剧类，项目编号Ⅳ-29。2008年2月，李龙斌入选为第二批国家级非物

质文化遗产项目代表性传承人，安徽省申报。1978 年，李龙斌考进安徽省艺校京剧班，后又改唱徽剧，工文武小生兼老生。在文艺理论和徽剧发展史上李龙斌受到了周思木、刁均宁、金芝、完艺舟等人指点，在表演上有安淑英、金鸿荣、章其祥、徐勤纳和曹尚礼等人传艺。李龙斌的表演风格讲究粗犷和像形，声腔上讲究声情并茂，讲究"戏无技不惊人"，表演要求唱、念、做、舞全方位展示，以展现徽剧的地域特征。尤以三国戏著称，有"活周瑜"之美誉。曾获"白玉兰"表演艺术奖；中国戏剧"梅花奖"；主演的黄梅戏电影《徽商情缘》获电影"华表奖"。代表剧目有《临江会》、《吕布与貂蝉》、《太白醉酒》、《水淹七军》、《罗成叫关》等。截至 2013 年 5 月，李龙斌尚未收徒。

Ⅳ -57 庐剧

黄冰

男，汉族，1959 年 1 月生，安徽省合肥市人。2006 年 5 月，庐剧被列入第一批国家级非物质文化遗产名录传统戏剧类，项目编号Ⅳ -57。2008 年 2 月，黄冰入选为第二批国家级非物质文化遗产项目代表性传承人，安徽省合肥市申报。1971 年，黄冰考入合肥市庐剧团，专演小生，师承庐剧著名表演艺术家孙邦栋，后又跟随着名声乐教育家沈执、沈非尹先生学习科学的发声方法。黄冰的演唱声音高亢、明亮、圆润、吐字清晰、大小嗓结合运用自如，久唱不衰，并保持了庐剧唱腔原有的韵味和特色，博采众长，融会贯通，形成了自己的艺术特色和风格，在现今的庐剧小生行当中独树一帜。他的代表作品有《秦雪梅》、《十五贯》、《双锁柜》、《梁山伯与祝英台》等。黄冰任合肥市庐剧院副院长之后，注重对青年演员的培养，亲自传授表演技艺。

武克英

女，汉族，1941 年 4 月生，安徽省六安人。2006 年 5 月，庐剧被列入第一批国家级非物质文化遗产名录传统戏剧类，项目编号Ⅳ -57。2008 年 2 月，武克英入选为第二批国家级非物质文化遗产项目代表性传承人，安徽省六安市申报。武克英为国家一级演员。1955 年，进入剧团随西路庐剧著名老艺人刘正元学习传统唱腔，专攻花旦。1958 年，武克英进入安徽艺术学校进修。80 年代初，武克英主演的大型现代庐剧《妈妈》，轰动一时，获得很高评价。武克英在传承中摸索出了用"真假声"结合唱庐剧的演唱方法，形成了自己独特的皖西庐剧演唱风格，假声使唱腔委婉甜润，小嗓子更显西路庐剧的魄力特征。代表剧目有《薛凤英》、《梁祝》、《秦雪梅》、《白蛇传》，以及现代庐剧《妈妈》等。武克英培养了不少传人，其中王林、陈久梅、冯晓微等是佼佼者。

Ⅳ -60 黄梅戏

韩再芬

女，汉族，1968 年 3 月生，安徽省安庆市潜山县人。2006 年 5 月，黄梅戏被列入第一批国家级非物质文化遗产名录传统戏剧类，项目编号Ⅳ -60。2008 年 2 月，韩再芬入选为第二批国家级非物质文化遗产项目代表性传承人，安徽省申报。韩再芬自幼受为黄梅戏演员的母亲影响，1980 年进入安庆地区黄梅戏剧团学员队学艺。1984 年，韩再芬因主演黄梅戏电视连续剧《郑小姣》一举成名。韩再芬的表演扮相俏丽，噪音圆润，表演细腻，演唱韵味纯厚、清亮悦耳，有大家风范，在舞台上、电影、电视里塑造了许多婀娜多姿、光彩照人的艺术形象。其黄梅戏表演已经达到了极高的造诣，作品逐渐形成了鲜明的"再芬黄梅"品牌特色，得到艺术界和公众的认可。曾两度获得上海市"白玉兰艺术奖",也曾获黄梅戏表演艺术金奖、中国戏剧梅花奖等多项奖项。她的代表作品有《女驸马》、《杨贵妃》、《孔雀东南飞》、《徽州女人》等。韩再芬的徒弟有白莉等。

赵媛媛

女,汉族,1966年10月生。2006年5月,黄梅戏被列入第一批国家级非物质文化遗产名录传统戏剧类,项目编号Ⅳ-60。2008年2月,赵媛媛入选为第二批国家级非物质文化遗产项目代表性传承人,安徽省申报。赵媛媛为国家一级演员。1980年考入安庆市黄梅戏一团,从此走上黄梅戏表演生涯。赵媛媛注重唱腔与人物情感和情绪结合,以节奏的起伏变化来表现人物的情绪变化,音乐的创新既有浓厚的黄梅戏韵味,又不失现代感。在舞台上塑造了一系列性格特色各有千秋的人物形象,特别是在《孔雀东南飞》中塑造的刘兰芝的形象可谓经典,也因此获得2003年中国戏剧节优秀演员奖,2004年第二十一届中国戏剧"梅花奖"。此外,1992年,因《状元女与博士郎》获第一届黄梅戏艺术节演员"特别奖";1995年,以《富贵图》获第二届黄梅戏艺术节文化部金奖等。其他代表剧目有《柳暗花明》、《山乡情悠悠》、《公主与皇帝》、《泪洒相思地》、《桃花女》、《打金枝》、《审婿招婿》等。2009年,赵媛媛任安徽省黄梅戏学校副校长,同时出任"少英艺术团"团长,为培养黄梅戏新人而努力。

黄新德

男,汉族,1947年8月生,安徽省怀宁县清河乡温桥村人。2006年5月,黄梅戏被列入第一批国家级非物质文化遗产名录传统戏剧类,项目编号Ⅳ-60。2008年2月,黄新德入选为第二批国家级非物质文化遗产项目代表性传承人,安徽省申报。黄新德为国家一级演员。1965年,

黄新德毕业于安徽省艺术学校黄梅戏班,毕业后分配到安徽省京剧团。1979年,黄新德被调入安徽省黄梅戏剧院,成为继严凤英、王少舫之后黄梅戏的第二代代表人物。他在充分继承传统的基础上,以独有的才华进行可贵创新,不受程式束缚,不演行当,而演人物。他汲取京剧、庐剧、泗州戏等兄弟剧种的精华,形成了自己"行腔委婉、吐字清晰、黄味浓郁、情感真切"的演唱风格,有"黄派唱腔"之美誉。黄新德先后将"梅花奖"、"文华奖"、"华表奖"、"金鹰奖"、"金鸡奖"和"五个一工程奖"等多项国家大奖尽收囊中。代表剧目《龙女》、《徽商情缘》、《遥指杏花村》、《劈棺惊梦》等。黄新德已经培养了大批青年演员。

Ⅳ-62 泗州戏

陈若梅

女,汉族,1964年4月生,安徽省淮北市濉溪县人。2006年5月,泗州戏被列入第一批国家级非物质文化遗产名录传统戏剧类,项目编号Ⅳ-62。2008年2月,陈若梅入选为第二批国家级非物质文化遗产项目代表性传承人,安徽省宿州市申报。陈若梅为国家一级演员。从小受家庭艺术熏陶,1979年考入淮北市戏曲学校,后师从杨昌文、陈钦山,工旦角。陈若梅扮相俊美,声音甜润,被群众誉为"金腔银嗓一枝梅"。2003年在首届山东国际小戏节中获表演金奖;2005年在中国映山红民间戏剧节中获表演金奖;还曾多次获安徽省各类奖项。代表剧目有《休丁香》、《白玉楼》、《吕布与貂蝉》、《猪八戒招亲》、《林江仪》、《雷保同招亲》以及现代戏《张海迪》等。陈若梅已将自己的擅演剧目教授给多名青年演员。

李宝琴

女,汉族,1933年2月生,安徽省泗县人。

2006年5月，泗州戏被列入第一批国家级非物质文化遗产名录传统戏剧类，项目编号Ⅳ-62。2008年2月，李宝琴入选为第二批国家级非物质文化遗产项目代表性传承人，安徽省蚌埠市申报。李宝琴为国家一级演员。自幼随父母跟班学艺，天资聪颖，勤奋好学，技艺精深。她戏路较宽，技艺全面，既能演花旦、青衣、老旦，还能反串小生、小丑，无一不精。其扮相俊俏，嗓音甜润，吐字清晰，韵味十足，表演自如，风趣幽默，做工细腻传神，眉目传情，神采飞扬，在淮河两岸，苏、鲁、皖、豫四界享有"泗州戏皇后"的美誉，是泗州戏四大名旦之一。在20世纪50年代与严凤英、丁玉兰并称为"安徽戏剧三枝花"。代表剧目有《拾棉花》、《小二姐做梦》、《杨八姐闯幽州》等。

鹿士彬

男，汉族，1938年9月生，安徽省蚌埠市人。2006年5月，泗州戏被列入第一批国家级非物质文化遗产名录传统戏剧类，项目编号Ⅳ-62。2008年2月，鹿士彬入选为第二批国家级非物质文化遗产项目代表性传承人，安徽省蚌埠市申报。鹿士彬出身于泗州戏世家。1953年，在蚌埠泗州戏剧团拜南北驰名生角演员魏广云为师，学艺多年，先演娃娃生，后主演文雅小生，后任蚌埠泗州戏剧团司鼓。鹿士彬的戏路宽，既能演传统剧目，也能演现代剧目，唱、念、做、打俱佳。在唱腔和锣鼓打法上都借鉴和吸收了其他剧种，大大丰富了泗州戏的音乐唱腔和锣鼓打法，提高了演出质量，他自己也成为泗州戏的中坚力量。最为突出的是鹿士彬几十年来搜集了近6万字的泗州戏传统戏中的经典唱词、唱段，对剧团演出过的剧本、说明书、乐谱尽可能收集、保管，包括霍桂霞、李宝琴等老演员在20世纪七八十年代演出用的手抄、油印的剧本，为泗州戏资料的保存和传承作出了重要贡献。

Ⅳ-87 目连戏（徽州目连戏）

王长松

男，汉族，1956年8月生，安徽省祁门县箬坑乡栗木村人。2006年5月，目连戏（徽州目连戏）被列入第一批国家级非物质文化遗产名录传统戏剧类，项目编号Ⅳ-87。2008年2月，王长松入选为第二批国家级非物质文化遗产项目代表性传承人，安徽省祁门县申报。王长松自幼爱好文艺，曾加入村里的业余文艺演出队。1988年，他师从父亲王三意和老艺人王丁发，在栗木目连戏班学习目连戏表演。他主要扮演傅相、老生、老旦、正生、花旦，偶尔穿插演出僧、道等角色。他的演出唱腔古老，以"和尚腔"为基本唱腔，并不断吸收民间艺术，演出形式多样化。从20世纪90年代起，王长松就带领戏班年节期间在附近村庄和各县演出，借此弘扬目连戏。在村里他挑选了王汉民、陈和丽、邬仙红、王兴根等作为目连戏的主要培养对象，亲自传授。目前，栗木目连戏班参演人员有38人，王长松是戏班的主要负责人，也是最具威望的传承人。

叶养滋

男，汉族，1939年3月生。安徽省祁门县箬坑乡马山村人。2006年5月，目连戏（徽州目连戏）被列入第一批国家级非物质文化遗产名录传统戏剧类，项目编号Ⅳ-87。2008年2月，叶养滋入选为第二批国家级非物质文化遗产项目代表性传承人，安徽省祁门县申报。1958年，19岁的叶养滋拜本村目连戏唱打功夫较高的叶安成老人为师，在马山目连戏班学习，主要扮演旦角，如金奴、刘氏、观音等角色。他勤学苦练，很快成为马山目连戏班骨干成员。叶养滋会表演很多老戏，在重修戏本时，他与同村三人硬靠记忆整理出几大部戏本，是戏班中极具声望的传承人之一。此外，他十分注重培养目连戏接班人，常常利用业余时间，指导帮助村里的年轻人，叶正初、叶建初两位目连戏"名演员"就是叶养滋老人的得意门生。如今，叶养滋教过的目连戏学员共有40多人。

Ⅳ-89 傩戏（池州傩戏）

刘臣瑜

男，汉族，1930年10月生，安徽省池州市梅街镇刘街村人。2006年5月，傩戏（池州傩戏）被列入第一批国家级非物质文化遗产名录传统戏剧类，项目编号Ⅳ-89。2008年2月，刘臣瑜入选为第二批国家级非物质义化遗产项日代表性传承人，安徽省池州市申报。刘臣瑜自幼受宗族长辈影响，参与宗族傩事活动。他17岁开始登台扮演傩戏剧中角色。池州傩戏没有职业班社，也没有专业艺人，表演的内容唱腔完全靠口传心授。20世纪80年代中期，为恢复中断了近30年的傩戏扮演，他与其他老艺人一起凭记忆将傩戏很多唱本恢复起来。为了便于记忆和保存，他完成了南山刘傩戏的剧本，其中记录了傩戏的程序、唱腔以及锣鼓点，使靠技艺传承的傩戏有了可以传承的稿本。刘臣瑜现任本村刘姓宗族傩戏会会长。1990年4月，参加在山西临汾召开的"中国国际傩文化学术研讨会"，展演傩戏、傩舞；2005年6月，参加在江西南昌召开的"中国江西国际傩文化学术研讨会和文化艺术周"，获表演金奖和踩街表演优秀奖。他致力于指导后辈的声腔和演艺技巧，先后培养了十几位熟练掌握傩戏各种角色的徒弟，并指导新一辈鼓师独立担当起司鼓重任。

姚家伟

男，汉族，1965年8月生，安徽省池州市梅街镇姚街村人。2006年5月，傩戏（池州傩戏）被列入第一批国家级非物质文化遗产名录传统戏剧类，项目编号Ⅳ-89。2008年2月，姚家伟入选为第二批国家级非物质文化遗产项目代表性传承人，安徽省池州市申报。姚家伟出身于傩戏世家，他的父亲姚克水是傩戏艺人，于20世纪90年代初倡导并成立了姚街村（荡里姚）傩戏会。姚家伟跟从父亲学习傩戏技艺，20多岁时成为村傩戏会的一员，并很快成为骨干演员。他嗓音纯正、高亢、饱含古韵，动作粗犷、刚健、原始古朴。代表安徽省参加"中国江西国际傩文化艺术周"，获金奖、优秀表演奖；代表池州市参加黄山民俗文化节演出，获优秀节目奖；代表贵池旅游局参加安徽国际旅游文化月演出，获二等奖；2008年4月，作为池州农民傩戏表演队的成员之一赴法国参加意象艺术节进行交流演出，获得广泛赞誉。其代表作有傩舞《五星会》、傩戏《关公斩妖》等。

福建

Ⅳ-2 梨园戏

许天相

男，汉族，1942年6月生，福建省泉州市人。2006年5月，梨园戏被列入第一批国家级非物质文化遗产名录传统戏剧类，项目编号Ⅳ-2。2008年2月，许天相入选为第二批国家级非物质文化遗产项目代表性传承人，福建省泉州市申报。许天相为国家二级演员。1956年他成为福建省梨园戏演员训练班（后并入福建省艺术学校梨园班）首批学员，师承蔡尤本、姚苏秦、李清河、许茂才、施教恩等梨园戏著名老艺人，工丑行、末行。后进入福建省梨园戏实验剧团。在演出之外，也能导演剧目，并抢救性地排演10余出梨园戏传统剧目。代表剧目有《雪梅教子》、《王十朋》等。1997 年其担任全州艺术学校梨园戏专业课老师，培养了郭志峰、林小伟等青年演员，其中曾静萍是国家一级演员，曾两度获得中国戏剧梅花奖。

曾静萍

女，汉族，1963 年 8 月生，福建省泉州市人。2006 年 5 月，梨园戏被列入第一批国家级非物质文化遗产名录传统戏剧类，项目编号 IV -2。2008 年 2 月，曾静萍入选为第二批国家级非物质文化遗产项目代表性传承人，福建省泉州市申报。曾静萍为国家一级演员。1977 年，曾静萍考入福建省艺术学校梨园班，师承许天相，工旦行。她注重把握和表现角色的内在气质和精神世界，刻画人物入木三分、细致传神，其演出扮相被形容为"风情万种、媚眼如丝、细腻迷人"。她既虚心向老艺人学习，继承传统，又敢于借鉴其他艺术的表现手法，突破旧程式，不断创新、发展，形成自己独特的表演风格。曾获第二届上海"白玉兰"戏剧表演艺术奖主角奖，并曾两度获得中国戏剧"梅花奖"。代表作剧目有《节妇吟》、《郭华·买胭脂》、《董生与李氏》、《朱买臣》等。1999 年，曾静萍担任福建省梨园戏实验剧团团长之后，抢救排演 10 余台梨园戏传统剧目和新编剧目，积极培养梨园戏人才，为梨园戏的传承和保护作出了积极贡献，因而获首届"中华非物质文化遗产传承人薪传奖"。

IV -3 莆仙戏

黄宝珍

女，汉族，1934 年生，福建省莆田市城厢区人。2006 年 5 月，莆仙戏被列入第一批国家级非物质文化遗产名录传统戏剧类。2008 年 2 月，黄宝珍入选为第二批国家级非物质文化遗产项目代表性传承人，福建省莆田市申报。黄宝珍

12 岁进入"新移风"戏班，拜师吴金松学习青衣、闺门，之后进入了"新凤英"戏班，1950 年开办家庭剧团（随后改组为莆田县实验型剧团）。黄宝珍嗓音得天独厚，音域宽广，音色甜润，吐字清晰，情感委婉细腻、舒展自如，极具醇厚的地方韵味，与剧情相互融合，达到声情并茂的最佳效果，给人以山遥水远的悠扬绵长之感，深受戏曲迷的喜爱。先后出演过《米烂思妻》、《王十朋哭妻》、《孟道休妻》、《梁山伯与祝英台》、《春江》、《叶李娘》、《朱凡回朝》、《百花亭》等 58 部剧目，塑造了许多鲜活的女旦形象。1981 年，黄宝珍和莆仙戏老前辈一起组建艺校，为莆仙戏培养人才。

朱石凤

男，汉族，1927 年生，福建省莆田市仙游县人。2006 年 5 月，莆仙戏被列入第一批国级非物质文化遗产名录传统戏剧类。2008 年 2 月，朱石凤入选为第二批国家级非物质文化遗产项目代表性传承人，福建省莆田市申报。朱石凤 10 岁时就进入了私人戏班从事艺术表演，在师傅严苛的要求和他自身的勤奋努力下，熟悉了文旦、花旦等角色，并成了戏班里主要演员。1952 年进入著名的鲤声剧团，被称为"四凤旦"之一。后由于剧团中招收女演员，朱石凤开始转换角色饰演男角，拓宽了自己的戏路。之后他担任剧团导演，他所导演的《团圆之后》、《春草闯堂》在中国戏剧界具有深远的影响；《新亭泪》、《乾佑山天书》等剧目多次在福建省戏剧会演中获导演奖。他还指导鲤声剧团将《千里送》、《白兔记》等 7 出折子戏再次搬上舞台，使传统莆仙戏重新得到恢复。他将自己对莆仙戏的领悟和技巧传授给后人，培养出了诸如王国金、许秀莺、王少媛等大批莆仙戏表演艺术家，为培养下一代艺术家及莆仙戏传承作出了巨大的贡献。

Ⅳ-10 永安大腔戏

熊德钦

男，民族，1953年生，福建省永安市青水畲族乡丰田村人。2006年5月，永安大腔戏被列入第一批国家级非物质文化遗产名录传统戏剧类，项目编号Ⅳ-10。2008年2月，熊德钦入选为第二批国家级非物质文化遗产项目代表性传承人，福建省永安市申报。熊德钦自幼学戏，其祖辈、父辈都会演大腔戏，他父亲熊锡绳是村里著名的大腔戏艺人。1980年开始正式登台演出，现任永安青水大腔戏剧团骨干成员兼副团长。他主要饰演《白兔记》中的正旦、小旦，《双鞭记》中的老旦、三花兼后台乐器演奏。他与邢承榜是如今能演全大腔戏所有角色的艺人。大腔戏主要以父传子、子传孙的形式传承，口传心授。由于传承困难，其长子熊生浪跟随其学习大腔戏，此外还收有本村村民邢盛麟、邢清秀等为徒。

邢承榜

男，民族，1954年生，福建省永安市青水畲族乡丰田村人。2006年5月，永安大腔戏被列入第一批国家级非物质文化遗产名录传统戏剧类，项目编号Ⅳ-10。2008年2月，邢承榜入选为第二批国家级非物质文化遗产项目代表性传承人，福建省永安市申报。邢承榜自幼学戏，其祖父邢振根是著名大腔戏老艺人。1980年，他开始正式登台演出，现任永安青水大腔戏剧团骨干成员兼团长。邢承榜擅长正生、老生、大花角色，舞台走步动作精准，原汁原味地传承了大腔戏中的仪式。他与熊德钦是如今能演全大腔戏所有角色的艺人。代表剧目有《白兔记》、《双鞭记》。大腔戏主要以父传子、子传孙的形式传承，口传心授，由于传承困难，邢承榜收其子邢绍雅、邢绍孔，儿媳熊顺莲，村民邢盛麟等为徒。

Ⅳ-11 四平戏

陈秀雨

女，汉族，1945年生，福建省屏南县熙岭乡龙潭村人。2006年5月，四平戏被列入第一批国家级非物质文化遗产名录传统戏剧类，项目编号Ⅳ-11。2008年2月，陈秀雨入选为第二批国家级非物质文化遗产项目代表性传承人，福建省屏南县申报。1958年，陈秀雨进入龙潭村四平戏班，成为四平戏的首批女艺人之一，正式向村里有名的四平戏老艺人陈元雪、陈官瓦、陈官企等拜师学艺。主攻生角，但也擅演旦、丑、末等，其声音高亢圆润，悦耳动听，是不可多得的四平戏全才型艺人，被称为"屏南四平戏的活化石"，是四平戏第十二代传人。陈秀雨能演出《沉香破洞》、《白兔记》等20多种传统剧目。为了抢救、传承四平戏这一古老剧种，屏南县政府于2008年以培养四平戏新人为主旨，依托职专幼教班成立了"四平戏传袭所"，邀请陈秀雨负责授课。迄今为止，陈秀雨已经传授了陈小兰、徐秀玉、陈孝楠等20多名四平戏弟子，部分弟子已能独自"挑大梁"。

陈大并

男，汉族，1949年生，福建省屏南县熙岭乡龙潭村人。2006年5月，四平戏被列入第一批国家级非物质文化遗产名录传统戏剧类，项目编号Ⅳ-11。2008年2月，陈大并入选为第二批国家级非物质文化遗产项目代表性传承人，福建省屏南县申报。陈大并是四平戏的后台演员，有着近40年的演艺生涯，精于四平戏后台帮腔、演奏和后台布景制作。陈大并娴熟地掌握了四平戏不同行当行腔发音的方法与技巧，善于在帮腔时根据行当角色、唱词句式、句段长短及人物情感需求加以运用，做到韵味悠长、富有生趣。此外，陈大并还精于四平戏的后台演奏，锣、鼓、绰板、钹无一不通，尤其擅长以鼓指挥，演奏音律抑扬顿挫，原汁原味地保留了四平戏古朴的伴奏特点。陈大并作为专业后台演员，多次为屏南县四平戏培训班、兴趣班授课。

张孝友

男，汉族，1951年生，福建省政和县杨源乡杨源村人。2006年5月，四平戏被列入第一批国家级非物质文化遗产名录传统戏剧类，项目编号Ⅳ-11。2008年2月，张孝友入选为第二批国家级非物质文化遗产项目代表性传承人，福建省政和县申报。张孝友出身于四平戏世家，祖父张荣庆是20世纪五六十年代四平戏剧团的核心骨干，父亲张陈招重新组织了杨源四平戏业余剧团。张孝友自幼受家庭熏陶，对四平戏有着浓厚的兴趣。在父亲的指导下，主工四平戏旦角。2006年，重组民间四平戏剧团，组织演出，培养四平戏新艺人，同时召集老艺人对四平戏老剧本进行整理，译成现代剧本，着手抢救四平戏曲牌，以使四平戏重焕生机。2006年底，为解决继承人断档问题，张孝友组织成立了四平戏兴趣小组，从当地小学中挑选学生，每周为他们上一节四平戏课，现在部分学生已经会表演一些简单剧目。

李式青

男，汉族，1949年6月生，福建省政和县杨源乡禾洋村人。2006年5月，四平戏被列入第一批国家级非物质文化遗产名录传统戏剧类，项目编号Ⅳ-11。2008年2月，李式青入选为第二批国家级非物质文化遗产项目代表性传承人，福建省政和县申报。李式青12岁开始学习四平戏，师从禾洋村四平戏名生李典甘，工文武生。在师傅的口传心授下，练就了精湛的表演技艺和演唱技巧。1981年，在老艺人张陈招、张应选、李式舒等的主持下，禾洋四平戏业余剧团经整

顿后重新成立。1998年至今，李式青任禾洋四平戏业余剧团团长，剧团现在可完整表演《九龙图》、《白兔记》、《英雄会》、《刘文锡》、《沉香破洞》、《琵琶记》等，折子戏有《蟠桃会》、《辕门斩子》、《芦林会》、《红太袄》、《别嫂》等30余种剧目。

Ⅳ-32 泰宁梅林戏

黎秀珍

男，汉族，1946年9月生，福建省三明市泰宁县上青乡人。2006年5月，泰宁梅林戏被列入第一批国家级非物质文化遗产名录传统戏剧类，项目编号Ⅳ-32。2008年2月，黎秀珍入选为第二批国家级非物质文化遗产项目代表性传承人，福建省泰宁县申报。黎秀珍为"泰宁梅林戏"北路第六代弟子。14岁进泰宁县梅林戏剧团学艺，当年作为培养骨干选送南平京剧团拜小二王桂卿为师，回团后主攻武生、猴戏、老生、小生等行当。表演风格丰富多样，极富舞台激情，尤以猴戏表演精彩绝伦。1973年起从事导演生涯，导演作品朴实明快，以百姓喜闻乐见的轻松风趣为主体，兼具厚重、沉郁等多种风格。导演作品有《翠竹满山》、《金鸡高唱》、《赶猪》、《迎新人》、《贬官记》、《邹应龙》、《审国母》等。此外，黎秀珍对梅林戏的收集、整理、挖掘工作作出很大贡献，收集整理梅林戏古脚本、音像、音乐、曲牌等各类资料，对梅林戏起源、形成、形态等有独到的研究。

Ⅳ-45 闽剧

林培新

男，汉族，1951年4月生，现居福建省福州市鼓楼区。2006年5月，闽剧被列入第一批

国家级非物质文化遗产名录传统戏剧类，项目编号Ⅳ-45。2008年2月，林培新入选为第二批国家级非物质文化遗产项目代表性传承人，福建省福州市申报。林培新为国家一级演员。1960年考入福建省三明市艺校，先后拜闽剧名家张平澜、李小白为师，专攻文武小生。在闽剧唱腔上吐字清晰，意味浓郁，其戏路宽，能演小生、武生、老生、文丑等角色，表演风格高雅、潇洒，道白清晰，唱腔优美，婉转流畅，能充分展示闽剧唱腔韵味。在人物塑造上能很好地运用闽剧传统表演程式，结合人物特点在舞台艺术上体现不同角色。主要代表作品有《三搜幻化庵》、《拜石记》、《别妻书》、《孙权与张昭》、《十一郎》等。曾获福建省中青年演员比赛金牌奖；第三届中国戏剧节优秀演员奖；中国戏曲表演学会奖。作为福州市闽剧院院长，积极培养青年艺术人才，近年来精心组织中青年演员参加省市各项比赛获得了优异的成绩。

林瑛

女，汉族，1950年5月生，福建省福州市人。2006年5月，闽剧被列入第一批国家级非物质文化遗产名录传统戏剧类，项目编号Ⅳ-45。2008年2月，林瑛入选为第二批国家级非物质文化遗产项目代表性传承人，福建省福州市申报。林瑛为国家一级演员。1960年从艺，先后师从名师黄荫雾学习嫡传闺门旦，师从陈平学习花旦，师从闽剧大师郑奕奏学习青衣，师从老艺人刘小琴学习花旦。她把各位名师传授的表演程式融会贯通，形成了自己集"闺骨、花肉、青影、彩风"为特色的"林派"闽剧表演艺术。她戏路广，集多种行当的表演艺术于一身，敢于突破程式的限制，演人物而不是演行当，塑造人物恰到好处，其表演鲜明细腻、俏丽传神；唱腔大气亮丽，声情俱佳；道白咬字清晰，感情充沛，吞吐浮沉，不仅充满音乐性的美感，而且极富福州方言的韵味，充分体现闽剧"逗、

韧、火、真"的艺术特点。代表剧目有《潘金莲》、《花烛之夜》、《卓文君》、《沙家浜》、《杨开慧》、《红嫂》、《江姐》、《钗头凤》、《秦香莲》等。她从1993年开始将技艺积极传承于弟子，如陈琼、周虹、陈言芳等。

Ⅳ-46 寿宁北路戏

缪清奇

男，汉族，1963年生，现居福建省宁德市寿宁县。2006年5月，寿宁北路戏被列入第一批国家级非物质文化遗产名录传统戏剧类，项目编号Ⅳ-46。2008年2月，缪清奇入选为第二批国家级非物质文化遗产项目代表性传承人，福建省寿宁县申报。1978年，缪清奇进入寿宁县北路戏剧团，师承叶明生、刘经仓两位老师，对北路戏中的老生、武生、武丑等行当有较深的学习研究，较为系统完整地掌握了寿宁北路戏的表演形式和唱腔特色。他参加过近30本大型剧目的演出，在《齐王哭将》、《宏碧缘》、《仙女下凡》、《龙虎斗》、《半夜夫妻》等10多台戏中担任主演或次主演，深受观众与行家的好评，具有北路戏公认的代表性、权威性影响力。现任寿宁县北路戏剧团团长。

刘经仓

男，汉族，1940年生，现居福建省宁德市寿宁县。2006年5月，寿宁北路戏被列入第一批国家级非物质文化遗产名录传统戏剧类，项目编号Ⅳ-46。2008年2月，刘经仓入选为第二批国家级非物质文化遗产项目代表性传承人，福建省寿宁县申报。1951年，11岁的刘经仓进入北路戏剧团学艺，师承寿宁北路戏前辈艺人应阿田。对北路戏的老生行当有深厚的造诣，数十年的磨炼让他系统完整地掌握了寿宁北路戏的表演形式和唱腔特色。在他一生戏曲艺术生涯中，成功塑造《狸猫太子》、《反五关》、

《宏碧缘》、《岳云出征》、《齐王哭将》等北路戏中重要人物角色，先后担任北路戏剧团艺委会主任、副团长、团长、党支部书记等职务。他曾荣获宁德地区创作剧目巡回观摩演员奖、省文化厅辅导青年演员老师荣誉奖。

Ⅳ-48 高甲戏

赖宗卯

男，汉族，1946 年 12 月生，2013 年 2 月卒，福建省泉州市洛江区人。2006 年 5 月，高甲戏被列入第一批国家级非物质文化遗产名录传统戏剧类，项目编号Ⅳ-48。2008 年 2 月，赖宗卯入选为第二批国家级非物质文化遗产项目代表性传承人，福建省泉州市申报。赖宗卯为国家一级演员。于 1960 年 2 月考入晋江县民间高甲戏团演员训练班，拜"闽南第一丑"、柯派丑行表演艺术的创始人柯贤溪为师，工丑角，成为柯派艺术第一代嫡传弟子。在柯贤溪的教导下，他继承和弘扬了高甲戏各种丑行角色的表演艺术，先后主演了《大闹花府》、《骑驴探亲》、《双相思》、《鸳鸯扇》、《闹茶馆》、《妗婆打》等柯派丑行传统剧目，充分展现了柯派女丑表演艺术的风采。1997 年 7 月，他主演《金魁星》中的胡氏，获文华奖。赖宗卯曾任晋江市高甲戏剧团副团长，在其指导下，晋江高甲戏剧团不仅传承了柯派独具特色的女丑，而且公子丑、傀儡丑等所有高甲丑行表演也有较大发展。赖宗卯作为非遗传承人，培养了一大批高甲戏优秀演员，不少弟子如今都已成为高甲戏艺术表演骨干，卢文雄、庄伟国、蔡秀意等是其中的佼佼者。

曾文杰

男，汉族，1955 年生，福建省泉州市池店镇人。2006 年 5 月，高甲戏被列入第一批国家级非物质文化遗产名录传统戏剧类，项目编号

Ⅳ-48。2008 年 2 月，曾文杰入选为第二批国家级非物质文化遗产项目代表性传承人，福建省泉州市申报。1978 年，他拜"闽南第一丑"、柯派丑行表演艺术的创始人柯贤溪为师，成为柯派艺术第一代嫡传弟子，赖宗卯是他的师兄。曾文杰致力于高甲戏柯派丑行艺术的传承。先后组织和召开"柯派丑行表演艺术传承与剧目推介"专题研究会、"柯贤溪先生 100 周年诞辰暨柯派丑行表演艺术研讨会"。他与赖宗卯一起，先后举行了柯派丑行表演艺术第二代和第三代收徒拜师仪式，如今已经在努力培养第四代传承人。

颜佩琼

笔名颜滢，女，汉族，1944 年 11 月生，2012 年 7 月卒，福建省泉州市人。2006 年 5 月，高甲戏被列入第一批国家级非物质文化遗产名录传统戏剧类，项目编号Ⅳ-48。2008 年 2 月，颜佩琼入选为第二批国家级非物质文化遗产项目代表性传承人，福建省泉州市申报。颜佩琼于 1958 年考入泉州市高甲戏剧团学戏，工旦角，师承萧迪萍、蔡秀英先生。其扮相端庄，表演刚劲，唱腔自成一派，驾驭角色和控制舞台局面的能力高超，为高甲戏演员中所罕见，因此观众称她为"高甲皇后"。代表剧目有《珍珠塔》、《狸猫换太子》、《真假王岫》、《黄卷蚊诗》、《南海明珠》（现代戏）等。2006 年和丈夫姜玉杰收集整理出版了《高甲戏旦行传统套路》一书。退休后，颜佩琼到泉州艺校高甲班任教，并担任泉州老年大学闽南戏曲演出艺术团团长。她一生桃李满天下，如今活跃在高甲戏舞台上的旦角演员，多是其学生，如陈素萍、陈娟娟、刘少霞、傅圆圆和陈情瑜等。

纪亚福

男，汉族，1949 年生，福建省厦门市人。2006 年 5 月，高甲戏被列入第一批国家级非物

质文化遗产名录传统戏剧类，项目编号Ⅳ-48。2008年2月，纪亚福入选为第二批国家级非物质文化遗产项目代表性传承人，福建省厦门市申报。纪亚福为国家一级演员。13岁考入金莲升高甲剧团训练班，学习高甲戏，继承了陈宗塾和林赐福老师的表演，又能有一定的发展和创新。他文武兼能，净末皆精，特别擅演"高甲丑"，能准确而夸张地使用掌中木偶丑表演，有较高的艺术造诣。曾获中国第四届"映山红"民间戏剧节演员二等奖，更多次获得省级奖项。代表剧目有《金刀会》、《跳加冠》。纪亚福所在的厦门金莲升高甲剧团和厦门市台湾艺术研究所联手开展关于傀儡丑的记录与整理工作。厦门高甲戏的传承和保护工作正在进行，一些传统优秀折子戏也正在整理中。他本人也致力于指导青年演员。

陈炳聪

男，汉族，福建省厦门市人。2006年5月，高甲戏被列入第一批国家级非物质文化遗产名录传统戏剧类，项目编号Ⅳ-48。2008年2月，陈炳聪入选为第二批国家级非物质文化遗产项目代表性传承人，福建省厦门市申报。陈炳聪为国家一级演员。少年学艺，师承纪亚福，擅演"高甲丑"，兼能武生，扮演众多的舞台角色，均能准确把握人物性格，能将"傀儡丑"的表演程式完整地继承下来并有所创新。2003年，以《上官婉儿》、《阿搭嫂》获福建省戏剧会演优秀导演奖和第八届中国戏剧节优秀导演奖。代表剧目《小七送书》等。

Ⅳ-64 歌仔戏

郑秀琴

女，汉族，1944年生，福建省龙海市人。2006年5月，歌仔戏被列入第一批国家级非物质文化遗产名录传统戏剧类，项目编号Ⅳ-64。

2008年2月，郑秀琴入选为第二批国家级非物质文化遗产项目代表性传承人，福建省漳州市申报。郑秀琴为国家一级演员。1959年，开始从艺，进入芗剧院学习，师承歌仔戏创始人邵江海等先生。她擅长青衣闺门旦，唱腔瑰丽多姿，融合了京剧的慷慨激昂、越剧的委婉细腻、梨园戏的优美悲柔，形成独树一帜的郑氏唱腔。她的扮相高雅优美，大方潇洒，对人物性格特点把握到位，是闽台两岸戏剧界"芗剧皇后"，其唱腔和表演为歌仔戏青衣所学习和模仿。曾获文化部第二届文华奖。代表剧目有《蔡文姬》、《江姐》、《包公三勘蝴蝶梦》、《李妙惠》、《钗头凤》、《琵琶记》、《戏魂》、《蝶恋花》、《情海歌魂》等。目前郑秀琴以辅导青年演员为主要工作，其学生多已成为各剧团的中坚力量。

吴兹明

男，汉族，1940年生，福建省厦门市人。2006年5月，歌仔戏被列入第一批国家级非物质文化遗产名录传统戏剧类，项目编号Ⅳ-64。2008年2月，吴兹明入选为第二批国家级非物质文化遗产项目代表性传承人，福建省漳州市申报。吴兹明为国家一级演员。其母亲是歌仔戏演员，自幼得到家庭熏陶。他师承歌仔戏主要创始人邵江海，全面继承了邵江海的表演艺术，念、唱、做、表皆有所成；同时又吸收了第二代歌仔戏名艺人苏登发等的优点，并在表演程式上有所突破。吴兹明工武生和武老生，其表演稳健，唱腔沉稳含蓄内敛，充分展现了武生及武老生深沉庄重的特征。最为重要的是他熟知各种歌仔戏各行当的表演程式，包括指法、扇法、步汉及水袖等，在表演中对这些程式加以创新引用，来表达人物内心，刻画人物形象生动，深刻有力。近50年来，吴兹明排演的剧目有上百个，其担纲导演及演员工作的多个歌仔戏代表作，在全国获得大奖。代表剧目《煎石记》、《戏魂》、《月蚀》、《西施与伍员》

等。吴兹明的传承人有兰海滨、杨月霞、郑娅玲等青年演员，另对徐玉香、杨小艺、杨珍珍、黄艺玲等年轻演员有所指导。

纪招治

女，汉族，1933年1月生，福建省漳州市海澄县人。2006年5月，歌仔戏被列入第一批国家级非物质文化遗产名录传统戏剧类，项目编号Ⅳ-64。2008年2月，纪招治入选为第二批国家级非物质文化遗产项目代表性传承人，福建省厦门市申报。1945年起，纪招治跟洪本忠先生学戏，1949年起师承邵江海先生，工旦角。纪招治的唱腔继承了邵江海唱腔艺术的精髓——"杂碎仔"的长短句风格，并将这种风格发挥得淋漓尽致。她嗓音质朴、纯正，吐字非常清楚，总能根据唱词的长短和押韵，合理巧妙地创腔作韵，在保持和继承芗剧（歌仔戏）剧种特有韵味的基础上，自成一派。是目前唯一一位能够保存歌仔戏宗师邵江海的文字与音乐全貌的人。代表剧目《三家福》、《安安认母》、《加令记》等。1987年起，纪招治在厦门艺术学校教歌仔戏；晚年更是致力于芗剧唱腔的传承与发扬，对芗剧（歌仔戏）事业的研究和发展的贡献是非常巨大的。

陈志明

男，1964年1月生，福建省漳州市海澄县人。2006年5月，歌仔戏被列入第一批国家级非物质文化遗产名录传统戏剧类，项目编号Ⅳ-64。2008年2月，陈志明入选为第二批国家级非物质文化遗产项目代表性传承人，福建省厦门市申报。陈志明为国家二级演员。擅长小生、老生、丑角，戏路宽广，在表演中着重强调塑造人物性格，展现内心世界。尤以《邵江海》一剧中七爷的塑造最具代表性，将一个猥琐的耄耋老人塑造得惟妙惟肖。陈志明主演的《羯鼓汉箫》获福建省第二十届戏剧会演优秀演员奖，

《白鹭女神》获福建省第二十一届戏剧会演优秀演员奖、第七届中国戏剧节优秀演员奖。其他代表剧目《三请樊梨花》、《观世音》、《杀猪状元》等。

Ⅳ-92 木偶戏（泉州提线木偶戏）

陈应鸿

男，汉族，1965年生，福建省泉州人。2006年5月，木偶戏（泉州提线木偶戏）被列入第一批国家级非物质文化遗产名录传统戏剧类，项目编号Ⅳ-92。2008年2月，陈应鸿入选为第二批国家级非物质文化遗产项目代表性传承人，福建省泉州市申报。陈应鸿1978年考入福建省艺术学校木偶班，师承著名木偶戏艺人黄奕缺大师，主攻小生，兼习杂（丑），同时还学习木偶内部结构制作、线位设置等。他能演出全簿《目连救母》及数十出"落笼簿"传统剧目。他是泉州市木偶剧团的骨干演员，在泉州木偶剧团每年的祭神仪式上担任主祭。他曾作为泉州木偶戏的代表赴多个国家和地区演出。2005年，陈应鸿率泉州市木偶剧团应邀赴联合国总部演出，献演了4个双人节目，淋漓尽致地展现了泉州提线木偶的精妙。其代表作有《钦差大臣》等。陈应鸿虽有名义上的徒弟，但还未真正收到传人。在木偶表演中有一个"大出苏"仪式，牵涉到很多咒语和画符，有神秘意味。陈应鸿在未收到徒弟之前并不教授这些内容。他说必须在学生达到一定程度以后，他才招收唯一的传人，将其传授。

陈志杰

男，汉族，1964年7月生，福建省泉州市人。2006年5月，木偶戏（泉州提线木偶戏）被列入第一批国家级非物质文化遗产名录传统戏剧类，项目编号Ⅳ-92。2008年2月，陈志杰入选为第二批国家级非物质文化遗产项目代表

性传承人，福建省泉州市申报。陈志杰14岁入泉州市艺校学习，师从鼓师龚天锡，主工司鼓及打击乐器。他是泉州提线木偶戏"傀儡调"及南鼓等打击乐器的重要传承人，现在是泉州市木偶剧团的骨干乐手。他排练和抢救了泉州木偶戏《目连救母》、《李世民游地府》、《卢俊义》、《哭人鬣》等大部分传统剧目，并参与排练了大量新剧目。获福建省第五届"水仙花"戏曲唱腔比赛（司鼓）"铜奖"；第四届福建省中青年演员比赛乐器组银奖；在《古艺新姿活傀儡》中担任司鼓，获"第十届文化新剧目奖"；2010年7月，他与其他几名骨干演员带领剧团的青年演员参加于湖南长沙举行的"金狮奖第三届全国木偶皮影中青年技艺大赛"，获得"指导老师奖"。至今尚未收徒。

Ⅳ-92 木偶戏（晋江布袋木偶戏）

李伯芬

男，1926年2月生，2012年4月卒，福建省晋江市人。2006年5月，木偶戏（晋江布袋木偶戏）被列入第一批国家级非物质文化遗产名录传统戏剧类，项目编号Ⅳ-92。2008年2月，李伯芬入选为第二批国家级非物质文化遗产项目代表性传承人，福建省晋江市申报。李伯芬出身于布袋木偶戏世家，是晋南布袋戏世家金永成班（即"李家班"）的第四代传人。他11岁拜父亲李荣宗为师，14岁始登台演出，18岁能娴熟地表演生、旦、净、杂诸行当。他的腔调富于个性、掌功技法高超。1953年3月，李伯芬与父亲等组建晋江木偶剧团。1959年，他带领剧团参加全国木偶皮影观摩会演，以精湛表演技艺赢得称许。1960年，李伯芬参加在罗马尼亚举办的第二届国际木偶节，获表演一等奖和金质奖。"文化大革命"期间剧团解散，但他始终暗自练功不辍。1978年，木偶剧团重新组建，他主动承担发掘遗产和培养新秀任务。

1980年，他参加全国戏剧会演，随团演出大型神话剧《白龙公主》，受到文化部的嘉奖。李伯芬整理了100多个传统剧本，录制了其表演的30多出剧目。李伯芬培养了大批木偶艺术人才。其子李贻新在香港组建了金永成香港木偶剧团。2004年11月，晋江市掌中木偶剧团的李伯芬被中国木偶皮影艺术学会授予"终身成就奖"。

Ⅳ-92 木偶戏（漳州布袋木偶戏）

庄陈华

男，汉族，1944年5月生，福建省漳州市南靖县人。2006年5月，木偶戏（漳州布袋木偶戏）被列入第一批国家级非物质文化遗产名录传统戏剧类，项目编号Ⅳ-92。2008年2月，庄陈华入选为第二批国家级非物质文化遗产项目代表性传承人，福建省漳州市申报。1958年，庄陈华考入福建省漳州市艺术学校木偶表演科，师从木偶大师杨胜学艺。他专攻丑行，兼学其他。其表演灵活多变，丰富了木偶表演手段，完善和创造了从头部至腿部的表演技艺，塑造了众多性格鲜明的木偶丑角，刻画人物入木三分，传神逼真。他多次参加全国全省的会演、艺术节，并多次荣获优秀演员奖，是国家一级演员。作为漳州布袋木偶戏的代表，他曾赴法国、澳大利亚、英国、日本、捷克和中国香港、中国台湾等国家和地区访问演出。2002年，中国木偶皮影艺术学会聘庄陈华为"第五届中国木偶皮影艺术学会名誉会长"。其代表作有《大名府》、《三打白骨精》、《卖马闹府》、《八仙过海》、《狗腿子的传说》等。1978年，他开始在福建省艺术学校漳州木偶班辅导学员。

陈锦堂

男，1942年生，祖籍台湾省台南市，现居福建省漳州市。2006年5月，木偶戏（漳州布袋木偶戏）被列入第一批国家级非物质文化遗产名录传统戏剧类，项目编号Ⅳ-92。2008年2月，陈锦堂入选为第二批国家级非物质文化遗产项目代表性传承人，福建省漳州市申报。陈锦堂的父亲陈南田是著名的漳州布袋木偶戏老艺人。1959年，陈锦堂初中毕业后开始跟随父亲学艺，后进修于福建省戏曲研究所编导班。1961年，任漳州木偶剧团主要演员、导演、艺委会主任。曾编、导、演木偶剧《画皮》等剧目，先后出访澳大利亚、美国、加拿大、英国、葡萄牙、法国、日本等国家演出及艺术交流。参加《掌上艺术》、《八仙过海》等木偶电影拍摄。由他执导的《狗腿子的传说》，于1992年9月参加文化部举办的全国木偶皮影戏会演，获得导演奖。2002年，他执导的历史木偶戏《邱二娘》，参加福建省第22届、泉州市第28届戏剧会演，获省演出奖、市组织奖、剧目剧奖，他本人获导演奖。2003年《邱二娘》参加金狮奖第二届全国木偶皮影比赛获银奖。

江西

Ⅳ-6 青阳腔

殷武焕

男，汉族，1932年8月生，江西省湖口县付垅乡殷山村人。2006年5月，青阳腔被列入第一批国家级非物质文化遗产名录传统戏剧类，项目编号Ⅳ-6。2008年2月，殷武焕入选为第二批国家级非物质文化遗产项目代表性传承人，江西省湖口县申报。1943年，殷武焕拜湖口青阳腔老秀兰班班主络硕仁为师，开始了学演青阳腔的表演艺术，多演生、旦。学会了《琵琶记》、《黄金印》、《双坠楼》、《桃园结义》、《忠义殿》、《窦娥冤》、《岳飞尽忠》、《鹦鹉盏》等数十部青阳腔剧目，延续了湖口的青阳腔。

他自1945年开始参与当地每年农历三月二十二日欢贺"天后宫圣母娘娘"生日的青阳腔演唱会，到18岁主持该演唱会至今。20世纪80年代以后，殷武焕搜集、发掘、整理和研究青阳腔剧本剧目，为青阳腔的传承做了大量工作。殷武焕一生演出剧目繁多，主要代表作有《征东》中的尉迟恭、《三请贤》中鲁肃、《白兔记》中的李三娘，深受当地人民群众的欢迎。殷武焕收有徒弟殷协风、熊付欢等数十人。

Ⅳ-14 广昌孟戏

李安平

男，汉族，1968年4月生，江西省广昌县甘竹镇人。2006年5月，广昌孟戏被列入第一批国家级非物质文化遗产名录传统戏剧类，项目编号Ⅳ-14。2008年2月，李安平入选为第二批国家级非物质文化遗产项目代表性传承人，江西省广昌县申报。李安平的父亲是一位孟戏艺人，自幼受父亲影响爱好文艺。17岁时，师从老艺人谢传福学习孟戏，进入大路背孟戏剧院。李安平所演的孟戏主要以海盐腔演唱，同时加入弋阳腔、青阳腔和徽州腔，腔调古老，曲调有上百种。孟戏演出具有宗族祭祀性质，学习全靠口传身授、严格模仿，且只在宗族内传承。其弟子有曾小国等。为了将孟戏更好地传承下去，李安平积极推动孟戏文化进校园的活动，为孟戏的传承和人才培养探索新路。

曾国林

男，汉族，1955年生。2006年5月，广昌孟戏被列入第一批国家级非物质文化遗产名录传统戏剧类，项目编号Ⅳ-14。2008年2月，曾国林入选为第二批国家级非物质文化遗产项目代表性传承人，江西省广昌县申报。

IV-29 徽剧

江裕民

男，汉族，1944年10月生，江西省婺源县人。2006年5月，徽剧被列入第一批国家级非物质文化遗产名录传统戏剧类，项目编号IV-29。2008年2月，江裕民入选为第二批国家级非物质文化遗产项目代表性传承人，江西省婺源县申报。1957年9月，江裕民入婺源县徽剧团习艺，初随徽剧老艺人蒋荫亭工净角；后随安徽太平徽剧老艺人崔月楼学、婺源徽剧老艺人汪新丁学文武老生。江裕民表演功底扎实，戏路宽，扮相好，身手稳健，注重唱念，并能注重人物的刻画，风格朴实，乡土气息浓郁。代表剧目《长城砺剑》，成功地塑造了詹天佑的舞台形象，《水淹七军》、《打渔杀家》、《跑城》、《黑风帕》等。"文革"后江裕民曾陆续培养徽剧学员，包括花脸徐龙生、正生戴先旺等。同时，他还和一些同行共同整理出一批传统徽剧剧谱、剧本，并带领年轻演员恢复了一些传统剧目的演出。

江湘琦

男，汉族，1943年5月生，江西省婺源县人。2006年5月，徽剧被列入第一批国家级非物质文化遗产名录传统戏剧类，项目编号IV-29。2008年2月，江湘琦入选为第二批国家级非物质文化遗产项目代表性传承人，江西省婺源县申报。1956年9月，江湘琦入婺源县徽剧团学艺。1958年5月，江湘琦师从徽剧琴师陈攀华学胡琴、唢呐。1973年起，江湘琦入婺源县徽剧团任主胡演奏员，并从事徽剧音乐创作。江湘琦擅长徽剧主胡演奏，地方特色浓郁，能掌握较多的徽剧曲谱、曲牌，并能根据剧情和人物的需要运用自如，是徽剧一绝。他还挖掘、整理了大量的曲牌、唱腔等资料，收集民间徽剧唱本，

为研究和传承婺源徽剧留下了宝贵的资料。1980年江西省文化厅颁发嘉奖，表彰其在继承和发展徽剧艺术所作出的贡献。

山东

IV-43 柳子戏

李艳珍

女，汉族，1942年生，山东省菏泽市郓城县人。2006年5月，柳子戏被列入第一批国家级非物质文化遗产名录传统戏剧类，项目编号IV-43。2008年2月，李艳珍入选为第二批国家级非物质文化遗产项目代表性传承人，山东省申报。李艳珍为国家一级演员，柳子戏第一批女性旦角。1953年考入郓城县梆子剧团；1956年又考入郓城县工农剧社（现山东省柳子剧团），开始跟随李贯德先生学艺；60年代初又拜四大名旦之一的尚小云先生为师。由于其表演天赋较好，又善于博众家之长补己之短，在唱、做、念、打各方面都得到了迅速提高，逐渐形成了她细腻典雅的独特艺术风格。主攻闺门旦兼青衣和花旦，嗓音纤柔委婉、甜润动人、吐字清晰、做戏逼真，塑造了几十个各具特色的艺术形象。代表剧目有《红罗记》、《抱妆盒》、《琵琶惯恨》、《木兰从军》、《三凤求凰》、《卧龙求凤》、《春草闯堂》、《金箭媒》、《抢伞》、《三回船》、《江姐》等。1959年和1965年曾三进国务院为毛泽东主席等党和国家领导人演出柳子戏的传统剧目。1962年《孙安动本》被上海海燕电影制片厂拍摄成舞台艺术片在全国发行放映。多年来她一直致力于柳子戏的传承工作，倾注大量心血培育了数批学员。

黄遵宪

男，汉族，1932 年生，山东省郓城县后黄冈村人。2006 年 5 月，柳子戏被列入第一批国家级非物质文化遗产名录传统戏剧类，项目编号 Ⅳ-43。2008 年 2 月，黄遵宪入选为第二批国家级非物质文化遗产项目代表性传承人，山东省申报。黄遵宪为国家一级演员。1945 年拜柳子戏老艺人张元龄为师，17 岁正式加入柳子戏义和班，从红脸改唱文武小生。1950 年参加郓城县工农剧社（现山东省柳子剧团）后，又向王福润老师学习，改演老生，最终成为柳子戏的当家老生。黄遵宪的唱腔高亢豪放，在表演上文武兼备，真切感人，善于学习前辈和兄弟剧种的长处进行再创造，从而在演唱方面形成了自己独特的艺术风格。代表剧目有《孙安动本》、《三回船》、《琵琶遗恨》、《王昭君》、《江姐》、《三黄遵宪》，多年来一直致力于柳子戏的传承工作，先后培养了数批柳子戏科班学员，目前都活跃在柳子戏舞台的第一线。1992 年所传授剧目《孙安动本》获山东省第五届艺术节辅导奖；同年为剧团辅导复排的《张飞闯辕门》获文化部组织的"天下第一团"（北方片）会演大奖。有徒弟杨春伟。

Ⅳ-66 五音戏

霍俊萍

女，汉族，1947 年 2 月生，山东省淄博市周村区人。2006 年 5 月，五音戏被列入第一批国家级非物质文化遗产名录传统戏剧类，项目编号 Ⅳ-66。2008 年 2 月，霍俊萍入选为第二批国家级非物质文化遗产项目代表性传承人，山东省淄博市申报。霍俊萍为国家一级演员。1960 年，考入山东省淄博市五音戏剧团学艺，拜五音戏表演艺术家鲜樱桃邓洪山先生为师，为五音戏第七代传人。她的表演在继承前辈的基础上创造了自己的表演特色，朴实无华，简洁鲜明，内蕴深厚，所塑造的角色大都情感饱满，刚劲简洁，能够做到一戏一法，一法一面，在塑造人物上面形成了她自己的流派风格。曾获得第八届中国人口文化奖最佳演员奖第一名；获第五届和第十九届中国戏剧"梅花奖"。代表剧目《半把剪刀》、《侠女》、《窦女》、《啼笑因缘》、《豆花飘香》、《石臼泉》、《腊八姐》等。霍俊萍为五音戏的发展和传承创作并整理了十几台剧目，培养了大批青年演员。

Ⅳ-67 茂腔

曾金凤

女，汉族，1931 年生，山东省胶州西关新街人。2006 年 5 月，茂腔被列入第一批国家级非物质文化遗产名录传统戏剧类，项目编号 Ⅳ-67。2008 年 2 月，曾金凤入选为第二批国家级非物质文化遗产项目代表性传承人，山东省胶州市申报。曾金凤为国家一级演员。自幼随父亲学艺，8 岁初拜父亲戏班子里的一位师兄弟为师，正式开始学艺，初工刀马旦、青衣花旦，后工小生，晚年时工老生、老旦。其表演功底扎实，扮相英俊，做功大气、潇洒、细腻，嗓音高亢洪亮，唱腔极富韵味，吐字清晰，归音得法。她尤其谙熟茂腔传统剧目《四大京》、《八大记》等。20 世纪 50 年代，曾金凤致力于推动茂腔改革，借鉴京剧、越剧和河北梆子，对茂腔的声腔、伴奏、舞美等进行大胆革新，使茂腔更具有美感和观赏性。2002 年获全国"国花杯"中青年演员戏曲表演大赛伯乐奖；2008 年被青岛市市委、市政府授予青岛市文化艺术杰出成就奖。代表剧目有茂腔传统戏《四大京》、《八大记》等，现代戏有《娶女婿》、《燕双飞》、《金嫂子》等。曾金凤还培养了大批青年演员，为茂腔的发展和传承输送了新鲜血液。

河南

Ⅳ-23 豫剧

马金凤

女，汉族，1922年生，祖籍山东省曹县，现居河南省洛阳市。2006年5月，豫剧被列入第一批国家级非物质文化遗产名录传统戏剧类，项目编号Ⅳ-23。2008年2月，马金凤入选为第二批国家级非物质文化遗产项目代表性传承人，河南省申报。马金凤，原姓崔，其父崔合利是民间艺人。她6岁开始随父学唱河北梆子，7岁登台演出。1930年拜豫剧名演员马双枝为师，改唱豫剧。曾受教于燕长庚、翟彦身学唱豫西调；并被梅兰芳收为弟子。她是豫剧五大名旦之一，是20世纪中舞台生命最长的豫剧表演艺术家之一，中国帅旦戏曲创始人。其唱腔高亢、清脆、甜美、朴实，自成一家，被称为"马派"。曾获得"豫剧功勋杯演员"和"豫剧艺术终身成就奖"等殊荣，被称为国宝级豫剧大师，又被誉为"真国色的洛阳牡丹"。代表剧目《穆桂英挂帅》、《花打朝》、《花枪缘》等。马金凤一生教授弟子无数，可说马派弟子遍及全国。因其在豫剧传承上的突出贡献，2013年获"第二届中国非物质文化遗产传承人薪传奖"。

张宝英

女，汉族，1940年12月生，河南省安阳市人。2006年5月，豫剧被列入第一批国家级非物质文化遗产名录传统戏剧类，项目编号Ⅳ-23。2008年2月，张宝英入选为第二批国家级非物质文化遗产项目代表性传承人，河南省申报。张宝英为国家一级演员。1953年进入长葛县豫剧团学戏；1955年考入安阳市豫剧团；1959年，拜豫剧五大名旦之一崔兰田为师，悉心学习崔派艺术。后赴西安向秦腔演员马兰鱼学《游西

湖》，1961年向著名豫剧表演艺术家陈素真学习《宇宙锋》。其唱腔浑厚深韵、情真意切、表演含蓄，在继承前人的基础上，勇于博采众长，兼容并蓄，形成了自己的独特风格，为当今豫剧十大名旦之首，崔派艺术的出色继承人。1993年，参加全国豫剧十大名目选拔赛，获十大名旦第一名。代表剧目《桃花庵》、《秦香莲后传》等。其弟子遍及全国，可谓桃李满天下，有不少已成为豫剧界的代表人物。

虎美玲

女，汉族，1946年6月生，河南省郑州市人。2006年5月，豫剧被列入第一批国家级非物质文化遗产名录传统戏剧类，项目编号Ⅳ-23。2008年2月，虎美玲入选为第二批国家级非物质文化遗产项目代表性传承人，河南省申报。虎美玲12岁从艺，师从豫剧大师常香玉，后进入河南省郑州市豫剧院，主工青衣、闺门旦，兼擅花旦、刀马，并能反串小生，戏路宽广，豫剧常派主要传人。其声腔明亮圆润，表演端庄大方、雍容华贵，在多年的继承和发展中，逐步形成了她独特的艺术风格。1988年，参加全国首届豫剧中青年演员电视大奖赛，荣获最佳演员第一名，被多家媒体赞誉为"今日中国之豫剧皇后"；获得中国第七届戏剧梅花奖。代表剧目《花木兰》、《大祭桩》等。多年来，注重培养青年演员，其弟子耿荣、杨红霞、马红艳等，均已成为当地剧团的台柱和艺术骨干。

吴碧波

女，汉族，1933年6月生，祖籍河南省开封市，现居河南省郑州市。2006年5月，豫剧被列入第一批国家级非物质文化遗产名录传统戏剧类，项目编号Ⅳ-23。2008年2月，吴碧波入选为第二批国家级非物质文化遗产项目代表性传承人，河南省申报。1941年，吴碧波开始在开封和平戏院学戏，曾用名吴桂玲，先后拜

赵清和、豫剧皇后陈素真为师，习旦角，素有"小陈素真"之美誉。她戏路宽广，表演细腻传神，其唱腔以"祥符调"为主，但根据剧情和人物需要进行突破创新。1956年和1959年在河南省戏曲会演中，先后两次获演员一等奖。1979年，赴京参加国庆演出，在《唐知县审诰命》中饰诰命夫人，该剧被拍成戏曲影片《七品芝麻官》，获电影戏曲片"金鸡"奖。代表剧目《香囊记》、《凌云志》、《白毛女》、《三哭殿》等。其弟子有田敏、杨春花、李艳梅、王前等。

贾廷聚

男，汉族，1937年8月生，祖籍河南省南乐县，现居河南省郑州市。2006年5月，豫剧被列入第一批国家级非物质文化遗产名录传统戏剧类，项目编号Ⅳ-23。2008年2月，贾廷聚入选为第二批国家级非物质文化遗产项目代表性传承人，河南省申报。贾廷聚为国家一级演员。出身于梨园世家，10岁开始随父亲学戏，11岁进入河北省魏县红星剧社，师从张如岭、谷信、张富相等。1959年入河南省戏曲学校学习导演专业，回团后，自导自演《岳飞》、《文天祥》等大戏。1962年，进入河南省豫剧团二团学习，拜唐喜成为师。其唱腔纯净、透明，吐字清晰，字正腔圆，音韵流畅，明丽醇厚，有很好的爆发力和穿透力，充分显示须生的阳刚之美，有豫剧"须生泰斗"的美称。其表演的帽翅功很好地渲染了剧中人物情绪，增加了戏剧表演的趣味性和观赏性。1994年，主演《曹操与关公》，获河南省第五届戏剧大赛表演二等奖。1996年，主演《大明惊雷》，获河南省第六届戏剧大赛表演一等奖。代表剧目《血溅乌纱》、《南阳关》、《辕门斩子》、《寇准背靴》等。他已有40多名亲传弟子，如张松晓、张新建等。

张梅贞

女，汉族，1941年11月生，祖籍河南省漯河市，现居河南省郑州市。2006年5月，豫剧被列入第一批国家级非物质文化遗产名录传统戏剧类，项目编号Ⅳ-23。2008年2月，张梅贞入选为第二批国家级非物质文化遗产项目代表性传承人，河南省申报。张梅贞为国家二级演员。1956年，她代表漯河市豫剧团参加河南省首届戏曲会演，凭《铡美案》中《见皇姑》一折名声大振。1982年，正式拜豫剧五大名旦之一——阎派艺术创始人阎立品为师，全面继承了阎派特色，其唱腔"以情带声，字正腔圆"，有豫剧界女秀才之誉，是阎派艺术主要传人。代表剧目《拷红》、《麻疯女》、《抬花轿》、《唐知县审诰命》、《西厢记》等。其弟子有田慧娟、张晓玲、翟明霞等。

李树建

男，汉族，1962年4月生，河南省汝州市人，现居河南省郑州市。2006年5月，豫剧被列入第一批国家级非物质文化遗产名录传统戏剧类，项目编号Ⅳ-23。2008年2月，李树建入选为第二批国家级非物质文化遗产项目代表性传承人，河南省申报。1979年，李树建考入洛阳戏曲学校；1985年，考入中国戏曲学院表演系。李树建是豫剧"李派"创始人，其嗓音洪亮、音域宽广、声韵醇厚，唱腔婉转，感情真挚，在继承学习前辈名家的演唱、表演风格的基础上，不断推陈出新，简约了程式化的表演，使唱、念、身段更加生活化，被誉为当今豫剧舞台"第一老生"。曾获第十、第二十五届中国戏剧"梅花奖"，上海"白玉兰"奖，"香玉杯"艺术奖等。他所主演的《程婴救孤》入选国家舞台艺术精品工程"十大精品剧目"。代表剧目《清风亭》、《程婴救孤》、《乡村警察》等。李树建已培养十数名弟子，多为各地豫剧团团长。

Ⅳ-24 宛梆

周成顺

男，汉族，1957年1月生，2009年11月卒，河南省内乡县人。2006年5月，宛梆被列入第一批国家级非物质文化遗产名录传统戏剧类，项目编号Ⅳ-24。2008年2月，周成顺入选为第二批国家级非物质文化遗产项目代表性传承人，河南省内乡县申报。1969年，周成顺进入内乡县艺术培训班学艺，师从谢丹枫等；1970年，转入内乡县宛梆剧团，拜范应龙为师，专工生行。其唱腔优美、表演精湛，饰演《黄鹤楼》中的周瑜，《孟丽君》中的皇甫少华等各种生角，深受观众喜爱。他自排自演宛梆历史剧《三院禁约碑》，饰演元好问一角，凭借该剧获得河南省第七届戏剧大赛表演一等奖、河南省"五个一工程奖"。代表剧目《状元与乞丐》、《打金枝》、《取宛城》、《太行山人》等。

程建坤

男，汉族，1942年3月生，河南省内乡县人。2006年5月，宛梆被列入第一批国家级非物质文化遗产名录传统戏剧类，项目编号Ⅳ-24。2008年2月，程建坤入选为第二批国家级非物质文化遗产项目代表性传承人，河南省内乡县申报。1958年，16岁的程建坤考入县曲剧团，学习乐器，笙、笛、古筝等乐器。20世纪60年代初期，入郑州曲剧团工作，开始学习音乐设计。1968年，回到内乡县，被调入宛梆剧团。他虚心向宛梆老演员请教，深入分析宛梆的唱腔原理、历史沿革和发展规律，逐渐成为业内外公认的"宛梆通"。他现为内乡县宛梆剧团三级作曲，为宛梆剧团设计并上演了150余个剧目，与谢丹枫、崔明一起主编了《中国戏曲音乐集成·河南卷（宛梆音乐）》。1992年，在全国天下第一团优秀剧目展演中，他担任音乐设计的《打金枝》一剧获文化部音乐设计奖，他本人获得

河南省"五个一工程奖"。为了将宛梆传承下去，程建坤与其他宛梆老艺人创办了1996届和2000届两批宛梆专业戏校，亲授学员们宛梆技艺。

Ⅳ-25 怀梆

赵玉清

女，汉族，1940年10月生，河南省温县人。2006年5月，怀梆被列入第一批国家级非物质文化遗产名录传统戏剧类，项目编号Ⅳ-25。赵玉清入选为第二批国家级非物质文化遗产项目代表性传承人，河南省沁阳市申报。1956年，16岁的赵玉清进入沁阳县怀梆剧团，师承著名老艺人"脱俗先生"张树柱、"金嗓铁喉"李发贵，成为豫西北地区怀梆剧种第五代传人。从艺至今，赵玉清主攻青衣，兼演老旦、须生、彩旦等，演出足迹遍布三百里怀川和晋东南地区，深受广大老百姓的爱戴。她所扮演的林黛玉、刘玉娘、姜秀英、阿庆嫂、李奶奶等形象，更是让怀川几代人如痴如醉，素有"怀梆之花"、"民间戏师"之称。赵玉清强调创新，对多个桥段进行改编，推出了《东明颂》、《邻里和睦》等现代戏。她还收录了怀梆老艺人唱腔近20盘，涉及著名怀梆艺人赵登云、崔福灵、李发贵等数十人，录制了怀梆各种资料片700多盘。赵玉清退休后，1998年组建了沁阳市怀梆协会，四处义演。目前，她扶持的业余剧团多达数百家，遍及焦作、济源的大小乡村。同时她也注重后备力量的培养，培养出了以"小玉清"张素礼为主的几个怀梆的新传承人。

郭全仁

男，汉族，1941年2月生，河南省沁阳市西万镇邘邰村人。2006年5月，怀梆被列入第一批国家级非物质文化遗产名录传统戏剧类，项目编号Ⅳ-25。2008年2月，郭全仁入选为第二批国家级非物质文化遗产项目代表性传承人，

河南省沁阳市申报。郭全仁 1957 年考取沁阳市怀梆剧团，师承杨立义习弦、笙等，后司鼓指挥，在长期实践中，其技艺达到了炉火纯青的地步，也让他对怀梆有了更深刻的理解和感受。他多方收集并整理怀梆资料，同时修改剧本，将怀梆代表剧目整理成曲谱。30 多年来，他先后整理出版了《怀梆艺术》、《怀邦论坛集锦》、《怀梆剧团五十年》等 6 本怀梆音乐理论书籍，发表了论文 15 篇，整理创作了怀梆剧本 11 部。郭全仁不但总结了怀梆的历史，整理归纳了怀梆的唱腔和乐理，还对散落民间的怀梆资料，进行了抢救性的发掘和集纳工作。

Ⅳ-26 大平调

张相彬

男，汉族，1964 年 7 月生，河南省濮阳县人。2006 年 5 月，大平调被列入第一批国家级非物质文化遗产名录传统戏剧类，项目编号Ⅳ-26。2008 年 2 月，张相彬入选为第二批国家级非物质文化遗产项目代表性传承人，河南省濮阳县申报。张相彬自幼跟随祖父张书贵学习大平调，1979 年考入濮阳大平调剧团戏校，拜大平调第七代传人王华延为师习艺。他集各流派之长，形成自己独特的演唱风格；学成了粘倒、勾丝扰等稀有的独特唱腔，还练就了沿铡口、削柳椽、顶灯、金鸡坐椅等表演绝活。1981 年，首次担当主演的张相彬在《大登殿》中扮演薛平贵，为 17 岁的张相彬赢得了"小红脸"的美誉。他接连主演的《姜子牙钓鱼》、《辕门斩子》、《寇准背靴》等戏目，场场爆满，赢得了广大戏迷的好评。他所主演的《铡赵王》、《包公碑》、《收姜维》、《杨家沟的新鲜事》等先后获得了河南省青年演员会演优秀表演奖；河南省首届民间传统优秀戏曲会演金鼎奖、表演金奖；中国戏剧红梅奖河南选拔赛铜奖；河南省第九届小戏小品大赛银奖等。为了使大平调艺术发

扬光大，张相彬自己出钱，先后培养学员 100 余名，为大平调的传承和发展作出了卓越贡献。

魏守现

男，汉族，1942 年 2 月生，河南省滑县人。2006 年 5 月，大平调被列入第一批国家级非物质文化遗产名录传统戏剧类，项目编号Ⅳ-26。2008 年 2 月，魏守现入选为第二批国家级非物质文化遗产项目代表性传承人，河南省滑县申报。魏守现 13 岁起即开始学艺，拜大平调名须生郝京文为师，主攻须生。1981 年，滑县大平调剧团的《海瑞搜宫》、《三搜太白府》都曾进京会演，这些剧目久演不衰，他本人也多次获得各项荣誉。但是由于大平调市场不景气，戏服更新慢，留不住人才，已经多年没有编排新戏。

杜学周

男，汉族，1940 年 9 月生，河南省延津县人。2006 年 5 月，大平调被列入第一批国家级非物质文化遗产名录传统戏剧类，项目编号Ⅳ-26。2008 年 2 月，杜学周入选为第二批国家级非物质文化遗产项目代表性传承人，河南省延津县申报。杜学周 1953 年在内黄县大平调剧团拜葛银海为师；1958 年在滑县大平调剧团拜李学明为师；1960 年在滑县大弦戏剧团拜石祥生为师，主工武净；从 1962 年后自己便能担当主要角色，杜学周既演大花脸，又演大白脸，具有自己独特的风格，粗中有细，细中有粗，相得益彰，更显得人物的生活形象，使戏迷观之赞不绝口。代表剧目《赵孔明下山》、《薛刚反唐》、《反徐州》、《潘杨颂》。杜学周与另外一位大平调国家级传承人曹秀芝是夫妻，两人目前积极从事寻找培养传承人的工作。

曹秀芝

艺名小丝，女，汉族，1940 年 6 月生，河

南省滑县人。2006 年 5 月，大平调被列入第一批国家级非物质文化遗产名录传统戏剧类，项目编号Ⅳ-26。2008 年 2 月，曹秀芝入选为第二批国家级非物质文化遗产项目代表性传承人，河南省延津县申报。曹秀芝 9 岁开始学习大平调表演，1952 年起师从高文卿、田秀云学习旦角行当，后从师于关青云、胡秀婵。曹秀芝自 1988 年任"延津县大平调剧团"团长，为大平调的发展做出了努力。代表剧目《穆桂英挂帅》、《花木兰从军》、《秦香莲》等。目前，曹秀芝与大平调另一位国家级传承人——其夫杜学周一起努力寻找并培养接班人。

Ⅳ-27 越调

何全志

男，汉族，1936 年 5 月生，河南省商水县人。2006 年 5 月，越调被列入第一批国家级非物质文化遗产名录传统戏剧类，项目编号Ⅳ-27。2008 年 2 月，何全志入选为第二批国家级非物质文化遗产项目代表性传承人，河南省周口市申报。何全志为国家一级演员。他自幼跟随越调著名老艺人何金堂学戏，后拜李金山为师学铜锤花脸，又改学生行及其他行当，从而为表现各种艺术形象奠定了深厚的基础，他在表演上还得到了越调名艺人张秀卿的教导，曾长期与越调表演艺术家申凤梅合作，从而学习了其艺术风格。何全志嗓音圆润，行腔流畅，韵味淳厚，善于通过唱腔表达人物的内心情感和个性，塑造了一批生动感人栩栩如生的艺术形象。如《李天保吊孝》中的张忠实、《智收姜维》中的姜维，新编历史剧《明镜记》中的魏征等；1965 年初在现代戏《扒瓜园》中饰宋大伯，参加中南戏剧会演，并赴北京参加全国现代戏会演，同年该片拍成彩色戏传统戏剧术片。他获奖众多，如新编历史戏《七擒孟获》在河南省第五届戏剧大赛中获表演二等奖，在中国戏曲"金三角"交流演出中获表演奖等。2009 年，何全志收刘自友、陈清林、田军、祝敬宇、聂磊等 5 位省越调剧团演员为徒。

Ⅳ-44 大弦戏

韩庆山

男，汉族，1942 年 5 月生，河南省滑县人。2006 年 5 月，大弦戏被列入第一批国家级非物质文化遗产名录传统戏剧类，项目编号Ⅳ-44。2008 年 2 月，韩庆山入选为第二批国家级非物质文化遗产项目代表性传承人，河南省滑县申报。韩庆山为滑县大三弦剧团三级演员。13 岁从艺，师从老艺人王振兴、宋存芝、史朝汉、李进田等，主攻大红脸兼演花脸、须生；14 岁起开始登台演出，主要演袍带甲胄戏等。从 1979 年起，韩庆山连续组织排演了《封神榜》等多出新戏，还同时用以团带校的方式办戏校，接连培养了 3 批 100 多名功夫过硬的学生。韩庆山目前正在忙于整理老艺人的录音资料，并立志将自己掌握的 300 多个曲牌传给年轻人，使大弦戏后继有人。

戴建平

男，汉族，1948 年 7 月生，河南省濮阳县城关镇人。2006 年 5 月，大弦戏被列入第一批国家级非物质文化遗产名录传统戏剧类，项目编号Ⅳ-44。2008 年 2 月，戴建平入选为第二批国家级非物质文化遗产项目代表性传承人，河南省濮阳县申报。大弦戏的精髓唐宋大曲自唐代流传至今，已有千余年，但可知姓名的传承人，从杨志岭始，至今不过 300 余年的历史，戴建平是第七代传承人。他 10 岁起师从第六代传承人常增善学习古曲牌，后又得到高连元的指导，系统地学习了锡笛、古曲牌。靠口口相传，戴建平掌握了大弦戏的 300 多个古曲牌，是中国目前唯一掌握唐宋大曲、元明诸声腔的人，也是第一个使用简谱来记录古曲牌的人，并将大弦戏的190多个古曲牌汇编成《大弦戏音乐集成》，使濒临灭绝的唐宋大曲等古代音乐得以传承。他还运用古曲牌，为40多部历史戏和现代戏设计了音乐唱腔。其作品《火龙阵》、《黄河谣》荣获朱载堉杯全国唢呐邀请赛创作奖，第六届河南省音乐舞蹈大赛创作、演奏银奖。《古澶新韵》获第七届河南省音乐舞蹈大赛创作、演奏银奖。唐宋大曲《海里花》获河南省第五届传统优秀戏曲会演金鼎奖、演出金奖、音乐金奖共五金一银奖项。除教授儿子儿媳大弦戏外，戴建平还收有其他徒弟。

Ⅳ -50 四平调

邹爱琴

女，汉族，1929 年生，河南省沈丘县人。2006 年 5 月，四平调被列入第一批国家级非物质文化遗产名录传统戏剧类，项目编号Ⅳ -50。2008 年 2 月，邹爱琴入选为第二批国家级非物质文化遗产项目代表性传承人，河南省商丘市申报。1938 年邹爱琴拜四平调创始人邹玉振为义父，随其学艺，初学生、旦，后专攻旦角。1956 年，商丘市四平调剧团携《陈三两爬堂》参加河南省首届戏曲观摩会演，并一举夺魁，自此四平调掀起了"女学邹爱琴，男学王汉臣"的热潮，她成为四平调女演员的一面旗帜。邹爱琴的唱腔质朴、大方、淳厚，富于表现力，对于人物角色用心揣摩，将感情融于表演之中，一出场即能抓住观众。代表剧目《陈三两爬堂》、《丰收之后》、《梅香》、《刘海砍樵》、《生死牌》等。邹爱琴的关门弟子是现任商丘市四平剧团团长付梅，另庞明珠等演员也受到邹爱琴的指导。

拜金荣

女，汉族，1931 年生，2011 年 2 月卒，河南省博爱县人。2006 年 5 月，四平调被列入第一批国家级非物质文化遗产名录传统戏剧类，项目编号Ⅳ -50。2008 年 2 月，拜金荣入选为第二批国家级非物质文化遗产项目代表性传承人，河南省商丘市申报。拜金荣为国家一级演员。1943 年，拜金荣拜民间戏班演员张明华为师，学唱评戏、京戏、河南坠子。1950 年，拜金荣入商丘四平调剧团，主攻四平调中的生、丑、彩旦。曾主演《打面缸》、《挑女婿》、《三不愿意》等戏。拜金荣的代表作为《小包公》，以其特有的宽厚明亮的声音和泼辣逼真的表演技艺，成功塑造了包拯幼年的形象。拜金荣亲传弟子拜小荣，原名叫邵凤荣，先学豫剧，2004 年，拜在拜金荣老师门下学习四平调。另宋小英、冯韵娇也受拜金荣指导。

崔太先

男，汉族，1965 年生。2006 年 5 月，四平调被列入第一批国家级非物质文化遗产名录传统戏剧类，项目编号Ⅳ -50。2008 年 2 月，崔太先入选为第二批国家级非物质文化遗产项目代表性传承人，河南省濮阳市申报。崔太先毕业于濮阳市艺术学校，在刘慧老师的精心培养下，主攻老生兼小生。2000 年，崔太先拜师豫剧唐（喜成）派掌门人贾廷聚为师。他先后获得河南省青年会演个人一等奖，河南省第七届戏曲大赛一等奖，第八届个人金奖，中国戏剧节个人贡献奖等众多奖项。崔太先的代表作品有《杨八姐智取金刀》、《李世民挂玉带》、《桃花仙子》、《王宝钏》等。2005 年与张绪斌、赵宏伟、周满仓等创办了四平调艺术学校，培养四平调艺术人才。

张绪斌

男，汉族，1962 年生，山东省莘县人。2006 年 5 月，四平调被列入第一批国家级非物质文化遗产名录传统戏剧类，项目编号Ⅳ -50。2008 年

2月，张绪斌入选为第二批国家级非物质文化遗产项目代表性传承人，河南省濮阳市申报。1989年，张绪斌毕业于河南省安阳戏曲学校，曾师从李金和学习四平调音乐创作，后又拜师于白殿选学习高胡和四平调伴奏技术，掌握了多种乐器的演奏技巧和性能。张绪斌表演的四平调小戏《生日泪》获河南省第七届小戏曲大赛二等奖，《母亲》获河南第八届大赛作曲、伴奏金奖，河南省群星奖；《杨三九还羊》获第九届大赛作曲、伴奏一等奖；软弓京胡独奏曲《斗鹌鹑》获河南第八届民间音乐大赛创作金奖。代表剧目《杨八姐智取金刀》、《三子争父》、《婆媳情》等。多次举办音乐培训班，培养大批音乐人才。2005年同崔太先、赵宏伟、周满仓等创办了四平调艺术学校，培养四平调艺术人才。

Ⅳ-68 曲剧

马琪

男，汉族，1923年2月生，河南省封丘县人。2006年5月，曲剧被列入第一批国家级非物质文化遗产名录传统戏剧类，项目编号Ⅳ-68。2008年2月，马琪入选为第二批国家级非物质文化遗产项目代表性传承人，河南省申报。马琪为国家一级演员。自幼师从于20世纪40年代闻名川、鄂、豫地区颇有名气的小生马文才先生，是河南曲剧的第一代演员，工生行。他广泛汲取豫剧、蒲剧、越调等剧种的精华，融入曲剧表演。其唱腔以本嗓为主，中音结实洪亮，低音浑厚有力，高音有时采用脑后摘筋的唱法，有时则采用高音轻过的唱法，这在曲剧老生行当中独树一帜。其拿手绝活是"帽翅功"、"踢靴功"和"弹髯口"，在其代表作《寇准背靴》中得以充分展现。他也因这部戏而获全国戏曲电视一等奖，得到了"活寇准"之美称。该剧自1956年上演以来，已经演出3400多场。2006年首届"河南曲剧艺术节"上，马琪获得"河

南曲剧艺术家终身荣誉奖"。代表剧目还有《红灯记》、《白毛女》、《血染玉璧书》、《九龄救主》、《赵氏孤儿》、《十五贯》、《跑汴京》、《潘杨讼》等。马琪一生传弟子多人，著名者如李天方、郑庆恩等著名曲剧表演艺术家。

王秀玲

女，汉族，1935年生，湖北省汉口人。2006年5月，曲剧被列入第一批国家级非物质文化遗产名录传统戏剧类，项目编号Ⅳ-68。2008年2月，王秀玲入选为第二批国家级非物质文化遗产项目代表性传承人，河南省申报。王秀玲幼年便随父学唱曲剧，7岁已能主演《蓝桥会》、《花庭会》等戏，9岁时以主演《七仙女》一举成名。她扮相俊美，声音甜美，唱腔清秀脱俗，吐字清晰，声情并茂，表演委婉动人，细腻深长，人物形象塑造丰满有致，精准到位，是曲剧闺门旦的优秀代表人物，塑造过100多个各种不同性格的旦角形象，有"活林黛玉"的美称。王秀玲曾获第一届黄河戏剧界特别贡献奖、河南曲剧艺术家终身荣誉奖、首届曲剧艺术节终身荣誉奖等奖项。代表剧目《风雪配》、《红楼梦》、《拾玉镯》、《听琴》、《柳毅传书》等。刘艳丽、乔杏娥、杨环、李卫红、张兰珍、孙玉香、张晓红等曲剧名旦都是王秀玲的弟子。

Ⅳ-71 道情戏 （太康道情戏）

朱锡梅

女，汉族，1940年6月生，河南省太康县人。2006年5月，道情戏（太康道情戏）被列入第一批国家级非物质文化遗产名录传统戏剧类，项目编号Ⅳ-71。2008年2月，朱锡梅入选为第二批国家级非物质文化遗产项目代表性传承人，河南省太康县申报。1954年，朱锡梅参加太康县豫剧二团，1956年正式入班拜道情名艺人李

济广为师学戏。1957 年进入县道情剧团，担当小生角色。朱锡梅是新中国成立后道情戏的第一代传人。其表演声情并茂，嗓音洪亮，吐字清晰，质朴大方，动作潇洒，形神兼备。她能偷字闪板，唱数十句不喘气，曾与常香玉、马金凤等大师同台演出。朱锡梅擅长剧目有古装戏《王金豆借粮》、《张廷秀私访》等，现代戏《鸡婆杀鸡》、《农家乐》等。1959 年，她参加全山西省戏曲观摩会，以《敢干的姑娘》一剧荣获演出三等奖；1960 年，获得山西省会演个人二等奖；1983 年在山西省全省会演中，以《鸡婆杀鸡》获优秀奖。这几个剧目和《跪洞房》于 1981 年先后由中国唱片总公司扬子江音像社录音、录像、发行全国。她是国家二级演员，中国戏剧家协会会员、中国戏剧家协会河南分会理事、省文联委员、周口地区文联理事。其弟子有 13 人。

Ⅳ -87 目连戏 （南乐目连戏）

张占良

男，汉族，1949 年 6 月生，河南省南乐县寺庄乡前郭村人。2006 年 5 月，目连戏（南乐目连戏）被列入第一批国家级非物质文化遗产名录传统戏剧类，项目编号Ⅳ -87。2008 年 2 月，张占良入选为第二批国家级非物质文化遗产项目代表性传承人，河南省南乐县申报。张占良自幼受村内目连戏影响，13 岁时，拜目连戏第五代传人苏尚志为师，学习目连戏。他精通目连戏中的表演、场记、特技、音乐、唱腔、道具制作等全部技艺，人称"怪才"。他历时 15 年整理出《目连僧救母》完整剧本。为恢复排练目连戏，他曾自费买道具、安排演员伙食等。与另一传承人贺书各一起，多次在当地以及周边的濮阳、河北、山东等地演出，广受欢迎。目前张占良正埋头整理目连戏的角色、脸谱特征等资料。

贺书各

男，汉族，1934 年 2 月生，河南省南乐县寺庄乡前郭村人。2006 年 5 月，目连戏（南乐目连戏）被列入第一批国家级非物质文化遗产名录传统戏剧类，项目编号Ⅳ -87。2008 年 2 月，贺书各入选为第二批国家级非物质文化遗产项目代表性传承人，河南省南乐县申报。他幼时在本村"目连戏"戏班学艺，14 岁时，拜目连戏第五代传人苏尚志为师，他几乎演过目连戏的所有角色，从小鬼、土地、曹官、阎王到主角文武刘氏。他将目连戏的唱腔、台词、动作牢记于心，被人称作"戏痴"。与另一传承人张占良一起，多次在当地以及周边的濮阳、河北、山东等地演出，广受欢迎。

湖北

Ⅳ -30 汉剧

陈伯华

女，汉族，1919 年 3 月生，湖北省武汉市人。2006 年 5 月，汉剧被列入第一批国家级非物质文化遗产名录传统戏剧类，项目编号Ⅳ -30。2008 年 2 月，陈伯华入选为第二批国家级非物质文化遗产项目代表性传承人，湖北省武汉市申报。1927 年，陈伯华进入"新化科班"学演花旦，受业于刘本玉，取艺名为"新化钗"，后受董瑶阶、李彩云等名家指导，改名为"筱牡丹花"。陈伯华追求高雅的情趣和意境，讲究内心活动的形体和技巧，其表演雍容华贵、清新大方，唱腔优美委婉，既保持着浓郁的汉剧特色，又散逸着清新的时代气息。成功塑造了一系列性格鲜明、风格各异的艺术形象，形成了丰富完美的陈派艺术体系，将古老的汉剧推向了一个新的高度，她也成为汉剧艺术的象征。2004 年，荣获中国文联荣誉委员金质奖章。著有《陈伯华唱腔选》、《陈伯华的舞台艺术》等。代表剧目《宇宙锋》、《柜中缘》、《二度梅》、《三请樊梨花》等，已被拍摄成电影、电视艺术片。她晚年致力于培养接班人，其弟子有李青、毕巍然等，其中多人曾荣获"梅花奖"或被评为国家一级演员。

Ⅳ-58 楚剧

熊剑啸

艺名"小玉山"，男，汉族，1922 年 2 月生，湖北省汉阳人。2006 年 5 月，楚剧被列入第一批国家级非物质文化遗产名录传统戏剧类，项目编号Ⅳ-58。2008 年 2 月，熊剑啸入选为第二批国家级非物质文化遗产项目代表性传承人，湖北省申报。熊剑啸为国家一级演员。6 岁起随父学艺，9 岁师从楚剧名丑胡玉山，工丑角。他的表演表现人物思想有深度，道白口法有功力、生动，表演风格幽默诙谐，滑稽伶俐，深刻地刻画出丑角人物内在的美，被誉为楚剧五大台柱之一。熊剑啸出演的《白毛女》、《乌金记》、《葛麻》分别获武汉市、湖北省及全国戏曲观摩会演表演奖。另导演过传统戏《乌金记》、《鱼腹山》、《杨乃武与小白菜》等和现代戏《夺印》、《江姐》、《追报表》等，曾获湖北省首届戏曲会演导演奖。其他代表剧目《杨绊讨亲》、《九相公闹馆》、《炼印》、《赶工》等。熊剑啸弟子有刘家军、袁希治、张锐等。

Ⅳ-59 荆州花鼓戏

胡新中

男，汉族，1953 年生，湖北省天门皂市镇人。2006 年 5 月，荆州花鼓戏被列入第一批国家级非物质文化遗产名录传统戏剧类，项目编号Ⅳ-59。2008 年 2 月，胡新中入选为第二批国家级非物质文化遗产项目代表性传承人，湖北省潜江市申报。1969 年，胡新中考入湖北省潜江荆州花鼓剧院，1974 年以《平原作战》在湖北省现代戏调演中一炮打响。胡新中善于博采众长，旁参各流，致力于改造花鼓戏唱腔，形成他独特的艺术风格和胡新中流派。他把前人"陡坡"、"吊桥"式的演唱方法，巧妙糅进子音和半音，使花鼓戏演唱既不失韵味，又趋于歌唱化，更适合当代观众口味。在表演上，戏路较宽，文武皆能，角色跨度大。1990 年获湖北省首届牡丹花戏剧奖；1996 年获第十四届中国戏剧"梅花奖"。代表剧目《平原作战》、《庵堂认母》、《花墙会》、《家庭公案》、《原野情仇》等。胡新中和剧团一起培养了不少新演员，目前已经收了答莎、付潜芬等多名徒弟，正在物色嫡传弟子。

Ⅳ-60 黄梅戏

周洪年

男，汉族，1963 年 12 月生，湖北省黄梅县蔡山人。2006 年 5 月，黄梅戏被列入第一批国家级非物质文化遗产名录传统戏剧类，项目编号Ⅳ-60。2008 年 2 月，周洪年入选为第二批国家级非物质文化遗产项目代表性传承人，湖北省黄梅县申报。周洪年为国家一级演员。自小跟随母亲学唱黄梅戏，1978 年考入湖北省黄梅县黄梅戏剧团。1980 年，周洪年进入安徽省安庆黄梅戏学校进修学习。开始饰小生，后学演老生、须生和花脸，曾拜潘木兰、王文治、潘启才、罗爱祥等许多黄梅戏名家为师。后师从著名黄梅戏表演艺术家易春华老师，正规学习老生、须生。周洪年的嗓音宽洪亮宽厚，清脆且富有穿透力，吐字清晰流畅，演唱独具风格，享誉整个黄梅戏剧界。虽主攻老生，但经多年磨炼，已经可以演出各种行当。多次获得湖北省各种奖项。代表剧目《於老四与张二女》、《秦香莲》、《邢绣娘》、《离巢凤》、《请让我做你的新娘》等。

Ⅳ-91 皮影戏（江汉平原皮影戏）

汤先成

男，汉族，1953 年 10 月生，湖北省潜江市王场镇人。2006 年 5 月，皮影戏（江汉平原皮影戏）被列入第一批国家级非物质文化遗产名录传统戏剧类，项目编号Ⅳ-91。2008 年 2 月，汤先成入选为第二批国家级非物质文化遗产项目代表性传承人，湖北省潜江市申报。汤先成出生身皮影世家，从小跟随祖父学习皮影雕刻技艺，是"汤格"皮影第八代传承人。"汤格"为潜江王场皮影雕刻师傅汤玉堂所创，其皮影以花草图案精细见长。1977 年至 1985 年，汤先成与父亲为皮影戏班制作皮影 16 堂，计 1200 多件，影头 4000 余个，帽子 2000 多顶。其著述有《汤格皮影》，内容包括汤格皮影雕刻艺术的全部工序和雕刻手法。汤先成打破"汤格"皮影"传男不传女、代代单传"的传统，广收徒弟。其子汤瑞华继承其皮影雕刻技艺，已成为"汤格"皮影第九代传人。

刘年华

男，汉族，1949 年 10 月生，湖北省潜江市王场镇人。2006 年 5 月，皮影戏（江汉平原皮影戏）被列入第一批国家级非物质文化遗产名录传统戏剧类，项目编号Ⅳ-91。2008 年 2 月，刘年华入选为第二批国家级非物质文化遗产项目代表性传承人，湖北省潜江市申报。刘年华祖辈三代都以皮影戏为业，刘年华 11 岁随父学艺，后师从万光禄。其雕刻、演唱、演奏乐器样样精通，成为潜江新一代的皮影艺人。江汉平原现代艺人演出的皮影大多是"汤格"和"郭格"。"汤格"为汤玉堂所创，以花草图案精细见长。"郭格"

为郭大彪所创，以人物造型逼真见长。刘年华是目前潜江唯一能雕刻"汤格"和"郭格"的皮影艺人。他用 3 年时间撰写了《江汉平原皮影艺术》一书，约 12 万字。传徒杨春霞、何良田、朱代雄和刘智慧等人。刘年华之女，也已成为江汉平原皮影雕刻艺术的下一代传人之一。

湖南

Ⅳ-1 昆曲

傅艺萍

女，汉族，1964 年 8 月生，湖南省郴州市人。2001 年 5 月，昆曲被联合国教科文组织列为第一批"人类口述和非物质遗产代表作"。2006 年 5 月，昆曲被列入第一批国家级非物质文化遗产名录传统戏剧类，项目编号Ⅳ-1。2008 年 2 月，傅艺萍入选为第二批国家级非物质文化遗产项目代表性传承人，湖南省申报。傅艺萍为国家一级演员。1980 年毕业于湖南省艺术学校昆剧科，先后师承艺校老师文菊林、孙金云等，后得到昆剧艺术大师沈传芷及著名昆剧表演艺术家张娴、张洵澎、梁谷音等亲授，并被周仲春收为关门弟子。她戏路宽，兼擅青衣与闺门旦，表演上既能表现出青衣的委婉，又有闺门旦的高贵气质，善于刻画不同性格人物的心理，准确细腻地传达人物情绪。2001 年，获第七届中国戏剧节"优秀表演奖"；2002 年，荣获联合国教科文组织"促进昆曲艺术奖"；同年，获第十九届中国戏剧"梅花奖"。代表剧目《痴梦》、《埋玉》、《千里送京娘》等。

张富光

男，汉族，1957 年 1 月生，湖南省郴州市人。2001 年 5 月，昆曲被联合国教科文组织列为第一批"人类口述和非物质遗产代表作"。2006年5月，昆曲被列入第一批国家级非物质文化遗产名录传统戏剧类，项目编号Ⅳ-1。2008年2月，张富光入选为第二批国家级非物质文化遗产项目代表性传承人，湖南省申报。张富光为国家一级演员。15岁从艺学习昆曲。1971年，进入湖南省昆剧团，先后师从匡生平、周传瑛、沈传芷学艺。1987年，他被昆剧泰斗俞振飞破例收为关门弟子。他继承前辈的表演艺术，综各家之长，逐步形成真假声相结合的演唱风格。其演唱艺术儒而不妖、雅儿不俗、洒而不撒、美而不媚，程式中见人物、程式中见生活、自然中含规范的艺术风格，尤其是鞋皮生的表演，在全国独树一帜，被誉为"湖南第一小生"。曾获第十二届中国戏剧"梅花奖"；第七届中国戏剧节"优秀表演奖"等。代表剧目《见娘》、《抢棍》、《藏舟》等。

Ⅳ-6 高腔（辰河高腔）

陈刚

男，汉族，1957年12月生，湖南省凤凰县人。2006年5月，高腔（辰河高腔）被列入第一批国家级非物质文化遗产名录传统戏剧类，项目编号Ⅳ-6。2008年2月，陈刚入选为第二批国家级非物质文化遗产项目代表性传承人，湖南省辰溪县申报。陈刚的父亲陈少全是辰河高腔有名的小丑演员，人誉"三笑"。陈刚自幼随父走南闯北演艺，耳濡目染，后在其父悉心、严格的教导下，承其衣钵，终成大器，被誉为"小黑"，名震湘西。经由陈刚所改良的《仙姬送子》在怀化市演出获一等奖；《敢扛大山的人》在怀化市演出荣获二等奖。陈刚的表演技艺娴熟老到，所有继承下来的辰河高腔剧目均能表演。代表剧目有《胡莲闹钗》、《竹节山》、《侯七杀母》、《敢扛大山的人》、《仙姬送子》等。陈刚现为辰河高腔剧团团长，带有徒弟5人。

向荣

男，汉族，1935年9月生，湖南省辰溪县人。2006年5月，高腔（辰河高腔）被列入第一批国家级非物质文化遗产名录传统戏剧类，项目编号Ⅳ-6。2008年2月，向荣入选为第二批国家级非物质文化遗产项目代表性传承人，湖南省辰溪县申报。向家祖父兄弟三代都从事辰河戏剧事业。向荣7岁起就随祖父学唱辰河戏，9岁进班唱戏，以后慢慢地戏路拓宽，并逐渐掌握了较多的剧目和曲牌。向荣18岁进入辰溪县湘辰剧团担任司鼓，22岁调入泸溪县高腔训练班任导演兼司鼓。1989年和1991年，参加由联合国教科文组织、国际文化促进基金会举办的辰河高腔《日连》录像演出，担任导演及全剧的司鼓之职。1997年，他改编、导演的《目连救母》参加了法国巴黎秋季艺术节和西班牙木偶节的演出。向荣先后挖掘整理出一大批传统折子戏并演出，整理辰河戏高、昆、低腔曲牌400余支，为辰河高腔剧种留下了丰富的文字资料。向荣在泸溪剧团任教时，将自己所学得的曲牌、剧目以及各行当的表演技巧，全部传授给团内的演员，并专门将司鼓技巧传授于刘跃鸿、张永平及儿子向敏谦三人。

Ⅳ-7 高腔（常德高腔）

龚锦云

女，汉族，1944年11月生，湖南省常德市人。2006年5月，高腔（常德高腔）被列入第一批国家级非物质文化遗产名录传统戏剧类，项目编号Ⅳ-7。2008年2月，龚锦云入选为第二批国家级非物质文化遗产项目代表性传承人，湖南省常德市申报。龚锦云为国家二级演员。其父亲龚清金是花脸演员，自幼受父亲熏陶，9岁起登台演出。1957年，龚锦云拜汉剧老艺人李福祥学习常德高腔戏，初步掌握了传统高腔的演唱方法。1960 年，进入常德汉剧院。1962 年，拜汉剧老艺人万金红为师。她基本功扎实，嗓音浑厚响亮，音色甜美圆润，在表演中以剧情为基础、人物为中心，可用真假嗓结合演唱，同时还创造了一种共鸣的边音，来塑造各类不同人物的演唱。她熟谙"红绣鞋"、"红纳袄"、"三坡羊"、"风如松"、"苦坪"等高腔曲牌，能胜任文唱武打、女扮男装等重头戏。代表剧目《思凡》、《杨八姐闯幽洲》、《昭君出塞》、《打神告庙》等。20 世纪 80 年代起，她开始传授、指导青年演员高腔的演唱、表演技巧，其弟子有王阳娟、刘定霞、陈立娟、温桂萍等。

李少先

男，汉族，1934 年 7 月生，祖籍湖南省桃源陬市，现居湖南省常德市。2006 年 5 月，高腔（常德高腔）被列入第一批国家级非物质文化遗产名录传统戏剧类，项目编号Ⅳ-7。2008 年 2 月，李少先入选为第二批国家级非物质文化遗产项目代表性传承人，湖南省常德市申报。李少先为国家二级作曲。其父李福祥是著名旦角演员，其自幼受祖、父辈熏陶喜爱音乐。1953 年，进入同乐戏班乐队学艺。1956 年，进入常德市汉剧团，从事常德汉剧音乐创作，师从"武场"老师李阳生学习常德汉剧打击乐；又拜"文场"老师李春伯、聂长发为师，精学唢呐、胡琴等器乐；后跟随音乐家张九、易杨学习音乐理论和作曲知识。他熟悉常德汉剧文武场的各种乐器，擅长将本土音乐，如常德丝弦、澧水号子、常德花鼓等元素融入创作中，在保持传统风格和特色的基础上，追求圆润、华丽，富于韵味。剧团大部分剧目的音乐都由他创作、编曲。此外，他对常德汉剧的高腔、弹腔、吹腔、打击乐等进行了较为全面的清理、录音、记谱工作，共编辑手刻本五集。曾获得省文化厅的音乐创作奖和唱腔设计奖。代表剧目有《紫苏传》、《合家欢》等。

Ⅳ-13 湘剧

谭东波

男，汉族，1949 年 6 月生，湖南省衡阳市人。2006 年 5 月，湘剧被列入第一批国家级非物质文化遗产名录传统戏剧类，项目编号Ⅳ-13。2008 年 2 月，谭东波入选为第二批国家级非物质文化遗产项目代表性传承人，湖南省衡阳市申报。1961 年，谭东波考入衡阳市文艺学校，师从李育全学习湘剧传统声腔音乐。1967 年，师从张华湘学习音乐理论、二胡。1977 年，拜谭保成为师，全面系统地学习衡阳湘剧高腔、昆腔、弹腔。1978 年起，对衡阳湘剧声腔、音乐进行了系统发掘和整理，他是全面继承衡阳湘剧声腔的唯一艺人。曾参加国家艺术科学重点科研项目《中国戏剧志·湖南卷》、《中国戏曲音乐集成·湖南卷》、《湖南地方剧种志丛书》等的编写。代表剧目《贺龙军长》、《贺府斩曹》等。1980 年，谭东波调入衡阳市文艺学校任教，兼任音乐教研组长，将所掌握得湘剧艺术传授给学生，目前有弟子罗辉、陈梦园等。

夏传进

男，汉族，1969 年 3 月生，湖南省衡阳市人。2006 年 5 月，湘剧被列入第一批国家级非物质文化遗产名录传统戏剧类，项目编号Ⅳ-13。2008 年 2 月，夏传进入选为第二批国家级非物质文化遗产项目代表性传承人，湖南省衡阳市申报。1981 年，夏传进进入衡阳市艺术学校湘剧科学习。1985 年毕业后进入衡阳市湘剧团，师从著名湘剧艺人谭保成先生，艺名"夏利陀"，是湘剧昆腔第三代传人。其表演动作细腻，将舞蹈动作融于表演之中，唱腔与动作结合，丝丝入扣，颇为传神，将人物刻画得逼真传神。1987 年，他与师傅代表湖南参加中国第一届艺术节，师徒二人表演湘剧昆腔《醉打山门》，获得巨大成功。1993年，参加湖南省青年戏曲演员电视大奖赛，荣获全省"十佳演员奖"。代表剧目《醉打山门》、《岳老子拜寿》等。

Ⅳ-35 荆河戏

张又君

男，汉族，1938年2月生，湖南省常德市澧县澧阳镇人。2006年5月，荆河戏被列入第一批国家级非物质文化遗产名录传统戏剧类，项目编号Ⅳ-35。2008年2月，张又君入选为第二批国家级非物质文化遗产项目代表性传承人，湖南省澧县申报。张又君1954年始习荆河戏，拜荆河戏著名小生方觉东为师，习演荆河戏小生，其间受著名小丑胡醉趣的影响兼演部分小丑戏；1958年开始学习导演工作。张又君饰演了多部小生戏，如《斩吕布》、《修书带箭》、《三讨荆州》等；小丑戏《徐九经升官记》、《春草闯堂》、《程咬金娶亲》等。执导了多台新编历史剧和现代戏，移植排演了多台现代戏。能系统掌握运用荆河戏的行当、音乐、表演程式及理论知识，在传承荆河戏事业中作出了突出贡献。编写的《荆河戏〈法场拜相〉的表演选例》被纳入《中国戏曲志》（湖南卷）中；所执导的多种剧目，多次参加省、市会演，并获导演奖。其中《法场拜相》一剧，被省电台、电视台录音、录像、播音、播映，并受到中央台的转播、转映。为后辈青年演员攀明全、黄生峰传授了小生名戏《罗成修书》和《斩吕布》。收有徒弟张兴、周乃国、胡红等，成为荆河戏骨干。现正在参与澧县荆河剧团小演员训练班的培训工作。

萧耀庭

男，汉族，1935年10月生，湖南省常德市临澧县人。2006年5月，荆河戏被列入第一批国家级非物质文化遗产名录传统戏剧类，项目编号Ⅳ-35。2008年2月，萧耀庭入选为第二批国家级非物质文化遗产项目代表性传承人，湖南省澧县申报。萧耀庭1962年进临澧荆河剧团，成为荆河戏宗师黄绩三老先生的关门弟子，得其传授津市隆法寺蓄发僧心缘和尚传授之《韵谱》两册。1963年起任临澧剧团的专职音乐设计，先后有100多首戏曲音乐作品问世。其改编的《程咬金娶亲》于1982年获省文联颁发的湖南省文学艺术创作奖。萧耀庭用简谱取代工尺谱，对传统唱腔进行记谱、定谱工作。其编曲以流畅、优美、符合剧情和人物性格为特征，在抢救本剧种音乐遗产方面有突出贡献。参加常德地区荆河戏遗产挖掘继承工作委员会，整理了传统曲牌、堂曲、神戏及弹腔唱腔、折子戏五折油印成册。编纂了近百万字的《荆河戏音乐集粹》，先后为《中国音乐词典》撰写《荆河戏》条目释文，主编《荆河戏音乐研究》、《荆河戏音乐研究》、《湖南戏曲音乐集成·常德市卷·荆河戏》等。2010年收石门县荆河戏剧团团长申象泉（男，1965年9月生）为关门弟子。

Ⅳ-87 目连戏（辰河目连戏）

周建斌

男，汉族，湖南省怀化市溆浦县人。2006年5月，目连戏（辰河目连戏）被列入第一批国家级非物质文化遗产名录传统戏剧类，项目编号Ⅳ-87。2008年2月，周建斌入选为第二批国家级非物质文化遗产项目代表性传承人，湖南省溆浦县申报。1976年，周建斌考入溆浦县文艺学习班（戏曲科班），主攻小生，师承辰河目连戏著名小生杨宗道，得师父亲传武戏《凤仪亭》，文戏《幽会放裴》、《百花赠剑》、《蜜蜂头》等。继承了其做功细腻、刻画人物准确、生动灵活的特色以及唱腔上粗犷却不失细腻婉转的特点。他历任剧团导演、舞蹈编导等。1994年，他参与导演和改编辰河高腔现代戏《乡葬》。1997年起，他担任县辰河目连戏院副院长，

1999 年升任院长。他积极致力于辰河目连戏的抢救保护、传承发展以及宣传推广等全方位的工作。2005 年，组织排练演出的目连戏《刘氏回煞》参加湖南省十大民族民间文化遗产评选，获得成功。

谢杳文

男，汉族，湖南省怀化市溆浦县人。2006 年 5 月，目连戏（辰河目连戏）被列入第一批国家级非物质文化遗产名录传统戏剧类，项目编号Ⅳ -87。2008 年 2 月，谢杳文入选为第二批国家级非物质文化遗产项目代表性传承人，湖南省溆浦县申报。1957 年，谢杳文进入溆浦县辰河戏剧团学艺，拜师杨世济，初学老生后改小生。1959 年，正式登台演出，很快成为剧院主要演员。他长于演唱，在唱腔方面深受舒洛成影响，擅长通过发挥高腔音乐的特点，塑造悲剧人物，声腔优美，意味浓郁。代表作有《目连》、《黄金印》、《荆钗记》、《琵琶记》、《戏仪》、《荷花配》、《判奸》等。1981 年参加由省文化厅主办"辰河戏教学及中国艺术研究院录像演出"，在《戏仪》扮窦仪、《荷花配》扮杜君才、《判奸》扮裴禹卿等。同年主演《二度梅》等唱段被湖南省广播电台采录向全省播放。1989 年，他参加由联合国教科文组织国际文化促进基金会赞助并实施的"中国辰河目连戏录像演出"，扮演主角"目连——傅罗卜"，中国艺术研究院录像，现作为戏剧"活化石"珍藏于中国艺术研究院。

Ⅳ -89 傩戏（侗族傩戏）

龙子明

男，侗族，2011 年 12 月卒，湖南省新晃侗族自治县贡溪乡天井寨人。2006 年 5 月，傩戏（侗族傩戏）被列入第一批国家级非物质文化遗产名录传统戏剧类，项目编号Ⅳ -89。2008 年

2 月，龙子明入选为第二批国家级非物质文化遗产项目代表性传承人，湖南省新晃侗族自治县申报。傩戏"咚咚推"世代在天井寨龙、姚两家族内传承。龙家第一代龙金海生于元顺帝八年，卒于宣德庚戌年（1430）。第九代龙秀环生于弘治五年，卒于隆庆六年，自本代后当地有了专门戏场"雾云戏场园圃一屯"。龙子明是第二十一代传人，自幼随父亲龙继湘学习傩戏"咚咚推"，深得侗族傩戏艺术真传。1956 年，他赴黔专区（现怀化市）参加会演，所演剧目《癫子偷牛》获一等奖。"文革"时期，傩戏被禁，在极端艰苦的情况下，他完整地保存了 28 个傩戏剧目。他掌握各类剧中人物的表演特征，主要饰演傩戏剧中的英雄人物，如土地神、刘备、吕布、县官、老汉，以及调侃"菩萨"的农民等。所演人物形象硬朗可亲，保持了古老戏剧的历史原貌。其代表作有《跳土地》、《桃园起义》、《关公捉貂蝉》、《菩萨反局》等。他先后培养了傩戏演员百余名，亲自教授所有剧目。第二十二代传人有龙子木、龙开春、龙绍尧、龙祖柱、龙祖进、龙绍成。第二十三代传人有龙柳生、姚世彬、龙立成等。

龙开春

男，侗族，1930 年生，湖南省新晃侗族自治县贡溪乡天井寨人。2006 年 5 月，傩戏（侗族傩戏）被列入第一批国家级非物质文化遗产名录传统戏剧类，项目编号Ⅳ -89。2008 年 2 月，龙开春入选为第二批国家级非物质文化遗产项目代表性传承人，湖南省新晃侗族自治县申报。傩戏"咚咚推"世代在天井寨龙、姚两家族内传承。龙开春是"咚咚推"第二十一代传人龙子明的侄子，他 16 岁开始学习"咚咚推"，1948 年加入侗族傩戏班，受到本家叔祖父龙继湘和叔父龙子明的悉心指导，深得傩戏艺术真传，数十年间演出不断。龙开春能够饰演各类剧中人物，并可根据剧情将剧中人物表演得惟妙惟

肖，更为可贵的是还可一人串演多个角色，是侗族傩戏班子的顶梁柱，为侗族傩戏不可替代的主要继承人，是傩戏"咚咚推"的第二十二代传人之一。除了上台演戏，他还担任"咚咚推"主持人，"咚咚推"的各种活动都由他主持。其代表作有《跳土地》、《老汉推车》、《华佗救民》等。近年来与叔父龙子明一起，培养了傩戏演员近 30 名，承上启下地传承剧目 28 个。

Ⅳ-89 傩戏（沅陵辰州傩戏）

李福国

男，土家族，1963 年生，2011 年 6 月卒，湖南省沅陵县七甲坪镇大岔坪村人。2006 年 5 月，傩戏（沅陵辰州傩戏）被列入第一批国家级非物质文化遗产名录传统戏剧类，项目编号Ⅳ-89。2008 年 2 月，李福国入选为第二批国家级非物质文化遗产项目代表性传承人，湖南省沅陵县申报。李福国（法名李福显）年幼时学唱汉戏，后从师学习傩戏，成为辰州傩河南教派（下河教）第四代传人。辰州傩河南教派（下河教）传承谱系：第一代聂德望，第二代全永显，第三代向世显，第四代李福国。他在原有的戏曲节目中，除保留原有的剧情特征外，还对内容、人物刻画、故事情节、语言表述等方面进行了完善和加工，先后整理出了《姜女下池》、《观花教子》等傩戏，并收藏了一个有 230 年历史的土地面具。李福国是怀化市傩文化研究协会会员，长期在桃源、大庸、慈利、沅陵等县演出，并曾多次参加省、地电视台拍片演出。1998 年 9 月，李福国夫妇在沅湘傩戏文化学术研究会上，为来自 7 个国家的 127 位专家学者演出傩戏《姜女下池》，受到参会代表的极高赞誉。同年，李福国设李宅雷坛并开始收徒传艺，现有两名门徒。他的两个女儿、一个女婿及其内兄都是傩文化的追随者。代表作有《姜女下池》、《观花教子》、

《八郎买猪》、《买纱》、《郭先生教书》、《毛三边筐》、《三妈土地》等。

Ⅳ-92 木偶戏（邵阳布袋戏）

刘永安

男，汉族，1946 年生，湖南省邵阳县九公桥镇燕窝岭人。2006 年 5 月，木偶戏（邵阳布袋戏）被列入第一批国家级非物质文化遗产名录传统戏剧类，项目编号Ⅳ-92。2008 年 2 月，刘永安入选为第二批国家级非物质文化遗产项目代表性传承人，湖南省邵阳县申报。20 世纪 50 年代，刘永安的家乡燕窝岭，近百户人家皆以表演布袋戏为主要生计。刘永安的父亲刘恒贵是布袋戏的第十七代传人，他跟随父亲学布袋戏，并不断向其他老艺人们讨教各类人物的举手、投足、打揖、踢腿、使枪和弄棒等细微动作。出师后，他曾南下两广，东往江浙，一路走，一路演出。20 世纪七八十年代，布袋戏进入另一个高峰期，刘永安的布袋戏此时广受欢迎。随着电视、网络的普及，布袋戏逐渐没落。如今，他已极少表演，也鲜有人愿意学习传承布袋戏。2004 年 10 月 3 日在湖南省民族民间文化艺术博览会获优胜奖。原本布袋戏只传男不传女，在当地文化馆的安排下，刘永安打破传统，收了 4 位徒弟，包括一位女弟子，这是 600 年来第一次破例。代表作有《大闹高家庄》、《黄峰岭》等。族兄刘永章也是布袋戏传人。

刘永章

男，汉族，1942 年生，湖南省邵阳县九公桥镇燕窝岭人。2006 年 5 月，木偶戏（邵阳布袋戏）被列入第一批国家级非物质文化遗产名录传统戏剧类，项目编号Ⅳ-92。2008 年 2 月，刘永章入选为第二批国家级非物质文化遗产传承人，湖南省邵阳县申报。刘永章现为布袋戏第十八代传人。其家乡燕窝岭，近百户人家以

演布袋戏为主要生计。20世纪60年代前后，刘永章20多岁就跟随他的二叔——布袋戏第十七代传人刘恒贵，前往广西诸县演出。1965年，布袋戏遭禁演。1978年后，刘永章等在祁阳、祁东两地恢复唱戏。其代表作《青龙山》、《关公战长沙》等。在湖南省邵阳市文化局的帮助下，刘永章致力于布袋戏的传承，2009年获文化部"全国非物质文化遗产保护先进工作者"称号。目前刘永章已收刘强为徒。族弟刘永安也是布袋戏传承人。

广东

Ⅳ-4 潮剧

方展荣

男，汉族，1948年9月生，祖籍广东省普宁县，现居广东省汕头市。2006年5月，潮剧被列入第一批国家级非物质文化遗产名录传统戏剧类，项目编号Ⅳ-4。2008年2月，方展荣入选为第二批国家级非物质文化遗产项目代表性传承人，广东省汕头市申报。方展荣为国家一级演员。出身于梨园世家，其母黄青缇是潮剧首位女旦。1959年，方展荣进入汕头市正顺潮剧团，师承陈大筐等学习"刺梁"、扇子功等潮剧基本功。1960年转入汕头市戏曲演员训练班，接受潮剧艺术的正规训练。他向蔡锦坤学习被称为潮剧"三块宝石"之一的折子戏《闹钗》和扇子功，成为潮剧扇子功顶尖剧目表演的传人；又拜李有存为师学习历演近百年的名丑剧目《柴房会》，成为知名丑角。他演技高、相貌俊、声腔亮，演唱艺术上博采众长，形成独特的丑腔风格，人称"方派"。代表剧目《三岔口》、《无意神医》、《访鼠》、《闹钗》等。收徒授艺多人，如黄健全、刘锦强等。

姚璇秋

女，汉族，1935年生，广东省汕头市澄海人。2006年5月，潮剧被列入第一批国家级非物质文化遗产名录传统戏剧类，项目编号Ⅳ-4。2008年2月，姚璇秋入选为第二批国家级非物质文化遗产项目代表性传承人，广东省汕头市申报。姚璇秋为国家一级演员。1953年，她入正顺潮剧团，师从潮剧名教戏杨其国、陆金龙、黄蜜，后得卢吟词先生指导，开旦行戏路。其唱功有深厚基础，发音自然，纯净大方，高音优美流畅，中低音圆润，音域较宽，"含咬吞吐"遵循传统的演唱规范。舞台表演唱做功夫细腻，深刻把握人物性格和思想，塑造了一系列不同年龄和性格的女性形象，《苏六娘》中的苏六娘、《陈三五娘》中的黄五娘、《扫窗会》中的王金真等，都是深受观众喜爱的角色。代表剧目《杨乃武与小白菜》、《恩仇记》、《江姐》等。其弟子有詹春湘、蔡绚娜等。

陈鹏

男，汉族，1942年9月生，广东省潮安县庵埠镇茂龙村人。2006年5月，潮剧被列入第一批国家级非物质文化遗产名录传统戏剧类，项目编号Ⅳ-4。2008年2月，陈鹏入选为第二批国家级非物质文化遗产项目代表性传承人，广东省潮州市申报。陈鹏于1956年至1958年参加潮安稻香潮剧团，饰演小生。1959年至1961年，进入汕头戏曲学校导演、作曲专业班学习，师从潮剧著名教戏黄玉斗、杨广泉、林和忍、林炳和、郑筠等学艺。陈鹏积累、掌握了潮剧所有的传统曲牌、唢呐牌子、弦套、锣鼓经、作曲技法、演唱技巧以及大量传统折子戏。他博采众长、兼收并蓄，他的音乐创作和编曲既有潮剧传统特色，又不失新意。人物音乐形象鲜明，独具一格，在潮剧界有"陈鹏曲"的说法。代表剧目《七日红》、《益春》、《真假小姐》、《十八相送》等。2003年成立"潮州曲社",为潮剧发展和传承而努力。其弟子有方镇坤、曾庆成、郑壮桐等,皆成为剧团的主要作曲者。

郑舜英

女,汉族,1962年生,广东省潮州市人。2006年5月,潮剧被列入第一批国家级非物质文化遗产名录传统戏剧类,项目编号Ⅳ-4。2008年2月,郑舜英入选为第二批国家级非物质文化遗产项目代表性传承人,广东省潮州市申报。郑舜英为国家一级演员。16岁时考入潮安文艺培训班,学青衣兼刀马旦,得俞世明老师悉心指导,打下扎实基础;还曾先后得到京剧表演艺术家胡芝风、国家一级导演吴兹明、潮剧著名作曲家李庭波、王志龙、丁增钦等的悉心指导。她扮相俊美,声情并茂,文武兼备,唱腔真切动人。在潮剧舞台上塑造了众多各具光彩的艺术形象,被誉为"艳旦"和"旦后"。1998年,参加广东省第二届戏剧演艺大赛暨首届潮剧演艺大赛,荣获金奖第一名。代表剧目《莫愁女》、《背妹上京》、《江姐》等。1995年至今,郑舜英担任潮州市潮剧学员培训班主教老师、副主任,倾尽心力将潮剧艺术传授与学员,其弟子现已分布在各专业剧团。

Ⅳ-14 正字戏

彭美英

女,汉族,1944年生,广东省陆丰市人。2006年5月,正字戏被列入第一批国家级非物质文化遗产名录传统戏剧类,项目编号Ⅳ-14。2008年2月,彭美英入选为第二批国家级非物质文化遗产项目代表性传承人,广东省陆丰市申报。1959年,彭美英考入陆丰县双喜正字剧团,后进入汕头戏曲学校正字戏表演专业。1962年毕业后,曾在广州京剧团深造。师承著名正字戏表演艺术家陈宝寿先生,又得名艺人曾广照、

黄学明先生的悉心指导,工花旦、正旦(青衣)。其扮相俊美,唱腔委婉、动人,表演优美细腻。是目前正字戏传承的艺术中坚,被誉为正字戏"活字典",著有《正字戏》一书。作为全国唯一正字戏剧团的导演,彭美英为正字戏的传承和振兴而努力奔波,整理濒危剧目。根据老艺人的严格要求排练演出、录成视频,以便保留和继承。代表剧目《百花赠剑》、《百日缘》、《六郎罪子》、《社长的女儿》等。目前其弟子有吴国亮、黄壮营、曾玲等。

黄壮营

男,汉族,1962年生,广东省陆丰市人。2006年5月,正字戏被列入第一批国家级非物质文化遗产名录传统戏剧类,项目编号Ⅳ-14。2008年2月,黄壮营入选为第二批国家级非物质文化遗产项目代表性传承人,广东省陆丰市申报。黄壮营师承正字戏表演艺术家彭美英老师,现为陆丰正字戏剧团副团长、骨干演员兼导演,主工正生、武生,也能反串乌面、丑角。其功底扎实,表演豪放中带有细腻,扮相俊美潇洒,唱腔清亮高亢,继承了正字戏独特的"跑布马"表演及"双拉山"、"抖靠旗"、南派武打等传统技艺。代表剧目《辕门射戟》、《姜维射郭淮》、《五台会兄》等剧,其导演作品有《锦海渔歌》等。目前与其师彭美英一起在整理正字戏濒危剧目,将其录制保留,便于今后继承。

Ⅳ-36 粤剧

红线女

原名邝健廉,女,汉族,1927年12月生,广东省广州市人。2006年5月,粤剧被列入第一批国家级非物质文化遗产名录传统戏剧类,项目编号Ⅳ-36。2008年2月,红线女入选为第二批国家级非物质文化遗产项目代表性传承人,广东省广州市申报。红线女出身粤剧世家,外

祖父是名须生声架南，舅父是名武生靓少佳，舅母是著名花旦何芙莲，堂伯父是同治年间创建粤剧行会"八和会馆"的著名武生邝新华。1939 年在澳门拜舅母为师，正式踏入艺术生涯，取艺名"小燕红"。1940 年，靓少凤为其改名"红线女"。她先拜京剧大师梅兰芳为师；请程砚秋设计身段、水袖；请俞振飞指点《桂芝告状》；请周小燕改进《思凡》的唱腔；并且研究昆曲名家朱传茗、歌唱家郭兰英、王昆等唱腔技巧，融入粤剧发声。她在传统旦角的基础上，融入京腔、昆腔及西洋美声技法，创造出著名的粤剧唱腔"红腔"，使粤剧旦角唱腔发展到一个崭新的阶段。从艺以来获奖无数，参演近百部电影作品，主演近 200 个粤剧剧目。代表剧目《一代天骄》、《搜书院》、《关汉卿》、《山乡风云》、《昭君公主》、《刁蛮公主憨驸马》等。为粤剧红派传承作出杰出贡献，早在 20 世纪 40 年代就培养出不少优秀人才，之后创办各种剧团和培训班培养粤剧接班人，至今不辍。

Ⅳ -47 西秦戏

吕维平

男，汉族，1967 年 9 月生，广东省海丰县人。2006 年 5 月，西秦戏被列入第一批国家级非物质文化遗产名录传统戏剧类，项目编号Ⅳ -47。2008 年 2 月，吕维平入选为第二批国家级非物质文化遗产项目代表性传承人，广东省海丰县申报。吕维平 1985 年考入海丰县西秦戏剧团，后被送往惠阳地区艺术培训团培训，深得皮黄戏师傅刘志群和李金煊等的厚爱，进步很快。后被著名老艺人罗振标收为关门弟子，工老生、小生行当，跨文武生和红净，扮相潇洒俊逸、表演气派大方，唱腔明亮圆润，韵味浓厚，善以声情刻画剧中人物，有"当代西秦戏第一好老生"之称。罗振标去世后，吕维平又师从西秦戏老艺人唐托。近年来，吕维平得唐师傅衣

钵真传，继承了这出戏中的绝活儿"椅子功"。代表剧目《宝莲灯》、《赵氏孤儿》、《秦香莲》、《刘锡训子》等。现今吕维平任海丰县西秦戏剧团团长，为西秦戏的发展和传承而奔波，自己也带有多名徒弟。

Ⅳ -74 白字戏

吴佩锦

男，汉族，1972 年生，广东省海丰县马厝铺人。2006 年 5 月，白字戏被列入第一批国家级非物质文化遗产名录传统戏剧类，项目编号Ⅳ -47。2008 年 2 月，吴佩锦入选为第二批国家级非物质文化遗产项目代表性传承人，广东省海丰县申报。1988 年吴佩锦考入海丰白字戏剧团，得众多老艺人言传身教，加之刻苦自励，广撷博采，掌握了精湛的白字戏传统表演技艺。其擅长武生丑行，唱念做打无一不精。代表性剧目有《白罗衣》、《无意神医》等。吴佩锦对白字戏的发展和传承倾尽全力，倡行"内强素质、外树形象"的艺术宗旨，先后挖掘上演了大批传统剧目和移植、改编、创作的优秀剧目，不断提高剧目的演出质量及整体艺术水平。积极对外交流参赛演出，提高剧种知名度。组织本团青年演员及民间剧团演员开展传承活动，组织开设白字戏培训班，传授白字戏的唱腔特点及独特的韵味，现场示范指导唱法。

钟静洁

女，汉族，1971 年 5 月生，广东省海丰县人。2006 年 5 月，白字戏经国务院批准列入第一批国家级非物质文化遗产名录传统戏剧类，项目编号Ⅳ -47。2008 年 2 月，钟静洁入选为第二批国家级非物质文化遗产项目代表性传承人，广东省海丰县申报。钟静洁出身于白字戏世家，其父母均是白字戏剧团的知名演员。1990 年考入广东省海丰县白字戏剧团演员培训班，工青衣，

兼闺门旦。她先后得到叶本南、卓孝智、陈素如、鞠少玲、林爱珍、钟芝铭、唐大陪等白字戏名角的悉心指导，又刻苦自励，广撷博采，形成了自己的艺术风格。她的表演刚柔相济，情感丰沛，嗓音甜润优美，唱腔圆润清晰，做工细腻，雍容大方，尤以水袖功见长。其代表作有《哑女告状》（饰掌上珠）、《秦香莲》（饰公主）、《胭脂河》（饰彩屏）等。1995年参加广东省第五届国际艺术节会演，她饰演传统白字戏《崔君瑞休妻》的主要配角苏金英，获个人表演三等奖。她是广东省剧协会员，并曾多次献艺于香港、澳门等地。1999年至2001年连续三年被评为县文化系统先进工作者。她领衔主演的多出戏在1999年和2006年两次被录制成音像制品发行。现担任新学员培训的辅导老师。

Ⅳ-91 皮影戏（陆丰皮影戏）

蔡锦镇

男，汉族，1964年6月生，广东省陆丰市人。2006年5月，皮影戏（陆丰皮影戏）被列入第一批国家级非物质文化遗产名录传统戏剧类，项目编号Ⅳ-91。2008年2月，蔡锦镇入选为第二批国家级非物质文化遗产项目代表性传承人，广东省汕尾市申报。蔡锦镇出身于陆丰南塘皮影戏世家，曾祖蔡娘盼、祖父蔡强、父亲蔡娘仔等均为著名皮影艺人。蔡锦镇是蔡家皮影戏的第四代传承人，从艺以来，得到了父亲的悉心教导，又经著名艺术家虞哲光、彭美英等的指点，掌握了陆丰皮影戏表演操作的技巧。成立于1957年的陆丰皮影剧团，也是目前广东唯一的国有专业皮影戏剧团。1980年，蔡锦镇开始成为剧团的艺术骨干和主要演员。1984年，他赴北京参加新中国成立35周年献礼表演，以《鸡斗》、《飞天》获文化部演出奖。蔡锦镇保存和整理了数十部古老的皮影戏传统剧本和一批古老的影身、道具、乐器等皮影文物。2007

年2月，他被广东省文联命名为"广东省民间文化杰出传承人"。2007年6月，他被中国文联、中国民间文艺家协会命名为"中国民间文化杰出传承人"。2008年，陆丰皮影剧团招收了一批爱好皮影艺术的学徒，蔡锦镇亲自指导这些年轻人学习皮影戏。

彭忠

男，汉族，1931年生，祖籍广东省海丰县，现居广东省陆丰市。2006年5月，皮影戏（陆丰皮影戏）被列入第一批国家级非物质文化遗产名录传统戏剧类，项目编号Ⅳ-91。2008年2月，彭忠入选为第二批国家级非物质文化遗产项目代表性传承人，广东省汕尾市申报。彭忠，一名彭妈河，生于制皮世家。彭家自清初即经营以制作熟牛皮为主的皮革加工手工业，该工艺在其家族内部一直连续传承，至今已有300多年的历史，在当地独树一帜，被专称为"熟牛皮彭"。1944年至1947年间，彭忠开始跟着祖父、父亲学艺。其制皮工艺得祖辈真传，又通过不断地学习、钻研现代化制革技术。彭忠做成的皮影透明度好，影身能充分透光，涂上颜色以后就能在幕布上显出光鲜亮丽，楚楚动人的形象，而且不怕潮湿，不变形，耐腐蚀，可保存50年至100年。"熟牛皮彭"技艺，至彭忠儿子一代，已传承了十代人。2007年1月，他和儿子彭凯瑜以传统制皮工艺，被中国文联认定为第一批中国民间文化杰出传承人，同时他们也被认定为广东省中国民间文化杰出传承人。

Ⅳ-92 木偶戏（高州木偶戏）

何文富

男，汉族，1946年12月生，祖籍广东省高州市，现居深圳。2006年5月，木偶戏（高州木偶戏）被列入第一批国家级非物质文化遗产名录传统戏剧类，项目编号Ⅳ-92。2008年2月，何文富入选为第二批国家级非物质文化遗产项目代表性传承人，广东省高州市申报。1964年，何文富入高州市木偶粤剧团当学徒，师从陈永辉，学习被业内称为"左手派"的木偶操作技艺。又得到北京、上海、广州、南宁等地专家辅导，经自己多年的摸索和总结，在传承"左手派"的基础上融入各门派技艺，逐步形成自己的风格，成为高州木偶戏的第五代传人。1980年，他改演"花旦"行当，把戏剧人物中女性的喜、怒、哀、乐发挥得淋漓尽致，演绎得婀娜多姿。1973年，他正式成为剧团的主演兼导演，至2006年退休，他历任剧团的主演、团长、党支书等职务。由他主演和改编的《小八路》、《逼上梁山》等剧目深受群众欢迎。何文富曾得到全国木偶大师余所亚、林堃、关剑青等专家的认可。1992年，他赴京参加全国木偶皮影戏会演，获文化部颁发的"优秀表演奖"和"导演奖"；2001年，应邀赴香港参加"中国传奇"艺术节演出。其所传徒弟有高州木偶戏第六代传人曹章玲以及第七代传人罗家平等。他退休后经常回到剧团传承木偶表演技艺，教授年轻学员们传统的"左手派"操控木偶手法，使这个独特的风格得到很好的保留与传承。

曹章玲

女，汉族，1960年7月生，广东省高州市人。2006年5月，木偶戏（高州木偶戏）被列入第一批国家级非物质文化遗产名录传统戏剧类，项目编号Ⅳ-92。2008年2月，曹章玲入选为第二批国家级非物质文化遗产项目代表性传承人，广东省高州市申报。1976年，曹章玲进入信宜木偶剧团，1983年进入高州市木偶粤剧团。她师承木偶艺人罗成轰、陈永辉、何文富等，是高州木偶戏第六代传人。她擅长木偶戏表演及配唱艺术，能把木偶杖头操纵表演得形神兼备，能表演生、老、净、丑等角色，擅长花旦、夫人角色，所演角色表演上逼真生动，角色配

唱声音清亮、悦耳动听。多次应邀率团赴全国各省（包括港澳）演出，并发表多篇具有较高水平的学术论文。代表作有《柳毅传书》、《嫦娥奔月》、《芙蓉仙子》、《孙悟空三调芭蕉扇》、《三气周瑜》、《孙悟空三打白骨精》等。2005年，参加茂名市民间民俗艺术展演，荣获"纪念奖"；2006年，参加广东省国际旅游文化节演出，荣获"优秀演出奖"；2008年，参加第十届广东省艺术节展演，荣获"特别奖"。2010年，应邀参加上海世博会"广东活动周"展演。近些年曹章玲积极传授木偶戏技艺，培养新生力量，为高州木偶戏传承作出了很大贡献。收徒有吕兰桂、刘坤栋、肖嘉敏等。

Ⅳ-92 木偶戏（潮州铁枝木偶戏）

丁清波

男，汉族，1963年生，广东省潮州市磷溪镇人。2006年5月，木偶戏（潮州铁枝木偶戏）被列入第一批国家级非物质文化遗产名录传统戏剧类，项目编号Ⅳ-92。2008年2月，丁清波入选为第二批国家级非物质文化遗产项目代表性传承人，广东省潮州市申报。1983年师从著名铁枝木偶戏表演艺术家蔡来发学铁枝木偶戏表演技艺。1986年成立新源香木偶团，经常到潮汕各地演出，深受观众好评。丁清波掌握了师傅擅长的杂技，如顶锅、抽纸龙、转盘、提花瓶等较高难度的技艺。丁清波现为新源香木偶团团长，恢复了源香木偶团失传多年的表演技艺，改革相关表演器具，使濒临失传的铁枝木偶戏的艺术传承下来，并把技艺传授给黄美容、丁佳铭、丁梓铭、黄怀青等徒弟。他几乎每年都在潮汕地区表演铁枝木偶，每年大约有40场的演出。其代表作有《唐僧收三徒》、《杂技》、《八仙贺寿》、《五福连》、《飞龙进宫》、《猫换太子》等。随着现代传媒的普及，木偶戏已失去昔日的光彩。丁清波

自己为了维持生计，也要兼做其他杂工，这也使得丁清波难以找到铁枝木偶戏接班人。

陈培森

男，汉族，1968年生，广东省潮州市金石镇龙阁村人。2006年5月，木偶戏（潮州铁枝木偶戏）被列入第一批国家级非物质文化遗产名录传统戏剧类，项目编号IV-92。2008年2月，陈培森入选为第二批国家级非物质文化遗产项目代表性传承人，广东省潮州市申报。陈培森的父亲陈细妹是潮州金石龙阁木偶剧团的创办人，陈培森自幼喜爱木偶戏，师从父亲学习木偶制作、表演技艺，后加入该剧团，现任剧团团长。他致力于推陈出新，将老剧目《新西游记》重新编曲编剧，巧妙地融入许多濒临失传技艺如"抽纸龙"、"灭烛点火"等，获得强烈反响。1993年，他率剧团参加德国、奥地利世界国际木偶节表演，荣获奥地利政府颁发的证书；1996年，陈培森参与表演的电视节目《欢庆》荣获"百家城市电视台音乐节目展播金奖"；2006年，获潮州市"工艺美术大师"称号；2012年，陈培森带领剧团参加第21届国际木偶联会大会暨国际木偶艺术节，凭借《杨八姐闯幽州》摘取了"最佳传承奖"。随着现代传媒的普及，木偶戏已失去昔日的光彩。目前他教授子女们木偶技艺，致力于将他们培养成剧团的接班人。

广西

IV-37 桂剧

秦彩霞

艺名秦蝉仙，女，1933年2月生，现居广西壮族自治区南宁市。2006年5月，桂剧被列入第一批国家级非物质文化遗产名录传统戏剧类，项目编号IV-37。2008年2月，秦彩霞入选为第二批国家级非物质文化遗产项目代表性传承人，广西壮族自治区申报。著名桂剧表演艺术家、国家一级演员。1944年入启明仙乐科班，师从桂剧名角赵元清、刘安百、刘万春、刘长春，工青衣。尤以唱功为最，其嗓音清脆响亮，音域宽广；善于创造，具有革新精神，能根据人物性格进行创腔。1955年主演移植朝鲜剧目《春香传》，她吸收汉剧的唱法，创造了剧中的"爱歌"、"别歌"。还对《西厢记》、《春娥教子》等剧目的唱腔进行改造、设计。曾主演过100多个剧目的主要角色。代表剧目《三娘教子》、《西厢记》、《秋江》、《春香传》、《宝莲灯》、《珍珠塔》、《玉堂春》、《春娥教子》、《女斩子》、《虹霓关》、《双拜月》、《白蛇传》、《武则天》、《哑子背疯》等。热情培养桂剧接班人，倾其所有传授给青年演员。

周小兰魁

又名筱兰魁，原名周明亮，男，汉族，1933年11月生。2006年5月，桂剧被列入第一批国家级非物质文化遗产名录传统戏剧类，项目编号IV-37。2008年2月，周小兰魁入选为第二批国家级非物质文化遗产项目代表性传承人，广西壮族自治区申报。国家一级演员，出身梨园世家，6岁进入光明桂剧社，先习净，后工丑。善于广泛吸收，具有创新精神，能细致钻研角色独特的心理，并善于借鉴传统，又不囿于一般的表演程式，寓行当、角色于情境和性格之中，处处捕捉人物的身份、秉性和喜怒哀乐的神情变化，表演力求贴近生活、自然。主演《闹龙宫》一剧，被誉为"南方猴王"。其艺术创造登峰造极，被称为"桂剧名丑第一人"。导演和主演的《唐知县审诰命》，曾得到中央领导和国内外观众的高度赞扬；主演和导演的《血丝玉镯》荣获全国地方戏展演南方片特别荣誉奖；参与编剧和导演的《抬轿》获全国"群星奖"金奖、广西第二届文艺创作铜鼓奖；1953 年赴朝鲜慰问演出荣获嘉奖。1960 年荣获全国劳模称号，享受国务院政府特殊津贴。

Ⅳ -65 采茶戏（桂南采茶戏）

陈声强

男，壮族，1947 年生，广西壮族自治区博白县人。2006 年 5 月，采茶戏（桂南采茶戏）被列入第一批国家级非物质文化遗产名录传统戏剧类，项目编号Ⅳ -65。2008 年 2 月，陈声强入选为第二批国家级非物质文化遗产项目代表性传承人，广西壮族自治区博白县申报。1955 年，陈声强开始初次接触桂南采茶戏。1964 年，刚刚初中毕业的陈声强参加了农村业余采茶戏队，得到了凌祖余、黄锡福等老师的悉心指导。陈声强的表演形神兼备，生动自然，以《梁山伯与祝英台》红遍广西。后转为导演，为剧团导演了传统采茶戏《选贤记》，现代采茶戏《镇长吃的是农村粮》等大戏，以及《桂红區》等一批小戏。由他导演、主演的采茶戏《清水塘边》获第十届中国曹禺戏剧奖"兴运达杯"全国小品小戏大赛银奖，个人荣获导演奖和表演奖。陈声强还撰写了《博白采茶戏的源流与发展》等论文，为采茶戏的理论发展做出一定的探索。陈声强为采茶戏培养了不少新人，林俊兵、余晓东、陶兵、庞东海、吕光东等人都已成为采茶剧团的主干力量。

Ⅳ -76 彩调

傅锦华

女，1938 年 12 月生，2013 年 2 月卒，广西壮族自治区融安县人。2006 年 5 月，彩调被列入第一批国家级非物质文化遗产名录传统戏剧类，项目编号Ⅳ -76。2008 年 2 月，傅锦华入选为第二批国家级非物质文化遗产代表性传承人，广西壮族自治区申报。傅锦华自幼在母亲的熏陶下学唱戏，常跟随当地业余剧团到街上演出。1955 年，傅锦华和全国的许多业余剧团一起到北京演出彩调戏《龙女与汉鹏》。1955 年 4 月，她进入广西文艺干部学校正式学习彩调，先后主演过《龙女与汉鹏》、《王三打鸟》、《刘三姐》等大小剧目 60 多个。她是广西第一代"刘三姐"，1960 年，被选为民间歌舞剧《刘三姐》的主演。1960 年 6 月，该剧开始在全国巡回演出，曾 4 次进入中南海怀仁堂为中央领导演出。作为电影故事片《刘三姐》中刘三姐的配唱，她的歌声伴随《刘三姐》的足迹遍及祖国大江南北和新加坡。经傅锦华传授，广西培养出接连四代"刘三姐"的扮演者，如唐佩珠、吴似梅、王予嘉等都曾得到她的言传身教。

Ⅳ -82 壮剧

张琴音

女，1933 年生，祖籍广西壮族自治区德保县，现居广西壮族自治区南宁市。2006 年 5 月，壮剧被列入第一批国家级非物质文化遗产名录传统戏剧类，项目编号Ⅳ -82。2008 年 2 月，张琴音入选为第二批国家级非物质文化遗产项目代表性传承人，广西壮族自治区申报。1951 年，张琴音参与组建了南路壮戏风格的"东安街业余演剧团"，利用扯线木偶戏的音乐唱腔，改编了当时在北方地区流行的《王贵与李香香》等剧目，用南路壮话在当地进行演出，获得巨大成功。后又相继推出《白蛇传》、《梁山伯与祝英台》等经典剧目，她担任编剧和主演等工作。1954 年，在木偶戏艺人赵孟伯加盟后，该剧团演出《宝葫芦》。1955 年，赴京参加全国群众业余音乐舞蹈观摩汇报演出，获得全国优秀节目奖。从北京回到广西后，该剧团改组成为德保壮剧团，张琴音任副团长。1960 年，德保壮剧团调迁组建为右江壮剧团（1965 年，该剧团与其他剧团联合组成广西壮剧团），她担任副团长。退休后的张琴音仍孜孜不倦地为传承壮剧发挥余热，在广西壮剧团教授年轻人戏曲基本功、壮剧唱腔、壮剧小戏等。

闭克坚

男，壮族，1936 年 7 月生，祖籍广西壮族自治区田林县人利周乡百达村，现居广西凌云县朝里乡那巴屯。2006 年 5 月，壮剧被列入第一批国家级非物质文化遗产名录传统戏剧类，项目编号 Ⅳ -82。2008 年 2 月，闭克坚入选为第二批国家级非物质文化遗产项目代表性传承人，广西壮族自治区申报。闭克坚出身于壮剧世家，8 岁起跟着父亲学习演奏和表演，9 岁起上台伴奏，12 岁时，他成为北路壮剧著名老艺人黄福祥的弟子。他从生、旦、武、丑等各种角色，到正调、卜牙调、升堂调、山歌调、喊板、哭板等多种声腔和演唱，再到马骨胡等独特乐器的演奏和剧本的改编创作，样样都能独当一面。1964 年，他成为北路壮剧第十代传人。在继承传统技艺的基础上，对北路壮剧的唱腔、伴奏、身法等方面做出了改革，创造和加入了多种新的元素。他将北路壮剧发展到了 40 多个板调，并将这 40 多板调全部刊录，出版了《北路壮剧古今音乐集》，改变了北路壮剧老艺人口口相传、不利于推广和教授的弊病。由于他对北路壮剧做了一系列创新和发展，因此被尊称为"新师"。为表彰其在壮剧传承中的贡献，2013 年获第二届"中华非物质文化遗产传承人薪传奖"。其代表作为《夫妻相会》等。闭克坚的弟子黄景润为北路壮剧第十一代传人。

海南

Ⅳ -92 木偶戏（临高人偶戏）

陈少金

女，汉族，1960 年生，海南省临高县临城镇人。2006 年 5 月，木偶戏（临高人偶戏）被列入第一批国家级非物质文化遗产名录传统戏剧类，项目编号 Ⅳ -92。2008 年 2 月，陈少金入选为第二批国家级非物质文化遗产项目代表性传承人，海南省临高县申报。1979 年，陈少金高中毕业后加入临高人偶戏剧团，很快成为剧团骨干。陈少金主工正旦，操纵木偶活灵活现，身段舒展优美，并以自己的优美动作补充木偶表演之不足，将自身表演与木偶动作融为一体，展示出"人偶同演"的艺术特色，塑造了众多栩栩如生的艺术形象。她唱腔圆滑，富有韵律，被誉为"少金板"；表演做功细腻，功法适度，台步轻盈飘逸。1981 年，陈少金和剧团去北京参加人偶戏演出；1992 年，获全国木偶皮影戏会演个人优秀表演奖。其代表作有《张文秀》、《秦香莲》、《花灯仙子》、《莲花仙子》等。目前，临高人偶戏面临后继无人的局面。

王春荣

男，汉族，1961 年生，海南省临高县加来镇人。2006 年 5 月，木偶戏（临高人偶戏）被列入第一批国家级非物质文化遗产名录传统戏剧类，项目编号 Ⅳ -92。2008 年 2 月，王春荣入选为第二批国家级非物质文化遗产项目代表性传承人，海南省临高县申报。王春荣自幼喜爱木偶表演，初中毕业时，他考入红华人偶戏剧团，后被选为优秀演员赴广州培训。回到临高县后，又拜临高人偶戏大师许永青为师以提高自己的木偶技艺水平。王春荣技艺全面，操纵木偶与自身表演都很到位，并善于以肢体语言助偶表演，他的表演乖巧幽默有趣，善于在阿罗哈、"郎汉"等传统唱腔的基础上编唱新腔，他声音洪亮，吐字清晰，行腔自如，以声带情，生动体现了人物的个性特征。2003年，王春荣组织创办了焕杰人偶戏剧团，任剧团团长和主演，并负责剧团的演出事宜。代表剧目有《状元与乞丐》、《薛仁贵》、《状元桥》等，多次获得临高县人偶戏会演一等奖。他现有3名徒弟。

重庆

Ⅳ-12 川剧

陈安业

男，汉族，1936年6月生，2007年卒，四川省渠县人。2006年5月，川剧被列入第一批国家级非物质文化遗产名录传统戏剧类，项目编号Ⅳ-12。2008年2月，陈安业被列入第二批国家级非物质文化遗产项目代表性传承人，重庆市申报。陈安业于1950年考入第二野战军某文工团任演员、演奏员，后入重庆市川剧院任演奏员。1972年，陈安业开始从事专业音乐创作，担任重庆市川剧院音乐唱腔设计和作曲。陈安业早期师从丁忠瑛学习音乐理论作曲及和声学，后在蔡慰民、肖君甫、李世仁等老师的指导下系统学习了川剧的五种声腔——昆、高、胡、弹、灯。在学习继承的基础上，陈安业在各位师长的帮助和支持下，对川剧音乐进行了大胆的创新和实践，整理了多出剧目，并为之设计唱腔。1997年，陈安业担任川剧《金子》的音乐设计和作曲，荣获2000年度第九届文华音乐创作奖、2001年第七届中国戏剧节优秀音乐奖（作曲）。同时，陈安业记录、整理出版了《川剧胡琴曲牌》、《川剧弹戏曲牌》两书，并为重庆市中小学学生川剧音乐试用教材的《凉州序》等十首古诗词谱曲。

夏庭光

原名夏明德，男，汉族，1933年生，重庆市人。2006年5月，川剧被列入第一批国家级非物质文化遗产名录传统戏剧类，项目编号Ⅳ-12。2008年2月，夏庭光入选为第二批国家级非物质文化遗产项目代表性传承人，重庆市申报。自幼受川剧名丑角父亲夏长清的熏陶，5岁开始登台演出。1945年入重庆得胜大舞台，1956年，调入重庆市川剧院一团工作。夏庭光师从须生大师张德成，同时也兼得武生大王彭天喜和文武小生泰斗兼须生大家姜尚峰的真传，因而夏庭光戏路极宽，既工文武小生，又能演小丑须生。从艺70年里，夏庭光演过大戏、小戏200余出，形成了自己的特色。"腹笥丰、戏路宽、能戏多、造诣深"是夏庭光的艺术特点。1952年起，夏庭光开始兼任导演，整理大、中、小的传统戏、新编历史故事剧、现代戏300余出。同时，夏庭光笔耕不辍，将自己对川剧表演、编导的感悟化为文字发表，出版专著《川剧品微》。夏庭光的传人甚众，优秀中青年川剧演员朱启云、王声刚、张建平、易传林、彭欣綦、孙群、封世海、李万果、万明府等，都曾得到过夏庭光的教益。

沈铁梅

女，汉族，1965年生，重庆市人。2006年5月，川剧被列入第一批国家级非物质文化遗产名录传统戏剧类，项目编号Ⅳ-12。2008年2月，沈铁梅入选为第二批国家级非物质文化遗产项目代表性传承人，重庆市申报。沈铁梅为国家一级演员。出身梨园世家，1979年，考入四川省川剧学校重庆分校，工旦角。1986年，沈铁梅正式拜川剧名家竟华为师。她在艺术追求上博采众长，借鉴各种戏剧因素，将美声唱法融入川剧唱腔中，被认为是"川剧历史上前无古人的声腔第一人"，推动川剧声腔实现重大改革；其表演极富表现力，细腻传神，生动感人，塑造了多个具有艺术感染力的角色，被誉为"中国地方戏曲三大女杰"之一。1988年、1999年、2011年三度获得中国戏剧"梅花奖"。代表剧目《三祭江》、《金子》、《李亚仙》、《拷红》、《思凡》等。

Ⅳ-77 灯戏（梁山灯戏）

陈德惠

女，汉族，1934年生，重庆市梁平县人。2006年5月，灯戏（梁山灯戏）被列入第一批国家级非物质文化遗产名录传统戏剧类，项目编号Ⅳ-77。2008年2月，陈德惠入选为第二批国家级非物质文化遗产项目代表性传承人，重庆市梁平县申报。陈德惠1952年参加梁平川剧团当演员，拜祝莲芳老艺人为师，主要学习闺门旦、刀马旦、花旦、青衣旦等。后为挽救梁山灯戏濒临失传的状况，师从梁山灯戏老艺人田秉友学习梁山灯戏表演。由于陈德惠有扎实的戏剧演艺功底，很快就掌握了梁山灯戏的表演特色。陈德惠从事戏剧艺术表演数十年，在数百个大型剧目中担任过主要角色，还编导了多个优秀的梁山灯戏剧目。她编导的梁山灯戏《招女婿》在全国第十一届群星奖决赛中获金奖。其代表作有梁山灯戏的传统剧目《滚灯》、《戒赌》、《淘气宝》、《帮工》、《假怀胎》等。陈德惠为梁山灯戏培养了一批杰出的演员，目前他们已成为专业文艺团体的骨干。

阙太纯

男，汉族，1950年生，重庆市梁平县人。2006年5月，灯戏（梁山灯戏）被列入第一批国家级非物质文化遗产名录传统戏剧类，项目编号Ⅳ-77。2008年2月，阙太纯入选为第二批国家级非物质文化遗产项目代表性传承人，重庆市梁平县申报。1964年，阙太纯进入梁平县剧团工作，之后一直跟随其父阙德芳（原梁平灯戏团花脸）学习灯戏表演。主攻文、武小生，后攻唱老生。在他从艺生涯中，塑造了众多不同类型的戏剧人物，擅长灯戏文、武小生、老生的表演。武戏表演以把子功、小武功见长，文戏演唱音域宽、亮，行腔自然、流畅。他是重庆市梁平剧团三级演员，在省、市、全国比赛中多次荣获奖励。代表作梁山灯戏《抢公公》（饰演公公），获首届重庆市农村文艺会演一等奖；《卖驴》（饰演爷爷），获全国"群星奖"银奖。阙太纯目前仍然坚持演出，并致力于灯戏的传承工作，教授指导剧团的新演员。

四川

Ⅳ-12 川剧

陈智林

男，汉族，1964年1月生，四川省成都市人。2006年5月，川剧被列入第一批国家级非物质文化遗产名录传统戏剧类，项目编号Ⅳ-12。2008年2月，陈智林入选为第二批国家级非物质文化遗产项目代表性传承人，四川省申报。陈智林为国家一级演员。15岁开始学艺，工文、武生。虽未正式拜师，却遍访名师，习各家之长。袁玉堃、易征祥等老一辈艺术家的独特表演风格和方式对其起了潜移默化的作用，也曾受教于刘又全、罗玉中、蓝光临等表演艺术家。其演唱声音洪亮，气息控制自如；文武皆擅，唱作俱佳，尤以武功"腾空硬人"、"旋转背壳"、"转体旋子"等绝技见长；表演人物生动形象，忘情于中，几近完美。1989年和2003年两度获得中国戏剧"梅花奖"。代表剧目《托国入吴》、《望娘滩》、《摘红梅》、《巴山秀才》等，其参演的《巴山秀才》，囊括了第八届中国戏剧节所有奖项。

陈巧茹

原名陈巧缘，女，汉族，1967年2月生，四川省叙永县人。2006年5月，川剧被列入第一批国家级非物质文化遗产名录传统戏剧类，项目编号Ⅳ-12。2008年2月，陈巧茹入选为第二批国家级非物质文化遗产项目代表性传承人，四川省申报。陈巧茹为国家一级演员。出身于梨园世家，1979年入四川省叙永县川剧团学习戏曲，工花旦、青衣、武旦。1983年陈巧茹进入成都市川剧院，拜川剧表演艺术家张光茹为师，并改名"巧茹"，成为"茹"字辈弟子之一。陈巧茹扮相俊美、功底扎实、唱腔动听、身段潇洒，善于运用唱、做、念、打等传统程式刻画人物形象。在长期的舞台艺术实践中，陈巧茹逐渐形成了细腻、清新、刚柔相济的表演风格，享有"川剧金牌旦角"的美誉。获第九届中国戏剧"梅花奖"。陈巧茹不仅文武双全，而且中西合璧，既擅演传统经典，又能担纲移植外国名剧。2011年，陈巧茹凭借国外名著改编剧《欲海狂潮》再度获得中国戏剧"梅花奖"。代表剧目《白蛇传》、《四川好人》、《鸳鸯谱》、《好女人、坏女人》、《青春涅槃》、《欲海狂潮》、《红梅记》、《打神》、《打饼》、《劈棺》等。担任副院长以来，陈巧茹着力锻炼年轻演员，重点培养接班人，做好川剧的传承发展。

晓艇

原名文华章，男，汉族，1938年生，四川省成都市人。2006年5月，川剧被列入第一批国家级非物质文化遗产名录传统戏剧类，项目编号Ⅳ-12。2008年2月，晓艇入选为第二批国家级非物质文化遗产项目代表性传承人，四川省申报。晓艇8岁进入川剧班子聚丰剧社拜师学艺，师从王登福，广泛接触了各个行当和角色。1949年之后，晓艇入蜀育川剧团，拜川剧名丑王国仁为师。1954年，他随剧团入国营锦江剧团，师从川剧著名小生表演艺术家曾荣华，正式归行专攻小生。其唱腔高亢圆润，专业功底深厚；表演传神细腻，以生动丰富的面部表情传达人物的喜、怒、哀、乐；精于川剧小生的褶子功、扇子功。同时大胆改革川剧，甚至借鉴西洋歌剧，对川剧唱腔进行改良。1984年荣获首届梅花奖，成为川剧第一位梅花奖得主。代表剧目《逼侄赴科》、《杨广逼宫》等。晓艇积极培养新人，不少优秀川剧青年演员如孙勇波、王力等，都曾受过晓艇的传授和指导。

Ⅳ-77 灯戏（川北灯戏）

彭涓

男，1933年3月生，2008年卒，四川省南充市顺义区双桥镇人。2006年5月，灯戏（川北灯戏）被列入第一批国家级非物质文化遗产名录传统戏剧类，项目编号Ⅳ-77。2008年2月，彭涓入选为第二批国家级非物质文化遗产项目代表性传承人，四川省南充市申报。彭涓从七八岁起开始学拉二胡、吹笛子和洞箫。20世纪50年代初考入川北解放剧艺社（即以后的南充市川剧团），担任作曲、指挥。他曾向川北著名鼓师覃良臣、曾继元学习川剧高腔曲牌。1987年，川北灯戏应邀进京演出，彭涓创作的《幺妹嫁给谁》、《献鸡》、《郑板桥买缸》饮誉京华，并进中南海做专场汇报演出。彭涓在南充深入民间发掘并收集整理出一大批川北灯戏曲牌，创作了大量优秀川北灯戏剧目。其原创作品《办移交》、《拜师》等获得众多奖项。出版有《彭涓音乐作品选》、《中国·川北灯戏音乐》、《川北灯戏的梁山调》等著作，为川北灯戏的传承作出了巨大贡献。代表作有川北灯戏《拜师》、《幺妹嫁给谁》、《访农》、《大山情》、《乔老爷办奇案》、《半边月儿明》、《郑板桥买缸》等。

汪洋

男，1937年生，四川省南充市人，现居四川省成都市。2006年5月，灯戏（川北灯戏）被列入第一批国家级非物质文化遗产名录传统戏剧类，项目编号Ⅳ-77。2008年2月，汪洋入选为第二批国家级非物质文化遗产项目代表性传承人，四川省南充市申报。1950年，13岁的汪洋以其特有的天赋被川北解放剧社收为学员，后拜著名川剧表演艺术家陈全波为师学习"丑角"。1959年，汪洋被选为中国川剧团成员，前往波兰、捷克、保加利亚等东欧国家演出，并多次进京在中南海参加全国性戏曲表演，受到广泛赞誉。代表作《行酒令》等。他的弟子众多，如胡瑜斌，是川北灯戏第七代传人、第25届中国戏剧梅花奖得主。

Ⅳ-92 木偶戏（川北大木偶戏）

李泗元

男，汉族，1936年生，四川省南充市人。2006年5月，木偶戏（川北大木偶戏）被列入第一批国家级非物质文化遗产名录传统戏剧类，项目编号Ⅳ-92。2008年2月，李泗元入选为第二批国家级非物质文化遗产项目代表性传承人，四川省申报。李泗元8岁开始随其父李章木、叔父李章祥在"福祥班"学唱木偶戏，是川北大木偶艺术第四代传人。李泗元不仅继承了川北大木偶，还不断追求、思索、创新，使川北大木偶得到了极大发展，除了三棍一衣以外，还增加了动嘴、动眼、动手、动耳、动鼻、弯腰、起腿等机关。在传统表演手法之外，还根据表演需要创编了一些新的表演方法，极大地丰富了川北大木偶的表演艺术。很多剧目他不但能唱，而且能通本背诵，操纵的木偶动作灵活多变，姿势优美，保留有穿衣解带，变脸吐火等绝活。2012年，在成都与南充举办的第21节国际木偶联会大会暨国际木偶艺术节上，李泗元率领其"李家班"操演《彩蝶的神话》，获得赞誉。代表作《玉莲花》、《平汝南》、《幽王回宫》、《打虎上山》等。李泗元目前教授200多个学生从事木偶表演，已经选定了其第五代传人。现任四川省大木偶剧院院长的唐国良和李泗元的侄儿李乐等目前木偶剧的骨干，都是李泗元的学生。

贵州

Ⅳ-78 花灯戏（思南花灯戏）

秦治风

女，苗族，1961年2月生，贵州省思南县思塘镇河东村人。2006年5月，花灯戏（思南花灯戏）被列入第一批国家级非物质文化遗产名录传统戏剧类，项目编号Ⅳ-78。2008年2月，秦治风入选为第二批国家级非物质文化遗产项目代表性传承人，贵州省思南县申报。秦治风9岁开始跟随外祖母罗树芝、母亲李胜芳学习思南花灯表演和土家山歌。1984年，考入思南县民族文工团，师从原县文化馆资深曲艺工作者刘朝生和县文工团业务主任刘友能学习戏曲表演、花灯歌舞、声乐等。她擅长民族唱法，嗓音清脆，甜美，能熟练运用花灯原生态唱法，并且掌握了花灯歌舞基本功的训练技巧和戏剧编排技能。2006年，在贵州省首届花灯大赛上，她主演的花灯箫戏《红包藏情》获得金奖。为花灯传承，秦治风挖掘整理了不少花灯原生态唱腔和土家族山歌。其代表作有花灯歌舞《回娘家》、《薅草锣鼓》等；花灯戏《巴山秀山》等；原生态土家山歌《苦媳妇》、《放牛歌》等；民族唱法《思南姑娘大脚板》等。20世纪90年代以来，她积极配合思南县民族文工团开办声乐、花灯戏剧表演培训班，学员达300余人，其中不乏骨干力量。

刘芳

女，侗族，1962年2月生，贵州省思南县人。2006年5月，花灯戏（思南花灯戏）被列入第一批国家级非物质文化遗产名录传统戏剧类，项目编号Ⅳ-78。2008年2月，刘芳入选为第二批国家级非物质文化遗产项目代表性传承人，贵州省思南县申报。1976年至1984年，刘芳师从原思南县文化馆资深曲艺工作者刘朝生学习思南花灯歌舞，其间开始登台演出。1984年，她考入县民族文工团，随原县民族文工团业务主任刘友能系统学习花灯歌舞、戏曲表演，专业从事文艺表演、宣传工作。刘芳的花灯基本功扎实，表演能力强，尤其擅长花灯舞蹈，动作流畅舒展，舞台形象靓丽，其作品"天然去雕饰"，显现出朴实的内容与形式有机结合的美学特征，能突出歌舞美的个性。她还具备编创、导演花灯歌舞的能力。代表作有花灯歌舞《乌江纤夫》、《思南乌江威威闪》、《土家花灯大筒筒》、《龙凤花烛》、《跳灯》、《闹新春》等。2004年，获思南"星河杯"花灯歌舞大赛编导一等奖；2005年，她编导的花灯歌舞《土家花灯大筒筒》参加铜仁地区"建设者之歌"文艺调演获一等奖。刘芳7次在思南县民族文艺工作团牵头举办花灯舞蹈培训班，带学员400余人，并倾尽心力指导剧团新演员。

Ⅳ-83 侗戏

张启高

男，侗族，1962年8月生，贵州省黎平县茅贡乡腊洞村人。2006年5月，侗戏被列入第一批国家级非物质文化遗产名录传统戏剧类，项目编号Ⅳ-83。2008年2月，张启高入选为第二批国家级非物质文化遗产项目代表性传承人，贵州省黎平县申报。张启高出身于侗戏世家，从小跟随舅舅学习侗戏演唱技艺，积累了丰富

的舞台经验，成为侗戏第七代传人。他编导和演出的侗戏有100余出，代表作有侗戏《梅良玉》、《李旦凤皎》以及戏剧《丁郎龙女》、《大审潘洪》等。创作侗戏80多部。为了将侗戏更好地传承下去，张启高把侗戏、侗歌带入了学校课堂，教老师、学生们唱侗歌，希望以此让更多的年轻人接触、喜爱侗戏，并将传统侗族文化发扬光大。2005年，他被黎平县人民政府授予"侗戏师"的荣誉称号。

吴胜章

男，侗族，1948年11月生，贵州省黎平县茅贡乡地扪村人。2006年5月，侗戏被列入第一批国家级非物质文化遗产名录传统戏剧类，项目编号Ⅳ-83。2008年2月，吴胜章入选为第二批国家级非物质文化遗产项目代表性传承人，贵州省黎平县申报。吴胜章从小酷爱唱侗戏，10岁起跟随戏师吴照全学习侗戏。1968年至1972年，他在茅贡区公社宣传队的侗戏班从事侗戏演出、编导及创作工作。1969年，地扪村成立侗戏班，吴胜章成为侗戏班骨干。他创作和改编了《井睡拔》、《节约》、《白蛇传》、《天仙配》等70多出侗戏，编导和演出了《梅良玉》、《祝英台》等100多部戏曲。吴胜章编写和演唱的侗戏，优美动听，自然流畅，具有浓郁的民族特色和乡土气息。吴胜章出师后，每年都有来自各个地区和各年龄阶层的人拜他为师、学唱侗戏。至今，曾跟他拜师学艺的已有近千人，如石正远、邵钧、吴仕胜、吴显阳等。他多年来努力试图将更多的现代曲艺形式融入戏曲文化中，吸引更多的年轻人学习、了解侗戏，让侗戏得到更好的传承。

Ⅳ-84 布依戏

罗国宗

男，布依族，1926年1月生，贵州省册亨

县弼佑乡弼佑村人。2006 年 5 月，布依戏被列入第一批国家级非物质文化遗产名录传统戏剧类，项目编号Ⅳ-84。2008 年 2 月，罗国宗入选为第二批国家级非物质文化遗产项目代表性传承人，贵州省册亨县申报。罗国宗从小就活跃在布依族山乡，能演唱布依族小调，演奏布依族器乐。20 岁时，他专程前往广西百乐乡向壮北戏师学习音乐、舞蹈和表演身段，奠定了扎实的基础。罗国宗把布依戏与广西北路壮戏和布依族民族民间舞蹈有机地糅和在一起，相继推出了《布依竹鼓舞》等自编自导自演的现代曲目。主持整理改编了《罗细杏》、《李卜长打铁》等 30 多个剧目，收集整理有关布依戏资料、剧本 5 万余字、收集有关报道布依戏文章 70 多篇。为了布依戏的发展，罗国宗先后共培养男女演员 9 批 40 多个布依戏传承艺人。

黄朝宾

男，布依族，1926 年 8 月生，贵州省册亨县八渡镇乃言村人。2006 年 5 月，布依戏被列入第一批国家级非物质文化遗产名录传统戏剧类，项目编号Ⅳ-84。2008 年 2 月，黄朝宾入选为第二批国家级非物质文化遗产项目代表性传承人，贵州省册亨县申报。黄朝宾自幼受家庭熏陶喜爱布依戏，七八岁时，他就常常跟随父亲去为人家祝寿跳戏。11 岁时拜打言戏班（始创于 1742 年）第七代戏师黄施仁为师，学演"小旦"、"小生"以及二胡演奏，中学时学习"文官"和"武打"表演。后师从韦学风、蒙绍君等人继续学艺。1960 年 5 月，他创建了乃言布依戏师队，并担任领班。黄朝宾长期深入各个布依族聚居地区，收集整理布依戏，虚心请教民间艺人，不断地充实和提高自己，是一个吹、拉、弹、唱样样精通的布依戏师。1984 年，他带领戏班参加了国家文化部在昆明举办的少数民族艺术观摩演出，获得荣誉奖。1986 年，乃言布依戏师队应邀参加全国少数民族布依戏史录像演出，

其中《布依儿女唱山乡》受到广泛好评。如今，他已编导、排练了《武显王闹花灯》、《转路调》等 20 多个布依戏剧目，并培养了第九代和第十代布依族古装戏戏师接班人。

Ⅳ-85 彝族撮泰吉

罗晓云

男，彝族，1973 年 7 月生，贵州省威宁彝族回族自治县板底乡人。2006 年 5 月，彝族撮泰吉被列入第一批国家级非物质文化遗产名录传统戏剧类，项目编号Ⅳ-85。2008 年 2 月，罗晓云入选为第二批国家级非物质文化遗产项目代表性传承人，贵州省威宁县申报。罗晓云毕业于贵州民族大学法律专业，热爱民族文化的他看到撮泰吉面临失传的危险，于 2003 年拜自己的舅舅——著名撮泰吉艺人文道华为师。撮泰吉属于宗教舞蹈，家族内传承，传男不传女。因文道华的儿子无意学习，所以传至外甥罗晓云。罗晓云学习了撮泰吉的动作、发音等演出技艺以及面具、狮子等道具的制作技艺，以及最为核心的撮泰吉的整套祝语。除了自己学习，罗晓云还组建了一支撮泰吉的演出队，选拔悟性好、素质高的演员，向文道华等老艺人学习，且要求每个演员都能担任撮泰吉各个角色，做到能随时互换角色演出。在当地的彝族村落中，只有罗晓云这个十几人的演出队能完整表演完一个多小时的撮泰吉剧目。传承问题一直困扰着罗晓云，他尚未正式收徒。

文道华

男，彝族，1942 年 11 月生，贵州省威宁彝族回族自治县板底乡人。2006 年 5 月，彝族撮泰吉被列入第一批国家级非物质文化遗产名录传统戏剧类，项目编号Ⅳ-85。2008 年 2 月，文道华入选为第二批国家级非物质文化遗产项目代表性传承人，贵州省威宁县申报。文道华出

身于撮泰吉世家，从其父文正洪上溯五代俱是毕摩（一种彝族宗教身份，是彝族文化的维护者和传播者），都参加撮泰吉的演出。撮泰吉为家族内传承，传男不传女，文道华是家中独子，因而 12 岁时，他随父亲开始学习撮泰吉的祝语，跟随艺人周六斤学习演出动作。2002 年，他带领撮泰吉艺人获毕节地区首届民族文化博览会特等奖；2004 年 5 月，参加在六盘水举办的"中国贵州彝族年会暨彝族文化节"的演出；2005 年 4 月，参加由大方县举办的"国际杜鹃花节"的演出；2006 年 5 月，受邀参加贵州省首届非物质文化遗产汇报演出。其入室弟子为外甥罗晓云。

Ⅳ -89 傩戏（德江傩堂戏）

张月福

男，土家族，1950 年 10 月生，贵州省德江县稳坪镇铁坑村人。2006 年 5 月，傩戏（德江傩堂戏）被列入第一批国家级非物质文化遗产名录传统戏剧类，项目编号Ⅳ -89。2008 年 2 月，张月福入选为第二批国家级非物质文化遗产项目代表性传承人，贵州省德江县申报。张月福生于傩戏世家，祖孙三代均为傩法师。他自幼受傩文化熏陶，8 岁开始随同父辈出外演出，跟随祖父、父亲学习傩戏。1964 年，14 岁的张月福拜赵开扬（法名赵法胜）、周法扬等为师，逐渐掌握了傩祭、傩仪、傩舞、傩音乐以及一些傩绝活儿等。被人赞誉跳跃动作大方，唱词清楚，声音洪亮，腔调圆润动听，上坛下坛礼节周正。1982 年，张月福正式出师，从此，张月福开始独立掌坛演戏。为了能够深入了解傩戏方面的知识，他多次拜当地的傩艺师为师，通过博览众家之长，融会贯通，终成傩艺方面的集大成者。2010 年，德江县傩戏表演协会成立，张月福当选为会长。张月福曾多次受邀到日本、新加坡、马来西亚等国和中国香港演出。上海世博会期间，张月福作为傩戏传承人曾在贵州馆表演少

数民族民间文化艺术。他先后传授弟子超过 38 人，将傩戏、傩舞、傩绝活儿等悉数传授给弟子。

安永柏

男，土家族，1964 年 10 月生，贵州省德江县稳平镇人。2006 年 5 月，傩戏（德江傩堂戏）被列入第一批国家级非物质文化遗产名录传统戏剧类，项目编号Ⅳ -89。2008 年 2 月，安永柏入选为第二批国家级非物质文化遗产项目代表性传承人，贵州省德江县申报。安永柏自幼受父亲安国胜影响，喜爱傩戏。1979 年，他开始跟随父亲学习傩戏表演。除了父亲的言传身教外，他还先后拜过 10 多名傩戏名师。1993 年，安永柏拜德江县桶井乡金朝村的傩戏名师安国儒为师，学习"开红山"（头钉尖刀），"开红山"是傩戏中的一种绝技表演，意思是用尖刀驱走民间妖魔鬼怪，这种绝技很少有人敢去尝试，他经过大胆探索、尝试，终于学有所成。2003 年，他参加中国梵净山傩戏学术研讨会，并表演傩戏、绝活儿等；2006 年，参加了国际民俗艺能节，在日本东京、冲绳演出。他现有徒弟 14 人，如安飞、吴庭军、张连才、安军等，其中前两位已接职表演"开红山"。

Ⅳ -90 安顺地戏

顾之炎

男，汉族，1940 年 12 月生，贵州省安顺市西秀区大西桥镇九溪村人。2006 年 5 月，安顺地戏被列入第一批国家级非物质文化遗产名录传统戏剧类，项目编号Ⅳ -90。2008 年 2 月，顾之炎入选为第二批国家级非物质文化遗产项目代表性传承人，贵州省安顺市申报。顾之炎受祖父和父亲的影响，自幼喜爱地戏，15 岁师从当地著名地戏艺人杨炳清，苦练技艺。他对地戏表演有独到的领悟能力，除在手式和动作方面能与师傅杨炳清相媲美外，还能通过唱腔的

悠扬转换表现出人物的内心世界。是九溪村《四马投唐》的主要演员，主要扮演一号角色秦王李世民、秦叔宝、罗成等正面人物。顾之炎现任西秀区大西桥镇九溪村地戏研究会会长。2001年，他与张文顺一同筹备成立了"屯堡文化发展旅游协会"，致力于本村的文化传承和旅游开发工作。顾之炎在地戏传承人方面做着不懈的努力，收张世福、范介荣、张双全等年轻人为徒，其儿子和孙子也都为其地戏传人。

詹学彦

男，汉族，1950年5月生，贵州省安顺市西秀区旧州镇詹家屯村人。2006年5月，安顺地戏被列入第一批国家级非物质文化遗产名录传统戏剧类，项目编号Ⅳ-90。2008年2月，詹学彦入选为第二批国家级非物质文化遗产项目代表性传承人，贵州省安顺市申报。詹家屯有地戏两堂，其中之一就是以詹、曾家族为主的《三国》戏队。詹学彦9岁开始在其父詹绍先和叔父曾建章的教导下学习地戏。他嗓音清亮高亢，演技洒脱超群，武艺精湛，各种器械运用自如，多在《三国》戏中饰演赵云、马超等人物，是《三国》戏队的戏头，也是戏队的第十六代传人。他的同辈兄长曾玉华也是戏队的骨干。1989年，首届安顺县举办地戏大赛中，詹、曾兄弟以一折《战潼关》获特等奖，詹学彦在剧中扮演马超，被誉为"活马超"。2006年，贵州普定县举办地戏大赛，詹学彦率领《三国》戏队，再次以《战潼关》获特等奖。其子詹克敏随父辈学艺。詹、曾兄弟培养了詹小四、詹二春等10多个同寨的年轻人作为戏队的接班人。

Ⅳ-92 木偶戏（石阡木偶戏）

饶世光

男，仡佬族，1944年4月生，贵州省石阡县坪山乡沙坪村人。2006年5月，木偶戏（石阡木偶戏）被列入第一批国家级非物质文化遗产名录传统戏剧类，项目编号Ⅳ-92。2008年2月，饶世光入选为第二批国家级非物质文化遗产项目代表性传承人，贵州省石阡县申报。1855年四川籍人黄思民逃难到石阡坪山乡沙坪村，将石阡木偶戏传授给饶家。饶家的第一代传人叫饶德兴，后代代相传，饶世光9岁开始随文华戏班子学艺，是饶家戏班的第六代传人。饶世光1965年正式出师，开始独立带班，担任戏班班主。他精于戏班木偶戏的整套技艺，尤擅吹拉乐器等。2000年至今，他所带戏班每年有3个月左右时间在坪山尧上民族文化村接待游客，进行表演，也在本县及周边县市演出。他带领剧团在本县其代表剧目有《薛仁贵征东》、《乌泥河救主》、《秦王夜探北平关》、《打韩将官收樊梨花》、《磨坊会》等40余个。其收徒有8人，包括自己的3个儿子，其中饶泽木已经基本出师。

付正华

男，侗族，1931年4月生，贵州省石阡县花桥镇花桥村人。2006年5月，木偶戏（石阡木偶戏）被列入第一批国家级非物质文化遗产名录传统戏剧类，项目编号Ⅳ-92。2008年2月，付正华入选为第二批国家级非物质文化遗产项目代表性传承人，贵州省石阡县申报。木偶戏传承谱系以班主（辈钵继承人）为主线贯穿，分家传、师传、家传与师传结合三种形式，各戏班艺人均有艺名（班主赐名）。付正华系泰洪班班主，是该戏班第七代传人，以家传与师承相结合方式传承。付正华12岁随父付银洲学艺，学艺5年后基本上可以唱完、记完大部分锣鼓牌子，可以掌握一半以上的表演功夫，并能登台表演。1956年石阡县文化馆成立"木偶戏表演剧团"，其父付银洲任团长，付正华成为剧团成员，主要从事配乐、施乐及表演、演唱、编排剧本，排演节目等。"文革"期间，木偶戏被禁演。20

世纪 80 年代恢复演出，在石阡县文化馆的支持下，泰洪班得以延续，并不定时演出。主要作品有《三讨荆州》、《樊梨花招亲》、《古城会》、《穆桂英大战洪州》、《九龙山收杨再兴》等 200 余个剧目。2005 年度，他获得了"县级民间艺人"称号。目前付正华在石阡县民族中学开班传承，力图更好地传承和发扬木偶戏。

云南

Ⅳ-78 花灯戏（玉溪花灯戏）

李鸿源

男，汉族，1937 年 4 月生，云南省玉溪市人。2006 年 5 月，花灯戏（玉溪花灯戏）被列入第一批国家级非物质文化遗产名录传统戏剧类，项目编号 Ⅳ-78。2008 年 2 月，李鸿源入选为第二批国家级非物质文化遗产项目代表性传承人，云南省玉溪市申报。李鸿源在父亲李寿酷的熏陶下，五六岁就能完整演唱《斩黄袍》、花脸《包公》等剧目。中学毕业后，他被调入宣传队，与澄江滇剧团的演员一起创作宣传"三反五反"运动的花灯剧目。1955 年，调入玉溪花灯剧团，从事二胡伴奏，其间他在欧阳璋等老师的指导下，从事花灯音乐和歌曲创作。李鸿源为《莫悉女》等 200 多出花灯剧目设计音乐和唱腔。1996 年 3 月，他与李明共同创作花灯戏《金银花·竹篱笆》，获得文化部"优秀音乐奖"。他创作的花灯剧《情与爱》获得文化部第三届"文华音乐创作奖"。他创新总结出花灯谱曲套用装饰、重点突出、一曲多变、曲牌连接、摘句集曲、多声色彩等 6 种技法，出版了个人专集《李鸿源花灯音乐作品选》。他作为国家一级作曲家，2006 年被省委宣传部、省文化厅、省文联授予"云南文学艺术成就奖"，并被誉为"花灯活宝典"。

陈克勤

男，汉族，1935 年生，云南省玉溪市人。2006 年 5 月，花灯戏（玉溪花灯戏）被列入第一批国家级非物质文化遗产名录传统戏剧类，项目编号 Ⅳ-78。2008 年 2 月，陈克勤入选为第二批国家级非物质文化遗产代表性传承人，云南省玉溪市申报。陈克勤受酷爱京剧的婶婶熏陶，6 岁学会拉京胡。1952 年，加入玉溪人民实验剧团花灯组（后改名为花灯团），致力于钻研花灯唱腔、戏剧文学及乐器伴奏，并得到了老艺人薛国兴、杨炯明、吴家顺的精心传授。在花灯表演，特别是花灯唱腔上，他不仅继承了老一辈花灯艺人的技艺，同时推陈出新，逐渐形成了自己的演唱特征。他还担任编导、乐队伴奏，可谓全才。他整理玉溪花灯资料，共计 130 余万字，为玉溪花灯著书立说。20 世纪 80 年代，参加了国家六部委组织的艺术科研项目调研工作，参与编撰出版了《玉溪地区戏曲志》、《玉溪地区曲艺志》、《玉溪地区曲艺音乐志》、《玉溪地区文化艺术志》等书。其他著述有《玉溪滇戏》等。他曾担任玉溪地区群众艺术馆文艺辅导组组长，曾在玉溪地区所辖的 7 个县、乡两级组织的花灯培训班担任老师，主讲唱腔、表演、配曲，培训人员 400 多人次。

Ⅳ-86 傣剧

刀保顺

男，傣族，1937 年 4 月生，云南省德宏傣族景颇族自治州盈江县旧城镇姐告村人。2006 年 5 月，傣剧被列入第一批国家级非物质文化遗产名录传统戏剧类，项目编号 Ⅳ-86。2008 年 2 月，刀保顺入选为第二批国家级非物质文化遗产项目代表性传承人，云南省德宏傣族景颇族自治州申报。刀保顺自幼跟随母亲学习傣剧的编创和演出。10 岁时，他在本寨培龙寺出家，拜高僧龙福（傣语为召弄）和任法大师（傣语为召几）为师，系统全面地学习傣剧的编创、演出、唱腔、服装、化妆、道具等技艺，熟练掌握了演唱、演奏剧目的技巧。他长期致力于傣剧的整理、翻译、研究和普及工作。1962年，刀保顺改编加工了傣族民间优秀传统剧目《千瓣莲花》第三场，参加了云南省第一届民族戏剧观摩演出大会。1984年，该剧被收入《云南民族戏剧剧目汇编》一书。从20世纪80年代以来，他已收集了120多本部傣剧剧本，翻译了310多本剧本，并将《十二龙女》改编为歌舞剧。代表剧目有《朗退罕》、《千辨莲花》、《娥并与桑洛》等。他长期在盈江县旧城镇教唱傣戏，是德宏州傣族群众公认的傣剧传承人和研究者，2005年7月被列入德宏州级傣族民间文献、资料保存者。其收徒有龚元政、刀承东、刀静鸾、咩哏德、思治团等。

西藏

Ⅳ -80 藏戏（拉萨觉木隆）

旦达

男，藏族，1944年生，西藏自治区拉萨市堆龙德庆县觉木隆村人。2006年5月，藏戏（拉萨觉木隆）被列入第一批国家级非物质文化遗产名录传统戏剧类，项目编号Ⅳ -80。2008年2月，旦达入选为第二批国家级非物质文化遗产项目代表性传承人，西藏自治区申报。旦达自幼喜爱藏戏，18岁正式开始学习藏戏。尽管当时条件艰苦，没有服装、道具，但他始终对藏戏抱有极大的热忱。2001年，旦达和几个村里年长的老藏戏队成员开始重组藏戏队，并担任藏戏队的指导老师。目前，觉木隆藏戏队已由原来的14人发展到39人。其中，年龄最大的73岁，

最小的仅14岁。其代表作为西藏八大传统藏戏剧目中的《卓瓦桑姆》、《白玛文巴》和《苏吉尼玛》等。现在他已有3名得意门徒，正力图将藏戏传承下去并发扬光大。

次旦多吉

男，藏族，1938年生于拉萨市堆龙德庆县，现居西藏自治区拉萨市。2006年5月，藏戏（拉萨觉木隆）被列入第一批国家级非物质文化遗产名录传统戏剧类，项目编号Ⅳ -80。2008年2月，次旦多吉入选为第二批国家级非物质文化遗产项目代表性传承人，西藏自治区申报。次旦多吉出身于藏戏世家，他的父母是当时西藏唯一的职业藏戏班"觉木隆"的演员。因家庭熏陶，次旦多吉8岁开始登台演出，19岁考入西藏大学艺术学院藏戏本科班，学习藏戏唱腔、动作和基本乐理，同时进行舞蹈形体训练以及藏戏历史发展等文化课程的学习。1960年，次旦多吉成为西藏自治区藏剧团的演员。目前，次旦多吉是全世界唯一一位能将藏戏中的八大经典剧目按老传统表演方式完整表现出来的艺人。次旦多吉退休后，几乎走遍了西藏每一个县的藏剧团，指导学生，并且担任拉萨市城关区娘热乡民间艺术团等几个民间藏戏队的顾问。在传承方面，他依然采取"师傅带徒弟"的老派方式，其入室弟子有班典旺久和普布多吉。

Ⅳ -80 藏戏（日喀则迥巴）

朗杰次仁

男，藏族，1961年生，西藏自治区日喀则昂仁县日吾其乡人。2006年5月，藏戏（日喀则迥巴）被列入第一批国家级非物质文化遗产名录传统戏剧类，项目编号Ⅳ -80。2008年2月，朗杰次仁入选为第二批国家级非物质文化遗产项目代表性传承人，西藏自治区申报。西藏日喀则地区昂仁县日吾其乡是藏戏创始人唐东杰

布的故乡，相传他于公元 15 世纪在这里创立了蓝面具藏戏的第一个职业化戏班迥巴藏戏班。1980 年，朗杰次仁正式开始学习迥巴藏戏，师从洛桑，1991 年出师。朗杰次仁从未上过学，仅凭记忆将《顿月顿珠》、《诺桑王子》等八大藏戏的台词和唱腔记得一清二楚，并通过多年从艺实践，摸索出了诸多表演不同角色的心得和技巧。朗杰次仁现任日吾其乡迥巴藏戏队队长，该藏戏队成立于 1991 年，现有演员 25 人。他 1993 年开始带学生，现在已有 21 名徒弟，他通过言传身教、口耳相传的方式力图将传统迥巴藏戏传承下去并发扬光大。他的 4 个儿女中，只有大儿子旦增学了 11 年藏戏。由于藏戏太难，旦增又改成了乐器伴奏。

Ⅳ -80 藏戏（日喀则南木林湘巴）

次多

男，藏族，1949 年生。2006 年 5 月，藏戏（日喀则南木林湘巴）被列入第一批国家级非物质文化遗产名录传统戏剧类，项目编号Ⅳ -80。2008 年 2 月，次多入选为第二批国家级非物质文化遗产项目代表性传承人，西藏自治区申报。

Ⅳ -80 藏戏（日喀则仁布江嘎尔）

次仁

男，藏族，1928 年生，西藏日喀则市仁布县仁布乡曲宗村人。2006 年 5 月，藏戏（日喀则仁布江嘎尔）被列入第一批国家级非物质文化遗产名录传统戏剧类，项目编号Ⅳ -80。2008 年 2 月，次仁入选为第二批国家级非物质文化遗产项目代表性传承人，西藏自治区申报。次仁出生在江嘎尔藏戏的发源地——仁布县江嘎山沟。1942 年，次仁 14 岁的时候，他首次扮演藏戏开场的仙女"拉姆"的角色。次仁 37 岁时，成为藏戏的教师。代表剧目《曲杰诺桑》、《阿佳朗萨》、

《文成公主与尼泊尔公主》、《郎萨雯蚌》等八大藏戏。目前，次仁已经在 10 余岁的孩子中寻找培养传承人，例如他的学生边多就在 12 岁开始学习藏戏。

备注：江嘎尔藏戏在日喀则、江孜、仁布和白朗等地区较为流行，除一个职业性的剧团外，还有一些自发的江嘎尔派藏戏的班子。现在的江嘎尔藏戏团还有一些老艺人，如西藏和平解放前最后一个戏师唐曲的儿子拉归、老艺人强巴，还有年轻的艺人丹增等。

Ⅳ -80 藏戏（山南雅隆扎西雪巴）

次仁旺堆

男，藏族，1976 年生。2006 年 5 月，藏戏（山南雅隆扎西雪巴）被列入第一批国家级非物质文化遗产名录传统戏剧类，项目编号Ⅳ -80。2008 年 2 月，次仁旺堆入选为第二批国家级非物质文化遗产项目代表性传承人，西藏自治区申报。

尼玛次仁

男，藏族，1973 年生，西藏自治区山南地区扎西曲登村人。2006 年 5 月，藏戏（山南雅隆扎西雪巴）被列入第一批国家级非物质文化遗产名录传统戏剧类，项目编号Ⅳ -80。2008 年 2 月，尼玛次仁入选为第二批国家级非物质文化遗产项目代表性传承人，西藏自治区申报。尼玛次仁自幼酷爱藏戏。1987 年，16 岁的尼玛次仁开始正式学习藏戏，师承扎西雪巴藏戏第七代传授师白玛顿珠。他用了 14 年时间，系统地了解了扎西雪巴藏戏的历史渊源，并完全掌握了整部藏戏里的所有角色。他现已成为第八代扎西雪巴藏戏的传授师，组织了一支藏戏传承队，已有 28 名学员。他现任山南乃东县昌珠镇扎西曲登居委会主任，雅砻扎西雪巴藏戏团团长，他是藏戏团的导演和主演。其代表作为传统藏戏《诺桑法王》等。

Ⅳ-80 藏戏（山南琼结卡卓扎西宾顿）

嘎玛次仁

男，藏族。2006 年 5 月，藏戏（山南琼结卡卓扎西宾顿）被列入第一批国家级非物质文化遗产名录传统戏剧类，项目编号Ⅳ-80。2008 年 2 月，嘎玛次仁入选为第二批国家级非物质文化遗产项目代表性传承人，西藏自治区申报。

白梅

男，藏族。2006 年 5 月，藏戏（山南琼结卡卓扎西宾顿）被列入第一批国家级非物质文化遗产名录传统戏剧类，项目编号Ⅳ-80。2008 年 2 月，白梅入选为第二批国家级非物质文化遗产项目代表性传承人，西藏自治区申报。

Ⅳ-81 山南门巴戏

格桑旦增

男，门巴族，1970 年生，西藏自治区山南地区错那县人。2006 年 5 月，山南门巴戏被列入第一批国家级非物质文化遗产名录传统戏剧类，项目编号Ⅳ-81。2008 年 2 月，格桑旦增入选为第二批国家级非物质文化遗产项目代表性传承人，西藏自治区申报。格桑旦增 17 岁开始跟随父亲学习门巴戏。1987 年，勒门巴乡组建了门巴戏队，格桑旦增成为队里最年轻的演员，担任司鼓钹的伴奏员。他现任错那县勒门巴乡村长和勒布门巴戏民间艺术队队长，坚持带领艺术队不断演出，保证了门巴戏班的运转。目前这支 10 余人的门巴戏演出队，维系着这个剧种的传承。门巴族有自己的语言，但没有自己的文字，因此，传唱门巴戏的民间老艺人未能把戏的内容、演唱的声腔、唱词等用文字记录下来，目前已抢救恢复过来的 80％的门巴戏，均口口相传，没有文字记录。格桑旦增目前正

努力将现存的门巴戏通过文字记录保存下来，并希望能培养年轻戏队和鼓钹师，将门巴戏的剧情、戏词、唱腔、舞蹈动作及表演传承下去。其代表作为门巴戏主要剧目《诺桑王子》。

巴桑

男，藏族。2006 年 5 月，山南门巴戏被列入第一批国家级非物质文化遗产名录传统戏剧类，项目编号Ⅳ-81。2008 年 2 月，巴桑入选为第二批国家级非物质文化遗产项目代表性传承人，西藏自治区申报。巴桑掌握了门巴戏《阿吉拉姆》的表演。

陕西

Ⅳ-17 汉调桄桄

陶和清

男，汉族，1940 年 4 月生，陕西省南郑县人。2006 年 5 月，汉调桄桄被列入第一批国家级非物质文化遗产名录传统戏剧类，项目编号Ⅳ-17。2008 年 2 月，陶和清入选为第二批国家级非物质文化遗产项目代表性传承人，陕西省汉中市申报。1951 年陶和清入"南郑县新民剧社"学戏，获汉调桄桄名师张金凤、孙正太、刘自华、马忠福等人的传授和指导，初学小旦，1954 年改学小生和武生。其旦角扮相俊美，唱腔圆润秀雅，表演以情见长，情入戏中，在《梁山伯与祝英台》中饰演祝英台，曾轰动当地一时；文生表演潇洒俊逸，念白明快，唱腔韵律优美；武生表演，以技艺见长，翻打高飘稳健，更有燕式空翻和扭提空翻的绝技。现为南郑县桄桄剧团团长，在南郑县的支持下，努力保护与传承汉调桄桄。

许新萍

女，汉族，1941 年 8 月生，陕西省洋县人。2006 年 5 月，汉调桄桄被列入第一批国家级非物质文化遗产名录传统戏剧类，项目编号 Ⅳ -17。2008 年 2 月，许新萍入选为第二批国家级非物质文化遗产项目代表性传承人，陕西省汉中市申报。许新萍为国家二级演员。1953 年入"南郑县新民剧社"学戏，师承汉调桄桄名师张金凤、杨桂芳、程海清等。其唱腔圆润优美，吐字清晰，被誉为"桄桄皇后"。1956 年，参加陕西省第一届戏剧会演，获演员三等奖；1960 年参加山西省青年演员会演，获优秀奖。2002 年获陕西省优秀表演奖。其代表剧目《程夫人闹朝》、《千金买笑》等。

李天明

男，汉族，1940 年 6 月生，陕西省洋县谢村镇人。2006 年 5 月，汉调桄桄被列入第一批国家级非物质文化遗产名录传统戏剧类，项目编号 Ⅳ -17。2008 年 2 月，李天明入选为第二批国家级非物质文化遗产项目代表性传承人，陕西省汉中市申报。1957 年，李天明进入洋县剧团学习汉调桄桄中的木偶戏，师承桄桄木偶戏师傅李德山。他能将木偶表演得活灵活现，特别是汉调桄桄中的木偶可以做到担水换肩、吹胡子、亮靴子和脱衣服等绝活儿。2007 年，李天明赴京参加"非物质文化遗产日"展演，后相继赴长春、贵州等地参加民间艺术绝技表演等赛事及演出。代表剧目《唐玄宗醉酒》、《诸葛亮下江南》、《李彦贵卖水》、《竹子山》等。他已收其女婿为徒亲授汉调桄桄表演技艺，但目前传承面临极大困境。如今能熟练表演汉调桄桄木偶剧目的除李天明外，还有和其当年在同一个剧团的杨丑娃。

Ⅳ -31 汉调二簧

王发芸

女，汉族，1941 年 9 月生，陕西省安康市汉滨区人。2006 年 5 月，汉调二簧被列入第一批国家级非物质文化遗产名录传统戏剧类，项目编号 Ⅳ -31。2008 年 2 月，王发芸入选为第二批国家级非物质文化遗产项目代表性传承人，陕西省安康市申报。王发芸 1956 年考入安康汉剧团，接受过京剧名家欧阳玉倩的高足张玉昆的授业，后拜京剧四大名旦之一尚小云为师，也向京剧表演艺术家徐碧云求教，汲取京剧精华，不断提高自己的艺术造诣，使其表演独具特色，而且丰富了传统汉调二簧的表演形式。她主攻"刀马旦"及"花旦"行当。精于刀、枪、剑、鞭等武把子功，对趟马、起霸、手帕功、扇子功非常擅长。能根据人物个性，所处的环境在戏曲程式运用上取得突破，最大限度地开拓人物个性的深度，表现人物细腻的内心世界。把悲剧、喜剧、武剧中的各种角色表演得淋漓尽致。其在表演生涯中多次获奖。代表作品有《梁红玉》、《红珍珠》、《扈三娘》、《板桥轶事》、《穆柯寨》、《马大怪传奇》等。退休后她继续参加汉剧团各类演出活动，扶持青年演员，给汉剧团年轻演员导演的折子戏及小品约 33 个之多。主动带徒多名。

龚尚武

男，汉族，1938 年 11 月生，陕西安康市汉阴县人，现居住在陕西省安康市汉滨区。2006 年 5 月，汉调二簧被列入第一批国家级非物质文化遗产名录传统戏剧类，项目编号 Ⅳ -31。2008 年 2 月，龚尚武入选为第二批国家级非物质文化遗产项目代表性传承人，陕西省安康市申报。龚尚武为杨金年、查来松一脉第七代弟子。龚尚武 10 岁因偶然事件加入"二簧"戏班学艺，初从艾德志习打击乐（司鼓），后改行做演员，拜袁胜录为师，专攻文武小生。中年以后的龚尚武，演出的角色转到了须生行当。其唱功老练，技巧娴熟。能熟背汉调二簧剧目达上百本，熟知汉调二簧的表演程式与表演风格，对很多传统剧里的人物台词、唱腔、表演烂熟于胸。因长期跟随著名艺人演出，见多识广、经验丰富，常为其他演员传授技能。由于他的敬业传承，2009 年被中央文化部授予全国非物质文化遗产保护先进个人并颁发奖状和奖章。其代表性剧目有《站花墙》、《吴三保游春》、《穆桂英智破天门阵》、《打龙袍》、《南北会》、《营门斩子》等。正式收有 10 多名弟子。

Ⅳ -91 皮影戏 （华县皮影戏）

刘华

男，汉族，1943 年 12 月生，陕西省渭南市华县大明镇吕塬村人。2006 年 5 月，皮影戏（华县皮影戏）被列入第一批国家级非物质文化遗产名录传统戏剧类，项目编号Ⅳ -91。2008 年 2 月，刘华入选为第二批国家级非物质文化遗产项目代表性传承人，陕西省渭南市申报。刘华是华县皮影戏艺人中唯一科班出身的板胡艺术大师，其板胡演奏堪称一流，既有专业演奏的严谨精湛，又有乡村艺人的放纵和随心所欲，把碗碗腔中的板胡伴奏表演得出神入化，精妙绝伦。其著有《碗碗腔音乐浅析》，以李十三传统剧本十大本音乐为主，较为全面地收录华县皮影戏原生态音乐曲谱。他多次出访德国、法国、日本、英国和中国台湾、中国香港等 20 多个国家和地区。刘华指导以吕芳玲为代表的农村留守妇女学习皮影戏演出。

魏金全

男，汉族，1964 年 8 月生，陕西省渭南市华县东阳乡人。2006 年 5 月，皮影戏(华县皮影戏)被列入第一批国家级非物质文化遗产名录传统戏剧类，项目编号Ⅳ -91。2008 年 2 月，魏金全入选为第二批国家级非物质文化遗产项目代表性传承人，陕西省渭南市申报。魏金全出身于皮影世家，受家庭艺术的熏陶，1981 年他开始跟随父亲——著名皮影艺术家魏振业学习皮影表演，并师从兄长皮影雕刻艺术家魏智全学习全套皮影雕刻工艺技术。魏金全主攻皮影操作签手，技艺高超。在其操纵下，人物的喜怒哀乐，惟妙惟肖。他的皮影雕刻手艺也享誉海内外，曾多次赴日本、法国、英国、德国和中国香港、中国台湾等国家和地区演出和表演皮影雕刻。2001 年，参加柏林国际亚太周。后曾 3 次赴法国做文化交流。2001 年起，他已收德国、法国等十几名外国学生为徒，但鲜有本地学生学习皮影。

潘京乐

男，汉族，1929 年 10 月生，陕西省渭南市华县人。2006 年 5 月，皮影戏（华县皮影戏）被列入第一批国家级非物质文化遗产名录传统戏剧类，项目编号Ⅳ -91。2008 年 2 月，潘京乐被列入第二批国家级非物质文化遗产项目代表性传承人，陕西省渭南市申报。潘京乐 15 岁跟随华县有名的皮影老艺人刘德娃学戏，5 个月后登台演出就一炮走红，有"五月红"的美誉。他目前是华县皮影戏的领军人物，是华县皮影戏"活化石"，能演唱 200 多本全本戏。他的演唱，节奏分明，剧情细腻，最擅长的是细腻悠长的"碗碗腔"，尤以悲剧与哭腔见长，其艺术水平高深莫测。有很多戏现在唯有他一个人知道如何演，没有人能够和他相配合。他在日本、德国、法国和中国台湾等 20 多个国家和地区的皮影界享有崇高的威望。吕崇德是潘京乐唯一的徒弟。

Ⅳ-91 皮影戏（华阴老腔）

王振中

男，汉族，1938 年 5 月生，陕西省华阴市太华办南寨村人。2006 年 5 月，皮影戏（华阴老腔）被列入第一批国家级非物质文化遗产名录传统戏剧类，项目编号Ⅳ-91。2008 年 2 月，王振中入选为第二批国家级非物质文化遗产项目代表性传承人，陕西省华阴市申报。王振中不到 10 岁便开始学习秦腔和眉户，后拜吕孝安为师开始学习华阴老腔。他多才多艺，除了老腔，还精通秦腔、迷胡、道情等地方剧种。由于王振中具备一定的戏曲音乐和剧本知识，因而能将这些知识对艺术进行再创造。他对老腔的各种板式、曲牌、演技及常用术语的含义都了如指掌，在结合自己的演唱实践的基础上，不断对音乐和剧本进行了有益的润色或剪裁，使华阴老腔在继承传统的基础上，得到了新的提升。1984 年，在山西省第一次民间音乐年会中，演唱《访白袍》获二等奖；1989 年，在"中国音乐学会第二届年会"上演唱《陈宏逼宫》，获陕西省"钟楼杯"一等奖；1993 年，撷取"华山杯"戏曲赛二等奖。他培养了多位可独当一面的老腔表演者。

张喜民

男，汉族，1947 年 8 月生，陕西省华阴市卫峪乡双泉村人。2006 年 5 月，皮影戏（华阴老腔）被列入第一批国家级非物质文化遗产名录传统戏剧类，项目编号Ⅳ-91。2008 年 2 月，张喜民入选为第二批国家级非物质文化遗产项目代表性传承人，陕西省华阴市申报。华阴老腔系明末清初以当地民间说书艺术为基础发展形成的一种皮影戏曲剧种，曾是华阴县双泉村张家的家族戏，只传本姓本族本家男性子弟，不传外人，直到近代，才有外姓人学到此技艺，并流传开来。张喜民是名震一时的老腔艺人张全生之子，15 岁随家人学老腔皮影戏，擅唱武戏，5 个月后即登台演出。因他年龄小，又为主唱，初出江湖便声名鹊起。张喜民、张新民、张军民、张拾民，是华阴老腔正宗传人张全生的儿子，他们保存着老腔自乾隆年间传下来的百余个戏本。目前张喜民是张家皮影戏的班主，曾为电影《白鹿原》配唱老腔。由于近年来老腔艺术传承困难，张喜民打破了传内不传外的传统，广收学徒，其中能拉、能打的徒弟有 20 余人，全能的有 2 人。其弟张建民在他的指导下，已成为张家皮影戏全能型人才，带领"二班子"（华阴市老腔界划分有"一班子"、"二班子"；"一班子"是出演话剧《白鹿原》的原班人马；"二班子"是徒弟辈）活跃于华县。其中老腔唱将 14 名，年轻的艺校学徒 30 余名，并且出现了女性传人张香玲。

Ⅳ-91 皮影戏（弦板腔）

李育亭

男，汉族，1946 年 5 月生，陕西省乾县人。2006 年 5 月，皮影戏（弦板腔）被列入第一批国家级非物质文化遗产名录传统戏剧类，项目编号Ⅳ-91。2008 年 2 月，李育亭入选为第二批国家级非物质文化遗产项目代表性传承人，陕西省乾县申报。李育亭是乾县弦板腔剧团的骨干，弦板腔主要乐器二弦的唯一传人。他不仅能演奏，也设计创作弦板腔的腔调。目前，作为弦板腔演奏的主要乐器"二弦"和"板子"的演奏人员仅存 3—4 人。他们的健康状况每况愈下，其中"二弦"演奏者仅有李育亭一人。"板子"的演奏者现有许新平、张俊中二人，许新平生活困难，张俊中也不再演奏弦板腔。"硬三弦"演奏人员祝光裕也已年纪老迈。2003 年，李育亭遭遇车祸，记忆力下降，演奏手法也颇显迟钝，已很少参加演出。他尚未收徒，二弦演奏技艺亟待传承。

丁碧霞

女，汉族，1944 年 11 月生，陕西省乾县人。2006 年 5 月，皮影戏（弦板腔）被列入第一批国家级非物质文化遗产名录传统戏剧类，项目编号Ⅳ-91。2008 年 2 月，丁碧霞入选为第二批国家级非物质文化遗产项目代表性传承人，陕西省乾县申报。丁碧霞 13 岁进入艺校，拜师郝振安、马怀玉、陈文宇等老艺人，主攻唱腔，演生角。

Ⅳ-91 皮影戏（环县道情皮影戏）

史呈林

男，汉族，1947 年 7 月生，甘肃省庆阳市环县木钵镇关营村史家沟人。2006 年 5 月，皮影戏（环县道情皮影戏）被列入第一批国家级非物质文化遗产名录传统戏剧类，项目编号Ⅳ-91。2008 年，史呈林入选为第二批国家级非物质文化遗产项目代表性传承人，甘肃省环县申报。史呈林父亲是环县道情皮影戏著名老艺人，其 7 岁随父学艺，16 岁独立挑扦演唱。曾参加多部重大纪录片、电影的拍摄，参加中央、省和地方各级演出，1987 年他应邀出访意大利，演出被国外友人称为"东方魔术般的艺术"。2002 年，史呈林被甘肃省民俗协会命名为"民间皮影艺术家"。其一人可承担八个角色，唱出生、旦、净、末、丑的不同性情，以及他们的喜怒哀乐。代表作为《三打白骨精》。为了道情皮影戏的发展和传承，环县建立了环县道情皮影博物馆、环县皮影产业城展馆，史呈林也定期到中小学传授技艺，但其传承依然面临着窘境。

高清旺

男，汉族，1963 年生，甘肃省庆阳市环县人。2006 年 5 月，皮影戏（环县道情皮影戏）被列入第一批国家级非物质文化遗产名录传统戏剧类，项目编号Ⅳ-91。2008 年 2 月，高清旺入选为第二批国家级非物质文化遗产项目代表性传承人，甘肃省环县申报。

Ⅳ-92 木偶戏（合阳提线木偶戏）

王红民

男，汉族，1968 年 6 月生，陕西省合阳县人。2006 年 5 月，木偶戏（合阳提线木偶戏）被列入第二批国家级非物质文化遗产名录传统戏剧类，项目编号Ⅳ-92。2008 年 2 月，王红民入选为第二批国家级非物质文化遗产项目代表性传承人，陕西省申报。王红民自幼跟随祖父王忠绪下乡演出，培养了对木偶戏的浓厚兴趣。14 岁起开始登台表演，有丰富的表演经验。合阳的提线木偶戏主要表演方式是提线，王红民是这一表演行当中技艺最高超的一位艺人。他现任合阳提线木偶剧团团长，与其妻肖朋芳是剧团仅有的骨干演员。其代表作有《钟馗醉酒》等。合阳提线木偶剧团目前在编人员 19 人，能上台演出的仅有 13 人，从事偶人制作的有两人。2008 年合阳县曾向社会大规模招生，但目前只有一人还留在剧团。西安大唐芙蓉园、合阳洽川景区都与合阳提线木偶剧团签订了常年演出合同，收入不菲，但依然后继乏人。

肖朋芳

女，汉族，1969 年 10 月生，陕西合阳人。2006 年 5 月，木偶戏（合阳提线木偶戏）被列入第二批国家级非物质文化遗产名录传统戏剧类，项目编号Ⅳ-92。2008 年 2 月，肖朋芳入选为第二批国家级非物质文化遗产项目代表性传承人，陕西省申报。肖朋芳的祖父肖绪发是提线艺人，她自幼跟随祖父学习提线木偶技艺。1982 年，进入合阳县木偶剧团学艺，主工提线和唱腔。她在继承祖父技艺的基础上，不断学习和借鉴众家之长，在表演特点上和演唱方法上都形成了自己的特色。其表演细腻动人，技巧娴熟，吸收前辈委婉悲壮的唱法，同时发挥自己嗓音圆润、悦耳动听的特点，二者融合，相得益彰。1994年，她参加木偶精英荟萃获"木偶精英"荣誉称号；2001年，参加渭南地区"洛车杯"大型折子戏表演，获优秀表演奖；2004年，参加伊朗第十届国际木偶艺术大赛并获奖；2006年，参加北京首届国际文化创意产业博览会演出。其代表作有《卖杂货》、《打金拨》等。肖朋芳与丈夫王红民是合阳提线木偶剧团的骨干演员，正在为传承合阳提线木偶而努力。

甘肃

Ⅳ-69 曲子戏（华亭曲子戏）

康和

男，汉族，1935年生，山东省淄博市周村区人。2006年5月，曲子戏（华亭曲子戏）被列入第一批国家级非物质文化遗产名录传统戏剧类，项目编号Ⅳ-69。2008年2月，康和入选为第二批国家级非物质文化遗产项目代表性传承人，甘肃省华亭县申报。康和最初是跟随华亭社火学曲子戏，初学生、旦两行，因他音质极好，嗓音嘹亮且不失细腻、婉转，经前后几个师傅调教，成了当地农村戏班的旦角"专业户"。代表剧目《状元游街》、《李彦贵卖水》、《双放牛》等。康和不仅自己热衷演艺事业，还注重培养后续人才，他的女儿就是其中之一。

青海

Ⅳ-80 藏戏（黄南藏戏）

仁青加

男，藏族，1966年12月生，青海省黄南藏族自治州同仁县人。2006年5月，藏戏（黄南藏戏）被列入第一批国家级非物质文化遗产名录传统戏剧类，项目编号Ⅳ-80。2008年2月，仁青加入选为第二批国家级非物质文化遗产项目代表性传承人，青海省黄南藏族自治州申报。仁青加曾在青海师范大学、上海戏剧学院、北京广播学院及中国艺术研究院等艺术院校专攻文艺编导专业。现任中国少数民族戏剧家协会理事、青海省戏剧家协会副会长、青海省曲艺家协会会员、国家二级编剧，青海省藏剧团、黄南州民族歌舞剧团团长。其代表作为大型歌舞集《热贡神韵》，他任该剧的艺术总监、编剧和总导演。2009年，该剧获得中宣部、文化部共同颁发的"中华人民共和国建国六十周年献礼演出"奖。他创作并发表的小说、散文、诗歌、论文、歌词、剧本等各类文艺作品100余篇，出版专著有《中国藏密圣像解说》、《中国藏传佛教图解》、《藏域梵珍》等，其中部分作品获省级、国家级大奖。2009年6月，仁青加获中国中青年曲艺家殊荣。

多杰太

男，藏族，1948年生，祖籍青海省藏南自治州同仁县加毛村，现居青海省西宁市。2006年5月，藏戏（黄南藏戏）被列入第一批国家级非物质文化遗产名录传统戏剧类，项目编号Ⅳ-80。2008年2月，多杰太入选为第二批国家级非物质文化遗产项目代表性传承人，青海省黄南藏族自治州申报。多杰太1971年毕业于青海民族学院，后被选入黄南州民族歌舞剧团，从事歌唱表演，兼任乐队演奏员和指挥。1980年，多杰太带着他改编的藏戏登上舞台，获得了空前成功。他创作排练了舞蹈、歌曲、藏剧等艺术作品近百（篇）部。代表作有：编剧和导演了《诺桑王子》，首次将该剧从热贡隆务寺搬到舞台上，使黄南藏戏 200 多年来第一次摆脱寺院封闭式演出，以专业文艺表演形式走上舞台；《藏王的使者》，获 1991 年青海省文艺调演编剧一等奖、导演二等奖，1992 年全国少数民族题材戏剧剧本银奖，第六届文华新剧目奖。多杰太曾任青海省藏剧团、黄南藏族自治州民族歌舞团第七任团长，是中国少数民族戏剧学会会员、中国戏剧家协会会员、青海戏剧家协会副主席，国家一级编剧。其子多杰扬忠，在父亲的影响和指导下，也开始从事作曲、编剧工作。

香港

Ⅳ-36 粤剧

陈剑声

原名陈杏葵（又称声姐），女，汉族，1962年生，祖籍广东省江门市新会县外海乡，生于南京，现居香港。2006 年 5 月，粤剧被列入第一批国家级非物质文化遗产名录传统戏剧类，项目编号Ⅳ-36。2008 年 2 月，陈剑声入选为第二批国家级非物质文化遗产项目代表性传承人，香港特别行政区申报。陈剑声初期随谭珊珊师傅学习粤剧，其后，边演边学，曾随马玉琪、朱庆祥、叶少兰、王小玲、卢轼、许君汉、韩燕明学艺。经多年苦心学习，成为一位出色的粤剧女文武生。后被"新马师曾"收为弟子，受其真传技艺。陈剑声功夫扎实，擅演英雄豪杰、才子将相。任香港八和会馆永远名誉会长，第 28 届至第 32 届八和会馆主席。1986 年组成剑新声剧团，1992 年重组剑新声剧团，该团至今在表演上屡创佳绩，演出传统和创新剧目甚多。陈剑声除从事粤剧活动外，对社会公益活动亦不遗余力，常参加各种慈善演出。获美国纽卡素大学荣誉博士头衔。2006 年获香港特区政府颁授荣誉勋章。参与粤剧创新，创作演出新派新编粤剧《淝水之战》、《楚汉争》、《吴越春秋》等。

关于八和会馆的说明：八和会馆是在光绪十五年，即 1889 年，在著名表演艺术家红线女的祖父、著名武生邝新华的倡导下，在广州由原来供粤剧人员住宿的八和公寓改造建成，一直是广东粤剧从业人员的专业组织。香港八和会馆本是广州八和会馆的分馆，但因为历史的原因，在 20 世纪 50 年代初，和内地八和会馆失去联系，所以在 1953 年独立注册为香港八和会馆。自独立注册至今，香港八和会馆以弘扬传统粤剧艺术，保障同业权益为宗旨，并为香港粤剧的发展前途肩负起责任。

第三批国家级非物质文化遗产项目代表性传承人

中央

Ⅳ-28 京剧

冯志孝

（编号：03-1002），男，汉族，1938年11月生，北京市人。2010年11月，京剧入选"人类非物质文化遗产代表作名录"。2006年5月，京剧被列入第一批国家级非物质文化遗产名录传统戏剧类，项目编号Ⅳ-28。2009年6月，冯志孝入选为第三批国家级非物质文化遗产项目代表性传承人，中国京剧院申报。冯志孝为国家一级演员，祖父冯蕙林及姑夫姜妙香都是京剧小生演员，姑母冯金芙、伯父冯宇兰均为京剧演员。1951年考入中国戏曲研究院戏曲实验学校，受业于京剧前辈萧长华、雷喜福、贯大元、鲍占样等名师学老生戏。1961年，拜马连良为师。翌年，在袁世海的助演下，演出了马连良亲授的《淮河营》。此后经常与李少春、袁世海、杜近芳、孙盛武等同台演出《群英会》、《梁红玉》、《青梅煮酒论英雄》、《将相和》等剧。冯志孝的表演潇洒飘逸大方，嗓音高亢明亮，行腔圆润俏丽，念白情切韵美，吐字清晰，掌握马派艺术，颇有心得。冯志孝主要继承并发扬了马连良先生表演风格中机智、幽默、老辣的一面，在演唱技巧上，冯志孝则更接近马连良先生早年的风格。代表剧目《苏武牧羊》、《借东风》、《甘露寺》、《淮河营》、《四进士》、《将相和》及现代戏《红色娘子军》等。

王晶华

（编号：03-1003），女，汉族，1939年生，祖籍辽宁省丹东市。2010年11月，京剧入选"人类非物质文化遗产代表作名录"。2006年5月，京剧被列入第一批国家级非物质文化遗产名录传统戏剧类，项目编号Ⅳ-28。2009年6月，王晶华入选为第三批国家级非物质文化遗产项目代表性传承人，中国京剧院申报。王晶华1947年入刘兆琪私人科班永风社学艺，先后从师靳斌桐、陈雨斌、关盛明等。1955年入北京中国戏曲学校，先后从师时青山、徐少琪、孙甫亭、李金泉、王玉敏等，后又得李多奎教授，技艺精进。此外，她还向邢威明、关盛明等老师学习过老生戏《战太平》、《文昭关》、《打渔杀家》等。她在中国戏校与王梦云、王晓临并称"老旦三杰"。王晶华基本功扎实，戏路宽，表演深沉大方。嗓子宽亮，音色甜美脆爽，善于以唱腔刻画人物的性格、气质。代表剧目《滑油山》、《钓金龟》、《哭灵托兆》、《岳母刺字》、《罢宴》、《六郎探母》、《强项令》、《杨门女将》、《锦车时节》、《佘太君抗婚》、《金龟传奇》等。有弟子张兰。

张春孝

（编号：03-1004），本名张德山，曾用名张维孝，男，汉族，1935年生，北京市人。2010年11月，京剧入选"人类非物质文化遗产代表作名录"。2006年5月，京剧被列入第一批国家级非物质文化遗产名录传统戏剧类，项目编号Ⅳ-28。2009年6月，张春孝入选为第三批国家级非物质文化遗产项目代表性传承人，中国京剧院申报。张春孝1942年入鸣春社科班第二科学艺，排名春孝，从张世孝学小生。1948年科班解散，转入四维戏剧学校第三分校，排名维孝，师从李玉泰、毕鑫如、韩长宝。1949年随校转为戏曲实验学校（后名中国戏曲学校）第一期学生。修业期间，曾从萧长华、王瑶卿、金仲仁、姜妙香、迟月亭、李德彬学戏，更得到茹富兰悉心传授，文武兼擅；后又拜入叶盛兰门下。还曾从俞振飞请教昆曲。他嗓音虽显稍弱，唱念却见功力，扮相清丽俊美，身上漂亮圆活，演文戏飘洒俊逸，唱武戏稳练挺秀，善于刻画人物。代表剧目《群英会》、《临江会》、《黄鹤楼》、《吕布与貂蝉》、《飞虎山》、《穆桂英大战洪洲》、《蜈蚣岭》、《林冲夜奔》、《长坂坡》等。他还导演过《碧血杨家将》、《夫人城》、《香罗帕》、《沉海记》等剧。有弟子潘德尧、王孟辉、郝仕鹏、包飞。

北京

Ⅳ-1 昆曲

韩建成

（编号：03-0964），男，汉族，1938年生，北京市人。2001年5月，昆曲被联合国教科文组织列为第一批"人类口述和非物质遗产代表作"之一。2006年5月，昆曲被列入第一批国家级非物质文化遗产名录传统戏剧类，项目编号Ⅳ-1。2009年6月，韩建成入选为第三批国家级非物质文化遗产项目代表性传承人，北京市申报。韩建成为国家一级演员，1958年考入北方昆曲剧院高级训练班，师从沈盘生、叶仰曦、吴南春、萧长华、孙盛武、魏庆林等名家。后又得南方昆丑名家华传浩、王传淞等指授，专工丑角。在表演上继承北昆的豪放与鲜明，广取博收京昆与南昆的特点，形成了儒雅大方、鲜活谐美的表演风格。韩建成扮相好，嗓音好，戏路宽，刻画人物深刻，千人千面，善于创造。代表剧目《下山》、《借茶·活捉》、《议剑》、《太白醉写》、《相梁刺梁》、《棋盘会》、《长生殿》、《荆钗记》、《桃花扇》、《三夫人》、《血溅美人图》、《李慧娘》、《共和之剑》、《琼花》等。曾先后在中央戏剧学院和中国戏曲学院教过丑角的表演艺术。

丛兆桓

（编号：03-0965），男，汉族，1931年12月生，山东省蓬莱市人，现居北京。2001年5月，昆曲被联合国教科文组织列为第一批"人类口述和非物质遗产代表作"之一。2006年5月，昆曲被列入第一批国家级非物质文化遗产名录传统戏剧类，项目编号Ⅳ-1。2009年6月，丛兆桓入选为第三批国家级非物质文化遗产项目代表性传承人，北京市申报。丛兆桓为北方昆曲剧院一级演员、一级导演，1949年参加华北人民文工团，1950年至1956年在北京人民艺术剧院任舞蹈、歌剧、戏曲演员，1957年参与建立北方昆曲剧院，跟从侯永奎、白云生、马祥林、沈盘生等老师继承昆剧演艺，1963年拜俞振飞为师，专工小生，艺事精进。曾在北昆主演大戏《红霞》、《李慧娘》、《百花记》、《连环记》、《渔家乐》、《师生之间》、《吴越春秋》、《登上世界最高峰》等剧。同夏淳合导《南唐遗事》，拍摄成电视连续剧获飞天奖、金三角奖；导演《琵琶记》，获第五届文华奖。1999年，丛兆桓获美国文化艺术中心"杰出艺术奖"。

Ⅳ-28 京剧

张学津

（编号：03-1005），男，汉族，1941年9月生，2012年12月卒，北京市人。2010年11月17日，京剧入选"人类非物质文化遗产代表作名录"。2006年5月，京剧被列入第一批国家级非物质文化遗产名录传统戏剧类，项目编号Ⅳ-28。2009年6月，张学津入选为第三批国家级非物质文化遗产项目代表性传承人，北京市申报。张学津为国家一级演员，著名京剧旦角演员张君秋之子。7 岁开始学戏，拜陈喜光为师学娃娃生。1949 年考入北京艺培戏曲学校（即北京市戏曲学校），从王少楼、陈少武学老生戏，宗余派。1959 年毕业后，到荀慧生京剧团任演员。1962 年拜马连良为师。张学津台风潇洒大方，演唱舒展酣畅，念白清晰自然，有较强的塑造人物的能力，唱腔融"余"、"马"两派于一体，达到了出神入化的程度。1985 年获第二届中国戏剧梅花奖，1998 年获美国纽约林肯艺术中心亚洲最佳艺术人表演奖。2007 年出版《生正逢时》个人传记。代表剧目《借东风》、《捉放曹》、《空城计》、《三娘教子》、《画龙点睛》等，《箭杆河边》是其成名作。弟子有朱强、高彤、杜鹏、穆雨在内的多位当红马派老生。

赵葆秀

（编号：03-1006），女，汉族，1948 年 1 月生，北京市人。2010 年 11 月，京剧入选"人类非物质文化遗产代表作名录"。2006 年 5 月，京剧被列入第一批国家级非物质文化遗产名录传统戏剧类，项目编号Ⅳ -28。2009 年 6 月，赵葆秀入选为第三批国家级非物质文化遗产项目代表性传承人，北京市申报。赵葆秀为国家一级演员，工老旦，著名老旦表演艺术家李金泉先生的得意高徒。1959 年入北京戏曲学校，师从孙甫亭、孙振泉等；1981 年拜李金泉、何盛清为师。赵葆秀嗓音甘醇，演唱细腻，感情充沛，高低自如，扮相端庄大方，基本功扎实。其表演既重传统又不拘泥于程式，广纳博采，锐意创新。她创排和改编了多出老旦挑梁剧目，如《三关宴》、《八珍汤》、《金龟记》。获第十二届上海白玉兰奖，个人获文华表演奖；1987 年获第五届中国戏剧梅花奖，第一个为老旦摘取梅花奖的桂冠；1994 年获梅兰芳金奖大赛老旦组金奖。代表剧目《遇皇后》、《打龙袍》、《风雨同仁堂》、《赤桑镇》、《罢宴》、《徐母骂曹》、《李逵探母》等。弟子有翟墨、孙丽英、黄丽珠、张召君、侯宇等人。

Ⅳ -51 评剧

刘萍

（编号：03-1036），女，汉族，1942 年 12 月生，北京市人。2008 年 6 月，评剧被列入第一批国家级非物质文化遗产扩展项目名录传统戏剧类，项目编号Ⅳ -51。2009 年 6 月，刘萍入选为第三批国家级非物质文化遗产项目代表性传承人，北京市中国评剧院申报。刘萍为国家一级演员。1959 年考入中国评剧院第一期学员班，受到张润时、花小仙、喜彩莲、喜彩春等老师的严格训练。因扮相清秀，嗓音甜美、宽厚、明亮，教师们侧重教她白派剧目和演唱方法。一年后，跟随著名评剧表演艺术家小白玉霜学习，得小白玉霜亲授《灵堂会》。戏剧界和观众一致公认为白派第三代传人者为刘萍，深得白派三昧，既能继承白派的传统，又有发展创造。1985 年获第二届戏剧演员梅花奖；第五届中国艺术节优秀表演奖；上海白玉兰奖等。代表剧目《秦香莲》、《李香莲卖画》、《朱痕记》、《杜十娘》、《井台会》、《借当》、《杜十娘》、《闹严府》、《恩与仇》、《家》、《第二次握手》、《米酒歌》、《评剧皇后》、《二愣妈》等。有弟子刘萍（小）、王平、于海泉等。

谷文月

（编号：03-1037），女，汉族，1945 年 3 月生，河北省固安县人，现居北京。2006 年 5 月，评剧被列入第一批国家级非物质文化遗产名录传统戏剧类，项目编号Ⅳ -51。2009 年 6 月，谷文月入选为第三批国家级非物质文化遗产项目代表性传承人，北京市中国评剧院申报。谷文月为国家一级演员，主工闺门旦。1959 年入北京实验评剧团，1962 年进入北京市戏曲专科学校进修。曾受教于喜彩莲、喜彩雯、花玉兰等老师，最终拜新凤霞为师。谷文月的嗓音高亢、甜美，表现力强，可谓"高亢中不失圆润，低迴里尤见清纯"，她在师承新派的基础上不仅把气声、轻声等声乐技巧融入评剧唱腔中，而且与音乐工作者率先创出了评剧的清板，蜻蜓调慢板。获获首届梅花奖；1986 年获全国评剧广播大奖赛十佳第一名；第二届中国金唱片奖。1987 年出演《驼龙传奇》，获戏曲电视连续剧银星奖。代表剧目《花为媒》、《杨三姐告状》、《牡丹仙子》、《水冰心抗婚》、《银河湾》、《香妃》、《高山下的花环》、《刘巧儿新传》等。弟子有马媛娥、王敏、海兆凤、尹敬红等。

天津

Ⅳ-28 京剧

邓沐玮

（编号：03-1007），男，汉族，1948 年 5 月生，天津市人。2010 年 11 月，京剧入选"人类非物质文化遗产代表作名录"。2006 年 5 月，京剧被列入第一批国家级非物质文化遗产名录传统戏剧类，项目编号Ⅳ-28。2009 年 6 月，邓沐玮入选为第三批国家级非物质文化遗产项目代表性传承人，天津市申报。邓沐玮为国家一级演员。1959 年入天津市戏曲学校，师从刘少峰、张福昆。1969 年毕业后入天津市京剧团，曾向王泉奎、夏韵龙等学习花脸剧目，1981 年拜方荣翔为师。他嗓音深厚宽亮，韵味醇厚，表演深沉内在，洒脱大方，为裘派优秀的再传弟子。他继承传统力求在神情气韵上下功夫，认真探寻裘派艺术的神韵，并根据自身条件，努力摸索更适合剧情和人物的演唱方法。他在《一代元戎》中成功地塑造了郭子仪这一历史人物，其唱腔吸收了汉调和老生唱法，较准确而又细腻地表达了郭子仪思女、忧国的悲壮心情。既唱出新腔，又唱出新意。1991 年参加全国京剧电视大赛获得最佳表演奖，1992 年获得第九届戏剧梅花奖及梅兰芳奖。代表剧目《铡美案》、《铡包勉》、《赤桑镇》、《锁五龙》、《姚期》、《刺王僚》、《龙凤阁》、《一代元戎》等。有弟子谭帅、赵隆基等。

杨乃彭

（编号：03-1008），男，汉族，1945 年生，天津市人。2010 年 11 月，京剧被列入"人类非物质文化遗产代表作名录"。2006 年 5 月，京剧被列入第一批国家级非物质文化遗产名录传统戏剧类，项目编号Ⅳ-28。2009 年 6 月，杨乃彭入选为第三批国家级非物质文化遗产项目代表性传承人，天津市申报。杨乃彭为国家一级演员，著名杨派老生，师从杨宝忠、张荣善、周啸天等。也跟张荣善先生学戏，打下了扎实的基础，被认为是杨（宝森）派优秀传人，不可多得的京剧人才。他根据个人条件，充分发挥其特点，广撷博采，集杨、余、马三家所长，结合自己的条件融会贯通，逐渐形成鲜明的个人演唱特色。他嗓音高亮，音域宽广，而又不失清醇、苍劲，刚柔相济，堪称得天独厚，有深厚的艺术功力。获第八届中国戏剧梅花奖及梅兰芳金奖。代表剧目《战太平》、《定军山》、《击鼓骂曹》、《文昭关》、《碰碑》、《失空斩》、《四郎探母》、《洪羊洞》、《乌盆记》、《捉放曹》等。收有徒弟凌珂，其子杨少彭也为优秀的京剧老生演员。

Ⅳ-51 评剧

陈佩华

（编号：03-1038），艺名小花玉兰，女，汉族，1933 年生，天津市人。2008 年 6 月，评剧被列入第一批国家级非物质文化遗产扩展项目名录传统戏剧类，项目编号Ⅳ-51。2009 年 6 月，陈佩华入选为第三批国家级非物质文化遗产项目代表性传承人，天津市评剧院申报。陈佩华为国家一级演员。其父亲陈砚楼和母亲花玉兰均系评剧演员。1948年正式学戏，17岁登台，19岁成为主要演员。她的嗓音柔润纤细，根据自己特点在继承评剧传统唱法的基础上，向京剧、昆曲学习，兼收并蓄，创造了真、假声结合的演唱风格，形成了委婉细腻、华丽柔美的风格，在评剧声腔体系中独树一帜，自成一家。她扮演端庄秀丽、文雅大方的闺门旦角，有时也反串小生，表演较多地吸收了昆曲、京剧等古老剧种的程式动作和念白方法，唱、做、念、舞均十分规范考究。曾较长时期与小鲜灵霞合作，领衔于当时的天津评剧院青年团。1986年主演《夕阳红》获天津市首届戏剧节优秀主角奖；1992年主演《西厢记》获全国广播戏曲展评一等奖。代表剧目《拜月记》、《牛郎织女》、《二度梅》、《吕布与貂蝉》、《奇双会》等。目前，陈佩华从事"非物质文化遗产"的相关保护工作，有业余徒弟江辉、刘洛含等。

河北

Ⅳ-18 晋剧

吴同

（编号：03-0988），男，回族，1937年生，辽宁省锦州市人，现居河北省张家口市。2008年6月，晋剧被列入第一批国家级非物质文化遗产扩展项目名录传统戏剧类，项目编号Ⅳ-18。2009年6月，吴同入选为第三批国家级非物质文化遗产项目代表性传承人，河北省张家口市申报。吴同为国家一级作曲家，15岁时考入察哈尔省少年晋剧团，任张家口市青年晋剧团作曲。此后又在河北省戏曲学校晋剧科学习。后又师从晋剧著名琴师刘钰老师，1963年，拜山西著名琴师程汝春为师。其在音乐创作中将音乐与主题、内容、人物和风格的统一，同时还大胆借鉴、吸纳二人台、民歌、少数民族音乐和其他剧种的优点并融入自己的创作中，为音乐作品增添了新奇感，揭示出角色的思想与情感，更易感动观众。经他设计的音乐唱腔有《龙城二娇》、《太阿剑》、《天女与战神》、《梳妆楼》、《川妹子》、《三娘教子》、《六月雪》等剧目100多个。《龙城二娇》、《太阿剑》获河北省第三届文艺振兴奖、河北省第三届戏剧节音乐唱腔设计一等奖，并授予三等功一次，《天女与战神》获河北省第二届戏剧节音乐唱腔设计一等奖，《梳妆楼》获河北省第四届戏曲节音乐唱腔设计一等奖、河北省第二届戏剧百花奖、剧目演出文华奖。退休后致力于传授技艺，培养了众多学生。

牛学祯

（编号：03-0989），女，汉族，1942年9月生，原籍山西省清徐县东木庄，现居河北省张家口市。2006年5月，晋剧被列入第一批国家级非物质文化遗产名录传统戏剧类，项目编号Ⅳ-18。2009年6月，牛学祯入选为第三批国家级非物质文化遗产项目代表性传承人，河北省张家口市申报。牛学祯是晋剧表演流派——"丁派"的传人。11岁进入村剧团，得同乡艺人时羡仁传授，15岁时即能演出《芦花记》、《金水桥》、《九件衣》等10多出须生戏，成为清徐县当时小有名气的"女红"。1963年拜"晋剧须生大王"丁果仙为师，至此，为她的"丁派"戏剧风格奠定基础。牛学祯在表演中，大胆吸收秦腔、蒲剧、京剧、河北梆子等剧种唱腔中的声腔元素，逐步形成了字切韵谐、醇厚宽洪、刚柔相济、行腔润腔稳健细腻的演唱风格。她塑造的角色，能准确把握人物的不同性格和情绪脉络，注重气质和风度，从而运用不同的艺术技巧以揭示人物的内心世界，体现出男性的阳刚之美。代表剧目《芦花记》、《金水桥》、《九件衣》、《十五贯》、《斩子》、《下河东》、《空城计》等。退休后，广纳弟子。

Ⅳ-22 河北梆子

田春鸟

（编号：03-0996），男，汉族，1937年4月生，河北省保定市蠡县大杨庄人。2006年5月，河北梆子被列入第一批国家级非物质文化遗产名录传统戏剧类，项目编号Ⅳ-22。2009年6月，田春鸟入选为第三批国家级非物质文化遗产项目代表性传承人，河北省申报。田春鸟自幼喜爱河北梆子艺术，11岁起学戏，师承姜妙香、叶盛兰、茹富华、江世玉等。初学文武老生，后改为文武小生。1952年考入河北省试验剧院梆子工作团，1959年调入河北省青年跃进剧团（后改为河北省河北梆子剧院）。田春鸟在传统演唱方式的基础上，结合自己的实践经验，努力改变河北梆子传统唱腔假、高、窄、细的缺点，把真假嗓的混合声唱得通透自如，韵味醇厚。先后排演了《拾玉镯》、《蝴蝶杯》、《陈三两》、《宝莲灯》、《周仁献嫂》、《钟馗》、《抬花轿》、《智取威虎山》等60余出优秀剧目，成功塑造了田玉川、李凤鸣、刘彦昌、周仁、杜平、杨子荣等众多不同时代和性格各异的人物形象。其中《拾玉镯》、《钟馗》、《兰陵王》、《火烧连营》分别获河北省第一届戏曲观摩会演和河北省首届及第三届戏剧节演出一、二等奖，特别奖，演员二等奖、荣誉奖。田春鸟目前在培养新人，赵永凯、丁云飞是田春鸟的弟子。

Ⅳ-39 乱弹（威县乱弹）

孟凡真

（编号：03-1020），男，汉族，1942年生。

2008年6月，乱弹（威县乱弹）被列入第一批国家级非物质文化遗产扩展项目名录传统戏剧类，项目编号Ⅳ-39。2009年6月，孟凡真入选为第三批国家级非物质文化遗产项目代表性传承人，河北省威县申报。孟凡真1957年参加威县乱弹剧团，专攻花脸行当。拜乱弹著名艺人王金海为师，先演小生，后演长靠武生、文武老生。代表剧目《大刀王怀女》、《杨金花夺印》、《红灯照》、《八一风暴》、《杨家将》、《顶灯》、《闯王进京》、《南阳关》、《张风赶船》、《高平关》等。

Ⅳ-40 石家庄丝弦

安录昌

（编号：03-1021），男，汉族，1937年10月生。2006年5月，石家庄丝弦被列入第一批国家级非物质文化遗产名录传统戏剧类，项目编号Ⅳ-40。2009年6月，安录昌入选为第三批国家级非物质文化遗产项目代表性传承人，河北省石家庄市申报。安禄昌13岁拜"四方红"何凤祥为师学戏。出徒后，他长年跟随师哥王永春演出，耳濡目染，使他技艺有了很大提高。继承了老一辈艺术家何凤祥唱腔刚毅高亢等特点，演唱轻重疾徐有序，心理刻画很有深度，又掌握了耍盘、背靴、耍辗、纱翅功等绝技，表演上具有程式化与生活化相结合的特色。1981年丝弦剧团进京演出《花烛恨》，他主演王大人，受到京城观众和文艺界好评。1985年，他主演《瘸腿书记上山》河北省首届戏曲节，获得演员一等奖。代表剧目《十五贯》、《瘸腿书记上山》、《三进士》等。目前安录昌仍在为丝弦发展辛勤劳动，经常到剧团指导青年演员排戏表演，并根据自己记忆整理出100多出丝弦剧本。

IV -91 皮影戏（唐山皮影戏）

刘佳文

（编号：03-1075），男，汉族，1941年4月生，河北省唐山市乐亭人。2006年5月，皮影戏（唐山皮影戏）被列入第一批国家级非物质文化遗产名录传统戏剧类，项目编号 IV -91。2009年6月，刘佳文入选为第三批国家级非物质文化遗产项目代表性传承人名单，河北省唐山市申报。刘佳文是继乐亭皮影戏著名雕刻艺人张老壁、聂春潮、王遇宏之后第四代皮影雕刻技艺传承人。他深入探讨借鉴聂春潮、杨德生、王遇鸿等著名前辈皮影雕刻大师的雕刻作品，继之通过与本地和外地雕刻艺人广泛交流，博采众长，尽管无正式师承，却具备了一套别具一格的皮影雕刻专业技能。1973年，乐亭县皮影剧团恢复演出，他应聘到乐亭县皮影剧团，专门从事皮影造型、雕刻工作。他设计、雕刻的皮影作品，人物造型别致新颖，栩栩如生，雕刻刀法细腻、娴熟，纹理清晰，推、拉、转、顺、逆、迟、急恰如其分。先后雕刻出《红嫂》、《杜鹃山》、《洞庭湖》、《白蛇传》等现代、传统单出、连台本剧目的影人、砌末。老年从事工艺皮影雕刻和皮影雕刻技艺的传授，学生有于国柱、周少文、吴文志等20余人。

IV -91 皮影戏（冀南皮影戏）

李修山

（编号：03-1076），男，汉族，1947年生，河北省肥乡县旧店乡东马寨村人。2006年5月，皮影戏（冀南皮影戏）被列入第一批国家级非物质文化遗产名录传统戏剧类，项目编号 IV -91。2009年6月，李修山被列入第三批国家级非物质文化遗产项目代表性传承人名单，河北省邯郸市申报。李修山是肥乡皮影第四代传人。17岁开始跟着村里的老艺人及祖父学习皮影，很快就掌握了皮影戏表演的基本技巧，成为村里最年轻的皮影表演佼佼者。1978年东马寨村组建了肥乡县东马寨村复兴皮影团，李修山任演员。1998年，李修山联系韩克礼、韩庆和等几位老艺人，重新组织起皮影剧团。他搜集整理出《殷红下山》、《王莽篡朝》、《哪吒闹海》、《五鬼阵》等多个演出剧目，形成近9万字的皮影戏剧脚本。2011年冬天，他在邯郸市创建了皮影传承基地，大张旗鼓地培养皮影戏剧表演新人，让更多年轻人走进光与影的世界，感受并传承中华优秀民间文化瑰宝。

IV -93 老调（保定老调）

王贯英

（编号：03-1093），女，汉族，1938年12月生，河北省安新县北冯村人。2008年6月，老调（保定老调）被列入第二批国家级非物质文化遗产名录传统戏剧类，项目编号 IV -93。2009年6月，王贯英入选为第三批国家级非物质文化遗产项目代表性传承人，河北省保定市申报。王贯英为国家一级演员，1954年加入高阳县老调剧团，先向周福才、张文海、高佳玉等老调艺人学习旦行戏，后改唱老生戏，成为老调艺术自诞生以来首批女学员。王贯英的表演身段大方，表演稳健，动作流畅，表情传神；嗓音开阔厚实，唱腔雄浑宽厚，高亢响亮，具有很强的艺术感染力。曾在电影《潘杨讼》、《忠烈千秋》两部戏剧中饰演年龄不同的两个寇准，在电视艺术片《拒马令》、《秦庭之乱》等4个剧中扮演甘汝来、李斯等角色，录制了《反徐州》、《王佐断臂》、《王贯英唱腔精选》等10多套盒式带出版发行。曾获1985年首届戏剧节演员一等奖，1988年河北省中年戏曲演员电视大赛一等奖，1989年河北省第二届戏剧节演员一等奖，1992年河北省第三届戏剧节演员荣誉奖等多次奖励。

辛秋花

（编号：03-1094），女，汉族，1937年12月生，河北省安新县人。2008年6月，老调（保定老调）被列入第二批国家级非物质文化遗产名录传统戏剧类，项目编号Ⅳ-93。2009年6月，辛秋花入选为第三批国家级非物质文化遗产项目代表性传承人，河北省保定市申报。辛秋花为国家一级演员。1952年入河北省艺校进修学习，1958年7月参加徐水河北梆子剧团，1959年调入保定地区老调剧团，专工老旦。辛秋花经过多年的舞台实践博采众长，在继承老调艺术精华的基础上不断创新，逐步形成了自己独特的演唱风格，她的嗓音圆润透亮，唱腔刚劲挺拔，细腻传神，善于用唱来刻画人物表达感情。在老调唱腔革新方面进行潜心研究和大胆尝试，取得突破性进展，使老调的板式和演唱方法更加丰富和完善。她还成功地将京剧和黄梅戏一些优秀剧目改编移植成老调，如《岳母刺字》、《打龙袍》、《郑小姣》等，并亲自设计唱腔、自导自演。代表剧目《潘杨讼》、《忠烈千秋》等。有弟子李金会、石艳梅、张婵娟、王永斌等。

Ⅳ-95 赛戏

庞小保

（编号：03-1095），男，汉族，1947年生，河北省武安市大同镇东通乐村人。2008年6月，赛戏被列入第二批国家级非物质文化遗产名录传统戏剧类，项目编号Ⅳ-95。2009年6月，庞小保入选为第三批国家级非物质文化遗产项目代表性传承人，河北省武安市申报。庞小保是东通乐赛戏第十八代传人，15岁开始学艺，主要扮演的角色有张飞、探神、赵公明等。现在东通乐赛戏已基本恢复了四五个传统剧目的演出，庞小保在其中担任报场官和主要角色，同时也是赛戏演出的组织者之一，为东通乐赛戏的传承和发展起到了重要作用。

Ⅳ-96 永年西调

张海臣

（编号：03-1096），男，汉族，1936年1月生，河北省永年县临名关镇南街人。2008年6月，永年西调被列入第二批国家级非物质文化遗产名录传统戏剧类，项目编号Ⅳ-96。2009年6月，张海臣入选为第三批国家级非物质文化遗产项目代表性传承人，河北省永年县申报。张海臣为国家二级演员，永年西调第五代传人，7岁开始跟随父亲张学增——著名鼓师"一杆拳"学戏。曾先后受到著名京剧表演艺术家袁世海、杜近芳、冯志孝和山西上党梆子表演艺术家郭金顺及著名作家赵树理等的亲身传艺和指导。他通生、旦、净、丑各行，唱腔醇厚流利，表演功底深厚，擅演永年西调的须生，也精于锣鼓琴弦，是戏曲界难得的多面手。所演出的多个剧目被省电视台录像录音并播放；参加邯郸市第三届戏剧节荣获表演一等奖。1994参加邯郸市首届专业剧团调演，获演员一等奖。代表剧目《逼上梁山》、《八郎刺肖》、《海瑞告状》、《闹书院》、《潘杨讼》、《斩皇子》、《蝴蝶杯》、《文王访贤》等。从20世纪90年代开始，为永年西调的传承和发展，培养了大批人才。

山西

Ⅳ-18 晋剧

田桂兰

（编号：03-0985），女，汉族，1941年2月生，山西省汾阳市冀村人，现居山西省太原市。2006年5月，晋剧被列入第一批国家级非物质文化遗产名录传统戏剧类，项目编号Ⅳ-18。2009年6月，田桂兰入选为第三批国家级非物质文化遗产项目代表性传承人，山西省申报。田桂兰是晋剧艺术流派"田"派创始人，国家一级演员。1953年考入太原市人民晋剧团训练班，受到郭双喜（艺名水仙花）、张宝魁（艺名筱吉仙）和花艳君、刘仙玲等老师的启蒙训练。1956年转入太原市戏曲学校，在著名表演艺术家丁果仙校长的指导下继续深造。田桂兰擅长吸收各家所长，将各种剧种融于晋剧，戏路宽广，专攻花旦、小旦，尤以做工见长。为第四届中国戏剧梅花奖得主，是晋剧第一位获此殊荣者。代表作有《打金枝》（饰演升平公主）、《杨门女将》（饰演穆桂英）、《喜荣归》（饰演崔秀英）、《打神告庙》（饰演敫桂英）等。所传弟子崔建华（国家一级演员、梅花奖得主）、陈红（国家一级演员、杏花奖得主）；詹俊芬（国家二级演员）、徐朝清（国家二级演员）等。

程玉英

（编号：03-0986），女，汉族，1920年11月生，山西省平遥县梁赵村人。2006年5月，晋剧被列入第一批国家级非物质文化遗产名录传统戏剧类，项目编号Ⅳ-18。2009年6月，程玉英入选为第三批国家级非物质文化遗产项目代表性传承人，山西省申报。程玉英是晋剧程派声腔体系创始人，国家一级演员。10岁时拜晋剧艺人高文翰为徒，工须生。13岁改攻青衣。16岁时，在师傅的帮助下对晋剧老艺人中原有的"那一咦呀嗨"行腔进行大胆改革，创造单用一个"嗨"字的"嗨嗨腔"，并使之在晋剧唱腔中正式定型和程式化，成为独树一帜的程派声腔体系特征。"嗨嗨腔"不仅是晋剧旦角演唱形式的变化，而且与所扮人物的思想感情密切相连，在表演时新颖传神，韵味无穷。被民间称为"山西两个女戏王"之一。代表剧目《蝴蝶杯》、《武家坡》、《女中孝》、《清风亭》等。弟子有王万梅、王爱爱、张桂英、杨桂香、王淑珍等，其中也不乏梅花奖得主。

马玉楼

（编号：03-0987），女，汉族，1934年5月生，山西省汾阳市北关村人。2006年5月，晋剧被列入第一批国家级非物质文化遗产名录传统戏剧类，项目编号Ⅳ-18。2009年6月，马玉楼入选为第三批国家级非物质文化遗产项目代表性传承人，山西省申报。马玉楼是晋剧艺术流派——"丁"派传人，国家一级演员。12岁从师于著名晋剧演员孙福娥。1950年调入太原新新剧团（即丁果仙剧团），正式拜丁果仙为师。继承了"丁派"艺术的韵味和行腔的方法，起伏有致，刚柔相济，她的扮相幽默，表演含蓄，很有乃师之风。嗓音清脆甜润，喷口有力，吐字清楚，高昂质朴，韵味浓郁，戏路宽，善于刻画有个性的舞台形象。她的唱腔已经形成了独特的风格，被称为马派唱腔。代表剧目《打金枝》、《芦花》、《坐楼杀惜》、《失街亭》、《四郎探母》、《辕门斩子》、《法门寺》、《八件衣》、《四进士》等传统戏；现代戏有《红灯记》、《沙家浜》、《龙江颂》等。1982年与郭兰英合作演出的晋剧《金水桥》拍成电视，获全国电视评比二等奖。其弟子主要有王铁梅、杨红霞等。

Ⅳ-20 北路梆子

杨仲义

（编号：03-0990），男，汉族，1961年12月生，山西省忻州市保德县人。2006年5月，北路梆子被列入第一批国家级非物质文化遗产名录传统戏剧类，项目编号Ⅳ-20。2009年6月，杨仲义入选为第三批国家级非物质文化遗产项目代表性传承人，山西省忻州市申报。杨仲义为国家一级演员、北路梆子第三代传人。1977年入山西省戏曲学校学习。1979年被著名戏剧表演艺术家贾桂林和赵景勃看中吸收为徒，亲自培养教导。在传承北路梆子的基础上，综合吸收其他剧种和剧目的不同艺术风格，创造了许多栩栩如生的舞台艺术形象，被誉为"全才须生"，将北路梆子的须生表演艺术推向一个新的高度。他主演的《杀庙》、《逃国》已成为北路梆子后学者和兄弟剧种仿演的范本。1992年获中国戏剧"梅花奖"，成为北路梆子第一位梅花奖获得者。代表剧目《杀庙》、《逃国》、《拜母》、《休妻》、《惊魂》等。

成凤英

（编号：03-0991），女，汉族，1963年3月生，山西省忻州市静乐县人。2006年5月，上党梆子被列入第一批国家级非物质文化遗产名录传统戏剧类，项目编号Ⅳ-21。2009年6月，成凤英入选为第三批国家级非物质文化遗产项目代表性传承人，山西省晋城市申报。成凤英为国家一级演员，戏剧"梅花奖"得主。1974年，成凤英进入忻州文化艺术学校学习北路梆子，先学旦角，后改小生。1979年毕业分配到忻州地区北路梆子剧院，得老艺术家董福、李万林等指导，逐渐成为北路梆子的当家主演。成凤英主攻文武小生，兼演青衣，在戏剧舞台上塑造了一系列生动鲜活的艺术形象，深受广大观众和专家学者的好评。扮相俊美，表演潇洒大方，基本功扎实，唱、念、做、打并重，注重特技的运用，是一位难得的可游刃自如地驰骋于生旦行里，戏路宽广的全才演员，成为北路梆子剧种的少数代表人物之一。著名戏剧评认家郭汉城先生誉称她为"塞北明珠"。代表作剧目《八大锤》、《哭坟》、《画龙点睛》、《忠义侠》、《吕布与貂蝉》、《日月谣》、《访白袍》等。

Ⅳ-21 上党梆子

吴国华

（编号：03-0992），女，汉族，1958年10月生，山西省晋城市高平市人。2006年5月，上党梆子被列入第一批国家级非物质文化遗产名录传统戏剧类，项目编号Ⅳ-21。2009年6月，吴国华入选为第三批国家级非物质文化遗产项目代表性传承人，山西省晋城市申报。吴国华为国家一级演员。出身于梨园世家，1973年考入晋东南戏校。在20余年的舞台生涯中，塑造了众多戏曲人物形象，青衣、花旦、刀马、小生均能完美演绎，其扮相端庄大方，唱腔清脆俏丽，表演入木三分，出神入化，达到了较高境界。1991年进京演出折子戏专场，获第九届戏剧梅花奖；1999年饰演《初定中原》中的孝庄太后，获第六届中国戏剧节优秀表演奖；1984年在彩色电影艺术片《佘赛花》（上党落子）中饰演佘赛花；2001年在四集戏曲电视连续剧《初定中原》中饰演孝庄太后；出版发行了大批个人唱腔专辑，其名字收入当代戏曲表演艺术家名录，中国当代艺术家名人录。代表剧目《砍坛》、《寄刀》、《三关排宴》、《初定中原》、《借粮》、《酒楼洞房》、《杀惜》等。

张爱珍

（编号：03-0993），女，汉族，1959年5月生，山西省晋城市高平市人。2006年5月，上党梆子入选为第一批国家级非物质文化遗产名录传统戏剧类，项目编号Ⅳ-21。2009年6月，张爱珍入选为第三批国家级非物质文化遗产项目代表性传承人，山西省晋城市申报。张爱珍自幼受深爱上党梆子的父亲熏陶，1972年被高平县青年文艺培训班招生被录取，毕业后在高平县上党梆子剧团工作。1979年拜上党梆子表演艺术家吴婉芝为师，在继承吴派唱腔和传统声腔艺术的基础上又博采众长，勇于探索，不断开拓进取，创造了通透圆润、醇厚甜美的"爱珍腔"，被誉为"上党梆子一绝"。"爱珍腔"行腔婉丽，吐字真切，韵味十足。高音区清纯明丽，上下通透；中低音区，圆润甜美，哀婉缠绵；激情时声震云天，撼人心魄；委婉时柔情似水，风情万种。曾获第九届中国戏剧梅花奖、全国"金唱片"奖。代表剧目《皮秀英打虎》、《秦香莲》、《柴夫人》、《杀妻》、《两地家书》、《塞北有个佘赛花》等传统戏，现代戏《蝶恋花》、《走出大山》、《路魂》等。

张保平

（编号：03-0994），男，汉族，1961年1月生，山西省晋城市沁水县人。2006年5月，上党梆子被列入第一批国家级非物质文化遗产名录传统戏剧类，项目编号Ⅳ-21。2009年6月，张保平入选为第三批国家级非物质文化遗产项目代表性传承人，山西省晋城市申报。张保平为国家一级演员。1973年，张保平考入山西省艺术学校晋东南分校，1979年毕业，留在了由毕业班学生组建的上党梆子青年演出队。在长期的演出实践中，以其扮相俊美，做派潇洒，唱腔刚柔相济，刻画人物准确，深得专家和广大观众的赞赏，是上党梆子生行中承上启下的人物，被誉为上党第一人。1998年获第十六届中国戏剧梅花奖；1999年获第六届中国戏剧节优秀表演奖；2000年获文华表演奖；2001年策划并主演上党梆子第一部戏曲电视连续剧《初定中原》获第二十二届飞天奖。代表剧目《初定中原》、《杀妻》、《杀惜》等。目前任山西省上党梆子剧团团长，为传承上党梆子而努力。

张志明

（编号：03-0995），男，汉族，1956年生，山西省长治市长子县人。2008年6月，上党梆子被列入第一批国家级非物质文化遗产扩展项目名录传统戏剧类，项目编号Ⅳ-21。2009年6月，张志明入选为第三批国家级非物质文化遗产项目代表性传承人，山西省长治市申报。张志明1968年介入梨园，主攻小生兼须生。其扮相潇洒英俊，嗓音甜美清越，发声兼有上党梆子潞

府派"三义班"及"乐意班"之特色。尤其是《珍珠塔》中的方卿，声情并茂，游刃有余，成为他的拿手角色。扮演《乾坤带》中杨八郎使其名震四方，誉满上党。在1994年山西新剧目交流评比演出中，张志明在新编历史剧《大齐悲歌》中饰演黄巢，获表演一等奖，此剧的创作也被誉为"填补了山西戏曲题材的一项空白"；《三关排宴》1995年获中国戏剧牡丹奖。他曾多次参加省电视台主办的春节晚会中戏曲演唱，部分优秀剧目、唱段由中国唱片公司出版。其中《汉阳堂》、《晋阳公主》、《收姜维》、《乾坤带》等，多次于央视"名段欣赏"栏目中播出，反响强烈。1998年张志明任长治市上党梆子剧团团长，为剧团带出了一批艺术骨干，为传承上党梆子培养人才。

Ⅳ-42 灵丘罗罗腔

范增

（编号：03-1022），男，汉族，1956年生，山西省大同市灵丘县人。2006年5月，灵丘罗罗腔被列入第一批国家级非物质文化遗产名录传统戏剧类，项目编号Ⅳ-42。2009年6月，范增入选为第三批国家级非物质文化遗产项目代表性传承人，山西省灵丘县申报。范增为国家二级演员，灵丘罗罗腔第三代的主要传承人之一。1970年，考入灵丘县罗罗腔剧团，师承安富国、张有国老师，工须生。在继承师艺的基础上，他依据自身特点，博采众长、大胆创新，形成了自己的艺术风格。其演唱行腔细腻、高亢有力、吐字清晰，尤其将句尾高八度的"背宫音"假声耍腔运用得圆润自如、婉转流畅，表演朴实无华、庄重大方。而且，他还善于利用各种板式唱腔和演唱技巧来刻画人物的内心世界，充分展示出罗罗腔这一古老剧种的地方特色。范增还努力进行剧本创新，排演了《灵丘美》、《村官上任》、《蜜月风波》等新剧目。

代表剧目《胭脂》、《桃李梅》、《回龙传》、《小二黑结婚》、《嫁不出去的姑娘》、《春嫂娶夫》等。为继承和发展罗罗腔，2006年他委托大同艺校成立了灵丘罗罗腔学员班，招收学员30名，开创了学院科班培养的先河。培养了白玉文、郭德宝等剧团骨干。

Ⅳ-70 秧歌戏 （朔州秧歌戏）

张福

（编号：03-1060），男，汉族，1951年生，山西省朔州市朔城区人。2006年5月，秧歌戏（朔州秧歌戏）被列入第一批国家级非物质文化遗产名录传统戏剧类，项目编号Ⅳ-70。2009年6月，张福入选为第三批国家级非物质文化遗产项目代表性传承人，山西省朔州市申报。张福是山西朔县秧歌戏传承人，著名朔州秧歌戏表演艺术家，朔城区大秧歌剧团团长。张福出身于一个大秧歌戏世家，其祖父和父亲都是著名朔州秧歌戏艺人，父亲张元业是第二批国家级非物质文化遗产朔州秧歌戏的代表性传承人。张福是第五代传人，自幼随父学艺，精通敲、打、吹、拉、弹、唱各种技艺，培训出秧歌艺术人才100多人，是朔州大秧歌优秀的传承人。1998年，张福担任秧歌戏剧团团长后，大力改革，并致力培训后继演员，保存、整理剧目。在他的影响下，他的儿女们都在从事大秧歌的传承工作。

Ⅳ-70 秧歌戏 （繁峙秧歌戏）

张润来

（编号：03-1061），男，汉族，1931年生，山西省繁峙县梁家庄人。2006年5月，秧歌戏（繁峙秧歌戏）被列入第一批国家级非物质文化遗产名录传统戏剧类，项目编号Ⅳ-70。2009年6月，张润来入选为第三批国家级非物质文化遗产项目

代表性传承人，山西省繁峙县申报。张润来为著名秧歌戏表演艺术家。17岁跟随民间老艺人张维帮学习秧歌戏，主攻小生。他唱腔刚健浑厚、气势磅礴，在继承传统秧歌演唱技巧的基础上，还大胆地将其他剧种的精华曲调运用到繁峙秧歌的音乐和唱腔中，自成流派，深受忻州和雁北地区秧歌戏迷追捧。1956年繁峙县政府集中当地的民间艺人组建繁峙第一个专业演出团体繁峙秧歌剧团，张润成为秧歌剧团专业演员。1978年被任命为剧团业务副团长，专门开办了秧歌戏培训学校，并任班主任。目前张润来收弟子郭林凤。

Ⅳ-70 秧歌戏 （祁太秧歌戏）

苗根生

（编号：03-1062），艺名"松树树"，男，汉族，1921年生，2012年12月卒，山西省晋中市祁县苗堡人。2008年6月，秧歌戏（祁太秧歌戏）被列入第一批国家级非物质文化遗产扩展项目名录传统戏剧类，项目编号Ⅳ-70。2009年6月，苗根生入选为第三批国家级非物质文化遗产项目代表性传承人，山西省祁县申报。苗根生30岁开始学艺，从师吕达。通过勤学苦练，加上善于琢磨，几年之后，苗根生就练就了高超的表演技能，其代表曲目《锄田》达到了旁人难以企及的艺术高峰，把一个地方小戏演绎到万人空巷的境地，以至于在苗根生在世的时候，无人敢再表演《锄田》。但苗根生退出舞台后晚景凄凉，以拾荒度日。后在王铁生和祁县文化馆的帮助下，将《锄田》教授给年轻一代。

白美云

（编号：03-1063），女，汉族，1963年生，山西省太谷县侯城乡里修村人。2008年6月，秧歌（祁太秧歌戏）被列入第一批国家级非物质文化遗产扩展项目名录传统戏剧类，项目编号Ⅳ-70。2009年6月，白美云入选为第三批国

家级非物质文化遗产项目代表性传承人，山西省太谷县申报。白美云1980年进入太谷秧歌剧团，工小生、花旦。从师于香曼旦、石翠玲（刘芝兰徒弟）。1990年，获"山西省戏曲调演一等奖"；2004年获"中国第六届民间艺术节银奖"。2009年参加中央电视台《民歌·中国》栏目《逛太谷 看秧歌》节目的录制。代表剧目《回家》、《春江月》、《大吃醋》等。

Ⅳ-70 秧歌戏（襄武秧歌）

任森奎

（编号：03-1064），男，汉族，1932年生，山西省长治市武乡县韩北乡下合村人。2008年6月，秧歌戏（襄武秧歌）被列入第一批国家级非物质文化遗产扩展项目名录传统戏剧类，项目编号Ⅳ-70。2009年6月，任森奎入选为第三批国家级非物质文化遗产项目代表性传承人，山西省武乡县申报。任森奎从小热爱秧歌戏，后随剧团跑龙套，凭自身良好的艺术天赋，加之自己勤奋好学，很快名扬上党。他的演技独特，风趣幽默，叫绝称奇。1949年被召到县光明剧团，勤奋钻研，表演艺术水平不断进步，成为晋东地区数十个剧团丑角演员中屈指可数的重量级演员。1959年应邀参加新中国成立二十周年大庆北京天安门观礼。代表作有《戏中书》、《河灯会》、《富家营》、《盘石岭》、《绑柱结婚》、《王贵与李香香》等。

Ⅳ-73 二人台

杜焕荣

（编号：03-1066），女，汉族，1954年7月生，山西省忻州市河曲县巡镇人。2006年5月，二人台被列入第一批国家级非物质文化遗产名录传统戏剧类，项目编号Ⅳ-73。2009年6月，杜焕荣入选为第三批国家级非物质文化遗产项目代表性传承人，山西省河曲县申报。杜焕荣为二人台第四代传人，曾师承"补莲子"吕桂英、韩运德。杜焕荣14岁时加入村里的"小戏班"，16岁被选进县剧团，逐渐成长为主角级的人物。后被调到了县文化馆，负责民歌二人台方面的培训工作。17岁演《红嫂》，一举走红。在长期表演实践中，她能很好地把剧情、舞蹈功、生活三者紧密糅合在一起，使之成为一种特色。为推广和传承二人台艺术，杜焕荣组建了二人台业余剧团，为二人台艺术发展做出了显著的贡献。代表剧目有《打樱桃》、《探病》、《拜大年》、《走西口》、《水刮西包头》等。

贾德义

（编号：03-1067），男，汉族，1943年9月生，山西省忻州市河曲县沙万村人。2006年5月，二人台被列入第一批国家级非物质文化遗产名录传统戏剧类，项目编号Ⅳ-73。2009年6月，贾德义入选为第三批国家级非物质文化遗产项目代表性传承人，山西省河曲县申报。贾德义的父亲是远近闻名的民间唢呐高手，被人称为"吹鼓手"。贾德义从小跟着父亲一起去演出，练就了一身吹拉弹唱的好功夫。1959年他考入五寨师范，师从苏菲亚、冯存老师。他采集、整理了大量散落在民间的山曲小调，创作了大量河曲民歌二人台曲目，协助拍摄40余部民俗影视作品，出版了《河曲二人台》、《西北风情歌》、《人台传统唱腔全篇》等8部关于民歌研究的文献性书籍。1986年，央视教育频道唱河曲民歌。给《驼道》、《若河》电视剧和台湾专题片《民歌民风》配唱民歌。整理编辑出版了漫瀚调、山曲子、二人台VCD光盘，被报刊表彰为"河曲歌王"、"歌海奇人"等。

Ⅳ-88 锣鼓杂戏

李正勤

（编号：03-1073），男，汉族，1930 年生，山西省运城市临猗县人。著名锣鼓杂戏表演艺术家。2006 年 5 月，锣鼓杂戏被列入第一批国家级非物质文化遗产名录传统戏剧类，项目编号Ⅳ-88。2009 年 6 月，李正勤入选为第三批国家级非物质文化遗产项目代表性传承人，山西省临猗县申报。

Ⅳ-92 木偶戏（孝义木偶戏）

武兴

（编号：03-1088)，男，汉族，1951 年生，山西省孝义市人。2008 年 6 月，木偶戏（孝义木偶戏）被列入第一批国家级非物质文化遗产扩展项目名录传统戏剧类，项目编号Ⅳ-92。2009 年 6 月，武兴入选为第三批国家级非物质文化遗产项目代表性传承人，山西省孝义市申报。武兴 10 岁学习木偶皮影表演，1972 年考入孝义市木偶剧团，师从梁全民。他的表演功底扎实、技艺娴熟、干净利索，能用孝义皮腔、孝义碗碗腔给皮影戏伴唱，字正腔圆，婉转流畅。特别善演猴戏，表演时美猴王的翎子可长近两米。2002 年 6 月，特色剧目《花果山》、《长袖舞》、《疯狂吉他手》参加了"世界杯"足球赛庆典文艺活动——韩国大田国际木偶艺术节。武兴现为孝行文化传播有限公司的特聘教师，专门教学员们皮影、木偶戏。有徒弟武永帅。

Ⅳ-98 上党落子

李仙宝

（编号：03-1098)，男，汉族，1935 年生。2008 年 6 月，上党落子被列入第二批国家级非物质文化遗产名录传统戏剧类，项目编号Ⅳ-98。2009 年 6 月，李仙宝入选为第三批国家级非物质文化遗产项目代表性传承人，山西省黎城县申报。李仙宝为黎城黎明剧团落子演员，工丑角。

Ⅳ-99 眉户（运城眉户）

李英杰

（编号：03-1099)，男，汉族，1938 年生，山西省临猗县人。2008 年 6 月，眉户（运城眉户）被列入第二批国家级非物质文化遗产名录传统戏剧类，项目编号Ⅳ-98。2009 年 6 月，李英杰入选为第三批国家级非物质文化遗产项目代表性传承人，山西省运城市申报。李英杰为国家一级演员。从 1954 年起到临猗县眉户剧团唱现代戏，表演人物鲜活生动，各有特色。代表剧目《儿女奇缘》、《云散月圆》、《涧水东流》、《唢呐泪》、《一颗红心》等。其中《一颗红心》被拍摄成电影，改名《红心朝阳》。

内蒙古

Ⅳ-73 二人台

武利平

（编号：03-1065)，男，汉族，1960 年 2 月生，内蒙古自治区乌兰察布市凉城县人，现居内蒙古自治区呼和浩特市。2006 年 5 月，二人台被列入第一批国家级非物质文化遗产名录传统戏剧类，项目编号Ⅳ-73。2009 年 6 月，武利平入选为第三批国家级非物质文化遗产项目代表性传承人，内蒙古自治区呼和浩特市申报。武利平为国家一级演员，内蒙古二人台艺术团团长，被誉为"内蒙古第一笑星"。出身于梨园之家，受在凉城县晋剧团从事艺术工作的父母的影响，他从小就喜爱唱歌、跳舞及模仿。11 岁进入乌兰察布凉城县的乌兰牧旗，开始接触二人台，16 岁便被选拔到县剧团当演员，学习声乐、舞蹈和各种乐器，以及多种戏曲。他凭借自身的天赋转益多师，曾到包头市求教老艺人樊六学学习彩旦表演，并把相当有难度的彩旦戏《探病》等继承下来。他在继承传统的基础上，勇于突破，大胆创新，博采众长，给二人台艺术注入了时代意识，受到了广大观众的欢迎。自 20 世纪 80 年代年代末，武利平多次参加了省市及全国性的戏剧大赛。在表演二人台的同时，还参与了影视作品表演和小品表演，获誉颇多。2004 年，他开始筹建创办武利平二人台艺术明星班，希望借此传承二人台。目前收有弟子谢峰、王占昕、张虎、周永新、郭文华等。

辽宁

Ⅳ-51 评剧

周丹

（编号：03-1035），女，汉族，1970 年生。2006 年 5 月，评剧被列入第一批国家级非物质文化遗产名录传统戏剧类，项目编号 Ⅳ-51。2009 年 6 月，周丹入选为第三批国家级非物质文化遗产项目代表性传承人，辽宁省沈阳市申报。周丹为国家一级演员，韩派代表人物，评剧大师韩少云关门弟子。1990 年毕业于沈阳市艺术学校，同年参加沈阳评剧院工作，1996 年考入沈阳音乐学院（民声系）学习。周丹的评剧天赋极好，气质优雅大方、台风稳健、戏路宽广、功底扎实、扮相俊美，善于刻画各类人物，是不可多得的评剧人才。她的行腔委婉动听，低处千回百转，高处刚柔相济，表演上细腻传神。

在韩少云老师的精心调教下，结合自己的努力，既师承了韩派艺术的神韵，在唱腔上又融入了姊妹艺术的表现形式，深受广大观众喜爱。著有《现代戏曲杂议》、《戏曲表演与生活》、《浅谈评剧现代戏人物的塑造》等文章。获第二十五届梅花奖。代表剧目《山里人家》、《小女婿》、《杨三姐告状》、《红楼梦》、《凤还巢》、《小二黑结婚》、《牛郎织女》、《人面桃花》、《打金枝》、《光绪与珍妃》、《情殇》、《雪花飘飘》、《闹牛记》、《神圣的天职》等。现未正式收徒。

Ⅳ-100 海城喇叭戏

赵有年

（编号：03-1100），男，汉族，1929 年生，辽宁省海城市英落镇后英村人。2008 年 6 月，海城喇叭戏被列入第二批国家级非物质文化遗产名录传统戏剧类，项目编号 Ⅳ-100。2009 年 6 月，赵有年入选为第三批国家级非物质文化遗产项目代表性传承人，辽宁省鞍山市申报。赵有年 17 岁开始学习高跷喇叭戏，师从李显贵、李粘灵和李庆言。赵有年，演旦角。1947 年开始学习评剧，先后在辽宁鞍山戏曲会群众曲艺社、海城评剧团当演员。赵有年擅长表演传统剧目，如《红月娥做梦》、《拉马》等。如今，他致力于编写剧本，有作品《鞭打芦花》等。到目前为止，赵有年已经整理并撰写海城喇叭戏传统剧目 10 余部，录制剧目 8 部。据他自述已教授 120 多个徒弟。2010 年，赵有年又正式收了两个海城喇叭戏徒弟。

吉林

Ⅳ-101 黄龙戏

赵贵君

（编号：03-1101），男，汉族，1955年3月生，吉林省农安县人。2008年6月，黄龙戏被列入第二批国家级非物质文化遗产名录传统戏剧类，项目编号Ⅳ-101。2009年6月，赵贵君入选为第三批国家级非物质文化遗产项目代表性传承人，吉林省农安县申报。赵贵君为国家一级作曲，长春市特殊贡献专家。赵贵君的祖父和父亲都是"此地影"民间戏班子的演员，从师"老柳罐"，其自幼在祖父和父亲的教导下学习"唱影"和"记曲"，习得了诸多黄龙地方民间皮影和民间戏曲艺术家的独特戏曲知识。他将家传技艺与当地民间技艺融入黄龙戏，在对黄龙戏的音乐创作和把握上，他既传承黄龙戏的本真性，又突出音乐的创造性，从而使黄龙戏有了艺术的真传，人称其为黄龙戏的"原声"传承者。赵贵君很好地把握住黄龙戏的程序性，突出了内容的丰富多彩，灵活多变。在表演动作上夸张表述，如让动物形象意味浓厚，线条粗犷，刚柔并济；念白呈现鲜明本土地域化、生活化特征；舞台则体现出雄奇、大气的格调。在20世纪80年代赵贵君独立谱曲大型历史故事剧《魂系黄龙府》，曾获得中国戏曲音乐"孔三传"金牌奖，在民族戏剧音乐创作上取得了巨大的成就。

黑龙江

Ⅳ-91 皮影戏（望奎县皮影戏）

谷宝珍

（编号：03-1080），女，满族，1950年生，黑龙江省绥化市望奎县人。2008年6月，皮影戏（望奎县皮影戏）被列入第一批国家级非物质文化遗产扩展项目名录传统戏剧类，项目编号Ⅳ-91。2009年6月，谷宝珍被列入第三批国家级非物质文化遗产项目代表性传承人名单，黑龙江省望奎县申报。谷宝珍为望奎皮影戏的第四代传人，黑龙江皮影戏"江北派"创始人之一。1977年谷宝珍拜第三代传人张学文、关兴久为师，先后掌握了《五峰会》、《镇冤塔》等20余部成本大套皮影的演唱方法与技巧。她将京、评剧的表现手法融于皮影演唱中，形成自己嗓音圆润、甜脆动听、韵味十足的特点。1979年谷宝珍担任望奎皮影队队长，在她率领下全县14个皮影队蜂拥而起，以"此地影"为基础，吸收"乐亭影"的腔调音韵，形成黑龙江"两合水"皮影的特殊韵致风格。1985年，经国家相关部门专家鉴定，确定望奎县皮影戏演唱风格为"江北派"并正式命名。1990年起，望奎皮影队经常演出于绥化、嫩江一带城镇乡村，谷宝珍演出的一些剧目已被黑龙江省音像出版社出版为盒式带，发行国内及日本、美国和德国。谷宝珍的女儿关海英、侄女谷晓华及外孙儿张紫涵都已成为望奎县皮影传人。

上海

Ⅳ-1 昆曲

辛清华

（编号：03-0962），男，汉族，1939年生，江苏省徐州市人，现居上海。2001年5月，昆曲被联合国教科文组织列为第一批"人类口述和非物质遗产代表作"之一。2006年5月，昆曲被列入第一批国家级非物质文化遗产名录传统戏剧类，项目编号Ⅳ-1。2009年6月，辛清华入选为第三批国家级非物质文化遗产项目代表性传承人，上海市申报。辛清华为国家一级作曲，1945年毕业于夏声戏剧学校，1947年考入上海仲乐音乐馆，师从卫仲乐学习民族音乐。致力于昆剧音乐教学和作曲，为大量的演出剧目进行音乐创作。其创作题材广，手法新，唱腔设计既富有传统的美感，又善于抒发人物深刻细腻的思想感情。1964年为《琼花》谱曲，作了开拓性的创造，打破套曲的框框，采用昆剧的特性音调，依据人物激情，集中使用各种润腔方法，以及试用和发展多种板式，如"紧打慢唱"、"快三眼"、"一板两眼"（三拍子）的节奏等。《钗头凤》荣获首届上海戏剧节作曲奖；《琼花》获孔三传音乐创作优秀奖；1985年任《中国戏曲音乐集成·上海卷》副主编；2002年任《振飞曲谱》（上、下本）编辑；2002年荣获中华人民共和国文化部授予的"长期潜心昆曲艺术事业成就显著，特予表彰"奖牌。有弟子梁弘钧。

王芝泉

（编号：03-0963），女，汉族，1941年7月生，原籍四川省南充市，现居上海，2001年5月，昆曲被联合国教科文组织列为第一批"人类口述和非物质遗产代表作"之一。2006年5月，昆曲被列入第一批国家级非物质文化遗产名录传统戏剧类，项目编号Ⅳ-1。2009年6月，王芝泉入选为第三批国家级非物质文化遗产项目代表性传承人，上海市申报。王芝泉为国家一级演员，1954年考入华东戏曲研究院昆曲演员训练班，幼时由松雪芳、方传芸和张美娟等京昆名家亲授，专攻武旦。她戏路宽广，嗓音清亮，造型优美，舞姿动人，功底深厚扎实，武打技艺高超，打中有做，舞表结合，出手准确稳健，既追求技巧上的新奇高难，又着力于人物的塑造，被誉为"武旦皇后"。代表剧目《孙悟空三打白骨精》、《白蛇后传》、《盗库银》、《扈家庄》、《雅观楼》、《梁红玉》、《八仙过海》、《借扇》、《沉香救母》、《盗草》、《请神降妖》、《挡马》等。王芝泉自20世纪90年代致力于戏曲教学，多次获得文化部颁发之"优秀园丁奖"。授徒有钱瑜婷、林芝、赵文英、杨亚男、燕凌等，都已经成长为昆曲名角，多人多次获各种奖项，燕凌还曾获中国戏剧梅花奖。

Ⅳ-28 京剧

艾世菊

（编号：03-1009），原名艾云章，又名艾世环，男，汉族，1917年10月生，2012年6月2日卒，上海人。2010年11月，京剧入选"人类非物质文化遗产代表作名录"。2006年5月，京剧被列入第一批国家级非物质文化遗产名录传统戏剧类，项目编号Ⅳ-28。2009年6月，艾世菊入选为第三批国家级非物质文化遗产项目代表性传承人，上海市申报。艾世菊为上海京剧院一级演员。12岁入富连成科班世字科习艺，工文丑、武丑，文得萧长华、萧盛萱父子亲传，武得叶盛章教授。艾世菊身段干净利落，念白口齿清楚，做戏诙谐幽默，文戏儒雅大方，武戏艺技出众。1936年，他还未出科就在《立言报》主持的童伶选举中获丑角第三名的荣誉。1937年出科，在留校演出的一年中，拜在马富禄门下，同时也继续向名丑王长林之子王福山请益深造。艾世菊的丑角表演艺术具有正规的传统风格，雅致大方，醇厚隽永，谑而不油，谐而不俗。代表剧目《时迁偷鸡》、《打瓜园》、《刺巴杰》、《连环套》、《打渔杀家》、《打杠子》、《遗翠花》、《浣花溪》等。艾世菊重视后辈的培养，在他的晚年，几乎对京剧艺术的传承倾注了全部精力，虽未正式收过弟子，但很多京剧艺人都受过他的教诲。

汪正华

（编号：03-1010），男，汉族，1929年2月生，2012年11月卒，江苏省扬州市人，后移居上海。2010年11月，京剧被列入"人类非物质文化遗产代表作名录"。2006年5月，京剧被列入第一批国家级非物质文化遗产名录传统戏剧类，项目编号Ⅳ-28。2009年6月，汪正华入选为第三批国家级非物质文化遗产项目代表性传承人，上海市申报。汪正华1939年入上海戏剧学校正字班，习老生。1950年在香港拜马连良为师，此后深得杨宝森青睐，悉心钻研杨派艺术。1957年后入上海京剧院，常演《失空斩》、《伍子胥》、《碰碑》等杨派名剧，并在新编古装剧《满江红》中演岳飞，《梅妃》中演唐明皇，《宋江题诗》中演宋江，创造了一些带有浓厚杨派特色的新唱段，广为流传。汪正华先生表演规矩大方，嗓音沉厚有味，唱腔稳重苍劲，台风严谨。他学习杨派一丝不苟严肃认真，不仅在演唱杨派名剧时严格按杨派的路子演唱，而且在新编剧目的演出中，也明显体现出杨派风范。20世纪90年代起，为杨派的音配像工程出力颇多，在《杨家将》、《失空斩》、《伍子胥》等剧目中为杨宝森配像。晚年的汪正华将毕生心血倾囊授予后辈演员，为京剧艺术的传承发展作出了重要贡献。李军是他的弟子。

李炳淑

（编号：03-1011），女，汉族，1942年生，安徽省宿县人，后移居上海。2010年11月，京剧入选"人类非物质文化遗产代表作名录"。2006年5月，京剧被列入第一批国家级非物质文化遗产名录传统戏剧类，项目编号Ⅳ-28。2009年6月，李炳淑入选为第三批国家级非物质文化遗产项目代表性传承人，上海市申报。李炳淑为国家一级演员，中国当代杰出的京剧梅派艺术家之一。14岁考入安徽宿县京剧团，1959年进入上海市戏曲学校。先后为上海京剧二团、上海京剧团主要演员。在此期间深得梅派传人杨畹农、言慧珠的传授，后又拜梅兰芳大师的入室大弟子魏莲芳为师。她的演唱不仅继承了梅派唱腔的流畅大方，雍容华贵，念白富有韵味的艺术风格和特色。而且还扬其嗓音圆润甜美之长，唱起来委婉缠绵，刚柔相济，激昂之时如直泻的飞雨风暴，低徊时又却是犹如潺潺的清泉。艺术上宗法"梅派"，兼取张派（张君秋）之长。代表剧目《白蛇传》、《凤还巢》、《杨门女将》，及现代戏《龙江颂》、《审椅子》等。其中《审椅子》、《白蛇传》和《龙江颂》均摄成影片。《龙江颂》、《白蛇传》和《太真外传》等戏奠定了她在20世纪70—80年代京剧界的领衔地位。也为培养青年演员竭尽全力，目前带有5名戏校学生。

童祥苓

（编号：03-1012），男，汉族，1935年3月生，籍贯江西省南昌市，后移居上海。2010年11月，京剧入选"人类非物质文化遗产代表作名录"。2006年5月，京剧被列入第一批国家级非物质文化遗产名录传统戏剧类，项目编号Ⅳ-28。2009年6月，童祥苓入选为第三批国家级非物质文化遗产项目代表性传承人，上海市申报。童祥苓出身京剧世家"童家班"，最初曾向宋继亭、雷喜福等老一辈艺术家学戏，以后又得余派名家刘盛通、鲍吉祥、陈大濩等亲授。先后求教于著名老生张伯驹、李少春、李世可、安舒元、陈秀华、张少甫、殷富环，著名武生尧喜成、钱富川、高连甲、钱宝森等，故艺术全面，文武俱佳。1952年应考中国戏校成功，1953年拜马连良先生为师。因而在技艺上童祥苓艺宗余派，得余派之高亢激越，师承马派，得马派之潇洒流畅，深得二派之真髓。戏路宽广，演唱韵味醇厚，表演洒脱自如，善于刻画人物，有别于北派京剧重于唱而疏于演。代表剧目《定军山》、《四郎探母》、《淮河营》、《战太平》、《汉宫春秋》、《大探二》、《武家坡》、《清官册》、《乌盆记》、《击鼓骂曹》等。曾参与创作拍摄戏曲电影《尤三姐》、《智取威虎山》。

周少麟

（编号：03-1013），曾用名菊傲、微华，男，汉族，1934年9月生，2010年12月卒，浙江宁波人，后移居上海。2010年11月，京剧被列入"人类非物质文化遗产代表作名录"。2006年5月，京剧被列入第一批国家级非物质文化遗产名录传统戏剧类，项目编号Ⅳ-28。2009年6月，周少麟入选为第三批国家级非物质文化遗产项目代表性传承人，上海市申报。周少麟是京剧麒派传人，其父是京剧大师周信芳，母裘是丽琳。1953年学戏，先从谭、余派开始打基础，同时学昆曲、练武功，再学麒派。武功老师是王少芳、刘君林，文戏老师是产保福、陈秀华和刘叔诒，昆曲老师是方传芸。在舞台上成功塑造了多个反面人物。1979年主演其父名剧《海瑞上疏》获得巨大成功。1980年移居美国，既参加京剧演出，也教授电影、话剧、歌剧等的表演艺术。2001年，从美返回定居上海。2005年，出版《海派父子》。2007年上海音像出版社出版其DVD专集，收录《群英会·借东风·华容道》、《乌龙院》、《四进士》三出戏。2003年，收京剧麒派老生陈少云、越剧女老生吴群和电视编导

汪灏为徒，2006年收京剧麒派老生裴咏杰、京剧麒派票友穆晓炯为徒。

Ⅳ-53 越剧

金采风

（编号：03-1039），原名金翠凤，女，汉族，1930年11月生，祖籍浙江省鄞县，现居上海市。2006年5月，越剧被列入第一批国家级非物质文化遗产名录传统戏剧类，项目编号Ⅳ-53。2009年6月，金采风入选为第三批国家级非物质文化遗产项目代表性传承人，上海市申报。金采风为越剧艺术流派"金派"创始人，国家一级演员。1946年，金采风考入雪声剧团训练班，攻小生；后转东山越艺社改演旦角，与吕瑞英、丁赛君，并称为"东山"的三鼎甲。金采风主攻闺门旦，兼擅花旦。唱腔师承袁派，并根据自己嗓音条件吸收傅派等其他流派唱腔因素，融会贯通，自成一格。在演唱时既保持了袁派委婉流畅的特点，又发挥了自己嗓音较亮、力度较强的唱法，赋予唱腔另一种艺术特色，被公认为"金派"。1993年获获美国纽约美华艺术协会颁发的"亚洲最杰出艺人奖"。代表剧目《梁山伯与祝英台》、《盘夫索夫》、《碧玉簪》、《彩楼记》、《三月春潮》、《鲁迅在广州》、《汉文皇后》，电影《红楼梦》、《碧玉簪》，电视片《西厢记》、《汉文皇后》等。她的弟子主要有谢群英、黄美菊、樊婷婷、史燕彬、樊建萍、张明惠、张杭英、董美华、应国英、陈莉萍、裘锦媛等。

吕瑞英

（编号：03-1040），女，汉族，1933年1月生，上海市人。2006年5月，越剧被列入第一批国家级非物质文化遗产名录传统戏剧类，项目编号Ⅳ-53。2009年6月，吕瑞英入选为第三批国家级非物质文化遗产项目代表性传承人，上海

市申报。吕瑞英为越剧艺术流派"吕派"创始人。1940年入四友社（又称四季班）科班，拜男班艺人盖月棠为师，攻花旦。与丁赛君、金采风，被观众美称为东山越艺社的"三鼎甲"。1951年6月，吕瑞英进入国营华东戏曲研究院越剧实验剧团，成为重点培养对象，开始比较系统的文化和专业知识学习，定期向朱传茗、张传芳、方传芸等"传字辈"昆曲老师学习身段等。吕瑞英戏路宽广，师承袁雪芬，专长花旦，兼擅花衫、青衣、刀马旦，嗓子音域较宽，音色较亮，行腔中运用"4"、"7"半音和切分音，具有华彩清新的情韵，在旦角中自成一格，有"吕派"之称。1994年获美国纽约美华艺术协会颁发的"亚洲最杰出艺人奖"。代表剧目《三看御妹》、《穆桂英挂帅》、《孟丽君》、《金山战鼓》、《九斤姑娘》、《二堂放子》、《红楼梦》、《天山雪莲》等。其传承弟子主要有陈辉玲、黄依群、孙智君、吴素英、张永梅、赵海英、周妤俊等。

毕春芳

（编号：03-1041），女，汉族，1927年7月生，浙江省鄞县人，现居上海市。2006年5月，越剧被列入第一批国家级非物质文化遗产名录传统戏剧类，项目编号Ⅳ-53。2009年6月，毕春芳入选为第三批国家级非物质文化遗产项目代表性传承人，上海市申报。毕春芳为越剧艺术流派"毕派"创始人。1940年，她进上海鸿兴舞台科班学艺。其表演飘逸潇洒，松弛自然，擅长演喜剧。她的嗓音脆亮，音域较宽，底气充足，唱腔中常出现一种切分符点音型，因此行腔棱角分明，音调富有弹性。她咬字有力，字音清晰，并强调重音处理。她能运用多种方法塑造不同人物形象，使唱腔呈现不同色彩。唱腔吸收融合了尹桂芳、范瑞娟的音调，嗓音清脆而富有弹性，自成一格，被称为"毕派"。1995年演唱《血手印》，获中国唱片总公司第三届"金唱片奖"。代表剧目《王老虎抢亲》、《白蛇传》、《玉堂春》、《血手印》、《三笑》等。非物质文化遗产保护工作启动之后，毕春芳受聘于静安文化馆青年越剧团，为其艺术顾问。毕派的传人有杨文蔚、丁莲芳、董蓓芬、王丽珍、戚小红、毕继芳、张镇英、徐文芳、赵海平、丁素芬、丁小蛙、杨童华、徐宁生、阮建绒、孙建红、王舒雯、李晓旭等。

Ⅳ-54 沪剧

韩玉敏

（编号：03-1042），又名韩煜芝，原名朱曼倩，女，汉族，1933年10月生，江苏省苏州市人，现居上海市。2006年5月，沪剧被列入第一批国家级非物质文化遗产名录传统戏剧类，项目编号Ⅳ-54。2009年6月，韩玉敏入选为第三批国家级非物质文化遗产项目代表性传承人，上海市申报。韩玉敏1947年拜著名沪剧演员王雅琴为师学艺，并进"文滨剧团"，1951年随着著名演员凌爱珍进"爱华沪剧团"。韩玉敏戏路较宽，既能演年轻姑娘，又能演老旦及反角，尤擅闺门旦。唱腔善于融合各派之所长，既有石筱英的柔美甜润，又有凌爱珍的刚劲挺秀、形成了自己委婉情切，跌宕多姿的特色，特别是她善于运用"4"的半音为自己别具韵味的唱腔，增添了独特的艺术色彩。她的表演能以情制腔、感情丰富，刻画人物性格，因角而异，恰到好处，创造当今沪剧舞台韩派艺术。代表剧目《红色娘子军》、《红珊瑚》、《青春之歌》、《雷雨》、《碧落黄泉》。藤一明为韩玉敏的弟子。

沈仁伟

（编号：03-1043），男，汉族，1938年生，上海市人。2006年5月，沪剧被列入第一批国家级非物质文化遗产名录传统戏剧类，项目编号Ⅳ-54。2009年6月，沈仁伟入选为第三批国家级非物质文化遗产项目代表性传承人，上海市申报。沈仁伟 1956 年考取上海戏曲学校沪剧班学习。曾得前辈沪剧艺术家沪剧文派创始人筱文滨亲授，兼学解派和王派，为目前沪剧文派重要传人。其戏路较宽，唱腔自然，博采众长，又发挥自己的特长，逐步形成宽厚适中、韵味清醇的艺术特色。他的表演真挚朴实，小生、老生及正反角色都演得相当自如，具有浓郁的乡土气息。1959 年获得上海市戏曲青年演员会演演出奖；1988 年获沪剧中年演员声屏大赛十佳演员称号。代表剧目《星星之火》、《大雷雨》、《庵堂相会》、《母子岭》、《三接新娘》、《方桥情缘》等。目前传承弟子居峰。

茅善玉

（编号：03-1044），女，汉族，1962 年 1 月生，上海市人。2006 年 5 月，沪剧被列入第一批国家级非物质文化遗产名录传统戏剧类，项目编号 Ⅳ -54。2009 年 6 月，茅善玉入选为第三批国家级非物质文化遗产项目代表性传承人，上海市申报。茅善玉为国家一级演员。1974 年考入上海沪剧团学馆。师承沪剧名家丁是娥和石筱英，并转益多师。她的表演清新自然，富有灵气，唱腔圆润甜美，情深味浓，兼有丁派的华丽多变和石派的委婉甜糯，也吸收了其他剧种的曲调，并融合了现代流行歌曲的节奏和气声、中国民族唱法的抒情和技巧，旋律丰富大气而婉转跌宕。其表演力求从人物出发，挖掘内心世界，气脉连贯，形象饱满，生动自然，从而形成了独具风格的"茅派"表演艺术。获得第二届中国戏剧梅花奖；第一、第七届上海白玉兰戏剧表演主角奖；第四届中国戏剧节优秀主角奖。代表剧目《一个明星的遭遇》、《姊妹俩》、《血染姊妹花》、《魂断蓝桥》、《牛仔女》、《碧海青天夜夜心》、《今日梦圆》、《董梅卿》、《石榴裙下》、《大红喜事》、新版《家》、《龙凤逞强》、《雷雨》和《生死对话》等；还在《璇子》、《姊妹俩》、《牛仔女》等沪剧电视连续剧中担任主演。茅善玉的弟子主要有吉燕萍、赵隽晴、黄晓莉。

Ⅳ -102 淮剧

筱文艳

（编号：03-1102），原名张士勤，女，汉族，1922 年 2 月生，祖籍江苏省淮安市，现居上海。2008 年 6 月，淮剧被列入第二批国家级非物质文化遗产名录传统戏剧类，项目编号 Ⅳ -102。2009 年 6 月，筱文艳入选为第三批国家级非物质文化遗产项目代表性传承人，上海淮剧团申报。筱文艳 11 岁从艺，先演娃娃生及娃娃旦，后专攻青衣、花旦。先拜苏维连为师，后又得著名淮剧前辈艺人谢长玉等人亲授。她戏路宽广，表演注重刻画人物，富有生活气息，并善于吸收前辈的艺术成就，向其他剧种学习，博采众长，融会贯通，形成自己独特的风格，按照自身的演唱特色与嗓音条件，成功创造了淮剧的"自由调"，成为淮剧三大声腔之一。筱文艳创立的"筱派旦腔"，是对淮剧艺术发展的一大贡献。该流派唱腔细腻柔美，爽朗动听，注意运用各种润腔技巧刻画人物性格。发声方法科学，追求发声时气息的流畅，注重发挥中低音厚实、柔润的特点，演唱情感真切，达到了极高的艺术境界。代表剧目《女审》、《千里送京娘》、《白蛇传》、《王贵与李香香》、《党的女儿》、《海港的早晨》等。《女审》已被拍成戏曲片。传授弟子孙艳霞、邢娜等。

马秀英

（编号：03-1103），女，汉族，1932 年生，2012 年 1 月卒，江苏省泰县（现改为姜堰区）口岸人。2008 年 6 月，淮剧被列入第二批国家级非物质文化遗产名录传统戏剧类，项目编号 Ⅳ -102。2009 年 6 月，马秀英入选为第三批国家级非物质文化遗产项目代表性传承人，上海淮剧团申报。马秀英为国家一级演员。出身于淮剧世家,自8岁起随父亲马麟童和母亲马艳琴学艺,打下了扎实的唱、念、做、打的基本功。1951年加入淮光剧团(上海淮剧团前身),主攻刀马旦和青衣花旦。她嗓音清脆,中气充沛,唱腔刚柔相济,极富淮剧本色韵味,并善于运用大段唱腔艺术刻画人物思想感情。她尤擅演唱乡土味浓郁的"老淮调"。她大胆地将其父马麟童首创的声腔"马派自由调",成功借鉴到自己的旦腔,极大地丰富了淮剧唱腔的声腔艺术。1980年,由其主演的《爱情的审判》获上海市现代戏会演优秀演出奖。1993年,在《金龙与蜉蝣》中饰演玉凤一角,获全国地方戏曲交流表演奖。1995年获第三届中国唱片"金唱片奖"。代表剧目《探寒窑》、《吴汉三杀·一杀》、《书房会》、《金殿认子》、《牙痕记》、《李翠莲》、《爱情的审判》等。

江苏

Ⅳ -1 昆曲

张寄蝶

(编号:03-0955),男,汉族,号"粉鼻居士",1945年4月生,江苏省苏州市人。2001年5月,昆曲被联合国教科文组织列为第一批"人类口述和非物质遗产代表作"之一。2006年5月,昆曲被列入第一批国家级非物质文化遗产名录传统戏剧类,项目编号Ⅳ-1。2009年6月,张寄蝶入选为第三批国家级非物质文化遗产项目代表性传承人,江苏省申报。张寄蝶为国家一级演员。14岁考入江苏省昆剧团(南京),工丑,得到"传"字辈和"继"字辈老师的传授,以饰演小人物擅长。张寄蝶曾先后受教于昆曲艺人王传淞、周传沧和京剧老师周荣芝、小盖叫天先生授教,先学武生,后攻文武丑。向各种剧目学习丑角表演,如汉剧名丑李罗克先生、著名京剧演员宋德珠等。尤以扎实的基本功受到武丑太斗张春华先生的赏识,收其为徒并亲授《小放牛》、《盗银壶》等戏。其表演自然质朴,栩栩如生,尤其以扎实的矮子功刻画的武大郎曾轰动剧坛。获第四届中国戏剧梅花奖,曾八次受邀参加中央电视台春节晚会和专题、戏曲文娱晚会的演出。2002年11月被联合国教科文组织和文化部联合授予"长期潜心昆曲艺术事业成绩显著的艺术家"称号。代表剧目《小放牛》、《双下山》、《柜中缘》、《扈家庄》、《卖兴当巾》等。

黄小午

(编号:03-0956),男,汉族,1948年生(一说1949年生),江苏省苏州市人。2001年5月,昆曲被联合国教科文组织列为第一批"人类口述和非物质遗产代表作"之一。2006年5月,昆曲被列入第一批国家级非物质文化遗产名录传统戏剧类,项目编号Ⅳ-1。2009年6月,黄小午入选为第三批国家级非物质文化遗产项目代表性传承人,江苏省申报。黄小午为国家一级演员。12岁进江苏省戏校学习京剧。"文革"结束后从京剧花脸转攻昆曲老生,师承包传铎、郑传鉴、倪传钺等名家,并得周传瑛的传授,生、末、外均能。演唱苍劲酣畅,吐字清晰,表演真切自然。善于将传统技法的运用与人物性格的刻画相结合,塑造了众多性格迥异的舞台形象。获第九届中国戏剧"梅花奖";2002年11月被联合国教科文组织和文化部联合授予"关于对长期潜心昆曲艺术事业成绩显著的艺术家"称号。代表剧目《连环记·议剑》、《牧羊记·小逼·望乡》、《长生殿·酒楼·弹词》、《琵琶记·扫松》、《十五贯》、《千里送京娘》、《千忠戮·草诏》等。

石小梅

（编号：03-0957），女，汉族，1949 年 1 月出生，江苏省苏州市人。2001 年 5 月，昆曲被联合国教科文组织列为第一批"人类口述和非物质遗产代表作"之一。2006 年 5 月，昆曲被列入第一批国家级非物质文化遗产名录传统戏剧类，项目编号Ⅳ -1。2009 年 6 月，石小梅入选为第三批国家级非物质文化遗产项目代表性传承人，江苏省申报。石小梅为国家一级演员。1967 年毕业于江苏省戏曲学校昆剧专业，原学旦，后改学小生，曾拜俞振飞、沈传芷、周传瑛三大名家为师。在艺术上多方涉猎，戏路较宽，嗓音清脆明亮，吐字归韵讲究，注重以声传情；做表富有激情，有阳刚之美。获第五届中国戏剧梅花奖，第五届文华奖。1988 年被录入美国传记学会编辑出版的《五千世界名人录》和《世界名人录》。2013 年获得紫金文化荣誉奖章。代表剧目有折子戏《牡丹亭·拾画叫画》、《桃花扇·题画》、《西楼记·玩笺错梦》、《西楼记·拆书》、《玉簪记·琴挑》、《玉簪记·秋江》、《牧羊记·望乡》、《浣纱记·寄子》等；全本《白罗衫》、《桃花扇》，精华版《牡丹亭》、《宫祭》等。现成立有石小梅昆曲工作室，有正式弟子钱振荣。

胡锦芳

（编号：03-0958），女，汉族，1949 年 4 月生，江苏省苏州市人。2001 年 5 月，昆曲被联合国教科文组织列为第一批"人类口述和非物质遗产代表作"之一。2006 年 5 月，昆曲被列入第一批国家级非物质文化遗产名录传统戏剧类，项目编号Ⅳ -1。2009 年 6 月，胡锦芳入选为第三批国家级非物质文化遗产项目代表性传承人，江苏省申报。胡锦芳为国家一级演员。1967 年毕业于江苏省戏剧学校，工闺门旦。戏路较宽，贴旦、刀马旦、刺杀旦均有所涉猎。在校期间随宋衡之学习昆曲艺术，以后又得到昆剧名家姚传芗、沈传芷、张娴的指点与传授。既善于师承又努力突破，同时借鉴芭蕾、歌舞和其他剧种，形成自己独特的表演风格。她音色甜美，圆润婉转、演唱以声传情，声情并茂。在表演上细致严谨，情感丰富，注重刻画人物。曾获首届文华奖、第八届梅花奖和江苏省第二届文学艺术奖，2002 年被文化部授予"长期潜心昆剧事业成绩显著"的艺术家。著有个人舞台艺术专辑《锦芳流韵》。代表剧目《李慧娘》、《玉簪记》、《桃花扇》、《窦娥冤》、《疗妒羹·题曲》、《双珠记·卖子·投渊》、《牡丹亭·游园·惊梦》、《痴诉·点香》等。有弟子龚隐雷。

林继凡

（编号：03-0959），男，汉族，1946 年 8 月生，江苏省苏州市人。2001 年 5 月，昆曲被联合国教科文组织列为第一批"人类口述和非物质遗产代表作"之一。2006 年 5 月，昆曲被列入第一批国家级非物质文化遗产名录传统戏剧类，项目编号Ⅳ -1。2009 年 6 月，林继凡入选为第三批国家级非物质文化遗产项目代表性传承人，江苏省申报。林继凡为国家一级演员。12 岁考入江苏省戏曲学院评弹班学苏州评弹，13 岁改学昆曲，工丑行。得到昆曲耆宿徐凌云的指点，又从王传淞、周传瑛、华传浩、沈传芷、郑传鉴等"传"字辈老师学艺。后拜入王传淞门下，专工副丑。所演剧目皆有乃师风范，塑造人物均能自成一格。曾获第八届中国戏剧梅花奖。2002 年，荣膺文化部和联合国教科文组织颁发的"促进昆曲艺术奖"。代表剧目《南西厢记》、《燕子笺》、《连环记》、《十五贯》、《红梨记》、《水浒》、《东窗事犯》、《桃花扇》、《看钱奴》等。2003 年 5 月正式受聘于苏州艺术学校，全身心地投入"昆曲班"的教学工作。

柳继雁

（编号：03-0960），原名柳月珍，女，汉族，

1935 年 5 月生，江苏省苏州市人。2001 年 5 月，昆曲被联合国教科文组织列为第一批"人类口述和非物质遗产代表作"之一。2006 年 5 月，昆曲被列入第一批国家级非物质文化遗产名录传统戏剧类，项目编号Ⅳ-1。2009 年 6 月，柳继雁入选为第三批国家级非物质文化遗产项目代表性传承人，江苏省申报。柳继雁 1955 年考入苏州市苏剧团（后改称江苏省苏昆剧团），主攻五旦兼正旦，先后得到了昆剧名家如俞锡侯、吴秀松、张传芳、沈传芷、姚传芗、俞振飞，川剧艺术家曾荣华、易正祥等前辈老师的悉心教授。柳继雁由于受俞锡侯、吴秀松等影响，在昆曲的唱念、咬字、吐音、收腔等诸方面接受正统教育，因此保持了南昆的一些基本特点。其表演细腻，能塑造各种类型的不同性格人物。代表作《牡丹亭·游园·惊梦·寻梦·写真·离魂》、《长生殿·定情·赐盒·密誓·絮阁·小宴》、《紫钗记·折柳·阳关》、《跃鲤记·芦林》、《雷峰塔·断桥》、《彩楼记·评雪辨踪》、《满床笏·嵩寿·纳妾·跪门·求子·后纳》等。退休后从未间断传授昆剧艺术，先任教于苏州市艺术学校的昆剧班，后又担任昆山市千灯中心小学的老师（任教昆剧）。

Ⅳ-55 苏剧

丁杰

（编号：03-1045），男，汉族，1931 年 8 月生，江苏省苏州市人。2006 年 5 月，苏剧被列入第一批国家级非物质文化遗产名录传统戏剧类，项目编号Ⅳ-55。2009 年 6 月，丁杰入选为第三批国家级非物质文化遗产项目代表性传承人，江苏省苏州市申报。丁杰自 1942 年起就随父母学艺，1951 年参加上海市戏曲研究班。曾拜上海电影导演应云卫为师，学习电影、戏剧理论、导演业务。向上海市文化局音乐作曲家董源先生，学习戏曲音乐理论和作曲及戏曲音乐发展等理论。他几乎集生、旦、净、丑于一身，念白吐字清楚、词意正确，讲究戏曲语言的音乐性、韵律化。唱腔字正腔圆、悦耳动听，能充分展现苏剧的个性美与地方美。戏路宽广，小生、老生、小丑、花脸均能扮演，重视从人物个性出发塑造角色。对苏剧戏曲音乐颇有研究，造诣较深，云集苏剧各曲调的基本元素，创作了一个他自己命名的"百搭过门"。一生为 41 部大戏进行作曲，导演了戏曲 28 部之多。代表剧目《出猎》、《断桥》、《岳雷招亲》、《西厢记》、《十五贯》等。2006 年初被苏州市锡剧团聘邀为抢救非物质文化遗产的苏剧指导老师。

Ⅳ-56 扬剧

蒋剑锋

（编号：03-1046），男，汉族，1928 年生，江苏省扬州市人。2008 年 6 月，扬剧被列入第一批国家级非物质文化遗产扩展项目名录传统戏剧类，项目编号Ⅳ-56。2009 年 6 月，蒋剑锋入选为第三批国家级非物质文化遗产项目代表性传承人，江苏省演艺集团扬剧团申报。蒋剑锋 1938 年入扬州许家班学艺，工文武小生并擅长俊丑。代表剧目《袁樵摆渡》、《白蛇传》、《百岁挂帅》、《恩仇记》、《边关审子》、《拜月记》、《石灰记》、《僧尼下山》、《挑女婿》、《朱洪武与马娘娘》、《包公告状》、《青山红梅》等。

吴蕙明

（编号：03-1047），女，汉族，1946 年 9 月生（一说 1947 年生），江苏省扬州市人。2008 年 6 月，扬剧被列入第一批国家级非物质文化遗产扩展项目名录传统戏剧类，项目编号Ⅳ-56。2009 年 6 月，吴蕙明入选为第三批国家级非物质文化遗产项目代表性传承人，江苏省演艺集团扬剧团申报。吴蕙明为国家一级演员。1959 年随团学艺，工青衣花旦。1961 年拜著名扬剧表演艺术家高秀英为师。主演的《百岁挂帅》、《断太后》被中央电视台戏曲精品库收录。曾获江苏省首届戏曲节优秀表演奖，江苏省第二届扬剧节优秀表演奖，上海（二省一市）扬剧广播电视大奖赛"白玉兰"金奖，江苏省扬剧广播电视大奖赛最佳演唱奖等。代表剧目《百岁挂帅》、《枪》、《海港》、《耕耘序曲》、《罗帕记》、《巡按还乡》、《断太后》、《三女审子》、《母亲河》、《王昭君》等。

筱荣贵

（编号：03-1048），原名李荣贵，女，汉族，1933年生，祖籍江苏省扬州市，出生于上海。2008年6月，扬剧被列入第一批国家级非物质文化遗产扩展项目名录传统戏剧类，项目编号Ⅳ-56。2009年6月，筱荣贵入选为第三批国家级非物质文化遗产项目代表性传承人，江苏省镇江市申报。筱荣贵为国家一级演员，扬剧"自由调"流派始祖。其父是著名扬剧琴师李庆元。自幼随父学艺，14岁登台，又得扬剧清曲艺人唐锡奎精心指点，崭露头角，主攻青衣花旦，兼小花脸，1950年加入镇江"金星扬剧团"。筱荣贵自幼在父亲的严格训练下，苦练吐字，行腔，对传统演唱中的"嗯、啊、唧、嘈"的弊病较为反对，追求行腔的柔和与"丝竹美"，根据剧情广泛地吸收20世纪30年代多种新兴艺术形式，并吸收其众家之长，以字代音，以韵行腔，特别是将金派唱腔的精华融入自己的艺术演唱中，逐渐地形成了具有个性、特色的扬剧独特流派"自由调"，特别是在金运贵大师所唱的生调梳妆台的基础上大胆进行创新，创造出"金调梳妆台"女腔，使扬剧"自由调"流派得到了进一步升华和完美。代表剧目《看灯》、《白蛇传》、《梁山伯与祝英台》、《十五贯》、《二度梅》等。其传人有确荣贵、唐红妹、金桂芬、筱勤喜。

姚恭林

（编号：03-1049），男，汉族，1947年2月生，祖籍江苏省扬州市，出生于江苏省镇江市。2008年6月，扬剧被列入第一批国家级非物质文化遗产扩展项目名录传统戏剧类，项目编号Ⅳ-56。2009年6月，姚恭林入选为第三批国家级非物质文化遗产项目代表性传承人，江苏省镇江市申报。姚恭林为国家一级演员。14岁从艺，是已故扬剧金派创始人金运贵的关门弟子。他的唱腔宗"金派"，他所演唱的"梳妆台"、"道情"、"银纽丝"、"剪剪花"等曲牌，抒情性强，吐字清晰，行腔圆润，有的声腔悲切，有的婉转柔润，堆字时犹如珠落玉盘，舒展处恰似潺潺溪水，不论唱何种曲牌，都有鲜明的"金派"特色，并结合他自己的条件，继承、丰富和发展了金派唱腔艺术，形成"金派姚腔"风格。表演潇洒脱俗，扮相俊逸，有扬剧金派"第一小生"之美誉。曾荣获88年上海扬剧广播电视大奖赛"白玉兰金奖"，江苏省首届艺术节优秀表演奖，江苏省第一、第二、第三届扬剧艺术节优秀表演奖。代表剧目《西厢记》、《红楼梦》、《卖油郎》、《方卿羞姑》等。传承弟子有李政成、游庆芳、吴德才、尹树桐、黄飞鹏、周秋生等。

Ⅳ-63 柳琴戏

朱树龙

（编号：03-1055），男，汉族，1958年生，江苏省徐州市人。2006年5月，柳琴戏被列入第一批国家级非物质文化遗产名录传统戏剧类，项目编号Ⅳ-63。2009年6月，朱树龙入选为第三批国家级非物质文化遗产项目代表性传承人，江苏省徐州市申报。朱树龙为著名柳琴戏表演艺术家，国家一级演员。1971年，朱树龙考入江苏省柳琴剧团，朱胜业、朱正平和郑永春等担任教师。在入团仅一年成功汇报演出《沙家浜》

"鱼水情"片断后，被剧团定为重点培养对象。《红罗衫》使他一炮走红，观众反响极大，在江苏柳琴界产生了一定的影响。主演的《汉宫怨》在苏鲁豫皖等地再一次引起了轰动，成了他第二部成名作及代表作。80年代中期《白玉楼》的成功，使朱树龙在观众心目中的地位达到了顶峰，成为柳琴界的一位知名演员。1988年，朱树龙拜了柳琴戏元老——著名表演艺术家厉仁清先生为师，他的表演艺术日趋成熟完善。1996年至2006年任江苏省柳琴剧团艺术室主任。2006年至今任江苏省柳琴剧团艺术创作生产中心主任及艺术委员会主任。代表作有《白玉楼》、《汉宫怨》、《状元打更》、《小镇风流》、《铜台会》、《走娘家》等。目前柳琴戏处于衰落状态，朱树龙所在的剧团已经18年未招过新人。

Ⅳ-92 木偶戏（杖头木偶戏）

殷大宁

（编号：03-1089），男，汉族，1945年出生，江苏省扬州市人。2008年6月，木偶戏（杖头木偶戏）被列入第一批国家级非物质文化遗产扩展项目名录传统戏剧类，项目编号Ⅳ-92。2009年6月，殷大宁入选为第三批国家级非物质文化遗产项目代表性传承人，江苏省扬州市申报。殷大宁1961年进入扬州木偶剧团，在掌握乐器和配音同时，还从事木偶制作。1965年底入上海美术电影制片厂学习造型，师从中国木偶界造型权威虞哲光大师。经过长年历练和实践，殷大宁的造型艺术已形成了自己的特色，他制作的木偶，充满着偶味与童趣，既注重整台木偶造型的协调，又能突出每个角色的个性特征。由于精通杖头木偶的各种装置技巧，各种用途的偶人，从几厘米到几十厘米高，殷大宁都能自如制作。他制作了木偶剧团历史上唯一的一个橡胶木偶，他制作的嫦娥木偶被博物馆收藏。代表作有《小虎卖瓜》、《看女儿》、《三打白骨精》、《嫦娥奔月》、《琼花仙子》、《智取威虎山》等木偶造型。封保义、匡九龙、戴荣华、陈玮，这些木偶制作技艺上的骨干，都曾师从于他。上海戏剧学院也专门邀请殷大宁去教授"道具设计与制作工艺"。

华美霞

（编号：03-1090），女，汉族，1947年生，江苏省扬州市人。2008年6月，木偶戏（杖头木偶戏）被列入第一批国家级非物质文化遗产扩展项目名录传统戏剧类，项目编号Ⅳ-92。2009年6月，华美霞入选为第三批国家级非物质文化遗产项目代表性传承人，江苏省扬州市申报。华美霞为国家一级演员。1962年从艺，其后又得到著名木偶操纵老艺人马宏俊、何明福、孙艳霞等的悉心指导。成功地塑造了"嫦娥"、"白骨精"、"铁扇公主"、"小青"、"阿庆嫂"、"常宝"等众多木偶艺术形象，创造出"兰花指"、"反掌"、"揉手绢"以及20余种"水袖"动作，丰富和发展了木偶操纵表演技巧。在舞台艺术实践中，逐步形成了自己"刚劲有力、细腻传神"的操纵表演风格。代表作《嫦娥奔月》、《三打白骨精》、《三国志》等。1970年以来，她先后为剧团培养了五批木偶操纵演员，如国家一级演员刘锦芳、许虹、王芸；国家二级演员张宏亮、韩健；国家三级演员骆燕等。1999年夏又被扬州文化艺术学校特聘为木偶表演专业教授。

Ⅳ-102 淮剧

张云良

（编号：03-1104），男，汉族，1929年4月生，祖籍江苏省盐城市。2008年6月，淮剧被列入第二批国家级非物质文化遗产名录传统戏剧类，项目编号Ⅳ-102。2009年6月，张云良入选为第三批国家级非物质文化遗产项目代表性传承人，江苏省盐城市申报。张云良为国家一级演员。

出身梨园世家，5 岁随父张焕景学艺，初学京剧，1942 年改唱淮剧，攻老生、红生、黑净。他表演稳重、自然，塑造现代人物时注意人物内心的刻画，唱腔的音色洪亮敦厚，有"钢喉铁嗓"之称，是淮剧界少有的擅演红生（扮演关羽）、黑净（扮演包公）戏的优秀演员。《杨家将》系列剧中的"老令公"、"杨六郎"、"寇准"；《铡美案》、《打銮驾》等剧中的"包拯"、"王丞相"是他在淮剧舞台上最经典的形象。代表剧目《杨家将》、《铡美案》、《打銮驾》、《南访》、《蔡金莲告状》等。张云良收有淮剧徒弟多名。

裔小萍

（编号：03-1105），女，汉族，1947 年 6 月生，江苏盐城市人。2008 年 6 月，淮剧被列入第二批国家级非物质文化遗产名录传统戏剧类，项目编号Ⅳ -102。2009 年 6 月，裔小萍入选为第三批国家级非物质文化遗产项目代表性传承人，江苏省盐城市申报。裔小萍为国家一级演员。出身梨园世家，自幼随父母学戏，11 岁进上海市竞成淮剧团当学员。曾受教于淮剧界著名演员筱文艳、马秀英、武筱凤等人，取人之长，补己之短，把三位老师的唱腔技巧，吸收融合到自己的唱腔中来，逐步形成了柔性较大的唱法。这种秀丽委婉的唱腔被称为"裔派"，有"苏北筱文艳"之称。中国唱片社、上海分社，对其演唱的《玉杯缘》、《秦香莲》、《二度梅》、《六部审》、《柳燕娘》、《红楼梦》等全场录音，制成盒带、唱片，全国发行。代表剧目《秦香莲》、《母子情仇》、《三看御妹》、《吴汉三杀》、《二度梅》、《玉杯缘》、《半夜夫妻》等。裔小萍为传承淮剧而努力，有 9 位入室弟子，多已成为国家一、二级演员。

Ⅳ -103 锡剧

倪同芳

（编号：03-1106），女，汉族，1946 年 8 月生，江苏省靖江市人。2008 年 6 月，锡剧被列入第二批国家级非物质文化遗产名录传统戏剧类，项目编号Ⅳ -103。2009 年 6 月，倪同芳入选为第三批国家级非物质文化遗产项目代表性传承人，江苏省演艺集团锡剧团申报。倪同芳 1959 年考入江苏省戏曲学院锡剧科学艺，1960 年进江苏省锡剧团，师承王兰英，工花旦。她博采众长，继承和发展了前辈艺术，大胆借鉴了歌唱技巧，并有机结合运用于锡剧声腔之中，为锡剧艺术的发展开辟了新的途径。她音色清亮、宽厚、共鸣丰满、刚柔并济、声情并茂，有强烈的艺术感染力。领衔主演的锡剧电视戏曲片《玲珑女》获全国戏曲电视片一等奖和个人最佳女主角称号。1970 年后国内多家音像出版社为其录制了《孟姜女》、《倪同芳演唱会》、《海岛女民兵》、《绣荷包》等唱片或音带并出版发行。1990 年在《南归记》中扮演姚秀女一角获江苏戏剧"紫金奖"，该剧进京演出，获第十届全国戏剧梅花奖。代表剧目《孟姜女》、《双推磨》、《海岛女民兵》、《沙家浜》、《红色的种子》、《刘胡兰》、《玉蜻蜓》、《南归记》、《珍珠塔》等。有徒弟程雪梅、屠晨辉、陈云霞、倪彩凤、杨丽芳等。

王兰英

（编号：03-1107），女，汉族，1926 年 12 月生，江苏省常州市武进区人。2008 年 6 月，锡剧被列入第二批国家级非物质文化遗产名录传统戏剧类，项目编号Ⅳ -103。2009 年 6 月，王兰英入选为第三批国家级非物质文化遗产项目代表性传承人，江苏省演艺集团锡剧团申报。王英兰 1940 年拜锡剧前辈汤国祯、缪秀锦为师，曾在多个剧团从事锡剧表演。她甜糯优美、花腔奇特的唱腔和飘逸舒展的表演，形成了风格独特的"王派"艺术，是锡剧艺苑中一枝秀丽的奇葩，深受广大观众的喜爱。1954年，《双推磨》由上海电影制片厂拍成舞台艺术片。1979年，《三家亲》由南京电影制片厂拍成电影艺术片。《双推磨》、《玉蜻蜓》、《三访桑园》、《吹灯试笔》、《千里送京娘》等先后被录制成戏曲音带。代表剧目《梁祝》、《西厢记》、《白毛女》、《白蛇传》、《双推磨》、《珍珠塔》、《显应桥》、《三访桑园》、《玉蜻蜓》、《谢瑶环》、《吹灯试笔》等。有徒弟徐兰英、筱兰英、沈静兰、小王兰英、贾桂芳等。

沈佩华

（编号：03-1108），曾用艺名沈琳琳，女，汉族，1924年10月生，浙江省杭州市人。2008年6月，锡剧被列入第二批国家级非物质文化遗产名录传统戏剧类，项目编号Ⅳ-103。2009年6月，沈佩华入选为第三批国家级非物质文化遗产项目代表性传承人，江苏省演艺集团锡剧团申报。沈佩华1937年师从王玲娣学戏，专工花旦。1941年起以演《孟丽君》等剧闻名于上海、苏州、无锡一带。她扮相秀丽端庄，表演大方自然，人物内心世界刻画贴切准确，擅于借鉴吸收其他艺术长处。讲究科学发声方法与传统演唱融为一体，真假声巧妙结合，唱腔华丽流畅多婉转，韵味幽深而独特。既保留锡剧本土化风格，又土中有洋，别具一番风味。《庵堂相会》于1956年被上海电影制片厂摄制为舞台艺术片。代表剧目《庵堂相会》、《救风尘》、《孟丽君》、《孟姜女》、《玉蜻蜓》、《红楼梦》、《嫁媳》、《三看御妹》、《江姐》等，有弟子徐洪芳、卞雁敏、过之红等。

姚澄

（编号：03-1109），女，汉族，1926年生，江苏省江阴市山观乡人。2008年6月，锡剧被列入第二批国家级非物质文化遗产名录传统戏剧类，项目编号Ⅳ-103。2009年6月，姚澄入选为第三批国家级非物质文化遗产项目代表性传承人，江苏省演艺集团锡剧团申报。姚澄姚派艺术创始人。1938年入无锡顾家班学戏，工青衣、花旦，以其聪慧好学和得天独厚的艺术天资，次年便开始挂头牌演出。她的嗓音圆润清脆，唱腔婉转华彩，表演真实感人，善于刻画情感复杂、性格多变的人物形象。不但应工青衣，还能兼演花旦及反串小生。咬字准确清晰，嗓音圆润清脆，唱腔婉转华彩，表演真实感人，善于刻画情感复杂、性格多变的人物形象。她还创造了许多脍炙人口的精彩唱段，为广大锡剧观众所熟悉喜爱，有"锡剧皇后"之美称。1954年以《走上新路》获华东区戏曲会演演员一等奖；1957年以《红楼梦》获江苏省首届戏曲会演演员一等奖。其主演的《庵堂认母》、《双珠凤》先后由上海电影制片厂搬上银幕。代表剧目《庵堂认母》、《双珠凤》、《拔兰花》、《女巡按》、《红色的种子》等。有徒弟许美霞、袁菊芬等。

吴雅童

（编号：03-1110），男，汉族，1919年生，江苏省无锡市南门人。2008年6月，锡剧被列入第二批国家级非物质文化遗产名录传统戏剧类，项目编号Ⅳ-103。2009年6月，吴雅童入选为第三批国家级非物质文化遗产项目代表性传承人，江苏省常州市申报。吴雅童为共和班新华实验剧团（常州市锡剧团的前身）创始人之一。1933年学艺，投师高和甫学丑角。1935年，吴雅童师从王嘉大先生学小生戏。吴雅童声腔上承袭了王嘉大字真、句笃、板正的稳健功法，吸收了锡剧前辈李如祥平易、舒展、含蓄的飘逸风味。又根据自身条件，扩展了音域，起伏更跌宕，顿挫更分明，颇具风雅小生特征。20世纪60年代，他以《红楼夜审》中的江梦升一角蜚声艺坛，在声腔上创造了真假声并用、男女声糅合、唱中有说，说唱相连和借助语势以声传情的丑角唱腔。在表演上借鉴了提线木偶的形态提炼了一套"托物寓形"的表演手法。并因此获号"别具一格的锡丑",为锡剧填补了袍带丑一行的艺术空缺。代表剧目《信陵公子》、《打面缸》、《双珠凤》、《红楼镜》、《珍珠塔·后园会》等。吴雅童退休后应邀至常州市戏剧学校担任艺术顾问、授课教师,为锡剧的发展培养了一大批青年优秀演员。收有徒弟吴佳伟。

Ⅳ -104 淮海戏

杨秀英

(编号:03-1111),女,汉族,1941 年生,江苏省宿迁市泗阳县黄庄人。2008 年 6 月,淮海戏被列入第二批国家级非物质文化遗产名录传统戏剧类,项目编号Ⅳ -104。2009 年 6 月,杨秀英入选为第三批国家级非物质文化遗产项目代表性传承人,江苏省淮安市申报。杨秀英为国家一级演员。14 岁进入泗阳县淮海剧团,15 岁便开始正式排戏演出,18 岁被选入江苏省淮海剧团。她戏路较宽,集花旦、青衣、刀马旦、老旦、小生等行当于一身,尤以闺门旦擅长。她的表演细腻朴实,唱腔圆润明亮,刚柔相济,收放自如,华美优雅,极富韵味与表现力。在传承的基础上对淮海戏进行革新,形成了其独特的演唱方法,被称为"杨派",为"拉魂腔"的发展和传承作出了极大贡献。在表演上突破旦、生行当的界限,将小生、老生的一些台步、身段运用于旦行的表演之中,形成"帅旦"形象,为后辈和其他剧种效仿,使淮海戏在戏曲界的地位得到了大大提升。所主演的 10 多部剧目被各个电视台播放,并录制成唱片和磁带发行。代表剧目传统戏《樊梨花》、《三拜堂》、《皮秀英四告》,现代戏《生死怨》、《儿女情》等。杨秀英有徒弟吴玲,其女儿徐亚玲也是淮海戏演员,曾获中国戏剧梅花奖。

Ⅳ -105 童子戏

胡夕平

(编号:03-1112),女,汉族,1929 年生,江苏省南通市通州市刘桥镇闻桥村人。2008 年 6 月,童子戏被列入第二批国家级非物质文化遗产名录传统戏剧类,项目编号Ⅳ -105。2009 年 6 月,胡夕平入选为第三批国家级非物质文化遗产项目代表性传承人名,江苏省通州市申报。童子戏的传承主要有师徒相授及家族传承两种。胡夕平家族三代从事童子戏表演。胡氏系杂技世家,在童子戏中融入杂技等高难度表演动作,增加了观赏性。

Ⅳ -121 徐州梆子

蒋云霞

(编号:03-1138),女,汉族,1935 年 2 月生,江苏省徐州市人。2008 年 6 月,徐州梆子被列入第二批国家级非物质文化遗产名录传统戏剧类,项目编号Ⅳ -121。2009 年 6 月,蒋云霞入选为第三批国家级非物质文化遗产项目代表性传承人,江苏省徐州市申报。蒋云霞是徐州梆子蒋门第六代传承人。1947 年随父蒋天玉于"义和班"习艺,16 岁正式挑梁主攻文武花旦,学会了 200 多出剧目。其做继承的蒋门艺术在唱腔上讲究以雄健、刚烈为主,兼有委婉,清柔之韵;讲究吐词清晰,字正腔圆,达到声声入耳,错落有致;表演上讲究程式美,但又贴近生活、真实可信,使表演张弛有度,急缓相间。蒋云霞特别擅长武旦表演,动作干净娴熟,自然流畅,各种器械运用使人目不暇接。代表剧目《刀劈杨藩》、《穆桂英挂帅》、《燕王征北》、《樊梨花征西》、《战洪州》、《春秋配》、《铡美案》、《桃花庵》、《日月图》、《赶花船》等。弟子有陈素芳、葛蔓。

浙江

Ⅳ-1 昆曲

林媚媚

（编号：03-0961），女，汉族，1941年11月生，浙江省温州市人。2001年5月，昆曲被联合国教科文组织列为第一批"人类口述和非物质遗产代表作"之一。2006年5月，昆曲被列入第一批国家级非物质文化遗产名录传统戏剧类，项目编号Ⅳ-1。2009年6月，林媚媚入选为第三批国家级非物质文化遗产项目代表性传承人，浙江省申报。林媚媚1957年考入温州专区首届戏剧训练班，师承杨永堂、杨银友，师祖叶啸风（雅号"小生虎"），主攻小生。作为永昆最后一批关门弟子，她在20世纪五六十年代是红极一时的女小生。2000年永昆《张协状元》参加首届昆剧艺术节会演，获优秀剧目展演奖，林媚媚获优秀表演奖。她表演的《见娘》、《秋江》被文化部艺术研究所录像，保存传承大小戏几十部。代表剧目《长生殿》、《荆钗记》、《琵琶记》、《玉簪记》、《白罗衫》、《金锁记》、《白蛇传》、《墙头马上》等几十部大型传统剧目；还有现代戏《洪湖赤卫队》、《星星之火》等。目前还未有徒弟。

Ⅳ-7 高腔（松阳高腔）

吴陈俊

（编号：03-0971），男，汉族，1933年8月生（有说1934年，有说1935年），浙江省丽水市松阳县玉岩镇周安村人。2006年5月，高腔（松阳高腔）被列入第一批国家级非物质文化遗产名录传统戏剧类，项目编号Ⅳ-7。2009年6月，吴陈俊入选为第三批国家级非物质文化遗产项目代表性传承人，浙江省松阳县申报。吴陈俊师承吴李发、吴叶法等人，主攻花旦，但还能演高腔所有行当的戏，是唯一全面型艺人。被誉为是松阳高腔的"梅兰芳"，对松高腔艺术起了承前启后的作用。1959年12月参加《中国戏曲音乐集成浙江卷——松阳高腔》曲牌的录音任务，担任主唱。70年代在松阳当地组建高腔剧团，在当地乡间演出，传授有众多徒弟。民间松阳高腔手抄剧本在"文化大革命"时遭毁灭，艺人也往往靠口传心授，并无完整、系统的剧本。1999年至2011年间，吴陈俊与儿子吴永明将松阳高腔39部大小剧目全部整理并用文字记录下来。吴陈俊第四子吴永明，1966年3月18日出生，是吴陈俊松阳高腔男旦艺术唯一传人。

Ⅳ-91 皮影戏（海宁皮影戏）

王钱松

（编号：03-1077），男，汉族，1934年3月生，浙江省嘉兴市海宁市斜桥镇人。2006年5月，皮影戏（海宁皮影戏）被列入第一批国家级非物质文化遗产名录传统戏剧类，项目编号Ⅳ-91。2009年6月，王钱松入选为第三批国家级非物质文化遗产项目代表性传承人，浙江省海宁市申报。王钱松自幼学习剪纸和皮影，1979年，在海宁皮影戏传承人郎自立的传授下，开始学习海宁皮影戏影偶制作，他从残存影偶的整理、翻新、复制入手，系统研究掌握海宁传统皮影的造型特色、变化规律和制作流程。王钱松制作的皮影戏影偶形象鲜明、造型别致、服饰艳丽，保留了海宁皮影戏原汁原味的南宋特色，符合传统风格。30多年来，王钱松已为300多出海宁传统皮影戏制作人物、道具、动物等影偶1000多件。他还动员斜桥的七位老艺人，组织斜桥皮影戏班从事皮影演出。到目前，王钱松仍然为这一古老的民间艺术到处奔走，联系学校，传授皮影艺术。有弟子张英、徐芦燕等。

张坤荣

（编号：03-1078），男，汉族，1940 年 3 月生，浙江省嘉兴市海宁市周王庙镇人。2008 年 6 月，皮影戏（海宁皮影戏）被列入第一批国家级非物质文化遗产扩展项目名录传统戏剧类，项目编号Ⅳ-91。2009 年 6 月，张坤荣被列入第三批国家级非物质文化遗产项目代表性传承人名单，浙江省海宁市申报。张坤荣 1958 年 4 月进入浙江省皮影剧团，师从"十九红"——海宁两大皮影戏班之一是周王庙的"阿州班"班主魏柏荣，两年半出师，没多久就代替师傅在皮影剧团里挑大梁。1969 年，浙江皮影艺术团因故解散。2004 年，张坤荣重新开始从事海宁皮影戏创作、排练、演出工作。他对海宁皮影戏进行了大胆的改革，从唱腔到布景灯光以及皮影的操纵技巧等都有了较大创新，强化了皮影的演出效果，为传统海宁皮影复兴与发展作出了卓越贡献。代表剧目有《闹龙宫》、《鸡斗》、《火焰山》等。有徒弟郭晓明等。

沈圣标

（编号：03-1079），男，汉族，1940 年 10 月生，2009 年 6 月卒，浙江省嘉兴市海宁市周王庙镇人。2008 年 6 月，皮影戏（海宁皮影戏）被列入第一批国家级非物质文化遗产扩展项目名录传统戏剧类，项目编号Ⅳ-91。2009 年 6 月，沈圣标入选为第三批国家级非物质文化遗产项目代表性传承人，浙江省海宁市申报。沈圣标 1958 年考入浙江省皮影剧团，主学音乐，成为该剧团的一名主胡演奏员及艺委会员。1961 年拜师皮影戏老艺人魏柏荣，学习并研究皮影戏"海盐腔"、"弋阳腔"曲牌，具备扎实的皮影戏演唱功底。1969 年，浙江皮影艺术团因故解散。2003 年，沈圣标先生等 5 人前往新西兰参加"中国新年灯会"。此次新西兰之行，使沈圣标先生看到了海宁皮影戏重新兴盛的希望，开始着手筹备组建皮影戏艺术团。2004 年投资 10 多万元相邀原浙江省皮影剧团八名老艺人，成立了海宁市江南皮影艺术团，任董事长，现由其大女儿沈凤娟管理南皮影剧团。代表剧目《闹龙宫》、《鸡斗》等。

Ⅳ-92 木偶戏（平阳木偶戏）

卓乃金

（编号：03-1091），男，汉族，1933 年 7 月生，浙江省平阳县南雁镇人。2008 年 6 月，木偶戏（平阳木偶戏）被列入第一批国家级非物质文化遗产扩展项目名录传统戏剧类，项目编号Ⅳ-92。2009 年 6 月，卓乃金入选为第三批国家级非物质文化遗产项目代表性传承人，浙江省平阳县申报。卓乃金为国家二级演员。出身于木偶世家，13 岁随父学艺。1949 年 10 月受聘进入平阳和平木偶剧团任演员。1980 年率平阳县木偶剧团参加浙江省现代戏调演，主演《时针飞转》"大懒鬼"角色，获一等奖；次年，携该剧赴京参加全国木偶皮影戏调演，共获 13 项大奖。1992 年晋京参加全国木偶皮影戏会演，传统剧《水漫金山》荣获团体优秀剧目奖等十几项奖，个人主演"小沙弥"一角获得全国一等奖。1995 年 9 月，带着木偶小品《车技》随中国温州艺术团到荷兰、西班牙、卢森堡、法国、比利时等国演出，引起轰动；1998 年 7 月，受文化部委派参加墨西哥第十一届国际木偶节，技艺出众，享誉墨西哥，荣获最高荣誉奖。代表剧目《水漫金山》、《花灯缘》等。现已退休，被聘为县木偶剧团顾问。

Ⅳ-92 木偶戏（单档布袋戏）

吴明月

（编号：03-1092），男，汉族，1953 年生，浙江省苍南县灵溪镇宕顶村人。2008 年 6 月，木偶戏（单档布袋戏）被列入第一批国家级非物质文化遗产扩展项目名录传统戏剧类，项目编号Ⅳ-92。2009年6月，吴明月入选为第三批国家级非物质文化遗产项目代表性传承人，浙江省苍南县申报。吴明月出身生于戏曲世家，其祖父吴时婴，艺龄30年；父吴元长，承祖父之业，再师从著名布袋戏艺人萧伊彬，是闻名遐迩的布袋戏名师。吴明月13岁随父亲学习布袋戏。吴明月所演剧目，既有继承传统的，又有自己独立创新的。除表演出众外，吴明月亦擅长编剧。将古代传统小说内容经过字句处理，改编成唱腔或道白，进行表演。木偶戏是一项综合艺术，除演出外，吴明月还擅长制作木偶像及服装等一切道具，乃至戏台设计。他演出的剧目有单场剧本、也有连续剧目，据初步统计，共有《包公判三冤》、《绿牡丹》、《麒麟袍》等14部计94场，演出中演员、导演、场务等全兼一身。吴明月在演布袋戏之余，还自学了渔鼓艺术，致力于对渔鼓艺术抢救和保护。目前吴明月已经成为浙闽边界各县市戏曲界的领军人物，推动了浙闽边界民族民间戏曲艺术的挖掘和发展。

黄朱璜也是单档布袋戏的著名艺人，目前从事单档布袋戏的传承和表演工作。

Ⅳ-106 瓯剧

陈茶花

（编号：03-1113），女，汉族，1931年3月生，浙江省温州市人。2008年6月，瓯剧被列入第二批国家级非物质文化遗产名录传统戏剧类，项目编号Ⅳ-106。2009年6月，陈茶花入选为第三批国家级非物质文化遗产项目代表性传承人，浙江省温州市申报。陈茶花出身于梨园世家。12岁学艺，初入"新凤玉"乱弹班习艺，其后又入"大高星"、"胜福连"、"新阳春"、"新红玉"等班社从艺。1949年之后参加温州胜利乱弹剧团，后更名为温州瓯剧团，瓯剧即作为剧种名称行于世。其表演风范、演唱行腔，形成特有

的柔美与韵味。陈茶花积极配合对剧第一代表作曲家李子敏先生对音乐进行改革，确立了瓯剧乱弹腔唱调，在统一定调（尺字调）基础上正、反乱弹唱调交替演唱，确立了男女宫调唱腔，并参与创作和试演各种新板式新腔句，为瓯剧唱腔的改革作出了重要贡献。代表剧目《佛灵寺》、《贩马记》、《蝴蝶杯》、《昆山县令》、《玉簪记》、《钟离娘娘》、《高机与吴三春》、《红梅赞》、《江姐》、《洪湖赤卫队》、《送肥记》等。先后为瓯剧培养的学生有翁墨珊、谢菲菲、冯彩秋及洪永娟等，都已成长为瓯剧骨干。

李子敏

（编号：03-1114），男，汉族，1930年2月生，安徽省阜阳市太和县人。2008年6月，瓯剧被列入第二批国家级非物质文化遗产名录传统戏剧类，项目编号Ⅳ-106。2009年6月，李子敏入选为第三批国家级非物质文化遗产项目代表性传承人，浙江省温州市申报。李子敏为瓯剧第一代作曲家。1959年，调温州瓯剧团任作曲，曾为瓯剧、越剧、台州乱弹、木偶戏、歌剧以及电视剧作曲130余部、歌（舞）曲100多首。长期致力于瓯剧音乐创作和改革，解决了瓯剧男女宫调唱腔，创造了"慢垛板"、"紧垛板"、"女叠板"等新唱调，提高了瓯剧唱调的表现力。发表有《古老的剧种，丰富的遗产》、《温州乱弹腔考探》等30余篇论文。著有《瓯剧史》、《戏曲音乐类种》（合作）等研究专著，编撰或主编瓯剧、（永嘉）昆曲、和剧、台州乱弹等剧种的《音乐集成》（共计19卷），主编《浙江戏曲音乐论文集》（5辑）。多次获得作曲大奖，其作品录制有唱片十四张。代表作有歌（乐·舞）曲《渔歌》、《节日圆舞曲》、《马刀舞曲》、《祖国万岁》，歌剧音乐《活捉王大秋》、《玉蜻蜓》、《三打陶三春》、《芦荡火种》、《洪湖赤卫队》、《杜鹃》、《杨八姐游春》、《碧血扬州》、《拷红》、《送茶上楼》、《光明行》等。

Ⅳ-108 姚剧

沈守良

（编号：03-1115），男，汉族，1943 年 1 月生，浙江省余姚市黄家埠镇五车堰人。2008 年 6 月，姚剧被列入第二批国家级非物质文化遗产名录传统戏剧类，项目编号Ⅳ-108。2009 年 6 月，沈守良入选为第三批国家级非物质文化遗产项目代表性传承人，浙江省余姚市申报。沈守良为国家一级演员。1961 年考入姚剧团，师承著名艺人商福祥为师，工生角，很快走红。1985 年，因出演《强盗与尼姑》获浙江省第二届戏剧节演员一等奖；后因《沙场泪》、《传孙楼》、《鸡公山风情》、《女儿大了，桃花开了》等获演员一等奖。20 世纪 70 年代后期始参与姚剧音乐作曲，长期担任唱腔设计。他担任唱腔涉及的姚剧《母亲》获第九届中国戏剧音乐节优秀奖。他主编了《姚剧大家唱》、《姚剧研究（专辑）》等书籍，编辑推广普及姚剧的碟片。代表剧目《半夜鸡叫》、《半把剪刀》、《女儿大了，桃花开了》。从 20 世纪 90 年代开始为推广和培训姚剧人才而努力，2008 年起，出任老年大学姚剧专业班教师，自编教材，传授姚剧知识、教唱姚剧传统曲调。开展姚剧及校园活动，到中小学传授姚剧。

Ⅳ-110 婺剧

葛素云

（编号：03-1116），女，汉族，1938 年 2 月生，浙江省兰溪市人。2008 年 6 月，婺剧被列入第二批国家级非物质文化遗产名录传统戏剧类，项目编号Ⅳ-108。2009 年 6 月，葛素云入选为第三批国家级非物质文化遗产项目代表性传承人，浙江省金华市申报。葛素云为国家二级演员。10 岁进入婺剧科班"文化舞台"学戏，受教于方华泉、方永林等老前辈，工生角，演过数十本小生戏，包括娃娃生。1955 年调至浙江省婺剧训练班改旦角，受教于贾慕超、周越先，常演的旦角有穆桂英、樊梨花、铁扇公主、杨八姐等及现代戏的铁梅、江水英、柯湘、银环等。练就特技踢宝剑，可远距离踢宝剑入销。葛素云的戏路较宽，生旦皆可，表演动作架子漂亮优美，唱腔甜润，文武兼备。1957 年浙江省会演获演员二等奖；1988 年获中国戏剧梅花奖；1989 年获浙江省戏剧中年演员精英大奖赛艺术教育优秀表演奖。代表剧目《挡马》（又名《光普卖酒》）、《辕门斩子》等。1970 年葛素云开始在浙江婺剧团从事传带工作，培养大批婺剧人才，陈美兰和张建敏等人都是其中的佼佼者。

郑兰香

（编号：03-1117），女，汉族，1937 年生，浙江省温州市人。2008 年 6 月，婺剧被列入第二批国家级非物质文化遗产名录传统戏剧类，项目编号Ⅳ-108。2009 年 6 月，郑兰香入选为第三批国家级非物质文化遗产项目代表性传承人，浙江省金华市申报。郑兰香为国家一级演员。1955 年考入浙江婺剧团，拜著名婺剧表演艺术家周越先、徐汝英为师学艺。1960 年又拜昆曲演员姚传芗为师，习花旦。她在继承传统基础上，博采众长，将古老的婺剧与现代流行歌曲相融合，唱腔优美、宽厚，音色明亮，不躁不闷，行腔委婉，流畅自然，有峰回路转、曲径通幽之妙；表演细腻、文武兼擅，塑造了栩栩如生、形神兼备的妇女形象，形成了独树一帜的表演风格，是婺剧艺术发展史上一个突出的里程碑。主演的《西施泪》已拍成戏曲片。代表剧目《僧尼会》、《牡丹对课》、《双阳公主》等。2001 年，她在武义创办了"兰香艺校"，已培养了 600 余名演艺人才，并已涌现出佼佼者。

姜志谦

（编号：03-1118)，男，汉族，1941 年生，

浙江省兰溪市人。2008年6月，婺剧被列入第二批国家级非物质文化遗产名录传统戏剧类，项目编号Ⅳ-108。2009年6月，姜志谦入选为第三批国家级非物质文化遗产项目代表性传承人，浙江省江山市申报。1955年姜志谦考入汤溪五恒剧团（江山市婺剧团前身），师从张新钱（江湖诨名"掼不死"）学习变脸绝技。20多岁时，已深得真传，凭着变脸的绝技成为江山婺剧团的当家小生，成为婺剧这门绝活儿的唯一传人，戏迷遍布周边县市。20世纪50年代创作编排的《松林斗虎》被中央新闻摄制成电影。"文革"时姜志谦被勒令不准演戏，从此离开了舞台，历经多种行当，40多年未曾表演。代表剧目《双阳公主》、《双合印》、《三请樊梨花》、《火烧子都》等。目前江志谦已经把婺剧变脸绝活儿传给徒弟毛向阳（1970年生）等人。

安徽

Ⅳ-29 徽剧

谷化民

（编号：03-1015），男，汉族，1945年生，现居安徽省合肥市。2010年11月，京剧入选"人类非物质文化遗产代表作名录"。2006年5月，徽剧被列入第一批国家级非物质文化遗产名录传统戏剧类，项目编号Ⅳ-30。2009年6月，谷化民入选为第三批国家级非物质文化遗产项目代表性传承人，安徽省申报。谷化民为国家二级演员。1957年进入安徽省徽剧团，得著名徽剧老艺人程发全、程友芳、林天赐、史双奎、方永林真传，并受惠于京剧大师李洪春、侯喜瑞的亲身授传。工铜锤、架子花脸，并能兼攻生、丑等角色。取名家之长，学习创新，拥有自己的艺术风格及魅力。其表演追求徽剧的沉稳古朴之美，在表演上追求徽剧身段架子功，功夫扎实、工架完整、表演认真、感情饱满、神采夺人，唱腔平雅流畅、刚柔并济，戏路颇广，特色是嗓门好、功架美、神韵足、徽味浓。代表剧目《水淹七军》、《徽班春秋》、《徽风古韵》、《打龙蓬》等。目前仍未间断演出，并为传承徽剧而努力。

Ⅳ-57 庐剧

丁玉兰

（编号：03-1050），女，汉族，1931年8月生，安徽省肥东县人。2006年5月，庐剧被列入第一批国家级非物质文化遗产名录传统戏剧类，项目编号Ⅳ-57。2009年6月，丁玉兰入选为第三批国家级非物质文化遗产项目代表性传承人，安徽省合肥市申报。丁玉兰为国家一级演员。丁玉兰初随养父学戏，工青衣、花旦。后拜戏班的陈师傅为师，很快成为一方名角。随后又正式拜庐剧名角郭士龙为师。表演风格玲珑，唱腔甜美，地方韵味浓郁，表演出神入化，活灵活现，在某种意义上，"丁玉兰"是庐剧的代表。1954年因《借罗衣》一剧获得华东地区第一届戏曲会演演员一等奖。1956年，凭借在《双丝带》一剧获得安徽省第一届戏曲会演一等奖。主演的《借罗衣》已拍成戏曲片，《双锁柜》已拍成戏曲电视片。代表剧目《休丁香》、《秦雪梅观画》、《玉簪记》、《双丝带》、《借罗衣》等。退休后，从事庐剧艺术的教学工作。

孙邦栋

（编号：03-1051），男，汉族，1929年8月生，安徽省肥东县人。2006年5月，庐剧被列入第一批国家级非物质文化遗产名录传统戏剧类，项目编号Ⅳ-57。2009年6月，孙邦栋入选为第三批国家级非物质文化遗产项目代表性传承人，安徽省合肥市申报。孙邦栋为著名庐剧表演艺术家，国家一级演员。6 岁起随父学唱京剧，8 岁开始登台，14 岁时改唱庐剧旦角。在长期的舞台实践中，成功塑造了各种不同的舞台角色数百个。他继承了庐剧唱腔基本特征，除有选择性吸收外，还通过自己不断地摸索总结，在实践的过程中逐步形成自己的一套唱腔风格和特点。其吐字清晰、委婉圆润、声调浓郁醇厚、富有韵味，唱腔准确反映角色内心世界。尤其是对小生行当，在表演艺术上有了一定造诣。运用戏剧程式"四功五法"的技巧，对角色生活时代、环境、背景等特点的理解，准确地把握不同角色的特点，刻画角色内心世界，力求"不仅形似，而且神似"。代表作《梁山伯与祝英台》，塑造志诚淳厚的梁山伯，体现了他在漫长的艺术生涯中扮演各种生角和旦角的功力。弟子为安徽省庐剧研究会副会长黄冰。

Ⅳ-97 坠子戏

朱月梅

（编号：03-1097），女，汉族，1939 年 4 月生，山东省菏泽市人，现居安徽省宿州市。2008 年 6 月，坠子戏被列入第二批国家级非物质文化遗产名录传统戏剧类，项目编号Ⅳ-97。2009 年 6 月，朱月梅入选为第三批国家级非物质文化遗产项目代表性传承人，安徽省宿州市申报。朱月梅 1954 年 9 月入萧县曲艺实验剧团，师从皖北坠子名艺人刘元芝。并得坠子戏琴师刁教云、导演杜庆祥和昆曲专家付雪漪等老师教益。工花旦、青衣，以唱功见长。在继承第一代老艺人唱腔的基础上，博采众长、融会贯通。把传统的"大口"、"小口"的唱法融为一体，形成了"小口"的唱法"脆"、"水"、"俏""丽"的风格；在"大口"的唱法上充分运用丹田气和胸腔共鸣。在青衣和老旦的唱腔上显得声满腔圆、浑厚有力；在闺门旦和花旦的表演上，形成了特有的"单点指"和"抄袖"，显得洒脱、自然；在青衣

的表演上注重稳重端庄、含蓄深沉的表演特色。代表剧目《窦娥冤》、《大祭桩》、《陈三两》、《孟丽君》、《屈原》、《五姑娘》等传统剧和现代戏《李二嫂改嫁》、《槐树庄》、《党的女儿》、《江姐》等。朱月梅为坠子戏的传承做了大量的工作，培养指导了大批坠子戏新秀，亲传弟子有孟敏、张莉等，曾在国家级、省部级多次获奖。

Ⅳ-112 花鼓戏

吕金玲

（编号：03-1119），女，汉族，1951 年 2 月生，安徽省蚌埠市人。2008 年 6 月，花鼓戏被列入第二批国家级非物质文化遗产名录传统戏剧类，项目编号Ⅳ-112。2009 年 6 月，吕金玲入选为第三批国家级非物质文化遗产项目代表性传承人，安徽省宿州市申报。吕金玲 1970 年被选调到宿县淮北花鼓戏剧团工作，学习花鼓戏传统唱腔和传统舞蹈，受教于老艺人牛正印、李孔兰、李桂兰等老师。她戏路宽，可演生、旦、丑等各路角色，表演声情并茂，内外技巧运用得相得益彰；其唱腔具有较强的穿透力，声音高亢，吐字清晰。在从艺生涯中，出演了 30 多个剧目中的主要角色，塑造了众多不同艺术人物形象，先后获得省、地、市及中央一、二、三等奖及最佳演员奖等荣誉称号。代表剧目《新人骏马》、《洞房里来了我王翠萍》、《送军马》、《榴花照眼明》等。2005 年退休后被返聘为剧团业务团长，主持剧团业务和教学传承工作。除分管剧团业务以外，主要精力被投入在招收学员、培训传授花鼓戏演唱和表演技艺，所带学员均成为剧团骨干力量。

周钦全

（编号：03-1120），男，汉族，1925 年 9 月生，安徽省萧县人。2008 年 6 月，花鼓戏被列入第二批国家级非物质文化遗产名录传统戏剧类，项

目编号 IV -112。2009 年 6 月，周钦全入选为第三批国家级非物质文化遗产项目代表性传承人，安徽省淮北市申报。周钦全 11 岁开始跟张茂宣老艺人学唱花鼓戏，练就一身唱、念、做、打的深厚功底。1943 年，又跟随博严夫继续学唱淮北花鼓戏，全面掌握淮北花鼓戏的各种唱腔、板式和表演技巧。既能扮演生、净角色，也擅演旦角。在旦角表演上，形成了独特的"三寸金莲"的表演绝活儿，融入了花鼓戏的舞蹈元素，首开淮北花鼓戏戏曲舞蹈表演之先河，舞姿优美，韵味独特内敛，被誉为"中国的民间芭蕾"。在唱法上，周钦全的调门独特，九腔十八调、七十二哼哼，是为数不多的原汁原味的淮北地区民间戏曲唱法。周钦全创造和总结了"10 大走，36 中走，72 小走，108 扑加上 92 哆嗦"的淮北花鼓大走场，成为淮北花鼓戏中的一大特色。周钦全 24 岁开始带徒授艺，先后培养人才 500 多名，1990 年以来培养学生张淑华、杨素华、黄淑荣、王秀梅等已成为淮北花鼓戏表演艺术的骨干。

迟秀云

（编号：03-1121），女，汉族，1937 年 9 月生，安徽省广德县人。2008 年 6 月，花鼓戏被列入第二批国家级非物质文化遗产名录传统戏剧类，项目编号 IV -112。2009 年 6 月，迟秀云入选为第三批国家级非物质文化遗产项目代表性传承人，安徽省宣城市申报。迟秀云 1954 年入广德县艺锋花鼓戏剧团，1959 年 8 月调入芜湖专区皖南花鼓戏剧团（即为后来的宣城花鼓剧团）。师从张良谱（第三代艺人），工旦行。凭借本身的天赋、勤奋与虚心向学，加之师傅悉心相授、师叔（潘耀银）和众多老艺人的指导，掌握和继承了皖南花鼓戏包括唱腔与表演在内的艺术精髓。在艺术实践中，逐渐形成了自己独特的表演风格和声腔特色，成为此剧种当代艺人中代表人物。其嗓音明丽，吐字清晰，行腔圆润，

人们称其唱腔散发着浓郁的泥土气息，具有皖南地区山光水色的俊秀风采；表演细腻认真，干净利索，富有节奏感。戏路宽广，各具特征，对人物性格的刻画有独到的表现力。代表剧目《斩皇兄》、《小尼姑下山》、《相亲》、《半把剪刀》、《画皮》、《天仙配》、《嫦娥奔月》、《梁祝》、《百花公主》、《三打白骨精》、《刘三姐》、《打金枝》等。嫡系传人主要有其女儿吴斌斌，收徒张翠英、董玉兰。

补充说明：师祖张宗棠（第一代艺人），师爷孟宗华（第二代艺人），师父张良谱（第三代艺人）。

杨玉屏

（编号：03-1122），女，汉族，1955 年 12 月生，安徽省宣城市广德县人。2008 年 6 月，花鼓戏被列入第二批国家级非物质文化遗产名录传统戏剧类，项目编号 IV -112。2009 年 6 月，杨玉屏入选为第三批国家级非物质文化遗产项目代表性传承人，安徽省宣城市申报。杨玉屏出身于皖南花鼓戏世家，自幼随祖父和父亲常年演出，1976 年招入安徽省宁国县花鼓戏剧团，1985 年调入宣城市皖南花鼓戏剧团至今。师承花鼓戏前辈陈爱香、李相才，主攻小生，扮相俊美，注重表演和传统唱腔的革新和发展。在多年艺术实践中形成了自己的独特表演风格和声腔特色，嗓音宽宏、吐字清晰，行腔圆润，表演干净利索、戏路宽广各具特征，对人物刻画具有独特的表现力，成为皖南花鼓戏代表人物。代表剧目《梁山伯与祝英台》、《珍珠塔》、《姐妹皇后》等。2006 年退休后个人又组织了宣城市"俏妈妈"花鼓戏艺术团，经常给观众带来喜闻乐见的花鼓戏。为了培养接班人，2009 年自费创办宣城市皖南花鼓戏艺术学校，并继续从事皖南花鼓戏剧教学工作至今。

福建

Ⅳ-2 梨园戏

陈济民

（编号：03-0967），男，汉族，1945年5月生，福建省泉州市鲤城区人。2006年5月，梨园戏被列入第一批国家级非物质文化遗产名录传统戏剧类，项目编号Ⅳ-2。2009年6月，陈济民入选为第三批国家级非物质文化遗产项目代表性传承人，福建省泉州市申报。陈济民为国家二级演奏员，梨园戏著名鼓师。1957年考进福建省梨园戏剧团训练班先学表演，1959年学习鼓，随尤本师学"教槌柏"，随李小恁小师学过鼓。1960年师从林时枨，正规从"七帮鼓"学起。精通梨园戏音乐，擅长闽南压脚鼓，在舞美、表演和导演方面都有一定造诣。1984年与王庆群老师配合"梨园戏"（简介）出版中国音乐词典。1995年应约作"手舞足蹈梨园鼓"出版艺术论丛。代表作有梨园戏传统剧目《陈三》、《郑元和》、《苏秦》、《吕蒙正》、《高文举》，新编梨园戏《节妇吟》、《董生与李氏》、《陈仲子》、《乐羊子》、《皂隶与女贼》、《蔡文姬》等。先后培训、指导过黄培尊、柯介眉、林建扬、杨双智、姚贻权、庄杰派、刘桂兰、许清廉、杜仲让、杜少红等。

蔡娅治

（编号：03-0968），女，汉族，1938年12月生，福建省石狮市灵秀镇人。2006年5月，梨园戏被列入第一批国家级非物质文化遗产名录传统戏剧类，项目编号Ⅳ-2。2009年6月，蔡娅治入选为第三批国家级非物质文化遗产项目代表性传承人，福建省泉州市申报。蔡娅治为国家二级演员。其祖父是20世纪40年代梨园戏"细祥春"班的班主蔡培聪。她于1953年进福建省闽南戏实验剧团，师承梨园戏名老艺人许茂才、林树盘，习青衣、小生，尤以反串小生见长，为梨园戏女小生代表人物，以金嗓子闻名。代表剧目《陈三五娘》、《李亚仙》、《窦娥冤》、《吕蒙正》等。退休后参与泉州艺校梨园班的教学工作，传授梨园戏优秀传统剧目《陈三五娘》、《李亚仙》的名曲唱段。有学生张纯吉、陈琦昌、宋晓佳、林诗铭等。2006年受聘于台湾江之翠剧团教学。

王胜利

（编号：03-0969），男，汉族，1945年生，现居福建省泉州市。2006年5月，梨园戏被列入第一批国家级非物质文化遗产名录传统戏剧类，项目编号Ⅳ-2。2009年6月，王胜利入选为第三批国家级非物质文化遗产项目代表性传承人，福建省泉州市申报。王胜利为国家二级演员。1957入福建省梨园戏演员训练班，工净、外行。师承蔡尤本、姚苏秦、陈家荐、陈德碗、李茗钳等名家。王胜利是福建省剧协会员，福建省第二届中青年演员比赛金牌获得者。代表剧目《梁灏》、《吕蒙正》、《陈仲子》、《乐羊子》、《蔡文姬》等。

Ⅳ-3 莆仙戏

王少嫒

（编号：03-0970），女，汉族，1965年10月生，福建省仙游县盖尾镇人。2006年5月，莆仙戏被列入第一批国家级非物质文化遗产名录传统戏剧类，项目编号Ⅳ-3。2009年6月，王少嫒入选为第三批国家级非物质文化遗产项目代表性传承人，福建省莆田市申报。王少嫒为国家一级演员。1979年进鲤声剧团，师从朱石凤、王国金、许秀莺，工青衣，兼工闺门旦、花旦。表演典雅细腻，唱腔优美动听，咬字清晰，字正腔圆，声情并茂富有浓厚的莆仙戏韵味。她的风姿绰约、俏丽妩媚的扮相，能对不同人物情感作不同层次的细腻表现，以及同一人物的不同内心活动，进行天衣无缝的准确衔接。在《晋宫寒月》中扮演骊姬一角，以精湛的演技而一举成名，曾多次在各类会演中获奖：1989年获福建省第二届中青年演员比赛金牌奖和福建第二届"水仙花"优秀戏曲唱腔奖；1990年获福建省第十八届戏剧会演演员奖；1996年获福建省第二十届戏剧会演优秀演员奖；1999年获福建第二十一届戏剧会演最佳女演员奖；2000年荣获中国第十七届戏剧梅花奖。代表剧目《晋宫寒月》、《戏巫记》、《乾佑山天书》等。2002年，王少瑗告别舞台一线，走进了学校的讲台，开始培养、寻找莆仙戏的接班人。

Ⅳ-33 闽西汉剧

邓玉璇

（编号：03-1018），女，汉族，1936年生，广东省梅州市梅县人。2006年5月，闽西汉剧被列入第一批国家级非物质文化遗产名录传统戏剧类，项目编号Ⅳ-33。2009年6月，邓玉璇入选为第三批国家级非物质文化遗产项目代表性传承人，福建省龙岩市申报。邓玉璇为国家一级演员。1954年入福建龙岩地区群声汉剧团，习小生、青衣、花旦。由于她钟情闽西汉剧，加上自身勤奋刻苦，具有较好的专业素质，在王玉兰等老一辈艺术家的精心培育下，很快成为闽西南和粤东一带的知名演员，被誉为汉剧金嗓子。邓玉璇饰演小生、旦角俱佳，功底深厚，表演细腻，扮演的人物各具特色，先后在80多出戏中扮演角色，在福建及粤东地区颇负盛名，有汉剧皇后之美誉。代表剧目《西厢记》、《白蛇传》、《桃花扇》、《秦香莲》、《孟丽君》、《贵妃醉酒》、《二度梅》、《状元媒》、《春娘曲》。曾任艺术学校龙岩地区戏曲班副主任，努力传承闽西汉剧，所授传人有陈萍、胡婷、吴垠烨、赖建成等。

Ⅳ-45 闽剧

陈乃春

（编号：03-1027），男，汉族，1952年11月生，福建省福州市人。2006年5月，闽剧被列入第一批国家级非物质文化遗产名录传统戏剧类，项目编号Ⅳ-45。2009年6月，陈乃春入选为第三批国家级非物质文化遗产项目代表性传承人，福建省福州市申报。陈乃春为国家一级演员。出身于梨园世家，父亲陈妙轩是闽剧著名演员，师承闽剧艺术家黄宝钦、詹剑峰。陈乃春在长期闽剧表演中，刻苦钻研、博采众长，形成了独特的表演风格，扮相俊美、嗓音洪亮、基本功扎实、身段优美、表演细腻、富有激情、腔韵高山流水、技艺朴实潇洒，塑造出了一大批个性迥异、栩栩如生的典型艺术形象。曾获中国第七届戏剧节优秀表演奖、中国第十届戏剧梅花奖、中国文化部第三届文华表演奖。代表剧目有近代闽剧《林则徐充军》、《林则徐与道光帝》，历史闽剧《丹青魂》、《孙权与张昭》、《告老尚书》、《兰花赋》、《闹九江》、《赵氏孤儿》、《施智伯写状》、《红裙记》、《红鬃马》等。陈乃春现任福州市艺术学校校长。传授学生有吴则文、郑春瑜、邹金国、陈新如、林道利、黄家楚、杨帅、余根舒、林杰堃、林可燊、陈林兴等。

陈新国

（编号：03-1028），号公迈，别署温麻山人，男，汉族，1946年生，福建省福州市人。2006年5月，闽剧被列入第一批国家级非物质文化遗产名录传统戏剧类，项目编号Ⅳ-45。2009年6月，陈新国入选为第三批国家级非物质文化遗产项目代表性传承人，福建省福州市申报。陈新国为国家一级作曲家，福建省戏剧音乐家、著名演奏家。陈新国1958年进入福建省艺术学校学习，师承著名闽剧全能音乐大师林家辉先生。获奖无数，1989 年《花轿错》获第二届中国艺术节音乐设计奖。1996 年《朗陵县令》获福建省第二十届戏剧会演音乐设计奖。1997 年《贬官记》音乐作品，获"文华新剧目奖"、"五个一工程奖"、福建省第二届百花文艺奖特别荣誉奖。2006 年创作《王莲莲拜香》获福建省第二十三届戏剧会演音乐奖。2006 年获美国林肯艺术中心、纽约文化局、美华艺术协会颁发的"亚洲最杰出艺人·第十四届终身成就奖"。2009 年《别妻书》获中国戏曲奖优秀剧目奖、福建优秀音乐奖。代表剧目《贬官记》、《花轿错》、《红罗衫》、《朗陵县令》、《冯梦龙断案》、《凤凰蛋》、《潘金莲》、《不了情》、《金圣叹快事》、《王莲莲拜香》、《孙尚香》、《忆十八》、《水牢摸印》、《斩娥》、《断桥》、《晨钟惊梦》、《天女散花》等。

Ⅳ-48 高甲戏

吕忠文

（编号：03-1030），男，汉族，1944 年生，福建省泉州市人。2006 年 5 月，高甲戏被列入第一批国家级非物质文化遗产名录传统戏剧类，项目编号Ⅳ-48。2009 年 6 月，吕忠文入选为第三批国家级非物质文化遗产项目代表性传承人，福建省泉州市申报。吕忠文于 1994 年、1995 年、1997 年导演高甲戏《大汉魂》、《玉珠串》、《金魁星》分别两次荣获文化部"文化导演奖"；1997 年辅导高甲小戏《仙姑酒楼》、《施大头卖剑》，分别获文化部"群星奖"。1999 年与徐春兰合作，导演高甲现代戏《沉浮汜》获中国曹禺戏剧奖的导演奖。

苏燕玉

（编号：03-1031），女，汉族，1938 年生，福建省泉州市人。2006 年 5 月，高甲戏被列入第一批国家级非物质文化遗产名录传统戏剧类，项目编号Ⅳ-48。2009 年 6 月，苏燕玉入选为第三批国家级非物质文化遗产项目代表性传承人，福建省泉州市申报。1947 年她入晋江梨园七子班学艺，师从蔡秀英，工旦角。著有戏曲论文《浅谈戏曲表演心理技巧的基本法则》。代表剧目《梁红玉》、《桃花搭渡》、《凤仪亭》、《南京路上好八连》、《天女图》、《仙女送花》、《沙家浜》、《三里湾》、《陈三五娘》、《玉真行》等。1978 年起在不同艺术院校和演艺团体教授高甲戏，培养了大批高甲戏后辈。

林英梨

（编号：03-1032），女，汉族，1939 年生，出生于福建省晋江市，现居福建省厦门市。2006 年 5 月，高甲戏被列入第一批国家级非物质文化遗产名录传统戏剧类，项目编号Ⅳ-48。2009 年 6 月，林英梨入选为第三批国家级非物质文化遗产项目代表性传承人，福建省厦门市申报。林英梨是高甲戏第六代传承人之一。1953 年入"金莲升"学艺，受教于老艺人蔡春枝、林赐福。她戏路宽广，可演武旦、苦旦、花旦，甚至反串小生、武生。在演员和导演期间皆有佳作。执导的《竹杠桥》获全国戏曲农村题材录像调演一等奖；2002 年执导创作的高甲戏《买花歌》获全国首届老年文艺调演金奖。参演代表剧目有《屈原》、《海螺》、《江姐》、《杜鹃山》等。导演代表剧目《恩与仇》、《二度梅》、《一捧雪》、《李卫下通州》、《陈总杀媳》、《井边会》、《出奔》、《昭君出塞》等。她一手培养的张丽娜、吴晶晶、林丽雅等新秀，成为厦门"金莲升"高甲戏剧团的"五朵金花"，深受海内外观众喜爱。并进入厦门中小学甚至幼儿园教授"高甲戏"。

Ⅳ-92 木偶戏（泉州提线木偶戏）

林聪鹏

（编号：03-1084），男，汉族，1964年生，福建省泉州市人。2006年5月，木偶戏（泉州提线木偶戏）被列入第一批国家级非物质文化遗产名录传统戏剧类，项目编号Ⅳ-92。2009年6月，林聪鹏入选为第三批国家级非物质文化遗产项目代表性传承人，福建省泉州市申报。林聪鹏1978年至1983年于福建省艺术学校泉州木偶班随其兄学艺，1983年开始在泉州市木偶剧团，任木偶头雕刻师。他雕刻的传统木偶头，为抢救排练传统剧目《目连救母》、《三藏取经》、《李世民游地府》等，以及这些剧目在日本和中国台湾、中国香港等国家和地区的展示交流发挥重要作用。在《古艺新姿活傀儡》、《钦差大臣》等创作剧目担任木偶头雕刻与创作，为这些剧目两度荣获文华新剧目奖，两度入选"国家舞台艺术工程精品"提名剧目作出贡献。1997年在香港文化中心现场展示木偶头雕刻，同时木偶头被香港博物馆收藏。目前剧团演出的大量传统剧目、创新剧目所使用的木偶头，大多数是林聪鹏的作品，他将泉州提线木偶戏木偶头雕刻艺术推向新的高度。有弟子陈俊翔一人。

王建生

（编号：03-1085），男，汉族，1946年生，福建省泉州市人。2006年5月，木偶戏（泉州提线木偶戏）被列入第一批国家级非物质文化遗产名录传统戏剧类，项目编号Ⅳ-92。2009年6月，王建生入选为第三批国家级非物质文化遗产项目代表性传承人，福建省泉州市申报。王建生出身于木偶表演世家，爷爷和父亲都是木偶戏演员，属泉州的大城隍庙支系，父亲王金坡是原泉州四大庙之一大城隍提线木偶班主（1952年合并为泉州木偶艺术剧团），王建生为木偶世家第三代传承人。1957年进入泉州木偶剧团训练班，继承其父一整套的表演技能和绝学。在表演生涯中，他参加众多大大小小的比赛，获得了众多大大小小的奖项。代表作品《宝莲灯》、《舞狮》、《封神榜》等。2005年被上海戏剧学院聘任2005—2006年第一学期《提线木偶操纵》课程授课老师。2006年退休，同年为培养传统艺术表演人才，被泉州艺术学校聘任为提线木偶表演专业教师。

Ⅳ-92 木偶戏（晋江布袋木偶戏）

颜洒容

（编号：03-1086），女，汉族，1949年11月生，福建省晋江市人。2006年5月，木偶戏（晋江布袋木偶戏）被列入第一批国家级非物质文化遗产名录传统戏剧类，项目编号Ⅳ-92。2009年6月，颜洒容入选为第三批国家级非物质文化遗产项目代表性传承人，福建省晋江市申报。颜洒容是晋江"金永成"李家班第五代传人之一，师从李荣宗、李伯芬，是布袋戏发展历史中的第一代女演员。擅长旦角表演，在许多剧目中担任主要角色。在《白龙公主》、《五里长虹》、《清源仙女》的剧目中，成功地塑造了"白龙公主"、"依丽莎"、"擎珠仙子"等形象。1982年，主演《白龙公主》获中央文化部嘉奖，并被拍成木偶连续剧；1999年，主演的《五里长虹》获中央文化部文华新节目奖；2001年颜洒容亲自担任大型木偶电视连续剧《白玉堂》的艺术指导；2002年，主演的《清源仙女》获全国木偶金狮优秀演员奖；2008年为迎接奥运表演经典剧目《五里长虹》。

Ⅳ-92 木偶戏（漳州布袋木偶戏）

陈炎森

（编号：03-1087），男，汉族，1946年生，福建省漳州市人。2006年5月，木偶戏（漳州布袋木偶戏）被列入第一批国家级非物质文化遗产名录传统戏剧类，项目编号Ⅳ-92。2009年6月，陈炎森被列入第三批国家级非物质文化遗产项目代表性传承人，福建省漳州市申报。陈炎森1960年9月进漳州艺校（当时龙溪地区戏曲学校）木偶科学习，师承杨胜、陈南田木偶大师，专攻武生行当表演。1963年10月毕业进入漳州市木偶剧团当演员。在第八届国际木偶比赛荣获表演最佳动画奖与水晶杯；2006年5月荣获国际木偶最佳优秀表演艺术奖。代表剧目《钟馗元帅》、《狗腿子的故事》、《少年岳飞》、《铁牛李逵》、《两个猎人》、《人偶绝技》、《大名府》、《卖马闹府》、《招亲》等。

Ⅳ-114 打城戏

吴天乙

（编号：03-1127），男，汉族，1938年生，福建省晋江市人。2008年6月，打城戏被列入第二批国家级非物质文化遗产名录传统戏剧类，项目编号Ⅳ-114。2009年6月，吴天乙入选为第三批国家级非物质文化遗产项目代表性传承人，福建省泉州市申报。据吴天乙族谱记载，打城戏到他这一代，共传了四代。吴天乙的曾祖父吴永燎1858年创办师公戏"兴源班"（打城戏）；祖父吴远茶接办"兴源班"；父亲吴万圣，主攻花脸、丑行，承祖业"兴源班"。1929年其父开始吸收两批青少年培训，戏班改称"小兴源班"。吴天乙1945年起随"小兴源班"下乡演出。吴天乙武功、文戏样样精通。从20世纪90年代组建打城戏剧团，开始着手抢救面临失传的《目连救母》、《李世民游地府》等传统剧目，并编写了《打城戏——闽南宗教戏剧的遗存》手稿，为打城戏传承保护作出了贡献。2008年，剧团因演出日少，生存困难而解散。2003年，打城戏剧团赴伊朗参加"第十三届亚洲仪式艺术节"荣获"金小丑"奖；2007年应邀参加"印

度第二届国际戏剧节暨全印度戏剧舞蹈大奖赛"荣获"潘查尔"大奖。

Ⅳ-115 屏南平讲戏

张贤读

（编号：03-1128），男，汉族，1942年生，福建省屏南县棠口乡际头村人。2008年6月，屏南平讲戏被列入第二批国家级非物质文化遗产名录传统戏剧类，项目编号Ⅳ-115。2009年6月，张贤读入选为第三批国家级非物质文化遗产项目代表性传承人，福建省屏南县申报。张贤读为屏南平讲戏第九代主要传承人，1952年开始学习屏南平讲戏，师承张荣意、张禄苏，16岁开始登台演出，擅长丑角，表演生动自然，惟妙惟肖。在演出的同时，也长于导演和编写剧本。根据记忆，记录了很多即将失传的平讲戏剧本。1984年至2000年在长乐、福清等地民间业余剧团任导演；2001年至今任屏南际头平讲戏剧团导演。导演和演出的代表剧目《赶猪》、《马匹卜驳妻》、《甘国宝假不第》等。目前屏南平讲戏的传承不容乐观。

山东

Ⅳ-26 大平调

何西良

（编号：03-1000），艺名"小花牛"，男，汉族，1963年生，山东省菏泽市人。2008年6月，大平调被列入第一批国家级非物质文化遗产扩展项目名录传统戏剧类，项目编号Ⅳ-26。2009年6月，何西良入选为第三批国家级非物质文化遗产项目代表性传承人，山东省菏泽市牡丹区申报。何西良为国家一级演员。1980年考入菏

泽大平调剧团，1984 年，拜有"平调王"之称的郭盛高（艺名小黑牛）为师。他的演唱，既直接师承小黑牛郭盛高，又能够自辟新径，演唱不用假嗓，而用真嗓，但随着音的高低略有变化。节奏静稳，嗓音发声与二弦的音色音质相近，这在听众听来有浑然一体之感。以其清纯音色为特征的精湛的唱法，开创了平调演唱的新风格，富有时代色彩。1992 年晋京主演大型现代戏《张三李四》，获第二届中国人口文化奖。1992—1996 年连续参加山东省第三、第四、第五届文化艺术节，均获优秀表演奖。2004 年10 月在山东省第八届文化艺术节中，主演大型现代戏《天职》，荣获表演一等奖。2004 年 12月，在第二届中国戏曲红梅演唱大赛中获金奖。代表剧目《法魂》、《柴学进》、《张三李四》等。

Ⅳ-43 柳子戏

李松云

（编号：03-1023），女，汉族，1941 年生，山东省郓城县人。2006 年 5 月，柳子戏被列入第一批国家级非物质文化遗产名录传统戏剧类，项目编号Ⅳ-43。2009 年 6 月，李松云入选为第三批国家级非物质文化遗产项目代表性传承人，山东省申报。李松云为柳子戏第一代女演员。曾跟随柳子戏南派传人李贯德先生学艺，主攻闺门旦、青衣。1959 年，李松云成为山东省柳子剧团舞台骨干。她基本功扎实，表演朴实动情，嗓音清澈亮丽，行腔婉转流畅，富有韵味，极具人物情感表现力和艺术美感。善于博众家之长来补己之短，逐渐形成了她朴实大方、韵味隽永的独特艺术风格。代表剧目有《红罗记》、《孙安动本》、《玩会跳船》、《观灯》、《绒花记》、《御碑亭》、《抱妆盒》、《春草闯堂》、《双下山》等。多年来，李松云一直致力于培养柳子戏接班人，曾担任山东省戏曲学校 87、99 两届柳子科学员的教学工作。如今，年过古稀的她，

仍被剧团返聘，教授青年演员唱腔和表演等课程，继续着艰巨、意义深远的传承工作。

孔祥启

（编号：03-1024），男，汉族，1943 年生，祖籍山东省巨野县太平乡小坟子村。2006 年 5 月，柳子戏被列入第一批国家级非物质文化遗产名录传统戏剧类，项目编号Ⅳ-43。2009 年 6 月，孔祥启入选为第三批国家级非物质文化遗产项目代表性传承人，山东省申报。孔祥启生于戏剧世家，9 岁起在祖父的教导下学唱柳子戏，后成为张春雷先生的嫡传弟子，继承张派艺术，工花脸。孔祥启在继承传统的基础上，对唱腔潜心钻研，逐渐形成自己的演唱风格。在舞台上塑造出多个年龄不同、性格迥异的艺术形象，主演的剧目有40 余出。1992 年，以《张飞闯辕门》参加全国"天下第一团"优秀剧目展演，获优秀表演奖。孔祥启将原来整理的"柳子戏程式规范百字经"再予以充实修改，留给后人。代表剧目《孙安动本》、《张飞闯辕门》、《五台会兄》、《挂龙灯》、《包公错段》、《樊城关》、《打登州》、《脱狱牢》、《群雄逐鹿》、《徐龙铡子》等。

冯宝泉

（编号：03-1025），男，汉族，1934 年生，山东省郓城县人。2006 年 5 月，柳子戏被列入第一批国家级非物质文化遗产名录传统戏剧类，项目编号Ⅳ-43。2009 年 6 月，冯宝泉入选为第三批国家级非物质文化遗产项目代表性传承人，山东省申报。冯宝泉先天双目失明，但对音乐具有超强的记忆力和敏感度。1950 年参加郓城县工农剧社（省柳子剧团前身），师承王全镇、侯敬福、王传明。1959 年起在山东省柳子剧团从事主笛伴奏员、唱腔设计和作曲。其笛风饱满、底气充足、手指灵活、技巧纯熟。所创作的唱腔设计及作曲，琅琅上口，韵味十足，既能符合剧本及人物的需要，又能针对具体演员

的嗓音条件，使其扬长避短，更好地表现剧情和人物的个性特征；同时，又不拘泥于传统，博采众家之长，敢于创新。他精通柳子戏音乐，并能熟记剧本，口述曲谱，曾担任历届柳子戏学员的唱腔老师，先后为5代演员、演奏员任教，培养了数十位柳子戏接班人。冯宝泉伴奏、作曲的代表作有《孙安动本》、《红罗记》、《黄桑店》、《观灯》、《白兔记》、《御碑亭》、《恩仇记》、《金箭媒》、《鱼篮记》、《徐龙铡子》、《十五贯》，以及现代戏《沙家浜》《杜鹃山》、《龙江颂》、《三回船》等。

Ⅳ-50 四平调

刘玉芝

（编号：03-1033），女，汉族，1933年生，河南省郸城县人，现居河南省商丘市。2008年6月，四平调被列入第一批国家级非物质文化遗产扩展项目名录传统戏剧类，项目编号Ⅳ-50。2009年6月，刘玉芝入选为第三批国家级非物质文化遗产项目代表性传承人，山东省金乡县申报。刘玉芝7岁时起跟随花鼓艺人刘汉培学艺，8岁开始登台献艺。17岁时跟随剧团成员加入成武四平调剧团，随后跟随李玉田学戏，后成长为团里的台柱子。1951入金乡县四平调剧团。1954年参加山东省戏曲会演荣获表演二等奖；1956年参加山东省文化局举办的第二届戏曲会演，获表演一等奖。1987年，金乡县四平调剧团被撤销，刘玉芝随之离休。离休后，她一边培养新人，一边给业余剧团当艺术指导，先后培养出20多名比较出名的学生。

王凤云

（编号：03-1034），女，汉族，1944年生，安徽省亳州市人，现随女居加拿大。2008年6月，四平调被列入第一批国家级非物质文化遗产扩展项目名录传统戏剧类，项目编号Ⅳ-50。2009

年6月，王凤云入选为第三批国家级非物质文化遗产项目代表性传承人，山东省成武县申报。王凤云为国家一级演员，母亲王桂芳是著名花鼓艺人、四平调创始人之一，当时被誉为"四大坤伶"之首。她6岁随父母学艺。因天资聪颖，有高亢明亮、浑厚奔放、刚柔相济的好嗓子，13岁演《王二姐思夫》、《安郎送米》等小戏，初试锋芒，被誉为"活二姐"、"活安郎"。她继承和发展了其母的唱派，嗓音甜美圆润，吐字清晰，运腔灵活，刚柔相济，收放自如，别具特色。1962年，得到著名表演艺术家新凤霞亲授，进一步吸收了评剧的戏曲音乐，使四平调唱腔艺术更加丰满。她大胆对四平调进行创新，成功地研究出"慢三眼"式"宫"调〔慢四平〕之后，又研究出"慢三眼"式"徵"调〔反四平〕，这是四平调艺术领域里的一项丰硕成果，形成了独树一帜的四平调艺术流派。代表作《裴秀英告状》、《王二姐思夫》、《春暖梨花》、《三把镰》等。王凤云有徒弟代春华、刘雪云、李明声、许亚丽等。

Ⅳ-63 柳琴戏

王传玲

（编号：03-1054），女，汉族，1955年9月生，山东省滕州市人。2006年5月，柳琴戏被列入第一批国家级非物质文化遗产名录传统戏剧类，项目编号Ⅳ-63。2009年6月，王传玲入选为第三批国家级非物质文化遗产项目代表性传承人，山东省枣庄市申报。王传玲为著名柳琴戏表演艺术家，国家一级演员。王传玲是"文革"后期登上戏剧舞台的，16岁开始，初攻京剧，后因剧团变动，改演柳琴戏。为学好柳琴戏，从其他柳琴戏艺人的唱腔风格中汲取营养，她利用收录机到周边县市寻访柳琴戏老师，录制唱腔，仔细琢磨、练习，吸收各位艺人唱腔的技巧，并融会贯通形成自己的独特风格。先后在

《山乡锣鼓》、《驴王嫂》、《鹤唳》等数十部戏剧中担任主要演员，成功地塑造了众多群众喜爱的舞台形象，并因此先后获得山东省"五个一"精品工程奖、苏鲁豫皖柳琴戏艺术节优秀演员奖以及国家文化部群众文艺"群星奖"。代表作有《李慧娘》、《孟姜女》、《瑞云》、《匡衡进京》、《封神榜》、《山乡锣鼓》、《风雨情怀》等。曾在柳琴剧团任教，2002年柳琴剧戏校开办，任校长。她所在戏校学员在比赛中斩获颇丰，特别是马安林于2010年全国第五届红梅戏曲大赛中获"红梅奖"金奖。

张金兰

（编号：03-1056），女，汉族，1928年生，山东省临沂市郯城县花园乡人。2006年5月，柳琴戏被列入第一批国家级非物质文化遗产名录传统戏剧类，项目编号Ⅳ-63。2009年6月，张金兰入选为第三批国家级非物质文化遗产项目代表性传承人，山东省临沂市申报。张金兰为著名柳琴戏表演艺术家，柳琴戏第七代传人之一。6岁跟随父亲张怀学学习柳琴戏表演技艺，8岁登台演出。张金兰的表演广采博取，融会贯通，逐步形成了自己独特的表演风格，成为柳琴戏的代表人物，被誉为"被拍柳琴戏的掌门人"。其花腔多变，委婉动听，具有"拉人魂魄"的艺术感染力。1954年，在山东省戏曲观摩大会上，以《闹书房》获演员一等奖；1956年在山东省戏曲观摩会演中，以《休丁香》获演员一等奖，获金质奖章一枚；1960年，上海唱片社专题为张金兰灌制了《王三姐剜菜》、《王二英思夫》、《丝鸾记》、《父女顶嘴》、《状元打更》、《喝面叶》、《秦香莲》、《三击掌》等脍炙人口的唱片。1982年再次将其传统剧目灌制唱片全国发行。代表作有《丝鸾记》、《三击掌》、《王二英思夫》、《秦香连》、《三姐剜菜》、《鸿雁捎书》、《喝面叶》、《状元打更》等。她培养的演员众多，多数已成为各专业团体的骨干。

Ⅳ-91 皮影戏（泰山皮影戏）

范正安

（编号：03-1081），男，汉族，1945年12月生，山东省泰安市人。2008年6月，皮影戏（泰山皮影戏）被列入第一批国家级非物质文化遗产扩展项目名录传统戏剧类，项目编号Ⅳ-91。2009年6月，范正安入选为第三批国家级非物质文化遗产项目代表性传承人，山东省泰安市申报。范正安"单人皮影"第六代传人。自幼喜爱皮影，8岁拜泰山皮影大师刘玉峰为师，成为中国皮影艺术的集大成者。目前国内只有他一人完整地继承了"十不闲"技艺，一人演出一台皮影戏的功夫炉火纯青，被赞誉为"中华绝技"。曾获得中国文化部颁发的非物质文化类的最高奖项"文化遗产日奖"，并于长春获得"中国文联民间艺术博览会最佳表演奖"。代表作有《泰山石敢当系列》、《西游记》、《东游记》等。范正安建立了泰山皮影茶艺馆"弄影轩"，使泰山皮影从传统艺术走向市场化，使更多的人认识了解泰山皮影。泰山学院还开设了泰山皮影课程，收徒多人，其子范维国、女儿范维等也是其传人。

Ⅳ-91 皮影戏（济南皮影戏）

李兴时

（编号：03-1082），男，汉族，1939年生，山东省济南市人。2008年6月，皮影戏（济南皮影戏）被列入第一批国家级非物质文化遗产扩展项目名录传统戏剧类，项目编号Ⅳ-91。2009年6月，李兴时入选为第三批国家级非物质文化遗产项目代表性传承人，山东省济南市申报。济南皮影就是老济南常说的"李家皮影"。因为济南的皮影戏最初是由李克鳌带进来的。李兴时是李克鳌的孙子、济南皮影的第三代传人。

李兴时从小就学皮影，5 岁敲鼓，8 岁登台，10 岁就挂牌正式表演了。李兴时还对皮影的形式、内容以及演奏技巧进行了改革和创新，使济南皮影艺术得到全面提升。将经典剧目《西游记》、《封神榜》、《后列国》等完整保存和继承下来，同时又创作了《鹤与龟》、《金星告状》、《幽默拳击》等新剧目。其孙女李娟是第五代济南皮影戏传人。

Ⅳ -113 二夹弦

李京华

（编号：03-1125），女，汉族，1939 年 11 月生，山东省菏泽市人。2008 年 6 月，二夹弦被列入第二批国家级非物质文化遗产名录传统戏剧类，项目编号Ⅳ -113。2009 年 6 月，李京华入选为第三批国家级非物质文化遗产项目代表性传承人，山东省定陶县申报。李京华为二夹弦第七代代表性传承人之一。6 岁入二夹弦戏班，师从二夹弦第六代著名演员王文德，工旦行。1945 年入曹州"洪艺班"学习二夹弦表演。1951 年随剧社入新成立的"菏泽专区两夹弦剧团"，主攻闺门旦、花旦。她继承二夹弦剧种的传统艺术风格，注重唱功，深入挖掘地方方言的通俗运用，使二夹弦唱词显得生动活泼、朴实亲切，散发着浓郁的乡土气息。她行腔悠扬，自然流畅，快而不乱，慢而不断，悲不伤美，怒不伤雅，以情带声，声情并茂，同时，注重在演唱上吸收其它剧种的优秀唱腔和表演程式，改革创新了"捻子"、"攒子"、"坎头橛"等二夹弦曲牌，这些唱腔给人以古而不旧、娇媚而不花俏、高亢而不粗俗的感觉。代表剧目《三看御妹》、《三拉房》、《大铁山》、《武家坡》、《大登殿》、《三进士》、《站花墙》、《双妃泪》、《相女婿》、《江姐》、《骨肉亲情》、《红果累累》等。

宋瑞桃

（编号：03-1126），女，汉族，1938 年 3 月生，山东省郓城县人。2008 年 6 月，二夹弦被列入第二批国家级非物质文化遗产名录传统戏剧类，项目编号Ⅳ -113。2009 年 6 月，宋瑞桃入选为第三批国家级非物质文化遗产项目代表性传承人，山东省定陶县申报。宋瑞桃为二夹弦第七代传承之一。6 岁入戏班学戏，师从二夹弦第六代传人马福勤。1945 年入曹州"洪艺班"，后改为曹州"新艺剧社"，学习二夹弦表演。1951 年随剧社入新成立的"菏泽专区二夹弦剧团"，主演小生。从艺以来，曾在《三拉房》、《三进士》、《双妃泪》等几十个剧目中担任主要角色，塑造了许多性格鲜明的艺术形象。1954 年山东省第一届戏曲观摩演出大会时，演出现代戏《离婚》和传统剧目《站花墙》获得表演一等奖。1956 年山东省第二届戏曲观摩演出大会时，演出《换亲》获表演一等奖。1959 年 11 月随"山东省柳子戏、二夹弦、柳腔"联合演出团进京汇报演出，"三进中南海"，演出《三拉房》、《站花墙》、《拴娃娃》、《三进士》等剧目，受到刘少奇、朱德、陈毅、彭真、郭沫若等党和国家领导人的亲切接见。

Ⅳ -116 吕剧

郎咸芬

（编号：03-1129），女，汉族，1935 年 12 月生，山东省寿光市人。2008 年 6 月，吕剧被列入第二批国家级非物质文化遗产名录传统戏剧类，项目编号Ⅳ -116。2009 年 6 月，郎咸芬入选为第三批国家级非物质文化遗产项目代表性传承人，山东省吕剧院申报。郎咸芬为国家一级演员。1951 年考入潍坊市文工团，郎咸芬在长期的艺术实践和深入生活中，继承发扬吕剧鲜明的地方特色和浓郁的生活气息，其表演质朴无华，注重从生活、人物个性和特定的环境出发，把深切的内心体验与完美准确的程式体现相结合，形成了真实质朴、富有激情的表演风格，她的演唱深沉含蓄，情浓韵淳，充分运用声洪量大，穿透力强的嗓音特点，委婉多变以声带情，声情并茂。代表剧目《穆桂英》、《蔡文姬》、《桃花扇》、《丰收之后》、《母与子》、《梨花狱》、《朝阳沟》、《沂河两岸》等。弟子有高静、杨春梅、王一凡、史萍等。

李岱江

（编号：03-1130），男，汉族，1933年12月生，山东省莘县人。2008年6月，吕剧被列入第二批国家级非物质文化遗产名录传统戏剧类，项目编号Ⅳ-116。2009年6月，李岱江入选为第三批国家级非物质文化遗产项目代表性传承人，山东省吕剧院申报。李岱江为国家一级演员。1951年参加平原省聊城专署文工队。1953年被分配山东省实验歌剧团（后改为山东省吕剧团），任演员。在吕剧表演上，有扎实的唱腔功底，继承和发扬了吕剧男声唱腔，开创了吕剧小生行当，并有所发展，是吕剧演唱中的领军人物。其表演自然，飘逸中带有稳重，深受广大戏迷喜爱。代表剧目《姊妹易嫁》、《借年》、《梨花狱》、《钗头凤》、《井台会》、《小姑贤》等。弟子有荆延国、张小忠、王增旭、张美娟、李永斋、吕新江、王鸽、吕焕岭、盖勇等。

李渔

（编号：03-1131），字元亮，男，汉族，1932年生，山东省高密市人。2008年6月，吕剧被列入第二批国家级非物质文化遗产名录传统戏剧类，项目编号Ⅳ-116。2009年6月，李渔入选为第三批国家级非物质文化遗产项目代表性传承人，山东省吕剧院申报。李渔为国家一级作曲，吕剧音乐的奠基者之一。1949年参加渤海区党委文工团，1950年调省文联地方戏曲研究室。初为小生演员，后任伴奏员，学习

坠琴。师从张斌、袁来欣、武韬等老师，很快成为山东省著名坠琴演奏家。其演奏技法精湛，既能体现坠琴的伴奏特色，突出模拟唱腔，滑音独特，又对坠琴演奏进行系统和归纳，总结出"托、拖、拉、带、垫、包、打、颤、抖"等伴奏技法，形成了自己独具特色的演奏风格。他不仅在坠琴伴奏中具有精深造诣，而且在吕剧作曲方面也取得了令人瞩目的成就。他创作的许多唱腔如"马大保喝醉了酒"、"熬鸡汤"、"革命情谊深似海"、"晨鸡高唱天将亮"等，堪称吕剧唱腔巾的精品。担任《中国戏曲音乐集成山东卷·吕剧篇》的主编。代表作有《借亲》、《朝阳沟》、《姊妹易嫁》、《沂河两岸》、《丰收之后》、《红嫂》、《钗头凤》、《半边天》等。

林建华

（编号：03-1132），原名林均凤，女，汉族，1931年2月生，山东省文登市林村人。2008年6月，吕剧被列入第二批国家级非物质文化遗产名录传统戏剧类，项目编号Ⅳ-116。2009年6月，林建华入选为第三批国家级非物质文化遗产项目代表性传承人，山东省吕剧院申报。林建华为国家一级演员。1948年入调渤海区党委文工团。1950年调山东文联地方戏曲研究室，从事本省戏曲的发掘、整理、改革工作，并学习了大量的地方剧种和多种曲艺形式。1953年调山东省吕剧团专攻青衣、老旦、花旦，以唱功著称。在多年的舞台生涯中，演出了近百出剧目，塑造了不同年龄、性格鲜明的艺术形象。她的声音清脆明亮，吐字分明，唱腔具有特有的装饰音，悦耳新奇，韵味醇厚隽永，风格独特，具有很强的艺术感染力。被很多专业吕剧演员争相学习，形成独具风格的林派，是山东吕剧的代表人物。不少唱段脍炙人口，至今仍广为流传。代表剧目《井台会》、《借年》、《庵堂认母》、《小姑贤》、《鸿雁传书》、《搬窑》、《红嫂》等。

Ⅳ-118 山东梆子

刘桂松

（编号：03-1133），女，汉族，1941年生，生于山东省郓城县黄堆集镇，成长在巨野县。2008年6月，山东梆子被列入第二批国家级非物质文化遗产名录传统戏剧类，项目编号Ⅳ-118。2009年6月，刘桂松入选为第三批国家级非物质文化遗产项目代表性传承人，山东省菏泽市申报。刘桂松为国家一级演员。生在戏曲之家，父亲刘云亭是著名的山东梆子演员，初随父亲到剧团学戏，拜师刘提邹。1953年参加巨野县山东梆子剧团，开始了艺术生涯。刘桂松的唱腔继承了其父刘云亭，并吸收了山东梆子武生行的演唱技巧，创造性地发展了山东梆子的旦行唱腔，音质优美，音域宽广，形成了独具特色的"刘派"。武打功底深厚，舞姿洒脱利落，做戏不温不火。既注重唱腔与武打技巧，更注重表现人物性格。能适应多种角色的创造。代表剧目《老羊山》、《反西唐》、《白蛇传》、《姊妹易嫁》。有弟子杨爱玲、张爱霞、陈凤英、李新花、祝凤晨、李霞、宋秀红，但有些已经离开了山东梆子的舞台，转行其他。

郝瑞芝

（编号：03-1134），女，汉族，1937年2月生，祖籍河南省开封市，现居山东省泰安市。2008年6月，山东梆子被列入第二批国家级非物质文化遗产名录传统戏剧类，项目编号Ⅳ-118。2009年6月，郝瑞芝入选为第三批国家级非物质文化遗产项目代表性传承人，山东省泰安市申报。郝瑞芝为国家一级演员。8岁拜师商丘科班名旦高化友，初学豫剧，青衣、花旦、闺门旦。后入济南市山东梆子剧团，改学山东梆子，拜师宋玉山。她扮相俊俏，表演细腻，唱腔高昂明亮，念白吐字清晰，以声传情，声情并茂，唱做俱佳，善于通过唱腔抒发人物内心情感。代表剧目《春香传》、《状元打更》、《盘夫索夫》、《柳下人家》、《杨八姐游春》、《贺后骂殿》等。先后培养了近10名徒弟和学生，其中蒋佳荣、李红、林洁均是国家一级演员，她们曾在全国及山东省各类戏曲大赛中荣获金奖，在山东梆子表演艺术上取得了优异成绩。

开瑞宝

（编号：03-1135），男，汉族，1934年生，山东省郓城县人。2008年6月，山东梆子被列入第二批国家级非物质文化遗产名录传统戏剧类，项目编号Ⅳ-118。2009年6月，开瑞宝入选为第三批国家级非物质文化遗产项目代表性传承人，山东省嘉祥县申报。开瑞宝出身于梨园世家，父开家宝和母马金兰都为著名的山东梆子表演艺术家。其自幼学习司鼓，师从著名山东梆子鼓师李心刚，练就了过硬的基本功。出簧干净利落，并将司鼓艺术与时代和剧情有机结合，改革传统锣鼓的打法，严格把握戏剧节奏，将整个戏剧处理得严丝合缝，错路有致，恰到好处，大大增强了演出效果。开瑞宝对山东梆子的传统音乐也有全面掌握，传授了不少曲牌鼓经。代表剧目《万家香》、《万紫千红》、《革命自有后来人》、《芦荡火种》、《墙头记》、《孙安动本》等。开瑞宝桃李众多，有山东梆子国家一级鼓师田和灵、王福贵、王申健、赵春雷，豫剧国家一级鼓师陈传贵，国家二级鼓师张兆祥等。

Ⅳ-120 枣梆

房灵合

（编号：03-1136），男，汉族，1937年生，山东省郓城县人。2008年6月，枣梆被列入第二批国家级非物质文化遗产名录传统戏剧类，项目编号Ⅳ-120。2009年6月，房灵合入选为第三批国家级非物质文化遗产项目代表性传承人，山东省菏泽市申报。房灵合为国家二级演员。11岁进戏班学戏。1951年参加郓城县枣梆剧团，工旦角，后改小生。1960年调到菏泽专区枣梆剧团，1976年他又改行老生。他扮相秀丽俊美，端庄大气；表演自然洗练，风度潇洒；唱腔典雅婉转，韵味甜美。1992年参加文化部举办的"天下第一团"优秀剧目展演，他在现代戏《生儿容易养子难》中饰老来福，获优秀表演奖。代表剧目《蝴蝶杯》、《徐龙铡子》、《访四川》、《珍珠塔》、《游西湖》。正式收徒3人。

张文英

（编号：03-1137），女，汉族，1942年生，山东省梁山县人。2008年6月，枣梆被列入第二批国家级非物质文化遗产名录传统戏剧类，项目编号Ⅳ-120。2009年6月，张文英入选为第三批国家级非物质文化遗产项目代表性传承人，山东省菏泽市申报。张文英为枣梆第四代传人。1953年加入梁山县枣梆剧团，学习枣梆，初习生、旦、净、末各行，后工旦角、丑行，兼演小生，师承枣梆第三代艺人刑德稳。其扮相儒雅俊美，表演细腻逼真，饰演角色生动形象，各有特色，尤擅把握人物的内心世界；行腔俏丽柔婉，刚中带柔，吐字清晰真切，形成了自己韵味浓厚的艺术表演风格。代表剧目《蝴蝶杯》、《珍珠塔》、《彩仙桥》、《亚郎关》和新编历史剧《姊妹易嫁》、《逼婚记》。2006年起，张文英在菏泽艺校教授戏曲学员，致力于枣梆教学，培养了大批学生，主要弟子有王福俊和魏玉景。

河南

Ⅳ-23 豫剧

王冠君

（编号：03-0997），男，汉族，河南省洛阳市伊川县人。2006年5月，豫剧被列入第一批国家级非物质文化遗产名录传统戏剧类，项目编号Ⅳ-23。2009年6月，王冠君入选为第三批国家级非物质文化遗产项目代表性传承人，河南省申报。王冠君为著名豫剧琴师，国家一级伴奏员。9岁起从父学习拉京胡，先后到登封大金店、偃师曲家寨等戏班学戏，一边学一边随班伴奏。19岁成为戏班里的"头把弦"。1936年加入河南梆子名角汤兰香的戏班。1939年开始了与豫剧名旦常香玉长达66年的合作。他的演奏韵味纯正，刚柔相济，能掌握轻、重、缓、急，根据演员的特点和剧中人物感情的变化而变化，做到跟腔跟得紧，包腔包得严，使唱与伴之间水乳交融。在50多年的演奏生涯中，曾伴奏了豫剧不同流派在各个时期的大量传统剧目。发表有《豫剧板胡伴奏》论文。王冠君伴奏的《秦雪梅》、《西厢记》、《白蛇传》以及《花木兰》片段都被同行誉为经典。

冯占顺

（编号：03-0998），男，汉族，1936年8月生，河南省开封市人。2006年5月，豫剧被列入第一批国家级非物质文化遗产名录传统戏剧类，项目编号Ⅳ-23。2009年6月，冯占顺入选为第三批国家级非物质文化遗产项目代表性传承人，河南省申报。冯占顺为国家一级导演。自幼随父学戏，12岁登台，工黑头、小花脸等行当。1949年进入工人剧院——今开封豫剧院的前身，拜张子林为师，在唱、念、做、表方面都有了很大提升，迅速成为剧团的主演。1953改唱武生，后从事导演工作。大胆借鉴其他剧种，创新发展豫剧，先后排演古装戏和现代戏共30多部。挖掘整理传统戏《翠屏山》、《洛阳桥》等10多部。在河南省第二届戏剧大赛中，导演的现代戏《马蜂窝》获优秀演出奖。《杨三掘与马蜂窝》在河南省第三届戏剧大赛中获导演一等奖。2011年，冯占顺与范立方合作改编，并导演了传统剧目《战洪州》，挖掘展现了耍獠牙等一些豫剧已经濒临失传的表演特技，令人耳目一新，并以其鲜明的艺术特色而荣获河南省第十二届戏剧大赛"文华大奖"。

Ⅳ-24 宛梆

李建海

（编号：03-0999），男，汉族，1940年3月生，河南省南阳市镇平县贾宋镇人。2006年5月，宛梆被列入第一批国家级非物质文化遗产名录传统戏剧类，项目编号Ⅳ-24。2009年6月，李建海入选为第三批国家级非物质文化遗产项目代表性传承人，河南省内乡县申报。李建海12岁入内乡越调剧团，1959年调入内乡宛梆剧团，师从宛梆老艺人杜林保，专攻花脸。在杜林保老师的指导下，李建海又根据自身的嗓音特点，借鉴其他剧种的优点，表演中文武兼备。既传承了宛梆粗犷的传统风格，又融入了京剧、汉剧等剧种的优美造型，形成了独树一帜的表演风格。李建海塑造的人物形象，有血有肉，形神兼备，深受业界和观众的好评，被观众誉为"活包拯"。1992年，在全国少数剧种会演中，李建海获表演优秀奖。2007年，获内乡首批"名老艺人"称号。代表剧目《化心丸》、《卖苗郎》、《金沙滩》等。李建海连任6届宛梆戏校校长，至今已经培养200多名学生。

Ⅳ-27 越调

毛爱莲

（编号：03-1001），女，汉族，1930年3月生，河南省舞阳县人，现居河南省许昌市。2008年6月，越调被列入第一批国家级非物质文化遗产扩展项目名录传统戏剧类，项目编号Ⅳ-27。2009年6月，毛爱莲入选为第三批国家级非物质文化遗产项目代表性传承人，河南省许昌市申报。毛爱莲为国家一级演员，越调"婉约派"奠基人和越调"毛派"创始人。9岁入"文凤班"拜师邢金奎。后脱开"文凤班"自立"兴爱剧社"。20世纪60年代以前主攻闺门旦，后通过演现代戏和样板戏，又主攻老旦。她特别注意典型的舞台艺术形象，强调表现剧中人物的个性。她的唱腔主架结构是越调的"乱弹"。在保持"乱弹"板式的基础上，通过调整节奏、旋律、调式来刻画不同人物的形象，注意把握其高低、长短、强弱、快慢、抑扬、收放，加垛加花，旋空变调，并根据唱词的结构和人物情感的变化，加进大量的装饰音和衬字，达到妙趣横生、出神入化的境地，堪称戏曲界的一绝。代表剧目《火焚绣楼》、《李双喜借粮》、《招风树》。她弟子众多，高雪棠、侯宝莲、徐琴、何兰英、张勤、党霞、石笑笑、丁慧丽、孙晓秋、岳菊英、李华、春慧霞、王桂玲、马云霞、史水灵、樊小涛、田磊等。

Ⅳ-44 大弦戏

宋自武

（编号：03-1026），男，汉族，1940年9月生，河南省滑县人。2006年5月，大弦戏被列入第一批国家级非物质文化遗产名录传统戏剧类，项目编号Ⅳ-44。2009年6月，宋自武入选为第三批国家级非物质文化遗产项目代表性传承人，河南省滑县申报。宋自武 14 岁起拜杨明学为师学艺，主演的剧目和饰演的角色分别为《反五关》、《夜审姚达》、《南唐》、《封神榜》、《百花厅》中的黄飞虎、姚达、赵匡胤、姜子牙、李白等。多次荣获县戏剧大赛特等奖和一等奖。2011 年度经他口述，滑县大弦戏剧团学生执笔，抄写了 3 部传统剧目，分别为《董家岭和国》、《斩姚刚》、《两架山》。

Ⅳ-68 曲剧

高桂枝

（编号：03-1058），女，汉族，1940 年 2 月生，河南洛阳人。2006 年 5 月，曲剧被列入第一批国家级非物质文化遗产名录传统戏剧类，项目编号Ⅳ-68。2009 年 6 月，高桂枝入选为第三批国家级非物质文化遗产项目代表性传承人，河南省申报。高桂枝为著名曲剧表演艺术家，国家一级演员。自幼随河南曲剧第一代老艺人刘卫生学艺，主攻花旦、青衣，后在各级不同艺术院校和团体中进修和学习。高桂枝善于捕捉人物性格的特点，把生活化的动作糅合在传统的程式之中，使人物活灵活现，并创造性地设计出了"跑驴"、"赶驴"、"抓鱼"、"放鱼"等一些优美传神、独具特色的表演动作。她博采众长，将洛阳、郑州曲剧特点融为一体，嗓音高昂，吐字清晰。主演的《山鹰》、《赶脚》、《掩护》3 部现代戏先后被全国 30 余家国家级、省市级艺术团体移植。1986 年被文化部评为全国尖子演员；因主演《五福临门》中的成嫂获河南省现代戏会演优秀演员奖，凭此角色又在 1992 年中国戏曲"金三角"交流演出中被评为"优秀表演奖"；2011 年在中国曲剧艺术节上被评为"终身成就奖"。代表作《蝶恋花》、《杜鹃山》、《江姐》、《香罗帕》、《鸳鸯谱》、《荆钗记》、《秦香莲》、《秦香莲后传》等。有弟子项英、陈密林等。

Ⅳ-91 皮影戏（罗山皮影戏）

陈光辉

（编号：03-1083），男，汉族，1946 年 10 月生，河南省信阳市罗山县人。2008 年 6 月，皮影戏（罗山皮影戏）被列入第一批国家级非物质文化遗产扩展项目名录传统戏剧类，项目编号Ⅳ-91。2009 年 6 月，陈光辉入选为第三批国家级非物质文化遗产项目代表性传承人，河南省罗山县申报。陈光辉 8 岁时就开始拉二胡，16 岁开始学皮影，1962 年拜林芝梅为师，随师演唱，后独立成立皮影戏班。其创作皮影戏有《东汉演义》七集、《前七国志》八集等连续剧本，《诸葛亮招亲》、《大五子》等花戏本，并经常到周边地区进行演出。有弟子喻凤池、喻凤全。

Ⅳ-113 二夹弦

田爱云

（编号：03-1124），女，汉族，1941 年 9 月生，山东省菏泽市牡丹区安兴镇人。2008 年 6 月，二夹弦被列入第二批国家级非物质文化遗产名录传统戏剧类，项目编号Ⅳ-113。2009 年 6 月，田爱云入选为第三批国家级非物质文化遗产项目代表性传承人，河南省开封市申报。田爱云 8 岁进二夹弦剧团当学员，并拜二夹弦第四代传承人李学义、张素云等人为师。田爱云吸取了京剧、越剧、四平调、道情、评剧、柳子戏、鼓儿词等多种优秀剧种的旋律，形成了自己别具一格的开封二夹弦唱腔调门，使观众听起来倍感新颖别致。她音域宽广，音调上翻，大口吐字，小嗓拖腔，表现力特别强。代表剧目《梁山伯与祝英台》、《丝绒记》等，其中《丝绒记》获全国戏曲会演一等奖，《货郎翻箱》被拍成电影，《三拉房》、《江姐》、《鸳鸯谱》等分别被黄河音像出版社、山东人民出版社、河南美术出版社录用出版。经多年努力，2002 年自筹资金创办开封二夹弦戏校；2004 年开封市二夹弦剧团恢复，成为全国唯一一个阵容整齐的二夹弦剧团。

湖北

Ⅳ-28 京剧

朱世慧

（编号：03-1014），男，汉族，1947 年 1 月生，祖籍安徽省宣城市泾县，现居湖北省武汉市。2010 年 11 月，京剧入选"人类非物质文化遗产代表作名录"。2008 年 6 月，京剧被列入第一批国家级非物质文化遗产扩展项目名录传统戏剧类，项目编号Ⅳ-28。2009 年 6 月，朱世慧入选为第三批国家级非物质文化遗产项目代表性传承人，湖北省京剧院申报。朱世慧 12 岁考入湖北省戏曲学校，初学老生，后攻丑角。受教于丑角教师张哨庄和著名麒派老生陈鹤峰，后又拜著名京剧表演艺术家孙盛武为师，也得到四广、艾世菊、孙正阳等老师的指教和传授。他戏路宽广，能演擅唱，攻丑行又不囿于丑行，表演既有丑行的神韵亦有生行的气质，所创造的角色均出神入化，令人耳目一新。1987 年获第六届中国戏剧梅花奖；1991 年获第二届文化表演奖；1994 年获梅兰芳金奖；1995 年获第七届上海白玉兰戏剧表演主角奖；1999 年二度获梅花奖。代表剧目《奇冤报》、《双下山》、《连升店》、《一包蜜》、《徐九经升官记》、《药王庙传奇》、《膏药章》、《法门众生相》等。有弟子谈元、荆芳、张忠明。

Ⅳ-30 汉剧

胡和颜

（编号：03-1016），女，汉族，1947 年 11 月生，湖北省武汉市黄陂区人。2006 年 5 月，汉剧被列入第一批国家级非物质文化遗产名录传统戏剧类，项目编号Ⅳ-30。2009 年 6 月，胡和颜入选为第三批国家级非物质文化遗产项目代表性传承人，湖北省武汉市申报。胡和颜为国家一级演员。1958 年考入武汉市戏校汉剧科，攻青衣，启蒙教师是唱功造诣很高的青衣夏中侠。1980 年拜师陈伯华，深得其真传。其嗓音甜润，行腔委婉，扮相佳。1990 年获中国戏剧梅花奖；主演的历史剧《闯王旗》拍成电影；主演的《二度梅》、《状元媒》等摄制成录像，被收入中央电视台地方戏曲精品库。曾获武汉地区"十佳演员"和省文化厅劳动模范称号。代表剧目《亡蜀鉴》、《二度梅》、《状元媒》等。胡和颜热切希望汉剧事业有接班人，培养青年演员邱玲、邓敏、李青、罗玉华、王荔等。

程彩萍

（编号：03-1017），女，汉族，1944 年 12 月生，湖北省孝感市人。2006 年 5 月，汉剧被列入第一批国家级非物质文化遗产名录传统戏剧类，项目编号Ⅳ-29。2009 年 6 月，程彩萍入选为第三批国家级非物质文化遗产项目代表性传承人，湖北省武汉市申报。程彩萍为国家一级演员。1966 年毕业于湖北省戏曲学校。1970 年起任湖北省汉剧团主要演员，艺术指导、艺术总监。专工青衣，文武兼演。师从著名汉剧"刘派"创始人刘顺娥，后拜汉剧艺术大师陈伯华为师。在承袭"刘派"端庄典雅、大气持重的同时，吸收花旦俊俏活泼、敏捷灵动的特色。不论是杨贵妃、穆桂英的雍容华贵、仪态万方，还是杨排风、花木兰的文武兼备，都刻画得入木三分；

既擅长以心唱取胜的青衣重头戏《宇宙锋》、《二王图》，也能胜任以表演取胜的《失子惊疯》、《花田错》。在演唱上，程彩萍还吸收汉剧"陈（伯华）派"、"钱（华）派"的演唱艺术，并借鉴民歌的演唱技巧，拓宽了"刘派"艺术的表现力，形成了自己的演唱特色。1986年获全国首届现代戏唱腔比赛优秀演唱奖。代表剧目《求骗记》、《宇宙锋》、《弹吉他的姑娘》等。有弟子马娅琴。

Ⅳ-35 荆河戏

刘厚云

（编号：03-1019），男，汉族，1928年9月生，2009年6月卒，湖北省荆州市人。2008年6月，荆河戏被列入第一批国家级非物质文化遗产扩展项目名录传统戏剧类，项目编号Ⅳ-35。2009年6月，刘厚云入选为第三批国家级非物质文化遗产项目代表性传承人，湖南省荆州市申报。刘厚云家传五代从事荆河戏表演，8岁起就随祖父唱围鼓，13岁正式登台演出。据其自述，师从杨文轩与李友本二人。刘厚云对荆河戏有整体意识的了解，有利于对各种唱、念、做、打技巧的掌握。1996年底，刘厚云和一些痴迷于荆河戏的人重新组建荆河剧团。代表剧目《武科场》、《斩山妖》、《铁冠图》。随着刘厚云的去世，还有一些老的曲牌没有及时地整理成文字资料保存下来。现在仅剩李正栋、陈顺珍、谭复秀3位高龄省级传承人，他们和刘厚云一样都没有嫡系徒弟，因此荆河戏从传承链上就已经严重脱节。

Ⅳ-58 楚剧

张一平

（编号：03-1052），女，汉族，1948年4月生，湖北省武汉市人。2006年5月，楚剧被列入第一批国家级非物质文化遗产名录传统戏剧类，项目编号Ⅳ-58。2009年6月，张一平入选为第三批国家级非物质文化遗产项目代表性传承人，湖北省申报。张一平为著名楚剧表演艺术家，国家一级演员。张一平1959年到武汉市戏曲学校楚剧科学习，师从沈云陔的弟子——著名的楚剧表演艺术家罗玉华、吴昭娣，学刀马旦。1964年，张一平分配到武汉市楚剧团工作，在沈云陔的教诲下，学演了一大批楚剧沈派剧目。1965年，在楚剧《海英》中主演女主角海英，用"滑步"、"爬坡"、"推闸"等一系列技艺塑造现代人物，使得当年的《羊城晚报》刊文赞誉道："立木千斤"。从1981年起，她先后在《李慧娘》、《王昭君》等新编历史剧中担任主角，演出清新、脱俗，赋有独创性。张一平以表演见长，人物刻画深沉细腻、含蓄凝练，感情色彩强烈。其出演剧目《养命的儿子》、《穆桂英休夫》分获中宣部"五个一工程"奖、第五届戏剧奖及首届曹禺戏剧奖；1993年，因在《养命的儿子》中出演秀秀一角，获文华表演奖。退休后于武汉市艺校任教。

张巧珍

（编号：03-1053），原名杨群芳，女，汉族，1945年2月生，湖北省孝感市汉川市脉旺镇人，现居湖北省武汉市。2006年5月，楚剧被列入第一批国家级非物质文化遗产名录传统戏剧类，项目编号Ⅳ-58。2009年6月，张巧珍入选为第三批国家级非物质文化遗产项目代表性传承人，湖北省申报。张巧珍为著名楚剧表演艺术家，国家一级演员。1959年9月，她以榜首的身份进入光明楚剧团学习。1961年随团合并入武汉戏剧院，在此接收正规教育，得到张云霞、袁璧玉、钟惠然等名家指导。1963年正式成为关啸彬的弟子。1989年，剧团改制，任湖北楚剧团团长。张巧珍工青衣，基本功扎实，尤以唱功见长，自成一家，形成了婉转清新、俏丽隽永、韵味浓郁的演唱风格。曾在《百日缘》、《许茂和他的女儿们》与《悠悠柳叶河》等40多个剧目中担任主演，能用不同音色塑造不同性格人物的音乐形象。《许茂和他的女儿们》一举夺全国现代戏优秀唱段"艺术演唱"奖；《追报表》由长春电影制片厂拍摄成电影。其代表性剧目有《李双双》、《百日缘》、《蝴蝶杯》、《站花墙》等。

Ⅳ-65 采茶戏

李家高

（编号：03-1057），男，汉族，1938年9月生，湖北省黄石市人。2008年6月，采茶戏被列入第一批国家级非物质文化遗产扩展项目名录传统戏剧类，项目编号Ⅳ-65。2009年6月，李家高入选为第三批国家级非物质文化遗产项目代表性传承人，湖北省阳新县申报。李家高为著名采茶戏表演艺术家，国家一级作曲家。从1965年开始从事挖掘、整理、研究阳新采茶戏传统音乐，并首次为现代戏《新媳妇》作曲。1965年正式调入采茶剧团从事专业作曲，作为剧团主要创始人的他，曾为剧团上演的70多台剧目作曲。由他作曲的《借妻》，进行了声腔上的探索和创新，大胆引进武宁声腔，改变创造出一种新声腔——"慢四平"，该声腔后发展成为阳新采茶戏的主要声腔之一。1982年，他参与编剧并作曲的新编采茶历史剧《闯王杀亲》参加省专业剧团会演，获演出一等奖，创作二等奖。1992年，在全省戏剧剧种大会演中，他作曲的《三姑出宫》，获作曲一等奖。1995年，由他作曲的现代戏《山中一片云》参加湖北省省新剧目展演，获音乐奖。与人合作编辑出版《中国戏曲音乐集成·湖北卷·阳新采茶戏音乐篇》；2012年李家高著作《馨香的山茶花》由中国戏剧出版社出版，收录了其挖掘、整理、创作的部分采茶戏曲目，和他对采茶戏研究的相关论文及评论等。

Ⅳ-77 灯戏

孟永香

（编号：03-1070），女，土家族，1946年2月生，湖北省恩施土家族苗族自治州恩施市白杨乡人。2008年6月，灯戏被列入第一批国家级非物质文化遗产扩展项目名录传统戏剧类，项目编号Ⅳ-77。2009年6月，孟永香入选为第三批国家级非物质文化遗产项目代表性传承人，湖北省恩施市申报。灯戏于清乾嘉年间由重庆梁平一带传入恩施，迄今已有200多年的历史。孟永香自幼热爱文艺，7岁时，她便跟随民间艺术大师廖南山的师父——灯戏创始人之一唐世东学艺，目前是灯戏第九代传人。她的代表剧目有《山放羊》、《双拜寿》、《吴豆拜年》、《落店招亲》、《大说媒》、《小说媒》等。现收有多名弟子。

Ⅳ-89 傩戏（恩施傩戏）

蒋品三

（编号：03-1074），男，土家族，1921年11月生，湖北省恩施市红土乡漆树坪村人。2008年6月，傩戏（恩施傩戏）被列入第一批国家级非物质文化遗产扩展项目名录传统戏剧类，项目编号Ⅳ-89。2009年6月，蒋品三入选为第三批国家级非物质文化遗产项目代表性传承人，湖北省恩施市申报。蒋品三13岁受父亲蒋汉卿的影响学习傩戏，十七八岁便已小有名气，20多岁时，已担任了剧中的主角。20世纪50年代，蒋品三在当地组织恢复和传承傩戏，正式成为当地傩戏的"掌坛师"。他掌握的傩愿戏剧目十分丰富，把《发功曹》等10多坛"法事"做得非常到位，并结合傩戏的内容改编了一批剧目，创作剧本达15万多字，唱词8000多行，唱腔有20多种。代表作有《鲍家庄》、《青家庄》、《姜女下池》、《打金银》等"三本半"大戏和《王货郎卖货》、《大烧香》、《双怕婆》、《王木匠打嫁妆》、《武二爷讨亲》、《王麻子打殃》、《聋子回门》、《挎皮包喜》等10个小戏。为使傩戏得到更好的传承与保护，他又以口耳相传等方式，发展和收徒10多人（蒋西城、魏青国、梅云卿、徐贵云等），并将大儿子蒋西城和弟子魏青国"度职"，成为第八代"掌坛师"。

湖南

Ⅳ -1 昆曲

雷子文

（编号：03-0966），男，汉族，1943年7月生，湖南嘉禾县定理村人。2001年5月，昆曲被联合国教科文组织列为第一批"人类口述和非物质遗产代表作"之一。2006年5月，昆曲被列入第一批国家级非物质文化遗产名录传统戏剧类，项目编号Ⅳ -1。2009年6月，雷子文入选为第三批国家级非物质文化遗产项目代表性传承人，湖南省申报。雷子文1957年进嘉禾昆曲学员训练班学习净角，由湘昆名师萧剑昆、李升豪传授技艺；1961年拜北昆花脸名家侯玉山为师；也受教于南昆名师沈传锟、邵传镛。其表演性格鲜明，《相梁刺梁》、《嫁妹》、《花荡》等戏皆其所长，尤以擅演《醉打山门》而蜚声中外，有"全国昆剧第一腿"之美誉。曾荣获由文化部颁发的"长期潜心昆曲艺术成绩显著"荣誉称号，首届中国昆剧艺术节荣誉表演奖。代表剧目《醉打山门》、《钟馗嫁妹》、《荆钗记》、《佘赛花》、《屠夫状元》，现代戏《情系郴山》、《六斤县长》等。雷子文还培养了大批青年演员，目前收徒3人，得意弟子刘瑶轩已是挑起了《醉打山门》的大梁。

Ⅳ -83 侗戏

吴尚德

（编号：03-1071），男，侗族，1937年12月生，湖南通道侗族自治县黄土乡盘集村人。2008年6月，侗戏被列入第一批国家级非物质文化遗产扩展项目名录传统戏剧类，项目编号Ⅳ -83。2009年6月，吴尚德入选为第三批国家级非物质文化遗产项目代表性传承人，湖南省通道侗族自治县申报。吴尚德幼时被侗戏班的一位老艺人收为徒弟，12岁就在村寨的侗戏班里担任主要角色。1996年皇都侗族文化村艺术团成立后，出任艺术团的总编导。通过外出演戏或村里有文艺会演时的交流和留心观察，以及对有关侗戏手抄本认真阅读钻研，逐渐摸索出了侗戏演唱的套路和技巧，编写侗戏剧本300余多台，被誉为"侗族民间优秀艺人"、"民间艺术家"。中央电视台、湖南电视台、怀化电视台、通道电视台为之做了电视专题片"侗乡音乐人"、"侗乡老艺人"、"民族民间优秀艺人"。代表作有《雾梁情》、《计划生育"赖老伙"》、《懒汉娶亲》、《五子拜寿》、《板凳情歌》、《侗家勒汉》等。几十年来，先后培养了2500多名业余侗戏演员，其4个儿女都是侗戏演员。

Ⅳ -112 花鼓戏

杨建娥

（编号：03-1123），女，汉族，1945年5月生，湖南省常桃源县人。2008年6月，花鼓戏被列入第二批国家级非物质文化遗产名录传统戏剧类，项目编号Ⅳ -112。2009年6月，杨建娥入选为第三批国家级非物质文化遗产项目代表性传承人，湖南省常德市申报。杨建娥出身梨园世家，7岁时被常德县花鼓剧团招为小演员。16岁开始担任导演，18岁当上了常德县花鼓剧团管业务的副团长。1985 年由鼎城区花鼓剧团调至区戏工室从事作戏曲研究与导演工作。为继承和发掘常德花鼓戏，她主动组织常德花鼓戏名老艺人管宏湘、李尧皆、杨双凤、杨枝生、王子才、焦大明等进行教学演出，挖掘撰写了传统剧目 100 多个，整理并演出了《东川寻夫》、《打芦花》、《打侄上坟》、《毛国贞打铁》、《清风亭》等 20 多个剧目。她是花鼓戏的传承人，但在弘扬丝弦的事业上也作出了很大的贡献。导演了 150 多个常德丝弦节目，《枕头风》获得中国曲艺最高奖——牡丹奖。2001 年李建娥导演的现代小戏《特别新娘》获文化部金奖及导演奖。她还导演了第一个自创常德丝弦电视剧《旋转的钞票》，一举获得"飞天奖"。杨建娥已培养了几十名青年演员，有饶爱玲、熊科冰、胡丽娟、杜美霜、朱晓玲等。

Ⅳ-127 湘剧

曾金贵

（编号：03-1139），男，汉族，1938 年 3 月生，原籍湖南省桃江县源家桥，现居湖南省长沙市。2008 年 6 月，湘剧被列入第二批国家级非物质文化遗产名录传统戏剧类，项目编号 Ⅳ-127。2009 年 6 月，曾金贵入选为第三批国家级非物质文化遗产项目代表性传承人，湖南省长沙市申报。曾金贵为国家一级演员。出身梨园，从小学湘剧，工净行，师从贺华元、廖升煮等名家。除了表演上具有独特风格之外，还涉猎导演、绘画、金石等领域，尤其工于湘剧脸谱，被誉为"梨园怪才"。他导演了改编传统戏《金丸记》，现代戏《玛丽娜一世》、《杨赛风》等大小剧目近 20 个。潜心整理绘制湘剧脸谱，并举办了脸谱展。代表剧目《红灯记》、《沙家浜》、《智取威虎山》、《红色娘子军》等。并在电视剧《一片冰心》中饰王昌龄，《粉墨人家》中饰男一号刘云轩及《布衣毛润之》中饰赵恒惕，《湘魂》中饰湖大校长等。曾金贵现已收有弟子进行湘剧传承。

曹汝龙

（编号：03-1140），男，汉族，1949 年 7 月生，湖南省长沙市人。2008 年 6 月，湘剧被列入第二批国家级非物质文化遗产名录传统戏剧类，项目编号 Ⅳ-127。2009 年 6 月，曹汝龙入选为第三批国家级非物质文化遗产项目代表性传承人，湖南省长沙市申报。曹汝龙为国家一级演员。1959 年，他考入长沙市艺术学校湘剧团，1961 年毕业于长沙市艺术学校。先师承何华魁、曾金贵老师攻净角，后师承廖建华老师改工老生，先后涉猎了花脸、小生、老生等各种行当。他在总结前代艺人表演技巧的同时，继承性地发扬了湘剧表演艺术。将所学理论知识和舞台实践融会贯通，逐步形成了颇具特色、独具一格的唱腔风格，其表演生动细腻、嗓音洪亮、眉目传神。1993 年获中国第四届"文华奖"；1995 年获中国第十三届戏曲"梅花奖"和第四届中国戏剧节优秀表演奖。代表剧目《布衣毛润之》、《铸剑悲歌》、《古画雄魂》等。曹汝龙以传承发扬湘剧这一古老剧种为己任，任长沙市湘剧保护传承中心主任。20 世纪 90 年代后直接或间接在省艺校和省网络学院、湘剧院联合举办的艺术系演员训练班教学，并在市湘剧院大专班任教。

谢忠义

（编号：03-1141），男，汉族，1947 年 9 月生，湖南省桂阳县人。2008 年 6 月，湘剧被列入第二批国家级非物质文化遗产名录传统戏剧类，项目编号 Ⅳ-127。2009 年 6 月，谢忠义入选为第三批国家级非物质文化遗产项目代表性传承人，湖南省桂阳县申报。谢忠义为国家一级演员。出身于梨园世家，10 岁考入桂阳县湘剧团学戏。

1959 年拜原春台班著名老生演员曾衍翠为师，工老生。曾受教于湖南省湘剧院表演艺术家徐绍清、刘春泉。1962 年赴衡阳湘剧团学戏，受教于"金字科班"陆金龙。熟练掌握衡阳湘剧的三种声腔"高、昆、弹"的唱法，擅演老生、正生和小生。代表剧目《打渔杀家》、《秦琼卖马》、《定军山》、《宋江杀惜》、《秦三挡》等。从 1971 年起，谢忠义担任了数届演员招生、培训的主教老师，为剧团培养了一批批优秀演员。

Ⅳ -128 祁剧

刘登雄

（编号：03-1142），男，汉族，1961 年 3 月生，湖南省新化县人。2008 年 6 月，祁剧被列入第二批国家级非物质文化遗产名录传统戏剧类，项目编号Ⅳ -128。2009 年 6 月，刘登雄入选为第三批国家级非物质文化遗产项目代表性传承人，湖南省祁剧院申报。刘登雄为国家一级演员。1975 年被特招进湖南省祁剧团，拜祁剧著名表演艺术家何少连、严利文为师，习文武小生。成功掌握和继承了祁剧艺术独特的表演风格，成为祁剧宝和派小生行当优秀的传承人。刘登雄所塑造的人物形象饱满、深刻，个性鲜明，栩栩如生，这得益于他对人物内心世界的挖掘与探索。在表演中，根据人物所处的环境，利用眼神和面部表情来表现人物的感情、思维等。代表剧目《黄鹤楼》、《追鱼记》、《秦香莲》、《李三娘》、《白门楼》、《闹严府》、《薛平贵与王宝钏》等。在刘登雄的努力和培育下，湖南省祁剧院培养了一批批优秀的祁剧人才，为祁剧的发展和传承作出了突出贡献，2013 年获"第二届中华非物质文化遗产传承人薪传奖"。

广东

Ⅳ -47 西秦戏

严木田

（编号：03-1029），男，汉族，1938 年生，广东省海丰县田墘镇人。2006 年 5 月，西秦戏被列入第一批国家级非物质文化遗产名录传统戏剧类，项目编号Ⅳ -47。2009 年 6 月，严木田入选为第三批国家级非物质文化遗产项目代表性传承人，广东省海丰县申报。严木田出身于梨园世家，1954 年参加海丰西秦戏剧团，拜著名小生罗宗满为师，工小生。继承其师《赵宠写状》的赵宠、《重台别》的梅良玉、《三进盘宫》的假柳絮等代表作，颇受观众爱戴，1957 年已成为西秦戏的知名青年演员。表演雄浑激昂、厚朴大气，承传了西秦戏的传统风格。尤其在剧种传统音乐唱腔研究上卓有建树，编著达 45 万字的《西秦戏传统音乐唱腔微探》，填补了作为稀有剧种的西秦戏研究中的一大空白，为西秦戏的传承作出了重要贡献。为《中国戏曲志》西秦戏音乐唱腔条目撰写谱例及释文；曾任《中国戏曲音乐集成·广东卷西秦戏分卷》副主编，完成音乐唱腔谱例 17 万字，荣获多项证书。如今虽已年逾古稀，仍继续带徒，传授西秦戏的传统唱腔、表演及音乐演奏法。

Ⅳ -75 花朝戏

钟石金

（编号：03-1069），男，汉族，1943 年生，广东省河源市紫金县龙窝村人。2006 年 5 月，花朝戏被列入第一批国家级非物质文化遗产名录传统戏剧类，项目编号Ⅳ -75。2009 年 6 月，钟石金入选为第三批国家级非物质文化遗产项目代表性传承人，广东省紫金县申报。19 世纪 60 年代，钟石金考入花朝戏剧团，向当时花朝戏台柱叶木养师傅问艺。继承掌握了花朝戏表演的技巧，并能在表演中运用得日臻成熟、韵味十足。在《沙家浜》、《红石岭》、《铁公鸡新传》等大戏中饰演主要角色，表演精湛，深得观众喜爱。后除了演戏，也从事导演工作，钟石金接下了导演的工作。在继承传统花朝戏的艺术基础上，开始将大量的各类剧种艺术元素巧妙地融合在花朝戏之中，既丰富了表演，也丰富了剧情。其导演的许多作品在省市获得诸多奖项。他的代表作有《母与子》、《卖杂货》、《风流才子》、《黄花记》、《梁山伯与祝英台》、《责任》等。钟金石大力培养花朝戏新人，举办培训班，亲自教授花朝戏表演技艺，为花朝戏的传承而努力。

Ⅳ-129 广东汉剧

梁素珍

（编号：03-1143），女，汉族，1938 年 7 月生，广东省梅县松口人。2008 年 6 月，广东汉剧被列入第二批国家级非物质文化遗产名录传统戏剧类，项目编号 Ⅳ-129。2009 年 6 月，梁素珍入选为第三批国家级非物质文化遗产项目代表性传承人，广东汉剧院申报。梁素珍为国家一级演员。14 岁时进入福建省永定县木偶汉剧团任旦角演唱员。1954 年参加梅县艺光汉剧团，拜师名旦钟妹，主工青衣、花旦。1956 年 12 月调入广东汉剧团，得著名汉剧表演艺术家黄桂珠老师指导。梁素珍开创了汉剧"梁派"艺术流派，被誉为广东汉剧的"看家戏宝"和"嫣红的山杜鹃"，奠定了汉剧在全国戏剧界的地位，使汉剧被誉为"南国牡丹"。她不仅擅长表演，还参与导演《春娘曲》等曲目 10 多出，设计、整理剧目唱腔 20 多出，并录制了一批唱片、录音带。由她主演的《盘夫》、《齐王求将》等

被拍摄成电影，《林昭德与王金爱》、《秦香莲》、《春娘曲》等被摄制成舞台电视片。代表剧目《梁四珍与赵玉粦》、《闹严府》、《高文举》、《昭君出塞》等。她"以戏带功"的方式为年轻演员传授表演心得和技艺，培养出"梅开二度"的李仙花、中国戏剧梅花奖得主杨秀薇和获得广东省技艺竞赛金奖的陈小平、李焕霞等多名汉剧表演名角。

广西

Ⅳ-138 邕剧

洪琪

（编号：03-1150），女，汉族，1944 年生，祖籍海南省海口市，广西壮族自治区南宁市人。2008 年 6 月，邕剧被列入第二批国家级非物质文化遗产名录传统戏剧类，项目编号 Ⅳ-138。2009 年 6 月，洪琪入选为第三批国家级非物质文化遗产项目代表性传承人，广西壮族自治区南宁市申报。1959 年，14 岁的洪琪考入邕剧团随团戏班，师从邕剧著名"散发旦"芝兰女（黄芝兰），兼工花旦。其扮相俊美，嗓音清亮，文武兼长，靠把功底扎实，并迅速成长为剧团的骨干演员，出演了《杨八姐搬兵》、《春草闯堂》、《孙悟空三打白骨精》等剧目。1969 年 9 月，邕剧团因"文革"正式解散。直到 1981 年复建南宁市邕剧粤剧团，此后，洪琪在此剧团任演员，同时与其他演员一起努力，抢救挖掘了一批具有代表性的邕剧剧目。洪琪等多次举办"邕剧培训班"，带出梁素梅、姚艳等一批知名邕剧接班人，梁素梅还曾获第十九届戏剧梅花奖。

海南

Ⅳ-130 琼剧

王英蓉

（编号：03-1144），女，汉族，1939年5月生，2011年7月卒，海南省琼海市人。2008年6月，琼剧被列入第二批国家级非物质文化遗产名录传统戏剧类，项目编号Ⅳ-130。2009年6月，王英蓉入选为第三批国家级非物质文化遗产项目代表性传承人，海南省琼剧院申报。王英蓉为国家一级演员。1955年开始从事琼剧表演，先后师从著名琼剧艺人谭歧彩及昆曲表演艺术家李倩影。1956年，在谭歧彩等艺人的指教下，她在传统琼剧《张文秀》中成功饰演"王三姐"，一举成名。1962年，在第一部琼剧电影《红叶题诗》中饰演女主角姜玉蕊，被海外侨胞誉为海南的电影明星，而这部《红叶题诗》也成了琼剧史上的巅峰之作。其表演婉约俏丽，于细腻之处见真情，音质高亢明亮。2011年5月，海南省文联授予王英蓉首届"海南省文化艺术奖章"。代表剧目《张文秀》、《红叶题诗》等。有弟子林川媚等。

陈育明

（编号：03-1145），男，汉族，1937年生，海南省文昌市东郊镇桥头村人。2008年6月，琼剧被列入第二批国家级非物质文化遗产名录传统戏剧类，项目编号Ⅳ-130。2009年6月，陈育明入选为第三批国家级非物质文化遗产项目代表性传承人，海南省海口市申报。陈育明为国家一级演员。自幼受父亲影响和教导，学习琼剧，1952年入海南"新群星剧团"，受教于剧团各位琼剧名角王秀明、郑长和、韩文华等。经过多年的艺术实践，他形成了风格独特的"育明腔"：音色明亮、音质甜美，被誉为琼剧的"金嗓子"。也是琼剧史上第一个出版个人演唱专辑的艺术家；和第一个获得中国"金唱片奖"的琼剧演员。代表剧目《八一风暴》、《海角惊涛》、《鉴真大和尚传奇》等。多年来，陈育明致力于培养青年演员，其子陈一帆继承了其衣钵，成为琼剧当红小生，黄庆萍、陈素珍、张卫山等都已成长为国家一级演员，陈素珍还获得了"梅花奖"。因其在琼剧传承中的主要贡献，2013年获"第二届中华非物质文化遗产传承人薪传奖"。

重庆

Ⅳ-12 川剧

高凤莲

（编号：03-0975），女，汉族，1929年生，四川省成都市人。2006年5月，川剧被列入第一批国家级非物质文化遗产名录传统戏剧类，项目编号Ⅳ-12。2009年6月，高凤莲入选为第三批国家级非物质文化遗产项目代表性传承人，重庆市申报。高凤莲从小跟随父亲高云峰、母亲高莲芳学习京剧。11岁改学川剧，拜李燕清为师，后拜师周慕莲。13岁在成都华瀛大舞台演出，1947年到山城得胜大舞台，后入实验川剧院。代表剧目《御河桥》、《菱角配》、《锦江楼》、《幽闺记》、《吵闹》、《双拜月》等。

周继培

（编号：03-0976），本名周华德，男，汉族，1928年生，原籍四川省达州市达县，现居四川省成都市。2006年5月，川剧被列入第一批国家级非物质文化遗产名录传统戏剧类，项目编号Ⅳ-12。2009年6月，周继培入选为第三批国家级非物质文化遗产项目代表性传承人，重庆市申报。周继培10岁拜川剧名家贾培之为师，成为亲传弟子，主攻生角，11岁即登台表演。后习扬琴，亦有佳作。他还应邀在首届中国西部交响乐周开幕式组曲《故乡风情画》中把重庆民间最原生态音乐形式——曲艺跟交响乐结合在一起进行演唱。代表作有《马房放奎》、《伯牙碎琴》等。曾录制唱片《白帝托孤》、《伯牙碎琴》、《古城会》等。

许倩云

（编号：03-0977），艺名飞琼，女，汉族，1928年7月生，四川省成都市人。2006年5月，川剧被列入第一批国家级非物质文化遗产名录传统戏剧类，项目编号Ⅳ-12。2009年6月，许倩云入选为第三批国家级非物质文化遗产项目代表性传承人，重庆市申报。许倩云幼时曾向名旦刘华玉学艺，后师承阳友鹤、周裕祥。她11岁学戏，12岁登台表演，主攻花旦，兼及闺门旦、奴旦、正旦、青衣旦、摇旦等。她扮相秀美，嗓音圆润，韵味醇厚，行腔婉转流畅，善于表现人物。她与陈书舫、竞华、杨淑英一起被誉为"川剧四大名旦"，人称"川剧皇后"。代表剧目有《孔雀胆》、《谭记儿》、《三瓶醋》、《柳荫记》、《封三娘》、《摘桂斧》、《百花赠剑》、《评雪辨踪》等。著书《川剧皇后的童年》、《许倩云舞台艺术》、《永葆青春的川剧表演艺术家许倩云》，电影《川剧集锦》、《柜中缘》。许倩云培养了近百名川剧弟子，其中中国戏剧"梅花奖"得主有沈铁梅、蒋淑梅、崔光丽、黄荣华等6位。

四川

Ⅳ-12 川剧

任庭芳

（编号：03-0972），男，汉族，1942年10月生（一说1945年生），四川省泸州市纳溪县人。2006年5月，川剧被列入第一批国家级非物质文化遗产名录传统戏剧类，项目编号Ⅳ-12。2009年6月，任庭芳入选为第三批国家级非物质文化遗产项目代表性传承人，四川省申报。任庭芳为川剧名丑，国家一级演员兼导演。1952年又进新大戏院学习川剧表演，1953年转入四川省川剧学校学习表演，1960年毕业后入四川省川剧院，1960年至1978年主攻武生兼武丑，1978年拜川剧丑角表演艺术家周裕祥为师，专攻丑角表演艺术，同时得到川剧丑角表演艺术家周企何老师的指点与传授。他继承发扬了川剧名丑周裕祥老师的表演风格，文武兼并，擅长袍带丑及褶子丑，能运用多种传统川剧表现手段，艺术地展现各种舞台人物至善至美的人性，把川剧独有的传统表演元素与新的审美观念融为一体，初步形成以机趣、幽默为主要表现手法的川剧丑角表演风格和戏剧流派。独立执导川剧《白蛇传》、《望娘滩》、《易胆大》、《和亲记》、《人迹秋霜》等剧。其中《和亲记》获第四届中国戏剧节导演奖。代表作《活捉三郎》、《秋江》、《伍三拿虎》、《审玉蟹》、《西关度》、《夫妻桥》、《荷珠配》等。先后荣获第八届"文化表演奖"、第十届白玉兰表演奖。

徐寿年

（编号：03-0973），男，汉族，1940年生，四川省成都市人。2006年5月，川剧被列入第一批国家级非物质文化遗产名录传统戏剧类，项目编号Ⅳ-12。2009年6月，徐寿年入选为第三批国家级非物质文化遗产项目代表性传承人，四川省申报。徐寿年1959年考入四川省川剧学校，师从川剧名净梅春林、金震雷，攻净角。其嗓音属得天独厚的花脸，声音高亢浑厚，音色纯美，共鸣音强，悦耳动听；唱腔节奏鲜明，吐字清晰明亮，表演稳重，感情充实。所演角色不但受到川剧界和广大观众的高度赞赏，同时也获得音乐界的好评。代表剧目有《铡侄》、《二进宫》、《五台会兄》、《牧虎关》、《铡美案》、《赵奢收赋》等传统剧，现代川戏有《骄杨颂》《红灯记》、《诗酒长安》、《变脸》、《巴山秀才》等。

肖德美

（编号：03-0974），男，汉族，1965年生，现居四川省成都市。2006年5月，川剧被列入第一批国家级非物质文化遗产名录传统戏剧类，项目编号Ⅳ-12。2009年6月，肖德美入选为第三批国家级非物质文化遗产项目代表性传承人，四川省申报。肖德美为国家一级演员，师承著名川剧表演艺术家蓝光临先生，主攻川剧小生。1979年考入四川省巴中县川剧团，1993年毕业于四川省川剧学校并留校任教，2002年、2005年考入四川教育学院音乐教育专业、影视表演专业学习，2006年考入中国戏曲学院攻读戏剧戏曲学，2008年6月被授予中国首届艺术硕士学位。1996年获中国戏剧演员最高奖"梅花奖"。代表剧目有《柳荫记》、《绣襦记》、《碧波红莲》、《芙蓉花仙》、《踏纱帽》、《放裴》、《水牢摸印》、《逼侄赴科》、《踏伞》等百余出。主演的《芙蓉花仙》荣获朝鲜"四月之春"国际艺术节金奖。拍摄的川剧电视戏曲片《芙蓉花仙》荣获全国电视剧展播评比一等奖、全国电视"飞天奖"。近年来奔赴在北京舞蹈学院、杭州越剧院、宁波小百花越剧团、国立台湾艺术大学、德国慕尼黑大学等进行讲学和授课，深受欢迎。

云南

Ⅳ-86 傣剧

金星明

（编号：03-1072），男，傣族，1944年生，云南省德宏傣族景颇族自治州人。2006年5月，傣剧被列入第一批国家级非物质文化遗产名录传统戏剧类，项目编号Ⅳ-86。2009年6月，金星明入选为第三批国家级非物质文化遗产项目代表性传承人，云南省德宏傣族景颇族自治州申报。金星明代表剧目有《岩佐弄》等。

Ⅳ-135 佤族清戏

李家显

（编号：03-1148），男，佤族，1934年11月生，云南省腾冲县荷花乡甘蔗寨人。2008年6月，佤族清戏被列入第二批国家级非物质文化遗产名录传统戏剧类，项目编号Ⅳ-135。2009年6月，李家显入选为第三批国家级非物质文化遗产项目代表性传承人，云南省腾冲县申报。李家显出身于清戏世家，为清戏第四代传人，祖父李润有和父亲李茂广都曾是清戏的主要演员。受家传影响李家显很小就学会了清戏演唱，并全面掌握了清戏声腔"九腔十三板"的长发，是对佤族清戏声腔和剧情最为了解的艺人。在传承佤族清戏表演的基础上，李家显对清戏进行了大胆的革新。将板凳戏，即仅坐着唱改为站着唱，并加入了一些戏剧表演动作。伴奏也由原来比较简单的摆当子、小钵和京胡改为比较丰富的多种乐器，二胡、锣、鼓、钵等伴奏乐器，丰富了清戏的音乐伴奏。代表剧目《姜姑刁嫂》、《顺母休妻》、《逐赶庞氏》、《安安送米》、《芦林相会》、《文龙赶考》和《和尚化斋》等。其儿媳王祖芳目前为佤族清戏第五代传人。

Ⅳ-136 彝剧

李茂荣

（编号：03-1149），男，彝族，1944年生，云南省楚雄彝族自治州大姚县人。2008年6月，彝剧被列入第二批国家级非物质文化遗产名录传统戏剧类，项目编号Ⅳ-136。2009年6月，李茂荣入选为第三批国家级非物质文化遗产项目代表性传承人，云南省楚雄彝族自治州大姚县申报。

陕西

Ⅳ-16 秦腔

马友仙

（编号：03-0978），女，汉族，1944年4月生，祖籍陕西省渭南市合阳县，成长于陕西省咸阳市。2006年5月，秦腔被列入第一批国家级非物质文化遗产名录传统戏剧类，项目编号Ⅳ-16。2009年6月，马友仙入选为第三批国家级非物质文化遗产项目代表性传承人，陕西省申报。马友仙为秦腔艺术流派"马派"创始人，国家一级演员，国务院授予"有特殊贡献艺术专家"证书。1952年，马友仙考取陕西咸阳大众剧团，学演小旦，兼演青衣。经过长期的磨炼和舞台实践，逐渐成长为誉满西北、蜚声中外的秦腔表演艺术家。她特别注重演唱技巧，有意识地运用科学的发声方法，把歌唱技法融入秦腔的演唱之中，与秦腔优秀的传统声腔板式有机地结合在一起，形成了自己独特的演唱风格。代表剧目《蔡文姬》、《谢瑶环》、《窦娥冤》、《红灯记》、《洪湖赤卫队》、《白蛇传》、《游西湖》等。其流派弟子主要有曹佳、安娜、李娟、马丽、王曼。

贠宗翰

（编号：03-0979），男，汉族，1940年1月生，陕西省咸阳市人。2006年5月，秦腔被列入第一批国家级非物质文化遗产名录传统戏剧类，项目编号Ⅳ-16。2009年6月，贠宗翰入选为第三批国家级非物质文化遗产项目代表性传承人，陕西省申报。贠宗翰为国家一级演员。1952年入西安三意社学员班学戏，师承著名艺人张朝鉴、李天堂、李庆增等。在长期的艺术实践中，吸收其他兄弟剧种的特长。在声腔方面，他在继承秦腔传统唱念韵味技巧的基础上，大胆借鉴京剧黑头演唱的共鸣特点，努力运用科学发声的方法，改变了秦腔男声"挣破头"的老唱法，尤以《红灯记》中李玉和的唱腔为代表作，至今广为流传。并形成了自己的表演风格，文武兼备，潇洒大方，字正腔圆，韵味浓郁，以情带声，声情并茂。1982年被编入《中国大事年鉴》一书。从艺经历及成就被录入《陕西群芳录》、《陕西省著名演员集锦》、《中国文艺家专集》。代表剧目《赵氏孤儿》、《十五贯》、《鱼腹山》、《杀庙》、《血泪仇》等。有徒弟雷涛和包东东。

李爱琴

（编号：03-0980），女，汉族，1939年4月生，陕西省西安市人。2006年5月，秦腔被列入第一批国家级非物质文化遗产名录传统戏剧类，项目编号Ⅳ-16。2009年6月，李爱琴入选为第三批国家级非物质文化遗产项目代表性传承人，陕西省申报。李爱琴为国家一级演员。李爱琴出身梨园世家，幼时在彭艺社扮小孩、丫鬟等角色，后入大华社，受教于李正敏、董化清先生。1954年参加陕西省军区五一剧团，开始系统地练功和学习。她戏路宽广，除擅长演小生戏以外，也攻须生、正旦和老旦等行当。在表演艺术上博采众长，刻意求新，着力刻画人物的内在感情和气质。其表演，不论表情、唱腔、做派、幅度都有较大创新。将现代生活和艺术融于古老的秦腔，其唱腔声情并茂，节奏明快，表演中眼神深情多变，身形线条丰富而又玲珑剔透，达到古典美和现代美的和谐统一，形成了她自己独特的艺术风格和流派。《周仁回府》中塑造周仁一角堪称是当今秦腔界的最高水平。代表剧目《周仁回府》、《张羽煮海》、《孙安动本》、《生死牌》、《秦香莲》、《本娘教子》、《三世仇》、《龙江颂》、《母子情》等。有王凤娥、杨升娟等徒弟。

肖玉玲

（编号：03-0981），女，汉族，1939年12月生，陕西省西安市人。2006年5月，秦腔被列入第一批国家级非物质文化遗产名录传统戏剧类，项目编号Ⅳ-16。2009年6月，肖玉玲入选为第三批国家级非物质文化遗产项目代表性传承人，陕西省申报。肖玉玲为秦腔"肖派"创始人，国家一级演员。1952年考入原西安三意社学艺，在姚鼎先生等艺术家指导下，攻闺阁旦。在秦腔闺门旦行当中独树一帜，假声运用炉火纯青，加之鼻腔共鸣的优势，使整个唱腔韵味更加醇厚，气息饱满，节奏缓急得当，吐字清晰，讲究"吐、咬、归"。她塑造的各个旦角等艺术形象，个性格鲜明，活灵活现。代表剧目《火焰驹》、《玉堂春》、《五典坡》、《三家春》、《红珊瑚》、《探窑》、《三堂会审》等。肖玉玲培养了众多出色的弟子，齐爱云、苏凤丽、侯红琴、雷通霞等都为梅花奖获得主。

康少易

（编号：03-0982），男，汉族，1941年5月生，陕西省西安市人。2006年5月，秦腔被列入第一批国家级非物质文化遗产名录传统戏剧类，项目编号Ⅳ-16。2009年6月，康少易入选为第三批国家级非物质文化遗产项目代表性传承人，陕西省申报。康少易为秦腔武生唯一传人，国家一级演员。出身西安梨园世家，父亲康顿易是易俗社小生演员，著名的秦腔艺术家。他自幼遵从父亲教诲，并获得多位高师面传心授，形成自己独特的秦腔武生表演特色。其对戏曲表演的理解可谓达到戏曲表演艺术的最高境界，因而在表演中可将各种剧目表演到出神入化的地步，塑造人物可谓干净利落，精湛绝伦。被誉为"将生命放在自己的艺术里，他们的生命就是他们的艺术"的艺术家。代表剧目《铁公鸡》、《伐子都》、《十八罗汉斗悟空》等。其传人有其子康云翔及马童等。

吕明发

（编号：03-0983），男，汉族，1923年3月生，陕西省宝鸡市人。2006年5月，秦腔被列入第一批国家级非物质文化遗产名录传统戏剧类，项目编号Ⅳ-16。2009年6月，吕明发入选为第三批国家级非物质文化遗产项目代表性传承人，陕西省申报。吕明发主工须生戏，为国家一级演员。出身于秦腔世家。1930年起随父吕贵）学艺。吕明发以毕生精力为西秦腔及西府秦腔的传承、发展（声腔衍进）而努力。尤其对武须生、红生的刻苦钻研具有突破性的创造，其表演自青年时即自成一派，经数年广采博取，吸纳京剧红生风范和流派表演，艺术日臻提高、完美。"鞭扫灯花"、"抢麻鞭"、"五鞭连响"、"打雷碗"等技巧，在秦腔舞台上堪称一绝，被誉为"活关公"、"活伍员"。代表剧目《临潼山》、《伍员逃国》、《太和城》、《铁流战士》、《海防线上》、《洪湖赤卫队》等。有弟子郝小花、张宏达、霍晓华等。

余巧云

（编号：03-0984），原名余葆贞、余宝珍，女，满族，1932年3月生，陕西省西安市人。2006

年 5 月，秦腔被列入第一批国家级非物质文化遗产名录传统戏剧类，项目编号Ⅳ-16。2009 年 6 月，余巧云入选为第三批国家级非物质文化遗产项目代表性传承人，陕西省申报。余巧云为秦腔艺术流派"余"派的创始人，国家一级演员。10 岁时在秦腔名家王文鹏推荐下拜西安"三意社"吴立民为启蒙老师，后受秦腔表演艺术家李正敏指点，学习《走雪山》和《戳纸墙》两出折子戏。随后又拜高正保为师，学习正旦和小旦戏。也受教于何振中、晋福长、李正敏等人。她吸收各家所长，兼收并蓄，开拓了戏路，青衣、小旦、花旦、闺阁旦均可，在表演和唱腔上形成了"娇、柔、脆、水"音色俱全的独特个人风格。其开创的秦腔缠绵风气，直到今日几乎成为秦腔旦角艺术的主流。代表剧目《铡美案》、《五典坡》、《乾坤带》、《白玉佃》、《梁山伯与祝英台》、《打金枝》、《汾河湾》、《藏舟》、《双下跪》等。在多年的演艺生涯中培养了众多知名弟子，如张爱莲、樊惠琴、党美丽、卫小莉等，不乏国家一级演员与"红梅奖"金奖得主。

Ⅳ-73 二人台

淡文珍

（编号：03-1068），男，汉族，1951 年 6 月生，陕西省榆林市府谷县人。2008 年 6 月，二人台被列入第一批国家级非物质文化遗产扩展项目名录传统戏剧类，项目编号Ⅳ-73。2009 年 6 月，淡文珍被列入第三批国家级非物质文化遗产项目代表性传承人名单，陕西省府谷县申报。淡文珍从师于二人台艺术家丁喜才，并深得丁喜才真传，精于梅笛演奏，专门为"民歌大王"王向荣伴奏，为府谷二人台第四代传人之一。2009 年应邀参加了第三届中国呼和浩特二人台民歌大赛，参与演出的歌舞《走西口》荣获金奖。演奏的二人台曲牌《绣荷包》获银奖。2010 年搜集整理了府谷二人台曲牌专辑。在他

的带领下，府谷二人台艺术团还不断"走出去"，到国内外进行表演。多年来，府谷二人台艺术团演职人员先后荣获国家、省、市各类大奖 60 多项，使二人台的传播范围和影响力更广。

Ⅳ-133 合阳跳戏

党中信

（编号：03-1146），男，汉族，1946 年 2 月生，陕西省合阳县新池镇行家村人。2008 年 6 月，合阳跳戏被列入第二批国家级非物质文化遗产名录传统戏剧类，项目编号Ⅳ-133。2009 年 6 月，党中信入选为第三批国家级非物质文化遗产项目代表性传承人，陕西省合阳县申报。跳戏又叫"跳调"、"调调戏"、"调戏"或"锣鼓杂戏"，是独存于合阳县的古老地方剧种，被誉为"研究中国戏曲发展史的活化石"。

甘肃

Ⅳ-69 曲子戏（敦煌曲子戏）

肖德金

（编号：03-1059），男，汉族，1942 年生，甘肃省敦煌市转渠口镇阶州村人。2006 年 5 月，曲子戏（敦煌曲子戏）被列入第一批国家级非物质文化遗产名录传统戏剧类，项目编号Ⅳ-69。2009 年 6 月，肖德金入选为第三批国家级非物质文化遗产项目代表性传承人，甘肃省敦煌市申报。肖德金为著名敦煌曲子戏表演艺术家。自幼对敦煌曲子戏有着浓厚的兴趣，十四五岁时，他对曲子戏达到一种疯狂痴迷的程度。师从同村的方云等老艺人。20 世纪 60 年代，成为当地有名的曲子戏演员。1966 年，为配合当时的政治形势，表演了反映热爱集体内容的曲子

戏《一对红》，参加当时酒泉专区会演。肖德金和吕欣牵头成立了一支由 28 人组成的敦煌曲子戏自乐班，常年在农闲时间聚集在一起自娱自乐，代表剧目有《一对红》、《磨豆腐》等传统曲目。肖德金现今已经培养了十几个崭露头角的曲子戏演员，但曲子戏传承仍不容乐观。敦煌曲子戏其他代表性的人物有敦煌市莫高镇甘家堡村五组的 83 岁老艺人王维贤，其为敦煌曲子戏的第三代传人。

Ⅳ-134 武都高山戏

尹维新

（编号：03-1147），男，汉族，1943 年生，甘肃省陇南市鱼龙镇上尹村人。2008 年 6 月，武都高山戏被列入第二批国家级非物质文化遗产名录传统戏剧类，项目编号Ⅳ-134。2009 年 6 月，尹维新入选为第三批国家级非物质文化遗产项目代表性传承人，甘肃省陇南市申报。尹维新是高山戏第四代传人。7 岁时跟随其父尹电荣登台演戏，家族中的尹执刚、尹文慈等前辈对他的表演多有教导。尹维新首次编写的大型古典高山戏剧本《老换少》打破了数百年来高山戏"无本唱戏"的窘状，始创了鱼龙高山戏有剧本、谱曲、配乐和舞美的演出历史。他编写、导演了许多高山戏传统、现代剧目，发起创建了"上尹村高山戏业余剧团"，培养了大批优秀高山戏演员。他还打破了鱼龙高山戏不许女人参与表演的陋习。代表剧目《钉缸》、《讨债》、《夜逃》、《人老心红》、《三宝参军》、《夸队长》、《卖余粮》、《赶集》、《更上一层楼》等。尹维新长年活跃于陇南山区，为鱼龙高山戏的发展和传承而努力，尹利宝目前已经成长为高山戏第五代传人。

第四批国家级非物质文化遗产项目代表性传承人

中央

Ⅳ-28 京剧

李祖铭

（编号：04-1627），男，汉族，1948 年 6 月生，祖籍湖南省长沙市。2010 年 11 月，京剧被列入"人类非物质文化遗产代表作名录"。2006 年 5 月，京剧被列入第一批国家级非物质文化遗产名录传统戏剧类，项目编号Ⅳ-28。2012 年 12 月，李祖铭入选为第四批国家级非物质文化遗产项目代表性传承人，中国京剧院申报。李祖铭为国家一级演员。琴师李慕良之子，自幼受其父熏陶和影响，习得一手精湛的琴技。1967 年担任山西省京剧团任主要琴师及音乐唱腔设计，先后与袁世海、李金泉、冯志孝、杨春霞、李光、张学津、叶少兰等合作，逐渐使琴技炉火纯青，也让京胡演奏上升到一个更高的艺术境界。曾参加了《三上桃峰》、《山城围困战》、《新烁明珠》、《蔡锣与小凤仙》、《大明魂》、《锦车使节》、《坂本龙马》、《九江口》、《青梅煮酒论英雄》、《画龙点睛》等戏的唱腔设计。李祖铭有弟子张克延、李杨等。

刘琪

（编号：04-1628），女，汉族，1938 年 5 月生，山东省文登市人。2010 年 11 月，京剧被列入"人类非物质文化遗产代表作名录"。2006 年 5 月，京剧被列入第一批国家级非物质文化遗产名录传统戏剧类，项目编号Ⅳ-28。2012 年 12 月，刘琪入选为第四批国家级非物质文化遗产项目代表性传承人，中国京剧院申报。刘琪为著名京剧武旦演员，1992 年获"梅兰芳金奖大赛"金奖。刘琪 1947 年（9 岁）即入东北"咏风社"开始了学艺的生活，1949 年转入东北戏曲学校，1955 年入中国戏曲学校，师从邱富棠、马宗慧、赵桐珊。毕业后师从"四小名旦"之一的宋德珠先生，学习宋派戏，使她的技艺得到了显著的提高。刘琪幼功扎实，动作规范，开打灵巧，身材娇小，化出妆来分外讨俏，且嗓音甜美，载歌载舞，美感十足。1992 年获"梅兰芳金奖大赛"金奖。代表剧目《扈家庄》、《打焦赞》、《白蛇传》、《小放牛》等。刘琪的弟子有孟蕊、潘月娇等。

朱秉谦

（编号：04-1629），曾用名朱连荣、朱维义，男，汉族，1933 年 9 月生，河北省沧州市人。2010 年 11 月，京剧被列入"人类非物质文化遗产代表作名录"。2006 年 5 月，京剧被列入第一批国家级非物质文化遗产名录传统戏剧类，项目编号Ⅳ-28。2012 年 12 月，朱秉谦入选为第四批国家级非物质文化遗产项目代表性传承人，中国京剧院申报。朱秉谦 1947 年入北京四维儿童戏剧学校，师从萧长华、雷喜福、贯大元、安舒元、白家麟、李吉来、刘仲秋、邢威明等，曾得到李紫贵的指点。1949 年转入平剧实验学校（后为中国戏曲学校）学习。1962 年拜马连良为师，专攻马派。他能编、能导、能演，具有多方面的才能，功底深厚，唱、念、做、打俱佳。代表剧目《四进士》、《群英会》、《将相和》、《淮河营》、《乌龙院》、《打严嵩》、《甘露寺》、《赵氏孤儿》、《断臂说书》等。离休后，担任中国戏曲学院客座教授、中国京剧优秀演员研究生班导师、国家京剧院艺术指导。

李景德

（编号：04-1630），艺名"草上飞"，男，汉族，

1937年10月生，江西省景德镇市人。2010年11月，京剧被列入"人类非物质文化遗产代表作名录"。2006年5月，京剧被列入第一批国家级非物质文化遗产名录传统戏剧类，项目编号Ⅳ-28。2012年12月，李景德入选为第四批国家级非物质文化遗产项目代表性传承人，中国京剧院申报。李景德出身于京剧世家，祖父李荣年，父亲李秉恒是江南一带著名武生，母亲谢钰铭为上海滩著名女武生。其幼承家学，幼功扎实。1951年和弟弟李景春学武花脸，带艺入中国戏曲学校学习期间，从师张德俊、赵雅枫、钱富川学习，并从茹富兰老师学戏到毕业，因而对茹派艺术领会最深，受益终身。后曾向张剑鸣、盖叫天、张玉亭、李少春等老师问艺。1958年毕业分配到中国京剧院四团工作，向短打方向发展，工武丑。20世纪60年代初拜京剧艺术家张云溪为师。在继承发扬京剧传统的基础上，广泛吸收，博采众长，勇于创新。代表作《武松打店》、《三江越虎城》、《四杰村》、《战马超》、《白水滩》、《三岔口》、《乾坤圈》等。曾参加芭蕾剧《红色娘子军》创作，参加京剧《红色娘子军》移植创作。

沈福存

（编号：04-1631），男，汉族，1935年1月生，四川巴县（现为重庆市巴南区）人。2010年11月，京剧被列入"人类非物质文化遗产代表作名录"。2006年5月，京剧被列入第一批国家级非物质文化遗产名录传统戏剧类，项目编号Ⅳ-28。2012年12月，沈福存入选为第四批国家级非物质文化遗产项目代表性传承人，中国京剧院申报。沈福存为国家一级演员。1948年入厉家班"福"字科学艺，先习老生，后攻青衣，兼工小生。20世纪50年代，悉心攻习张派艺术，与厉慧兰、厉慧敏等同台演出于西南一带，颇得观众青睐。沈福存博采众长，戏路甚广，横跨小生、旦角、老生三个不同行当、不同性别的领域，嗓音甜润，水音十足，在长期舞台实践中形成自己刚健柔美、

俏丽清新的艺术风格。代表剧目《玉堂春》、《罗成叫关》、《白蛇传》、《武家坡》、《凤还巢》、《三娘教子》。沈福存培养的学生都是全国艺术尖子，如其女儿沈铁梅两度获"梅花奖"，程联群是国家一级演员，李晓兰是四川省十佳演员等。

北京

Ⅳ-1 昆曲

沈世华

（编号：04-1589），原名沈月华，女，汉族，1941年4月生，浙江省慈溪市人。2001年5月，昆曲被联合国教科文组织列为第一批"人类口述和非物质遗产代表作"。2006年5月，昆曲被列入第一批国家级非物质文化遗产名录传统戏剧类，项目编号Ⅳ-1。2012年12月，沈世华入选为第四批国家级非物质文化遗产项目代表性传承人，北京市申报。沈世华是中国昆剧艺术教育史上第一位女教授，曾任中国戏曲学院硕士研究生导师。1953年入浙江国风苏昆剧团（现浙江昆剧团）学昆剧表演，工闺门旦，师从周传瑛、朱传茗、姚传芗等"传"字辈名家，并得到俞振飞、周传铮等诸多南昆名家的亲传和指授，成为昆曲"世"字辈成员。她在艺术上功底坚实，戏路宽广。代表剧目《思凡》、《琴挑》、《断桥》、《牡丹亭》、《西园记》等。主演的《西园记》（饰王玉真）于1979年由湖南电视台录像并为珠江电影制片厂拍成彩色影片。自20世纪80年代转入中央戏曲学院任教，主要精力投入昆曲的传承教学工作中，桃李盈门。教授学生中有许多人获得了梅花奖等全国和省市级奖励，如旦角演员史红梅、马少敏、张威、侯爽；小生演员有江其虎、张尧、包飞、张淼等。1992年被台湾《申报》专文誉为"剧坛师表"。

王大元

（编号：04-1590），男，汉族，1941 年 8 月生，北京人。2001 年 5 月，昆曲被联合国教科文组织列为第一批"人类口述和非物质遗产代表作"。2006 年 5 月，昆曲被列入第一批国家级非物质文化遗产名录传统戏剧类，项目编号Ⅳ-1。2012 年 12 月，王大元入选为第四批国家级非物质文化遗产项目代表性传承人，北京市申报。王大元为著名笛师，昆曲、京剧作曲家，国家一级演奏员，文化部授予的"昆曲艺术优秀（作曲）主创人员"。1960 年考入北方昆曲剧院，师从高景池，擅长笛子、扬琴、二胡等乐器。他在昆曲的创作、配器、指挥、演奏中，将笛音人声化，南北曲用不同的演奏方法，演奏中综合运用托、包、滚、带、垫等，以及采用特殊技巧处理音乐，并逐步形成了自己独特的演奏风格。除演奏外，他还创作和指挥过众多戏码的歌谱和乐队，运用"中州韵"依字创腔法，陆续为昆曲《宗泽交印》、《水淹七军》、《哪吒闹海》、《赶女婿》、《贵妃东渡》等以及京剧《三请美猴王》、《武则天》、《则天大帝》等大中型剧目作曲创腔，并创作了部分散曲作品。王大元是《中国戏曲音乐集成·北京卷·北昆分卷》编辑组成员。《大元徵音——王大元曲谱》一书是其艺术作品和艺术经历的重要著作。

Ⅳ-22 河北梆子

刘玉玲

（编号：04-1608），女，汉族，1947 年 1 月生，北京人。2008 年 6 月，河北梆子被列入第一批国家级非物质文化遗产扩展项目名录传统戏剧类，项目编号Ⅳ-22。2012 年 12 月，刘玉玲入选为第四批国家级非物质文化遗产项目代表性传承人，北京市河北梆子剧团申报。刘玉玲为国家一级演员。11 岁时入北京河北梆子剧团（前身新中华梆子剧团）学员班学艺，工青衣、闺门旦，开蒙老师为李云卿。后师从河北梆子创始人之一李桂云，成为李最为得意的弟子和传人，继承李桂云"京梆两下锅"的传统兼演京剧。她嗓音宽亮圆润甜美，音域宽广高低自如，扮相端庄秀丽，做派雍容潇洒，尤善于唱心演情，塑造人物。在声乐上，博采众长，为己所用，已形成自己的独特演唱风格，发展了戏曲声乐艺术，使她不仅成为一名有影响的戏曲表演艺术家，也成为一名有影响的戏曲声乐家，是京派河北梆子（俗称京梆子）当今代表人物。获首届中国戏剧梅花奖。代表剧目《王宝钏》、《王春娥》、《拣柴》《窦娥冤》、《蝴蝶杯》、《状元打更》、《一夜皇后》、《孙尚香》以及《柜中缘》等。刘玉玲 20 世纪 70 年代开始即带学生，前后正式收徒 3 人：高德敏、白振絮（改名白小玲）、李艳茹。

Ⅳ-28 京剧

朱绍玉

（编号：04-1613），男，汉族，1946 年 12 月生，祖籍辽宁省山海关市，出生于北京。2010 年 11 月，京剧被列入"人类非物质文化遗产代表作名录"。2006 年 5 月，京剧被列入第一批国家级非物质文化遗产名录传统戏剧类，项目编号Ⅳ-28。2012 年 12 月，朱绍玉入选为第四批国家级非物质文化遗产项目代表性传承人，北京市申报。朱绍玉为国家一级作曲。少年时做过京剧老生演员和京剧胡琴（京胡）演员（琴师），在云南艺术学院音乐系学习作曲专业（主修作曲）。1979 年，他把电声乐吸收到京剧的演奏当中。根据京剧样板戏曾借鉴西洋歌剧中"主题音乐贯串"的做法，朱绍玉推出"一曲贯串全剧"的音乐手法。在多年的作曲创作实践中，他始终尊重传统、继承传统，把体现京剧流派风格放在首位。他忠实传承流派创始人的个性特征，以前辈大师的唱腔风格为本，依据演员条件扬长避短、量体裁衣，在唱腔设计和音乐创作过程中，兼收并蓄、博采众长，创作出许多新的声腔和板式。其设计的音乐多次获文华奖。著有《朱绍玉音乐作品集》等书。代表剧目有《袁崇焕》、《宰相刘罗锅》、《下鲁城》、《赤壁》、《图兰朵》、《夏王悲歌》等。

钮骠

（编号：04-1614），曾用名钮维骠，字捷之，男，满族，1933 年 11 月生，北京人。2010 年 11 月，京剧被列入"人类非物质文化遗产代表作名录"。2006 年 5 月，京剧被列入第一批国家级非物质文化遗产名录传统戏剧类，项目编号 IV -28。2012 年 12 月，钮骠入选为第四批国家级非物质文化遗产项目代表性传承人，北京市申报。钮骠幼入四维剧校学京剧，1956 年毕业于中国戏曲学校，工文丑，师从萧长华、高富远、萧盛萱、王传淞等，工丑角，同时也是戏剧研究工作者。20 世纪 60 年代，主编京剧剧目教材 40 余种及《萧长华演出剧本选集》出版；20 世纪 80 年代以来，参加编撰出版了《萧长华戏曲谈丛》、《萧长华艺术评论集》、《京剧选编》（20 集）、《中国戏曲曲艺辞典》、《京剧知识词典》、《中国京剧史》、《中国昆曲艺术》、《中国大百科全书》（戏曲卷）、《中国戏曲志·北京卷》、《不列颠百科全书》国际中文版等。钮骠是一位集京剧史专家和京剧丑角名家二者于一身的学者型艺术家。代表剧目《群英会》、《审头刺汤》、《连升店》、《醉皂》等。有弟子杨学锋等。

宋丹菊

（编号：04-1615），女，汉族，1942 年 9 月生，原籍天津，生于北京。2010 年 11 月，京剧被列入"人类非物质文化遗产代表作名录"。2006 年 5 月，京剧被列入第一批国家级非物质文化遗产名录传统戏剧类，项目编号 IV -28。2012 年 12 月，宋丹菊入选为第四批国家级非物质文化遗产项目代表性传承人，北京市申报。宋丹菊为国家一级演员。父亲是被誉为"四小名旦"之一的著名京剧表演艺术家宋德珠，开创了"宋派"这一武戏流派。宋丹菊幼承家学，并师从荀慧生、筱翠花、魏效荀、刘韵桐、冀韵兰、李慧芳等习艺。1986 年拜程玉菁为师。宋丹菊继承了宋派既唱且作的高难度，将宋派的美、媚、锐、脆以及出神入化的武功表演得令人叹为观止。曾获第五届中国戏剧"梅花奖"。代表剧目《扈家庄》、《盗仙草》、《锯大缸》、《坐楼杀惜》、《得意缘》、《小放牛》、《十三妹》、《棋盘山》、《活捉》、《寄子》、《瑶台》、《蝶恋花》（后改名《改容战父》）等。1997 年入中国戏曲学校表演系，从事专职教师工作。将"宋派"传授给一批优秀弟子，使"宋派"得以传承。有弟子史茹、邓翔宇等。

谢锐青

（编号：04-1616），女，汉族，生于 1932 年 8 月，四川省成都市人。2010 年 11 月，京剧被列入"人类非物质文化遗产代表作名录"。2006 年 5 月，京剧被列入第一批国家级非物质文化遗产名录传统戏剧类，项目编号 IV -28。2012 年 12 月，谢锐青入选为第四批国家级非物质文化遗产项目代表性传承人，北京市申报。谢锐青1941 年在广西柳州参加四维平剧社儿童训练班，工京剧青衣、刀马旦。1950 年拜京剧青衣泰斗、王派艺术创始人王瑶卿先生为师，学习和继承王派表演艺术。1962 年拜著名京剧表演艺术家、尚派艺术创始人尚小云先生为师，学习和继承尚派表演艺术。谢锐青的唱腔表现力度强，高腔柔美挺拔，低腔婉转细腻；念白生动自然，甜净润美；表演妩媚动人，繁丽多彩，尺度适中，十分完美地继承了王、尚两派的艺术神韵和表演风格。代表剧目《珍珠烈火旗》、《十三妹》、《金钵记》、《三娘教子》、《董小宛》、《宇宙锋》、《二进宫》、《桃花扇》、《杨排风》、

《霸王别姬》、《樊江关》、《扈家庄》、《四郎探母》、《打渔杀家》、《梁红玉》、《秋江》等。1971 年调入中国戏曲学院，在表演系、全国优秀青年京剧演员研究生班教授京剧表演剧目，培养了许多优秀的中青年表演人才。

蔡英莲

（编号：04-1617），女，汉族，1944 年 4 月生，北京人。2010 年 11 月，京剧被列入"人类非物质文化遗产代表作名录"。2006 年 5 月，京剧被列入第一批国家级非物质文化遗产名录传统戏剧类，项目编号 Ⅳ -28。2012 年 12 月，蔡英莲入选为第四批国家级非物质文化遗产项目代表性传承人，北京市申报。蔡英莲 11 岁考入中国戏曲学校，师承程玉青、罗玉萍、马宗慧、雪艳琴、赵桐珊、李香云、荀令香、邱富棠、于玉衡等名家，先后学习王、梅、尚、程、荀五大流派，艺术基底丰厚。1965 年毕业留校任教。1972 年向何敏娟、姜家祥、孙松龄等老师学习民族声乐。1979 年拜张君秋先生为师，成为其入室弟子。她在戏剧教授中潜心研究张派艺术特点和戏曲嗓音的开发，同时借鉴民族和美声演唱创出"演唱前呼吸训练体操"、"十三辙喊嗓方法"、"共鸣引用方法"等蔡氏形象教学法，行之有效，立竿见影。使京剧青衣嗓音研究向纵深发展。代表剧目《龙凤呈祥》、《秦香莲》、《玉堂春》、《平贵别窑》、《桑园会》、《鱼藻宫》、《醉酒》、《别姬》、《失子惊风》、《三关排宴》等。蔡英莲的学生遍及国内外，著名的有王蓉蓉、张静琳、王盼、董翠娜、张萍等。

天津

Ⅳ -22 河北梆子

刘俊英

（编号：04-1609），女，汉族，1939 年 4 月生，原籍河北省沧州市青县，出生于天津。2008 年 6 月，河北梆子被列入第一批国家级非物质文化遗产扩展项目名录传统戏剧类，项目编号 Ⅳ -22。2012 年 12 月，刘俊英入选为第四批国家级非物质文化遗产项目代表性传承人，天津河北梆子剧团申报。刘俊英为国家一级演员。1953 年考入天津市河北梆子剧团少年训练队，学艺之初即得到银达子、韩俊卿、金宝环等艺术大师们的教授，得到金宝环先生的亲传，工青衣、闺门旦、花旦，是金派优秀传人。后又受教于韩俊卿、葛文娟等名家。1958 年刘俊英即成天津河北梆子剧院小百花剧团领衔主演（全国小百花第一团）。20 世纪 50 年代，刘俊英曾率团全国各地演出，成名之作——新编历史剧《荀灌娘》轰动大江南北。刘俊英唱功基础扎实，气口、板头、发音、吐字以及声音的强弱、收放、胸腔鼻腔头腔共鸣，都极有功力，因坚持用 D 调演唱，人送"金嗓子"美誉；唱出的声腔委婉而不失粗犷，细腻而不做作，字音由声腔烘裹而出，音纯腔圆，字与字之间的过渡、转换，不见生硬的棱角。代表剧目《荀灌娘》、《不准出生的人》、《合凤裙》、《大蝴蝶杯》、《窦娥冤》等。刘俊英的徒弟有梅花奖获得者杨丽萍、国家一级演员张传晔等。

河北

Ⅳ -22 河北梆子

许荷英

（编号：04-1610），女，汉族，1963年12月生，河北省沧县人。2006年5月，河北梆子被列入第一批国家级非物质文化遗产名录传统戏剧类，项目编号Ⅳ -22。2012年12月，许荷英入选为第四批国家级非物质文化遗产项目代表性传承人，河北省申报。许荷英为国家一级演员。出身于京剧世家，父亲是京剧旦角演员。1979年许荷英进黄骅市河北梆子剧团，1984年考入河北省艺校，曾得河北梆子表演艺术家贾桂兰和京剧表演艺术家齐兰秋等名师的亲传和指教，主工闺门旦、青衣行当。许荷英戏路宽阔，唱念俱佳，技术全面。音质甜美圆润，细腻清新，演唱声情并茂，感染力极强，在继承传统的基础上，吸收其他剧种和歌曲的演唱优势，追求一种既有剧种特色又具时代美感的河北梆子新型演唱风格。在表演上她真挚洒脱，擅长塑造不同人物、不同性格的角色。1998年获第十五届中国戏剧"梅花奖"。代表剧目《杜十娘》、《窦娥冤》、《李慧娘》、《蝴蝶杯》等。至今尚未收徒。

Ⅳ -51 评剧

张俊玲

（编号：04-1640），女，汉族，1964年8月生，河北省唐山市人。2006年5月，评剧被列入第一批国家级非物质文化遗产名录传统戏剧类，项目编号Ⅳ -51。2012年12月，张俊玲入选为第四批国家级非物质文化遗产项目代表性传承人，河北省滦南县申报。张俊玲为国家一级演员。1976年考入玉田县评剧团，先习旦角后攻小生，

1981年考入唐山地区评剧团，拜评剧艺术洪派创始人洪影为师，专心研习评剧洪派艺术，1983年又考入唐山市艺术学校评剧班系统学习评剧表演艺术，很好地继承了洪派艺术代表剧目。她的演唱高音坚实不散，低音婉转曲折，在传统评剧唱腔的基础上大胆创新，融合京剧、越剧、大鼓等姊妹艺术特点，形成了独树一帜的演唱风格；她的表演既不失传统戏曲表演程式，又能深刻地演绎出人物复杂的内心世界。获第二十三届中国戏剧梅花奖。代表剧目《红丝错》、《红龙泉》、《香妃与乾隆》、《成兆才》、《马寡妇开店》、《从春唱到秋》、《玉簪记》、《梁山伯与祝英台》等。近些年，张俊玲集中挖掘整理传播洪派表演艺术，并传授弟子多人，王晓宇、韩立娇等为其入室弟子。

袁淑梅

（编号：04-1641），女，汉族，1966年4月生，湖南省邵阳市隆回县人。2011年6月，评剧被列入第二批国家级非物质文化遗产名录扩展项目名录传统戏剧类，项目编号Ⅳ -51。2012年12月，袁淑梅入选为第四批国家级非物质文化遗产项目代表性传承人，河北省石家庄市申报。袁淑梅为国家一级演员。1976年入市评剧一团学艺，先后师承李红霞、尚丽华，工花旦、青衣，又精于刀马旦。她文武兼备，戏路宽阔，嗓音甜美，韵味醇厚，既能演天真活泼的"花旦"戏，端庄秀丽的"闺门旦"戏，稳重大方的"青衣"戏；又能演武艺高强的"武旦"、"刀马旦"戏，苍老年迈的"老旦"戏，幽默滑稽的"彩旦"戏等。1997年获得中国戏剧梅花奖；2000年获首届中国评剧艺术节优秀表演奖；2004年在第四届中国评剧艺术节上获优秀剧目奖、优秀表演奖、优秀导演奖等11项大奖。代表剧目《花为媒》、《刘巧儿》、《乾坤带》、《杨三姐告状》、《秦香莲》、《杜十娘》等。

李红霞

（编号：04-1642），原名李绍莲，女，蒙古族，1940年5月生，北京人。2011年6月，评剧被列入第二批国家级非物质文化遗产名录扩展项目名录传统戏剧类，项目编号Ⅳ-51。2012年12月，李红霞入选为第四批国家级非物质文化遗产项目代表性传承人，河北省石家庄市申报。李红霞为国家一级演员，生于梨园世家。父亲李砚田是旧社会"京、评、梆"三大块剧团的琴师。李红霞11岁正式拜评剧前辈赵孝良为师，12岁考取了北京市荣冠评剧团；1965年拜新凤霞为师。她结合自己先学京剧后学评剧的艺术功底，在念白中吸收京剧的方法，并将京剧青衣、花旦的表演特长融入评剧表演艺术中。在演唱艺术上，她的行腔高亢，高而不噪，恰似异峰突起；她低腔婉转，低而不哀，给人以深沉、回味无穷之感；她唱哚板、快板时，字字真切，如急雨洒向地表，如珠玑落入玉盘，有"小新凤霞"之美誉。代表剧目《刘巧儿》、《花为媒》、《乾坤带》、《祥林嫂》等。有弟子袁淑梅、彭雅楠等。

Ⅳ-91 皮影戏（昌黎皮影戏）

张向东

（编号：04-1663），男，汉族，1947年9月生，河北省秦皇岛市抚宁县人。2011年6月，皮影戏（昌黎皮影戏）被列入第二批国家级非物质文化遗产名录扩展项目名录传统戏剧类，项目编号Ⅳ-91。2012年12月，张向东入选为第四批国家级非物质文化遗产项目代表性传承人，河北省昌黎县申报。张向东的父亲张炳臣任职于唐山专区皮影社工作，他耳濡目染，自幼喜爱皮影艺术。1960年考上唐山市戏曲学校，并被唐山市皮影剧院录为学员，跟著名的"大"角演唱演员厉景阳学习唱"生"，后师从人称"飞线大王"和"活影人齐"的"箭杆王"齐永衡先生，

在15岁时就被人称为"小箭杆王"。他曾请昌黎县五里营村的民间皮影艺人居尚依据电影动画片《大闹天宫》，改编《大闹天宫》影卷，成功地领衔演出了新编大型神话皮影剧目《大闹天宫》。张向东收藏和供演出的皮影人有2000件之多，包括前清年间的精品，所藏皮影影卷中，最早的为光绪三十一年（1905）抄写的《五锋会》，至今已逾百年。2005年，张向东参加了唐山国际皮影艺术展，获得了优秀演出奖及5个单项奖。2011年他成立了"向东皮影团"发展和传承昌黎皮影戏。

山西

Ⅳ-18 晋剧

冀萍

（编号：04-1598），曾用名冀同爱，女，汉族，1935年6月生，山西省汾阳市人。2006年5月，晋剧被列入第一批国家级非物质文化遗产名录传统戏剧类，项目编号Ⅳ-18。2012年12月，冀萍入选为第四批国家级非物质文化遗产项目代表性传承人，山西省申报。冀萍为国家一级演员。师从养母、前辈小旦表演艺术家冀美莲，也受教于丁果仙、牛桂英等晋剧大师的指点。她是老一代小旦演员中为数极少的几个既能演小旦，又能演花旦，还能演刀马旦的演员之一。作为一代小旦名流，她表演细腻，含蓄传神、表情真挚；嗓音高亢清亮，唱腔委婉动听，念白清晰利落。以塑造热情奔放、娇嫩活泼的少女形象见长。代表剧目《游龟山》、《打金枝》、《杨门女将》、《穆桂英挂帅》、《百花赠剑》、《双锁山》等。冀萍的亲传弟子有山西省晋剧院国家一级演员，杏花奖、文华奖获得者王晓萍、王文丽等。

高翠英

（编号：04-1599），女，汉族，1943年3月生，山西省汾阳市肖家庄人。2006年5月，晋剧被列入第一批国家级非物质文化遗产名录传统戏剧类，项目编号Ⅳ-18。2012年12月，高翠英入选为第四批国家级非物质文化遗产项目代表性传承人，山西省申报。高翠英为国家一级演员。1954年考入太原市戏校，启蒙老师李芳茹、玉少楼、刘顺年等，为高翠英以后的演唱奠定了坚实的基础。又得到宁夏著名京剧刀马旦演员班世超、云南著名京剧表演艺术家关肃霜以及尚小云等名角传授指点多出剧目。她扮相俊美，嗓音纤细。在多年的舞台实践中塑造了众多巾帼英雄，像穆桂英、梁红玉、张秀英、王怀女，不但刀枪剑戟娴熟、扎靠旗，打出手都精彩绝伦。因而获得戏剧"梅花奖"。代表剧目《三关点帅》、《昭君出塞》、《齐王拉马》等。有弟子赵永平等。

李月仙

（编号：04-1600），原名李爱珍，女，汉族，1940年12月生，山西省文水县人。2006年5月，晋剧被列入第一批国家级非物质文化遗产名录传统戏剧类，项目编号Ⅳ-18。2012年12月，李月仙入选为第四批国家级非物质文化遗产项目代表性传承人，山西省申报。李月仙为国家一级演员。1952年从艺，拜晋剧名宿马兆麟为师，学习晋剧须生表演，工须生。继承了马派激烈奔放的唱腔，干练扎实的身手。同时，在人物的刻画上，她吸收了几位名家的表演特点，如阎逢春的特技表演、张美琴的俊逸儒雅、乔玉仙的稳重大方，成为马派承前启后的重要人物。李月仙的演唱高亢激昂、身段大方，表演准确细腻，具有阳刚之美，晋剧须生的程式运用熟练且极富特色。代表剧种《王佐断臂》、《三关点帅》等。《三关点帅》拍成电影后，被中国梨园界称为晋剧史上的精品之作。李月仙桃李满天下，有谢涛、樊旭强、宋春兰、李永兰、

王变兰、郝恩梅、王珍如等弟子。

阎慧贞

（编号：04-1601），女，汉族，1939年9月生，祖籍山西省寿阳县。2006年5月，晋剧被列入第一批国家级非物质文化遗产名录传统戏剧类，项目编号Ⅳ-18。2012年12月，阎慧贞入选为第四批国家级非物质文化遗产项目代表性传承人，山西省申报。阎慧贞为国家一级演员。初拜白晋山为师，专攻须生行当。后拜在晋剧大师丁果仙的门下，从此追随丁果仙艺术流派并不断攀登新的艺术高峰。她以唱功见长，以唱功塑造舞台人物，声音宽厚洪亮，音色圆润优美，较好地继承了丁派唱腔刚柔相济、以声传情的演唱特色。特别注重表现人物的神韵与心意，做派大方，表演细腻，神形兼备，动容动情。代表剧目《芦花》、《打金枝》、《双罗衫》、《蝴蝶杯》、《空城计》等。徒弟有耿春梅、武卫仙、温姬萍、潘世珍、钱桂兰、韩秀瑞、刘红霞、安冬秀等。

谢涛

（编号：04-1602），女，汉族，1967年6月生，山西省太原市人。2006年5月，晋剧被列入第一批国家级非物质文化遗产名录传统戏剧类，项目编号Ⅳ-18。2012年12月，谢涛入选为第四批国家级非物质文化遗产项目代表性传承人，山西省申报。谢涛为国家一级演员，主攻须生兼老生。谢涛出身梨园之家，母亲是著名的青衣演员。她11岁入太原艺术学校学戏，4年后进入实验晋剧院，先学青衣，后改须生，师从老一辈晋剧表演艺术家李月仙。她的演唱韵味淳厚，表演洒脱，帽翅功和髯口功出色，被誉为"晋剧第一女老生"。2009年，谢涛凭借新编晋剧《傅山进京》一举夺得"二度梅"第一名；还曾获文化部"文华表演奖"和中国上海"白玉兰戏剧表演艺术主角奖"。代表剧目《打

金枝》、《舍饭》、《劈门卖画》、《卧虎令》、《杀驿》、《点帅破阵》、《杀妻》、《芦花河》、《丁果仙》、《范进中举》、《傅山进京》等。谢涛收有徒弟——太原市晋剧艺术研究院实验一团的李国萍、贺燕茹。

Ⅳ-19 蒲州梆子

康希圣

（编号：04-1603），男，汉族，1929年9月生，山西省永济市人。2006年5月，蒲州梆子被列入第一批国家级非物质文化遗产名录传统戏剧类，项目编号Ⅳ-19。2012年12月，康希圣入选为第四批国家级非物质文化遗产项目代表性传承人，山西省运城市申报。康希圣为国家一级作曲，先后排演过歌剧《白毛女》、《刘胡兰》等。曾是电影戏曲艺术片《窦娥冤》的编曲，该片音乐1992年首次获中国戏曲音乐"孔三传"优秀奖。20世纪50年代参与的《薛刚反朝》、《意中缘》、《小二黑结婚》；60年代参与的《冯彦上山》、《港口驿》等音乐设计，曾获山西省一等奖和优秀奖。康希圣是50年代初最早参加戏曲音乐改革的"老戏改"，对中国梆子腔系的声腔剧种源流关系有较系统的研究。著有《蒲剧韵》（与张峰合作）、《蒲剧唱腔结构研究》（与张峰合作）。离休后，又参与国家重点科研项目《中国戏曲音乐集成·山西卷》的编纂工作，任省编委和蒲州梆子集成的主编。

景雪变

（编号：04-1604），女，汉族，1960年2月生，山西省运城市人。2006年5月，蒲州梆子被列入第一批国家级非物质文化遗产名录传统戏剧类，项目编号Ⅳ-19。2012年12月，景雪变入选为第四批国家级非物质文化遗产项目代表性传承人，山西省运城市申报。景雪变11岁学艺，主攻小旦，兼习青衣、刀马旦。其唱腔慷慨激越、婉转俏丽，"担子功"、"水袖功"多种表演技巧炉火纯青；在舞台上塑造了刀马旦、闺门旦、花旦、青衣等各种不同角色，别具一格，被专家称为戏剧"多面手"。她所塑造的人物突破了传统旦角形象，在唱腔和念白上突破了小旦俏丽悦耳的发声方法，加强中、低音区的使用；表演自然流畅，纯朴大气；角色塑造以"真"塑型，演"生活中人"。曾获中国戏剧"梅花奖"、"二度梅"、"文华奖"等重要奖项。代表剧目《刘胡兰》、《小刀会》、《打金枝》、《杨门女将》、《宇宙锋》等。2002年，景雪变担任运城市文化艺术学校副校长，在学校创办的"小梅花定向班"，自2005年以来，共培育出多个"中国戏曲小梅花金奖"得主，为蒲剧培养了一大批接班人。

王艺华

（编号：04-1605），男，汉族，1957年8月生，原籍山西省万荣县。2006年5月，蒲州梆子被列入第一批国家级非物质文化遗产名录传统戏剧类，项目编号Ⅳ-19。2012年12月，王艺华入选为第四批国家级非物质文化遗产项目代表性传承人，山西省运城市申报。王艺华为国家一级演员。出身于艺术世家，12岁考入稷山戏校学艺，后调入运城地区蒲剧团。他扮相俊秀、唱做俱佳、戏路宽广、唱腔上在继承蒲剧发声特点的同时，吸收了其他剧种的演唱技巧，既保持了蒲剧传统唱腔慷慨激昂高亢激越的气势，又富有清脆婉转圆润流畅的神韵，被观众赞为"满口嗓"；翎子功、翅子功和稍子功等绝技运用娴熟。其精当全面的演技，蒲剧传统表演程式与特技的娴熟运用，使他成为当代蒲剧的领军人物。曾获第十一届全国戏剧梅花奖。代表剧目《周仁献嫂》、《火烧绵山》、《会襄阳》、《黄鹤楼》、《貂蝉》等。有弟子有筱芳（李晓芳）、筱安（郭安存）、筱丹（褚晓丹）、筱雨（王雨）、筱亮（安亮）、筱强（李俊强）。

Ⅳ-20 北路梆子

张彩平

（编号：04-1606），女，汉族，1960年10月生，山西省大同市怀仁县人。2011年6月，北路梆子被列入第二批国家级非物质文化遗产名录扩展项目名录传统戏剧类，项目编号Ⅳ-20。2012年12月，张彩平入选为第四批国家级非物质文化遗产项目代表性传承人，山西省大同市申报。张彩萍为国家一级演员。13岁便进戏校北路梆子专科班主工青衣。在北路梆子戏曲舞台上塑造了各种各样的艺术形象，受到了广大城乡观众的高度赞扬。中国戏剧梅花奖得主。代表剧目《血手印》、《琴笳赋》、《王宝钏》等。张彩平创办了北路梆子剧种传习中心，发展和传承北路梆子，有徒弟王艳等。

Ⅳ-21 上党梆子

郭孝明

（编号：04-1607），男，汉族，1959年2月生，山西省沁源县人。2006年5月，上党梆子被列入第一批国家级非物质文化遗产名录传统戏剧类，项目编号Ⅳ-21。2012年12月，郭孝明入选为第四批国家级非物质文化遗产项目代表性传承人，山西省晋城市申报。郭孝明为国家一级演员。出身于梨园世家，1973年考入山西省艺术学校晋东南分校戏曲表演专业，主工须生。在学排上党梆子优秀传统戏《三国排宴》时，亲受郭金顺、温喜云等戏曲前辈的耳提面命。也受到上党名伶郝同生、马正瑞的指导。郭孝明嗓音宽厚圆润，语韵起伏大，节奏感强，吐字清晰明快，感情色彩浓，善用抑扬顿挫、长短快慢的艺术手法去锻造念唱，演唱风格注重气派、夸张、润腔力度及层次变化多，有弹性，似拙而巧，似重而真。1986年在全省青年团调演中，主演了《收书》中颜慧民一角，获主演金牌奖。1986赴长春电影制片厂拍摄《斩花堂》艺术片，在剧中担任领衔主演颜慧民，影片拍摄完成后向全国发行，影响颇佳。代表剧目《血溅乌纱》、《收书》、《吴起平乱》、《路魂》等。

Ⅳ-70 秧歌戏（繁峙秧歌戏）

武玉梅

（编号：04-1650），女，汉族，1947年9月生，山西省代县人。2006年5月，秧歌戏（繁峙秧歌戏）被列入第一批国家级非物质文化遗产名录传统戏剧类，项目编号Ⅳ-70。2012年12月，武玉梅入选为第四批国家级非物质文化遗产项目代表性传承人，山西省繁峙县申报。武玉梅1959年考入繁峙县秧歌剧团，拜繁峙秧歌戏的第四代传承人杨涟为师，专攻小旦，是繁峙秧歌戏第五代传人。后拜本团资深演员张润来为老师。她还多次向忻州北路梆子著名大师贾桂林（艺名小电灯）、内蒙古北路梆子著名大师王玉山（艺名水上漂）和大同市晋剧团的霍金凤等艺术大家学习。她扮相俊美，以唱为主，唱腔音域宽厚，音色恬美，悠扬圆润，婉转自如，清脆悦耳，优美动听。既不失"秧歌"风味，又别具风格，是众多繁峙秧歌戏女演员中最杰出的一个，她自成一体的繁峙秧歌戏唱腔，则被称为"梅梅腔"，这不仅是她个人艺术成就的标志，更是对繁峙秧歌戏的流行和发展增添了浓墨重彩的一笔。代表剧目有传统戏《御河桥》、《闹花园》、《九件衣》、《麟骨床》、《邱河桥》、《宋江杀惜》、《墙头马上》、《英台抗婚》，现代戏《红灯记》、《江姐》、《智取威虎山》等。武玉梅收徒有孙常娥、姚艳芳、张鲜珍、张秀芳、李冬梅、王莉娟、韩文芳、王秀芳等。

Ⅳ-70 秧歌戏（襄武秧歌戏）

杨升祥

（编号：04-1651），男，汉族，1945年7月生，山西省襄垣县人。2008年6月，秧歌戏（襄武秧歌戏）被列入第一批国家级非物质文化遗产扩展项目名录传统戏剧类，项目编号Ⅳ-70。2012年12月，杨升祥入选为第四批国家级非物质文化遗产项目代表性传承人，山西省襄垣县申报。杨升祥为国家二级作曲、音乐设计师，省音协会员。从艺以来为襄垣秧歌设计音乐186部，襄垣鼓书48篇。其中3部获国家奖，12部获省级一等奖、杏花奖等。杨升祥是襄垣秧歌"摇板"、"哭板"、"导板"的创始人。著有《襄垣秧歌音乐》、《襄垣秧歌》等文章；是襄垣秧歌《戏曲志》、《音乐集成》的主要撰稿人。杨升祥传承与培养了几代襄垣秧歌接班人，目前任襄垣秧歌戏曲班的老师，致力于培养襄武秧歌的传人。

Ⅳ-71 道情戏（神池道情戏）

黄凤兰

（编号：04-1652），女，汉族，1957年6月生，山西省神池县人。2011年6月，道情戏（神池道情戏）神池道情戏被列入第二批国家级非物质文化遗产名录扩展项目名录传统戏剧类，项目编号Ⅳ-71。2012年12月，黄凤兰入选为第四批国家级非物质文化遗产项目代表性传承人，山西省神池县申报。黄凤兰1968年入县道情剧团，专攻小旦、青衣。40多年来曾在《红灯记》、《杜鹃山》、《游西湖》、《英台抗婚》等30部剧目中饰演主角、塑造了众多不同类型、不同性格的艺术形象，为神池道情名旦。黄凤兰十分注重创新，如《英台抗婚》，在道情唱腔的轻重、疾徐、断连以至偏音的处理上匠心独运，在"鸳鸯白鹅露真情"的唱段中，运用"变宫"和降低一律的"闰"音，创出以"偏音代替相邻五声正音"的道情新腔，听来韵味绵长。在道情剧目《玉蝉泪》中，她把民歌的旋律引入唱腔中，《玉蝉泪》成为神池道情剧团畅演不衰的"看家戏"。出版有《神池道情·黄凤兰演唱专辑》，由山西音像出版社出版发行。代表剧目《智取威虎山》、《英台抗婚》、《逼婚记》、《杨门女将》、《游西湖》、《玉蝉泪》等。现为山西省忻州职业技术学院艺术系教师。

Ⅳ-73 二人台

许月英

（编号：04-1654），女，汉族，1947年12月生，山西省河曲县人。2006年5月，二人台被列入第一批国家级非物质文化遗产名录传统戏剧类，项目编号Ⅳ-73。2012年12月，许月英入选为第四批国家级非物质文化遗产项目代表性传承人，山西省河曲县申报。许月英为国家一级演员。早年师从丁喜才学习二人台和河曲民歌，也曾受教于樊六、贾小秃、锁老汉以及顾小青、任粉珍、吕桂英等人；师从金铁林、祁玉珍、王福增、林俊卿等专家学习民族声乐；还拜师李谷一，学习现代声乐方法。许月英继承并发展了"花花腔"、"满腔满字"、"夹说带唱"等十几种唱法，其中"花花腔"最有代表性，堪称二人台花腔女高音。她的唱腔婉转流畅，明亮圆润，清脆轻巧，拖腔悠扬，韵味优美，形成自己的演唱风格，被专家称为"许派唱腔"。出版有《山西二人台许月英唱腔艺术》一书。代表剧目《走西口》、《探病》、《捏软糕》、《打金钱》、《打秋千》、《打樱桃》、《挂红灯》等30多个剧目。她先后在河曲二人台剧团、忻州艺校、山西省艺校、内蒙古艺校、中央音乐学院等地传授二人台唱腔和表演艺术，培养的学生有300多名，杜焕荣、苗俊英、王掌良、贺晔、张吉良、詹丽华、梁美琴、吕勇、范瑞英等都是她的学生。

Ⅳ-88 锣鼓杂戏

张军

（编号：04-1660），男，汉族，1937年9月生，山西省临猗县人。2006年5月，锣鼓杂戏被列入第一批国家级非物质文化遗产名录传统戏剧类，项目编号Ⅳ-88。2012年12月，张军入选为第四批国家级非物质文化遗产项目代表性传承人，山西省临猗县申报。张军师承精通古典的大学士姚继堂老人，创作一些音乐、戏剧、文学等作品。张军与姚启亮等一大批文化爱好者一起极大地带动了村民娱乐活动。目前，民间公认的锣鼓杂戏传承人还有李正勤等。

内蒙古

Ⅳ-73 二人台

霍伴柱

（编号：04-1655），男，汉族，1956年12月生，内蒙古自治区土默特右旗人。2006年5月，二人台被列入第一批国家级非物质文化遗产名录传统戏剧类，项目编号Ⅳ-73。2012年12月，霍伴柱入选为第四批国家级非物质文化遗产项目代表性传承人，内蒙古自治区呼和浩特市申报。霍伴柱为国家一级演员。他的"老演老戏、老戏老演，改为旧戏新唱、新旧兼唱"的理念，让二人台在得到传承的基础上，又有了创新和发展。代表剧目《走西口》、《张家口是个好地方》等。1996年创办内蒙古西部民间艺术学校，着力培养学生舞蹈、声乐、戏剧表演等多方面内容，先后培养了1000多名毕业学生，他们大都成为各二人台艺术表演团体的骨干力量，如彭关心、梁斌、李春红、李春霞、韩霞、钟俊峰、乔宇杰等。

黑龙江

Ⅳ-91 皮影戏（龙江皮影戏）

薛兆平

（编号：04-1664），男，汉族，1958年12月生，现居黑龙江省哈尔滨市。2011年6月，皮影戏（龙江皮影戏）被列入第二批国家级非物质文化遗产名录扩展项目名录传统戏剧类，项目编号Ⅳ-91。2012年12月，薛兆平入选为第四批国家级非物质文化遗产项目代表性传承人，黑龙江省哈尔滨市申报。龙江皮影戏缘起于金代，从唱腔到表演再到舞美设计，龙江皮影戏都有其独特性，与河北、湖南并称中国传统皮影戏"三大家"。薛兆平为"龙江皮影"第四代传人、哈尔滨儿童艺术剧院副院长。代表剧目《猪八戒背媳妇》、《美猴王学艺》、《武松打虎》、《幽灵组合》、《月影》、《母子情》、《秃尾巴老李》等。

上海

Ⅳ-1 昆曲

张铭荣

（编号：04-1591），男，汉族，1942年8月生，原籍江苏省镇江市丹徒区。2001年5月，昆曲被联合国教科文组织列为第一批"人类口述和非物质遗产代表作"之一。2006年5月，昆曲被列入第一批国家级非物质文化遗产名录传统戏剧类，项目编号Ⅳ-1。2012年12月，张铭荣入选为第四批国家级非物质文化遗产项目代表性传承人，上海市申报。张铭荣为国家一级演员。1961年毕业于上海市戏曲学校第一届昆剧演员班，师承传字辈老师周传沧、华传浩、王传淞及京剧名家盖春来等。毕业后又得京剧名丑艾世菊、张春华指点。工武丑，能文能武，戏路较宽。武丑戏代表剧目有《五毒》、《借扇》、《时迁偷鸡》等，是目前唯一一位能演全部"五毒戏"昆剧丑角艺术家，武功出色，能从五张叠起的桌子凌空翻下。文丑戏有《问路》、《教歌》、《说穷羊肚》、《痴诉点香》、《势僧》等，所扮人物无论男女老少，皆诙谐幽默，惟妙惟肖。他还兼任导演，参与执导《血手记》、《一捧雪》、《司马相如》、《牡丹亭》、《琵琶行》、《班昭》、《桃花扇》、《长生殿》等优秀剧目。2006年获文化部授予"昆曲艺术优秀（导演）主创人员"称号。2009年6月因出演昆剧《寻亲记》而荣获第四届中国昆剧艺术节特别荣誉奖。传授弟子多名。

顾兆琳

（编号：04-1592)，男，汉族，1943年1月生，浙江省宁波市人。2001年5月，昆曲被联合国教科文组织列为第一批"人类口述和非物质遗产代表作"之一。2006年5月，昆曲被列入第一批国家级非物质文化遗产名录传统戏剧类，项目编号Ⅳ-1。2012年12月，顾兆琳入选为第四批国家级非物质文化遗产项目代表性传承人，上海市申报。顾兆琳为上海市戏曲学校一级作曲，母亲顾景梅是梅兰芳先生的弟子。顾兆琳1954年考入华东戏曲研究院昆曲演员训练班(1955年改名为上海市戏曲学校第一届昆剧演员班)，初从俞振飞、沈传芷学习小生，后改老生，得郑传鉴指导。先后在上海戏曲学校京昆实验剧团、上海青年京昆剧团当演员。1978年上海昆剧团建立，为该团演员兼作曲，一度赴上海音乐学院进修，兼任上海音乐家协会理事。在多年实践中，他熟练掌握了昆曲音乐格律，由其谱曲的昆剧有《琵琶记》、《烂柯山》、《长生殿》、《潘金莲》、《白蛇后传》、《血手记》、《上灵山》等，参与《中国戏曲音乐集成·上海卷》、《上海昆曲志》的编纂工作，为《昆曲曲牌及套数范例集》的副主编。

周雪华

（编号：04-1593)，女，汉族，1952年12月生，江苏省苏州市人。2001年5月，昆曲被联合国教科文组织列为第一批"人类口述和非物质遗产代表作"之一。2006年5月，昆曲被列入第一批国家级非物质文化遗产名录传统戏剧类，项目编号Ⅳ-1。2012年12月，周雪华入选为第四批国家级非物质文化遗产项目代表性传承人，上海市申报。周雪华为国家一级作曲。毕业于上海音乐学院，曾师从音乐理论家周大风先生和昆剧艺术大师周传瑛先生。《纳书楹曲谱》第六代传人，并将其译作简谱存世，《昆曲汤显祖"临川四梦"全集——纳书楹曲谱版》由上海教育出版社出版。获得文化部昆剧艺术优秀主创人员荣誉称号；第十二届文华奖"音乐创作唱腔设计奖"；作品曾获全国新剧目"文华奖"，全国电视剧"金鹰奖"、"飞天奖"，全国音像制品比赛"作曲金榜奖"。曾参与《振飞曲谱》再版工作，出版了《周雪华作品专辑（一）——华章雪韵古诗词昆曲演唱》。代表剧目有浙昆的《西园记》、《少年游》、《伏波将军》等；上昆的《司马相如》、《琵琶行》等；苏昆的《玉簪记》；湖南湘昆的昆曲乐舞《兰韵千秋》；台湾的《梁山伯与祝英台》、《孟姜女》等。周雪华曾任教于多个戏曲学校和昆曲培训班，致力于培养全国各昆团的青年一代昆曲作曲接班人。

Ⅳ-28 京剧

王玉璞

（编号：04-1618)，男，汉族，1924年8月生，现居上海。2010年11月，京剧被列入"人类非物质文化遗产代表作名录"。2006年5月，京剧被列入第一批国家级非物质文化遗产名录传统戏剧类，项目编号Ⅳ-28。2012年12月，王玉璞入选为第四批国家级非物质文化遗产项目代表性传承人，上海市申报。王玉璞为著名鼓师，自幼学戏，后改为打鼓，师从杭子和。他司鼓的《磐石湾》与其他9部（《智取威虎山》、《海港》、《红灯记》、《沙家浜》、《奇袭白虎团》、《龙江颂》、《平原作战》、《红色娘子军》、《杜鹃山》）被列入样板的前后2批现代京剧（京剧现代戏）合称"十大（京剧）样板戏"。曾为小杨月楼、郭宝昆、梅葆玖、张学津等多位名家司鼓，堪称京剧界的"鼓王"；也与张鑫海分任儿童动画片《大闹天宫》鼓师。司鼓代表作品有《磐石湾》、《大唐贵妃》等。所收学生有崔红、张克、石晓亮、董玉杰等。

关松安

（编号：04-1619)，男，汉族，1931年12月生，上海市人。2010年11月，京剧被列入"人类非物质文化遗产代表作名录"。2006年5月，京剧被列入第一批国家级非物质文化遗产名录传统戏剧类，项目编号Ⅳ-28。2012年12月，关松安入选为第四批国家级非物质文化遗产项目代表性传承人，上海市申报。关松安为上海及全国专业和票友界享有盛誉的京剧教育家。幼年在中华国剧学校坐科，受教于苏少卿、靠把大王张荣奎、著名教师产保福，富连成的李富春、王盛海，哑巴武生王益芳等。出科后，进夏声戏校进修，受到余派名家陈大镬、把子专家钱宝森教诲。16岁正式挑班，他的大轴《失空斩》，大受观众赞叹，被誉称"小杨宝森"。19岁时败嗓，改投身教戏状元陈秀华门下深造。从19岁开始伴随陈秀华助教，当时就为名演员张文涓、纪国良、张少楼等排身段，练把子功等。关松安长期以来边学边演边教，累积了丰富的舞台表演和教学经验，在教学中既强调流派的正宗，也根据学生不同的天赋和客观条件因材施教，以调动学生最大的主观能动性，取长补短，

在表演中充分展现自身最具优势的闪光之处。关松安的学生众多，包括关怀、言兴朋、齐宝玉、王珮瑜、许锦根、庄顺海、章晓申、王新侬、蔡际东、周亮、朱浩忠、傅希如、蓝天等。

张信忠

（编号：04-1620)，男，汉族，1933年6月生，现居上海。2010年11月，京剧被列入"人类非物质文化遗产代表作名录"。2006年5月，京剧被列入第一批国家级非物质文化遗产名录传统戏剧类，项目编号Ⅳ-28。2012年12月，张信忠入选为第四批国家级非物质文化遗产项目代表性传承人，上海市申报。张信忠为京剧麒派老生演员。自幼投师学艺，蒙师范汝霖，后进夏声戏剧学校进修，先后拜刘仲秋、关盛明、赵比南、陈大濩、范叔年等名师，习谭余派，对京剧谭余派老生表演艺术颇有心得。又拜菊坛名宿张少甫习武老生，得名师真传。随后专攻麒派，曾追随麒派京剧大师周信芳多年，是周信芳的私淑弟子。代表剧目《四郎探母》、《失空斩》、《上天台》、《法场换子》、《断臂说书》等余派剧目，《八蜡庙》、《剑峯山》等武老生戏，《四进士》、《徐侧跑城》、《乌龙院》等麒派戏，《红色风暴》、《芦荡火种》、《母子会》等现代戏。参与编演的剧目有《铁水奔流》、《鸦片战争》、《五人义》、《母子会》、《养牛》等。张信忠现为麒派表演艺术领域的资深教师，主要传授大戏《四进士》、《斩经堂》、《徐策跑城》、《投军别窑》等。他的学生有范永亮、田磊、于辉、鲁肃等。

梁斌

（编号：04-1621)，男，汉族，1936年9月生，现居上海。2010年11月，京剧被列入"人类非物质文化遗产代表作名录"。2006年5月，京剧被列入第一批国家级非物质文化遗产名录传统戏剧类，项目编号Ⅳ-28。2012年12月，

梁斌入选为第四批国家级非物质文化遗产项目代表性传承人，上海市申报。梁斌 1943 年考入私立夏声戏剧学校，先习老生，师从刘仲秋、关盛明、郭文生、李金棠、张少甫等；1946 年改学武生，师从李盛斌、钱宝森、茹富兰、李君庭、高盛麟等名家。他集各派武生艺术之长，专而化之，演出中讲究功架美，步伐匀、格调高，逐步形成了自己的艺术特色。"文革"之后，由于身体原因，梁斌逐渐淡出舞台。转而致力于京剧艺术的教学传承工作，将自身几十年学、演、精、化的舞台经验毫无保留地传授给他的学生们。代表剧目《八大锤》、《哪吒》、《夜奔》、《洗浮山》、《林冲夜奔》等。奚中路、张帆、傅希如、王玺龙等均先后受其教益。退休后，常在剧院和戏曲学院上课，悉心培养青年人才。

张善元

（编号：04-1622)，男，汉族，1946 年 12 月生，现居上海。2010 年 11 月，京剧被列入"人类非物质文化遗产代表作名录"。2006 年 5 月，京剧被列入第一批国家级非物质文化遗产名录传统戏剧类，项目编号 Ⅳ-28。2012 年 12 月，张善元入选为第四批国家级非物质文化遗产项目代表性传承人，上海市申报。张善元为国家一级演员。著名京剧艺术家盖叫天嫡孙，自幼随盖叫天先生学艺。为上海京剧院的主要武生之一，今在上海戏剧学院任教，并任戏曲学院教务主任。代表剧目《雅观楼》、《武松打店》等。有弟子赵宏运和季永鑫、鲁荐忠。

Ⅳ-92 木偶戏（海派木偶戏）

郑国芳

（编号：04-1671)，男，汉族，1957 年 8 月生，现居上海。2011 年 6 月，木偶戏（海派木偶戏）被列入第二批国家级非物质文化遗产名录扩展项目名录传统戏剧类，项目编号 Ⅳ-92。

2012 年 12 月，郑国芳入选为第四批国家级非物质文化遗产项目代表性传承人，上海木偶剧团申报。郑国芳 1973 年考入上海戏剧学院木偶表演班，科学系统地学习了木偶操纵表演、木偶制作、声乐台词形体、编导艺术修养等课程。其表演能融合其他艺术的表演特色，化为木偶自由的表演方式，因此他塑造的人物形象传神自如、人物身段飘逸潇洒、人物动作帅气有力。他在娴熟地驾驭海派杖头木偶表演的同时，也不断地尝试海派其他偶戏的表现手段，如海派布料铁枝木偶、海派折纸杖头木偶、海派皮影等的表演他都有涉及。特别是在《太白醉书》中创下了木偶挥毫疾书的舞台技巧，开辟了木偶表演与其他艺术嫁接之先河。1992 年获文化部颁发的"第三届文华表演奖"。代表剧目《孙悟空三打白骨精》、《哪吒神遇钛星人》、《东郭先生》、《太白醉书》等。2004 年起至今兼任上海戏剧学院戏曲学院木偶表演本科班的木偶专业主讲老师，自编许多教材，他所编写的《木偶表演课教学计划及要求》获得了上海戏剧学院的"论文奖"。为海派木偶的传承培养了许多优秀人才。

Ⅳ-102 淮剧

武筱凤

（编号：04-1673)，原名冯秀清，女，汉族，1932 年 1 月生，2013 年 7 月卒，祖籍安徽省无为县。2008 年 6 月，淮剧被列入第二批国家级非物质文化遗产名录传统戏剧类，项目编号 Ⅳ-102。2012 年 12 月，武筱凤入选为第四批国家级非物质文化遗产项目代表性传承人，上海淮剧团申报。武筱凤为国家一级演员，擅长演闺门旦、花旦。1937 年开始学戏，9 岁进武旭东七凤班（淮剧早期戏班）学艺，拜武云凤为师，改名武金鸾，12 岁正式登台演出，改名武筱凤。武筱凤是早期在上海滩有名的"闺门花旦"。

她扮相优美，擅演大家闺秀和公主戏，具有一套演大家闺秀的独特方法。尤以水袖功见长，根据人物的特定性格和身份以及剧情的需要，手指的掌握软硬度，几个简单的摆扭动作，就把金枝玉叶的公主形象刻画得淋漓尽致。代表剧目《蓝桥会》、《红楼二尤》、《重台分别》、《王贵与李香香》、《白蛇传》、《双玉蝉》、《梁山伯与祝英台》、《三女抢板》等。

程少樑

（编号：04-1674），男，汉族，1941年10月生，江苏省建湖县人。2008年6月，淮剧被列入第二批国家级非物质文化遗产名录传统戏剧类，项目编号Ⅳ-102。2012年12月，程少樑入选为第四批国家级非物质文化遗产项目代表性传承人，上海淮剧团申报。程少梁生于梨园世家，父亲程寿昌，艺名程彩霞，是淮剧旦角（男旦）演员。他1952年进入日升淮剧团担任乐队工作（小锣兼学二胡），开蒙时得到了王凤生老师的指点。1957年，拜淮剧著名琴师潘凤岭为师。此外还曾到上海音乐学院旁听著名二胡教授王乙先生的二胡课程，开拓了艺术视野，加上他自幼学习，传统的根底比较扎实，奠定了他日后的艺术道路。由于他精通淮剧的音乐曲调，熟悉淮剧男女唱腔的运用以及淮剧里各种流派的唱法，他所创作的音乐，典雅不俗，既有淮剧浑厚的韵味，对于不同的剧目根据剧情的需要又有典型的特点。代表表演剧目《探寒窑》、《女审》等。代表创作剧目《九件衣》、《海港》、《杜鹃山》、《哑女告状》、《窦娥冤》、《李甲与杜十娘》、《金龙与蜉蝣》等。正式收徒两人：李学峰和顾安全。除为本团青年演员培训上课外，还经常到上海戏曲学校为学生上课及伴奏。

何双林

（编号：04-1675），男，汉族，1945年6月生，祖籍江苏省建湖县，现居上海。2008年6月，淮剧被列入第二批国家级非物质文化遗产名录传统戏剧类，项目编号Ⅳ-102。2012年12月，何双林入选为第四批国家级非物质文化遗产项目代表性传承人，上海淮剧团申报。何双林为国家一级演员及导演。出身于淮剧世家，随父何派声腔创始人、著名淮剧表演艺术家何叫天从艺，12岁进上海淮剧团。主演多部淮剧的主要人物，在《金龙与蜉蝣》中塑造的金龙一角获得全国地方戏曲交流演出优秀表演奖，同时获上海白玉兰戏剧表演主角奖。1980年进上海戏剧学院戏曲导演进修班学习，执导过《母与子》获得上海首届戏剧节导演奖。代表剧目《红灯记》、《拣煤渣》、《焦裕禄》、《海港》、《金龙与蜉蝣》。何双林所传弟子为张华。

Ⅳ-156 滑稽戏

翁双杰

（编号：04-1696），原名翁志刚，男，汉族，1928年2月生，浙江人，现居上海。2011年6月，滑稽戏被列入第三批国家级非物质文化遗产名录传统戏剧类，项目编号Ⅳ-156。2012年12月，翁双杰入选为第四批国家级非物质文化遗产项目代表性传承人，上海滑稽剧团申报。翁双杰为国家一级演员。1949年拜姚慕双、周柏春为师，入蜜蜂滑稽剧团，后又参加上海人民艺术剧院滑稽剧团、上海曲艺剧团、上海滑稽剧团。表演上独创了一种跳蹦摇弋的奇特形体动作，多以配合扮演"小人物"一类的角色。以《路灯下的宝贝》中扮演的待业青年二毛最具有特色，获首届上海戏剧表演奖。代表剧目《啼笑皆非》、《满面春风》、《骗大饼》、《拉黄包车》、《性命交关》等。有弟子"小翁双杰"宋国华。

严顺开

（编号：04-1697），男，汉族，1937年6月生，祖籍湖北省鄂州市，生于上海。2011年6月，滑稽戏被列入第三批国家级非物质文化遗产名录传统戏剧类，项目编号Ⅳ-156。2012年12月，严顺开入选为第四批国家级非物质文化遗产项目代表性传承人，上海滑稽剧团申报。严顺开为国家一级演员。1963年毕业于中央戏剧学院表演系，后任上海滑稽剧团演员。师从著名表演艺术家游本昌（济公的扮演者），1978年起在上海滑稽剧团任演员，兼任编导工作。1981年初次在影片《阿Q正传》中饰演主角阿Q，获第六届《大众电影》百花奖最佳男演员奖、瑞士第二届韦唯国际喜剧电影节最佳男演员金手杖奖。1988年自编自导自演喜剧片《阿谭内传》。之后拍摄了《故乡春晓》、《阿混新传》、《阿谭内传》（自编自导自演）、《女局长的男朋友》等片。海派清口发起人周立波曾是严顺开的学生。

江苏

Ⅳ-28 京剧

周云亮

（编号：04-1623），又名周松亮，男，汉族，1933年10月生，上海人。2010年11月，京剧被列入"人类非物质文化遗产代表作名录"。2011年6月，京剧被列入第二批国家级非物质文化遗产名录扩展项目名录传统戏剧类，项目编号Ⅳ-28。2012年12月，周云亮入选为第四批国家级非物质文化遗产项目代表性传承人，江苏省演艺集团申报。周云亮为国家一级演员。他7岁开始随父亲周振海练功，9岁考入中华国剧学校学戏，专工武生。20世纪40年代初期分别拜京剧名家徐剑豪（艺名盖春来）、刘奎官为师，深得两位名家的艺术真传。在几十年的舞台生涯中形成台风洒脱优雅、飘逸果断的艺

术风格，尤以干净利落、精湛武艺而被人称道。代表剧目《拿高登》、《探庄》、《夜奔》、《蜈蚣岭》、《挑滑车》、《龙潭鲍骆》以及《武松》，尤以"三闹一斗"即《闹龙宫》、《闹地府》、《闹天宫》与《十八罗汉斗悟空》而蜚声剧坛，有"南派美猴王"之美誉。有弟子言兴朋、六小龄童等。

沈小梅

（编号：04-1624），女，汉族，1937年12月生，湖南省长沙市人。2010年11月，京剧被列入"人类非物质文化遗产代表作名录"。2011年6月，京剧被列入第二批国家级非物质文化遗产名录扩展项目名录传统戏剧类，项目编号Ⅳ-28。2012年12月，沈小梅入选为第四批国家级非物质文化遗产项目代表性传承人，江苏省演艺集团申报。沈小梅为国家一级演员。从陈祥云习京剧，向朱传铭学昆曲，向阎少泉学武功。1953年在上海正式拜梅兰芳为师，从此专攻"梅派"艺术，是"梅派"艺术传人。她嗓音清亮甜润，表演细腻生动，舞姿优美动人，较好地继承了"梅派"艺术特色，演出过不少"梅派"剧目。代表剧目《宇宙锋》、《生死恨》、《醉酒》等。沈小梅现任江苏省戏剧学校教师，曾亲授梅派大戏《贵妃醉酒》给女演员李洁。

宋长荣

（编号：04-1625），曾用名宋宝光，男，汉族，1935年7月生，江苏省沭阳县人。2010年11月，京剧被列入"人类非物质文化遗产代表作名录"。2011年6月，京剧被列入第二批国家级非物质文化遗产名录扩展项目名录传统戏剧类，项目编号Ⅳ-28。2012年12月，宋长荣入选为第四批国家级非物质文化遗产项目代表性传承人，江苏省淮安市申报。宋长荣为国家一级演员。1950年入沭阳县长字京剧班学戏，先后师从新艳秋、王慧君学花旦。1957年随县京剧团到南京演出轰动古城，被誉为当今男旦角"一颗刚

出土的明珠"。1959 年到上海演出，得到周信芳、魏连芳、言慧珠、李玉茹等名师的指导。1961 年，宋长荣拜四大名旦之一荀慧生为师，深得荀派艺术的真谛，从此以荀派戏为主，并致力于荀派艺术研究。宋长荣的表演可以用脆、媚、美三个字来形容，动作准确无误、干净利落，没有作气、俗气、喉气。尤以《红娘》一剧蜚声海内外，被誉为"活红娘"。代表剧目《金玉奴》、《红楼二尤》、《霍小玉》和《角藻宫》等。宋长荣亲传弟子有续丽雯、张佳春、熊明霞、朱俊好、杨杨、刘佳等。

IV -102 淮剧

陈德林

（编号：04-1676），男，汉族，1945 年 3 月生，江苏省泰州市人。2011 年 6 月，淮剧被列入第二批国家级非物质文化遗产扩展项目名录传统戏剧类，项目编号 IV -102。2012 年 12 月，陈德林入选为第四批国家级非物质文化遗产项目代表性传承人，江苏省泰州市申报。陈德林为国家一级演员。20 世纪 60 年代考入泰州戏校，工生角。后拜青衣花旦筱文艳为师，学习旦角的唱腔技巧，尝试着将旦角的女声唱法糅进自己的演唱中。在传统戏《牙痕记》"十年不见亲娘面"这段唱里，他大胆将旦腔"自由调"和"小悲调"相结合，增强了生腔的叙事、抒情的气氛，注重唱腔旋律的美感，令人耳目一新。其后，他在现代戏《爱情的审判》，传统戏《卖油郎与花魁女》、《刘贵成私访》中都对唱腔进行了自我个性化的设计，将淮剧生腔艺术引带到了一个新境界，形成了独特的"陈氏唱腔"，有"淮剧皇帝"、"淮坛铁汉"之称。1993 年 4 月，南京出版社出版了《陈派唱腔选》，这是新中国成立后，为淮剧演员出版的第一部个人戏剧音乐书籍。

IV -103 锡剧

王根兴

（编号：04-1677），男，汉族，1940 年 9 月生，江苏省无锡市人。2008 年 6 月，锡剧被列入第二批国家级非物质文化遗产名录传统戏剧类，项目编号 IV -103。2012 年 12 月，王根兴入选为第四批国家级非物质文化遗产项目代表性传承人，江苏省演艺集团锡剧团申报。王根兴为国家一级演员。1958 年考入无锡市锡剧团，拜王彬彬为师。1960 年调入省锡剧团并成为主要演员。在多部戏剧中饰演主要角色，多次在省新剧目调演和锡剧节中获奖。代表剧目《珍珠塔》、《玉蜻蜓》、《双珠凤》、《孟姜女》、《活捉王魁》，以及现代戏《沙家浜》、《寒桥泪》、《万世芳》、《南归记》等。

IV -156 滑稽戏

顾芗

（编号：04-1698），女，汉族，1953 年 1 月生，江苏省苏州市人。2011 年 6 月，滑稽戏被列入第三批国家级非物质文化遗产名录传统戏剧类，项目编号 IV -156。2012 年 12 月，顾芗入选为第四批国家级非物质文化遗产项目代表性传承人，江苏省苏州市申报。顾芗 1972 年从艺，演过淮剧、歌剧、京剧、沪剧、滑稽戏，领衔主演 40 多台大型戏剧。她戏路宽广，艺术功底深厚。表演含蓄、潇洒、幽默诙谐。尤其擅长人物性格刻画，具有个性化的喜剧表演风格。在电影《小小得月楼》中饰演乔妹，崭露艺术才华。先后获文化部全国现代戏曲观摩演出优秀表演奖，文化部第二届、第七届文华表演奖，全国儿童剧评比演出优秀表演奖，第五届中国戏剧节优秀表演奖，第九届、第十五届戏剧"梅花奖"，第十四届上海"白玉兰"戏剧表演艺术奖。代表剧目有《顾家姆妈》、《小小得月楼》、《快活的黄帽子》、《一二三,起步走》、《青春跑道》等。顾芗有弟子有董红、朱雪燕、朗闻燕等。

张克勤

(编号:04-1699),男,汉族,1947年7月生,上海人。2011年6月,滑稽戏被列入第三批国家级非物质文化遗产名录传统戏剧类,项目编号Ⅳ-156。2012年12月,张克勤入选为第四批国家级非物质文化遗产项目代表性传承人,江苏省苏州市申报。张克勤为国家一级演员。师承滑稽大师龚一飞,说、唱干净利落,表演夸张适度、灵活敏捷,富有激情,肢体语言丰富,形成具有漫画式的独特表演风格。以《多情的小和尚》和《土裁缝与洋小姐》,获得了第六届中国戏剧"梅花奖";以《一二三,起步走》、《青春跑道》、《笑着和明天握手》、《顾家姆妈》获第七届、第十二届"文华表演奖"两度"文华大奖";《今夜更友情》获文化部金狮奖第三届小品比赛金奖;《顾家姆妈》获第二十届上海白玉兰戏剧表演艺术奖。代表作品还有《钱笃笤求雨》、《今夜情》、《今夜更有情》、《破镜重圆》等。

浙江

Ⅳ-9 宁海平调

叶全民

(编号:04-1595),男,汉族,1956年10月生,浙江省宁波市人。2006年5月,宁海平调被列入第一批国家级非物质文化遗产名录传统戏剧类,项目编号Ⅳ-9。2012年12月,叶全民入选为第四批国家级非物质文化遗产项目代表性传承人,浙江省宁海县申报。叶全民1970年考入

宁海县平调剧团,工花脸、架子花脸,在多本平调曲目中担任主角花脸。1978年开始学习"耍牙",师从王万里,是平调耍牙第四代传人。演出《金莲斩蛟》并在原有的"耍牙"演技基础上有所创新。1980年8月参加浙江省专业剧团青年演员会演,在平调传统曲目《金莲斩蛟》中饰演李蛟一角,荣获一等奖。通过不断研究和试验,叶全民现在已将"耍牙"从8颗发展到10颗,耍法和造型也由原先的13种发展到40余种,更加体现出"耍牙"技艺的灵活性。他现在致力于培养新人,并整理平调耍牙的资料。其培养的第五代"耍牙"传人薛巧萍(现在宁海平调剧团担任主要花脸),以出演李蛟"耍牙"而多次获得中国"国花杯"戏曲大赛金奖等大奖。

Ⅳ-92 木偶戏(泰顺提线木偶戏)

季桂芳

(编号:04-1672),男,汉族,1942年1月生,浙江省温州市泰顺县三魁镇人。2011年6月,木偶戏(泰顺提线木偶戏)被列入第二批国家级非物质文化遗产名录扩展项目名录传统戏剧类,项目编号Ⅳ-92。2012年12月,季桂芳入选为第四批国家级非物质文化遗产项目代表性传承人,浙江省泰顺县申报。季桂芳起初随从著名木偶表演艺术家黄泰生学习木偶雕刻。1957年被招进浙江省木偶剧团(杭州)工作,其间曾在浙江省工艺美术研究所师从黄杨木雕艺人学习雕刻。1962年拜于中国木偶学会会长、木偶专家虞哲光先生门下。季桂芳的木偶制作受到了民间美术和民间泥塑的启发,在传统木偶创作中成绩斐然。2005年,他制作的木偶头、提线木偶在"浙江省民族民间工艺美术资源普查保护成果展"及"首届浙江省民族民间工艺博览会"上获"天工最高荣誉奖"和"收藏保护奖"。代表作品《追鱼》、《三打白骨精》、《水漫金山》、《春到草原》、《火焰山》、《追

鱼》等剧目的木偶。季桂芳授徒多人，主要传承人为其女儿季天渊以及儿子季海波。

Ⅳ-107 甬剧

杨柳汀

（编号：04-1678），男，汉族，1947年11月生，现居浙江省宁波市。2008年6月，甬剧被列入第二批国家级非物质文化遗产名录传统戏剧类，项目编号Ⅳ-107。2012年12月，杨柳汀入选为第四批国家级非物质文化遗产项目代表性传承人，浙江省宁波市申报。杨柳汀为国家一级演员。1961年从事甬剧艺术，宁波戏曲学校甬剧班毕业，攻小生。他戏路较广，无论演文戏、武戏还是喜剧，正角还是反角，善于抓住人物的性格特征，表演讲究身段的造型，舞蹈、武功尤为出色，其表演自然松弛、台风洒脱优美，加上嗓音洪亮，念白清晰，唱腔动听，能深刻刻画人物真实细腻的情感。1990年获第二届中国戏剧节优秀演员奖；1995年全国戏曲现代戏交流演出获优秀表演奖；2003年第八届中国戏剧节获优秀表演奖。代表剧目《泪血樱花》、《浪子奇缘》、《茉莉花传奇》、《马马虎虎》、《杨乃武与小白菜》、《秀才的婚事》、《警囚重逢》、《东瀛孤女》、《罗科长下岗》、《典妻》等。杨柳汀目前从事甬剧艺术研究，并担任甬剧学员的传授老师，负责剧目的排练，有弟子苏醒等。

Ⅳ-107 绍剧

章宗义

（编号：04-1679），艺名六龄童，男，汉族，1924年3月生，浙江省上虞市道墟镇人。2008年6月，绍剧被列入第二批国家级非物质文化遗产名录传统戏剧类，项目编号Ⅳ-107。2012年12月，章宗义入选为第四批国家级非物质文

化遗产项目代表性传承人，浙江省绍兴市申报。章宗义为国家一级演员。6岁从艺，12岁登台演出，专工武生，在戏剧界广有盛誉，是绍剧表演艺术的代表人物之一。尤工猴戏，角色塑造集人、神、猴于一身，表演形神兼备，独树一帜，开创了猴戏"活、灵"的南派风格，有中国"南猴王"之称。以演孙悟空著名。1960年《孙悟空三打白骨精》拍成彩色电影片，发行72个国家和地区，在第二届电影"百花奖"评选中获最佳戏曲片奖。代表剧目《孙悟空三打白骨精》、《孙悟空大破平顶山》、《火焰山》、《孙悟空大闹乾坤》等。章宗义之子章金莱，即六小龄童很好地继承了其猴戏艺术，还有弟子刘建杨等。

刘建杨

（编号：04-1680），艺名十一龄童，男，汉族，1961年6月生，浙江省绍兴市人。2008年6月，绍剧被列入第二批国家级非物质文化遗产名录传统戏剧类，项目编号Ⅳ-107。2012年12月，刘建杨入选为第四批国家级非物质文化遗产项目代表性传承人，浙江省绍兴申报。刘建杨为国家一级演员。1972年进入绍兴地区绍剧艺训班学艺，在科班曾得到了陈鹤皋、章艳秋、傅马潮、戴祖堂、马信茂等老师培养。16岁时拜绍剧猴戏表演艺术大师六龄童（即章宗义）为师，现已成为绍剧猴戏代表人物，被誉为"江南美猴王"。1994年获中国"小百花"越剧节金奖；2004年获第七届中国艺术节文华表演奖及观众最喜爱的演员奖。代表剧目有《火焰山》、《孙悟空大闹乾坤》等。

Ⅳ-110 婺剧

张建敏

（编号：04-1681），女，汉族，1963年8月生，现居浙江省金华市。2008年6月，婺剧被列入

第二批国家级非物质文化遗产名录传统戏剧类，项目编号Ⅳ-110。2012年12月，张建敏入选为第四批国家级非物质文化遗产项目代表性传承人，浙江省金华市申报。张建敏为国家一级演员。1980年考入浙江艺术学校婺剧班，1985年进入浙江婺剧团。师从著名婺剧表演艺术家郑兰香。她博采众长，兼收并蓄，显示了自己独特的表演艺术风格和鲜明的艺术特色，文武兼备、唱做俱佳。先后成功地在舞台上塑造了众多艺术特色鲜明、生动的人物形象，成为婺剧新一代的代表人物之一，被誉为"浙江第一花旦"。1996年获中国戏剧"梅花奖"。代表剧目《米栏敲窗》、《牡丹对课》、《穆桂英》、《昭君出塞》、《昆仑女》、《白蛇前传》等。2001年起，张建敏回到金华艺术学校任教，开始接手对婺剧后辈的培育，培养出许多优秀人才，其中有多位"小梅花奖"获得者。

陈美兰

（编号：04-1682），女，汉族，1964年9月生，浙江省东阳市人。2008年6月，婺剧被列入第二批国家级非物质文化遗产名录传统戏剧类，项目编号Ⅳ-110。2012年12月，陈美兰入选为第四批国家级非物质文化遗产项目代表性传承人，浙江省金华市申报。陈美兰为国家一级演员。1980年进金华地区婺剧训练班学习，1984年6月进浙江婺剧团工作。她在婺剧表演艺术上形成了自己的特色和风格。在继承传统的基础上，博采众长，逐步形成了唱腔圆润清亮、优雅甜美，身段干净利落，雍容大气的特色和风格。体现了传统艺术向现代艺术的提升，丰富了"婺剧"的发展内容和样式，是婺剧新一代的代表人物之一。曾获第六届中国戏剧梅花奖、第十届文华表演奖。代表剧目《白蛇前传》、《斩经堂》等。陈美兰已培养弟子多人，著名的有杨霞云等。

安徽

Ⅳ-29 徽剧

王丹红

（编号：04-1632），男，汉族，1972年10月生，现居安徽省合肥市。2006年5月，徽剧被列入第一批国家级非物质文化遗产名录传统戏剧类，项目编号Ⅳ-30。2012年12月，王丹红入选为第四批国家级非物质文化遗产项目代表性传承人，安徽省申报。王丹红为国家一级演员。她出身于京剧之家，父母都是京剧演员，自幼练得一身过硬的童子功，念、唱、做、打俱佳。14岁考进徽剧班，17岁被安徽省徽剧团借去挑梁演大戏，很快成为徽剧的当家花旦。1997年，考入中央戏剧学院，后被来自瑞典的世界戏剧团选中，参演该剧团《东边太阳西边月亮》。她曾获文化部"天下第一团"优秀剧目展演优秀演员奖；中国戏剧梅花奖；获文化部优秀演员奖和安徽省宣传文化系统"六个一批"拔尖人才称号等。代表剧目《纪年珠》、《贵妃醉酒》、《杨贵妃后传》、《潘金莲》、《吕布与貂蝉》、《白蛇传》、《蔡文姬》等。主演电视电影《爱情备忘录》、《长缨在手》、台湾连续剧《乡野传奇》，主演中央戏剧学院话剧《名优之死》，主演实验话剧《血色玄黄》，主演大型现代京剧《天地人心》，京剧折子戏《游龙戏凤》。王丹红的弟子有程圆圆、王明明等。

Ⅳ-60 黄梅戏

吴亚玲

（编号：04-1646），女，汉族，1961年10月生，安徽省芜湖市人。2011年6月，黄梅戏被列入第二批国家级非物质文化遗产名录扩展项目名录传统戏剧类，项目编号Ⅳ-60。2012年12月，吴亚玲入选为第四批国家级非物质文化遗产项目代表性传承人，安徽省黄梅戏剧院申报。吴亚玲为国家一级演员。1975年，考进安徽省艺术学校戏曲科黄梅戏班。师承老一辈艺术家潘璟琍、乔志良，在继承传统的基础上，吴亚玲博采众长，逐渐形成自己独特的艺术风格，是黄梅戏"五朵金花"之一。1984年主演《家庭公案》获文化部嘉奖；1991年获湖北省戏剧牡丹花奖；1998年获第八届中国文华表演奖；2002年获第十九届中国戏剧"梅花奖"。在全国青年演员黄梅戏电视大赛中荣获"十佳演员奖"。代表剧目《龙女》、《狐女婴宁》、《遥指杏花村》、《天仙配》、《女驸马》、《红丝错》、《千秋架》等。

Ⅳ-111 文南词

余杞敏

（编号：04-1683），女，汉族，1962年12月生，安徽省宿松县人。2008年6月，文南词被列入第二批国家级非物质文化遗产名录传统戏剧类，项目编号Ⅳ-111。2012年12月，余杞敏入选为第四批国家级非物质文化遗产项目代表性传承人，安徽省宿松县申报。余杞敏中学读书时跟陶演老师学文南词，1975年考入宿松县黄梅戏剧团，受到著名黄梅戏艺术家江丽娜老师的指导。表演艺术上，余杞敏不断突破自我局限，努力拓展表演领域，嗓音宽亮，演唱韵味独特，表演则朴实生动，形神兼备，善于塑造各种不同类型的艺术形象，1996年10月，获安徽省黄梅戏青年演员大奖赛"优秀演员奖"。代表剧目《孟姜女》、《梁祝》、《赵英娘》、《杨门女将》、《杨八姐游春》、《秦香莲》、《香妃恨》等。余杞敏为配合文南词的传承和保护工作，到各地演出和教学，已接收多位徒弟，重点培养发展的后辈有陈思、陈华荣、吴海等。

Ⅳ-155 淮北梆子戏

张晓东

（编号：04-1695），女，汉族，1959年11月生，安徽省合肥市人。2011年6月，淮北梆子戏被列入第三批国家级非物质文化遗产名录传统戏剧类，项目编号Ⅳ-155。2012年12月，张晓东入选为第四批国家级非物质文化遗产项目代表性传承人，安徽省宿州市申报。张晓东为国家一级演员。1970年考入安徽省阜阳地区临泉县梆子剧团，1980年调入宿县地区梆子剧团。她主攻花旦，兼演青衣、刀马旦、老旦，还能反串小生等行当，技艺娴熟。扮相俊媚，嗓音高亢甜美；博采众家之长，勇于创新，擅长运用戏曲表演艺术的程式化来塑造人物，而又不拘泥于程式化，敢于突破戏曲表演程式化的局限，具有卓尔不群的表演才能。她扮演的角色形似中见神似，虚拟中见真实，艺术形象栩栩如生，令人难忘，是安徽省淮北梆子戏的重要代表人物。2002年获得第十九届中国戏剧梅花奖。代表剧目《穆桂英大破天门阵》、《大树参天》、《楚宫恨》、《三休樊梨花》、《秦雪梅吊孝》、《刘老实送礼》、小品《红包》等。在传承淮北梆子戏这一传统戏剧的艺术上，她言传身教，培养出张凤云、营辉、李玉苹、杜云等淮北梆子戏演员。

福建

Ⅳ-3 莆仙戏

谢宝燊

（编号：04-1594），男，汉族，1934年12月生，福建省莆田市仙游县鲤城镇人。2006年5月，莆仙戏被列入第一批国家级非物质文化遗产名录传统戏剧类，项目编号Ⅳ-3。2012年12月，谢宝燊入选为第四批国家级非物质文化遗产项目代表性传承人，福建省莆田市申报。谢宝燊为国家二级作曲。自幼学习鼓艺，善吹笛子、洞箫，弹奏琵琶，1956年进仙游县鲤声剧团从事音乐工作。挖掘整理了一些莆仙戏传统剧目，如古南戏剧目《荆》、《刘》、《拜》、《杀》等，经他搜集、补充，已完备无缺。他在保持传统曲牌框架结构、音乐风格、韵味的基础上，挖掘其中所包含的现代思维因素，既继承传统又激活传统，作品在保持浓厚的传统艺术基础上，提高其现代的艺术品位。其所谱曲的代表剧目《团圆之后》、《春草闯堂》、《晋宫寒月》、《阿桂相亲记》等（包括与人合作）。其中《乾佑山天书》、《叶李娘》获福建省戏剧会演优秀音乐设计奖。《春》、《晋》、《团》等剧被中国唱片社和省音像出版社录音，在全国发行。

江西

Ⅳ-65 采茶戏（赣南采茶戏）

陈宾茂

（编号：04-1647），男，汉族，1946年10月生，江西省赣州市人。2006年5月，采茶戏被列入第一批国家级非物质文化遗产名录传统戏剧类，项目编号Ⅳ-65。2012年12月，陈宾茂入选为第四批国家级非物质文化遗产项目代表性传承人，江西省赣州市申报。陈宾茂为国家二级导演。13岁进入赣南文艺学校首届采茶班学艺，学唱、念、采茶舞。1977年调江西文艺学校赣南分校任教，从事培养采茶戏接班人工作。陈宾茂曾以采茶戏传承人的身份成为北京舞蹈学院客座教授，将采茶戏与现代舞相结合，融入现代舞蹈的气氛和元素，同时又不失茶戏的幽默诙谐

风趣，使得赣南采茶戏更富时代感。参加《干部文艺集成志书·江西卷》的编纂工作，并授予"编纂成果一等奖"。代表剧目《九龙山摘茶》、《唐二试妻》、《卖杂货》、《上广东》、《双检菌》、《瞎子闹店》等。目前陈宾茂致力于采茶戏的发展和传承。

Ⅳ-65 采茶戏（抚州采茶戏）

万安安

（编号：04-1648），女，汉族，1941年10月生，江西省抚州市人。2011年6月，采茶戏（抚州采茶戏）被列入第二批国家级非物质文化遗产名录扩展项目名录传统戏剧类，项目编号Ⅳ-65。2012年12月，万安安入选为第四批国家级非物质文化遗产项目代表性传承人，江西省抚州市临安区申报。万安安为国家一级演员。代表剧目有《三月三》等。

Ⅳ-89 傩戏（德安潘公戏）

桂训锦

（编号：04-1661），男，汉族，1939年3月生，江西省德安县人。2011年6月，傩戏（德安潘公戏）被列入第二批国家级非物质文化遗产名录扩展项目名录传统戏剧类，项目编号Ⅳ-89。2012年12月，桂训锦入选为第四批国家级非物质文化遗产项目代表性传承人，江西省德安县申报。桂训锦9岁开始学戏，11岁正式上台表演。傩戏代表剧目为《潘太公游春》。根据桂训锦保存的一份手抄傩戏剧本，加之其口述，可以得知"布帐傩戏"已经在九江市德安县吴山地区传承千年之久，是"六桂三胡二李一陶"四大家族十二村庄共同祭祀潘公的习俗。潘太公戏共有9个剧目，角色众多，全场演下来需要两个小时左右。桂训锦是唯一一个能胜任全部角色，熟悉全套流程的传人。他亲自导演了"文

革"后首次全场演出。"德安潘公戏"传男不传女，因而桂训锦苦于找不到学徒，目前其尝试将傩戏一技艺传给自己的儿子桂海生。

山东

Ⅳ-43 柳子戏

迟皓文

（编号：04-1637），曾用名迟军，女，汉族，1962年2月生，山东省青岛市人。2006年5月，柳子戏被列入第一批国家级非物质文化遗产名录传统戏剧类，项目编号Ⅳ-43。2012年12月，迟皓文入选为第四批国家级非物质文化遗产项目代表性传承人，山东省申报。迟皓文为国家一级演员。1978年考入山东省戏曲学校，1981年进入山东省柳子剧团工作。师从孔繁奇等著名老艺人学习旦角戏，并向老艺人冯宝泉系统学习了柳子戏传统音乐唱腔和曲牌，较为全面地掌握了柳子戏的理论知识。主攻青衣，擅演闺门旦、花旦、彩旦、老旦。迟皓文在继承传统的基础上，根据自己的嗓音条件，追求清新圆润，并结合剧中人物需要，对传统唱腔进行了适当的创新，一方面更好地满足了人物和剧情的需要，另一方面又凸显了柳子戏的古老韵味和深厚底蕴，逐步形成了自己音色宽厚明亮，唱腔舒展，韵味醇厚；表演节奏鲜明，张弛有度的艺术风格。多年来塑造了几十个丰富多彩、风格迥异的艺术形象。代表剧目《白兔记》、《井尸案》、《痴梦》、《卧龙求凤》、《李香君》、《抱妆盒》、《费姐》、《选民老冤蛋》。迟皓文曾担任山东省戏曲学校柳子班1987届和2000届主课老师，先后教授培养了几十名柳子戏演员。

Ⅳ-116 吕剧

王永昌

（编号：04-1687），男，汉族，1936年4月生，山东省广饶县人。2011年6月，吕剧被列入第二批国家级非物质文化遗产名录扩展项目名录传统戏剧类，项目编号Ⅳ-116。2012年12月，王永昌入选为第四批国家级非物质文化遗产项目代表性传承人，山东省滨州市申报。王永昌为国家一级作曲。出身于吕剧"戏窝子"，从小受到吕剧的熏陶。13岁时，开始自己尝试摸索着拉二胡、京胡，15岁学会了拉坠琴。1956年，他被广饶吕剧团聘任为吕剧老师，拜东路琴书著名代表人商业兴为师，学唱并记录了《小姑贤》、《王婆骂鸡》等全剧的唱谱。从此他掌握了吕剧的基本知识，并正式开始了记谱、研究吕剧、走访学艺的生涯，搜集了大量原始材料，形成了自身独特的艺术风格。他创作的吕剧曲目既具有浓郁的地方韵味和朴实无华的艺术风格，又有鲜明的时代感，为吕剧的发展与传承作出了巨大贡献。先后为吕剧剧目作曲150余部，屡获国家及省作曲金奖。代表剧目《滩回水转》、《悠悠我心》等。

河南

Ⅳ-24 宛梆

范应龙

（编号：04-1611），男，汉族，1943年6月生，河南省内乡县人。2006年5月，宛梆被列入第一批国家级非物质文化遗产名录传统戏剧类，项目编号Ⅳ-24。2012年12月，范应龙入选为第四批国家级非物质文化遗产项目代表性传承人，河南省内乡县申报。范应龙13岁到宛梆专业戏校学艺，结业后入内乡宛梆剧团专攻武生。他演戏投入，唱念俱佳，长于从细处刻画人物，情到神至，行腔稳健，抑扬有致，具有独特的韵味。他在宛梆唱腔的改革中，吸取了越调归韵于"ang"的特点，改变宛梆传统唱腔以开口音"吒"、"呀"、"哪"、"哇"为韵脚的收韵方式，而以每句唱腔尾字的韵母收韵，使人听之感觉干净、规范。退休之后，记录整理了各类宛梆传统剧目159个，共计50多万字，为宛梆剧目的传承留下了宝贵资料。代表剧目《万寿无疆》、《听琴》等。有弟子周成顺。

Ⅳ-26 大平调

李德平

（编号：04-1612），男，汉族，1937年7月生，河南省滑县人。2011年6月，河南省浚县大平调被列入第二批国家级非物质文化遗产名录扩展项目名录传统戏剧类，项目编号Ⅳ-26。2012年12月，李德平入选为第四批国家级非物质文化遗产项目代表性传承人，河南省浚县申报。李德平1953年随内黄县大平调剧团老艺人王喜学艺，后拜张法旺（道妞）为师，主攻净行。其表演继承了西路大平调的"脸谱"艺术，并广泛借鉴了京剧、豫剧等唱法技巧，对大平调的传承和发展作出了突出贡献。唱腔以西路平为主，豪迈奔放，嗓音洪亮，字正腔圆，句句似钟、字字如鼓。他非常注意选用"栽板"、"慢板"、"流水"、"垛子"等板式唱腔与剧情有机结合，还配以尖亮的喊腔，唱腔旋律优美，穿透力强，慷慨激越，丰富多变。享誉豫北、晋东、鲁西、冀南等地，人称大平调"黑脸王"。代表剧目有《铡美案》、《铡赵王》、《铡梁有辉》、《铡郭槐》等。他培养了众多新人，其弟子和孩子都是西路大平调的主要演员，弟子及再传弟子，都已成为西路大平调的后起之秀。如其二女儿李壮丽，弟子赫万明，再传弟子李聚杰等。

Ⅳ-43 柳子戏

杨香玉

（编号：04-1638），男，汉族，1939年7月生，现居河南省清丰县。2008年6月，柳子戏被列入第一批国家级非物质文化遗产扩展项目名录传统戏剧类，项目编号Ⅳ-43。2012年12月，杨香玉入选为第四批国家级非物质文化遗产项目代表性传承人，河南省清丰县申报。杨香玉为清丰县柳子戏剧团导演。他本人自幼热爱戏曲，1952年考取菏泽地区戏曲科班"大兴班"，师从柳子戏老艺人郭文卿习艺。所导、演的《窦公送子》、《荷花》、《买糖风波》等在当地都有一定的影响力，先后获得了多项荣誉。

Ⅳ-44 大弦戏

姚继春

（编号：04-1639），男，汉族，1962年1月生，现居河南省濮阳县。2006年5月，大弦戏被列入第一批国家级非物质文化遗产名录传统戏剧类，项目编号Ⅳ-44。2012年12月，姚继春入选为第四批国家级非物质文化遗产项目代表性传承人，河南省濮阳县申报。姚继春1974年参加濮阳县大弦戏剧团，师从窦改法学习大净行当，后拜杜恩荣为师，主攻红生，善青阳腔中的"大抹腔"。姚继春的唱腔高低盘旋，回肠九转。代表剧目《古城会》、《下南唐》、《呼延庆打擂》，其中的《古城会》于2006年10月应文化部邀请曾赴北京演出，受到领导及专家好评。

备注：目前还能演唱大弦戏的剧团，全国只有濮阳县大弦戏剧团和滑县大弦戏剧团两个，能掌握唐宋大曲、元明诸声腔的人，仅剩年近六旬的大弦戏古曲牌第七代传人河南省濮阳县戴建平一人。

Ⅳ-124 二股弦

丁瑞魁

（编号：04-1688），男，汉族，1935年3月生，河南省武陟县大司马村人。2008年6月，二股弦被列入第二批国家级非物质文化遗产名录传统戏剧类，项目编号Ⅳ-124。2012年12月，丁瑞魁入选为第四批国家级非物质文化遗产项目代表性传承人，由河南省武陟县申报。丁瑞魁生于戏曲世家，爷爷丁春林、父亲丁转运都是二股弦戏的主演，他从小就受到二股弦戏和艺术表演的影响，自幼从祖、父辈习得二股弦清代末年的本色技艺。他9岁学戏，12岁登台，主攻花旦、青衣、小生，也兼演娃娃生、花脸、老生等，各种行当无所不能。丁瑞魁目前是武陟县二股弦剧团团长，二股弦戏的灵魂人物，各行当的艺术指导。经他口传编排整理剧本已达50多部，在省、市、县组织的调演、会演中二股弦剧团多次获得奖项、荣誉。《秦雪梅》、《宝莲灯》等为二股弦传统剧目。

Ⅳ-147 淮调

孙国际

（编号：04-1692），男，汉族，1956年6月生，现居河南省安阳县。2011年6月，淮调被列入第三批国家级非物质文化遗产名录传统戏剧类，项目编号Ⅳ-147。2012年12月，孙国际入选为第四批国家级非物质文化遗产项目代表性传承人，河南省安阳县申报。孙国际在淮调剧团期间，跟随老艺人苗秀臣、王少顺、马贵卿等学艺，主攻老生、武生。曾获得2004年首届民间戏曲会演金鼎奖。代表剧目《皇逼宫》、《吴汉反潼关》、《刘备招亲》、《斩关羽》等。孙国际已在安阳县淮调剧团内收徒3批共20余人，目前大部分在剧团中担任主要演员。淮调目前市场萎缩，演员队伍青黄不接，一些有价值的剧目和表演语汇在流失，亟须保护。

Ⅳ-148 落腔

袁章考

（编号：04-1693），男，汉族，1941年2月生，河南省内黄县人。2011年6月，落腔被列入第三批国家级非物质文化遗产名录传统戏剧类，项目编号Ⅳ-148。2012年12月，袁章考入选为第四批国家级非物质文化遗产项目代表性传承人，河南省内黄县申报。袁章考1956年入内黄县落腔剧团开始学艺，主攻须生。其表演风格稳重深沉，善用大本腔、二本腔。主要代表剧目《李天保吊孝》、《姊妹易嫁》、《白绫计》、《三姓父子》等，主演的《白绫计》、《三姓父子》、《吕蒙正赶斋》等落腔剧目，由北京市青少年音像出版社出版发行。他退休后仍活跃于剧团，先后在安阳、濮阳、新乡及邯郸等地孜孜不倦地传授落腔艺术。

湖北

Ⅳ-28 京剧

杨至芳

（编号：04-1626），女，汉族，1945年4月生，湖北省枝江市人。2010年11月，京剧被列入"人类非物质文化遗产代表作名录"。2006年5月，京剧被列入第一批国家级非物质文化遗产名录传统戏剧类，项目编号Ⅳ-28。2012年12月，杨至芳入选为第四批国家级非物质文化遗产项目代表性传承人，湖北省京剧院申报。杨至芳国家为一级演员。12岁进湖北松滋京剧团，14岁主演《宇宙锋》初露头角，后逐渐成长为该团主要演员，被保送到省戏曲学校进修，从师云艳霞，工旦行。1981年拜王玉蓉为师，潜学王派艺术，如鱼得水，艺术更臻成熟，形成了委婉柔润、韵味纯正、声情并茂的演唱风格。代表剧目《谢瑶环》、《岳飞夫人》、《红鬃烈马》、《春秋配》、《别宫祭江》、《玉堂春》、《王宝钏》、《孔雀东南飞》等。杨至芳有弟子戴庆兰等。

Ⅳ-30 汉剧

程良美

（编号：04-1633），男，汉族，1941年7月生，湖北省武汉市汉阳区人。2006年5月，汉剧被列入第一批国家级非物质文化遗产名录传统戏剧类，项目编号Ⅳ-30。2012年12月，程良美入选为第四批国家级非物质文化遗产项目代表性传承人，湖北省武汉市申报。程良美为国家一级演员。1959年6月毕业于武汉市戏曲学校并分配到武汉汉剧院。拜汉剧"三生大王"、"吴派"创始人吴天保为师，学习汉剧"三生"戏。其规范、挺拔、高亢、豪迈、大气、深情的表演风格，深为观众所称道和喜爱，成为观众、专家公认的"吴派"表演艺术继承人。代表剧目《哭祖庙》、《哭秦庭》、《四郎探母》、《辕门斩子》、《法门寺》等。《哭祖庙》一剧由中国唱片社灌制成专版唱片向全国发售。程良美精心培养了一批弟子，弟子陈建平现在为国家二级演员，目前活跃在汉剧舞台上。

Ⅳ-58 楚剧

荣明祥

（编号：04-1643），男，汉族，1939年12月生，湖北省武汉市黄陂区人。2006年5月，楚剧被列入第一批国家级非物质文化遗产名录传统戏剧类，项目编号Ⅳ-58。2012年12月，荣明祥

入选为第四批国家级非物质文化遗产项目代表性传承人，湖北省申报。荣明祥为国家一级演员。1951年在中南戏剧学校学习京剧，1952年在楚剧团学习楚剧。荣明祥功底扎实、戏路子宽，唱做俱佳，表演儒雅刚健，在20世纪50年代出道的生行演员中，荣明祥首屈一指。《恩仇记》中，荣明祥自行设计的"判斩"唱段唱腔，经不断完善，已成为楚剧的定型唱段。荣明祥还在表演中创造了《绣鞋案》的"帽翅功"与《金田血泪》中的"咬碗绝技"。代表剧目《甲午海战》、《百花公主》、《绣鞋案》、《钱玉莲》、《望娘滩》等。至今，荣明祥还在参加演出，同时还为剧院青年演员排戏、教戏，为艺校学生进行教学指导。

张光明

（编号：04-1644），女，汉族，1946年3月生，现居湖北省武汉市。2006年5月，楚剧被列入第一批国家级非物质文化遗产名录传统戏剧类，项目编号Ⅳ-58。2012年12月，张光明入选为第四批国家级非物质文化遗产项目代表性传承人，湖北省申报。张光明为国家一级演员。在多年舞台艺术实践中，张光明堪称一位善于理解曲意、深刻表达曲境的演员。她既尊重楚剧传统艺术的"行当"、规范，又能根据剧中人物的情感需要，破越"行当""界线"塑造多种不同类型的剧中人物，因其擅长表演而有楚剧界的"斯琴高娃"之称，是楚剧形成早期的著名演员。《狱卒平冤》获全国会演配角一等奖。代表剧目《秦雪梅吊孝》、《狱卒平冤》、《送香茶》等。张光明目前依然活跃在楚剧教学的第一线，培养了大批楚剧人才。

Ⅳ-59 荆州花鼓戏

孙世安

（编号：04-1645），女，汉族，1947年2月生，

湖北省潜江市人。2006 年 5 月，荆州花鼓戏被列入第一批国家级非物质文化遗产名录传统戏剧类，项目编号Ⅳ-59。2012 年 12 月，孙世安入选为第四批国家级非物质文化遗产项目代表性传承人，湖北省潜江市申报。孙世安为国家一级演员。1963 年入潜江花鼓剧团，曾先后得到京剧、汉剧、楚剧等多个剧种和众多专家指教。她把科学的发声、吐字、运气、行腔等技巧融入传统唱腔之中，在吸收现代音乐特点的同时，保持了本剧种的传统地方风味。多次担任大型剧目的主要演员，成功塑造了众多经典的舞台艺术形象，有"王牌老旦"、"艺之魂"之美誉。曾获湖北省首届戏剧"牡丹花杯"奖、中国第 8 届文华表演奖。代表剧目《秦香莲》、《孟姜女》、《李三娘》、《血冤》，现代戏《平原作战》、《红灯记》、《沙家浜》、《江姐》、《家庭公案》、《原野情仇》等。如今，孙世安依然传艺带徒，扶掖新人，对花鼓戏的传承与保护起到了重要作用，现于荆州花鼓戏大专班任教。

Ⅳ-91 皮影戏 （云梦皮影戏）

秦礼刚

（编号：04-1665），男，汉族，1949 年 3 月生，湖北省云梦县人。2011 年 6 月，皮影戏（云梦皮影戏）被列入第二批国家级非物质文化遗产名录扩展项目名录传统戏剧类，项目编号Ⅳ-91。2012 年 12 月，秦礼刚入选为第四批国家级非物质文化遗产项目代表性传承人，湖北省云梦县申报。1978 年，秦礼刚师从云梦当地皮影艺人刘修昌，正式迈入皮影表演行当。刘修昌去世后，又被人称"府河陆皮影"的陆春元收为关门弟子。他于 1985 年在县城关镇东正街修建了自己的演出场馆（梦泽影戏馆），每年演出 364 天，演出剧目五年轮回一次，200 座席常满，上座率经久不衰。代表剧目《武松打虎》等。秦礼刚从事皮影艺术 40 余载，徒弟遍世界。秦礼刚学美术专业的女儿跟其学制作、操作，儿子跟其学表演，此外还有陈红军、李连平、徐大才 3 个徒弟，目前他们都已出师在茶馆里演出。

Ⅳ-112 花鼓戏 （荆州花鼓戏）

潘爱芳

（编号：04-1684），女，汉族，1945 年 9 月生，现居湖北省仙桃市。2011 年 6 月，花鼓戏（荆州花鼓戏）被列入第二批国家级非物质文化遗产名录扩展项目名录传统戏剧类，项目编号Ⅳ-112。2012 年 12 月，潘爱芳入选为第四批国家级非物质文化遗产项目代表性传承人，湖北省仙桃市申报。潘爱芳是著名花鼓戏演员，代表剧目《莫愁女》、《买摇窝》、《好亲家》等。

Ⅳ-126 提琴戏

甘伯炼

（编号：04-1689），男，汉族，1929 年 12 月生，湖北省崇阳县白霓镇老鸦村人。2008 年 6 月，提琴戏被列入第二批国家级非物质文化遗产名录传统戏剧类，项目编号Ⅳ-126。2012 年 12 月，甘伯炼入选为第四批国家级非物质文化遗产项目代表性传承人，湖北省崇阳县申报。1949 年，甘伯炼被提琴戏名师蒋仲保和孙全忠收为徒弟，1957 年成为崇阳县文工团的一员。"文革"期间，古装传统戏被禁演。20 世纪 80 年代，甘伯炼捐资办乡剧团培训班。在他的带动下，全县很快恢复了 80 多个农村业余剧团，剧团的演出水平也较以前有了很大的提高。2010 年，甘伯炼筹资 14 万元，在自己的老家白霓镇老鸦村修建起一栋三层楼的提琴戏传习所进行提琴戏传承。由他主演的《灯笼记》被省戏剧研究所摄制成电视片，并作为地方剧种资料保存。2009 年，由他任艺术顾问的《双合莲》两次在中央电视台播放。代表剧目《孔明收姜维》、《催春鼓》、《灯笼记》、《秦雪梅观书》、《辕门斩子》等。目前，提琴戏界表演的中坚力量已是甘伯炼的徒孙辈。

湖南

Ⅳ-34 巴陵剧

何其坚

（编号：04-1634），男，汉族，1944年9月生，湖南省平江县人。2006年5月，巴陵剧被列入第一批国家级非物质文化遗产名录传统戏剧类，项目编号Ⅳ-34。2012年12月，何其坚入选为第四批国家级非物质文化遗产项目代表性传承人，湖南省岳阳市申报。何其坚为国家一级演员。8岁随父进巴陵剧团跟班学艺，师承巴陵戏著名演员冯仙岩、周扬声。他戏路宽广，除本行当应工戏外，亦能跨行当演出，老生、三生、花脸、旦角、丑角皆能串演，演稳健大度，细腻且略带野性，演唱圆润清越。在他的钻研和揣摩下，巴陵戏诸多失传已久的特技绝艺如"滚肚"、"吐火"、"喷烟"、"变脸"、"耍獠牙"、"翎子功"又重新登上了舞台。代表剧目《三盗九龙杯》、《何腾蛟》、《刘备招亲》、《大破天门阵》、《闯王旗》、《收姜维》、《审刺客》、《胡马啸》、《井尸奇案》、《时迁盗鸡》、《弃花翎》、《武松打店》、《拾玉镯》等。何其坚目前共收徒15名。

Ⅳ-89 傩戏（梅山傩戏）

苏立文

（编号：04-1662），男，汉族，1941年5月生，湖南省冷水江市岩口镇人。2011年6月，

傩戏（梅山傩戏）被列入第二批国家级非物质文化遗产名录扩展项目名录传统戏剧类，项目编号Ⅳ-89。2012年12月，苏立文入选为第四批国家级非物质文化遗产项目代表性传承人，湖南省冷水江市申报。1947年9月16日至19日，苏立文的父亲为他举行了为期四天的梅山师教"抛牌过度"仪式，年仅6岁的苏立文被确定为苏氏傩坛下一代的传承人，教名苏君吉仁。1956年师从父亲学习傩仪、傩礼、傩祭、傩戏、傩舞、傩曲、傩歌等；1972之后专随父亲从事傩戏表演行走香火，全面掌握了《搬开山》、《搬土地》、《搬锯匠》、《搬五台山》、《搬和尚》、《祭都头》、《和坛神》、《和梅山》等梅山傩戏大部分剧目。2007年苏立文在冷水江波月洞景区参加首届"中国·冷水江梅山傩文化艺术节"开幕式表演并荣获"中国·冷水江市首届梅山傩文化艺术节傩戏资源保护奖"、"优秀节目奖"。1982年接过师父的衣钵，成为苏氏傩坛的掌教师公，先后培养了弟子苏业照、苏业烈、苏海林、苏乐喜、袁立军、袁余起、袁名胜、袁铁明、袁望明、胡启杰等20余人。香火行遍冷水江、涟源、新化、新邵、邵阳等地。

Ⅳ-91 皮影戏（湖南皮影戏）

李桂香

（编号：04-1666），女，汉族，1943年8月生，湖南省岳阳市人。2008年6月，皮影戏（湖南皮影戏）被列入第一批国家级非物质文化遗产扩展项目名录传统戏剧类，项目编号Ⅳ-91。2012年12月，李桂香入选为第四批国家级非物质文化遗产项目代表性传承人，湖南省木偶皮影艺术剧院申报。李桂香为国家一级演员。1959年考入湖南省艺术学校后，毕业后分配到湖南省木偶皮影艺术剧院，从事皮影艺术表演，师从著名皮影艺术表演艺术家王福生。从艺50年中，李桂香在50多个皮影戏剧目中担任主演和

部分剧目的执导工作，在全国优秀儿童剧目会演中获"表演奖"，全国木偶皮影会演中获"表演奖"和"专业组一等奖"。1970 年以来一直担任教学工作，1987 年编写皮影戏基本功训练教材被湖南省艺术学校，采用为三年学制皮影戏表演教学教材，属湖南皮影戏首创。2004 年独立撰写出版了《传说的皮影戏、湖南皮影戏篇》教案，中英文对照、附有大量手势图片，皮影表演分解动作及表演技艺基本训练方法，也曾在戏剧春秋、湖南报刊发表多篇关于皮影戏的论文。

Ⅳ-112 花鼓戏（衡州花鼓戏）

杨小兰

（编号：04-1685），女，汉族，1961 年 5 月生，祖籍河南省内乡县，生于湖南耒阳市。2011 年 6 月，花鼓戏（衡州花鼓戏）被列入第二批国家级非物质文化遗产名录扩展项目名录传统戏剧类，项目编号Ⅳ-112。2012 年 12 月，杨小兰入选为第四批国家级非物质文化遗产项目代表性传承人，湖南省衡阳市申报。杨小兰 1977 年考入剧团，主攻花旦，并能反串小生、瑶旦、老旦、刀马旦。曾受到阳映太、刘昭应、周恩兰、谢若梅等衡州花鼓戏老艺人的传授和指导，并得他们真传，是衡州花鼓戏第三代传承人。她在继承传统艺术的基础上，突出刻画人物性格。在塑造众多艺术人物形象中，展现了敏慧的创造能力，使其所塑造的人物性格鲜明，唱腔、语言、形体富有很强的艺术感染力，收到了声情并茂、形神兼备、地方剧种特色的艺术效果。还曾先后导演 50 余台节目。代表剧目《喜脉案》、《三姑记》、《福寿图》、《豆腐郎》、《朱买臣卖柴》、《挑女婿》、《大下凡》等。杨小兰的大徒弟李红是衡州花鼓戏第四代新生力量。小徒弟敖贤美（花旦）、学生王玉娇（正旦）、胡西北（小生）也在各类比赛中获奖。

Ⅳ-112 花鼓戏（长沙花鼓戏）

欧阳觉文

（编号：04-1686），男，汉族，1942 年 12 月生，湖南省浏阳市人。2011 年 6 月，花鼓戏（长沙花鼓戏）被列入第二批国家级非物质文化遗产名录扩展项目名录传统戏剧类，项目编号Ⅳ-112。2012 年 12 月，欧阳觉文入选为第四批国家级非物质文化遗产项目代表性传承人，湖南省花鼓戏剧院申报。欧阳觉文为国家一级作曲。1956 年考入湖南省花鼓戏剧院，从事打击乐专业。曾向杨保生、杨福生、刘天庄、田琼林、周沛林、张定高、左希宾学习湖南花鼓戏唱腔和音乐。1969 年开始作曲，曾去上海音乐学院学习，师从刘如曾、刘福安、连波、何占豪等教授。他对花鼓戏"颤腔"的独到研究和见解影响广泛，先后发表专业论文 20 余篇。编著《湖南花鼓戏常用曲调》、《湖南花鼓戏名师指点》、《湖南花鼓戏名剧名段》3 本，由湖南文艺出版社和湖南电子出版社出版。其作品曾获文化部文华音乐创作奖、全国戏曲观摩演出音乐设计奖、全国现代戏交流演出音乐创作奖、中共中央宣传部"五个一工程奖"等奖项。代表剧目《沙家浜》、《送货路上》、《喜脉案》、《桃花汛》、《乾隆判婚》、《市长夫人》、《情歌》、《补票》、《花落花开》以及歌剧《歌妹》、音乐剧《同一个月亮》（与人合作）等。

Ⅳ-128 祁剧

张少君

（编号：04-1690），女，汉族，1964 年 10 月生，现居湖南省衡阳市。2008 年 6 月，祁剧被列入第二批国家级非物质文化遗产名录传统戏剧类，项目编号Ⅳ-128。2012 年 12 月，张少君入选为第四批国家级非物质文化遗产项目代表性传承人，湖南省衡阳市申报。张少君为国家一级演员。师承祁剧名旦黎燕飞、谢美仙、"九岁红"（张瑞莲），并得其真传，系统地继承了祁剧前辈的表演艺术精华。1986 年在中国音乐学院进修一年，参与湖南省青年尖子演员培训班的培训，在表演艺术上日趋完美、成熟，逐渐形成了自身端庄、沉稳大度、细腻的表演风格。1993 年全国地方戏曲会演（南方片）获得优秀表演奖。代表剧目《闹严府》、《昭君出塞》、《哑女告状》、《红绫袄》、《白蛇传》、《秦香莲》、《白居易》、《浪子与烟花》、《甲申祭》等。被省电视台、中央电视台拍摄成电视艺术片的剧目有《闹严府》、《哑女告状》、《杨家将》连台戏四集，《甲申祭》四集。

广东

Ⅳ -36 粤剧

罗家宝

（编号：04-1635），男，汉族，1930 年 6 月生，广东省佛山市顺德区人。2006 年 5 月，粤剧被列入第一批国家级非物质文化遗产名录传统戏剧类，项目编号Ⅳ -36。2012 年 12 月，罗家宝入选为第四批国家级非物质文化遗产项目代表性传承人，广东省文化厅申报。罗家宝生于戏剧世家，从小受到了粤剧的熏陶，对前辈艺人薛觉先、白玉堂、桂名扬等名家的表演和演唱特色很有心得。他取各家之长，并结合个人的声音条件，创造了独树一帜好听好唱的"虾腔"，声色浑厚甜润，尤其是中低音区域音质厚实，共鸣强烈，行腔不事雕饰但极具堂皇华彩，高音区域虽然非其所长，但他能根据本身声线特点，发展出一套跌宕有致。罗家宝的表演精湛洗练，儒雅温文，风流倜傥，被誉为"小生王"。

2002 年，罗家宝获得了广东省所授予的粤剧"突出成就奖"。代表剧目《柳毅传书》、《袁崇焕》、《梦断香销四十年》、《牡丹亭》和现代戏《山乡风云》、《争儿记》、《乱世姻缘》等。罗家宝的入室弟子有刘建科、李江林等。

Ⅳ -65 采茶戏（粤北采茶戏）

吴燕城

（编号：04-1649），女，汉族，1949 年 9 月生，现居广东省韶关市。2011 年 6 月，采茶戏（粤北采茶戏）被列入第二批国家级非物质文化遗产名录扩展项目名录传统戏剧类，项目编号Ⅳ -65。2012 年 12 月，吴燕城入选为第四批国家级非物质文化遗产项目代表性传承人，广东省韶关市。吴燕城 1963 年参加"粤北采茶戏训练班"学习后，留在粤北采茶剧团当演员。她的表演朴实、深情、细腻。曾获"百花奖"。代表剧目《人生路》、《青峰山传奇》、《青山水东流》、《霜雪山红梅》等。

Ⅳ -150 雷剧

金由英

（编号：04-1694），女，汉族，1939 年 6 月生，现居广东省湛江市。2011 年 6 月，雷剧被列入第三批国家级非物质文化遗产名录传统戏剧类，项目编号Ⅳ -150。2012 年 12 月，金由英入选为第四批国家级非物质文化遗产项目代表性传承人，广东省雷州市申报。金由英是原海康县雷剧团的有名花旦，能演能导，导演过《还阳公主》、《张文秀》等剧。金由英传教出不少年轻演员，其中有戏剧梅花奖得主林奋。

广西

Ⅳ-37 桂剧

罗桂霞

（编号：04-1636），女，壮族，1943年8月生，广西壮族自治区鹿寨县人。2006年5月，桂剧被列入第一批国家级非物质文化遗产名录传统戏剧类，项目编号Ⅳ-37。2012年12月，罗桂霞入选为第四批国家级非物质文化遗产项目代表性传承人，广西壮族自治区申报。罗桂霞为国家一级演员。8岁便开始跟着母亲在剧团学戏，入"桂"字科班，擅长青衣、花旦，也能反串小生，唱、做、念、打基本功扎实，尤以唱腔甜、亮、美著称。2006年参与主演的《大儒还乡》，入选2005—2006年国家舞台艺术精品工程十大精品剧目，2007年获中宣部"五个一工程奖"、第十二届"文华奖"戏剧类剧目奖。代表剧目《刘三姐》、《瑶妃传奇》、《人面桃花》。其中《人面桃花》由中央电视台录制、收藏。罗桂霞为桂剧学员传授演唱技艺，其学生有国家一、二级演员及"小梅花奖"得主。

Ⅳ-76 彩调

覃明德

（编号：04-1656），男，1947年4月生，现居广西壮族自治区桂林市。2006年5月，彩调被列入第一批国家级非物质文化遗产名录传统戏剧类，项目编号Ⅳ-76。2012年12月，覃明德入选为第四批国家级非物质文化遗产项目代表性传承人，广西壮族自治区申报。覃明德为国家一级演员。从事彩调艺术几十年，从小受仫佬山歌和民间彩调的影响，对彩调艺术有其独特的见解。他在表演中塑造过许多生动形象的角色，像《刘三姐》中的老渔翁、桂剧《大儒还乡》中的李公公等，博得广大观众的好评。代表剧目《王三打鸟》、《娘送女》、《地保贪财》、《王婆婆骂鸡》等。有弟子石树荣等。

海南

Ⅳ-130 琼剧

梁家梁

（编号：04-1691），男，汉族，1934年10月生，海南省琼山市人。2008年6月，琼剧被列入第二批国家级非物质文化遗产名录传统戏剧类，项目编号Ⅳ-130。2012年12月，梁家梁入选为第四批国家级非物质文化遗产项目代表性传承人，海南省海口市申报。1955年参加新群星剧团，后为海口市琼剧团、广东琼剧院演员。曾在郑长和、韩文华门下学戏，师承诸家，攻小生，也擅丑角。他行腔韵味隽永，做功潇洒飘逸，表演自然大方。1982年，随中国广东琼剧团赴新加坡、泰国演出。演出期间，新加坡国家电视台、泰国政法大学录制了他饰演男主角的《七品芝麻官》、《搜书院》、《百花公主》。1978年，他再次随团赴新加坡演出，新加坡国家电视台又录制了他主演的《汉文皇后》。代表剧目《林攀桂》、《嵇文龙》、《救风尘》、《唐知县审诰命》、《七品芝麻官》、《百花公主》、《汉文皇后》、《康王告状》、《春草闯堂》及现代戏《杜鹃山》、《南海长城》等剧。有弟子符传杰。

四川

Ⅳ-12 川剧

魏益新

（编号：04-1596），男，汉族，1937年9月生。2006年5月，川剧被列入第一批国家级非物质文化遗产名录传统戏剧类，项目编号Ⅳ-12。2012年12月，魏益新入选为第四批国家级非物质文化遗产项目代表性传承人，四川省申报。魏益新为国家一级演员。自幼承接父亲魏香庭、母亲筱惠芬的魏派川剧表演艺术，工文武生。在父亲的悉心指导下，他基本功扎实，唱功、讲功、褶正功、短打、箭衣翎子功、长靠功、官衣功、白蟒袍带功等都有坚实的基础，表演细腻，做工精良。代表剧目《堂会三拉》、《评雪》、《桂芝写状》、《红梅阁》、《夜归》、《周瑜打黄盖》、《白马坡》、《单刀赴会》、《越王回国》等。魏益新的弟子有著名的川剧反串小生张家芳、郑胜利等。

余开源

（编号：04-1597），男，汉族，1948年3月生，四川省内江市资中县人。2006年5月，川剧被列入第一批国家级非物质文化遗产名录传统戏剧类，项目编号Ⅳ-12。2012年12月，余开源入选为第四批国家级非物质文化遗产项目代表性传承人，四川省申报。余开源为国家一级演员，著名表演艺术家，成都艺术职业学院院长，非物质文化遗产川剧艺术重要流派"泸州河"代表性传承人。代表剧目《审吉平》。有弟子包靖。

Ⅳ-91 皮影戏（四川皮影戏）

王彪

（编号：04-1667），男，汉族，1965年2月生，四川省阆中市人。2006年5月，皮影戏（四川皮影戏）被列入第一批国家级非物质文化遗产扩展项目名录传统戏剧类，项目编号Ⅳ-91。2012年12月，王彪入选为第四批国家级非物质文化遗产项目代表性传承人，四川省阆中市申报。王彪出身于四川皮影即"王皮影"世家，其祖父王文坤集各家之长，独创川北皮影一派。1988年，还受邀到奥地利维也纳金色大厅演出，成为迄今为止第一个登上金色大厅的中国农民艺人。王彪从11岁跟随祖父学皮影戏，是"王皮影"的第七代传人，其创排的新戏《消防演习》和《迪斯科》开创了皮影风格新时代。2007年1月，王彪打破了"传内不传外"的习惯，开办培训班，对外招收学徒。王皮影如今已有了第八代传人——王彪的儿子王小兵及兄弟王访的女儿王佳佳。

四川皮影戏川北王皮影第七代传人除王彪之外还有其兄弟王访。

贵州

Ⅳ-78 花灯戏（思南花灯戏）

刘胜杨

（编号：04-1657），法名刘法高，男，汉族，1936年1月生，贵州省思南县人。2006年5月，花灯戏（思南花灯戏）被列入第一批国家级非物质文化遗产名录传统戏剧类，项目编号Ⅳ-78。2012年12月，刘胜杨入选为第四批国家级非物质文化遗产项目代表性传承人，贵州省思南县申报。思南土家花灯戏融入本民族傩戏和摆手舞中的一些成分，刘胜扬出身世袭傩戏艺人世家，其父刘昌凡从事傩艺70多年，其为第五代传人，他"悬碗"、"下火池"等节目，被人们称为"中国一绝"。代表剧目《开路将军》等。他所传弟子有数十人之多。至今活跃献艺在思南县及临近县各乡镇一带。

云南

Ⅳ-91 皮影戏（腾冲皮影戏）

刘永周

（编号：04-1668），艺名文峰山人，男，汉族，1944年11月生，云南省保山市腾冲县固东镇刘家寨人。2011年6月，皮影戏（腾冲皮影戏）被列入第二批国家级非物质文化遗产名录扩展项目名录传统戏剧类，项目编号Ⅳ-91。2012年12月，刘永周入选为第四批国家级非物质文化遗产项目代表性传承人，云南省腾冲县申报。刘永周出身皮影世家，其祖父是腾冲著名皮影艺人，父亲刘定忠曾使以刘家寨皮影戏为标志的西腔皮影艺术发展到炉火纯青的境界。他自幼跟随父亲制作、表演皮影。11岁就上台演出，16岁正式师从父亲学习皮影传统剧目《封神演义》、四大名著等，能演出上百出剧目，是腾冲皮影的第四代传人。他收藏有数百个皮影，这些皮影可配出上千个人物造型。其雕刻的皮影曾被云南民族博物馆和美国哥伦比亚大学收藏。他以"堪称一绝"的皮影制作与表演，被云南省文化厅授予"云南省民族民间高级美术师"称号。代表剧目《封神演义》、四大名著、《翡翠传奇》等。刘永周的两个儿子是刘家皮影戏的第五代传人。

西藏

Ⅳ-80 藏戏（尼木塔荣藏戏）

欧噜雪吧

（编号：04-1658），男，藏族，1937年8月生，西藏自治区人。2011年6月，藏戏(尼木塔荣藏戏)被列入第二批国家级非物质文化遗产名录扩展项目名录传统戏剧类，项目编号Ⅳ-80。2012年12月，欧噜雪吧入选为第四批国家级非物质文化遗产项目代表性传承人，西藏自治区尼木县申报。

陕西

Ⅳ-71 道情戏（商洛道情戏）

刘浩智

（编号：04-1653），男，汉族，1936年5月生，陕西省商洛市人。2011年6月，道情戏（商洛道情戏）被列入第二批国家级非物质文化遗产名录扩展项目名录传统戏剧类，项目编号Ⅳ-71。2012年12月，刘浩智入选为第四批国家级非物质文化遗产项目代表性传承人。刘浩智为国家三级作曲。1950年12月14日参加商洛地区文艺工作团，1958年拜道情艺人刘书彦为师。在继承传统的基础上对商洛道情进行改革，使只有上句的商洛道情音乐过门有了下句，刘浩智还解决了男女同腔同调的问题，丰富了商洛道情的表达形式。他还先后用商洛道情移植了《梁山伯与祝英台》、《隔门贤》、《女审》等。在多年的艺术生涯中对商洛道情音乐做了较系统的理论研究，是商洛道情戏第四代传承人，被称为"矮小的巨人"。刘浩智可谓桃李满天下，其弟子遍布商洛六县一区，如原商州区文工团作曲家解文鹏，丹凤剧团的李万林、邓耀斌，洛南剧团的岳振中以及作曲家辛书善等。

Ⅳ-91 皮影戏（华县皮影戏）

汪天稳

（编号：04-1669），男，汉族，1950年5月生，陕西省华县人。2006年5月，皮影戏(华县皮影戏)被列入第一批国家级非物质文化遗产名录传统戏剧类，项目编号Ⅳ-91。2012年12月，汪天稳入选为第四批国家级非物质文化遗产项目代表性传承人，陕西省渭南市申报。汪天稳被誉为"中国皮影第一刀"，中国皮影东路的代表人物之一。12岁被著名皮影雕刻大师李占文先生收为关门弟子。作为中国皮影雕镂唯一的国家级工艺美术大师，对皮影雕镂本身，从制皮、雕镂到敷色安装的全面工艺流程有着独到的见解外，也对陕西皮影的历史渊源、传承流变、风格特点、旧稿古谱甚至行规风俗都烂熟于胸，尤其是对推皮运刀技法的传承与创新，对失传图稿的整理与复制，对老皮影的鉴定与修复起着不可代替的作用。代表作品《文成公主进藏》、《孙悟空大闹天宫》、《清明上河图》、《绣楼》、《元帅》、《西厢记》等。汪天稳从艺多年，授徒30余人，其弟汪天喜、其子汪海涛、设计师张玮、鉴赏师江国庆、染色师常彩萍等皆为汪氏之高徒，为华县皮影戏制作作出了巨大贡献。退休后成立了华州皮影研究所，系统地从事皮影研究与传承工作。

青海

Ⅳ-80 藏戏（黄南藏戏）

李先加

（编号：04-1659），男，藏族，1940年1月生，青海省同仁县人。2006年5月，藏戏（黄南藏戏）被列入第一批国家级非物质文化遗产名录传统戏剧类，项目编号Ⅳ-80。2012年12月，李先加入选为第四批国家级非物质文化遗产项目代表性传承人，青海省黄南藏族自治州申报。李先加曾在甘南拉卜楞寺当过喇嘛，1958年还俗后把所学的藏戏表演教给江什加村人并组织并建立了江什加藏戏表演队，演员有40多个。江什加村藏戏表演队主要演出的是《智美更登》的片段，1979年第十世班禅大师在黄南期间演出了藏戏《智美更登》就产生了较大的影响。在此之后，他们继续排演了新的剧目，如《诺桑王子》、《松赞干布》、《白玛文巴》、《苏吉尼玛》等传统的藏戏剧目。

Ⅳ-91 皮影戏（河湟皮影戏）

靳生昌

（编号：04-1670），男，汉族，1931年4月生，青海省大通回族土族自治县人。2008年6月，皮影戏（河湟皮影戏）被列入第一批国家级非物质文化遗产扩展项目名录传统戏剧类，项目编号Ⅳ-91。2012年12月，靳生昌入选为第四批国家级非物质文化遗产项目代表性传承人，青海省申报。河湟皮影戏是在200多年前由陕西艺人传入青海，并融合吸收了当地民俗风情而形成。靳生昌是著名的皮影戏艺人，也是青海省目前最年长的皮影艺人。有弟子著名皮影艺人周邦辉。

曲艺

第二批国家级非物质文化遗产项目代表性传承人

天津

Ⅴ-29 天津时调

王毓宝

女,汉族,1926年生,天津市人。2006年5月,天津时调被列入第一批国家级非物质文化遗产名录曲艺类,项目编号Ⅴ-29。2008年2月,王毓宝入选为第二批国家级非物质文化遗产项目代表性传承人,天津市申报。王毓宝是"天津时调"的创始人之一。"天津时调"过去是天津人演唱的"时新小曲",它源于过去在天津流行的民歌小调,讲述家长里短的内容,主要在码头、作坊、街市、里巷流传。王毓宝与曲艺作家和弦师一起对"靠山调"进行了艺术革新,丰富了唱腔旋律,增添了笙、扬琴等伴奏乐器,创作和改编了《摔西瓜》等新曲目。1953年,凭借新作《摔西瓜》,王毓宝一炮走红,从此,"天津时调"在中国曲艺史上翻开新的一页,"天津时调"这个曲种名称被正式确定下来。王毓宝也形成了自己质朴、爽朗、甜润的风格。代表作《翻江倒海》、《红岩颂》、《军民雨水情》和《心中的赞歌向阳飞》等享誉大江南北。2003年,王毓宝获得中国金唱片奖;2006年,进入第一批联合国非物质文化遗产名录;2008年7月,王毓宝荣获曲艺最高奖——第六届中国曲艺牡丹奖终身成就奖。晚年的王毓宝,致力于培养"天津时调"的接班人,广收学生。

河北

Ⅴ-5 西河大鼓

伍振英

女,汉族,1958年生,河北省河间市人。2006年5月,西河大鼓被列入第一批国家级非物质文化遗产名录曲艺类,项目编号Ⅴ-5。2008年2月,伍振英入选为第二批国家级非物质文化遗产项目代表性传承人,河北省申报。伍振英为国家一级演员,是西河大鼓第六代传人。伍振英15岁调入县曲艺团,成了一名专业演员。能够表演50多个现代、传统段子,其中近20个段子是其保留节目。其演唱以"技巧"见长,擅长刻画人物内心世界,演唱风格清脆婉转,自成一体。伍振英与河北省曲艺家刘建云历时4年,共同完成了记录西河大鼓全貌的《西河大鼓大全》,于2012年由中国水利水电出版社出版。伍振英演唱的西河大鼓《两个孩子》、《卖烧鸡》分别获1981年全国曲艺优秀节目观摩演出表演二等奖、1986年全国曲艺新曲目大奖赛繁荣奖,1997年以《青松祭》曾获全国群星奖铜奖。代表剧目有《穆桂英》、《神州史话》、《毛主席到开滦》等。2008年3月,伍振英收张立静为徒。

张领娣

女,汉族,1962年生,河北省河间市兴村镇人。2006年5月,西河大鼓入选为第一批国家级非物质文化遗产名录曲艺类,项目编号Ⅴ-5。2008年2月,张领娣入选为第二批国家级非物质文化遗产项目代表性传承人,河北省申报。张领娣出身西河大鼓世家,从9岁开始,她在父亲张金贵(西河大鼓朱派主要艺人之一)的指导下学艺。之后又在北京、天津西河大鼓名家周喜容、郝艳霞两位名家指导下学习。1991年，又在河间文化局领导的安排下，奔赴天津拜赵派名家田蕴章为师。张领娣现为河间市文化馆西河大鼓表演艺术家，其唱腔甜润，能娴熟地将朱派、赵派唱腔结合，并各取所长，创造出新唱腔。所表演的传统代表作有"三将"（《杨家将》、《呼家将》、《薛家将》）、"三案"（《包公案》、《施公案》、《彭公案》），近现代代表作有《白毛女》、《烈火金刚》、《儿女英雄传》，而且创作了中短篇170多部，其新作《俺村的新事实在多》在2004年9月浙江举办的全国第十三届"群星奖"比赛中获得"群星奖"。目前尚无传人。

备注：西河大鼓代表人物，第一代，马瑞林；第二代，张永堂；第三代，赵玉峰（赵派创始人）；第四代，田荫亭；第五代，李文秀、田蕴章；第六代，伍振英、张领娣。

Ⅴ-7 木板大鼓

唐贵峰

男，汉族，1939年生，河北省沧县李天木乡邢庄子村人。2006年5月，木板大鼓被列入第一批国家级非物质文化遗产名录曲艺类，项目编号Ⅴ-7。2008年2月，唐贵峰入选为第二批国家级非物质文化遗产项目代表性传承人，河北省沧县申报。唐贵峰13岁时跟邻村一个艺人学木板大鼓，16岁上台唱第一个段子《秦雪梅吊孝》，后随师父走村串街卖艺。在卖艺过程中，唐贵峰陆续学会了《杨家将》、《三侠五义》等历史、公案题材的大书。目前唐贵峰是木板大鼓第四代传人，擅长说唱长篇大书，能紧紧抓住观众的心。唱腔苍劲古朴，嗓音哑带迟涩，比较典型地反映出木板大鼓的慷慨悲壮。自2003年起，每年7—8月在沧县礼堂广场"古韵书场"沧州木板大鼓说唱活动中进行演出。1992年荣获沧州市首届残疾人文艺会演二等奖。

代表作有《回龙传》、《呼家将》、《下南唐》等大书。目前唐贵峰带徒授艺数名。

刘银河

男，汉族，1949年生，河北省沧县旧州镇后漕村人。2006年5月，木板大鼓被列入第一批国家级非物质文化遗产名录曲艺类，项目编号Ⅴ-7。2008年2月，刘银河入选为第二批国家级非物质文化遗产项目代表性传承人，河北省沧县申报。刘银河16岁开始师从温源书学习木板大鼓，17岁登台演出，目前是河北沧州木板大鼓第五代传人。其嗓音高亢，声音清脆，吐字清晰、铿锵有力，板眼准确。擅长木板大鼓小段演唱，声情并茂，刻画人物细腻传神，常年活跃在农村传唱木板大鼓。自2003年起，每年7—8月在沧县礼堂广场"古韵书场"沧州木板大鼓说唱活动中进行演出。代表作有《小八义》、《金陵府》、《呼家传》等。目前刘银河的主要精力在于传授木板大鼓，每年暑期在沧县礼堂举办暑期木板大鼓培训班，白天免费教学生，晚上演出一场《小八义》。已带徒数名。

Ⅴ-8 乐亭大鼓

何建春

男，1960年生，河北省滦南县扒齿港镇前榆子林村人。2006年5月，乐亭大鼓被列入第一批国家级非物质文化遗产名录曲艺类，项目编号Ⅴ-8。2008年2月，何建春入选为第二批国家级非物质文化遗产项目代表性传承人，河北省申报。滦南县是乐亭大鼓之乡，何建春自幼受到当地环境熏陶，18岁跟随邻村艺人李田学习乐亭大鼓。2000年，何建春正式拜靳派第二代传人、国家一级演员贾幼然为师，由此成了靳派乐亭大鼓的第三代传人。何建春虽然继承了靳派艺术的表演风格，但他在长期的舞台实践中又发展了乐亭大鼓的新形式，进一步适应了时代发展的需要，使乐亭大鼓这朵奇葩永葆茂盛。1997年参加河北省小康建设文艺会演和省戏剧、曲艺选拔赛，自编的乐亭大鼓《碧海丹心》摘取全国群众文艺创作的最高奖项及第七届"群星奖"的表演与设计金奖。目前何建春在滦南县建立了10多个乐亭大鼓传承基地，培养传承人。并召集附近的大鼓艺人录制影像资料，制成光盘，将濒临灭绝的传统剧目保存下来。

张近平

男，汉族，1962年生，河北省乐亭县中堡乡赵庄村人。2006年5月，乐亭大鼓被列入第一批国家级非物质文化遗产名录曲艺类，项目编号Ⅴ-8。2008年2月，张近平入选为第二批国家级非物质文化遗产项目代表性传承人，河北省申报。张近平1979年参加乐亭县大鼓培训班，拜韩派创始人韩香圃之子韩志学为师学习乐亭大鼓，是乐亭大鼓第七代传人。张近平的演唱融汇东西路，博采众家之长，演唱技巧通俗委婉、清新流畅，含蓄多变，气韵横生，鼓板娴熟多变，以捕捉人物细微的心理变化见长，在传统乐亭大鼓的基础上自成风格体系。能说唱长书3部，传统书段60多个，反映现代生活的新书段30多个。2008年7月参加中国文联、中国曲艺家协会举办的中国曲艺大赛，演唱曲目《农村新貌》，获国家曲艺最高奖牡丹奖。其代表作有《呼家将》、《包公赔情》等。张近平现任乐亭县戏曲艺术团副团长，其旨在继承发展乐亭大鼓，常年潜心钻研。

内蒙古

Ⅴ-40　乌力格尔

劳斯尔

男，蒙古族，1946年12月生，2010年7月卒，内蒙古自治区扎鲁特旗格日朝鲁苏木霍日格嘎查人。2006年5月，乌力格尔被列入第一批国家级非物质文化遗产名录曲艺类，项目编号Ⅴ-40。2008年2月，劳斯尔入选为第二批国家级非物质文化遗产项目代表性传承人，内蒙古自治区扎鲁特旗申报。劳斯尔受到父亲的熏陶，从小就爱好音乐，自幼喜爱蒙古族曲艺艺术。1966年开始从师于说书艺人却吉嘎瓦，为其系统地学习乌力格尔打下了基础；每天晚上收听内蒙古人民广播电台播出的曲艺说书节目，使其了解更多的蒙古族英雄史诗。劳斯尔在内蒙古人民广播电台先后录制播放了《保卫延安》、《图门乌力吉达》、《洪格尔珠兰》等23部乌力格尔曲目；《乳赞》、《致富赞》等100余首好来宝。有17篇作品被选入《蒙古族当代好来宝选》，200多篇小说、诗歌、散文，在国家和自治区刊物上发表。劳斯尔的主要著作是《乌力格尔、好来宝完整教程》。劳斯尔先后在胡尔齐培训班和内蒙古艺术学校赤峰分校培养胡尔齐艺人30多人，他的学生张德力格尔、照日格图就是民族曲艺艺术胡尔齐的佼佼者。

杨铁龙

男，蒙古族，1965年生，辽宁省阜新蒙古族自治县佛寺镇喇嘛沟村人。2006年5月，乌力格尔被列入第一批国家级非物质文化遗产名录曲艺类，项目编号Ⅴ-40。2008年2月，杨铁龙入选为第二批国家级非物质文化遗产项目代表性传承人，辽宁省阜新蒙古族自治县申报。杨铁龙从小受父亲玛哈巴斯尔的影响，早年师从于瑞应寺喇嘛布赫，从9岁开始学习乌力格尔，后期听东四猛广播电台的节目，自学蒙古族乌力格尔，17岁后开始独立演出。杨铁龙的表演语言精练，表达精确，文采浓郁，抒情性强，有说有唱，讲述故事十分精细，对人物肖像、人物心理活动洞察入微，描绘得当。杨铁龙说唱的主要传统曲目是《唐书五传》，在阜新市蒙古语广播电台录制了《罗强》、《罗通扫北》、《罗清明征西》等书目。杨铁龙现在收了20多个徒弟，宫天柱是其中之一，希望能把这门艺术传承下去。

韩英福

男，蒙古族，1963年生。2006年5月，乌力格尔被列入第一批国家级非物质文化遗产名录曲艺类，项目编号Ⅴ-40。2008年2月，韩英福入选为第二批国家级非物质文化遗产项目代表性传承人，由辽宁省阜新蒙古族自治县申报。

辽宁

Ⅴ-35 东北二人转

李秀媛

女，汉族，1939年10月生，2008年3月卒，辽宁省黑山县新立屯镇四合屯人。2006年5月，东北二人转被列入第一批国家级非物质文化遗产名录曲艺类，项目编号Ⅴ-35。2008年2月，李秀媛入选为第二批国家级非物质文化遗产项目代表性传承人，辽宁省黑山县申报。李秀媛艺名筱月霞，13岁开始演唱二人转，后师从庞奉的弟子李振山（滚地雷）学艺，是黑山二人转历史上第一位女艺人。她的表演台风大气，俗中见雅，演唱时声情并茂，韵味浓厚，尤以板头功夫见长。她的抱板、滚板、干板夺字，有如爆豆，紧凑明丽，不丢一板，不丢一字。

她还发展了一种滚板，把几种板式混在一起唱，滚起来抱，清脆利落，韵味绵长，这种功夫使其获得我国二人转专家马力的极高赞誉。在继承传统的基础上，李秀媛还特别善于学习姊妹艺术的长处，从京剧、评剧、梆子等戏剧品种中汲取精华。已知的300多个二人转剧目，她会唱60余部，以她为代表的黑山二人转是东北二人转的西派。代表作《大西厢》、《包公赔情》、《水漫蓝桥》、《猪八戒拱地》、《小拜年》等。从退休到离世之前，李秀媛在20多年间培养出来的学生有500余人，大多数都活跃在现在的二人转舞台上，有些还取得了优异成绩。

赵本山

男，汉族，1957年10月生，辽宁省铁岭市开原市人。2006年5月，东北二人转被列入第一批国家级非物质文化遗产名录曲艺类，项目编号Ⅴ-35。2008年2月，赵本山被入选为第二批国家级非物质文化遗产项目代表性传承人，辽宁省铁岭市申报。赵本山为国家一级演员。自幼开始跟二叔学艺。拉二胡、吹唢呐、抛手绢、打手玉子、唱小曲、二人转小帽等样样精通，三弦功底尤为突出。1986年调到铁岭市民间艺术团，与潘长江在沈阳一起演出二人转《大观灯》300余场，场场爆满，轰动东三省。赵本山既准确地掌握了传统东北"二人转"说口的节奏和韵律，还能根据现代观众的审美情趣，用现代词语以及乡村俚语创造出崭新的说口风格，语言节奏鲜明，十分上口，富有韵味。代表作有《摔三弦》、《大观灯》、《驱邪》、《双叩门》、《摘幌》、《一加一等于几》等。赵本山以二人转表演为基础，后成为小品演员，成绩斐然。2003年成立辽宁省民间艺术团、本山艺术学院等，培养大批学生。目前本山传媒炙手可热，与国际大牌传媒合作。但也有专家质疑赵本山目前传承的二人转非传统二人转。

吉林

V -35 东北二人转

王中堂

男，汉族，1934 年生，吉林省舒兰市人。2006 年 5 月，东北二人转被列入第一批国家级非物质文化遗产名录曲艺类，项目编号 V -35。2008 年 2 月，王中堂入选为第二批国家级非物质文化遗产项目代表性传承人，吉林省申报。王中堂 11 岁拜著名二人转艺人王云鹏（艺名双红）为师，专攻"上装"（旦角）。1952 年，王中堂进入舒兰县文工团从事二人转表演，因《金精戏窦》一炮走红。1954 年在北京为毛泽东等国家领导人进行表演。王中堂深入钻研二人转的表演技巧和理论体系，总结出"唱情不唱声，以情代声"、"快听字，慢听味"等二人转表演精要。其代表剧目有《大西厢》、《马寡妇开店》等。王中堂的二人转导演工作也卓有成就，他将自己的表演理念寓于剧目之中，完善了二人转欢快热闹、通俗易懂、跌宕有致、妙趣横生的特点，对二人转现代框架的奠定起到了重要推动作用。其导演的《包公断后》、《夫妻串门》、《西厢·幽会》一批剧目都曾获得全国性大奖，成为二人转经典保留剧目。因其突出贡献，获吉林省"二人转艺术突出成就奖"、"世纪艺术金奖"等荣誉。在吉林艺术学院现代学院几十年的教学生涯中培养出了一大批著名的二人转演员。

V -40 乌力格尔

包朝格柱

男，蒙古族，1969 年 10 月生，内蒙古通辽市科左中旗腰林毛都镇白音套海嘎查人。2006 年 5 月，乌力格尔被列入第一批国家级非物质文化遗产名录曲艺类，项目编号 V -40。2008 年 2 月，包朝格柱入选为第二批国家级非物质文化遗产项目代表性传承人，吉林省前郭尔罗斯蒙古族自治县申报。包朝格柱有一副好嗓子，从小就酷爱演唱蒙古族民歌。从 8 岁开始悟这门艺术，先后拜访根扎布、贡嘎、唐森林为师学习蒙古族民歌和蒙古族乌力格尔。包朝格柱演唱的长篇蒙古族琴书有《大唐》、《三国演义》等十几部书籍。他的表演在各类比赛中屡屡获奖。他和别人合作撰写的《蒙古族琴书教程》，填补了全国蒙古族琴书教程编撰史上的空白。2007 年 9 月，经前郭尔罗斯县委、县政府批准在草原文化馆成立了郭尔罗斯乌力格尔艺术研究所，包朝格柱为研究所所长，并全年对外免费招生，至今已有学员 40 多人。包朝格柱已经带出了一大批学生从事这门艺术的表演与传承，其中也包括他的外甥。

黑龙江

V -6 东北大鼓

夏晓华

女，汉族，1954 年生，吉林省榆林市人。2006 年 5 月，东北大鼓被列入第一批国家级非物质文化遗产名录曲艺类，项目编号 V -6。2008 年 2 月，夏晓华入选为第二批国家级非物质文化遗产代表性传承人，黑龙江省申报。夏晓华 6 岁学唱东北大鼓，8 岁登台演出，12 岁能唱 30 多个段子，16 岁进入黑龙江省双城市文工团，任专职演员，兼伴奏员、创作员，是东北大鼓第四代传人。她博取众家之长，拜名师学习三弦，弹唱两面，艺术精进。其理论专著《东北大鼓音乐艺术论》，填补了我国这一理论的空白，成为第一个撰写东北大鼓音乐理论专著的人。她还挖掘、整理长篇书目（道子）30余种、段子200多个、杂学20余万字。最近，她又自己投资50万元，将长篇东北大鼓《呼家将》制作成1000多分钟的动漫作品，希望借助电视平台传播东北大鼓这门民间艺术。2003年在天津曲艺学校开设了东北大鼓专业，其弟子邱淑华考入该校，成为进入高等学府的东北大鼓第一人。与此同时，在家中开设有长期班，学员们随时来随时学。每年寒暑假期间有两期集中班，每期20天。借此培养东北大鼓传人。

Ⅴ-35 东北二人转

赵晓波

女，汉族，1974年9月生，现住黑龙江省海伦市。2006年5月，东北二人转被列入第一批国家级非物质文化遗产名录曲艺类，项目编号Ⅴ-35。2008年2月，赵晓波入选为第二批国家级非物质文化遗产代表性传承人，黑龙江省海伦市申报。赵晓波17岁开始学习二人转，练就了扎实的北派二人转唱功。1996年，被召入黑龙江省海伦市人民艺术剧院。1997年，在黑龙江省首届绝活大赛中，表演《西厢写书》获表演一等奖。1998年，在中央电视台《曲苑杂坛》节目中录制《西厢抱板》，成为进入该栏目的第一位女二人转演员。与沈阳莎梦文化发展有限公司合作，录制传统正戏十几部，小帽20多首。赵晓波已成为"北派"二人转的新一代领军人物。2008年，开办"赵晓波二人转艺术传承基地"，以办学培养传承人，培训人数已达百人，并有多人考入各类艺术团体。

石桂芹

女，汉族，1948年生。2006年5月，东北二人转被列入第一批国家级非物质文化遗产名录曲艺类，项目编号Ⅴ-35。2008年2月，石桂芹入选为第二批国家级非物质文化遗产代表性传承人，黑龙江省海伦市申报。石桂芹是黑龙江"北派"二人转第四代传人，她10岁师从二人转第二代传人任刚学习二人转，随师傅在乡村演出。她嗓音甜润明快，表演细腻生动，高亢的唱腔与热烈的东北大秧歌舞蹈风韵独特。能演传统二人转段子百余出，尤擅抒情段子，悲喜皆能，惟妙惟肖。其扇子手绢表演技法独到，依据不同段子情节及人物，能舞出十几种技法，表现出不同风格特征，在《寒江》和《五更》等段子中的舞蹈表演堪称一绝。目前她是"北派"唱腔代表性人物之一。代表剧目有《西厢》、《十八里相送》和《王二姐思夫》等。其中《西厢》曾得到黑龙江著名二人转艺人"大彩霞"（吕鸿章）亲传，极具"北派"风范；现代剧目有《柳春桃》、《小鹰展翅》、《老民兵》和《墙里墙外》等。

Ⅴ-41 达斡尔族乌钦

色热

男，达斡尔族，1931年生，黑龙江省齐齐哈尔市梅里斯达斡尔族区人。2006年5月，达斡尔族乌钦被列入第一批国家级非物质文化遗产名录曲艺类，项目编号Ⅴ-41。2008年2月，色热入选为第二批国家级非物质文化遗产项目代表性传承人，黑龙江省申报。色热生长在乌钦艺人世家，在祖父祖母的熏陶下，年轻时就成了一名出色的乌钦演唱能手。色热创作的乌钦、民歌有《歌唱英雄黄继光》、《歌唱英雄邱少云》、《赴京路上》《祖国啊母亲》、《春到达乡来》、《各族人民聚北京》、《赞坤米乐》等。与他人合作翻译的达斡尔族长篇英雄史诗《少郎和岱夫》获得民间文学优秀作品奖，成为达斡尔族文学中的瑰宝。2008年出版的《色热乌钦集》是第一部达斡尔现代乌钦集，还出版了影像制品《色热创作演唱达斡尔族"乌钦"集》。

那音太

男，达斡尔族，1935 年 7 月生，2011 年 11 月卒，黑龙江省齐齐哈尔市梅里斯达斡尔族区人。2006 年 5 月，达斡尔族乌钦被列入第一批国家级非物质文化遗产名录曲艺类，项目编号Ⅴ-41。2008 年 2 月，那音太入选为第二批国家级非物质文化遗产项目代表性传承人，黑龙江省申报。那音太从七八岁起就在老人们讲故事、跳舞、说唱《少郎和岱夫》的环境中熏陶长大，使其对音乐产生了浓厚的兴趣。他曾拜二布库、胡瑞宝等艺人为师，既学达斡尔族传统"乌钦"的段子，也学四弦琴的演奏方法，特别是胡瑞宝的悉心指导和教唱长篇"乌钦"，更使他受益匪浅。那音太是当今达斡尔族艺人中唯一能创作、自拉自唱长篇"乌钦"的老艺术家。他创作的《马上的哥哥你在何方》被选为电影《傲蕾一兰》的插曲；曾把《四季歌》加以改编整理，增添新词，获得省、市文艺会演优秀作品奖；曾参与搜集翻译的"乌钦"《少郎和岱夫》，获全国优秀民间文艺作品二等奖。他以丰富、灵活的表演形式为一体，演绎了艰难、执着、顽强地传播达斡尔族传统音乐的演艺人生。因此而闻名。代表作还有《四季歌》、《高高的火焰》、《秃小子我不嫁给你》、《四色歌》、《老舍勒与嘎库热》、《少郎与岱夫》、《梅里斯达斡尔族人民奔小康》等。

Ⅴ-42 赫哲族伊玛堪

吴明新

男，赫哲族，黑龙江省饶河县西林子乡四排村人。2006 年 5 月，赫哲族伊玛堪被列入第一批国家级非物质文化遗产名录曲艺类，项目编号Ⅴ-42。2008 年 2 月，吴明新入选为第二批国家级非物质文化遗产项目代表性传承人，黑龙江省申报。吴明新的父亲吴连贵能唱出几天几夜的伊玛堪，记述"莫日根"（赫哲部落英雄）之事。从小耳濡目染，加上通过向父亲讨教，吴明新尽管不能完整地唱伊玛堪，但也记住了不少片段。1997 年，吴明新退休以后，遍访赫哲聚居区，找人学唱伊玛堪，现在他能够用赫哲语原汁原味地演唱伊玛堪片段，也善跳赫哲族舞蹈、演唱赫哲族民歌等。2008 年，他在佳木斯开办了全国第一个赫哲族语言、伊玛堪传习所，收了 40 多名学生，并在其传习所任教，指导青年的赫哲人演唱伊玛堪，并指导他们学习赫哲语。

吴宝臣

男，赫哲族，1960 年生，黑龙江省同江市街津口赫哲族乡人。2006 年 5 月，赫哲族伊玛堪被列入第一批国家级非物质文化遗产名录曲艺类，项目编号Ⅴ-42。2008 年 2 月，吴宝臣入选为第二批国家级非物质文化遗产项目代表性传承人，黑龙江省申报。吴宝臣幼年听祖父吴连贵（著名民间艺人）说唱伊玛堪，后向家叔吴明新学艺，学唱伊玛堪中的"撵鬼歌"等片段，能演唱伊玛堪多段。吴宝臣的演唱嗓音洪亮，曲调流畅，语汇生动。他在多年的说唱实践中，形成了高亢稳健、潇洒舒展的艺术风格。吴宝臣主要代表作有伊玛堪片断里的"撵鬼歌"、"祝福歌"等。1992 年吴宝臣获第三届中国艺术节荣誉奖；1998 年获黑龙江省民间歌手大赛演唱奖；2001 年，吴宝臣获中国赫哲族第六届乌日贡大会伊玛堪演唱特别奖。吴宝臣最得意的学生是孙忠魁，但是还不能出徒。

Ⅴ-43 鄂伦春族摩苏昆

莫宝凤

女，鄂伦春族，1936 年 12 月生，黑龙江省逊克县新鄂鄂伦春民族乡新鄂村人。2006 年 5 月，鄂伦春族摩苏昆被列入第一批国家级非物质文化遗产名录曲艺类，项目编号Ⅴ-43。2008 年 2 月，莫宝凤入选为第二批国家级非物质文化遗产项目代表性传承人，黑龙江省申报。莫宝凤生性聪颖好学，记忆力很好，从小就深受本民族民间文化的熏陶和影响，结识民间说唱家李水花后更加深了自己的艺术造诣。莫宝凤的歌词韵律合宜、语言精练、和谐优美，故事形象夸张、语言诙谐、比喻恰当，讲述时风趣生动。莫宝凤讲唱的已被记录整理的有多部长篇叙事作品和几十个短篇故事歌谣。其中包括《英雄格帕欠》（《莫日根说唱故事》）、《双飞鸟的传说》、《鹿的传说》、《雅林觉罕和额勒黑罕》等。莫宝凤掌握的鄂伦春族民间文化和手工技艺制作是世代相传的，因而具有很高的学术研究价值，对鄂伦春民族和北方通古斯语系的各民族的语言学、历史学、民俗学研究尤为重要。由于鄂伦春族没有文字，莫宝凤的演唱多数局限于村里和民族聚会上，很少对外演出。许多作品没有得到及时记录和保留，莫宝凤盼望着有传承人，把这些东西都能传承下去。

上海

Ⅴ-22 锣鼓书

谈敬德

男，汉族，1942年2月生，上海市人。2006年5月，锣鼓书被列入第一批国家级非物质文化遗产名录曲艺类，项目编号Ⅴ-22。2008年2月，谈敬德入选为第二批国家级非物质文化遗产项目代表性传承人，上海市南汇区申报。1961年谈敬德参加工作，与早年有名的锣鼓书艺人胡善言相遇，在老艺人影响下学习锣鼓书，同时多方拜访其他锣鼓书艺人，集众家之长于一身。在那个特殊年代，极端困难的情况下保存了锣鼓书。1979年，上海恢复群众文艺会演，

谈敬德创作的锣鼓书《桃李争春》摘得大奖。谈敬德在继承逻辑树的基础上，还对其进行了创新，把各地民进曲调糅进浦东锣鼓书。原来锣鼓书只有镗锣和书鼓，后来增加了竹节鼓、响板等，表演也从艺人弹唱变为双人或者多人，韵律、形式都大为丰富。其创作的《浦东大老倌》，共有30多人轮番上台表演，创下了锣鼓书之最。从20世纪60年代起，谈敬德就开始走访老艺人，整理、挖掘、挽救了《月令儿》、《东乡镗锣》等30多个古曲调、100多首曲目。锣鼓书成功申遗之后，他和同事们又发展了6个培训基地，为23所中小学音乐教师培训锣鼓书音乐唱腔，并专为4个培训基地表演队面授技艺。

康文英

女，汉族。2006年5月，锣鼓书被列入第一批国家级非物质文化遗产名录曲艺类，项目编号Ⅴ-22。2008年2月，康文英入选为第二批国家级非物质文化遗产项目代表性传承人，上海市南汇区申报。

江苏

Ⅴ-1 苏州评弹（苏州弹词）

邢晏芝

女，汉族，1948年生，江苏省苏州市人。2006年5月，苏州评弹（苏州弹词）被列入第一批国家级非物质文化遗产名录曲艺类，项目编号Ⅴ-1。2008年2月，邢晏芝入选为第二批国家级非物质文化遗产项目代表性传承人，江苏省苏州市申报。邢晏芝于1962年起师承其父——人称"开篇大王"的邢瑞庭，又与其兄邢晏春长期合作拼档演出。她天赋佳嗓，音色甜润，深得其父演绎流派的真传，尤精祁调、俞调及

杨派俞调。她在继承传统的基础上，脱胎于缠绵悱恻的俞调、祁调，汲取姐妹艺术唱腔的因素，创造了邢派唱腔——"晏芝调"。其代表作有长篇弹词《杨乃武》、《贩马记》，以及《密室相会》、《杜十娘》、《林黛玉》、《贵妃篇》等唱段开篇。现任苏州评弹学校副校长，培育了大量人才。每年每届招生60人左右，两三年后从中挑选天赋优秀、有志于评弹事业的学生成立"传承班"。每位进入"传承班"的学生都必须签订责任状，保证在离开学校之后的5—10年间从事评弹艺术表演。另外，邢晏芝和其兄邢宴春一起寻找"邢派"传人，作为自己的接班人。

金丽生

男，回族，1944年2月生，湖北省沔阳人，现居江苏省苏州市。2006年5月，苏州评弹（苏州弹词）被列入第一批国家级非物质文化遗产名录曲艺类，项目编号Ⅴ-1。2008年2月，金丽生入选为第二批国家级非物质文化遗产项目代表性传承人，江苏省苏州市申报。金丽生为国家一级演员。1961年考入苏州戏曲学校评弹部，毕业后入苏州人民评弹二团，师承弹词名家李仲康。在继承"李仲康调"的基础上，杂糅多种流派，并加以改革创新，形成了自己的演唱特色，说表及刻画人物生动，演唱感情充沛。其嗓音高亢响亮，音质醇厚，高亢有力，而且普通话好，擅起清代京官脚色。初放单档，后与徐淑娟拼档。曾参加全国曲艺新书（曲）目比赛获表演及作曲奖，并受文化部、中国曲协嘉奖；2000年第六届中国艺术节苏州评弹比赛中获优秀表演奖；弹词《四郎尽忠》获首届中国曲艺牡丹表演奖。代表作品有《杨乃武与小白菜》、《秦宫月》等。在任苏州市评弹团副团长时，培养了大批评弹人才，传徒有施斌、沈彬、郁群等。

Ⅴ-2 扬州评话

王丽堂

女，汉族，1940年5月生，江苏省扬州市人。2006年5月，扬州评话被列入第一批国家级非物质文化遗产名录曲艺类，项目编号Ⅴ-2。2008年2月，王丽堂入选为第二批国家级非物质文化遗产项目代表性传承人，江苏省申报。王丽堂出身于扬州评话艺人世家，7岁正式从祖父王少堂、父亲王筱堂学艺，10岁开始登台演出，被誉为"十岁红"。在扬州评话中，最经典的莫过于王派《水浒》，王玉堂、王少堂、王筱堂、王丽堂，四代传承，构成了中国曲艺史上的一段佳话。王丽堂继承和发展了"王派"评话艺术，将扬州评话说成了一门"甜、黏、锋、辣、脆、雅"的艺术，她说书吐字清楚，咬字讲韵，张弛有度，其祖父、父亲用"口传心授"的方式，将"王派"《水浒》4部书传给了她。为了保存扬州评话王派艺术，她将扬州评话"王派"《水浒》的代表性书目《武松》、《宋江》、《石秀》、《卢俊义》40回共350余万字整理成书，1995年由江苏文艺出版社出版。2010年，王丽堂获第六届中国曲艺"牡丹奖"终身成就奖。2009年6月，王丽堂被文化部授予"非物质文化遗产保护工作先进个人"称号。王丽堂用其《水浒》稿酬，成立了"王少堂扬州评话奖励基金"，用于奖励后起新秀。

李信堂

原名李少章，男，汉族，1934年生，江苏省扬州市人。2006年5月，苏州评弹（苏州弹词）被列入第一批国家级非物质文化遗产名录曲艺类，项目编号Ⅴ-1。2008年2月，李信堂入选为第二批国家级非物质文化遗产项目代表性传承人，江苏省申报。李信堂为国家一级演员。李信堂13岁随父亲扬州著名评话艺人李洪章学艺，之后又随王建章、王少堂学艺，为王派水浒传人之一。得评话大师王少堂艺术表演之真髓的同时，李信堂还进行了创新，将原来四平八稳的"念书"改为圆口夹喷口，有节奏的"诵书"；从坐着说书到站着说书；将传统评话的"口、眼、身、法、步"改为"口、手、身、步、神"。这些革新使其表演充满神韵，其演讲的"水浒"、"杨香武"名誉大江南北。同时，李信堂创作新书30多部，《江心洲》等5篇评话由中国曲协出版；1991年由春风文艺出版社出版改编的长篇评话《杨香武》选载于《中国评书评话精华》；1996年8月被邀请到丹麦参加"中国口头文学国际研讨会"，并受到各国专家好评。

浙江

Ⅴ-13 温州鼓词

阮世池

男，汉族，1929年10月生（一说1928年11月生），浙江省瑞安市安阳镇人。2006年5月，温州鼓词被列入第一批国家级非物质文化遗产名录曲艺类，项目编号Ⅴ-13。2008年2月，阮世池入选为第二批国家级非物质文化遗产项目代表性传承人，浙江省瑞安市申报。阮世池是温州鼓词第二代代表人物，温州鼓词"阮派"艺术创始人。12岁拜瑞安陶山温州鼓词名词师陶山华（名王启凡）为师，后重师陈宝生、陈阿奴先生，17岁以《十二红》、《五凤图》等名噪浙南。其演唱语言通俗易懂，吐字清晰，表情传神，唱腔婉约柔和，感情细腻，擅长肢体语言，以刻画大家闺秀、小家碧玉和农妇村姑见长，形成了"阮派"唱腔之纤细华美的独特风格。2001年被中国曲艺家协会授予"新中国曲艺五十年特别贡献艺术家"称号。代表词目《文武香球》、《十美图》，自编自唱或改编的现代词目有《破晓记》、《祖国处处有亲人》等数十篇，改编或整理的传统词目有《十二红》、《飞虎鞭》等。阮世池也培养了一批高水平的鼓词艺人，其学生多达数百人。

方克多

男，汉族，1942年生，浙江省平阳县人。2006年5月，温州鼓词被列入第一批国家级非物质文化遗产名录曲艺类，项目编号Ⅴ-13。2008年2月方克多入选为第二批国家级非物质文化遗产项目代表性传承人，浙江省瑞安市申报。1955年方克多师从苏方足先生，学习温州鼓词表演，并得到平阳县著名音乐家杨大伦先生悉心传授乐器演奏方法，同时还继承了陈昌牌、苏方足两位先生的温州鼓词表演技艺。方克多汲取各家所长，形成"唱词"别具一格的艺术特点。其中融合有京剧腔调，吐字清晰，发音纯正，唱腔婉转流畅，声情并茂，似戏曲又非戏曲，表白、滑口悠远，风格韵味独特。这样的唱腔配以炉火纯青的牛筋琴弹奏技艺，深厚的文化修养，使乡土气息浓厚的"鼓词"演绎出高雅的文化气息。被当地人称为"唱词多"。代表作有传统曲目《三请樊梨花》、《孟丽君》、《绿牡丹》，现代曲目《红灯记》、《沙家浜》、《杨立贝告状》、《法庭擒鹰》、《天地情》等。1982年方克多和胡平合唱的《智取龙潭桥》，获全国曲艺会演（南方片）表演、创作、作曲3个一等奖，是温州鼓词艺人获得的最高奖项。近年来，方克多培养了众多温州鼓词表演艺术家，如王合华、方君柱、高修超、林春燕、叶玲玲等。

Ⅴ-17 绍兴平湖调

郑关富

男，汉族，1945年生，浙江省绍兴市人。

2006 年 5 月，绍兴平湖调被列入第一批国家级非物质文化遗产名录曲艺类，项目编号 V -17。2008 年 2 月，郑关富入选为第二批国家级非物质文化遗产项目代表性传承人，浙江省绍兴市申报。1961 年郑关富考入绍兴曲艺训练班，师从绍兴平湖调名艺人胡绍祖、钱大可。郑关富的演唱特点，咬字清劲峭拔，嗓音明亮清脆，唱腔发声运气能与绍兴地方语言紧密结合，可以字行腔，唱腔风格独特；同时说表功力清脱自然，节奏流畅；三弦弹奏也非常灵活自然，传承了绍兴平湖调优雅的古老风格。其代表书目有《白蛇传》、《折桂亭》等；传统节诗《曾记梨花细雨天》、《单刀赴会》等。其自编自演的绍兴平湖调长篇书目《秦香莲》、《苏州两公差》等也颇有影响。郑关富曾长时期从事新曲艺作品的创作，诸多曲艺作品在省级曲艺调演、会演、比赛中获奖。2007 年由其与王玉英等主演的新曲目绍兴平湖调《白雪遗音》荣获文化部第十四届"群星奖"大奖和创作奖。近年来，郑关富一直奔波于各中小学传承基地，为抢救、保护和传承绍兴平湖调这一古老曲种，不遗余力悉心传授技艺。

王玉英

女，汉族，1945 年生，浙江省绍兴市人。2006 年 5 月，绍兴平湖调被列入第一批国家级非物质文化遗产名录曲艺类，项目编号 V -17。2008 年 2 月，王玉英入选为第二批国家级非物质文化遗产项目代表性传承人，浙江省绍兴市申报。1961 年，王玉英考入绍兴曲艺培训班，师从绍兴平湖调名艺人胡绍祖、钱大可先生。她继承了绍兴平湖调的传统，深谙古诗词韵律，唱句文辞典雅，讲究平仄格律。王玉英的唱腔清丽婉转，醇厚自然，擅奏琵琶，在自奏自唱或为他人唱腔伴奏上具有绍兴平湖调独特的艺术风格和魅力。擅长的绍兴平湖调传统书目有《白蛇传》、《珍珠塔》、《渔家乐》；传统节诗《曾记梨花细雨天》、《昭君出塞》、《西宫怨》和《春光好》等。王玉英自 20 世纪 80 年代中期起，记录、挖掘、整理古老的绍兴平湖调声腔做了大量工作，为传统曲目录音录像，留下了宝贵的艺术资料。2007 年与郑关富与王玉英等主演的新曲目绍兴平湖调《白雪遗音》荣获文化部第十四届"群星奖"大奖和创作奖。近年来为传承曲种而尽心竭力，在绍兴市群艺馆的帮助下举办了绍兴平湖调成人班和少儿班的培训。与马山镇车恂如小学合作，教授学生绍兴平湖调，该小学也成为绍兴平湖调教学传承基地。

V -23 绍兴莲花落

胡兆海

男，汉族，1949 年 10 月生，浙江省绍兴县人。2006 年 5 月，绍兴莲花落被列入第一批国家级非物质文化遗产名录曲艺类，项目编号 V -23。2008 年 2 月，胡兆海入选为第二批国家级非物质文化遗产项目代表性传承人，浙江省绍兴县申报。胡兆海 16 岁考入绍兴第三届戏曲训练班，后因"文革"，一度中断学习和演出。1973 年进绍兴曲艺团，成为绍兴莲花落演员。其间先后创作（与他人合作）和演出现代题材绍兴莲花落短篇曲目《三根扁担》、《团结渠》、《送表》、《跑马比枪》等，一时曾轰动绍兴城乡。其演唱行腔圆润甜糯，风味浓郁，说表及扮演人物不温不火，分寸准确，恰到好处。他擅长的中长篇曲目有《唐伯虎点秋香》、《上海奇案》、《血泪荡》、《一夜夫妻》等。1998 年创建绍兴市地方曲艺学校，致力于青年演员的培育，为传承发展绍兴莲花落作出了突出贡献。胡兆海所传授的学生有韩会稽、潘海良、施金裕（女）、陈祥平（女）等多人，现均为绍兴莲花落演员中的艺术骨干力量。

倪齐全

男，汉族，1949年1月生，浙江省绍兴县人。2006年5月，绍兴莲花落被列入第一批国家级非物质文化遗产名录曲艺类，项目编号Ⅴ-23。2008年2月，倪齐全入选为第二批国家级非物质文化遗产项目代表性传承人，浙江省绍兴县申报。1975年，倪齐全成为绍兴县曲艺团的一位业余演员。倪齐全的表演台风沉稳，吐字清晰，行腔流畅，韵味浓郁，说表层次分明，轻松幽默，表演举止洒脱，自如得当，刻画人物活灵活现，具有浓郁的乡土味，人物表演"跳进跳出"得当自如。他目前是创作、表演绍兴莲花落新曲目最多的演员。主要代表作有中长篇《智擒章如安》、《玉连环》、《王华买父》、《双鸳鸯》等；短篇《疯姑娘》、《阿Q与辫子》、《"傻瓜"闪光》、《卖座》、《救爹》等。1997年，以《"傻瓜"闪光》荣获了文华新节目奖、文华剧作奖、文华表演奖。同年，他创作的《卖座》在全国第七届群星奖戏剧曲艺比赛中获得金奖。2002年，参加全国第十一届群星奖曲艺比赛，他参与创作、表演的《救爹》获得了曲艺类金奖第一名。倪齐全带领和培养的徒弟、学生达20多人，如今任教于绍兴县富盛镇市级绍兴莲花落传承基地、绍兴小百花艺术学校国遗·绍兴地方曲艺传承班，培养莲花落接班人。

Ⅴ-38 小热昏

安忠文

男，汉族，1925年生，浙江省诸暨市人。2006年5月，小热昏被列入第一批国家级非物质文化遗产名录曲艺类，项目编号Ⅴ-38。2008年2月，安忠文入选为第二批国家级非物质文化遗产项目代表性传承人，浙江省杭州市申报。安忠文为了生计，从1942年开始从师于俞笑飞学习小热昏。安忠文代表作有《连环调》、《多余姑娘》、《赵老五养猪》、《曹佬佬借炸药》、《比媳妇》等。安忠文热爱演唱，积极辅导业余曲艺工作者。

周志华

男，汉族，1945年12月生。2006年5月，小热昏被列入第一批国家级非物质文化遗产名录曲艺类，项目编号Ⅴ-38。2008年2月，周志华入选为第二批国家级非物质文化遗产项目代表性传承人，浙江省杭州市申报。周志华从13岁时接触到滑稽戏，16岁开始在杭州滑稽剧团当起了一名曲艺演员。先后从师于吴剑伟、陈锦林学艺。早先以单档独脚戏形式表演为主，其后与胡梦、毛礼龙、陶一鸣、徐筱安等搭档表演。周志华在曲艺团说唱队时，得到了诸多名家的指点，在说、学、做、唱的基本功中以说见长，口齿清楚、咬字、吐字有力，抑扬顿挫、声情并茂。表演不温不火、自然真切，并以在说表中含书卷气、表演端庄大方著称。在技艺上更善用各地方言塑造人物，特别擅长杭州、萧山、上海、宁波、绍兴、苏北等地方言。周志华创作的主要作品有滑稽戏《爆炸滑稽音乐会》、《究竟谁是爹》、《美好家园》、《欢乐人家》、《钱塘阿哥》、《只要你过得比我好》；创作表演的独脚戏有《大与小》、《出口楼台会》、《水啊水》、《好字当头》；其他作品《瞎子算命》、《阿毛乘火车》、《借红灯》、《高级叫花子》等。

安徽

Ⅴ-36 凤阳花鼓

孙凤城

女，汉族，1951年生，安徽省凤阳县红心镇河塘底村人。2006 年 5 月，凤阳花鼓被列入第一批国家级非物质文化遗产名录曲艺类，项目编号 V -36。2008 年 2 月，孙凤城入选为第二批国家级非物质文化遗产项目代表性传承人，安徽省凤阳县申报。孙凤城出生在凤阳花鼓的发源地，其祖母和母亲都是当地著名花鼓艺人。四五岁时，母亲开始教她打花鼓。少年时期的她，既能唱旧调，又能表演新歌，在凤阳县城就以打花鼓出名。1971 年进入了凤阳县文工团，1983 年调入县文化馆。孙凤城除师从祖母、母亲外，还拜著名老艺人邵新兰、彭文彩等人为师，向她们系统地学习了大批传统剧目，并对凤阳花鼓的打法、舞步、花势、演唱等进行创新，将花鼓灯、卫调花鼓戏这两种民间艺术的精华，注入凤阳花鼓之中。2008 年她编导的《鼓乡情怀》在北京人民大会堂演出，获得了银奖。代表作有《凤阳花鼓真漂亮》、《幼儿园里添了大玩具》、《赶会》、《洪武还乡》、《凤凰又落花鼓乡》、《柳岸春晓》、《花鼓乐》。退休前，孙凤城为凤阳县各乡镇、村落的业余文艺演出队辅导排练，共举办了 100 多期花鼓培训班，培养了业余文艺骨干 2000 多人。现居深圳，一方面在全力培养小女儿刘艳艳；另一方面也准备把深圳作为自己传承凤阳花鼓的新基地。

福建

V -3 福州评话

陈如燕

女，汉族，1948 年生，福建省福州市人。2006 年 5 月，福州评话被列入第一批国家级非物质文化遗产名录曲艺类，项目编号 V -3。2008 年 2 月，陈如燕入选为第二批国家级非物质文化遗产项目代表性传承人，福建省福州市申报。

陈如燕 1959 年考入福州评话协会，师从著名评话表演艺术家陈长枝，颇得陈派艺术真传，书风端庄严谨，刻画细腻，唱白清晰流畅，语言有书卷气和时代感，表情高雅利落，在继承师傅的风格特点上又与刘民辉独创了双档对口评话，在艺术上不断创新，多年来获得奖项无数。2003 年开始在市艺术学校曲艺班、市曲艺团曲艺传习班教学，积极将评话技艺传授给弟子。

毛钦铭

男，汉族，1931 年生，福建省福州市人。2006 年 5 月，福州评话被列入第一批国家级非物质文化遗产名录曲艺类，项目编号 V -3。2008 年 2 月，毛钦铭入选为第二批国家级非物质文化遗产项目代表性传承人，福建省福州市申报。1947 年拜著名评话艺人、福州评话"三老"之一苏宝福为师，两年后出师，之后在演出中不断揣摩、练习，具有丰富的舞台表演经验、深厚的艺术造诣，能熟练地掌握评话表演艺术特点，能够演出的门类较多，包括有武侠、公堂、青衣等，被人称为多面手，成了福州评话的"八大将"之一。除表演外，他还能够自己改编、创作的评话，情节跌宕，悬念扣人，围台紧凑，情理通顺。其自编自演了近百本传统、现代书目，在国内享有盛誉。毛钦铭收徒的要求是一定要非常热爱这门艺术，并且有天分。不开班授徒，每次只教一个，根据学生特点进行授课。

V -15 福州伬艺

钱振华

男，汉族，1927 年生，福建省福州市人。2006 年 5 月，福州伬艺被列入第一批国家级非物质文化遗产名录曲艺类，项目编号 V -15。2008 年 2 月，钱振华入选为第二批国家级非物质文化遗产项目代表性传承人，福建省福州市申报。1939 年钱振华师从伬唱老艺人黄莲官学习伬唱表演，1960年进入福州市曲艺团。他年轻时擅长表演生角，晚年改演丑角，表演风格幽默风趣，唱腔功底深厚，如行云流水，说白清晰，能犀利地针砭时弊。几十年来致力于收徒授艺，培养了许多优秀的学生。

强淑如

女，汉族，1969年生，福建省福州市人。2006年5月，福州伬艺被列入第一批国家级非物质文化遗产名录曲艺类，项目编号Ⅴ-15。2008年2月强淑如入选为第二批国家级非物质文化遗产项目代表性传承人，福建省福州市申报。1991年强淑如拜著名伬唱表演艺术家陈润春为师，1994年进入福州市曲艺团工作。她认真钻研伬唱艺术，有丰富的舞台经验，深受观众和同行的好评。她自弹自唱，能一人多角色，表演细腻，感情丰富，唱腔字正腔圆，腔随情转，时而引吭高歌，时而如泣如诉。多年来，演出过许多广受群众欢迎的曲目。2007年获福建省第六届中青年演员比赛演员铜奖；2008年获福建省第三届曲艺节演员金奖、演出金奖。她热爱曲艺事业，热心传授技艺，积极培养伬唱艺术接班人，曾被评为福建省第三届推新人大赛的园丁奖。

Ⅴ-34 歌册（东山歌册）

蔡婉香

女，汉族，1934年生，福建省东山县铜陵镇人。2006年5月，歌册（东山歌册）被列入第一批国家级非物质文化遗产名录曲艺类，项目编号Ⅴ-34。2008年2月，蔡婉香入选为第二批国家级非物质文化遗产项目代表性传承人，福建省东山县申报。歌册是用潮州方言编写的，它以诗叙事，自明朝从广东潮州传入东山后，其曲调在民间歌手的演唱中不断嬗变，渐渐地被同化成别具海岛风味的东山歌册，东山妇女多会歌册。蔡婉香出身于铜陵镇桥雅街的一个"艺术之家"，受家庭熏陶和言传身教，加上口齿伶俐，声音甜美，她6岁会唱歌册，8岁就登台演出。她能熟唱数百部歌册，可以随时随地随意把传唱精妙的片段、背诵演唱，准确生动地通过韵律再现中间的每一个故事情节，声情并茂，被誉为声色不褪的"歌册王"。代表剧目《隋朝》、《包公》、《狄青》等几十个剧本。近年来为传承歌册不遗余力，与各级机构合作创办多所歌册传习所，传授歌册，并做歌册的搜集、整理、保存等工作。蔡婉香还借歌册，为海峡两岸歌册艺术交流作出了积极奉献。

黄春慧

女，汉族，1963年生。2006年5月，歌册（东山歌册）被列入第一批国家级非物质文化遗产名录曲艺类，项目编号Ⅴ-34。2008年2月，黄春慧入选为第二批国家级非物质文化遗产项目代表性传承人，福建省东山县申报。

Ⅴ-37 答嘴鼓

陈清平

男，汉族，1935年生，福建省同安县人。2006年5月，答嘴鼓被列入第一批国家级非物质文化遗产名录曲艺类，项目编号Ⅴ-37。2008年2月，陈清平入选为第二批国家级非物质文化遗产项目代表性传承人，福建省厦门市申报。陈清平小时候听讲古艺人曾歅讲古，喜欢上了闽南文艺创作。后来他向同安陈树硕老师学习闽南曲艺、戏剧，演出歌仔调、秧歌调、民歌调的闽南方言歌剧。20世纪70年代，陈清平拜答嘴鼓大师林鹏翔为师，深得其真传，在答嘴鼓的理解、创作和表演上有了新的飞跃。其作品《厦门地名学》、《梁祝新传》、《孩仔缘》、《征婚趣谈》在厦门市曲艺征文调演中蝉联"四连冠"。2000年以来，陈清平先后出版了《陈清平闽南曲艺戏剧选》、《闽南通》，并主编了《集美答嘴鼓》、《集美民间故事集》等书。不仅如此，陈清平还组建精神文明曲艺队，下乡为农民演出，有时还亲自登台。为了使答嘴鼓能够传承下去，陈清平自编教材，经常回到学校给学生讲课，培养答嘴鼓的创作队伍和年轻演员。

杨敏谋

男，汉族，1948 年生，福建省厦门市人。2006 年 5 月，答嘴鼓被列入第一批国家级非物质文化遗产名录曲艺类，项目编号Ⅴ-37。2008 年 2 月，杨敏谋入选为第二批国家级非物质文化遗产项目代表性传承人，福建省厦门市申报。杨敏谋从小在富有闽南文化氛围的巷头里弄成长。在长辈们讲故事、说段子和古仙"讲古"（闽南话叫"盛涎湫"）中接触闽南曲艺。后来跟着大人看方言曲艺、歌仔戏、高甲戏等。从中积累了许多绘声绘色的方言俚语，并开始学习丑角的眼神和动作。一个偶然机会认识了答嘴鼓大师林鹏翔，从而痴迷上了这门艺术。他表演的答嘴鼓语言生动，动作形象，还用答嘴鼓说广告，获得海峡两岸听众朋友的认可和喜爱。代表作品有《台北飞来的新娘》、《唐山过台湾》等。杨敏谋参加过上千人的会演，把厦门走了个遍。现在，杨敏谋在厦门卫视兼职讲古，还经常抽空到第八幼儿园，教小朋友们说上些篇幅短小的"小答嘴鼓"。

山东

Ⅴ-4 山东大鼓

左玉华

女，回族，1947 年生，山东省济南市人。2006 年 5 月，山东大鼓被列入第一批国家级非物质文化遗产名录曲艺类，项目编号Ⅴ-4。2008 年 2 月，左玉华入选为第二批国家级非物质文化遗产项目代表性传承人，山东省申报。左玉华 12 岁考入山东省曲艺团，拜享有盛誉的"四大玉"之一谢大玉为师，学习山东大鼓，后又兼工山东琴书。她是山东大鼓南口派代表人物"白妞"的第三代传人，也是谢大玉的关门弟子。左玉华的演唱高亢圆润、委婉动听、吐字清晰、韵味醇厚，充分体现南口派艺术的特色。她的台风舒展大方，典雅优美，既能用大功架展演古代大将风范，又能用柔媚声表现闺中少女，还能用沉着端庄表现古代圣贤的风度。在演唱中既能保持传统的特色，又独具特色。20 世纪 80 年代曾用 10 年时间帮助姚忠贤整理并弘扬山东琴书，1993 年与姚忠贤合作出版的山东琴书音像资料现已成为后人学习山东琴书的范本。1994 年在中央电视台录制并播映了专题录像《左玉华与梨花大鼓》，在海内外引起巨大影响，为山东曲艺的传承和发展作出了巨大的贡献。其常演曲目有 50 余首，代表作有《草船借箭》、《黛玉悲秋》、《宝玉探病》、《孟姜女哭长城》等。1978 年起在山东省艺术学院教授山东琴书。

Ⅴ-21 山东琴书

李湘云

女，汉族，1936 年生，山东省济宁金乡县李楼村人。2006 年 5 月，山东琴书被列入第一批国家级非物质文化遗产名录曲艺类，项目编号Ⅴ-21。2008 年 2 月，李湘云入选为第二批国家级非物质文化遗产项目代表性传承人，山东省申报。李湘云为山东琴书南路李派的第二代传人，是"李派"琴书卓有成绩的后继者。李湘云的父亲自幼随其父"李派"奠基人李凤兴和被誉为"铁嘴画眉儿"的兄长李若光学艺，尽得真传，李湘云正是在父亲的指导下学习山东琴书的。其8岁登台表演，12岁已在济宁曲坛有很大影响，听众送绰号"小红鞋"，与父亲搭档，珠联璧合。李湘云全面继承了南路山东琴书的风格和数十支传统曲牌，并在南路琴书牌子曲方面有所创新，如"叠断桥"、"上河调"、"银扭丝"等，朴实豪放，明快跳跃，既富有戏剧性的色彩，又包含浓厚的乡土气息。演唱上继承了李派俏皮、甜脆等特点，同时增加了柔美度。代表作有《水漫金山》、《盗灵芝》、《老邻居》、《老王卖瓜》《掐伙计》、《迎亲人》、《要婆家》、《小秃劝妻》、《贤良女劝丈夫》、《梁祝姻缘记》等。李湘云培养了大批学生，大都成为演出骨干，并在全国曲艺会演中获得金奖。

姚忠贤

男，汉族，1941年12月生，山东省济南市人。2006年5月，山东琴书被列入第一批国家级非物质文化遗产名录曲艺类，项目编号Ⅴ-21。2008年2月，姚忠贤入选为第二批国家级非物质文化遗产项目代表性传承人，山东省申报。姚忠贤是山东北路琴书唯一传人，国家一级演员。14岁时师从邓九如，继承发扬了山东琴书，姚忠贤根据多年的表演经验对山东琴书进行了一系列大胆改革，加快其节奏，力求词句短小精悍，加强琴书节奏美感。他广泛借鉴豫剧、越剧、流行歌曲等姊妹艺术的元素，并将流行歌曲的歌词、诗歌等引入琴曲，让山东琴书更加贴近现代观众。2000年，姚忠贤获中国曲艺牡丹奖。代表作有《反正话》、《梁祝下山》、《偷年糕》、《振超传艺》、《青藏高原》。先后培养了杨珀和罗晓静两个徒弟。2012年又成立了山东琴书传承班，为传承琴书艺术培养了一批后继人才。此外，他还先后录制了山东琴书演唱专辑，包括磁带、光盘和节目等，为传承琴书艺术留下了大批资料。

Ⅴ-39 山东快书

孙镇业

男，汉族，1944年3月生，2010年11月卒，山东省安丘县人。2006年5月，山东快书被列入第一批国家级非物质文化遗产名录曲艺类，项目编号Ⅴ-39。2008年2月，孙镇业入选为第二批国家级非物质文化遗产项目代表性传承人，山东省申报。孙镇业15岁考入山东省曲艺团，在1961年的时候跟随高元钧学艺，随后进入济南军区前卫歌舞团。孙镇业经过40多年的艺术生涯，形成了幽默风趣、粗犷潇洒、热情奔放，刻画人物细腻准确，渲染气氛浓淡相宜的表演风格。代表作品有《武松传》、《鲁智深》、《贺龙传》、《一代风流》等。孙镇业先后收刘旭、王泽利为徒来传承山东快书。

河南

Ⅴ-12 河洛大鼓

陆四辈

艺名"陆杏林"，男，汉族，1942年2月生，河南省洛阳市偃师县邙岭乡东蔡庄村人。2006年5月，河洛大鼓被列入第一批国家级非物质文化遗产名录曲艺类，项目编号Ⅴ-12。2008年2月，陆四辈入选为第二批国家级非物质文化遗产项目代表性传承人，河南省洛阳市申报。10岁起跟随父亲学艺，后师从河洛大鼓大师张天倍，为河洛大鼓第四代艺人。1958年，凭借着一段《民兵营长》，陆四辈很快在偃师县走红，随后他又被调到了偃师市文化馆曲艺队。陆四辈唱腔洪亮，动作大方，调门运用恰当。伴奏尤为出众，陆四辈还对河洛大鼓的伴奏体制进行了改革，在传统乐器坠胡、三弦之外，增加了二胡、板胡和琵琶等，丰富了河洛大鼓的伴奏音乐。1967 年，陆四辈和师兄段介平合作，先后创作了《平原枪声》、《黄河激浪》等名篇名段。20 世纪 70 年代由段介平演唱、陆四辈伴奏的河洛大鼓，三度晋京参加全国曲艺会演，并在中央人民广播电台录音展播。陆四辈目前正在整理记录河洛大鼓曲目，已整理出 20 多本手稿，书帽儿五十余个、中篇段子 40 余个、长篇大书《刘公案》、《哭红灯》、《回杯记》等 7 部。目前其儿子和孙子都在跟随他学习河洛大鼓。

Ⅴ -20 河南坠子

刘宗琴

女，汉族，1928 年 2 月生，河南省登封县大冶镇人。2006 年 5 月，河南坠子被列入第一批国家级非物质文化遗产名录曲艺类，项目编号 Ⅴ -20。2008 年 2 月，刘宗琴入选为第二批国家级非物质文化遗产项目代表性传承人，河南省申报。刘宗琴为国家一级演员。12 岁起拜刘魁为师习唱河南坠子，后又从义师程珂及刘世禄习艺，1954 年参加了河南省曲剧团。其表演的说表功力精深，"七分说，三分唱"，嗓音宽厚遒劲，表演粗犷豪放，具有地道的河南味儿。代表作品有《李逵夺鱼》、《杨家将》、《大红袍》、《女状元》等，先后荣获河南首届曲艺演出、演员双项优秀奖，首届曲艺创作中长篇二等奖等。《李逵夺鱼》由河南人民出版社收入《河南首届曲艺木偶皮影会演节目选》第二辑出版，《女状元》被评为全国首届曲艺会演优秀节目，由中央人民广播电台录播。刘宗琴已整理出版了 31.6 万字的《大红袍》唱词。曾在天津北方曲艺学校教授河南坠子，其徒弟中比较著名的有牛青兰、陈梅生，胡润芝等。

湖北

Ⅴ -32 鼓盆歌

望熙诰

男，汉族，1928 年生，2009 年 12 月卒，湖北省宜昌市人，后居荆州。2006 年 5 月，鼓盆歌被列入第一批国家级非物质文化遗产名录曲艺类，项目编号 Ⅴ -32。2008 年 2 月，望熙诰入选为第二批国家级非物质文化遗产项目代表性传承人，湖北省荆州市申报。源于我国古代的"击缶"、"鼓盆"。上古时期的"瓴缶之乐"几近绝迹，唯有埋藏于沙市民间的这朵文化奇葩"鼓盆歌"，因载于民间丧事礼俗得以幸存至今。望熙诰 1946 年来到沙市，听到民间艺人唱鼓盆歌后，兴趣无穷。之后拜知名艺人王兴周为师，开始系统地学习唱腔与记诵唱段。出师之后，受邀到办丧事或祝寿之家鼓盆而歌，随之名声远扬。其一生 60 余年学唱、研究鼓盆歌，除自己多年进行鼓盆歌演出外，其家中还保留大量鼓盆歌唱段，且一直从事鼓盆歌资料的搜集、整理工作。整理的唱词已有 400 多个。

Ⅴ -33 汉川善书

徐忠德

男，1934 年生，湖北省汉川市人。2006 年 5 月，汉川善书被列入第一批国家级非物质文化遗产名录曲艺类，项目编号 Ⅴ -33。2008 年 2 月，徐忠德入选为第二批国家级非物质文化遗产项目代表性传承人，湖北省汉川市申报。徐忠德 1969 年正式拜著名汉川善书艺人卢维琴为师，学成后，常年在武汉、云梦、应城及汉川各乡镇宣讲汉川善书。在演艺生涯中，其一直从事主讲，同时，也精通宣词。主讲，主要是"讲故事"；

宣词是"说兼唱",它要随故事情节的不同,分扮各种角色上场或退场。善书原为一人宣讲,后来发展为三人或多人同台宣讲。徐忠德往往是一个人演"活"一个大舞台。悲伤时要使听者声泪俱下;笑料处,要让看者无不捧腹。除善于表演外,徐忠德还积极从事善书案传创作,近40年,他创作了《珍珠塔》、《秦香莲前传》、《秦香莲后传》、《杨乃武与小白菜》、《三子不认娘》等100余部作品。培养了熊乃国、周春娥、叶芳华、徐德华、张运香、黄春桃等一批弟子。

湖南

V-27 常德丝弦

谌晓辉

女,汉族,1954年7月生,湖南省常德市人。2006年5月,常德丝弦被列入第一批国家级非物质文化遗产名录曲艺类,项目编号V-27。2008年2月,谌晓辉入选为第二批国家级非物质文化遗产项目代表性传承人,湖南省常德市申报。谌晓辉1971年拜丝弦老艺人代望本为师,掌握了常德丝弦基本唱法,排演了诸多常德丝弦剧目。谌晓辉从事曲艺演唱36年,其嗓音条件优美,吐字清晰,发音准确,基本唱功扎实。目前主要从事少儿艺术团工作,教授少儿丝弦,并创造了少儿丝弦系列节目,多次获得全国、省、市大奖。代表作有儿童丝弦《悄悄话》、《街街走》、《月亮巴巴》、《童年》、《打水仗》、《马马嘟嘟骑》等,为常德丝弦的传承与发展作出了贡献。

朱晓玲

女,汉族,1969年9月生,湖南省常德市人。2006年5月,常德丝弦被列入第一批国家级非物质文化遗产名录曲艺类,项目编号V-27。2008年2月,朱晓玲入选为第二批国家级非物质文化遗产项目代表性传承人,湖南省常德市申报。朱晓玲1985年考入湖南省艺术学校,师承杨建娥老师。掌握了常德丝弦的演唱风格与表演形式,现继承的传统剧目与新编剧目达40多个。1989年8月,有幸得到常德丝弦老一辈传承人戴望本老师的亲自指点。其台风严谨、嗓音甜美、表演细腻、唱腔字正腔圆、善于刻画人物。其表演多次获各类奖项,从1997年开始,连续3年获得文化部组织评选的群星奖金奖,并获得曲艺最高奖牡丹奖;2010年在法国巴黎第一个唱响常德丝弦,表演的《常德是个好地方》获巴黎卢浮奖等。代表作有《洞房悄悄话》、《瓜中情》、《待挂的金匾》、《旋转的钞票》等。目前主要从事丝弦表演,以及常德丝弦的继承、普及与推广工作。现有学生熊丽霞、黄志敏、邓丹叶等8人。

广东

V-31 龙舟说唱

伍于筹

男,汉族,1928年6月生,2008年6月卒,广东省佛山市顺德区杏坛镇古郎村人。2006年5月,龙舟说唱被列入第一批国家级非物质文化遗产名录曲艺类,项目编号V-31。2008年2月伍于筹入选为第二批国家级非物质文化遗产项目代表性传承人,广东省佛山市顺德区申报。伍于筹并未真正拜师学龙舟说唱,只是有过五六年的时间,以唱龙舟为生的"龙舟德"、"龙舟九"等一批"龙舟公"白天出外卖唱演出,晚上常寄宿在伍家,他因而也就跟着学了一些。他的歌声明快悦耳、通俗易懂,音色甜润,吐字清楚，行腔婉转，韵味醇厚，演唱时声情并茂，与铿锵有力、挥洒自如的鼓点，配合得天衣无缝，把粤曲的优点巧妙地融入龙舟说唱中，还能在不同的场合即景生情，即兴发挥。代表作有《武松打虎》等。自编自演了《夫妻和顺》、《老师教学生》等龙舟曲目。2006年10月荣获杏坛镇非物质文化遗产"龙舟说唱"大赛冠军。去世之前已传授学生30多人。

尤学尧

男，汉族，1939年7月生，2010年9月卒，广东省佛山市顺德区北水村人。2006年5月，龙舟说唱被列入第一批国家级非物质文化遗产名录曲艺类，项目编号Ⅴ-31。2008年2月，尤学尧入选为第二批国家级非物质文化遗产项目代表性传承人，广东省佛山市顺德区申报。尤学尧1984年拜杏坛镇龙舟振——尤振发为师学唱龙舟歌，他继承了师傅尤振发的演唱风格，吐字清楚，行腔简朴，方言唱词多变有趣，鼓点简朴自然、铿锵有力。"文革"期间，因龙舟说唱被禁，尤学尧把所有的龙舟书付之一炬。直到20世纪80年代后，尤学尧才真正以龙舟说唱艺人的身份行走江湖。自编自演龙舟歌曲有《八字贺正歌》、《真正是景色威》、《旺老、旺少、旺仔、旺孙》、《送龙舟》等作品。2006年杏坛镇举办龙舟说唱培训班尤学尧被聘为顾问，并被评为杏坛镇优秀龙舟说唱艺人。1993年起，将龙舟说唱技艺传授给龙潭大社吴国忠，同时在杏坛镇举办的龙舟说唱培训班中，积极协助老师培训学员。

伍于筹、尤学尧相继离世后，有40年说唱经验的陈振球被推荐评为省级非遗传人，挑起"龙舟说唱"的重担。陈振球人称"辉叔"，顺德龙潭村人。

贵州

Ⅴ-46 布依族八音坐唱

梁秀江

男，布依族，1950年8月生，贵州省兴义市巴结镇田寨村人。2006年5月，布依族八音坐唱被列入第一批国家级非物质文化遗产名录曲艺类，项目编号Ⅴ-46。2008年2月，梁秀江入选为第二批国家级非物质文化遗产项目代表性传承人，贵州省兴义市申报。梁秀江从1959年开始跟父亲梁德超学习八音演奏技艺，后拜布依老艺人罗老卜为师。梁秀江能进行八音队的演奏，操牛骨胡、勒尤、竹笛并能演唱，还可以根据八音曲调进行编曲、套曲并填词。代表曲目有《八音贺喜》、《敬酒歌》、《共产党是水，老百姓是鱼》等，传承的曲目有《琵琶记》、《看山穿》、《穆桂英》、《武显王闹花灯》等。梁秀江在任巴结民族文化站站长期间编排了一批颇有质量的节目。培养弟子韦安枕等几十名，他的女儿欧阳开燕是八音得力的继承人。

吴天玉

男，布依族，1953年7月生，贵州省兴义市则戎乡平寨村人。2006年5月，布依族八音坐唱被列入第一批国家级非物质文化遗产名录曲艺类，项目编号Ⅴ-46。2008年2月，吴天玉入选为第二批国家级非物质文化遗产项目代表性传承人，贵州省兴义市申报。吴天玉从1962年开始师从自己的父亲吴尚叔学习布依族八音技艺，由于布依族没有文字，在传授过程中只能口传心授。主要作品有《迎客调》等。吴天玉1997年参加则戎乡布依第一表演队，参加演出数百场。演出之余在村子里教习弟子。

陕西

Ⅴ-14 陕北说书

韩应莲

女，汉族，1957 年 6 月生，陕西省延安市人。2006 年 5 月，陕北说书被列入第一批国家级非物质文化遗产名录曲艺类，项目编号Ⅴ-14。2008 年 2 月，韩应莲入选为第二批国家级非物质文化遗产项目代表性传承人，陕西省延安市申报。韩应莲为国家二级演员。自幼随父亲陕北著名说书表演艺术家韩起祥学习陕北说书，在三弦演奏方面和说唱方面得其父韩起祥真传，保持着双音调的风格，承继着"韩起祥的帅"的风格。在表演过程中能准确把握人物性格，其道白时语速酣畅淋漓，口齿清晰，具有典型的"韩派"风格。其代表作《杨步浩进京》获陕西省"瓦窑堡杯"曲艺大赛个人表演一等奖；《延安新貌》荣获中国曲艺（北方片）牡丹奖铜奖；《延安欢迎朋友来》获全国第十一届群众奖金奖。2004 年起，在延安市群艺馆传授陕北说书。

解明生

男，汉族，1952 年 10 月生，陕西省安塞县高桥乡高桥村人。2006 年 5 月，陕北说书被列入第一批国家级非物质文化遗产名录曲艺类，项目编号Ⅴ-14。2008 年 2 月，解明生入选为第二批国家级非物质文化遗产项目代表性传承人，陕西省延安市申报。解明生 13 岁时，跟随著名陕北说书表演艺术家张俊功学习陕北说书。在继承张俊功流派风格的基础上，不断探索创新，探索出了自己的路子。他是陕北说书行中使用单音定弦的第一人，技艺精湛，堪称一绝。除三弦外，还擅长板胡、二胡、笛子、琵琶、扬琴等乐器。说书吐字清晰，唱腔圆滑，台风严谨。

其代表作有《呼延庆打擂》、《花柳记》、《刘巧儿团圆》、《翻身记》等。解明生于 20 世纪 70 年代就曾在安塞、吴起、靖边等县举办过陕北说书培训班，直接或间接带出了 80 多位弟子。著名的如赵华英（男，1962 年生），现为陕北说书第四代传人。

Ⅴ-28 榆林小曲

林玉碧

男，汉族，1945 年 11 月（一说 1946 年 7 月）生，陕西省榆林市榆阳区四方台村人。2006 年 5 月，榆林小曲被列入第一批国家级非物质文化遗产名录曲艺类，项目编号Ⅴ-28。2008 年 2 月，林玉碧入选为第二批国家级非物质文化遗产项目代表性传承人，陕西省榆林市申报。林玉碧成长于"榆林小曲"世家。其父林懋森，是榆林著名的老中医，享有盛名的老一辈小曲艺人。林玉碧从小耳濡目染，8 岁便跟随父亲学唱、学奏"榆林小曲"，掌握了小调、中调和难度颇大的大调演唱技巧，及小曲主要伴奏乐器的演奏手法。15 岁拜叶子峰老先生为师，学习扬琴演奏，深得其真传；16 岁师从张建汉老先生学习三弦演奏。同年开始同其兄长林玉书学习京胡演奏。之后陆续学习了琵琶、古筝等乐器的演奏。从艺 50 余年，从未间断过对榆林小曲的搜集和钻研，传承了诸多濒临失传的曲目。

王青

男，汉族，1954 年 1 月生，陕西省榆林市人。2006 年 5 月，榆林小曲被列入第一批国家级非物质文化遗产名录曲艺类，项目编号Ⅴ-28。2008 年 2 月，王青入选为第二批国家级非物质文化遗产项目代表性传承人，陕西省榆林市申报。王青的祖父王级三（1886—1956）是著名的榆林小曲扬琴艺人，父亲王子英（1910—1973）是知名的榆林小曲古筝演奏者。王青从小受到家庭熏陶，14 岁时跟随其父王子英学弹三弦、琵琶，目前是榆林小曲乐队中主要的琵琶手。2006 年，王青成立了榆林小曲研究会，自任会长，有会员 30 多人。榆林小曲研究会每周末都会在榆林市南门广场为市民义务演出，研究会的各类演出、传习活动不断。王青与研究会一起还整理、出版了《榆林小曲专辑》。但目前榆林小曲后继乏人。

甘肃

Ⅴ-19 贤孝（凉州贤孝）

冯兰芳

女，汉族，1966 年生，甘肃省武威市柏树乡中畦村人。2006 年 5 月，贤孝（凉州贤孝）被列入第一批国家级非物质文化遗产名录曲艺类，项目编号 Ⅴ-19。2008 年 2 月，冯兰芳入选为第二批国家级非物质文化遗产项目代表性传承人，甘肃省武威市申报。贤孝多为甘肃武威地区盲人所表演，冯兰芳是先天性盲人，自小跟着家人学艺，也曾拜他人为师。因其心灵且勤快，师满时三弦、二胡、唢呐、琵琶等乐器已全部掌握，尤以三弦和二胡为精。冯兰芳与其三哥冯光生、四哥冯光涛合称"冯氏组合"。该组合多才多艺，三弦、二胡、唢呐、琵琶皆能操控，他们的表演深受观众喜爱。代表性曲目有《老来难》、《王哥放羊》、《十唱共产党》等。目前冯兰芳和其他凉州贤孝艺人常在武威市文化广场表演。在武威各地也有不少人学习贤孝，尤以四坝镇为突出，甚至不少非盲人也来学习。

备注：凉州区校尉乡陈庄村的叶玉仙、清水乡白塔村的张天茂、高坝镇同益村的丁银同是当地公认的贤孝艺人。71 岁的四坝镇艺人王月也是当地著名的贤孝艺人。

新疆

Ⅴ-30 新疆曲子

郭天禄

男，回族，1937 年生，新疆维吾尔自治区昌吉回族自治州木垒县人。2006 年 5 月，新疆曲子被列入第一批国家级非物质文化遗产名录曲艺类，项目编号 Ⅴ-30。2008 年 2 月，郭天禄入选为第二批国家级非物质文化遗产项目代表性传承人，新疆维吾尔自治区昌吉回族自治州申报。郭天禄 12 岁跟随父亲学习弹三弦，1960 年因偶然的机遇向新疆曲子的创始人张生财学习。郭天禄对于新疆曲子极为痴迷，只要听说哪里有精通新疆曲子的民间艺人，他都前去拜访，相互交流、切磋技艺。10 多年来，他挖掘、整理、抢救了一大批濒临失传的民间新疆曲子。代表作有《小放牛》、《张先生醉酒》、《王三要钱》。1992 年，郭天禄成立了芦河松新疆曲子剧社。该剧社常深入农村、社区演出，培养新人。他还帮助农村各乡镇办起了 12 个新疆曲子自乐班，培养出 270 多人专唱曲子，弹三弦的徒弟有 21 人。仅 2012 年，他就先后在城乡举办了 14 期新疆曲子培训班，为新疆曲子传承作出了突出贡献。

侯毓敏

男，回族，1938 年生，2008 年 4 月卒，新疆维吾尔自治区昌吉回族自治州奇台县人。2006 年 5 月，新疆曲子被列入第一批国家级非物质文化遗产名录曲艺类，项目编号 Ⅴ-30。2008 年 2 月，侯毓敏入选为第二批国家级非物质文化遗产项目代表性传承人，新疆维吾尔自治区昌吉回族自治州申报。侯毓敏 10 岁拜锡伯族新疆曲子艺人谭秀英为师，后又师从刘子福、何子和，专攻旦角，14 岁出师，很快便以唱腔甜润、扮相俊美、身段婀娜走红，成为轰动一时的"当红花旦"。侯毓敏非常注重汲取其他剧种优点，打破了过去新疆曲子表演死板、唱腔固定等框框，对新疆曲子旧有的不化妆、不穿戏装、不带道具的演出形式加以改善，并不断推陈出新，甚至还将维吾尔族舞蹈中的动作移植到新疆曲子中。其整理有《杜十娘怒沉百宝箱》、《十八送》、《小放牛》、《千里送京娘》、《杀楼》、《李彦贵卖水》等数十个优秀传统曲子剧目。

第三批国家级非物质文化遗产项目代表性传承人

北京

Ⅴ-57 北京评书

连丽如

（编号：03-1173），女，满族，1942年生，北京市人。2008年6月，北京评书被列入第二批国家级非物质文化遗产名录曲艺类，项目编号Ⅴ-57。2009年6月，连丽如入选为第三批国家级非物质文化遗产项目代表性传承人，北京市宣武区申报。连丽如为国家一级演员。其父亲是著名评书艺术家连阔如，1960年连丽如开始跟随父亲学说评书，半年后就登台表演，目前是北京连派评书唯一传人。连丽如的表演语言生动，情节曲折，人物性格特点突出。其代表作有《东汉演义》、《三国演义》、《隋唐演义》、《明英烈》等。几十年来她整理出版、录制大量评书精品，致力于评书艺术的传承，并在国际上产生很大影响。连丽如收徒比较慎重，直到2007年才正式收徒，共收徒6人，包括李菁和王玥波两个义子。2013年，连丽如获"第二届中华非物质文化遗产传承人薪传奖"。

天津

Ⅴ-10 京东大鼓

董湘昆

（编号：03-1160），男，汉族，1927年生，2013年5月卒，天津市宝坻县人。2006年5月，京东大鼓被列入第一批国家级非物质文化遗产名录曲艺类，项目编号Ⅴ-10。2009年6月，董湘昆入选为第三批国家级非物质文化遗产项目代表性传承人，天津市宝坻区申报。董湘昆1954年拜京东大鼓名家刘文斌为师。他在继承老一辈艺人的唱腔和表演风格的基础上，发展和创新了京东大鼓艺术，使其与现实生活紧密结合，使这一曲种家喻户晓。他的演唱朴实真挚，刚健稳重，充分表现了京东大鼓淳朴健康、豪放爽朗、顿挫分明、抑扬有度的艺术特点；在对唱腔不断加工和丰富的基础上，发展出了能够适应新事物的"董派京东大鼓"。2007年，由中国文史出版社出版《董湘昆京东大鼓文集》。其代表作有《送女上大学》等。从艺多年来，他身体力行，积极参与京东大鼓这一曲种的保护和传承工作，他先后收徒60余人，为京东大鼓艺术的发展注入了生机。因在京东大鼓禅城上的突出贡献，2012年获"首届中华非物质文化遗产项目代表性传承人薪传奖"。

Ⅴ-47 相声

常宝霆

（编号：03-1168），艺名三蘑菇，男，满族，1929年生，天津市人。2008年6月，相声被列入第二批国家级非物质文化遗产名录曲艺类，项目编号Ⅴ-47。2009年6月，常宝霆入选为第三批国家级非物质文化遗产项目代表性传承人，天津市申报。常宝霆为国家一级演员，是中国近、现代相声界"常氏相声"的嫡系传人。其父常连安是20世纪30年代相声大家，其兄常宝堃是一代相声大师。常宝霆自幼随父学艺，9岁登台，11岁在北京启明茶社"相声大会"演出，搭档为白全福，12岁拜郭荣起为师。他博采众家之长，常宝霆的表演洒脱明快，擅长贯口活儿、柳活儿，他的表演娴熟，闹而不喧，热烈火爆，干脆流畅，具有帅派风格。1951 年以后开始尝试创作相声，创作并演出《我爱乒乓球》、《水车问题》等。代表作有《听广播》、《卖布头》、《洋药方》、《大审案》、《一支新花》等。1992 年，常宝霆从天津市曲艺团调入天津市艺术咨询委员会，专门从事对传统艺术的整理、挖掘和对年轻演员的传、帮、带工作，他弟子很多，如王佩元。

河北

Ⅴ-8 乐亭大鼓

王立岩

（编号：03-1159），女，汉族，1936 年生，河北省乐亭县人。2006 年 5 月，乐亭大鼓被列入第一批国家级非物质文化遗产名录曲艺类，项目编号Ⅴ-8。2009 年 6 月，王立岩入选为第三批国家级非物质文化遗产项目代表性传承人，河北省乐亭县申报。1962 年王立岩跟随乐亭大鼓韩派创始人、她的公公韩香圃学习乐亭大鼓，并加入乐亭县曲艺队。王立岩嗓音宽宏，穿透力强，发音、行腔、送音均严格遵守韩派唱腔规范，精益求精，一丝不苟，表演含蓄大方惟妙惟肖，刻画人物淋漓尽致；她还善于吸收众家之长融入自己的演唱实践，经多年潜心研究，形成独特的演唱风格。其代表作有《回杯记》、《包公案》等。她一生从艺不辍，致力于乐亭大鼓的改革、创新及人才培养，晚年仍利用各种形式教授学员 20 多名。

山西

Ⅴ-62 襄垣鼓书

王俊川

（编号：03-1179），男，汉族，1938 年生，山西省襄垣县古韩镇西关村人。2008 年 6 月，襄垣鼓书被列入第二批国家级非物质文化遗产名录曲艺类，项目编号Ⅴ-62。2009 年 6 月，王俊川入选为第三批国家级非物质文化遗产项目代表性传承人，山西省襄垣县申报。王俊川 1951 年参加曲艺队，先学河南坠子，出师后又拜师董财源学习襄垣鼓书，17 岁开始领班演出。他的技术比较全面，在演唱方面，嗓音好，声音洪亮，字正腔圆，既能说书，又能唱戏。在伴奏方面，既能一人熟练操作七种打击乐器，又能熟练演奏二簧、二把、月琴、三弦、二胡、唢呐、笙等管弦乐器。他的代表书目有《徐公案》、《五女兴唐传》、《清烈传》、《雷保童投亲》等。他有学生 10 多名，正式徒弟 4 名，董海兰已是襄垣鼓书的全把式，但也有两名已经离开鼓书行当。目前襄垣鼓书也处于衰落时期，王俊川正在用盲文从事鼓书的整理工作，希望能将过去口口相传的鼓书内容记录下来，目前已经完成的有《回文屏》、《徐公案》、《清烈传》、《呼延庆打擂》、《包公案》、《响马传》、《五女兴唐传》、《卖油郎独占花魁》等 20 多部。

备注：襄垣鼓书艺人多为盲人，分东派和西派，东派代表人物是第六代董财源，西派代表人物是第七代郑化龙，两人都已去世。比较知名的艺人还有武茂堂、王俊川、冯春喜、王爱连等。

V -64 三弦书（沁州三弦书）

栗四文

（编号：03-1180），男，汉族，1961年生，山西省沁县人。2008年6月，三弦书(沁州三弦书)被列入第二批国家级非物质文化遗产名录曲艺类，项目编号V -64。2009年6月，栗四文入选为第三批国家级非物质文化遗产项目代表性传承人，山西省沁县申报。栗四文1979年投师阎玉清门下学唱沁州三弦书，出徒后，成为沁县盲人曲艺团的台柱子。其嗓音独特，表现力丰富，尤其是三弦技法极为精湛。代表作有《烈女传》、《汗衫记》、《金钟记》等。沁县三弦可以上溯至清代，至今已有9代传人，多为盲人。但随着时代的发展，三弦也在逐渐衰落，目前沁县盲人艺术团共有23人，能说全本的仅有4人。目前沁县政府已经整理了一部分三弦曲本，也对三弦的表演形式等进行创新和改革，在沁县职业中学开办了"沁州三弦书"，希望能够将其传承下去。

辽宁

V -57 北京评书

单田芳

（编号：03-1174），男，汉族，1934年12月生，辽宁省营口市人。2008年6月，北京评书被列入第二批国家级非物质文化遗产名录曲艺类，项目编号V -57。2009年6月，单田芳入选为第三批国家级非物质文化遗产项目代表性传承人，辽宁省鞍山市申报。单田芳出身曲艺世家，七八岁时就学会了一些传统书目，1953年拜李庆海为师学习说书。1955年参加鞍山市曲艺团，得到西河大鼓名家赵玉峰和评书名家杨田荣的指点，艺术水平大进。单田芳嗓音独特，他播讲的评书，特别是传统评书，极具艺术魅力，将历史知识、中华民族优良传统与形象逼真的说书技法融会贯通，使听众在获得艺术享受的同时，也潜移默化地接受了一种道德教育和情操陶冶，具有很高的美学价值，继承和发展了传统评书文化，是评书界四大家之一。他的评书，有录音记录的就有100多部，在全国500多家电台、电视台播出，整理编著17套28种传统评书。可以说，单田芳的评书影响了中国几代人。他也因此获中国曲艺牡丹奖"终身成就奖"。代表作有《三国》、《隋唐》、《明英烈》等。截至2010年，单田芳共收徒30名，相声界的常宽、孙刚等都是单田芳的学生，但承其衣钵者还没有。

刘兰芳

（编号：03-1175），女，满族，1944年1月生，辽宁省辽阳市人。2008年6月，北京评书被列入第二批国家级非物质文化遗产名录曲艺类，项目编号V -57。2009年6月，刘兰芳入选为第三批国家级非物质文化遗产项目代表性传承人，辽宁省鞍山市申报。刘兰芳自幼跟随母学唱东北大鼓，16岁入鞍山市曲艺团。曾拜孙惠文、赵玉峰等著名艺人为师，学习北京评书。刘兰芳的评书声音洪亮、神定气足，干练中透着豪迈，节奏性强，给人一种铿锵起伏的韵律美，是评书界四大家之一。她播讲的长篇评书《岳飞传》，从1979年开始，先后有百余家电台播出，轰动全国，影响海外，获全国广播评书一等奖。其后整理改编并播出《杨家将》、《红楼梦》等。《岳飞传》和《杨家将》选入《中国传统十大评书经典》。其他代表作还有《三打乌龙镇》、《白牡丹行动》、《赵匡胤演义》、《刘金定大战南唐》、《小将岳云》等。为传承北京评书艺术，2009年刘兰芳正式收下刘朝、王池良等11人为徒。

田连元

（编号：03-1176），原名田长庚，男，汉族，1941年12月生，祖籍河北省盐山县人，出生于吉林省长春市。2008年6月，北京评书被列入第二批国家级非物质文化遗产名录曲艺类，项目编号Ⅴ-57。2009年6月，田连元入选为第三批国家级非物质文化遗产项目代表性传承人，辽宁省本溪市申报。田连元出身说书世家，祖父田锡贵是著名沧州木板艺人，父亲田庆瑞先说东北大鼓、西河大鼓。田连元9岁拜王起胜为师，学唱西河大鼓兼练三弦；20岁进入本溪曲艺团。田连元的表演语气凝练，风格清新，不拘泥于传统程式，人物刻画颇具新意，深受广大观众、听众的欢迎，是评书界四大家之一。他是第一位将评书引入电视的表演艺术家，1985年他录制的长篇评书《杨家将》在全国各地电视台交换播出反响强烈。其代表作有《杨家将》、《刘秀传》、《新的采访》、《没演完的戏》、《贾科长买马》等。迄今为止田连元共收徒4人，卞志明、关永超、张洁兰以及台湾相声女演员叶怡均。

上海

Ⅴ-1 苏州评弹（苏州评话、苏州弹词）

陈希安

（编号：03-1156），男，汉族，1928年生，江苏省常熟市人。2008年6月，苏州评弹（苏州评话、苏州弹词）被列入第一批国家级非物质文化遗产扩展项目名录曲艺类，项目编号Ⅴ-1。2009年6月，陈希安入选为第三批国家级非物质文化遗产项目代表性传承人，上海市书场工作者协会申报。陈希安为国家一级演员。12岁开始跟随评弹表演大家沈俭安、薛筱

卿学习评弹，一年后即与师拼档演出。陈希安的说表清晰，口齿伶俐，擅长弹唱，工"薛调"，被誉为"小沈薛"，与师兄周云瑞被称为赫赫有名的"七煞档"之一。代表作有长篇《荆钗记》、《陈圆圆》、《打渔杀家》、《党的女儿》、《年青一代》，中篇《一定要把淮河修好》、《王孝和》、《林冲》、《见姑娘》、《大生堂》、《恩怨记》等。2012年9月，陈希安先生收胡文瑾为门徒。

余红仙

（编号：03-1157），女，汉族，1939年生，浙江省杭州人。2008年6月，苏州评弹（苏州评话、苏州弹词）被列入第一批国家级非物质文化遗产扩展项目名录曲艺类，项目编号Ⅴ-1。2009年6月，余红仙入选为第三批国家级非物质文化遗产项目代表性传承人，上海市书场工作者协会申报。余红仙1952年师从醉霓裳学习评弹艺术，1954年起先后与醉霓裳、郑天仙、侯九霞、王再香等拼档表演。余红仙天赋佳嗓，长于弹唱，音色明亮，高低裕如，声情并茂，感染力强，擅唱多种弹词流派唱腔。在继承传统一类书《双珠凤》的基础上，修改、发掘、整理，使这一传统书目重放光彩。以《蝶恋花》和《浦江两岸沐春风》两度获得中国曲艺牡丹奖，其代表作有《蝶恋花》、《双珠凤》、《珍珠塔》、《钗头凤》、《贩马记》等。近年来，余红仙越来越感到评弹事业需要年轻人来接班，因此，她收了不少徒弟，把自己多年来的艺术经验、心得毫无保留地传授给年轻人，佼佼者如孙庆、颜丽花及再传弟子沈秋英。2011年余红仙收了第一个男徒弟周洪生。

Ⅴ-68 独脚戏

杨华生

（编号：03-1183），原名杨康宝，男，汉族，1918年生，2012年5月卒，浙江省绍兴市人。

2008 年 6 月，独脚戏被列入第二批国家级非物质文化遗产名录曲艺类，项目编号 Ⅴ-68。2009 年 6 月，杨华生入选为第三批国家级非物质文化遗产项目代表性传承人，上海市黄浦区申报。杨华生为国家一级演员。13 岁时拜滑稽名家鲍乐乐为师。杨华生是个全能的滑稽表演艺术家，说学做唱样样精通，一生参演近百部作品，塑造了大批生动的形象，被誉为滑稽界泰斗。他在舞台上塑造的《七十二家房客》中的"三六九"已成为滑稽戏舞台上最经典的形象之一，他创作演出的独脚戏《宁波空城计》等别具一格，也是流传极广、深受观众喜爱的作品。2010 年杨华生获得了"中国曲艺牡丹奖"的"终身成就奖"。代表作有《滑稽空城计》、《戏曲杂谈》、《小菜场》、《不怕鬼》、《扬州五更相思》、《普通话与方言》、《假内行》、《跑龙套》、《万宝全书》等。杨华生收徒不多，有王汝刚、王明道、吴素秋等。

王汝刚

（编号：03-1184），男，汉族，1952 年 5 月生，上海市人。2008 年 6 月，独脚戏被列入第二批国家级非物质文化遗产名录曲艺类，项目编号 Ⅴ-68。2009 年 6 月，王汝刚入选为第三批国家级非物质文化遗产项目代表性传承人，上海市黄浦区申报。早年师从独脚戏表演艺术家杨华生。他的表演自然流畅，轻松洒脱，节奏感强，说学做唱全面发展。他通晓多种方言并善于运用方言塑造各种性格的喜剧人物，形成其独特的方言表演技巧。他还特别注意从生活中吸取营养，在继承传统的基础上不断创新。现已是江、浙、沪家喻户晓的喜剧明星，曾获中国曲艺"牡丹奖"，上海戏剧家"白玉兰"主角奖。代表作有《头头是道》、《明媒争娶》、《爱心》、《大红花轿》、《复兴之光》、《王小毛》等。王汝刚先收徒 5 人，有黄震良、钱懿、毛一飞、曾懿、夏吉平，号称王家班滑稽"五虎将"；后又收"上海阿婆"舒悦，"上海十大笑星"之一潘前卫，"快乐三兄弟"之一陈靓为徒。

江苏

Ⅴ-1 苏州评弹（苏州评话、苏州弹词）

王月香

（编号：03-1151），女，汉族，1932 年 9 月生，2011 年 12 月卒，江苏省苏州市人。2006 年 5 月，苏州评弹（苏州评话、苏州弹词）被列入第一批国家级非物质文化遗产名录曲艺类，项目编号 Ⅴ-1。2009 年 6 月，王月香入选为第三批国家级非物质文化遗产项目代表性传承人，江苏省苏州市申报。王月香出身评弹世家，自幼学习苏州评弹，8 岁时开始随苏州评弹著名演员王兰香、王再香两个姐姐登台献艺。王月香借鉴其他多种弹词流派唱腔、吸收了越剧、沪剧、锡剧、京剧兄弟剧种的唱腔元素，逐步创造形成了独具一格的流派唱腔"王月香调"和风格独特的弹词表演艺术。王月香的表演语言精练亲切，与唱腔紧密结合，人物角色性格鲜明，舞台的表现力非常强。在长期的艺术实践中，栩栩如生地塑造了各种类型、各个层次的典型人物形象，被广大观众一致认可，评价极高。代表作有《梁祝·英台哭灵》、《双珠凤·三斩杨虎》，短篇弹词《一顿饭》，长篇弹词《红色的种子·假夫妻》，弹词开篇《我的名字叫解放军》等。《搬家乐》获得文化部第九届"文华新节目奖"。王月香早在苏州评弹团工作期间，收赵慧兰（现为国家一级演员）为徒。在苏州评弹学校任教期间，曾悉心传授技艺，孜孜不倦地培养评弹事业接班人，培养了大批学生。

邢晏春

（编号：03-1152），男，汉族，1944年生，江苏省苏州市人。2006年5月，苏州评弹（苏州评话、苏州弹词）被列入第一批国家级非物质文化遗产名录曲艺类，项目编号Ⅴ-1。2009年6月，邢晏春入选为第三批国家级非物质文化遗产项目代表性传承人，江苏省苏州市申报。邢晏春出身于评弹世家，自幼跟随父亲邢瑞庭学习评弹艺术，学成后，长期与胞妹邢晏芝合作，奔走于江浙沪各地演出，不断求新，经过40多年的磨砺，逐渐自成风格。邢晏春的表演吐字清圆、语言洗练、角色形象、弹唱工稳，亦庄亦谐、书卷气足，别树一帜；他还具有扎实的长篇传统书目表演功底，注重人物塑造，说噱弹唱演俱佳。尤精严调、薛调等调。代表作有《杨乃武与小白菜》、《贩马记》、《三笑》等。曾获中国文华新节目奖、文华新节目创作奖、中国艺术节优秀表演奖、全国曲艺优秀节目表演一等奖、创作二等奖。邢晏春在艺术生涯中长年从事评弹教学，悉心传承，桃李满天下，有入室弟子12名（盛小云、陆嘉乐、方晏磊、姚洁、孙小妹、陆晏华、毛瑾瑾、沈伟伟、吴建芳、凌吉、仲蔚蔚、陈静芳），其中2人为一级演员，4人为二级演员。

张国良

（编号：03-1153），男，汉族，1929年生，江苏省苏州市人。2006年5月，苏州评弹（苏州评话、苏州弹词）被列入第一批国家级非物质文化遗产名录曲艺类，项目编号Ⅴ-1。2009年6月，张国良入选为第三批国家级非物质文化遗产项目代表性传承人，江苏省苏州市申报。张国良13岁跟随父亲张玉书、太先生黄兆麟学习评弹艺术，15岁登台演出。张国良的表演思路清晰，语言生动，说表细腻，角色分明，擅长说表，使角色形神兼备，栩栩如生，呼之欲出。特别善于《三国》的弹唱，有"张家三国"之称，塑造的鲁肃尤为完美，因而有"活鲁肃"的美誉。代表作有《三国》、《球拍扬威》、《吕梁英雄传》、《将相和》、《长江风云》、《生命线》、《金石坡》、《刀对鞘》、《刀劈胡汉三》、《飞夺泸定桥》等。退休后，他致力于剧目整理工作，由上海文艺出版社出版了14集，计620多万字，还做了大量中短篇评话。张国良从艺以来一直注重苏州评弹的传承，门徒众多，佼佼者有常熟评弹团的张翼良和苏州评弹团的吕也良，王池良及江阴评弹团的陈希伯等人。

金声伯

（编号：03-1154），男，汉族，1931年生，江苏省苏州市人。2006年5月，苏州评弹（苏州评话、苏州弹词）被列入第一批国家级非物质文化遗产名录曲艺类，项目编号Ⅴ-1。2009年6月，金声伯入选为第三批国家级非物质文化遗产项目代表性传承人，江苏省苏州市申报。金声伯为国家一级演员。14岁从艺，拜评话名家杨莲青为师。由于他天资聪颖，15岁就名震书坛，后来又师从汪如云、徐剑衡、王斌泉、杨月槎、张玉书、王少堂等。在60余年的艺术生涯中，金声伯形成了以"巧"字为突出特色的评话艺术表演风格。他的说表口齿清爽，声音好听，注意节奏高低，注意故事情节，注重人物性格，抑扬顿挫，语言精练简洁，又风趣幽默，并且每次都有新意。金声伯先生还有较强的评话创作能力，他不仅先后对传统长篇评话《包公》、《三侠五义》、《武松》进行整理加工，使经典书目常说常新、常演不衰。代表作有《武松》、《包公》、《三侠五义》等。2012年获第七届中国曲艺"牡丹奖"终身成就奖。金声伯在从艺生涯中收徒多人，传人有他的儿子金鉴伯、金少伯，徒弟项正伯、姚震伯、赵月伯、马逢伯、朱悟伯等。

杨乃珍

（编号：03-1155），女，汉族，1937年11

月生，江苏省吴县人。2006年5月，苏州评弹（苏州评话、苏州弹词）被列入第一批国家级非物质文化遗产名录曲艺类，项目编号Ⅴ-1。2009年6月，杨乃珍入选为第三批国家级非物质文化遗产项目代表性传承人，江苏省苏州市申报。杨乃珍1956年进入苏州人民评弹团，师从俞筱云、俞筱霞学习苏州评弹。台风端庄、娴雅，说表清晰、甜润，擅唱"俞调"，运腔委婉、悠扬，韵味浓厚。20世纪80年代以后，杨乃珍更注重表现作品的内涵，能做到声与情的结合，声情并茂。1995年，以《我的家乡在苏州》获中国曲艺"牡丹奖"；1997年，以《秦淮月》获文化部第七届文华表演奖；2008年，获中国曲艺牡丹奖"终身成就奖"。其代表作有《白蛇传》、《玉蜻蜓》、《三笑》、《蝶恋花》、《姑苏风光》、《木兰辞》等。杨乃珍从艺以来，不断提携新人，黄霞芬是其得意弟子，2010年又收江苏省评弹演员张明为徒弟。

Ⅴ-2 扬州评话

惠兆龙

（编号：03-1158），男，汉族，1945年生，2011年1月卒，江苏省扬州市人。2006年5月，扬州评话被列入第一批国家级非物质文化遗产名录曲艺类，项目编号Ⅴ-2。2009年6月，惠兆龙入选为第三批国家级非物质文化遗产项目代表性传承人，江苏省扬州市申报。惠兆龙为国家一级演员。1961年，考入市曲艺团，师从扬州评话大师王少堂，后拜马凤章、张正卿为师。其表演生动传神，把握人物到位，《人民日报》曾载文评其艺术特色为"满台风雷吼，全凭一张口"。1977年起惠兆龙创演《陈毅》系列评话，一炮打响，被称为书坛的"活陈毅"。2004年，以《陈毅进香》获第三届中国曲艺"牡丹奖"。代表作有《喜相逢》、《霓虹灯下的哨兵》、《龙门暴动》、《孤坟鬼影》、《陈毅》等。为了

把扬州评话艺术传承下去，惠兆龙一直不间断地带徒弟，毫无保留地把评话艺术传授给马伟等徒弟，并在扬州艺校曲艺班任教。

Ⅴ-50 扬州弹词

李仁珍

（编号：03-1169），女，汉族，1946年生，江苏省扬州市人。2008年6月，扬州弹词被列入第二批国家级非物质文化遗产名录曲艺类，项目编号Ⅴ-50。2009年6月，李仁珍入选为第三批国家级非物质文化遗产项目代表性传承人，江苏省扬州市申报。李仁珍为国家一级演员。她幼时家贫，自学成才，1960年考进扬州市曲艺团，曾经跟随扬州评话艺术大师王少堂先生学过评话《武松》，又曾跟扬州清曲名家王万青先生学过清曲，后拜在弹词世家张氏门下。她大胆改革扬州弹词的琵琶演奏，将原来仅用上位改为上、中、下三把，使旋律变化丰富，声腔高低变化幅度增大；改革了扬州弹词的曲调，创作了100多首新扬州弹词新腔，形成了风格独特的李派李调艺术。李仁珍发挥个人所长，在表演中讲究音乐语言的节奏和韵律，用琵琶说话，用意境感人，说表细腻，层次清楚，角色分明，表演自然，功底深厚，被誉为"弹词皇后"。1995年，以《望江楼》获第二届中国曲艺牡丹奖。其代表作有《珍珠塔》、《玉蜻蜓》、《西厢记》、《六号门》、《金训华》、《徐松宝》、《红灯记》、《沙家浜》等。李仁珍非常重视扬州弹词的传承，她曾几度在扬州艺校任教，培养弹词演员多人，亲自传帮带的弹词演员30多人。

Ⅴ-73 徐州琴书

魏云彩

（编号：03-1186），男，汉族，1946年3月生，

江苏省邳州市占城镇人。2008年6月,徐州琴书被列入第二批国家级非物质文化遗产名录曲艺类,项目编号Ⅴ-73。2009年6月,魏云彩入选为第三批国家级非物质文化遗产项目代表性传承人,江苏省徐州市申报。魏云彩为国家一级演员。1959年考入徐州专区文化艺术学校,跟随杨士喜、孙成才、朱帮霞学唱徐州琴书。魏云彩全面继承了徐州琴书传统,掌握了多流派男、女演员的演唱特点,吸收、借鉴了众多姊妹艺术的精华,并巧妙地运用到徐州琴书中去,创新了多种前所未有的琴书唱腔和音乐前奏及过门,大大提高了这一古老的民间艺术品位和艺术审美趣味及观赏性,获得各层次观众的一致称赞。他的演唱技巧精益求精,字正腔圆、韵味足,表演朴实到位,台风端庄大方、富有激情,将各种人物的刻画均能很好掌握。曾获得全国曲艺节一等奖(优秀表演奖),连续五届获省曲艺节一等奖(即优秀和最佳演员奖、优秀创作和优秀节目奖)。代表作有《王二还家》、《西瓜情》、《霸王度》、《猪八戒拱地》、《水漫金山》等。多年来,魏云彩积极培养琴书传人,已培养出国家一级演员两名。

浙江

Ⅴ-18 摊簧（绍兴摊簧）

宋小青

(编号: 03-1162),女,汉族,1945年3月生,浙江省绍兴市人。2008年6月,摊簧(绍兴摊簧)被列入第一批国家级非物质文化遗产扩展项目名录曲艺类,项目编号Ⅴ-18。2009年6月,宋小青入选为第三批国家级非物质文化遗产项目代表性传承人,浙江省杭州市、绍兴市申报。宋小青1961年考进绍兴曲艺团,师从时年近80

岁的樊五十先生。其表演口齿清晰,吐字利落,唱腔音准节奏掌握自如,绍兴方言地道,语言韵味浓郁,表演诙谐幽默,能饰演旦、丑,神韵俱佳,形象生动,惟妙惟肖,唱做念打,炉火纯青,擅长反串男角,戏路宽广。代表作有《夺印》、《亮眼哥》、《血泪荡》、《雷锋》、《王杰》、《玉蜻蜓》、《半把剪刀》、《杨乃武与小白菜》等。为改变"摊簧"艺人青黄不接的状况,2001年在绍兴市曲艺学校任教二年,培养了绍兴摊簧新学员30多人。2002年在柯岩任教一年,培训学员20多人; 2008年在绍兴市艺校任教一年,培训学员30十多人。

Ⅴ-52 杭州评词

胡正华

(编号: 03-1171), 男、汉族,1926年9月生,浙江省杭州市人。2008年6月,杭州评词被列入第二批国家级非物质文化遗产名录曲艺类,项目编号Ⅴ-52。2009年6月,胡正华入选为第三批国家级非物质文化遗产项目代表性传承人,浙江省杭州市申报。胡正华1945年从艺,师承杭州评词名家来锦贤,1950年又师从杭州评词名艺人毛文奎。他既从评词艺术家曹祥云、陈小云那里汲取了唱腔朴实、韵味浓厚、吐字清晰的唱腔特点,又从来锦贤那里学来了说表细腻、表演真切的特点。胡正华在演唱时能模拟人物,一人多角,自奏二胡用杭州方言坐唱,以叙事为主,时而为书中人物代言,辅以书中人物的身姿、表情及模拟动作,夹叙夹评,一人多角,跳入跳出,以不同的声音、语气来刻画、区别人物。代表作有《十美图》、《八美图》、《双珠凤》、《于谦》、《白蛇传》等。胡正华尤擅《白蛇传》等,其演唱的《白蛇传》情节不同,经其口述的全部唱词,20世纪80年代由杭州市文联曲协记录整理。

Ⅴ-53 杭州评话

李自新

（编号：03-1172），男，汉族，1933 年 5 月生，浙江省杭州市人。2008 年 6 月，杭州评话被列入第二批国家级非物质文化遗产名录曲艺类，项目编号 Ⅴ-53。2009 年 6 月，李自新入选为第三批国家级非物质文化遗产项目代表性传承人，浙江省杭州市申报。李自新 1952 年拜任兆麟为师，1953 年进杭州评话温古社，5 月登台演出。李自新演出杭州评话以"手、眼、身、法、步、喜、怒、哀、乐、吞、吐、谈、笑"十三字为纲领，做身段时刚健，起角色时绘态传神，表演引人入胜。其代表作有《东汉》等。为了将杭州评话传承下去，他目前在杭州市举办的非遗曲艺培训班里，免费为学生传承技艺。

Ⅴ-66 平湖钹子书

徐文珠

（编号：03-1182），女，汉族，1957 年 6 月生，浙江省平湖市广陈镇人。2008 年 6 月，平湖钹子书被列入第二批国家级非物质文化遗产名录曲艺类，项目编号 Ⅴ-66。2009 年 6 月，徐文珠入选为第三批国家级非物质文化遗产项目代表性传承人，浙江省平湖市申报。徐文珠的父亲徐阿培是平湖钹子书的老艺术家，是平湖钹子书的第八代传人，她自幼跟随父亲学艺。徐文珠说表口齿清晰、幽默，具有浓厚的乡土气息；表演生动形象，眼中有物，静中有动，动中有情；嗓子响亮，演唱自如，能唱出欢乐、悲情、紧张的气氛。20 世纪 80 年代之后，平湖钹子书逐渐走向衰落，她开始在民间"做社"祭祀活动中演出。其代表作有《红鬃烈马》、《狸猫换太子》、《白玉燕》等。徐文珠目前收其表妹徐全妹为徒，也到平湖文化馆教一些学生学习平湖钹子书。

Ⅴ-68 独脚戏

刘树根

（编号：03-1185），男，汉族，1953 年 10 月生，浙江省杭州市人。2008 年 6 月，独脚戏被列入第二批国家级非物质文化遗产名录曲艺类，项目编号 Ⅴ-68。2009 年 6 月，刘树根入选为第三批国家级非物质文化遗产项目代表性传承人，浙江省杭州市申报。刘树根之父刘剑士系杭州曲艺"剑字辈"传人，他自幼跟随父亲学艺。刘树根较全面地掌握了独脚戏这种艺术形式的特点和套路技巧，能运用 13 种方言塑造人物，且能根据节目需要巧用江南民间小调和各种地方戏曲、流派、流行歌曲为节目内容服务，并能在独脚戏中巧妙运用"包袱"使观众开怀。代表作有《方言与歌曲》、《滑稽吉他弹唱》、《361行》、《超级乞丐》、《邻舍隔壁》、《好邻居》。刘树根从艺以来一直注重技艺的传承，从 20 世纪 80 年代起，刘树根在市艺术学校和剧团学校任教，培养出不少独脚戏青年演员，他们中有 4 人连续获得浙江省两届笑星。

Ⅴ-78 金华道情

朱顺根

（编号：03-1192），男，汉族，1941 年生，浙江省金华市金东区澧浦镇人。2008 年 6 月，金华道情被列入第二批国家级非物质文化遗产名录曲艺类，项目编号 Ⅴ-78。2009 年 6 月，朱顺根入选为第三批国家级非物质文化遗产项目代表性传承人，浙江省金华市申报。朱顺根 5 岁因病失明，15 岁师从当地著名道情艺术家夏云登。他能唱 100 多部正本，100 多个摊头，在金华道情艺人中是独一无二的。他在师傅所教传统内容的基础上，朱顺根进行了创新，有两大绝技，一是纸功，即筒功，根据剧情的情节内容，或急或缓，或快或慢，一台节目可以打得令人叹为观止；二是嘴功，即口技，他将精湛的口技技术运用到表演之中，鸡啼狗吠马嘶虎啸、电闪雷鸣、男声女声已能达到乱真的地步，模仿声音惟妙惟肖、故事描述声情并茂。他的表演能将观众带入剧情之中，使人的情感随剧情发展跌宕起伏。其代表作有《粉妆楼》、《双痣记》、《珠凉伞》、《银牌记》、《银台记》、《绸绫记》等。朱顺根目前有已有弟子及再传弟子5名。

叶英盛

（编号：03-1193），男，汉族，1947年6月生，浙江省义乌市人。2008年6月，金华道情被列入第二批国家级非物质文化遗产名录曲艺类，项目编号Ⅴ-78。2009年6月，叶英盛入选为第三批国家级非物质文化遗产项目代表性传承人，浙江省义乌市申报。叶英盛11岁学艺，师承民间艺人吴九妹，并得到道情名家叶英美的指点。叶英盛的演唱富有表情，突出喜、怒、哀、乐，刻画人物性格细致、吐词清楚、唱词流畅、能模仿各种声腔。尤以"堂功"见长，他能仅凭一副情筒一张嘴，把审事官、师爷、原告、被告、两廊衙役等各种人物表现得活灵活现；敲击情筒简板依情节跌宕，喜怒哀乐轻重缓急处理得当。他的嗓音高亢，音质清亮，唱腔道白富有特色，渔鼓节奏能敲击马蹄、火车、刮风、打雷不同声音。其代表作有《双玉球》、《玉连环》、《七星剑》、《龙凤玉环》、《万花楼》等。叶英盛一直致力于义乌道情的传承和推广，不少爱好者慕名前来拜师学艺，至今他已收了20多名徒弟。

Ⅴ-83 绍兴宣卷

何云根

（编号：03-1194），艺名何宝宝，男，汉族，1942年生，浙江省绍兴市安昌镇人。2008年6月，绍兴宣卷被列入第二批国家级非物质文化遗产名录曲艺类，项目编号Ⅴ-83。2009年6月，何云根入选为第三批国家级非物质文化遗产项目代表性传承人，浙江省绍兴县申报。绍兴宣卷是具有宗教色彩的唱说文艺，主要用于祀神祈福。宣卷的唱本，即卷本，通称"宝卷"。艺人在演唱时，置卷本于桌，照本宣唱，故称宣卷。何云根早年师从著名艺人陈阿松。1977年，组建了有固定成员的"大和"宣卷班，自任班主，以演唱绍兴宣卷为业。在长年的演出中担任"鱼位"（演唱时为首者），掌握全班演唱节奏，传统曲目熟练。何云根的演唱字正腔圆、通俗易懂，声调抑扬顿挫、饶有风趣，特别擅长《挂灯》一目。多年来，他收藏、抄写了30多册宝卷，连同他精湛的唱技，已经成为研究绍兴戏曲艺术和绍兴民俗文化不可多得的"活化石"。其代表作有《琵琶记》、《西厢记》、《循环报》、《粉玉镜》等。他授徒众多，传有男女弟子共有12人。

Ⅴ-84 温州莲花

戴春兰

（编号：03-1195），女，汉族，1944年5月生，浙江省温州市人。2008年6月，温州莲花被列入第二批国家级非物质文化遗产名录曲艺类，项目编号Ⅴ-84。2009年6月，戴春兰入选为第三批国家级非物质文化遗产项目代表性传承人，浙江省温州市鹿城区申报。温州莲花有传统长篇书目50余部。题材有与佛道教义有关的，更多的是世俗故事、民间传说，特别是有《高机与吴三春》、《黄三袅与林宝郎》、《刘文龙》、《双江渡》、《赐金牌》、《九曲伞》等一批故事发生在温州及其附近的独特书目。戴春兰自幼跟随父亲学习温州鼓词、温州莲花、温州花鼓等温州的地方曲艺。14岁进入"温州曲艺团",师从名演员陈春华,专攻温州莲花。戴春兰具备戏剧表演的多种技能,并能用文学、音乐、动作、表情等塑造人物形象,以环境、场面做烘托,有着自己的独特个性。她的演唱风格台风端庄、娴雅,吐字清晰、甜润,运腔委婉、悠扬,韵味浓厚。在 20 世纪 50 年代为温州莲花在声腔上的改革创新,为曲种的发展作出了贡献。代表作有《刘文龙》、《双江渡》、《双颗印》、《高机卖绡》、《赐金牌》等,这些作品都具有温州曲艺的独特性。戴春兰目前没有收徒。

备注:目前温州莲花演员仅存戴春兰(女,1944 年生)、潘爱国(男,1945 年生)、叶海琴(女,1963 年生)、林彩琴(女,1965 年生)、潘蓓丽(女,1972 年生)、潘蓓蓓(女,1974 年生)6 位演员,演出很少,曲种濒危。

山东

Ⅴ-11 胶东大鼓

梁金华

(编号:03-1161),女,汉族,1944 年 8 月生,山东省青岛市人。2006 年 5 月,胶东大鼓被列入第一批国家级非物质文化遗产名录曲艺类,项目编号 Ⅴ-11。2009 年 6 月,梁金华入选为第三批国家级非物质文化遗产项目代表性传承人,山东省烟台市申报。梁金华 9 岁时跟随父亲胶东大鼓创始人梁前光学习胶东大鼓。梁金华的表演,大鼓套敲得干脆利落,唱腔里风趣幽默,表演惟妙惟肖,在继承父亲的基础上,大胆借鉴姊妹艺术的精华以充实本曲种,演唱多了女性的温软俏皮与机敏,音调优美,板头灵活多变。其代表作有《猪八戒拱地》、《湘子上寿》、《诸葛亮打狗》、《紫金镯》、《蜜蜂记》、《呼杨合兵》、《天门阵》等。目前,梁金华正在教授的徒弟有邹爱杰、张宝方两名。同时,她的小孙子也在学习胶东大鼓。梁金华每周都回到青岛大学、青岛科技大学等高校讲学。青岛市群艺馆是梁金华固定的传习场所,吸引了大批爱好者。但这门技艺的传承依然不容乐观。

河南

Ⅴ-20 河南坠子

宋爱华

(编号:03-1163),女,汉族,河南省商丘市人。2006 年 5 月,河南坠子被列入第一批国家级非物质文化遗产名录曲艺类,项目编号 Ⅴ-20。2009 年 6 月,宋爱华入选为第三批国家级非物质文化遗产项目代表性传承人,河南省申报。宋爱华出身于河南商丘的一个曲艺世家,外祖父刘忠堂是豫东享有盛名的河南坠子艺人,母亲刘世红也是当地有名的河南坠子演员。宋爱华自幼喜爱河南坠子,五六岁时就登台给母亲垫场,9 岁正式进入戏班跟随母亲刘世红学习河南坠子。她的表演幽默风趣,其代表作有《双枪老太婆》和《舌战小炉匠》等。退休后,宋爱华在河南省少儿艺术团教河南坠子,真正开始"从娃娃抓起"。在近 20 年的时间里,她手把手地带了 5 批学生,共几百人,但真正收徒 5 人。她所创作辅导的河南坠子《夸家乡》等节目屡获文化部金奖,她也因贡献突出被中国曲艺家协会授予"优秀园丁奖"。

Ⅴ-64 三弦书（南阳三弦书）

雷恩久

（编号：03-1181），男，汉族，1946年10月生，河南省南阳市人。2008年6月，三弦书（南阳三弦书）被列入第二批国家级非物质文化遗产名录曲艺类，项目编号Ⅴ-64。2009年6月，雷恩久入选为第三批国家级非物质文化遗产项目代表性传承人，河南省南阳市申报。雷恩久14岁时加入当时的南阳县曲剧团，拜著名三弦书艺人裴长义为师习艺，后又向三弦书艺人侯书范、胡清章等学习"东路派"、"中路派"的演唱技巧。其三弦书演唱技法娴熟、节奏欢快、风格独特。他既能表演文戏，演唱如小溪缓流，细腻朴素，活泼风趣；也能演唱武戏，唱表如大河奔流，豪放极了，泼辣洒脱。他作曲演唱的三弦书《王铁嘴卖针》、《古城会》等，多次在全国、省、市曲艺比赛中获得大奖。其中《红请帖》获曲艺"牡丹奖"。目前能够系统掌握三弦书说唱技巧和曲调的只有雷恩久一人。2006年，雷恩久收南阳市说唱团演员王国政为徒弟；2009年，收南阳市曲剧团优秀青年演员盛蕊、符龙为徒；2012年一次性收南阳市曲剧团演员10人为徒。

湖北

Ⅴ-58 湖北评书

何祚欢

（编号：03-1177），男，汉族，1941年3月生，湖北省武汉市人。2008年6月，湖北评书被列入第二批国家级非物质文化遗产名录曲艺类，项目编号Ⅴ-58。2009年6月，何祚欢入选为第三批国家级非物质文化遗产项目代表性传承人，湖北省武汉市申报。何祚欢为国家一级演员。自幼喜爱评书，1963年调入武汉市说唱团，拜师李少庭，步入职业曲艺队伍的行列。在长期的艺术实践中，他不仅学艺孜孜不倦，而且善取众家之长，化为己优，使其技艺渐精，最终称誉曲坛，并被列为"中国评书、评话十大名家"之一。他创作的段子，紧贴现实，紧贴民间，紧贴老百姓的喜闻乐见、喜怒哀乐，新鲜活泼；充分了解武汉历史文化与掌故。他将湖北评书，与武汉、武汉人的性格融为一体。在武汉老百姓喜爱的品牌节目《都市茶座》中，他的评书已经到了"不似评书、胜似评书"的炉火纯青境界。代表作有《双枪老太婆》、《杨柳寨》、《彩电风波》、《天外姻缘》等。以何祚欢创作的小说《养命的儿子》改变的戏剧获"文华奖"和"五个一工程奖"。何祚欢共收徒6人，武汉说唱团的孙仲江，交警蒋汉军，"好吃佬"节目主持人陈阳等。

Ⅴ-61 湖北大鼓

张明智

（编号：03-1178），男，汉族，1943年5月生，湖北省孝感市人。2008年6月，湖北大鼓被列入第二批国家级非物质文化遗产名录曲艺类，项目编号Ⅴ-61。2009年6月，张明智入选为第三批国家级非物质文化遗产项目代表性传承人，湖北省武汉市申报。张明智为国家一级演员。他9岁学艺，11岁拜著名大鼓艺人陈廉闻为师，16岁第一次登台。他创作了一大批脍炙人口的湖北大鼓，在生活中孕育和磨炼，使其创作的内容为百姓所喜闻乐见。他的演唱有板有眼、有韵味，无论在什么场合他都能四言八句把内容即兴唱出来，幽默诙谐，机智多变。1985年以来，先后录制出版湖北大鼓盒式音带近50种。1995年10月，获第二届中国曲艺"牡丹奖"；多次荣获全国及省、市曲艺表演奖项，被誉为"笑的使者"、"湖北的小彩舞";入选"改革开放30年·影响湖北30人"名单。其代表作有《亲生的儿子闹洞房》、《如此媳妇》、《农家乐》、《找家家》等。目前,他收有7位男女弟子。

湖南

V-51 长沙弹词

彭延坤

（编号：03-1170），艺名彭延坤，男，汉族，1937年5月生，湖南省长沙市人。2008年6月，长沙弹词被列入第二批国家级非物质文化遗产名录曲艺类，项目编号V-51。2009年6月，彭延坤入选为第三批国家级非物质文化遗产项目代表性传承人，湖南省长沙市申报。彭延坤自幼双目失明，儿时常在家中开设的"日要书场"静听民间老艺人谭济公、舒三和等弹唱传统节目，并模仿说唱；9岁开始流动说唱"长沙弹词"；1949年，拜长沙弹词老艺人胡兆林学习长沙弹词。他博采众长，在长沙弹词平腔、欢腔、柔腔、悲腔、大悲腔、怒腔、神仙腔的基础上，自创"滥腔"，使长沙弹词韵味更为深长，被誉为"长沙弹词活化石"。代表作有《三湘英雄传》、《宝钏记》、《桥龙飚》、《野火春风斗古城》、《武松怒打观音堂》等。为了让湖南这一古老曲种能更好地传承，彭延坤老先生已收徒10人，其中大徒弟是湖南著名单人锣鼓表演说唱艺术家李迪辉先生，二徒弟是全国著名相声表演艺术家大兵。彭延坤其弟子中：李迪辉、任军、黎瑞华、雷济菁均以学习研究长沙弹词音乐理论为主，谢红、聂晶平、罗树慧近年学习长沙弹词演唱，刘淑纯现在湘鄂边界一带流动从艺。目前，彭延坤自己还开设了"长沙弹词"学唱课堂。

重庆

V-76 四川竹琴

华国秀

（编号：03-1189），女，汉族，1937年8月生，重庆市长寿县人。2008年6月，四川竹琴被列入第二批国家级非物质文化遗产名录曲艺类，项目编号V-76。2009年6月，华国秀入选为第三批国家级非物质文化遗产项目代表性传承人，重庆三峡艺术团申报。华国秀16岁师从川东竹琴名艺人杨裕国学竹琴演唱，后又师从名艺人叶华泰，是川东竹琴第八代传人。华国秀借鉴姊妹曲种清音、扬琴、金钱板、山歌、船工号子，以及地方戏剧的音调兼收并蓄，使得唱段旋律优美流畅，起伏婉转，既有竹琴音乐的风格，又有时代的新意。在表演手法上，她破除了原来竹琴上只有说、唱、念、打、演，而没有第三人称的评说，加上了"评"，使长书的演唱多姿多彩，更富有艺术的魔力，更具有音乐的多样性。代表曲目有《八阵图》、《白兔记》、《白蛇传》、《坐楼杀惜》、《活捉三郎》等。华国秀从艺以来收徒多人，川东竹琴第九代传人胡冯就是她的学生。

V-88 车灯

谭柏树

（编号：03-1196），男，汉族，1941年生，重庆人。2008年6月，车灯被列入第二批国家级非物质文化遗产名录曲艺类，项目编号V-88。2009年6月，谭柏树入选为第三批国家级非物质文化遗产项目代表性传承人，重庆市曲艺团申报。

黄吉森

（编号：03-1197），男，汉族，1944年生，重庆人。2008年6月，车灯被列入第二批国家级非物质文化遗产名录曲艺类，项目编号Ⅴ-88。2009年6月，黄吉森入选为第三批国家级非物质文化遗产项目代表性传承人，重庆市曲艺团申报。

四川

Ⅴ-75 四川扬琴

徐述

（编号：03-1187），女，汉族，1937年10月生，四川省成都市人。2008年6月，四川扬琴被列入第二批国家级非物质文化遗产名录曲艺类，项目编号Ⅴ-75。2009年6月，徐述入选为第三批国家级非物质文化遗产项目代表性传承人，四川省曲艺团申报。徐述为国家一级演员。她19岁师从四川扬琴大师李德才，专功男腔、老旦腔。她从京剧、川剧、梆梆戏等姊妹艺术中汲取营养，丰富了其扬琴表演和创作技巧。她的表演不仅保持传统，而且自打自唱，唱打皆优，自成一派，男腔女腔皆唱，唱腔韵味醇厚，丝丝入扣，成为自己独特的艺术标志。2012年，获巴蜀文艺奖终身成就奖。其代表作有《拷红》、《活捉三郎》等。徐述1974年开始带徒弟，目前已收徒多人。

刘时燕

（编号：03-1188），女，回族，1942年8月生，四川省德阳人。2008年6月，四川扬琴被列入第二批国家级非物质文化遗产名录曲艺类，项目编号Ⅴ-75。2009年6月，刘时燕入选为第三批国家级非物质文化遗产项目代表性传承人，四川省曲艺团申报。刘时燕为国家一级演员。1962年师承四川扬琴大师李德才学习女腔旦角。刘时燕继承了德派扬琴华丽妩媚的韵味，又吸收姊妹艺术之长有所丰富发展，形成自己委婉细腻、含蓄深沉的特色，并对民族声乐有一定研究。参加第二届中国艺术节（北京）、首届中国曲艺节（南京），演出《凤求凰》获全国新曲（书）目比赛表演二等奖；1990年参加"长治杯"全国曲艺（书典、鼓曲）大赛，演唱《船会》获表演一等奖；2005年获"第五届中国金唱片奖"。代表曲目有《秋江》、《船会》、《贵妃醉酒》、《三祭江》、《香莲闯宫》、《活捉三郎》等。刘时燕目前收徒不多，比较有成就的是从艺30多年的余南。

Ⅴ-77 四川清音

程永玲

（编号：03-1190），女，汉族，1947年生，四川省江津人。2008年6月，四川清音被列入第二批国家级非物质文化遗产名录曲艺类，项目编号Ⅴ-77。2009年6月，程永玲入选为第三批国家级非物质文化遗产项目代表性传承人，四川成都艺术剧院申报。程永玲1958年就读于成都市戏剧学校曲艺班，师从李月秋。1961年毕业后到成都市曲艺团演唱清音，擅长演唱小调曲目。程永玲在继承传统的基础上不断创新，促进了清音在新时代的发展，是四川清音的里程碑式人物。她在继承李月秋的清音艺术基础上，顺应了时代要求，在传统"哈哈腔"基础上，吸收美声学派"花腔女高音"之长，进而扩充了清音"哈哈腔"的音域，让"哈哈腔"旋律上行下行更为自如清脆；她与中央交响乐团合作，空前地提升了清音的艺术品位。代表作有《六月六》、《幺店子》、《蜀绣姑娘》等。2009年四川巴中市举办少儿清音班，程永玲亲赴巴中授课，并收巴中曲艺团的施敏为徒。

肖顺瑜

（编号：03-1191），女，汉族，1937 年生。2008 年 6 月，四川清音被列入第二批国家级非物质文化遗产名录曲艺类，项目编号 V -77。2009 年 6 月，肖顺瑜入选为第三批国家级非物质文化遗产项目代表性传承人，四川成都艺术剧院申报。肖顺瑜师从清音艺术家、琴师罗俊，在充分继承传统的基础上有所创新，她对清音声腔的改革创新作出了巨大的贡献。她兼收并蓄，博采众长，吸收美声唱法的花腔和民歌的多种声乐技巧，与四川清音的传统唱法相融合，使四川清音的润强手法得到极大的发展，形成了具有其特色的唱腔流派，将四川清音的演唱艺术提到了一个新的高度，被誉为"四川清音的花腔女高音歌唱家"。代表作有《昭君出塞》、《思凡》、《黛玉葬花》、《摘海棠》、《小放风筝》、《刑场上的婚礼》等。

V -91 金钱板

邹忠新

（编号：03-1198），男，汉族，1924 年 5 月生，2013 年 5 月卒，四川省安岳县人。2008 年 6 月，金钱板被列入第二批国家级非物质文化遗产名录曲艺类，项目编号 V -91。2009 年 6 月，邹忠新入选为第三批国家级非物质文化遗产项目代表性传承人，四川省成都市申报。邹忠新 5 岁时跟着父亲到四川省双流县拜师孙洪云学艺。邹忠新的演唱字正腔圆、中气十足、节奏稳健。表演时既注重板式打法，又在说唱中注意节奏变化、灵活自如、唱中带说、说中带唱，在汲取各派之长的基础上自成"邹派"。他一生创作整理出 2000 多个金钱板曲目。2006 年获"中国曲艺牡丹奖——终身成就奖"。代表作有《武松打虎》、《岳飞传》、《罗昌秀》、《冷枪战》、《焦裕禄》、《赣南烽火》、《洪湖凯歌》、《双枪老太婆》等。邹忠新一生传人无数，正式拜师的有 20 余人，不过真正坚持这门传统艺术的却只有主长贵、罗世忠、张徐、余公正、李国仲、钟景生等人。张徐是邹忠新的关门弟子，也是金钱板的国家级传承人。

张徐

（编号：03-1199），男，汉族，1957 年生，安徽省人。2008 年 6 月，金钱板被列入第二批国家级非物质文化遗产名录曲艺类，项目编号 V -91。2009 年 6 月，张徐入选为第三批国家级非物质文化遗产项目代表性传承人，四川省成都市申报。张徐为国家一级演员。1977 年张徐考入成都市曲艺团，师从金钱板大师邹忠新，他还曾到北京拜相声名家牛群为师学习相声。张徐在金钱板艺术的表演和唱腔方面有不少创新。他创作和表演的《孩子的歌》在中国曲艺牡丹奖首届相声大赛中获得创作和表演奖；《怪哪个》获中国曲艺"牡丹奖"；创作、导演并主演的小品《咖啡屋》获全国戏剧小品比赛二等奖和个人表演奖。为了让金钱板艺术传承下去，如今他正将这项流传 300 多年的传统曲艺瑰宝向 6 名弟子传授，希望将其发扬光大，并建议通过创新使这些老技艺能够得以传承。

云南

V -44 傣族章哈

玉光

（编号：03-1165），女，傣族，1956 年生，云南省西双版纳傣族自治州景洪市允景洪镇曼允村人。2006 年 5 月，傣族章哈被列入第一批国家级非物质文化遗产名录曲艺类，项目编号 V -44。2009 年 6 月，玉光入选为第三批国家级非物质文化遗产项目代表性传承人，云南省西双版纳傣族自治州申报。玉光的父亲艾宰阁是一位有名的章哈，在她两岁时就远赴泰国，成了那里著名的章哈。1974 年，玉光拜邻村著名章哈康朗甩为师；1976 年拜岩捧为师，掌握了较高层次的演唱技能和包罗万象的傣族仪式歌。她不仅能传唱傣族传统的歌曲，还创作出的《金孔雀飞回家乡》、《梦游北京城》、《勤劳致富歌》等歌曲。被傣族群众亲切地称为"波瑞"、"纳婉"（傣语，特等级章哈、著名女章哈）。2012 年，玉光的《傣乡之恋》出版，汇集了玉光 30 十多年来的代表性作品。她培养了玉扁、玉章、玉应尚、玉儿等多名徒弟，已经小有名气。

康朗屯

（编号：03-1166），男，傣族，1938 年生，云南省西双版纳傣族自治州勐腊县勐捧镇勐哈村人。2006 年 5 月，傣族章哈被列入第一批国家级非物质文化遗产名录曲艺类，项目编号 V -44。2009 年 6 月，康朗屯入选为第三批国家级非物质文化遗产项目代表性传承人，云南省西双版纳傣族自治州申报。康朗屯 1961 年拜勐腊曼龙波迈图三、勐满曼列岩迈龙叫为师，后又拜勐捧镇曼勐村的康朗光为师，学唱章哈。他所唱的大都是贝叶经书上的内容，比如傣族佛教的故事和利益、土司、教育等相关内容。也创作了一些具有时代特点的歌曲。因其当过佛爷，所以熟悉佛教经典和相关仪式活动，他主要在勐腊及相邻的老挝等参加当地傣族的佛教活动，并在相关仪式上进行演唱。1981 年至今，康朗屯培养徒弟 36 个，其中，6 人是经过正式拜师仪式的（3 男 3 女），有些徒弟在各种演唱中获奖。

甘肃

V -24 兰州鼓子

魏世发

（编号：03-1164），男，汉族，1940 年生，甘肃省皋兰县什川乡人。2006 年 5 月，兰州鼓子被列入第一批国家级非物质文化遗产名录曲艺类，项目编号 V -24。2009 年 6 月，魏世发入选为第三批国家级非物质文化遗产项目代表性传承人，甘肃省兰州市申报。魏世发出生在一个爱好兰州鼓子的家庭，16 岁时跟随父亲魏万育、祖父魏孔吉学习兰州鼓了，在李海舟、陆应魁、张立忠等众多老艺人们的点拨中，通过刻苦认真的学习，精心揣摩研究，比较全面系统地掌握了兰州鼓子的曲牌曲调、调门调类，包括各类前奏、间奏、过门音乐等。这使得魏世发在兰州鼓子的演唱方面有了一定的造诣，在鼓子界领域里名列前茅。代表作有《木樨剑》、《献娇娘》、《踏河》、《演功》、《惊梦》、《显魂》、《伯牙抚琴》、《莺莺践行》、《赶斋》、《辩踪》、《燕者打擂》、《高怀德打擂》、《寄女》、《写约》、《追信》。目前魏世发收有廖友勤、陆光辉两个徒弟。

青海

V -92 青海平弦

刘钧

（编号：03-1200），男，汉族，1949 年生，青海省西宁市人。2008 年 6 月，青海平弦被列入第二批国家级非物质文化遗产名录曲艺类，项目编号 V -92。2009 年 6 月，刘钧入选为第三批国家级非物质文化遗产项目代表性传承人，青海省西宁市申报。刘钧自幼喜爱音乐，从小受到老一辈地方曲艺艺术家的熏陶，20 世纪 70 年代拜青海平弦艺术家马兆录为师，学习青海平弦。刘钧演唱的平弦，声音纯正浑厚，吐字清晰，声情并茂，时而悠扬委婉，时而激昂悲怆，时而诙谐明快，有极强的艺术感染力；他既擅长演唱也善操板琴、扬琴、竹笛等乐器乐。代表作有《伯牙摔琴》、《大饯别》、《走马荐诸葛》、《草船借箭》、《春景》、《夏景》、《秋景》、《冬景》、《歌唱英雄张开全》等。为培养青海曲艺新人和传授青海曲艺技艺，从 20 世纪 80 年代后期开始，先后为西宁市文艺家联合会、西宁市民间文艺家协会以及西宁市群众艺术馆在西宁、大通、湟源、湟中、平安等地举办的"青海曲艺讲习班"上授课，培养学员多人。

Ⅴ-93 青海越弦

李得顺

（编号：03-1201），男，汉族，1925 年 9 月生，青海省湟中县人。2008 年 6 月，青海越弦被列入第二批国家级非物质文化遗产名录曲艺类，项目编号Ⅴ-93。2009 年 6 月，李得顺入选为第三批国家级非物质文化遗产项目代表性传承人，青海省西宁市申报。李得顺的父亲是青海越弦艺人，李得顺自幼跟随叔叔学习青海越弦，11 岁登台演唱。后又拜陈子璋为师学习平弦演唱，拜雷少云为师学习三弦弹奏。李得顺的演唱声音高昂浑厚、吐字清晰、字正腔圆、感情丰富，伴奏娴熟、节奏明快、旋律悠扬、优美动听。代表作有越弦《草坡传信》、《全家福》、《伯牙摔琴》，平弦《大佛殿饯行》、《皇姑出家》、《草船借箭》和《罗真归山》等。

新疆

Ⅴ-45 哈萨克族阿依特斯

布比玛丽·贾合甫拜

（编号：03-1167），女，哈萨克族，新疆维吾尔自治区伊犁哈萨克自治州人。2006 年 5 月，哈萨克族阿依特斯被列入第一批国家级非物质文化遗产名录曲艺类，项目编号Ⅴ-45。2009 年 6 月，布比玛丽·贾合甫拜入选为第三批国家级非物质文化遗产项目代表性传承人，新疆维吾尔自治区伊犁哈萨克自治州申报。

第四批国家级非物质文化遗产项目代表性传承人

中央

Ⅴ-47 相声

姜昆

（编号：04-1715），男，汉族，1950年1月生，山东省黄县人。2008年6月，相声被列入第二批国家级非物质文化遗产名录曲艺类，项目编号Ⅴ-47。2012年12月，姜昆入选为第四批国家级非物质文化遗产项目代表性传承人，中国广播艺术团申报。姜昆为国家一级演员。早年曾向中华奇石馆馆长李文科大师学习，1976年师从相声大师马季，成为马季的得意高徒。姜昆在表演风格上更趋新颖，注重节目内容表达的整体性，因而说演时很有内在的节奏感，注重对节目主旨内容的传达胜于对个人艺术天赋的展示，基于传统又超越传统。他编辑的200万字的《中国传统相声大全》，成为研究中国相声珍贵的权威性资料。他创作的《姜昆相声集》是中国相声人手一册的教科书。在20世纪80年代，姜昆是炙手可热的相声演员，并在全国有相当大的影响力。其代表作有《如此照相》、《诗歌与爱情》、《虎口遐想》、《电梯风波》、《特大新闻》、《精彩网络》等。他培养的徒弟有唐爱国、刘惠、白桦、邓小林、大山、刘全利、刘全和、赵卫国、李道南、陆鸣、许勇、夏文兰、倪明、齐立强、句号、徐文、郭丹、曹曙光、周炜等。

北京

Ⅴ-49 单弦牌子曲（含岔曲）

张蕴华

（编号：04-1718），女，满族，1948年1月生，北京市人。2008年6月，单弦牌子曲（含岔曲）被列入第二批国家级非物质文化遗产名录曲艺类，项目编号Ⅴ-49。2012年12月，张蕴华入选为第四批国家级非物质文化遗产项目代表性传承人，北京市西城区申报。张蕴华1960年考入中国广播说唱团，后入北京曲艺团，师从谭派单弦创始人谭凤元学习单弦艺术，得到了谭派艺术的真传。1965年又师从三弦职手转德福，同时又得到了单弦名家赵玉明的指点。张蕴华的单弦演唱艺术，台风潇洒大方，演唱韵味醇厚、口齿清晰，表演富于激情，善于刻画各种人物；特别是在打八角鼓方面，更具有自己的独到之处。近些年，她还对单弦进行创新，融入现代的因素，重新调整唱词，对曲牌和唱腔也进行重新调整，使之更符合现代口味。近几年北京曲协举办曲艺培训班，单弦组每期有30多个人，张蕴华在这里上课培养学员。张蕴华目前正式收徒4人，但也都是以此为兴趣。

天津

Ⅴ-48 京韵大鼓

陆倚琴

（编号：04-1716），女，汉族，1934年6月生，天津市人。2008年6月，京韵大鼓被列入第二批国家级非物质文化遗产名录曲艺类，项目编号Ⅴ-48。2012年12月，陆倚琴入选为第四批国家级非物质文化遗产项目代表性传承人，天津市曲艺团申报。陆倚琴9岁成为骆玉笙的养女，1950年拜程树棠先生为师，学习舞台身形表演；1952年到1955年到中央音乐学院学习声乐；1983年，陆倚琴正式拜在骆玉笙门下，深得骆派精髓，又独具个人风格，一生执着追求骆派艺术。陆倚琴的表演神韵酷似骆玉笙，又在骆派旋律的基础上，融入科学的发声方法，根据个人嗓音特色进行腔词改革，唱腔高亢挺拔，铿锵有力，声情交融，游刃有余，细腻婉转、长于抒情；其做功也以极为讲究闻名，根据唱词设计的身形动作，贴切剧情，恰到好处，生动传神，她建立起一套适合曲艺演员的表演体系。其代表作有《打虎上山》、《椰林红旗》、《激浪丹心》、《红梅阁》、《白妞说书》、《鸳鸯剑》等。她在天津市老年大学开设了两个骆派京韵学唱班，学生近百人。正式收的徒弟有黄薇、李想等多人。

刘春爱

（编号：04-1717），女，汉族，1949年3月生，天津市人。2008年6月，京韵大鼓被列入第二批国家级非物质文化遗产名录曲艺类，项目编号Ⅴ-48。2012年12月，刘春爱入选为第四批国家级非物质文化遗产项目代表性传承人，天津市曲艺团申报。刘春爱为国家一级演员。11岁考入天津市曲艺团，师从桑红林，后被骆玉笙看中，从此跟随骆玉笙学习。她嗓音宽厚，天资聪颖，不仅很好地继承了骆派京韵的神韵，同时不断探索，使其演唱以情带声、情真意切、声情并茂、激情饱满，具有独特的魅力。刘春爱一生获奖无数，2011年荣获第八届中国金唱片奖。其代表作有《琵琶行》、《莺莺听琴》、《夜请李月华》、《剑阁闻铃》等。1988年刘春爱应聘在中国北方曲校任教，20多年来已经培养出6届骆派京韵大鼓学生。退休后的她潜心教学，在老年大学开设了京韵大鼓学习班，传播曲艺艺术。2010年2月9日，她在中国大戏院举办了庆祝个人舞台生活50年暨收徒仪式的盛大演出，收张曦文、李月群等8位专业演员和票界人士为弟子。

河北

Ⅴ-8 乐亭大鼓

贾幼然

（编号：04-1703），男，汉族，1941年11月生，河北省滦南县人。2006年5月，乐亭大鼓被列入第一批国家级非物质文化遗产名录曲艺类，项目编号Ⅴ-8。2012年12月，贾幼然入选为第四批国家级非物质文化遗产项目代表性传承人，河北省乐亭县申报。贾幼然为国家一级演员。13岁时跟随老艺人学习乐亭大鼓，1955年，又拜乐亭大鼓著名艺人靳文然为师，开始了乐亭大鼓正规学习。1956年10月，进入唐山市曲艺说唱团，与老师一起成为剧团骨干。贾幼然演唱的乐亭大鼓有节奏轻快、行腔流畅、韵味醇厚、优美动听等特点，能根据演唱题材和人物所处的环境不断地完善刻画书中的不同角色。通过实践，将乐亭大鼓的开场演唱改为四大口唱法，使行腔更加流畅、动听。与其妻赵凤兰共同创作和演出了众多脍炙人口的节目，并多次获得各类奖项。代表作有《送枕》、《医生情》、《千里送亲人》等。为了培养乐亭大鼓的接班人，贾幼然经常在市政府举办的乐亭大鼓培训班里免费上课，培养学员多人。

山西

Ⅴ-97 莲花落

曹有元

（编号：04-1730），男，汉族，1937年12月生，山西省平遥县人。2011年6月，莲花落被列入第三批国家级非物质文化遗产名录曲艺类，项目编号Ⅴ-97。2012年12月，曹有元入选为第四批国家级非物质文化遗产项目代表性传承人，山西省太原市申报。曹强以太原方言为基础，结合普通话发音，在认真研究晋中莲花落的基础上，从语言、唱腔、表演、节奏等方面对莲花落进行了重大创新和改革。主要作品有《冬冬献宝》、《会战新歌》、《歪批曲艺》、《小丁开车》、《长寿秘诀》、《弄巧成拙》、《立竿见影》、《珠联璧合》等。曹有元至今没有正式的徒弟。

内蒙古

Ⅴ-40 乌力格尔

代沃德

（编号：04-1713），男，蒙古族，1950年3月生，内蒙古自治区兴安盟乌兰浩特市葛根庙镇哈达那拉嘎查人。2006年5月，乌力格尔被列入第一批国家级非物质文化遗产名录曲艺类，项目编号Ⅴ-40。2012年12月，代沃德入选为第四批国家级非物质文化遗产项目代表性传承人，内蒙古科尔沁右翼中旗申报。代沃德7岁时起师从祖父和父亲学习四胡拉奏，学会了很多叙事民歌、好来宝、乌力格尔曲目，并掌握了制作四胡的技艺。20岁时师从额尔敦珠日合、

特木勒专攻说唱乌力格尔，24岁起独自行艺。"装文扮武我自己，一人能演一台戏，一人多角，男女老幼集于一身；进得快，退得稳，分得清，进进出出，变换迅速。"这段话基本概括了代沃德的乌力格尔的表演形式。他在表演的时候，甚至可以把四胡用来模拟刀枪、坐骑等各种道具。代沃德有十几位徒弟，但都是在农闲的时候才能从艺。

辽宁

Ⅴ-6 东北大鼓

陈丽洁

（编号：04-1702），女，汉族，1956年9月生，辽宁省锦州市人。2008年6月，东北大鼓被列入第一批国家级非物质文化遗产扩展项目名录曲艺类，项目编号Ⅴ-6。2012年12月，陈丽洁入选为第四批国家级非物质文化遗产项目代表性传承人，辽宁省锦州市申报。陈丽洁出身陈派评书艺术世家，自幼与姐姐陈丽君一起跟随祖父陈仲山、父亲陈青远学艺，是陈派评书艺术第三代传人。陈丽洁的东北大鼓艺术大气唯美、精奇传神，拟物声情并茂，绘色模声引人入胜。父女三人在辽宁电视台录制多部书目，并多次荣获全国电台、电视台的奖项以及省政府优秀文艺大奖。陈家三代人，塑造了独具特色的陈派风格。陈青远去世后，陈丽洁与陈丽君继承父志，一起讲书编书，多次荣获电台全国长书一等奖，成为书坛绝代双娇。陈丽洁和关永震合作编写《陈青远评鼓书艺术》一书，由华侨出版社出版。其代表作有《烈火金刚》、《三闹汴梁》、《三擒陈平》、《秦琼卖马》、《三请樊梨花》、《安公子投亲》等。锦州市建立了陈派评书艺术研究小组，由锦州市艺术研究所、文联、曲协协

同开展工作，陈丽洁不遗余力地投入培养青年人才，继承发展创新，使陈派评书艺术后继有人。但传承状况依然堪忧。

吉林

V-35 东北二人转

董孝芳

（编号：04-1710），男，汉族，1940年8月生，吉林省梨树县董家窝堡乡朝阳堡村人。2006年5月，东北二人转被列入第一批国家级非物质文化遗产名录曲艺类，项目编号V-35。2012年12月，董孝芳入选为第四批国家级非物质文化遗产项目代表性传承人，吉林省申报。董孝芳1954年高小毕业师从李财（艺名李包牙）学艺，1955年登台演出。他的唱功堪称自家一派，唱腔磁石，高低不挡，板头柱壮，韵味十足，曲牌衔接不露痕迹，抑扬顿挫，变化多端。他扮相俊美，嗓音甜，观众甚为喜爱。他的手绢功概括为"片、翻、滚、缠、抖、甩、飞、转"等技法，并首创手绢高抛出手，绕剧场前十排一周，然后飞回手中，稳稳接住，名曰"凤还巢"。其代表作有《选年画》、《梁赛金擀面》、《南郭学艺》、《回杯记》等。董孝芳1986年调入吉林省戏曲学校任教，培养了大批东北二人转演员。

韩子平

（编号：04-1711），男，汉族，1949年4月生，吉林省白城县人。2006年5月，东北二人转被列入第一批国家级非物质文化遗产名录曲艺类，项目编号V-35。2012年12月，韩子平入选为第四批国家级非物质文化遗产项目代表性传承人，吉林省申报。韩子平自幼喜爱二人转，1970年考入吉林省洮安县文工团。他嗓音宽厚洪亮，

音质纯正，演唱吐字真，韵味甜，板头准，寓情于声，达意传神。念白与说回堪称一绝，铺得平、垫得稳、守得住、甩得响，具有风趣而又不俗的特点。以清新、明快、豪放的演唱和自然、细腻、幽默的表演形成了独特的艺术风格。代表作有《回杯记》、《马前泼水》、《离婚夫妻》、《哑女出嫁》、《村长醉酒》等。

V-102 盘索里

姜信子

（编号：04-1731），女，朝鲜族，1941年2月生，吉林省延边朝鲜族自治州人。2011年6月，盘索里被列入第三批国家级非物质文化遗产名录曲艺类，项目编号V-102。2012年12月，姜信子入选为第四批国家级非物质文化遗产项目代表性传承人，吉林省延边朝鲜族自治州申报。

上海

V-1 苏州评弹（苏州评话、苏州弹词）

江文兰

（编号：04-1700），女，汉族，1932年11月生，江苏省苏州市人。2008年6月，苏州评弹（苏州评话、苏州弹词）被列入第一批国家级非物质文化遗产扩展项目名录曲艺类，项目编号V-1。2012年12月，江文兰入选为第四批国家级非物质文化遗产项目代表性传承人，上海市书场工作者协会申报。江文兰1950年师从亢翰香学习苏州评弹，1950年秋便跟随王兰荪、亢闻鹃两位老师在苏南各埠演唱长篇弹词《落金扇》、《描金凤》。江文兰说表清楚，角色生动，嗓音甜糯洪亮，擅唱"蒋调"、"俞调"、"丽调"，并得其神髓。代表作有《玉蜻蜓》、

《杜十娘》、《王魁负桂英》、《夺印》、《刘胡兰》、《罗汉钱》等。自20世纪80年代后江文兰开始从事上海评弹团青年演员的辅导工作，带出学员多人。

赵开生

（编号：04-1701），男，汉族，1936年1月生，江苏省常熟市人。2008年6月，苏州评弹（苏州评话、苏州弹词）被列入第一批国家级非物质文化遗产扩展项目名录曲艺类，项目编号Ⅴ-1。2012年12月，赵开生入选为第四批国家级非物质文化遗产项目代表性传承人，上海市书场工作者协会申报。赵开生13岁师从周云瑞学习苏州评弹，14岁登台表演。他在继承老师的基础上，根据自己的条件，吸收其他名家的精华，加以糅合，整体风格流畅自然，铿锵有力，感情色彩较重。其整体风格表现为说表亲切、轻松，语言，精练、细腻，说法，受杨振雄和姚荫梅的影响；角色，到位、生动；唱腔，正确掌握角色情绪转换，吸收各种流派唱腔、姐妹艺术为塑造人物所用。其代表作有《秦香莲》、《珍珠塔》、《陈圆圆》、《红梅赞》、《青春之歌》、《战地之花》、《春草闯宣》、《三斩杨虎》等。退休后从事上海评弹团青年演员的辅导工作。

Ⅴ-68 独脚戏

姚祺儿

（编号：04-1719），男，汉族，1949年4月生，浙江省慈溪市人。2008年6月，独脚戏被列入第二批国家级非物质文化遗产名录曲艺类，项目编号Ⅴ-68。2012年12月，姚祺儿入选为第四批国家级非物质文化遗产项目代表性传承人，上海市黄浦区申报。姚祺儿为国家一级演员。他出身滑稽世家，自幼跟随父亲姚慕双、叔父周柏春学艺，继承了姚慕双"冷面滑稽"

的独特风格，表演幽默、诙谐，讲究人物塑造。20多年来，他先后在50余部滑稽大戏中担任主角。创作了几十个独脚戏段子，1987年获上海剧协颁发的中年演员奖。2008年入选第一届《笑林大会》上海十大笑星。代表作有《出租的新娘》、《黑桃皇后》、《光明使者》、《无言的结局》、《情满家园》等。姚祺儿收徒多人，有潘卫星和儿子姚明方。

江苏

Ⅴ-73 徐州琴书

张巧玲

（编号：04-1721），女，汉族，1960年9月生，江苏省徐州市人。2008年6月，徐州琴书被列入第二批国家级非物质文化遗产名录曲艺类，项目编号Ⅴ-73。2012年12月，张巧玲入选为第四批国家级非物质文化遗产项目代表性传承人，江苏省徐州市申报。张巧玲为国家一级演员。自幼喜爱徐州琴书，后跟随徐州琴书名家魏云彩学习。张巧玲遵循艺术发展规律，对徐州琴书的传统程式进行突破性创新，在曲目编排、表演编排、演唱技巧上既保持浓郁的徐州地方文化特色，又融入新的时代元素。张巧玲声音圆润委婉、表演真切细腻、形象生动准确。她独立谱曲，编导并担任主要角色的徐州琴书《一个女人三个娘》获文化部颁发表演、创作两项大奖；作曲、编导的徐州琴书《虞姬赋》在第七届江苏省曲艺节中获优秀节目奖、优秀表演奖、创作奖等多项大奖。其代表作有《王二还家》、《关盼盼》、《市长的女儿》、《水漫金山》等。张巧玲致力于徐州琴书的传承，推动琴书进课堂活动，向当代大学生介绍和展示徐州琴书的魅力；注重从儿童培养琴书传承人，她所培养的一些小演员演唱的徐州琴书已经在省、全国的各种演出和比赛舞台上崭露头角。

浙江

Ⅴ-13 温州鼓词

陈志雄

（编号：04-1704），男，汉族，1937年1月生，浙江省温州市人。2006年5月，温州鼓词被列入第一批国家级非物质文化遗产名录曲艺类，项目编号Ⅴ-13。2012年12月，陈志雄入选为第四批国家级非物质文化遗产项目代表性传承人，浙江省瑞安市申报。陈志雄1949年师从陈月波先生，1951年登台演唱。陈志雄演唱的温州鼓词长于抒情，善于叙事，曲句俚质，通俗易懂，并夹有丰富的群众词汇和民间谚语，韵律押韵自然，音节和谐，保持了民间说唱音乐的特色，是温州鼓词四大名师之一。其代表作有《八仙贺喜》、《罗通娶亲》《孔明点兵》、《斩狸猫》、《济公传》等。陈志雄从艺60多年已培养了200多名陈派鼓词学生。

福建

Ⅴ-26 锦歌

王素华

（编号：04-1709），女，汉族，1954年12月生，福建省漳州市人。2006年5月，锦歌被列入第一批国家级非物质文化遗产名录曲艺类，项目编号Ⅴ-26。2012年12月，王素华入选为第四批国家级非物质文化遗产项目代表性传承人，福建省漳州市申报。王素华11岁时在漳州龙眼营锦歌社学唱锦歌，1974年被调到漳州芗剧团，开始了专业表演。王素华不断地将锦歌进行改良，让它的曲调更加动听，更加适合现代人。代表作有《思亲》、《寻祖》、《台湾阿婆看女排》、《人民心中的110》等。王素华是漳州师范学院的特聘教师。为更好地传承锦歌艺术，她在漳州师范学院开设了"锦歌弹唱"选修课，培养学员多人。

山东

Ⅴ-21 山东琴书

刘士福

（编号：04-1706），男，汉族，1961年11月生，山东省济宁市金乡县人。2006年5月，山东琴书被列入第一批国家级非物质文化遗产名录曲艺类，项目编号Ⅴ-21。2012年12月，刘士福入选为第四批国家级非物质文化遗产项目代表性传承人，山东省申报。刘士福15岁师从老艺人朱何堂学习山东琴书，18岁出师，也曾受教于琴书南路艺人李若亮。刘士福演唱功底扎实，不仅继承了南路山东琴书的精华，还特别善于适应时代进行创新。他的表演说唱并重，其唱腔曲调优美，明快活泼，润腔自如，雅俗共赏；他的白口擅使乡音土语，化雅为俗，吐字清晰，流畅上口，别有浓趣。他还非常注意包袱的运用，善于在生活中提炼演唱素材，现场抓哏，演唱风格幽默滑稽，深受群众喜爱。加上他数十年练就的坠琴演奏技艺，与演唱配合默契，相得益彰。2001年，获十一届"群星奖"金奖；2003年，创作演出的《苦乐娘亲》，获山东曲艺比赛一等奖，以及中国第三届曲艺"牡丹奖"。其代表作有《罪责难逃》、《好儿不如好媳妇》、《苦乐娘亲》、《连心桥》、《女儿转变记》等。

朱丽华

（编号：04-1707），女，汉族，1945年7月生。2006年5月，山东琴书被列入第一批国家级非物质文化遗产名录曲艺类，项目编号Ⅴ-21。2012年12月，朱丽华入选为第四批国家级非物质文化遗产项目代表性传承人，山东省申报。朱丽华13岁时加入青岛曲艺团，师从山东琴书东路著名艺人商业兴和关云霞，是他们的得意弟子。朱丽华唱腔优美动听，伴奏配合默契，富于变化。2010年，朱丽华成立了东路琴书研究会，并任会长，并与人联合创作了《同学会》等新作品，2010年获曲艺牡丹奖提名。其代表作还有《小姑贤》、《水漫金山》、《梁祝》等。目前，朱丽华收徒4人，其中3人都是跟随她唱了30多年的老弟子。

Ⅴ-39 山东快书

高景佐

（编号：04-1712），男，汉族，1933年1月生，山东省莱州市人。2006年5月，山东快书被列入第一批国家级非物质文化遗产名录曲艺类，项目编号Ⅴ-39。2012年12月，高景佐入选为第四批国家级非物质文化遗产项目代表性传承人，山东省申报。高景佐为国家一级演员。他先后师从杨派山东快书泰斗杨立德和高派山东快书创始人高元钧为师。高景佐深得两位大师的精髓，又融入自己相对夸张的表演风格，其表演气势恢宏，幽默风趣，惟妙惟肖，摄人心魄。代表作有《让座》、《大老王剃头》、《武松赶会》、《砸洋行》、《长空激战》等。为了能把山东快书这门传统艺术更好地传承下去，高景佐先后培养了郭秋林、张起铭、陈守平、栗瑞杰、李文绪、陶蓉、辛维嘉、秦永超等多位山东快书弟子，得到过其指点的更是不计其数。

湖北

Ⅴ-70 湖北小曲

何忠华

（编号：04-1720），女，汉族，1946年11月生，湖北省武汉市人。2008年6月，湖北小曲被列入第二批国家级非物质文化遗产名录曲艺类，项目编号Ⅴ-70。2012年12月，何忠华入选为第四批国家级非物质文化遗产项目代表性传承人，湖北省武汉市申报。何忠华为国家一级演员。1960年入武昌曲艺队，15岁即以《碧血丹心》一举成名。她所表演的湖北小曲真正达到了"声情并茂，神形兼备"的上乘境界，有"小曲皇后"之称。《选妃》获"全国曲艺（南方片）观摩演出"表演一等奖；《石破天惊》获全国曲艺电视大赛表演二等奖；《楚歌·碟子曲》获全国第三届电视"星光杯"二等奖等。发表有关湖北小曲论文《湖北小曲说唱表演初探》、《曲艺声腔表演漫述》等，主编湖北曲艺丛书《花影录》、《弹唱与大鼓》、《楚韵新曲》等。何忠华退休后在湖北艺术职业学院曲艺专业教学。她自己一生收的4个徒弟中，如今就只剩下去年刚收的徒弟吴健，仍在从事曲艺。而吴健，同时也是湖北大鼓表演艺术家张明智唯一还在做传承工作的徒弟。

广西

Ⅴ-87 广西文场

何红玉

（编号：04-1727），女，汉族，1941年2月生，广西壮族自治区荔浦县人。2008年6月，广西文场被列入第二批国家级非物质文化遗产名录曲艺类，项目编号Ⅴ-87。2012年12月，何红玉入选为第四批国家级非物质文化遗产项目代表性传承人，广西壮族自治区桂林市申报。何红玉1959年拜文场大师王仁和、刘玉瑛为师，学习文场、渔鼓、大鼓、零零落等桂林曲艺。到20世纪60年代，何红玉在广西曲坛已崭露头角、名传八桂。她的唱腔华丽婉转、洒脱柔美，表演风格含蓄细腻，舞台形象窈窕靓丽。广西文场既无文字记载，也没有录音记录。为了保存这一宝贵的艺术形式，何红玉收集了各地文场的唱法和曲调，并应用于自己的创作中。她是集演、编、导、教、研于一体的文场大家。她整理出版了《曲韵》、《心韵》、《戏韵》、《音韵》、《词韵》、《广西文场》等6本著作，近200万字，第一次系统地把广西文场付之于文字和乐谱；她重新编曲的《五娘上京》在文化部举办的"全国曲艺优秀节目"观摩演出中，获得改编、编曲、演唱三个一等奖；创作的《春兰吟》获中国曲艺"牡丹奖"和文化部"文华奖·新作品奖"。演唱的主要曲目有《骂玉郎》、《贵妃醉酒》、《武二探兄》、《游湖借伞》等。

陈秀芬

（编号：04-1728），女，汉族，1944年10月生，广西壮族自治区桂林市人。2008年6月，广西文场被列入第二批国家级非物质文化遗产名录曲艺类，项目编号Ⅴ-87。2012年12月，陈秀芬入选为第四批国家级非物质文化遗产项目代表性传承人，广西壮族自治区桂林市申报。陈秀芬自幼喜爱观看广西文场，1959年，陈秀芬考入"桂林市文场戏曲训练班"，师从著名文场大师王仁和、著名文场老艺人刘玉英，全面系统地学完了传统文场的所有唱腔、曲牌以及保留清唱剧。在表演身段方面，她得到著名桂剧老艺人苏芝仙、林瑞仙的亲自教授。先后成功塑造了不同性格、不同行当的多个艺术形象，形成了嗓音甜润、念唱清晰、韵味醇厚、表演生动的艺术风格。代表作有《陈姑追舟》、《五娘上京》等。如今，陈秀芬一生热心传授技艺，目前在桂林从事广西文场的中青年演员大多受过她的指教。最近，她又收下10多名弟子，为了能够对学生们更好地言传身教，她至今仍然坚持亲自登台演出。

重庆

Ⅴ-75 四川扬琴

陈再碧

（编号：04-1722），女，汉族，1947年3月生，重庆人。2011年6月，四川扬琴被列入第二批国家级非物质文化遗产扩展项目名录曲艺类，项目编号Ⅴ-75。2012年12月，陈再碧入选为第四批国家级非物质文化遗产项目代表性传承人，重庆市曲艺团申报。陈再碧1958年11月考入重庆市曲艺团，随团学艺四川扬琴专业。其代表作有《云堂认母》、《白帝托孤》等。

Ⅴ-76 四川竹琴

吴卡亚

（编号：04-1723），女，汉族，1950年3月生，重庆市人。2008年6月，四川竹琴被列入第二批国家级非物质文化遗产名录曲艺类，项目编号Ⅴ-76。2012年12月，吴卡亚入选为第四批国家级非物质文化遗产项目代表性传承人，重庆市三峡艺术团申报。

刘国福

（编号：04-1724），男，汉族，1955年6月生，重庆市人。2008年6月，四川竹琴被列入第二批国家级非物质文化遗产名录曲艺类，项目编号Ⅴ-76。2012年12月，刘国福入选为第四批国家级非物质文化遗产项目代表性传承人，重庆市三峡艺术团申报。

Ⅴ-77 四川清音

李静明

（编号：04-1726），女，汉族，1943年6月生，重庆市人。2011年6月，四川清音被列入第二批国家级非物质文化遗产扩展项目名录曲艺类，项目编号Ⅴ-77。2012年12月，李静明入选为第四批国家级非物质文化遗产项目代表性传承人，重庆市曲艺团申报。

Ⅴ-110 四川评书

徐勍

（编号：04-1732），男，汉族，1936年3月生，重庆市人。2011年6月，四川评书被列入第三批国家级非物质文化遗产名录曲艺类，项目编号Ⅴ-110。2012年12月，徐勍入选为第四批国家级非物质文化遗产项目代表性传承人，重庆市曲艺团申报。徐勍为国家一级演员。自1947年开始讲说四川评书，师承张国栋、沈宪章。徐勍的说表具有故事生动、气魄雄浑、悬念丛生等艺术特点，而且在说讲中维承"文书"、"清棚"擅讲之长，运用"武书"、"擂棚"表演之长，两者结合，生动风趣，使人耳目一新。他与袁阔成等一起被评为全国十大评书家，享有"北袁南徐"的美誉，被称为"书坛怪杰"。1995年获全国曲艺牡丹奖；1988年被中国文联授予"名家金牌"；2008年获"中国曲艺牡丹奖终身成就奖"。其代表作品有《林海雪原》、《千秋一剑》、《巴国魂》、《红岩》、《夺印》等。徐勍对培养新人颇有建树，门下有不少弟子，

佼佼者有刘光宇、刘怀云、朱砂、赵静、邓小林、白桦等。

四川

Ⅴ-76 四川竹琴

张永贵

（编号：04-1725），男，汉族，1933年4月生，四川省成都市人。2008年6月，四川竹琴被列入第二批国家级非物质文化遗产名录曲艺类，项目编号Ⅴ-76。2012年12月，张永贵入选为第四批国家级非物质文化遗产项目代表性传承人，四川省成都艺术剧院申报。1945年张永贵跟随"贾派"竹琴传承人赵幼成学习竹琴艺术，在继承和保持"贾派"竹琴艺术的同时，也突出了自己的艺术特色及对"贾派"竹琴独到的理解，是贾派竹琴的第三代传人。张永贵的声音洪亮，高音处慷慨激越，低音处韵味醇厚，擅长演唱的曲目众多。他的节奏感极强，在打板和碰琴方面掌握的技巧极为全面。其唱腔既具有"贾派"竹琴唱腔优美的特色，还博涉广取，将中河、下河派的唱腔，以及川剧、四川扬琴、四川清音、四川荷叶、民歌等戏曲、曲艺和歌唱的声腔形式融入其自身的四川竹琴声腔艺术中。同时，他还善口技，运用得轻车熟路，为演唱增色不少。

甘肃

Ⅴ-24 兰州鼓子

陈增三

（编号：04-1708），男，汉族，1950年2

月生，甘肃省皋兰县水阜乡水阜村人。2006年5月，兰州鼓子被列入第一批国家级非物质文化遗产名录曲艺类，项目编号Ⅴ-24。2012年12月，陈增三入选为第四批国家级非物质文化遗产项目代表性传承人，甘肃省兰州市申报。陈增三16岁时正式拜师学艺，成为当时大名鼎鼎的"北山王"魏学君的徒弟。陈增三从艺50年间，游走在兰州乡间，收集整理兰州鼓子资料20万字，录制音像资料60余张，整理名家唱段150页，为兰州鼓子留下了宝贵的资料。代表作有《俞伯牙抚琴》、《南湖的灯光》等。 2012年3月26日，兰州市分别在安宁、七里河、皋兰水阜乡、什川四地设立兰州鼓子传习所，并给予经费。每逢周二、周六在兰州非物质文化遗产陈列馆的兰州鼓子保护基地进行演出，并向爱好者教授兰州鼓子。

青海

Ⅴ-19 贤孝（西宁贤孝）

沈永宁

（编号：04-1705），男，汉族，1948年3月生，青海省西宁市人。2008年6月，贤孝（西宁贤孝）被列入第一批国家级非物质文化遗产扩展项目名录曲艺类，项目编号Ⅴ-19。2012年12月，沈永宁入选为第四批国家级非物质文化遗产项目代表性传承人，青海省西宁市申报。

Ⅴ-94 青海下弦

刘延彪

（编号：04-1729），男，汉族，1942年10月生，青海省西宁市城中区总寨镇谢家村人。2008年6月，青海下弦被列入第二批国家级非物质文化

遗产名录曲艺类，项目编号Ⅴ-94。2012年12月，刘延彪入选为第四批国家级非物质文化遗产项目代表性传承人，青海省申报。刘延彪幼时师从盲艺人"马大辫子"学习"贤孝"。1958年在青海省民政厅举办的青海省盲人培训班上学习了盲文、乐理和乐器演奏等基础知识，后来成为创作、演出和伴奏的全能艺人。刘延彪的表演情绪饱满，嗓音明亮，吐字清晰，声情并茂。时而抒情平缓，时而高亢激烈，时而凄婉哽咽。特别是拉板胡，"满把攥"的持弓法更是天下无双。他的弦子技巧也十分高超，能恰到好处地应用弦子的各种弹奏技法，达到人琴合一的地步，直接拨弄着听众心底的神经。刘延彪在青海曲艺方面有很深的造诣，平弦、越弦、贤孝、下弦、道情、皮影腔、小调等他都通晓，乐器也件件上手，被誉为"河湟阿炳"。代表作有《白鹦哥吊孝》、《林冲卖刀》、《李翠莲上吊》、《孬女婿挑水》等。唯一的弟子郭花花（女，盲人）已跟随他12年，但因为生存问题，也打算去学按摩，目前传承状况十分令人忧虑。

新疆

Ⅴ-45 哈萨克族阿依特斯

加玛勒汗·哈拉巴特尔

（编号：04-1714），女，哈萨克族，1940年5月生，新疆维吾尔自治区额敏县人。2006年5月，哈萨克族阿依特斯被列入第一批国家级非物质文化遗产名录曲艺类，项目编号Ⅴ-45。2012年12月，加玛勒汗·哈拉巴特尔入选为第四批国家级非物质文化遗产项目代表性传承人，新疆维吾尔自治区伊犁哈萨克自治州申报。加玛勒汗·哈拉巴特尔从5岁时开始跟母亲学诗歌、谚语；8岁时起跟随父亲和舅舅学习冬不拉弹奏

弹唱阿依特斯片段，15 岁时开始参加阿依特斯弹唱表演活动，一举成名。在 50 多年的从艺生涯中，共参加大型阿肯阿依特斯弹唱比赛 150 多场，2008 年 10 月，被聘请为伊犁师范学院奎屯校区阿肯阿依特斯艺术专业客座教授；2010 年在自治区第三届阿肯阿依特斯大会上被授予"阿肯阿依特斯艺术终身成就奖"。是哈萨克族人人皆知的著名阿肯。加玛勒汗·哈拉巴特尔共培养徒弟 60 多名，现在他们中很多都成了著名阿肯，如，玛汗·拜对山、卡德尔汗·黑扎提、叶尔江·加依萨、哈孜依扎等。

澳门

Ⅴ -112 南音说唱

吴咏梅

（编号：04-1733），女，汉族，1927 年 10 月生，澳门人。 2011 年 6 月，南音说唱被列入第三批国家级非物质文化遗产名录曲艺类，项目编号Ⅴ -112。2012 年 12 月，吴咏梅入选为第四批国家级非物质文化遗产项目代表性传承人，澳门特别行政区申报。

传统体育、游艺与杂技

第一批国家级非物质文化遗产项目代表性传承人

北京

Ⅵ-3 天桥中幡

傅文刚

男，汉族，1962年生，北京市人。2006年5月，天桥中幡被列入第一批国家级非物质文化遗产名录杂技与竞技类，项目编号Ⅵ-3。2007年6月，傅文刚入选为第一批国家级非物质文化遗产项目代表性传承人，北京市申报。傅文刚自幼跟随父亲傅顺禄练习中幡，是天桥中幡第四代传人。1985年地坛庙会恢复，20多岁的傅文刚第一次跟着父亲在庙会中表演中幡，便一举成名。后傅文刚在勤学苦练中幡之余，着手整理中幡的历史档案，把主要精力重新放到中幡艺术的总结创新和培养新人方面。他和哥哥从中幡的基本功：挑、端、云、开、锤开始，系统地总结了一套中幡艺术理论，并且创出了7套演练技巧新套路。在2000年，傅文刚成立了北京傅氏天桥宝三民俗文化艺术团，并担任团长至今。2008年，"天桥中幡"入选了北京奥运会开幕式的表演，从而使"天桥中幡"享誉世界。目前，傅文刚已收徒多人，在悉心传授中幡技艺时，也注重品德教育。其弟子已经可以独当一面，活跃在全国各地的庙会上。

Ⅵ-4 抖空竹

张国良

男，汉族，1956年生，北京市人。2006年5月，抖空竹被列入第一批国家级非物质文化遗产名录杂技与竞技类，项目编号Ⅵ-4。2007年6月，张国良入选为第一批国家级非物质文化遗产项目代表性传承人，北京市宣武区申报。张国良出身于空竹世家，是"空竹张"即空竹制作的第三代传人。他10岁跟着父亲（张宝全）学习空竹制作技法，而后经历插队下乡及返城工作，34岁才重操旧业。张国良制作的空竹引进高档木料，并融合进了雕刻、烫花、剪贴等装饰手法。他制作的最大的空竹，直径达1.22米，最小的只有1厘米。为了传承空竹，张国良在参加各种演出的同时，将空竹变成了工艺品。主要作品有《中国空竹象棋》、《紫檀福娃空竹》、《奥运空竹》等。对于徒弟，张国良有三个要求：一是爱玩空竹；二是人品要正直；三是心灵手巧。先后有上百人跟张国良学做空竹，目前留下的仅3人。他同时兼任宣武区上斜街小学、朝阳区桔子房小学等10多所中小学的空竹指导老师。

李连元

男，汉族，1946年生，北京市人。2006年5月，抖空竹被列入第一批国家级非物质文化遗产名录杂技与竞技类，项目编号Ⅵ-4。2007年6月，李连元入选为第一批国家级非物质文化遗产项目代表性传承人，北京市宣武区申报。李连元是北京抖空竹的第三代传人，师承其奶奶。精通各项空竹表演的技艺，鱼竿抖盘丝空竹是其拿手绝活儿。盘丝空竹用两米长的鱼竿轻轻一抖，在他手中就能变换各种花样。2005年，李连元牵头组建了北京抖空竹表演艺术团，到国内外进行演出。李连元现任广安门内空竹协会会长、广安门内空竹文化艺术团团长，曾被评为北京市优秀社会体育指导员。为了将空竹这项技艺传承下去，2003年他带着团队先后在多所中小学普及空竹课程。他在老墙根小学、上斜街小学收了20名徒弟为第四代传人。2009年5月，广安门内街道建立了北京空竹博物馆，并请空竹制作传承人张国良展示空竹制作技艺。

天津

Ⅵ-9 回族重刀武术

曹仕杰

男，回族，1967年生，天津市人。2006年5月，回族重刀武术被列入第一批国家级非物质文化遗产名录杂技与竞技类，项目编号Ⅵ-9。2007年6月，曹仕杰入选为第一批国家级非物质文化遗产项目代表性传承人，天津市申报。曹仕杰1973年开始学习回族重刀武术，师从祖父曹克明，是回族重刀武术的第六代传承人。他擅长大刀和石砘，并自创了许多新动作，还为每套动作精心配置了音乐。他设计的出场舞中有模仿兵马俑行走的姿态，音乐配以脚步声和兵器碰撞的声音。他曾带领回族重刀武术队参加了全国第四、第五、第六、第七届少数民族传统体育运动会，两次获得金奖、两次获得银奖。还在天津市举办的第二、三届少数民族运动会上两次获得一等奖。重刀武术的传承特点从原有的家族世袭制改为开放式师徒传授，遵从祖训，收徒不收费用，曹仕杰收徒人数多的时候有五六十人，现在仅10余名，其女曹宁为下一代传人。

河北

Ⅵ-1 吴桥杂技

王保合

男，汉族，1944年生，河北省吴桥县人。2006年5月，吴桥杂技被列入第一批国家级非物质文化遗产名录杂技与竞技类，项目编号Ⅵ-1。2007年6月，王保合入选为第一批国家级非物质文化遗产项目代表性传承人，河北省吴桥县申报。王保合出身于杂技世家，自幼师承祖父和父亲（祖父王玉林，有"江湖八大怪之一"的名号），习得两项拿手绝活儿："三仙归洞"和"缩骨软功"。其"三仙归洞"表演出手极快，出其不意，令人叹为观止，被誉为"鬼手"。他也因"三仙归洞"和"缩骨软功"的技艺而获得中国杂技魔术最高奖"金菊奖"银奖。吴桥杂技一向以家庭为单位，父子或师徒传承，王保合目前弟子众多，其绝技"三仙归洞"已有众多继承人。得其真传者为王保合之子王立刚（汉族，1979年生），其子"三仙归洞"的表演已达到炉火纯青的地步。但王保合的"缩骨软功"和其另一项自创技艺"三合一"式表演却后继无人。

Ⅵ-10 沧州武术

石同鼎

男，回族，1961年生，河北省泊头市泊头镇清真街人。2006年5月，沧州武术被列入第一批国家级非物质文化遗产名录杂技与竞技类，项目编号Ⅵ-10。2007年6月，石同鼎入选为第一批国家级非物质文化遗产项目代表性传承人，河北省沧州市申报。石同鼎出身于武术世家，父亲石光起是六合拳第七代掌门。他自幼随父学练六合拳法，现为六合拳第八代传人，尤精"六合劲力"。曾4次获省少数民族运动会武术比赛一等奖和全国第四届少数民族运动会银奖。2002年，石同鼎倾家投资百万元兴建"六合武馆"以结交中外武林人士。从1985年起，石同鼎担任武术教练，收徒众多。多名学生在各类比赛中获各种奖项，其长子石增林也正在跟他学拳。2010年由他编排的六合拳套路走进学校，目前是泊头市中小学的必修课。

Ⅵ-11 太极拳（杨氏太极拳）

杨振河

字元君，男，汉族，1953年5月生，河北省永年县广府镇杨家巷人，现居河北省邯郸市。2006年5月，太极拳（杨氏太极拳）被列入第一批国家级非物质文化遗产名录杂技与竞技类，项目编号Ⅵ-11。2007年6月，杨振河入选为第一批国家级非物质文化遗产项目代表性传承人，河北省永年县申报。杨振河自幼喜爱武术，1967年拜永年著名武术家杨氏、武氏太极拳传人翟文章先生学艺，其师故去后拜杨氏第四代正宗传人杨振铎学艺。因勤学苦练，深得真传，成为杨氏太极拳的第五代传人。自1992年以来，杨振河曾多次获得杨氏太极拳全能冠军。他历任中国永年太极拳赛总教练，参加全国和国际太极拳比赛，屡次载誉而归；曾多次赴日本、德国、瑞士、奥地利、新加坡讲学传艺。弟子遍布海内外，更有不少人在各类赛事中获金奖和银奖。

韩会明

男，汉族，1925年11月生，河北省永年县广府镇南关人。2006年5月，太极拳（杨氏太极拳）被列入第一批国家级非物质文化遗产名录杂技与竞技类，项目编号Ⅵ-11。2007年6月，韩会明入选为第一批国家级非物质文化遗产项目代表性传承人，河北省永年县申报。韩会明家与杨氏太极拳宗师杨露禅故居相毗邻，受杨家影响，13岁就师从杨氏第二代传人杨班侯的嫡传弟子李万成学拳。1945年他离开恩师，后又和关质彬在一起练拳，是杨式太极拳唯一健在的第四代传人，对拳理九拳法颇有研究。韩会明现任杨露禅故居博物馆馆长，也是博物馆的馆员、讲解员和教练员。他先后培养出弟子几百人。其子韩兴民、韩清明在太极拳界也有所成就。

Ⅵ-12 邢台梅花拳

张西岭

男，汉族，1966年生，河北省平乡县人。2006年5月，邢台梅花拳被列入第一批国家级非物质文化遗产名录杂技与竞技类，项目编号Ⅵ-12。2007年6月，张西岭入选为第一批国家级非物质文化遗产项目代表性传承人，河北省邢台市申报。张西岭是梅花拳第十七代传人，对梅花拳所有兵器都能应用自如，特别是精通本门派刀枪剑戟，掌握稀有兵器梅花剑、春秋大刀、三节棍等传统套路。邢台梅花拳在广宗、平乡一带流传300多年，以爱国爱民为拳规拳训，师承关系清晰，多以口传身授形式授徒，并有拳谱存世。张西岭现任平乡县武术协会主席，梅花拳文武学校会长，县梅花拳协会会长，梅花拳总会执行会长，收徒遵循古训，要求严格。目前，张西岭培训弟子460余人，梅花拳圣地文物学校在校生300多人。

李玉琢

男，汉族，1948年生，河北省广宗县人。2006年5月，邢台梅花拳被列入第一批国家级非物质文化遗产名录杂技与竞技类，项目编号Ⅵ-12。2007年6月，李玉琢入选为第一批国家级非物质文化遗产项目代表性传承人，河北省邢台市申报。李玉琢是邢台梅花拳第十三代传人，目前是广宗县梅花拳协会副会长、协会法人代表。他在保护梅花拳、创建"梅花拳之乡"中起到关键作用。1994年梅花拳协会成立后，他跑遍了全县90多个有梅花拳基础的村庄，在56个村组建了梅花拳武术队。1995年举办了3期各村梅花拳骨干培训班；2006年县政府授予其"梅花拳优秀传承人"称号。

Ⅵ-13 沙河藤牌阵

胡道正

男，汉族，1927 年生，河北省沙河市十里铺村人。2006 年 5 月，沙河藤牌阵被列入第一批国家级非物质文化遗产名录杂技与竞技类，项目编号Ⅵ-13。2007 年 6 月，胡道正入选为第一批国家级非物质文化遗产项目代表性传承人，河北省沙河市申报。胡道正是"沙河藤牌阵"的第十二代传人，也是目前唯一懂得藤牌阵全套阵法的传承人。每年春节组织藤牌阵参加邢台市、沙河市民间艺术会演。1984 年胡道正参加"邢台市民间艺术会演"获第三名。如今，村里将藤牌阵操练纳入了村小学的体育课，胡道正现已培养徒弟 200 多名。但是如今健在的藤牌阵 3 名传承人，平均年龄为 80 岁，年事已高，继承人不仅人数较少，而且战术、技法生疏，动作生硬、简单化，阵法不整，竞技水平日减。

河南

Ⅵ-11 太极拳（陈氏太极拳）

王西安

男，汉族，1944 年 9 月生，河南省温县陈家沟人。2006 年 5 月，太极拳（陈氏太极拳）被列入第一批国家级非物质文化遗产名录杂技与竞技类，项目编号Ⅵ-11。2007 年 6 月，王西安入选为第一批国家级非物质文化遗产项目代表性传承人，河南省焦作市申报。1963 年后，王西安先后师承于陈式太极拳第十八代传人陈照丕、陈照奎，学习陈式太极拳老架、新架套路、器械及推手技法。他的功夫具有迅、猛、灵、脆、闪、惊、弹的特点，演练套路似行云流水，连绵起伏，舒展大方，形神兼备，世人称为王西安拳法。1982 年参加北京全国首届太极拳推手赛荣获第一名，1985 年参加哈尔滨全国首届太极拳推手名家邀请赛荣获第一名。他是陈式太极拳第十一代十九世的代表人物，陈家沟太极拳"四大金刚"之一，国家武术高级教练、一级裁判员、国际太极拳文化传播大使。出版著作《陈式太极拳老架》、《陈式太极推手》、《陈式太极拳技击秘诀》等，并被译为英文、法文等版本。他示范演练的多个套路的太极拳 VCD，被译成多国语言。王西安曾多次出国访问讲学授拳，向国际传播太极拳文化。王西安弟子众多，于 2001 年投资创办私立武术学校"陈家沟武术院"。

朱天才

男，汉族，1945 年 7 月生，河南省温县陈家沟人。2006 年 5 月，太极拳（陈氏太极拳）被列入第一批国家级非物质文化遗产名录杂技与竞技类，项目编号Ⅵ-11。2007 年 6 月，朱天才入选为第一批国家级非物质文化遗产项目代表性传承人，河南省焦作市申报。朱天才 10 岁开始学太极拳，师从第十八代传人陈照丕，全面地继承和掌握了陈氏太极拳老架一路、二路、太极推手、太极器械和技术理论。1972 年，陈照丕老师逝世，朱天才又拜族舅陈照奎学习了陈式太极拳新架一路、二路、推手、擒拿。1983 年，国家选派朱天才到新加坡执教，他由此成为陈家沟有史以来第一个正式到国外传拳的太极大师。他是陈家沟陈氏第十九世外孙，陈氏太极拳第十九世传人，陈家沟太极拳"四大金刚"之一。其拳法及剑法刚柔相济，快慢相间，蓄发相变。

陈氏太极拳第十九世传人较多，其他较出名的有陈小旺、陈小星、陈瑜、陈正雷、王西安、朱老虎、陈庆洲等。随着陈氏太极拳的兴盛，也培养出了许多第二十世传人。

湖北

Ⅵ-8 武当武术

赵剑英

女，民族，原名赵桂英，1926年9月生，卒于2011年1月，湖北省丹江口市人。2006年5月，武当武术被列入第一批国家级非物质文化遗产名录杂技与竞技类，项目编号Ⅵ-8。2007年6月，赵剑英入选为第一批国家级非物质文化遗产项目代表性传承人，湖北省十堰市申报。武当武术因其鲜明的道教文化特征属于寺庙传承模式。赵剑英1932年随名师习武，自幼学习许多武术套路。1980年从金子弢先生学得武当太乙五行拳，后结识形意八卦太极大师沙国政，得以习得武当太极剑、八仙剑、八卦掌、形意拳等，从而成为武当武术正宗嫡派传人、武当太乙五行拳第十八代掌门人，其主要技艺为武当太乙五行拳。她致力于武当拳法和武当养生功法的修炼和钻研，于20世纪90年代创办武当山剑英国术馆，广收门徒，遍布全球。

新疆

Ⅵ-5 维吾尔族达瓦孜

阿迪力·吾休尔

男，维吾尔族，1971年7月生，祖籍新疆维吾尔自治区英吉莎县。2006年5月，维吾尔族达瓦孜被列入第一批国家级非物质文化遗产名录杂技与竞技类，项目编号Ⅵ-5。2007年6月，阿迪力·吾休尔入选为第一批国家级非物质文化遗产项目代表性传承人，新疆维吾尔自治区申报。维吾尔族达瓦孜技术都以家族式传承为主，

阿迪力·吾休尔出身于"达瓦孜"世家，从小受"达瓦孜"艺术的熏陶，是"达瓦孜"第六代传人。他擅长高空钢丝行走，被称作"高空王子"。在进入国家艺术团后，他不断丰富和完善"达瓦孜"空中艺术，由空中行走发展到空中舞蹈、空中杂技、空中生存。在1997年至2003年期间，他打破并创造5项走钢丝吉尼斯世界纪录，并蝉联五届全国少数民族传统体育运动会"达瓦孜"表演一等奖。阿迪力现任中国杂技协会副主席，新疆杂技团"达瓦孜"队队长，国家一级演员。收有弟子沙塔尔·吾吉阿不都拉等，并经常携弟子一同演出。

第三批国家级非物质文化遗产项目代表性传承人

河北

Ⅵ-10 沧州武术（燕青拳）

陈敬宇

（编号：03-1205），男，汉族，1960年生，河北省张家口市人。2008年6月，沧州武术（燕青拳）被列入第一批国家级非物质文化遗产扩展项目名录杂技与竞技类，项目编号Ⅵ-10。2009年6月，陈敬宇入选为第三批国家级非物质文化遗产项目代表性传承人，河北省沧州市申报。7岁时陈敬宇开始随祖父陈凤歧习练燕青拳，为燕青拳第六代传人；1983年他与陈凤歧创建沧州燕青拳社，任副社长兼总教练，武术六段。燕青拳与其他拳种一样重视蹲桩。然而，因对腿部力量的特殊要求，有着"入门先蹲三年桩"的说法。陈敬宇于1992年获河北省第二届传统武术表演赛获特别优秀奖；1993年获河北省第二届农民运动会武术比赛优秀奖。现今，陈敬宇已经带徒授艺数名。

同为燕青拳高手的还有李玉川，其人近年来倾心于对燕青拳进行研究、整理和传播，录制的光盘列入"中华武术展现工程"，在《精武》、《武林》、《中华武术》等刊物上发表作品多篇。

Ⅵ-10 沧州武术（孟村八极拳）

吴连枝

（编号：03-1206），男，回族，1947年8月生，河北省孟村县人。2008年6月，沧州武术（孟村八极拳）被列入第一批国家级非物质文化遗产扩展项目名录杂技与竞技类，项目编号Ⅵ-10。2009年6月，吴连枝入选为第三批国家级非物质文化遗产项目代表性传承人，河北省沧州市申报。吴连枝是其父吴秀峰次子，自幼向祖父学习八极拳，是孟村八极拳第七代传人，且是七世嫡传。吴连枝在日本出版了《吴氏开门八极拳》著作3部，在国内出版发行了《中国传统武术系列规定套路——八极拳》一书。此外，他还用中、日两种语言发行20余盘教学光盘，发表10余篇用力学原理解释的八极拳技术的论文。他从18岁开始授徒，亲传、再传弟子遍布全国，不下3000人，代表弟子有刘秀萍、杨杰、常玉刚、刘连俊等。吴连枝在孟村建有"八极拳国际培训中心"，已经颇具规模，相关产业也开始逐步实施运作。

Ⅵ-11 太极拳（杨氏太极拳）

杨振国

（编号：03-1202），男，汉族，1928年生，2013年6月卒，河北省永年县人。2006年5月，太极拳（杨氏太极拳）被列入第一批国家级非物质文化遗产名录杂技与竞技类，项目编号Ⅵ-11。2009年6月，杨振国入选为第三批国家级非物质文化遗产项目代表性传承人，河北省永年县申报。杨振国是杨氏太极拳创始人杨露禅之曾孙，杨澄甫之四子。6岁时开始跟随父叔学习正宗杨家太极拳，自幼得兄振铭、振基、振铎携领，颇得真传，是杨氏太极拳第四代传人。他于20世纪90年代末创编杨氏太极37式，作为杨氏传统太极的初级入门和演习套路，并出版《杨氏太极37式》一书和光碟。多年来杨振国致力于杨氏太极的推广与普及工作，授徒无数。其子杨志芳是杨氏太极拳第五代传人和代表人物。

Ⅵ -25 八卦掌

任文柱

（编号：03-1210），男，汉族，1950 年 10 月生，河北省文安县大留镇乡北李村人。2006 年 5 月，八卦掌被列入第一批国家级非物质文化遗产名录杂技与竞技类，项目编号 Ⅵ -25。2009 年 6 月，任文柱入选为第三批国家级非物质文化遗产项目代表性传承人，河北省廊坊市申报。任文柱师从高俊奎、刘虎山学习八卦掌法，是阴阳八卦掌的第五代传承人，代表招式是文安八卦掌。1982 年，任文柱在全国武术大赛中，夺得金牌。1987 年 10 月出版《阴阳八盘掌》（八卦掌）一书（山西科学技术出版社）。2001 年，他创立了文柱武术中心（文柱武校前身），广招学子，多次带领弟子到国外和全国各地比赛和表演，获奖颇多，培养了无数人才。如今八卦掌虽有些许国人学习，但总体传承前景依旧不明朗。

Ⅵ -27 鹰爪翻子拳

陈正耀

（编号：03-1211），男，汉族，1933 年生。河北省雄县人。2006 年 5 月，鹰爪翻子拳被列入第一批国家级非物质文化遗产名录杂技与竞技类，项目编号 Ⅵ -27。2009 年 6 月，陈正耀入选为第三批国家级非物质文化遗产项目代表性传承人，河北省雄县申报。陈正耀是民国初年被誉为"鹰爪王"的陈子正先生的族裔，自幼随父习武，为"鹰爪翻子拳"的第三代嫡世传人。协助出版了《鹰爪翻子拳》、《鹰鹤拳法》等书籍。陈正耀一生创办了多所武术学校，无偿培养了许多全国各地学员，把毕生精力用来传播武术，临终时将 20 余万元遗款捐赠给国家体育总局武术研究院和河北省武术协会，用于发展武术事业。其子陈桂学得其真传。

山西

Ⅵ -29 心意拳

梁晓峰

（编号：03-1213），原名梁剑锋，男，汉族，1956 年生，山西省榆次县人。2008 年 6 月，心意拳被列入第二批国家级非物质文化遗产名录杂技与竞技类，项目编号 Ⅵ -29。2009 年 6 月，梁晓峰入选为第三批国家级非物质文化遗产项目代表性传承人，山西省晋中市申报。梁晓峰自幼师从徐子清、马朝东、赵玉、王映海等著名武学大师学艺，为心意拳的第六代传承人，著有《重新调整角度》（经济出版社出版）、《中国心意拳行功秘法》等著作。现任心意功夫国际联盟主席、中国心意武术专业委员会主席。心意拳采用师承的传承方式，收徒曾有"宁失传勿滥传"的规定，但现在已较为开放。20 世纪 80 年代初，梁晓峰开始收徒授艺，弟子及再传弟子已逾万人。目前在这些弟子当中，有 54 人分别 200 余次获得过全国和世界冠军称号。

除梁晓峰传系外，还有榆次心（形）意拳郭维成、王喜胜传系传人，侯树林、王继武传系；榆次人胡耀贞原学心意六合拳，又专研究功疗法；此外，祁县戴良栋由于受戴氏家族不传外姓的影响，其主要传人和再传人主要集中在祁县一带；太谷心意拳现在主要集中在晋冀两省。

Ⅵ -41 挠羊赛

崔富海

（编号：03-1219），男，汉族，1935 年 7 月生，山西省忻州市奇村镇南高村人，现居山西省汾阳市。2008 年 6 月，挠羊赛被列入第二批国家级非物质文化遗产名录杂技与竞技类，项目编号Ⅵ-41。2009年6月，崔富海入选为第三批国家级非物质文化遗产项目代表性传承人，山西省忻州市申报。崔富海的父亲崔银忙是当地有名的"挠羊汉"。在父亲的影响下，从小他经常参加摔跤比赛，跟随父兄去跤场打头阵。崔富海是崔家的第二代掌门人，著名摔跤健将、高级教练。著有《摔跤抱腿41式及应用》等书、《抱腿四十一招》等学术文章。20世纪50年代他曾两次夺得中国式摔跤次中量级全国冠军。1983年当地政府授予他家为"摔跤世家"称号，并送了一块写有"摔跤世家"的金字匾。1986年崔富海被授予"新中国体育开拓者"的称号。2009年，崔富海在奇村镇南高村建立了青少年摔跤培训基地。在从事教练工作后，他培养出全国冠军队员24人次，培养出运动健将10多名，国家级教练员20多名，业余教练10多名。

内蒙古

Ⅵ-40 鄂温克抢枢

哈森其其格

（编号：03-1218），女，鄂温克族，1949年生，内蒙古自治区鄂温克族自治旗人。2008年6月，鄂温克抢枢被列入第二批国家级非物质文化遗产名录杂技与竞技类，项目编号Ⅵ-40。2009年6月，哈森其其格入选为第三批国家级非物质文化遗产项目代表性传承人，内蒙古自治区鄂温克族自治旗申报。哈森其其格在鄂温克族自治旗人大工作之后，偶然间想起了儿时的抢枢游戏，她看到自己民族的传统抢枢游戏渐渐没有多少年轻人知道。于是从1997年她和同事们开始整理、搜集、挖掘和发展抢枢运动，逐渐形成有固定比赛场地、器具、比赛方法及规则的竞技运动。这项运动集鄂温克人在日常游牧狩猎过程中的众多技能为一体，有男队、女队和男女混合队三种，双方队员5人以上。比赛时，先将"枢"埋在指定地点，双方谁先找到"枢"，便要喊一声"枢"，随即展开激烈的争夺，最后以夺"枢"者，并能将"枢"敲打在终点的车轮上为胜。如今，抢枢活动在鄂温克旗各中小学被列入全日制体育教学课程。

浙江

Ⅵ-6 线狮（九狮图）

胡金超

（编号：03-1203），男，汉族，1932年11月生，浙江省永康市唐先镇石桥头村人。2008年6月，线狮（九狮图）被列入第一批国家级非物质文化遗产扩展项目名录杂技与竞技类，项目编号Ⅵ-6。2009年6月，胡金超入选为第三批国家级非物质文化遗产项目代表性传承人，浙江省金华市永康市申报。1960年，他师从胡新妙学习舞狮绝技。经过他多年努力，从规模上，线狮从原来的"七狮图"发展到如今的"九狮图"；从结构上，它的前进方式从肩扛发展到万向轮推进，再到发动机传动，外围增加外笼档、回笼档；从选材上，"狮子"改用玻璃钢制作，伴以黄金色线毛装饰；从效果上，应用现代技术与仿古狮架结合，以金龙作挑头，动"狮"静"龙"吞云吐雾，呼风唤雨，增添了东方特有的神话色彩。从最初的元宵节到现今的重大节日与吉日庆典，永康市均有"九狮图"的演出。胡金超数十次应邀在全国各地展演巡演，并代表国家作为文化大使先后出访法国、新西兰、新加坡等。1992年，胡金超将舞狮绝技传授给次子胡双福。

Ⅵ-54 调吊

金寿昌

（编号：03-1220），艺名"筱燕飞"，男，汉族，1933年生，浙江省绍兴市人。2008年6月，调吊被列入第二批国家级非物质文化遗产名录杂技与竞技类，项目编号Ⅵ-54。2009年6月，金寿昌入选为第三批国家级非物质文化遗产项目代表性传承人，浙江省绍兴市申报。金寿昌7岁开始跟随父亲练习调吊技艺，是绍兴金氏"调吊世家"第三代传承人。在实践中，他将"七十二吊"发展为"一百零八吊"。1953年，他赴天津参加民族形式体育和竞赛大会，获金质奖章。由于调吊是金氏家族的独创，旧时金家祖辈总要留着"碗酒钿"，保守着"秘技不外传，传男不传女"的规矩。但为了传承调吊，他将该技艺传授予子女。现有第四代传承人金月珍（1959年生）（艺名"燕南飞"）和金光侠（1962年生）（艺名"筱筱飞"），均为金寿昌子女，目前掌握这门绝技的只有这3人。其子打算写一本关于调吊的书，用图解和文字的形式把调吊传承下去。

福建

Ⅵ-6 宁德霍童线狮

陈新发

（编号：03-1202），男，汉族，现居福建泉州。2006年5月，宁德霍童线狮被列入第一批国家级非物质文化遗产名录杂技与竞技类，项目编号Ⅵ-6。2009年6月，陈新发入选为第三批国家级非物质文化遗产项目代表性传承人，福建省宁德市申报。陈新发从18岁开始正式学习舞线狮，是霍童开山始祖奇器公的十世孙。

2004年陈家创新了绝活儿吐春联，2004年荣获"F4八闽绝活大赛"金牌绝活奖；2006年参加广东省"黄飞鸿杯"水上飞狮高空采青狮王争霸赛暨首届民间狮世会演，荣获"最佳表演奖"。霍童线狮为家族式传承，制作技术不轻易外传，而且有传男不传女的特点。一年一度的元宵节和二月二灯会，霍童线狮都会上街表演。霍童线狮的两大代表家族有陈姓线狮和黄姓线狮。陈姓线狮因年年创新的奇思妙想而出名；黄姓线狮则发展出独具特色的"文武狮"，既重表情，又重拳术技巧。当地现在以旅游带动发展，线狮表演成为其中一面品牌。

河南

Ⅵ-7 少林功夫

释永信

（编号：03-1204），俗姓刘，名应成，法名永信，自号皖颍上人，男，汉族，1965年9月生，安徽省颍上县人。2006年5月，少林功夫被列入第一批国家级非物质文化遗产名录杂技与竞技类，项目编号Ⅵ-7。2009年6月，释永信入选为第三批国家级非物质文化遗产项目代表性传承人，河南省登封市申报。释永信是嵩山少林寺传曹洞正宗第四十七世、永化堂上第三十三代法嗣（宗承西来堂）。1981年，释永信拜行正长老为师；1986年，他开始挖掘、整理、出版少林武术典籍工作，成立少林寺拳法研究会；1987年，他又发起少林寺武术队，后发展为武僧团。在1987年全面主持寺院工作之后，开始了法堂、钟楼、鼓楼等重建工作。此外，释永信还主持开展了一系列的宣传和推广活动：率领的少林武僧团、佛教文化交流团出访了40多个国家和地区，大力宣传少林武术及少林寺；

创办少林影视公司等机构，出版了大量相关的书籍、纪录片、电视剧和音像制品等。经过释永信方丈数年的商业化推广，少林寺在全球的知名度大大提高，同时也获得了丰厚的经济收入。其本人也因此被称为"少林CEO"、"政治和尚"、"经济和尚"，现任少林寺第三十代方丈。

Ⅵ-11 太极拳（陈氏太极拳）

陈小旺

（编号：03-1208），男，汉族，1945年生，河南省温县陈家沟人。2006年5月，太极拳（陈氏太极拳）被列入第一批国家级非物质文化遗产名录杂技与竞技类，项目编号Ⅵ-11。2009年6月，陈小旺入选为第三批国家级非物质文化遗产项目代表性传承人，河南省焦作市申报。陈小旺自幼随父辈习武，精通陈氏太极拳理论、套路、器械、推手、散打，是第十九世太极拳掌门人，擅长陈氏太极九式。在承袭世代家传武学的基础上，他继承、发展了陈氏太极拳。1980年，陈小旺被调入河南省体委，从事专职武术训练和教学工作。1980—1982年参加全国太极拳比赛，连续三年获金牌奖。1985年代表中国队在西安的首届国际武术邀请赛中获太极拳冠军，曾20多次获重大比赛冠军。陈小旺还参加过多部影片的拍摄，创编有"陈氏三十八式太拳"、"陈氏十九史太极拳"，发表有《论陈氏太极拳的五层功夫》、《陈氏太极拳的发劲》、《陈氏太极拳的抖杆》等论文多篇，著有《世传陈氏太极拳》、《陈氏三十八式太极拳》以及陈氏太极拳的拳、器械、推手、录像教学片，都以多种语言版在国内外发行。陈氏太极拳的当代发展面临困境，其文化内涵日渐消亡，原文化生态环境遭到破坏，许多拳、械套路濒临失传。

陈正雷

（编号：03-1209），男，汉族，1949年6月生，河南省温县陈家沟人。2006年5月，太极拳（陈氏太极拳）被列入第一批国家级非物质文化遗产名录杂技与竞技类，项目编号Ⅵ-11。2009年6月，陈正雷入选为第三批国家级非物质文化遗产项目代表性传承人，河南省焦作市申报。陈正雷出身于武术世家，8岁开始习武，师承伯父陈照丕，后再承堂叔陈照奎深造。他是陈家沟陈氏太极拳第十九世、第十一代传人。陈正雷功夫深厚纯正，理论研究颇具造诣，有"太极金刚"之称。20世纪70年代以来，他曾多次获河南省无数运动会太极拳、剑、推手比赛冠军；蝉联两届全国太极拳大赛冠军；获两届全国武术比赛特邀表演奖和观摩交流"金狮奖"。著有《陈氏太极拳》一书，拍摄电视教学系列影片，广泛发行于国内外。1995年被国家体委命名为中国"十大武术名师"之一。陈正雷先有入室弟子陈斌（其子）、张东武、高东祥、傅能斌、王海军、陈娟等61名；入门弟子坂野裕、贝德罗、边连俊、陈比德、陈丹德等291名；递帖弟子蒋德明、蒋慧明，徐翠敏等48名。

Ⅵ-28 月山八极拳

马德行

（编号：03-1212），男，汉族，1946年8月生，河南省博爱县柏山镇芦桥村人。2008年6月，月山八极拳被列入第二批国家级非物质文化遗产名录杂技与竞技类，项目编号Ⅵ-28。2009年6月，马德行入选为第三批国家级非物质文化遗产项目代表性传承人，河南省博爱县申报。马德行出身于武术世家。八极拳原为月山寺看寺护院、寺僧强身健体所用。马德行的祖父马连升是月山寺的俗家弟子，得到了八极拳的嫡传，曾在芦桥村开设武馆，收徒授艺，并将八极拳的精义传授给马德行的父亲马占元。受家庭影响，耳濡目染，马德行从5岁开始，接受其父马占元的亲授，并得到真传。现在他已是中原三大名拳之一——月山八极拳的唯一传承人。20世纪70年代，他将村里的武术爱好者组织起来，成立了一支武术队。农闲或逢年过节时，就在村里或到县城进行八极拳表演。1984年，焦作市举办首届农民运动会，马德行带领的博爱代表队夺得了团体总分第二名和女子拳术冠亚军。2000年，他和儿子马良开了一家武术学校，并且亲自传授八极拳。他的门下弟子众多，其中有许多来自不同国度。

Ⅵ-30 心意六合拳

买西山

（编号：03-1214），男，回族，1949年3月生，河南省周口市人。2008年6月，心意六合拳被列入第二批国家级非物质文化遗产名录杂技与竞技类，项目编号Ⅵ-30。2009年6月，买西山入选为第三批国家级非物质文化遗产项目代表性传承人，河南省周口市申报。买西山于1956年开始随父亲买文增学习查拳，1962年起又跟随二祖父买金奎学习心意六合拳，还得于化龙等多位老先生指点，深得周口河南、河西两岸拳法精髓，为周口心意拳代表人物之一，现为心意六合拳第九代传人。著有《心意六合拳中马形（上、下）》、《横摇涮单把的训练和实用》、《轻步站关窍》等文章。买西山突破传统的家庭作坊式授徒，二十几岁时他开始免费授徒。40多年来，收的徒弟多，坚持下来的却少。2007年，周口市心意六合拳协会宣告成立，买西山任会长。他将心意六合拳作为一门固定的课程推进校园，由他和他的徒弟教授学生习拳，并且在周口成立了心意六合拳协会训练基地。

吕延芝

（编号：03-1215），女，回族，1943年6月生，河南省漯河市人。2008年6月，心意六合拳被列入第二批国家级非物质文化遗产名录杂技与竞技类，项目编号Ⅵ-30。2009年6月，吕延芝入选为第三批国家级非物质文化遗产项目代表性传承人，河南省周口市申报。吕延芝自幼在习武家庭中随父亲练习弹腿、查拳、三才剑、上路短打等功夫。她对拳经理论滚瓜烂熟，并把理论和实际动作结合起来，融会贯通，活学活用，是一位心意拳大家。她的著作《心意六合拳》被选入中华武术文库。1958年，15岁的吕延芝获得了河南省武术表演赛的金牌。心意六合拳受传内不传外、传男不传女的影响，在民间普及程度不高。现在吕延芝打破传统观念，免费广收门徒。2002年，吕延芝创立了郑州伊华心意拳文武学校，开展一些表演、比赛与交流，也曾应邀赴瑞士讲学。其教授的学生先后有多人次在省市锦标赛中获奖，在第二届世界传统武术节上获10金18银。

Ⅵ-34 苌家拳

苌红军

（编号：03-1216），男，汉族，1963年10月生，河南省荥阳市王村镇后新庄村人。2008年6月，苌家拳被列入第二批国家级非物质文化遗产名录杂技与竞技类，项目编号Ⅵ-34。2009年6月，苌红军入选为第三批国家级非物质文化遗产项目代表性传承人，河南省荥阳市申报。苌红军自幼随父苌新法习练苌家拳，为苌家拳创始人苌乃周的第八代传人，主要技艺是苌家拳二十四式。苌家拳在传承方面讲究"三不传"原则，即不得其时不传，不得其地不传，不得其人不传，所收之人必须谨记《七试》、《三箴》（比如醉其酒，观其性；告其事，观其勇等规矩）代代相传的收徒原则。因为芪家拳要求苛刻、墨守成规，为此芪家拳传人打算以建立芪家拳博物馆、芪家拳武校等方式弘扬这个经典武术门派。

新疆

Ⅵ-37 马球（塔吉克族马球）

热合曼库力 · 尕夏

（编号：03-1217），男，塔吉克族，新疆维吾尔自治区塔什库尔干塔吉克自治县人。2008年6月，马球（塔吉克族马球）被列入第二批国家级非物质文化遗产名录杂技与竞技类，项目编号Ⅵ-37。2009年6月，热合曼库力 · 尕夏入选为第三批国家级非物质文化遗产项目代表性传承人，新疆维吾尔自治区塔什库尔干塔吉克自治县申报。

第四批国家级非物质文化遗产项目代表性传承人

北京

Ⅵ-25 八卦掌

孙志均

（编号：04-1735），男，汉族，1933 年 3 月生，北京人。2008 年 6 月，八卦掌被列入第二批国家级非物质文化遗产名录传统体育、游艺与杂技类，项目编号Ⅵ-25。2012 年 12 月，孙志均入选为第四批国家级非物质文化遗产项目代表性传承人，北京市西城区申报。他自幼学习八卦掌，先后拜八卦掌第三代传承人刘子扬、程有生、严有信为师，跟程有生习得下盘八卦掌，兼习河北形意拳。孙志均继承与发展了程派八卦掌的套路及技艺，为北京八卦掌的第四代传承人。1964 年，他在北京武术冠军赛上获得八卦掌及器械两项冠军；1983 年，在全国传统武术观摩交流大会上获得金牌，被评为全国优秀武术运动员；2004 年，在河南郑州首届世界传统武术节武术竞赛中获八卦掌与刀术两枚金牌；2004 年，孙志均正式收徒弟 9 名，已有门人第五代传人孙慧祥。至今，孙志均在国内外共收徒 76 人，有 2000 多名学生。1992 年、1993 年和 2005 年三次到新加坡教学、讲学、授艺；2006 年到韩国授艺；2009 年在北京开设了"北虎堂"中华武术馆，切磋和传承武艺。

Ⅵ-70 口技

牛玉亮

（编号：04-1746），男，汉族，1938 年 7 月生，北京人。2011 年 5 月，口技被列入第三批国家级非物质文化遗产名录传统体育、游艺与杂技类，项目编号Ⅵ-70。2012 年 12 月，牛玉亮入选为第四批国家级非物质文化遗产项目代表性传承人，北京市西城区申报。1953 年，牛玉亮进入武汉杂技团拜在刘万春门下学习杂技；1958 年，在上海演出时，牛玉亮看到了口技大师孙泰、周志成的精彩演出。在师傅刘万春的允许下牛玉亮拜周志成为师学习口技。他在继承师傅技艺的基础上不断发展创新，成功地研究出了循环发声、循环呼吸的方法，使口技的气源和声域都较之从前更宽。他既能模仿大自然中的鸟叫虫鸣、工厂里的机器轰鸣，也能模仿战场上的弹炮齐鸣，将各种声音模仿得惟妙惟肖。其口技表演节目有《军营的一天》、《欢乐大地》、《百鸟争鸣》、《美丽的大草原》、《欢庆锣鼓》等。他准备编写一本名为《中国口技》的书，将他多年来的技巧呈现在书中，便于后人学习。牛玉亮有 9 个徒弟，都是口技爱好者。他还开办有少儿口技培训班。

天津

Ⅵ-47 戏法

肖桂森

（编号：04-1740)，男，汉族，1956 年 2 月生，天津人。2008 年 6 月，戏法被列入第二批国家级非物质文化遗产名录杂技与竞技类，项目编号Ⅵ-47。2012 年 12 月，肖桂森入选为第四批国家级非物质文化遗产项目代表性传承人，天津市和平区申报。1972 年，16 岁的肖桂森跟随戏法第四代传人王殿英学艺，18 年后正式拜入师门。肖桂森手法娴熟精湛，表演幽默大方，有丰富的舞台表演经验。他曾经获得 2000 年天津市首届中青年魔术比赛银奖；2007 年第六届中国杂技"金菊奖"。北方戏法讲究的"使口"，对演员和观众交流的临场应变能力要求更高。戏法演员培养比较困难，要求师徒的口传心授，成才率低，且肖桂森设定的门槛要求较高，故虽有很多人愿意学习，却达不到要求。他的收徒标准是："第一，确实喜欢古典戏法。第二，个头不能太矮，会在舞台上吃亏。第三，想拿这门手艺挣大钱的不行。第四，有天赋、懂包袱、手头利索。"因此截至 2012 年 8 月，他只收了 3 位徒弟。

现存古典戏法传承人还包括河北省南花园民间戏法代表性传承人郭燕清，沈阳杨氏古典戏法传承人杨成祥等。

河北

Ⅵ-26 形意拳

张玉林

（编号：04-1736），男，汉族，1953 年 2 月生，河北省深州市人。2008 年 6 月，形意拳被列入第二批国家级非物质文化遗产名录杂技与竞技类，项目编号Ⅵ-26。2012 年 12 月，张玉林入选为第四批国家级非物质文化遗产项目代表性传承人，河北省深州市申报。14 岁时，张玉林拜形意拳始祖李老能嫡孙李文喜、李喜顺的得意传人张魁进、王振东为师，尽得师傅真传，现为形意拳第四代传人。他精通形意拳和八卦拳。张玉林在深圳成功主持举办两届国际形意拳交流大会。在他的推动下，形意拳走出国门，

在世界上十多个国家传播。20 世纪 70 年代开始，他收徒办班，成绩显著，还多次到国外进行武术交流。

Ⅵ-27 鹰爪翻子拳

陈桂学

（编号：04-1737），男，汉族，1960 年 6 月生，河北省雄县人。2008 年 6 月，鹰爪翻子拳被列入第二批国家级非物质文化遗产名录杂技与竞技，项目编号Ⅵ-27。2012 年 12 月，陈桂学入选为第四批国家级非物质文化遗产项目代表性传承人，河北省雄县申报。陈桂学是鹰爪翻子拳的创始人"鹰爪王"陈子正的曾侄孙，父亲是雄县鹰爪翻子拳传承人陈正耀。在祖父和父亲的指导下，他从 1967 年开始练习鹰爪翻子拳。他曾和父亲多次在全国各地传授拳法，并在山东、湖北多个省市担任武术教师；2007 年和父亲一起编写了《鹰爪拳》、《翻子拳中国武术段位制系列教程》等教材，成立了保定市鹰爪翻子拳文化研究会，创办了精武武术学校。陈桂学收徒并没有严格要求，只要是真心想学鹰爪翻子拳，他都会教授。

内蒙古

Ⅵ-22 沙力搏尔式摔跤

那巴特尔

（编号：04-1734），男，蒙古族，1941 年 1 月生，内蒙古自治区阿拉善左旗人。2008 年 6 月，沙力搏尔式摔跤被列入第二批国家级非物质文化遗产名录杂技与竞技类，项目编号Ⅵ-22。2012 年 12 月，那巴特尔入选为第四批国家级非物质文化遗产项目代表性传承人，内蒙古自治

区阿拉善左旗申报。那巴特尔的姥爷和舅舅是家乡有名的沙力搏尔摔跤手，他从小耳濡目染，跟随舅舅学习沙力搏尔式摔跤的技能。1960 年，他参加内蒙古自治区第一届青年运动会，获得中国式摔跤 58 公斤级亚军，并被授予国家二级运动员称号；他多次担任阿拉善左旗摔跤队总教练，先后培养出 200 多名摔跤手，在不同比赛中取得好成绩。1977 年，那巴特尔被聘为宁夏回族自治区摔跤队总教练；退休后，那巴特尔到一些蒙古族学校教孩子们沙力搏尔。目前，他打算整理各种与沙力搏尔有关的资料，再汇集骑马射箭、赛驼等内容，写一本名为《独特的民族体育》的书。

江苏

Ⅵ-48 建湖杂技

卜树权

（编号：04-1741），男，汉族，1969 年 1月生，江苏省建湖市人。2008 年 6 月，建湖杂技被列入第二批国家级非物质文化遗产名录杂技与竞技类，项目编号Ⅵ-48。2012 年 12 月，卜树权入选为第四批国家级非物质文化遗产项目代表性传承人，江苏省建湖市申报。历史上，建湖庆丰镇的十八个村庄，过去统称"十八团"，为杂技家族聚居之地，以家族传承的方式存续着各家各派的独门绝技。1954 年，建湖县政府将民间艺术团体合并为杂技团，从此家族式的传承方式逐渐被剧团师带徒的方式所代替。1979年卜树权报考盐城市杂技团，被录取，师从于盐城市杂技团艺人孙贵荣。"高车踢碗"是他的拿手节目，一脚踢 6 只碗，而且那碗还是正反扣，难度极大。现在他的徒弟最多只能正反扣 4 只碗。孙贵荣与卜树权都是杂技团的副团长，

卜树权负责团员的培训与招生，通过改善学员的生活条件吸引优秀苗子。

安徽

Ⅵ-51 埇桥马戏

李正丙

（编号：04-1742），男，汉族，1956 年 12月生，安徽省宿州市埇桥区人。2008 年 6 月，埇桥马戏被列入第二批国家级非物质文化遗产名录杂技与竞技类，项目编号Ⅵ-51，2012 年 12月，李正丙入选为第四批国家级非物质文化遗产项目代表性传承人，安徽省宿州市申报。埇桥区是著名的"马戏之乡"，埇桥马戏起源于明末清初，在当地家家有动物，人人会驯兽。出生于此的李正丙从小看父亲驯兽，耳濡目染。23 岁时，李正丙正式加盟安徽明星大马戏团，成为职业驯兽师。李正丙将编排、服装、道具、舞美等综合性的包装，以及与杂技、舞蹈、魔术等多种艺术门类的有机结合，创新的节目有《狗熊高空飞车》、《小猪运动会》等，同时借助网络、电影、电话、报纸等新闻媒体宣传推广马戏，并参与拍摄电影和电视剧。现在马戏的传承主要是剧团内师带徒的方式。李正丙培养了一大批年轻的驯兽师，一批人已经崭露头角。他除表演外，还着手马戏的理论探索。

Ⅵ-63 华佗五禽戏

董文焕

（编号：04-1744），男，汉族，1923 年 10月生，2012 年 1 月卒，安徽省亳州市城南十八里镇人。2011 年 5 月，五禽戏被列入第三批国家级非物质文化遗产名录杂技与竞技类，项目

编号Ⅵ-63。2012年12月，董文焕入选为第四批国家级非物质文化遗产项目代表性传承人，安徽省亳州市申报。15岁时，董文焕拜五禽戏第五十六代传人谭继林先生为师。20世纪80年代，董文焕参加亳州武术挖掘工作，其挖掘整理的华佗五禽戏资料被收录于中国武术院。他通过挖掘搜集各种五禽戏流派著述，吸收创新，先后编辑出版了《华佗五禽戏》和《古本新探华佗五禽戏》，编创了《五禽观剑》等，使五禽戏得以推广。2007年，87岁的董文焕被市武术协会正式授予"五禽戏第五十七代传人"。他习武传拳60余年，收徒要求来者要热爱武术，现已经培养了周金钟、陈静、马伟财等一批五禽戏嫡传弟子，已经确定马伟财为第五十八代传人。2003年，亳州市委、市政府要求全市武术馆校把五禽戏作为必修课程，同时在全市开展五禽戏进机关、进企业、进学校、进社区、进农村"五进"活动，现五禽戏已在亳州市中小学中推广。

福建

Ⅵ-31 五祖拳

周焜民

（编号：04-1739），男，汉族，1945年4月生，福建省泉州市人。2008年6月，五祖拳被列入第二批国家级非物质文化遗产名录杂技与竞技类，项目编号Ⅵ-31。2012年12月，周焜民入选为第四批国家级非物质文化遗产项目代表性传承人，福建省泉州市申报。周焜民小时候因为身体羸弱不胜课业，被其父要求习练基本的散技。1961年进入泉州武术业余研究社学南拳。1962年被戴火炎、林棋燕先生收为弟子，系统全面学习五祖拳械功法。自宋以来，五祖拳未

有完整的拳法。周焜民从1963年起，历时45年，编纂成《五祖拳谱》，分史、论、法三部分，共整理出114套拳法。1989年与菲律宾卢庆辉、马来西亚徐金栋等五祖拳界知名人士发起成立国际南少林五祖拳联谊总会。周焜民参与编排泉州市中小学生"南拳操"，推广普及五祖拳。

山东

Ⅵ-59 佛汉拳

李义军

（编号：04-1743），男，汉族，1955年1月生，山东省东明县人。2011年5月，佛汉拳被列入第三批国家级非物质文化遗产名录杂技与竞技类，项目编号Ⅵ-59。2012年12月，李义军入选为第四批国家级非物质文化遗产项目代表性传承人，山东省东明县申报。1966年，11岁的李义军在父亲的熏陶下开始练武，并开始接触佛汉拳，先师从付保兴、常义增习练掌拳，后师从东明县高村佛汉拳第五代宗师魏仁方、陈云汉、陈书贵学习，现为佛汉拳第六代传人。1972年，李义军第一次代表东明参加菏泽地区武术比赛，从此佛汉拳从秘密转入公开，行话叫作开始"玩明场"。1971年，李义军开始授徒，他对收徒弟方面严格把关，遵循"文以凭心，武以观德"的祖训。现为中国少林佛汉拳功夫培训基地主席。

备注：佛汉拳传承至今日已是八代：徐修文——贾云路——宋金榜、贾二财、张盼——宋全福、张浩温——魏仁芳、陈永汉、闫阁、张源昆、胡德兴、杜志辰——刘卫东、李义军、陈洪元、胡庆原、刘盼军、陈汉辰——闫汉生、陈忠义、闫汉修、贾文典等。

河南

Ⅵ-30 心意六合拳

李洳波

（编号：04-1738），男，汉族，1949年9月生，河南省漯河市人。2008年6月，心意六合拳被列入第二批国家级非物质文化遗产名录杂技与竞技，项目编号Ⅵ-30。2012年12月，李洳波入选为第四批国家级非物质文化遗产项目代表性传承人，河南省漯河市申报。1962年，李洳波开始跟随吕瑞芳学习心意六合拳，后拜吴式太极拳名家王培生学习吴式太极拳。李洳波是心意六合拳的第七代弟子，他开创了本门心意六合拳传承字辈"尚、武、强、国、民、心、诚、修、德、意"十字辈分。相传心意六合拳太过凶猛所以严禁民间教习，故有"宁可失传，不可乱传"之说。为打破僵局，十几年来，李洳波的足迹遍布河北、安徽、四川、湖北、广东、广西、香港、澳门等地，授徒数百人。凡入他门下的徒弟，都要起誓遵守"忠于祖国，热爱人民；孝敬父母，尊敬老师；勤学苦练，不图虚名；博采众长，融会贯通；文明礼貌，诚恳待人；遵纪守法，见义勇为"的门规师训。2007年李洳波被评为"世界著名武术家"。

Ⅵ-64 撂石锁

沈少三

（编号：04-1745），男，回族，北京市宣武区人，现居河南省郑州市。2011年5月，撂石锁被列入第三批国家级非物质文化遗产名录传统体育、游艺与杂技类，项目编号为Ⅵ-64。2012年12月，沈少三入选为第四批国家级非物质文化遗产项目代表性传承人，河南省开封市申报。沈少三出身于武术世家，自幼跟随父亲沈友三学艺（艺名沈三，是北京天桥摔跤卖艺第一人）。1943年，沈少三跟随父亲来开封，结识周凯元、马永庆、赵青、李金瑞等人，跟他们进一步学习花式石锁。沈少三擅长中国式摔跤、花式石锁，曾多次参加全国武术、摔跤比赛及石锁表演。1953年，沈少三入选河南代表队，前往天津参加第一届全国少数民族传统体育大会，获轻量级亚军。之后，沈少三为传承中国式摔跤不遗余力。2005年，中国摔跤协会和中国式摔跤发展委员会颁发给他"杰出贡献奖"。2008年起，他在郑州市办起摔跤培训班，免费教授孩子们练摔跤。

传统美术

第一批国家级非物质文化遗产项目代表性传承人

北京

Ⅶ-27 象牙雕刻

孙森

男，汉族，1936年生，北京人。2006年5月，象牙雕刻被列入第一批国家级非物质文化遗产名录民间美术类，项目编号Ⅶ-27。2007年6月，孙森入选为第一批国家级非物质文化遗产项目代表性传承人，北京市崇文区申报。孙森为中国工艺美术大师。从14岁起学习象牙雕刻技艺，先后拜著名的牙雕艺人陈秀和邓文利为师。1956年进象牙雕刻合作二社，雕刻技艺日渐成熟起来。在继承传统技艺的同时，孙森融汇中外美术理论和雕塑技法，把北京牙雕，尤其是"牙雕仕女"的艺术水平提高到一个新的高度。孙森的作品着力刻画人物性格，揭示人物的内心活动，以形传神，以神感人，寓美感于人物的形象之中，形成了独特的艺术风格。1957年，《二十四天神像》获二轻局三等奖；1981年，《人比黄花瘦》获全国百花奖一等奖；1985年，《母爱》、《温暖》参加市工美优秀作品展；1988年，大型玉雕《碧玉观音》获全国百花奖二等奖。《飞夺泸定桥》、《北海全景》、《百花篮》、《遵义会议光辉照前程》等，都被国家定为珍品。

王树文

男，汉族，1942年生，北京人。2006年5月，象牙雕刻被列入第一批国家级非物质文化遗产名录民间美术类，项目编号Ⅶ-27。2007年6月，王树文入选为第一批国家级非物质文化遗产项目代表性传承人，北京市崇文区申报。1962年，王树文从北京工艺美术学校雕塑专业毕业，被分配到北京工艺美术厂象牙车间。王树文先后师从著名牙雕艺人杨士惠、杨士忠、夏玉海、邓永贵等，花丝老艺人翟德寿、毕尚斌，40岁又拜师玉器艺人王树森为师。不但精于牙雕，而且也精通花丝镶嵌，被誉为"一手金丝"。1973年，王树文为总设计兼总指挥，与朱立成、杨士忠、杨士惠、杨志谦共同创作完成了大型牙雕《万里山河展新容》（又名成昆铁路），作为礼品赠予联合国并长期展示；他从中国传统文化中汲取精华，极大地提升了作品的艺术品位。1984年，他设计的牙雕《凌波仙子》，凝脂莹润，娇嫩欲滴，荣获中国工艺美术百花优秀创作设计一等奖。他创作的花丝工艺《千手千眼观世音菩萨》，将花丝镶嵌、牙雕、宝石雕等各种工艺近乎完美地统一于一体，堪称当代佛教艺术的珍品；先后复制了十三陵出土的《九龙凤冠》、《三龙凤冠》。1997年获"中国工艺美术大师"称号。目前，王树文正带领十几个徒弟研究如何在猛犸牙或其他动物骨骼上雕刻制品。

天津

Ⅶ-1 杨柳青木版年画

霍庆顺

男，1952年生，天津市杨柳青镇人。2006年5月，杨柳青木版年画被列入第一批国家级非物质文化遗产名录民间美术类，项目编号Ⅶ-1。2007年6月，霍庆顺入选为第一批国家级非物质文化遗产项目代表性传承人，天津市申报。霍庆顺出身于天津杨柳青年画作坊世家，5岁开始学彩绘，12岁开始学印刷，系统学习了杨柳青年画的刻板、绘画、装裱等各项技艺，是杨柳青木版年画第六代传人之一。他擅长手工彩绘，积累了大量年画制作技巧，在多年制作年画的基础上编写了《杨柳青年画工艺流程》、《杨柳青木版彩绘年画的传说》、《彩绘工艺色彩用色及制作》等文章与著作。其制作的年画刻工精良，颜色明丽，手法细腻，形象生动。代表作《五子夺莲》、《连年有余》被中国国家博物馆收藏。20世纪80年代，霍庆顺恢复了家族的"玉成号画庄"，从事杨柳青年画的制作、传承于销售。由于传承出现困难，霍庆顺愿将所掌握技艺传授给有心学习之士。

霍庆有

男，1952年生，天津市杨柳青镇人。2006年5月，杨柳青木版年被列入第一批国家级非物质文化遗产名录民间美术类，项目编号Ⅶ-1。2007年6月，霍庆有入选为第一批国家级非物质文化遗产项目代表性传承人，天津市申报。霍庆有自幼受家父亲传，学习并掌握了杨柳青木版年画的制作工艺和技术，为杨柳青年画世家的第六代传人之一。从20世纪80年代起，他继承父志，利用近三十年的时间钻研勾线、刻板、刷画裱等传统技艺，掌握了全套杨柳青年画工艺，成为天津一带唯一的勾、刻、刷、画、裱"五项全能"的杨柳青年画艺人，使得曾几近绝迹的木版手工绘制的杨柳青年画得以复苏。因为没有年轻人愿意学习年画技艺，霍庆有不得不要求自己的儿子、媳妇回来学习技艺。

冯庆矩

男，汉族，1944年6月生，天津人。2006年5月，杨柳青木版年画被列入第一批国家级非物质文化遗产名录民间美术类，项目编号Ⅶ-1。2007年6月，冯庆矩入选为第一批国家级非物质文化遗产项目代表性传承人，天津市申报。1960年，冯庆矩考入天津杨柳青画社，先后师

承张兴泽、潘忠义，学习杨柳青年画，加之至今五十余年的练习，其承袭了传统勾画彩绘，技艺精湛，逐步形成张兴泽大气磅礴、粗犷和潘忠义清秀儒雅、细腻的艺术风格。其作品"富贵有余"、"龙腾盛世庆光辉"分别获得全国第六届年画作品荟萃展优秀奖和铜牌奖；"蟠桃献寿"、"马到成功"等六幅作品入选首届中华民间艺术博览会。冯庆矩现留任杨柳青画社，在天津艺术职业学院文物鉴定与修复专业任教。他打破民间画秘诀不外传的习俗，将年画制作的每道工艺都毫无保留地传授给年轻一代，将完整、正规的年画制作工艺传承至今。

王文达

男，汉族，1944年生，天津人。2006年5月，杨柳青木版年画被列入第一批国家级非物质文化遗产名录民间美术类，项目编号Ⅶ-1。2007年6月，王文达入选为第一批国家级非物质文化遗产项目代表性传承人，天津市申报。1960年，杨柳青画社到学校招录年轻学员，16岁的王文达凭借孩提时代临摹连环画的基础考进画社"年画训练班"，与冯庆矩同为杨柳青画社20世纪60年代招的第一批学员。他师从武强年画名师肖福荣、李长江，并帮师傅整理出不少珍贵的传统年画，得到了传统木版水印刻版技术的真传。他汲取各个艺术门类之所长，融合、提炼达到出神入化的境界，为还原杨柳青木板年画和木板水印画作出了突出贡献。技艺得到同行的高度认可，曾为山东潍坊杨家埠年画社和安徽宣纸厂培养了多名刻版工人；天津美院版画系毕业生赵亮在2010年成为王文达的徒弟。

河北

Ⅶ-2 武强木版年画

马习钦

男，汉族，1959年12月生，河北省武强县街关镇西关村人。2006年5月，武强木版年画被列入第一批国家级非物质文化遗产名录民间美术类，项目编号Ⅶ-2。2007年6月，马习钦入选为第一批国家级非物质文化遗产项目代表性传承人，河北省武强县申报。马习钦自幼对木版年画颇感兴趣。初中毕业后，他便进武强画厂学徒，师承刻版技师孙惠荣，学习画版镌刻，不到三年时间便熟练地掌握了刻版的整套技能和木版年画印刷技术及印刷工具制作，为武强木版年画第三代传承人。在武强年画艺术传承和发展的历史上，马习钦与其师傅孙惠荣起到了非常重要的作用，复制了大量的优秀传统年画，并不断有新的作品问世。马习钦复制的武强年画门神"大戳锤"，1994年获国家文化部"中国民间艺术一绝大展"金奖；他的"小戳锤"、"小戳刀"、"鞭"等门神获"万博杯"奖。1995年他被联合国教科文组织（北京）、中国民间文艺家协会授予"中国民间工艺美术家"称号。马习钦一共教了4个徒弟，但是只有两个还在坚持学习制作传统年画。

备注：武强木版年画的技艺传承多为师徒传承，家庭传承较少。民国时期及以前的刻版艺人已无从考证，新中国成立后，从事画版镌刻的艺人有二十余位。20世纪50年代末，武强组建了南关画业合作社（后改为武强画厂），当时有陈文柱、王福安、贾世海、李万章、贾元祥等六七个艺人从事刻版。论及武强刻版传承普系，如果把新中国成立后的刻版艺人列为第一代传承人，20世纪60年代初，孙惠荣（女）师承王福安先生，在武强画厂学习刻版，应为第二代传人。马习钦1975年师承孙惠荣学习刻版，则为第三代传人。

Ⅶ-15 衡水内画

王习三

原名王端成，男，1938年5月生，祖籍河北省阜城县杨庄，生于北京。2006年5月，衡水内画被列入第一批国家级非物质文化遗产名录民间美术类，项目编号Ⅶ-15。2007年6月，王习三入选为第一批国家级非物质文化遗产项目代表性传承人，河北省衡水市申报。王习三于1957年高中毕业后考入北京工艺美术研究所，拜著名内画艺人叶菶祺和叶晓峰为师，是祖传五代的"叶派"艺术的第一位外姓传人。他在师承的基础上，吸取各派内画艺术之长，兼收并蓄其他姊妹艺术营养，首创如今被内画界广泛使用的"金属杆勾毛笔"，并开创"油彩内画技法"先河，是"冀派"内画烟壶艺术的创始人，被海外视为"当代最杰出的内画艺术大师"。获"中国工艺美术大师"称号。他筹建了中国内画艺术之乡展览馆；主编了中国内画史上第一部权威性参考文献《中国内画图典》；现任衡水市内画艺术院院长。代表作品有"屈子问天图"、"百子图"、"清代皇帝、皇后系列肖像画壶"，其中"历届美国总统肖像壶"1985年获得"第五届工艺美术作品百花奖金杯珍品奖"。其子王又三也是内画艺术家，其他冀派弟子有王百川、陈润璞、王冠宇、张汝财等。

Ⅶ-16 剪纸（蔚县剪纸）

周兆明

男，1935年生，河北省蔚县蔚州镇南张庄人。2006年5月，蔚县剪纸被列入第一批国家级非物质文化遗产名录民间美术类，项目编号Ⅶ-16。2007年6月，周兆明入选为第一批国家级非物质文化遗产项目代表性传承人，河北省蔚县申报。周兆明的父亲周赐是与剪纸大师王老赏同时代的剪纸大家。他自幼随父学艺，15岁就掌握了设计画样、刀工、染色等全套的刻纸基本功。他一共创作了二千六百多幅作品，题材为戏曲人物、佛教人物、花鸟鱼虫等。1995年9月，周兆明被联合国教科文组织授予"一级民间工艺美术家"荣誉称号。2002年周兆明应邀参加了在澳大利亚主办的第二届中华文化节暨悉尼经贸交易会，创作的"中国龙"十幅剪纸作品和"清明上河图"、"水浒传108将"获国际金奖；其作品获各类各级奖项颇多。其他代表作还有"十三妹"、"梁红玉"等。为了蔚县剪纸后继有人，周兆明免费收了很多徒弟，把自己的剪纸技巧毫无保留地传授给大家。目前，跟随周兆明学习过的已经有了近百人。

Ⅶ-16 剪纸（丰宁满族剪纸）

张冬阁

男，满族，1945年生，河北省丰宁县人。2006年5月，丰宁满族剪纸被列入第一批国家级非物质文化遗产名录民间美术类，项目编号Ⅶ-16。2007年6月，张冬阁入选为第一批国家级非物质文化遗产项目代表性传承人，河北省承德市申报。张冬阁自幼即自习书画，后受业于齐敬之先生，擅长国画、人物、花卉、行书。1974年，他开始接触民间剪纸艺术；1987年以来致力于满族民俗文化艺术的研究和创作。他将绘画创作灵感运用在剪纸的构图上，使其作品创意新鲜，构图精美，形象生动，丰富多变。张冬阁共收集了民间剪纸作品两万多件，个人创作剪纸二千多幅。2005年，张冬阁建起了"家庭剪纸博物馆"。他的"满乡风情·正月初一出行"、"土台戏"、"锦绣中华"、"戏曲藏书票"等剪纸作品被国家级艺术博物馆收藏；2007年"戏曲集锦"获中国剪纸精品博览会金奖，并获得了中国民间文艺"山花奖"。

备注：王秀杰（1940年生）、孙孝枝（1940—1985）都是剪纸艺术大家。王德之子王福田，女儿王占云及张路琴也是剪纸的高手，他们文化水平高于父、母辈，因接受了现代艺术的影响有自己独到的艺术见解，又年富力强，是丰宁满族剪纸的后备军。

Ⅶ-34 曲阳石雕

卢进桥

男，汉族，1927年生，2009年3月卒，河北省曲阳县养平镇北养马村人。2006年5月，曲阳石雕被列入第一批国家级非物质文化遗产名录民间美术类，项目编号Ⅶ-34。2007年6月，卢进桥入选为第一批国家级非物质文化遗产项目代表性传承人，河北省曲阳县申报。卢进桥是中国石雕界唯一一位国家级工艺美术大师。他8岁跟舅父刘东元学艺，现已从事雕刻艺术七十余年。他的作品刀法圆浑淳厚，巧取俏色。卢进桥雕刻传统作品，一不绘图，二不塑稿，并独创出剥荒、定型、雕琢、磨光、打亮结合的镂雕技法。四十多件作品荣获国内外大奖；四件作品被收录世界名牌产品系列丛书；"卧兽观音"、"三大仕"等五件作品被国家定为国宝，并被人民大会堂、中南海紫光阁永久收藏；"坐兽观音"被中国工艺美术馆收藏；他带领曲阳石雕艺人，为天津引滦工程雕塑的汉白玉"母子情"雕像，目前已成为天津的一个景观。同时，他还为全国近二十个省、四十多个城市，日本、意大利等四十多个国家的园林雕塑了神像、动物等雕刻作品。

甄彦苍

男，汉族，1937年生，现居河北省曲阳县党城乡人。2006 年 5 月，曲阳石雕被列入第一批国家级非物质文化遗产名录民间美术类，项目编号Ⅶ-34。2007 年 6 月，甄彦苍入选为第一批国家级非物质文化遗产项目代表性传承人，河北省曲阳县申报。甄彦苍从 38 岁开始自学雕塑，后拜著名石雕艺人刘东元为师，学习雕刻佛像。1978 年考入县办雕刻厂，从此才算正式步入雕刻行业。他经反复研究和实践，首创了中国传统雕刻技法的西方人物雕刻，在继承传统的基础上充分借鉴西洋雕刻技法，开创了曲阳雕刻的西洋流派，是石雕行业的一个新流派。代表作品有"关爱人间"、"博弈"、"中华魂"、"黄河龙"、"醒狮"等。1996 年，甄彦苍被联合国教科文组织授予中国"民间工艺美术大师"称号。1986 年，创办新颖雕刻厂，先后培养雕刻技工六千多名，带领当地人从事雕刻，奔向小康，使北部山区的党城乡真正变成了雕刻之乡，占据曲阳石雕的半壁江山。

山西

Ⅶ-16 剪纸（中阳剪纸）

王计汝

女，汉族，1947 年生，山西省中阳县人。2006 年 5 月，剪纸（中阳剪纸）被列入第一批国家级非物质文化遗产名录民间美术类，项目编号Ⅶ-16。2007 年 6 月，王计汝入选为第一批国家级非物质文化遗产项目代表性传承人，山西省吕梁市申报。中阳县剪纸的传承关系一般是自发的，亦有以家族方式传承的。王计汝 8 岁开始跟着母亲学剪纸，从简单的花鸟剪起，现在则能剪出不同门类、风格迥异的作品来。很多剪纸作品都是十幅以上的连环画，多是民间故事和身边发生的事情。代表作品有"春忙图"、

"风俗图"等。王计汝获得过中国文艺协会颁发的"中国文艺金爵奖"、中国剪纸艺术协会颁发的"纪念安徒生诞辰二百周年中国童话剪纸艺术大赛一等奖"和"南京首届中国民俗吉祥艺术节剪纸刺绣金奖"等。

辽宁

Ⅶ-16 剪纸（医巫闾山满族剪纸）

汪秀霞

女，满族，1947 年生，辽宁省北镇市富屯乡新立村人。2006 年 5 月，剪纸（医巫闾山满族剪纸）被列入第一批国家级非物质文化遗产名录民间美术类，项目编号Ⅶ-16。2007 年 6 月，汪秀霞入选为第一批国家级非物质文化遗产项目代表性传承人，辽宁省锦州市申报。汪秀霞的母亲就是剪纸好手，受到母亲的熏陶，汪秀霞从小就跟随母亲学习剪纸，4 岁的时候汪秀霞就能自己单独剪出完整的作品了。经过五十多年的实践，汪秀霞形成了自己独特而又精绝的医巫闾山地区满族民间剪纸技艺。从她的剪纸作品中，可以看到医巫闾山游牧文化和山林文化交融的造像艺术，内容包括满族婚丧嫁娶、衣食住行，以及萨满风情的民俗作品，其中存储着 8000 年来医巫闾山人对宇宙、天地、自然与人类之间的依存关系思考的大量信息。代表作品有"九乳妈妈"、"山神爷"、"抓髻娃娃"、"八仙图"、"金陵十二钗"、"柳树妈妈"等。汪秀霞的诸多作品也在各地剪纸展览会上展出，并被北京、辽宁、青岛等地博物馆收藏。2011 年 3 月，中国民间文化杰出传承人丛书《医巫闾山满族剪纸传承人——汪秀霞》出版。

赵志国

男，辽宁省凌海市娘娘宫乡邰屯村人。2006年5月，剪纸（医巫闾山满族剪纸）被列入第一批国家级非物质文化遗产名录民间美术类，项目编号Ⅶ-16。2007年6月，赵志国入选为第一批国家级非物质文化遗产项目代表性传承人，辽宁省锦州市申报。赵志国从小受家庭熏陶，10岁起就跟随父母学习剪纸。将日常生活中的场景反映到其剪纸作品中，农业生产、捕鱼活动，以及生活习俗等，题材上贴近时代，结构疏密有间，造型朴拙，鲜活生动。"老鼠偷蛋"在辽宁省第五届民间剪纸展览中获一等奖；"古代武士"等参见全国剪纸藏书票前往日本展出，并获辽宁省一等奖；作品还多次在德国、瑞典等国家展出。代表作品有"捕鱼"、"扒哈喇"、"包豆包"、"杀年猪"等。目前希望自己的剪纸技艺能够后继有人，只要有人愿意学，他就愿意倾囊相授。

Ⅶ-29 岫岩玉雕

王运岫

男，汉族，1956年2月生，辽宁省岫岩满族自治县人。2006年5月，岫岩玉雕被列入第一批国家级非物质文化遗产名录民间美术类，项目编号Ⅶ-29。2007年6月，王运岫入选为第一批国家级非物质文化遗产项目代表性传承人，辽宁省岫岩满族自治县申报。王运岫14岁开始从事岫岩玉雕事业，后拜贺德胜为师，专攻素活雕刻，现为岫岩玉雕的第四代传承人。由其师傅贺德胜设计，王运岫参与制作的"华夏灵光岫玉塔薰"，集立体雕、浮雕、透雕、双面雕等传统工艺于一身，融楼台、亭榭、庙宇等中国古建筑为一体。整件作品雄浑壮观，1985年7月，在中国第五届工艺美术品百花奖评比中获最高奖金杯奖，并被评为国家珍宝。1998年

王运岫创作的"祈年殿"在中国宝玉石协会举行的全国玉雕精品评选活动获精品奖。2000年以后，他将自己的素活作品推向市场；现在王运岫有了自己的玉器精品屋。

备注：岫岩玉雕工艺人传承谱系分为四代：第一代代表人物是李德纯；第二代代表人物是李富；第三代代表人物是贺德胜、李洪才、刘葆伟、张玉珍；第四代代表人物王运秀、孟显洪、车绍国、杨成学。现在的主要传承人除了王运岫外，还有张玉珍（女，满族，1942年生）。

Ⅶ-30 阜新玛瑙雕

李洪斌

男，汉族，1939年生，辽宁省岫岩满族自治县人。2006年5月，阜新玛瑙雕被列入第一批国家级非物质文化遗产名录民间美术类，项目编号Ⅶ-30。2007年6月，李洪斌入选为第一批国家级非物质文化遗产项目代表性传承人，辽宁省阜新市申报。阜新玛瑙雕技艺以前主要通过家族传承，现主要为师徒传承。李洪斌出身于玉雕世家，1958年，他开始拜师学艺；1959年被选送到丹东美术学校进修四年，学习美术、玉文化史理论等，学习期间师承北京著名的素活大师黄永贵，得其真传，现为阜新玛瑙雕的第四代传承人。三十多年来，李洪斌的素活远销日本、爱尔兰等几十个国家，在国际国内大赛中频频获奖，甚至还上了邮票。代表作品有"花薰"。2008年，李洪斌在阜新市细河区四合镇东洼子村投资新建了三百多平方米的厂房，建立了全国首个玛瑙素活研究室，并且招收了一批新的徒弟。李洪斌按照品德、爱好及功底三方面进行考核收徒，先后收徒一百多名，现在有三位正式弟子。

上海

VII -17 顾绣

戴明教

女，汉族，1922 年 1 月生，上海市松江人。2006 年 5 月，顾绣被列入第一批国家级非物质文化遗产名录民间美术类，项目编号 VII -17。2007 年 6 月，戴明教入选为第一批国家级非物质文化遗产项目代表性传承人，上海市松江区申报。戴明教自幼随姑母学绣，1934 年至 1937 年在上海松江"松筠女子职业学校"刺绣班学习，师从沈寿之徒宋金铃学习刺绣。1976 年她进了松江工艺品厂考察苏绣，研究出双面绣，是新中国顾绣的第一代传人。为了让顾绣技法不致失传，她口述"顾绣针法"，由儿子整理成书《顾绣针法初探》。作品除少量被宋江博物馆收藏，大部分作品作为外交礼品，或被世界各地爱好者和博物馆收藏。代表作品有"红蓼水禽"、"小庭婴戏图"、"日本仕女图"等。20 世纪 70 年代，她带出了高秀芳、朱庆华、钱月芳等十多个徒弟，为顾绣的第二代传人。目前她自己有一个顾绣工作室，并且带了 8 名徒弟，她们将是顾绣的第三代传人。

江苏

VII -16 扬州剪纸

张秀芳

女，汉族，1943 年 12 月生，江苏省扬州市人。2006 年 5 月，扬州剪纸被列入第一批国家级非物质文化遗产名录民间美术类，项目编号 VII -16。2007 年 6 月，张秀芳入选为第一批国家

级非物质文化遗产项目代表性传承人，江苏省扬州市申报。1956 年 11 月，张秀芳成了漆器生产合作社的一名工人，拜剪纸大师、叔父张永寿为师学习扬州剪纸，成为张永寿的第一批弟子，也是扬州剪纸第二代传承人。其作品基本功扎实，生活气息浓郁，作品中饱含感情，发人深思。2007 年 11 月，张秀芳的剪纸作品"鹤舞云霄"获民间工艺美术作品奖"山花奖"。代表作品有"烟花三月"、"一路连科"、"八凤"、"松鹰"、"琼花"等。退休后的张秀芳与张慕莉在扬州剪纸博物馆办班带徒，培养后备力量，带出了一批专业剪纸制作队伍。2010 年 4 月，张震梅、杨雪、赵红妹、李海霞等 4 名中国剪纸博物馆工作人员拜张秀芳为师。

VII -18 苏绣

李娥瑛

女，汉族，1926 年 11 月生，江苏省苏州木渎镇人。2006 年 5 月，苏绣被列入第一批国家级非物质文化遗产名录传统美术类，项目编号 VII -18。2007 年 6 月，李娥瑛入选为第一批国家级非物质文化遗产项目代表性传承人，江苏省苏州市申报。李娥瑛 10 岁随母学绣。在苏绣工艺上，她开创多个领先。1956 年，她首创双面绣套针法绣成第一幅单面"双鲤鱼图"，由故宫博物院收藏；1965 年，她首创尼龙绡作绣底、绣成双面绣"蘑菇云"，并研究成功绡底的装裱方法，此后绡底推广到全国，提高了双面绣艺术效果；她采用分绷合绣方法绣制"开国大典"，解决了刺绣大型作品不能合绷的难题。论文《戳纱针法研究》获江苏省轻工业科技成果三等奖；她主编的《苏绣技法》一书，由轻工业出版社出版；1980 年，李娥瑛设计指导绣制"双湘图"，获 1981 年江苏省工艺美术百花奖，并获 1982 年全国工艺美术"百花奖"金杯奖；1979 年，李娥瑛获"中国工艺美术大师"称号。授徒多人，

其中不乏佼佼者，张玉英、蒋雪英也被评为苏绣国家级传承人，施海霞等是年轻一代的工艺美术师。

顾文霞

女，汉族，1931年3月生，江苏省苏州市木渎镇人。2006年5月，苏绣被列入第一批国家级非物质文化遗产名录传统美术类，项目编号Ⅶ-18。2007年6月，顾文霞入选为第一批国家级非物质文化遗产项目代表性传承人，江苏省苏州市申报。1945年，顾文霞跟随母亲学习刺绣；1954年，顾文霞考入新成立的苏州刺绣研究所，开始了苏绣生涯。顾文霞对苏绣艺术进行了创新，总结汇集了40多种针法，发展了独具匠心的双面绣、运针自如的乱针绣，在双面绣基础上创制了三异绣、环形绣等新作。顾文霞最擅长绣制小猫、金鱼和花卉，她绣制的猫活灵活现，传神逼真，其中双面绣《花猫戏蚱蜢》被中国工艺美术珍宝馆收藏。1985年以后顾文霞重点进行刺绣文物的复制研究工作，先后复制的古绣品有上海博物院和故宫博物院的韩希孟珍品，定陵、大葆台、沈阳博物馆、荆州博物馆的宋庆龄故居，法门寺博物馆的文物，并绣制古画"姑苏繁华图"、"清明上河图"、"八十七神仙卷"、"维摩演教图"和"孙子兵法绣册"等作品。1988年顾文霞被轻工业部授予"中国工艺美术大师"称号。顾文霞授徒多人，高徒有余福臻等，目前也是苏绣国家级传承人；2001年建立"顾文霞大师工作室"希望能够培养更多的苏绣传人。

Ⅶ-28 扬州玉雕

江春源

男，汉族，1947年生，现居江苏省扬州市。2006年5月，扬州玉雕被列入第一批国家级非物质文化遗产名录民间美术类，项目编号Ⅶ-28。2007年6月，江春源入选为第一批国家级非物质文化遗产项目代表性传承人，江苏省扬州市申报。1963年江春源进入扬州玉器厂工作至今，他吸取中国画等姐妹艺术之长，将其融合，运用于玉雕创建设计之中，形成了自己独特的艺术风格。江春源设计的花卉、鸟兽、炉瓶及其他玉器杂件，生活气息浓厚、产品造型生动；在设计题材构思和技法上，他突出了传统造型手法，把诗、书、画、印融为一体，采用浮雕手法，立体地在玉雕产品上展现出来，使传统古朴的玉瓶、玉壶等增添了秀美清新的特色。代表作品有"螳螂白菜"、翡翠"链条壶"、白玉"金鱼瓶"、翡翠"春夏秋冬"四插屏；岫玉"松马瓶"获中国工艺美术品百花奖银杯奖；翡翠"仙鹤瑕龄"获中国工艺美术珍品荣誉证书。目前，他兼任厂教育培训中心的专业教师，对青年工人进行技术培训。经培养的23名艺徒中，半数以上已成为生产玉雕精品的技术骨干。

顾永骏

男，汉族，1942年6月生，现居江苏省扬州市。2006年5月，扬州玉雕被列入第一批国家级非物质文化遗产名录民间美术类，项目编号Ⅶ-28。2007年6月，顾永骏入选为第一批国家级非物质文化遗产项目代表性传承人，江苏省扬州市申报。顾永骏出身于画家家庭，1962年进入扬州玉器厂学习玉雕，专攻"人物"，同时学习绘画，以线描和素描为主。他的作品以仕女人物为基础，兼及神、佛、古典历史人物；1980年开始专攻"山子雕"技艺。顾永骏博采中国画、牙雕、石雕、木雕等姐妹艺术之长，与玉雕技艺相糅合，丰富创作设计的题材内容，开拓和完善了扬州明清年代的玉雕名品"山籽雕"。1993年，获"中国工艺美术大师"称号。代表作品有白玉仕女"西戈鹦鹉"和"吹箫引凤"。翡翠山子雕"潮音洞"、白玉山子雕"夜游赤壁"、白玉山子雕"对弈图"等作品均获中国工艺美术百花奖的优秀创作奖和希望杯奖；

中大型白玉山子雕"潮音洞"获天工奖金奖；大型碧玉山子雕"石刻聚珍图"获中国工艺美术百花奖的金杯珍品奖，现收藏于中国工艺美术馆的珍宝馆。顾永骏收徒时注重对青年艺徒的品德教育，他培养的多名玉雕师，已成为扬州玉雕工艺的中坚力量。其徒薛春梅，也已经成为国家级扬州玉雕传承人。

Ⅶ-47 泥塑（惠山泥人）

喻湘涟

女，汉族，1940年生，江苏省无锡市人，2006年5月，泥塑（惠山泥人）被列入第一批国家级非物质文化遗产名录民间美术类，项目编号Ⅶ-47。2007年6月，喻湘涟入选为第一批国家级非物质文化遗产项目代表性传承人，江苏省无锡市申报。喻湘涟出身于泥人世家，是著名艺人蒋三元的曾外孙女。从8岁起就帮外祖父蒋金奎做些印坯、揿坯、打底色的粗活。1955年，她拜著名无锡惠山彩塑艺人蒋子贤为师，后进江苏省泥塑彩绘训练班学习4年。喻湘涟潜心钻研，集各家之长，融会贯通，继承发扬了惠山泥人的地方风格；她与王南仙合作复制、整理和修复的无锡传统的泥塑作品不计其数，达到"修旧如旧"、"以假乱真"的地步。她还和王南仙总结整理出三千道工序及详细的捏泥、彩绘技法。她与王南仙合作制作的四十八件套手捏戏文分别被中国美术馆、中国工艺美术馆、南京博物院收藏。1993年获得"中国工艺美术大师"称号。代表作品有彩塑"团阿福"、"传统大阿福"、"汉声"、"十五贯"等。喻湘涟与王南仙、柳成荫、王木东等七位美术大师建立了美术工作室。惠山泥人中，她与彩绘大师王南仙齐名。她主攻泥人雕塑，王南仙主攻泥人彩绘。授徒要求报名者有美术基础，同时泥人项目的报名者限制在35岁以下。

王南仙

女，汉族，1941年生，江苏省无锡惠山区人，2006年5月，泥塑（惠山泥人）被列入第一批国家级非物质文化遗产名录民间美术类，项目编号Ⅶ-47。2007年6月，王南仙入选为第一批国家级非物质文化遗产项目代表性传承人，江苏省无锡市申报。王南仙出身于泥人世家，1959年，王南仙毕业于惠山泥塑彩绘训练班，后随老艺人陈毓秀学艺；1983年在无锡轻工业学院深造，专攻泥人彩绘，擅长"手捏戏文"彩绘技法。她与喻湘涟合作制作的四十八件套手捏戏文分别被中国美术馆、中国工艺美术馆、南京博物院收藏。她同喻湘涟合作复制、整理和修复的无锡传统的泥塑作品不计其数，达到"修旧如旧"、"以假乱真"的地步。她还和喻湘涟总结整理出三千道工序及详细的捏泥、彩绘技法。1996年获"中国工艺美术大师"的称号。代表作品："京剧脸谱"、"贵妃醉酒"、"霸王别姬"、"山魂"等。她与王南仙、柳成荫、王木东等七位美术大师建立了美术工作室。惠山泥人中，她与泥塑大师喻湘涟齐名。她主攻泥人彩绘，喻湘涟主攻泥人雕塑。授徒要求报名者有美术基础，同时泥人项目的报名者限制在35岁以下。

浙江

Ⅶ-16 乐清细纹刻纸

林邦栋

男，汉族，1926年生，浙江省乐清市北白象镇人。2006年5月，乐清细纹刻纸被列入第一批国家级非物质文化遗产名录民间美术类，项目编号Ⅶ-16。2007年6月，林邦栋入选为第一批国家级非物质文化遗产项目代表性传承人，浙江省温州市申报。林邦栋出身于北白象镇民间工艺世家，在家庭氛围的熏陶下，自幼喜欢油漆画和剪纸。祖父林祠明在油漆画和制作龙船灯、纸扎、塑造佛像等行业中是本地高手；父亲林松亭继承了父辈的技艺，又在细纹刻纸方面有所发展。林邦栋13岁开始跟着父亲学习油漆、纸扎和剪纸艺术，在20岁时，已能独立设计制作细纹刻纸，还能在一方寸的纸面上刻出五十条线条。其剪纸风格纤细娟秀，构图生动活泼，线条细腻丝丝相扣，散发着江南特有的灵气，是细纹刻纸第四代传人。获"十大神剪"称号。林邦栋不但精于剪纸，还扎得一手好龙，刷得一手好漆器。他制作的首饰龙船，巧妙地将中国传统的书画、剪纸、雕刻、刺绣、彩塑艺术和编织等传统工艺结合在一起。代表作品："松鹤延年"、"鱼跃龙门"、"天女散花"、"万象更新"等。林邦栋的儿子和孙子已继承了细纹刻纸这门技艺，且在乐清还有十几个年轻人在跟着他学习刻纸。

陈余华

男，汉族，1953年生，浙江省乐清市象阳镇寺前村人。2006年5月，乐清细纹刻纸被列入第一批国家级非物质文化遗产名录民间美术类，项目编号Ⅶ-16。2007年6月，陈余华入选为第一批国家级非物质文化遗产项目代表性传承人，浙江省温州市申报。陈余华15岁随其父剪纸艺术大师陈朝芬学艺，并长期从事细纹刻纸的创作和研究。三十多年来，陈余华创作了数百幅刻纸作品，他将原有的六十多种细纹图案发展到一百多种，其所创作的作品刀法既工整细腻，又活泼流畅，被行家誉为"中华一绝"和"剪纸之最"。获"十大神剪"称号；2006年，获"中国工艺美术大师"称号。陈余华有五幅作品被中国美术馆收藏。其中，"观音"在"99年中国剪纸博览会"获得银奖；"连年有余"在"99年浙江中国民间艺术展"中获得金奖。其他代表作品："四大美女"、"桂林山水"、"十二

生肖"、"独生子女"、"细纹花鸟"、"双鱼"、"熊猫"、"花蝶"、"九龙图"等。2003年，他与南石开先生自筹资金创办了乐清龙花细纹刻纸研究所，并免费向青少年和中小学教师传授刻纸技艺。

Ⅶ-43 东阳木雕

陆光正

男，汉族，1945年生，浙江省东阳市人。2006年5月，东阳木雕被列入第一批国家级非物质文化遗产名录民间美术类，项目编号Ⅶ-43。2007年6月，陆光正入选为第一批国家级非物质文化遗产项目代表性传承人，浙江省东阳市申报。东阳木雕流派众多，以家族传承和师徒传承为主要传承方式。1958年，13岁的陆光正被"雕花状元"楼水明看中，破格收为"关门弟子"，从而成为东阳木雕的擎旗人。陆光正15岁从东阳木雕学校毕业，进了东阳木雕厂，并被选入设计组。得到"雕花皇帝"杜云松、"雕花宰相"黄紫金等老艺人的倾囊相授。陆光正师承三家之后，集各大家于一身，作品清丽脱俗、气势磅礴。创造出了"多层叠雕"法，解决了大型木雕开裂的难题，彼此既有工艺上的间隔，又有画面的完美联系，做到了"天衣无缝"。代表作品："松鹤同春"、"百鸟朝凤"，木雕落地屏风"锦绣中华"等。2003年，他为杭州雷峰塔重建创作木雕作品"白蛇传"。陆光正注重人才培养，与各级各类院校合作开办木雕班，培养人才，还推出"木雕设计班"，集教育、科研、生产于一体，培养出更多复合型木雕专业化人才。为此，2013年，他获得"第二届中华非物质文化遗产传承人薪传奖"。

冯文土

男，汉族，1943年生，浙江省东阳市人。2006年5月，东阳木雕被列入第一批国家级

非物质文化遗产名录民间美术类，项目编号Ⅶ-43。2007年6月，冯文土入选为第一批国家级非物质文化遗产项目代表性传承人，浙江省东阳市申报。东阳木雕流派众多，以家族传承和师徒传承为主要传承方式。冯文土1958年毕业于东阳木雕技校，后拜著名东阳木雕名家黄紫金为师。他打破了木雕传统室内装饰的宫殿式的陈旧程式，创作了富有自然情趣的园林式的新风格，创造出冯氏"半圆雕"、"自形雕"、"树皮胞雕"、"根石雕"等创新技艺。对于东阳木雕的历史、现状和发展，他作了系统的理论研究，编写专著《东阳木雕技艺》。他所编写的"东阳木雕樟木箱"等5类产品标准，被采用为省级产品标准。20世纪80年代以来，他设计并指导北京人民大会堂浙江厅、新加坡董宫酒家等国内外重大木雕室内装饰工程。1993年获"中国工艺美术大师"称号。代表作品："西双版纳的春天"、"杨八姐游春"、"刘三姐"等，其中作品"军民联防"被山东博物馆收藏。冯文土招徒弟要求绘画、雕刻技巧基础好，同时要有创新意识。目前为止他收过8个徒弟，有3位已是省级工艺美术大师。

Ⅶ-50 灯彩（仙居花灯）

李湘满

男，汉族，1946年10月生，浙江省仙居县皤滩镇人。2006年5月，灯彩（仙居花灯）被列入第一批国家级非物质文化遗产名录民间美术类，项目编号Ⅶ-50。2007年6月，李湘满入选为第一批国家级非物质文化遗产项目代表性传承人，浙江省仙居县申报。1983年起，李湘满在皤滩文化站当文化员，他为了拯救村里失传的"唐灯"（仙居针刺无骨花灯）艺术，组织起村里会花灯技艺的老人重拾旧艺，并在这一过程中，自己也学习并掌握了"唐灯"（仙居针刺无骨花灯）的制作技艺。在20多年的时间里，

他挖掘开发出具有地域文化特色的"仙居针刺无骨花灯"共十大类二十七个品种。所制作的花灯造型优美，古朴典雅，玲珑剔透。为了系统地研究花灯，他创办仙居针刺无骨花灯研究所。从1988年开始，前后培训了十期一百个多学员。1994年，他开始针对高中毕业生进行培训，其中坚持学下来的，如今都已成为研究所的骨干。"仙居针刺无骨花灯"先后荣获浙江省特色彩灯艺术展金奖、中国民间艺术作品博览会金奖、第四届国际艺术博览会金奖。李湘满也在中国民间艺人节中被评为"中国十佳民间艺人"。

Ⅶ-50 灯彩（硖石灯彩）

陈伟炎

男，汉族，1922年11月生，2010年卒，浙江省嘉兴市人。2006年5月，灯彩（硖石灯彩）被列入第一批国家级非物质文化遗产名录民间美术类，项目编号Ⅶ-50。2007年6月，陈伟炎入选为第一批国家级非物质文化遗产项目代表性传承人，浙江省海宁市申报。陈伟炎自幼受浙江硖石传统灯彩的熏陶，酷爱扎灯，喜爱书法、绘画。1946年与灯彩传人孙惟群成为至交，业余切磋传统硖石"文人派"制灯技艺，深得硖石灯彩针刺工艺的真传，亦擅长结扎造型及刻花工艺。他的作品以精细见长，1992年参加由文件部举办的"首届全国花灯邀请赛"（山东淄博）获小型灯彩组一等奖；1996年完成"针孔百壶灯"系列作品，由海宁市博物馆珍藏并常年展出。海宁市为了继承和发扬硖石灯彩这一传统民间艺术，采取了多方位的保护措施：成立了"硖石灯彩制作社"，海宁市灯彩研究会；举办硖石灯彩制作培训班，邀请灯彩老艺人，传授硖石灯彩精湛的制作工艺；在学校开设"灯彩辅导课"、"灯彩工艺美术班"，请灯彩研究会艺人任教；在市博物馆设立"硖石灯彩展览馆"等。陈伟炎收自己的孙女陈寒黎为徒。

Ⅶ-51 嵊州竹编

俞樟根

男，汉族，1932年11月生，浙江省嵊州市人。2006年5月，嵊州竹编被列入第一批国家级非物质文化遗产名录民间美术类，项目编号Ⅶ-51。2007年6月，俞樟根入选为第一批国家级非物质文化遗产项目代表性传承人，浙江省嵊州市申报。1940年起，俞樟根就跟随父亲学艺。他对传统的篮、瓶、盒、罐等竹编产品进行革新，创制了"六角花篮"、"双耳八角罐"等新产品，首创动物竹编，使之与漂白、花筋、蓝胎漆一起成为嵊州竹编的四大特色。他还继承和创造了"条丝"、"花笼"、"弹花"等一百余种编织法，其质变作品制作精良，细腻的精巧奇绝，粗犷的豪放有章。其作品先后获得工艺美术百花奖一等奖、金杯奖等。在多年的竹编创作中，他与徒弟、高级工艺美术师徐华铛一起，完成《工艺竹编》一书，由高等教育出版社出版。代表作品："九狮图"、"苏武牧羊"、"象"、"群鸡"、"金鱼盒"、"老寿星"、"麻姑献寿"等。

安徽

Ⅶ-37 徽州三雕

方新中

男，汉族，1949年10月生。2006年5月，徽州三雕被列入第一批国家级非物质文化遗产名录民间美术类，项目编号Ⅶ-37。2007年6月，方新中入选为第一批国家级非物质文化遗产项目代表性传承人，安徽省黄山市申报。方新中自幼酷爱画画，1985年考入歙县徽州古典园林公司从事木、竹、石雕刻，并向老技师学习砖雕。他继承和发展了传统徽雕技艺，自行设计制作了大小、各式砖雕作品，使砖雕技艺有较大提高。他将现代艺术与古老的徽州雕刻融合一体，雕刻技巧精湛，立体感强。他先后参与各地园林、世界文化遗产地、国家级和省级重点文物单位的砖雕、砖细修复，如南京"净觉寺"、"李香君故居陈列馆"、"总统府"，德国法兰克福市徽派园林建筑"春华园"的砖雕；黄山市大型砖饰壁画"徽州胜景图"；杭州新建"雷峰塔"的主雕砖饰壁画"水漫金山"等；安徽省图书馆砖雕人物像"名人长廊"是其代表作之一。2003年3月方新中成立方氏砖雕工作室，2007年6月成立黄山市歙县新中艺术砖雕厂，期望实现产业、培训的一体化。

冯有进

男，汉族，1953年5月生，安徽省黄山市人。2006年5月，徽州三雕被列入第一批国家级非物质文化遗产名录民间美术类，项目编号Ⅶ-37。2007年6月，冯有进入选为第一批国家级非物质文化遗产项目代表性传承人，安徽省黄山市申报。冯有进的祖辈一直从事石雕行业，一脉相承，代代相传。他自13岁便开始跟随祖父学习石雕的技艺，其技艺传承有序。能够熟练地掌握徽州建筑石雕技巧，诸如牌坊、石亭、石塔以及山水花鸟题材，雕刻都能随心应手。其作品运用丰富的民间艺术语言、独特的传统工艺和精湛雕刻技巧，生动活泼而雅俗共享。1998年，冯有进创办了黄山市屯溪徽派石雕工艺厂。2005年，其被评为黄山市"徽州民间工艺师"。目前，他收徒数十名。

福建

Ⅶ-35 寿山石雕

冯久和

男，汉族，1928 年生，福建省福州市晋安区鼓山镇秀岭村人。2006 年 5 月，寿山石雕被列入第一批国家级非物质文化遗产名录民间美术类，项目编号Ⅶ-35。2007 年 6 月，冯久和入选为第一批国家级非物质文化遗产项目代表性传承人，福建省福州市申报。冯久和为中国工艺美术大师。1943 年，师从名艺人黄恒颂学习寿山石雕刻艺术。他擅刻圆雕，尤以雕刻花果及群猪等动物作品著称，且在研究如何利用天然色泽方面有其独特的见解。他善于用自己的艺术语言驾驭"俏色"，使作品妙趣横生。他的"花果"作品获中国工艺美术百花奖"优秀作品奖"；"延年颂"获省候选"国石"精品展"金奖"，代表作"欣欣向荣"和"丰产母猪"曾获省工艺美术展览会"优秀创作奖"，并被收藏。2008 年，"福满门"曾获全国大师精品奖金奖；2009 年，"喜上眉梢"获全国大师精品奖金奖。"含香蕴玉"入选中国邮电部发行的寿山石邮票。冯久和三代单传，儿孙都在从事寿山石雕。他所带出的近 20 位学生中，冯其瑞、冯伟、陈礼忠、王邦峰、张承涛、冯飞等都较为出色。2013 年冯久和获"第二届中华非物质文化遗产传承人薪传奖"。

林亨云

男，汉族，1930 年生，福建省福州市人。2006 年 5 月，寿山石雕被列入第一批国家级非物质文化遗产名录民间美术类，项目编号Ⅶ-35。2007 年 6 月，林亨云入选为第一批国家级非物质文化遗产项目代表性传承人，福建省福州市申报。林亨云为中国工艺美术大师。自幼跟随舅父陈发坦学习木雕，刚开始学习塑造佛像，进而从事木雕、牙雕、寿山石雕的创作研究，且在木雕人物与动物方面有较深的造诣。20 世纪 60 年代初开始，林亨云专心于寿山石雕的创作。林亨云擅长刻熊，他创作的熊或坐，或爬，或嬉戏，或逐食，逗人可爱，不但形似，而且富有人格化情感，尤其在绒绒熊毛的表现上有他的独到之处。代表作品：木雕"熊"、寿山石雕"海底世界"、"金鱼"、"北极熊"等。其中，"海底世界"、"寒冬一霸"等作品获得全国金奖。林亨云一生授徒多人，大儿子林飞承其衣钵，也获"中国工艺美术大师"称号，二儿子林东从事玉雕，工艺精湛。

Ⅶ-44 漳州木偶头雕刻

徐竹初

男，汉族，1938 年生，福建省漳州市人。2006 年 5 月，漳州木偶头雕刻被列入第一批国家级非物质文化遗产名录民间美术类，项目编号Ⅶ-44。2007 年 6 月，徐竹初入选为第一批国家级非物质文化遗产项目代表性传承人，福建省漳州市申报。木偶头雕刻历来师徒相承，且以家族祖传的方式为主，一直流传至今而无中断。徐竹初 10 岁开始跟父亲学习雕刻木偶，与其弟徐亮聪同为徐氏漳州木偶雕刻的第六代传承人。徐竹初继承了祖辈优秀的雕刻手法，强调木偶戏剧的表情化与性格化，注重内在神情性格的表现，强调"以形写神"。其刀法有力，形神兼备，韵味十足。他设计的戏曲人物造型达六百多种，生、旦、净、末、丑等各行当齐全，个个脸谱不同、率真、精致、优美，神态各异，生动传神，被誉为"东方艺术珍品"。他的作品曾在中国美术馆及世界 100 多个国家和地区巡回专展，美术出版社出版了他的作品专著画册；他还为三十多部木偶艺术电影片和电视剧设计并制作木偶。代表作品：傀儡木偶"齐天大圣"

等。徐竹初的儿子徐强是徐氏漳州木偶雕刻的第七代传承人。

徐聪亮

男，汉族，1950年生，福建省漳州市人。2006年5月，漳州木偶头雕刻被列入第一批国家级非物质文化遗产名录民间美术类，项目编号Ⅶ-44。2007年6月，徐聪亮入选为第一批国家级非物质文化遗产项目代表性传承人，福建省漳州市申报。徐聪亮出身于木偶制作世家，与其兄徐竹初同为徐氏漳州木偶雕刻第六代传人。拥有40多年木偶从业史的徐聪亮不仅继承了徐家木偶写实风格，又吸收了现代美术技法强调造型的性格化特点。1980年时，省艺术学校漳州木偶班成立，原本在漳州市木偶剧团从事木偶雕刻的徐聪亮，调到木偶艺术学校教学；1989年，徐聪亮重新调回漳州市木偶剧团，到剧团后，他放弃原来的木偶雕刻，转而从事木偶造型设计，将另一项非物质文化遗产"漳绣"与木偶结合起来，研发出上百种别具风格、色彩鲜艳的木偶衣，使漳州木偶形象更加亮丽。二十年来，他为40多部木偶艺术片，担任几百种人物造型设计，很多剧目的造型都获得国家、省地级市优质奖项。同时，他培养出了一大批木偶雕刻学员。

Ⅶ-50 灯彩（泉州花灯）

李珠琴

女，汉族，1941年生，福建省泉州市人。2006年5月，灯彩（泉州花灯）被列入第一批国家级非物质文化遗产名录民间美术类，项目编号Ⅶ-50。2007年6月，李珠琴入选为第一批国家级非物质文化遗产项目代表性传承人，福建省泉州市申报。李珠琴从小就跟随父亲李尧宝学习刻纸料丝灯（即"刻纸灯"）的制作；1957年，她到工艺美术厂正式当学徒，学习刻

纸、无骨刻纸料丝花灯设计、制作技艺，成为料丝花灯第三代传人。料丝花灯在灯光折射下，晶莹剔透，美不可言。在泉州市政府的帮助下，2012年建起了李珠琴刻纸料丝花灯工作室，招收学徒。李珠琴的女儿李婵娟和黄丽凤是下一代传人，但目前的传承状况极为不佳。

蔡炳汉

男，汉族，1929年生，福建省泉州市人，2006年5月，灯彩（泉州花灯）被列入第一批国家级非物质文化遗产名录民间美术类，项目编号Ⅶ-50。2007年6月，蔡炳汉入选为第一批国家级非物质文化遗产项目代表性传承人，福建省泉州市申报。蔡炳汉自己摸索，尝试制作无骨灯，逐渐成为行家。1978年，蔡炳汉创作了"针刺无骨灯"，这种灯的图案全是用钢针在制图纸上密密麻麻刺出来的，光源从针孔中透出，显得晶莹剔透、璀璨夺目。他所制作的无骨针刺花灯制作工艺细腻，美轮美奂。他整理了无骨灯资料，并制造出了十种以上的无骨灯造型，作为资料留给后人。现在，他的刺绣无骨花灯开始"走进校园"，他工作过的艺校也选派两位教师向他学习刺绣无骨花灯的制作。蔡炳汉的几个孩子也是花灯制作的高手，但是至今没人能够设计产品。

山东

Ⅶ-5 杨家埠木版年画

杨洛书

男，汉族，1927年12月生，山东省潍坊市寒亭区杨家埠人。2006年5月，杨家埠木版年画被列入第一批国家级非物质文化遗产名录民间美术类，项目编号Ⅶ-5。2007年6月，杨洛

书入选为第一批国家级非物质文化遗产项目代表性传承人，山东省潍坊市申报。杨洛书7岁开始摸刻刀，14岁时就跟从父辈学习年画制作实践，善于博采众长，学中有创，18岁就熟练掌握年画制作全部技艺，尤以刻版最精，以首创刀头具眼、直接灵通的刻板术而著称于世，现为同顺德画店（杨家埠的百年画店）的第十九代传人，被誉为"中国年画王"。联合国教科文组织授予其"民间工艺美术大师"的称号。杨家埠现在印制年画的画版，有三分之二都保留在杨洛书的手里，他珍藏至今的1000余块画版，已经成了孤版。代表作品："水浒"、"西游记"、"二十四孝"、"历代帝王全图"等，可谓鸿篇巨制。杨家埠木版年画以前是传男不传女，现在对性别已没有限制。只要对年画感兴趣，杨洛书都愿意收为徒弟。现在他跨县、跨省、跨国招收徒弟，传授技艺。

Ⅶ-6 高密扑灰年画

吕臻立

男，汉族，1953年10月生，山东省高密市姜庄镇人。2006年5月，高密扑灰年画被列入第一批国家级非物质文化遗产名录民间美术类，项目编号Ⅶ-6。2007年6月，吕臻立入选为第一批国家级非物质文化遗产项目代表性传承人，山东省高密市申报。吕臻立自小师承父亲吕清溪习画，是高密扑灰年画世家吕氏画派第六代传人。其绘制年画秉承传统题材风格，并在色彩、人物、线条等方面，吸收借鉴现代绘画技巧，不断创新，博众家之长，逐渐形成画面细腻清丽、淡写飘逸、庄重典雅的艺术风格。代表作品："祝寿图"、"财神"、"福禄寿五子登科"、"三娘教子"等。作品"祝寿图"在2002年全国第十二届"群星奖"作品比赛中获优秀奖。目前，其女儿吕红霞女承父业，成为吕氏扑灰年画第七代传人。

河南

Ⅶ-7 朱仙镇木版年画

郭泰运

男，汉族，1926年1月生，河南省开封县朱仙镇人。2006年5月，朱仙镇木版年画被列入第一批国家级非物质文化遗产名录民间美术类，项目编号Ⅶ-7。2007年6月，郭泰运入选为第一批国家级非物质文化遗产项目代表性传承人，河南省开封市申报。郭泰运13岁进入开封著名的年画作坊"云记"门神店当了三年学徒。店主刘子云，店内年画领作师傅李景运、宋金明，刻版领作师傅张文礼，红纸（染纸）领作师傅徐乃礼等都是朱仙镇有名的师傅，郭泰运是当时这几位拔尖艺人的得意学徒。20世纪60年代，开封市成立"开封朱仙镇年画社"，郭泰运以师带徒、传授技艺，刻印了大批反映现实生活的新年画；20世纪70年代末，开封市又成立了"朱仙镇年画社"，郭泰运担任古版年画研究室副主任。他与专业人员一起，对不同时期、不同店号的雕版、资料进行修补、复制和整理，使几个年画老作坊里一批珍贵的清末民初木版年画古雕版重见天日，挖掘、整理出老版二百二十余块，重刻历史老版三百多套。1995年，郭泰运被联合国教科文组织命名为"中国民间艺术家"。郭泰运打破行内一直是家族世代相传的规矩，收了与他没有血缘的三个大学本科毕业生作为弟子。

Ⅶ-47 泥塑（浚县泥咕咕）

王学锋

男，汉族，1954年生，河南省浚县黎阳镇西杨记屯人。2006年5月，泥塑（浚县泥咕咕）被列入第一批国家级非物质文化遗产名录民间美术类，项目编号Ⅶ-47。2007年6月，王学锋入选为第一批国家级非物质文化遗产项目代表性传承人，河南省浚县申报。王学锋的父亲王兰田是著名的泥塑艺人。1962年，王学锋随父亲学艺，得其父真传，至今艺龄已达五十余年，是浚县泥咕咕王氏第九代传人。1998年5月，在中国文联办公厅、北京市文化局、北京海外交流协会联合举办的"首都艺术博览会"上，王学锋的作品"百猴山"荣获"首都艺术博览会"优秀奖。王学锋于2007年4月注册了"蓝田泥作坊"；2010年4月注册了"浚县蓝田泥咕咕文化艺术专业合作社"；7月成立了"鹤壁市浚县泥咕咕研究院"。他与他父亲的作品曾赴日本、美国、加拿大、新加坡等国展出，并被中央美术学院和河南博物院收藏。2006年，浚县"泥咕咕"被国务院公布为国家级非物质文化遗产后，他和儿子跟随父亲王兰田一起专业从事"泥咕咕"创作，目前已经能创作700多个品种。其子是他的下一代传人。

湖北

Ⅶ-25 挑花（黄梅挑花）

石九梅

女，1951年7月生，湖北省黄梅县新开镇邹桥村人。2006年5月，挑花（黄梅挑花）被列入第一批国家级非物质文化遗产名录民间美术类，项目编号Ⅶ-25。2007年6月，石九梅入选为第一批国家级非物质文化遗产项目代表性传承人，湖北省黄梅县申报。石九梅出身在挑花世家，7岁跟随母亲和姐姐学艺，13岁挑绣花纹就达40多种。她的作品多次参加县、省、国家和世界民间工艺美术展览。此外她还收集和挖掘一批濒临失传的挑花花色和品种。石九梅

的全家在她的带动下，从事挑花技艺，大姐石艳梅、二姐石春梅、小妹石玉梅，儿媳和女儿以及儿子都成为挑花行家里手。近年来，石九梅授徒200余人，有50余人成为挑花能手。她还成立了黄梅石九梅挑花有限公司，为黄梅挑花的传承和发展作出了贡献，因而2013年，被授予"第二届中华非物质文化遗产传承人薪传奖。"

湖南

Ⅶ-8 滩头木版年画

钟海仙

男，汉族，1928年10月生，2008年卒，湖南省隆回县滩头镇人。2006年5月，滩头木版年画被列入第一批国家级非物质文化遗产名录民间美术类，项目编号Ⅶ-8。2007年6月，钟海仙入选为第一批国家级非物质文化遗产项目代表性传承人，湖南省隆回县申报。钟海仙6岁在滩头随父学艺，是滩头木版年画第二代传承人。钟海仙滩头年画在刻版线条细而坚挺、流畅圆润，且不易磨损，极富表现力；在制作上的"蒸纸"、"托胶"、"刷粉"、"丌脸"等特殊工艺在全国独一无二；在着色上，大块面的橘红、淡黄、玫红与群青、翠绿、煤黑等形成强烈的冷暖色彩对比，使色彩耀眼、斑斓、刺激，特具湘楚的"辣味"。1994年，"老鼠娶亲"、"秦叔宝·尉迟恭"、"苗族英雄像"、"年年发财"、"和气致祥"、"招财进宝"、"花园赠珠"等在文化部举办的"中国民间美术一绝展"中获银奖；2003年"老鼠娶亲"、"秦叔宝·尉迟恭"、"苗族英雄像"、"年年发财"、"和气致祥"等在"中国首届民间工艺品大展"中获金奖。钟海仙与高腊梅（钟海仙之妻）曾经带过七八个徒弟，但因为制作木版年画辛苦

且薪酬低，所有徒弟都打了退堂鼓。为传承滩头年画，他们的两个儿子钟石棉和钟建同现在继承了年画制作技艺。

李咸陆

男，汉族，1934 年 12 月生，2010 年卒，湖南省隆回县人。2006 年 5 月，滩头木版年画被列入第一批国家级非物质文化遗产名录民间美术类，项目编号Ⅶ-8。2007 年 6 月，李咸陆入选为第一批国家级非物质文化遗产项目代表性传承人，湖南省邵阳市申报。李咸陆祖父李国惟 1917 年 3 月携家眷从湖南省邵东县来滩头学艺，开办了"东南美"年画作坊。其子李楚北，1934 年单独在滩头镇开办"金玉美"年画作坊。李咸陆子承父业，14 岁起随父李楚北学艺。父亲年迈后，李咸陆成了作坊主，是目前滩头仅存的两家年画制作作坊之一（另一家是钟海仙与高腊梅的年画作坊）。李咸陆不但生产年画，还生产五色纸，现在是滩头木版年画第三代传承人，也是目前资历最老、技艺较高的年画艺人之一。代表作品："和气致祥"。2005 年，李咸陆的事迹与部分作品被收入中国民间文艺家协会编辑出版《中国木版年画集成·滩头卷》。

Ⅶ-19 湘绣

刘爱云

女，汉族，1938 年 12 月生，湖南省长沙县人。2006 年 5 月，湘绣被列入第一批国家级非物质文化遗产名录民间美术类，项目编号Ⅶ-19。2007 年 6 月，刘爱云入选为第一批国家级非物质文化遗产项目代表性传承人，湖南省长沙市申报。刘爱云从 11 岁开始学习刺绣。刘爱云是中国工艺美术大师。1958 年，刘爱云从长沙县湘绣厂调入湖南省湘绣厂工作。她师从著名湘绣老艺人余振辉，熟练掌握了湘绣"鬅毛针"法，

在此基础上，不断总结创新，擅长刺绣花鸟、动物、人物，尤其擅长湘绣狮虎刺绣。她拥有丰富的刺绣经验和湘绣理论知识，总结出一套通俗易懂的刺绣狮虎的方法，退休后为湖南省湘绣研究所返聘担任技术指导和产品质检，并任针法研制组组长，进一步完善"鬅毛针"法体系。代表作品："饮水虎"、"雄狮"、"虎头"、"白虎头"等；其中"饮水虎"获 1982 年全国工艺美术品百花奖评比"金杯奖"。在多年的刺绣生涯中，她带出多名专攻"鬅毛针"法的年轻绣工。2009 年 6 月，刘爱云收了 6 位徒弟。2009 年 12 月，刘爱云大师湘绣工作室作为湘绣的工作基地在湖南工艺美术职业学院正式成立。

Ⅶ-25 挑花（花瑶挑花）

奉雪妹

女，瑶族，1959 年 4 月生，湖南省隆回县虎形山瑶族乡人。2006 年 5 月，花瑶挑花被列入第一批国家级非物质文化遗产名录民间美术类，项目编号Ⅶ-25。2007 年 6 月，奉雪妹入选为第一批国家级非物质文化遗产项目代表性传承人，湖南省隆回县申报。花瑶挑花技艺全靠"口传身授"，奉雪妹从 7 岁开始便与 4 个姐妹一起跟着母亲学习挑花；11 岁，奉雪妹已经成为村里的挑花能手；15 岁便做了"师傅"。她在保持花瑶传统挑花的基础上，进一步发扬光大，对部分存在不同缺陷的挑花服饰进行改良、改进。图案形象以动物为主，色彩对比鲜明，具有鲜明的地域性、民族性特征。她组织开展了花瑶挑花大赛、花瑶服饰展等一系列活动。1994 年，奉雪妹和徒弟共同创作的"狮啸山林"在文化部举办的"中国民间艺术一绝大展"中获得铜奖。代表作品："团鱼呈祥"、"天鹅展翅"、"绿色岩花"、"雄鹰捕食"、"蟒蛇上树"、"盘王升殿"等。奉雪妹从十几岁开始义务教授挑花，所传人数众多，最近又在政府扶持下，扶助年

轻的挑花能手奉否花成功创办了"花瑶服饰总汇"，成为挑花展销和技术交流、人才培训中心。

Ⅶ-46 竹刻（宝庆竹刻）

曾剑潭

男，汉族，1932年5月生，湖南省邵阳人。2006年5月，竹刻（宝庆竹刻）被列入第一批国家级非物质文化遗产名录民间美术类，项目编号Ⅶ-46。2007年6月，曾剑潭入选为第一批国家级非物质文化遗产项目代表性传承人，湖南省邵阳市申报。曾剑潭自幼喜爱竹艺，12岁拜宝庆著名竹刻大师王民生为师，得王民生祖传竹刻技艺的精髓。曾剑潭擅长竹青雕刻、翻簧竹刻，精通高浮雕、浅浮雕、圆雕、透雕、镂空雕，阳刻、阴刻，以刀代笔，雕工老到；刀法上用刀拙重圆浑，运刀流利放纵，刀简意骇，一气呵成；构图上严谨缜密，注重虚实层次，光线的明暗，构思奇巧。1959年与1963年两度领队邵阳竹艺厂技工参加北京人民大会堂的装饰艺术制作。2001年，他配合湖南大学岳麓书院教授胡彬彬出版《宝庆竹刻》专著。代表作品："富贵牡丹·双凤朝阳"翻簧圆形镂空雕，1958年获全国首届工艺美术作品一等奖；"潇湘八景"、"洞庭岳阳楼"、"南竹衡山"等陈列于人民大会堂；2002年，高浮雕竹艺作品"青山不老松"获湖南省"五个一工程奖"。曾剑潭在竹艺厂传徒弟17人，都成为竹艺厂的技术骨干，现又收3名关门弟子。

广东

Ⅶ-9 佛山木版年画

冯炳棠

男，汉族，1936年11月生，广东省佛山市人。2006年5月，佛山木版年画被列入第一批国家级非物质文化遗产名录民间美术类，项目编号Ⅶ-9。2007年6月，冯炳棠入选为第一批国家级非物质文化遗产项目代表性传承人，广东省佛山市申报。冯炳棠技艺传承于父亲冯均，是冯氏木版年画第三代传人。他在1949年小学毕业后就一直从事木版年画制作，坚持至今，是佛山木版年画目前唯一熟练掌握整套工艺流程的民间艺人。他对开纸、雕版、套印、描金、开相、写花、填丹等整套制作工艺均了如指掌，做工精细，技艺高超，还创造了木版印线手绘神像画、木版套印画、木版单色画等新技法。代表作品"梅花童子"获第六届中国民间文艺山花奖、民间工艺银奖。2007年，冯炳棠入选"中国民间文化杰出传承人"。目前，冯炳棠身边没有真正拜师学艺的徒弟，其子冯锦强，是下一代传人。冯锦强授徒有十余人。

Ⅶ-20 粤绣（广绣）

陈少芳

女，汉族，1937年生，广东省番禺人，生于广州。2006年5月，粤绣（广绣）被列入第一批国家级非物质文化遗产名录民间美术类，项目编号Ⅶ-20。2007年6月，陈少芳入选为第一批国家级非物质文化遗产项目代表性传承人，广东省广州市申报。1958年，陈少芳毕业于中南美专附中；1962年毕业于广州美术学院国画系，师从关山月、黎雄才、杨之光。在广绣处于"人亡艺绝"的 20 世纪 80 年代，陈少芳开始筹建广绣艺术研究所，旨在抢救、保护、创新、发展广绣技艺。她在吸取传统广绣优秀技艺的基础上，给传统广绣技艺加入了众多现代绘画艺术元素，形成了现代广绣艺术的新风格和自成一格的刺绣演绎方法，成功创造了"陈氏广绣"独特的"丝线色彩构成法"，并发明了多种广绣针法和技艺，被誉为"现代广绣奠基人"。1994 年，陈少芳筹建起私人性质的"广绣艺术研究所"。代表作品："牧羊姑娘"、"我爱小鸡群"、"岭南锦绣"、"一帆风顺"等。目前，陈少芳是广绣唯一传承人，但广绣艺人还有许炽光、梁桂开、陆柳卿等。其子谭展鹏继承其技艺。

Ⅶ-20 粤绣（潮绣）

林智成

男，汉族，1922 年生，广东省潮州市人。2006 年 5 月，粤绣（潮绣）被列入第一批国家级非物质文化遗产名录民间美术类，项目编号Ⅶ-20。2007 年 6 月，林智成入选为第一批国家级非物质文化遗产项目代表性传承人，广东省潮州市申报。林智成出身于泰国华侨工人家庭，13 岁时进潮州"泰生绣庄"当童工，20 岁能独立设计产品。1957 年，林智成曾在中央工艺美术学院学习。1979 年，林智成被国家轻工部评为"中国工艺美术家"。1982 年，林智成的作品《九龙屏风》获全国工艺美术作品百花奖金奖，林智成多年前潜心整理的《潮绣针法大全》，首次把潮绣 250 多种针法用明白易懂的文字记录了下来。但至今尚无出版社愿意出版。林智成将画稿、刺绣的潮绣技艺传给自己的二子四女，不过目前只有大儿子以潮绣为职业。

Ⅶ-40 潮州木雕

李得浓

男，汉族，1949 年生，广东省潮州市人。2006 年 5 月，潮州木雕被列入第一批国家级非物质文化遗产名录民间美术类，项目编号Ⅶ-40。2007 年 6 月，李得浓入选为第一批国家级非物质文化遗产项目代表性传承人，广东省潮州市申报。李得浓师从著名木雕大师陈舜羌，运斤持凿，从事木雕艺术设计创作。他在充分利用和保留潮州木雕传统的多层次镂空等优秀技法的基础上，既挖掘木雕美学底蕴，又吸取其他艺术形式的表现方式，设计创作了一批新形式的木雕作品，拓展了潮州木雕艺术之路。他的多层次镂空挂屏"锦上添花"在吸取传统木雕表现手法的基础上，打破了固有的构图方式，采用聚丛式的构图式，并于上海国际艺术节暨中国工艺美术大师精品博览会中获金奖，被誉为"潮州木雕创新之佳构"；1998 年他与人合作的作品"木雕蟹篓"获"广东省首届工艺美术名家名作展"金奖；"游目骋怀"获中国工艺美术"2002 华艺杯"银奖；2003 年，"二甲传胪"获"中国上海国际艺术节中国（国家级）工艺美术大师精品博览会"金奖。李得浓现任潮州木雕艺术研究中心主任。带徒多人，但并无他满意的门生。

陈培臣

男，汉族，1949 年生，广东省潮州市意溪镇人。2006 年 5 月，潮州木雕被列入第一批国家非物质文化遗产名录民间美术类，项目编号Ⅶ-40。2007 年 6 月，陈培臣入选为第一批国家级非物质文化遗产项目代表性传承人，广东省潮州市申报。"师带徒"是传统潮州木雕的学习方法。陈培臣的父亲是著名木雕大师陈舜羌，他从 13 岁随父走上学艺路。曾随父亲参与人民大会堂广东厅的雕刻装修。2000年，其作品"岭南佳果"被广东省人民政府选送往北京人民大会堂广东厅。1957年，陈舜羌和他的师傅张鉴轩创作了第一个立体通雕《虾蟹篓》，虾蟹篓从房屋梁上的装饰品变成了四面可观的艺术品，从那以后，"虾蟹篓"也成了陈家的拳头作品。1998年，陈培臣利用一根高达2.2米的原木创作了一件《龙虾蟹篓》，作品问世后，获得了广东省首届工艺名家名作展金奖。陈培臣是广东省潮州木雕界目前唯一的中国工艺美术大师。陈培臣从20世纪80年代开始带徒弟，包括其子陈树东。

四川

Ⅶ-11 绵竹木版年画

陈兴才

男，1919年生，2012年10月卒，四川省绵竹市人。2006年5月，绵竹木版年画被列入第一批国家级非物质文化遗产名录民间美术类，项目编号Ⅶ-11。2007年6月，陈兴才入选为第一批国家级非物质文化遗产项目代表性传承人，四川省德阳市申报。陈兴才10多岁时便随父亲学习年画制作，1933年拜大伯陈世金为师，是绵竹木版年画第七代传承人。陈兴才翻刻了许多传统样式的绵竹年画作品，其技法娴熟，保持了绵竹年画的基本特征。他制作的年画从内容到形式都严格遵循传统，张张色泽艳丽，人物逼真。代表作品"双扬鞭"，1994年入选文化部"中国民间艺术一绝大展"。同年，陈兴才被绵竹市政府授予"年画艺术大师"。陈兴才的儿子和孙子有不少继承了绵竹年画工艺，并根据市场需求不断创新。

Ⅶ-21 蜀绣

郝淑萍

女，汉族，1945年10月生，四川省成都人。2006年5月，蜀绣被列入第一批国家级非物质文化遗产名录民间美术类，项目编号Ⅶ-21。2007年6月，郝淑萍入选为第一批国家级非物质文化遗产项目代表性传承人，四川省成都市申报。1959年9月，郝淑萍进入成都工艺美术技校蜀绣班学习，师从乔子平、彭永兴、肖福兴、毛成武、胡云生、张万清、黄炳成、刘绍云等。1981年，她和师兄彭世苹创作的"异色猫"获中国工艺美术品百花奖银奖；1984年，郝淑萍和师傅彭永兴创作的"芙蓉鱼"座屏获中国工艺美术品百花奖金奖；1988年，她独自完成的双面绣"竹林马鸡"获百花奖金奖；1989年，她指导绣制的双面异色绣"狗"、"熊猫"、"三星高照"插屏等获中国工艺美术品百花奖金杯奖。2005年郝淑萍开设了以自己名字命名的"蜀绣工艺美术大师工作室"。郝淑萍挑徒弟的标准是：年龄小，没有工作，形象气质佳，且能持之以恒的年轻人，如今她的徒弟已达38人。这个项目中，除了郝淑萍，还有传承人康宁。

云南

Ⅶ-13 纳西族东巴画

和训

男，纳西族，1926年生，2009年9月卒，云南省玉龙纳西族自治县塔城乡依陇村人。2006年5月，纳西族东巴画被列入第一批国家级非物质文化遗产名录民间美术类，项目编号Ⅶ-13。2007年6月，和训入选为第一批国家级非物质文化遗产项目代表性传承人，云南省丽江市申报。和训出身于东巴（纳西族宗教活动的执行者，也是纳西族文化的掌握者）世家，6 岁时即随其父和尔大东巴学习东巴文字、东巴画和各种祭祀礼仪规程，兼学制作各种面具、课牌、剪纸和纸扎技艺。后通过"汁沾"仪式的考试，年轻时即成为暑明村和姓家族的第六代东巴，东巴名"温之娃"。熟知东巴教的各种祭祀仪式，掌握东巴文字、东巴舞蹈，以及东巴画，熟知制作东巴画的内容、颜料制作和绘制过程。收有徒弟 10 多人，其孙子和秀东已传承了其技艺，并也开始授徒。

Ⅶ-16 剪纸（傣族剪纸）

思华章

男，傣族，1923 年生，2011 年 1 月卒，云南省德宏傣族景颇族自治州芒市人。2006 年 5 月，剪纸（傣族剪纸）被列入第一批国家级非物质文化遗产名录传统美术类，项目编号Ⅶ-16。2007 年 6 月，思华章入选为第一批国家级非物质文化遗产项目代表性传承人，云南省潞西市申报。思华章曾师从傣族民间工艺大师杨八，精通剪纸、绘画、金工、雕刻等，是德宏州享有盛名的民间工艺大师，傣族剪纸第二代传承人，被当地傣族称呼为"撒那弄"。思华章的剪纸作品质朴传神，造型优美，带有浓厚的民族气息和乡土风味；除了用剪刀剪纸之外，还使用刀、剪、锯等工具以及一些形状各异的小凿，在铝皮、铁件、竹、泥、纸、布上剪出孔雀、大象、凤凰、人物、花卉鱼虫等各种图案，想象力丰富，风格迥异，工艺精美细腻。其作品多次参加州、市举办的各类民间工艺美术展览，曾到大连、深圳、秦皇岛等地展出过。1999 年被云南省文化厅命名为"云南省民族民间美术师"。其子思永生承其衣钵。

西藏

Ⅶ-14 藏族唐卡（勉唐画派）

丹巴绕旦

男，藏族，1941 年 7 月生，西藏自治区曲松县人。2006 年 5 月，藏族唐卡（勉唐画派）被列入第一批国家级非物质文化遗产名录民间美术类，项目编号Ⅶ-14。2007 年 6 月，丹巴绕旦入选为第一批国家级非物质文化遗产项目代表性传承人，西藏自治区申报。丹巴绕旦出身于西藏山南地区一个传统绘画世家，到父亲那一辈，家里就出了四代宫廷画家。祖父曾是 20 世纪初西藏新勉唐派画师，为十三世达赖前半生绘像；舅舅师从祖父，是十三世达赖后半生的画师。父亲是一名工艺图案设计师，20 世纪 30 年代、50 年代分别发行的 100 元藏币和 25 元藏币都是由他设计的。15 岁时，父亲送他进色拉寺的吉僧院，系统地掌握了藏语文、佛学理论及绘画理论。他恢复了失传近四十年的传统藏画颜料，并把制作工艺整理成文，以供后人参照。代表作品：《门岭之战》、《松林之战》、《仙境九行占卜》等。20 世纪 80 年代，丹巴绕旦进入大学从事美术教育工作，带出不少学生。

格桑次旦

男，藏族，1958 年生，现居西藏拉萨。2006 年 5 月，藏族唐卡（勉唐画派）被列入第一批国家级非物质文化遗产名录民间美术类，项目编号Ⅶ-14。2007 年 6 月，格桑次旦入选为第一批国家级非物质文化遗产项目代表性传承人，西藏自治区拉萨市申报。1970 年左右，格桑次旦在大昭寺学了西藏传统的装饰图案的一些画法和绘画，开始慢慢进入唐卡领域，后师承藏族美术家丹巴绕旦。1994 年格桑次旦的作品《护法神》获全国高校师生作品优秀奖；作品《吉祥坛城》获西藏艺术精品展一等奖；作品《财神牵象》、《蒙人驯虎》在1994年由西藏人民出版社发行；并编写了教材《西藏传统工艺美术》一书；2006年参加了全国工艺美术博览会，同年获得了国家发改委授予的第五届"中国工艺美术大师"的称号。格桑次旦现为西藏大学艺术学院美术系讲师。西藏大学艺术学院在全国率先设置唐卡专业，以前只是藏族男生学习，现在有汉族学生，也有女生，甚至还有其他国家的学生。

陕西

Ⅶ-12 凤翔木版年画

邰瑜

男，汉族，1932年5月生，陕西省凤翔县田家庄镇南肖里村人。2006年5月，凤翔木版年画被列入第一批国家级非物质文化遗产名录民间美术类，项目编号Ⅶ-12。2007年6月，邰瑜入选为第一批国家级非物质文化遗产项目代表性传承人，陕西省凤翔县申报。邰瑜从小酷爱美术，6岁起随父亲学习木版年画制作，是木版画"世兴局"画派第十四代传人。他10多岁就熟练地掌握了凤翔木版年画的全套工艺流程，而少年时练就的双手刻版技术，更是凤翔木版年画界一绝。其作品构图丰满圆润，造型优美大方，设色典雅古朴，刀法流畅，构思精妙。代表作品："虎头"、"二十四孝"等。1989年12月，他的作品获得全国首届工艺美术佳作奖及名艺人作品展荣誉证书；1996年，他本人被陕西省文化厅、省文联、省民间文艺家协会评为陕西省民间（工艺）美术师；1997年，作品获"凯伦杯"香港回归民间工艺美术大赛特

别优秀奖。现邰瑜打破了技艺不传外人的家规，先后收徒五十余人，免费传授技艺。

邰立平

男，汉族，1952年11月生，陕西省凤翔县田家庄镇南肖里村人。2006年5月，凤翔木版年画被列入第一批国家级非物质文化遗产名录民间美术类，项目编号Ⅶ-12。2007年6月，邰立平入选为第一批国家级非物质文化遗产项目代表性传承人，陕西省凤翔县申报。邰立平6岁跟随爷爷学习填色，9岁随父亲陕西民间美术大师邰怡系统学习家传年画工艺，是凤翔木版画"世兴局"画派第二十代传承人。先后挖掘、整理、复制家传及凤翔木版年画300余种套，创作新作20多种。1984年，28岁的邰立平正式接手祖传的木版年画，创办了凤怡年画社。1992年，邰立平整理并出版了手工印刷的《凤翔年画选》一卷两本，共收入作品168幅，成为凤翔木版画有史以来较完备的史料。代表作：《凤翔年画选》。邰立平一直致力于在家族中将这一家传技艺进行延续。在他的三个子女中，就读于西安美院的小女儿虽然已经可以独立刻版，但是其他技巧还不能和邰立平相比。目前，邰立平没有对外收徒弟。2012年，邰立平获"首届中华非物质文化遗产传承人薪传奖"。

Ⅶ-16 安塞剪纸

李秀芳

女，汉族，1941年5月生，陕西省安塞县沿河湾镇贾家洼村人。2006年5月，安塞剪纸被列入第一批国家级非物质文化遗产名录民间美术类，项目编号Ⅶ-16。2007年6月，李秀芳入选为第一批国家级非物质文化遗产项目代表性传承人，陕西省安塞县申报。李秀芳自幼受到老一辈影响，喜欢剪纸。她能在没有任何练习和模仿的基础上，根据具体事物的形状剪出

剪纸图案。她剪功熟练利落,作品既有传统的意韵,又有现代人的审美情趣,极富艺术感染力。陕西人民美术出版社于1998年出版了《李秀芳剪纸百龙图》一书。代表作品:"老鼠嫁女"、"大白菜"、"群鸡图"、"凤凰戏牡丹"、"百幅京剧脸谱"、"百龙图"等。1980年5月她的剪纸作品在中国美术馆展出; 2007年,在扬州举行的中国剪纸艺术精品博览会上,李秀芳的"安塞腰鼓"获得银奖。目前,安塞剪纸已经成为当地中小学第二届课堂活动项目。

高金爱

女,汉族,2011年4月卒,陕西省安塞县砖窑湾镇庙湾村人。2006年5月,安塞剪纸被列入第一批国家级非物质文化遗产名录民间美术类,项目编号Ⅶ-16。2007年6月,高金爱入选为第一批国家级非物质遗产传承人,陕西省安塞县申报。高金爱从小生活在安塞,耳濡目染,学会了剪纸技艺,是安塞县四位剪纸大师之一(白凤兰、胡凤莲、曹佃祥和高金爱,均已作古)。高金爱喜欢剪老虎、狮子之类的大动物,代表作有"艾虎"等。被联合国教科文组织授予"世界剪纸艺术大师"的称号,作品被三十多个国家艺术馆、博物馆和个人收藏。2007年,在扬州举行的中国剪纸艺术精品博览会上,高金爱的作品"艾虎"获所有金奖第一名。

Ⅶ-47 泥塑 (凤翔泥塑)

胡深

男,汉族,1931年10月生,陕西省凤翔县城关镇六营村人。2006年5月,泥塑(凤翔泥人)被列入第一批国家级非物质文化遗产名录民间美术类,项目编号Ⅶ-47。2007年6月,胡深入选为第一批国家级非物质文化遗产项目代表性传承人,陕西省凤翔县申报。1941年,胡深开始跟随父亲学艺。他善做泥塑人物和动物,造型生动传神,色彩富丽丰盈。他创作的泥塑马、泥塑羊连续两年入选为国家生肖邮票图案。1982年;应邀赴京举办凤翔泥塑作品展; 1989年,"彩色泥偶"在陕西省第二届艺术节中荣获传统特色一等奖;1994年,"泥虎脸"荣获中国民间艺术一绝大展银奖;"满月虎"曾获陕西省传统特色工艺品一等奖。1995年,胡深被联合国教科文组织授予"民间工艺美术大师"称号;2005年,被中国艺术研究院聘为"民间艺术创作研究员"。在胡深的带动下,他们全家都做起了泥塑,并多次获得各类奖项,成为名副其实的"泥塑世家"。他的儿子胡永兴是凤翔泥塑的下一代传人,他的妻子胡凤珍也在凤翔泥塑圈中小有名气,只不过她更擅长泥塑的绘彩。

甘肃

Ⅶ-31 夜光杯雕

黄越肃

男,汉族,1950年生。2006年5月,夜光杯雕被列入第一批国家级非物质文化遗产名录民间美术类,项目编号Ⅶ-31。2007年6月,黄越肃入选为第一批国家级非物质文化遗产项目代表性传承人,甘肃省酒泉市申报。黄越肃师承老艺人王三忠学习夜光杯雕工艺,从艺四十三年,是夜光杯雕技艺恢复和传习活动的重要历史见证人。"酒泉夜光杯"造型独特,式样精巧,分传统夜光杯和仿古夜光杯两大类,其色黑赛乌漆,白如羊脂,墨绿似翠,纹饰天然,杯薄如纸,光亮似镜,内外平滑,玉色透明鲜亮。黄越肃在夜光杯雕的发展过程中,改进了制作工艺及设备,从纯手工操作改进为半电动半手工操作,培养传承人二十余人,技术革新项目8项,开发新产品二十余种。代表作品:"夜光杯雕——盖碗"、"夜光杯雕——竹节茶具"、"夜光杯雕——爵"等。黄越肃曾任酒泉市夜光杯厂厂长，现已退休，他招收了很多学员和徒弟，希望有人能够潜心来从事这项事业，代代相传。

Ⅶ-26 庆阳香包绣制

贺梅英

女，1934年12月生，甘肃省庆阳市人。2006年5月，庆阳香包绣制被列入第一批国家级非物质文化遗产名录民间美术类，项目编号Ⅶ-26。2007年6月，贺梅英入选为第一批国家级非物质文化遗产项目代表性传承人，甘肃省庆阳市申报。贺梅英从小跟随母亲学做针线，到了十三四岁便做得一手绝好的女工，远超母亲。庆阳香包刺绣手法多变，不讲透视，不求比例；不讲形象，只求神似；夸张变形，突出头身。贺梅英作品的精美除了她本身技艺高超，还有一个重要的原因是所有的丝线都是她自己制成的。她自己养蚕、抽丝、织线、染色，她做的线可以在同一根线上染出几种深浅不一的颜色。作品屡次在各类比赛中获奖，代表作品："中堂"、"梅竹图"、"书套"、"四季花瓶"、"开屏孔雀"等。贺梅英的小女儿计清继承了贺梅英香包方面的专长，专业从事陇东刺绣的艺术研究、艺术品设计和市场开发工作。

青海

Ⅶ-24 土族盘绣

李发秀

女，土族，青海省互助土族自治县丹麻镇人。2006年5月，土族盘绣被列入第一批国家级非物质文化遗产名录民间美术类，项目编号Ⅶ-24。2007年6月，李发秀入选为第一批国家级非物质文化遗产项目代表性传承人，青海省互助土族自治县申报。李发秀自幼随母亲学习盘绣针法，掌握了土族盘绣的多种针法及基本构图，她的盘绣做工精细，构思精巧。1996—2004年，李发秀曾多次被聘为本县"少数民族乡镇土族刺绣培训班"专业教师。1995年，李发秀参加了第四次世界妇女大会中国组委会非政府组织论坛委员会举办的"中国传统工艺技术女能手操作表演"活动；2004年参加了团中央在福州市举办的"中国传统工艺品制作能手评比活动"荣获优秀奖；《富贵满堂》在"锦绣中华"全国绣品大展上，获得金奖。

Ⅶ-49 热贡艺术

更登达吉

男，藏族，1964年生，青海省黄南藏族自治州同仁县人。2006年5月，热贡艺术被列入第一批国家级非物质文化遗产名录民间美术类，项目编号Ⅶ-49。2007年6月，更登达吉入选为第一批国家级非物质文化遗产项目代表性传承人，青海省同仁县申报。更登达吉是全国著名工艺美术大师夏吾才郎之子，7岁时便跟随父亲学习唐卡，并拜吾屯上寺僧人桑杰为师学习泥塑，系统接受藏传佛教艺术的熏陶。他擅长宗教题材的唐卡绘画，他的画作出情见意，用多样的手法、鲜明的风格，成功地塑造出一个个鲜明的艺术形象，并在传统技艺中创新，使得设色更加丰富和谐，用金更为细微独到，作品中的人物形象感染力也更强。他曾为四川阿坝州红原县万象大寺、甘肃省拉卜楞寺、青海省循化县方都寺等地绘制间唐；为青海塔儿寺金瓦殿修复间唐《六道轮回图》等。三十多年来，他绘制唐卡、壁画作品约四百余幅，作品多次在国内外参展获奖。他的八十多幅作品被北京、美国等地区和国家的客商收购珍藏。2012年获

"中国工艺美术大师"称号。代表作品："十六尊者"等。他先后带出二十多个徒弟，其中有些徒弟已经成为技艺娴熟的画师。

启加

男，藏族，1940年6月生，青海省黄南藏族自治州同仁县人。2006年5月，热贡艺术被列入第一批国家级非物质文化遗产名录民间美术类，项目编号Ⅶ-49。2007年，启加入选为第一批国家级非物质文化遗产项目代表性传承人，青海省同仁县申报。1948年，他在本村寺院出家为僧，从师于他的舅爷桑杰太，擅长唐卡绘画。从艺五十多年来，他先后绘制了1000幅大型壁画和唐卡，有四十多幅精美唐卡作品被美国、东南亚及中国香港等国家和地区艺术馆和个人收藏；他主持绘制了巨幅唐卡"天路"。2006年，获"中国工艺美术大师"称号。代表作品：唐卡"持国天王"、"黄财神"等。他的儿子罗藏旦巴是下一代传人，此外，他还收了许多徒弟。

Ⅶ-50 灯彩（湟源排灯）

杨增贵

男，汉族，1943年生，青海省湟源县申中乡后沟村人。2006年5月，灯彩（湟源排灯）被列入第一批国家级非物质文化遗产名录民间美术类，项目编号Ⅶ-50。2007年6月，杨增贵入选为第一批国家级非物质文化遗产项目代表性传承人，青海省湟源县申报。杨增贵的舅舅李增瑞是个木匠，杨增贵十几岁时就跟随舅舅学习木工手艺和排灯制作技艺，逐渐掌握了排灯的制作技巧和工艺，花边雕刻也日渐成熟。1958年之后，排灯习俗被取消，1992年重新恢复。杨增贵被湟源县文化馆邀请制作排灯，之后杨增贵制作排灯的技艺越发精湛，制作出有雕花边框，可以落地摆放、半空悬挂等各种各样的排灯。2005年，他与湟源县文化馆其他排灯

艺人制作的中堂式排灯被文化部民间艺术研究机构收藏。现湟源排灯制作的主要传承人除了杨增贵外，还有张生录、张廷恩等。

第三批国家级非物质文化遗产项目代表性传承人

北京

Ⅶ-15 内画（北京内画鼻烟壶）

刘守本

（编号：03-1222），男，汉族，1943年生，北京人。2008年6月，内画（北京内画鼻烟壶）被列入第一批国家级非物质文化遗产扩展项目名录民间美术类，项目编号Ⅶ-15。2009年6月，刘守本入选为第三批国家级非物质文化遗产项目代表性传承人，北京市西城区申报。刘守本于1960年进入北京工艺美术厂，师从清末民初著名叶派内画艺人叶仲三之子叶晓峰、叶奉祺学艺，全面继承了叶家内画传统艺术，并在此基础上创立了更完善的技法。刘守本内画特点以传统人物画为主，兼画动物、山水、肖像等题材；受京城文化熏陶，其作品多反映皇室生活和老北京风情；题材广泛，画工精细，用料考究，造型优美，人物形象生动，设色古朴，雅俗并兼。1987年他创作的内画作品"长安灯会"获中国轻工部工艺美术百花奖。代表作品："百寿图"、"品茶图"、"长安灯会"、"瑶池赴会"、"百鱼图"等。在刘守本的指导下，铁华、王博文、金鸿珊、曹永泉、张宝华等一批新京派内画艺术的代表人物也逐渐成长起来。

Ⅶ-52 面人（北京面人郎）

郎志丽

（编号：03-1268），女，满族，1942年9月生，北京人。2008年6月，面人（北京面人郎）被列入第二批国家级非物质文化遗产名录民间美术类，项目编号Ⅶ-52。2009年6月，郎志丽入选为第三批国家级非物质文化遗产项目代表性传承人，北京市海淀区申报。郎志丽自幼在父亲、著名面塑大师郎绍安的熏陶下学做面人；1957年进入北京市工艺美术研究所，正式拜父为师学习面人手艺。郎志丽认为自己的父亲作为一代名师在面塑技法上已至炉火纯青的至高境界，故而选择以创新为己任。她借鉴了玉器、脸谱、彩绘等艺术技法，在面塑创作中融入女性特有的细腻，在颜料上将以往的染布平色改为色彩更丰富的绘画色。同时她不断探索突破传统局限，在作品大型化、微型化和集成化上进行了积极尝试，独创了在葫芦里塑造面人等，葫芦里每个人物仅2厘米高，服饰、兵器一应俱全，表情神态各异，互相呼应。代表作品："关公"、"七仙女"、"百子图"、"十八罗汉"、"十二花神"等。现在，除郎志丽的儿子、孙女、外孙女外，还有两名外姓徒弟在随她学习面人制作。

Ⅶ-57 玉雕（北京玉雕）

宋世义

（编号：03-1274），男，汉族，1942年12月生，北京人。2008年6月，玉雕（北京玉雕）被列入第二批国家级非物质文化遗产名录民间美术类，项目编号Ⅶ-57。2009年6月，宋世义入选为第三批国家级非物质文化遗产项目代表性传承人，北京市玉器厂申报。宋世义1964年自北京工艺美术学校毕业后进入北京玉器厂从事玉器设计和制作工作，师从著名玉器大师钱镐、刘文亨、王永海、王树森，并先后在清华大学美术学院、中央美术学院学习进修。宋世义技法全面，手法多变，作品题材广泛，从巨制到小件，从浮雕到圆雕，从风景到人物，从传统到现代无不涉足，构思严谨、章法合理、工艺细腻，擅长制作俏丽多彩的玛瑙和珍奇多姿的珊瑚。代表作品："白玉花丝镶嵌普度众生"、"香山九老图山子"、"童子观音"、"玛瑙梦蝶"、"长生殿"等。2000 年宋世义退休后成立了自己的玉雕工作室，后又成立了国家级非物质文化遗产传习所，继续玉雕艺术的创作和传承。现在他已经带了 60 多个徒弟，其中好几位已经成为北京市级工艺美术大师。

Ⅶ-70 北京绢花

金铁铃

（编号：03-1291），男，满族，1956 年生，北京人。2008 年 6 月，北京绢花被列入第二批国家级非物质文化遗产名录民间美术类，项目编号Ⅶ-70。2009 年 6 月，金铁铃入选为第三批国家级非物质文化遗产项目代表性传承人，北京市崇文区申报。金铁铃是"花儿金"第五代传承人，父亲金玉林是著名绢花大家，得益于家庭环境的耳濡目染，金铁铃从小就接触和喜欢绢花。受当时政策影响，金铁铃 1978 年进入北京绢花厂，真正开始"绢花"的学艺，1982 年便凭借作品"十丈珠帘"获得了全国工艺美术百花奖。2008 年，崇文区成立了"花儿金博物馆"，展出了许多金铁铃的优秀作品。他制作的绢花惟妙惟肖，几可乱真。被联合国教科文组织授予"中国民间工艺美术家"称号。目前金铁铃未有收徒。

Ⅶ-84 料器（北京料器）

邢兰香

（编号：03-1294），女，汉族，1945 年生，北京人。2008 年 6 月，料器（北京料器）被列入第二批国家级非物质文化遗产名录民间美术类，项目编号Ⅶ-84。2009 年 6 月，邢兰香入选为第三批国家级非物质文化遗产项目代表性传承人，北京京城百工坊艺术品有限公司申报。邢兰香于 1962 年进入北京料器厂，师从北京料器第五代传人田文元；1970 年又调进技术科，随田文元、陈德海和佟瑞魁三位老师傅学习手艺；1976 年她进入北京工艺美术学校深造，不仅手艺突飞猛进，创作方面也颇具心得，除却在色彩和造型方面独具慧眼，还首开料器人物先河。邢兰香制作的料器工艺品突破了传统设计理念，集观赏性与实用性于一身，具有造型新颖、风格清秀、做工细腻、配色丰满的艺术风格。获"国家工艺美术大师"称号。代表作品："白玉兰花篮"、"蝈蝈白菜"等。2003 年，京城百工坊成立，邢兰香同丈夫和两个儿子入驻百工坊，担负起北京料器的制作和传承。

河北

Ⅶ-47 泥塑（玉田泥塑）

吴玉成

（编号：03-1251），男，汉族，1934 年生，河北省玉田县杨家套乡西高坵村人。2008 年 6 月，泥塑（玉田泥塑）被列入第一批国家级非物质文化遗产扩展项目名录民间美术类，项目编号Ⅶ-47。2009 年 6 月，吴玉成入选为第三批国家级非物质文化遗产项目代表性传承人，河北省玉田县申报。吴玉成出生于泥塑之乡，从小随父亲学艺，后又随邻村刘俊祥学习泥玩具制作工艺。常年积累使他在京东一带享有盛誉，人称"泥人吴"。其作品在造型和着色上古朴典雅，散发出浓郁的乡土气息；在创作上，花样出新，注重现实和自然生活题材的表现；其代表作"骑毛驴走娘家"曾入选文化部举办的"中国民间艺术一绝大展"。然而 20 世纪 80 年代以后，塑料玩具开始涌现市场，泥人很快被取代，玉田泥塑日渐式微。现全村仅余吴玉成一人坚持创作，所幸他的孙女吴学清已学会了全套泥塑技艺，传承数百年的玉田泥塑终于有了新的继承人。

Ⅶ-66 彩扎（秸秆扎刻）

徐艳丰

（编号：03-1285），男，汉族，1952年8月生，河北省永清县曹家务乡南大王庄村人。2008年6月，彩扎（秸秆扎刻）被列入第二批国家级非物质文化遗产名录民间美术类，项目编号Ⅶ-66。2009年6月，徐艳丰入选为第三批国家级非物质文化遗产项目代表性传承人，河北省永清县申报。徐艳丰因祖辈为木匠之故而对中国古代建筑结构了如指掌。20世纪60年代，受同村老汉高粱秸秆制蝈蝈笼子启发，他开始尝试用麦秸秆扎刻花灯、古建筑图形。70年代，徐艳丰扎刻艺术日臻完美，得到了国家和有关部门的肯定，其作品颇受海内外青睐。他的作品多仿古建筑结构特征和外观，造型精美，结构精巧，每扇门窗甚至都可以开合。代表作品："天安门"、"黄鹤楼"、"故宫角楼"等。现在徐艳丰的女儿徐晶晶和儿子徐健已传承此项技艺。

Ⅶ-66 彩扎（彩布拧台）

周廷义

（编号：03-1286），男，汉族，1942年生，河北省邯郸市邯山区北张庄镇大隐豹村人。2008年6月，彩扎（彩布拧台）被列入第二批国家级非物质文化遗产名录民间美术类，项目编号Ⅶ-66。2009年6月，周廷义入选为第三批国家级非物质文化遗产项目代表性传承人，河北省邯郸市申报。1980年周廷义跟随陈登攀老人学习拧台技艺，是彩布拧台第三代传人。其在技艺上勇于创新，在木架的基础上，用彩布在各个角落巧妙拧扎成小檐、走水、庙脊、屏风等各种造型，形成五彩缤纷的布拧宫殿，从台脊、瓦楞、飞禽、走兽，到圆柱、方棍、斗拱、匾额均以布拧扎而成，或翎毛，或花卉，或人物，或花纹，处处形象生动，可以假乱真，逐步形成了自己拧台风格。为了不让这门独特技艺失传，他已收了四个徒弟，而且在他的传授和帮助下，这一技艺有了广泛的群众基础。

黑龙江

Ⅶ-16 剪纸（方正剪纸）

倪秀梅

（编号：03-1224），女，汉族，1967年生，黑龙江省哈尔滨市方正县松南乡人。2008年6月，剪纸（方正剪纸）被列入第一批国家级非物质文化遗产扩展项目名录民间美术类，项目编号Ⅶ-16。2009年6月，倪秀梅入选为第三批国家级非物质文化遗产项目代表性传承人，黑龙江省方正县申报。1982年，倪秀梅参加了县文化馆举办的、赵向荣担任辅导老师的剪纸培训班，由此开始其剪纸事业。倪秀梅的作品既有粗犷明快之风，又有娟秀细腻之美，她在东北黑土地民俗生活的基础上创作了大量乡土气息浓厚的作品；在其剪纸作品中，人物、动植物、环境场景等多做图案化的夸张处理，形象简洁而生动，纯朴自然。1999年倪秀梅被调入方正县文化馆专门负责剪纸的发展和普及，她大胆创新，创作出了挂盘剪纸、壁盘剪纸、诗词剪纸等多种剪纸艺术形式；此外，她还自制了改良型剪刀，有效地提高了工作效率。2008年，剪纸作品"新东北大豆香"系列荣获"天工艺苑·百花杯"中国工艺美术精品奖"铜奖"。代表作品："赶集"、"仙鹤神韵"、"东北大豆香"、"福照千年"

等。2004 年倪秀梅创办了"红艺画廊梅子剪纸艺术工作室"，在其指导下涌现了许多优秀作者，如张久红、刘美红、丛滢月等学生的作品已多次在国内大奖赛中获奖。

上海

Ⅶ-50 灯彩（上海灯彩）

何伟福

（编号：03-1261），男，回族，1949 年生，上海人。2008 年 6 月，灯彩（上海灯彩）被列入第一批国家级非物质文化遗产扩展项目名录民间美术类，项目编号Ⅶ-50。2009 年 6 月，何伟福入选为第三批国家级非物质文化遗产项目代表性传承人，上海市卢湾区申报。何伟福 26 岁正式随祖父"江南灯王"何克明学艺，是"何氏灯彩"第三代传人，受祖父影响，他深爱动物彩灯。何伟福的作品延续了"何氏灯彩"100 多年的艺术精髓，注重写实、造型生动、神形兼备。除立体动物灯彩，他还设计制作了便于携带的平面彩灯和微型彩灯。然而随着传统节日氛围的淡去，工业流水线上成本低、制作精良的玩具拉远了孩子们和传统灯彩的距离，目前还在从事灯彩手艺的何氏传人，除了何伟福，只剩何克明的弟子吕协庄及其再传弟子一名。何伟福也曾开办过何氏灯彩传承班，事后看来，从社区招收来的弟子并不能长久坚持做灯彩，技艺失传，成了何伟福最大的担忧。

Ⅶ-52 面人（上海面人赵）

赵艳林

（编号：03-1269），女，满族，1941 年生，上海人。2008 年 6 月，面人（上海面人赵）被列入第二批国家级非物质文化遗产名录民间美术类，项目编号Ⅶ-52。2009 年 6 月，赵艳林入选为第三批国家级非物质文化遗产项目代表性传承人，上海工艺美术研究所申报。赵艳林出身于面人世家，外祖父为近代泥塑名家潘树华，父亲为海派面塑第一人赵阔明。赵艳林 1959 年进入上海工艺美术研究室随父学艺，也曾受雕塑家张充仁、动画艺术家万籁鸣的指点，两代人的熏陶加之潜心钻研使她从 20 世纪 80 年代开始便声名鹊起。赵艳林完整继承了父亲的面塑技艺，作品人物形象逼真，面部刻画细致，衣纹简练概括，神态生动，色彩鲜艳丰富，代表作品："荷花舞"、"白蛇传"、"梁祝"、"寿星翁"等。近 50 年来，她一直坚持在少年宫和一些学校担任教师和辅导员，教授面人技艺，其儿子陈凯峰现为"海派面塑"的第三代传人。

江苏

Ⅶ-3 桃花坞木版年画

房志达

（编号：03-1221），男，汉族，1935 年生，江苏省苏州市人。2006 年 5 月，桃花坞木版年画被列入第一批国家级非物质文化遗产名录民间美术类，项目编号Ⅶ-3。2009 年 6 月，房志达入选为第三批国家级非物质文化遗产项目代表性传承人，江苏省苏州市申报。房志达自 1948 年始于"王荣兴"老字号做学徒，师从店主王善增，三年后出师并留下；1956 年，国家进行手工业改造，"王荣兴"被并入"桃花坞木版年画合作社"。几经沧桑变迁，2001 年，桃花坞木版年画岌岌可危，在政府主持下年画社并入苏州工艺美术职业技术学院加以保护。房志达从调制墨汁到使用套色颜料都有其独特技巧，多用重胶，印出的作品画面色彩鲜亮又协调匀称，水色掌控得宜，套色精准而均匀，无论版面大小，总能做到五百张"一手料"一气呵成，可谓炉火纯青。2005年除了传统方式的定位手工印刷之外，他还开创出同幅扇形画面上不同图案、内容的三次定位之印刷新品。代表作品："哪吒闹海"、"水乡四季"、"一团和气"、"魅力苏州"等。2004年苏州工艺美术职业技术学院开设选修课以培养传承人，房志达被返聘执教，现已培育了二十余名接班人。

Ⅶ-16 剪纸（南京剪纸）

张方林

（编号：03-1225），男，汉族，1949年生，江苏省金坛市人。2008年6月，剪纸（南京剪纸）被列入第一批国家级非物质文化遗产扩展项目名录民间美术类，项目编号Ⅶ-16。2009年6月，张方林入选为第三批国家级非物质文化遗产项目代表性传承人，江苏省南京市申报。张方林出身于剪纸世家，父亲为著名"金陵神剪张"张吉根，耳濡目染，张方林练就了扎实的基本功；1963年，他进入南京民间工艺厂，几年磨炼使其剪纸技艺大为提升。张方林承继了张氏剪纸"花中有花、题中有题、粗中有细、拙中见灵"的艺术风格，同时广泛借鉴和吸收了江南各地的剪纸艺术精华，将扬州剪纸中纤秀、精致，上海剪纸中刺绣韵味和典雅的装饰效果巧妙地融入其作品中，形成了自己独特的艺术风格。其作品工整挺秀、疏密结合、线条流畅、造型简练敦厚，同时他还设计了大量创意剪纸，获得了国家多个专业大奖。经反复研究，他不仅恢复了濒于失传的南京剪纸特有的斗香花彩色剪纸技艺，还自创了金箔剪纸。代表作品："小放牛"、"春之声"等。近年来，张方林通过担当高校艺术指导、设置传习所等推广社会传承，但技艺失传的危机仍困扰着他。据其自述，

现在除了儿子因家庭传承需要随自己学习外，并无专职弟子。

Ⅶ-16 剪纸（徐州剪纸）

王桂英

（编号：03-1226），女，汉族，1940年生，江苏省新沂市合沟镇人。2008年6月，剪纸（徐州剪纸）被列入第一批国家级非物质文化遗产扩展项目名录民间美术类，项目编号Ⅶ-16。2009年6月，王桂英入选为第三批国家级非物质文化遗产项目代表性传承人，江苏省徐州市申报。王桂英7岁时受做细木工的父亲留下的木雕图案和母亲留下的绣品启蒙开始剪纸；15岁嫁人后开始卖花样补贴家用；"文革"时因"破四旧"而停剪；"文革"后重拾旧业，风格趋向淳朴豪放，题材也更加广泛。多源自乡村农妇、田家百姓的日常生活和民间传说，线条粗犷、造型古拙、构思奇特而不拘泥于传统，充满浓浓的生活气息。她多用写意而不求形似，率性而为亦无固定章法，往往构思巧妙独到，风格质朴平实，以简约的刀法表达了对生活的美好憧憬，呈现出浓厚的原生态美。代表作品："春耕秋种"、"采桑"、"鸡"等。为了让青少年们能喜欢和学习剪纸艺术，自2007年起，王桂英在当地中小学担当起义务剪纸辅导员。

Ⅶ-16 剪纸（金坛刻纸）

杨兆群

（编号：03-1227），男，汉族，1955年生，江苏省金坛市人。2008年6月，剪纸（金坛刻纸）被列入第一批国家级非物质文化遗产扩展项目名录民间美术类，项目编号Ⅶ-16。2009年6月，杨兆群入选为第三批国家级非物质文化遗产项目代表性传承人，江苏省金坛市申报。受

邻居影响，杨兆群幼时便已学会刻章和剪纸，高中毕业后开始自学剪刻纸，尝试将剪刀和刻刀技术结合。1975年，他被选拔进县文化馆的刻纸培训班，1976年凭借作品《大干促大变普及大寨县》入选"江苏省农民画展览"，自此拉开了金坛刻纸的复兴序幕。杨兆群擅用剪、刻、撕的方法和套色、点、填、染的手法，同时借鉴西北的剪纸风格特点，融入绘画、装饰技艺，风格清新隽永，具有内柔外刚、顿挫有力、刀法细腻、线条流畅的特点。实践中，杨兆群一方面将现代审美意识渗入传统题材之中，另一方面着力开拓现实生活内容，同时推动形式技法的创新，并借鉴国画的线条美、版画的对比美、年画的色彩美、微雕的刀法美等来增强刻纸的表现力。2004年他出资冠名"飞洋鱼"刻纸艺术研究所，每年都会扶持金坛刻纸开展一系列活动。代表作品："奥运百年"等。

Ⅶ-18 苏绣

姚建萍

（编号：03-1238），女，汉族，1967年4月生，江苏省苏州市镇湖镇人。2006年5月，苏绣被列入第一批国家级非物质文化遗产名录民间美术类，项目编号Ⅶ-18。2009年6月，姚建萍入选为第三批国家级非物质文化遗产项目代表性传承人，江苏省苏州市申报。姚建萍8岁起随母亲学习刺绣；1987年，于苏州工艺美术学校校办厂刺绣班进修三年，后又拜工艺师徐志慧为师。出师后，姚建萍开始专注于突破苏绣中最难的人物肖像绣，并将摄影、绘画、雕塑融入苏绣针法，让作品有了立体感和透视效果。1995年她呕心沥血创作的作品《沉思》一鸣惊人，之后诸多作品均屡获殊荣，被誉为"刺绣皇后"。姚建萍在继承苏绣"精细雅洁"的特点基础上，又吸收了仿真绣、乱针绣、散针等各个苏绣流派名家的针法技艺，尤其通过专业美术院校的

深造，将美术中的素描关系、光影变化、透视与色彩的表现手法等灵活运用到刺绣中去，使传统苏绣有了质的飞跃。代表作品："泰国活佛"、"吹箫引凤"、"幽谷之王"、"父亲"等一大批精品。1998年姚建萍创建苏州镇湖刺绣研究所，2002年创办苏州姚建萍刺绣艺术馆，希望通过这些艺术品使苏绣这一古老的民间工艺薪火相传，生生不息。

Ⅶ-18 苏绣（无锡精微绣）

赵红育

（编号：03-1239），女，汉族，1958年4月生，江苏省无锡市人。2008年6月，苏绣（无锡精微绣）被列入第一批国家级非物质文化遗产扩展项目名录民间美术类，项目编号Ⅶ-18。2009年6月，赵红育入选为第三批国家级非物质文化遗产项目代表性传承人，江苏省无锡市申报。赵红育1973年进入无锡市中华绣品厂技校，师从著名刺绣工艺师华慧贞。毕业后进入无锡市中华绣品厂设计室，后调入无锡市工艺美术研究所，专门从事锡绣艺术的创作与研究。赵红育在全面继承锡绣传统技艺的基础上，整理创作出戳纱针法一套87种，又有许多创新发展，发明了马鬃绣、双面精微绣、异色异图声光精微绣等刺绣新品种，编著了相关书籍、论文若干。尤其是她首创的双面精微绣，作品卷幅微小，构图精美，绣技精湛，精微绣画面形象虽只有寸人豆马，细若蝇毫，她以针代笔、以线代墨，刻画入微、形神兼备，刺绣细部时能将一根丝线分成八十分之一，堪称一绝。其代表作品："丝绸之路"、"百鸟朝凤"、"饮中八仙"、"古运河梁溪风情图"等。为促进技艺传承，2005年，她又被调入无锡民间艺术博物馆大师工作室，从事无锡民间艺术的推广工作。赵红育于1981年至1982年当刺绣老师期间教学生20名，2007年至今收徒7名。

Ⅶ-18 苏绣（南通仿真绣）

金蕾蕾

（编号：03-1240），女，汉族，1954年生，江苏省南通市人。2008年6月，苏绣（南通仿真绣）被列入第一批国家级非物质文化遗产扩展项目名录民间美术类，项目编号Ⅶ-18。2009年6月，金蕾蕾入选为第三批国家级非物质文化遗产项目代表性传承人，江苏省南通市申报。金蕾蕾1972年入南通工艺美术研究所，学习刺绣。她精通各类绣种，如平绣、双面平绣、双面异色绣、彩锦绣、双面彩锦绣、肖像绣、乱针绣等，且能画懂设计。作为南通仿真绣的优秀代表者，金蕾蕾全面继承了创始人沈寿传神、写实、逼真的创作特点，细薄匀净的艺术风格，她借鉴了油画的点彩技法，及中国工笔画多层渲染的技法，大胆地将对比色摒色、混色，以散套、镶嵌等手法进行梯式渗透，使画面色彩既协调又丰富厚重。她的刺绣丰富和发展了中国传统刺绣艺术，成为"刺绣时尚"中极为稀少的珍品，被艺术家们誉为"世界极品"。她还整理编写了《平绣针法》、《彩锦绣针法》两本教材。代表作品："静"、"憧憬"、"春神"、"风花雪月"等。

Ⅶ-46 竹刻（无锡留青竹刻）

乔锦洪

（编号：03-1248），男，汉族，1947年生，江苏省无锡市人。2008年6月，竹刻（无锡留青竹刻）被列入第一批国家级非物质文化遗产扩展项目名录民间美术类，项目编号Ⅶ-46。2009年6月，乔锦洪入选为第三批国家级非物质文化遗产项目代表性传承人，江苏省无锡市申报。乔锦洪出身于无锡竹刻世家，是无锡"张氏竹刻"的第三代传人。1966年他开始随母亲学习竹刻，其母去世后，开始自学；1978年，他被调入市工艺品厂，从此真正走上了竹刻的艺术创作道路。为提高竹刻的技艺，乔锦洪一方面潜心钻研外祖父和母亲的传统技艺，另一方面加强理论学习，并得到文博大家王世襄先生的指导，开始博览群书，刻苦钻研，技法日臻成熟。乔锦洪擅长用浮雕、透雕手法创作竹刻艺术，秉承明清古代竹刻及其母晚年风格，格调古雅，富有诗画韵味，代表作品："梁溪古运河"、"竹根笔筒"、"梧桐秋蝉"等。在其努力下，无锡竹刻从濒于失传的境地获得新生。现在乔锦洪收有两徒，一是女儿乔瑜，二是现泥人厂工艺师许焱，同时他还创办了"梁溪竹友"艺术沙龙，恢复了"双契轩"竹刻工作室，希望以社会传承的方式将这门技艺流传下去。

Ⅶ-46 竹刻（常州留青竹刻）

徐秉方

（编号：03-1249），男，汉族，1945年生，江苏省常州市人。2008年6月，竹刻（常州留青竹刻）被列入第一批国家级非物质文化遗产扩展项目名录民间美术类，项目编号Ⅶ-46。2009年6月，徐秉方入选为第三批国家级非物质文化遗产项目代表性传承人，江苏省常州市申报。徐秉方为近代留青竹刻艺术大师徐素白之子，20世纪60年代进入常州工艺雕刻厂，从此步入雕刻艺术领域。他师从其父，专攻留青。其刀工精细，传统功力深厚，题材涉及广泛，无论花卉虫草、奇山异峰、溪流小涧，还是人物肖像，经其构图操刀，均能体味其作品的宁静淡雅、朦胧清远、内涵丰富、意境无穷，开创了留青竹刻技艺的新领域。同时，徐秉方的竹刻表现形式依内容而变，时而工整，时而写意，工整处几毫毕现而无工匠气，写意处淋漓潇洒而大气浩然；其中最令人称道的是他的留青山水，于清雅俊秀内见含蓄蕴藉，层次丰富中寓变幻莫测，令人叫绝。代表作品："荷塘清趣"、"青山流瀑竹刻留青台屏"等。第三代传人中，徐秉方之女徐文静、徐春静亦是当代留青竹刻的佼佼者。

Ⅶ-50 灯彩（秦淮灯彩）

陈柏华

（编号：03-1262），男，汉族，1957年2月生，江苏省句容市华阳镇人。2008年6月，灯彩（秦淮灯彩）被列入第一批国家级非物质文化遗产扩展项目名录民间美术类，项目编号Ⅶ-50。2009年6月，陈柏华入选为第三批国家级非物质文化遗产项目代表性传承人，江苏省句容市申报。1985年陈柏华在当地扎花灯老艺人的指点下开始学习制作秦淮花灯；1999年为扩大花灯销路，他从制作材料和工艺上入手，改竹骨架为铁丝骨架，真丝做面料，第二年他带着"变形金刚"花灯在夫子庙灯会一炮打响。经过长期的艺术积累和多方比较借鉴，陈柏华汲取了南灯与北灯工艺之所长，自创了异彩纷呈的陈氏秦淮花灯，其灯集传统工艺和现代手法于一体，采用声、光、电等高科技手法，使传统的秦淮花灯重放异彩。陈柏华收集了从战国到唐宋元明清各个朝代花灯的图片，把它们恢复成了实物，这些花灯组合起来，就形成了陈柏华自己独特的花灯文化。其制作的花灯"金鸡吉祥"，在2005年中国首届花灯大赛上，一举夺得"山花奖"灯彩金奖。现在，陈柏华的家庭花灯厂已变成一个占地面积10亩、厂房700平方米的秦淮花灯文化研究中心，开发花灯品种100余个。

Ⅶ-59 核雕（光福核雕）

宋水官

（编号：03-1279），男，汉族，1946年10月生，江苏省吴县光福镇舟山村（现苏州市吴中区香山街道舟山村）人。2008年6月，核雕（光福核雕）被列入第二批国家级非物质文化遗产名录民间美术类，项目编号Ⅶ-59。2009年6月，宋水官入选为第三批国家级非物质文化遗产项目代表性传承人，江苏省苏州市申报。生长于核雕村的宋水官1967年进入舟山雕刻厂，至今已从事工艺雕刻事业40余年。宋水官的作品艺术表现丰富、生动、自然、逼真、立体感强，雕工细腻，线条明晰，人物有神，尤以罗汉像等吉祥图案见长，雕刻细巧精致，个个栩栩如生。如今，宋水官成立了宋水官雕刻工作室——宋氏核雕坊。2009年"乘风破浪"获得第九届中国民间文艺"山花奖"。代表作品："十八罗汉"、"乘风破浪"、"知足常乐"、"喜怒哀乐"、"后继有人"等。他几十年致力于传承舟山核雕技艺，弟子遍布太湖度假区香山一带，女儿宋梅英是其最得意的门生。

Ⅶ-66 彩扎（邳州纸塑狮子头）

石荣圣

（编号：03-1287），男，汉族，1957年生，江苏省邳州市官湖镇华南村人。2008年6月，彩扎（邳州纸塑狮子头）被列入第二批国家级非物质文化遗产名录民间美术类，项目编号Ⅶ-66。2009年6月，石荣圣入选为第三批国家级非物质文化遗产项目代表性传承人，江苏省邳州市申报。石荣圣出身于民间扎塑工艺世家，他1966年正式随父亲学习纸塑狮子头制作，如今已成为当地硕果仅存的狮头面具民间艺人，也是邳州纸塑狮子头第六代传人。几十年的刻苦学习和磨炼，石荣圣不仅掌握了父辈制作纸塑狮子头的精髓，还在用色和造型上大胆创新。他的作品造型夸张，形象传神，色彩鲜艳，对比强烈，是一种集雕塑、裱糊、扎制、绘画于一体的综合造型艺术，极具苏北地方特色和民间工艺特色。获联合国教科文组织和中国民间文艺家协会授予的"民间工艺美术家"称号。由于收徒困难，现在只有石荣圣的儿子和儿媳在帮忙业余制作。

Ⅶ-68 常州梳篦

金松群

（编号：03-1290），男，汉族，1943年生，江苏省常州市人。2008年6月，常州梳篦被列入第二批国家级非物质文化遗产名录民间美术类，项目编号Ⅶ-68。2009年6月，金松群入选为第三批国家级非物质文化遗产项目代表性传承人，江苏省常州市申报。金松群1963年自一邻居处习得梳篦手艺若干工序；1964年进入常州梳篦工艺合作社做线操作工；1979年后他开始负责全厂的新品开发设计与制作。他在梳篦传统文化和技艺上进行创新，使常州梳篦从单一实用性逐步发展为"日用型"、"工艺欣赏型"、"旅游纪念品"、"商务礼品"等几大系列，使梳篦的实用性与观赏性得到统一，产品市场得到更广的扩展。代表作品："日用工艺梳篦"、"梳篦钥匙扣"、"鱼、静瓶、琵琶"等。其中"鱼、静瓶、琵琶"梳在第九届中国工艺美术大师作品暨国际艺术精品博览会上获"天工艺苑·百花杯"金奖。此外，常州梳篦厂原员工戚正康也是业界公认的传承人。

Ⅶ-94 盆景技艺（扬派盆景技艺）

赵庆泉

（编号：03-1301），男，汉族，1949年1月生，江苏省扬州市人。2008年6月，盆景技艺（扬派盆景技艺）被列入第二批国家级非物质文化遗产名录民间美术类，项目编号Ⅶ-94。2009年6月，赵庆泉入选为第三批国家级非物质文化遗

产项目代表性传承人，江苏省扬州市申报。赵庆泉自幼受家庭影响酷爱盆景，1974年拜盆景专家徐晓白为师，1978年被调进扬州红园专业从事盆景。他遍游国内名山大川，博采各地名家之长，同时深入研究扬州传统的盆景文化及古典园林，最终结合树木盆景和山水盆景的表现手法，创造出一种山水树木相结合的水旱盆景，极富诗情画意和自然野趣，令人耳目一新。赵庆泉的盆景作品，树种选材广泛，技法细腻；构图清新，自然秀美，景观动静相宜；创作方面师法自然，博采众长，因材而作，不拘陈式，作品如诗如画，别有情趣。代表作品："三角枫"、"八骏图"、"古木清池"等。在其培养下，已形成了一支年轻的盆景专业技术队伍，他亦通过讲座、培训班等多种形式普及盆景知识和技艺，出版有《中国盆景造型艺术分析》、《赵庆泉盆景艺术》等十多部专著。

浙江

Ⅶ-16 剪纸（浦江剪纸）

吴善增

（编号：03-1228），男，汉族，1923年生，浙江省金华市浦江县郑家坞镇吴店村人。2008年6月，剪纸（浦江剪纸）被列入第一批国家级非物质文化遗产扩展项目名录民间美术类，项目编号Ⅶ-16。2009年6月，吴善增入选为第三批国家级非物质文化遗产项目代表性传承人，浙江省浦江县申报。受母亲熏陶，吴善增8岁开始学习剪纸。逐渐成为浦江县剪纸的代表人物。吴善增的作品将传统与现代相结合，选材通俗，线条粗细有致、阴阳相间，具有浓郁的国画风格，同时他也是立轴剪纸的创始人之一。创作的同时，他亦积极投身于剪纸艺术的普及，

他编印了数十本《浦江剪纸选》和三本《浦江县中小学剪纸教材》，在民间搜集了5000多幅剪纸作品，为浦江县20多所中小学培训了100多名剪纸教师，在浙江大学、浙江师范大学等高校举办剪纸作品展览和剪纸培训。

Ⅶ-33 青田石雕

倪东方

（编号：03-1242），男，汉族，1928年10月生，浙江省青田县山口村人。2006年5月，青田石雕被列入第一批国家级非物质文化遗产名录民间美术类，项目编号Ⅶ-33。2009年6月，倪东方入选为第三批国家级非物质文化遗产项目代表性传承人，浙江省青田县申报。倪东方出身于石雕艺人之家，15岁开始随母从艺，并于1955年进入青田县石雕二厂。为突破传统题材的局限，开拓青田石雕艺术创作的新路，他始终坚持题材与技法的原创性，大胆摆脱传统赏花玩月的题材，在取材上做了全新的拓展，刀落石开，形神兼备；他擅相色施艺，巧妙借用石料固有色泽，创作出神形酷肖的艺术神品；在艺术风格上，他主张删繁就简、妙得自然，其作品九分天成，一分自运，虽运刀无多，然尽现风流。由于常读诗书，他的作品富含人文底蕴，别有风韵。代表作品："秋"、"杨梅"、"秋菊傲霜"、"瓜熟豆香"等；1992年他自建陈列室，雅称"惜石斋"，蜚声海内外，成为展示青田石雕文化的窗口。目前，倪东方多位徒弟已有所成，其儿子也继承了他的衣钵。

Ⅶ-41 宁波朱金漆木雕

陈盖洪

（编号：03-1245），男，汉族，1962年生，浙江省宁波市鄞州区横溪镇道成岙村人。2006年5月，宁波朱金漆木雕被列入第一批国家级非物质文化遗产名录民间美术类，项目编号Ⅶ-41。2009年6月，陈盖洪入选为第三批国家级非物质文化遗产项目代表性传承人，浙江省宁波市申报。陈盖洪初中毕业后继承父业成为一名漆匠，出于对家具上精美雕刻的好奇，他就近拜雕刻师傅为师，学习雕刻床板技术。出师后，他又开始钻研立体图案的雕刻，并拜时任宁波工艺美术研究所所长的曹厚德为师。20世纪80年代在雕塑佛像的过程中，他学会了圆雕技术，同时掌握了铺砂、沥粉、贴金、彩绘等有别于一般漆匠技术的技艺。1989年陈盖洪在村里成立雕塑厂，凭借高超的技艺，其业务不断扩大，并开始招收工匠传授技艺；1998年他又创办了鄞州中艺雕塑厂，现已成为宁波市朱金漆木雕传承基地，以边学边做的方式已培训学员30人，成为宁波朱金漆木雕的一代新生力量。此外，陈盖洪还斥巨资收集尚存于民间的旧式朱金漆木雕作品，成立厂内朱金木漆研究会，发表相关论文，建成宁波朱金漆木雕艺术馆，其中，其设计制作的"千工床"和"万工轿"堪称极品。

Ⅶ-42 乐清黄杨木雕

王笃纯

（编号：03-1246），男，汉族，1932年10月生，浙江省乐清市翁垟南街村人。2006年5月，乐清黄杨木雕被列入第一批国家级非物质文化遗产名录民间美术类，项目编号Ⅶ-42。2009年6月，王笃纯入选为第三批国家级非物质文化遗产项目代表性传承人，浙江省乐清市申报。王笃纯出身于黄杨木雕世家，1945年开始随黄杨木雕宗师即其父王凤祚学艺，1953年进入中央美术学院华东分院学习，1955年创建乐清黄杨木雕小组，1958年在北京中央工艺美术学院进修，后历任乐清黄杨木雕生产社主任、乐清工艺美术厂厂长等。王笃纯善于利用黄杨木的质地细腻特征，用柔美的线条表现童子、妇女、白鹅、牧牛等具有生活气息的元素，他的作品用刀雄浑健劲又精细无比，造型大胆淋漓又纤巧细腻，具有强烈的生活气息和淳厚的乡土风情。他注重艺术创新，将传统的单人立体圆雕向"拼雕"、"镂雕"、"群雕"等技法突破，形成了一种全新的艺术风格。"乡音"等多件作品被中国国家博物馆等地收藏。代表作品："捉迷藏"、"水乡即景"、"小刀会"、"江南之春"、"乡音"等。在王笃纯的指导下，其兄弟、妻子、女儿、儿子、孙子均走上了黄杨木雕的艺术道路。

Ⅶ-46 竹刻 （黄岩翻簧竹雕）

罗启松

（编号：03-1250），男，汉族，1935年10月生，浙江省台州市黄岩区人。2008年6月，竹刻（黄岩翻簧竹雕）被列入第一批国家级非物质文化遗产扩展项目名录民间美术类，项目编号Ⅶ-46。2009年6月，罗启松入选为第三批国家级非物质文化遗产项目代表性传承人，浙江省台州市黄岩区申报。罗启松1957年进入黄岩翻簧厂，师从著名师竹馆传人陈方俊；1963年进入浙江省工艺美术研究所深造。罗启松将人物画引进了竹雕题材，同时吸取了贝雕、牙雕、玉雕、镶嵌等民间工艺的长处，发展出了浅雕着色和电烙烫画；他能把数片簧板拼合起来而不着痕迹，同时运用手腕臂力使刻刀在簧面上产生岩石纹理结构，既能突出山石层面的艺术特色，又能体现刚柔相济的艺术效果；他利用三棱刀的锋口，通过轻、重、顿、挫的雕刻手法，使人物浮雕栩栩如生；他制作的薄浮雕作品色泽近似象牙，手感光滑，典雅、细腻；特别是他的山水雕刻，在一毫米的厚度平面上也能让山水呈现立体感。代表作品："贵妃出浴博古盒"、"如意翻簧"、"竹黄凤纹园盘"等。1995年退休后，他相继创办了翻簧竹雕工作室、研究所、

艺术馆、兴趣班。罗启松的五个徒弟中至今余一人仍坚持创作。

Ⅶ-51 竹编 （东阳竹编）

何福礼

（编号：03-1265），男，汉族，1944年生，浙江省义乌市东河乡人。2008年6月，竹编（东阳竹编）被列入第一批国家级非物质文化遗产扩展项目名录民间美术类，项目编号Ⅶ-51。2009年6月，何福礼入选为第三批国家级非物质文化遗产项目代表性传承人，浙江省东阳市申报。何福礼14岁进入东阳竹编厂学艺，由于勤奋刻苦，逐渐成为当地小有名气的篾匠；学成后，何福礼进入东阳木雕厂专业从事竹编工艺，吐故纳新，形成了一套独特的竹编技艺；1979年他进入东阳市竹编厂，将竹编工艺与日用家具相结合，大获成功；1983年，他独创了"鳞形编织撮花"等多种编织技法，堪称一绝；2005年在修复故宫倦勤斋的过程中，他修复了其中即将失传的竹丝镶嵌和竹簧雕刻等多种工艺，令人称绝。何福礼掌握并创新的竹编技法达千余种，可娴熟地利用各种竹编技法，生动传神地表现各类竹编工艺品尤其是立体竹编艺术品的神韵，形成了自己独特的艺术风格。代表作品："香炉鼎"、"渔翁"、"海鸥"、"咏鹅图"、"大象"、"哪吒闹海"、"九龙壁"等。为使东阳竹编工艺后继有人，他将两个儿子和妻子的两个弟弟收入门下，此外还有蔡红光等6名得意弟子在为东阳竹编工艺传承和开发利用不懈努力。

Ⅶ-56 石雕 （鸡血石雕）

钱高潮

（编号：03-1272），男，汉族，1956年生，

浙江省临安县昌化镇人。2008年6月，石雕（鸡血石雕）被列入第二批国家级非物质文化遗产名录民间美术类，项目编号Ⅶ-56。2009年6月，钱高潮入选为第三批国家级非物质文化遗产项目代表性传承人，浙江省临安市申报。钱高潮于1973年进入临安石料厂、温州工艺美术研究所向青田雕刻名家学艺，后又进修于中国美术学院雕塑专业，1985年回乡创办石雕刻厂并任总工艺师。钱高潮的石雕创作举凡典故、人物风情、鸟虫走兽皆可成材，琳琅满目，美不胜收。现在作为昌化鸡血石博物馆馆长的钱高潮，正致力于昌化鸡血石等原石雕刻、宣传、展示、收藏，文物艺术品修复和复仿，培训交流，评审与鉴定，咨询服务等。代表作品："蝉鸣"、"松鹤图"、"钱王功绩图"、"群仙聚会"、"万世师表"、"钱王功绩图"等。作为昌化石雕的领头雁，他已先后编辑出版了多本相关著作，如《中国印·四大名石——昌化鸡血石》等，并已义务收徒授艺百余人。

Ⅶ-62 锡雕

应业根

（编号：03-1282），男，汉族，1930年7月生，浙江省永康市芝英街道三村人。2008年6月，锡雕被列入第二批国家级非物质文化遗产名录民间美术类，项目编号Ⅶ-62。2009年6月，应业根入选为第三批国家级非物质文化遗产项目代表性传承人，浙江省永康市申报。应业根13岁师从周丰月学习打锡，后又从师应广省、应老三。20岁出师行担，多年来积累了丰富的经验，改革开放后在家乡开"锡艺"制作店，在从事传统实用的家用器皿的打制同时，逐步对传统产品实行更新，增加产品的艺术性和附加值。应业根的锡制品选材优良，做工精细，种类繁多，古色古香，光泽清亮，晶莹夺目，既保留了传统产品的耐用特点，又增强了产品的观赏性。

除了打制家用器皿外，还打制祭祀用品和观赏装饰性物品。代表作品："龙凤呈祥"、"五十六对"、"九莲灯"等。现在其儿子应华升已成为新一代继承人。

Ⅶ-67 龙档（乐清龙档）

黄德清

（编号：03-1289），男，汉族，1942年生，浙江省乐清市柳市镇后垟人。2008年6月，龙档（乐清龙档）被列入第二批国家级非物质文化遗产名录民间美术类，项目编号Ⅶ-67。2009年6月，黄德清入选为第三批国家级非物质文化遗产项目代表性传承人，浙江省乐清市申报。黄德清出身于雕刻世家，是黄家龙档制作和木雕的第三代传人。他熟练掌握了龙档制作技艺，木雕技艺扎实，其制作的龙头须目分明，亭台精巧细致，廊柱上装饰雕花，流光溢彩，整条龙档上布置戏曲人物、花鸟走兽，形态各异，栩栩如生，龙档亭角配置机关，可转动，代表作品："黄家龙档"等。现在其儿子黄北已成为乐清龙档第四代传人。

Ⅶ-85 瓯塑

周锦云

（编号：03-1295），男，汉族，1948年生，浙江省温州市人。2008年6月，瓯塑被列入第二批国家级非物质文化遗产名录民间美术类，项目编号Ⅶ-85。2009年6月，周锦云入选为第三批国家级非物质文化遗产项目代表性传承人，浙江省温州市申报。周锦云1966年进厂学习瓯塑艺术，师从瓯塑著名艺人谢香如、张国球。1978年起周锦云致力于瓯塑艺术的改革创新，成功研制出沥粉壁画、盘塑壁画、立式模型瓯塑、仿古铜、仿古汉白玉、仿剔雕等瓯塑新品种。

周锦云擅长山水、风景、建筑、人物等大型作品，功底深厚，作品注重表现大自然意境和色彩视觉效果，含蓄中兼泼辣，细腻中兼粗犷，可雅俗共赏。代表作品："西湖天下景"、"迎亲图"、"雁荡风景甲天下"、"五岳独尊"等。周锦云任温州云艺环境艺术研究所所长期间，培养了大批优秀室内设计师；他创立的瓯塑艺术工作室亦是人才济济。同时他长期坚持专业理论研究，发表数十篇相关论文，还主编了《温州工艺美术史》和《瓯塑艺术》。2013年6月，周锦云获"第二届中华非物质文化遗产传承人薪传奖"。

Ⅶ-91 镶嵌（彩石镶嵌）

缪成金

（编号：03-1298），男，汉族，1943年生，浙江省温州市人。2008年6月，镶嵌（彩石镶嵌）被列入第二批国家级非物质文化遗产名录民间美术类，项目编号Ⅶ-91。2009年6月，缪成金入选为第三批国家级非物质文化遗产项目代表性传承人，浙江省温州市鹿城区申报。缪成金1958年进入温州艺术雕刻厂学艺，师从著名彩石镶嵌艺人王培珍。缪成金的彩石镶嵌色彩华贵、光亮照人、古朴高雅。代表作品："击鞠图"、"天女散花"、"扇屋佳人"、"毛泽东肖像"、"法华胜会"等。他自己前后带了十几个徒弟，2013年又收徒4人。

Ⅶ-91 镶嵌（骨木镶嵌）

陈明伟

（编号：03-1299），男，汉族，1960年生，浙江省宁波市人。2008年6月，镶嵌（骨木镶嵌）被列入第二批国家级非物质文化遗产名录民间美术类，项目编号Ⅶ-91。2009年6月，陈明伟入选为第三批国家级非物质文化遗产项目代表性传承人，浙江省宁波市申报。陈明伟自幼酷爱绘画、书法、雕刻，后因受宁波骨木镶嵌艺术品感染而毅然拜书画名家丁乙卯为师，潜心研习书画。学习之余他常到宁波工艺美术厂观摩，偷学骨木镶嵌技法和工艺，自学成才。代表作品："梁祝文化"、"三字经"、"千工床"等，其中"梁祝文化"获第六届国际民间手工艺品博览会"金奖"。著有《宁波骨木镶嵌》一书，介绍宁波骨木镶嵌的历史渊源和工艺。2004年9月，他创建"紫林坊艺术馆"，现在他还有四名徒弟仍在坚持创作。

安徽

Ⅶ-37 徽州三雕

王金生

（编号：03-1243），男，汉族，1928年生，安徽省歙县人。2006年5月，徽州三雕被列入第一批国家级非物质文化遗产名录民间美术类，项目编号Ⅶ-37。2009年6月，王金生入选为第三批国家级非物质文化遗产项目代表性传承人，安徽省黄山市申报。王金生于1945年至1949年师从徽州木雕大师汪叙伦学习木雕；1951年至1965年被调至合肥工艺美术厂工作，专门从事木雕工作；1966年至1987年为复兴歙砚，他回到安徽黄山歙县工艺厂进行徽州歙砚木盒的创作设计；1988年退休后，他一直从事传统徽派木雕艺术创作，同时将传统的以人物为主的徽派木雕发展成为供观赏、具有收藏价值的木雕艺术作品，王金生的木雕作品层次分明，变化无穷，时而奔放沉着，时而粗犷憨拙，在当地有"木雕金师"的美称。代表作品：《黄山大观》、《五百罗汉堂》等。现在，王金生的这一手绝活儿已倾囊相授于自己的外孙和徒弟。

福建

Ⅶ-16 剪纸（漳浦剪纸）

陈秋日

（编号：03-1229），女，汉族，1948年10月生，福建省漳浦县人。2008年6月，剪纸（漳浦剪纸）被列入第一批国家级非物质文化遗产扩展项目名录民间美术类，项目编号Ⅶ-16。2009年6月，陈秋日入选为第三批国家级非物质文化遗产项目代表性传承人，福建省漳浦县申报。陈秋日14岁起师从漳浦第一代著名剪纸艺术家陈金；1961年，在老师的要求下进入漳浦剪纸文化馆剪纸艺术班学习，她的剪纸延续了陈金剪纸的纤巧细腻，又承袭了"八闽第一剪"黄素剪纸雄浑豪放的艺术风格。其剪纸作品构图细密圆满，线条流畅多变，剪工精细入微，风格秀丽典雅、韵味深厚；特别是在动物绒毛的处理上运用排剪手法，纤巧异常，使之纤毫毕露。代表作品："寿"、"龙腾盛世"、"百猫图"、"兰花恋"、"老鼠娶亲"等。为解决漳浦剪纸后继无人的困境，1999年陈秋日创办了漳浦首家剪纸艺术馆，并举办形式多样的剪纸培训班；此外她还在县职专、小学、幼儿园建立了三个剪纸基地，担任常年顾问，培训了数个高级技师；她在县老年大学，为学员讲课，现已培训千余人；在其努力下，漳浦剪纸艺术遍地开花，群星璀璨。

袁秀莹

（编号：03-1230），女，汉族，1927年生，福建省柘荣县城关人。2008年6月，剪纸（漳浦剪纸）被列入第一批国家级非物质文化遗产扩展项目名录民间美术类，项目编号Ⅶ-16。2009年6月，袁秀莹入选为第三批国家级非物质文化遗产项目代表性传承人，福建省柘荣县申报。

袁秀莹出身书香门第，12岁时开始学习剪纸，得其祖母口传心授；中学时受业于美术老师黄启龙，使她有了扎实的现代美术功底，并萌生了把现代绘画艺术融入剪纸艺术的想法。袁秀莹的作品题材广泛，在造型上追求神态生动，善于运用块面与线条结合，表现力强，其代表作"百蝶图"中蝴蝶百种形态竟无一雷同，剪法娴熟，技艺精湛，构图粗犷，栩栩如生。2007年，"袁秀莹剪纸艺术馆"成立，开发剪纸业务，柘荣剪纸在内容上逐渐延伸到风土人情、卡通人物，在用途上发展到办公、居家装饰、艺术收藏等，并开发出多种装裱产品。袁秀莹开展剪纸培训，担任学校的课外辅导员，培养了一批剪纸新秀，此外她还致力于编写剪纸教材，要将自己的技艺发扬光大。

Ⅶ-44 木偶头雕刻（江加走木偶头雕刻）

黄义罗

（编号：03-1247），男，汉族，1942年1月生，福建省南安市人。2008年6月，木偶头雕刻（江加走木偶头雕刻）被列入第一批国家级非物质文化遗产扩展项目名录民间美术类，项目编号Ⅶ-44。2009年6月，黄义罗入选为第三批国家级非物质文化遗产项目代表性传承人，福建省泉州市申报。黄义罗是福建泉州"花园头"派第三代传人，14岁考入泉州工艺美术社木偶头雕刻研究所，师从著名木偶雕刻大师江加走先生之子江朝铉学艺，得其倾囊相授，现为黄义罗木偶雕刻艺坊经营人，泉州市江加走木偶头雕刻传习所负责人。黄义罗继承了江氏传统技艺，采用古法雕刻制作木偶头，刀法有力，制作严谨一丝不苟，作品量少且精；同时他在吸取前辈艺术家创作精华的基础上，创造出了花脸雷公、独角龙等新的木偶头形象。现在，黄义罗的两个女儿正随他学习手艺，但如何招收更多的青年徒弟传承技艺仍困扰着他。

江西

Ⅶ-16 剪纸（瑞昌剪纸）

刘诗英

（编号：03-1231），女，汉族，1936年生，江西省瑞昌市乐山先锋村人。2008年6月，剪纸（瑞昌剪纸）被列入第一批国家级非物质文化遗产扩展项目名录民间美术类，项目编号Ⅶ-16。2009年6月，刘诗英入选为第三批国家级非物质文化遗产项目代表性传承人，江西省瑞昌市申报。刘诗英因幼年向他人求花样无果而开始自学剪花样，通过放牛时仔细揣摩花草形态并利用树叶练习练就了一手剪花样的好手艺；20世纪70年代因机缘巧合她参加了县文化馆办的剪纸培训班，技艺日臻精进。刘诗英的作品几乎全部取材于农村生产生活，其最大特色即创作时不打底稿，信手拈来，全凭所见所想妙剪生花、一气呵成；其简练的线条中蕴含神奇，敦厚的意境中略带稚嫩，营造出"大巧若拙"的艺术境界；其所剪花草形神兼备、栩栩如生，至今仍是刘诗英剪纸中最有特色的部分。代表作品："八十七神仙图"、"春耕图"、"狮子滚球"、"鸡斗蜈蚣"。如今，刘诗英每周都会在瑞昌市老干部活动中心教剪纸，近年来亦陆续有不少人提出要随她学习，刘诗英均欣然应允且分文不取，然则所学之人皆半途而废，如何将这门手艺传承下去成了她的一块心病。

Ⅶ-37 徽州三雕（婺源三雕）

俞有桂

（编号：03-1244），男，汉族，1965年生，江西省婺源县江湾镇汪口村人。2006年5月，徽州三雕（婺源三雕）被列入第一批国家级非物质文化遗产名录民间美术类，项目编号Ⅶ-37。2009年6月，俞有桂入选为第三批国家级非物质文化遗产项目代表性传承人，江西省婺源县申报。出于对家乡古祠堂精美雕刻的浓厚兴趣，1980年俞有桂师从当地一位老木匠学艺，出师后他又前往徽州工艺雕刻厂拜师学习徽州木雕技艺，之后又到福建埔城、广东顺德等木雕工艺厂继续拜师学艺。在掌握徽州木雕技艺的基础上，他又融合了不同流派风格的木雕技艺，1988年，俞有桂回到家乡创办了婺源县华龙木雕厂，2004年又成立了婺源县华龙木雕有限公司，现已成为婺源县集徽派木雕生产、观摩和鉴赏为一体的窗口。代表作品有根雕"五福人生"，木雕"加官晋爵"、"八仙图"，砖雕"琴棋书画"、"吉星高照"等。俞有桂公司良好的经营效益和市场前景，让当地越来越多的人开始涉足落寞已久的雕刻行业。俞有桂多年来仍坚持言传身教，至今已培养了二百多名木雕艺人。

Ⅶ-51 竹编（瑞昌竹编）

宋增礼

（编号：03-1266），男，汉族，1926年生，江西瑞昌人。2008年6月，竹编（瑞昌竹编）被列入第一批国家级非物质文化遗产扩展项目名录民间美术类，项目编号Ⅶ-51。2009年6月，宋增礼入选为第三批国家级非物质文化遗产项目代表性传承人，江西省瑞昌市申报。宋增礼为竹篾艺人，完整地继承了瑞昌竹编精密、细腻的制作工艺，1969年收田先敏为徒，尽授所学，现田先敏在竹编技艺上已成就斐然。

Ⅶ-54 草编（湖口草龙）

喻芳泽

（编号：03-1271），男，汉族，1944年生，江西省湖口县流泗镇流泗村人。2008年6月，草编（湖口草龙）被列入第二批国家级非物质文化遗产名录民间美术类，项目编号Ⅶ-54。2009年6月，喻芳泽入选为第三批国家级非物质文化遗产项目代表性传承人，江西省湖口县申报。1985年受湖口县文化馆时任馆长董建民所托，喻芳泽经多方打听拜师于老艺人周云开，学习传统草龙的编扎工艺。在长期的实践中，喻芳泽不断摸索、提高和完善编扎技艺，在前辈老艺人编扎技艺的基础上，对龙的形态进行了反复改进，使草龙更加逼真。为了使这一手工技艺不致失传，他摒弃了过去农村"传男不传女"的思想，将技艺传授给自己的女儿喻远莉，使其成为目前湖口编扎精致草龙的唯一传人。同时他开办了湖口草龙技艺传承所，将草龙技艺传授给草龙艺术爱好者。

山东

Ⅶ-16 剪纸（高密剪纸）

范祚信

（编号：03-1232），男，汉族，1944年2月生，山东省高密市井沟镇河南村人。2008年6月，剪纸（高密剪纸）被列入第一批国家级非物质文化遗产扩展项目名录民间美术类，项目编号Ⅶ-16。2009年6月，范祚信入选为第三批国家级非物质文化遗产项目代表性传承人，山

东省高密市申报。范祚信7岁随剪纸艺人母亲学习剪纸；20世纪80年代初，进入高密"剪纸创作学习班"，因技艺精湛被高密县文化馆聘为剪纸培训班教员，在岗三年教出了几十名优秀的剪纸学员；教学相长，范祚信的剪纸技艺也精益求精。范祚信的作品取材广泛，技法融江南剪纸之纤巧和江北剪纸之粗犷于一炉，具有中国画中"大写意"的韵味；线条刚劲挺拔，有金石味；造型稚拙粗犷而不呆板，夸张变形而不失真；运用阴剪和阳剪手法，巧用黑块和细线，善使锯齿纹和光滑面，有定规而不拘束，具有粗犷而不失精巧，简约而不单调，质朴而灵秀，生动又传神的艺术效果。同时他开辟了将古典小说融入剪纸中的新思路，并创作了一系列作品，这既是他的独创，又可以说是对剪纸艺术的一大贡献。代表作品："福寿图"、"孔子像"、"老鼠嫁女"、"红楼梦人物"等。在当地政府的支持下，范祚信亦有收徒。

Ⅶ-16 剪纸（烟台剪纸）

栾淑荣

（编号：03-1233），女，汉族，1964年生，山东省栖霞市中桥镇后高格庄村人。2008年6月，剪纸（烟台剪纸）被列入第一批国家级非物质文化遗产扩展项目名录民间美术类，项目编号Ⅶ-16。2009年6月，栾淑荣入选为第三批国家级非物质文化遗产项目代表性传承人，山东省烟台市申报。栾淑荣受家庭熏陶自幼喜爱剪纸，无师自通且进步神速；1984年，栾淑荣携作品参加县文化馆的剪纸展览并获奖，受到烟台市剪纸专家曲青棠的赏识，随其到烟台进行了从理论到实践的系统学习。1985年，她参加了中华剪纸函授中心的专业班，后进入栖霞县文化馆工作，其间她系统学习了中国绘画技法，并反复揣摩汉画象石，将剪纸和美术有机地结合起来，逐渐形成了自己的风格。1966年

她因意外高位截瘫，但仍潜心钻研剪纸，特别是她苦练的"剪纸打毛"技术，1厘米的长度中能剪出44根细毛，独一无二。卧床十余年间，栾淑荣除创作了"牛郎织女"、"松竹兰梅"等万余幅剪纸作品，还对剪纸底样进行了系统整理。现在她常常召集剪纸协会成员切磋技艺、相互学习，并积极推荐徒弟、协会会员参加比赛，免费教感兴趣的孩子剪纸，现已培养了十几名学生。

Ⅶ-52 面人（曹州面人）

李金城

（编号：03-1270），男，汉族，1932年12月生，2012年7月卒，山东省菏泽市解元集乡人。2008年6月，面人（曹州面人）被列入第二批国家级非物质文化遗产名录民间美术类，项目编号Ⅶ-52。2009年6月，李金城入选为第三批国家级非物质文化遗产项目代表性传承人，山东省菏泽市牡丹区申报。李金城14岁时随父到上海拜其叔父著名"面人阿三"李新发学艺，传承曹州面塑"王派"技法，后又拜面塑名师李俊兴为师，并得到北京、上海等地名家指点，18岁时已可独自摆摊卖艺。后几经辗转，于20世纪80年代落脚洛阳，此后事业一帆风顺。李金城的面塑多取材于传统民间故事、历史典故、神话故事等，捏制手法娴熟、做工精细、色彩热烈、艳而不俗，作品惟妙惟肖、栩栩如生。经多年的摸索，他还创造出了新的面塑形式——浮雕面塑；在面塑材料上，他摸索出能使面人长久保存的新配方，大大拓展了面塑艺术的形式语言和市场价值。代表作品："八仙过海"等。为使曹州面塑后继有人，李金城已将其技艺传给子女李传景、李传兴、李菊芳等人，并带出了多名弟子。

Ⅶ-58 木雕（曲阜楷木雕刻）

颜景新

（编号：03-1277），男，汉族，1936年6月生，山东省曲阜市人。2008年6月，木雕（曲阜楷木雕刻）被列入第二批国家级非物质文化遗产名录民间美术类，项目编号Ⅶ-58。2009年6月，颜景新入选为第三批国家级非物质文化遗产项目代表性传承人，山东省曲阜市申报。颜景新生于楷雕世家，为曲阜颜氏楷木雕刻第五代嫡传人。受家庭熏陶，他自幼酷爱书画雕刻、金石篆刻等艺术；12岁随祖父颜振轩学习楷木雕刻，后又拜杨玉田为师，学习楷雕技艺，同时深受擅长人物雕刻的楷雕艺人鲁中仙影响；1955年颜景新加入曲阜县雕刻生产社，师从老艺人孔宪斌；1957年奉调山东省工艺美术研究室工作，专攻木雕造型设计制作，受当时的老艺人黄古原等影响，雕刻理论知识和视野日渐扩充，同时还借鉴了象牙雕、玉雕等传统雕刻的长处。他将西方美术和传统楷雕艺术结合，取书法、绘画、篆刻等门类艺术之长，融会贯通、新意辈出，其作品古朴典雅、造型生动，刀工细腻、意新韵秀。代表作品："仕女执灯"、"龙飞凤舞"、"李清照"、"孔子行教像"、"八仙庆寿寿字"等。现在颜景新已将手艺传给儿孙，另有40余名弟子。

Ⅶ-59 核雕（光福核雕）

王绪德

（编号：03-1280），男，汉族，1943年10月生，山东省潍坊市人。2008年6月，核雕（光福核雕）被列入第二批国家级非物质文化遗产名录民间美术类，项目编号Ⅶ-59。2009年6月，王绪德入选为第三批国家级非物质文化遗产项目代表性传承人，山东省潍坊市申报。王绪德1962年潍坊市工艺美术学校毕业后进入地方文化馆，对同事的核雕"一见钟情"，遂师从我国核雕工艺美术大师考功卿从事桃核雕刻，成为潍坊核雕第五代传人。王绪德在继承传统、总结前辈雕功的基础上，吸取国画、素描、雕塑等艺术特点，形成了自己粗犷中见细致的独特艺术风格。他创作了许多形式新颖的作品，如核雕鼻烟壶、核雕戒指等，极大地丰富了核雕的花色品种。代表作品："八仙聚寿"、"松鹤延年"、"赤壁夜游"等。现他已收徒20余人。

Ⅶ-86 砖塑（鄄城砖塑）

谢学运

（编号：03-1296），男，汉族，1928年生，山东省鄄城县人。2008年6月，砖塑（鄄城砖塑）被列入第二批国家级非物质文化遗产名录民间美术类，项目编号Ⅶ-86。2009年6月，谢学运入选为第三批国家级非物质文化遗产项目代表性传承人，山东省鄄城县申报。谢学运生于砖塑世家，12岁起即随父亲谢振乾学习砖塑制作，为鄄城砖塑第三代传人。谢学运的作品主要有戏曲砖塑和花鸟砖塑两种，题材多样，手法朴实率真，图案艺术风格具有浓郁的地方特色和鲜明的民族特色。在艺术构思和表现形式上，多运用变形、夸张、概括的手法；在制作方法上，高浮雕和浅浮雕相结合，表现形式多样。代表作品："西游记"、"千里送京娘"、"姚刚征南"等戏曲内容的砖塑，以及凤凰牡丹、双狮戏球等花鸟动物造型砖塑和滚龙脊、莲花脊、龙吻、狮子、鸡、鱼、马等民居建筑构件。谢学运的五个儿子中有三个自小随其学艺，其中尤以五子谢瑞德最精，已掌握了砖塑制作的全部核心技术。

河南

Ⅶ-16 剪纸（卢氏剪纸）

杨春枝

（编号：03-1234），女，汉族，1926年5月生，河南省卢氏县潘河乡梅家村人。2008年6月，剪纸（卢氏剪纸）被列入第一批国家级非物质文化遗产扩展项目名录民间美术类，项目编号Ⅶ-16。2009年6月，杨春枝入选为第三批国家级非物质文化遗产项目代表性传承人，河南省卢氏县申报。杨春枝自幼喜爱剪纸，自学成才，从不画样，十四五岁时便已在方圆几村小有名气。杨春枝的剪纸纯真、质朴、生动，想象力丰富，形象逼真生动；作品的题材均取自常见的花鸟虫鱼、人物等，花草类窗花构图简约；动物类剪纸大胆地夸张变形、稚拙舒放；人物类剪纸则源自生活场景，人物神态自然生动、富有生活情趣。她最擅长的是传统窗花，无须起稿，提剪即成，透着一种原始美、质朴美。有喜爱剪纸者登门拜访，她不遗余力加以传授，为当地培养出了一批剪纸人才。

Ⅶ-57 玉雕（镇平玉雕）

仵海洲

（编号：03-1275），男，汉族，1957年8月生，河南省镇平县石佛寺镇大仵营人。2008年6月，玉雕（镇平玉雕）被列入第二批国家级非物质文化遗产名录民间美术类，项目编号Ⅶ-57。2009年6月，仵海洲入选为第三批国家级非物质文化遗产项目代表性传承人，河南省镇平县申报。仵海洲生长于玉雕之乡的玉雕世家，自幼学习玉雕加工技艺。1975年，他进入当地颇有名气的石佛寺玉器厂从事玉雕设计制作。1982年，进入天津美术学院进修两年，得以先后拜顾永俊、宋世义、李博生、袁嘉骐等国家级玉雕大师为师。仵海洲玉雕技术精湛，博学广采，善于创新，尤擅人物、花鸟、山水等玉雕作品的设计和创作，其作品构思新颖、巧夺天工、惟妙惟肖、栩栩如生，对各种玉料尤其是南阳独山玉的研究尤为独到。被联合国教科文组织命名为"民间工艺美术家"。代表作品："妙算"、"瑶池赴会"、"极乐世界"等。为促进南阳玉雕发展，仵海洲先后七次组织"玉神论坛"，积极组织举办玉雕节；同时，他自2000年开始担任镇平工艺美术学校名誉校长，培养了一大批80后玉雕新星。

Ⅶ-74 汴绣

王素花

（编号：03-1292），女，汉族，1935年4月生，河南封丘县人，现居河南开封。2008年6月，汴绣被列入第二批国家级非物质文化遗产名录民间美术类，项目编号Ⅶ-74。2009年6月，王素花入选为第三批国家级非物质文化遗产项目代表性传承人，河南省开封市申报。王素花自幼酷爱刺绣，1957年进入开封汴绣厂是恢复汴绣的主要人物之一。她在继承、挖掘、整理宋代传统刺绣的工艺基础上，于1959年成功绣制首幅"清明上河图"，并创新了汴绣十几种针法，使绣卷充分表现了汴绣古朴典雅，工艺精细，层次分明，生动逼真，立体感强的风格。2002年她绣制的"洛神赋图"以汴绣传统工艺技巧绣制而成，绣卷针细线密，色彩沉着而艳丽，问世后引起国内文学艺术界人士高度重视和行业赞誉。2003年她绣成沈铨的"百鸟朝凤图"，充分发挥了汴绣工艺的独特风格，巧妙运用了宋代传统针法和技巧，色彩明快，结构严谨，生动传神，灵活剔透。此外还有"百骏图"、"韩熙载夜宴图"、"洛神赋图"等优秀作品。1990年王素花退休后为再现宋绣艺术魅力，创办了

公司，培训千余名刺绣人才；2010年她又成立了专门照顾残疾姑娘就业的开封市兄弟宋绣工艺公司，加以照顾并亲授技艺。此外她还整理、撰写了《开封汴绣、宋绣历史及针法》一书。

湖北

Ⅶ-16 剪纸 （鄂州雕花剪纸）

张家忠

（编号：03-1235），男，汉族，1933年生，湖北省鄂州市泽林镇周铺村人。2008年6月，剪纸（鄂州雕花剪纸）被列入第一批国家级非物质文化遗产扩展项目名录民间美术类，项目编号Ⅶ-16。2009年6月，张家忠入选为第三批国家级非物质文化遗产项目代表性传承人，湖北省鄂州市申报。张家忠15岁时师从周启墩学习花样剪纸，并成为花样剪纸艺人，所剪作品线条流畅，刀法洒脱自然，风格细腻空灵，具有浓郁的乡土气息。1954年之后，张家忠就不再剪纸，而是将其保留的花样整理成册。随着近年来当地文化部门对非物质文化遗产的重视，他每年都参加市、区文化部门举办的各种民间艺术展览活动。但据其自述，随着年岁的增长，技艺大不如从前，而以前村里诸多艺人均相继过世，他已成为村里唯一还懂鄂州雕花剪纸的人。张家忠意识到了这门老手艺的价值并尝试将之传授给自己的小儿子，但是由于儿子常年在外打工，传授技艺也无从开始。

Ⅶ-16 剪纸 （仙桃雕花剪纸）

胡敬先

（编号：03-1236），男，汉族，1926年8月生，2011年卒，湖北省仙桃市长埫口镇集木村人。

2008年6月，剪纸（仙桃雕花剪纸）被列入第一批国家级非物质文化遗产扩展项目名录民间美术类，项目编号Ⅶ-16。2009年6月，胡敬先入选为第三批国家级非物质文化遗产项目代表性传承人，湖北省仙桃市申报。胡敬先16岁开始拜师学艺，是仙桃雕花剪纸的代表人物，其作品充分体现了仙桃雕花剪纸构图繁茂完整、黑白虚实分明、刀法流利工正、破工精细严谨、点划秀美匀称、线条舒展圆润、配景寓意传情、图案丰满均衡的特点，具有写实兼写意、变形不失原形、艺术语言丰富、装饰风味浓烈的艺术特征。他的作品曾多次获得国家、省市级奖项，并出口到欧美地区。

Ⅶ-58 木雕（武汉木雕船模）

龙从发

（编号：03-1278），男，汉族，1936年6月生，湖北省宜昌市人，现居武汉。2008年6月，木雕（武汉木雕船模）被列入第二批国家级非物质文化遗产名录民间美术类，项目编号Ⅶ-58。2009年6月，龙从发入选为第三批国家级非物质文化遗产项目代表性传承人，湖北省武汉市硚口区申报。龙从发为祖传木雕船模技艺第四代传人，他12岁正式学艺。龙从发的作品风格清晰细腻、雄壮气派，集观赏性、思想性、收藏性于一体，与其父共同创作的"端午龙舟"陈列在人民大会堂湖北厅。获"中国工艺美术大师"称号。2009年龙从发工作室成立，陈列其20余件木雕船模精品，并专辟设计室、创作室。代表作品："龙凤舫"、"大柏木鼓船"、"端午龙舟"、"五牙战舰"等。龙从发授徒多人，但都谋求他职，放弃了木雕。现龙从发的儿子龙勇已成为木雕船模第五代传承人。

湖南

Ⅶ-16 剪纸（踏虎凿花）

邓兴隆

（编号：03-1237），男，1949年10月生，2010年3月卒，湖南省泸溪县踏虎村人。2008年6月，剪纸（踏虎凿花）被列入第一批国家级非物质文化遗产扩展项目名录民间美术类，项目编号Ⅶ-16。2009年6月，邓兴隆入选为第三批国家级非物质文化遗产项目代表性传承人，湖南省泸溪县申报。邓兴隆出身于剪纸世家，6岁起随母亲黄贵兰学习凿花；但由于多方缘由，邓兴隆1975年大学毕业后才重操旧业，并于1981年正式拜其堂舅剪纸大师黄靠天为师；20世纪90年代他在县中学任教师时培养了大批剪纸人才，并先后创作了大小凿花作品三百多件，特别是他同黄靠天共凿的一幅"稚牛图"巧夺天工，犹如一手凿成，由此声名鹊起并屡获殊荣。邓兴隆继承了黄靠天的传统特色，又表现出其独特的创作个性，其作品题材广泛，内容既有传统的民族图案，又有应时的新图案；在艺术风格上注重写意，多利用立体、变形、夸张等视觉构图；在审美效果上，浑厚有力，块面结合，画面呈现浮雕般的立体效果；因多用凿刀，其作品具有浓厚的刀味，独具装饰效果和审美特色。邓兴隆有一子一女，均继承了父亲的衣钵，此外还有徒弟若干。

Ⅶ-66 彩扎（凤凰纸扎）

聂方俊

（编号：03-1284），男，汉族，1933年6月生，湖南省凤凰县团鱼脑村人。2008年6月，彩扎（凤凰纸扎）被列入第二批国家级非物质文化遗产名录民间美术类，项目编号Ⅶ-66。2009年6月，聂方俊入选为第三批国家级非物质文化遗产项目代表性传承人，湖南省凤凰县申报。聂方俊生于纸扎工艺世家，9岁正式随父拜师学艺。1986年创办聂氏纸扎工艺社，进入其纸扎创作的黄金岁月。经过几十年的学习探索，聂方俊集众家之长，大胆运用夸张和浪漫手法，制作的纸扎形体实物图像美观大方，结构精良严谨，五彩斑斓，活灵活现，既保留了纸扎艺术古朴典雅的"奇、古、丽、轻"和"粗、俗、野、土"之特色，又有着强烈的时代感和浓厚的生活气息。同时他耗时数年撰写了《凤凰纸扎的制作技艺》，全面介绍纸扎手艺。获联合国教科文组织和中国文艺家协会授予的"民间工艺美术家"称号。代表作品："鲤鱼跳龙门"、"双龙抢宝"、"湖南边城巨龙"等。2010年，聂方俊成立了纸扎传习所，至今他已有六名弟子。

广东

Ⅶ-16 剪纸（广东剪纸）

陈永才

（编号：03-1223），男，汉族，1941年10月生，广东佛山人。2006年5月，剪纸（广东剪纸）被列入第一批国家级非物质文化遗产名录民间美术类，项目编号Ⅶ-16。2009年6月，陈永才入选为第三批国家级非物质文化遗产项目代表性传承人，广东省佛山市申报。陈永才1960年进入佛山民间艺术研究社，师从著名佛山剪纸老艺人梁朗生，作品以线条纤细流畅、玲珑剔透、题材广泛、形式新颖、手法多变著称，尤擅制作现代建筑巨幅剪纸。其代表作之一大型剪纸壁画"佛山秋色盛会"高达4米，长达21米。曾获我国文化部与联合国教科文组

织共同主办的国际剪纸艺术展优秀作品奖，广东省第三届民间工艺精品展金奖。"万象春"2004年获联合国教科文组织主办的"国际剪纸艺术展"优秀奖；其他代表作品："九鱼图"、"飞仙"、"粤曲悠扬万福台"、"南越新貌"等。2009年业已退休的陈永才收佛山市青年剪纸新秀饶宝莲为徒；2010年，师徒二人戮力合作推出了铜凿剪纸作品"佛山新八景"，成功复活了业已失传三十多年的铜凿剪纸工艺。

Ⅶ-47 泥塑（大吴泥塑）

吴光让

（编号：03-1252），男，汉族，1948年生，广东省潮安县人。2008年6月，泥塑（大吴泥塑）被列入第一批国家级非物质文化遗产扩展项目名录民间美术类，项目编号Ⅶ-47。2009年6月，吴光让入选为第三批国家级非物质文化遗产项目代表性传承人，广东省潮安县申报。吴光让生于泥塑世家，10岁起师从父亲吴来树；20世纪50年代，他进入大吴泥塑工艺品厂，不久便全面掌握了大吴泥塑的传统技法；其间他亦受到陶瓷艺术大师陈钟鸣的指导。他全面系统掌握了"大吴泥塑"、"捏段"、"镶手"、"着衣"、"彩饰"等一系列制作技法，特别是受其父最擅长的"贴塑"中"文身"技艺的真传，刻画的人物形象细致入微、形神兼备、贴近现实，是大吴泥塑第二十三代传人。代表作品："薛蛟遇狐狸"、"柳英春赠衣"、"送水到那田头"等。如今他的两个儿子已成为大吴泥塑的第二十四代传人。

Ⅶ-50 灯彩（东莞千角灯）

张金培

（编号：03-1260），又名张佛，男，汉族，1920年11月生，2009年6月卒，广东东莞人。

2006年5月，灯彩（东莞千角灯）被列入第一批国家级非物质文化遗产名录民间美术类，项目编号Ⅶ-50。2009年6月，张金培入选为第三批国家级非物质文化遗产项目代表性传承人，广东省东莞市申报。张金培12岁开始随父亲张报恩做灯彩，千角灯的制作工艺并无图纸或样本留传，全凭一代代口传身授；20世纪60年代，千角灯尽数被毁；2004年，广东省民协启动了民间文化遗产抢救工程，当时仅余的两位传承人张金培和尹全苦心追忆40多年前扎制千角灯的经历与细节，经反复试验和不断改进，终于让千角灯重现人间。张金培改进了千盏小灯的用材，由古式灯芯燃烧的油灯盏到煤油灯，再改用电灯泡，他所制千角灯集纸扎、绘画和宫灯工艺于一体，工艺精湛、雍容华贵、玲珑剔透、色彩艳丽、古色古香、造型卓越、流光溢彩。按祖辈的规定，千角灯的制作工艺不能外传，但为了让这一技艺得以传承，张金培欣然把设计原理、制作工艺等传授给省民协。目前千角灯的设计、制作工艺已得到分析整理，制作成了电子资料；同时张金培的儿子张树祺和孙子张汉燊亦已得到了他的真传。

Ⅶ-50 灯彩（佛山彩灯）

邓辉

（编号: 03-1263），男，汉族，1923年10月生，2010年9月卒，广东省佛山市三水区人。2008年6月，灯彩（佛山彩灯）被列入第一批国家级非物质文化遗产扩展项目名录民间美术类，项目编号Ⅶ-50。2009年6月，邓辉入选为第三批国家级非物质文化遗产项目代表性传承人，广东省佛山市申报。邓辉师承祖父邓忠，自幼随父亲学习灯彩技艺；1958年进入佛山民间秋色工艺社，成为彩灯工艺传承的"火种"，并在此得到了对佛山彩灯选料、颜色等一系列制作工艺的系统认识。1977年他设计制作的98米"大

彩龙"惊艳墨尔本，一举成名。邓辉擅长人物故事灯、"头牌灯"、彩龙灯和彩灯画屏制作，其作品造型生动、色彩艳丽、大气磅礴。目前，邓辉已培养了一批青年工艺师和制作技术人员，其徒弟陈棣桢、杨玉榕已可独当一面，名声斐然。

Ⅶ-50 灯彩（潮州花灯）

林汉彬

（编号: 03-1264），男，汉族，1930年2月生，2009年6月卒。广东省潮州市湘桥区人。2008年6月，灯彩（潮州花灯）被列入第一批国家级非物质文化遗产扩展项目名录民间美术类，项目编号Ⅶ-50。2009年6月，林汉彬入选为第三批国家级非物质文化遗产项目代表性传承人，广东省潮州市湘桥区申报。林汉彬生于花灯世家，13岁随父学习花灯彩扎手工技艺；1948年拜花灯名师刘景松为师；1956年进入剪纸花灯社；1992年退休后，他在家设立了潮州花灯彩扎工艺制作室。林汉彬从艺数十载，在继承传统的基础上博采众长，汲取了潮州民间书画、雕刻、刺绣、剪纸之所长，从画面构图、形象刻画、人物呼应到服装搭配、景物配置、技术制作都作了大胆的创新，使潮州花灯达到了前所未有的新境界。他创作的"水漫金山寺"花灯，人物众多、形态生动、栩栩如生；他的六角灯、鼓形灯、方形莲花灯，无论造型、装饰、色彩都独树一帜，具有形象丰腴、色彩夸张、情节细腻、人物传神的艺术特色。然而，由于上门求艺者往往学艺不精便打着他的招牌招揽生意，做出来的花灯十分粗糙，林汉彬怕他们有损潮州花灯美誉，便再也无心收徒，并把自己苦心撰写的潮州花灯制作技巧资料烧掉，仅余手稿。但近两年其子女开始制作花灯。

Ⅶ-57 玉雕（广州玉雕）

高兆华

（编号：03-1276），男，汉族，1949年4月生，广东省广州市人。2008年6月，玉雕（广州玉雕）被列入第二批国家级非物质文化遗产名录民间美术类，项目编号Ⅶ-57。2009年6月，高兆华入选为第三批国家级非物质文化遗产项目代表性传承人，广东省广州市荔湾区申报。高兆华1965年进入南方玉雕厂工作，从事玉雕创作四十余载。他全面吸取了立体雕刻、浮雕、镂空雕、机械车制、镶嵌等各种雕刻技法之长，因材施艺，巧妙设计，不断创出新花式，逐渐形成造型优美、生动巧妙、手法独特、工艺精湛的个人艺术特色。他的玉雕既有北派扎实的传统功底，又有南派的大胆创新，且个人技术比较全面，最擅长雕琢人物题材作品。同时，他创作的玉雕作品题材宽广。获"中国十大民间艺术家"称号，以及联合国教科文组织授予的"民间工艺美术大师"称号。代表作品："敦煌飞天佛球塔"、"福禄寿三星"、"花开富贵"、"八骏图"等。自1986年开办玉雕工作室以来，高兆华虽培养了300多个徒弟，却无真正继承其技艺者。

Ⅶ-59 核雕（广州榄雕）

黄学文

（编号：03-1281），男，汉族，1930年生，广东省增城市人。2008年6月，核雕（广州榄雕）被列入第二批国家级非物质文化遗产名录民间美术类，项目编号Ⅶ-59。2009年6月，黄学文入选为第三批国家级非物质文化遗产项目代表性传承人，广东省增城市申报。黄学文出身于榄雕世家，9岁即随父亲学习雕刻艺术，并通过观摩、研究前人作品自学成才，1973年进入新塘艺雕厂正式开始榄雕事业。黄学文把浮雕、通雕、镂空和刻字等多种技法融于一体，其榄雕作品秉承了岭南文化的风格特征，造型秀丽雅致，线条流畅，动静结合、细腻精微，富有强烈的立体感。但现在黄学文却面临着无徒弟可带的窘境，仅有两个非正式徒弟随其学艺。

Ⅶ-66 彩扎（佛山狮头）

黎伟

（编号：03-1288），男，汉族，1945年11月生，广东省佛山市人。2008年6月，彩扎（佛山狮头）被列入第二批国家级非物质文化遗产名录民间美术类，项目编号Ⅶ-66。2009年6月，黎伟入选为第三批国家级非物质文化遗产项目代表性传承人，广东省佛山市申报。黎伟是"黎家狮"第五代传人，1962年进厂随父学艺，后进入佛山市乐器工艺厂从事狮头制作，至2005年退休。黎伟不但全面掌握与继承了黎家传统狮艺，还在造型、结构、纹样、写色和装配等方面有所创新，先后创造了"雄鹰展翅狮"、"双龙戏珠俪眉户"、"双凤朝阳"、"二龙争珠"狮腮，并善于运用丰富的色彩与纹样作装饰，使狮头更加生动活泼，更能表现南狮的不同风格。代表作品："双龙戏珠"、"龙凤呈祥"、"四鱼到顶"等。为传承佛山狮头制作技艺，黎伟先后带徒传艺五人。

Ⅶ-92 新会葵艺

廖惠林

（编号：03-1300），男，汉族，广东省江门新会区人。2008年6月，新会葵艺被列入第二批国家级非物质文化遗产名录民间美术类，项目编号Ⅶ-92。2009年6月，廖惠林入选为第三批国家级非物质文化遗产项目代表性传承人，广东省江门市新会区申报。廖惠林 16 岁进入新会葵艺厂拜师学艺。1999 年葵艺厂倒闭后，他组织下岗艺人创办葵乡传统工艺品开发中心，开始了作坊式的经营。为将这门技艺传承下去，廖惠林将葵扇定位为收藏与纪念品进行发展，其制作的葵扇具有高超的造型艺术和精湛的编织技巧，同时融汇了绣花、绘画、印花等工艺于一炉，大大提高了葵扇的工艺性与装饰性。现在廖惠林收徒 4 人，希望不久的将来能专注于后继人才的培养。

重庆

Ⅶ-21 蜀绣

康宁

（编号：03-1241），女，汉族，1955 年生，重庆人。2008 年 6 月，蜀绣被列入第一批国家级非物质文化遗产扩展项目名录民间美术类，项目编号Ⅶ-21。2009 年 6 月，康宁入选为第三批国家级非物质文化遗产项目代表性传承人，重庆市渝中区申报。康宁于 1978 年进入重庆挑花刺绣厂，师从蜀绣艺人王清云、工艺美术大师唐振明。多年来，康宁潜心研究，遍访名师、博采众长，渐渐形成了具有其独特风格的"康宁绣"，自成一派，尤其是她创造的双面异形异彩绣被国内刺绣界誉为蜀绣一绝，甚至激活了蜀绣收藏市场，令当年的蜀绣艺人纷纷重操旧艺，重庆蜀绣也因此再获新生。代表作品："幽女神思"、"任女戏鹰"、"稚趣图"、"谜"、"趣"等。为传承蜀绣技艺，康宁自 2000 年以来陆续培养了近百名学徒，且多学有所成。

Ⅶ-51 竹编（梁平竹帘）

牟秉衡

（编号：03-1267），男，汉族，1939 年生，重庆市梁平县人。2008 年 6 月，竹编（梁平竹帘）被列入第一批国家级非物质文化遗产扩展项目名录民间美术类，项目编号Ⅶ-51。2009 年 6 月，牟秉衡入选为第三批国家级非物质文化遗产项目代表性传承人，重庆市梁平县申报。牟秉衡出身于书画世家，是梁平竹帘第四代传人，他自幼随外公学习绘画、书法，擅画花鸟与山水。1958 年进入梁平县工艺竹帘厂从事美工设计及竹帘编织工作。2001 年梁平县竹帘厂倒闭，工人纷纷转行，他将工作室从厂里搬到家里，继续竹帘制作。牟秉衡编织的竹帘色泽典雅、工艺精细、风格独特，采用喷、擦、画等多种绘制技巧，使其作品极富特色，又不失中国画的气韵，精湛别致，深得海内外人士的高度赞誉。代表作品："金陵十二钗"、"夜宴图"、"溪山行旅图"、"观音图"、"仕女图"、"熊猫图"等。现在，牟秉衡的两个儿子已分别放弃各自的专业开始随父亲制作竹帘。

四川

Ⅶ-47 泥塑（徐氏泥彩塑）

徐兴国

（编号：03-1253），男，汉族，1953 年生，四川省大英县玉峰镇肖家沟村人。2008 年 6 月，泥塑（徐氏泥彩塑）被列入第一批国家级非物质文化遗产扩展项目名录民间美术类，项目编号Ⅶ-47。2009 年 6 月，徐兴国入选为第三批国家级非物质文化遗产项目代表性传承人，四川省大英县申报。徐兴国幼时受其父徐氏泥彩塑创始人徐得亲指点，初窥泥塑门径；1979 年随父正式开始"学艺生涯"，系统全面地学习了徐氏泥塑技巧。20 世纪 80 年代，徐氏父子为丰都"鬼城"自创塑造了两千余尊造型各异的冥府神鬼形象，其塑造的正神威而不恶，小鬼怪而不可怖，生动形象，赢得广泛赞誉。后徐兴国不断精研，师法百家，艺术修养日益精进，作品匠气尽褪，唯见匠心。在多年实践的基础上，徐兴国总结出了徐氏泥塑的八个工序，并撰写了 13 万字的《徐氏泥彩塑工艺技法》。现在他的作品流传于四川、重庆、湖南、江西、台湾、海南等地，在旅游景点及宗教寺庙极受欢迎。代表作品："逐鹿之战"、"百孝图"、"百家姓"等。如今徐兴国的儿子也开始随父亲学习泥彩塑技艺，让这一独具特色的艺术后继有人。

Ⅶ -76 羌族刺绣

汪国芳

（编号：03-1293），女，羌族，1936 年 3 月生，四川省汶川县绵虒镇羌锋村人。2008 年 6 月，羌族刺绣被列入第二批国家级非物质文化遗产名录民间美术类，项目编号Ⅶ -76。2009 年 6 月，汪国芳入选为第三批国家级非物质文化遗产项目代表性传承人，四川省汶川县申报。受家乡刺绣风俗耳濡目染，汪国芳自幼便跟着母亲学习刺绣，慢慢便学会了这门手艺。现在 70 多岁的汪国芳眼不花、手不抖，心灵手巧不减当年，她刺绣不用图稿，各种花样都熟记心间，信手即可绣出。图案题材都是现实生活中的景物和自然界的花、鸟、虫、鱼等，所绣作品自然生动，精致美观。现在，为了不让这门技艺失传，她但凡得空便会去羌锋教年轻女孩们羌绣的技巧。

Ⅶ -88 糖塑 （成都糖画）

樊德然

（编号：03-1297），男，汉族，1924 年生，现居四川省成都市。2008 年 6 月，糖塑（成都糖画）被列入第二批国家级非物质文化遗产名录民间美术类，项目编号Ⅶ -88。2009 年 6 月，樊德然入选为第三批国家级非物质文化遗产项目代表性传承人，四川省成都市申报。樊德然 11 岁时拜成都小有名气的糖画艺人谢青云为师。在继承前人技艺的基础上，除传统的花鸟鱼虫图案之外，樊德然还可以倒出几百个中国传统戏曲中的人物，所勾勒的人物造型个个传神达意、栩栩如生。因为融合了传统皮影、剪纸和戏剧，糖画在他手中已不再是传统意义上的工艺食品，而成为众多民间艺术的综合体现，这也成为樊德然独有的特色糖画。1986 年，已经退休的他组织其他糖画艺人成立了"成都市东城区民间糖画艺术协会"，使几百年不同流派的糖画和各谋生活的艺人们终聚一堂。樊德然亦开始悉心指导近三十个徒弟，现在他的徒弟吴逢全已初步继承了樊德然的戏曲人物糖画技艺。

云南

Ⅶ -96 建筑彩绘 （白族民居彩绘）

李云义

（编号：03-1302），男，白族，1942 年生，云南省大理市双廊镇长育村人。2008 年 6 月，建筑彩绘（白族民居彩绘）被列入第二批国家级非物质文化遗产名录民间美术类，项目编号Ⅶ -96。2009 年 6 月，李云义入选为第三批国家级非物质文化遗产项目代表性传承人，云南省大理市申报。李云义于 1964 年开始利用业余时间跟随着一位彩绘、泥塑老前辈李文秀学习彩绘手艺，历任村中数职后，1988 年他辞去一切职务开始专业从事建筑彩绘。注重写生、加入当地风情是李云义彩绘的一大亮点。代表作品："龙榜"、"灵秀双乡"、"鸡足山全景图"等。20 多年前，李云义开始广收门徒，先后带出二十余名弟子，他的儿子李艳峰、大女婿李明亦在此列，但是目前仍在从事民间彩绘的徒弟现已不足 10 人。

陕西

Ⅶ-96 建筑彩绘（陕北匠艺丹青）

李生斌

（编号：03-1303），男，汉族，1945 年生。2008 年 6 月，建筑彩绘（陕北匠艺丹青）被列入第二批国家级非物质文化遗产名录民间美术类，项目编号Ⅶ-96。2009 年 6 月，李生斌入选为第三批国家级非物质文化遗产项目代表性传承人，陕西省申报。李生斌继承了陕北匠艺丹青形象生动、内容丰富、状物抒情的特点。此外，任今民亦是陕北匠艺丹青的大家。

青海

Ⅶ-48 塔尔寺酥油花

尕藏尖措

（编号：03-1255），男，藏族，1942 年生，青海省湟中县人。2006 年 5 月，塔尔寺酥油花被列入第一批国家级非物质文化遗产名录民间美术类，项目编号Ⅶ-48。2009 年 6 月，尕藏尖

措入选为第三批国家级非物质文化遗产项目代表性传承人，青海省湟中县申报。尕藏尖措 14 岁时经在塔尔寺酥油花院做艺僧的祖父引荐，进入酥油花院"上花院"并终身从艺。酥油花在制作上没有师承，主要由老艺僧口传心授，艺僧需学习藏传佛教中的《造像度量经》、《比例学》、《色彩学》、《轴画法》等，平时画图案，掌握藏族风格的各种边饰和藏传佛教八宝图，习练基本功，冬天则塑酥油花、学习雕塑。尕藏尖措制作酥油花时，无须图纸，仅凭记忆信手拈来，集中体现了塔尔寺酥油花"精"、"繁"、"巧"的特点。由于塔尔寺酥油花院的上下两个花院在题材和制作工艺上互相保密，长期以来各自形成了一定的独立流派。他们在竞争中发展，每年都以新的面貌，新的技艺展示各自的成果，现在塔尔寺酥油花制作技艺的主要传承人除了尕藏尖措外，还有扎西尼玛、罗藏龙珠、加阳谢热、智华若子等。

Ⅶ-49 热贡艺术

西合道

（编号：03-1256），男，1946 年生，青海省同仁县隆务镇下吾屯村人。2006 年 5 月，热贡艺术被列入第一批国家级非物质文化遗产名录民间美术类，项目编号Ⅶ-49。2009 年 6 月，西合道入选为第三批国家级非物质文化遗产项目代表性传承人，青海省同仁县申报。西合道出生在唐卡之乡，7 岁开始随舅舅著名唐卡艺术家尕藏学习绘制唐卡，并在夏河拉卜楞寺边打工边学习，12 岁时开始自制唐卡，由于画工娴熟，很快蜚声当地。20 世纪 70 年代，西合道开始潜心绘制和研究唐卡艺术，在实践中逐步形成了自己独特的绘画艺术风格，在藏蒙地区享有极高的声誉。西合道的作品绚丽大方，画面构图精细复杂，线条绘画严谨细腻，唐卡人物形象丰富多彩，代表作品："大威德金刚像"、"大

白伞盖佛图"等。现在西合道的儿子普华已经继承了父亲的事业，此外他还带出了 30 多个徒弟，使得以往只在家庭内部传授的技艺走向了社会。为遏止唐卡的粗制滥造之风，西合道还自己出资建立了唐卡文化博物馆，并集毕生经验总结出了《热贡艺术（唐卡绘制）职业技能鉴定地方标准》。

娘本

（编号：03-1257），男，1971 年生，青海省同仁县隆务镇吾屯上村人。2006 年 5 月，热贡艺术被列入第一批国家级非物质文化遗产名录民间美术类，项目编号 Ⅶ-49。2009 年 6 月，娘本入选为第三批国家级非物质文化遗产项目代表性传承人，青海省同仁县申报。娘本 12 岁随中国工艺美术大师夏吾才让学艺，从事唐卡绘画和藏传佛教艺术的研究工作；1995 年至 1997 年，娘本赴成都系统学习了汉族的传统工笔绘画艺术，其眼界和艺术表现手法更加广阔和多样。娘本不仅发扬光大了其老师夏吾才让创立的热贡现代唐卡艺术画派，还吸收了藏传佛教各个教派绘画艺术手法和风格，同时融合了敦煌石窟及汉族传统工笔绘画的艺术技巧和表现方式，形成了新的热贡唐卡艺术画派。其作品色彩绚丽大方、构图精细复杂、线条严谨细腻、人物神态突出；浓重饱和的用金技术和淡雅柔和的面部设色亦是其绝活儿。代表作品："宗喀巴上师供奉图"、"四壁观音"等，2006 年娘本成立了黄南州热贡艺术传播有限责任公司；2007 年筹建青海省黄南州热贡画院并担任院长，目前画院已培养了画师两百余名，其亦收徒数十名；2011 年他又出资设立了热贡唐卡职业技能培训学校，为唐卡技艺的传播与传承再添助力。

夏吾角

（编号：03-1258），男，土族，1966 年生，青海省同仁县隆务镇加仓玛村人，现居青海同仁。2006 年 5 月，热贡艺术被列入第一批国家级非物质文化遗产名录民间美术类，项目编号 Ⅶ-49。2009 年 6 月，夏吾角入选为第三批国家级非物质文化遗产项目代表性传承人，青海省同仁县申报。夏吾角从小随父亲学习泥塑技艺，是家族中泥塑工艺的第五代传人。1986 年，他师从黄南州著名热贡艺术大师登丁，技艺大增，同时将热贡艺术和民间手工艺风格融合在一起，形成了自己的独特风格。其泥塑作品如"文殊菩萨"等，质地细腻，经久不坏，造型完美生动，神态刻画惟妙惟肖，服饰衣褶简练流畅，色彩对比强烈且鲜艳协调，别具藏文化风情。2005 年夏吾角成立了青海仁俊热贡艺术有限责任公司，每年招收二十多个学徒；2013 年，夏吾角同当地政府共同投资建立了青海仁俊热贡艺术雕塑传习院；在夏吾角等人的带动下，热贡泥塑艺术已经走上了产业化发展的道路。

罗藏旦巴

（编号：03-1259），男，藏族，1965 年生，青海省同仁县年都乎乡尕沙日村人。2006 年 5 月，热贡艺术被列入第一批国家级非物质文化遗产名录民间美术类，项目编号 Ⅶ-49。2009 年 6 月，罗藏旦巴入选为第三批国家级非物质文化遗产项目代表性传承人，青海省同仁县申报。罗藏旦巴出身于唐卡之家，8 岁拜享有"热贡艺术四大天王"之誉的更藏为师，学习唐卡的基础知识；1977 年在尕沙日寺出家为僧；1981 年开始随父亲——中国工艺美术大师启加四处作画，绘画技能渐至炉火纯青；1990 年，他带领学徒走南闯北，开始自己独立的绘画创作生涯。罗藏旦巴的作品使用矿物颜料和纯金点勾，设计精美，笔法细腻，色彩艳丽，为传统唐卡绘制技能的继承和发展起到了积极的推动作用，其主要作品有"东方持国天王"、"释迦牟尼出家修行记"、"阿弥陀佛"等。为传承热贡文化，他先后招收徒弟七十余人，其得意徒弟有增太加、洛藏达杰、桑杰加布、坚巴、项加等，均已出师且都在从事绘画工作。

Ⅶ-56 石雕（泽库和日寺石刻）

贡保才旦

（编号：03-1273），男，藏族，1937年生，青海省泽库县和日乡人。2008年6月，石雕（泽库和日寺石刻）被列入第二批国家级非物质文化遗产名录民间美术类，项目编号Ⅶ-56。2009年6月，贡保才旦入选为第三批国家级非物质文化遗产项目代表性传承人，青海省泽库县申报。贡保才旦14岁出家进入和日寺院，通过拜石刻艺人守龙仓、哇布旦等为师，初步掌握了唐卡、壁画、泥塑等艺术的基本技能。后在果洛一位石雕艺人的指导下学习石刻造像和石刻经文的各种刀法，逐渐成为当地有名的雕刻高手。20世纪60年代，贡保才旦返乡劳作之余仍坚持练习刀法，把原来单线阴刻刀法和斜着刻线、平拖抛光的简单工艺提升为采用刻、雕、凿、钻、打磨、镂空等复杂技法，创作出许多富有艺术生命力的佛教人物形象。20世纪80年代，民族文化得到重视和恢复，他先后绘制壁画、唐卡、墙裙、图案、装饰彩绘三百余幅，并积极投身到保护和修缮和日石经墙的工作之中。他潜心钻研佛教其他流派的绘画和雕塑艺术，将众多的雕刻技巧融会贯通，又恢复了部分失传的技法，形成了他独特的艺术风格。雕刻之余，贡保才旦把所有的精力都放在了带徒上，先后带出近百位徒弟，其中吉美旦培是石刻技艺最好的一位。

Ⅶ-64 藏文书法（果洛德昂洒智）

查·巴智

（编号：03-1283），男，藏族，1925年生，

2009年卒。青海省果洛藏族自治州达日县德昂乡人。2008年6月，藏文书法（果洛德昂洒智）被列入第二批国家级非物质文化遗产名录民间美术类，项目编号Ⅶ-64。2009年6月，查·巴智入选为第三批国家级非物质文化遗产项目代表性传承人，青海省果洛藏族自治州申报。查·巴智受土丹嘎达益西活佛传承文殊菩萨的法脉和灌顶，并得其传授"德昂洒智"书法，成为果洛德昂洒智藏文书法第七代传人。其作品简洁流畅，美观大方，德昂伏藏大师班玛钦次奥色所有的伏藏仪轨及密宗经文基本都出自巴智之手。但由于德昂洒智书法书写难度大、学习时间长、对书写工具要求高，常人难以持之以恒。查·巴智老人在查朗寺、龙恩寺、东琼寺、保巴寺、东羊寺、白玉寺、果洛洲藏文中学、达日县藏文中学等广泛传授德昂洒智藏文书法。其中查·秋日、阿昂尖措、桑达、江巴成利、洛·俄年、查·奥年、岗巴才旺等都是他最优秀的弟子和传承人。但这门技艺面临着从制笔、造纸、调墨到书写的困境。

宁夏

Ⅶ-47 泥塑（杨氏家庭泥塑）

杨栖鹤

（编号：03-1254），男，汉族，1930年6月生，宁夏回族自治区隆德县温堡乡杨坡村人。2008年6月，泥塑（杨氏家庭泥塑）被列入第一批国家级非物质文化遗产扩展项目名录民间美术类，项目编号Ⅶ-47。2009年6月，杨栖鹤入选为第三批国家级非物质文化遗产项目代表性传承人，宁夏回族自治区隆德县申报。杨栖鹤从小受家族艺术熏陶，在父亲和叔父指导下，不但学习和掌握了民间泥塑的制作及彩绘技能，

还练就了一手木雕、戏剧服饰道具的制作技艺。杨栖鹤继承了祖辈们写实、细腻、色彩艳丽的传统风格，又广泛借鉴和吸收了民间艺术精华，使用夸张和写意的手法，不失法度地塑造了很多近代和古代人物的形象。特别是他的木刻、章雕、核雕刀工娴熟，刀法细腻，刻画的动物、花鸟形象生动逼真，形成了集泥塑、绘画、木刻、章雕、剪纸、烫花为一体的杨氏家族艺术风格，具有鲜明的民俗性、地域性和浓厚的乡土气息。同时，他还对杨氏泥塑传人的遗作、手稿、粉本、典籍等重要资料进行了挖掘、搜集、整理。代表作品："十二生肖"、"猴子抱膀"、"木香炉"等。近年来，在杨栖鹤的大力培养下，已初步形成了一支二十余人的杨氏家族泥塑队伍，其儿子和孙子均是主要成员。

第四批国家级非物质文化遗产项目代表性传承人

北京

Ⅶ-27 象牙雕刻

柴慈继

（编号：04-1776），男，汉族，1949年2月生，北京市人。2006年5月，象牙雕刻被列入第一批国家级非物质文化遗产名录民间美术类，项目编号Ⅶ-27。2012年12月，柴慈继入选为第四批国家级非物质文化遗产项目代表性传承人，北京市东城区申报。柴慈继1977年进入北京象牙雕刻厂工作，先后师从工艺师张寿年和中国工艺美术大师孙森。柴慈继擅长把传统文化的根基和神韵融入作品中，并将传统圆雕技法与现代深浅浮雕、镂空雕进行有机结合，使技艺水平不断升华。在象牙原料紧缺的情况下，柴慈继大胆进行探索与创新，成功研究出象牙与木雕、象牙与根雕、象牙与葫芦等其他材质相结合的新作品，实现了传统牙雕艺术与现代审美意识的完美结合。柴慈继的极富特色的艺术风格受到了各大展览、奖项的青睐。代表作品："香音之神"2002年获"西湖博览会"金奖；"嫦娥"2005年获"西湖博览会"金奖；"大唐贵妃"获上海"第五届大师精品博览会"金奖。柴慈继收李茜、张贺为徒，他们的作品已经获得业界广泛认可，并多次在展会中摘取国家级大奖。

李春珂

（编号：04-1777），男，汉族，1949年3月生，北京市人。2006年5月，象牙雕刻被列入第一批国家级非物质文化遗产名录民间美术类，项目编号Ⅶ-27。2012年12月，李春珂入选为第四批国家级非物质文化遗产项目代表性传承人，北京市东城区申报。1964年，李春珂进入北京象牙雕刻厂，先后师从工艺美术大师杨士俊、孙森学习花鸟、人物等象牙雕刻，技术日渐成熟。随着学习和实践经验的积累，李春珂开始追求牙雕艺术之变，尝试清水出芙蓉的艺术境界，坚持创作"造型简洁，但有让人过目即见生动的气韵"的牙雕作品。2002年，李春珂历时两年创作完成了牙雕"韩熙载夜宴图"，打破了牙雕的常规模式，别出心裁地运用简练的明式雕刻手法，在强调整体效果和韵味的同时，也细腻传神地表现出了人物神态，最终成品在艺术上、技术上获得了空前成功，被认定为珍品。2006年获"中国工艺美术大师"称号。李春珂退休后开办了自己的牙雕工作室，在继续从事艺术创作的同时，也向学生们悉心传授牙雕技艺。2013年，获得"第二届中华非物质文化遗产薪传奖"。

Ⅶ-52 面人（面人汤）

汤凤国

（编号：04-1795），男，汉族，1933年5月生，北京人。2011年6月，面人（面人汤）被列入第二批国家级非物质文化遗产扩展项目名录民间美术类，项目编号Ⅶ-52。2012年12月，汤凤国入选为第四批国家级非物质文化遗产项目代表性传承人，北京市通州区申报。汤凤国的父亲汤子博首次将做工粗糙的签举式面人玩偶提升为具有艺术价值的托板式面塑艺术品，在京城一带很有名气，被誉为"面人汤"。汤凤国自小耳濡目染，深得父亲真传，继承了其"近取神似，远取韵似"的独特风格。1961年，汤凤国进入中央美术学院雕塑系进行了6年的学习，雕塑专业的学习使汤凤国在面人创作的过程中更注重雕塑的美感，并融入了西方造型艺术的特点，既强调协调人物的结构和比例，又注重刻画人物的情绪和神韵。同时，汤凤国在内容上涉猎更加广泛，创造出众多现代题材的作品。1978年，汤凤国在中央美术学院成立了汤凤国面塑工作室，由其侄汤沛担任助手。"面人汤"第三代传人汤沛在2006年因故早逝，至今汤凤国尚未找到合适的传承人。汤凤国目前已着手把这项绝技整理成书稿，希望面人汤技艺可以被更多人知晓和传承。

Ⅶ-57 玉雕（北京玉雕）

柳朝国

（编号：04-1797），男，汉族，1945年3月生，北京市人。2008年6月，玉雕（北京玉雕）被列入第二批国家级非物质文化遗产名录民间美术类，项目编号Ⅶ-57。2012年12月，柳朝国入选为第四批国家级非物质文化遗产项目代表性传承人，北京市玉器厂申报。1962年中学毕业后，柳朝国被分配到北京玉器厂工作，师从著名玉雕艺人程占雄、夏长馨、蒋通。柳朝国擅长动物和器皿造型的设计，艺术特点表现为北派玉雕的宫廷艺术风格，大气磅礴、中正平和、富丽典雅，用料严谨、技艺精绝。其中，最受瞩目的是他掌握的薄胎技艺，这是玉器行中最为高深的艺术工艺之一，其薄胎技艺已达到"在手疑无物，定睛知有形"的境界，在玉器界有"薄胎柳"之称。代表作品："万象更新套车"于1990年获中国工艺美术品"百花奖"优秀新产品一等奖；"簋"及"六合瑞象万岁瓶"先后于2008年、2011年两度获得中国玉（石）器百花奖特等奖。2006年，柳朝国被授予"中国工艺美术大师"称号。柳朝国的徒弟均从十五六岁起便跟随其学艺，掌握了扎实的玉雕技艺，现在已经独立从事玉器加工经营事业。

李博生

（编号：04-1798），男，汉族，1941年10月生，北京市人。2008年6月，玉雕（北京玉雕）被列入第二批国家级非物质文化遗产名录民间美术类，项目编号Ⅶ-57。2012年12月，李博生入选为第四批国家级非物质文化遗产项目代表性传承人，北京市玉器厂申报。李博生1958年进入北京市玉器厂的前身北京玉器合作社工作，先后师从老一代玉雕行业"四大怪杰"中的何荣、王树森两位艺术家。20世纪70年代，李博生着重钻研中国传统工笔重彩画的细腻与写意画的豪放风格，创作出"鼓上飞燕"、"恨福来迟"等一批优秀作品，其中玛瑙俏色"恨福来迟"获1979年全国玉雕人物评比第一名。80年代，李博生进入艺术的成熟期，在人物造型、动态、花纹处理和各种技法的运用上更为纯熟，创作出"人之初"、"无量寿佛"等众多艺术珍品，分别荣获"百花奖"创作设计一等奖和"百花奖"金杯奖。1988年，获"中国工艺美术大师"称号。在艺术创作之外，李博生最为关注的仍是玉雕技艺和艺术理念的传承问题。现在李博生的儿子李清元已经辞去工作，全心全意跟随父亲学习玉雕技艺。

河北

Ⅶ-16 剪纸（蔚县剪纸）

周广

（编号：04-1752），男，汉族，1955年11月生，河北省蔚县人。2006年5月，剪纸（蔚县剪纸）被列入第一批国家级非物质文化遗产名录民间美术类，项目编号Ⅶ-16。2012年12月，周广入选为第四批国家级非物质文化遗产项目代表性传承人，河北省蔚县申报。周广是蔚县著名剪纸艺术家、剪纸艺术大师王老赏弟子周永明的长子，9 岁开始随父亲学习蔚县剪纸设计、刀工和色工。精通蔚县剪纸画、刻、染等全部业务，技术全面、工艺精湛、功底深厚，他在继承王老赏、周永明两代大师剪纸艺术成就的基础上，不断创新、发展新技法，逐渐形成了自己鲜明的艺术风格。代表作品："六合生肖"获"第二届华夏风韵剪纸艺术展"金奖并被中国农业博物馆收藏；"八仙"获"首届中国剪纸艺术节"金奖。1985 年，周广筹资创办了个人的剪纸厂，收徒传艺，每年培养学员三十多人，成为蔚县剪纸技艺的重要传承者。此外，周广还应邀先后到石家庄、南京、辽宁建平等地进行蔚县剪纸文化传播和技艺培训，听众达五千多人次。2008 年，周广创办了蔚县规模最大的专业性剪纸博物馆，用于传播剪纸文化，展示剪纸艺术，收藏剪纸精品。

周淑英

（编号：04-1753），女，汉族，1964 年 11 月生，河北省蔚县人。2006 年 5 月，剪纸（蔚县剪纸）被列入第一批国家级非物质文化遗产名录民间美术类，项目编号Ⅶ-16。2012 年 12 月，周淑英入选为第四批国家级非物质文化遗产项目代表性传承人，河北省蔚县申报。周淑英出身于剪纸艺术世家，从小受家庭的熏陶，酷爱剪纸艺术，后师从蔚县剪纸艺术创始人王老赏嫡传弟子、父亲周永明学艺，练就了剪纸艺术刻、画、染全套功夫。周淑英在继承王老赏及周永明等剪纸大师传统技法的基础上，又发明创造了 6 种点染新技法，不仅增添了周派剪纸的品种和技法，也使蔚县剪纸艺术有了新的飞跃和发展。周淑英曾多次参加世界和全国的剪纸比赛，并获得剪纸比赛大奖百余项。代表作品："清明上河图"、"百蝶图"、"生命树"、"农家乐"、"彩福图"、"牡丹"等数次在国家级评选中斩获金银奖项，被中央美术学院、中国美术馆、国外首相、总

统及名人收藏。1995 年，周淑英被联合国教科文组织授予"中国民间工艺美术家"称号。

Ⅶ-34 曲阳石雕

安荣杰

（编号：04-1782），男，汉族，1947 年 5 月生，河北省曲阳县北养马村人。2006 年 5 月，曲阳石雕被列入第一批国家级非物质文化遗产名录民间美术类，项目编号Ⅶ-34。2012 年 12 月，安荣杰入选为第四批国家级非物质文化遗产项目代表性传承人，河北省曲阳县申报。安荣杰自幼酷爱绘画与雕刻艺术，曾拜曲阳著名雕刻艺人刘东元为师学习雕刻。同时，安荣杰游学四方，虚心吸取国内外各流派雕塑艺术精华，博采众家之长，在实践中发明了巨雕放大法——"纵横线放大法"，荣获河北省科技发明金奖。1985 年到 2003 年间，安荣杰利用"纵横线放大法"先后完成了日本国家巨型木雕"哼哈二将"工程、广东省三水市卧佛工程、山东蒙山老寿星半山像工程，均被载入吉尼斯世界纪录。2007 年，安荣杰以超常的速度和质量，与刘同保、安英刚等大师共同制作完成了大型组雕"井冈山会师"——《胜利的起点》，受到党和国家领导人的肯定。自 20 世纪 80 年代以来，安荣杰先后筹措资金创办了八个大型雕刻工厂，创造效益数亿元，培养技工上万名，其中数十名已荣获省级以上民间艺术家及大师称号。

山西

Ⅶ-71 堆锦（上党堆锦）

弓春香

（编号：04-1810），女，汉族，1942 年 8 月

生，山西省长治县人。2008年6月，堆锦（上党堆锦）被列入第二批国家级非物质文化遗产名录民间美术类，项目编号Ⅶ-71。2012年12月，弓春香入选为第四批国家级非物质文化遗产项目代表性传承人，山西省长治县群众艺术馆申报。1965年，弓春香进入长治市工艺美术厂工作，师从李时忠从事长治堆锦艺术设计、制作。弓春香在传统的基础上进行了大胆的改革、创新，既在作品中保留了中国画笔墨韵味，又借鉴了浮雕强烈的立体效果，同时兼容了绸缎的雍容华贵。此外，她经过精良的选材和技术改革，使堆锦具备了不生蛀、不褪色、永久保存的特点。代表作品："秋翁遇仙记"、"湘云醉卧花丛中"参加1994年山西省民间艺术一绝大展，荣获金奖；同年，该作被中华人民共和国文化部授予"中国一绝"称号。1996年，弓春香成立了以"上党堆锦画"为龙头专业的艺术类普通中专院校。截至2009年，该工艺美术学校向各大院校输送学生360多名，从事工艺美术工作的220多名，为国家培养艺术人才共600余名。

Ⅶ-101 平遥纱阁戏人

雷显元

（编号：04-1816），男，汉族，1929年7月生，山西省平遥县人。2011年6月，平遥纱阁戏人被列入第三批国家级非物质文化遗产名录民间美术类，项目编号Ⅶ-101。2012年12月，雷显元入选为第四批国家级非物质文化遗产项目代表性传承人，山西省平遥县申报。雷显元的父亲是一位制作纱阁戏人的艺人，受家庭的熏陶，雷显元自小便跟随父亲学习纱阁戏人制作技术，勤学苦练获得真传，集彩花、纸扎、泥塑、彩雕等工艺于一身。1944年至1945年间，雷显元在平遥县城隍庙雕塑了城隍爷等尊七雕像。1959年，因为技艺超群，雷显元被推荐参加了人民大会堂的装修、粉饰、彩画工作。1966年，雷

显元参加了山西省芮城县永乐宫的彩塑彩画拆迁搬移工作。受"文革"期间"破四旧"的影响，雷显元制作纱阁戏人的工具遭到了破坏，为了养家糊口，雷显元改行做了钢筋工，但始终对纱阁戏人艺术保持着热忱。退休后，雷显元重拾技艺，为挖掘这一民间工艺精华，他与次子花费大量的时间和精力，按原貌复制了遗失的8套纱阁戏人。雷显元的复原作品得到了众多专家的认可，为传承平遥纱阁戏人起到了积极作用。

内蒙古

Ⅶ-16 剪纸 （和林格尔剪纸）

段建珺

（编号：04-1754），男，汉族，1973年6月生，内蒙古自治区和林格尔县人，2008年6月，剪纸（和林格尔剪纸）被列入第一批国家级非物质文化遗产扩展项目名录民间美术类，项目编号Ⅶ-16。2012年12月，段建珺入选为第四批国家级非物质文化遗产项目代表性传承人，内蒙古自治区和林格尔县申报。段建珺从海拉尔师专美术系毕业后，回到和林格尔职业高中任美术教师，将剪纸课程引入美术课堂。本着"古为今用，推陈出新"、"来自民间，异于民间"的创作原则，段建珺努力探究和创作富有草原风情和民间趣味剪纸作品，形成了雄浑深沉、粗犷奔放的剪风，作品充满人性真善的生命律动之美，具有很高的艺术感染力。代表作品："套马"获2000年"中国剪纸世纪回顾展"一等奖；"套马"（系列之二）2001年在"庆祝建国五十周年全国剪纸展"上荣获金奖；"草原雄鹰"2002年获中国民间文艺最高奖"山花"奖。为保护和延续剪纸艺术，段建珺在1998年创办了和林格尔剪纸学会并担任会长，后又承

担起内蒙古剪纸学会会长一职。十多年来，两级协会已经吸纳了500余名会员，会员年龄结构上也呈现出老中青三代持续发展的态势。

Ⅶ-16 剪纸（包头剪纸）

刘静兰

（编号：04-1755），女，汉族，1955年4月生，内蒙古自治区商都县人。2011年6月，剪纸（包头剪纸）被列入第二批国家级非物质文化遗产扩展项目名录民间美术类，项目编号Ⅶ-16。2012年12月，刘静兰入选为第四批国家级非物质文化遗产项目代表性传承人，内蒙古自治区包头市申报。刘静兰8岁时便在母亲和村中巧妇的指导下开始学习剪纸艺术，在学习过程中，刘静兰一方面认真从民间传统的剪纸艺术中汲取养分，搜集、整理、复制了许多传统民间窗花，甚至抢救了部分即将失传的剪纸；另一方面注重了解民俗风情，善于捕捉日常生活趣味，结合现实生活创作出众多匀细优美，柔弱飘逸、风格独特的剪纸艺术作品。代表作品："草原吉祥"2001年获"山花奖"民间工艺金奖；有二百多幅作品被中国美术馆和国家博物馆收藏，四百多幅作品发表在各种书刊上，另有多幅剪纸被国家邮政总局选为邮票、首日封、明信片的图案在全球范围内发行。刘静兰迄今为止已收了9名传人。同时，刘静兰还抢救性地搜集、整理、复制了228幅传统的民间窗花，为剪纸的保存和传承贡献了力量。

辽宁

Ⅶ-16 剪纸（新宾满族剪纸）

关淑梅

（编号：04-1756），女，满族，1956年6月生，辽宁省新宾满族自治县人。2008年6月，剪纸（新宾满族剪纸）被列入第一批国家级非物质文化遗产扩展项目名录民间美术类，项目编号Ⅶ-16。2012年12月，关淑梅入选为第四批国家级非物质文化遗产项目代表性传承人，辽宁省新宾满族自治县申报。关淑梅是满族民间剪纸开创者、剪纸大师金雅贞之女，5岁起便在母亲的口传身授下学习剪纸艺术。关淑梅的剪纸作品以满族萨满文化和满族民俗节日活动为主要表现内容，乡土气息浓烈、民族特点鲜明，同时又随心所欲、自然天成，代表作品："嬷嬷人"、"对饮"、"夜幕下的母女"、"满族八角鼓"等。在进行剪纸创作工作的同时，关淑梅还致力于剪纸艺术传统遗产的搜集、整理工作。为已故母亲出版了《金雅贞满族剪纸集》，协助政府设立了"金雅贞剪纸陈列馆"，并且在家中设立了"满族瓜尔佳哈拉老箱底文化陈列室"，以向大众展示、传播满族原生态的民间剪纸艺术，不断挖掘和弘扬满族文化。

吉林

Ⅶ-16 剪纸（长白山满族剪纸）

倪友芝

（编号：04-1757），女，满族，1939年1月生，吉林省通化市通化县人。2008年6月，剪纸（长白山满族剪纸）被列入第一批国家级非物质文化遗产扩展项目名录民间美术类，项目编号Ⅶ-16。2012年12月，倪友芝入选为第四批国家级非物质文化遗产项目代表性传承人，吉林省通化市申报。倪友芝从小便跟随母亲学习满族剪纸，1982年，通过偶然的契机，倪友芝创作的两幅"嬷嬷人"参加了通化县剪纸展览，被通化师范学院教授王纯信认定为长白山满族剪纸，使该种剪纸首次进入大众视野。她的作品题材独特、造型古朴、剪技粗犷，具有典型的满族剪纸特征。如今中国美术馆收藏倪友芝的满族剪纸作品15幅，华夏剪纸博物馆收藏了她用柞树叶烧制的作品2件，作为永久珍藏。1998年4月，倪友芝受聘于通化县实验小学做剪纸辅导员，专门传授满族剪纸艺术。倪友芝的学生先后3次参加全国、省、市、县青少年美术作品展览，有二十余人获奖。倪友芝的家庭剪纸传承人是孙女佟婧，在剪纸方面已小有建树，曾获省展一等奖、全国二等奖。

上海

Ⅶ-16 剪纸 （上海剪纸）

奚小琴

（编号：04-1758），女，汉族，1956年3月生，上海人。2008年6月，剪纸（上海剪纸）被列入第一批国家级非物质文化遗产扩展项目名录民间美术类，项目编号Ⅶ-16。2012年12月，奚小琴入选为第四批国家级非物质文化遗产项目代表性传承人，上海市徐汇区申报。奚小琴1973年进入上海工艺美术研究室（后更名为上海工艺美术研究所），师从王子淦学习剪纸，潜心剪纸创作40年。奚小琴的剪纸作品题材广泛，在材料的选用和造型处理上积极创新，大胆探索，采用立体剪纸、皱纸剪纸、彩色剪纸等手法创作出富有新意的剪纸作品。代表作品："树熊"、"春"、"育雏"，另外，剪纸作品"搏"、"节节高"在第二届"神州风韵"全国剪纸大赛中获得金奖，奚小琴也荣获"十大神剪"称号。奚小琴收徒一人，跟其学艺已逾三年，已经掌握了较为扎实的基本功。

Ⅶ-57 玉雕 （海派玉雕）

袁耀

（编号：04-1799），男，汉族，1949年2月生，上海市人。2011年6月，玉雕（海派玉雕）被列入第二批国家级非物质文化遗产扩展项目名录民间美术类，项目编号Ⅶ-57。2012年12月，袁耀入选为第四批国家级非物质文化遗产项目代表性传承人，上海市申报。袁耀自9岁开始学习刻印，继自学雕刻、微刻诸艺，加上后来潜心钻研的俏雕、微雕，打下了良好的玉雕功底。袁耀善于将作品融俏色雕、立体微雕、平面微刻书法于一体，构思设计含蓄蕴藉，风格独特清新。1997年，在第二届中国雕刻艺术大赛中，袁耀以高度仅为5毫米的巧色石微雕《陆羽赏壶图》一举夺奖。2000年，袁耀凭借石雕作品《苏东坡游赤壁》获"第二届中国国家级工艺美术大师精品展暨第二届中国工艺美术优秀作品评选"金奖；2004年，袁耀的俏色翡翠微雕作品《千手千眼观音》创作完成，后于2006年荣获中国玉石雕刻"百花玉缘杯"金奖。2009年，袁耀的翡翠雕刻作品《独钓寒江雪》获"第九届中国工艺美术大师作品暨国际艺术精品博览会"金奖。此外，袁耀还先后被授予高级工艺美术师、国家一级高级技师和上海市工艺美术大师等高级专业技术职务资格。袁耀在艺术创作的同时，也十分重视技艺传承和人才培养。迄今为止，袁耀已培养出一批徒弟，其中较有建树的有黄一鸣、赵华新等。

洪新华

（编号：04-1800），男，汉族，1959 年 5 月生，上海市人。2011 年 6 月，玉雕（海派玉雕）被列入第三批国家级非物质文化遗产名录民间美术类，项目编号Ⅶ -57。2012 年 12 月，洪新华入选为第四批国家级非物质文化遗产项目代表性传承人，上海市申报。1973 年，洪新华进入上海长江刻字厂工业中学学习，毕业后进入上海玉石雕刻厂人件车间工作，师承苏才长及中国工艺美术大师萧海春。洪新华善于在中国传统题材中寻找灵感，用现代审美加以提升、夸张、强调，并配以到位的工艺手法和融会贯通的技巧，最终形成了独特的审美风格，即让作品在大气和精微中能透出空灵气。代表作品："贾宝玉梦游太虚幻境"于 1984 年获中国工艺美术品"百花奖"优秀创作设计二等奖；"罗汉"于 1993 年获第二届宝玉石博览会"玉龙奖"；"和合二仙"获首届玉雕"神工奖"银奖，"渔翁得利"获铜奖。2008 年，被评为"中国玉石雕刻大师"。洪新华在进行艺术创作的同时，也为培养传承人不遗余力。收徒崔磊、于雪涛，已成长为海派玉雕界的优秀青年艺术家，两人均有多件作品荣获国家级金奖。

翟念卫

（编号：04-1801），男，汉族，1961 年 7 月生，上海市人。2011 年 6 月，玉雕（海派玉雕）被列入第三批国家级非物质文化遗产名录民间美术类，项目编号Ⅶ -57。2012 年 12 月，翟念卫入选为第四批国家级非物质文化遗产项目代表性传承人，上海市申报。1975 年，翟念卫进入上海玉雕厂工业中学学习，毕业后被分配到上海玉石雕刻厂炉瓶车间工作，师从玉雕艺人李瑞刚。1996 年拜中国工艺美术大师关盛春为师，尝试开拓自己的玉雕艺术道路。在玉雕作品中，翟念卫尝试运用具有时代感和现代审美观念的新题材、新构图；在玉的形制和雕刻手法上，

翟念卫继承了传统"子冈牌"的表现手法，承袭了以阳刻浮雕为主的艺术模式，将人与物用写实变化的方法加以处理，力求做到精准到位。同时，翟念卫还吸收西方现代造型艺术的表达理论，将透视、立体架构引入以表达平面画面为主的玉石雕刻中，形成了独特的艺术风格。代表作品："倩影"2008 年获第六届中国玉雕"天工奖"金奖；"海棠春"2009 年获中国玉雕"百花奖"金奖等。2009 年，翟念卫被授予"中国玉石雕刻大师"称号，同年荣获"上海市工艺美术大师"称号。翟念卫的徒弟——尚乐、闫晓娜也分别于 2009 年和 2010 年获得"海派玉雕师"称号，在玉雕界小有建树。

Ⅶ -58 木雕（紫檀雕刻）

屠杰

（编号：04-1803），男，汉族，1961 年 5 月生，上海市人。2011 年 6 月，木雕（紫檀雕刻）被列入第二批国家级非物质文化遗产扩展项目名录民间美术类，项目编号Ⅶ -58。2012 年 12 月，屠杰入选为第四批国家级非物质文化遗产项目代表性传承人，上海市申报。屠杰出身于传统雕刻艺术世家，5 岁开始随父研习雕塑技艺。并赴欧美留学，进修城市景观艺术、城市环境、传统艺术和工艺美术设计等专业，获硕士学位。1989 年，屠杰创建了中国第一家明清雕刻艺术研究所，并发展为中国紫檀文化研究院。屠杰从中国画大写意的技法中领悟到"以势造型"的奥秘，并充分吸收了西方油画创作中光的折射原理和技巧，运用劈雕技艺走出了一条"融入自然，物我合一"的艺术创新之路，潜心创作了 100 余件紫檀雕塑艺术精品力作，在国内外的国际艺术博览会上获金、银奖等奖项百余项。1998 年，屠杰担任《中国传统工艺全集·雕塑》编委和特邀撰稿人，其科研成果填补了中国传统工艺科技史多项空白。此外，屠杰还担纲起

草了国家标准《红木》CB/T18107-2000，获"中国国家标准创新贡献一等奖"。其黄檀雕塑"世纪观音"入座泰国诗丽吉皇后艺术中心，被泰国国王亲授"泰中文化交流特殊贡献勋章"；"万世师表"被联合国教科文组织永久收藏，被授予"世界文化和平奖"。

Ⅶ-103 上海绒绣

唐明敏

（编号：04-1817），女，汉族，1958年2月生，上海市人。2011年6月，上海绒绣被列入第三批国家级非物质文化遗产名录民间美术类，项目编号Ⅶ-103。2012年12月，唐明敏入选为第四批国家级非物质文化遗产项目代表性传承人，上海市浦东新区申报。唐明敏1972年进入红星绒绣厂工业中学学习，由此开始接触绒绣。1975年，唐明敏以优异的成绩留厂并被分配到艺术品车间从事绒绣艺术品的绣制。工作期间，唐明敏在技术上精益求精，对各种题材、不同风格的绒绣作品积极尝试和探索，绒绣技艺得到快速提升。参与创作了"上海的早晨"、"万里长江图"、"维多利亚海湾夜景"、"巍巍嵩山垂古今"等陈列于人民大会堂的绒绣作品。2002年，"西部风情"获西湖博览会第三届工艺美术大师作品暨国际艺术精品博览会银奖；2004年"上海外滩夜景"获西湖博览会第五届中国工艺美术大师作品暨工艺美术精品博览会铜奖；2004年7月，唐明敏被上海市人民政府授予"上海市工艺美术大师"荣誉称号。2013年，再推力作"创世纪"，凸显了绒绣作品的艺术魅力。2005年，上海绒绣大师级原创设计工作室成立，由唐明敏领衔。同时，她还负责工作室十余名设计师和专业制作人员的技术指导。

江苏

Ⅶ-18 苏绣

余福臻

（编号：04-1764），女，汉族，1942年3月生，江苏省苏州市人。2006年5月，苏绣被列入第一批国家级非物质文化遗产名录民间美术类，项目编号Ⅶ-18。2012年12月，余福臻入选为第四批国家级非物质文化遗产项目代表性传承人，江苏省苏州市申报。1962年，余福臻毕业于苏州工艺美术研究所刺绣专修班，后师从著名刺绣大家、中国工艺美术大师顾文霞，并拜中国画猫名家曹克家为师。余福臻精通细绣、双面绣、双面三异绣等技艺，尤其擅长双面绣猫，也因首创"细绣与乱针绣结合的绣猫法"被绣坛誉为"猫王"。她在细乱针结合法上运用虚实针法的特点，将现代艺术与传统艺术相结合。1988年"黑底黑猫头"、"白底白猫头"，荣获首届北京国际博览会苏绣精品金奖；1991年，"黑底红叶白猫"获第二届北京国际博览会苏绣精品金奖；双面绣"沙发双猫"获中国工艺美术百花奖最高奖项"金杯奖"。2007年，当选为第五届工艺美术大师。很多刺绣作品被作为国礼送给有关国家的政府首脑和友人。余福臻还指导了部分苏绣佳作，包括世界名画"圣母玛丽亚"、"蒙娜丽莎"、"小天使"，古画长卷"韩熙载夜宴图"、"八十七神仙卷"、"姑苏繁华图"、"群仙祝寿图"等。

张玉英

（编号：04-1765），女，汉族，1935年8月生，江苏省苏州市人。2006年5月，苏绣被列入第一批国家级非物质文化遗产名录民间美术类，项目编号Ⅶ-18。2012年12月，张玉英入选为第四批国家级非物质文化遗产项目代表性传承人，江苏省苏州市申报。1955年，张玉英加入苏州刺绣工艺美术生产合作社，师从苏绣艺术家朱凤学习散套针法。1959年，张玉英进入苏州刺绣研究所，师从中国工艺美术大师李娥英学习苏绣传统针法和绣法。1964年，张玉英又师从中国工艺美术大师任嘒闲学习虚实乱针绣。师从三位苏绣大师使她逐渐成长为集三位大师之长的苏绣大师。在半个多世纪的刺绣艺术生涯中，张玉英创作了许多令人瞩目的传世精品，有"昙花"、"林中百鸟"、"嗲猫"，以及"萨马兰奇"、"阿联酋长"、"池田夫妇"等肖像，这些绣像均被作为国礼赠送给了有关国家的政府首脑和友人。张玉英领衔并担任艺术指导，为庆祝香港回归的大型刺绣礼品"归程"长2.2米，宽1.4米，用了散套、乱针、虚实针、打籽针等针法，运针约200万针，线色多达200余种，作品气势宏大，内容寓意深远，格调清新秀雅，充分体现了苏绣"精、细、雅、洁"的特色，引起了很大的轰动。2007年，入选"第五届中国工艺美术大师"。

姚惠芬

（编号：04-1767），女，汉族，1967年11月生，江苏省苏州市人。2006年5月，苏绣被列入第一批国家级非物质文化遗产名录民间美术类，项目编号Ⅶ-18。2012年12月，姚惠芬入选为第四批国家级非物质文化遗产项目代表性传承人，江苏省苏州市申报。姚惠芬10岁开始学习刺绣，1987年，向沈寿的第三代传人牟志红和苏绣大师任慧娴拜师学艺。在两位大师的精心培育和授教下，姚惠芬完整娴熟地掌握了传统刺绣针法和技法，还自创了"减针绣"技法，并对中国水墨写意刺绣的创作进行了大胆深入的探索。她不仅能灵活运用苏绣的数十种针法，而且擅长将苏绣乱针绣的技法完美地应用于人物肖像及中国传统水墨画创作之中，

使其绣品具有鲜明的独创性。1995年，"张大千肖像"获中国"首届中华巧女手工艺品大奖赛"一等奖，其本人也被誉为"中华巧女"。2008年，姚惠芬被评为"苏州市工艺美术大师"、"研究员级高级工艺美术师"。2007年，姚惠芬在镇湖镇创办了个人刺绣艺术馆。在艺术馆内，姚惠芬除了带领十余位绣娘进行艺术品创作外，还将刺绣技艺教授给绣娘，先后招收与培养了本地以及全国各地的学生共一百多名。

蒋雪英

（编号：04-1766），女，汉族，1933年10月生，江苏省吴县胥口蒋墩村人。2006年5月，苏绣被列入第一批国家级非物质文化遗产名录民间美术类，项目编号Ⅶ-18。2012年12月，蒋雪英入选为第四批国家级非物质文化遗产项目代表性传承人，江苏省苏州市申报。蒋雪英14岁进入本村绣坊开始独立刺绣，1954年进入由苏州文联样品工场、吴县合作总社、苏州土产公司联合举办的第三期刺绣学习班学习，较多地接受了苏绣名家朱凤的指点。1956年，受到老艺人李娥瑛的专门帮教。经过多年的研究和实践，蒋雪英研制、指导的苏州刺绣和服腰带在日本享有很高的声誉，在日本已成为"蒋氏刺绣"的品牌。其中"七鹤礼服"、"狮子留袖和服"等作品被日本皇室和著名影星等珍藏。双面绣精品获中国工艺美术"百花金杯奖"；"东方曙光"、"水墨葡萄"在中国工艺美术精品博览会上分别获金奖、银奖。1961年至1966年间，蒋雪英担任刺绣专修班副主任兼刺绣教师，为培养苏绣人才呕心沥血，其学生陈彩仙、张美芳等先后成名成家。

张美芳

（编号：04-1768），女，汉族，1946年8月生，江苏省苏州市人。2006年5月，苏绣被列入第一批国家级非物质文化遗产名录民间美术类，项

目编号Ⅶ-18。2012年12月，张美芳入选为第四批国家级非物质文化遗产项目代表性传承人，江苏省苏州市申报。1964年，张美芳考入苏州刺绣研究所，系统学习、研究传统的苏绣针法。1973年，进入刺绣针法研究室，师从任慧娴老师学习刺绣。张美芳先后成功完成"高经纬密度刺绣真丝绡及工艺研究"、"异性丝闪光绡及工艺研究"等重大科研项目，荣获部、省、市级等多项科技进步奖。2001年，张美芳领衔研制了"金核子对撞科学图像"绣品，实现了"艺术与科学"的完美结合，被专家誉为"神品"，使苏绣走进科学的天地。2006年，张美芳创办了苏州市苏绣艺术创新中心，大胆尝试了表现敦煌题材的刺绣精品"净土经变"、"唐卡"、"万花筒"系列，用最古老的技艺，表现出最新的创意，延展了传统苏绣技艺的艺术生命，受到了专家学者的一致好评。其中"刺绣唐卡"、"刺绣敦煌藻井"等作品被中国工艺美术馆收藏。2013年获"第二届中华非物质文化遗产传承人薪传奖"。

Ⅶ-28 扬州玉雕

薛春梅

（编号：04-1779)，女，汉族，1965年1月生，江苏省扬州市人。2006年5月，扬州玉雕被列入第一批国家级非物质文化遗产名录民间美术类，项目编号Ⅶ-28。2012年12月，薛春梅入选为第四批国家级非物质文化遗产项目代表性传承人，江苏省扬州市申报。1980年，薛春梅从扬州玉器学校毕业后进入扬州玉器厂工作，师承中国工艺美术大师顾永骏先生。她秉承师承、善于创新，融合"南秀北雄"的艺术之长，擅长玉器人物、山籽雕及大型玉雕的设计和雕刻，形成了"清新婉约、细腻隽秀"的个人艺术风格。代表作品："蝴蝶丛中"、"观音瓶"、"春趣图"、"钟馗"、"玉人何处教吹箫"、"桃园问津"、"百

子图"等。作品频获"天工奖"、"神工奖"、"百花奖"、"西博会"等国内玉雕评比特等奖、金奖。2004年，获"中国玉雕大师"荣誉称号。2006年，获"中国工艺美术大师"殊荣。从业至今，薛春梅招收了众多徒弟，部分徒弟已经成长为市级工艺美术大师或独当一面的技术尖子。

高毅进

（编号：04-1780)，男，汉族，1964年11月生，江苏省扬州市人。2006年5月，扬州玉雕被列入第一批国家级非物质文化遗产名录民间美术类，项目编号Ⅶ-28。2012年12月，高毅进入选为第四批国家级非物质文化遗产项目代表性传承人，江苏省扬州市申报。高毅进14岁进入扬州玉器厂工作，师从扬州老一代琢玉艺人朱邦元，深得老师真传，擅长玉器器皿、仿古、走兽、杂件的设计制作。代表作品："海棠兽耳炉"、"天官耳园炉"、"同喜同福瓶"、"三足链炉"、"炉"，青玉"提梁卤"，白玉"秋山虎啸"，翡翠"犀牛"等，多次获得"天工奖"、"百花奖"等奖项的金奖、银奖等。2004年，高毅进被中国宝玉石协会授予"中国玉雕大师"荣誉称号。

Ⅶ-57 玉雕（苏州玉雕）

杨曦

（编号：04-1802)，男，汉族，1967年11月生，江苏省苏州市人。2008年6月，玉雕（苏州玉雕）被列入第二批国家级非物质文化遗产名录民间美术类，项目编号Ⅶ-57。2012年12月，杨曦入选为第四批国家级非物质文化遗产项目代表性传承人，江苏省苏州市申报。杨曦毕业于苏州工艺美术专业学校，1983年，被分配至苏州玉石雕刻厂担任设计雕刻工作。杨曦作品的设计创意有着强烈浓郁的文化内涵，在传承传统的同时开创了新的玉雕表现技法"虚实结合法"，

将传统题材与现代审美完美结合，在新颖、轻巧中，强调意韵与内涵的丰富性。代表作品："古韵"、"竹"、"江南水乡" 2005 年分别获得了中国玉石雕作品"天工奖"银奖、优秀作品奖和最佳创意奖；"国粹（京剧脸谱）" 2009 年获中国 "子冈杯"玉石雕精品博览会特别金奖；2012 年，杨曦的白玉籽料作品"自在观音"以大面积的玉质留白，一改观音造型的传统固有定式，张扬出极具个性的风格，获得"子冈杯"玉石雕精品博览会金奖。目前杨曦的工作重点是边创作边传承，现在已经带了五名徒弟。

浙江

Ⅶ-33 青阳石雕

张爱廷

（编号：04-1781），男，汉族，1939 年 2 月生，浙江省青田县鹤城镇人。2006 年 5 月，青田石雕被列入第一批国家级非物质文化遗产名录民间美术类，项目编号Ⅶ-33。2012 年 12 月，张爱廷入选为第二批国家级非物质文化遗产项目代表性传承人，浙江省青田县申报。张爱廷于 1957 年开始从事青田石雕，精于人物、山水、花鸟和动物的创作，特别是在人物创作上，鉴古通今，融贯中外，意蕴深厚，形神臻于完美。1993 年，获"中国工艺美术大师"称号。1992 年，"丰收"凭借简约的构图、祥和明快的格调、细腻的神态表现入选中国石雕邮票；2001 年，"喜悦"在中国国石精品展评中获特等奖。其他代表作品："寿比南山"、"园丰歌"、"牡丹仙子"、"激情"等。张爱廷十分重视石雕艺术的传承，先后培养了一批石雕新人，现已获得"工艺美术师"和"助理工艺美术师"职称的学徒有十几人，部分在石雕艺术上已小有成就，如卓乃枢等。

Ⅶ-42 乐清黄杨木雕

高公博

（编号：04-1788），男，汉族，1949 年 10 月生，浙江省乐清市人。2006 年 5 月，乐清黄杨木雕被列入第一批国家级非物质文化遗产名录民间美术类，项目编号Ⅶ-42。2012 年 12 月，高公博入选为第四批国家级非物质文化遗产项目代表性传承人。浙江省乐清市申报。高公博从 1965 年开始从事黄杨木雕艺术创作，1978 年师从浙江美院周轻鼎教授学习动物雕塑。多年的思索和实践使高公博有了深厚的艺术功底，在提升传统圆雕法（三维立体精雕细刻）的同时，高公博把更多的精力投入开拓创新中，成功创造出"根雕"、"劈雕"、"意雕"三大新型艺术表现手法，走出了一条极具个性和特色的木雕之路。1987 年至 1989 年，其黄杨木雕及根雕作品"蓑翁"、"酒不醉人人自醉"、"济公"等被国家作为工艺美术"珍品"征集收藏，永久保存在中国工艺美术馆内。"端午惊梦"、"鱼湖雨声"等作品荣获中国工艺美术百花奖优秀创作设计一等奖和"希望杯"奖。1993 年，高公博被授予"中国工艺美术大师"称号。高公博的儿子高敏自 1986 年开始跟随父亲学习黄杨木雕，获其真传，擅长黄杨木雕创作和室外雕塑艺术设计。

虞金顺

（编号：04-1787），男，汉族，1949 年 8 月生，浙江省温州乐清市人。2006 年 5 月，乐清黄杨木雕被列入第一批国家级非物质文化遗产名录民间美术类，项目编号Ⅶ-42。2012 年 12 月，虞金顺入选为第四批国家级非物质文化遗产项目代表性传承人，浙江省乐清市申报。虞金顺出身于木雕世家，1964 年进入浙江乐清黄杨木雕厂随父虞明华学习木雕技艺，一年后即出师开始独立创作。虞金顺在从事木雕创作初期，潜心于继承和发扬我国木雕艺术的民间传统手法，擅长人物雕刻，作品构思巧妙、刀法圆润、造型生动、形象逼真。1987年，虞金顺开始尝试根艺创作，并创造性地将黄杨木雕的工笔手法局部运用于根艺造型中，形成了独特的"兼工带写"的根艺创作方式，收到了极佳的艺术效果。1989年，虞金顺的根雕作品"乐"获得中国工艺美术百花奖优秀创作一等奖；次年其作品"罗汉"再次获此殊荣。1996年虞金顺被授予"中国工艺美术大师"荣誉称号。虞金顺在潜心研究雕刻艺术的同时，也十分重视艺术传承力量的培养。虞金顺的徒弟吴尧辉15岁开始拜师学艺，2006年，被评为浙江省工艺美术大师，已经初显"接班"实力。

Ⅶ-43 东阳木雕

吴初伟

（编号：04-1789)，男，汉族，1946年3月生，浙江省东阳市横店镇人。2006年5月，东阳木雕被列入第一批国家级非物质文化遗产名录民间美术类，项目编号Ⅶ-43。2012年12月，吴初伟入选为第四批国家级非物质文化遗产项目代表性传承人，浙江省东阳市申报。在父亲的指引下，吴初伟很早就开始接触东阳木雕，并先后向5位不同流派的木雕师学艺。1986年至1987年，吴初伟先后在安徽工艺美术学院和中国社会学函授大学学习，后又于1990年赴浙江省成人高等教育学校进修工艺美术设计专业。他在继承传统的基础上，根据现代人的审美趋向，融会贯通后推陈出新。1997年，吴初伟荣获"中国工艺美术大师"称号。2000年，"春江花月夜"获首届中国工艺美术大师暨艺术精品博览会金奖；2002年，弧形大地屏"百猴嬉春"获第三届西博会大师精品博览会金奖；2005年，"红楼诗韵"获首届浙江省民族民间工艺美术

博览会天工最高荣誉奖；2006年，"梦里水乡"获得第八届中国（国家级）工艺美术大师精品博览会特别金奖。20世纪80年代至今，吴初伟通过自己创办的木雕厂，已经培养了千余名徒弟。吴初伟还与当地技术学校的木雕兴趣班展开合作，通过对技校老师的指导，将木雕技艺间接传授给众多青年学生。

Ⅶ-104 宁波金银彩绣

许谨伦

（编号：04-1818），男，汉族，1948年2月生，浙江省宁波市人。2011年6月，宁波金银彩绣被列入第三批国家级非物质文化遗产名录民间美术类，项目编号Ⅶ-104。2012年12月，许谨伦入选为第四批国家级非物质文化遗产项目代表性传承人，浙江省宁波市鄞州区申报。许谨伦出身于金银彩绣世家，其太高祖一辈在光绪年间开设金银彩绣坊，技艺世代相传，许谨伦为第六代传人。1962年，许谨伦进入宁波绣品厂，开始从事金银彩绣设计与制作、金银彩绣日用品及艺术欣赏品的开发研制工作。许谨伦设计并制作的大型金银彩绣立屏"百鹤朝阳"是宁波金银绣规模最大、技艺最精的代表作，于1990年获第八届工艺美术"百花奖"珍品奖，被轻工部征集为国家级珍品，现收藏于中国工艺美术馆精品馆。2012年，"百鸟和鸣"和"百蝶图"在中国（杭州）工艺美术精品博览会上分获金、银奖。其他代表作品还有"鹦鹉红叶"、"现代网绣"、"松鼠葡萄"、"江山如此多娇"、"八达岭"、"迎客松"等。发表《金银彩绣》、《宁波金银彩绣源流及工艺特色考》等文章。2010年，许谨伦受邀在浙江纺织服装职业技术学院开设大师工作室，开展金银彩绣研究并授徒。还多次参加宁波市文化馆组织的金银彩绣公益培训。

Ⅶ-109 宁波泥金彩漆

黄才良

（编号：04-1822），男，汉族，1957年7月生，浙江省宁海县人。2011年6月，宁波泥金彩漆被列入第三批国家级非物质文化遗产名录民间美术类，项目编号Ⅶ-109。2012年12月，黄才良入选为第四批国家级非物质文化遗产项目代表性传承人，浙江省宁海县申报。黄才良生于工艺世家，先辈们制作"泥金彩漆"的手艺在宁海当地小有名气。黄才良初中毕业后便跟随堂舅学习泥金手艺，但三年"满师"后，因处"文革"时期，"泥金彩漆"被禁止生产，黄才良不得不改行学了雕刻。2003年，宁波市确定"泥金彩漆"为市级非遗，黄才良开始重拾旧业。为了汲取灵感，黄才良从旧货市场上"淘"到了数百件泥金彩漆工艺品仔细研究，并购买了大量的古代家具书籍学习。几年来，黄才良创作的多件作品获得全国赛事大奖。2011年8月，黄才良的作品泥金彩漆"六角和盒"在韩国大邱市国际艺术节上，被大邱市选为与宁波友好城市象征物永久珍藏；2012年7月，黄才良的"泥金彩漆"参加韩国丽水世博会，并在现场表演，引起了很大的轰动。2007年，黄才良与宁海县第一职业中学联合开办了"泥金彩漆技艺培训班"，并编写了泥金彩漆课程的教育大纲，为泥金彩漆的技术和人才传承发挥了重要的作用。

安徽

Ⅶ-16 剪纸（阜阳剪纸）

程兴红

（编号：04-1759），男，汉族，1971年8月生，安徽省阜阳市颍东区人。2008年6月，剪纸（阜阳剪纸）被列入第一批国家级非物质文化遗产扩展项目名录民间美术类，项目编号Ⅶ-16。2012年12月，程兴红入选为第四批国家级非物质文化遗产项目代表性传承人，安徽省阜阳市申报。程兴红的父亲是程氏剪纸创始人、民间剪纸大师程建礼，在父亲的熏陶和影响下，七八岁起程兴红便开始接触和学习剪纸，他是程氏剪纸第二代传人。程兴红的剪纸作品粗犷中带有细腻，大胆夸张，古朴简约，古拙雄浑，有浑然天成的艺术美感，在国内外各类剪纸大赛和民间工艺美术博览会上屡获殊荣。代表作品："老鼠娶亲"、"四季平安"等。程兴红的女儿程娟娟跟随父亲学习剪纸多年，是程氏剪纸的第三代传人，已经逐渐在全国各类剪纸赛事中崭露头角。向女儿传承技艺的同时，程兴红还免费向普通的剪纸爱好者传授剪纸技艺，不遗余力地推广剪纸艺术。

Ⅶ-37 徽州三雕

蒯正华

（编号：04-1784），男，汉族，1962年4月生，安徽省肥东县人。2006年5月，徽州三雕被列入第一批国家级非物质文化遗产名录民间美术类，项目编号Ⅶ-37。2012年12月，蒯正华入选为第四批国家级非物质文化遗产项目代表性传承人，安徽省黄山市申报。1980年，蒯正华进入浙江东阳木雕二厂工作，受教于东阳木雕大师吕闪雷先生。1985年起，蒯正华受聘于广东潮州等地，长期专业从事古老木雕损毁件的修复和还原工作。在此期间，蒯正华深受潮州、莆田、东阳、徽州"四大木雕"艺术的熏陶，从风格迥异、技艺精湛的木雕中汲取营养，获益匪浅。1995年拜徽州木雕国家级非物质文化遗产传承人王金生为师。蒯正华深入研究徽派木雕的传统技法及演变规律理论整理，练就了"修旧如旧"的绝活儿。代表作品："八仙遨游图"、

"加官晋爵"、"采莲图"、"渔樵耕读"、"辕门射戟"、"诗书传家"等木雕作品，获省市级和国家级的工艺美术作品多项大奖。2009年，其木雕作品"兰亭雅集"在中国工艺美术"百花奖"评选中荣获金奖。2010年，"加官晋爵和美家园"再获此殊荣。为了更好地传承徽州木雕艺术，蒯正华筹资成立了"蒯正华徽州木雕艺术研究所"，在研发创作徽州木雕艺术品的同时，致力于培养徽州木雕艺术专门人才。

曹永盛

（编号：04-1785），号篁生、篁庐，男，汉族，1969年9月生，安徽省黄山市徽州区呈坎镇呈坎村人。2006年5月，徽州三雕被列入第一批国家级非物质文化遗产名录民间美术类，项目编号Ⅶ-37。2012年12月，曹永盛入选为第四批国家级非物质文化遗产项目代表性传承人，安徽省黄山市申报。曹永盛初中肄业后便跟随从事木工的姑父方莳田学艺，受到了绘画、美术设计和雕刻的基本训练。出师后，曹永盛跑遍徽州古村落，仔细观摩徽州三雕刀法技艺，渐渐积累了丰富的雕刻技艺和经验。他还受教于苏州民间雕刻大家言伯泉和福州民间田黄石雕刻大家林贞瑞。2001年，曹永盛筹资创办了黄山市徽派雕刻研究所，集结当地民间艺人和徽雕高手数十人，专门从事徽派竹木雕和古典家具的研发生产。他带领同事和徒弟们深入研究了明清时期的徽州竹木雕，学习其技艺精华，同时融入现代元素的表现手段，创作出众多传统与现代有机结合的竹木雕佳品。2006年，曹永盛的徽派木雕作品"徽商荣归故里"在中国手工艺精品博览会上荣获金奖。2011年，曹永盛的紫檀木雕作品"徽州小镇"在中国工艺美术"百花奖"评选活动中获得金奖。2012年，获"中国木雕艺术大师"称号。代表作品还有"事事如意"、"金玉满堂"等。

Ⅶ-55 柳编（黄岗柳编）

王文忠

（编号：04-1796），男，汉族，1962年4月生，安徽省阜南县黄岗镇人。2011年6月，柳编（黄岗柳编）被列入第三批国家级非物质文化遗产名录民间美术类，项目编号Ⅶ-55。2012年12月，王文忠入选为第四批国家级非物质文化遗产项目代表性传承人，安徽省阜南县申报。王文忠自幼就学会了柳编。1992年，王文忠被聘到深圳一家公司从事柳编样品编织员工作，后组建了自己的公司。在工艺方法上，王文忠发现并推广了"意编"的编织方法，即突破传统的编织套路，随意地进行编织，通过柳条的相互交叉来呈现出不规则的网状结构。这种编织方法十分随意，成品后期修饰少，贴近自然，给人耳目一新的感觉，受到欧美市场的欢迎。在改造工艺方法的同时，王文忠还对原材料进行了创新。除了柳条以外，王文忠也将玉米皮、芦苇、蒲草、树皮等随处可得的"废弃物"用于编织，既降低了原料成本，又丰富了产品种类。多年来，王文忠的柳编公司坚持创新求变，创造了可观的经济效益，在阜南县柳编界居于龙头地位，并自费聘请技术人员举办技术培训班，带动4000多户农民通过柳编增收致富。

福建

Ⅶ-36 惠安石雕

王经民

（编号：04-1783），男，汉族，1967年2月生，福建省惠安县崇武镇人。2006年5月，惠安石雕被列入第一批国家级非物质文化遗产名录民间美术类，项目编号Ⅶ-36。2012年12月，王经民入选为第四批国家级非物质文化遗产项目代表性传承人，福建省惠安县申报。王经民自15岁起跟随父亲——影雕创始人王清标在惠安石雕厂学习石雕刻技艺，全面掌握了石雕扑、平直、打巧、镂剔等各项石雕技术和沉花、线雕、影雕、浮雕、透雕、圆雕等各种雕刻艺术，并将之充分应用于各式传统建筑和现代公共建筑、庭院、园林及宗教寺庙等建筑内外装饰构件、柱、梁中。在不断地学习交流和实践打磨中，王经民首创了将"针黑白"表现手法融入浮雕作品中，通过石材表面自然纹理与雕刻内容确定表面肌理，采取磨光、细凿、点状线条与自然面相结合，形成着色效果，使构图空间依层次铺展得错落有致、疏密得当。代表作品："伏虎罗汉"、"教子升天"2003年分获第五届中国工艺美术大师精品博览会银奖和铜奖；"惠女渔歌"获2004年中国工艺美术民间工艺品博览会金奖；"西岐伐殷商"获2004年中国美术家协会举办的首届全国壁画大展成就奖。王经民自21岁开始带徒，培养出一批独立创作，精于技艺的接班人，迄今为止已经传至第六代，人数达数百之多。

Ⅶ-58 木雕（莆田木雕）

方文桃

（编号：04-1804），男，汉族，1942年2月生，福建省莆田市人。2011年6月，木雕（莆田木雕）被列入第二批国家级非物质文化遗产扩展项目名录民间美术类，项目编号Ⅶ-58。2012年12月，方文桃入选为第四批国家级非物质文化遗产项目代表性传承人，福建省莆田市申报。1958年，方文桃进入莆田工艺一厂工作，师从著名木雕大师黄丹桂先生与刘荣麟先生。方文桃擅长木、牙雕人物造型和寺院大型佛像雕塑，其作品神过于形，意融于色，粗盖于细，情形交融。20世纪80年代以来，方文桃多次应邀赴海内外各地主持、参与众多名山大寺的佛像雕塑创作。

2004年，方文桃受邀主持峨眉山市大佛禅院的"十方普贤"佛像雕塑工作。整尊金像高48米、重达660吨，设计完美，工艺精湛，现已成为"峨眉十景"之首。1999年，方文桃的木雕作品"福临人间"荣获中国工艺美术大展（北京）金奖。代表作"福临人间"、"衡浪"、"天水湾"、"海峡和平女神系列"、"逼上梁山"、"卧薪尝胆"、"慈航"等。方文桃悉心教导儿子方阳航，使之得其真传。2009年，方阳航凭借出色的雕刻技艺荣获"莆田市工艺美术大师"称号。

佘国平

（编号：04-1805），男，汉族，1949年10月生，福建省莆田市人。2011年6月，木雕（莆田木雕）被列入第三批国家级非物质文化遗产名录民间美术类，项目编号Ⅶ-58。2012年12月，佘国平入选为第四批国家级非物质文化遗产项目代表性传承人，福建省莆田市申报。佘国平出生身木雕世家，父亲佘文科是莆田著名的民间木雕老艺人，1964年，进入莆田工艺厂随父学艺。佘国平的木雕作品兼具浓厚的中华传统工艺美术底蕴与现代学院写实风格，形神统一、极具智相、风格大气。1971年至今，佘国平的作品先后获得国家级奖近二十项。其中檀香木雕"神游"获2000年杭州西博会首届中国美术大师作品展金奖；2001年黄杨木雕"海螺姑娘"获第三届工艺美术精品博览会"金奖"。1997年，佘国平荣获第五届"中国工艺美术大师"称号。佘国平创建了莆田市兴化雕塑研究院并亲任院长，多年来，培养了木雕行业技术骨干200多人、学徒300多人，不少已小有成就。

Ⅶ-90 软木画

吴学宝

（编号：04-1814），男，汉族，1940年3月生，福建省福州市人。2008年6月，软木画被列入第二批国家级非物质文化遗产名录民间美术类，项目编号Ⅶ-90。2012年12月，吴学宝入选为第四批国家级非物质文化遗产项目代表性传承人，福建省福州市申报。吴学宝的父亲吴启棋是福州软木画创始人，因此吴学宝幼年即师从父亲学习软木画技艺，深得其木画技术真传。在福州软木画界，吴学宝是唯一能兼做设计和制作软木画的人。1982年，吴学宝大胆应用木石雕的圆雕、透雕技法，创作了"谦斋老师归日图"。在有限的画面中，细致刻画了大小19个形态各异的人物，生动再现了300年前中日交往的历史场面，该作现为日本友人收藏。1984年，吴学宝的软木画"友谊之路"、"郑和下西洋"参加中国工艺美术百花奖评比，获优秀创作设计二等奖。1987年，吴学宝采用有机玻璃衬景法创作了软木画屏风"万里长城"，获首届福州工艺美术大赛特等奖。2007年，吴学宝被评为第六届中国工艺美术大师，成为软木画领域唯一的国家级工艺美术大师。为了软木画技艺的保护与传承，吴学宝虽已年届古稀，但仍不遗余力地带徒授艺，以做好软木画后继人才的培养，但传承状况不容乐观。

山东

Ⅶ-47 泥塑（聂家庄泥塑）

聂希蔚

（编号：04-1791），男，汉族，1938年9月生，山东省高密市姜庄镇聂西村人。2008年6月，泥塑（聂家庄泥塑）被列入第一批国家级非物质文化遗产扩展项目名录民间美术类，项目编号Ⅶ-47。2012年12月，聂希蔚入选为第四批国家级非物质文化遗产项目代表性传承人，山东省高密市申报。聂希蔚是"聂家庄泥塑"第

二十代传人，自幼酷爱泥塑这一传统工艺。然因"文革"，聂家庄泥塑的传统模具消失殆尽。改革开放后，聂希蔚在高密市文化馆焦岩峰老师的指导下，与村内的其他几位泥塑能手一道，重现了"文革"前聂家庄传统的泥塑造型，又进一步尝试创作了更多的题材和造型。聂希蔚大胆创新、精心钻研，泥塑作品多达百余种，包括叫虎、叫鸡、摇猴、仕女、罗汉、历史神话人物、吉祥娃娃等，泥塑形象稚拙、憨态可掬、造像丰满，有着气血充盈的生命力和浓厚的乡土气息。1994年文化部颁发聂希蔚"中国一绝"证书。2008年，聂希蔚的作品"泥虎"获首届山东国际大众艺术节——齐鲁民间手工艺精品博览会特别奖；2009年，"叫虎"获首届中国北方旅游商品创新设计大赛金奖。聂希蔚目前的唯一传人是其大儿子，现已基本继承了他的手艺，并且独立创作了不少泥塑作品。他也到高密一中等当地多所学校讲授、演示泥玩具的制作过程。

河南

Ⅶ-16 剪纸（灵宝剪纸）

王朋草

（编号：04-1760），女，汉族，1942年2月生，河南省灵宝市苏村乡西崖村人。2008年6月，剪纸（灵宝剪纸）被列入第一批国家级非物质文化遗产扩展项目名录民间美术类，项目编号Ⅶ-16。2012年12月，王朋草入选为第四批国家级非物质文化遗产项目代表性传承人，河南省灵宝市申报。王朋草7岁便开始跟随外婆和母亲学习剪纸技艺，掌握了窗花、棚花、炕屏、床围花、各种装饰花等的制作方法。成年后的王朋草并不满足于家传的技艺，她多方求教、悉心观察，系

统而全面地掌握了传统剪纸的艺术手法，能熟练地运用单剪、叠剪、阴剪、阳剪等手法，并掌握了云纹、月牙纹、水浪纹、锯齿纹等多种剪纸纹样。在画面处理上，王朋草有意加大疏密、粗细、多少等的对比关系，使黑白对比更加强烈，增加了作品视觉冲击力和艺术感染力。代表作品："蟠桃盛会聚我中华"、"双喜临门万龙欢腾"等，多幅作品被河南省博物馆、中国美术馆收藏。王朋草发展和带动年青一代学习剪纸，其所在的西崖村现已有十多个年轻人加入了学习剪纸的行列，使当地的民间剪纸队伍有了新生力量。

Ⅶ-65 木版年画（滑县木版年画）

韩建峰

（编号：04-1808），男，汉族，1968年7月生，河南省滑县慈周寨乡前李方屯人。2008年6月，木版年画（滑县木版年画）被列入第二批国家级非物质文化遗产名录民间美术类，项目编号Ⅶ-65。2012年12月，韩建峰入选为第四批国家级非物质文化遗产项目代表性传承人，河南省滑县申报。韩建峰所在的前李方屯二村自明代以来一直是滑县木版年画主产地。在木版年画的全盛时期，全村一半人口都从事木版年画制作，至今村民还保留有很多清朝流传下来的老雕版。1997年，韩建峰开始从事滑县木版年画的调查研究和挖掘整理工作，查寻、搜集流失老版，呼吁保护滑县木版画和木版年画。现在韩建峰正在全力打造中国滑县李方屯木版年画博物馆，为滑县木版年画的传承和发展不懈努力。

2011年，时任村支书的韩建峰和村里木版画老艺人韩清亮一同经滑县文化局层层推荐到河南省文化厅，参与滑县木板年画国家级传承人的评选。

湖北

Ⅶ-16 剪纸（孝感雕花剪纸）

管丽芳

（编号：04-1761），女，汉族，1954年3月生，湖北省孝感市孝南区人。2008年6月，剪纸（孝感雕花剪纸）被列入第一批国家级非物质文化遗产扩展项目名录民间美术类，项目编号Ⅶ-16。2012年12月，管丽芳入选为第四批国家级非物质文化遗产项目代表性传承人，湖北省孝感市孝南区申报。1972年，出于对剪纸艺术的热爱，管丽芳拜湖北省著名剪纸艺术大师胡筠启先生为师。在师傅的严格要求和指导下，管丽芳的雕花剪纸技术日益进步，深刻领会到孝感剪纸"破功"刀法之技巧，深得师傅技法之精髓。代表作品："民族祖舞"、"虫草图"、"槐荫记"、"传统绣花"。管丽芳迄今最得意的弟子是徐惠斌，1968年生人。2012年6月，在河北蔚县举行的"第三届中国剪纸艺术节暨第二届蔚州国际剪纸艺术节"上，徐惠斌创作的剪纸作品"龙凤呈祥"荣获优秀奖。

Ⅶ-65 木版年画（老河口木版年画）

陈义文

（编号：04-1809），男，汉族，1929年3月生，祖籍河南省社旗县，现居湖北省老河口市。2011年6月，木版年画（老河口木版年画）被列入第二批国家级非物质文化遗产扩展项目名录民间美术类，项目编号Ⅶ-65。2012年12月，陈义文入选为第四批国家级非物质文化遗产项目代表性传承人，湖北省老河口申报。陈义文祖籍河南社旗，祖辈一直从事民间木版年画雕刻。陈义文的曾祖父曾拜清代民间奇人王蛤蟆学艺，之后薪火相传。陈义文14岁随父学艺，16岁开始独自雕刻创作，逐渐掌握了"南派"艺术的真传，形成了画风纯朴、表现细腻、色彩浓艳丰富的作品风格。"文革"期间陈义文和父亲冒着极大的风险将几十块雕版及有关资料藏匿，在私下里仍坚持练习雕刻技艺，从而将老河口木版年画艺术较为完整地保留下来。陈义文的木版年画作品曾先后参加1986年湖北省民间艺术展览和1987年首届中国艺术节，有多幅作品走出国门到东南亚各国展出。陈义文的小儿子陈学勤和孙子陈洪斌都在从事木版年画的制作工作，已掌握陈氏木版年画的雕刻、颜料熬制、年画印刷等技艺。

湖南

Ⅶ-8 滩头木版年画

高腊梅

（编号：04-1747），女，汉族，1933年12月生，湖南省隆回县人。2006年5月，滩头木版年画被列入第一批国家级非物质文化遗产名录民间美术类，项目编号Ⅶ-8。2012年12月，高腊梅入选为第四批国家级非物质文化遗产项目代表性传承人，湖南省隆回县申报。高腊梅自幼跟随母亲学制凿花，结婚后随从丈夫钟海仙从事年画制作。"文化大革命"期间，滩头年画雕版基本被焚毁，高腊梅夫妻冒险将年画雕版藏于农村老百姓家中，使滩头年画得以保存。改革开放以后，高腊梅夫妻于1980年开设"高腊梅作坊"，重新开始年画制作。他们制作的滩头年画代表了滩头年画制作的最高水平，其作品于1994年在中国文物学会主办的中国首届文物仿制品暨民间工艺品大展中获金奖；代表作品"老鼠娶亲"获山东潍坊全国年画联展

金奖，中国非物质文化遗产博览会银奖。高腊梅的两个儿子钟石棉和钟建同是她与丈夫钟海仙的传人。

Ⅶ-19 湘绣

柳建新

（编号：04-1769），女，汉族，1951年9月生，湖南省长沙县人。2006年5月，湘绣被列入第一批国家级非物质文化遗产名录民间美术类，项目编号Ⅶ-19。2012年12月，柳建新入选为第四批国家级非物质文化遗产项目代表性传承人，湖南省长沙市申报。柳建新16岁就开始接触刺绣，后考入湖南省湘绣厂工作。1979年，柳建新师从中国工艺美术大师周金秀，进一步锤炼自己的湘绣技艺。柳建新绣功精细，针法活泼，特别擅长运用湘绣独创的"鬅毛针"法刺绣虎、狮、猫、狗等动物，成品质感强烈，酷似活物。柳建新还是不可多得的既能执笔作画又能操针刺绣的全能艺人，在湘绣艺术的道路上，柳建新创造性地将传统的湘绣艺术与油画、水粉、摄影作品结合，创作了许多优秀的绣品。代表作品：双面全异绣风景绣屏"名楼争辉"获轻工部创新奖，选送国外参赛；双面立体"毛泽东"肖像，被韶山纪念馆收藏。1996年，柳建新在长沙开办了湘女绣庄，发掘和培养了来自全国各地的高级湘绣人才300多位。其女儿刘雅也继承了湘绣技艺。2010年11月，在第十一届中国工艺美术大师作品暨国际艺术精品博览会上，柳建新及刘雅共同创作的湘绣鬅毛针作品"银虎"荣获"百花杯"金奖。

江再红

（编号：04-1770），女，汉族，1968年3月生，湖南省长沙县人。2006年5月，湘绣被列入第一批国家级非物质文化遗产名录民间美术类，项目编号Ⅶ-19。2012年12月，江再红入选为

第四批国家级非物质文化遗产项目代表性传承人，湖南省长沙市申报。江再红出身于七代湘绣世家，12岁开始师从母亲罗淑兰学习刺绣。1986年，江再红考入湖南省湘绣研究所，师从周金秀、刘爱云两位中国工艺美术大师，潜心学习刺绣理论和技艺。江再红在湘绣艺术道路上始终坚持求变和创新。江再红努力扩展湘绣的表现内容，花鸟虫鱼、飞禽走兽、国画油画，甚至抽象艺术，无所不容；同时，勇于突破湘绣针法运用常规，探索湘绣针法的创新应用。2004年，中国现代艺术展在法国里昂召开，江再红送展作品——世界最大的双面绣五条屏"阴功轴"获得了空前轰动。该作用抽象的语言，表现了人体骨骼等物，组成疏密有致、运动不息的宇宙意态，以象征万物重新组合的和谐趋势，实现了现代设计与传统湘绣的完美结合。2008年，"晨雾荷花"在第九届中国工艺美术大师作品暨国际艺术精品博览会上获"百花杯"金奖。

Ⅶ-46 竹刻（宝庆竹刻）

张宗凡

（编号：04-1790），男，汉族，1968年9月生，湖南省邵阳市人。2006年5月，竹刻（宝庆竹刻）被列入第一批国家级非物质文化遗产名录民间美术类，项目编号Ⅶ-46。2012年12月，张宗凡入选为第四批国家级非物质文化遗产项目代表性传承人，湖南省邵阳市申报。1990年，张宗凡毕业于衡阳师范学院美术系中国画专业，后被分配至邵阳市工艺总厂从事民间工艺美术设计工作。2004年，张宗凡成为宝庆竹刻大师、国家级传承人曾剑潭的关门弟子。在曾剑潭先生的亲授和指点下，张宗凡熟练地掌握了宝庆竹刻的全部刀法、表现技法及竹簧制作技术。他善于在竹刻作品中，将画技与刀工融于一体，以刀代笔，在疏密有致的线条中，营造出极具金石韵味的古典中国画意境，形成了典雅秀美、

明快飘逸的艺术风格。2011年，张宗凡的翻刻浮雕座屏"嫦娥奔月"荣获中国工艺美术行业协会"金凤凰杯"铜奖。2006年，张宗凡自筹资金创办了宝庆竹刻研究所，又于次年与邵阳市特殊教育职业技术学校合作开办了宝庆竹刻培训基地，培养新一代竹刻艺人。

广东

Ⅶ-20 粤绣（潮绣）

康惠芳

（编号：04-1771），女，汉族，1948年7月生，广东省潮州市人。2006年5月，粤绣（潮绣）被列入第一批国家级非物质文化遗产名录民间美术类，项目编号Ⅶ-20。2012年12月，康惠芳入选为第四批国家级非物质文化遗产项目代表性传承人，广东省潮州市申报。康惠芳16岁开始学习刺绣，1960年，刺绣技巧日渐成熟的康惠芳被市国营潮绣厂选中，师从潮绣艺人林玩英。康惠芳一生钻研潮绣刺绣针法，擅长潮绣传统针法和技法的结合运用。2005年，康惠芳等人在原来潮绣技法的基础上创新双面垫高刺绣技法，成功研制出立体双面垫高绣法，填补了潮绣技法针法的空白，使传统潮绣艺术更上一层楼。康惠芳参与绣制了潮绣大师林智成设计的名作"九龙屏风"，该作后荣获全国工艺美术作品百花奖金奖。她还有多件作品被外交部作为国家领导人出访馈赠礼品。代表作品："腾龙"、"下山虎"，"松鹤延年"于2011年获中国工艺美术"百花奖"特别金奖。康惠芳从艺至今授艺培徒100多名，其中有两位跟随康惠芳长达10多年，均已在垫高绣和绒绣上达到极高的水平。

孙庆先

（编号：04-1772），男，汉族，1950年6月生，广东省潮州人。2006年5月，粤绣（潮绣）被列入第一批国家级非物质文化遗产名录民间美术类，项目编号Ⅶ-20。2012年12月，孙庆先入选为第四批国家级非物质文化遗产项目代表性传承人，广东省潮州市申报。孙庆先7岁开始接触潮绣，经过长时间的学习和实践，熟练掌握了潮绣传统制作技艺，并在传承的基础上广博众长、不断创新，首创了"潮绣立体双面绣"的独特技法，突破了传统潮绣单面垫绣的技法，使作品具有了更强的立体感和表现力。孙庆先利用该种技法创作的K金立体双面绣潮绣作品，先后在"中国国际文博会"、"中国工艺美术文化创意奖"、"中国工艺美术大师精品奖"等国家级评选中荣获10项"金奖"、"特别金奖"。其中，大型K金立体双面绣屏风"龙腾盛世"被中国工艺美术馆收藏，为行内人士、权威机构公认的国宝级作品。此外，自1983年以来，孙庆先还长期承担外交部的国家礼品定点供应任务，设计制作的潮绣作品成为国家领导人赠送各国首领、国际友人的珍品。2006年，孙庆先被授予"潮州市工艺美术大师"称号。孙庆先成立了集研究、创作、制作、保护、发扬于一体的潮绣研究所，并把培养新生力量、建设潮绣人才队伍作为重要目标。

Ⅶ-27 象牙雕刻

张民辉

（编号：04-1778），男，汉族，1953年1月生，广东省新会市人。2006年5月，象牙雕刻被列入第一批国家级非物质文化遗产名录民间美术类，项目编号Ⅶ-27。2012年12月，张民辉入选为第四批国家级非物质文化遗产项目代表性传承人，广东省广州市申报。1972年高中毕业后，张民辉被分配至广州市大新象牙工艺厂工作，师从牙雕前辈李定荣先生。张民辉擅长将西方雕塑点线面构图之美运用在牙雕传统工艺中，采用象牙雕刻技艺与多种材料载体相结合的创新设计，创作出一大批造型新颖、意境深刻、具有独特视觉和风格的牙（骨）雕作品。代表作品："普天同庆"；"群仙祝寿"，巨型骨雕"招财进宝"、"寿与天齐"；大型河马牙雕"齐天大圣"、大型骨雕"越秀新晖"、骨雕"荔枝湾风情"等，并获广东省和国家级各类奖项。作为岭南牙雕的领军人物，张民辉十分关心牙雕的传承。从1991年至今，张民辉开办的工艺厂已经培养了4名高级技师、16名中级技师，有效充实了牙雕的人才队伍。2013年，获"第二届中华非物质文化遗产薪传奖"。

Ⅶ-40 潮州木雕

辜柳希

（编号：04-1786），男，汉族，1954年2月生，广东省潮州市湘桥区人。2006年5月，潮州木雕被列入第一批国家级非物质文化遗产名录民间美术类，项目编号Ⅶ-40。2012年12月，辜柳希入选为第四批国家级非物质文化遗产项目代表性传承人，广东省潮州市申报。辜柳希为中国工艺美术大师。1971年，他拜潮州木雕名师陈春炎学艺。多年来，辜柳希一直埋头钻研潮州雕刻艺术，掌握了精湛的雕刻技艺。他还另辟蹊径，一改潮州木雕均以樟木雕刻的传统，挑战高难度的花梨木、小叶紫檀等硬质木料，提升了作品的观赏性、艺术性以及收藏价值，深受业界和市场青睐。2008年至2010年，辜柳希以巨型花梨木"三层龙虾蟹篓"、檀香木挂屏"双层龙虾蟹篓"等作品，连续3年获中国工艺美术文化创意奖特别金奖，并接连获得中国工艺美术百花奖金奖、中国工艺美术大师博览会金奖等奖项。他编写出版了《潮州木雕工艺与创作》

一书，填补了有关领域的教科书空白。2007 年，辜柳希创建了潮州市传统工艺研究会和潮州传统工艺创意产业服务平台，传承和发展潮州木雕。此外，辜柳希还在厂内设立木雕培训基地，与潮州市职业技术学校、韩山师范学院联合举办工艺美术专业培训班，到目前为止，辜柳希已对 250 名学生进行过技术性培养，其中 50 人已成为工艺师。

Ⅶ -50 灯彩（佛山彩灯）

杨玉榕

（编号：04-1793），女，汉族，1945 年 1 月生，广东省佛山市人。2008 年 6 月，灯彩（佛山彩灯）被列入第一批国家级非物质文化遗产扩展项目名录民间美术类，项目编号Ⅶ -50。2012 年 12 月，杨玉榕入选为第四批国家级非物质文化遗产项目代表性传承人，广东省佛山市申报。1962 年，杨玉榕进入佛山市民间艺术研究社，在剪纸、灯色等车间学习各种工艺门类的基本功，并最终定岗在灯色车间，在邓辉等老师傅的指导下学习。1975 年，杨玉榕设计制作的玻璃纸剪纸彩灯"一帆风顺"在当年广交会上一鸣惊人，吸引了大批订单。1995 年，作品"彩龙凤灯"被国家邮政部门印成邮票发行。1991 年 7 月，杨玉榕设计制作的一条 1000 米长的巨龙彩灯在香港跑马地展出，以其精美和长度创下了吉尼斯世界纪录。香港回归前夕，杨玉榕带领工匠完成了 360 多件大型灯色作品，还制作了 3.2 公里长的"金龙献瑞庆回归"灯饰，再次被收入吉尼斯世界纪录。20 世纪 90 年代以来，杨玉榕前往新加坡、马来西亚、澳大利亚、法国、美国等地多次进行佛山彩灯展出，使佛山彩灯逐渐扬名海外。2007 年，杨玉榕被授予"中国工艺美术大师"称号。杨玉榕的儿子黄宏宇继承了佛山彩灯制作技艺，已经开办了彩灯制作工厂，独立进行佛州彩灯制作。

Ⅶ -87 灰塑

邵成村

（编号：04-1813），男，汉族，1965 年 5 月生，广东省广州市人。2008 年 6 月，灰塑被列入第二批国家级非物质文化遗产名录民间美术类，项目编号Ⅶ -87。2012 年 12 月，邵成村入选为第四批国家级非物质文化遗产项目代表性传承人，广东省广州市申报。邵成村自 14 岁开始随父亲邵耀波学习灰塑技艺，熟练掌握灰塑的半浮雕、浅雕、高浮雕、圆雕和通雕等技法，先后对广州的六榕寺、五层楼、光孝寺、三元古庙、锦纶会馆，从化的广裕祠，佛山的祖庙、兆祥黄公祠等古建筑的灰塑进行修复，并创作了南海神庙内的灰塑人物和神像。邵成村的灰塑工艺十分精细，立体感强、色彩丰富、取材广泛，题材包括人物、花鸟、虫鱼、瑞兽、山水等。1989 年，邵成村成立了古建筑灰塑维修队，吸收了刘志威、邵其德、欧阳小明等数十名徒弟，不遗余力地传授灰塑独特的制作流程和手工技艺。其子邵煜山也传袭了灰塑手艺，成为维修队的骨干。

Ⅶ -91 镶嵌（潮州嵌瓷）

卢芝高

（编号：04-1815），男，汉族，1946 年 10 月生，广东省潮安县金石镇湖尾村人。2011 年 6 月，镶嵌（潮州嵌瓷）被列入第二批国家级非物质文化遗产扩展项目名录传统美术类，项目编号Ⅶ -91。2012 年 12 月，卢芝高入选为第四批国家级非物质文化遗产项目代表性传承人，广东省潮州市工艺美术研究院申报。卢芝高出身于民间建筑世家，自小在祖父、父亲的悉心指导下磨砺技艺，掌握了家传的嵌瓷制作技巧。卢芝高同时还修习、掌握了绘画艺术，在嵌瓷制作上更加注重造型及色彩。1990年，卢芝高应邀前往泰国，为泰国匕剑王公慈善堂制作嵌瓷，历时两年，共制作20幅5米×3.5米浮塑嵌瓷，每幅各嵌塑近百人物，形象各异，以精湛的工艺弘扬了潮汕嵌瓷。此外，卢芝高还把嵌瓷艺术从屋顶"搬"下来，采用新的题材，以全立体的手法加以展现，做成摆件嵌瓷，受到了工艺美术界的广泛关注。2013年，在第九届中国国际文化产业博览交易会上，卢芝高送展的嵌瓷艺术工艺摆件《十八贯》和《戏秋香》均夺得金奖。2012年，卢芝高创办了个人嵌瓷工作室和嵌瓷博物馆，旨在展示、继承和发扬潮州嵌瓷工艺。他的徒弟已经在潮汕地区颇有名气，部分徒弟的作品还在国家级展览和比赛中获得银奖。

四川

Ⅶ-14 藏族唐卡（噶玛嘎孜画派）

颜登泽仁

（编号：04-1748），男，藏族，1954年3月生，四川省德格县人。2006年5月，藏族唐卡（噶玛嘎孜画派）被列入第一批国家级非物质文化遗产名录民间美术类，项目编号Ⅶ-14。2012年12月，颜登泽仁入选为第四批国家级非物质文化遗产项目代表性传承人，四川省甘孜藏族自治州申报。颜登泽仁自幼师从唐拉泽旺学习噶玛嘎孜传统绘画，于1980年开始在德格印经院从事雕刻板本及绘制格萨尔唐卡工作。代表作品有"雪山水晶园"等，曾出版《美术教程》，并编写了噶玛嘎直派教材《工巧明散述》，1984年起，颜登泽仁在四川省藏文学校美术系从事藏工艺美术专业教育工作，培养了近600名的学生，赤增绕旦即为他的学生。

Ⅶ-51 竹编（渠县刘氏竹编）

刘嘉峰

（编号：04-1794），男，汉族，1946年4月生，四川省渠县人。2008年6月，竹编（渠县刘氏竹编）被列入第一批国家级非物质文化遗产扩张项目名录民间美术类，项目编号Ⅶ-51。2012年12月，刘嘉峰入选为第四批国家级非物质文化遗产项目代表性传承人，四川省渠县申报。刘嘉峰6岁开始学习竹编技术，师从第三代四川省传统竹编"龚扇"传入中国工艺美术大师龚玉文和龚长荣兄弟。刘嘉峰发明了独具特色的竹编"提花编织法"，精选优质慈竹为原料，以陶瓷为胎，以各种书法及绘画为题材，精心编织成各种瓷胎竹编花瓶、茶具、竹编字画等竹编工艺品。刘嘉峰的作品"以竹作画"，技艺精湛，画面极富笔情墨趣，各种图案栩栩如生，具有浓郁的民族风格和地方特色。代表作品：薄胎提花竹编"国宝"，双面竹丝编"哪吒"、"虎啸深山"，竹画"富春山居图"、"清明上河图"等。1996年，联合国教科文组织授予刘嘉峰"中国一级民间工艺美术家"称号。2012年，获"中国工艺美术大师"称号。刘嘉峰的儿子刘江自幼跟随父亲学习竹编，是刘氏竹编第二代传人。在传承竹编艺术方面，刘江走出了一条竹编与时尚结合的独特道路。在刘江的创意与亲自设计下，竹子被做成了古色古香的灯饰、时尚典雅的配饰，成为古典与现代融合的媒介。

Ⅶ-106 藏族编织、四川省阿坝挑花刺绣工艺

杨华珍

（编号：04-1819），女，藏族，1960年6月生，四川省阿坝藏族羌族自治州人。2011年6月，藏族编织、四川省阿坝挑花刺绣工艺被列入第

三批国家级非物质文化遗产名录民间美术类，项目编号Ⅶ-106。2012年12月，杨华珍入选为第四批国家级非物质文化遗产项目代表性传承人，四川省阿坝藏族羌族自治州申报。杨华珍自幼随母亲学习织绣技艺，是家族织绣的第四代传人。2008年"5·12"汶川大地震后，杨华珍自筹资金组织灾区妇女进行生产自救，抢救、征集、保护了3000余件传统织绣作品，使藏族编织、挑花刺绣技艺和羌绣等优秀非物质文化遗产得到保留和传承。杨华珍除了对嘉绒藏族编织、挑花刺绣的技艺进行整理外，还创造性地将盘金绣、扎绣等技艺予以发扬，充分运用于藏族唐卡画的绣制，取得了显著的效果。2009年5月，杨华珍在成都开设了藏羌织绣首家展示馆，并以此为平台，与11位羌族、藏族同乡一道向大众推广和传播藏羌民族文化。2011年9月，由杨华珍策划并创作的巨幅唐卡"释迦牟尼说法"及"释比观音盘金绣"获四川省第六届少数民族艺术节及少数民族传统手工技艺博览会"特别展示奖"和"金奖"。杨华珍一直十分重视技艺的传习，先后在成都和州内藏羌地区培养了数以千计的挑花刺绣学员。

贵州

Ⅶ-22 苗绣

吴通英

（编号：04-1773），女，苗族，1951年3月生，贵州省台江县施洞镇塘龙村人。2011年6月，苗绣被列入第二批国家级非物质文化遗产扩展项目名录民间美术类，项目编号Ⅶ-22。2012年12月，吴通英入选为第四批国家级非物质文化遗产项目代表性传承人，贵州省台江县申报。吴通英自幼跟随祖母和母亲学习刺绣，并向当地

老人学习掌握了苗族传统服饰的几十种针织绣技、蜡画工艺以及银饰设计、剪纸、绘画等工艺。吴通英有着深厚的苗绣、剪纸、苗语古歌功底，善于在针织艺术上把民间传统手工艺方法和地方特色相结合，同时加上自己的大胆创新，独成一体。她所涉及的图案纹样多取材于苗族的社会生活，极富民族性和艺术性。1988年，在北京历史博物馆举办的"贵州苗族风情展"上，吴通英被专聘为苗绣织锦现场展演，其精巧熟练的织绣织锦技术深受在场专家的赞扬，由此逐渐扬名。1995年，吴通英被中国农民画研究会推荐，在中国历史博物馆为第四届世界妇女代表大会举办了个人专题绣品展。代表作品："龙银项圈"、"金银妈妈"、"螺蛳龙"、"姜央"等。2005年8月，为了挽救苗绣民间绣技工艺，吴通英自筹资金创办了"吴通英苗绣工作室"，致力于培养苗绣艺术传承人。

Ⅶ-23 水族马尾绣

宋水仙

（编号：04-1774），女，水族，1966年6月生，贵州省三都水族自治县三洞乡人。2006年5月，水族马尾绣被列入第一批国家级非物质文化遗产名录民间美术类，项目编号Ⅶ-23。2012年12月，宋水仙入选为第四批国家级非物质文化遗产项目代表性传承人，贵州省三都水族自治县申报。1986年，宋水仙嫁到有"马尾绣之乡"美称的三洞乡板告村，师从丈夫祖母——水族著名的马尾绣能工巧匠潘水英。宋水仙创作的马尾绣作品不仅针脚精美细腻，而且配色和谐、图案古朴，深受当地群众的好评。她还运用水族独有的马尾绣工艺，创作了"象形文字活化石"水书作品，将水族的两种非物质文化遗产巧妙地融为一体。2006年，宋水仙在三都县城开办了全县第一家马尾绣工艺品店，以收购和寄卖的方式将马尾绣转化为商品和经济收入，间接

刺激了当地民众对马尾绣的传承和保护。2010年，宋水仙在县城民族村开办了全县第一家家庭博物馆，用于展出自己多年收藏的马尾绣精品，该博物馆现在已成为三都展示水族文化及马尾绣的平台和窗口。

韦桃花

（编号：04-1775），女，水族，1964年5月生，贵州省三都水族自治县三洞乡人。2006年5月，水族马尾绣被列入第一批国家级非物质文化遗产名录民间美术类，项目编号Ⅶ-23。2012年12月，韦桃花入选为第四批国家级非物质文化遗产项目代表性传承人，贵州省三都水族自治县申报。韦桃花13岁开始向当地著名马尾绣高手祖母学习绣花技艺，练就了纯熟的马尾绣技艺。在长期的学习实践过程中，韦桃花通过借鉴、研究古老的马尾绣精品，再加上自己的独特设计，创作出了一批精美独特的马尾绣工艺品，成为远近闻名的马尾绣手工艺人。2006年8月，韦桃花在"开磷杯"多彩贵州旅游商品设计大赛、能工巧匠选拔大赛总决赛上凭一手精美的马尾绣夺得"贵州名匠"特等奖，位列100名"贵州名匠"之首。2006年，在当地政府的帮助下，韦桃花在三都县城开办了一家马尾绣民族工艺品经营部，推动了当地马尾绣的生产和销售。

Ⅶ-107 侗族刺绣

陈显月

（编号：04-1820），女，侗族，1964年4月生，贵州省锦屏县平秋镇平秋村人。2011年6月，侗族刺绣被列入第三批国家级非物质文化遗产名录民间美术类，项目编号Ⅶ-107。2012年12月，陈显月入选为第四批国家级非物质文化遗产项目代表性传承人，贵州省盘锦县申报。陈显月的外婆、母亲均是当地赫赫有名的侗绣能手，陈显月12岁开始跟随母亲学习刺绣。凭

着天生良好的模仿能力与悟性，再加上勤问勤练，陈显月仅用两年时间，就学会了母亲掌握的所有刺绣技能。之后，陈显月开始向寨上的其他刺绣能手求教，学做侗家背带、绣花鞋、宝宝银帽等。侗绣均需绣在侗家自制的土布上，因此布料质量是决定绣品高低的关键一环。于是，陈显月开始学习侗家粗布制造技艺，从种植棉花到纺织棉纱直至织成侗家粗布一样不落，纯熟掌握了全套工艺。1995年，陈显月在平秋镇开了一家小店，从事侗家刺绣工艺品及侗家染织工艺品的经营，其小店逐渐成为当地喜爱侗家刺绣的妇女学习刺绣和交流技艺的场所。自2006年"多彩贵州旅游商品设计大赛"和"多彩贵州旅游商品能工巧匠选拔大赛"举办以来，陈显月多次荣获"名匠"、"名创"称号。目前经陈显月培训的人员已达80人次，并带出了6个徒弟。

云南

Ⅶ-16 剪纸（傣族剪纸）

邵梅罕

（编号：04-1762），女，傣族，1963年2月生，云南省潞西市风平镇弄么村人。2006年5月，剪纸（傣族剪纸）被列入第一批国家级非物质文化遗产名录民间美术类，项目编号Ⅶ-16。2012年12月，邵梅罕入选为第四批国家级非物质文化遗产项目代表性传承人，云南省潞西市申报。从13岁开始，邵梅罕便跟随村里的老人学习剪纸。经过日复一日、年复一年的琢磨、思考、尝试，邵梅罕逐渐跳出了单一的傣族民间剪纸形式，将这门古老的手工技艺与傣族人民的生产生活相融会，剪纸纹样主要有佛、菩提树、象、孔雀、佛塔、奘房和花等，独具傣家风情，栩

栩如生。代表作品："吉祥如意"、"农忙时节"等曾多次获奖。2010 年 3 月，受市教育局、文化局邀请，邵梅罕担任风平镇中心小学剪纸兴趣小组指导老师，对师生进行剪纸培训。同时，邵梅罕还在本村开办了剪纸培训班，免费传授傣族剪纸技艺，吸引了 30 余名村民参加学习。

西藏

Ⅶ -14 藏族唐卡（勉唐画派）

罗布斯达

（编号：04-1765)，男，藏族，1967 年 7 月生，西藏自治区日喀则市人。2011 年 6 月，藏族唐卡（勉唐画派）被列入第二批国家级非物质文化遗产扩展项目名录民间美术类，项目编号Ⅶ -14。2012 年 12 月，罗布斯达入选为第四批国家级非物质文化遗产项目代表性传承人，西藏自治区申报。罗布斯达出身于唐卡世家，12 岁正式拜祖父达娃顿珠为师学习唐卡绘画。1987 年，罗布斯达拜十世班禅大师专职画师噶钦·洛桑平措为师，开始学习藏传佛教知识体系中的工巧明之绘画艺术。罗布斯达熟读经书，学习造像比例、背诵尺度经、临摹各类衣饰形象，以及画布、画笔、颜料的制作和使用技巧，其绘制的唐卡分毫不差。罗布斯达参与了萨迦寺、扎西格培寺等大小寺院的壁画绘制工程，不断丰富自己的创作技巧和经验。从 2005 年开始，罗布斯达是唯一受邀承担布达拉宫坛城殿壁画的修复与临摹工作的画师，将濒临受损或消失的珍贵壁画以唐卡的形式，按照一定的比例临摹复制下来。2010 年，罗布斯达开办的勉萨派唐卡艺术发展中心，该中心被认定为该项目的自治区级保护单位，免费招收来自西藏各地的辍学者、残疾人、孤儿等为学徒，到目前为止已经培养出了 90 多名学员，突出者有贡觉、索朗、明久等，也为罗布斯达家族培养了第五代勉萨唐卡传承人。

陕西

Ⅶ -16 剪纸（延川剪纸）

高凤莲

（编号：04-1763)，女，汉族，1936 年 2 月生，陕西省延川县人。2011 年 6 月，剪纸（延川剪纸）被列入第二批国家级非物质文化遗产扩展项目名录民间美术类，项目编号Ⅶ -16。2012 年 12 月，高凤莲入选为第四批国家级非物质文化遗产项目代表性传承人，陕西省延川县申报。高凤莲受祖母和母亲熏陶，自幼学习剪纸。她的剪纸作品内容取材广泛，从远古神话到农家生活无所不包，风格粗犷质朴、气势流动、大胆张扬，充满生命的活力，具有深厚的艺术功底和超群的美学价值。高凤莲的作品曾多次在国内外展出并获大奖，并有多幅作品被中国美术学院收藏。2007 年 4 月，联合国教科文组织向高凤莲授予"民间工艺美术大师"荣誉称号。代表作品："陕北风情图"、"麒麟送子"、"凤凰"、"魁圣楼"、"龙凤呈祥"等。在高凤莲的影响下，其女儿刘洁琼、外孙女樊蓉蓉也潜心研习剪纸，并学有所成，形成了一家三代老、中、青剪纸能手的传承链。2005 年，高凤莲自筹资金，建起以自己名字命名的艺术馆，对外展览自己和女儿、外孙女的剪纸作品，为延川剪纸的进一步传承和发展作出贡献。

甘肃

Ⅶ-14 藏族唐卡（甘南藏族唐卡）

希热布

（编号：04-1765），男，藏族，1961 年 8 月生，甘肃省夏河县人。2008 年 6 月，藏族唐卡（甘南藏族唐卡）被列入第一批国家级非物质文化遗产扩展项目名录民间美术类，项目编号Ⅶ-14。2012 年 12 月，希热布入选为第四批国家级非物质文化遗产项目代表性传承人，甘肃省夏河县申报。1982 年，希热布进入甘南藏族自治州拉卜楞寺学习绘画，继而又前往唐卡之乡、青海省同仁县跟随师傅学习了近 3 年的细节画法。1986 年，希热布正式拜西藏唐卡大师安多强巴为师，系统深入地学习唐卡画法。在师傅的指导下，希热布熟练地掌握了藏区唐卡绘画曼唐、钦在、噶玛噶赤三大流派绘画技艺，同时还不断吸收内地年画绘画技艺和西方透视绘画技巧，努力创新。代表作品："十世班禅"、"寂天菩萨"、"大威德金刚"、"妙音天女"、"野牦牛"等。1998 年至 1999 年，希热布参加了世界最长的唐卡"彩绘大观"的创作，创下了吉尼斯世界纪录。2007 年，希热布创建了拉卜楞摩尼宝甘南藏族唐卡中心，开设了唐卡培训班，免费指导和传授唐卡绘画，迄今已收徒三十余人，其中学艺较早的部分弟子如久美尖措、央金卓玛等已在唐卡艺术界小有建树。

九麦

（编号：04-1751），男，藏族，1936 年 6 月生，甘肃省夏河县浪格尔塘村人。2008 年 6 月，藏族唐卡（甘南藏族唐卡）被列入第一批国家级非物质文化遗产扩展项目名录民间美术类，项目编号Ⅶ-14。2012 年 12 月，九麦入选为第四批国家级非物质文化遗产项目代表性传承人，甘肃省夏河县申报。九麦 6 岁便开始跟随著名唐卡绘画大师多杰先在青海省同仁县吾屯上寺系统学习唐卡绘画技艺，为唐卡绘制艺术生涯打下了坚实的基础。经过长时间的勤学苦练和潜心研究，九麦在画坛上颇负盛名，其唐卡作品遍及甘肃、青海、四川、云南等地，并远销欧美国家及港、澳、台地区。九麦画师在追求绘画艺术水平的同时，还非常注重唐卡艺术的传承和新人的培养，先后栽培多名学徒，传授唐卡绘制技艺。其中，九麦的大儿子金巴和小儿子交巴加布深受其影响，从小就在良好的家庭环境中受到唐卡艺术氛围的熏陶。在父亲的悉心栽培下，兄弟俩凭着对艺术的执着和热爱，经过几十年的勤学苦练，在当地众多的唐卡艺人中脱颖而出，成为新一代唐卡艺人。

青海

Ⅶ-48 塔尔寺酥油花

罗藏昂秀

（编号：04-1792），男，藏族，1962 年 10 月生，青海省湟中县人。2006 年 5 月，塔尔寺酥油花被列入第一批国家级非物质文化遗产名录民间美术类，项目编号Ⅶ-48。2012 年 12 月，罗藏昂秀入选为第四批国家级非物质文化遗产项目代表性传承人，青海省湟中县申报。罗藏昂秀 9 岁来到塔尔寺，14 岁开始跟随师傅学习制作酥油花，如今已经是塔尔寺下花院中技术最为娴熟的艺僧之一。从每年的农历十月二十五日开始，罗藏昂秀所在的塔尔寺的上、下花院就开始构思并制作酥油花，因为酥油花通常规模较大、工序复杂，所以整个制作周期需历时三个月之久。从原料准备到题材构思、场景设计，再到扎骨架、初坯、敷塑，直至最后的装盘、展出，罗藏昂秀均亲身参与过，创作出的作品造型精妙，丽彩柔嫩，花色品种层出不穷，充满吉祥喜庆的视觉效果。由于制作过程艰辛、老艺僧逝去，酥油花曾一度陷入困境。如今，当地政府及塔尔寺管委会加大了对酥油花制作的扶植力度，罗藏昂秀也与其他四名艺僧共同收了10个徒弟，对他们给予悉心指导。

Ⅶ-64 藏文书法（果洛德昂洒智）

桑格达杰

（编号：04-1807），男，藏族，1972年3月生，青海省果洛藏族自治州人。2008年6月，藏文书法（果洛德昂洒智）被列入第二批国家级非物质文化遗产名录民间美术类，项目编号Ⅶ-64。2012年12月，桑格达杰入选为第四批国家级非物质文化遗产项目代表性传承人，青海省果洛藏族自治州申报。德昂洒智书法书写难度大、学习时间长，常人难以持之以恒。德昂洒智因要求撰写者以及学习者自己动手，桑格达杰多年来刻苦研习藏文书法，除不断继承接受果洛德昂洒智藏文传统书法知识和技巧外，还对古今藏文书法进行研究和收集，突破和创新。桑格达杰的书体遒劲圆润、清隽雅逸，个人艺术风格突出，具有很高的审美价值和使用价值。2011年，果洛藏族自治州文体局、达日县德昂洒智藏文书法抢救领导小组与西藏大学和拉萨博罗科技有限公司达成协议，共投入资金15万元联合开发德昂洒智计算机字库，包含3种德昂洒智字体，桑格达杰参与了这一工作。

新疆

Ⅶ-79 维吾尔族刺绣

阿吉尔·赛买提

（编号：04-1811），女，维吾尔族，1952年8月生，新疆维吾尔自治区哈密市回城乡人。2008年6月，维吾尔族刺绣被列入第二批国家级非物质文化遗产名录民间美术类，项目编号Ⅶ-79。2012年12月，阿吉尔·赛买提入选为第四批国家级非物质文化遗产项目代表性传承人，新疆维吾尔自治区哈密地区申报。阿吉尔·赛买提出身于刺绣世家，10岁时便开始跟着母亲和外祖母学习刺绣手艺，熟练掌握了平绣、打籽绣、锁绣、辫绣、堆绣、缠绣、贴布绣等多种绣法。同时，阿吉尔·赛买提还有着深厚的美术功底，绘画与剪纸技艺高超，刺绣与剪纸、绘画之间融会贯通、相辅相成，有着独特的表现力。2011年，阿吉尔·赛买提被授予第二届新疆工艺美术大师称号。2004年以来，阿吉尔·赛买提一直担任地区妇联和市妇联在花园乡、回城乡、二堡镇举办的民族妇女手工艺学习班的指导老师，先后培养学员近千名。2008年，阿吉尔赛买提筹资创办了民族刺绣加工厂，雇佣工人15名，亲自对绣工们进行技艺传授和技术指导。

Ⅶ-81 蒙古族刺绣

米代

（编号：04-1812），女，蒙古族，1948年4月生，新疆维吾尔自治区博湖县乌兰再格森乡人。2008年6月，蒙古族刺绣被列入第二批国家级非物质文化遗产名录民间美术类，项目编号Ⅶ-81。2012年12月，米代入选为第四批国家级非物质文化遗产项目代表性传承人，新疆维吾尔自治区博湖县申报。蒙古族妇女都有学习刺绣的习俗，母亲传授给女儿、姐姐传授给妹妹，一代接着一代源远流长。米代自小便随家中的女性长者学习刺绣，是远近闻名的刺绣高手。米代不但在软面料上绣花，而且擅长用驼绒线、牛筋等在羊毛毡、皮靴等硬面料上刺绣，很好地发扬了蒙古族刺绣凝重质朴的特点，善于运用大面料的贴花方法，针法粗犷匀称、色彩对比鲜明，作品给人以饱满充实之感。代表作品："五羊圣火"。

Ⅶ-108 锡伯族刺绣

杨秀玉

（编号：04-1821），女，锡伯族，1963年9月生，新疆维吾尔自治区察布查尔锡伯自治县人。2011年6月，锡伯族刺绣被列入第三批国家级非物质文化遗产名录民间美术类，项目编号Ⅶ-108。2012年12月，杨秀玉入选为第四批国家级非物质文化遗产项目代表性传承人，新疆维吾尔自治区察布查尔锡伯自治县申报。杨秀玉的母亲杨凤兰是县里知名的刺绣、剪纸和朱伦呼兰比能手，杨秀玉从11岁开始便跟随母亲学习刺绣。锡伯族妇女的心灵手巧在杨秀玉身上体现得淋漓尽致，再加上肯钻研、肯勤练，杨秀玉的刺绣技术日益精进。2010年，此作品在"天工开物——新疆非物质文化遗产传统技艺大展"中，荣获"新疆传统技艺巧手奖"；2011年，又获二等奖。近年来，杨秀玉自己创建了"西迁情"刺绣坊并申请商标，绣坊共有20多个员工，专职从事锡伯族传统刺绣作品的创作工作。在经营刺绣坊的同时，杨秀玉一直在收集锡伯族刺绣的传统图案和剪纸艺术，希望能将此集结成书，把刺绣过程及传统图案和剪纸艺术留存在书本上进行保留和传承。多年来，杨秀玉带的徒弟遍布全县，其中有5人已在该县享有较高的知名度。她们制作的锡伯族传统服饰受到了疆内外游客的赞誉，也同时带动了这一产业的发展。

澳门

Ⅶ-58 木雕（澳门神像雕刻）

曾德衡

（编号：04-1806），男，汉族，1943年9月生，澳门人。2008年6月，木雕（澳门神像雕刻）被列入第二批国家级非物质文化遗产名录民间美术类，项目编号Ⅶ-58。2012年12月，曾德衡入选为第四批国家级非物质文化遗产项目代表性传承人，澳门特别行政区申报。曾德衡出身于木雕世家，是澳门神像雕刻第三代传承人。幼年时，曾德衡便与兄长一同在家族的佛像雕刻木器店帮工，跟随父亲学习神像木雕技艺。20世纪70年代，曾德衡前往浙江宁波访寻名师学习漆艺，并吸收日本和中国台湾的技术，改良制作方法，以造型设计、上乘选料和优质工艺，赢得海内外客户的青睐。同时，曾德衡在大陆购下坐式千手千眼观音菩萨、立式四面千手千眼观音菩萨、西方三圣及各式佛像脸谱等一整批佛像，保留下了不复再有的全套工艺资料。曾德衡的神像雕刻工厂掌握着全套的古法贴金技术和几近失传的泥金工艺。其本人现在也在整理资料，努力用详尽的文字、图片以及视频保存下技艺。目前，曾德衡的工厂有二三十名工人，根据分工各自掌握工艺，并在曾德衡的指导下不断提高。2006年，曾德恒的侄子曾健新从海外留学归来，开始学习神像雕刻并接手家族事业。

传统技艺

第一批国家级非物质文化遗产项目代表性传承人

北京

Ⅷ-43 景泰蓝制作技艺

钱美华

女，汉族，1927 年生，2010 年卒，浙江省宁海县人。2006 年 5 月，景泰蓝制作技艺被列入第一批国家级非物质文化遗产名录传统技艺类，项目编号Ⅷ-43。2007 年 6 月，钱美华入选为第一批国家级非物质文化遗产项目代表性传承人，北京市崇文区申报。20 世纪 50 年代，钱美华跟随林徽因参与抢救正处于濒危的景泰蓝工作，是新中国知识分子从事景泰蓝专业设计的第一人。钱美华对中国传统图案颇有研究，她设计的图案静中有动，采用多层次装饰手法，丰富不繁，形成了独特的艺术风格。她最先突破在景泰蓝工艺上只能表现工笔画图案的框框，把齐白石的水墨写意画搬到了景泰蓝作品中；与点蓝师傅一起创造了剔染点蓝等 4 种施釉新方法。她主持研制的景泰蓝二代产品"银晶蓝"获国家技术进步三等奖。80 年代，她提出并推广素雅色调即调和色，用色彩学原理和釉色优选的方法，加强景泰蓝色彩的艺术效果。她的"周其奎"荣获中国工艺美术品百花金杯奖，代表作还有《如意尊》、《盖碗型瓶》等。她编写了我国第一部景泰蓝教材《景泰蓝创作设计》，并亲自教授工艺美校第一、第二届学生的毕业创作课程，还编撰了《青铜器造型与纹样》、《景泰蓝图案》等资料用书。

张同禄

男，汉族，1942 年生，祖籍河北省曲阳县，现居北京市东城区。2006 年 5 月，景泰蓝制作技艺被列入第一批国家级非物质文化遗产名录传统技艺类，项目编号Ⅷ-43。2007 年 6 月，张同禄入选为第一批国家级非物质文化遗产项目代表性传承人，北京市崇文区申报。1958 年，张同禄进入北京工艺美术厂，掌握了制胎工艺。次年，他考入北京市工艺美术学校美术系，熟悉整个景泰蓝制作流程，并且掌握了造型设计和颜色调和等美术知识。他是中国景泰蓝六百多年发展史中，唯一掌握景泰蓝制作所有工艺环节的人。他将传统工艺与现代科技相结合，创作出免烧焊又能表现各种艺术风格内容的新型工艺品"珐琅珀晶"。他研创出"银胎景泰蓝"，成功恢复了失传二百多年的"铸胎景泰蓝"。他还创作出许多壁画、大型的壁饰及景泰蓝室外艺术雕塑十二生肖，从而使景泰蓝室内的陈列品走向室内外环境艺术空间。张同禄的作品清逸新颖、超凡脱俗、题材广泛、造型多姿多彩，作品风格古雅而又富于时代韵味，并以新、巧、俏、美、雅及强烈的时代感形成自己鲜明独特的艺术风格，自成一派，人称"当代景泰蓝第一人"、"景泰蓝张"。代表作有《鼎盛中华》、《十二章纹》、《白头偕老》、《太平有象》等。

Ⅷ-44 聚元号弓箭制作技艺

杨福喜

男，汉族，1958 年生，北京人。2006 年 5 月，聚元号弓箭制作技艺被列入第一批国家级非物质文化遗产名录传统技艺类，项目编号Ⅷ-44。2007 年 6 月，杨福喜入选为第一批国家级非物质文化遗产项目代表性传承人，北京市朝阳区申报。"聚元号"杨氏制弓世家早年曾荣获巴拿马万国博览会奖项。1998 年，"聚元号"第十代传人杨福喜向父亲杨文通学习制作传统弓箭,全面继承了"聚元号"清代皇家弓箭作坊的全套技艺,重新执掌"聚元号",成为当今中国传统弓箭的唯一传人。杨福喜"聚元号"弓箭制作技艺承袭了中国双曲反弯复合弓的优良传统,总共需要二百多道工序,弓的主体内胎为竹,外贴牛角,内贴牛筋,两端安装木质弓肖。其制作弓箭所用原料、工具、技法与《考工记》、《梦溪笔谈》、《天工开物》所载相近,所制各类弓箭品质精湛,深受各界好评。目前"聚元号"弓箭远销世界上40多个国家。杨福喜已经收了两个徒弟,其子也正在学习弓箭制作。"聚元号"弓箭制作技艺目前面临的最大的问题就是原材料的稀缺,特别是水牛角、雕翎等。

Ⅷ -50 雕漆技艺

文乾刚

男,汉族,1941年10月生,祖籍辽宁省凤城市。2006年5月,雕漆技艺被列入第一批国家级非物质文化遗产名录传统技艺类,项目编号Ⅷ -50。2007年6月,文乾刚入选为第一批国家级非物质文化遗产项目代表性传承人,北京市崇文区申报。1961年,文乾刚从北京工艺美术学校毕业后,进入北京雕漆工厂工作,师从雕漆高级雕工周长泰、汪德亮学习雕漆雕刻技艺,后又从师于雕漆老艺人孙彩文、朱庭仁学习雕漆设计,成为北京雕漆(剔红)技艺的重要传承人。他探索古老工艺与现代生活结合之路,创作了一批体量较大、有时代特点、艺术水平高的雕漆艺术品。代表作:2004年,他设计制作"剔红梅瓶"获杭州西湖博览会第五届中国工艺美术大师作品博览会金奖;2005年,"剔红九龙闹海盘"获杭州西湖博览会第六届中国工艺美术大师作品博览会金奖;其他还有"剔红古诗意五扇屏风"、"花好月圆"、"五

龙闹海"等。2002年,文乾刚创建雕漆工作室,以作坊式的工作室传承这项一千多年的老工艺。

Ⅷ -77 木版水印技艺

崇德福

男,满族,1954年生,北京人。2006年5月,木版水印技艺被列入第一批国家级非物质文化遗产名录传统技艺类,项目编号Ⅷ -77。2007年6月,崇德福入选为第一批国家级非物质文化遗产项目代表性传承人,北京市荣宝斋申报。崇德福是荣宝斋木版水印刻版工序第三代传人。17岁时,到荣宝斋工作,拜刻版技师张延洲、孙日晓、张进深等人为师,摸索出了一套自己的经验和方法,在工作中注重研究民间各类雕版印刷技艺,总结出了雕刻干笔锋的技术要领,能够十分准确地复原再现原作精神。崇德福主刀参与了宋代张择端手卷《清明上河图》的雕刻,印刷完成的《清明上河图》被中国印刷博物馆和国家博物馆收藏;崇德福刻版的《孙子兵法百家书》在首届全国优秀艺术图书奖评选中荣获二等奖;重刻再版的《十竹斋笺谱》获第二届全国优秀艺术图书奖三等奖。木版水印技艺沿袭着"师傅带徒弟"的技艺传授方法,崇德福把自己的经验和方法毫无保留地传授给了下一代,4名徒弟中2人已是高级工,为荣宝斋木版水印技艺的传承发展作出了贡献。

王丽菊

女,汉族,1959年生,北京人。2006年5月,木版水印技艺被列入第一批国家级非物质文化遗产名录传统技艺类,项目编号Ⅷ -77。2007年6月,王丽菊入选为第一批国家级非物质文化遗产项目代表性传承人,北京市荣宝斋申报。20岁时,王丽菊进入荣宝斋工作,师从王玉良。1980年,王丽菊在师傅王玉良的指导下,参与了木版水印经典之作《中国版画集》的准备工

作——染绢。通过染绢，王丽菊掌握了木版水印印刷技艺中"刷、掸、压"等基本功。王丽菊除了已全面掌握木版水印的各种印刷技艺，成为木版水印印刷技艺第五代传人中的领军人物，更是擅长印制绢本作品，经她印制的绢本《岳阳楼》、《韩熙载夜宴图》（吹箫局部）等作品得到了业内及有关专家的一致好评。由她培养的徒弟也已经成为印刷车间的技术骨干。

河北

Ⅷ-10 磁州窑烧制技艺

刘立忠

男，汉族，1944年8月生，祖籍河北省邯郸。2006年5月，磁州窑烧制技艺被列入第一批国家非物质文化遗产名录传统技艺类，项目编号Ⅷ-10。2007年6月，刘立忠入选为第一批国家级非物质文化遗产项目代表性传承人，河北省峰峰矿区申报。刘立忠自幼热爱民间艺术，跟随祖辈学习磁州窑传统陶瓷艺术。1964年就读于邯郸陶瓷中专学校，毕业后师从磁州窑老艺人魏鸿宾，从事磁州窑古陶瓷仿制研究，通过师傅的言传身教及自己的努力探索学习，终于掌握了磁州窑民间陶瓷制作的72道工序，其中尤以"画工"见长，是磁州窑工艺的第四代传人。他收集整理了上万片磁州窑历代瓷片，手绘编写了两千余幅瓷片的图录。刘立忠多年间研究吸收传统的绘画风格、纹样，进行改革、创新，创作出了几十种独特的装饰纹样；还恢复改进了失传技艺、技术二十余种；特别是在保护古磁州窑遗址和遗存上作出了突出贡献。他的作品被中国国家博物馆等机构收藏，他本人获"中国陶瓷艺术大师"、"国际民间工艺美术大师"

及"中国工艺美术大师"称号。代表作有"老槐树"、"鱼"等。

山西

Ⅷ-35 阳城生铁冶铸技艺

吉抓住

男，汉族，1946年生，山西省阳城县蟒河镇桑林村人。2006年5月，阳城生铁冶铸技艺被列入第一批国家级非物质文化遗产名录传统技艺类，项目编号Ⅷ-35。2007年6月，吉抓住入选为第一批国家级非物质文化遗产项目代表性传承人，山西省阳城县申报。吉抓住的外祖父张文法原籍河南省鞠源县苗店镇北堰头村，1929年逃荒来到阳城，开始在阳城制作犁镜，并将这项技艺传给吉抓住的舅舅张锁明，吉抓住跟随张锁明学习这项技艺。1977年秋天，吉抓住的舅舅去世，吉抓住正式担起了看火师傅的担子，被称为炉头。吉抓住不但能熟练掌握阳城犁炉炼铁和犁镜的制作技艺，熟练运用熔炼时的一整套成熟工艺，而且凭借多年经验，通过看火色、辨铁水等方法娴熟地掌握炉况、火候及铁水成色，恰到好处地把握铁水的化学成分和温度，可称得上是"一眼准"。更绝的是，他能在5秒钟之内浇铸出有水波纹的犁镜。随着机械化生产和生态环境保护，1984年，犁镜制作就全面停产了。

与吉抓住同时跟随其舅舅张锁明学习这项技艺的还有张锁明的儿子张宽镜，蟒河镇桑林村的张原明、酒虎成，董封乡口河村的上官全贵、润城镇润城村的石明轮，以及横河镇横河村的孔朝德、翟李宽等十多人。

黑龙江

Ⅷ-83 桦树皮制作技艺

付占祥

男，赫哲族，1955年12月生，黑龙江饶河县四排赫哲族乡人。2006年5月，桦树皮制作技艺被列入第一批国家级非物质文化遗产名录传统技艺类，项目编号Ⅷ-83。2007年6月，付占祥入选为第一批国家级非物质文化遗产项目代表性传承人，黑龙江省申报。1982年起，付占祥随赫哲族民间艺人尤连仲学习桦树皮制作技艺。他在挖掘整理本民族前辈传下来的桦皮工艺的基础上，创造了桦皮画。他的桦皮粘贴画，大多以赫哲族传统渔猎生活为素材，内容丰富，情趣质朴，反映了赫哲族特有的原始生活状貌，是赫哲族生产、生活、精神信仰的一种上佳的艺术表现形式。其作品《冬钓》、《拖日气》、《织网》荣获全国文艺作品交流会二等奖。其传人有尤峻涛等。

Ⅷ-85 赫哲族鱼皮制作技艺

尤文凤

女，赫哲族，1952年生，黑龙江同江市街津口赫哲族乡串口村人。2006年5月，赫哲族鱼皮制作技艺被列入第一批国家级非物质文化遗产名录传统技艺类，项目编号Ⅷ-85。2007年6月，尤文凤入选为第一批国家级非物质文化遗产项目代表性传承人，黑龙江省申报。尤文凤的母亲尤翠玉，是赫哲族聚居地唯一会制作鱼皮衣的赫哲族老人。尤文凤从15岁起就跟母亲学做鱼皮衣服。如今，尤文凤可制作很多工艺品及特殊要求的鱼皮、狍皮、貂皮制品。2000年，尤文凤开始将设计的鱼皮服饰作为演出服搬上舞台。她的代表作品多次参与展览、文化交流，部分鱼皮服饰作品被个人或团体收藏，并在比赛中多次获奖。2007年，她创作的鱼皮画《幸福一生》获佳木斯民间美术大赛二等奖。她将其技艺传给其儿子和儿媳。

上海

Ⅷ-17 乌泥泾手工棉纺织技艺

康新琴

女，汉族，1932年生，上海市人。2006年5月，乌泥泾手工棉纺织技艺被列入第一批国家级非物质文化遗产名录传统技艺类，项目编号Ⅷ-17。2007年6月，康新琴入选为第一批国家级非物质文化遗产项目代表性传承人，上海市徐汇区申报。作为这项非物质文化遗产的传承人，康新琴7岁就开始学习纺棉技艺，是乌泥泾黄道婆纺织技术的传人之一。目前会这门技艺的人在上海仅剩下不到十人，黄道婆纺织独特的三锭纺车也基本找不到了。如今康新琴的生活就是为黄道婆看护墓地并教徒弟织布的技术，以传承手工棉纺织技艺。康新琴与徒弟们一起致力于民族技艺的宣传，一度濒临灭绝的棉纺织技艺，在康新琴和徒弟们的努力下，逐渐有了生机。在徐汇区紫阳中学、园南中学，60名学生已掌握了三锭纺车技艺。在园南中学、紫阳中学的"第二课堂"拓展课学习班里，学校邀请康新琴担任指导老师。

江苏

VIII -1 宜兴紫砂陶制作技艺

汪寅仙

女，汉族，1943 年生，江苏省宜兴市丁山镇人。2006 年 5 月，宜兴紫砂陶制作技艺被列入第一批国家非物质文化遗产名录传统技艺类，项目编号 VIII -1。2007 年 6 月，汪寅仙入选为第一批国家级非物质文化遗产项目代表性传承人，江苏省宜兴市申报。1956 年，汪寅仙进入宜兴紫砂工艺厂，师从著名艺人吴云根学习紫砂壶技艺，后转师朱可心门下学习紫砂壶素塑器造型设计。1973 年，汪寅仙被安排到厂研究所，从事紫砂陶造型设计，并接受了费石民、王寅春、蒋蓉、顾景舟的指导。汪寅仙制壶态度谨慎严密，技术全面兼容各派之长，善于将自然美的生态注入壶艺之中，尤其擅长"花货"制作，运用写实手法将自然生态表现在"花货"上，在颜色、线条的处理上也有着自己独特的美学观念，主张保持紫砂特有的光学质感。汪寅仙还和张守智等艺文界人士合作，尝试不同风格作品的创作，拓宽了艺术创造空间。汪寅仙的"回方壶"、"圣思桃杯"被中南海紫光阁收藏；"曲壶"、"葡萄杯"等六件作品收藏在世界六大博物馆中。在传统文化的继承中，汪寅仙培养了大批人才，为传统技艺的传承作出了自己最大的贡献。经她指导的学生，均已成为企业技术队伍中的骨干力量。

VIII -13 南京云锦木机妆花手工织造技艺

朱枫

男，汉族，1915 年 3 月生，浙江省湖州市人。2006 年 5 月，南京云锦木机妆花手工织造技艺被列入第一批国家级非物质文化遗产名录传统技艺类，项目编号 VIII -13。2007 年 6 月，朱枫入选为第一批国家级非物质文化遗产项目代表性传承人，江苏省南京市申报。朱枫毕业于上海美专，早年师从刘海粟大师学习中国画，1954 年调入南京云锦研究组，参与南京云锦的抢救和保护工作。他从事南京云锦图案、色彩的研究和实践 50 余年，对云锦工艺技术、设计风格、文化艺术的研究有着很深的造诣，形成了云锦配色浓而不重、艳而不俗、繁而不乱的风格，成为云锦设计和配色的一代宗师，获"中国工艺美术大师"称号、中国工艺美术终身成就奖。其作品"孔雀羽妆花纱龙袍"获中国工艺美术百花奖珍品金杯奖，主要代表作还有"牛郎织女妆花缎"、"孔雀牡丹妆花缎"、"蝶恋花"、"孔雀牡丹锦"等。1973 年，朱枫的得意门生邬悉尔被招入云锦所，朱枫手把手地传授秘诀，希望将云锦技术一代一代传承下去。目前邬悉尔也正在招收学徒。

VIII -14 宋锦织造技艺

钱小萍

汉族，1939 年 9 月生，江苏省武进县人。2006 年 5 月，宋锦织造技艺被列入第一批国家非物质文化遗产名录传统技艺类，项目编号 VIII -14。2007 年 6 月，钱小萍入选为第一批国家级非物质文化遗产项目代表性传承人，江苏省苏州市申报。苏州宋锦，色泽华丽，图案精致，质地坚柔，它与南京云锦、四川蜀锦一起，被誉为中国的三大名锦。钱小萍 16 岁考取了浒墅关蚕丝学校。她"复活"了濒临绝境的宋锦技艺，与国家博物馆、新疆博物馆和青海博物馆等合作，复制出了宋、明、清时期一度盛行的苏州宋锦，还新开发出了 11 种面料。1991 年，她创建了中国第一所丝绸专业博物馆——苏州丝绸博物馆，集收藏、陈列、科研、生产、旅游、贸易于一体。她带领课题组完成了"先秦两汉古丝绸文物复制研究"项目中的七件丝织品的复制，荣获国家文物局科技进步奖；完成了难度极大的"四件珍贵唐织物的复制研究"项目，达到了与原文物"质似、形似、神似"的高水准。2005年钱小萍退休后，创办了"钱小萍丝绸复制研究所"，负责编撰国家重点图书《中国传统工艺全集——丝绸织染》分卷；出版专著《中国宋锦》，系统介绍了宋锦的起源、形成和各朝代的发展。同时，她也是中国第二代纺织人造血管的发明者。

Ⅷ-15 苏州缂丝织造技艺

王金山

男，汉族，1939年2月生，江苏省苏州市人。2006年5月，苏州缂丝织造技艺被列入第一批国家级非物质文化遗产名录传统技艺类，项目编号Ⅷ-15。2007年6月，王金山入选为第一批国家级非物质文化遗产项目代表性传承人，江苏省苏州市申报。1956年，王金山进入苏州刺绣研究所前身——苏州工艺美术刺绣生产合作社学艺，师从著名缂丝艺人沈金水，技艺长进很快，掌握了"结、掼、勾、戗"的缂丝技法。他曾先后向顾仲华、张辛稼、吴木、徐绍青、张继馨等书画家学习，为缂丝艺术打下了扎实的基础。他擅长缂制花卉、山水、人物、书法作品，对宋、元、明、清历代缂丝艺术颇有研究，1963年至北京故宫博物院先后复制了宋代缂丝名家的多件作品。他的作品"缂丝花腰带"于1986年获中国工艺美术百花奖银杯奖；"金地牡丹蝴蝶"、"紫芝仙寿图"、"寿星图"、缂丝三异"牡丹—山茶—双蝶"分别被中国艺术研究院、中国工艺美术馆珍宝馆等收藏。1988年，王金山被授予"中国工艺美术大师"称号。1999年，王金山成立了"王金山大师工作室"，

在钻研缂丝艺术的同时培养年轻缂丝艺人，其嫡传弟子华惠英在缂丝织造方面已有了很高的造诣。

Ⅷ-24 南通蓝印花布印染技艺

吴元新

男，汉族，1960年12月生，江苏省启东县人。2006年5月，南通蓝印花布印染技艺被列入第一批国家级非物质文化遗产名录传统技艺类，项目编号Ⅷ-24。2007年6月，吴元新入选为第一批国家级非物质文化遗产项目代表性传承人，江苏省南通市申报。吴元新是蓝印花布第五代传人，1976年开始蓝印花布的研究与制作，从染布、刮浆、刮白、整理等基本工艺技能学起。1989年，他赴中央工艺美术学院装饰艺术系深造，后又考入中央美院，得到民间美术系主任杨先让教授的指导。他于1996年创办了南通蓝印花布博物馆。吴元新与其女儿吴灵姝走遍全国蓝印花布主要产区，抢救、保护明清以来大量的蓝印花布实物资料，整理出版《中国蓝印花布纹样大全》藏品卷、纹样卷，填补了我国蓝印花布纹样专著的空缺，书中43件作品被中国美术馆收藏。其代表作"年年有余"饰品、"凤戏牡丹"台布、"喜相逢"桌旗系列被国家博物馆收藏。2007年，吴元新获"中国工艺美术大师"称号，成为中国民间传统印染行业中第一位国家级工艺美术大师。2011年12月，作品《夹缬系列》荣获第十届中国民间文艺"山花奖"。

Ⅷ-27 香山帮传统建筑营造技艺

薛福鑫

男，汉族，1928年7月生，江苏省吴县东渚镇阳山村人。2006年5月，香山帮传统建筑营造技艺被列入第一批国家级非物质文化遗产

名录传统技艺类，项目编号Ⅷ-27。2007年6月，薛福鑫入选为第一批国家级非物质文化遗产项目代表性传承人，江苏省苏州市申报。薛福鑫出身于匠师世家，1939年，薛福鑫跟着家人学艺帮工，泥水作、木作、砖雕、泥塑、彩绘。他拜雕塑名家颜根大为师学习泥塑，拜李秀庭为师学习设计画样，拜山水画家王子振为师学习绘画，17岁就当上了带班师傅。1958年，苏州市园林修建队成立，薛福鑫出任技术负责人，负责修缮遍布全市的24处园林。1986年，他出资组建了吴县东渚古建公司，后又成立了苏州太湖古典园林建筑有限公司。先后设计过江苏江阴徐霞客草堂皖合肥黄山学林苏州园、广德竹子博物馆、太极洞长乐园、上海嘉完区吴兴寺、锡山市锦绣园、无锡市镜花缘缘中园、昆山市周庄南湖园全福寺、浙江奉化市岳林寺和日本长崎市苏州园等。他退休后设计的古建施工图纸达二百多套。他设计的园林古朴典雅，别具一格。薛福鑫一生获誉无数，也培养了大批古建行业的能工巧匠。他的儿子薛林根、女婿朱建良、程建新，以及孙子薛东都在古建行业工作，继承了香山帮古建技艺。

陆耀祖

男，汉族，1949年4月生，江苏省吴县香山人。2006年5月，香山帮传统建筑营造技艺被列入第一批国家级非物质文化遗产名录传统技艺类，项目编号Ⅷ-27。2007年6月，陆耀祖入选为第一批国家级非物质文化遗产项目代表性传承人，江苏省苏州市申报。陆耀祖的祖上世代为香山帮建筑匠人。陆耀祖16岁开始就跟随父亲学习，并长期在一起工作，深得父亲的真传。于1965—1968年期间，师从沈椿发学木工。他继承了中国传统古典建筑技艺，不仅在实际操作中，更重要的是在传统风格、法式要求上得到传承，同时还博采众长、灵活动用。他参与了著名寺院——寒山寺的大修、苏州天平山乐天楼复

建、苏州灵岩山钟楼大修等项目。1999年他主持在美国建造了"兰苏园"（Lan Su ChⅠnese Garden）。陆耀祖参与编写了大量的建筑理论书籍，如《古建筑技师职业资格鉴定规范》、《苏州园林营造技艺》等，填补了中国古建工人技术鉴定的空白。他还参与行业标准的制定，如《古建筑修建工程施工及验收规范》、《世界文化遗产——苏州古典园林监测工作规范》等。

备注：陆家香山帮传承谱系：第一代，太祖姚三星，木工，嘉兴开营造作坊；第二代，曾祖姚桂祥，木工；第三代，曾叔祖姚根庆，木工，木渎开营造作坊；第四代，叔祖父姚盛寿，木工，东山开营造作坊；第五代，父亲陆文安（随母姓），木工；第六代，陆耀祖，木工。

Ⅷ-32 苏州御窑金砖制作技艺

金梅泉

男，汉族，1949年12月生，江苏省苏州相城区陆慕镇御窑村人。2006年5月，苏州御窑金砖制作技艺被列入第一批国家级非物质文化遗产名录传统技艺类，项目编号Ⅷ-32。2007年6月，金梅泉入选为第一批国家级非物质文化遗产项目代表性传承人，江苏省苏州市申报。御窑金砖已经被国家古建研究中心正式认定为我国古建筑中必用之材料。其使用的老砖窑是在明代造的，目前已被列为文保项目。金梅泉出身于金砖制作世家，从太祖金祖明开始就以烧制御窑金砖为职业。曾祖金根木、祖父金云泉和父亲金兆文都是烧制金砖的能手。他自小学习制作金砖的技艺，是制作金砖的第五代传人。北京故宫博物院太和殿、天坛祈年殿、天安门城楼、颐和园、北海公园、恭王府花园、美国纽约明轩和惜春园、新加坡蕴秀园等都铺设了在金梅泉指导下制作生产的御窑金砖。御窑村人口有六千多人，但真正在烧金砖的只有三十几人。为了不使金砖这门技艺失传，他改变了

传男不传女的老规矩。大女儿金瑾在 2007 年 2 月辞去原先的教师工作，正式加入御窑金砖的制造队伍，成为金家的第六代传承人。

Ⅷ-52 扬州漆器髹饰技艺

张宇

原名张家謇，字仲直，笔名云天，男，汉族，1944 年生，江苏省扬州市人。2006 年 5 月，扬州漆器髹饰技艺被列入第一批国家级非物质文化遗产名录传统技艺类，项目编号Ⅷ-52。2007 年 6 月，张宇入选为第一批国家级非物质文化遗产项目代表性传承人，江苏省扬州市申报。1958 年，张宇进入扬州漆器玉石工艺厂，从艺丁永仁学玉雕，并随梁国海学习漆器工艺生产知识，并拜画家姜壁为师学习绘画。1985 年，他赴中央工艺美术学院进修，受到画家吴冠中、张仃、叶浅予等的教诲，进一步提高了美术理论水平和绘画设计能力。张宇创作了许多高、精、新漆艺佳作，为扬州漆器工艺的继承和发展作出了不懈努力。1982 年，他设计的"柳毅传书"屏风在全国首届百花奖评比中夺魁，这是扬州漆器第一次把平磨螺钿工艺与点螺工艺相结合。从 1982 年到 1986 年，他连续五年获得中国工艺百花奖，摘得"五连冠"，是扬州漆器史上的第一人。由他创作设计的一对红雕漆"江天一览"特大花瓶，是扬州漆器史上最大的雕漆花瓶。1993 年，张宇被授予"中国工艺美术大师"荣誉称号。他的传人是张来喜。

赵如柏

男，汉族，1939 年 8 月生，江苏省淮安市洪泽县人。2006 年 5 月，扬州漆器髹饰技艺被列入第一批国家级非物质文化遗产名录传统技艺类，项目编号Ⅷ-52。2007 年 6 月，赵如柏入选为第一批国家级非物质文化遗产项目代表性传承人，江苏省扬州市申报。1956 年，赵如柏

进入江苏扬州漆器厂，师从梁国海学习雕漆技艺。他在雕漆、木雕两方面，造诣深厚，人称"双绝"。既师承传统又不拘泥于传统，首创了楠木雕和点螺结合新工艺，把红雕漆藏锋不露、光滑圆润的艺术特点融汇于木雕的立雕、镂空雕、浮雕和薄雕工艺之中，使产品既有木雕的层次清楚又有雕漆工艺精致圆润的特点。他还恢复了传统的漆砂砚制作方法，他是国内制作漆砂砚的第一人。他的古金丝楠木雕点螺"泰山揽胜"巨型漆砂砚，被誉为"国宝"；古楠木雕点螺"大涤草堂"、"醉翁亭"漆砂砚，获中国工艺美术品百花奖，分别被国家作为珍品收藏和赠送给外国元首。代表作品还有木雕点螺"灵峰揖秀"特大漆砂砚、纯雕漆"江山神韵"大地屏、古楠木雕台屏"春溪幽谷图"等。其授徒多人，传人为谢世强等。

Ⅷ-78 雕版印刷技艺

陈义时

男，汉族，1947 年 11 月生，江苏省扬州市人。2006 年 5 月，雕版印刷技艺被列入第一批国家级非物质文化遗产名录传统技艺类，项目编号Ⅷ-78。2007 年 6 月，陈义时入选为第一批国家级非物质文化遗产项目代表性传承人，江苏省扬州市申报。陈义时出身于雕版世家，是扬州雕版印刷"杭集刻字坊"第三代传人。14 岁起随父亲陈正春学习雕版技艺，真正掌握了一整套的雕版技术。1982 年，陈义时进入广陵古籍刻印社，专门进行雕版刻字，在广陵古籍刻印社从事雕版数十年，是全国唯一获得雕版类高级工艺美术师技术职称的人。经他的巧手刻补，许多古籍重现生机。他的《礼记正义校勘记》获华东六省一市古籍图书特等奖，《毛泽东诗词六十首》、《唐诗三百首》获华东六省古籍图书一等奖，《绿扬笺谱》获十三届世界华人艺术大会（香港）国际金奖，《金刚经》

获十三届世界华人艺术大会（香港）国际金奖，《鲁迅小说插图集》获十五届世界华人艺术大会（香港）国际金奖。陈义时打破了行业"传男不传女"的界限，将技艺传给女儿陈美琦，以及陈静、顾孝慈、芮欣、陈振浩等。

Ⅷ-81 制扇技艺

徐义林

男，汉族，1933年生，江苏省苏州市人。2006年5月，制扇技艺被列入第一批国家级非物质文化遗产名录传统技艺类，项目编号Ⅷ-81。2007年6月，徐义林入选为第一批国家级非物质文化遗产项目代表性传承人，江苏省苏州市申报。15岁时，徐义林就跟着桃花坞的制扇师胡汉东学习制扇。1954年，他进入苏州扇厂。20世纪80年代，他设计的"孔雀牌"水磨竹扇骨获得了江苏省轻工产品奖，成为厂里的注册商标。他根据传统折扇的圆头、燕尾方和方根3种基本形状，演化出了上百种形状各异的扇骨，徐义林制作的扇骨，深受书画家和收藏家青睐，被誉为"江南扇王"。此外，他还能修复古扇，令人称绝。如今徐义林的小儿子徐家东已经全面地继承了他的手艺，制作的扇骨工艺精、款式多、灵气足，而且很有文人雅士的"书卷气"。徐家东的"东云堂扇庄"在苏州也享有很高的声誉。

Ⅷ-82 剧装戏具制作技艺

李荣森

男，汉族，1956年9月生，祖籍江苏省镇江市，生于苏州。2006年5月，剧装戏具制作技艺被列入第一批国家级非物质文化遗产名录传统技艺类，项目编号Ⅷ-82。2007年6月，李荣森入选为第一批国家级非物质文化遗产项目代表性传承人，江苏省苏州市申报。从祖父李鸿林、父亲李世泉至李荣森，李家已从事戏衣制作一百多年，他是剧装戏具制作行业第三代传人。1977年，李荣森开始随父亲学习剧装制作技术，三年后，基本掌握了戏衣制作的全套基本技艺。1979年，他进入苏州剧装厂。他博采众长，能和戏衣有机结合，配套生产盔帽、道具、鞋靴等。李荣森致力于传统技艺的改革和创新，努力使传统剧装业得以重生。他主持试制影视服饰，使该厂的服饰在87版《红楼梦》、《笑傲江湖》、《天龙八部》、《射雕英雄传》、《鹿鼎记》、《孝庄秘史》等影视作品中使用。他还改良传统戏衣，迎合现代审美需求。近年来，昆曲《牡丹亭》、《长生殿》、《桃花扇》演出服装都是由苏州剧装厂制作的。其中有很多款服饰就是采用西式剪裁工艺完成的。既保留了传统服饰的风格，又凸显了现代服装的韵味。他整理出版了《中国传统戏衣》一书。其传人有薛家祥、张国民、翁维等。

Ⅷ-88 风筝制作技艺（南通板鹞风筝）

郭承毅

男，汉族，1945年生，江苏省如皋市人。2006年5月，风筝制作技艺（南通板鹞风筝）被列入第一批国家级非物质文化遗产名录传统技艺类，项目编号Ⅷ-88。2007年6月，郭承毅入选为第一批国家级非物质文化遗产项目代表性传承人，江苏省南通市申报。郭承毅出身于南派风筝世家，自幼随父亲郭文和学艺，掌握了传统风筝的制作技艺。1962年毕业于南通工艺美术学校，进入南通工艺美术研究所从事风筝等民间工艺的研究和制作工作，潜心研究五十余年。对传统风筝的设计制作有许多创新，在彩绘艺术和哨口板鹞的制作技术方面都积累了丰富的实践经验。其风筝图案最大的特点是动与静的完美结合，"静"是要求风筝在地面观看的效果，色彩鲜明，渲染均匀自然，墨线挺拔准确；"动"则是风筝放飞天空中的飞翔效果，要有栩栩如生的动感。郭承毅还深入研究了板鹞风筝的历史及发展，包括相关的民风民俗，并在此基础上撰写了《南通鹞子的彩绘艺术》、《精美的南通风筝》和《南通郭氏风筝》等文章。他继承了其父创办的南通郭氏风筝工艺社，并创办了南通风筝博物馆，但传承情况不容乐观。

浙江

Ⅷ-9 龙泉青瓷烧制技艺

徐朝兴

男，汉族，1943年3月生，浙江省龙泉市人。2006年5月，龙泉青瓷烧制技艺被列入第一批国家非物质文化遗产名录传统技艺类，项目编号Ⅷ-9。2007年6月，徐朝兴入选为第一批国家级非物质文化遗产项目代表性传承人，浙江省龙泉市申报。徐朝兴13岁时学习瓷碗制作，15岁时师从李怀德老艺人学艺，熟练掌握了研磨、配料、拉坯等工序。1963年，徐朝兴进入了浙江美院为学生制作毕业设计，其间研读了许多相关书籍，并请教老师和同学，理论知识得到了很大提高。徐朝兴继承了龙泉青瓷哥窑、弟窑的技艺特点及开片绝技，做工精细，同时根据龙泉青瓷的工艺特点，将其与美术装饰相结合，以釉、胎的特性和美术纹样体现了产品的自然美。1982年作品"52公分迎宾大挂盘"，获第二届全国陶瓷设计评比一等奖，被誉为当代"国宝"，现收藏在中南海"紫光阁"；"群猴挂盘"、"灰釉水波碗"收藏于中国美术馆，还有诸多作品获各类奖项和被各地收藏。获"中国工艺美术大师"称号。徐朝兴还致力于传统艺术的传承，在当地收的徒弟卢伟孙、陈爱明

等人在青瓷制作方面也具备很高的造诣。

Ⅷ-37 龙泉宝剑锻制技艺

沈新培

男，汉族，1948年12月生，浙江省龙泉市人。2006年5月，龙泉宝剑锻制技艺被列入第一批国家级非物质文化遗产名录传统技艺类，项目编号Ⅷ-37。2007年6月，沈新培入选为第一批国家级非物质文化遗产项目代表性传承人，浙江省龙泉市申报。沈新培是沈广隆剑铺第四代掌门人。1961年，就在龙泉铁器生产合作社宝剑生产小组随父铸剑。多年来他在铸剑上不断探索，进行技术创新和设计创新，研制出20多个新品种。他将锻造、金属雕刻、各种锻造技艺与艺术和文化融于一体，使他铸造的宝剑既有古剑风，又有文化内涵和新意。1983年挂牌恢复沈广隆剑铺，并掌门至今。他铸造的剑曾作为国礼赠送给尼克松总统；1974年研制的鱼肠剑获浙江省工艺美术创新设计奖；1993年研铸的日月乾坤剑与乾坤刀，民间习武用剑在中国首届武术器材评审会上一举获三个金奖；2005年，"乾坤剑"、"成功剑"、"乾隆佩剑"获浙江省首届民族民间工艺美术博览会天工最高荣誉奖，"龟纹剑"获公众最喜爱的"老字号品牌奖"。他自己也获得政府颁发的"终身成就奖"。

Ⅷ-38 张小泉剪刀锻制技艺

施金水

男，汉族，1933年3月生，浙江省杭州市人。2006年5月，张小泉剪刀锻制技艺被列入第一批国家级非物质文化遗产名录传统技艺类，项目编号Ⅷ-38。2007年6月，施金水入选为第一批国家级非物质文化遗产项目代表性传承人，浙江省杭州市申报。施金水1947年开始在郭立

金剪刀作坊当学徒，拜郭立金剪刀作坊业主郭立金为师。他作为手工锻制钳手，全面掌握锻制剪刀的 72 道工序，其擅长锻打 1—5 号普通民用剪。花式有圆头 1—5 号、长头 1—5 号剪刀等，产品规格统一，头样笋装式，壶瓶酒坛式。施金水因技艺高深，1959 年 1—5 号锻制的民用剪被革命博物馆收藏；1965 年以来锻制民用剪连续五次获全国剪刀质量评比第一名；1979 年荣获国家优质产品银质奖。施金水传艺带徒 25 人，但都是只掌握其中某些程序，并没有掌握整个剪刀的手工制作技艺。目前能够用纯手工制作"张小泉"剪刀的老师傅尚有四十几位在世。现在只有施金水身体尚可还能制作剪刀，其余已经年迈无法再制作剪刀，这项技艺面临断档危险。

徐祖兴

男，汉族，1931 年 11 月生，2011 年 12 月卒，浙江省萧山县人。2006 年 5 月，张小泉剪刀锻制技艺被列入第一批国家级非物质文化遗产名录传统技艺类，项目编号Ⅷ -38。2007 年 6 月，徐祖兴入选为第一批国家级非物质文化遗产项目代表性传承人，浙江省杭州市申报。徐祖兴从 1944 年开始在丁德有剪刀作坊做学徒，拜丁德有为师。他全面掌握制作张小泉剪刀的 72 道工序，其主要从事 1 号、2 号民用剪锻打。其生产的产品具有十大特征：镶钢均匀、钢铁分明、磨工精细、刃口锋利、销钉牢固、开合和顺、式样精巧、刻花新颖、经久耐用、物美价廉。徐祖兴在从事这个行业的过程中取得了较高的成就，徐祖兴于 1963 年锻制的 1—5 号民用剪在刘少奇主席出访印度尼西亚等五国时，被作为国礼送给五国元首；1965 年以来锻制民用剪连续五次获全国剪刀质量评比第一名；1979 年荣获国家优质产品银质奖。1958 年收陈静斋为徒。

Ⅷ -60 绍兴黄酒酿制技艺

王阿牛

男，汉族，1925 年 9 月生，浙江省绍兴市人。2006 年 5 月，绍兴黄酒酿制技艺被列入第一批国家级非物质文化遗产名录传统技艺类，项目编号Ⅷ -60。2007 年 6 月，王阿牛入选为第一批国家级非物质文化遗产项目代表性传承人，浙江省绍兴市申报。王阿牛出身于绍兴东浦酿酒世家，17 岁随父亲做酒，19 岁拜堂兄为师学"开耙"。1952 年，王阿牛进入地方国营云集酒厂（会稽山绍兴酒股份有限公司前身），练就了一身过硬的本领，能通过品尝，准确区别黄酒的酒精度、酸度和糖分含量。王阿牛整理出版了《绍兴酒操作规程》一书，是中国历史上第一本黄酒酿造教程。还撰写了大量相关论文，为黄酒酿造工艺作出了突出贡献。王阿牛在中国黄酒界享有很高的声誉，属于"国宝"级的人物。曾担任会稽山第八代掌门人，中国黄酒界首批"黄酒博士"，绍兴黄酒界的泰斗，绍兴黄酒的"活文物"。其所带徒弟众多，遍及绍兴所有酒厂。

Ⅷ -71 竹纸制作技艺

庄富泉

男，汉族，1954 年生，浙江省富阳市人。2006 年 5 月，竹纸制作技艺被列入第一批国家级非物质文化遗产名录传统技艺类，项目编号Ⅷ -71。2007 年 6 月，庄富泉入选为第一批国家级非物质文化遗产项目代表性传承人，浙江省富阳市申报。庄富泉 15 岁时开始拜师学艺，历经 8 年全面掌握了 70 多道手工造纸工序。改革开放后，他成立了富阳县庄家古籍书画厂，即现在的杭州富春江宣纸有限公司。他用龙须草生产出了质地上乘的宣纸，解决了竹纸制作原料少的难题。庄富泉还是机械化造宣纸的"第一人"。由于生产流程中加入了防蛀原料，机器宣纸的存留时间比手工宣纸更长久，四色套、八色套等使机器宣纸有了更丰富的色泽。但庄富泉最钟情的依旧是手工技艺，厂房里至今还保留了纸槽、石磨、竹帘等传统造纸工具，再现于此的还有"人尿发酵"、"荡纸打浪"等传统竹纸制作技艺。他研制的黄子久牌"富春山居宣"是中国最高档书画用纸，被文化部书法研究会认定为"国纸"。庄富泉虽然带了几个徒弟，但传承情况依然不容乐观。他正在研制能代替现在的手工造纸技术的机器。

Ⅷ -72 湖笔制作技艺

邱昌明

男，汉族，1950 年生，浙江省湖州市善琏镇人。2006 年 5 月，湖笔制作技艺被列入第一批国家级非物质文化遗产名录传统技艺类，项目编号Ⅷ -72。2007 年 6 月，邱昌明入选为第一批国家级非物质文化遗产项目代表性传承人，浙江省湖州市申报。邱昌明 16 岁进入善琏湖笔厂，拜著名的湖笔老艺人姚关清为师，学习湖笔行业公认的特技——择笔。邱昌明将择笔技艺练得非常纯熟。他做出来的笔头锋颖清晰，顶口齐，无杂毛和废笔，笔身光、白、圆、直，用的人无不感到应手从心、挥洒如意。经过 15 年的不断钻研，不仅全面继承了择笔羊毫传统操作技艺，还根据用户及日本客商的要求，试制、创新了一批适合市场的新产品，如用马毛、石獾毛代替山羊毛，笔杆造型上的创新包括套笔、纪念笔、收藏笔等。他主持制作的"双羊牌"湖笔荣获原轻工业部二轻局主办的全国首次毛笔质量评比第一名、省"优质农产品金奖"、中国文房四宝协会命名的"中国十大名笔"称号。他的传人有周瑾等。

安徽

Ⅷ -2 界首彩陶烧制技艺

王京胜

男，汉族，1944 年生，安徽省界首市人。2006 年 5 月，界首彩陶烧制技艺被列入第一批国家非物质文化遗产名录传统技艺类，项目编号Ⅷ -2。2007 年 6 月，王京胜入选为第一批国家级非物质文化遗产项目代表性传承人，安徽省界首市申报。王京胜自小对瓷艺就怀有很大的兴趣。1960 年王京胜进入界首陶瓷厂，刻苦钻研各项彩陶烧制的工艺流程，后师从著名烧瓷大师卢山义、韩美林学习陶瓷烧制，并掌握了设计、制作、刻画、雕塑、烧制整套生产技术，形成了自己独特的艺术风格。王京胜制作的彩陶多以民间传说中的戏文和典故作为主线，人物大多使用工笔画的线条，人物形态细腻。他一改彩陶多以盆罐为主的格局，精细设计并烧制了"特型二龙大花瓶"作品；还在著名美术学家韩美林的指导下，通过和他人的合作研制出了硅硼系列彩釉，使作品色泽更加艳美。作品屡获各类奖项。最为重要的是他记录了各类彩陶制作工艺流程，可谓彩陶制作的百科全书，为保存界首彩陶的技艺发挥着积极作用。代表作还有"三彩刻花瓶"和"吉祥瓶"等。王京胜带过的学徒数不胜数，两个女儿已得其真传。

卢群山

男，汉族，1950 年 9 月生，安徽省界首市人。2006 年 5 月，界首彩陶烧制技艺被列入第一批国家非物质文化遗产名录传统技艺类，项目编号Ⅷ -2。2007 年 6 月，卢群山入选为第一批国家级非物质文化遗产项目代表性传承人，安徽省界首市申报。卢群山是中国民间工艺美术大师、三彩刻画坛创始人卢山义之子，从小耳濡目染。5 岁随父亲学习相关陶瓷制作艺术，13 岁拜韩美林为师。在自己的刻苦学习下深得两位大师真传，在造泥、烧坯、烧制陶器等方面都有很高的造诣。1983 年，卢群山与韩美林大师共同创作彩陶作品，共同创作出的"腰鼓坛"，于 1984 年获轻工业部颁发的"中国工艺美术品百花奖优质产品奖"。与韩美林共同研制出了"硅硼系无毒彩釉"，使陶瓷原本单调的色彩更加丰富、逼真。"三彩刻画酒坛"获第五届中国民间文艺山花奖、民间工艺奖金奖；彩陶"四棱玉壶瓶"被中国国家博物馆收藏。2007 年，卢群山成立了卢氏刻画彩陶有限公司、卢山义"刀马人"釉下刻画工作室和卢氏刻画彩陶传习处，通过带徒授艺，免费培训社会上广大热爱彩陶的人们。卢群山的儿子卢涛也已掌握了三彩釉刻画技巧，作品屡屡在国内大赛获奖；另一弟子张茜文在彩陶艺术上也具备很高水准。

Ⅷ -39 芜湖铁画锻造技艺

杨光辉

男，汉族，1932 年生，祖籍安徽省枞阳县。2006 年 5 月，芜湖铁画锻造技艺被列入第一批国家级非物质文化遗产名录传统技艺类，项目编号Ⅷ -39。2007 年 6 月，杨光辉入选为第一批国家级非物质文化遗产项目代表性传承人，安徽省芜湖市申报。杨光辉出身于铁匠世家，13 岁时拜在舅父——芜湖铁画老艺人储炎庆门下，后又随王石岑、申茂之等学习中国山水画技法。他自觉地将绘画与铁画嫁接，追求古朴淳厚、清新飘逸的风韵，讲究写意传神，开芜湖铁画一代新风。他独创的"飞火锻接法"，拓展了铁画的表现能力。他首次将铁画口授私传的秘技和发展历程整理归纳，编著成《铁画艺术》一书。1983 年，他成功锻制了第一幅全立体铁画《墨竹图》，使铁画从斋壁雅玩之物一跃成为装饰现代建筑和园林景色的巨型艺术品。1988 年，他荣获"中国工艺美术大师"称号。2000 年，他创制了我国第一幅彩色铁画《古凤》，标志着铁画技艺的新突破。代表作有《长征诗》、《松鹰图》、《关山雪霁》、《黄山迎客松》、《朝恋》、《醉舞》、《海晏宴河清图》、《黄山光明顶》、《兰花宫灯》、《四季花鸟》、《多情月》、《月是故乡明》等。其传人有杨家祥等。

Ⅷ -65 宣纸制作技艺

邢春荣

男，汉族，1954 年 3 月生，安徽省泾县人。2006 年 5 月，宣纸制作技艺被列入第一批国家级非物质文化遗产名录传统技艺类，项目编号Ⅷ -65。2007 年 6 月，邢春荣入选为第一批国家级非物质文化遗产项目代表性传承人，安徽省泾县申报。1973 年，邢春荣进入泾县宣纸厂（今中国宣纸集团）工作。泾县小岭曹氏一族是宣纸生产技艺的主要传承者。在小岭曹氏第 26 代传人曹一本等人的指导下，他掌握了晒纸工艺，是目前为数不多熟知宣纸制造各个环节的传人。邢春荣率先提出在宣纸行业中进行管理体系认证，是《宣纸》国家标准的主要起草者之一。他采取明代以前的宣纸制作技艺生产古宣，由于整个过程均由手工艺结合纯天然漂白、氧化完成，充分剔除了其中的淀粉、蛋白质等有机物的含量，生产出来的宣纸比普通的宣纸更具有宣纸的妙味，更能使书画作品灵气充溢、意境深远。其晒制的宣纸于 1979 年、1984 年、1989 年三次蝉联国家质量金奖。从业以来培训过晒纸学徒多人，目前在积极推进宣纸传统生产技艺传承人才的培训工作。

Ⅷ-73 徽墨制作技艺

周美洪

男，汉族，1957年6月生，安徽省绩溪人。2006年5月，徽墨制作技艺被列入第一批国家级非物质文化遗产名录传统技艺类，项目编号Ⅷ-73。2007年6月，周美洪入选为第一批国家级非物质文化遗产项目代表性传承人，安徽省歙县申报。周美洪出身于绩溪县制墨世家，1979年，他子承父业，进入歙县徽墨厂。1983年，他成立了徽墨研究所并担任所长，对徽墨的制作技艺进行深层次的研究，在继承传统的基础上创新、发展和恢复了茶墨、青墨、朱砂墨、五彩墨和古香古色的手卷墨的生产。1993年，他主持制定了观赏墨、收藏墨标准，填补了我国墨业产品标准的空白。研制生产成套的"集锦墨"，如"中国书画家墨"、"生肖墨"等。研制超细油烟墨、松烟墨，如"李廷珪宝墨"、"贡墨"、"金不易"和"特级纯松烟"、"松云"等。为做好传承工作，2008年歙县依托周美洪的老胡开文公司，成立了黄山首家"国家级非物质文化遗产（徽墨）传习所"，周美洪亲自在传习所任教。

Ⅷ-74 歙砚制作技艺

曹阶铭

男，汉族，1954年12月生。2006年5月，歙砚制作技艺被列入第一批国家级非物质文化遗产名录传统技艺类，项目编号Ⅷ-74。2007年6月，曹阶铭入选为第一批国家级非物质文化遗产项目代表性传承人，安徽省歙县申报。1973年，曹阶铭进入安徽省歙县工艺厂，师承砚雕名家汪律森，深得歙砚雕刻技艺真谛。他擅长随行砚（不规则形状）设计，形成自然天成的艺术风格，作品精细，刀法刚劲，线条流畅。在曹阶铭等人的努力下，20世纪80年代中期后，歙砚进入全国制砚行业前列，并以优良品质荣获国家优质产品、出口创汇金奖和有关部门授予的"国之宝"证书。其代表作有"东坡赤壁游"、"唐模小西湖"、"歙州竹砚"、"松云砚"、"兰亭砚"等。他培养了几十名砚雕新秀，如吴伟、胡文宾等，也兼任安徽省行知中学工艺美术班（歙砚的理论和制作）的老师。由于原料的限制，歙砚的发展受到了一定的制约。

福建

Ⅷ-11 德化瓷烧制技艺

苏清河

号莹玉，男，汉族，1941年6月生，2012年2月卒，福建省德化县城关宝美人。2006年5月，德化瓷烧制技艺被列入第一批国家级非物质文化遗产名录传统技艺类，项目编号Ⅷ-11。2007年6月，苏清河入选为第一批国家组织级非物质文化遗产项目代表性传承人，福建省德化县申报。1956年5月，苏清河进德化瓷厂雕塑组，从师于当代著名雕塑艺术家苏勤明和雕刻家许光益。苏清河的作品题材丰富，有人物、茶具、工艺品及烟灰缸等日常用品。他的作品造型别致，优美传神。尤其佛教人物造像工艺极高，蜚声海内外，深具明代雕塑大师何朝宗的风范，作品多次在国内外获大奖。他还独创了中国白传世之宝"莹玉红"，并获"中国工艺美术大师"称号。作品莹玉红"坐岩戏珠弥勒瓷塑"获2000年中国国家级工艺美术大师精品展金奖；莹玉红"提如意坐石观音"、"立莲观音"被中国工艺美术珍品馆收藏。苏清河培养出600多名学生，他还带领儿子苏友德、女儿苏爱琴、苏爱芬从事陶瓷工艺研究与创作，为德化瓷坛培养后继人才。

Ⅷ-28 客家土楼营造技艺

徐松生

男，汉族，1953年8月生，福建省永定县人。2006年5月，客家土楼营造技艺被列入第一批国家级非物质文化遗产名录传统技艺类，项目编号Ⅷ-28。2007年6月，徐松生入选为第一批国家级非物质文化遗产项目代表性传承人，福建省龙岩市申报。徐松生是福建土楼营造技艺第四代传人。其父亲徐恒聚师承南靖从事土楼建筑的徐建乾，是当地闻名的第三代泥水建筑师。徐松生初中毕业后，就跟随父亲参建下洋月流村四层方楼——红阳楼。在父亲的严格要求和言传身教下，徐松生掌握了砌基、夯墙、盖瓦等土楼营造技艺的每一个工序。1975年，22岁的徐松生另立门户，建月流村江屋二层圆楼；24岁参建初溪村善庆楼；28岁参建暗佳村初撰楼；32岁建初溪村恒庆楼，先后由他设计、施工、维修的大小土楼共10多座。他设计建造的土楼质量可靠，广受人们赞扬。1985年，徐松生拜高级工程师张炎春为师，学习工程质量管理和其他建筑知识。近年来，在福建、广东土楼民居建造维修中，徐松生毫无保留地把技术传授给匠人，他有意把土楼营造技艺传给从事建筑业的大儿子徐荣春。

Ⅷ-54 福州脱胎漆器髹饰技艺

郑益坤

男，汉族，1936年生，福建省福州市人。2006年5月，福州脱胎漆器髹饰技艺被列入第一批国家级非物质文化遗产名录传统技艺类，项目编号Ⅷ-54。2007年6月，郑益坤入选为第一批国家级非物质文化遗产项目代表性传承人，福建省福州市申报。20世纪50年代，郑益坤在福州工艺美术学校学习，曾得画家陈子奋和漆器艺术家李芝卿的亲自教授，专攻白描。其作品以双钩白描、工笔淡彩为主，强调以造化为师，注重意境，讲究气韵，独树一帜。他的漆画刻意求新，力避食古不化的习气，独具一格，具有时代气息。他的福州风格的暗画技法漆画"金鱼立盘"被陈列于人民大会堂福建厅，大型漆画"凌波仙子"端立在福建厅正门。漆艺作品"春晴蝶舞"和"海之恋"分别荣获1984年、1986年两届全国百花奖优秀创作一等奖。1986年漆画"蝴蝶兰"获全国漆画展优秀作品奖，被苏联东方艺术博物馆珍藏。1993年被国家授予"中国工艺美术大师"称号。其子郑鑫继承其衣钵，同时也有不少年轻人跟随郑益坤学习。

Ⅷ-55 厦门漆线雕技艺

蔡水况

男，汉族，1939年12月生，福建省厦门市人。2006年5月，厦门漆线雕技艺被列入第一批国家级非物质文化遗产名录传统技艺类，项目编号Ⅷ-55。2007年6月，蔡水况入选为第一批国家级非物质文化遗产项目代表性传承人，福建省厦门市申报。蔡水况师承父亲蔡文沛，是蔡氏漆线雕流派第十二代传人，当今唯一继承了漆线雕全套完整传统技艺的人。1972年，蔡水况开始尝试把工艺用于瓷盘和瓷瓶，成功开拓了漆线装饰艺术的新品种，使漆线雕最典型的纹样——龙来入手，得到升华，使这门传统技艺得以"活"了下来，并将其定名为"漆线雕"。"还我河山"、"波月洞悟空降妖"两件作品于1994年被国家征为"工艺美术珍品"收藏于中国工艺美术馆。1999年至2002年"闹天宫"、"华容道"等作品参加历届在北京、上海、杭州等地举办的"国家级工艺美展"，分别荣获中国工艺美术金、银、铜等十三个奖项。2007年，蔡水况被评为"中国工艺美术大师"，成为漆线雕行业唯一获此殊荣者。蔡水况打破了行业传男不传女的传统，其女蔡彩羡为其传人，儿子也在从事这个行业。

湖南

Ⅷ-18 土家族织锦技艺

叶水云

女，土家族，1968年10月生，湖南省龙山县苗儿滩镇叶家寨人。2006年5月，土家族织锦技艺被列入第一批国家级非物质文化遗产名录传统技艺类，项目编号Ⅷ-18。2007年6月，叶水云入选为第一批国家级非物质文化遗产项目代表性传承人，湖南省湘西土家族苗族自治州申报。叶水云12岁时就跟随姑婆叶玉翠学习挑花、织锦和民间绘画。15岁给姑婆叶玉翠当助手，整理传统的土家织锦图案。1984年，不到17岁的叶水云与姑婆叶玉翠等踏进龙山县土家织锦工艺厂，开始了专业织锦。1988年叶水云考入凤凰职业中专美术专业系统学习，毕业后留校任教，并创办了校土家织锦研究所。叶水云的技艺已经炉火纯青，所创作的作品被中国国家博物馆、中国艺术研究院、湖南省民族博物馆、美国哈佛大学等博物馆、院校和个人收藏。曾获"民间工艺美术家"、"中国织锦工艺大师"和"中国工艺美术大师"称号。代表作"宴乐狩猎水陆攻战图"获得旅游文化创意金奖。

刘代娥

女，土家族，1955年12月生，湖南龙山县苗儿滩镇捞车河村人。2006年5月，土家族织锦技艺被列入第一批国家级非物质文化遗产名录传统技艺类，项目编号Ⅷ-18。2007年6月，刘代娥入选为第一批国家级非物质文化遗产项目代表性传承人，湖南省湘西土家族苗族自治州申报。刘代娥11岁便跟随祖母彭妹学织土家锦。在45年的织锦生涯中，收集整理了220种传统纹样，将土家织锦中各"流派"、"风格"、"技法"等精髓融会贯通，掌握了100多种土家织锦传统图案及其织造工艺，在继承中求创新，其产品形式亦古亦今，品种繁多，走俏市场。她的作品"椅子花"、"粑粑架"、"珍兽图"、"船船花"、"四十八勾"等多次获奖。"椅子花"等5件作品连续被中央民族民间工艺美术研究所收藏。2010年，当地政府帮助她建立了土家织锦传习所。2011年，该传习所被文化部命名为首批国家级非物质文化遗产生产性保护示范基地。传习所现有织机90余台，从业人员120余人。每年举办免费传习培训活动30期，培训人数达600余人次。2012年，刘代娥被授予"首届中华非物质文化遗产传承人薪传奖"。

广东

Ⅷ-3 石湾陶塑技艺

刘泽棉

男，汉族，1937年生，广东省佛山市石湾人。2006年5月，石湾陶塑技艺被列入第一批国家级非物质文化遗产名录传统技艺类，项目编号Ⅷ-3。2007年6月，刘泽棉入选为第一批国家级非物质文化遗产项目代表性传承人，广东省佛山市申报。刘泽棉是石湾陶艺世家刘胜记第四代传人。他生于石湾的陶艺世家，从小师承叔公刘佐朝，也深受刘传等名家影响；后被选送中央工艺美术学院进修，经常被派往国外观摩。刘泽棉融汇了国内外陶瓷技艺，凭借自己对陶瓷的领悟博采众长，自成一家。他的陶瓷技艺娴熟，题材广泛，作品具备传神、雄健、豪放、古朴和厚重，特别是衣纹、筋骨、肌肉的塑造，工意兼得，形神结合，具有浓厚的石湾传统陶艺特色。刘泽棉先后被评为"中国工艺美术大师"、"中国陶瓷艺术大师"。他与弟弟刘炳、儿子刘传津一起塑造的"十八罗汉"，1990年荣获全国工艺美术百花奖中的珍品金杯奖。刘泽棉的女儿刘建芬深得其真传，已经成为广东省工艺美术大师，另外三个子女也都成为石湾陶艺界青年创作人才中的中坚力量。

Ⅷ -75 端砚制作技艺

程文

男，汉族，1950年生，广东省饶平县黄冈镇白石村人。2006年5月，端砚制作技艺被列入第一批国家级非物质文化遗产名录传统技艺类，项目编号Ⅷ-75。2007年6月，程文入选为第一批国家级非物质文化遗产项目代表性传承人，广东省肇庆市申报。12岁时，程文拜在叔父程泗门下学习制砚，是程氏端砚制作技艺第十三代传人。程文留心一些祠堂、庙宇上的雕刻艺术手法，将木雕、砖雕的艺术手法融入端砚的雕刻艺术中，在师承平雕、浮雕、高浮雕和线雕等制作技术的基础上，又创出立体造型等新派潮流，发展了程氏传统雕刻艺术中的质朴、古拙典雅、粗犷豪放、浑厚凝重的审美特征。代表作《貂蝉拜月砚》，获1975年广东省第一届工艺美术作品大赛二等奖；《端州古郡图砚》、《旭日东升一浪砚》、《晨曦砚》、《雁沐清池砚》、《大海藏宝砚》等曾获国家级金奖或特别金奖。20世纪70年代开始，程文打破家族传承界限，广收弟子，毫无保留地将绝技相授。除了上门拜师的正规徒弟，程文还不断开班授徒，弟子有数百人之多，不少已成为制砚名师。

广西

Ⅷ -30 侗族木构建筑营造技艺

杨似玉

男，侗族，1928年7月生，广西壮族自治区三江县侗族自治县林溪乡平岩村人。2006年5月，侗族木构建筑营造技艺被列入第一批国家级非物质文化遗产名录传统技艺类，项目编号Ⅷ-30。2007年6月，杨似玉入选为第一批国家级非物质文化遗产项目代表性传承人，广西壮族自治区三江侗族自治县申报。杨似玉是侗族木构建筑营造技艺第三代传人，其祖父杨富堂是著名的程阳风雨桥的建筑师。他从小跟随其父学艺，深得祖传技艺，加之勤奋、有悟性，手艺日精，成为侗族木结构大师。他继承下来13个特别的木建筑文字（学师文），从来不需要绘制图纸，看过地形便成图于心。他共设计制作吊脚楼100多座、风雨桥6座、鼓楼8座（27层鼓楼一座）、大小凉亭20多座。他主要是通过收徒弟的方式进行传承，现在有100多个徒弟，出徒的已有40个，包括两个儿子。

海南

Ⅷ -4 黎族原始制陶技艺

羊拜亮

女，汉族，1935年11月生，海南省昌江黎族自治县石碌镇保突村人。2006年5月，黎族原始制陶技艺被列入第一批国家级非物质文化遗产名录传统技艺类，项目编号Ⅷ-4。2007年6月，羊拜亮入选为第一批国家级非物质文化遗产项目代表性传承人，海南省昌江黎族自治县申报。羊拜亮幼年跟随母亲学习陶器制作，在几十年的实践中，羊拜亮的制陶技艺极为成熟，以泥土为材料，利用木杆、木臼、木柏、木刮及竹刀、蚌壳、钻孔竹棍、竹垫等简易工具进行创作，器具的种类也愈发多样。黎族制陶技艺向来"传女不传男"。在过去，妇女制陶时甚至不允许外人或男子观看，所谓"女制陶男莫近"。羊拜亮将自己的手艺悉数传给了女儿黄玉英和孙媳文阿芬。

Ⅷ-19 黎族传统纺染织绣技艺

容亚美

女，黎族，1955年6月生，海南省乐东黎族自治县千家镇永益村人。2006年5月，黎族传统纺染织绣技艺被列入第一批国家级非物质文化遗产名录传统技艺类，项目编号Ⅷ-19。2007年6月，容亚美入选为第一批国家级非物质文化遗产项目代表性传承人，海南省乐东黎族自治县申报。容亚美的母亲张雪云曾是当地黎族织锦高手。她从8岁开始，就随母亲学习织锦。13岁时，她已经可以独立完成织锦。其纺织技艺继承了黎族先辈的传统，并有一定的创新。她以手捻纺锤纺出的线，均匀细密，堪比机器纺出的纱线。她能识别并采集十多种植物对白色纱线进行红、黄、蓝、黑、咖啡色等染色。她使用的工具主要是踞腰织机，就席纺织，对于几十种传统花纹图案了然于心；平纹挖花、飞针走线、正刺反插、精挑巧绣，达到了炉火纯青的境界。2006年首届海南省黎族织锦大赛，她获得了唯一的特等奖。为了不让黎锦失传，容亚美从2000年起陆续将手艺传给自己的3个女儿，织技最高的要属三女儿吉少强。对于慕名前来"拜师"的人，她也不惜将技艺外传。现在，永益村大约有50名妇女掌握织锦技术，但大多是中老年人，年轻人仅占很小的比例。

四川

Ⅷ-16 蜀锦织造技艺

叶永洲

男，汉族，1929年11月生，四川省简阳县人。2006年5月，蜀锦织造技艺被列入第一批国家级非物质文化遗产名录传统技艺类，项目编号Ⅷ-16。2007年6月，叶永洲入选为第一批国家级非物质文化遗产代表性传承人，四川省成都市申报。叶永洲13岁时师从"梭子大王"樊青，在其机房做学徒，练就了一身拽花（即投梭）的好本领。他能将比头发丝还要细的线，从正确的位置用正确的力度拽出，同时还能表现出投梭的美感。织锦时，需两人操作。拽花工坐在织机上层提升经线拉花，织手（挑花工）坐机下投梭织纬。上下配合默契，才能出现"方圆绮错，极妙其穷"的花纹图案。1951年，成都蜀锦厂成立，叶永洲进入了蜀锦厂。2002年，成都蜀江锦院成立，叶永洲就被聘请到此，表演和教授技艺。

刘晨曦

男，汉族，1944年3月生，四川省成都市人。2006年5月，蜀锦织造技艺被列入第一批国家级非物质文化遗产名录传统技艺类，项目编号Ⅷ-16。2007年6月，刘晨曦入选为第一批国家级非物质文化遗产项目代表性传承人，四川省成都市申报。刘晨曦出身于蜀锦世家，他自幼随父亲学习蜀锦技艺，14岁进入成都蜀锦厂从事挑花结本，后外派学习踏花工艺，在此期间主要从事仿古纹样设计。后师从杨至修、向世荣两位老艺人。他精通蜀锦纹样、意匠、品种、结本、轧纹板等方面的技艺和知识，尤其擅长古老的挑花节本及其近代的纹制"轧纹板"技艺。

2003 年开始在蜀江锦院工作，负责演示古代巴蜀的"挑花结本"蜀锦技艺并开始带徒授艺。代表作有"蜀魂"、"金面罩"、"灯笼锦"、"对羊"、"芙蓉城里尽朝晖"等。

Ⅷ -55 成都漆艺

宋西平

女，汉族，1951 年 10 月生，四川省成都市人。2006 年 5 月，成都漆艺被列入第一批国家级非物质文化遗产名录传统技艺类，项目编号 Ⅷ -55。2007 年 6 月，宋西平入选为第一批国家级非物质文化遗产项目代表性传承人，四川省成都市申报。1972 年，宋西平进入成都漆器厂，师承成都漆艺大师陈春和。她以雕花填彩和雕锡丝光技法见长，雕刻功底扎实，用刀娴熟，线条均匀流畅，精通漆艺的多道程序与技法。1978 年以来在历届全国工艺美术大展、各类博览会评比中，荣获国家级大奖 10 项，还有省市等各级奖项。代表作《文君听琴》、《雕锡鲤鱼大攒盒》等被中国工艺美术馆珍品馆收藏；还有《四季花鸟屏风》、《雕漆隐花双龙耳瓶》、《春色满园大圆盘》、《嵌银丝光凤纹方盒》、《嵌银丝光缠枝莲纹瓶》等。2006 年，宋西平创办了成都致艺漆品大师工作室，以传承成都漆艺为宗旨，着力指导年轻人学习漆器制作，生产制作工艺全都采用古法制作，其中雕花填彩，雕银片丝光，描金彩绘等技艺最具地方民族特色。

尹利萍

女，汉族，1953 年生，四川省成都市人。2006 年 5 月，成都漆艺被列入第一批国家级非物质文化遗产名录传统技艺类，项目编号 Ⅷ -55。2007 年 6 月，尹利萍入选为第一批国家级非物质文化遗产项目代表性传承人，四川省成都市申报。1980 年，尹利萍考进四川美术学院漆器设计进修班，开始漆艺方面的专业学习，

随后赴中央工艺美术学院深造，毕业后在成都市漆器工艺厂工作。她继承了传统成都漆器雕花填彩的技艺，还吸取了嵌纹上彩、斑纹填彩和研磨彩绘的工艺。2011 年尹利萍采用成都漆器独有的"雕漆丝光晕彩"工艺，经上百道工序、耗时 1 年制作的一对净高 2.3 米、直径 88 厘米的"牡丹卷草大花瓶"漆艺作品亮相成都，这是目前成都最大的漆器工艺品。尹利萍目前收有几名徒弟，将传统口传心授的方式与集中培训结合起来，传承漆艺，但目前漆艺的传承依然十分困难。

Ⅷ -58 泸州老窖酒酿制技艺

赖高淮

男，汉族，1934 年 2 月生，四川省泸州市人。2006 年 5 月，泸州老窖酒酿制技艺被列入第一批国家级非物质文化遗产名录传统技艺类，项目编号 Ⅷ -58。2007 年 6 月，赖高淮入选为第一批国家级非物质文化遗产项目代表性传承人，四川省泸州市申报。赖高淮首创了"人工培养老窖"、"浓香型白酒勾兑技术"、"新型白酒（即固液结合蒸馏酒）工艺"等，还研制开发了"52 度供出口大曲酒"、"38 度供特曲酒"、"浓香型白酒数学模型和微机勾兑技术"、"人参皂甙功能型白酒"、"多香型泸州窖酒"、"醇净型白酒"等。他还将自己多年的实践经验加以总结，1986 年，编著出版《四川名优白酒勾兑技术》。2002 年，编著出版《新型白酒生产工艺与勾调技术》；编写并发表了《泸州老窖大曲酒工艺技术研究》、《浓香型白酒勾兑技术》、《浓香型白酒生产工艺学》、《大曲酒酿造化验分析方法》等数十篇论文，对白酒行业的发展发挥了积极作用。1984 年，他被四川省经委授予"四川省发展名酒、提高名酒质量重大贡献"荣誉称号；1992 年被美国酒业商会授予"国际酿酒大师"称号。

沈才洪

男，汉族，1966年生，四川省泸县人。2006年5月，泸州老窖酒酿制技艺被列入第一批国家级非物质文化遗产名录传统技艺类，项目编号Ⅷ-58。2007年6月，沈才洪入选为第一批国家级非物质文化遗产项目代表性传承人，四川省泸州市申报。1988年，沈才洪毕业于四川轻化工学院发酵工程系，曾任泸州老窖酒厂科研所技术员、发酵分公司总工程师等职，是中国酿酒大师。沈才洪将以前仅仅流传于酿酒师傅中的"指评法"加以科学化。他从研究浓香型白酒生产所用有机原粮的种植基地入手，组建了一条完整的"绿色·有机产业"生态链，让泸州老窖全面回归传统有机本色。通过对曲坯成型工艺参数的控制，沈才洪改造曲坯"微氧"内部环境，调控发酵房内的温度、湿度及氧含量，构建曲药微生物栖息的大环境等。通过对多种微生物的共酵培养，有效解决了高品质曲药的关键技术。针对国际酒类市场缺乏具有中国自主产权的世界级高端奢侈产品及品牌的现状，沈才洪与公司科研人员研制出中国第一款，也是世界上第一款定制白酒"国窖1573"。他独著、合著了《泸型酒窖内发酵模式初探》等70余篇科技论文。

Ⅷ-64 自贡井盐深钻汲制技艺

严昌武

男，汉族，四川省大英县人。2006年5月，自贡井盐深钻汲制技艺被列入第一批国家级非物质文化遗产名录传统技艺类，项目编号Ⅷ-64。2007年6月，严昌武入选为第一批国家级非物质文化遗产项目代表性传承人，四川省大英县申报。四川井盐源远流长，据文献记载和专家考证，享誉世界的大英县卓筒井创始于北宋庆历年间，比西方要早八百多年。《中国钻探技术史》、《中国科学技术史》、《中国井盐科技史》等著作皆称其为"世界石油钻井之父"。自贡井盐深钻汲制技艺"开创了机械钻井的先河"，被誉为"中国古代第五大发明"。严昌武是卓筒井井盐深钻汲制技艺第四十五代传人。从14岁开始，他就给舅公当学徒，干起了专门司职修井的"懒子"，即整个卓筒井制盐过程中最有技术难度的工作。严昌武不但会修井，对制盐的整套工序也相当精通，是目前唯一能烧制出优质白盐的传人。当地相关部门尽管给他安排了一个徒弟，但该徒弟还未能掌握相关技术，传承情况令人担忧。

Ⅷ-71 竹纸制作技艺

杨占尧

男，汉族，1945年7月生，四川省夹江县马村乡人。2006年5月，竹纸制作技艺被列入第一批国家级非物质文化遗产名录传统技艺类，项目编号Ⅷ-71。2007年6月，杨占尧入选为第一批国家级非物质文化遗产项目代表性传承人，四川省夹江县申报。杨占尧出身生于夹江县（"中国书画纸之乡"）马村乡传承最久的造纸世家，1961年起随父学艺，1980年开始独自操作，并办起了手工抄纸作坊，开始生产3尺、4尺书画纸。随着技术的提高，创造出6尺、8尺大幅面竹料书画纸，44岁时完全掌握了整套制作过程。1986年，他与当时的夹江县二轻工业局合作，完成"丈二匹"竹料书画纸制作科研项目并获成功，填补了我国手工大幅面竹料书画纸的空白。他因发明"丈二匹"，被授予"纸状元"、"中国民间文化杰出传承人"等多项荣誉称号。其造纸作坊被定为"国家级非物质文化遗产竹纸制作技艺保护点"。为了传承传统造纸技法，杨占尧着手收集制作整套传统竹纸制作器械，恢复七十二道传统造纸技法。2006年11月，竹纸制作七十二道传统工序再现夹江县。其子为其传人。

Ⅷ-80 德格印经院藏族雕版印刷技艺

彭措泽仁

男，藏族，1955年生，四川省甘孜藏族自治州德格县人。2006年5月，德格印经院藏族雕版印刷技艺被列入第一批国家级非物质文化遗产名录传统技艺类，项目编号Ⅷ-80。2007年6月，彭措泽仁入选为第一批国家级非物质文化遗产项目代表性传承人，四川省德格县申报。德格印经院为藏族地区三大印经院之首，现存于德格印经院的雕版印刷技艺是在我国藏区唯一存留的古老雕版印刷技艺，被誉为"中国雕版印刷的活化石"。彭措泽仁于1980年向老艺人泽批学习雕刻工艺，至今共雕刻了5000多块印版和印经院没有收藏过的文学作品和画板，代表作是雕版《格萨尔王传》等。彭错泽仁前后收徒弟50人左右。

贵州

Ⅷ-33 苗族芦笙制作技艺

莫厌学

男，苗族，1951年11月生，贵州省雷山县丹江镇水电村人。2006年5月，苗族芦笙制作技艺被列入第一批国家级非物质文化遗产名录传统技艺类，项目编号Ⅷ-33。2007年6月，莫厌学入选为第一批国家级非物质文化遗产项目代表性传承人，贵州省雷山县申报。莫厌学是苗族芦笙制作第四代传人，17岁开始跟随父亲莫学杀学习芦笙制作。他不仅依先辈的技术制芦笙，还摸索了一整套新的加工方法，并对芦笙的音域扩展做了大量的探索实践。传统芦笙是六个管，他把传统的6管芦笙扩充到15—24管，使芦笙的音域更宽、声音更洪亮。他主要代表作品有高排芦笙、小芦笙、弯芦笙、多管芦笙，还有侗族、瑶族、水族等民族使用的各式芦笙。其芦笙作品曾在2002年获贵州文明办、省文化厅、省妇联授予的纪念奖，曾获贵州省音乐家协会授予的"芦笙制作家"称号，中国西部电视集团"西部十大英雄"奖等；2006年，他制作的十五管芦笙经专家评审为民间工艺精品，被贵州省文联收藏。莫厌学亲自带了十几个徒弟，徒弟再传徒弟，排卡寨里有二十多户人家都靠芦笙制作致了富。他两个出嫁的女儿现在也在夫家带着夫家人一起做芦笙。

Ⅷ-34 玉屏箫笛制作技艺

刘泽松

男，侗族，1946年9月生，贵州省玉屏侗族自治县人。2006年5月，玉屏箫笛制作技艺被列入第一批国家级非物质文化遗产名录传统技艺类，项目编号Ⅷ-34。2007年6月，刘泽松入选为第一批国家级非物质文化遗产项目代表性传承人，贵州省玉屏侗族自治县申报。刘泽松是百年老字号刘昆山箫笛社的第四代传人，其祖父刘金荣创办了这一箫笛社。刘泽松10岁时开始随父亲刘文忠学习吹奏箫笛，15岁开始从事箫笛制作至今。他曾赴上海、杭州、苏州等地学习，在常登明师傅、邹树生师傅的指导下，他很快掌握了箫笛生产技术，回来后开发了很多新产品，如三只套、龙凤礼品配套合装、长短三口箫笛等。1984年刘泽松重新恢复刘昆山祖遗平箫，重新研究音准。刘泽松在从事箫笛销售的同时，更注重玉屏箫笛制作工艺的传承。40年来，他的生产厂走出了二十余名制作艺人，2010年在玉屏自治县箫笛拔尖人才选拔中2人入选。其女儿刘继红得到了其真传，单刀雕刻法在"多彩贵州"旅游商品"两赛一会"中获"能工巧匠"的称号，并获"突出贡献"奖。

姚茂禄

男，侗族，1946 年 12 月生，贵州省玉屏侗族自治县人。2006 年 5 月，玉屏箫笛制作技艺被列入第一批国家级非物质文化遗产名录传统技艺类，项目编号Ⅷ-34。2007 年 6 月，姚茂禄入选为第一批国家级非物质文化遗产项目代表性传承人，贵州省玉屏侗族自治县申报。新中国成立前，姚茂禄于 1961 年到玉屏箫笛厂工作，从事刻字工，学习雕刻、校音箫笛制作工艺。1961 年到 1972 年，他在制作箫笛车间研究、改革箫笛制作。1982 年厂里派姚茂禄到苏州学习二节箫笛制作，回来后他将箫笛制作工艺进行了改革创新。1988 年他任玉屏箫笛厂副厂长，主管业务和生产工作。1997 年他任箫笛厂厂长和党支部书记至今。姚茂禄发明创造了尺八箫、埙箫，改革二节笛、玉屏竹根箫等产品。尺八箫被贵州省文学艺术界联合会收藏，美国旧金山乐器博物馆收藏；1989 年玉屏箫笛获轻工部、国家民委颁发的全国第四届民族用品优质产品奖；1990 年玉屏箫笛获国家旅游局、轻工部、商业部颁发的天马银奖；1991 年玉屏浮雕、微刻箫笛获第二届北京国际博览会银奖。除加强对自身箫笛制作技艺的学习掌握外，姚茂禄还注重对学徒进行技艺传承和培养。特别是自 1988 年任县箫笛厂副厂长以来，他加强了对箫笛制作人才的引进。在县厂的带动下，现全县箫笛产业从业人员约 200 余人。

Ⅷ-40 苗族银饰锻制技艺

杨光宾

男，苗族，1963 年生，贵州省黔东南苗族侗族自治州雷山县西江镇控拜村人。2006 年 5 月，苗族银饰锻制技艺被列入第一批国家级非物质文化遗产名录传统技艺类，项目编号Ⅷ-40。2007 年 6 月，杨光宾入选为第一批国家级非物质文化遗产项目代表性传承人，贵州省雷山县申报。银饰锻制是苗族民间独有的技艺，所有饰件都通过手工制作而成。13 岁时，杨光宾师从父亲，开始学习银饰制作，是祖传银饰制作第五代传承人。杨光宾一方面从传统的银饰制作技巧中汲取营养，另一方面不断创新，逐渐形成了自己的一套独特技艺。几十年来他一直坚持不懈地运用传统的手工制作，三十多道工序他运用起来得心应手，经杨光宾制作出来的饰品造型美观，纹理清晰，设计巧妙，做工精细。他还从苗族蜡染和刺绣中寻找灵感，将各种图案结合在一起，运用独特的技艺，使制作出来的饰品与众不同。2009 年，他制作的"苗族银饰花冠"荣获第十届中国工艺美术大师作品暨国际艺术精品博览会"天工艺苑百花杯"中国工艺美术精品奖金奖；"苗龙系列"和"编丝手镯"被中国艺术研究院收藏。银饰锻打技艺一般是在家庭内部承传，但杨光宾专门成立传承基地，突破了家族传承的传统。

Ⅷ-67 皮纸制作技艺

罗守全

男，布依族，1942 年生，贵州省贵阳市乌当区新堡乡香纸沟人。2006 年 5 月，皮纸制作技艺被列入第一批国家级非物质文化遗产名录传统技艺类，项目编号Ⅷ-67。2007 年 6 月，罗守全入选为第一批国家级非物质文化遗产项目代表性传承人，由贵州省贵阳市申报。罗守全是罗家皮纸制作技艺传承的第三代传人，从小就随父亲罗克元学习造纸技艺，目前是村子里造纸历史最长、威望最高的，便顺理成章地被推举为非物质文化遗产传承人。

刘世阳

男，汉族，1952 年 8 月生，贵州省黔西南自治州贞丰县小屯乡龙井村人。2006 年 5 月，皮纸制作技艺被列入第一批国家级非物质文化遗产名录传统技艺类，项目编号 Ⅷ-67。2007年6月，刘世阳入选为第一批国家级非物质文化遗产项目代表性传承人，贵州省贞丰县申报。用竹和楮树皮制作的竹纸和皮纸是传统手工纸的两个重要品种，尤以贵州省贵阳市香纸沟（布依族）、贞丰县小屯和丹寨县石桥（苗族）的制作技艺最为杰出，号称"世界最古老的造纸术活化石"。贞丰县小屯所产纸统称"贞丰白棉纸"，以构皮为原料，整套操作经72道工序，成品绵韧，平整润柔。刘世阳是白棉造纸第九代传承人，也是"黄金纸"制作技艺唯一传人。15岁时，刘世阳开始跟随父亲学习古法造纸，并不断地改进生产工艺流程，努力提高产品的质量，使古法造纸在他的手中得到了较好的传承。他运用古法造纸创新生产出有着或粗或细的花纹、犹如绢布一般的"黄金纸"，并创造出生态壁纸。面对现代化纸业的强力冲击，刘世阳将技艺传给其弟刘世友、刘世虎，其子刘梦。

云南

Ⅷ-26 白族扎染技艺

张仕绅

男，白族，1941年生，云南省大理白族自治州大理市喜洲镇周城村人。2006年5月，白族扎染技艺被列入第一批国家级非物质文化遗产名录传统技艺类，项目编号 Ⅷ-26。2007年6月，张仕绅入选为第一批国家级非物质文化遗产项目代表性传承人，云南省大理市申报。张仕绅出身白族扎染世家，1956年跟随母亲学习祖传扎染技艺，又向扎染师傅杨河夫妻学习了更精湛的扎染手艺。依靠祖传的扎染制作工艺、扎染方式和发酵液"母滴"，通过不断摸索，

他创新发展了白族传统的扎法、花色品种。针法上从原有的5种扎染技法，如折叠法、平缝法、缠绕等发展到现在的挑扎、勾扎、组合扎等26种，花型从原来的捏花、小蝴蝶、毛毛虫3种发展到"福禄寿喜"、"花鸟鱼虫"等多种图案系列。张仕绅从1987年开始担任大理市民族扎染厂厂长，培训了一大批扎染工人。张仕绅带了三个徒弟，大儿子张人彪、女婿段万雄、侄子董唯水。

Ⅷ-33 苗族芦笙制作技艺

王杰锋

男，苗族，1960年2月生，云南省大关县天星镇中心村人。2006年5月，苗族芦笙制作技艺被列入第一批国家级非物质文化遗产名录传统技艺类，项目编号 Ⅷ-33。2007年6月，王杰锋入选为第一批国家级非物质文化遗产项目代表性传承人，云南省大关县申报。1978年，17岁的王杰锋就向父亲王开荣学做芦笙，逐步掌握了父亲教给他的芦笙制作秘艺。这种秘艺是祖先传下来的，一般是传内不传外，传男不传女，到王杰锋已是第五代。经过多年的摸索，王杰锋继承并改进传统技艺，对簧片和发音管距的长短与定调的关系作了反复的试验，用手风琴、电子琴校音。他制作的芦笙和传统芦笙相比，声音更响亮、清晰，音调也较准确。他做的芦笙小至30厘米，大至1米多，也可制作8管或10管芦笙，工艺精良，造型美观。1992年在昆明举办的"中国第三届艺术节"开幕式游演中，苗族表演队所用的100把芦笙都出自他之手。王杰锋的芦笙制作技艺名扬云、贵、川三省的20多个市、县、区。二十多年来已卖出芦笙三千余把，被当地群众称为"芦笙世家"。目前王杰锋还没有徒弟，其技艺暂无传人。

Ⅷ-41 阿昌族户撒刀锻制技艺

项老赛

男，阿昌族，1961年生，云南省陇川县户撒乡腊撒村新寨人。2006年5月，阿昌族户撒刀锻制技艺被列入第一批国家级非物质文化遗产名录传统技艺类，项目编号Ⅷ-41。2007年6月，项老赛入选为第一批国家级非物质文化遗产项目代表性传承人，云南省陇川县申报。项老赛从小就随父亲学习打刀技艺，14岁开始独立操作。在秉承父业的同时，项老赛不断钻研，在刀的外观、质地、图案、包装上下功夫，通过不断改进，印有八卦图样"项氏刀"的刀具深受人们的喜爱。他的刀各项技术要求精细、准确，几乎分毫不差，刀片平滑，弧线优美。尤其是独特的淬火技巧，保障了每把刀的钢性与锋利，充分表现了户撒刀"柔可绕指，吹发即断"的美誉，因而获得"刀王"的称号。项老赛的刀品种较多，达五十多种；刀把工艺精巧，材质丰富；刀鞘主要有红豆杉、楠木、乌木、缅银等半壳或全壳等。户撒刀是家族传承，其长子项长命和次子项长福已得其真传。

Ⅷ-68 傣族、纳西族手工造纸技艺

和志本

男，纳西族，1926年生，云南省迪庆藏族自治州香格里拉县三坝乡白地村人。2006年5月，傣族、纳西族手工造纸技艺入选为第一批国家级非物质文化遗产名录传统技艺类，项目编号Ⅷ-68。2007年6月，和志本入选为第一批国家级非物质文化遗产项目代表性传承人，云南省香格里拉县申报。和志本12岁在舅舅和肯恒的指点下学习东巴经书、造纸和绘制神画、神路图及木牌画，是家传东巴第六代传人。"文革"中，他停止了造纸。1993年，在三坝乡政府支持下他恢复了东巴造纸，是"文革"后最早恢复东巴造纸的人。他制作的纸均匀、厚实、色正、光洁，是深受东巴经师喜爱的上品用纸。因为生产方式原始，东巴纸的造价非常昂贵。如今因为原料稀缺，东巴纸依旧无法大批量生产。他的传人有侄子杨光红与儿子和永红。

西藏

Ⅷ-21 藏族邦典、卡垫织造技艺

格桑

男，藏族，1956年生，2010年卒，西藏自治区山南地区人。2006年5月，藏族邦典、卡垫织造技艺被列入第一批国家级非物质文化遗产名录传统技艺类，项目编号Ⅷ-21。2007年6月，格桑入选为第一批国家级非物质文化遗产项目代表性传承人，西藏自治区山南地区申报。格桑从12岁开始学习编织藏族的围裙、氆氇、染色工艺等民族手工业相关技术。据说他是唯一掌握所有藏族邦典、卡垫织造的染色方法的传人。格桑认为杰德秀镇水源独特，故此染出的氆氇和邦典等历久而不变色。他在印染和编织中都掌握着秘不外传的绝技。2002年，在当地政府扶持下，格桑贷款办起了家庭作坊式的格桑民族手工业工厂。2007年，格桑成立了格桑民族手工业扶贫企业，创办了杰德秀藏毯厂。2011年，其妻子嘎日在格桑去世后，将杰德秀藏毯厂更名为山南贡嘎县杰德秀镇格桑围裙农民合作社。他们的女儿丹增卓玛13岁时，就跟格桑学习"邦典"编织技术，现在，她一天可以编织一条"邦典"。在嘎日的带动下，杰德秀镇小型家庭编织作坊逐步增多。目前，编织户已达980户，固定从业人员1400余人，织机2100台，年收入800余万元。

陕西

Ⅷ-8 耀州窑陶瓷烧制技艺

孟树锋

男，汉族，1955年1月生，陕西省铜川市人。2006年5月，耀州窑陶瓷烧制技艺被列入第一批国家级非物质文化遗产名录传统技艺类，项目编号Ⅷ-8。2007年6月，孟树锋入选为第一批国家级非物质文化遗产项目代表性传承人，陕西省铜川市申报。孟树锋出身于陶瓷世家，祖祖辈辈都是制作耀州陶瓷的艺人，在家庭的熏陶下，孟树锋自小便跟随父亲和祖父学习陶瓷技艺。1980年孟树锋毕业于景德镇陶瓷学院，遍历全国名窑产区，了解各陶瓷种类的历史文化、工艺特点和艺术特色。通过努力学习、不断摸索，孟树锋逐渐形成了自己的艺术风格，将自己的情感和灵气融汇到了作品中。作品严谨而又清秀，兼备浑厚的西部特色和睿智的个性灵韵。孟树锋在北京、上海、日本、美国等十余个国家举办过作品展，荣获了许多大奖，并著有《孟树锋耀州青瓷作品集》和《秦人刻木》等专著。在他的研究和努力下，恢复了失传八百年的耀州青瓷，独立研究恢复了铜川民间瓷。1995年，孟树锋被联合国教科文组织评为"一级民间工艺美术家"，2007年被授予"中国工艺美术大师"称号，现任铜川市陶瓷研究所所长。代表作有"耀瓷刻花三牛望归瓶"、"鱼龙漫衍"等。

Ⅷ-12 澄城尧头陶瓷烧制技艺

李义仓

男，汉族，陕西人。2006年5月，澄城尧头陶瓷烧制技艺被列入第一批国家级非物质文化遗产名录传统技艺类，项目编号Ⅷ-12。2007年6月，李义仓入选为第一批国家级非物质文化遗产项目代表性传承人，陕西省澄城县申报。

甘肃

Ⅷ-42 保安族腰刀锻制技艺

马维雄

男，保安族，1950年生，甘肃省临夏回族自治州积石山保安族东乡族撒拉族自治县刘集乡安民湾村人。2006年5月，保安族腰刀锻制技艺被列入第一批国家级非物质文化遗产名录传统技艺类，项目编号Ⅷ-42。2007年6月，马维雄入选为第一批国家级非物质文化遗产项目代表性传承人，甘肃省积石山保安族东乡族撒拉族自治县申报。马维雄10岁时开始随父亲马尕虎——保安族著名刀匠学做腰刀，5年后出师，掌握了保安族腰刀的制作技艺。马维雄打制的腰刀品种主要为什样锦双刀和西瓜头。面对现代化机械设备的冲击和影响，他仍然坚持用传统的手段打制腰刀，平均每天做两把"西瓜头"腰刀。保安腰刀的折花刀技艺原本失传二十多年，在马维雄的精心揣摩和研究下，他和儿子打出了黄河流水纹折花刀，使折花刀重现人间。保安族腰刀基本上是家族传承，师徒传承也多在亲戚间进行。马维雄已经开始教授自己的儿子锻造刀具技艺，之后也会让这个工艺以家族传承的方式流传下去。

冶古白

男，保安族，1932年生，2009年10月卒，甘肃省临夏回族自治州积石山保安族东乡族撒拉族自治县人。2006年5月，保安族腰刀锻制技艺被列入第一批国家级非物质文化遗产名录传统技艺类，项目编号Ⅷ-42。2007年6月，冶古白入选为第一批国家级非物质文化遗产项目代表性传承人，甘肃省积石山保安族东乡族撒拉族自治县申报。冶古白16岁开始学艺，拜舅父丁哈乃非为师，从兄长保安族腰刀著名匠人冶善家宝学会制作"鱼刀"。冶古白在已有的基础上刻苦钻研、不断创新，使新打制的鱼刀更加轻巧、美观、大方，特别是在刀背设计的弹簧更加奇巧。"冶古白的鱼刀"，已成为"保安三庄"乃至整个积石山的一段佳话。冶古白的传人为其子冶洒力海。冶洒力海把折花刀的样式和鱼刀相结合，创造出的一种刀叫作"折花鱼刀"。

青海

Ⅷ-22 加牙藏族织毯技艺

杨永良

男，汉族，1962年生，青海省湟中县加牙村人。2006年5月，加牙藏族织毯技艺被列入第一批国家级非物质文化遗产名录传统技艺类，项目编号Ⅷ-22。2007年6月，杨永良入选为第一批国家级非物质文化遗产项目代表性传承人，青海省湟中县申报。杨家从杨永良高祖杨喜章开始织毯，杨喜章之孙杨如泮已是名匠，其五子都学习织毯，其中尤以杨永良的父亲杨怀春、伯父杨兴春技艺精湛。杨永刚、杨永良、杨永柱兄弟三人都是从八九岁开始学习洗毛、捻线、纺线。杨永良12岁开始就在父亲的指导下编织简单的卡垫、坐垫、马褥毯等，15岁开始能独立完成从捻线、采集染色织物、染色线、放线（机架子上缠绕经线）、裁制各种图案的藏毯等多种工序。现在他们熟练掌握了加牙藏毯的各种工序和各种图案制作。织出的毯子艳丽不褪色，质地坚硬而富有弹性。杨氏祖上从来不让

女性制作藏毯，同时也是考虑到女性出嫁后的手艺流失问题。而到了杨永柱、杨永良这一辈，因为藏毯加工队伍的人数减少，他们把织毯手艺传给了各自的妻子。现在她们也能独当一面，在农闲时期帮助丈夫制作藏毯。如今湟中县为加牙村建了藏毯编织厂房，招收村里的织毯能手，杨永良在厂里传授技艺。

新疆

Ⅷ-6 维吾尔族模制法土陶烧制技艺

阿不都热合曼·买买提明

男，维吾尔族，1949年生，新疆维吾尔自治区英吉沙县芒申乡九村人。2006年5月，维吾尔族模制法土陶烧制技艺被列入第一批国家非物质文化遗产名录传统技艺类，项目编号Ⅷ-6。2007年6月，阿不都热合曼·买买提明入选为第一批国家级非物质文化遗产项目代表性传承人，新疆维吾尔自治区英吉沙县申报。阿不都热合曼·买买提明9岁时便跟随父亲买买提明学习制作土陶，从事土陶制作四十多年，技艺水平精湛，能制作60多种土陶，多是些碗、盘、茶壶、花瓶等日用品，最近向装饰品和纪念品方向发展。阿不都热合曼·买买提明的3个儿子都跟随父亲学习土陶技术，妻子乔尔旁买买提也掌握了制陶的基本技术。由于政府的重视和支持，原来日渐衰落的制陶技艺现在又有了复兴的迹象。仅在芒申乡九村，已有26人报名跟着阿不都热合曼·买买提明学习土陶制作工艺。

Ⅷ-23 维吾尔族花毡、印花布织染技艺

牙生·阿不都热合曼

男，维吾尔族，1957年生，新疆维吾尔自治区吐鲁番人。2006年5月，维吾尔族花毡、印花布织染技艺被列入第一批国家级非物质文化遗产名录传统技艺类，项目编号Ⅷ-23。2007年6月，牙生·阿不都热合曼入选为第一批国家级非物质文化遗产项目代表性传承人，新疆维吾尔自治区吐鲁番地区申报。牙生·阿不都热合曼是维吾尔族花毡技艺的第五代传人。他掌握多种花毡的织造技术，包括压制花毡、印染花毡、彩绘花毡和刺绣花毡等。

尧尔达西·阿洪

男，维吾尔族，1948年生，新疆维吾尔自治区吐鲁番人。2006年5月，维吾尔族花毡、印花布织染技艺被列入第一批国家级非物质文化遗产名录传统技艺类，项目编号Ⅷ-23。2007年6月，尧尔达西·阿洪入选为第一批国家级非物质文化遗产项目代表性传承人，新疆维吾尔自治区吐鲁番地区申报。尧尔达西·阿洪善于织造印花布，可以在图案各异的木模戳上抹植物染料，在棉布上印出美丽古朴的花纹。这门传统手工技艺由于现代织布机械的影响，已经濒于消失。尧尔达西·阿洪也有几年没有印花布了，但是他非常乐意进行手艺的传承工作。

Ⅷ-70 维吾尔族桑皮纸制作技艺

托乎提·吐尔迪

男，维吾尔族，新疆维吾尔自治区墨玉县普恰克其乡人。2006年5月，维吾尔族桑皮纸制作技艺被列入第一批国家级非物质文化遗产名录传统技艺类，项目编号Ⅷ-70。2007年6月，托乎提·吐尔迪入选为第一批国家级非物质文化遗产项目代表性传承人，新疆维吾尔自治区吐鲁番地区申报。传统工艺制造出的桑皮纸具有吸水强，防虫蚀，纸质抗拉力强，历千年不褪色等特性。托乎提·吐尔迪是家族造纸工艺的第十代传人，是目前仅存的一位会制作桑皮纸的艺人。新疆启动桑皮纸"生产性保护"工程，举办桑皮纸全国画展，扩大知名度，开辟桑皮纸手工艺品、旅游产品市场，打造桑皮纸文化品牌。托乎提·吐尔迪制作的桑皮纸已申请了商标"马卡尼木"（意为故乡）。在国家的支持下，其子也开始继承父亲的手艺。

第三批国家级非物质文化遗产项目代表性传承人

北京

Ⅷ-38 剪刀锻制技艺（王麻子剪刀锻制技艺）

史徐平

（编号：03-1315），男，汉族，北京市人。2008 年 6 月，剪刀锻制技艺（王麻子剪刀锻制技艺）被列入第一批国家级非物质文化遗产扩展项目名录传统技艺类，项目编号Ⅷ-38。2009 年 6 月，史徐平入选为第三批国家级非物质文化遗产项目代表性传承人，北京市申报。王麻子剪刀锻制技艺的传承经历了家族传承、集体传承、师徒传承等多种形式。史徐平的技艺传承模式是师徒传承，按传承代数来计，他已属第八代。他从 1980 年开始在北京王麻子剪刀厂跟随张更勤师傅学习剪刀制作技艺。在师傅口传心授和自身的不懈努力下，很快地掌握了各种刀剪的制作加工技术，并提前 10 个月出徒。在近 30 年的工作实践中，史徐平熟练掌握了本行业的选钢、熟火、锻打、蘸火、圈股、盘活等一系列传统专业技能，并一直潜心钻研剪刀制作技艺。目前，王麻子剪刀厂里的 200 多人，只有 4 名老职工掌握剪刀锻制的部分工序技艺。史徐平从 1983 年开始带徒弟，但由于种种原因，该项技艺还未得到有效的传承。

Ⅷ-45 家具制作技艺（京作硬木家具制作技艺）

种桂友

（编号：03-1319），男，汉族，北京市人。2008 年 6 月，家具制作技艺（京作硬木家具制作技艺）被列入第一批国家级非物质文化遗产扩展项目名录传统技艺类，项目编号Ⅷ-45。2009 年 6 月，种桂友入选为第三批国家级非物质文化遗产项目代表性传承人，北京市崇文区申报。种桂友 19 岁进入百年老字号龙顺成，学习硬木家具的制作与古旧家具的修复技术。多年来，他不仅参与过龙顺成多项重大工程产品的制作或监制工作，编写过许多技术性文件，还主持修复过多件珍贵古家具，对于硬木家具的结构方法等，他有着丰富的经验。种桂友在传承了京式古典红木家具制作工艺的基础上，根据时代特色不断对红木家具进行外形、功能及部分手工艺的创新。种桂友目前是龙顺成的技术顾问，指点众多年轻设计师，为技艺传承作出了积极努力。

Ⅷ-77 木版水印技艺

高文英

（编号 03-1336），女，汉族，现居北京市。2006 年 5 月，木版水印技艺被列入第一批国家级非物质文化遗产扩展项目名录传统技艺类，项目编号Ⅷ-77。2009 年 6 月，高文英入选为第三批国家级非物质文化遗产项目代表性传承人，北京市荣宝斋申报。高文英 1974 年进入荣宝斋工作，学习木版水印技艺，师承老一辈印刷技师田永庆、王玉良先生，现为荣宝斋木版水印工艺坊经理、木版水印高级技师。在数十年工作实践中，她积累了从印制工笔花卉到写意泼墨等大幅作品的丰富经验，完整掌握了木版水印印刷技艺，能够组织复杂的印刷工程和解决水印工艺中的各类技术问题。高文英曾多次参与给作品打样及水印版套的整理工作，印制的多幅水印作品被选为车间水印样板。她参与印制了荣宝斋一系列大型水印工程，获得专家认可及多项国家奖励，如《十竹斋笺谱》，《唐宋诗选百家书》，《范曾十二生肖珍藏册》，徐悲鸿《大群马》、《漓江春雨》，齐白石《葫芦》，潘天寿《牡丹蝴蝶》等作品。高文英将自己的经验和方法毫无保留地传授给四名徒弟，为木版水印技艺的传承发展作出了贡献。徒弟张崐已经初步掌握了荣宝斋木版水印技艺，是第六代传承人。

Ⅷ-82 剧装戏具制作技艺

孙颖

（编号 03-1340），女，汉族，1957 年 7 月生，北京市人。2008 年 6 月，剧装戏具制作技艺被列入第一批国家级非物质文化遗产扩展项目名录传统技艺类，项目编号Ⅷ-82。2009 年 6 月，孙颖入选为第三批国家级非物质文化遗产项目代表性传承人，北京剧装厂申报。孙颖 1974 年考入北京市工艺美术技校，毕业后被分配到北京剧装厂，师从众多剧装制作大师，其中就有当时与谢杏生并称"南谢北尹"的尹元贞。掌握了绣蟒、靠、帔、官衣、褶子五大类戏装的精髓，技艺超人。无论生、旦、净、末、丑哪个行当的戏装她都能设计。由她编写的《剧装图案》一书收录了大量花纹图案，成为业内必备的工具书。孙颖曾为张君秋、袁世海、李万春等数十位京剧表演艺术家设计剧装近百件。通过为大师做剧装，不断与大师们交流，孙颖的制作技艺有了极大提高。目前北京剧装厂有二十多名年轻技师，孙颖希望能有更多的订单，使这项技艺传承下去。

Ⅷ-90 琉璃烧制技艺

蒋建国

（编号：03-1347），男，汉族，湖南省湘潭人。2008 年 6 月，琉璃烧制技艺被列入第二批国家级非物质文化遗产名录传统技艺类，项目编号Ⅷ-90。2009 年 6 月，蒋建国入选为第三批国家级非物质文化遗产项目代表性传承人，北京市门头沟区申报。1976 年，蒋建国被分配到隶属于北京建材局的北京市琉璃制品厂，现在更名为北京明珠琉璃制品有限公司，从事琉璃制作，师从赵恒泉等多位老艺人，逐步掌握了琉璃制作技艺，继承了老一辈人们的传统技艺，并起到了承上启下的桥梁作用，使琉璃这一古老的工艺得到了延续和发展。蒋建国从事琉璃制作以来，先后参与了全国重点建筑的建设和文物建筑的琉璃制作及修缮工作，如故宫太和殿、神武门、北京西客站、武汉黄鹤楼、五台山琉璃塔、武当山玉虚宫、南京阅江楼、宣化九龙壁、北京火车站、国家博物馆等多项工程。

Ⅷ-110 地毯织造技艺（北京宫毯织造技艺）

康玉生

（编号：03-1367），男，汉族，北京市人。2008 年 6 月，地毯织造技艺（北京宫毯织造技艺）被列入第二批国家级非物质文化遗产名录传统技艺类，项目编号Ⅷ-110。2009 年 6 月，康玉生入选为第三批国家级非物质文化遗产项目代表性传承人，北京市申报。康玉生曾在北京聚顺成地毯厂拜"东门派"传人陈子权、焦殿功为师，掌握了织毯技艺的全套技术，成为第四代传人，是目前全国唯一全面掌握盘金丝毯编织技艺的人。康玉生长期从事织毯工艺的开发与研究，总结出地毯织造"平、顺、短、齐、地"五字操作方法；在挂毯技艺上总结出压、挤、垫、钉、剔、楔、倒、润八种技法，这两项技法作为地毯和挂毯的织造标准沿用至今。他还创新了多种织造工艺，极大地丰富了地毯和挂毯的表现力，荣获北京市一级工艺美术大师称号。他所制造的地毯多次获得市、部级金奖和珍品奖，被作为礼品赠送国外友人，有些部分奖品存留在企业作为镇厂之宝。2005 年，在政府的扶持下，康玉生率徒弟与专家合作，抢救、挖掘出濒临失传的盘金丝毯织造工艺，为传承地毯织造技艺作出了突出贡献。代表作品有"百花四条屏"、"永乐宫壁画"、"红楼梦人物条屏"等。其传承人为王国英。

Ⅷ -113 盛锡福皮帽制作技艺

李金善

（编号：03-1371），男，汉族，北京市人。2008 年 6 月，盛锡福皮帽制作技艺被列入第二批国家级非物质文化遗产名录传统技艺类，项目编号Ⅷ -113。2009 年 6 月，李金善入选为第三批国家级非物质文化遗产项目代表性传承人，北京市东城区申报。1974 年 9 月，李金善从北京郊区插队返城，被分配到"盛锡福"，师承李文耕，为盛锡福皮帽制作技艺的第三代传承人。在师傅的精心教导和自己的勤奋努力下，李金善精通皮帽裁制各道工序的操作。他的裁制技艺基本代表着盛锡福皮帽加工工艺的最高级标准。他裁制的海龙帽子，皮毛稠密、蓬松，根根挺立的针毛泛出晕眼毫光，曾是北京王府井大街的镇街之宝。目前李金善有徒弟一人，现登报招人，传授技艺，培养后继人。

Ⅷ -115 内联升千层底布鞋制作技艺

何凯英

（编号：03-1373），男，汉族。2008 年 6 月，内联升千层底布鞋制作技艺被列入第二批国家级非物质文化遗产名录传统技艺类，项目编号Ⅷ -115。2009 年 6 月，何凯英入选为第三批国家级非物质文化遗产项目代表性传承人，北京市申报。1980 年何凯英进入"内联升"工作，全面掌握了内联升千层底布鞋的制作技艺，是内联升首屈一指的高级技师，成为该技艺第四代代表性传承人。近些年，何凯英带领团队进行了一系列技术革新，"新布挂浆技术"对传统布鞋工艺进行改造，在花色、面料、样式设计上融入最新的时尚元素，推出具有中国传统文化内涵的"福履"，还恢复了清朝后失传的直元鞋工艺，大大方便了异型脚的人。为适应新时代发展，何凯英增加布鞋品种，将婴儿鞋、童鞋、学生鞋以及中老年鞋统统纳入研发范围，同时推出面向大众的布鞋个性化订制服务。何凯英已经培养出任晨阳、赵国胜、蔡文科三位可以出师的徒弟。2013 年，何凯英获"第二届中华非物质文化遗产薪传奖"。

Ⅷ -125 花丝镶嵌制作技艺

白静宜

（编号：03-1387），女，满族，1942 年 9 月生，北京市人。2008 年 6 月，花丝镶嵌制作技艺被列入第二批国家级非物质文化遗产名录传统技艺类，项目编号Ⅷ -125。2009 年 6 月，白静宜入选为第三批国家级非物质文化遗产项目代表性传承人，北京市通州区申报。白静宜 1961 年毕业于北京工艺美术学校金属工艺美术专业，曾师从翟德寿、吴可男等多位中国工艺美术大师学习设计。其作品创意新颖、生动脱俗，其制作的《凤鸣钟》于 1983 年在东南亚地区钻石首饰设计比赛中获最佳设计奖，是迄今为止我国花丝镶嵌作品在国际上获得的最高权威奖项。代表作品有金摆件"凤鸣钟"、"金玉地动仪"、"百事和合"、"祖国颂"等。2009 年，白静宜与昭仪新天地（北京）珠宝股份有限公司合作，成立了"白静宜大师工作室"，是以花丝镶嵌技艺为核心技术，集研发、展示、设计加工、文化传播与市场推广于一体的综合性传承基地，现已收徒弟 60 人。北京市花丝镶嵌制作技艺的传承人还有程淑美（女，汉族，1945 年生），"程式花丝"是北京工艺美术界首批以姓氏命名的艺术流派。

Ⅷ -136 装裱修复技艺（古字画装裱修复技艺）

王辛敬

（编号：03-1401），男，汉族，1959 年生，北京市人。2008 年 6 月，装裱修复技艺（古字画装裱修复技艺）被列入第二批国家级非物质文化遗产名录传统技艺类，项目编号Ⅷ -136。2009 年 6 月，王辛敬入选为第三批国家级非物质文化遗产项目代表性传承人，北京市荣宝斋申报。王辛敬 1978 年起从事装裱技艺，受到其父王家瑞和文物修复专家张贵桐、王家瑞、李振东、冯鹏生等的指点和熏陶，掌握了揭裱修复古代残损书画工序的全部技艺，并形成一套独特的装裱修复技术。王辛敬先后装裱修复过众多名家作品，参与了山西应县木塔内发现的辽代经卷、联邦德国国家博物馆收藏的清代巨幅绢本佛像等的修复工作，参与修复、揭裱人民大会堂巨幅国画《江山如此多娇》的工作及中南海怀仁堂、钓鱼台国宾馆等多家单位巨幅画卷的装裱工作。他先后修复了宋元时期马远、吴镇，明代董其昌、蓝瑛、文徵明，清代"八大山人"、袁江、袁耀和近现代名家数以百计的作品。荣宝斋成立了王辛敬工作室以培养书画修复人才，为高难度的书画修复课题提供一个技术研发平台。王辛敬的徒弟有房玉峰等三人。

Ⅷ -144 蒸馏酒传统酿造技艺（北京二锅头酒传统酿造技艺）

高景炎

（编号：03-1409），男，汉族，1939 年 8 月生，江苏省常熟人，现居北京市。2008 年 6 月，蒸馏酒传统酿造技艺（北京二锅头酒传统酿造技艺）被列入第二批国家级非物质文化遗产名录传统技艺类，项目编号Ⅷ -144。2009 年 6 月，高景炎入选为第三批国家级非物质文化遗产项目代表性传承人，北京红星股份有限公司申报。高景炎 1962 年毕业于无锡轻工业学院发酵工程系，是北京二锅头酒传统酿造技艺的第八代传承人，师承第七代传人王秋芳。20 世纪 70 年代，他组织参加了多种国家名白酒工艺引进北京的工作，研制生产出多种优质白酒，结束了北京地区单一生产"二锅头"的历史。70 年代至 80 年代，他组织参加新菌种"UV-11"制曲攻关试点，使全行业的出酒率创历史新高。80 年代至 90 年代，他积极动员组织北京各白酒厂，将原 65 度二锅头酒，提高酒质，降低酒度，生产出了低度高质等不同规格的系列化白酒。既保持了原有产品的风格特点，又节约了酿酒用粮。同时，为了改变北京白酒工业技术队伍的薄弱状况，他多次撰写学术论文和专业教材，亲自到各酒厂授课，帮助企业培训技术骨干。90 年代初，还出版了他合作编写的《白酒精要》一书。

Ⅷ-147 花茶制作技艺（张一元茉莉花茶制作技艺）

王秀兰

（编号：03-1417），女，汉族，1954年生，北京人。2008年6月，花茶制作技艺（张一元茉莉花茶制作技艺）被列入第二批国家级非物质文化遗产名录传统技艺类，项目编号Ⅷ-147。2009年6月，王秀兰入选为第三批国家级非物质文化遗产项目代表性传承人，北京张一元茶叶有限责任公司申报。王秀兰20岁进入正兴德茶庄做学徒，并逐渐成为茶业行家；1992年入主张一元，拜张一元第三代传人张世显为师，掌握了张一元茉莉花茶制作工艺的秘诀，成为张一元茉莉花茶制作技艺第四代传人。王秀兰坚持张一元花茶"汤清、味浓、入口芳香、回味无穷"的品质特点，同时改进了茉莉花茶层窨法，有效提高了茉莉花成品茶的香气。通过她的研究与开发，张一元茉莉花茶的品种增加到二十多个，满足了不同消费者的需求，使传统工艺得到了有效的保护和发展。同时，王秀兰也在不断培养新人，一方面定向培养继承人，保证工艺流传；另一方面强化培训，让更多的员工了解茉莉花茶窨制工艺。

Ⅷ-158 酱菜制作技艺（六必居酱菜制作技艺）

杨银喜

（编号：03-1425），男，汉族，1957年生，北京人。2008年6月，酱菜制作技艺（六必居酱菜制作技艺）被列入第二批国家级非物质文化遗产名录传统技艺类，项目编号Ⅷ-158。2009年6月，杨银喜入选为第三批国家级非物质文化遗产项目代表性传承人，北京六必居食品有限公司申报。杨银喜1980年进入六必居酱园，从腌菜、切菜的基本功做起，熟练掌握了六必居甜酱八宝瓜、甜酱黑菜、甜酱甘露、白糖大蒜等数十种传统产品的制作技法。经过多年不断钻研学习，他积累了丰富的工作经验，至今一直在酱腌菜生产一线担任技术骨干，并带出了一批生产技术能手。然而因条件艰苦，收入较少，许多徒弟半途而废，这让杨银喜一度想关山门不再收徒。目前六必居食品有限公司计划让杨银喜带3名至5名徒弟，每三年一批。

Ⅷ-167 烤鸭技艺（便宜坊焖炉烤鸭技艺）

白永明

（编号：03-1429），男，汉族，1958年生，北京人。2008年6月，烤鸭技艺（便宜坊焖炉烤鸭技艺）被列入第二批国家级非物质文化遗产名录传统技艺类，项目编号Ⅷ-167。2009年6月，白永明入选为第三批国家级非物质文化遗产项目代表性传承人，北京便宜坊烤鸭集团有限公司申报。1978年白永明拜入便宜坊老师傅唐春姿门下，学习烤鸭技艺，两年后继承师傅衣钵，成为便宜坊焖炉烤鸭技艺第二十代传人。他烤出的鸭子外皮酥脆，内层丰满，肥而不腻，有一种特殊的香味。同时他还改进了焖炉，便于从炉门观察炉内鸭胚烤制程度，没有盲区；经其钻研，在经典的"1416"传统烤鸭基础上发明了"花香酥"、"蔬香酥"等专利烤鸭。此外，白永明还带出了一批新人，现在便宜坊各家分店的烤鸭厨师长，全部都是白永明的徒弟。

Ⅷ-168 牛羊肉烹制技艺（月盛斋酱烧牛羊肉制作技艺）

满运来

（编号：03-1430），男，回族，1948年

生，北京人。2008 年 6 月，牛羊肉烹制技艺（月盛斋酱烧牛羊肉制作技艺）被列入第二批国家级非物质文化遗产名录传统技艺类，项目编号Ⅷ-168。2009 年 6 月，满运来入选为第三批国家级非物质文化遗产项目代表性传承人，北京月盛斋清真食品有限公司申报。1956 年在月盛斋创始人马家后继无传承人的情况下，满运来成为马家的异姓徒弟及"月盛斋"第六代传人，使月盛斋的传统技艺得以继续传承。其制作出来的肉食肥而不腻、瘦而不柴，外焦里嫩、香酥爽口，不膻不腻、咸淡适中，浓香适口、回味悠长，融"肉香、酱香、药香、油香"于一体。

天津

Ⅷ-88 风筝制作技艺（天津风筝魏制作技艺）

魏永珍

（编号：03-1346），女，汉族，1943 年 5 月生，天津市人。2008 年 6 月，风筝制作技艺（天津风筝魏制作技艺）被列入第一批国家级非物质文化遗产扩展项目名录传统技艺类，项目编号Ⅷ-88。2009 年 6 月，魏永珍入选为第三批国家级非物质文化遗产项目代表性传承人，天津市南开区申报。魏永珍出身于著名风筝世家，是被誉为天津民间艺术三绝之一"风筝魏"的第三代传人。"风筝魏"1892 年创始于天津，其百年老字号为"魏记长清斋扎彩铺"。魏永珍五六岁时，便跟随爷爷和父亲一起制作风筝，少时即已将扎、糊、绘、放 4 种风筝制作技艺烂熟于心。1955 年，魏永珍开始正式学做风筝。在继承魏家传统风筝的同时，她不断搜集和挖掘国内外风筝制作工艺，使"风筝魏"的风筝从创始时的 200 余种发展到现在的 1200 多种，让

百年"风筝魏"成为闻名海内外的传统著名品牌。2004 年初，她在天津古文化街建成了中国第一个展示百年风筝发展史的风筝博物馆——风筝魏博物馆。为将"风筝魏"这一民间艺术发扬光大，她已经培养了四十余名优秀的青年制作师，参与风筝的制作。

河北

Ⅷ-86 烟火爆竹制作技艺（南张井老虎火）

尹昌太

（编号：03-1343），男，汉族，1926 年生，河北省井陉县于家乡南张井村人。2008 年 6 月，烟火爆竹制作技艺（南张井老虎火）被列入第一批国家级非物质文化遗产扩展项目名录传统技艺类，项目编号Ⅷ-86。2009 年 6 月，尹昌太入选为第三批国家级非物质文化遗产项目代表性传承人，河北省井陉县申报。南张井村做烟火的技艺，相传始于康熙，清朝后期至新中国成立，该村烟火一直是县城元宵花会的压轴戏，被视为"官火"。尹昌太 1961 年正式拜樊太永为师学习做烟火技艺，主工打捻。尹昌太的突出技艺是联杆和打捻，以打捻"匀"、"快"闻名乡里，被乡人尊称为"打捻把式"，老虎火第四代传人。2008 年，南张井老虎火获批国家级首批非物质文化遗产保护项目时，能够做"火"的老艺人仅有尹昌太、尹保槐、樊秀庭等三人。2007 年至 2008 年，尹昌太同其他二人共同主持了本村的烟火制作，教年轻人进行联杆等技艺，并指导后辈试制恢复了 19 种失传多年的锅子火品种，将制作技艺传授给尹来庭、尹有生等人。

Ⅷ-92 定瓷烧制技艺

陈文增

（编号：03-1349），男，汉族，1954年生，河北省保定市曲阳县北镇村人。2008年6月，定瓷烧制技艺被列入第二批国家级非物质文化遗产名录传统技艺类，项目编号Ⅷ-92。2009年6月，陈文增入选为第三批国家级非物质文化遗产项目代表性传承人，河北省曲阳县申报。1978年，陈文增进入保定地区工艺美术定瓷厂工作，从事定窑研究生产三十余年，出版了《定窑研究》、《定窑陶瓷文化及其造型装饰艺术研究》等专著，破译了定窑工艺过程、造型风格、装饰特点及文化背景，使失传千年的历史名窑再现人间。同时他还成功地研制出定瓷特有的刻花刀具（单线刀、双线刀、组线刀），解开了古定瓷刻花之谜，打破了陶瓷史上定瓷双线纹样"刻一刀，复一刀"的说法，总结出"刀行形外，以线托形"的经典刻花理论。三十余年来，他始终课徒授艺，培养人才。在定窑拉坯、刻花、制范等方面均有重点传带计划，并利用他兼任数所大学客座教授优势，进行厂校交流，使得技术队伍素质不断提高。学生中已有多人在省级以上专业刊物上发表过论文，获"省工艺美术大师"、"省工艺美术家"等称号。其中学生庞永辉获首届河北省"十大金牌工人称号"。

Ⅷ-100 传统棉纺织技艺

常张勤

（编号：03-1358)，女，汉族。2008年6月，传统棉纺织技艺被列入第二批国家级非物质文化遗产名录传统技艺类，项目编号Ⅷ-100。2009年6月，常张勤入选为第三批国家级非物质文化遗产项目代表性传承人，河北省魏县申报。

Ⅷ-125 花丝镶嵌制作技艺

马福良

（编号：03-1388)，男，汉族，1958年生，河北省廊坊市人。2008年6月，花丝镶嵌制作技艺被列入第二批国家级非物质文化遗产名录传统技艺类，项目编号Ⅷ-125。2009年6月，马福良入选为第三批国家级非物质文化遗产项目代表性传承人，河北省大厂回族自治县申报。马福良已故的父亲马作文是著名的蒙錾石镶大师，马福良从17岁起师从父亲，专注于花丝镶嵌工艺。由于花丝镶嵌技艺不传外也不传内，故其父亲从未将绝活儿教授给他，很多技艺是他自己摸索出来的。1975年，马福良开始学习制作花丝镶嵌卡克图工艺，并于2011年在清华美院进修。他将传统技艺与现代美学、阿拉伯文化有机结合，在将花丝镶嵌技艺发扬光大的同时，融入了明显的波斯文化，形成了独特的手工艺流程和造型色彩特征。代表作品有"莲花薰"、"银水牛角刀"、"银烧瓷翡翠执壶"、"牦牛角薰"、"卡克图银剑"、"花丝孔雀蜡台"等。1997年，他创办了特种工艺品公司，2008年更名为良盛达花丝镶嵌特艺有限公司。他暂未收到徒弟，正在努力通过其他途径培养传人，传承技艺。

Ⅷ-133 砚台制作技艺（易水砚制作技艺）

邹洪利

（编号：03-1394)，男，汉族，1966年12月生，河北省易县人。2008年6月，砚台制作技艺（易水砚制作技艺）被列入第二批国家级非物质文化遗产名录传统技艺类，项目编号Ⅷ-133。2009年6月，邹洪利入选为第三批国家级非物质文化遗产项目代表性传承人，河北省易县申报。

邹洪利自幼酷爱易砚雕刻技术。1985 年，结识一心想挖掘开发易水砚工艺的张淑芬后，他重新激发了当一名艺术家的梦想和雄心。1986 年，他们请来古砚收藏家闫家宪先生进行造型设计、技术指导。此后又请了多位专家学者参与指导易砚的开发设计。其作品气势宏大、独具特色，突出易砚雕刻的工艺性、观赏性和收藏性，向着系列化、多品种方向发展。代表作品有"归砚"、"菊花牡丹图"、"中华九龙巨砚"、"群星璀璨"、"乾坤朝阳"、"八仙过海"等。他创建了河北易水砚有限公司，兴学办校，培养制砚能手。

Ⅷ -144 蒸馏酒传统酿造技艺（山庄老酒传统酿造技艺）

商立云

（编号：03-1410），女，满族，1964 年生，河北省平泉县人。2008 年 6 月，蒸馏酒传统酿造技艺（山庄老酒传统酿造技艺）被列入第二批国家级非物质文化遗产名录传统技艺类，项目编号Ⅷ -144。2009 年 6 月，商立云入选为第三批国家级非物质文化遗产项目代表性传承人，河北省平泉县申报。商立云 1981 年大学毕业后进入山庄企业集团从事山庄老酒的化验、检验、研究工作，1982 年开始跟从前辈师傅学习果酒、滋补酒的研究开发，几年来在研究继承八珍御酒中屡获殊荣；1983 年她又开始跟随腾玉珍和李俊国师傅学习山庄老酒制作工艺，研制出了山庄系列酒，成为山庄老酒建厂以来第九代传统酿造技艺传人。她编写了《山庄老酒工艺规程》、《配制酒操作规程》等书，同时倾心培养出了山庄老酒的第十代传承队伍。

山西

Ⅷ -51 平遥推光漆器髹饰技艺

薛生金

（编号：03-1324)，男，汉族，1937 年 8 月生，山西省平遥县人。2006 年 5 月，平遥推光漆器髹饰技艺被列入第一批国家级非物质文化遗产名录传统技艺类，项目编号Ⅷ -51。2009 年 6 月，薛生金入选为第三批国家级非物质文化遗产项目代表性传承人，山西省平遥县申报。薛生金，"中国工艺美术大师"。1953 年进平遥文化布景社学艺，1958 年入平遥推光漆器厂师从平遥推光漆器老艺人乔泉玉老先生学艺，不久便掌握了漆器工艺。薛生金在继承推光漆器古老工艺的基础上，推陈出新，大胆创新，不到两年时间，便使古老的推光漆器工艺有了长足的发展。他将已经失传的堆鼓罩漆工艺重新研制恢复成功，而且还新创造了"三金三彩"、堆鼓青绿金碧山水、堆鼓描金彩绘花鸟、搜金、沥金、沥银、沥螺、雕填呛金和天然彩色玉石镶嵌等新工艺，使漆器工艺有了很大的发展。其著有《推光漆器的源流发展浅说》和《平遥的沙阁和泥人》等文。他一贯主张师徒切磋技艺，教学相长；并身体力行，言传身教，悉心带徒，培养人才。经他手把手传教，现已培养了各类人才一百多名，著名的有高级工艺美术师梁中秀，高级工艺美术师贾兴林、耿保国、薛晓东等。

Ⅷ -59 杏花村汾酒酿制技艺

郭双威

（编号：03-1327)，男，汉族，1949 年 3 月生，山西省文水县人。2006 年 5 月，杏花村汾酒酿制技艺被列入第一批国家级非物质文化遗产名录传统技艺类，项目编号Ⅷ-59。2009年6月，郭双威入选为第三批国家级非物质文化遗产项目代表性传承人，山西省汾阳市申报。郭双威1965年参加工作，历任汾酒厂知青分厂党支部副书记，人事劳资科科长，人事劳资处副处长，东分厂厂长兼党委书记，汾酒厂副厂长，汾酒（集团）公司副董事长，汾酒（集团）公司第一副总经理。自2002年起，任山西杏花村汾酒集团有限责任公司董事长、党委书记。郭双威重视企业管理，致力于建设现代企业制度。郭双威还制定了汾酒发展战略，其核心内容就是酒业为本、市场导向、品牌经营、内涵发展，理顺母子公司体制，建立白酒、保健酒、酒文化旅游三个基地，同时全面创新营销体系、财务体系、物流体系、科技质量体系四大体系。郭双威在企业管理和品牌建设方面也颇有建树。1993年汾酒股票在上海证券交易所挂牌上市，为中国白酒第一股、山西第一股。公司拥有"杏花村"、"竹叶青"两个中国驰名商标。竹叶青酒是国家卫生部认定的唯一中国保健名酒。

Ⅷ-61 老陈醋酿制技艺（美和居老陈醋酿制技艺）

郭俊陆

（编号：03-1328），男，汉族，1952年2月生，山西省太原市人。2008年6月，老陈醋酿制技艺（美和居老陈醋酿制技艺）被列入第一批国家级非物质文化遗产扩展项目名录传统技艺类，项目编号Ⅷ-61。2009年6月，郭俊陆入选为第三批国家级非物质文化遗产项目代表性传承人，山西省太原市申报。1994年任山西美和居老陈醋有限公司董事长；1997年任山西省太原唐久贸易有限公司董事长兼党委书记；1996年任山西老陈醋集团有限公司董事长。郭俊陆带领全体员工坚守纯粮酿制独特工艺，完整保留了"美和居"老陈醋熏蒸法酿制技艺。关键工序一道

不减，如人工制曲、固态发酵等核心环节，始终坚持用经验丰富的老师傅进行人工控制。在非关键环节，改进工艺，引进现代设备，降低成本。为了适应市场需要，山西老陈醋集团积极创新产品，在老陈醋调味功能之外，开拓其保健、美容、饮用等其他功能。保健醋、风味醋、药用醋、果醋饮料等10大系列、近百种产品应运而生。因其在传承山西老陈醋方面的突出贡献，2013年获"第二届中华非物质文化遗产传承人薪传奖"。

Ⅷ-90 琉璃烧制技艺

葛原生

（编号：03-1348），男，汉族，1940年生，山西省人。2008年6月，琉璃烧制技艺被列入第二批国家级非物质文化遗产名录传统技艺类，项目编号Ⅷ-90。2009年6月，葛原生入选为第三批国家级非物质文化遗产项目代表性传承人，山西省申报。1979年，葛原生拜苏氏琉璃第六代传人苏杰为师，苏杰毫无保留地将琉璃的核心技术——绝密的制釉技艺传授给他，使葛原生成为苏家琉璃唯一外姓入门嫡传弟子，苏氏琉璃第七代传人。琉璃釉彩的最高技术是炼制名贵的孔雀蓝釉。但这种釉彩的配方复杂、制作难度大，世家工匠都将其视为"绝技"，从不外传。葛原生的师傅也未能全面掌握这项技术。葛原生潜心研究孔雀蓝的配制技术，用近三十年的时间，经过成百上千次的试验，终于在徒弟苏永军的协助下，彻底破解了孔雀蓝的配方，掌握了各种色调的孔雀蓝釉调制方法。如今，他对这项技术游刃有余，能烧制出上百种深浅不一的孔雀蓝琉璃制品。葛原生现任太原山头孔蓝琉璃制品公司经理，为深圳"锦绣中华"修复宋代的芳林寺等制作各种琉璃制品，产品还曾走出国门，远赴日本、美国等。2007年，苏杰39岁的长孙苏永军拜葛原生为师学习苏氏

琉璃制作技艺。葛原生有诸多打算并希望在有生之年复兴琉璃制作技艺。

Ⅷ -124 民族乐器制作技艺（长子响铜乐器制作技艺）

闫改好

（编号：03-1384），男，汉族，1960年生，山西省长子县西南呈村人。2008年6月，民族乐器制作技艺（长子响铜乐器制作技艺）被列入第二批国家级非物质文化遗产名录传统技艺类，项目编号Ⅷ -124。2009年6月，闫改好入选为第三批国家级非物质文化遗产项目代表性传承人，山西省长子县申报。闫改好出身于铜乐器制作世家，18岁起就在铜乐器的制作行当里摸爬滚打。20多岁时，闫改好把较为先进的锻打、测量和抛光设备、空气锤、百分表和抛光车床引入铜乐器的制作工艺中，提高了生产效率和精密度。闫改好对炼铜的火炉进行了封闭性改造，使温度由过去的忽高忽低达到了基本恒温600摄氏度，保证了铜乐器的成品率和质量。2005年，为转变铜乐器制作行业的艰难局面，闫改好把家庭作坊联合起来，成立了"玖兴炉"铜乐器有限责任公司，进行技术革新，大幅度提升产品质量和品种。随后九家个体作坊共同入股成立了宏晟鑫铜乐器有限责任公司，产品品种达到130余种，产品远销全国各地。

Ⅷ -133 砚台制作技艺（澄泥砚制作技艺）

蔺永茂

（编号：03-1395），笔名新苗、绛石，男，汉族，1940年11月生，山西省新绛县人。2008年6月，砚台制作技艺（澄泥砚制作技艺）被列入第二批国家级非物质文化遗产名录传统技艺类，项目编号Ⅷ -133。2009年6月，蔺永茂入选为第三批国家级非物质文化遗产项目代表性传承人，山西省新绛县申报。蔺永茂进修于山西大学艺术系美术专业，毕业于中国文化学院、中国山水画学院，从事美术创作多年。1986年起，与儿子蔺涛一起研究失传三百余年的"绛州澄泥砚"并获得成功。澄泥砚具有发墨快、墨水不容易干、不伤笔毫、便于携带的优点，图案和造型多样，色泽典雅秀丽，显得极为古朴大方。蔺永茂的代表作有版画"今日汾河湾"、"吊金钟"、"飞渡龙门"，漆刻"稻香千里"等，著有《绛州澄泥砚》、《民俗面塑技法》、《绛州木版年画》等书。其传人为儿子蔺涛。

Ⅷ -144 蒸馏酒传统酿造技艺（梨花春白酒传统酿造技艺）

秦文科

（编号：03-1411），男，汉族，1954年生，山西省应县人。2008年6月，蒸馏酒传统酿造技艺（梨花春白酒传统酿造技艺）被列入第二批国家级非物质文化遗产名录传统技艺类，项目编号Ⅷ -144。2009年6月，秦文科入选为第三批国家级非物质文化遗产项目代表性传承人，山西省朔州市申报。秦文科2003年进入梨花春集团担任董事长兼总经理，通过改革，他完善了企业的制度建设，建立了严格有序的质量管理体系，整合全厂资源，引进全国酿酒行业的新技术和白酒行业的专家，狠把质量关，研发新产品，创造性地建立了厂商联合的营销模式，成功地使梨花春酒占领了晋北市场，同时唱红了省内外。为了赋予梨花春文化底蕴，秦文科组织人员对梨花春酿造历史进行深入挖掘，同时拜访民间酿酒师傅，收集保存珍贵实物400余件。

内蒙古

Ⅷ-46 蒙古族勒勒车制作技艺

白音查干

（编号：03-1321）男，蒙古族，1938 年生，内蒙古自治区阿鲁科尔沁旗罕苏木苏木达日罕嘎查人。2008 年 6 月，蒙古族勒勒车制作技艺被列入第一批国家级非物质文化遗产扩展项目名录传统技艺类，项目编号Ⅷ-46。2009 年 6 月，白音查干入选为第三批国家级非物质文化遗产项目代表性传承人，内蒙古自治区阿鲁科尔沁旗申报。白音查干从小受到父亲和表哥的影响，学会了勒勒车的修理和制作技艺。16 岁开始，白音查干跟随生产队羊群放牧，利用闲暇时间修理和制作勒勒车。五十多年来，白音查干修理的勒勒车已无法统计，制作的勒勒车达三百多辆。近两年来，他又开始制作小型工艺品勒勒车，大中小三种型号有二十多辆。白音查干制作的勒勒车形神兼备，速度也超出常人。他最快三天就能制作一辆勒勒车，而一般工匠要用一周时间。白音查干目前收有徒弟 2 人。

Ⅷ-110 地毯织造技艺（阿拉善地毯织造技艺）

刘赋国

（编号：03-1368），男，汉族，1943 年生。2008 年 6 月，地毯织造技艺（阿拉善地毯织造技艺）被列入第二批国家级非物质文化遗产名录传统技艺类，项目编号Ⅷ-110。2009 年 6 月，刘赋国入选为第三批国家级非物质文化遗产项目代表性传承人，内蒙古自治区阿拉善盟阿拉善左旗申报。刘斌国已收从事阿拉善地毯织造多年的段丽珍为弟子。

Ⅷ-123 蒙古族马具制作技艺

陶克图白乙拉

（编号：03-1383），男，蒙古族，1947 年 11 月生，内蒙古自治区通辽市科尔沁左翼后旗茂道吐苏木哈根朝海嘎查人。2008 年 6 月，蒙古族马具制作技艺被列入第二批国家级非物质文化遗产名录传统技艺类，项目编号Ⅷ-123。2009 年 6 月，陶克图白乙拉入选为第三批国家级非物质文化遗产项目代表性传承人，内蒙古自治区申报。陶克图白乙拉从小跟随祖父和父亲学习马具制作手艺。他制作的马具皮件精美耐用，毡垫和刺绣具有独特的蒙古族民间美术特征，全套马鞍独具鲜明的科尔沁马鞍特色，被作为科尔沁的代表性马鞍，深受蒙古族群众和马具收藏者的喜爱。陶克图白乙拉开办有马具制作厂，制作马具并收徒传人，他的大儿子继承了他的马具制作技艺。

Ⅷ-168 牛羊肉烹制技艺（烤全羊技艺）

赵铁锁

（编号：03-1431），男，汉族，1952 年生，内蒙古自治区阿拉善盟人。2008 年 6 月，牛羊肉烹制技艺（烤全羊技艺）被列入第二批国家级非物质文化遗产名录传统技艺类，项目编号Ⅷ-168。2009 年 6 月，赵铁锁入选为第三批国家级非物质文化遗产项目代表性传承人，内蒙古自治区阿拉善盟申报。赵铁锁完整继承了阿拉善烤全羊的 28 道工序，其制作的烤全羊选料严格，烤制工艺精细，色、香、味俱佳。现在赵铁锁已将烤全羊技艺传授于两人，其中一人为其女婿杨勇。

辽宁

Ⅷ-144 蒸馏酒传统酿造技艺（老龙口白酒传统酿造技艺）

李玉恒

（编号：03-1412），男，汉族，1959年生，辽宁省沈阳人。2008年6月，蒸馏酒传统酿造技艺（老龙口白酒传统酿造技艺）被列入第二批国家级非物质文化遗产名录传统技艺类，项目编号Ⅷ-144。2009年6月，李玉恒入选为第三批国家级非物质文化遗产项目代表性传承人，辽宁省沈阳市申报。李玉恒1979年进入沈阳市老龙口酒厂制酒车间老陈酿班成为学徒工；1986年，老龙口白酒传统酿造技艺的第十代传承人米希成、杨长信收其为徒，将几百年历史的酿酒技艺传授于他。受地域影响，以往老龙口浓香型陈酿酒香气成分不足，为此李玉恒反复琢磨，将发酵液中液态部分和干稠部分分开使用，并根据每个窖池的具体情况添加，大幅提高了酒香。为了将老龙口酿酒技艺传承下去，他已收了三个徒弟。

吉林

Ⅷ-124 民族乐器制作技艺（朝鲜族民族乐器制作技艺）

金季凤

（编号：03-1385），男，朝鲜族，1937年生，吉林省延边朝鲜自治州人。2008年6月，民族乐器制作技艺（朝鲜族民族乐器制作技艺）被列入第二批国家级非物质文化遗产名录传统技艺类，项目编号Ⅷ-124。2009年6月，金季凤入选为第三批国家级非物质文化遗产项目代表性传承人，吉林省延边朝鲜族自治州申报。金季凤的父亲金瑢璇是朝鲜族民族乐器事业的第一代传承人之一，他自幼便跟随父亲学习制作乐器。1958年，金季凤进入延吉民族乐器厂，带领工厂进行民族乐器继承和开发工作。在其努力下，重新挖掘很多失传的朝鲜族民族乐器，创新和改良现有的朝鲜族传统乐器。金季凤对12弦的伽倻琴进行了改革，并加上一根弦，更符合朝鲜族音乐演奏的需求。他创造出的21弦伽倻琴，后来又发展为25弦，极大丰富了伽倻琴的音量。在近六十年的生产制作生涯中，金季凤开发、改革了三十多种产品，恢复了二十多种古老民族乐器，挖掘和掌握了八十余种朝鲜族民族乐器的制作工艺，其中经常制作、广泛应用的达三十余种。1998年，金季凤从民族乐器厂退休，在民族乐器研究所从事、指导民族乐器的开发和制作，并精心培养接班人，跟随他的徒弟达百余人。

黑龙江

Ⅷ-112 鄂伦春族狍皮制作技艺

孟兰杰

（编号：03-1370），女，鄂伦春族，1948年11月生，黑龙江省黑河市爱辉区新生乡新生村人。2008年6月，鄂伦春族狍皮制作技艺被列入第二批国家级非物质文化遗产名录传统技艺类，项目编号Ⅷ-112。2009年6月，孟兰杰入选为第三批国家级非物质文化遗产项目代表性传承人，黑龙江省黑河市爱辉区申报。孟兰杰自幼跟随母亲学习缝制兽皮制品，十几岁时已掌握熟皮、缝制一般兽皮的技艺。孟兰杰精通全部传统狍皮手工制作的技艺，能独立完成从剥皮到缝制衣裤成品的制作全过程。她擅长缝制长袍、套裤及手套等实用性突出的生活用品，熟皮技艺精湛，是唯一掌握剪皮花技艺的能者。她在兽皮制品上进行的剪皮、刺绣等装饰精美，富有浓郁的鄂伦春纹饰艺术特征。孟兰杰制作的男式皮袄、背包等，被新生乡岭上人展览馆、瑷珲展览馆收藏并展出；她缝制狍皮制品的图片于 2006 年在国家非物质文化遗产展览中心以显要位置展出。近年来，孟兰杰担任鄂伦春族狍皮制作技艺传承培训班的授课老师。

上海

Ⅷ-77 木版水印技艺

蒋敏

（编号：03-1337），男，汉族，1941 年生，现居上海市。2008 年 6 月，木版水印技艺被列入第一批国家级非物质文化遗产扩展项目名录传统技艺类，项目编号 Ⅷ-77。2009 年 6 月，蒋敏入选为第三批国家级非物质文化遗产项目代表性传承人，上海书画出版社申报。蒋敏 1957 年进入上海出版学校后就在朵云轩半工半读，学习木版水印雕版技艺，师从于书勤，得韦志荣指点，基本功扎实，雕版技术全面，真正达到以刀代笔、"刀头具眼"的境界，对"饾版"和"拱花版"的制作都有很高造诣，尤以雕制再现原稿的笔墨形态和神韵的枯笔版见长。朵云轩木版水印有一大批精品由他主刻，特别是《徐渭杂画图卷》中的传神枯笔和《萝轩变古笺谱》中的精妙拱花一直为业内专家所赞颂。朵云轩木版水印雕版的后辈人才大多出自蒋敏的门下。蒋敏的弟子李智和关门弟子孙群目前在朵云轩刻版室工作。

Ⅷ-134 印泥制作技艺（上海鲁庵印泥）

高式熊

（编号：03-1397），名廷肃，号羽弓，男，汉族，1921 年生，浙江鄞县人。2008 年 6 月，印泥制作技艺（上海鲁庵印泥）被列入第二批国家级非物质文化遗产名录传统技艺类，项目编号 Ⅷ-134。2009 年 6 月，高式熊入选为第三批国家级非物质文化遗产项目代表性传承人，上海市静安区申报。高式熊之父高振霄是晚清翰林太史、新中国上海市第一批文史研究馆馆员、著名书法家。高式熊幼承家学，书法得父亲手教授。1936 年起自学篆刻，获上海名家赵叔孺、王福庵指导。他擅书法、篆刻及印学鉴定，书法出规入矩，端雅大方，后又喜摹印作，对历代印谱、印人流派极有研究。1947 年，经王福庵、丁辅之推荐加入西泠印社，受教于西泠印社早期社员——著名书法家、篆刻家、收藏家，鲁庵印泥创始人张鲁庵先生，得其真传。张鲁庵 1962 年临终前，将鲁庵印泥唯一传世的秘方"鲁庵印泥 49 号秘方"托付给高式熊，嘱其务必将鲁庵印泥的制作工艺传承下去，并将此秘方捐献国家。代表作品有《西泠印社同人印传》、《高式熊印稿》、《高式熊篆刻集》等专著。收有徒弟李耘萍、高定珠。

符骥良

（编号：03-1398），号雪之、白果、铣之，男，汉族，1926 年 3 月生，2011 年 11 月卒，江苏省江阴市人。2008 年 6 月，印泥制作技艺（上海鲁庵印泥）被列入第二批国家级非物质文化遗产名录传统技艺类，项目编号 Ⅷ-134。2009 年 6 月，符骥良入选为第三批国家级非物质文化遗产项目代表性传承人，上海市静安区申报。符骥良 20 世纪 50 年代，担任 "中国金石篆刻研究社"秘书长张鲁庵先生的助理,亦师亦友。张鲁庵体弱多病,为应求印泥者之需,嘱符骥良握杵代劳。符骥良聆听探讨,不知不觉中尽得印泥制作之法,终得"鲁庵印泥"衣钵。张鲁庵谢世后,符骥良传承其精华并有所心得,也有所改进。代表作品有《骥良印存》编校及钤拓《赵之谦印谱》、《黄牧甫印谱》、《吴昌硕印谱》、《鲁迅先生笔名印谱》、《君陶印存》。传人为其儿子符海贤。

Ⅷ -164 素食制作技艺（功德林素食制作技艺）

赵友铭

（编号：03-1427），男，汉族，1956 年生，上海市人。2008 年 6 月，素食制作技艺（功德林素食制作技艺）被列入第二批国家级非物质文化遗产名录传统技艺类，项目编号 Ⅶ -164。2009 年 6 月，赵友铭入选为第三批国家级非物质文化遗产项目代表性传承人，上海功德林素食有限公司申报。1989 年，功德林老一辈素菜法师纷纷退休，由他们的子女相继顶替，赵友铭和张洪山同成为功德林素食制作第三代传人。其制作的素菜荤烧，形态逼真，几可以假乱真。既有清淡滑爽的扬帮特点，又有浓油赤酱的本帮风味，黄油蟹粉、素火腿、净素月饼等是其代表作品。赵友铭的徒弟有董超宇等。

江苏

Ⅷ -13 南京云锦木机妆花手工织造技艺

周双喜

（编号：03-1307），男，汉族，1955 年 7 月生，

江苏省南京人。2006 年 5 月，南京云锦木机妆花手工织造技艺被列入第一批国家级非物质文化遗产名录传统技艺类，项目编号 Ⅷ -13。2009 年 6 月，周双喜入选为第三批国家级非物质文化遗产项目代表性传承人，江苏省南京市申报。1973 年，周双喜参加工作，师从云锦织造老艺人。周双喜熟悉云锦各类妆花品种的装造工艺流程和织造方法（包括妆花缎、妆花纱等），且技艺精湛。1978 年开始，周双喜参加定陵博物馆复制任务，成功复制明万历皇帝龙袍料。2005 年起，周双喜担任南京云锦研究所北京定陵及故宫博物院丝织文物复制项目负责人，发掘整理出一批非常有价值的丝织工艺技术，其中不乏业已失传的品种，填补了我国丝织工艺的空白。他还参与编写了大型画册《中国南京云锦》、《南京云锦企业标准》，制定编写了云锦织造工序工艺规程和操作规范等。他的代表作品为宽 1.5 米、长 3 米的"万寿中华"，堪称自新中国成立以来工艺最复杂的作品。周双喜收有徒弟蔡向阳等人。

金文

（编号：03-1308），男，回族，1954 年生，江苏省南京人。2006 年 5 月，南京云锦木机妆花手工织造技艺被列入第一批国家级非物质文化遗产名录传统技艺类，项目编号 Ⅷ -13。2009 年 6 月，金文入选为第三批国家级非物质文化遗产项目代表性传承人，江苏省南京市申报。金文高中毕业后进入南京云锦研究所做学徒工，师承仅存的十余位云锦老艺人，从云锦织造学起，掌握了全套云锦制造工艺，并对云锦艺术做了系统的总结。金文在古织锦复制方面取得了辉煌的成果，代表作品有战国时期的《田猎纹绦》、《大菱纹锦》；汉代《马王堆素纱单衣》、《绒圈锦》；宋代《童子戏桃绫》；金代《织金字齐国王袍》；明代万历皇帝《织金孔雀羽妆花纱龙袍料》、《落花流水双面锦》；

清代《丁汝昌战袍》、《琉球王龙袍》等。另外，金文创作了大量现代织锦，如《织金珍珠纱》、《孔雀牡丹锦》等，并多次获"金凤凰"原创设计大奖赛金奖、中国工艺美术百花奖金奖等。出版专著《南京云锦》，参与撰写《中国科学技术史·纺织卷》。金文的作品被国家博物馆等十余家国家级博物馆收藏，开办南京云锦艺术馆，为云锦的传承和发扬作做出了重大贡献。

Ⅷ-36 南京金箔锻制技艺

王必生

（编号：03-1314），男，汉族，1951年生，江苏省南京人。2006年5月，南京金箔锻制技艺被列入第一批国家级非物质文化遗产名录传统技艺类，项目编号Ⅷ-36。2009年6月，王必生入选为第三批国家级非物质文化遗产项目代表性传承人，江苏省南京市申报。王必生出身于打箔世家，现在南京金线金箔总厂工作。打箔需要两人配合默契，王必生和他的搭档葛义根到目前为止是全世界最后一对打箔人。他们可以将1克黄金打成1平方米大小的金箔。机械打箔成品率不高，而人工打箔可以弥补机器的不足，但现在能够传承王必生和葛义根技艺的人却几乎没有。目前，王必生和搭档各自收有徒弟一人。

Ⅷ-45 明式家具制作技艺

许建平

（编号：03-1318），男，汉族，1954年生，江苏省苏州人。2006年5月，明式家具制作技艺被列入第一批国家级非物质文化遗产名录传统技艺类，项目编号Ⅷ-45。2009年6月，许建平入选为第三批国家级非物质文化遗产项目代表性传承人，江苏省苏州市申报。1970年许建平进入苏州工艺美术公司办的训练班，开始学习古典家具设计，后被调入苏州红木雕刻厂从事设计工作。许建平设计的作品依托于传统工艺的积累，具有苏州园林建筑的古典美感。1987年，在香港举办的中国艺术家具展上，他独立总体设计与监制的"中国古典厅堂套/17件红木家具"荣获该会唯一金奖与一等奖，成为新中国成立后在海外获得家具大奖"第一人"。随后许建平荣获了许多国际大奖，并应邀出任国家一些重大项目的总设计师；参与制作中南海"紫光阁"总理会见厅雕龙迎宾地屏。他的代表作品有《仿灵芝清代客厅家具》和《中国明式客厅家具》。从20世纪80年代末，许建平就开始收弟子，传授古典家具设计与制作技艺。

Ⅷ-117 金银细工制作技艺

王殿祥

（编号：03-1375），男，汉族，1939年生，江苏省南京市人。2008年6月，金银细工制作技艺被列入第二批国家级非物质文化遗产名录传统技艺类，项目编号Ⅷ-117。2009年6月，王殿祥入选为第三批国家级非物质文化遗产项目代表性传承人，江苏省南京市申报。王殿祥于20世纪70年代，进入百年老店宝庆银楼，学习珠宝设计和加工技艺。他将文化内涵融入手工技艺，使得作品打动人心，独创出宝庆金银摆件制作工艺，其创作的大型工艺摆件"仿唐皇马"，使王殿祥于20世纪80年代声名大振。王殿祥融入了更多的时尚元素，作品"情痴"、"情人的眼泪"、"星月有约"等深受年轻人喜爱。至今，王殿祥共设计四千多种各类首饰和工艺摆件，其中"仿唐皇马"、"万象更新"、"三驾马车"等作品获多项国内外摆件设计大奖。1997年，王殿祥创办了全国首家以个人名字命名的金店。王殿祥鼓励儿女后代钻研学习该项技艺，也到大学讲课，培养年轻设计师。

Ⅷ-137 传统木船制造技艺

周永干

（编号：03-1402），男，汉族，1965 年生，江苏省泰州兴化市竹泓镇人。2008 年 6 月，传统木船制造技艺被列入第二批国家级非物质文化遗产名录传统技艺类，项目编号Ⅷ-137。2009 年 6 月，周永干入选为第三批国家级非物质文化遗产项目代表性传承人，江苏省兴化市申报。周永干祖传六代造船。他 16 岁随祖父和父亲以口传心授的方式学习传统木船制造技艺，在继承竹泓木船传统制造技艺的基础上，研发出龙舟、旅游画舫等多种新型木船，制成品行销国内二十多个省市。他还带动竹泓造船业主制作四百多条观光木船，销往美、德等国。周永干于 2007 年成立了兴化市永干木船厂，进一步促进竹泓木船制造文化的传播。他正在培养侄子周四花作为该技艺的传承人。

Ⅷ-140 伞制作技艺（西湖绸伞）

宋志明

（编号：03-1406），男，汉族，1959 年 10 月生，浙江省杭州市人。2008 年 6 月，伞制作技艺（西湖绸伞）被列入第二批国家级非物质文化遗产名录传统技艺类，项目编号Ⅷ-140。2009 年 6 月，宋志明入选为第三批国家级非物质文化遗产项目代表性传承人，浙江省杭州市申报。1977 年宋志明进入杭州工艺美术研究所，师从制伞大师竹振斐学做绸伞，全面掌握了西湖绸伞技艺，对制伞的 18 道工序样样精通，同时创新面料和装饰，为绸伞的发展开辟了新的途径。他 1990 年获"中国工艺美术百花奖"一等奖，2005 年获"西博会暨中国工艺美术大师作品展"优秀奖。1995 年他到富阳选址开厂，但由于西湖绸伞材质限制，实用性不强，作为艺术品收藏价格又高，

因此面临着生产性保护上的困境。为了保护和传承该技艺，宋志明考虑另辟蹊径，期望能与其他的非物质文化遗产工艺相结合，优势互补，以开拓西湖绸伞的销售市场。宋志明一改传统的师徒传承方式，6 个兼职徒弟都是他动员的熟人，他要求每个人都能学几道工艺，通过该种方式将手艺传承下来。伞制作技艺的民间公认传承人还有屠家良（1923 年生，1999 年卒，男，汉族）。

Ⅷ-145 酿造酒传统酿造技艺（封缸酒传统酿造技艺）

许朝中

（编号：03-1416），男，汉族，1958 年生，江苏省丹阳市人。2008 年 6 月，酿造酒传统酿造技艺（封缸酒传统酿造技艺）被列入第二批国家级非物质文化遗产名录传统技艺类，项目编号Ⅶ-145。2009 年 6 月，许朝中入选为第三批国家级非物质文化遗产项目代表性传承人，江苏省丹阳市申报。21 世纪初，具有丰富生产和管理经验的许朝中临危受命，出任丹阳黄酒厂厂长。他大刀阔斧改革，在五年时间里还清了债务，顺利改制，通过认证，获得荣誉。为提高产品的科技含量，许朝中特地选送了五名职工到绍兴黄酒职业学校学习，以采用现代技术改造传统生产工艺，提升企业科技创新水平。此外，他还特意修建了国家级非物质文化遗产示范基地，展示丹阳黄酒古老的酿造工艺。

Ⅷ-161 茶点制作技艺（富春茶点制作技艺）

徐永珍

（编号：03-1426），女，汉族，1944 年生，江苏省扬州市人。2008 年 6 月，茶点制作技艺（富

春茶点制作技艺）被列入第二批国家级非物质文化遗产名录传统技艺类，项目编号Ⅷ-161。2009年6月，徐永珍入选为第三批国家级非物质文化遗产项目代表性传承人，江苏省扬州市申报。徐永珍出身于面点世家，从小随父亲耳濡目染，15岁开始正式学艺，专攻面点制作，逐渐熟练掌握了擀、捏、斩、剁、蒸等面点基本功；长年磨砺，她的面点技艺愈发炉火纯青，娴熟地掌握了水调面、油酥面等传统工艺，集三百余种淮扬名点的操作技艺于一身，技巧高超且制作神速，被誉为"点心王国女状元"。在继承与发扬传统技艺的基础上，徐永珍还十分注重创新，创造出三十余种包子新品种、十余种新型肉蒸饺、数十个点心新品等，同时改进调味品和配料。徐永珍常年在富春茶社和各学校中传授手艺，徒弟不可胜数，其中许多已学有所成。

浙江

Ⅷ-99 蚕丝织造技艺（双林绫绢织造技艺）

周康明

（编号：03-1357），男，汉族，1948年1月生，浙江省湖州市双林镇人。2008年6月，蚕丝织造技艺（双林绫绢织造技艺）被列入第二批国家级非物质文化遗产名录传统技艺类，项目编号Ⅷ-99。2009年6月，周康明入选为第三批国家级非物质文化遗产项目代表性传承人，浙江省湖州市申报。周康明出生在一个传统的绫绢小作坊家庭，1964年，周康明进入双林绫绢厂，学习传统的绫绢炼染处理技术。1978年开始，负责厂里的翻改绫绢品种、工艺管理、工人技术升级考试及开发新品种等工作。1983年，周康明对全国五大博物馆定制宋元仿古绢任务进

行技术指导。2000年后，他承接了各个绫绢厂的矾绢加工工作。2003年，其儿子周树盛也开始学习并从事矾绢生产工艺，并逐渐接手了这项工作，目前已承接了双林、善琏、含山等地18家绫绢厂的矾绢加工业务。

Ⅷ-119 铜雕技艺

朱炳仁

（编号：03-1377），男，汉族，1944年11月生，浙江省绍兴市人。2008年6月，铜雕技艺被列入第二批国家级非物质文化遗产名录传统技艺类，项目编号Ⅷ-119。2009年6月，朱炳仁入选为第三批国家级非物质文化遗产项目代表性传承人，浙江省杭州市申报。朱炳仁师承父亲朱德源，是中华老字号"朱府铜艺"的第四代传人。他善于对传统铜雕艺术进行挖掘和研究，打破了铜雕"重刻轻雕"的传统制作方法，总结出"朱府铜艺"七大祖传绝活儿，做到"书、画、刻、雕、锻、铸"六位一体，开创了铜雕发展的新局面。朱炳仁创立"朱炳仁"铜雕，研发出60多项铜雕国家专利技术，用现代技术建造多项极具艺术价值的作品，如杭州雷峰塔、桂林铜塔、灵隐铜殿等。解决了高空、高山、高寒地区铜建筑的焊接、着色、防腐等高技术问题，独创熔铜艺术和庚彩工艺。创建一套完善的铜雕艺术体系，集石、木、玉、铜及书法于一体的铜书艺术，融入神话、典故、诗词等传统文化，并开发出大型无缝、彩色铜壁画，成为中国一绝。他创建中国铜雕科学理论，出版中国铜建筑第一部专著。研发出中国第一套薄型青铜藏书票，创办中国首座铜雕艺术博物馆——江南铜屋。朱炳仁之子朱军岷已成为"朱府铜艺"新一代传人。

Ⅷ-135 木活字印刷技术

王超辉

（编号：03-1399），男，汉族，1955年生，浙江省瑞安市平阳坑镇东源村人。2008年6月，木活字印刷技术被列入第二批国家级非物质文化遗产名录传统技艺类，项目编号Ⅷ-135。2009年6月，王超辉入选为第三批国家级非物质文化遗产项目代表性传承人，浙江省瑞安市申报。王超辉出身于木活字印刷术世家，王家自元朝初年第十一世先祖王法懋始至王超辉，已传承了14代，有800多年的历史。东源王氏对木活字印刷工艺严守古法，一丝不苟，务求口碑；对技法传承，则打破保守限制，招收姻亲外姓，包括妇女。瑞安的木活字印刷技艺共有15道工序，最核心部分是制作字模。王超辉称此技术很难学习，要穷其一生才能有所成就。他的活字印刷作品以大家族的家谱印刷为主。当地政府非常重视木活字印刷的保护和传承，为此建设了专门的展示馆，中小学也开设相关课程，王超辉负责授课，目前他收有徒弟三人。

林初寅

（编号：03-1400），男，汉族，1934年4月生，浙江省瑞安市曹村人。2008年6月，木活字印刷技术被列入第二批国家级非物质文化遗产名录传统技艺类，项目编号Ⅷ-135。2009年6月，林初寅入选为第三批国家级非物质文化遗产项目代表性传承人，浙江省瑞安市申报。林初寅出身于耕读世家，是瑞安曹村的名门望族之后。林家从林初寅的祖公林淑懋起，以木活字印刷宗谱为业，从其祖父林上德开始，开设了"林问礼堂"谱局，其技艺和修谱之精名闻各地。林初寅14岁随父亲林时生学习修谱和木活字印刷技艺，19岁时承担祖传修谱的重任，接续祖父、父亲修谱的宗族业务。其三个儿子都会活字印

刷的技术，但是都不从事该项技术生产。他带有二十多个学生，目前正在培养其曾孙传承该项技术。

省级传人：王钏巧，出生于1956年8月，浙江省木活字印刷非物质文化遗产传承人，平阳坑镇东源村王氏家族第三十三世六房四木活字印刷传人。

Ⅷ-148 绿茶制作技艺（西湖龙井）

杨继昌

（编号：03-1418），男，汉族，1941年生，浙江省杭州人。2008年6月，绿茶制作技艺（西湖龙井）被列入第二批国家级非物质文化遗产名录传统技艺类，项目编号Ⅶ-148。2009年6月，杨继昌入选为第三批国家级非物质文化遗产项目代表性传承人，浙江省杭州市申报。杨继昌是当年生产队"把桌师傅"（即掌控茶叶成品质量的人）的后辈，现为杭州山地双绝汇茶叶合作社"把桌师傅"，坚守着纯手工炒茶的最后阵地。杨继昌已夺得了三届"西湖龙井一号"手工炒茶大赛的"炒茶王"称号。其制作的龙井色绿形美，具有至清而又充弥齿颊的花香。然而手工龙井虽价格高昂，却仍不如机制批量生产获利多，故而愿意继承的年轻人已经越来越少，杨继昌至今仍未收徒，龙井炒茶手艺后继乏人。

Ⅷ-153 晒盐技艺（海盐晒制技艺）

史奇刚

（编号：03-1422），男，汉族，1959年6月生，浙江省象山县新桥镇石柱外村人。2008年6月，晒盐技艺（海盐晒制技艺）被列入第二批国家级非物质文化遗产名录传统技艺类，项目编号Ⅶ-153。2009年6月，史奇刚入选为第三批国家级非物质文化遗产项目代表性传承人，浙江

省象山县申报。史奇刚于20世纪70年代进入新桥盐场，拜下塘村村民鲍仁茂为师，学习原盐生产整个流程操作工艺。为提高盐的产量和质量，他又先后参加了盐业技术培训班、研讨班等，他将所学的理论用于实际生产中，钻研现代晒盐工艺技术。经过三十年盐滩实践操作和理论知识提炼，掌握了手工晒盐技艺的整个操作程序，总结出了晒盐技术的五大要点：制盐原料、蒸发制卤、原盐结晶、天气异变的处理、整滩处理。现在史奇刚正通过图片、音像等手段对晒盐的生产工序进行整理和记录，努力把这种富有海洋文化特色的传统手工技艺传承下去。

Ⅷ-166 火腿制作技艺（金华火腿腌制技艺）

于良坤

（编号：03-1428），男，汉族，1936年生，浙江省东阳市人。2008年6月，火腿制作技艺（金华火腿腌制技艺）被列入第二批国家级非物质文化遗产名录传统技艺类，项目编号Ⅷ-166。2009年6月，于良坤入选为第三批国家级非物质文化遗产项目代表性传承人，浙江省金华市申报。于良坤19岁进入金联火腿厂当学徒，跟随许朝春学习金华火腿的制作技术，同时常向厉世奎请教，练就了一套传统制作金华火腿的绝活儿，"叠火腿"成为其绝技。于良坤制作的火腿形如竹叶，瘦肉呈玫瑰红色，肥肉晶莹透亮，肥而不腻，口味鲜美，色、香、味、形俱全。于良坤的正式弟子是特级技师的钱宝庆，但他还有很多非正式徒弟。

Ⅷ-175 木拱桥传统营造技艺

董直机

（编号：03-1434），男，汉族，1925年生，浙江省泰顺县岭北乡村尾村人。2008年6月，木拱桥传统营造技艺被列入第二批国家级非物质文化遗产名录传统技艺类，项目编号Ⅷ-175。2009年6月，董直机入选为第三批国家级非物质文化遗产项目代表性传承人，浙江省泰顺县申报。董直机13岁时机缘巧合初识廊桥建造，17岁开始随木匠张岩姓及其大徒弟叶元潘学习造廊桥及木工活儿，24岁即能独立主事，是浙闽边境一带首屈一指的木匠师傅。1948年他主持修建泰福桥，如今泰福桥已经和当地山水完全融为一体，古朴、清秀。2004年由他担任绳墨的同乐廊桥正式动工兴建，成为新中国成立后第一座以传统技艺建造的编梁木拱廊桥。为将廊桥建造手艺传承下去，董直机已收金秀华、梅福元、范念兴、赖永斌、董传武、曾家快等为徒。现在再现"八字撑"廊桥技艺，将其流传后人，成了董直机的新方向。

安徽

Ⅷ-49 万安罗盘制作技艺

吴水森

（编号：03-1322），男，汉族，1954年生，安徽省休宁县万安镇人。2006年5月，万安罗盘制作技艺被列入第一批国家级非物质文化遗产名录传统技艺类，项目编号Ⅷ-49，安徽省休宁县申报。2009年6月，吴水森入选为第三批国家级非物质文化遗产项目代表性传承人。吴水森出身于罗盘制作世家，其祖父吴毓贤和父亲吴慰苍共同制作的日晷，曾荣获巴拿马万国博览会金奖。吴水森自小受家庭熏陶，耳濡目染之中继承了祖传罗盘制作工艺。吴水森秉承古法，制作罗盘的各道工序一丝不苟、精益求精，并在祖传技艺的基础上创新，将罗盘、日晷合理地与生活用具结合起来；充分利用传统文化理念和吉祥图案，采用圆雕、浮雕、镂雕、书法、国画等艺术手法，精致美观地再现了传统文化产品的底蕴和新兴工艺品的创新艺术。先后开发了金龟型、莲花八卦型、双龙戏珠型、首饰杯型等几十个罗盘系列品种，规格从2英寸至2尺，圈层从2层到46层，品种达数百种。目前，吴水森的儿子吴兆光继承其罗盘制作技艺。

Ⅷ-70 桑皮纸制作技艺

王柏林

（编号：03-1333），男，汉族，1965年10月生，安徽省岳西县人。2008年6月，桑皮纸制作技艺被列入第一批国家级非物质文化遗产扩展项目名录传统技艺类，项目编号Ⅷ-70。2009年6月，王柏林入选为第三批国家级非物质文化遗产项目代表性传承人，安徽省岳西县申报。王柏林出身于造纸世家，是家族造纸的第七代传人。小学毕业后，他开始跟着父亲王有贤学习制作桑皮纸，系统掌握了选材、剥皮、出青、揉挤等30多个制作工序及流程，承袭传统技艺，以纯天然材料、辅料手工制纸。他的技艺高超，是当地著名的桑皮纸制作师傅。王柏林已经拟订了造纸的近期保护计划和长远发展规划，选取了一处合适地点，用纯粹的天然材料，复原出祖辈造纸的全部工艺装备和地道的传统工艺流程，并努力整理记录自己多年造纸的完整流程和心得体会，使这门技艺文字化、可视化，更方便系统地进行研究。为了这门千年技艺的持续传承，他优选了家族中年轻有为的后生收徒授艺，切实实现技艺人到人的承袭。

Ⅷ-73 徽墨制作技艺

汪爱军

（编号：03-1334），男，汉族，1965年2月生，安徽省绩溪县人。2006年5月，徽墨制作技艺被列入第一批国家级非物质文化遗产名录传统技艺类，项目编号Ⅷ-73。2009年6月，汪爱军入选为第三批国家级非物质文化遗产项目代表性传承人，安徽省绩溪县申报。汪爱军的家族从曾祖父开始一直从事制墨技艺，他自幼耳濡目染，对制墨有着浓厚的兴趣。1984年汪爱军被招工进入绩溪胡开文墨厂工作，先后师承程细根、董龙军、冯国权，掌握了从制胶、炼烟、和料、配方到制墨的多道工序以及其中的绝密配方。在继承传统技艺的同时，不断研究古代配方并大胆开拓创新，在制墨原料（烟和胶）的制作中，他认真分析了古代点烟技术，成功恢复了古法"顶烟"的制作技艺，同时潜心研究古代制作徽墨专用胶——"广胶"的熬制工艺，以及传统中药材在墨中的不同作用。其研制的超细纯油烟墨精品，光可以鉴，锋可以截，比德于玉，缜密而粟，使徽墨技艺达到了历史新境界。汪爱军坚持亲自带徒授艺，培养德才兼备的专业人才。2011年11月，他所在的安徽省绩溪胡开文墨业有限公司被命名为"第一批国家级非物质文化遗产生产性保护示范基地"。

Ⅷ-74 歙砚制作技艺

郑寒

（编号：03-1335），男，汉族，1963年6月生，安徽省歙县唐里乡唐里村人。2006年5月，歙砚制作技艺被列入第一批国家级非物质文化遗产名录传统技艺类，项目编号Ⅷ-74。2009年6月，郑寒入选为第三批国家级非物质文化遗产项目代表性传承人，安徽省歙县申报。郑寒自幼学习美术，1979年开始专业从事砚雕。郑寒的作品擅长体现石料本身的形状和纹理，构思巧妙，作品刀法遒劲、老辣、简练，雕刻上深、透、镂、点、线、面的结合完美无缺，都有着鬼斧神工、犹如神来之笔的精湛技艺。作品充分体现了自然与人工的巧妙结合，达到了"厌于人意，合于天造"、"与天同契"的境地。因而郑寒本人也被评为中国砚雕大师，是我国歙砚艺术界公认的民间艺术代表性人物。1997年，郑寒雕刻的《黄山胜迹印痕砚》，被选作李鹏总理赠送给日本明仁天皇的礼品。2004年，郑寒制作的《中国龙砚》作为胡锦涛主席的礼品赠送给法国总统希拉克。随着郑寒的名声日隆，慕名拜师学艺的徒弟与日俱增，为杜绝以其门生弟子名义欺世盗名者，其收徒有严格规定。

Ⅷ-127 漆器髹饰技艺（徽州漆器髹饰技艺）

甘而可

（编号：03-1389），男，汉族，1955年生，安徽省黄山市人。2008年6月，漆器髹饰技艺（徽州漆器髹饰技艺）被列入第二批国家级非物质文化遗产名录传统技艺类，项目编号Ⅷ-127。2009年6月，甘而可入选为第三批国家级非物质文化遗产项目代表性传承人，安徽省黄山市屯溪区申报。1979年甘而可进入屯溪漆器工艺厂工作，师从汪福林学习漆艺，1980年到上海工艺品六厂学习刻漆，后来又拜"楚漆国手"俞金海为师。其创作风格崇尚宋元之美，漆器作品保持中正儒雅的气息。他基于徽派漆艺传统，原料与工艺恪守天然大漆制作的古法原则，将徽漆特色的菠萝漆、推光漆、漆砂砚及精细漆面纹饰推向新高度。代表作有"歙州漆砂砚"、"菠萝漆盏托"、"流彩漆茶叶罐"、"菠萝漆茶具"等。甘而可收有徒弟8人，教授方式以手把手、亲身逐步示范为主。为了让传统工艺更好地传

承下去，黄山市政府专门为甘而可免费建立了漆器创作工作室并提供资金支持。

Ⅷ-130 宣笔制作技艺

张苏

（编号：03-1392），又名张祥圣，男，汉族，1942年生，2009年6月卒，江苏省江都县人。2008年6月，宣笔制作技艺被列入第二批国家级非物质文化遗产名录传统技艺类，项目编号Ⅷ-130。2009年6月，张苏入选为第三批国家级非物质文化遗产项目代表性传承人，安徽省宣城市申报。张苏13岁时开始跟随清末民初著名宣笔制作大师朱炳生学艺，曾在十数家笔厂从事技术和管理工作，与同行和许多著名书画家多有交流，练就了一手高超而全面的制笔技艺。他制笔细致严谨、一丝不苟，"千万毛中选一毫"。独创皮毛脱脂技法，发明高温去油法，使制作出的笔既易着力，又便掌握，刚柔并济。他制作的宣笔柔韧相宜，笔匀基固，书写流畅，收发自如，既能蓄墨又不肥滞，被当代最为著名的女书法家萧娴评价为"万毫齐力，四德俱全"。张苏宣笔已发展到二百多种品种，年产量五十余万支，其中，"宣州紫毫"、"黄山烟雾"、"乌溪清泉"、"长颈鹿"、"鹤颈"等品种，畅销国内外毛笔市场。他秉承了千余年来一以贯之的师徒间口传心授的方法，先后收徒二百余人，主要传人有妻子孙凤珍、长子张文年及儿媳孙晓琴等。

Ⅷ-148 绿茶制作技艺（黄山毛峰）

谢四十

（编号：03-1419），男，汉族，1956年10月生，安徽省黄山市人。2008年6月，绿茶制作技艺（黄山毛峰）被列入第二批国家级非物质文化遗产

名录传统技艺类，项目编号Ⅷ-148。2009年6月，谢四十入选为第三批国家级非物质文化遗产项目代表性传承人，安徽省黄山市徽州区申报。谢四十幼年受祖辈熏陶，对黄山毛峰茶情有独钟，高中毕业后便向父辈学习并逐渐掌握了传统黄山毛峰茶园管理和制作技艺。1987年他创办黄山光明茶厂，制作出黄山毛峰精制茶，把黄山毛峰批量推向市场；1994年他首次打破传统采摘规律，在清明前采摘鲜芽叶，并开始实行产业化生产，大大提高了黄山毛峰的色、香、味、形，并开发出黄山毛峰系列新产品，畅销国内外。2006年以来，他主持了十余项茶叶研究、开发项目，率先引进机械加工茶叶，根据茶叶提质需要，自行研发了一些实用制茶机，获国家发明专利。谢四十所生产的"老谢家茶"、"千秋泉"牌黄山毛峰荣获2007年第一届世界绿茶评比金奖。

福建

Ⅷ-63 武夷岩茶（大红袍）制作技艺

叶启桐

（编号：03-1329），男，汉族，1945年生，福建省周宁县人。2006年5月，武夷岩茶（大红袍）制作技艺被列入第一批国家级非物质文化遗产名录传统技艺类，项目编号Ⅷ-63。2009年6月，叶启桐入选为第三批国家级非物质文化遗产项目代表性传承人，福建省武夷山市申报。叶启桐出身于茶叶世家，一家人都与茶叶有着颇深的渊源关系。20世纪60年代初从农校毕业，叶启桐就来到武夷山学习种茶、制茶，几十年来，在种植、管理、采摘、制作、鉴评、包装、储存、销售等各个程序及工艺，他都亲力亲为，

积累了丰富的经验。尤其在继承传统技艺方面，他做了大量的工作，成为武夷岩茶制作技艺传承的代表性人物。2008年，叶启桐主编的中国名茶丛书《名山灵芽——武夷岩茶》由中国农业出版社出版。曾主持制作了两次武夷岩茶国家标准样品（2004、2006），可谓是武夷岩茶界元老级人物之一。叶启桐计划搞一个实践基地，带一些人，办一个传习所，将传统的技艺传下去，目前其传人有季素英。

Ⅷ-138 水密隔舱福船制造技艺

陈芳财

（编号：03-1403），男，汉族，1948年生，福建省晋江市深沪镇人。2008年6月，水密隔舱福船制造技艺被列入第二批国家级非物质文化遗产名录传统技艺类，项目编号Ⅷ-138。2009年6月，陈芳财入选为第三批国家级非物质文化遗产项目代表性传承人，福建省晋江市申报。陈芳财14岁起跟随船师学习造船技艺，三年后出师从事造船工作，至今先后造木船五百多艘。他的代表作有按1∶1比例还原的"南海一号"仿古宋船和仿明代无动力帆船"太平公主"号。其中"太平公主"号完全靠风力成功地横渡太平洋。为传承技艺，陈芳财广收徒弟并制作了一批船模在博物馆展出，包括清代航行台湾的商船"大北船"，渔民讨海用的牵缯船、舢板船，以及一艘名为"阿米隆"的外国船。

Ⅷ-150 乌龙茶制作技艺（铁观音制作技艺）

魏月德

（编号：03-1420），男，汉族，1964年7月生，福建省安溪县西坪镇松岩村人。2008年6月，乌龙茶制作技艺（铁观音制作技艺）被列入第二

批国家级非物质文化遗产名录传统技艺类，项目编号Ⅶ-150。2009年6月，魏月德入选为第三批国家级非物质文化遗产项目代表性传承人，福建省安溪县申报。魏月德为铁观音始祖魏荫第九代孙，自小由父辈传授茶作技艺，14岁开始开山种茶，习得制茶技艺。摇香、焙韵是其绝活儿，他的茶叶烘焙技术被汕头茶叶进出口公司称为"神火"。魏月德打造的魏荫名茶已成为一家集产、制、销为一体的大型专业茶叶企业，魏荫名茶"魏荫牌"2006年和2008年两年获福建省著名商标，同时，在中国茶叶界泰斗张天福的指导下开创出空调恒温制茶；2003年，他开发铁观音基地，加工制作传统手工铁观音茶，同时承担《铁观音品种提纯与优质综合科技推广示范》课题的实施，创造铁观音发源地的一系列规划，保护铁观音发源地，使正统铁观音母树世代传承。并建设"铁观音文化园"，集茶品种观赏、茶文化展示和茶产品展销于一体。

王文礼

（编号：03-1421），男，汉族，1970年7月生，福建省泉州市安溪县西坪镇人。2008年6月，乌龙茶制作技艺（铁观音制作技艺）被列入第二批国家级非物质文化遗产名录传统技艺类，项目编号Ⅶ-150。2009年6月，王文礼入选为第三批国家级非物质文化遗产项目代表性传承人，福建省安溪县申报。王文礼出身于安溪铁观音世家，是铁观音发现者王士让的第十三代传人，从小就跟父母参与茶叶的采摘、制作。1992年大学毕业后毅然弃文从商，经营茶叶，创办了八马茶叶。王文礼把茶叶的种植、粗制和精制称为茶叶生产的三个车间，全部用标准化来控制，同时实现产品和价格的标准化，改变了落后的茶叶种植、制作以及营销状态。"八马"商标也荣膺"中国驰名商标"（国家工商总局认定）、"中国名牌农产品"。

Ⅷ-172 聚春园佛跳墙制作技艺

罗世伟

（编号：03-1432），男，汉族，1948年生，福建省福州市人。2008年6月，聚春园佛跳墙制作技艺被列入第二批国家级非物质文化遗产名录传统技艺类，项目编号Ⅶ-172。2009年6月，罗世伟入选为第三批国家级非物质文化遗产项目代表性传承人，福建省福州市申报。罗世伟于1980年进入聚春园工作，先后师从姚宽余、强木根等闽菜名厨，学习佛跳墙制作技艺，练就了"剞纹如荔、片薄如纸、切丝如发"的绝招，成为福州聚春园佛跳墙制作技艺第七代传人。在佛跳墙制作上，他集思广益，多次带领厨师在其选料和煨制上创新，并学习西方烹调用料精细、用量准确、崇尚节约的经验，出台了《佛跳墙量化标准》，第一次将佛跳墙用料标准量化，有效控制了制作成本，提高了质量，使革新后的佛跳墙闻之荤香浓郁，食之清淡精细，更加适合现代都市人的口味。同时他也将精力放在了培养新一代闽菜厨师身上。

Ⅷ-175 木拱桥传统营造技艺

郑多金

（编号：03-1435），男，汉族，1927年生，福建省寿宁县坑底乡东山楼村人。2008年6月，木拱桥传统营造技艺被列入第二批国家级非物质文化遗产名录传统技艺类，项目编号Ⅶ-175。2009年6月，郑多金入选为第三批国家级非物质文化遗产项目代表性传承人，福建省寿宁县申报。郑多金出身于木匠世家，其父郑惠福拜同村祖传修建木拱廊桥的匠师徐泽长为师，由此掌握了廊桥建造技术。郑多金19岁即随父亲四处奔走，协助修建了11座木拱廊桥，足迹遍布闽浙边界各地。在父亲言传身教下，郑多金逐渐学有所成。1967 年，他主持建造了自己的第一座木拱廊桥——寿宁县下党乡的杨溪头大桥，2006 年主持寿宁县两座古廊桥的搬迁再建。目前，他已组织了郑多雄、吴增余、吴元明、杨金寿等人学习造桥技术，让这门手艺流传下去。

Ⅷ-179 闽南传统民居营造技艺

王世猛

（编号：03-1436），男，汉族，1947 年生，福建省惠安县溪底村人。2008 年 6 月，闽南传统民居营造技艺被列入第二批国家级非物质文化遗产名录传统技艺类，项目编号Ⅷ-179。2009 年 6 月，王世猛入选为第三批国家级非物质文化遗产项目代表性传承人，福建省惠安县申报。王世猛生于木匠世家，1963 年开始随父亲在泉州木器厂当学徒学习小木，后在漳州随溪底派王为尧、刘胜法学习大木。王世猛参与过惠安科山寺的圆通宝殿和大雄宝殿、同安梅山寺、台南慈济宫牌楼、台北市关渡宫、台湾桃园浦心福隆宫、延平郡王府等大型建筑的设计、施工，拿过各种奖项。他承袭研究的主要是"蜘蛛结网"营造技巧，这种结构外形美观、闽南味浓。除王世猛外，古建大木技艺传人还有王为尧的儿子王江林、徒弟叶本营等人，均为佼佼者。

江西

Ⅷ-7 景德镇手工制瓷技艺

陈圣发

（编号：03-1304），男，汉族，1930 年 9 月生，江西省景德镇人。2006 年 5 月，景德镇手工制瓷技艺被列入第一批国家级非物质文化遗产名录传统技艺类，项目编号Ⅷ-7。2009 年 6 月，陈圣发入选为第三批国家级非物质文化遗产项目代表性传承人，江西省景德镇市申报。陈圣发 11 岁时以学徒的身份跟随师傅学习圆器利坯技艺，16 岁开始独立在私人作坊里工作。1952 年，陈圣发到私营老板联营性质的永和瓷厂工作，1954 年进入公私合营性质的第九瓷厂（1957 年合并为红旗瓷厂），直至 1979 年退休。2001 年 9 月，陈圣发进入该博览区表演圆器利坯技艺至今。陈圣发依靠多年积累下来的经验和手感，练就了精湛的手工圆器利坯技艺，他制作出来的圆器厚薄均匀、里外一致。陈圣发在红旗瓷厂时收有孙正文和陈茂明两位学徒，但后来二人没有从事陶瓷工作，目前陈圣发的技艺未得到传承。

王炎生

（编号：03-1305），男，汉族，1936 年 9 月生，江西省都昌县人。2006 年 5 月，景德镇手工制瓷技艺被列入第一批国家级非物质文化遗产名录传统技艺类，项目编号Ⅷ-7。2009 年 6 月，王炎生入选为第三批国家级非物质文化遗产项目代表性传承人，江西省景德镇市申报。王炎生祖上世代拉坯，到他已经是第五代传人了。王炎生从 11 岁起，得到父亲家传，开始学习拉坯手艺。新中国成立后，王炎生先后进入新华瓷厂、建国瓷厂做拉坯工人。王炎生擅长制作碗、盘、壶等圆器类的坯，在不断的追求和创新中，也尝试着突破圆器做坯的单一品种模式，创造出新的器皿形态来。他的拿手绝活儿是拉葫芦瓶，所做葫芦瓶的最高纪录可以达到十五节，是景德镇唯一拥有此项技艺的人。目前，王炎生将他的拉坯技艺传给了自己的孙子。其他继承其技艺的人还有江包皮和危用之。

曹开永

（编号：03-1306），男，汉族，1939 年生，

江西省都昌县西源乡塘里村人。2006 年 5 月，景德镇手工制瓷技艺被列入第一批国家级非物质文化遗产名录传统技艺类，项目编号Ⅷ -7。2009 年 6 月，曹开永入选为第三批国家级非物质文化遗产项目代表性传承人，江西省景德镇市申报。曹开永的父亲、哥哥都从事制作陶瓷的工作。曹开永 14 岁时跟着叔叔学艺。直到 1955 年 2 月，曹开永才开始跟着师父高金钱学剐坯手艺，其拿手绝技是剐坯一次成功，碗底可到"透光"的程度，曾经剐过的最大一只碗是满尺见方的"水鼎碗"。直到目前为止，曹开永未收徒。

Ⅷ -29 景德镇传统瓷窑作坊营造技艺

余云山

（编号：03-1313），男，汉族，1941 年生，江西省都昌县人。2006 年 5 月，景德镇传统瓷窑作坊营造技艺被列入第一批国家级非物质文化遗产名录传统技艺类，项目编号Ⅷ -29。2009 年 6 月，余云山入选为第三批国家级非物质文化遗产项目代表性传承人，江西省申报。近百年来，景德镇挛窑行业一直被都昌籍余姓人垄断，挛窑技艺历代相传，严格遵循"传男不传女，传里不传外"的规矩，余云山是家族的第四代传人。1958 年，余云山开始学艺，三年后出师。余云山从事挛窑工作近五十年，兴建修复的各类窑炉超过四百座，遍布唐山、张家港、淄博等地。他技艺高超，做窑的模型和尺子都在脑海中，做起来不需要测量。自 2009 年开始，景德镇古窑民俗博览区要修复重建清、明、元、宋四代古窑，还原千年瓷都的古窑风貌，本已退休的余云山重新挑起挛窑的重担。目前，余云山的儿子余祖兴是挛窑技艺的第五代传人，也是他挛窑手艺的唯一继承人。

Ⅷ -86 烟火爆竹制作技艺（万载花炮制作技艺）

张巍岱

（编号 03-1344），男，汉族，江西省万载县潭埠镇芳林村人。2008 年 6 月，烟火爆竹制作技艺（万载花炮制作技艺）被列入第一批国家级非物质文化遗产扩展项目名录传统技艺类，项目编号Ⅷ -86。2009 年 6 月，张巍岱入选为第三批国家级非物质文化遗产项目代表性传承人，江西省万载县申报。1964 年张巍岱在其父亲等人的指导下，开始学习花炮生产技术。1979 年，进入村花炮企业，在父亲及其他老师傅的传授下全面系统地学习了传统花炮生产技艺，并熟练掌握了花炮制作主要技术。1998 年，张巍岱自办南天烟花爆竹制作有限公司，并热心于花炮制作技艺的传承保护工作。

Ⅷ -102 夏布织造技艺

宋树牙

（编号：03-1361），男，汉族，1946 年生，江西省万载县马步乡黄村人。2008 年 6 月，夏布织造技艺被列入第二批国家级非物质文化遗产名录传统技艺类，项目编号Ⅷ -102。2009 年 6 月，宋树牙入选为第三批国家级非物质文化遗产项目代表性传承人，江西省万载县申报。宋树牙 20 岁开始学习夏布织造技艺。2000 年，兴办了万载双志夏布厂。他们生产的夏布曾是上海世博会江西馆的展品。宋树牙的两个儿子和孙子目前都在他的夏布厂工作。

山东

Ⅷ-88 风筝制作技艺（潍坊风筝）

韩福龄

（编号：03-1345），男，汉族，1934 年 9 月生，山东省潍坊市奎文区人。2008 年 6 月，风筝制作技艺（潍坊风筝）被列入第一批国家级非物质文化遗产扩展项目名录传统技艺类，项目编号Ⅷ-88。2009 年 6 月，韩福龄入选为第三批国家级非物质文化遗产项目代表性传承人，山东省潍坊市申报。韩福龄自幼得到风筝老艺人胡景珠的传授，习得一手扎风筝的绝活儿。其所扎的风筝造型优美、色彩鲜明、起飞平稳、富有浓重的乡土生活气息。在历届风筝会中，多次获得最高奖，荣获历届潍坊市"风筝明星"，并多次到国内外交流，介绍潍坊风筝。韩福龄钟情于传统风筝，但又不拘泥于传统，研制成功了不需悬挂任何飘带类平衡物的硬翅足球风筝、紫荆花风筝和创新型飞机风筝。2011 年，荣获山东省传统技艺大师等称号。代表作《软翅红金鱼风筝》，1990 年 6 月在意大利国际风筝节荣获该赛事承办以来的最高奖"金风筝奖"。龙头蜈蚣风筝被风筝界称为"韩派蜈蚣"。1985 年，潍坊市的蒯建民拜其为师，学习风筝技艺，后多次在国际上获奖。其弟子还包括潍坊的李进浩、江西的陈金银和南宁的张洁镇等。

Ⅷ-103 鲁锦织造技艺

赵芳云

（编号：03-1363），女，汉族，1944 年 7 月生，山东省嘉祥县仲山乡高庄村人。2008 年 6 月，鲁锦织造技艺被列入第二批国家级非物质文化遗产名录传统技艺类，项目编号Ⅷ-103。2009 年 6 月，赵芳云入选为第三批国家级非物质文化遗产项目代表性传承人，山东省嘉祥县申报。1947 年，赵芳云跟随母亲赵杜氏学习鲁锦织造的整套工艺，也是目前鲁锦织造技艺唯一传承人。几乎会织当地流传的所有图案，色彩搭配也有独创之处，她设计的图案或色彩绚丽、如霞似锦，或典雅大方、淳朴厚重，工艺十分复杂，有"迷魂阵"、"喜字锦"、"孔雀开屏"等数百种纹样，还能将汉字织进鲁锦，使鲁锦制品具有浓厚的文化韵味，从色彩、图案、内涵等方面给人以审美愉悦。赵芳云已将自己的织锦技艺传授给了自己的女儿高雪芹、高爱秋和儿媳李爱英，同时也指导村里的其他妇女织锦。

Ⅷ-116 黄金溜槽堆石砌灶冶炼技艺

王金勇

（编号：03-1374），男，汉族，1960 年生，山东省招远市阜山镇九曲蒋家村人。2008 年 6 月，黄金溜槽堆石砌灶冶炼技艺被列入第二批国家级非物质文化遗产名录传统技艺类，项目编号Ⅷ-116。2009 年 6 月，王金勇入选为第三批国家级非物质文化遗产项目代表性传承人，山东省招远市申报。1978 年，王金勇随父亲王登殿学习黄金溜槽堆石砌灶冶炼技艺，是该项技艺的第七代传人。王金勇依靠熟练的传统技艺，长期的实践经验，在找矿、选矿、破矿、磨矿、拉流、清流、冶炼等方面不断进行研究，尤其是在选矿回收率的提升方面有独特创造。王金勇主持的从浮选尾矿中综合回收有价元素的工艺研究，利用金、银、硫等有价矿物与脉石矿物在粒度和比重上的差异，用水力分级对于金、银、硫等有价元素进行富集，再对富集后粒度不均的金、银等有价矿物进行磨矿，用浮选法进行富集和选别，实现从尾矿中综合回收金、银、硫等有价元素。这一技术经烟台科技局专家鉴定确定，已达到国内领先水平，获烟台市科技成果奖。

河南

Ⅷ-93 钧瓷烧制技艺

杨志

（编号：03-1350），又名杨金志，男，汉族，1947年生，河南省禹州市神后镇人。2006年5月，钧瓷烧制技艺被列入第一批国家级非物质文化遗产名录传统技艺类，项目编号Ⅷ-93。2009年6月，杨志入选为第三批国家级非物质文化遗产项目代表性传承人，河南省禹州市申报。1961年，杨志进入禹县钧瓷一厂工作，拜钧瓷老艺人卢光东为师，先后任成型工、模型工、陶瓷设计。杨志擅长传统的钧瓷手拉坯成型工艺，其作品的造型直观明快、宁简勿繁，最大限度地彰显了钧瓷釉色丰富、窑变奇特的特点，创制独特的窑变釉色风格和施釉方法，使其作品窑变成色别具一格，彰显釉之华美。代表作品"象鼻尊"荣获轻工业部中国工艺美术百花奖优秀创作奖、设计二等奖；"三足炉"获首届"中国瓷都·景德镇杯"国际陶瓷节创作精品奖；"吉祥尊"被中国国家博物馆永久收藏。创立河南省禹州市杨志钧窑有限公司，从事钧瓷生产、收集和培养人才等工作，2011年11月，该公司被文化部命名为"第一批国家级非物质文化遗产生产性保护示范基地"。钧瓷传承有社区传承、家族铲车和师徒传承三种方式。目前杨志已传承艺徒二十余人，已有五人成为河南省工艺美术大师和高级工艺师。

Ⅷ-94 唐三彩烧制技艺

高水旺

（编号：03-1351），男，汉族，1958年生，河南省孟津县朝阳镇南石山村人。2006年5月，唐三彩烧制技艺被列入第一批国家级非物质文化遗产名录传统技艺类，项目编号Ⅷ-94。2009年6月，高水旺入选为第三批国家级非物质文化遗产项目代表性传承人，河南省洛阳市申报。高水旺1975年开始学习制作唐三彩。1984年，到洛阳工艺美术研究所工作，幸运地得到雕塑大师张迎春的栽培，技艺大长。1987年，高水旺开始自己的制作生涯，研究唐三彩的"高仿"技艺，不断调整唐代釉的成分及唐代窑的火候，渐渐逼近成功。其"高仿"作品可以乱真，是当今仿制唐三彩的大师级人物。代表作品"唐三彩女俑"荣获首届中国民间艺术博览会金奖；"八人驼"荣获首届中国文物仿制品暨民间工艺品展金奖；"黑勾头马"荣获中国旅游交易博览会金奖等。由于唐三彩烧制工艺复杂，经过20世纪80年代和90年代的浮躁之后，真正能潜心学习的人并不多，高水旺收有几个年轻徒弟，但已有人改行。

Ⅷ-173 真不同洛阳水席制作技艺

姚炎立

（编号：03-1433），男，汉族，1949年8月生，河南省巩义市人。2008年6月，真不同洛阳水席制作技艺被列入第二批国家级非物质文化遗产名录传统技艺类，项目编号Ⅷ-173。2009年6月，姚炎立入选为第三批国家级非物质文化遗产项目代表性传承人，河南省洛阳市申报。姚炎立出身于厨师世家，1964年进入洛阳大利饭庄当学徒，1997年他成为洛阳酒家有限责任公司董事长、总经理，同年经政府撮合，以洛阳水席闻名的老字号"真不同"饭店并入洛阳酒家。通过去杂食材、贯彻标准、调整口味、创新宫廷水席和武皇水席等措施，真不同洛阳水席起死回生并迎来辉煌。此外，姚炎立还出版了《洛阳水席渊源》、《真不同》等书，推广水席文化，促进水席传承。

湖南

Ⅷ-24 蓝印花布印染技艺

刘大炮

（编号：03-1312），原名刘贡鑫，男，汉族，1936年生，湖南省凤凰县人。2008年6月，蓝印花布印染技艺被列入第一批国家级非物质文化遗产扩展项目名录传统技艺类，项目编号Ⅷ-24。2009年6月，刘大炮入选为第三批国家级非物质文化遗产项目代表性传承人，湖南省凤凰县申报。刘大炮祖上五代都是县城里有名的染布匠。刘大炮12岁进染坊学习染布技艺，16岁即成为祖业的掌门人。1957年，刘家经营了一百多年的老染匠铺并入了合作社，刘大炮被迫放弃了祖传的印染手艺。从1982年开始，刘大炮走遍周边四省市，搜集印花布图案。时至今日，他收集的传统图案已达三百多种，居全国同行之首。刘大炮对染料的调配已达随心所欲的极致境界，他不用试染，直接将手伸进染缸，看看从掌上滴下的水珠颜色便能判断是否符合要求。他的作品材质纯朴、色彩鲜明，图案对称和谐完美，线条细腻层次分明，经典与优雅共存，装饰效果十分丰富，加工工艺老道，表现技巧精深。其作品图案内容大多取材于民间传说或吉祥纹样，擅用象征、比喻、谐音等手段，尽显中华民族厚重的文化积淀和淳朴的自然之美。刘大炮对每一位向他学习这门手艺的人都悉心教授，使得这一传统手工技艺得以复兴。

Ⅷ-40 苗族银饰锻制技艺

龙米谷

（编号：03-1316），男，苗族，1948年生，湖南省凤凰县山江镇人。2006年5月，苗族银饰锻制技艺被列入第一批国家级非物质文化遗产名录传统技艺类，项目编号Ⅷ-40。2009年6月，龙米谷入选为第三批国家级非物质文化遗产项目代表性传承人，湖南省凤凰县申报。龙米谷的祖父龙桂林和父亲龙文道都是当地有名的银匠，他子承父业，成为山江苗族银饰龙家派的第三代传人。龙米谷12岁便跟随父亲学艺，学习了定型、压模、制图、拉丝、焊接、洗刷、装饰等一系列银饰制作工艺。20世纪六七十年代，龙米谷被迫放弃錾银，成为一个砖瓦匠。随着改革开放，龙米谷得以重拾錾刀，并不断进行着造型创新，孜孜以求地探寻着苗族银饰融入当代时尚的途径。龙米谷锻制的银饰，以雕花见长，且能打破传统的做法，颇多创新之作，"乾隆帽"、"接龙帽"正是不断追求造型创新的完美结晶。目前，龙米谷技艺的传人为其儿子龙炳周。

麻茂庭

（编号：03-1317），男，苗族，1953年生，湖南凤凰县山江镇黄茅坪村人。2006年5月，苗族银饰锻制技艺被列入第一批国家级非物质文化遗产名录传统技艺类，项目编号Ⅷ-40。2009年6月，麻茂庭入选为第三批国家级非物质文化遗产项目代表性传承人，湖南省凤凰县申报。麻茂庭出身于银匠世家，是家族技艺的第五代传人。自1977年开始，他跟随父亲正式学习银饰制作技艺，两年后出师。四十年来麻茂庭一直坚持不懈地运用传统的手工制作，30多道工序在他手里游刃有余，运用起来得心应手。经麻茂庭制作出来的饰品造型美观，纹理清晰，设计巧妙，做工精细，深受苗族同胞的喜爱。麻茂庭的代表作有"接龙帽"、"苏珊"、"凤冠"、"大花练"等。他所制作的产品销往湘、鄂、渝、黔四省市边区以及北京、上海、广州、香港和日本、美国等。多年来，麻茂庭将自己的手艺毫无保留地传授给徒弟，目前已培养了十余人。但由于银饰利润微薄，大部分徒弟已经转行，麻茂庭技艺的传承状况不甚乐观。

Ⅷ-86 浏阳花炮制作技艺

钟自奇

（编号：03-1342），男，汉族，1956年12月生，湖南省浏阳市人。2006年5月，浏阳花炮制作技艺被列入第一批国家级非物质文化遗产名录传统技艺类，项目编号Ⅷ-86。2009年6月，钟自奇入选为第三批国家级非物质文化遗产项目代表性传承人，湖南省浏阳市申报。1984年，钟自奇入浏阳市磨盘花炮厂工作，现任东信烟花集团有限公司董事长。在吸收传统花炮文化精华的基础上，创新开发出一系列新产品和新技术，获多项专利和各类各级奖项。极大地促进了整个花炮行业的发展和花炮文化的广泛传播，被人称为"浏阳花炮之子"。自主开发的GX2006-A型音乐焰火燃放控制系统已达到世界领先水平。在2008年奥运会、2009年国庆60周年、2010年上海世博会以及广州亚运会等国内外重大庆典活动中，参与焰火燃放的东信公司都使用了计算机程控点火系统。

Ⅷ-95 醴陵釉下五彩瓷烧制技艺

邓文科

（编号：03-1352），自号清风楼主人，男，汉族，1930年生，湖南省醴陵市人。2008年6月，醴陵釉下五彩瓷烧制技艺被列入第二批国家级非物质文化遗产名录传统技艺类，项目编号Ⅷ-95。2009年6月，邓文科入选为第三批国家级非物质文化遗产项目代表性传承人，湖南省醴陵市申报。1944年，邓文科跟随著名釉下彩绘名家吴寿祺先生学习釉下彩绘。在五十余年的研究中，创作、绘制了大量的釉下五彩瓷精品。他既重视传统，又不受传统和成法的约束而能射放出时代的华彩。在多年实践生涯中，将醴陵釉下五彩瓷的理论技术整理成书《醴陵釉下彩瓷》，以及与邓白教授合编的《醴陵窑》，以及《邓文科陶瓷书画作品集》等。釉下五彩瓷代表作品："瓷雕宫灯"被专家们评为国家珍品；"观沧海"挂盘被全国人大选为国礼馈赠外国首脑。1955年至1988年的三十多年中，邓文科一直在陶瓷美术训练班和培训班主讲，为湖南陶瓷美术培养了许多人才。

Ⅷ-104 侗锦织造技艺

粟田梅

（编号：03-1364），女，侗族，1964年8月生，湖南省通道县牙屯堡镇枫香村人。2008年6月，侗锦织造技艺被列入第二批国家级非物质文化遗产名录传统技艺类，项目编号Ⅷ-104。2009年6月，粟田梅入选为第三批国家级非物质文化遗产项目代表性传承人，湖南省通道侗族自治县申报。她从小受到母亲粟培仙的熏陶及本团寨老人的指导，12岁便掌握纺丝技巧，15岁就能独立完成整经、穿综、埋色、补色和挑、勾纬纱等一系列编织工序和技术，16岁便掌握了"八十八纱"的要诀。她织造的侗锦纹理清晰、图案平整、工艺精湛。2008年，在当地政府部门的支持下，粟田梅创办了"通道雄关侗锦坊"，开始批量织造侗锦。2009年，粟田梅先后参加了第二届中国成都国际非遗节、第十五届中国国际家用纺织品及辅料博览会、第四届韩国首尔国际纺织品博览会等，深受国内国际客商、专家、学者的青睐。多年来，粟田梅开办的侗锦织造培训班先后招录了百余名学员，其女龙影，和同村杨红莲、龙虽机等人是其传人。

广东

Ⅷ-45 家具制作技艺（广式硬木家具制作技艺）

杨虾

（编号：03-1320），男，汉族，1937年生，广东省广东人。2008年6月，家具制作技艺（广式硬木家具制作技艺）被列入第一批国家级非物质文化遗产扩展项目名录传统技艺类，项目编号Ⅷ-45。2009年6月，杨虾入选为第三批国家级非物质文化遗产项目代表性传承人，广东省广州市申报。杨虾祖辈四代都是做红木家具的，他12岁便跟随父亲学习做广式红木家私。1958年，杨虾进入广州木雕家具工艺厂工作。多年来，杨虾负责广式红木家具设计和技术改造工作，并为广式红木家具，编写出一套生产工序等级技术和等级技术环节质量标准的工艺管理标准手册，为广式红木家具新产品设计和技术改造作了不少贡献。杨虾设计的红木家具的最大特点是在既保持广式家具风格的基础上，不断创新设计出适合现代社会需求的广式红木家具。所设计的家具能保持传统的榫卯结构（不使用螺丝钉），结构牢固耐用，并根据现代社会需求，结合人体工程学，改变传统正襟危坐的高座直背式，修改成现代沙发的矮座弯背式，增加了舒适感。他参与创作的代表作品有"九龙沙发"十件套、"酸枝木大理石大宝薰沙发"（"仿古宝薰床"）十件套、"龙狮燕会十三头餐台"等，并获多项大奖。杨虾的技艺目前未得到传承。

Ⅷ-96 枫溪瓷烧制技艺

王龙才

（编号：03-1353），男，汉族，1932年2月生，广东省潮州市枫溪区人。2008年6月，枫溪瓷烧制技艺被列入第二批国家级非物质文化遗产名录传统技艺类，项目编号Ⅷ-96。2009年6月，王龙才入选为第三批国家级非物质文化遗产项目代表性传承人，广东省潮州市申报。王龙才先辈几代以捏瓷为生，他自幼耳濡目染，少年时便能捏出一手人物像。1945年，进入瓷坊当学徒，从事陶瓷美术创用。他擅长通花、瓷花，通花瓶晶莹剔透，瓷花瓶娟丽秀美，有"掷地不破，落水不沉"之绝技，并在传统的基础上加以发挥、创新，在国内外展出中受到高度评价。代表作品："春色瓷雕大花篮"陈列于首都北京人民大会堂广东厅；"白玉通花瓶"，作为"枫溪堆塑系列通花瓶"领衔代表作，参加保加利亚第六届普罗迪夫国际博览会荣获金奖。白玉、玉佩通花瓶还分别获全国陶瓷美术设计一、二等奖；琼囊通花瓶集枫溪瓷塑仕女、通花和瓷花三大技艺精华于一身，看成潮州瓷艺的精粹之作。王龙才曾带过几十个徒弟，其中有的成了省级工艺师；目前也仍有跟他学艺七八年的徒弟在他身边从事创作，但整体传承状况堪忧。

Ⅷ-97 广彩瓷烧制技艺

余培锡

（编号：03-1354），又名余培，男，汉族，1929年生，2012年3月卒，广东省台山人。2008年6月，广彩瓷烧制技艺被列入第二批国家级非物质文化遗产名录传统技艺类，项目编号Ⅷ-97。2009年6月，余培锡入选为第三批国家级非物质文化遗产项目代表性传承人，广东省广州市申报。1945年9月至1947年9月，余培锡师从舅舅司徒美在工厂学艺。他不断挖掘传统花式，并吸收各种中外艺术精华和现代生活题材，以其擅长的工笔图案、"兽口"（动物）、"瓣口"（花卉），创作设计新花色150多件。特别是他长于广彩的"色上色"、"长行人物"等绝活儿，迄今已独创六百多件（套）新花式。他的许多作品被博物馆珍藏，其"广彩开窗人物·直筒瓶"、"广彩龙凤纹·连座瓶"等5件作品被广东省博物馆珍藏，"绘九龙图碟"、"绘凤花卉纹碗"等24件精品被广东民间工艺博物馆收藏。代表作品有"韩信点兵瓶"、"红楼梦瓶"；"穆桂英挂帅·广彩螭耳瓶"被收入《中国现代美术全集》等。六十多年来，余培锡尽心授徒，已带出500多名徒弟。其中不少成了广彩名家，陈文敏为其中的佼佼者。

Ⅷ-107 香云纱染整技艺

梁珠

（编号：03-1366），男，汉族，1935年1月生，广东省顺德市伦教镇新民人。2008年6月，香云纱染整技艺被列入第二批国家级非物质文化遗产名录传统技艺类，项目编号Ⅷ-107。2009年6月，梁珠入选为第三批国家级非物质文化遗产项目代表性传承人，广东省佛山市顺德区申报。梁珠16岁即掌握了香云纱制作的生产流程及全套染整技艺，是目前少有的精于香云纱工艺的晒莨老师傅。梁珠不仅坚持使用传统的坯绸、坯纱，采用传统的染整技艺，还积极尝试使用印花丝绸和棉麻制品等现代面料做坯料，用水洗、磨砂等现代工艺进行香云纱制作的后期处理。20世纪80年代梁珠创办新民晒莨厂，现为成艺晒莨厂。厂里除了梁珠外，还有3位晒莨师傅。（1）陈伟明，1963年7月生，伦教人，在晒莨厂学艺二十多年，是该厂技术骨干，现负责全厂的晒莨工艺。（2）黄有胜，现年49岁，伦教人，文化程度为初中，是该厂师傅，即技

术员。（3）吴锡华，现年44岁，伦教人，文化程度为初中，学艺多年，现在该厂当师傅。

Ⅷ-139 龙舟制作技艺

冯怀女

（编号：03-1404），男，汉族，1931年生，广东省东莞市中堂镇人。2008年6月，龙舟制作技艺被列入第二批国家级非物质文化遗产名录传统技艺类，项目编号Ⅷ-139。2009年6月，冯怀女入选为第三批国家级非物质文化遗产项目代表性传承人，广东省东莞市申报。冯怀女出身于造船世家，从其祖父辈开始造船，其父是制造龙舟的大师。冯怀女14岁起开始跟父亲学制作龙舟，他制作的龙舟尺寸准确，用料上乘，船形流畅，行舟阻力少。58岁时，他成立了"冯怀女船厂"，后更名为"冯氏船厂"。现由其儿子，也是其传人冯沛潮管理。除冯沛潮外，冯怀女的女婿和两个孙子也懂得龙舟制作。该项技艺在广东省的传承人还有广东省龙舟制作技艺传承人、龙舟制作大师霍灼兴（1961年生，男，汉族）。

广西

Ⅷ-98 陶器烧制技艺（钦州坭兴陶烧制技艺）

李人帡

（编号：03-1355），男，汉族，1946年生，广西钦州人。2008年6月，陶器烧制技艺（钦州坭兴陶烧制技艺）被列入第二批国家级非物质文化遗产名录传统技艺类，项目编号Ⅷ-98。2009年6月，李人帡入选为第三批国家级非物质文化遗产项目代表性传承人，广西壮族自治区钦州市申报。李人帡从小爱好绘画，中学时

开始受正规素描基础训练，并向著名的年画大师邓敦伟学画人物和动物。从艺40多年来，创作设计新产品350余件（套），获国家级一、二等奖作品三十余件（套），创作的部分精品收藏于俄罗斯国家博物馆、中国工艺美术馆、中国历史博物馆以及俄罗斯、澳大利亚等十多个国家博物馆馆藏。代表作品有"高鼓花樽"、"龙纹君子钟"、"四神"、"巡天壁挂"、"陶牛角"、"古香茶具"等，发表专业论文有《艺术、功能与工艺相结合》、《坭兴陶造型设计初探》、《坭兴陶茶具》等20多篇。目前，李人帡已不再从事一线的技术工艺，而把主要精力放到了指导坭兴陶的发展上来，配合政府做好坭兴陶的发展工作。

海南

Ⅷ-19 黎族传统纺染织绣技艺

刘香兰

（编号：03-1309），女，黎族，1969年3月生，海南省五指山市通什镇番茅村人。2006年5月，黎族传统纺染织绣技艺被列入第一批国家级非物质文化遗产名录传统技艺类，项目编号Ⅷ-19。2009年6月，刘香兰入选为第三批国家级非物质文化遗产项目代表性传承人，海南省五指山市申报。刘香兰13岁向母亲学习织锦，15岁独立开始织锦。2004年以来，刘香兰在全省多项黎族织锦比赛上荣获一等奖，许多精美的黎锦图案深深地印在她的脑海中，她编织的黎锦畅销国内外。2007年，刘香兰创办了"黎族传统纺染织绣技艺传习所"，将黎锦织造技艺传授给当地的黎族妇女。2009年起，刘香兰被聘请为海南省民族技工学校黎族织锦技艺专业教师。目前，刘香兰已将黎锦织品推向了海外。

Ⅷ-84 黎族树皮布制作技艺

黄运英

（编号：03-1341），男，黎族，1946年生，海南省保亭黎族苗族自治县人。2006年5月，黎族树皮布制作技艺被列入第一批国家级非物质文化遗产名录传统技艺类，项目编号Ⅷ-84。2009年6月，黄运英入选为第三批国家级非物质文化遗产项目代表性传承人，海南省保亭黎族苗族自治县申报。黄运英自幼跟祖父学习制作树皮布，是海南制作树皮布技艺最高超的人之一，掌握着树皮布制作的整个过程。黎族地区可以用于加工树皮布的树有很多种，如见血封喉树、厚皮树、黄久树、构树（构树古代称榖树，学名楮树）等。但是见血封喉树加工出来的树皮布品质最好。由于见血封喉树有剧毒，一般人避之唯恐不及，但是制作树皮布的黄运英老人掌握着解毒的祖传秘方，故此敢于用见血封喉树皮制作布料。在黄运英的后代中，已经没有人学习这种技艺了。但是当地的文化部门已经将制作过程进行了录制，也安排人员学习这种技艺，以期传承这项传统技艺。

重庆

Ⅷ-81 制扇技艺（荣昌折扇）

陈子福

（编号：03-1339），男，汉族，1948年12月生，重庆市荣昌县人。2008年6月，制扇技艺（荣昌折扇）被列入第一批国家级非物质文化遗产扩展项目名录传统技艺类，项目编号Ⅷ-81。2009年6月，陈子福入选为第三批国家级非物质文化遗产项目代表性传承人，重庆市荣昌县申报。陈子福出身于折扇世家，自小跟随父亲学习制扇基础技能，进折扇厂前就掌握了制扇基础技能。1962年，进折扇厂拜胡吉山为师，学习白叶扇扇面制作，其间向名师刘汉青学习扇骨漆雕技艺，也向蔡俊良师傅学习扇骨造型技艺。1992年陈子福创办荣昌县松竹轩扇庄，开始独立研究和制作荣昌折扇，以至能在折扇界独树一帜，享有盛名。陈子福主要精于传统折扇和艺术扇的制作，侧重于装饰性和收藏性。他擅长扇骨雕刻、扇骨烫花、扇骨造型、穿叶扇面及扇面绘画，用夏布制作扇面，显得典雅古朴，别具风格。1997年陈子福研发出夏布折扇和夏布折扇绘画，填补了中国折扇制作中的一项历史空白。陈子福现在带有两个徒弟。

Ⅷ-102 夏布织造技艺

颜坤吉

（编号：03-1362），男，汉族，1930年1月生，重庆市荣昌县石田乡汪家山人。2008年6月，夏布织造技艺被列入第二批国家级非物质文化遗产名录传统技艺类，项目编号Ⅷ-102。2009年6月，颜坤吉入选为第三批国家级非物质文化遗产项目代表性传承人，重庆市荣昌县申报。颜坤吉的夏布编织技艺系家传，师承其父颜前木。颜坤吉8岁开始挽麻芋子，12岁开始织布，15岁就自编自卖了。颜坤吉的夏布编织技艺十分精湛，即便在制作过程中出现局部损坏，他照样能修复得不露痕迹。颜坤吉还对夏布神歌特别爱好，通过传唱"夏布神歌"，希望夏布技艺的历史背景和其蕴含的文化含义能够被了解和传承。目前颜坤吉的织造技艺，已传给他的3个儿子和2个女儿。

Ⅷ-127 漆器髹饰技艺（重庆漆器髹饰技艺）

陈思碧

（编号：03-1390），女，汉族，1924年12月生，四川省资阳市人。2008年6月，漆器髹饰技艺（重庆漆器髹饰技艺）被列入第二批国家级非物质文化遗产名录传统技艺类，项目编号Ⅷ-127。2009年6月，陈思碧入选为第三批国家级非物质文化遗产项目代表性传承人，重庆市申报。陈思碧1942年进入四川省省立艺术专科学校学习，师从中国漆器大师沈福文。她1956年起在四川美术学院实验工厂，即现在的重庆美术漆器厂工作。首创彩色蛋壳镶嵌漆器装饰技艺，将蛋壳镶嵌技术运用到漆器作品中。其作品以强烈的对比、分明的轮廓线条、远近距离的不同效果、较为丰富的色彩变化，使人耳目一新，倍感富丽精美。代表作品有"平边蛋壳嵌孔雀纹大盘"、"双狮梅型盒"、"蛋壳镶嵌祝寿大盘"、"凤鸣花香"、"三峡"、"蛋壳镶嵌孔雀盘"等。陈思碧和其弟子四川省工艺美术大师朱华联名编写了《重庆漆艺彩色蛋壳镶嵌研磨彩绘研究》一书，以期在重庆漆艺发展陷入困境、缺少传人的时代，借此让重庆漆艺流传下去。

四川

Ⅷ-120 藏族金属锻造技艺（藏族锻铜技艺）

俄色呷玛

（编号：03-1378），男，藏族，1947年生，四川省甘孜藏族自治州白玉县河坡乡普马村人。2008年6月，藏族金属锻造技艺（藏族锻铜技艺）被列入第二批国家级非物质文化遗产名录传统技艺类，项目编号Ⅷ-120。2009年6月，俄色呷玛入选为第三批国家级非物质文化遗产项目代表性传承人，四川省白玉县申报。他的两个儿子已经掌握了制作工艺。

Ⅷ-121 成都银花丝制作技艺

道安

（编号：03-1381），女，汉族，1962年生。2008年6月，成都银花丝制作技艺被列入第二批国家级非物质文化遗产名录传统技艺类，项目编号Ⅷ-121。2009年6月，道安入选为第三批国家级非物质文化遗产项目代表性传承人，四川省成都市青羊区申报。1980年，道安考入成都金银制品厂工作，跟随温晓秋老师学习银花丝制作技艺。1999年，道安辞职，成立自己的作坊。她在继承传统金银花丝的基础上，结合现在装饰画的表现形式，创新出银丝画，扭转当时银花丝遭遇的困境，并于2001年荣获了国家专利。目前她是唯一一个能掌握成都银花丝技术全部流程的人。2003年3月，道安创建道安大师银花丝工作室，主要从事银花丝制作技艺保护传承和银花丝艺术品制作工作。代表作品有"三英战吕布"、"杜甫草堂"、"千年古堰"等。其女儿王小璐在银花丝的首饰方面亦有重大突破。

Ⅷ-128 彝族漆器髹饰技艺

吉伍巫且

（编号：03-1391），男，彝族，1953年5月生，四川省喜德县依洛乡阿普如哈人。2008年6月，彝族漆器髹饰技艺被列入第二批国家级非物质文化遗产名录传统技艺类，项目编号Ⅷ-128。2009年6月，吉伍巫且入选为第三批国家级非物质文化遗产项目代表性传承人，四川省喜德

县申报。吉伍巫且出身于被誉为"彝族漆器之乡"的吉伍世家。从小跟随父亲学习彝族餐具的制作和漆器髹饰技艺，逐渐成为当地彝族漆器髹饰的佼佼者。1982年，吉伍巫且进入县民族餐具厂工作，主要负责漆器制作与漆绘技术，他将具有千年历史的彝族传统漆器工艺带出大山。并在制作技艺上不断创新，在原来16种产品的基础上，通过自己摸索，新增加了30多个品种。并将此技艺延伸到其他领域，入西昌的"索玛酒楼"、"美女峰"，普格县螺髻山镇的彝寨等的精美吊檐、壁画艺术等都为其手迹。其作品纹饰细腻，代表作品有"库祖"、"册底"、"酒具"、"吉祥东方"等。吉伍巫且广收学徒，不分种姓、男女，并将技艺传授给其他彝族家支（彝族的传统社会组织，类似于汉族家族，但不相同）的学徒。

Ⅷ-140 伞制作技艺（油纸伞制作技艺）

毕六福

（编号：03-1405），又名毕六富，男，汉族，1957年4月生，四川省泸州市人。2008年6月，伞制作技艺（油纸伞制作技艺）被列入第二批国家级非物质文化遗产名录传统技艺类，项目编号Ⅷ-140。2009年6月，毕六福入选为第三批国家级非物质文化遗产项目代表性传承人，四川省泸州市江阳区申报。毕六福被誉为中国"伞王"，是毕家油纸伞第六代传人，中国唯一的手工油纸伞代表性传人。毕六福从小学习做伞。1980年到父亲所在的分水油纸伞厂工作，掌握了制作油纸伞的所有工序，成为伞厂的一个"通才"。目前，泸州分水油纸伞厂是国内唯一的传统油纸伞厂，泸州分水"六福"油纸伞也因此被专家誉为"中国民间伞艺的活化石"，是我国油纸伞行业中唯一的国家级非物质性文化遗产。该厂的油纸伞，在四川省旅游产品评

比中多次荣获一等奖和优秀奖，畅销世界各地。毕六福收徒数名，但其更为看重自己的儿子毕原绅。

Ⅷ-144 蒸馏酒传统酿造技艺（五粮液酒传统酿造技艺）

陈林

（编号：03-1413），女，汉族，1960年7月生，四川省富顺县人。2008年6月，蒸馏酒传统酿造技艺（五粮液酒传统酿造技艺）被列入第二批国家级非物质文化遗产名录传统技艺类，项目编号Ⅶ-144。2009年6月，陈林入选为第三批国家级非物质文化遗产项目代表性传承人，四川省宜宾市申报。陈林1980年进入五粮液酒厂包装车间工作，1982年入选五粮液酒厂尝评员，成为现代名酒勾兑宗师范玉平的关门弟子。通过坚持不懈的努力，陈林很快掌握了一套娴熟的勾兑本领，成为五粮液传统酿造技艺的第三代传人。她先后参加、主持了多项科研项目，发表了数篇专业论文，开创了勾兑工作科学化的新局面。1999年陈林设计调味的"仙林"青梅酒获智利圣地亚哥第三届国际旅游、酒店、食品博览会特别金奖。同时，她亦将多年积累倾囊相授，为五粮液培养了许多勾兑专家和酿酒技术人才。2013年，获"第二届中华非物质文化遗产传承人薪传奖"。

Ⅷ-144 蒸馏酒传统酿造技艺（水井坊酒传统酿造技艺）

赖登燡

（编号：03-1414），男，汉族，1948年4月生，四川省成都人。2008年6月，蒸馏酒传统酿造技艺（水井坊酒传统酿造技艺）被列入第二批国家级非物质文化遗产名录传统技艺类，项目

编号Ⅶ-144。2009年6月，赖登燡入选为第三批国家级非物质文化遗产项目代表性传承人，四川省成都市申报。1968年中专毕业后，赖登燡被分配到四川成都酒厂工作，拜水井坊酒传统酿造技艺第六代传承人崔体泉为师，成为水井坊酒传统酿造技艺第七代传人。20世纪80年代，赖登燡独创了人工老窖技术，90年代组织开展了多项科研活动，《酯化酶——粗酶制剂工业化生产与应用的研究》、《PGZ——配套技术在全兴大曲白酒生产中的研究与运用》、《缩短浓香型酒发酵周期、提高质量的研究》、《水井坊酿酒微生物和窖泥的综合研究》等科研成果，为白酒由一个极其落后的传统产业迈向现代化发展的成功变革和崛起注入了科技动力。1980年担任副厂长以来，大胆推广新技术、新工艺，研发新产品，使水井坊酒获得了广泛好评和赞誉。多年来，他为白酒行业培养白酒专业技术人员两万余人，其中成为国家级白酒评委的有60余人。

Ⅷ-144 蒸馏酒传统酿造技艺（沱牌曲酒传统酿造技艺）

李家顺

（编号：03-1415），男，汉族，1950年10月生，四川省射洪县人，现居四川遂宁。2008年6月，蒸馏酒传统酿造技艺（沱牌曲酒传统酿造技艺）被列入第二批国家级非物质文化遗产名录传统技艺类，项目编号Ⅶ-144。2009年6月，李家顺入选为第三批国家级非物质文化遗产项目代表性传承人，四川省射洪县申报。李家顺于1976年担任沱牌曲酒厂（柳树曲酒厂）厂长，他一方面继承和发展了"射洪春酒"、"谢酒"的传统酿造工艺，另一方面引进新技术设备与工艺，总结继承了"低温制曲、双轮底发酵"等传统工艺并制定了标准加以规范，创造了熟糠拌粮"分层蒸馏"等新工艺，成功地开发出

了固液结合两步法串香酒生产新工艺，成功地制定了一套适合沱牌的独特的酿酒工艺流程和质量体系。1987年，在成品酒勾调中，通过科研人员不断探索，形成了一整套低度酒生产工艺，并于1989年迈入了中国名酒的行列。

Ⅷ-155 豆瓣传统制作技艺（郫县豆瓣传统制作技艺）

雷定成

（编号：03-1424），男，汉族，1954年生，四川省郫县郫筒镇人。2008年6月，豆瓣传统制作技艺（郫县豆瓣传统制作技艺）被列入第二批国家级非物质文化遗产名录传统技艺类，项目编号Ⅷ-155。2009年6月，雷定成入选为第三批国家级非物质文化遗产项目代表性传承人，四川省郫县申报。雷定成幼年通过观察母亲酿造豆瓣学会了酿造豆瓣的基本方法；1977年他进入郫县豆瓣厂，先后跟从郫县豆瓣大师秦子云、周海清，开始了正规的酿造技艺学习；之后又拜李绍庭为师，学习蚕豆瓣的制曲与发酵；1979年他又师从我国调味品类食品生产的泰斗级人物张悦明，最终比较全面地掌握了郫县豆瓣传统制作技艺，并深得其精髓。1984年雷定成成为郫县豆瓣厂副厂长，主管全厂生产技术工作，对豆瓣生产过程中的蚕豆瓣发酵方式进行了技术改良，变传统的自然发酵为加温发酵，并广泛用于生产，为郫县豆瓣生产由原来的作坊式生产过渡到工业化生产奠定了基础。雷定成分别于1994年和2004年收邓卫东、李家友为徒。现两个徒弟已可独当一面，豆瓣制作技艺后继有人。

贵州

Ⅷ-57 茅台酒酿制技艺

季克良

（编号：03-1325），男，汉族，1939年4月生，江苏省南通市人，现居住于贵州省仁怀市。2006年5月，茅台酒酿制技艺被列入第一批国家级非物质文化遗产名录传统技艺类，项目编号Ⅷ-57。2009年6月，季克良入选为第三批国家级非物质文化遗产项目代表性传承人，贵州省申报。季克良于1960年考取无锡轻工业学院（现江南大学）食品发酵专业，1964年毕业后被轻工业部选拔、分配到贵州茅台酒厂工作，成为厂里的第一批发酵专业的大学生。季克良用3年的时间从投料、背酒糟、上甑开始，一步一步学习茅台酒酿造基本工艺，熟悉掌握了茅台酒传统的酿造工艺细节。他成为茅台发展历史上的一个里程碑式的人物，是第一个用科学理论解读茅台的人，揭开了茅台酒的神奇工艺之谜，总结出了被世人广泛认知的茅台酒酿造工艺十大特点，使茅台酒在1995年之后实现了质量、产量恒久如一。他也因而成为酿酒大师和白酒专家，他的研究对中国的整个白酒行业至少产生了四次积极而深远的影响。

袁仁国

（编号：03-1326），男，汉族，1956年10月生，贵州省仁怀市人。2006年5月，茅台酒酿制技艺被列入第一批国家级非物质文化遗产名录传统技艺类，项目编号Ⅷ-57。2009年6月，袁仁国入选为第三批国家级非物质文化遗产项目代表性传承人，贵州省申报。袁仁国18岁时以知青身份进入茅台酒厂，先后干过供销、宣传，当过厂办主任、车间主任兼党支部书记、厂长助理。1998 年他出任茅台集团总经理，与季克良一起创造了非凡业绩。在中国众多企业老总中，成为最耀眼夺目的"双子星"之一。2011 年 10 月，袁仁国接任季克良担任贵州茅台集团董事长。他撰写的《提高国有企业文化竞争力的思考》、《迎接文化酒时代的春天》、《西部开发勿忘振兴民族品牌》、《解读国酒茅台品牌价值》等论文发表在国家级、省级刊物上，极大地提升了茅台集团的企业形象和茅台酒的品牌形象，产生了深远的市场影响。

Ⅷ-67 皮纸制作技艺

王兴武

（编号：03-1330)，男，苗族，1966 年 10 月生，贵州省丹寨县人。2006 年 5 月，皮纸制作技艺被列入第一批国家级非物质文化遗产名录传统技艺类，项目编号Ⅷ-67。2009 年 6 月，王兴武入选为第三批国家级非物质文化遗产项目代表性传承人，贵州省丹寨县申报。王兴武出身于造纸世家，1980 年开始跟随父亲学习做皮纸。在掌握造纸技艺之后，王兴武对其进行了改良，将造纸工序进行了分化，以便组成合作社进行相对有规模的生产。他还陆续开发了十大系列100 多个品种的纸，如有 36 种颜色的彩霞纸、修复古籍专用的迎春苗纸等，产品远销海内外，使传统技艺起死回生，焕发出新的光彩。2008 年，为扩大产量，带动村民致富，王兴武成立了黔山造纸合作社。现在合作社的社员已从最初的29 户发展到 63 户上百人，每人每月能拿到 1500元到 4000 元的收入。2011 年 10 月，石桥黔山造纸合作社成为国家首批非物质文化遗产传承保护基地之一。王兴武将原本家族内传承，且只传男不传女的皮纸制作技艺传授给他人。他的两个儿子也在学习这门技艺。

云南

Ⅷ-68 傣族、纳西族手工造纸技艺

玉勐嘎

（编号：03-1331)，女，傣族，1957 年生，云南省耿马县傣族佤族自治县孟定镇芒团村人。2006 年 5 月，傣族、纳西族手工造纸技艺被列入第一批国家级非物质文化遗产名录传统技艺类，项目编号Ⅷ-68。2009 年 6 月，玉勐嘎入选为第三批国家级非物质文化遗产项目代表性传承人，云南省临沧市申报。玉勐嘎所在的耿马县孟定镇芒团村有悠久的造纸传统，以家庭为基本生产单位，以村寨为生产集体，将手工造纸发展成为当地最重要的副业。傣族造纸采用女性传承模式，主要是婆婆在生产劳动中传授给儿媳。出嫁的女儿虽然也掌握手工造纸技术，但是如果所嫁的外村家庭没有造纸的习惯和设备，就不再造纸。玉勐嘎从十几岁就开始进行手工造纸，她的儿媳艾丙跟她学造纸也有 20 年了。目前有多方面因素限制了传承，一是造纸原料构树皮稀缺而昂贵；二是市场混乱，价格不能体现手工纸的价值；三是年轻人不喜欢这种繁重的体力劳动。

Ⅷ-98 陶器烧制技艺（藏族黑陶烧制技艺）

孙诺七林

（编号：03-1356)，男，藏族，1948 年生，云南省迪庆藏族自治州香格里拉县尼西汤堆下社人。2008 年 6 月，陶器烧制技艺（藏族黑陶烧制技术）被列入第二批国家级非物质文化遗产名录传统技艺类，项目编号Ⅷ-98。2009 年 6月，孙诺七林入选为第三批国家级非物质文化

遗产项目代表性传承人，云南省迪庆藏族自治州申报。1960年，孙诺七林跟随当地有名的陶器制作艺人其祖父农布恩主学习陶器制作。他在传统的基础上尝试一些新手法、新工艺，开发新的陶艺，将原来较单一的家居生活用具发展到宗教器皿"吉日工"（一种三角形酥油灯）、花瓶、香炉、崩玛（佛塔内用于盛放物品的器具）、农色（传说中释迦牟尼的碗），生活用具中的脸盆、火塘砖、气锅、牛奶锅、酒瓶、糌粑盒、烟灰缸等方面。孙诺七林最拿手的是制作龙头火盆和盛酥油茶的摇具，这两种陶艺品也因此成了他的代表作。其作品被民族文化宫和民族博物馆收藏，并有世界各地人士通过不同渠道收藏。使原本生活用品迈入了受人瞩目的民族民间艺术品行列。现在，孙诺七林的大儿子、二儿子、一个女婿和两个孙子，都在从事制陶工作。孙诺七林先后收了六十多个徒弟，也指导村民如何制作黑陶。

Ⅷ-106 傣族织锦技艺

叶娟

（编号：03-1365），女，傣族，1956年生，云南省西双版纳傣族自治州景洪市勐养镇曼纳庄村人。2008年6月，傣族织锦技艺被列入第二批国家级非物质文化遗产名录传统技艺类，项目编号Ⅷ-106。2009年6月，叶娟入选为第三批国家级非物质文化遗产项目代表性传承人，云南省西双版纳傣族自治州申报。1969年，她开始跟随母亲玉腊以及村里的老人们学习织布技艺，15岁就可以独立织出精细、柔软的布匹。她所织的傣锦，图案清晰、色彩搭配得当，做工精细，具有浓郁的民族特色和民族特点。近年来，叶娟不断推陈出新，大胆尝试创作白布黑花图纹的织锦，深受傣族青年人喜爱，并经常接待国内外游客的慕名探访，日本、美国、荷兰等地的游客都大量收藏了她的织锦。叶娟把织锦的技艺传授给了几

个妹妹，同时五个女儿也成了她织锦的传承人。2002年，受邀参加"傣族织锦技艺"传承人培训班，进行授课示范和操作辅导。

Ⅷ-118 斑铜制作技艺

张克康

（编号：03-1376），男，汉族，1955年生，2013年2月卒，云南省会泽县人。2008年6月，斑铜制作技艺被列入第二批国家级非物质文化遗产名录传统技艺类，项目编号Ⅷ-118。2009年6月，张克康入选为第三批国家级非物质文化遗产项目代表性传承人，云南省曲靖市申报。张克康是会泽斑铜世家的第十二代传人，师从大伯父、斑铜制作技艺的第十一代传人张兴名。张氏铜匠的技艺名躁一时，所制作的斑铜造型古朴，色泽高雅瑰丽。会泽斑铜（指"生斑"）对原材料的要求极高，需采用含铜量在90%以上，并含金、银等其他有色金属的天然铜为原材料，经过锻打、烧斑、打磨、显斑等多道工艺制成，因而面世作品很少。如今随着天然铜矿的枯竭，会泽一带符合制作"生斑"条件的天然铜矿几乎绝迹。张克康一度陷入无铜可打的困境，生前以卖豆腐为生。张克康坚持"传内不传外，传男不传女"的祖训，对外界一直有道秘而不宣的工艺，其二儿子张伟目前传承其技艺，为斑铜制作技艺第十三代传人。

西藏

Ⅷ-21 藏族邦典、卡垫织造技艺

边多

（编号：03-1310），男，藏族，1950年生，西藏自治区江孜县人。2006年5月，藏族邦典、

卡垫织造技艺被列入第一批国家级非物质文化遗产名录传统技艺类，项目编号Ⅷ-21。2009年6月，边多入选为第三批国家级非物质文化遗产项目代表性传承人，西藏自治区日喀则地区申报。边多从小热爱藏式地毯编织技术，在江孜地毯厂，先后担任车间技术主任、绘图策划员直至厂长等职务。其间，在传承人传统技艺的基础上，不断进行技术创新，策划、创造和编织了"布达拉宫"、"万里长城"、"南京长江大桥"、"牧区新景色"等挂毯，使藏式地毯在技术上进一步得到升华，为藏族传统手工艺编出了另外一条道路。边多所策划和编织的挂毯"释迦牟尼"在1997年全国少数民族手工业产品比赛中荣获第七名。他在厂里建立了一套传承机制，采用一对一的传承模式，一名师傅带一名徒弟，将这门手艺传承下去。边多的徒弟次珍如今已是厂里的骨干。

Ⅷ-69 藏族造纸技艺

次仁多杰

（编号：03-1332），男，藏族，西藏自治区尼木县塔荣镇雪拉村人。2006年5月，藏族造纸技艺被列入第一批国家级非物质文化遗产名录传统技艺类，项目编号Ⅷ-69。2009年6月，次仁多杰入选为第三批国家级非物质文化遗产项目代表性传承人，西藏自治区申报。拉萨市尼木县塔荣镇的雪拉村以其造纸技艺享誉藏区。次仁多杰出身于世代制作藏纸之家，祖父次久、父亲巴珠、叔叔果果都是制作藏纸的手工艺人。18岁时，次仁多杰就有能力独立制作藏纸。20世纪70年代以后，雪拉藏纸业衰落了，甚至整个雪拉村一度没有人制作藏纸。次仁多杰带着大儿子格桑旦增和小儿子普琼，认真地在家做起了藏纸。他在传统藏纸的基础上研发了藏纸着色技艺，并开发了中间夹带牛毛或花草的藏纸，用来制作藏纸灯罩、笔记本等旅游产品。

次仁多杰和格桑丹增一起教授的学员中，已经有人把藏纸产业做大，成立了藏纸厂。现在，格桑丹增的两个儿子也已经学会了基本的藏纸制作工艺。

Ⅷ-80 藏族雕版印刷技艺（波罗古泽刻版制作技艺）

多吉登次

（编号：03-1338），男，藏族，西藏自治区昌都地区江达县人。2008年6月，藏族雕版印刷技艺（波罗古泽刻版制作技艺）被列入第一批国家级非物质文化遗产扩展项目名录传统技艺类，项目编号Ⅷ-80。2009年6月，多吉登次入选为第三批国家级非物质文化遗产项目代表性传承人，西藏自治区江达县申报。

Ⅷ-120 藏族金属锻造技艺（藏刀锻制技艺）

次旦旺加

（编号：03-1379），男，藏族，1947年生，西藏自治区拉孜县柳乡孜龙村人。2008年6月，藏族金属锻造技艺（藏刀锻制技艺）被列入第二批国家级非物质文化遗产名录传统技艺类，项目编号Ⅷ-120。2009年6月，次旦旺加入选为第三批国家级非物质文化遗产项目代表性传承人，西藏自治区拉孜县申报。次旦旺加的母亲家族世代做刀，是拉孜镇最好的刀匠之家。他17岁时在拉孜跟师学徒，继承和发展了远古的刀箭铸造技能，是从公元1世纪止贡赞普在位时期所兴盛起来的刀剑铸造工艺之一，被誉为孜龙刀之父。他领衔锻造的孜龙藏刀在1988年获得由西藏自治区手工业局、西藏自治区标准计量局授予的全区优质产品荣誉称号。其大儿子尼玛旺拉和二儿子才旦扎西是下一代继承人，其中尼玛旺拉已经掌握了制刀的所有技艺。

Ⅷ-141 藏香制作技艺

次仁平措

（编号：03-1407），男，藏族，1946年生，西藏自治区墨竹工卡县人。2008年6月，藏香制作技艺被列入第二批国家级非物质文化遗产名录传统技艺类，项目编号Ⅷ-141。2009年6月，次仁平措入选为第三批国家级非物质文化遗产项目代表性传承人，西藏自治区墨竹工卡县申报。次仁平措是俗名，原是藏传佛教噶举派中的分支直贡噶举派直贡梯寺阿贡活佛第二世，现已还俗。直贡藏香是以直贡噶举派创始人觉巴·吉天颂贡特制的秘方为基础创制的，用料均为纯天然植物香料。次仁平措7岁进入寺庙，随师父学习佛法之余也学习藏香配方工艺，掌握了直贡藏香制作的秘方。2007年，他成立了西藏直贡文化艺术交流服务有限公司，专门从事直贡噶举派文化的挖掘与弘扬，让藏香融入市场，得以传承。他在拉萨市内和墨竹工卡直贡寺下各开办两个藏香制作作坊。在其传授下，目前已经有六人掌握该技艺。

Ⅷ-153 晒盐技艺（井盐晒制技艺）

卓玛央宗

（编号：03-1423），女，藏族，1965年生，西藏自治区芒康县人。2008年6月，晒盐技艺（井盐晒制技艺）被列入第二批国家级非物质文化遗产名录传统技艺类，项目编号Ⅶ-153。2009年6月，卓玛央宗入选为第三批国家级非物质文化遗产项目代表性传承人，西藏自治区芒康县申报。

陕西

Ⅷ-131 楮皮纸制作技艺

张逢学

（编号：03-1393），男，汉族，1939年9月生，陕西省西安市长安区兴隆街办北张村人。2008年6月，楮皮纸制作技艺被列入第二批国家级非物质文化遗产名录传统技艺类，项目编号Ⅷ-131。2009年6月，张逢学入选为第三批国家级非物质文化遗产项目代表性传承人，陕西省西安市长安区申报。张逢学12岁开始跟着父亲学习楮皮纸古法制作技艺并以此为生，是北张村古法造纸术第四代传承人。这种古法造纸据考证起源于西汉，是按照东汉蔡伦发明的流程，制造纯天然的楮皮纸，主要以当地构树皮为原料，经过浸泡、蒸煮、打浆、抄纸等72道工序制作完成。该纸的特点是纯然天、没有任何污染，而且拉力强，做包装纸不发霉，收藏起可达两千年不变质。但由于工艺复杂，产量和收入都不高，从事该门手艺生产活动的人越来越少，张逢学是北张村里为数不多的蔡伦造纸术的固守者。以前楮皮纸古法制作技艺的传承靠口传心授，但是张逢学已经将其整理成为文字记录，传给儿子张建昌。目前传承状况堪忧。

甘肃

Ⅷ-50 雕漆技艺

张国栋

（编号：03-1323），男，汉族，1941年生，甘肃省天水市人。2008年6月，雕漆技艺被列入第一批国家级非物质文化遗产扩展项目名录传统技艺类，项目编号Ⅷ-50。2009年6月，张国栋入选为第三批国家级非物质文化遗产项目代表性传承人，甘肃省天水市秦州区申报。1965年，张国栋大学毕业之后来到了天水雕漆工艺厂工作，跟随老师傅们学习雕漆技艺。他的代表作"巡天图"屏风，根据神话传说创作设计，汇聚了当今所有最先进的天水雕漆工艺表现技术，用料考究，图案精美，堪称精品。张国栋现任中国大漆髹饰技艺研究中心理事，雕漆工艺厂副厂长，指导了众多雕漆工艺厂学徒。天水雕漆技艺目前的传承状况不佳，雕漆工艺厂中掌握这门工艺的人中最年轻的也40多岁了，张国栋的技艺没有得到良好的继承。

Ⅷ-101 毛纺织及擀制技艺（东乡族擀毡技艺）

马舍勒

（编号：03-1360），男，东乡族，1944年生，甘肃省东乡族自治县北岭乡前进村人。2008年6月，毛纺织及擀制技艺（东乡族擀毡技艺）被列入第二批国家级非物质文化遗产名录传统技艺类，项目编号Ⅷ-101。2009年6月，马舍勒入选为第三批国家级非物质文化遗产项目代表性传承人，甘肃省东乡族自治县申报。马舍勒16岁开始从父学艺，继承了毡匠3件宝——弹弓、竹帘、沙柳条，也传承了手工制作羊毛毡的祖传"绝活"。其擀毡技艺娴熟精湛，人称"舍勒毡匠"。他织出的毛毡柔软、舒适、匀称、洁净、美观大方、经久耐用。东乡族的擀毡技艺现在仅限于家族式传承，当地的年轻人不再学习这门古老技艺。为了传承和发展东乡族擀毡工艺，2004年，他在龙泉集市建立了擀毡手工作坊，专营毛毡加工，其孙马胡塞尼已继承了擀毡手艺。

Ⅷ-133 砚台制作技艺（洮砚制作技艺）

李茂棣

（编号：03-1396），又称"金疙瘩"，男，汉族，1942年生，甘肃省卓尼县洮砚乡峡底村人。2008年6月，砚台制作技艺（洮砚制作技艺）被列入第二批国家级非物质文化遗产名录传统技艺类，项目编号Ⅷ-133。2009年6月，李茂棣入选为第三批国家级非物质文化遗产项目代表性传承人，甘肃省岷县申报。李茂棣幼承父业，随父亲学习刻砚。他的刀法粗犷豪放，在当代中老年砚工中有自己独特的刻砚风格，作品具有较高的艺术价值。代表作品有巨型砚"八仙过海砚"、"金钱绿石砚"、"九九归一砚"等。收有徒弟二十余人，包括傅红云、洪绪龙、王玉明等人。洮砚制作技艺传人还有徐哲、赵成德、马文科，此三人被甘肃省非遗保护中心授予甘肃省非物质文化遗产保护项目洮砚代表性传承人。

青海

Ⅷ-120 藏族金属锻造技艺（藏刀锻制技艺）

龙多然杰

（编号：03-1380），男，藏族，1949年生。2008年6月，藏族金属锻造技艺（藏刀锻制技艺）被列入第二批国家级非物质文化遗产名录传统技艺类，项目编号Ⅷ-120。2009年6月，龙多然杰入选为第三批国家级非物质文化遗产项目代表性传承人，青海省玉树藏族自治州申报。

Ⅷ-185 撒拉族篱笆楼营造技艺

马进明

（编号：03-1439），男，撒拉族，1947 年 11 月生，青海省循化县清水乡孟达大庄村人。2008 年 6 月，撒拉族篱笆楼营造技艺被列入第二批国家级非物质文化遗产名录传统技艺类，项目编号Ⅷ-185。2009 年 6 月，马进明入选为第三批国家级非物质文化遗产项目代表性传承人，青海省循化撒拉族自治县申报。撒拉族古民居是一种木、石、土混为一体的古老民居建筑，因楼房墙体大部分用树条笆庄制作而成，故名篱笆楼。马进明是循化县文物管理所的退休干部，熟练掌握着篱笆楼的各项编造技艺。为保护和开发撒拉族古老的建筑文化景观，他曾在孟达大庄村举办篱笆楼营造技艺培训，使村民通过培训进一步认识篱笆楼的文化价值，因而 2013 年获"第二届中华非物质文化遗产传承人薪传奖"。

新疆

Ⅷ-23 花毡、印花布织染技艺

买特肉孜·买买提

（编号：03-1311），男，维吾尔族，1952 年生，新疆维吾尔自治区且末县琼库勒乡墩买里村人。2008 年 6 月，花毡、印花布织染技艺被列入第一批国家级非物质文化遗产扩展项目名录传统技艺类，项目编号Ⅷ-23。2009 年 6 月，买特肉孜·买买提入选为第三批国家级非物质文化遗产项目代表性传承人，新疆维吾尔自治区且末县申报。买特肉孜·买买提祖上一直从事新疆花毡的制作，到他已经是第四代传承人。新疆花毡的制作种类主要有补花毡、印花毡、绣花毡、擀花毡四种，买买提掌握的是擀花毡的技艺。他所制作的花毡虽然制作过程费工，但牢固耐用、纹样清晰、美观大方。买买提家族的花毡制作手艺，祖传规矩传男不传女。目前，在各类工业毛纺织品的竞争下，传统的擀花毡技艺面临消亡，与买买提同辈的兄弟当中，目前只剩下他一人坚持制作花毡。其子麦合木提·买提肉孜跟随他学习手工花毡制作手艺，也是这个家族祖传手艺唯一的继承人。

Ⅷ-100 传统棉纺织技艺

吐尔逊木沙

（编号：03-1359），男，维吾尔族，1938 年生，新疆维吾尔自治区伽师县克孜勒博依乡人。2008 年 6 月，传统棉纺织技艺被列入第二批国家级非物质文化遗产名录传统技艺类，项目编号Ⅷ-100。2009 年 6 月，吐尔逊木沙入选为第三批国家级非物质文化遗产项目代表性传承人，新疆维吾尔自治区伽师县申报。吐尔逊木沙十几岁便跟随父亲学习织布。吐尔逊木沙的孙子也已继承了织布的技艺。为了将织布技艺传承下去，县里为吐尔逊木沙建了专属于他的工作室，经常有很多人来学习。

Ⅷ-110 地毯织造技艺（维吾尔族地毯织造技艺）

买吐送·吐地

（编号：03-1369），男，维吾尔族，1951 年 5 月生，新疆维吾尔自治区洛浦县人。2008 年 6 月，地毯织造技艺（维吾尔族地毯织造技艺）被列入第二批国家级非物质文化遗产名录传统技艺类，项目编号Ⅷ-110。2009 年 6 月，买吐送·吐地入选为第三批国家级非物质文化遗产项目代表性传承人，新疆维吾尔自治区洛浦县申报。

Ⅷ-114 维吾尔族卡拉库尔胎羔皮帽制作技艺

玉山·买买提

（编号：03-1372），男，维吾尔族，1930年6月生，2011年10月卒，新疆维吾尔自治区沙雅县沙雅镇人。2008年6月，维吾尔族卡拉库尔胎羔皮帽制作技艺被列入第二批国家级非物质文化遗产名录传统技艺类，项目编号Ⅷ-114。2009年6月，玉山·买买提入选为第三批国家级非物质文化遗产项目代表性传承人，新疆维吾尔自治区沙雅县申报。玉山·买买提从13岁起开始学习、从事胎羔皮帽的制作。他制作的灰色圆顶船形的胎羔皮帽，在1992年全国星火计划成果暨专利技术乌鲁木齐洽谈会上荣获优质产品称号。玉山·买买提注重后继人的培养，他和徒弟们制作的卡拉库尔胎羔皮帽畅销国内外。

Ⅷ-122 维吾尔族传统小刀制作技艺

吾甫尔·热合曼

（编号：03-1382），男，维吾尔族，1955年6月生，新疆维吾尔自治区英吉沙县人。2008年6月，维吾尔族传统小刀制作技艺被列入第二批国家级非物质文化遗产名录传统技艺类，项目编号Ⅷ-122。2009年6月，吾甫尔·热合曼入选为第三批国家级非物质文化遗产项目代表性传承人，新疆维吾尔自治区英吉沙县申报。吾甫尔·热合曼任英吉沙县民族小刀制品有限公司董事长，该厂集中了英吉沙县所有的小刀制作老艺人，全手工制作。该厂加工的英吉沙小刀主要有维吾尔族喜爱的凤尾式、百灵鸟式、黄鹂式、喜鹊式，哈萨克族喜爱的红嘴山鸦式，还开发了汉族喜爱的龙泉剑式、梅花式，蒙古族喜爱的兽角式等。同时，吾甫尔·热合曼正

在积极申请"英吉沙小刀"原产地证明商标，扩大英吉沙小刀的影响力。

Ⅷ-124 民族乐器制作技艺（维吾尔族乐器制作技艺）

热合曼·阿布都拉

（编号：03-1386），男，维吾尔族，1952年5月生，新疆维吾尔自治区疏附县吾库萨克乡托万克吾库萨克村人。2008年6月，民族乐器制作技艺（维吾尔族乐器制作技艺）被列入第二批国家级非物质文化遗产名录传统技艺类，项目编号Ⅷ-124。2009年6月，热合曼·阿布都拉入选为第三批国家级非物质文化遗产项目代表性传承人，新疆维吾尔自治区疏附县申报。热合曼·阿布都拉出身于音乐世家，乐器制作在这个家族已经传承了五代。从6岁起，热合曼·阿布都拉开始跟随父亲学习制作乐器。如今，他能娴熟地做出都塔尔、热瓦甫等25个品种72个系列的维吾尔族乐器，在民族乐器加工制作方面有着精湛技艺和特殊贡献。热合曼·阿布都拉在乐器制作过程中始终坚持纯手工，成品不仅美观，而且音质好。热合曼·阿布都拉的4个儿子现今都从事乐器制作工作，其孙也表现出对民族乐器制作的浓厚兴趣。热合曼·阿布都拉在村里开办传承班，招收徒弟，传授技艺。

Ⅷ-143 土碱烧制技艺

田希云

（编号：03-1408），男，汉族，1951年生。2008年6月，土碱烧制技艺被列入第二批国家级非物质文化遗产名录传统技艺类，项目编号Ⅷ-143。2009年6月，田希云入选为第三批国家级非物质文化遗产项目代表性传承人，新疆生产建设兵团申报。田希云自小跟随祖父、父

亲和兄长们到戈壁滩上烧碱。在耳濡目染下，十五六岁时即学会了挖窑、看风向、烧碱。碱蒿子烧制土碱技艺已知传承有五六代人，距今有 200 多年历史，主要流传在新疆农六师新湖农场、芳草湖农场、军户农场等地，如今仍有部分居民在烧制土碱。由于用碱蒿子烧制土碱对环境破坏较大，为使碱蒿子烧制土碱技艺既不失传又不对环境造成大的破坏，2007 年，身处新湖农场四分场六连的田希云将碱蒿子烧制土碱技艺进行全程演绎并拍成视频，刻成光盘保存。2013 年，田希云打算在连队建立一个"土碱烧制技艺展示基地"，用这种方式留住传统文化技艺。

Ⅷ-183 哈萨克族毡房营造技艺

达列力汗·哈比地希

（编号：03-1437），男，哈萨克族，1955 年 10 月生，新疆维吾尔自治区塔城地区额敏县人。2008 年 6 月，哈萨克族毡房营造技艺被列入第二批国家级非物质文化遗产名录传统技艺类，项目编号Ⅷ-183。2009 年 6 月，达列力汗·哈比地希入选为第三批国家级非物质文化遗产项目代表性传承人，新疆维吾尔自治区塔城地区申报。达列力汗·哈比地希为也木勒牧场牧民。达列力汗·哈比地希共培养徒弟 34 人，其中 13 人可自做毡房，徒弟新地克从事毡房制作已有八年多，制作各种形式的毡房已有十余个。

Ⅷ-184 俄罗斯族民居营造技艺

张怀升

（编号：03-1438），男，俄罗斯族，1947 年生，新疆维吾尔自治区塔城人。2008 年 6 月，俄罗斯族民居营造技艺被列入第二批国家级非物质

文化遗产名录传统技艺类，项目编号Ⅷ-184。2009 年 6 月，张怀升入选为第三批国家级非物质文化遗产项目代表性传承人，新疆维吾尔自治区塔城地区申报。现在塔城市非物质文化遗产保护研究中心每月组织安排一两次年轻人兴趣小组跟传承人学习，表现突出者予以奖励；同时，也鼓励现有非遗传承人的后代学习，作为一项家族的责任。

第四批国家级非物质文化遗产项目代表性传承人

中央

VIII-136 装裱修复技艺（古字画装裱修复技艺）

徐建华

（编号：04-1897），男，汉族，1951年1月生，北京市人。2008年6月，装裱修复技艺（古字画装裱修复技艺）被列入第二批国家级非物质文化遗产名录传统技艺类，项目编号 VIII-136。2012年12月，徐建华入选为第四批国家级非物质文化遗产项目代表性传承人，故宫博物院申报。徐建华1974年进入当时的故宫博物院修复厂裱画组，恰逢故宫修复重装馆藏的大量古书画的几名上海知名装裱师陆续退休，曾在上海当兵、能听懂南方话的徐建华就成了有装裱界"梅兰芳"之称的杨文彬的徒弟。代表作为由他主持修复的明林良《雉鸡图》等。近年来，他着力培养新人，希望可以培养出一批有年龄梯次的传人，已经带出来的徒弟有杨泽华（男，汉族）等人。

VIII-136 装裱修复技艺（古籍修复技艺）

杜伟生

（编号：04-1898），男，回族，1952年3月生，北京市人。2008年6月，装裱修复技艺（古籍修复技艺）被列入第二批国家级非物质文化遗产名录传统技艺类，项目编号 VIII-136。2012年12月，杜伟生入选为第四批国家级非物质文化遗产项目代表性传承人，国家图书馆申报。杜伟生1974年从部队退伍，分配进入中国国家图书馆的图书修整组并于该年10月进入北京大学图书馆系古籍整理进修班，系统学习古籍分类和编目知识理论。一年后，他回到图书馆，正式开始修复善本古籍。1980年，图书修整组划归为善本特藏部，2001年，图书修整组改名为"善本特藏修复组"。1996年，杜伟生设计出纸浆补书机，克服了传统补书补完后凹凸不平的工艺缺陷。2001年，主要执笔"古籍修复技术规范与质量标准"的制定。杜伟生研究过"赵城金藏"的修复故事，也参与了"永乐大典"及敦煌遗书的修复工作。2007年起，他在全国古籍保护中心面向全国图书馆、博物馆、档案馆开设的古籍修复技术培训班当老师，已经培训了15期学员，共计800人次。

汪学军

（编号：04-1899），男，汉族，1964年5月生，北京市人。2008年6月，装裱修复技艺（古籍修复技艺）被列入第二批国家级非物质文化遗产名录传统技艺类，项目编号 VIII-136。2012年12月，汪学军入选为第四批国家级非物质文化遗产项目代表性传承人，中国书店申报。汪学军出身于修书世家，自幼跟随父亲学艺，18岁开始修书，是"大刀世家"的第三代传人，主要从事古籍修复工作，掌握和继承了古书装订修复技艺中的大刀技术，使重达七八斤的铁制大刀在手中能够运用自如。20世纪80年代初，汪学军进入中国书店从事古籍修复。他对残破古籍的修正、装订更注重古籍本身的历史性、原状性和延续性，能够做到"整旧如新"、"整旧如旧"。他熟悉各朝代书籍的形式和版本，有版本识别能力，了解各朝代的纸张和装订风格，注重修复中的纸张性的变化，运用规范的技术做到合理修复等综合能力。中国书店已成立了"肄雅堂古籍修复技艺工作室"，并以师带徒的形式积极培养古籍修复人才，以使古籍修复技艺得到更好的传承与发展。

备注：传承谱系：第一代，韩斯久、乔景熹、美昭栋、汪增仁、王志鹏、赵树枫等；第二代，张励行、张桂花、韩秀芬、王安焱等；第三代，汪学军、刘秋菊；第四代，徐晓静、杨弋等。

Ⅷ-174 官式古建筑营造技艺（北京故宫）

李永革

（编号：04-1911），男，汉族，1955年11月生，北京市人。2008年6月，官式古建筑营造技艺（北京故宫）被列入第二批国家级非物质文化遗产名录传统技艺类，项目编号Ⅷ-174。2012年12月，李永革入选为第四批国家级非物质文化遗产项目代表性传承人，故宫博物院申报。李永革1975年从部队复员，恰逢故宫工程队大招聘，因而进入故宫，在大木作当了七八年学徒。他虽然跟随赵崇茂学艺，但是并没有明确的师徒关系。李永革称修故宫靠师傅的口传心授和徒弟的"筋劲儿"。该技艺在北京故宫的传承第一代大多走旧传承之路，主要是与故宫有密切关系的商号带徒弟，第二代传人有木作的赵崇茂、翁克良，瓦作的朴学林，彩画作的张德才、王仲杰。这些人主要靠第一代传人的口传心授，而李永革则是第三代工匠。目前该项技艺的传承后继乏人，虽然曾收过不少徒弟，但是其后来都纷纷转行或离开故宫了。李永革称，第四代的年轻人也有，还不至于失传，但是该技艺传承的未来仍让其担忧。因此，他在施工过程中努力保存记录、总结经验，以让后人有据可查。

Ⅷ-174 官式古建筑营造技艺（北京故宫）

刘增玉

（编号：04-1912），男，汉族，1955年7月生。2008年6月，官式古建筑营造技艺（北京故宫）被列入第二批国家级非物质文化遗产名录传统技艺类，项目编号Ⅷ-174。2012年12月，刘增玉入选为第四批国家级非物质文化遗产项目代表性传承人，故宫博物院申报。

Ⅷ-197 青铜器修复及复制技艺

王有亮

（编号：04-1926），男，汉族，1964年4月生，北京市人。2011年6月，青铜器修复及复制技艺被列入第三批国家级非物质文化遗产名录传统技艺类，项目编号Ⅷ-197。2012年12月，王有亮入选为第四批国家级非物质文化遗产项目代表性传承人，故宫博物院申报。王有亮是"古铜张"第三代传人赵振茂的徒弟，是故宫古铜器修复的第二代传人，曾修复"莲鹤方壶"，目前是故宫文保科技部金石钟表组的专家。2001年开始，王有亮开始带徒弟，传承该技艺。

Ⅷ-202 古书画临摹复制技艺

祖莪

（编号：04-1930），女，汉族，1956年3月生，北京市人。2011年6月，古书画临摹复制技艺被列入第三批国家级非物质文化遗产名录传统技艺类，项目编号Ⅷ-202。2012年12月，祖莪入选为第四批国家级非物质文化遗产项目代表性传承人，故宫博物院申报。祖莪毕业于北京师范大学哲学系，1971年开始学习绘画，1979年经绘画专业考试进入故宫博物院，从事古书画复制工作，1982 年至 1985 年在中央美院进修素描、色彩、中西方美术史。她每日临习碑帖不辍，不仅深得古人笔墨之法，而且形成了自己的书法风格，她也注重向西洋画派学习，追求平和宁静、完美吉祥。代表作品有《江东二乔》、《十八罗汉》等，主要复制作品《纺车图》、《韩熙载夜宴图》、《清明上河图》等。

北京

Ⅷ-43 景泰蓝制作技艺

钟连盛

（编号：04-1845），男，满族，1962 年 2 月生，北京市人。2006 年 5 月，景泰蓝制作技艺被列入第一批国家级非物质文化遗产名录传统技艺类，项目编号Ⅷ-43。2012 年 12 月，钟连盛入选为第四批国家级非物质文化遗产项目代表性传承人，北京市东城区申报。钟连盛从小喜欢画画，1978 年进入珐琅厂创办的技校学习景泰蓝制作工艺，1980 年毕业并留校任教，1984 年进入北京工艺美术职工大学工艺美术系装饰绘画专业深造，现任北京珐琅厂有限责任公司总工艺美术师。他在作品创作中始终保持简约、抽象、现代的设计理念，作品具有鲜明的现代感和时代气息，清新细腻精致、风格秀美典雅独特。代表作品有系列作品《荷梦》、系列挂盘《故宫饰物》、《北京北海九龙壁》和《清韵》等。2009 年底，钟连盛创新工作室正式挂牌，至今已培养出多名景泰蓝制作领域内的高级技师。钟连盛还带有多名大学生学徒，其均可独立完成设计任务，作品也多有获奖，景泰蓝工艺后继有人。

Ⅷ-50 雕漆技艺

殷秀云

（编号：04-1848），女，汉族，1947 年 6 月生，北京市昌平区人。2006 年 5 月，雕漆技艺被列入第一批国家级非物质文化遗产名录传统技艺类，项目编号Ⅷ-50。2012 年 12 月，殷秀云入选为第四批国家级非物质文化遗产项目代表性传承人，北京市东城区申报。殷秀云 1963 年考入北京市工艺美术学校象牙雕刻专业。1967 年她被分配到北京工艺美术厂，进入雕漆车间工作。为了将牙雕的技艺运用到雕漆中，她反复练习，临摹了大量的古代绘画作品并收集明清两代雕漆文物仔细研究。数年坚持使其成为雕漆大师，设计水平高超，雕刻技法精湛，达到了运刀如笔、得心应手的境界，特别是在表现人物的创作上，融入立体雕塑和象牙雕刻技法，把人物体貌和个性表现得惟妙惟肖，开创了雕漆作品以人物为主题的艺术风格。其作品多次获得中国工艺美术百花奖。她也获得"中国工艺美术大师"称号。代表作品有《红楼梦》、《十八罗汉》、《扎伲打虎》、《牧鸭》等。目前在殷秀云的工作室里已经有 9 个徒弟。

Ⅷ-77 木版水印技艺

肖刚

（编号：04-1862），男，汉族，1959 年 5 月生，北京市人。2006 年 5 月，木版水印技艺被列入第一批国家级非物质文化遗产名录传统技艺类，项目编号Ⅷ-77。2012 年 12 月，肖刚入选为第四批国家级非物质文化遗产项目代表性传承人，北京市荣宝斋申报。肖刚学美术出身，1978 年进入荣宝斋，师从著名画家、勾描老专家郭慕熙先生，常跟随老师在故宫博物院中临摹历代名家原作。他多年来始终从事木版水印的勾描、编辑工作，参与勾描、临摹的作品题材多样，包括范曾《十二生肖珍藏册》、吴冠中《所见所思如画图》、黄永玉《阿诗玛》、白雪石《千峰竞秀》、史国良《春江水暖》等大型和重点项目。

Ⅷ-88 风筝制作技艺（北京风筝哈制作技艺）

哈亦琦

（编号：04-1867），男，回族，1954年3月生，北京市人。2011年6月，风筝制作技艺（北京风筝哈制作技艺）被列入第二批国家级非物质文化遗产扩展项目名录传统技艺类，项目编号Ⅷ-88。2012年12月，哈亦琦入选为第四批国家级非物质文化遗产项目代表性传承人，北京市海淀区申报。哈氏风筝是北京风筝的重要流派之一，起源于清朝末年，哈亦琦10岁开始随父亲哈魁明学习家传风筝技艺，兼习油画、中国画，是哈氏风筝第四代传人，现为哈氏风筝的唯一传人。不但全面地掌握了风筝制作中的"扎"、"糊"、"绘"、"放"四门技艺，并在此基础上提出了"风"和"线"两者的重要性，将哈氏风筝的技艺体系发展为"六技"。他在色彩运用上大胆改善，力求适应新的审美需求，尝试运用几何图形、二方连续、渐变色、青花瓷、蜡染等多种元素，使装饰效果更加强烈，更加符合现代人的审美观念。设计制作的风筝不仅在工艺上具有抗强风的性能，而且造型美观，富有艺术性。1983年5月19日获美国"旧金山国际风筝比赛大会"特别奖。1986年与其父哈魁明合著的《中国哈氏风筝》在香港出版。代表作品有"凤蝶"、"百米龙头蜈蚣"、"喜庆"等。目前他还没有收到理想的徒弟来传承技艺。

Ⅷ-88 风筝制作技艺（北京风筝制作技艺）

费保龄

（编号：04-1868），男，汉族，1928年1月生，天津市人。2011年6月，风筝制作技艺（北京风筝制作技艺）被列入第二批国家级非物质文化遗产扩展项目名录传统技艺类，项目编号Ⅷ-88。2012年12月，费保龄入选为第四批国家级非物质文化遗产项目代表性传承人，北京市东城区申报。费保龄幼时喜爱风筝，常练习扎糊，成年后利用业余时间钻研风筝扎糊技艺，1963年在孔祥泽协助下根据《南鹞北鸢考工志》整理复制曹式风筝，是自学而成的一代大师。他认为风筝技艺要口传心授，悟性和爱好对该技艺都很重要，因此并未强迫家里人学习，而是带了几个徒弟。其中最得意的两人是杨利平（男，汉族）和武金茂（男，汉族）。1996年，鉴于费保龄在民间文化保护、传承和创作方面所取得的卓越成就，联合国教科文组织授予他"一级民间工艺美术家"称号。

Ⅷ-124 民族乐器制作技艺（宏音斋笙管制作技艺）

吴景馨

（编号：04-1885），女，满族，1962年6月生，北京市人。2011年6月，民族乐器制作技艺（宏音斋笙管制作技艺）被列入第二批国家级非物质文化遗产扩展项目名录传统技艺类，项目编号Ⅷ-124。2012年12月，吴景馨入选为第四批国家级非物质文化遗产项目代表性传承人，北京市海淀区申报。宏音斋发端于清末，当年的贝勒吴启瑞将宫中的乐器制作技艺传到民间。1920年，吴启瑞之子吴文明创办了乐器制作作坊——宏音坊，后发展为宏音斋，吴景馨是吴文明的孙女。吴景馨自幼在父亲吴仲孚的影响下，学习乐器演奏和乐器制作，成为宏音斋第四代掌门人。她改革了众多的民族管乐器，为敦煌乐器研究所复制了笙、管、笛、箫、竖笛、勾笛、排箫等多种敦煌仿唐乐器；成功复制了广西壮族啵咧、蒙古的毛敦潮尔等多种少数民族乐器，使这些古老的乐器重生。吴景馨组织拍摄《宏音斋民族文化》、《典藏馆》和《宏音斋笙制作》三部视频影视片，整理完成"宏音斋笙制作技艺"。2008年，北京市昌平区建立了宏音斋"吴氏管乐器"典藏馆并在馆中设立"宏音斋吴氏笙管乐器"的演奏和制作培训基地，进一步传承宏音斋笙管乐器的制作技术。为了促进技艺的传承，她计划在2013年内培养100位宏音斋笙管制作技艺的传承人。

Ⅷ-126 金漆镶嵌髹饰技艺

柏德元

（编号：04-1890），男，汉族，1947年2月生，北京市人。2008年6月，金漆镶嵌髹饰技艺被列入第二批国家级非物质文化遗产名录传统技艺类，项目编号Ⅷ-126。2012年12月，柏德元入选为第四批国家级非物质文化遗产项目代表性传承人，北京市申报。柏德元是清代光绪年间宫廷漆器艺人韩启龙的第五代传人。他1962年拜老艺人王珍为师，并与其共同参加了烤断、抉断、颤断、晒断"四大断"产品的挖掘、恢复、整理工作。1983年和王珍一起研制雕填类断纹工艺取得成功，填补了此项技术的空白，现任北京金漆镶嵌有限责任公司董事长、总经理。他认为古老的艺术需要与时俱进，在金漆镶嵌方面大胆借鉴国画中的翁染、皴搜、点晕等技法，形成了水墨丹青、淡雅飘香的新风格，既有工笔之风，又有写意之法。他也在创作之余进行理论研究，在中外学术研讨会上发表了多篇论文，在报纸、杂志上发表了多篇专题性文章。其代表作品有参与设计、施工、监制的主体镶嵌"九龙壁"获中国工艺美术品"百花奖"金杯奖，大型真石点彩镶嵌壁画"伊索斯大战"获第二届中国工艺美术大师作品暨工艺美术精品博览会金奖，香山勤政殿"金漆镶嵌宝座系列工程"等。柏德元收徒4位。

Ⅷ-147 花茶制作技艺（吴裕泰茉莉花茶制作技艺）

孙丹威

（编号：04-1903），女，汉族，1957年9月生，北京市人。2011年6月，花茶制作技艺（吴裕泰茉莉花茶制作技艺）被列入第二批国家级非物质文化遗产扩展项目名录传统技艺类，项目编号Ⅷ-147。2012年12月，孙丹威入选为第四批国家级非物质文化遗产项目代表性传承人，北京市东城区申报。吴裕泰自古便有自己独到的一套茉莉花茶窨制拼配手法，一代代传人一直恪守并遵循这套拼配手法。孙丹威1997年任吴裕泰茶叶公司总经理，请第四代传人张文煜出山，教授全套吴裕泰茶叶拼配技艺。目前作为第五代技艺传承人的孙丹威在恪守传统技法的同时努力创新，曾在茶学界的最高学府浙江大学茶学系研究生班学习了"茶叶审评与检验"、"茶叶经济贸易学"等理论。其制作花茶始终坚持"自采、自窨、自拼"的原则，采用香气浓度适当、鲜度较高的茉莉花，运用采于清明前或谷雨前后、品质出众的茶坯，经过多次窨制拼和，制成的花茶具有特有的香、色、味，兼有绿茶和茉莉花茶的特点，香气持久、滋味醇厚回甘，汤色清澈明亮、耐泡。孙丹威目前正着手培养吴裕泰第六代传人，陆续招收了一些茶叶专业的本科生和硕士生。

天津

Ⅷ-88 风筝制作技艺（天津风筝魏制作技艺）

魏国秋

（编号：04-1869），男，汉族，1961年1月生，天津市人。2008年6月，风筝制作技艺（天津风筝魏制作技艺）被列入第一批国家级非物质文化遗产扩展项目名录传统技艺类，项目编号Ⅷ-88。2012年12月，魏国秋入选为第四批国家级非物质文化遗产项目代表性传承人，天津市南开区申报。魏国秋出身于"风筝魏"世家，幼年受家庭环境熏陶，18岁随祖父魏慎行、父亲魏永昌学艺，系统继承了"风筝魏"的制作技术，后进入天津工艺美术学院深造。他设计的风筝在全面继承传统手工艺的基础上，提高创新，既传统又现代。其风筝造型逼真，色彩明快艳丽，做工精细、品种多样，风筝轻巧灵便、飞行平稳。代表作品有"蝶恋花"、"百眼蝴蝶"、"雄鹰"、"小蝴蝶"、"松鹤延年"等。由于年轻人对这些传统技艺越来越疏离，因此现在魏国秋尚未找到合适的传人。

Ⅷ-115 手工制鞋技艺（老美华手工制鞋技艺）

邢俊

（编号：04-1881），男，汉族，1959年11月生，天津市和平区人。2011年6月，手工制鞋技艺（老美华手工制鞋技艺）被列入第二批国家级非物质文化遗产扩展项目名录传统技艺类，项目编号Ⅷ-115。2012年12月，邢俊入选为第四批国家级非物质文化遗产项目代表性传承人，天津市和平区申报。天津老美华手工制鞋技艺自民国初年（1912）创办，至今已近百年。其制鞋技艺主要体现在四种传统手工产品上：坤尖鞋、绣花鞋、杭元鞋和骆驼鞍鞋。邢俊是坤尖鞋的传承人，自1982年创办"荣华"鞋厂并任厂长至今，该厂成为老美华传统手工技艺坤尖鞋制作的前店后厂车间。民间公认的老美华手工制鞋技艺杭元鞋的传承人为李立和（男，汉族）。

河北

Ⅷ-10 磁州窑烧制技艺

安际衡

（编号：04-1835），男，汉族，1969年3月生。2006年5月，磁州窑烧制技艺被列入第一批国家级非物质文化遗产名录传统技艺类，项目编号Ⅷ-10。2012年12月，安际衡入选为第四批国家级非物质文化遗产项目代表性传承人，河北省峰峰矿区申报。安际衡父母都是陶瓷工人，他1993年毕业于中央美术学院壁画系，1995年创建安氏磁州窑坊，2002年将其发展成大家陶艺有限责任公司。他恢复了磁州窑手工拉坯、手工绘画、手工雕刻等传统生产工艺和装饰技法，特别是研制恢复磁州窑装饰工艺中最难的白地黑剔花等技法。收藏并保存了大量的古瓷标本，建立了磁州窑古标本资料馆。他认为对待磁州窑的装饰艺术既要复古又不能食古不化。在创作过程中，他常常将一些现代元素和材料融入其中，受到现代人的喜爱。代表作品有"吉祥荷口"、"大吉祥"、"阳春白雪"等。

山西

Ⅷ-45 家具制作技艺（晋作家具制作技艺）

曹运建

（编号：04-1846），男，汉族，1972年3月生，山西省襄汾县南贾镇东牛村人。2011年6月，家具制作技艺（晋作家具制作技艺）被列入第二批国家级非物质文化遗产扩展项目名录传统技艺类，项目编号Ⅷ-45。2012年12月，曹运建入选为第四批国家级非物质文化遗产项目代表性传承人，山西省临汾市申报。20世纪90年代初，曹运建是一名从事古典家具收购、修理和翻新的中间商。1998年在北京开了仿古家具店，随着经营规模的扩大，他又在家乡建立了唐人居古典家居文化有限公司，并于2006年注册"唐人居"商标，还创办了襄汾县仿古木器协会，和匠师们研究仿古家具的制作与创新，并帮助晋派明式家具走上产业化发展之路。为了修复残损，曹运建开始钻研家具修复，并在此行当获得了多个国家专利。逐渐对各种晋式家具的做工了如指掌。他也从一个民间的晋派明式家具传统技艺的研究人和继承人，转身为襄汾县晋派明式古典家具生产工艺研究所的负责人、山西省唐人居古典家具文化有限公司的经理。

Ⅷ-51 平遥推光漆器髹饰技艺

梁忠秀

（编号：04-1849），男，汉族，1955年11月生，山西省平遥县人。2006年5月，平遥推光漆器髹饰技艺被列入第一批国家级非物质文化遗产名录传统技艺类，项目编号Ⅷ-51。2012年12月，梁忠秀入选为第四批国家级非物质文化遗产项目代表性传承人，山西省平遥县申报。

Ⅷ-61 清徐老陈醋酿制技艺

武润威

（编号：04-1853），男，汉族，1955年3月生，山西省太原市人。2006年5月，清徐老陈醋酿制技艺被列入第一批国家级非物质文化遗产名录传统技艺类，项目编号Ⅷ-61。2012年12月，武润威入选为第四批国家级非物质文化遗产项目代表性传承人，山西省清徐县申报。武润威21岁进入酿醋行业，是清徐老陈醋酿制技艺养房谱系的第六代传人。他20世纪80年代中后期跟随该谱系第五代传人李登茂学习酿醋，当时技艺传承靠的是口传心授，武润威就以传承、搜集、保护该技艺为己任，从诸多酿醋前辈那里承袭了地缸酒精发酵、多缸式熏醅、红心大曲菌种发酵等鲜为人知的传统技艺。武润威现任山西水塔老陈醋股份有限公司总裁、总工程师。为深入研究老陈醋，他还在京组建了老陈醋生物科学研究所。目前，武润威已将老陈醋传统酿制技艺传给了12名企业员工。

Ⅷ-90 琉璃烧制技艺

乔月亮

（编号：04-1870），男，汉族，1963年7月生，山西省阳城县凤城镇后则腰村人。2008年6月，琉璃烧制技艺被列入第二批国家级非物质文化遗产名录传统技艺类，项目编号Ⅷ-90。2012年12月，乔月亮入选为第四批国家级非物质文化遗产项目代表性传承人，山西省申报。在山西省众多门派的琉璃匠师中，历史上有3家最为出名。其中阳城县后则腰村的乔家人数最多、延续时间最长，在明朝时就享有"南有景德镇，北有后则腰"的美誉。乔承传艺于崔书林，后来崔书林又传艺于乔月亮。1993年，乔月亮承包了村办建材陶瓷厂，后来他在后则腰村连任三届村委会主任、两届县人大代表，妻子崔如霞则承担起月亮陶瓷的经营重任，带领技术人员去各地学习，解决技术上的问题。该项技艺的省级非遗传承人有崔书林（男，汉族）、吕彦堂（男，汉族）。

Ⅷ-127 漆器髹饰技艺（绛州剔犀技艺）

何俊明

（编号：04-1891），男，汉族，1964年8月生，山西省闻喜县人。2011年6月，漆器髹饰技艺（绛州剔犀技艺）被列入第二批国家级非物质文化遗产扩展项目名录传统技艺类，项目编号Ⅷ-127。2012年12月，何俊明入选为第四批国家级非物质文化遗产项目代表性传承人，山西省新绛县申报。剔犀是一种漆器工艺。由于其在刀口的断面显露出不同颜色的漆层，与犀牛角横断面层层环绕的肌理效果极其相似，故得名"剔犀"。该工艺源于唐代，目前只有山西省新绛县尚存该技艺，保护单位为新绛县黄河云雕工艺厂。何俊明1979年进入山西省新绛县工艺美术厂工作，通过刻苦学习，掌握精通了"剔犀"的全套生产工艺流程，1993年又筹资开办黄河云雕工艺厂。何俊明坚持沿用古法来熬制大漆，固守使用非常难采集的天然大漆，保护了该项工艺的纯正技术。他将现代设计理念融入古老工艺设计，通过研究中国古代图腾、祥纹、壁画等艺术作品，创作出大批全新设计图稿，通过改进制作工具和雕刻手法，提高了作品的表现力。代表作品有"剔犀八方如意大鼓"、"天然大漆如意鱼盆"等。虽然何俊明目前带有一些弟子，但是剔犀技艺的传承问题仍未解决。

Ⅷ-160 传统面食制作技艺（稷山传统面点制作技艺）

王青艾

（编号：04-1907），女，汉族，1961年4月生，山西省稷山县人。2011年6月，传统面食制作技艺（稷山传统面点制作技艺）被列入第二批国家级非物质文化遗产扩展项目名录传统技艺类，项目编号Ⅷ-160。2012年12月，王青艾入选为第四批国家级非物质文化遗产项目代表性传承人，山西省稷山县申报。山西稷山赵氏四味坊麻花，系百年老字号传统食品，始创于清道光年间，王青艾是赵氏第六代传人赵天录的妻子。她与丈夫于1992年创办稷山县飞凯达食品有限公司，并重打"赵氏四味坊"的百年字号，改变过去赵氏麻花生产家庭式作坊的模式，把祖传工艺和现代技术相结合，研制开发"四味坊"品牌麻花系列产品，使赵氏麻花得以大规模生产。

Ⅷ-163 月饼传统制作技艺（郭杜林晋式月饼制作技艺）

赵光晋

（编号：04-1908），女，汉族，1952年3月生，山西省太原市人。2008年6月，月饼传统制作技艺（郭杜林晋式月饼制作技艺）被列入第二批国家级非物质文化遗产名录传统技艺类，项目编号Ⅷ-163。2012年12月，赵光晋入选为第四批国家级非物质文化遗产项目代表性传承人，山西省太原市申报。据民间口碑和相关文字资料记载，郭杜林月饼起源于清朝康熙年间，距今已经有三百多年的历史。至光绪时，郭杜林月饼已享誉山西各地，并融入传统的中秋节风俗之中。1972年至1985年，赵光晋一直在太原市副食品市场当普通糕点工人，是行业里出名的快手与劳模。1985年夏天，她被派往制作郭杜林月饼但陷入经营困境的双合成食品公司做总经理。上任后，她一方面提高产品和工人的质量，另一方面增加产品种类、发挥地方特色，着力宣传，使老字号重新焕发光彩。曾被评为"全国优秀女企业家"、中国烘焙最具有影响力的"十大人物"。

Ⅷ-209 雁门民居营造技艺

杨贵庭

（编号：04-1932），男，汉族，1948年1月生，山西省代县任家村人。2011年6月，雁门民居营造技艺被列入第三批国家级非物质文化遗产名录传统技艺类，项目编号Ⅷ-209。2012年12月，杨贵庭入选为第四批国家级非物质文化遗产项目代表性传承人，山西省忻州市申报。杨贵庭出身于木匠世家，祖辈都以建造宫廷庙宇、亭台楼阁、豪门宅院为主。他自幼随父学习木工技艺，18岁成为掌尺师傅，现在是杨氏古建筑工程有限公司董事长。该公司的施工队是由传承束带的木工世家子孙所组成的。他设计施工的工程，布局合理、结构严谨、博采众长、推陈出新，结合现代科学技术，将杨氏传统工艺提高到一个新水平。其作品以精巧的雕刻艺术及因材施工、随料造型的应变能力而享有盛誉。代表作品有承建代县文庙大成门、赵杲观三佛殿、杨忠武祠颂德楼、白人岩建筑群、代县古楼前后牌楼、雁门关关楼以及沈阳世博园牌楼等。雁门杨氏木工技艺主要靠父子、师徒传承，传承方法以口传心授为主，并不断吸纳古建筑精英人才，聘请民间精英木工、泥工以充实和传承技艺。目前杨贵庭的传承人为其儿子杨美恩。

内蒙古

Ⅷ-124 民族乐器制作技艺（蒙古族拉弦乐器制作技艺）

哈达

（编号：04-1886），男，蒙古族，1962年4月生，内蒙古自治区科尔沁右翼中旗人。2011年6月，民族乐器制作技艺（蒙古族拉弦乐器制作技艺）被列入第二批国家级非物质文化遗产扩展项目名录传统技艺类，项目编号Ⅷ-124。2012年12月，哈达入选为第四批国家级非物质文化遗产项目代表性传承人，内蒙古自治区科尔沁右翼中旗申报。哈达是科右中旗乌兰牧骑马头琴、四胡演奏员。他深受蒙古族乐器制作大师占巴的徒弟图布新、图门乌力吉、胡日沁毕力格等老一辈艺人的影响，喜爱蒙古族乐器制作。20世纪90年代起，他利用工作之便拜师学艺，开始自己制作拉弦乐器潮尔、马头琴和大小四胡等。后来，他在全旗首创胡琴制作厂家——艾吉马民族乐器厂，带领十几名乐工，继承传统工艺，开发研制出多种品类，大胆研制了倍低音四胡，填补了蒙古族四胡没有超低音的空白。哈达从2000年开始举办蒙古族拉弦乐器制作技艺培训班20余次，现有27个徒弟，致力于蒙古族拉弦乐器制作技艺的传承。

自治区级蒙古族拉弦乐器制作工艺代表性传承人为科右中旗代钦塔拉苏木（乡）的胡庆海（男，汉族）。

Ⅷ-181 蒙古包营造技艺

呼森格

（编号：04-1915），男，蒙古族，1942年8月生，内蒙古自治区乌珠穆沁旗巴音华镇兴安嘎查人。2008 年 6 月，蒙古包营造技艺被列入第二批国家级非物质文化遗产名录传统技艺类，项目编号 Ⅷ-181。2012 年 12 月，呼森格入选为第四批国家级非物质文化遗产项目代表性传承人，内蒙古自治区西乌珠穆沁旗申报。有上百年历史的乌珠穆沁传统游牧生活所使用的四块哈那蒙古包一直保持着蒙古包的大小尺寸，所有部件纯手工制作，具有耐用、耐寒、易装、易拆、易运输等特点。呼森格自幼受到父亲的影响，喜欢制作乌珠穆沁传统手工艺。他曾跟随父亲和附近多名传统老工艺人学习，掌握了木工手工制作、毛毡制作、缝织、图案装饰、鬃绳制作等纯手工技艺。呼森格称，在其制作蒙古包的 40 多年里，曾经培养出许多徒弟，如同乡的扎木德苏荣、苏伊拉图、陶格陶等。但现在已经没有人主动学习该项技艺，也没有人能完全用传统工艺制作蒙古包，该项技艺面临失传的危机。

黑龙江

Ⅷ-83 桦树皮制作技艺（鄂伦春族桦树皮船制作技艺）

郭宝林

（编号：04-1865），男，鄂伦春族，1945 年 10 月生，黑龙江省鄂伦春自治旗人。2008 年 6 月，桦树皮制作技艺（鄂伦春族桦树皮船制作技艺）被列入第一批国家级非物质文化遗产扩展项目名录传统技艺类，项目编号 Ⅷ-83。2012 年 12 月，郭宝林入选为第四批国家级非物质文化遗产项目代表性传承人，黑龙江省大兴安岭地区申报。郭宝林祖辈世代以制作桦树皮船为生，他自幼跟随父亲郭闹开学习传统手工制作桦树皮船技艺。他手工技法精湛，凭借着丰厚的民间学识和多年的实践与探索，形成了独特

的造船风格，饱受当地人们的赞扬。由于大、小兴安岭的自然环境遭到严重破坏，原生桦树林几近灭绝。没有成熟的桦树，就意味着无法制作桦树皮船，而且随着铁船的发展，掌握桦树皮船制作技艺的人越来越少。因此，郭宝林和那敏合著《桦树皮船制作技艺传承人——郭宝林》，将其精湛的桦树皮船制作技艺记录下来，以期将这项古老的技艺流传下去。

上海

Ⅷ-73 徽墨制作技艺（曹素功墨锭制作技艺）

鲁建庆

（编号：04-1859），男，汉族，1952 年 3 月生，上海市闸北区人。2011 年 6 月，徽墨制作技艺（曹素功墨锭制作技艺）被列入第二批国家级非物质文化遗产扩展项目名录传统技艺类，项目编号 Ⅷ-73。2012 年 12 月，鲁建庆入选为第四批国家级非物质文化遗产项目代表性传承人，上海市黄浦区申报。鲁建庆是中国文房四宝制墨艺术大师，清代四大制墨名家之一曹素功的第十四代传人，现任上海徽歙曹素功墨厂（原上海墨厂）厂长。鲁建庆 1978 年进墨厂当学徒，跟随程加臣学习制墨，是师兄弟中现在唯一留下做墨的人。他的墨厂主要经营老周虎臣毛笔、曹素功墨汁和墨锭，希望将曹素功这个中华老字号发扬光大。目前鲁建庆已经通过签订师徒协议培养后继人才。

Ⅷ-117 金银细工制作技艺

张心一

（编号：04-1882），男，汉族，1958 年 2

月生，上海市人。2008年6月，金银细工制作技艺被列入第二批国家级非物质文化遗产名录传统技艺类，项目编号Ⅷ-117。2012年12月，张心一入选为第四批国家级非物质文化遗产项目代表性传承人，上海市黄浦区申报。张心一出身于上海著名中医世家，但是从小喜欢摆弄书画古玩，酷爱临摹。1975年，张心一被上海金属工艺一厂中学录取，毕业后被分配到老凤祥大件组工作，跟随两名技艺高超的师傅学艺。他善于从生活细节中寻找创作灵感，作品风格大胆洒脱。1993年获"中国工艺美术大师"称号。代表作品有"蛇革项圈"、"盛世观音"、"飘逸"等，其中"飘逸"在1990年中国工艺美术品百花奖优秀创作设计一等奖。目前张心一收有两名徒弟：王伟成（男，汉族）和吴倍青（男，汉族）。

Ⅷ-124 民族乐器制作技艺（上海民族乐器制作技艺）

徐振高

（编号：04-1887），男，汉族，1933年11月生，上海市人。2011年6月，民族乐器制作技艺（上海民族乐器制作技艺）被列入第二批国家级非物质文化遗产扩展项目名录传统技艺类，项目编号Ⅷ-124。2012年12月，徐振高入选为第四批国家级非物质文化遗产项目代表性传承人，上海市闵行区申报。徐振高10岁时在上海做学徒，1952年起从事乐器制作，1958年进入上海民族乐器一厂，次年开始从事古筝制作。他学艺勤恳，尽得师傅廖金林的真传，全盘继承其技艺德行并发扬光大，不断探索创新，对古筝的形状进行了多种改良，创制除了十六根弦、十八根弦、十九根弦到二十一根弦的古筝，大大改革了古筝外观，对古筝的形状和装饰，以及琴弦都进行了创新和改良，实现了古筝制作技艺发展的蜕变，被业内誉为"古筝之父"，是我国目前唯一一位古筝制作高级技师。徐振

高从20世纪70年代开始带徒弟，倾囊而授，点滴不漏，培养出了100多名徒弟。

以廖金林为第一代传承人，徐振高为第二代，第三代传承人有：李素芳、胡国平、田建峥、袁昌明。第四代传承人有：徐庭友、张荣彪、徐庭东、徐进。

Ⅷ-193 中式服装制作技艺（龙凤旗袍手工制作技艺）

徐永良

（编号：04-1921），男，汉族，1965年5月生，上海市人。2011年6月，中式服装制作技艺（龙凤旗袍手工制作技艺）被列入第三批国家级非物质文化遗产名录传统技艺类，项目编号Ⅷ-193。2012年12月，徐永良入选为第四批国家级非物质文化遗产项目代表性传承人，上海市静安区申报。龙凤旗袍由第一代传人朱林清创建，以精美的旗袍闻名全国，并于1993年成为全国商贸部任命的第一批"中华老字号企业"之一。徐永良1985年进入公司，是龙凤旗袍第三代传承人。他全面掌握了苏广成衣铺的精华，将"镶、嵌、滚、宕、盘、绣"旗袍制作工艺巧妙地运用到当今的旗袍服饰中，使旗袍兼具传统和现代的特征和美感。目前龙凤旗袍店已将成衣的各种款式制成相册，将盘扣做成实物，并开辟出专用于传承人培养的场地，传承人以传帮带的形式培养新生力量。

Ⅷ-193 中式服装制作技艺（亨生奉帮裁缝技艺）

林瑞祥

（编号：04-1922），男，汉族，1931年2月生，上海市人。2011年6月，中式服装制作技艺（亨生奉帮裁缝技艺）被列入第三批国家级非物质文化遗产名录传统技艺类，项目编号Ⅷ-193。2012

年 12 月，林瑞祥入选为第四批国家级非物质文化遗产项目代表性传承人，上海市静安区申报。"亨生"是正宗奉帮裁缝的传承者之一，创建于 1929 年春，奉帮裁缝出身的徐继生与人合伙开设，以西服制作为主。林瑞祥是该技艺第二代传人，徐继生长子徐馀章的徒弟。林瑞祥等人在继承传统技艺的基础上，结合时代新潮元素，既吸收了绅士派英美款式，又保持罗宋派东欧版式，形成了"亨生"独有的"少壮新潮派"款型特色，即线条流畅，领、胸、腰等部位平展舒适，合身裹袖，挺括健美。林瑞祥主持设计制作的服装在上海市历届服装展评会上，曾 12 次名列榜首。该技艺第三代传人除了林瑞祥外，还有徐俊馥、肖文浩等，其中肖文浩是第二批上海市静安区非物质文化遗产项目代表性传承人。林瑞祥也培养了一批新"亨生人"，成为"亨生"的骨干。

Ⅷ -200 毛笔制作技艺（周虎臣毛笔制作技艺）

吴庆春

（编号：04-1928），男，汉族，1961 年 3 月生。2011 年 6 月，毛笔制作技艺（周虎臣毛笔制作技艺）被列入第三批国家级非物质文化遗产名录传统技艺类，项目编号Ⅷ -200。2012 年 12 月，吴庆春入选为第四批国家级非物质文化遗产项目代表性传承人，上海市黄浦区申报。 吴庆春 1979 年进入笔厂，先师从水盆技师严琴学先生从艺三年，后转学刻字，师从周虎臣第十代传人刻字技师雪莲先生，是周虎臣第十一代传人。他将书法功底与刻字技艺相互融合，使之相得益彰，能在不同材质、不同粗细的笔杆上雕刻，运刀自如，字体俊秀。尤其是在象牙胎发笔杆刻字方面独树一帜，是笔厂唯一指定胎发笔的刻字师。2008 年北京奥运会特许商品周虎臣"龙凤对笔"由吴庆春篆刻，作品已入藏国家博物馆。

吴庆春带有徒弟吴竹林、金党红、项菊弟等。

江苏

Ⅷ -1 宜兴紫砂陶制作技艺

徐秀棠

（编号：04-1823），男，汉族，1937 年 12 月生，江苏省宜兴市人。2006 年 5 月，宜兴紫砂陶制作技艺被列入第一批国家级非物质文化遗产名录传统技艺类，项目编号Ⅷ -1。2012 年 12 月，徐秀棠入选为第四批国家级非物质文化遗产项目代表性传承人，江苏省宜兴市申报。徐秀棠出身于江苏宜兴蜀山紫砂世家，是著名陶瓷大师徐汉棠的胞弟。他幼年随父徐祖纯学艺，1954 年拜紫砂陶刻著名艺人任淦庭为师，并于 1955 年入蜀山陶业生产合作社（紫砂工艺厂前身），后得大师顾景舟教导。1958 年他参加轻工部与中央工艺美术学院举办的"中国民间雕塑研究班"，结业后转入"中央工艺美术学院泥人张（张景祜）"工作室学习彩塑，1959 年回紫砂工艺厂从事陶刻陶艺创作，主攻紫砂雕塑。他对中国古代陶瓷艺术史有较深的研究，其陶刻融汇了书画和铭文的美感；壶艺造型新颖，古朴大方；雕塑更是宜兴陶雕开宗立派之人，形成了独特的风格，是紫砂史上的全才。代表作品有"坐八怪"、"雪舟学画"、"丙寅大吉"、"不朽的生命"等。他收有徒弟陈建平、史小明、徐立、蒋才源、徐青、葛烜、黄旭峰、夏立、史学明、赵洪生等。1996 年，徐秀棠成立了长乐陶庄，制作、传承和陈列紫砂陶艺。

吕尧臣

（编号：04-1824），男，汉族，1940 年 12 月生，江苏省宜兴市人。2006 年 5 月，宜兴紫砂陶制作技艺被列入第一批国家级非物质文化遗产名录传统技艺类，项目编号Ⅷ-1。2012年12月，吕尧臣入选为第四批国家级非物质文化遗产项目代表性传承人，江苏省宜兴市申报。1958年，吕尧臣进紫砂工艺厂随吴云根学艺，1970年开始从事紫砂造型设计。他独创的"吕氏绞泥"出神入化，色彩变化多端，纹路流畅自然，改变了紫砂陶艺原有的内涵和形式，在海外有"壶艺魔术师"之称。他善于博采众长，汲古集今，其作品风格清秀古朴、劲健老辣，兼具传统基础的深度和现代感，并顾及实用性。如《竹炉茶具》、《竹圈酒具》、《玉带壶》等作品屡获全国陶瓷美术评比金奖、银奖。其他代表作品有《玉屏移山壶》、《逸者寿壶》、《人体系列》等紫砂作品。吕尧臣徒弟众多，近年来收的徒弟有樊笑、承诺、高仕军等。

Ⅷ-24 南通蓝印花布印染技艺

王振兴

（编号：04-1839），男，汉族，1939年5月生，江苏省通州市二甲镇人。2006年5月，南通蓝印花布印染技艺被列入第一批国家级非物质文化遗产名录传统技艺类，项目编号Ⅷ-24，江苏省南通市申报。2012年12月，王振兴入选为第四批国家级非物质文化遗产项目代表性传承人。王振兴是南通蓝印花布的第六代传人。他从18岁起当学徒，学习蓝印花布印染的相关技术。1990年从二甲印染厂退休后，他于1995年带领三个儿子及其媳妇创办了"建烽蓝印工艺品厂"，即"正兴染坊"。王振兴一直坚持从中草药中提取靛蓝，用其染成的布料色泽纯正、牢固度稳定、久洗不易褪色。目前在中国，采用纯天然植物靛蓝染色的仅王振兴一家。为了增加蓝印花布的美感，王振兴还不断改进工艺，首创深蓝、中蓝、浅蓝三种颜色，改变了单一的色调。蓝印花布的花型，也从原来的10多种发展

到300余种。王振兴的三个儿子王建烽、王建勇、王建炜以及三个儿媳，都是其印染技艺的传承人，"正兴染坊"也被确定为南通蓝印花布印染技艺传承基地。

Ⅷ-45 家具制作技艺（精细木作技艺）

杨金荣

（编号：04-1847），男，汉族，1950年2月生，江苏省南京市人。2011年6月，家具制作技艺（精细木作技艺）被列入第二批国家级非物质文化遗产扩展项目名录传统技艺类，项目编号Ⅷ-45。2012年12月，杨金荣入选为第四批国家级非物质文化遗产项目代表性传承人，江苏工美红木文化艺术研究所申报。杨金荣最早是因为中国改革开放以后需要用红木艺术品来换取外汇而投身此事业的。他从头学起，在实践中积累，接触到红木最根本的第一线的东西，包括木材、制作、工艺、生产、刀具等。后来他发现红木制作缺乏高端理论定位，就将自己三十余年的经验提升为红木理论，创造了"红木概论"的系统理论，主要内容包括"红木文化艺术载体论"、"三大属性论"、"红木艺术价值论"、"红木艺术审美原则论"以及"'红木学'研究及其学科分类"等一系列重要而十分独特的学术新理论成果，以木材、制品、艺术和文化四个方面来描述红木文化，即他提倡经济、科学手段为红木文化服务，使红木文化得以延续。杨金荣现任江苏工美红木文化研究所所长，中国"红木制品"国家最高司法鉴定责任人。

Ⅷ-79 金陵刻经印刷技艺

马萌青

（编号：04-1863），男，回族，1963年9月生，江苏省南京市人。2006年5月，金陵刻

经印刷技艺被列入第一批国家级非物质文化遗产名录传统技艺类，项目编号Ⅷ-79。2012年12月，马萌青入选为第四批国家级非物质文化遗产项目代表性传承人，江苏省南京市申报。1981年，马萌青以学徒身份进入金陵刻经处。他做事用心、悟性高，最终掌握了金陵刻经印刷技艺，成为该代学徒中唯一留下的人，其补经技艺无人可及。马萌青曾收有一些徒弟，但都最终因无法坚持下去而放弃。他的徒弟邓清之（女，汉族）是金陵刻经处第六代弟子中唯一坚持下来的一个。

Ⅷ-81 制扇技艺

邢伟中

（编号：04-1864），男，汉族，1954年8月生，江苏省苏州市人。2006年5月，制扇技艺被列入第一批国家级非物质文化遗产名录传统技艺类，项目编号Ⅷ-81。2012年12月，邢伟中入选为第四批国家级非物质文化遗产项目代表性传承人，江苏省苏州市申报。邢伟中1976年毕业于南京师范大学美术系，后师从周天民学习绘画，曾从业于苏州檀香扇厂。2002年，调任苏州工艺美术博物馆副馆长。他长期从事檀香扇创作设计工作，成立了邢伟中制扇工作室。其代表作品：大型沉香、檀香"九龙"宫扇、黑檀浅刻描金折扇"贵妃出巡图"，获第六届中国工艺美术大师作品暨工艺美术精品博览会"百花杯"中国工艺美术精品奖金奖；象牙全拉花折扇"香洲春晓"、大型双面异样拉烫檀香扇"人文荟萃·歌舞升平"、"姑苏名胜拙政园·狮子林"等。2012年邢伟中获"中国工艺美术大师"称号。据他称，檀香扇技艺由于工艺复杂，技艺学成需要很多年，因此学徒流失情况严重。

Ⅷ-124 民族乐器制作技艺（苏州民族乐器制作技艺）

封明君

（编号：04-1888），男，汉族，1936年8月生，江苏省苏州市人。2008年6月，民族乐器制作技艺（苏州民族乐器制作技艺）被列入第二批国家级非物质文化遗产名录传统技艺类，项目编号Ⅷ-124。2012年12月，封明君入选为第四批国家级非物质文化遗产项目代表性传承人，江苏省苏州市申报。封明君1947年进入吴趋坊的作坊里学艺，拜二胡制作大师吕伟康为师；1954年，随师傅进入苏州乐器生产合作社；1958年进入苏州民族乐器一厂。封明君多年来致力于民族拉弦、弹拨乐器的制作实践，尤以制作二胡、古筝见长。他木工技艺精湛，能对不同质地、厚薄的皮膜和不同纹理、质地、部位的木材对乐器发音的效果进行深入的分析、研究和探讨，恰到好处地利用。封明君带有6个徒弟，学艺时间均在18年以上。

苏州民族乐器制作技艺历史悠久，自1954年成立苏州民族乐器一厂以来都是以单位群体传承为主。其第一代技艺人员主要有周荣庭、唐寅昌、刘夕浩、张子锐、吕伟康、蒋柏松、邵满生、邱耀清等；第二代技艺人员主要有陆荣根、袁雪根、吴太源、王瑞泉、沈德卿、邹叙生、严根山、李兆霖、陆福言、贾耀亮、张文俭等；第三代技艺人员主要有：王国兴、朱一鸣等。

Ⅷ-136 装裱修复技艺（苏州书画装裱修复技艺）

范广畴

（编号：04-1896），男，汉族，1936年9月生，江苏省常熟市人。2011年6月，装裱修复技艺（苏州书画装裱修复技艺）被列入第二批国家非物质文化遗产扩展项目名录传统技艺类，项目编号Ⅷ-136。2012年12月，范广畴入选为第四批国家级非物质文化遗产项目代表性传承人，江苏省苏州市申报。范广畴19岁进入"苏裱"这一行当，在一家装裱店里帮忙；1956年，"裱画第一生产合作小组"成立，他正式入门，拜谢根宝为师。范广畴曾在中国苏绣艺术博物馆工作，长期从事苏裱艺术和收复古画等工作，技艺高超。先后为上海、天津、南京、湖南、南通、苏州等博物馆修复古代书画。曾修复石涛的《梅花图》。他认为在苏裱行业，不仅要有技术，更要做个有心人，对中国悠久的文化历史有一定的了解。只有技术、耐心、文化、兴趣四者结合，才能做好苏裱工作。目前他身边已经有了十余名徒弟，但他还是想找到一两位最有禀赋的学生。

现在苏州该项技艺的传承人分为两代：上一代有纪国钧、连海泉、谢根宝、马炳辉等，这一代有范广畴、纪森发、纪森荣、谢光耀等。

Ⅷ-200 毛笔制作技艺（扬州毛笔制作技艺）

石庆鹏

（编号：04-1929），男，汉族，1948年8月生，江苏省江都市大桥镇人。2011年6月，毛笔制作技艺（扬州毛笔制作技艺）被列入第三批国家级非物质文化遗产名录传统技艺类，项目编号Ⅷ-200。2012年12月，石庆鹏入选为第四批国家级非物质文化遗产项目代表性传承人，江苏省江都市申报。石庆鹏作为家中长子，17岁进入当地制笔厂当学徒，拜花荡村制笔世家任氏的第八代传人朱恩华、朱仲山为师，是任氏第九代传人。后来他借调到江都毛笔厂，跟随吴安林又学习了很多制笔技艺。2011年他制成巨型毛笔"中华笔魁"。他1982年创建江都国画笔厂，他们生产的"龙川牌"毛笔多次荣获"国家金奖"和"国际金奖"，被誉为"国之宝"。江都国画笔厂原有制笔工人130人，但是现在只剩下二三十人，技艺传承成为问题，尚未找到真正的传人。过去毛笔制作技艺"只传内，不传外"，在家族内部传授，后来这条规矩被打破。

浙江

Ⅷ-9 龙泉青瓷烧制技艺

夏侯文

（编号：04-1833），男，汉族，1935年8月生，江西省分宜县人。2006年5月，龙泉青瓷烧制技艺被列入第一批国家级非物质文化遗产名录传统技艺类，项目编号Ⅷ-9。2012年12月，夏侯文入选为第四批国家级非物质文化遗产项目代表性传承人，浙江省龙泉市申报。1963年夏侯文毕业于景德镇陶瓷学院美术系彩绘专业，同年被分配到浙江省的龙泉瓷厂工作，从此与龙泉青瓷结缘。他不仅解决了诸多技术性难题，还实现了龙泉青瓷从古朴大气到隽永精巧的现代美感的延伸与跨越。他还恢复了失传的"粉青釉"和"梅子青釉"，并创造性地研发出青瓷"釉下彩"工艺，创造了青瓷新的历史。此外，还创制薄胎青瓷，开创哥窑、弟窑结合的胎色绘画工艺，研制"青瓷玲珑"，制成"哥窑象形开片瓷"。代表作品有"双鱼洗"、"仿古莲花碗"、哥窑"龙纹盘"等。在他的传承与创新中，龙泉青瓷成为目前全球第一个也是唯一入选"人类非物质文化遗产代表作名录"的陶瓷类项目。夏侯文成立了夏侯文龙泉窑研究所，他的儿子（夏侯辉、夏侯水平）和儿媳（叶霞）都继承了他的衣钵，另有很多人也跟从夏侯文学艺。

毛正聪

（编号：04-1834），男，汉族，1940 年 10 月生，浙江省龙泉市人。2006 年 5 月，龙泉青瓷烧制技艺被列入第一批国家级非物质文化遗产名录传统技艺类，项目编号Ⅷ-9。2012 年 12 月，毛正聪入选为第四批国家级非物质文化遗产项目代表性传承人，浙江省龙泉市申报。毛正聪 9 岁丧父，后来独自一人到陶瓷厂做学徒，在 1957 年的时候开始接触青瓷，曾师从浙江美院高建新学习人物造型雕塑。他继承古老传统工艺，尤其对哥窑文片艺术研究有新的突破，抽象文片艺术，千奇百态，既像非像，作品别具一格。1965 年创造半自动修胚机，属国内首创。其作品造型简洁、典雅大气、釉层丰厚、质感细腻滋润如玉，创当代青瓷较高的境界。代表作品有"61 厘米哥窑迎宾盘"、"5 寸莲口碗"、"30 厘米腾龙盘"、"7 寸紫光盘"、"双鱼艺术盘"、"叶纹尊"等。传承人有儿子毛伟杰，女儿毛一珍和女婿蒋小红。因为其在龙泉青瓷烧制技艺的传承上有突出贡献，2013 年获"第二届中华非遗传承人薪传奖"。

Ⅷ-53 天台山干漆夹苎技艺

汤春甫

（编号：04-1850），男，汉族，1952 年 9 月生，浙江省天台县人。2006 年 5 月，天台山干漆夹苎技艺被列入第一批国家级非物质文化遗产名录传统技艺类，项目编号Ⅷ-53。2012 年 12 月，汤春甫入选为第四批国家级非物质文化遗产项目代表性传承人，浙江省天台县申报。汤春甫出身于贫民家庭，7 岁时父亲离世，12 岁时来到天台山华顶寺跟随老艺僧释广弘学艺并很快掌握了木雕和油漆的基本功，6 年后正式出师，自立门户，从事木雕相关工作。20 世纪 80 年代他独自开办佛像制作工厂，到 90 年代中期，

他修建了工厂"中华佛教城"。他的作品既有东方的造型，也有西方的细节，强调细部在艺术工作中的作用。汤春甫还总结出"干漆夹苎法"的 48 道工序，168 道工艺流程，使得这项主要通过口传身授、师承相传、没有任何文字记载、几乎濒危失传的手工技艺得以重生。从 20 世纪 80 年代至今，汤春甫三十多年来创作的作品前后分别荣获国际、国家级金奖三十六次，被多个国家收藏。获"中国工艺美术大师"称号。代表作品："千手观音"佛像，获 1999 年全国工艺美术"世纪杯"大展金奖，被北京故宫博物院收藏。至今他已收取数十名徒弟并坚持每年至少在工作室里工作三个月，比较知名的徒弟为郑丙瑞、金红初等。

Ⅷ-67 皮纸制作技艺（龙游皮纸制作技艺）

万爱珠

（编号：04-1855），女，汉族，1951 年 4 月生，浙江省龙游县人。2011 年 6 月，皮纸制作技艺（龙游皮纸制作技艺）被列入第二批国家级非物质文化遗产扩展项目名录传统技艺类，项目编号Ⅷ-67。2012 年 12 月，万爱珠入选为第四批国家级非物质文化遗产项目代表性传承人，浙江省龙游县申报。万爱珠于 1972 年进入龙游宣纸厂的前身龙游沐尘造纸社，跟随毛华根、毛元福等老一辈造纸师傅学习皮纸制作。先后掌握了原材料制作，各式皮纸的捞制、炸纸、焙纸、检纸等全套技艺。其后，她在单位带出的十多名徒弟都成为优秀的皮纸师傅。20 世纪 90 年代，万爱珠成立了自己的公司并兼任董事长与厂长，开展皮纸制作技艺的规模化培训，每年都有十几名新人被招进厂里做学徒，到目前能熟练掌握龙游皮纸制作的工人已达四百余人。万爱珠始终坚持手工制作龙游皮纸，生产出了一大批优质的产品，如古艺国色皮纸、画仙纸、山桠

皮纸、雁皮纸等。

Ⅷ-71 竹纸制作技艺

李法儿

（编号：04-1858），男，汉族，1950年8月生，浙江省富阳市湖源乡人。2006年5月，竹纸制作技艺被列入第一批国家级非物质文化遗产名录传统技艺类，项目编号Ⅷ-71。2012年12月，李法儿入选为第四批国家级非物质文化遗产项目代表性传承人，浙江省富阳市申报。李法儿家祖祖辈辈均以做元书纸为生，他也从小耳濡目染，学习造纸。经过数年对书法家和画家的走访以及自己的钻研，成功地从传统小规格工艺基础相继开发出大规格、特大规格元书纸。他还发明了白色的元书纸，打造了富阳竹纸规格最全、规模最大的传统手工艺生产基地。同时，他解决了竹纸发灰的特大难题，生产的元书纸落笔更圆润、色泽更丰富，许多书画作家都对他的纸给予了高度评价。传承人为其儿子李军伟。

备注：为了保护传统造纸文化，浙江省富阳市评出七个传统造纸文化村：湖源乡新三村、新二村，灵桥镇蔡家坞村、山基村、新华村，大源镇大同村、骆村。这些村落均具有传统造纸的悠久历史，历史上出现过竹纸名品，在当地有传统造纸遗迹、拥有一批传统造纸老艺人、目前竹纸生产拥有一定的规模、境内竹林资源丰富、竹乡风貌保持完好等特点。

Ⅷ-137 传统木船制造技艺

岑国和

（编号：04-1900），男，汉族，1956年1月生，浙江省舟山市人。2008年6月，传统木船制造技艺被列入第二批国家级非物质文化遗产名录传统技艺类，项目编号Ⅷ-137。2012年12月，岑国和入选为第四批国家级非物质文化遗产项目代表性传承人，浙江省舟山市普陀区申报。岑国和出身于木船制作世家，他所属的岑氏木船作坊是由岑家太爷岑明锡于1900年创建的，曾经历岑国和祖父岑阿友和父亲岑全富两代。岑国和1975年完成中学学业后投身造船行业，跟随父亲岑全富学习造船传统手艺，是岑氏造船世家第四代传人。在研究造船技艺的过程中，他努力创新，提出的"传统工艺与现代游艇结合"及"木包钢"的两项造船技术自运用以来深受国内外专家及客户好评。代表作品有他带领作坊打造、复原的浙江乌船"绿眉毛"号，仿清木帆船"安福舻"号等。该技艺的传承人还有他的弟弟岑国武。

Ⅷ-187 越窑青瓷烧制技艺

嵇锡贵

（编号：04-1917），女，汉族，1941年12月生，浙江省湖州市人。2011年6月，越窑青瓷烧制技艺被列入第三批国家级非物质文化遗产名录传统技艺类，项目编号Ⅷ-187。2012年12月，嵇锡贵入选为第四批国家级非物质文化遗产项目代表性传承人，浙江省杭州市申报。嵇锡贵1965年毕业于景德镇陶瓷学院美术系陶瓷设计专业，陶瓷彩绘师承景德镇"珠山八友"老艺人，工笔国画师承中国美术学院邓白教授。其作品擅长博采众长，不拘一格，在传统基础上推陈出新，古为今用，将中国画的人物、山水、花鸟的传统笔墨灵活地运用到陶瓷彩绘中，能工能写，能简能繁，有韵有神，以功力深厚，风格多样，精巧瑰丽，享誉陶瓷艺术界。曾参与中南海用瓷"7501"的设计制作。她的作品多次获得国际和国家级大奖，多件作品被中国工艺美术馆和中国国家博物馆收藏。获"中国工艺美术大师"的称号。代表作品"青花斗彩牡丹瓶"、"梅花小鸟瓶"、"山果"等。目前她的第一批包括大女儿郭艺在内的四名徒弟已经出师，其他的徒弟尚在学习中。

Ⅷ-193 中式服装制作技艺（振兴祥中式服装制作技艺）

包文其

（编号：04-1923），男，汉族，1951年9月生，浙江省杭州市人。2011年6月，中式服装制作技艺（振兴祥中式服装制作技艺）被列入第三批国家级非物质文化遗产名录传统技艺类，项目编号Ⅷ-193。2012年12月，包文其入选为第四批国家级非物质文化遗产项目代表性传承人，浙江省杭州市申报。利民中式服装厂前身是"振兴祥"成衣铺，1922年由翁泰校开办，包文其就是该厂现在的厂长，也是振兴祥中式服装制作技艺的第六代传承人。他稔熟于丝绸面料的性质，熟练掌握丝绸服装和中式服装的各道工序。对振兴祥中式服装制作技艺进行了整理、归类和补缺。目前，由于现代人的审美观念大大改变，传统服装的受众只是少数，该厂的经营已经陷入困境，传统技艺的传承也成为一个艰巨的问题，如何维持工厂生存和技艺传承的问题，尚待解决。

备注：振兴祥中式服装传承谱系：金德富—翁泰校—陈炳祥—王兰英—童金感—包其文。

安徽

Ⅷ-39 芜湖铁画锻制技艺

储金霞

（编号：04-1841），女，汉族，1945年11月生，安徽省芜湖市人。2006年5月，芜湖铁画锻制技艺被列入第一批国家级非物质文化遗产名录传统技艺类，项目编号Ⅷ-39。2012年12月，储金霞入选为第四批国家级非物质文化遗产项目代表性传承人，安徽省芜湖市申报。储金霞是铁画大师储炎庆长女，芜湖铁画第五代正宗传人。她自幼受父亲熏陶，16岁开始跟随父亲学习铁画技艺。她在继承父亲精湛技艺的基础上对铁画加以改进发扬，创新使用淬火、叠锻的技艺，鸿篇巨幅和精美小品都游刃有余。其作品造型优美，意境深远，在融入女性特有的细腻后，形成了自己的独特风格。她先后筹资成立了铁画研究所、储氏铁画工艺厂、储氏铁画工艺品销售中心，开发了许多铁画新品种，将铁画技艺发扬光大。是安徽省获得"中国工艺美术大师"称号的唯一女性，也是铁画历史上第一个女传人。代表作品有《铁画系列作品》、《中华颂》、《迎客松》等。目前，储金霞已培养包括其女儿在内的数十名传人。

Ⅷ-70 桑皮纸制作技艺

刘同烟

（编号：04-1857），男，汉族，1964年11月生，安徽省潜山县人。2008年6月，桑皮纸制作技艺被列入第一批国家级非物质文化遗产扩展项目名录传统技艺类，项目编号Ⅷ-70。2012年12月，刘同烟入选为第四批国家级非物质文化遗产项目代表性传承人，安徽省潜山县申报。刘同烟初中毕业后即从事生产纯手工桑皮纸生产，2001年到泾县学习宣纸技术，2002年为北京档案馆和图书馆生产古书、档案、修复用的特薄桑皮纸。刘同烟采用古式一人捞法，配料为100%的纯桑皮，其技艺特点主要体现在选料、蒸煮、水漂、下纸药等方面。他生产的桑皮纸原料加工采取晒、洗、煮、漂、锻、烘等手工制作法，没有具体的理化指标，全靠经验，把握火候，教学也是口传心授，靠悟性学习。他所在的星杰桑皮纸有限公司除他外,还有省级传承人2人,分别是刘绍成(男,汉族,1973年11月生)和陈爱容(女,汉族,1966年9月生),县级传承人20人。

Ⅷ-74 歙砚制作技艺

王祖伟

(编号:04-1860),男,汉族,1964年11月生,安徽省黄山市歙县人。2006年5月,歙砚制作技艺被列入第一批国家级非物质文化遗产名录传统技艺类,项目编号Ⅷ-74,安徽省歙县申报。2012年12月,王祖伟入选为第四批国家级非物质文化遗产项目代表性传承人。王祖伟工砚雕,擅书画,精砖、木、竹、石刻。他从歙县行知中学毕业后,到歙县工艺厂当学徒,因学业突出,故进入砚雕艺术家胡震龙先生工作的车间并成为其关门弟子,后来又娶了胡老的爱女兼学徒胡菲。王祖伟的作品构思巧妙,独具匠心,大气磅礴、文气凝重,体现了歙砚文化的原汁原味和博大精深;讲究传统与现代的兼容并序、先天与后天的和谐统一;注重诗、书、画、印、雕的五位一炉和文学、艺术、美学、哲学的相统一;强调实用、观赏、收藏于一体。他的作品器道交融、神妙绝伦之作有"寸砚寸金"之说。因而在砚林有"鬼斧神工"之誉。代表作品有"曙光初照万花红"砚、"奇峰秀石"砚、"虚中洁外"砚、"日破云涛万里红"砚、"九九归一"砚、"羲之赏鹅"砚、"蓬莱仙阁"砚等。

Ⅷ-130 宣笔制作技艺

张文年

(编号:04-1894),男,汉族,1968年2月生,安徽省宣城市人。2008年6月,宣笔制作技艺被列入第二批国家级非物质文化遗产名录传统技艺类,项目编号Ⅷ-130。2012年12月,张文年入选为第四批国家级非物质文化遗产项目代表性传承人,安徽省宣城市申报。张文年出身于宣笔制作世家,自幼受家庭熏陶,跟随父亲张苏(国家级非遗传承人)学习宣笔制作技艺,先后开发了"阳春白雪"、"长颈鹿"、"云鹤"等长锋羊毫笔品种,"鼠须画线笔"、"宣州紫毫"等紫毫笔品种,"长锋牛耳毫"、"兼毫书画"等兼毫笔品种。其所制宣笔笔锋整齐,拢抱不散;无虚尖,无秃锋,无弯毛;笔头平顺,盖毛均匀;装套牢固,紧密无间,不破套;镶头套装光滑,不析缝,不破裂,杆正毫圆。

Ⅷ-148 绿茶制作技艺(六安瓜片)

储昭伟

(编号:04-1904),男,汉族,1966年11月生。2008年6月,绿茶制作技艺(六安瓜片)被列入第二批国家级非物质文化遗产名录传统技艺类,项目编号Ⅷ-148。2012年12月,储昭伟入选为第四批国家级非物质文化遗产项目代表性传承人,安徽省六安市裕安区申报。储昭伟祖上与古佛茶行张氏为世交,祖上均以茶叶为生。他自小生活在茶区,跟随祖父、叔父等亲友从事六安瓜片生产制作,得以吸取六安瓜片传统制作工艺精髓。通过对六安瓜片生产环节的一系列严格要求和改进,对六安瓜片成品质量,他有一套自身独到的手工技艺特点。曾研究六安瓜片传统生产工艺的恢复研究及推广工作,于1998年成功主持恢复开发的六安瓜片获"中国国际茶文化、茶产品推荐产品"奖。

Ⅷ-148 绿茶制作技艺(太平猴魁)

方继凡

(编号:04-1905),男,汉族,1965年1月生,

安徽省黄山市黄山区新明乡三合村人。2008年6月，绿茶制作技艺（太平猴魁）被列入第二批国家级非物质文化遗产名录传统技艺类，项目编号Ⅷ-148。2012年12月，方继凡入选为第四批国家级非物质文化遗产项目代表性传承人，安徽省黄山市黄山区申报。方继凡祖居于"太平猴魁"原产地的黄山区新明乡三合村猴村。1917年，方南山认真总结太平猴魁的采制技艺，编写出《猴茶真经》。方继凡是方南山的第五代孙，也是太平猴魁制茶技艺的第五代传人。他自幼学习植茶与制茶，坚持祖先的传统技艺手法，坚持鲜叶的"四拣八不要"、"炭火锅式杀青"、"竹制烘笼足干"等核心技艺，确保了猴魁的传统品质。在父亲方平荣的理解帮助下，进行技艺创新并且无偿地向茶农提供茶叶制作改良技艺。其制作的"猴坑牌"太平猴魁2004年在中国（芜湖）国际茶博会上首次荣登"茶王"宝座，并于2007年被定为国礼茶。

Ⅷ-178 徽派传统民居营造技艺

胡公敏

（编号：04-1914），男，汉族，1957年12月生，安徽省黄山市人。2008年6月，徽派传统民居营造技艺被列入第二批国家级非物质文化遗产名录传统技艺类，项目编号Ⅷ-178。2012年12月，胡公敏入选为第四批国家级非物质文化遗产项目代表性传承人，安徽省黄山市申报。胡公敏自1978年起，在苏州学习古建木作技艺，1981年进入安徽省徽州古典园林建设有限公司，从事古建木作技艺工作。他的斗拱技艺也十分高超并自创"杖板划线法"，不但大幅提高了划线效率，更增加了其尺寸的准确度。由于现在木质房屋建筑越来越少，虽然胡公敏有一些徒弟，但是却无法为其提供充分的学习实践机会，只有在古建筑修缮和保护时才有用武之地。加上徒弟大多是农村一些文化程度不高的人，

因此技艺如何传承下去仍旧是个大问题。

福建

Ⅷ-11 德化瓷雕塑烧制技艺

邱双炯

（编号：04-1836），男，汉族，1932年2月生，福建省德化县浔中镇凤池人。2006年5月，德化瓷雕塑烧制技艺被列入第一批国家级非物质文化遗产名录传统技艺类，项目编号Ⅷ-11。2012年12月，邱双炯入选为第四批国家级非物质文化遗产项目代表性传承人，福建省德化县申报。中学辍学后，邱双炯到程田寺格茂源瓷塑作坊打杂并学习瓷塑工艺，后进蕴玉瓷庄当学徒，拜瓷庄主人、著名雕塑艺术家苏勤明为师，奠定了陶瓷制作的基础。他成功地在德化推广了以电代柴烧制瓷器的新技术，促进了陶瓷业的迅速发展。退休后，邱双炯于1993年创办"德化凤凰陶瓷雕塑研究所"，专心致志于瓷塑艺术研究。首创了"薄胎瓷塑"艺术，以及独创了"中国白"大体量瓷塑制作新技术。他擅长传统历史人物造型，主要作品有历史人物、佛、道、儒等造像，对弥勒造像情有独钟，创作了众多作品，被誉为中国瓷塑"弥勒王"。获"中国工艺美术终身成就奖"。代表作品有《十态弥勒》、薄胎瓷塑《贵妃醉酒》、《贵妃出浴》、《十八罗汉》等。他以自办的陶瓷雕塑研究所为基地，吸收学徒传授技艺，建立新型的平等的师徒关系，倾心传授技艺，还为徒弟提供住宿，并给予生活补贴，已培养出数十名陶瓷艺术人才。

Ⅷ-40 银饰锻制技艺（畲族银器制作技艺）

林仕元

（编号：04-1842），男，汉族，1955年2月生，福建省福安市人。2011年6月，银饰锻制技艺（畲族银器制作技艺）被列入第二批国家级非物质文化遗产扩展项目名录传统技艺类，项目编号Ⅷ-40。2012年12月，林仕元入选为第四批国家级非物质文化遗产项目代表性传承人，福建省福安市申报。林仕元是"珍华堂"第四代掌门人，17岁开始学习银器制作，其银雕技艺源于元代银雕巨匠朱碧山一脉，15岁拜著名银匠叶三妹的儿子叶惠熊为师，19岁师满出艺并成为其女婿。林仕元在继承的基础上，融合畲族银雕工艺，挖掘创新总结出"操、凿、起、解、披"五大工艺精髓，及圆雕、浮雕、平雕、镂空雕等技法，在银器锻制、造型、纹样等方面形成了独特的工艺特征。代表作品有《鼎盛中华》、《畲·凤冠》、《千禧双龙戏珠手镯》、《龙腾五洲》、《鱼跃吹笛》、《金陵十二钗》等。在政府支持的基础上，林仕元开办银雕技艺培训班，至今已培养学员百余人。

Ⅷ-54 福州脱胎漆器髹饰技艺

黄时忠

（编号：04-1851），男，汉族，1942年11月生，福州省福州市人。2006年5月，福州脱胎漆器髹饰技艺被列入第一批国家级非物质文化遗产名录传统技艺类，项目编号Ⅷ-54，福建省福州市申报。2012年12月，黄时忠入选为第四批国家级非物质文化遗产项目代表性传承人。黄时忠14岁进工艺美术研究所拜师学艺，学习漆艺，三年后毕业到工艺美术局从事设计工作。他悉心研究改进传统漆器围屏，使其结构成为可以拆卸的组合式，解决了历来造型笨重、搬运困难的弊病。他所创造的作品梅方瓶、浮花图案长方单盒、梨树茶奁等获中国工艺美术品百花奖金杯奖、银杯奖、希望杯奖等。代表作品有《荷塘鱼趣》、漆画《秋韵》和《虎》等。

Ⅷ-63 武夷岩茶（大红袍）制作技艺

陈德华

（编号：04-1854），男，汉族，1941年8月生，福建省长乐市人。2006年5月，武夷岩茶（大红袍）制作技艺被列入第一批国家级非物质文化遗产名录传统技艺类，项目编号Ⅷ-63。2012年12月，陈德华入选为第四批国家级非物质文化遗产项目代表性传承人，福建省武夷山市申报。1963年陈德华从福安农校毕业，分配到武夷山茶科所工作并利用休息时间走访各地，调查武夷山岩茶，后于1965年被派到农村搞社教，1972年才回到武夷山茶科所。1982年陈德华在武夷山御茶园建起了一座占地5亩的武夷名丛、单丛的观察园，有165个品种。1985年陈德华得到大红袍的穗条并将其进行无性繁殖，培育得到大红袍。他一直致力于武夷岩茶的研究，对武夷岩茶，尤其是大红袍的剪枝繁育与制作技艺作出了决定性的贡献，从业界到民间都被尊称为"大红袍之父"。多年来，陈德华不断向身边的同事、朋友传授制茶之道，他还教授了陈荣茂、刘安兴和徐秋生等徒弟以及自己的两个儿子：陈拯和陈起。

Ⅷ-175 木拱桥传统营造技艺

黄春财

（编号：04-1913），男，汉族，1936年2月生，福建省屏南县长桥镇长桥村人。2008年6月，木拱桥传统营造技艺被列入第二批国家级非物质文化遗产名录传统技艺类，项目编号Ⅷ-175。2012年12月，黄春财入选为第四批国家级非物质文化遗产项目代表性传承人，福建省屏南县申报。黄春财出身于造桥世家，其家族传承文脉，坚守廊桥文化。祖父黄金书是清末著名廊桥工匠，他15岁跟随父亲黄象颜学习木匠工艺，在父亲的言传身教下，他20岁时便独立建造上圪桥，成为"主绳"（类似于建筑总工程师），是该技艺的第七代传承人。黄春财绘制设计图纸的能力出众，曾参与修复福建的"百祥桥"。目前其已按祖制将该技艺传授给两个儿子黄闽屏和黄闽辉。

Ⅷ-188 建窑建盏烧制技艺

孙建兴

（编号：04-1918），男，汉族，1952年10月生，福建省南平市人。2011年6月，建窑建盏烧制技艺被列入第三批国家级非物质文化遗产名录传统技艺类，项目编号Ⅷ-188。2012年12月，孙建兴入选为第四批国家级非物质文化遗产项目代表性传承人，福建省南平市申报。1972年，孙建兴拜厦门工艺美术学院教授洪树德为师，在德化红旗瓷厂学习陶瓷原料配方，雕塑和烧制工艺，研究开发高白、建白、黑釉瓷等，后进入大学深造，1978年毕业于西北轻工业学院（现为陕西科技大学）陶瓷专业。1979年，他借调进入福建省轻工业研究所并赴建阳水吉，恢复了失传800年之久的宋代八大名窑之一——建窑建盏。在多年研究中，他研制出了异毫盏、银油滴、金油滴、星盏、鹧鸪斑、曜变盏等，创出不少独门釉方和烧制技艺。代表作品有《油滴天目龙虎茶具》、《曜变天目茶碗》。孙建兴的女儿孙莉继承了他的技艺。

Ⅷ-203 白茶制作技艺（福鼎白茶制作技艺）

梅相靖

（编号：04-1931），男，汉族，1945年6月生，福建省福鼎市点头镇柏柳村人。2011年6月，白茶制作技艺（福鼎白茶制作技艺）被列入第三批国家级非物质文化遗产名录传统技艺类，项目编号Ⅷ-203。2012年12月，梅相靖入选为第四批国家级非物质文化遗产项目代表性传承人，福建省福鼎市申报。梅相靖出身于茶叶世家，其先祖梅伯珍是清末民国时期福鼎茶行老行家、福建茶商名人，将福鼎白茶推向世界各国，在茶商界有"梅占魁"之尊称。梅相靖从小继承父辈梅毓芳、梅毓厚、梅毓淮，学习培育茶苗、出产茶叶，经营家族的白茶传统作坊。在其多年的研究探索中，不断试种新品种并尝试新技术，将白茶制作工艺提到一个新的高度。多年来，梅相靖一直将自己的制茶心得分享给其他茶农，带领大家共同致富。

江西

Ⅷ-7 景德镇手工制瓷技艺

兰国华

（编号：04-1827），男，汉族，1941年8月生，原籍江西省高安市，出生于江西省景德镇市。2006年5月，景德镇手工制瓷技艺被列入第一批国家级非物质文化遗产名录传统技艺类，项目编号Ⅷ-7。2012年12月，兰国华入选为第四批国家级非物质文化遗产项目代表性传承人，江西省景德镇市申报。兰国华1956年进入景德镇陶瓷学院，师从国画大师胡献雅、古彩大师段茂发。他对景德镇优秀传统陶瓷艺术深入研究，尤其钟情于古彩艺术。他通过一些技法变化，大胆创新，创造现代青花装饰画，开创了陶瓷装饰艺术的新途径。代表作品有青花斗彩"海棠"、青花斗彩"三牡丹"大盘等。1990年兰国华到江西省陶瓷工艺美术职业技术学院，从事陶瓷专业教学工作，培养了大批人才。

黄云鹏

（编号：04-1828），男，汉族，1942年5月生，江西省丰城县石滩乡上赤村人。2006年5月，景德镇手工制瓷技艺被列入第一批国家级非物质文化遗产名录传统技艺类，项目编号Ⅷ-7。2012年12月，黄云鹏入选为第四批国家级非物质文化遗产项目代表性传承人，江西省景德镇市申报。黄云鹏1966年毕业于景德镇陶瓷学院美术系，之后在景德镇陶瓷馆从事古陶瓷研究工作，1993年开办景德镇佳洋陶瓷有限公司。黄云鹏的陶瓷作品多是青花釉黑红，他善于发掘陶瓷材质本身的美，结合不同器形随形赋色，随物赋彩，寓情达意，独树一帜。他仿制的宋影青刻花、元青花、明青花、五彩、三彩、刻花填绿彩、珐琅彩、粉彩、低温黄釉的仿古瓷被称为"黄窑瓷"，名扬海内外。代表作品有《青花虎纹盘》、《萧何月下追韩信》，纹梅瓶复制品几可达到乱真的地步。他相继发表论文10余篇，编著出版了《中国陶瓷丛书·景德镇民间青花瓷器》、《景德镇古陶瓷纹样》等三本。他近年来与江西省工艺美术学院等大专院校联合办学以培养仿古瓷、陶瓷美术创新人才，所带徒弟主要是相关专业院校的学生和自己收的徒弟。

李文跃

（编号：04-1829），号墨里陶人，男，汉族，1959年8月生，江西省景德镇市人。2006年5月，景德镇手工制瓷技艺被列入第一批国家级非物质文化遗产名录传统技艺类，项目编号Ⅷ-7。2012年12月，李文跃入选为第四批国家级非物

质文化遗产项目代表性传承人，江西省景德镇市申报。李文跃出身于景德镇陶瓷世家，父亲李镇生是知名高级工艺美术师，祖父李咸阳是擅长民间青花、粉彩制作的艺人。15岁时，李文跃先跟随李文超学习画肖像，后得到老陶艺家刘海和的指导，后又拜墨彩名家雷火莲为师，专攻墨彩描金。其作品具有独特的民族文化素养和鲜明的时代艺术特色。他将粉彩瓷的粉润柔和之美与墨彩瓷的清丽雅致之意韵融为一体，运用陶瓷装饰新语汇、新材料，开创性地演绎出独具魅力的中国"瓷上粉墨彩"装饰风格。出版有《景德镇粉彩瓷绘艺术》、《景德镇陶瓷艺术》、《李文跃陶瓷艺术》等专著和画册。代表作品有综合装饰"曲阜三孔"、粉彩综合装饰"伯乐相马"、"春风得意"瓶、"忆江南"墨彩瓷版画、"一苇渡江"粉彩瓷版画、"春风十里丽人行"粉墨彩描金瓶等。李文跃现任江西陶瓷工艺美术职业学院副教授，教授陶艺。

邓希平

（编号：04-1830），女，汉族，1942年11月生，江西省兴国县人。2006年5月，景德镇手工制瓷技艺被列入第一批国家级非物质文化遗产名录传统技艺类，项目编号Ⅷ-7。2012年12月，邓希平入选为第四批国家级非物质文化遗产项目代表性传承人，江西省景德镇市申报。邓希平1964年毕业于武汉大学化学系，在轻工业陶瓷研究所拜聂物华和陈鸿高为师，学习陶瓷颜色釉。其陶瓷彩虹釉和大件郎红釉新配方获得多个奖项。她先后创造新型颜色釉30多种。其研究的"窑变釉里藏花"生产工艺，创造出了"凤凰衣釉"、"羽毛丝釉"、"翎羽釉"、"彩虹釉"等一系列全新的窑变釉，使景德镇的窑变生产技术上升到了一个全新的高度，开辟了窑变艺术创作的新天地。她的代表作品有300件郎红釉"美人肩花瓶"、"凤凰衣釉醉仙瓶"、"玫瑰紫釉福桶瓶"、"锦绣山河梅瓶"等。

邓希平是景德镇唯一研究颜色釉的国家级专家，传承人包括其女儿吴春华（汉族）和徒弟等。

朱丹忱

（编号：04-1831），号听松阁主，男，汉族，1955年11月生，安徽省泾县人。2006年5月，景德镇手工制瓷技艺被列入第一批国家级非物质文化遗产名录传统技艺类，项目编号Ⅷ-7。2012年12月，朱丹忱入选为第四批国家级非物质文化遗产项目代表性传承人，江西省景德镇市申报。朱丹忱父亲是知名的书法家朱观发。受到父亲的言传身教，他子承父业并得到陶瓷书法老艺人徐献智指导。在其深厚的古诗词文学功底的基础上，他将书法、文学、陶瓷融为一体，在景德镇陶瓷书法领域独树一帜，其釉下刻瓷，采用多种色釉，铁笔勾写，挥洒自如，或规整严谨，或自然潇洒，寓法度于自然之中。他的陶瓷书法作品追求清雅高尚，完整协调，给人以清新悦目的艺术感受。尤其是无光黑刻字，力求表现金石篆刻苍劲、古朴的风格，无欺世媚俗之态，使书法艺术在陶瓷上独具风貌。代表作品有"珍珠白高温色釉书法装饰"100件啤酒瓶、"无光黑刻瓷尺6圆盘"、"王羲之·兰亭序"陶瓷书法瓶等。

傅长敏

（编号：04-1832），女，汉族，1968年8月生，江西省抚州市人。2006年5月，景德镇手工制瓷技艺被列入第一批国家级非物质文化遗产名录传统技艺类，项目编号Ⅷ-7。2012年12月，傅长敏入选为第四批国家级非物质文化遗产项目代表性传承人，江西省景德镇市申报。傅长敏自幼在父亲——已故著名国画家、陶瓷美术家傅尧笙的指导下学习色彩、素描、水粉画，毕业于景德镇陶瓷职工大学美术系。1986年赴中国美术学院，师从中国山水画家孔仲起、卓鹤君等学习古典山水绘画，继承了父亲仕女画的技法精髓，并发展出自己的风格。傅长敏的人物画线条优美，作品气格高逸，以形写神，形神兼备，而山水画高雅脱俗，大处大斧劈、小处细入微，虚实相间，疏密有度，能随心所欲驾驭各种技法表现自己的情感。其创作的陶瓷作品获各种类别的国家级大奖，并有多件作品被中国国家博物馆收藏。代表作品有"琵琶行"、"荷韵"、"清风明月"、"四美图"等。

Ⅷ-74 歙砚制作技艺

江亮根

（编号：04-1861），男，汉族，1972年11月生，江西省婺源县人。2006年5月，歙砚制作技艺被列入第一批国家级非物质文化遗产名录传统技艺类，项目编号Ⅷ-74。2012年12月，江亮根入选为第四批国家级非物质文化遗产项目代表性传承人，江西省婺源县申报。江亮根1990年高中毕业后开始从事砚台雕刻，后去安徽等地拜名师进修，1999年回到家乡江西婺源县城创办"百砚斋"以及朱子实业有限公司。江亮根结合朱子文化、歙砚文化和原产地丰富优质的砚石资源进行砚台创作，曾与"中国砚雕第一刀"安徽省黄山画院院长方见尘合作过中国最大的歙砚。近年来，他又建立了充盈朱子文化、歙砚文化和徽墨文化的朱子艺苑，集砚台制作销售、学术研究、古砚展览、现代作品展示等于一体。代表作品有"思愁"砚、"塞下曲"砚等。歙砚制作技艺的省级传承人为汪鸿欣（男，汉族）。

Ⅷ-127 漆器髹饰技艺（鄱阳脱胎漆器髹饰技艺）

李波生

（编号：04-1892），男，汉族，1956年7月生，

江西省鄱阳县人。2011 年 6 月，漆器髹饰技艺（鄱阳脱胎漆器髹饰技艺）被列入第二批国家级非物质文化遗产扩展项目名录传统技艺类，项目编号Ⅷ-127。2012 年 12 月，李波生入选为第四批国家级非物质文化遗产项目代表性传承人，江西省鄱阳县申报。李波生 17 岁开始随父亲和叔父学习大漆髹饰技艺并从事彩绘设计工作，吸取了漆工张鑫生等老一辈名师的传统技法，结合新兴艺术，创新推出大批独特的工艺产品。他的工艺，制作细腻精巧、造型典雅别致、漆面光泽圆润、色泽瑰丽鲜艳、刻绘精细自然、纹理清晰秀丽、质地轻巧坚牢，犹如宝石闪烁，堪称巧夺天工。获"中国工艺美术大师"称号。国家邮政局发行有"中华艺术瑰宝：李波生脱胎漆器艺术成就纪念邮票"。代表作品"稳操胜券"、"星星相印"等获联合国教科文组织国际民间艺术精品博览会金奖二项，"宝砂隐花"将军瓶被中国工艺美术馆收藏。目前李波生已经收 4 位徒弟。

河南

Ⅷ -93 钧瓷烧制技艺

任星航

（编号：04-1871），男，汉族，1955 年 1 月生，河南省禹州市神垕镇人。2008 年 6 月，钧瓷烧制技艺被列入第二批国家级非物质文化遗产名录传统技艺类，项目编号Ⅷ -93。2012 年 12 月，任星航入选为第四批国家级非物质文化遗产项目代表性传承人，河南省禹州市申报。任星航出身于钧瓷世家，是任氏钧瓷第七代传人。他 11 岁开始跟从祖父任书田、父亲任坚学习钧瓷烧制。1978 年，进入宝丰清凉寺瓷厂学习汝瓷的烧制。他系统地继承了任氏家传制钧

绝技，完整地掌握了一系列钧瓷烧制工艺，而且在窑炉设计及烧成工艺上有着极深的造诣。任星航不仅复原了宋代双火膛结构钧瓷窑炉，而且恢复了久已失传的钧瓷柴烧技艺。其钧瓷作品，被公认为最接近宋代钧瓷的审美标准。在创作的同时，任星航也潜心于钧瓷的理论研究，至今已在多个期刊上发表关于钧瓷的研究文章，并与女儿任英歌合著《钧瓷》一书。获"中国工艺美术大师"称号。代表作品有观音瓶"嵩岳古刹"、"云涛劲松"，福寿石"莲峰春晓"等。其传人为女儿任英歌（任氏钧瓷第八代传人）。

孔相卿

（编号：04-1872），男，汉族，1963 年 2 月生，河南省禹州市神垕镇人。2008 年 6 月，钧瓷烧制技艺被列入第二批国家级非物质文化遗产名录传统技艺类，项目编号Ⅷ -93。2012 年 12 月，孔相卿入选为第四批国家级非物质文化遗产项目代表性传承人，河南省禹州市申报。孔相卿出身于钧瓷世家，在父亲孔铁山的培养引导下走上钧瓷造型设计的道路。1978 年，孔相卿进入中央美院在神垕开办的河南省陶瓷设计专业培训班进行学习，而后又断断续续在中央美院学习了两年，1992 年他创立孔家钧窑有限公司。孔相卿在钧瓷的釉色、工艺造型、烧成方式等方面均有重大技术突破，率先在钧瓷界带头发掘、规范钧瓷的制作工艺，研究、整理了北宋钧瓷的传统工艺手法，论证釉色形成的理论依据，创立了提高钧瓷制作的工艺方法并多次在国内主要陶瓷刊物上发表过论著。获"中国工艺美术大师"称号。其作品釉色绚丽多变，纹路意境万千，端庄大气、工艺严整。代表作品有"伟人尊"、"丰尊"、"国泰鼎"等。

苗长强

（编号：04-1873），男，汉族，1962 年 8 月生，河南省禹州市神垕镇人。2008 年 6 月，钧瓷烧

制技艺被列入第二批国家级非物质文化遗产名录传统技艺类，项目编号Ⅷ-93。2012年12月，苗长强入选为第四批国家级非物质文化遗产项目代表性传承人，河南省禹州市申报。苗长强出身于苗氏钧瓷世家，受其父苗锡锦熏陶，自幼酷爱钧瓷艺术，1979年进入神垕镇新华瓷厂工作，1987年毕业于西北轻工业学院硅酸盐工程系陶瓷专业，现任禹州市苗家钧窑有限公司艺术总监、董事长。他擅长新产品的设计与新釉色的开发，在钧瓷釉料、造型设计、烧制方式、理论创新等方面均有重大突破，发表过多篇相关论著。与其父苗锡锦共同主编《中国钧窑考》；参与《钧瓷志》一书编辑。代表作品有"北京奥运长城鼎"、钧瓷花瓶"世纪雄风"等。

Ⅷ-189 汝瓷烧制技艺

朱文立

（编号：04-1919），男，汉族，1950年9月生，河南省汝州市人。2011年6月，汝瓷烧制技艺被列入第三批国家级非物质文化遗产名录传统技艺类，项目编号Ⅷ-189。2012年12月，朱文立入选为第四批国家级非物质文化遗产项目代表性传承人，河南省汝州市申报。宋代时期，汝瓷以其精良的制作工艺、高雅的艺术风格和独特的釉色受到宋时宫廷的宠爱，成为专为宫廷烧制御用瓷器的官窑，后由于宋金战争，该技艺失传。朱立文曾是一名陶瓷工人，自1976年以来，他一直从事汝瓷研究工作，先后研制成功了临汝窑豆绿釉、天蓝釉、月白釉、葱绿釉。1987年他成功研制汝官瓷天青釉，填补了我国"汝瓷"的空白，使断代800年的汝官瓷再现于世。他烧制的汝官瓷胎质细腻，工艺考究，色泽独特，随光变幻。观其釉色，如雨过天晴，温润古朴；扶其釉面，平滑细腻，如同美玉。被誉为"青瓷第一人"。其女儿兼传人朱宇峰自幼跟随父亲学习，现在已经成为一名汝瓷设计师。

孟玉松

（编号：04-1920），女，汉族，1942年1月生，河南省汝州市人。2011年6月，汝瓷烧制技艺被列入第三批国家级非物质文化遗产名录传统技艺类，项目编号Ⅷ-189。2012年12月，孟玉松入选为第四批国家级非物质文化遗产项目代表性传承人，河南省汝州市申报。孟玉松1973年从事汝瓷研究和恢复工作，1982年担任原临汝县工艺美术汝瓷厂（1988年撤县改市后为汝州市美术汝瓷厂）技术科科长，1986年兼任总工程师。她1983年恢复汝瓷天蓝釉，1984年研制成功汝瓷豆绿釉，1987年恢复汝瓷月白釉，1988年研制恢复汝瓷天青釉，使失传800多年的北宋汝瓷生产工艺得以全面恢复。她的"三足盉"、"长径瓶"、"莲花碗"和"圆洗"被故宫博物院收藏；还有部分作品于2004年获"第四届中国工艺美术大师作品博览会"优秀奖；2005年荣获"第十二届中国工艺美术博览会"金奖，代表作品有"汝官窑三羊尊"、"汝官窑三足盘"、"三足盉"、"长径瓶"、"孔雀洗"等。

湖北

Ⅷ-127 漆器髹饰技艺（楚式漆器髹饰技艺）

邹德香

（编号：04-1893），男，汉族，1948年10月生，湖北省荆州市江陵县普济镇人。2011年6月，漆器髹饰技艺（楚式漆器髹饰技艺）被列入第二批国家级非物质文化遗产扩展项目名录传统技艺类，项目编号Ⅷ-127。2012年12月，邹德香入选为第四批国家级非物质文化遗产项目代表性传承人，湖北省荆州市申报。邹德香出身于漆器世家，13岁师承齐义柏，学习楚式漆器髹饰技艺。20世纪70代末，邹德香应荆州博物馆的邀请，参与西汉古漆木器复制工作，有20余年的经验。邹德香与儿子一起开发出了久已失传的甲骨胎彩绘漆器"龟盾"和以橘、柚为胎的髹漆露胎杯盏。代表作品有"斗牛"、"鸳鸯墨盒"等。传承人为儿子邹传志和邹传军，其中邹传志已经被评为湖北省该项技艺的省级传承人。

VIII -194 铅锡刻镂技艺

敖朝宗

（编号：04-1924），男，汉族，1944年5月生，湖北省荆州市人。2011年6月，铅锡刻镂技艺被列入第三批国家级非物质文化遗产名录传统技艺类，项目编号VIII -194。2012年12月，敖朝宗入选为第四批国家级非物质文化遗产项目代表性传承人，湖北省荆州市申报。铅锡刻镂技艺是楚式青铜器具的重要工艺，是荆州敖氏家族用于制作、复制古代青铜器的核心技术。该技艺在敖氏家族以口传心授的形式世代相传，有各类制作技艺的心法口诀和技艺的书面记录。敖朝宗从小耳濡目染，自幼跟随父亲和外祖父学艺，谙熟修复、复制古代青铜器的技能，曾多次参与文物挖掘与修复工作，是该技艺的第四代传人。经他复制的古青铜器已达到惟妙惟肖、炉火纯青的境界，具有极高的审美价值和艺术价值。目前，敖朝宗已将该技艺传给了儿子和儿媳，儿子敖兴华、敖兴强是第五代传人。

VIII -211 土家族吊脚楼营造技艺

万桃元

（编号：04-1933），男，1956年2月生，湖北省咸丰县丁寨乡湾田村人。2011年6月，土家族吊脚楼营造技艺被列入第三批国家级非物质文化遗产名录传统技艺类，项目编号VIII -211。2012年12月，万桃元入选为第四批国家级非物质文化遗产项目代表性传承人，湖北省咸丰县申报。万桃元15岁开始跟随外公学习木工技艺，集木匠、石匠、瓦匠手艺于一身，参与修建过40余栋吊脚楼。他所修建的吊脚楼不仅质量可靠、美观，而且将民俗事像贯穿其中，具有明显的民族特征和地域特征。但从1993年以后，他再也没有建过吊脚楼。2013年4月，中国首个土家族吊脚楼营造技术传习所在黄金洞乡麻柳溪村挂牌成立，万桃元在其中讲课，定期开展教学授徒。目前，凡是对该门技艺有兴趣的人，他都会视为徒弟去培养以传承技艺。该项技艺的省级传承人有谢贤明。

湖南

VIII -95 醴陵釉下五彩瓷烧制技艺

陈扬龙

（编号：04-1874），男，汉族，1941年5月生，2013年6月卒，湖南省醴陵市人。2008年6月，醴陵釉下五彩瓷烧制技艺被列入第二批国家级非物质文化遗产名录传统技艺类，项目编号VIII -95。2012年12月，陈扬龙入选为第四批国家级非物质文化遗产项目代表性传承人，湖南省醴陵市申报。陈扬龙出身于陶瓷世家，自小耳濡目染，承袭祖辈"生于斯，奉献于斯，死于斯"的精神。他幼时跟随街边的一位老艺人学习画肖像，1951年随父学艺，1956年进入湖南省陶瓷研究所，在釉下五彩瓷老艺人吴寿祺门下学习釉下彩绘技艺。在创作中，他深入生活，以写实手法、装饰性的拼图，使作品回归自然，清雅淡逸，空灵隽秀，意态高洁，表现一种淡泊超然的心态。其风格独树一帜，影响深远，其作品清新明快，格调高雅，给人以玉的感觉、雅的感受，被喻为"禅在花草中"；尤其擅长工笔花卉，注重工艺与技法。代表作品有"秋艳"挂盘、"槐花"瓶、"春色满园"瓶、"国色天香"瓶等。陈扬龙 23 岁时就开始带徒弟，2008 年成立工作室以传道授业。在传承技艺时，他采用"师傅带徒弟"的教学方式，对学生提出"学、练、悟、立"的阶段性要求，因材施教，让学生走出自己的道路。

Ⅷ-211 土家族吊脚楼营造技艺

彭善尧

（编号：04-1934），男，土家族，1940 年 3 月生，湖南省永顺县泽家镇砂土村人。2011 年 6 月，土家族吊脚楼营造技艺被列入第三批国家级非物质文化遗产名录传统技艺类，项目编号 Ⅷ-211。2012 年 12 月，彭善尧入选为第四批国家级非物质文化遗产项目代表性传承人，湖南省永顺县申报。彭善尧从小从事转角楼建造，幼时并未拜师，都是自己看着房子琢磨出来的。16 岁时，正式从师学艺。由于风格独特，结构合理，在广东、湖北、张家界等地已组织修建百栋土家族转角楼，是目前土家族聚居区最具权威的传承人之一。

广东

Ⅷ-3 石湾陶塑技艺

黄松坚

（编号：04-1825），男，汉族，1940 年 10 月生，广东省东莞市人。2006 年 5 月，石湾陶塑技艺被列入第一批国家级非物质文化遗产名录传统技艺类，项目编号 Ⅷ-3。2012 年 12 月，黄松坚入选为第四批国家级非物质文化遗产项目代表性传承人，广东省佛山市申报。黄松坚 1959 年加入石湾美术陶瓷厂，进石湾美术陶瓷学校学习。1961 年毕业后一直从事陶塑人物创作。他早年在佛山祖庙、广州陈家祠等地临摹晚清民国时期石湾制作的"瓦脊公仔"，吸取其"贴塑"手法的精华并进行创新，独辟蹊径。他擅于熔铸寓意象征和典型夸张等技艺，能工善意，展现创作风格的多样性。他常把书法与人物形象融为一体，颇富书卷味，坚持将现实主义与浪漫主义相结合。黄松坚将其艺术实践升华，提出"以实扬虚，虚实相彰，深化形神"等多种宝贵美学创作理念，写作论文《发扬传统刻意创新》、《意趣同彰》、《石湾瓦脊公仔的技艺特色及其发展》等许多篇。代表作品有"春夏秋冬"、"吹笛仙女"、"妈祖"、"钟馗三态"、"如意寿星"、"持扇仕女"（合作）、"龙之尊者"等。他收有徒弟李义鹏、何毅青、胡志斌等。由于以前石湾陶塑技艺是家族传承，且传男不传女，所以何毅青是黄松坚的首位女徒弟。

廖洪标

（编号：04-1826），男，汉族，1936 年 10 月生，广东省佛山市人。2006 年 5 月，石湾陶塑技艺被列入第一批国家级非物质文化遗产名录传统技艺类，项目编号 Ⅷ-3。2012 年 12 月，廖洪标入选为第四批国家级非物质文化遗产项目代表性传承人，广东省佛山市申报。廖洪标出身于陶艺世家，父亲廖作民和堂伯父廖坚均为民国时期石湾知名艺人。他小学毕业后就随父学艺，深得家传，1955 年师从名家刘传学习陶艺，1958 年在中央工艺美术学院全国民间雕塑研究班学习。他在继承石湾传统陶塑气韵生动特点的同时，有意抛开常见的类似国画衣纹的流畅线条，吸收西洋雕塑块面结构的手法，强调体积感，创造了自己豪放泼辣、苍劲朴拙的艺术风格。代表作品有"济公"、"释迦牟尼"、

"画龙点睛"、"丰年乐"等。廖洪标妻子霍兰擅塑动物，他们联手创作的"牧鹿姑娘"、"千里走单骑"等作品，各展其长，相得益彰。

VIII -96 枫溪瓷烧制技艺

吴为明

（编号：04-1875），男，汉族，1938 年 8 月生，广东省潮州市人。2008 年 6 月，枫溪瓷烧制技艺被列入第二批国家级非物质文化遗产名录传统技艺类，项目编号VIII -96。2012 年 12 月，吴为明入选为第四批国家级非物质文化遗产项目代表性传承人，广东省潮州市枫溪区申报。1960 年吴为明进入广州美术学院青年艺人班学习，后又插班本科四年级专攻花鸟画，拜著名艺术家黎雄才、卢振寰两位教授为师。吴为明创作的瓷版画，色彩凹凸分明，立体感极强，色釉彩绘上经高温烧成的色彩似会流动，他的很多作品具有浓烈的沙漠气息，有一种生命的雄浑与豪壮。代表作品有"爱"、"永恒"、"釉下彩45 头忍冬西餐具"、"釉下彩45 头翡翠西餐具"等。1982 年起，他被广东省陶校聘为客座讲师，以便更好地扶掖后进。

VIII -97 广彩瓷烧制技艺

陈文敏

（编号：04-1876），男，汉族，1961 年 2 月生，广东省广州市人。2008 年 6 月，广彩瓷烧制技艺被列入第二批国家级非物质文化遗产名录传统技艺类，项目编号VIII -97。2012 年 12 月，陈文敏入选为第四批国家级非物质文化遗产项目代表性传承人，广东省广州市申报。广彩是广州地区釉上彩瓷艺术的简称，亦称"广东彩"、"广州织金彩瓷"。陈文敏幼时在少年宫得到中国著名古文学家、考古学家、书法家容庚和商承

祚的辅导及启蒙，后师承书法家秦咢生、李曲斋、关晓峰等，也曾在广州美术学院学习美术。1979 年，他进入广州市彩瓷厂，师从广彩大师余培锡。与余培锡师傅合作的"碟篮斗方·正德盘"被故宫博物院收藏，另有多件作品被多家博物馆收藏，获国家级和省级奖项多次。1987 年，陈文敏在广州番禺开设了自己的广彩工厂。陈文敏的代表作品有"红地描金"、"盛世九龙图"、"望海观音"、"羊城新八景"等。自 1987 年以来，陈文敏先后带徒一百八十多人，至今集中培训学徒九期，每期约二十人。许多弟子的作品已达到较高水平，如陈云龙等。

VIII -163 月饼传统制作技艺（安琪广式月饼制作技艺）

梁球胜

（编号：04-1909），男，汉族，1965 年 4 月生，广东省深圳市人。2008 年 6 月，月饼传统制作技艺（安琪广式月饼制作技艺）被列入第二批国家级非物质文化遗产名录传统技艺类，项目编号VIII -163。2012 年 12 月，梁球胜入选为第四批国家级非物质文化遗产项目代表性传承人，广东省安琪食品有限公司申报。安琪广式月饼始创于 1908 年，起源于新会梁氏的"永记饼店"成熟于 20 世纪 50 年代，发展于 20 世纪 90 年代。梁球胜的爷爷在香港是糕点师傅，梁家三代家传；而他的另一脉传承源于师承，梁球胜的师傅是广州广式月饼大师罗宝鑑，罗宝鑑继承了传统月饼制作技艺。梁球胜从小就沉浸于糕点制作的世界，对烘焙业有一番超于常人的领悟。他自幼耳濡目染月饼工艺制作技术，在掌握传统月饼制作技艺的基础上改革创新，近年来拥有月饼制作技术的十余项专利。其公司实行专业技术带头人制度，师傅带徒弟，加强后备人才的培养。

海南

Ⅷ -19 黎族传统纺染织绣技艺

符林早

（编号：04-1837），女，黎族，1964 年 5 月生，海南省东方市大田镇报白村人。2006 年 5 月，黎族传统纺染织绣技艺被列入第一批国家级非物质文化遗产名录传统技艺类，项目编号 Ⅷ -19。2012 年 12 月，符林早入选为第四批国家级非物质文化遗产项目代表性传承人，海南省东方市申报。

四川

Ⅷ -40 银饰锻制技艺（彝族银饰制作技艺）

勒古沙日

（编号：04-1843），男，彝族，1956 年 6 月生，四川省布拖县西溪河乐恩乡人。2008 年 6 月，银饰锻制技艺（彝族银饰制作技艺）被列入第一批国家级非物质文化遗产扩展项目名录传统技艺类，项目编号 Ⅷ -40。2012 年 12 月，勒古沙日入选为第四批国家级非物质文化遗产项目代表性传承人，四川省布拖县申报。勒古沙日出身于银饰制作世家，12 岁起跟随父亲勒古阿牛学习银饰工艺。彝族银饰的制作工艺没有模板，全靠个人记忆进行制作，同先祖一样，其银饰打制技艺的学习全靠口传心授和自己的悟性。勒古沙日是银饰图案设计大师，可以打造 72 种银饰样式。目前勒古沙日在布拖已经传授了 38 位徒弟，全凉山和他具有严格师承关系的徒弟不下 60 人，儿子勒古张成也放弃原本的

专业，跟随父亲学艺。

Ⅷ -58 泸州老窖酒酿制技艺

张良

（编号：04-1852），男，汉族，1965 年 11 月生，四川省泸州市人。2006 年 5 月，泸州老窖酒酿制技艺被列入第一批国家级非物质文化遗产名录传统技艺类，项目编号 Ⅷ -58。2012 年 12 月，张良入选为第四批国家级非物质文化遗产项目代表性传承人，四川省泸州市申报。泸州老窖酒传统酿制技艺通过师徒间的口传心授，至今已传承了 23 代，第 22 代传人张良 1988 年毕业于四川理工学院发酵工程专业（现改为生物工程专业），现任泸州老窖股份有限公司董事、总经理、党委书记，泸州老窖集团有限公司董事局董事、总裁。他创立泸州老窖酒业集中发展区，为中国白酒企业向规模化、集群化、循环经济方向发展提供了新思路，为泸州老窖建立了完善的管理体系和良好的企业运作机制。张良十分重视科技研发，在白酒生产工艺上利用现代生物工程技术，实现了对传统工艺的有机继承，完成了"传统泸型酒"、"多粮泸型酒"、"新工艺泸型酒"的研究，并形成了可行的生产工艺规程。

Ⅷ -152 黑茶制作技艺（南路边茶制作技艺）

甘玉祥

（编号：04-1906），男，汉族，1963 年 4 月生，四川省雅安市人。2008 年 6 月，黑茶制作技艺（南路边茶制作技艺）被列入第二批国家级非物质文化遗产名录传统技艺类，项目编号 Ⅷ -152。2012 年 12 月，甘玉祥入选为第四批国家级非物质文化遗产项目代表性传承人，四川省雅安市

申报。甘玉祥出身于边茶（又叫边销茶、砖茶，俗称粗茶）世家，秉承父辈对边茶业和对西藏民族的特殊感情，是藏茶世家第五代传承人。他自幼得到父亲甘绍郁的教导，后得到茶界泰斗蒋昭义的帮助。他将边茶从长期以来不变的康砖和金尖两个品种增加到了50余种，秉承"藏茶汉饮、边茶内销、粗茶细作"的发展战略思路，使藏茶走出藏区，面向全国。

贵州

Ⅷ-25 苗族蜡染技艺

王阿勇

（编号：04-1840），女，苗族，1944年2月生，贵州省丹寨县排调镇远景村人。2006年5月苗族蜡染技艺被列入第一批国家级非物质文化遗产名录传统技艺类，项目编号Ⅷ-25。2012年12月，王阿勇入选为第四批国家级非物质文化遗产项目代表性传承人，贵州省丹寨县申报。王阿勇家乡的乡村妇女几乎都会蜡染，她从小就跟老人和姐姐学蜡画，蜡染技艺日渐成熟。她作画不用尺，不打底，大胆运笔，一气呵成，笔下花、鸟、鱼、虫，形象逼真，形态活泼，传统图案线条分明。代表作品有"百年漩涡蜡染"等。1983年和1984年，王阿勇两次被邀请到美国作蜡画表演，美国观众称她为"东方艺术家"，称蜡染为"东方第一染"。王阿勇还多次被请到外地传师授艺，创建了丹寨阿勇蜡染旅游文化公司。

Ⅷ-40 银饰锻制技艺（苗族银饰制作技艺）

吴水根

（编号：04-1844），男，苗族，1966年2月生，贵州省台江县塘龙寨人。2011年6月，银饰锻制技艺（苗族银饰制作技艺）被列入第二批国家级非物质文化遗产扩展项目名录传统技艺类，项目编号Ⅷ-40。2012年12月，吴水根入选为第四批国家级非物质文化遗产项目代表性传承人，贵州省台江县申报。塘龙寨是著名的银匠村，多数为世家祖传模式，吴水根也出身于银匠世家，是吴家第八代传人，在父亲的引导下从事银饰加工。他心灵手巧，善于思考，敢于创新，将现代美术绘画和传统民族银饰锻造技艺有机结合起来，开发创造性思维，总是将心得想法都积极地运用到这门技艺当中，很快就形成了自己的风格，受到人们的喜爱。以前银饰制作工艺传男不传女，秘不外传，但是吴水根首开先河，让女儿吴春秀成了第九代传人，还收了七八个村里人做徒弟，女婿杨文也跟随他学习手艺。然而他希望儿子吴晓东好好念书，出去闯荡，而不是局限于继承祖业。

Ⅷ-108 枫香印染技艺

杨光成

（编号：04-1880），男，布依族，1953年5月生，贵州省惠水县雅水镇播潭村人。2008年6月，枫香印染技艺被列入第二批国家级非物质文化遗产名录传统技艺类，项目编号Ⅷ-108。2012年12月，杨光成入选为第四批国家级非物质文化遗产项目代表性传承人，贵州省惠水县申报。枫香染是布依族传统印染工艺，杨光成自1975年起跟随父亲杨通清学艺，长年以务农为主，并致力于枫香染的创新和传承。杨光成在长期的创作过程中，不仅继承了父辈的传统绘画图案，而且大胆地进行创新，其枫香印染作品形式多样，图案造型精美，运笔线条流畅，装饰风格独到。代表作品有"牛油枫香染"等。多年来，杨光成先后开办不同的枫香印染培训班，已经培养传承人百余人，但是该项技艺的发展前途依然堪忧。

该项技艺民间公认的传承人还有杨光成的哥哥杨光汉。

云南

Ⅷ-68 傣族、纳西族手工造纸技艺

周小三

（编号：04-1856），女，傣族，1936年2月生。2006年5月，傣族、纳西族手工造纸技艺被列入第一批国家级非物质文化遗产名录传统技艺类，项目编号Ⅷ-68。2012年12月，周小三入选为第四批国家级非物质文化遗产项目代表性传承人，云南省临沧市申报。

Ⅷ-142 贝叶经制作技艺

波空论

（编号：04-1902），男，傣族，1948年1月生，云南省西双版纳傣族自治州勐罕镇曼降村人。2008年6月，贝叶经制作技艺被列入第二批国家级非物质文化遗产名录传统技艺类，项目编号Ⅷ-142。2012年12月，波空论入选为第四批国家级非物质文化遗产项目代表性传承人，云南省西双版纳傣族自治州申报。贝叶经，傣语称"坦兰"，是用铁笔在贝多罗树叶上所刻写的佛教经文，内容除大量佛教经典外，还有许多神话传说、民间故事、诗歌和历史记载等，是傣族文化的根。

波空论12岁时便在勐罕镇曼降村曼降佛寺出家，开始学习傣文并受到傣族传统文化——贝叶文化的熏陶与渐染。由于聪明、悟性较好，波空论在学了一年傣文后，便基本掌握了傣文阅读和书写，开始跟佛爷波拉叫（现已去世）学习贝叶经的制作和刻制，一年后完全掌握了贝叶经的制作工艺并可独立制作。由于该项技艺学习艰难且不易掌握，目前其传承后继无人。

该项技艺民间公认的传承人还有贝叶经大师康朗叫（男，傣族）。

西藏

Ⅷ-120 藏族金属锻造技艺（藏族锻铜技艺）

列旦

（编号：04-1883），男，藏族，1976年12月生，西藏自治区南木林县人。2008年6月，藏族金属锻造技艺（藏族锻铜技艺）被列入第二批国家级非物质文化遗产名录传统技艺类，项目编号Ⅷ-120。2012年12月，列旦入选为第四批国家级非物质文化遗产项目代表性传承人，西藏自治区南木林县申报。

该项技艺民间公认传承人还有普布次仁（男，藏族）和米玛（男，藏族）。

Ⅷ-120 藏族金属锻造技艺（扎西吉彩金银锻铜技艺）

拉琼

（编号：04-1884），男，藏族，1964年11月生，西藏自治区日喀则市扎西吉彩村人。2011年6月，藏族金属锻造技艺（扎西吉彩金银锻铜技艺）被列入第二批国家级非物质文

化遗产扩展项目名录传统技艺类，项目编号Ⅷ-120。2012年12月，拉琼入选为第四批国家级非物质文化遗产项目代表性传承人，西藏自治区日喀则地区申报。拉琼的家乡扎西吉彩村是一个金银铜匠非常集中的村子，他的父母都从事这一行业，受家庭的熏陶，拉琼从小就对加工金银铜器非常感兴趣。他18岁起跟随村子里的金银铜器加工厂的师傅学习掌握该项技艺，目前是扎西吉彩金银铜器加工厂的一名技师。其技艺精湛，所制作的金银铜器因质量上乘，价格不菲，为国内外顾客所青睐。他已经收了18个学徒，全都是藏族，他认为技艺传承最重要的是要有兴趣。

Ⅷ-141 藏香制作技艺

次仁

（编号：04-1901），男，藏族，1956年5月生。2008年6月，藏香制作技艺被列入第二批国家级非物质文化遗产名录传统技艺类，项目编号Ⅷ-141。2012年12月，次仁入选为第四批国家级非物质文化遗产项目代表性传承人，西藏自治区尼木县申报。

Ⅷ-199 藏族矿植物颜料制作技艺

阿旺晋美

（编号：04-1927），男，藏族，1957年4月生，西藏自治区拉萨市人。2011年6月，藏族矿植物颜料制作技艺被列入第三批国家级非物质文化遗产名录传统技艺类，项目编号Ⅷ-199。2012年12月，阿旺晋美入选为第四批国家级非物质文化遗产项目代表性传承人，西藏自治区拉萨市申报。唐卡（为藏语音译）是藏族文化中一种独具特色的绘画艺术形式，是用彩缎装裱后悬挂供奉的宗教卷轴画。阿旺晋美是西藏大学教授、西藏传统美术理论家、唐卡绘画矿、植物颜料工艺专家。他著有《西藏美术史略》、《藏、汉美术辞典》等专著，有译著《藏族绘画》。

陕西

Ⅷ-86 烟火爆竹制作技艺（架花烟火爆竹制作技艺）

梁忠民

（编号：04-1866），男，汉族，1943年11月生，陕西省洋县人。2008年6月，烟火爆竹制作技艺（架花烟火爆竹制作技艺）被列入第一批国家级非物质文化遗产扩展项目名录传统技艺类，项目编号Ⅷ-86。2012年12月，梁忠民入选为第四批国家级非物质文化遗产项目代表性传承人，陕西省洋县申报。洋县杆架花烟火是一种世代传承的宫廷烟火。1962年梁忠民拜西安郊区张堡"火烧壁"村唐代宫廷杆架花烟火第四十六代传人张克勤学艺，1988年开始，致力于"大唐宫廷龙门杆架花"的传承和发展。20世纪80年代末，他创办洋县纸坊杆架花烟火手工作坊，请张克勤传授技艺，丰富了洋县杆架花烟火的内容，加深了洋县杆架花的历史底蕴，使得"大唐宫廷杆架双背剑焰火"成为洋县杆架花烟火一个响亮品牌。洋县现有四个杆架花烟火手工作坊，其中之一就是纸坊梁忠民宫廷杆架花烟火作坊。

该项技艺民间公认的传承人还有封太刚（男，汉族），传承内容为封氏杆架烟火。

Ⅷ-165 同盛祥牛羊肉泡馍制作技艺

乌平

（编号：04-1910），男，回族，1963年4月生，陕西省西安市人。2008年6月，同盛祥牛羊肉泡馍制作技艺被列入第二批国家级非物质文化遗产名录传统技艺类，项目编号Ⅷ-165。2012年12月，乌平入选为第四批国家级非物质文化遗产项目代表性传承人，陕西省西安市申报。同盛祥创建于1920年，取"同兴盛、共吉祥"之意，定名为"同盛祥"。乌平17岁开始当学徒，学习羊肉泡馍的制作技术，严格遵守同盛祥多年来的制作工艺。同盛祥每年要对厨师进行技艺培训，该项技艺代表性传承人乌平、马桂军（男，汉族）分别向厨师传授包括煮肉、破汤、打馍、泡馍等手艺，同时也对厨师进行泡馍历史文化的教育，以保证该项技艺能长远流传。

青海

Ⅷ-98 陶器烧制技艺（藏族黑陶烧制技艺）

白玛群加

（编号：04-1877），男，藏族，1978年10月生，青海省玉树藏族自治州囊谦县娘拉乡娘多村人。2008年6月，陶器烧制技艺（藏族黑陶烧制技艺）被列入第二批国家级非物质文化遗产名录传统技艺类，项目编号Ⅷ-98。2012年12月，白玛群加入选为第四批国家级非物质文化遗产项目代表性传承人，青海省囊谦县申报。白玛群加12岁开始跟随安久家族的老艺人系统学习泥塑工艺、佛教面具烧制、唐卡绘制、藏式家具制作、藏式房屋绘画等家族传统手工技艺，并于16岁

时基本掌握上述技艺。2001年他拜黑陶老艺人扎旺为师，其是藏族黑陶烧制技艺的第三代传人，目前整个玉树康巴地区只有白玛群加和扎旺两人完全掌握黑陶的烧制技艺。囊谦藏族黑陶技艺的秘方只传给一个人，但白玛群加希望能够将这样技艺发扬光大。他在囊谦县城有个专门生产黑陶工艺品的公司和一个教授制陶的学校，他自己也已经培养了80名学生。

Ⅷ-186 碉楼营造技艺（藏族碉楼营造技艺）

果洛折求

（编号：04-1916），男，藏族，1941年3月生，青海省果洛藏族自治州班玛县人。2011年6月，碉楼营造技艺（藏族碉楼营造技艺）被列入第二批国家级非物质文化遗产扩展项目名录传统技艺类，项目编号Ⅷ-186。2012年12月，果洛折求入选为第四批国家级非物质文化遗产项目代表性传承人，青海省班玛县申报。

Ⅷ-196 银铜器制作及鎏金技艺

何满

（编号：04-1925），男，汉族，1965年4月生，青海省湟中县人。2011年6月，银铜器制作及鎏金技艺被列入第三批国家级非物质文化遗产名录传统技艺类，项目编号Ⅷ-196。2012年12月，何满入选为第四批国家级非物质文化遗产项目代表性传承人，青海省湟中县申报。何满出身于银铜器制作之家，手艺从其祖父辈传下来是第三代传人。银铜器制作技艺是青海省民族民间传统手工艺"八瓣莲花"（农民画、壁画、泥塑、堆绣、木雕、皮影、镶丝、银铜器）之一，是完全手工制作银铜器的技艺。何满的代表作品有"大银壶"、"保健杯"等。目前

湟中银铜器制作及鎏金技艺传习所展示中心已揭牌投入使用，是在何满"满福楼"上铺的基础上改建而成，是该项技艺专门的传习场所和技艺展示地点。

宁夏

Ⅷ-133 砚台制作技艺（贺兰砚制作技艺）

闫森林

（编号：04-1895），男，汉族，1952年11月生，宁夏银川人。2011年6月，砚台制作技艺（贺兰砚制作技艺）被列入第二批国家级非物质文化遗产扩展项目名录传统技艺类，项目编号Ⅷ-133。2012年12月，闫森林入选为第四批国家级非物质文化遗产项目代表性传承人，宁夏回族自治区银川市申报。闫森林初中毕业后当过瓦工，1973年进入银川市贺兰石雕刻厂，跟从父亲兼师傅闫子江学习贺兰石雕刻技艺，是贺兰砚雕刻技艺的代表——"闫家砚"的第四代代表性传承人。其作品具有闫家砚古朴典雅、内敛含蓄、题材广泛、做工精细、俏彩独到的艺术传统，创作题材广泛，俏彩干净、合理、精妙，雕刻手法底清、边净，线条清晰、平直。闫森林反映，由于学此技艺很难在短时期内掌握并形成经济效益，现在很多受过高等教育的城市青年一般不愿学此手艺，目前该项技艺正面临失传的尴尬境地。闫森林正努力通过社会招徒和通过学校进行技艺传授等方式将技艺传承下去。2013年6月，闫森林与石飚共同收徒9名。

新疆

Ⅷ-23 花毡、印花布织染技艺

木斯勒木江·恰尔甫汗

（编号：04-1838），女，哈萨克族，1952年4月生。2008年6月，花毡、印花布织染技艺被列入第一批国家级非物质文化遗产扩展项目名录传统技艺类，项目编号Ⅷ-23。2012年12月，木斯勒木江·恰尔甫汗入选为第四批国家级非物质文化遗产项目代表性传承人，新疆维吾尔自治区塔城地区申报。

Ⅷ-100 传统棉纺织技艺（维吾尔族帕拉孜纺织技艺）

帕热坦木·吐尔迪

（编号：04-1878），女，维吾尔族，1965年7月生，新疆维吾尔自治区拜城县黑英山乡明布拉克村人。2011年6月，传统棉纺织技艺（维吾尔族帕拉孜纺织技艺）被列入第二批国家级非物质文化遗产扩展项目名录传统技艺类，项目编号Ⅷ-100。2012年12月，帕热坦木·吐尔迪入选为第四批国家级非物质文化遗产项目代表性传承人，新疆维吾尔自治区拜城县申报。"帕拉孜"是新疆维吾尔族古老的原生态土布纺织工艺，维吾尔语意为"平纹毛织品"。帕热坦木·吐尔迪是家族的第四代"帕拉孜"织女，自幼从母亲那里学到"帕拉孜"纺织制作技艺。在自己通过纺织致富后，她又开办学习班，教村民学习纺织"帕拉孜"技艺，使该技艺得以长久传承下去。

Ⅷ-101 毛纺织及擀制技艺（维吾尔族花毡制作技艺）

阿不力孜·吐尔逊

（编号：04-1879），男，维吾尔族，1966年5月生，新疆维吾尔自治区柯坪县人。2011年6月，毛纺织及擀制技艺（维吾尔族花毡制作技艺）被列入第二批国家级非物质文化遗产扩展项目名录传统技艺类，项目编号Ⅷ-101。2012年12月，阿不力孜·吐尔逊入选为第四批国家级非物质文化遗产项目代表性传承人，新疆维吾尔自治区柯坪县申报。

Ⅷ-124 民族乐器制作技艺（维吾尔族乐器制作技艺）

艾依提·依明

（编号：04-1889），男，维吾尔族，1964年5月生，新疆维吾尔自治区新和县依其艾日克乡加依村人。2008年6月，民族乐器制作技艺（维吾尔族乐器制作技艺）被列入第二批国家级非物质文化遗产名录传统技艺类，项目编号Ⅷ-124。2012年12月，艾依提·依明入选为第四批国家级非物质文化遗产项目代表性传承人，新疆维吾尔自治区新和县申报。艾依提·依明出生于新疆有名的"中国新疆手工乐器制作第一村"——加依村，家中从其祖父一代开始制作乐器，已有两百余年的历史。艾依提·依明15岁开始跟随父亲学习制作各种民族乐器，制作的乐器工艺精、音色好、外形美，在新疆十分有名，据说保养得好能弹上百年，被誉为"乐器王"。目前已带出徒弟50余人。

自治区级该项技艺的传承人为新疆维吾尔自治区新和县的努尔东·司马义（男，维吾尔族）。

传统医药

第一批国家级非物质文化遗产项目代表性传承人

中央

IX-1 中医生命与疾病认知方法

路志正

男，汉族，1920 年 12 月生，河北省藁城县人，现居北京。2006 年 5 月，中医生命与疾病认知方法被列入第一批国家级非物质文化遗产名录传统医药类，项目编号 IX-1。2007 年 6 月，路志正入选为第一批国家级非物质文化遗产项目代表性传承人，中国中医科学院申报。路志正的伯父路益修曾是河北省藁城县名医，其父亦粗通医道。1934 年，路志正进入其伯父创办的医校学习，并拜山西盐城名医孟正已先生为师。1942 年，经河北省中医考试取得中医师资格后，悬壶乡里。1951—1952 年，在北京中医进修学校进修。1952—1973 年，在卫生部中医司技术指导科工作，并定期在医务室出诊。1973 年至今，在中国中医科学院广安门医院，从事中医医、教、研工作。路志正崇尚脾胃学说和温病学说，发展了调理脾胃治疗心痹的理论。他首创了穴位编码法，为针灸走向世界奠定了基础。路志正认为，中西医学是两种不同的理论体系，各有所长，也各有不足。在临床中参考现代医学检查数据是必要的，但治疗时，仍要根据中医理论进行辨证论治，不要被西医病名束缚了自己的思路。路志正是全国首批中医研究生导师和师承导师，带出了大批人才，大多成为学术骨干和高级中医、中西医结合人才。

王绵之

男，汉族，1923 年 10 月生，2009 年 7 月卒，江苏省南通市人，后居北京。2006 年 5 月，中医生命与疾病认知方法被列入第一批国家级非物质文化遗产名录传统医药类，项目编号 IX-1。2007 年 6 月，王绵之入选为第一批国家级非物质文化遗产项目代表性传承人，中国中医科学院申报。王绵之是江苏省南通市祖传世医"王氏医术"的第十九代传人。父亲王蕴宽是 20 世纪 20 年代南通地区家喻户晓的名医。1936—1937 年，王绵之随父亲王蕴宽学习中医。1942 年，在南通城区正式悬壶开诊。1955—1956 年，江苏省中医进修学校进修，后留校任教，筹建方剂教研组。1957 年至今，在北京中医药大学从事教学、管理、临床与科研工作。王绵之创建和发展了中医方剂学科，形成系统化的理论体系。由王绵之主持编纂的《方剂学》、《中医药概论》、《中国医学百科全书·方剂学分卷》、《全国高等院校中医方剂教学参考丛书》、《古方钩玄》、《中华人民共和国药典·一部(85 年版)》等专著均成权威范式。他精于脏腑气血辨证与遣药组方，擅治内、妇、儿科疑难病症和外感热病，特别重视病人的社会性。根据每个病人的不同特点，遣药组方，达到"药与病合"、"药与人合"。王绵之还是出色的教育家，培养了大批高级中医药人才。

颜德馨

男，汉族，1920 年 11 月生，江苏省丹阳县人，祖籍山东，现居上海。2006 年 5 月，中医生命与疾病认知方法被列入第一批国家级非物质文化遗产名录传统医药类，项目编号 IX-1。2007 年 6 月，颜德馨入选为第一批国家级非物质文化遗产项目代表性传承人，中国中医科学院申报。颜德馨之父颜亦鲁师从江南孟和医派名家何季衡学医，擅长治疗肠胃病和妇科疾病。颜德馨 12 岁开始学习中医学著作，16 岁考取上海中国医学院，学兼中西。颜德馨曾多次向当年上海的名医程门雪、盛心如、张赞臣等索解请益。1939

年起开始从事中医临床工作。颜德馨最为人称道的是发展了气血学说，提出了"气为百病之长，血为百病之胎"，"久病必有瘀，怪病必有瘀"的学术观点及调气活血为主的"衡法"治则，把传统气血说发展到一个新的高度。他出版了《颜德馨医艺荟萃》、《颜德馨先生诊治疑难病秘笈》、《中华名中医治病囊秘·颜德馨卷》、《中国百年百名临床家丛书·颜德馨卷》、《颜德馨临床经验辑要》等。在传统医药传承方面，他倡导举办"中医大师传承班"，加强学生对中医经典原著研读以及对中国传统文化的学习。首次启动了在综合性大学中进行中医教育改革的试点项目，培养了大批人才。

曹洪欣

男，汉族，1958年2月生，黑龙江省哈尔滨市人，现居北京。2006年5月，中医生命与疾病认知方法被列入第一批国家级非物质文化遗产名录传统医药类，项目编号Ⅸ-1。2007年6月，曹洪欣入选为第一批国家级非物质文化遗产项目代表性传承人，中国中医科学院申报。曹洪欣1978年考取黑龙江中医学院中医专业，之后一直从事中医药科研、医疗、教学与管理工作。所从事的主要有中医基础理论传承与创新，中医药治疗心血管疾病研究，与中医药发展战略等研究。其主持完成的科研成果"益气升陷法在病毒性心肌炎中的应用与研究"获2005年国家科技进步二等奖、2004年中华中医药学会科学技术一等奖。提出了病毒性心肌炎"大气下陷"病机学说，创立"益气升陷法"，治疗病毒性心肌炎总显效率为76.1%。曹洪欣先后承担了国家863项目、973专项课题和国家自然科学基金重点项目等国家级科研项目10余项。作为第一完成人获国家科技进步二等奖2项、国家级教学成果二等奖1项，省部级一等奖2项、二等奖4项。截至2013年，曹洪欣共发表论文290余篇，出版著作37部，主编"十五"、"十一五"国

家规划教材《中医基础理论》（七年制），已培养博士研究生33名，硕士研究生49名，指导博士后20名。

吴咸中

男，满族，1925年8月生，辽宁省新民县人，现居天津。2006年5月，中医生命与疾病认知方法被列入第一批国家级非物质文化遗产名录传统医药类，项目编号Ⅸ-1。2007年6月，吴咸中入选为第一批国家级非物质文化遗产项目代表性传承人，中国中医科学院申报。1948年吴咸中毕业于满洲医科大学（沈阳医学院前身），同年分配在天津市中央医院（天津医科大学总医院前身）外科工作。1959年2月—1961年9月在天津市第二届西医离职学习中医班学习。吴咸中是我国中西医结合领域的开拓者，尤其用中西医结合的方法治疗急腹症获得了举世公认。1982年世界卫生组织公布中国在世界领先的五项医药学项目：中西医结合治疗急腹症、针刺麻醉、中西医结合治疗骨折、断肢再植、烧伤。吴咸中也因此跻身于中外著名医学大家行列，被誉为我国中西医结合事业的"擎旗人"。吴咸中和二位兄长吴执中、吴英恺一起被誉为医学界的"北三吴"，皆为中国医学泰斗。吴咸中已经培养了3名博士后人员、30余名博士和48名硕士，构建了一支结构合理的中西医结合临床人才梯队。其中绝大部分都成为中西医结合领域的学术带头人和技术骨干，如中国微创外科的创始人之一的鲁焕章教授。

陈可冀

男，汉族，1930年9月生，福建省福州人，现居北京。2006年5月，中医生命与疾病认知方法被列入第一批国家级非物质文化遗产名录传统医药类，项目编号Ⅸ-1。2007年6月，陈可冀入选为第一批国家级非物质文化遗产项目代表性传承人，中国中医科学院申报。陈可冀

于 1954 年毕业于福建医学院。此后留校任内科助教、内科医师。1956 年进入新成立的中国中医研究院。曾随名医冉雪峰、王易门、蒲辅周、岳美中、赵锡武、郭士魁系统学习中医和临证多年，学而有成，融为一体，为我国第一代中西医结合专家。陈可冀长期从事中医、中西医结合心血管病及老年医学的研究，在活血化瘀及芳香温通方药治疗冠心病的理论及疗效研究、补益脾肾方药延缓衰老理论及临床研究、清代宫廷医疗经验的整理研究等方面均取得丰硕成果。其"血瘀证与活血化瘀研究"荣获国家科技进步一等奖；"证效动力学研究"荣获国家科技进步二等奖；"清代宫廷原始医药档案研究"荣获古籍整理金奖；荣获爱因斯坦世界科学奖等各类奖项。陈可冀先后培养博士、博士后和学术继承人 70 余名。

Ⅸ -2 中医诊法

邓铁涛

男，汉族，1916 年 11 月生，广东省开平县人，现居广州。2006 年 5 月，中医诊法被列入第一批国家级非物质文化遗产名录传统医药类，项目编号Ⅸ -2。2007 年 6 月，邓铁涛入选为第一批国家级非物质文化遗产项目代表性传承人，中国中医科学院申报。他出身于中医家庭，其父邓梦觉毕生从事医疗。1932 年 9 月，邓铁涛考入广东中医药专门学校，系统学习中医理论。在学习期间，先后跟随陈月樵、郭耀卿、谢赓平等各有专长的名家实习。在长年的中医理论研究和实践基础上，强调辨证方法在诊断学中的重要地位，极力主张"伤寒"、"温病"统一辨证论治，于中医诊断学的内涵建设提出新的见解。擅治心务疾病，研制成功的中成药有"冠心丸"、"五灵止痛散"等；运用中医脾胃学说论治西医多个系统的疾病以及疑难杂症。此外，邓铁涛为中医药发展的政策调整作出了重要贡献，中医药界著名的"八老上书"即为邓铁涛牵头。2009 年，被授予"国医大师"称号。邓铁涛历年来招收硕士博士 40 余人，也通过师徒传承收徒多人，如劳绍贤、赵立诚、李贵芬、邓中炎、梁德任、刘小斌、邱仕君、吴焕林、邹旭、杨志敏、吴伟康、阮新民、张敏洲等。

周仲瑛

男，汉族，1928 年 6 月生，江苏省如东县人，现居南京。2006 年 5 月，中医诊法被列入第一批国家级非物质文化遗产名录传统医药类，项目编号Ⅸ -2。2007 年 6 月，周仲瑛入选为第一批国家级非物质文化遗产项目代表性传承人，中国中医科学院申报。周仲瑛在 1941 年至 1946 年随父周筱斋学医；1947 年就学于上海中国医学院中医师进修班，当时上海的著名老中医章次公、朱鹤皋、蒋文芳、盛心如等，都亲自为其授课并临床带教。他在学说上主张不执一家之说，善于综合应用各家学说之长，确立以脏腑为辨证核心、内科疾病系统分类的基础，首倡"脏腑病机证素辨治"新论。他深入出血热疫区 10 余年，首倡"病理中心在气营"、"三毒"等新理论，并形成"瘀热"病机学说。创建了"中医内科急症学"分支学科，为振兴中医急症医学奠定了基础。先后主持各级各类课题 24 项，已取得研究成果 18 项，获科技进步奖 13 项，如"中医药治疗流行性出血热的研究"1988 年获国家中医药管理局科技进步一等奖；"中医药治疗病毒性高热的研究"1994 年获国家教委科技进步三等奖；"清化瘀毒、调养肝脾法治疗乙型肝炎的研究"1998 年获国家中医药管理局科技进步三等奖。他主持编写了《中医内科学》等多部教材。多年的教学和临床，他已经是桃李满天下。

IX -3 中药炮制技术

王孝涛

男，汉族，1928 年 6 月生，浙江省平阳县人，现居北京。2006 年 5 月，中药炮制技术被列入第一批国家级非物质文化遗产名录传统医药类，项目编号 IX -3。2007 年 6 月，王孝涛入选为第一批国家级非物质文化遗产项目代表性传承人，中国中医科学院与中国中药协会联合申报。王孝涛出身于医药之家，1947 年考入浙江医学院药科攻读药学，师从叶三多、顾学裘、曾广方等老一辈药学专家。1953 年深入西部地区，开展"道地药材"的研究。1959 年王孝涛进入北京、天津、上海、杭州、重庆等地的饮片生产厂家，继承总结中药炮制生产技术，学习常用各种饮片的炮制工艺规程、制作要点、辅料种类及用量、生产用具及设备等炮制生产经验技术，整理编写成技术文字资料，最终汇编成《中药炮炙经验集成》（1963）。王孝涛参加《中华人民共和国药典》一部的编写工作，首次完成中药饮片炮制工艺标准部分。1983 年受卫生部委托，在调查、研究和搜集全国各省、市、自治区现行的《中药炮制规范》的基础上，完成编订《全国中药炮制规范》，这是我国第一部全国性的中药饮片生产和质量的规范及技术标准。他已培养硕士生 2 名，博士生 1 名，并选为 500 名全国名老中医学术经验继承学习的导师之一，以师带徒方式，培养师承继承人 1 名。

金世元

男，汉族，1926 年 12 月生，北京市人。2006 年 5 月，中药炮制技术被列入第一批国家级非物质文化遗产名录传统医药类，项目编号 IX -3。2007 年 6 月，金世元入选为第一批国家级非物质文化遗产项目代表性传承人，中国中医科学院与中国中药协会联合申报。1940 年，金世元到北京复有药庄当学徒，习得了中药制药的全过程。1940 年 6 月，金世元进入"北京市中药讲习所"学习，师从汪逢春、赵树屏（清太医院医官赵云卿之长子）、瞿文楼（清代御医）、杨叔澄、安斡青等。1954 年，参加了北京中医学会举办"中医预备会员学习班"。金世元熟悉全国的中药市场，练就了鉴别药材质量和药性的娴熟技能；在炮制中药材方面有深厚的理论基础和实践经验；对中成药的处方、配伍、历史演变和主治功能的研究颇有建树，被誉为"活药经"。撰写专著《中成药的合理使用》，主编《中药炮制学》，合编过《中药大全》、《中药材大辞典》、《中成药大辞典》等。金世元培养出了 1000 多名中药人才，大多已成为北京地区中药行业的骨干。1990 年，在全国范围内遴选 500 名老中医药专家作为指导老师，金世元是被遴选的唯一的中药学指导老师。从 1990 年到 1998 年，金世元先后两批带徒 4 名，2012 年又收徒 5 人。

IX -4 中医传统制剂方法

颜正华

男，汉族，1920 年 2 月生，江苏省丹阳县人，现居北京。2006 年 5 月，中医传统制剂方法被列入第一批国家级非物质文化遗产名录传统医药类，项目编号 IX -4。2007 年 6 月，颜正华入选为第一批国家级非物质文化遗产项目代表性传承人，中国中医科学院与中国中药协会联合申报。1934 年的颜正华拜江苏省丹阳县著名儒医戴雨三学习中医；1937 年，颜正华师从江苏"孟河学派"著名国医马培之的再传弟子名医杨博良，得"孟河学派"真传，成为孟河学派第四代传人。1940 年，颜正华回丹阳县悬壶应诊。1955 年 3 月，颜正华考入南京中医进修学校（南京中医学院前身）师资进修班深造。1959 年，颜正华和凌一揆等主持编写了全国高等中医药院校第一版《中药学》教材。《中药学》教材的问世，确立了当代高等中医院校中药教学的基本框架与内容，从而在中药界，有"南凌北颜"之誉。颜正华先后为中医药专科、本科、西学中班、中药研究生班等数十个班次的几千名学生讲课及带临床实习，已经带教了7名徒弟，培养了硕士研究生19人、博士研究生13人，大多成为中医药行业的骨干和带头人。

张伯礼

男，汉族，1948年2月生，原籍河北省宁晋县，现居北京。2006年5月，中医传统制剂方法被列入第一批国家级非物质文化遗产名录传统医药类，项目编号Ⅸ-4。2007年6月，张伯礼入选为第一批国家级非物质文化遗产项目代表性传承人，中国中医科学院与中国中药协会联合申报。1982年，张伯礼毕业于天津中医学院，获医学硕士学位，毕业后留校任教，曾任天津中医药大学校长。在临床方面，主要从事心脑血管病研究，临床疗效显著。致力于中医药现代化，开拓了以中药有效组分组方研制现代中药的模式和设计方法，搭建了中药方剂有效组分提取分离和活性筛选技术平台，诠释了中医药配伍特点和作用模式的现代科学内涵，为现代中药研制和名优中成药二次开发提供了科学依据和技术支撑。多年来张伯礼承担了国家"七五"至"十五"重大攻关等项目40余项，共获国家科技进步奖5项，省部级科技进步一、二等奖20余项。参加中医药现代化顶层设计，主持和参加起草了全国《中医现代化科技发展战略》、《中药现代化发展纲要》等文件。培养出站博士后，毕业博、硕士研究生140余名。

Ⅸ-5 针灸

王雪苔

曾用名王政和，男，汉族，1925年12月生，

2008年9月卒，辽宁省义县人。2006年5月，针灸被列入第一批国家级非物质文化遗产名录传统医药类，项目编号Ⅸ-5。2007年6月，王雪苔入选为第一批国家级非物质文化遗产项目代表性传承人，中国中医科学院与中国针灸协会联合申报。王雪苔青年时代先后在锦州医学院与国立沈阳医学院攻读西医学；后协助著名针灸学家朱琏同志编著《新针灸学》，从此走上中医研究之路。1949年之后，王雪苔一直在中央卫生部直属单位从事中医药特别是针灸的科研、教学与医疗工作，参与创造针灸发展史上多个第一：开创"中国针灸学会"；在他和鲁之俊的努力下，北京针灸学院（后来的北京针灸骨伤学院）于1986年正式成立；创办《中国针灸》期刊；以筹备委员会秘书长的身份具体主持了世界针灸学会联合会的创建工作。他所编著的《针灸学手册》影响了几代针灸学人。王雪苔为针灸在世界医学界的发展把握敏锐，分析精辟，促使针灸为世界医学界所认识。他的论著《古代针灸源流考》、《针灸史提纲》、《针灸史图录》，是他的针灸发展史研究的三部曲，至今还无人能出其右。

贺普仁

字师牛，号空水，男，汉族，1926年5月生，河北省涞水县人，现居北京。2006年5月，针灸被列入第一批国家级非物质文化遗产名录传统医药类，项目编号Ⅸ-5。2007年6月，贺普仁入选为第一批国家级非物质文化遗产项目代表性传承人，中国中医科学院与中国针灸协会联合申报。1940年，贺普仁投在北京针灸名医牛泽华门下学习。1948年，开设贺普仁中医诊所。1956年，调入北京中医医院针灸科，任针灸科主任。贺普仁创立了贺氏针灸三通理论，即微通法、温通法、强通法；采用快速无痛针刺手法，复兴了火针技术，并将武术、气功融于针灸，通过二指禅、顶指法、夹木锥、捻线法等招数

练习，形成了自己独特、疗效显著的针刺手法，将针灸治病的病种扩大到内外妇儿五官皮科等各疾病领域，被誉为"神针"。他撰写的《针灸治痛》、《针具针法》、《火针疗法图解》、《针灸三通法的临床应用》等已成为针灸医学的宝贵财富。2009年，贺普仁被评为国医大师。一生传人众多，多已成为针灸界的骨干。

Ⅸ-6 中医正骨疗法

郭维淮

男，汉族，1929年8月生，河南省洛阳市人。2006年5月，中医正骨疗法被列入第一批国家级非物质文化遗产名录传统医药类，项目编号Ⅸ-6。2007年6月，郭维淮入选为第一批国家级非物质文化遗产项目代表性传承人，中国中医科学院申报。郭维淮幼承庭训，14岁时在父母的口传手授下开始学习洛阳正骨医术，是洛阳平乐正骨的第六代传人。1956年，郭维淮在母亲高云峰的带领下，创建了洛阳正骨医院，公开传授郭家正骨术，使郭家正骨术成为近百年来中国民间影响力最大的一个正骨流派。随后创办了新中国第一所正骨大学——河南省平乐正骨学院，并建立了新中国第一个正骨研究所。编成了《郭氏正骨学》，使中医骨伤走上了正规化教育。他提出整体辨证、内外兼治、筋骨并重、动静互补，主张治病求因、药法结合、互相促进；对于骨折用药，他提出"破、活、补"三期用药原则；他擅长颈肩腰腿痛等骨伤杂病的推拿治疗和辨证用药。他主持的科研项目"中西医结合手法正复治疗外伤性陈旧性关节脱位"获得"全国科学大会奖"；1995年，他获得中国卫生界的最高奖——"白求恩奖章"。平乐正骨目前已传至第七代传人郭志忠等十数名郭家子弟和第八代传人郭芫沅等多人。

备注：相传，乾隆嘉庆年间，薛衣道人祝尧民行医途经洛阳平乐村，将其正骨医术、正骨秘方授予郭祥泰。郭祥泰是为平乐正骨开创者，办"人和堂"。郭祥泰生前将其医术传其子郭树楷及其侄郭树信（1820—1889）。郭树信开创平乐正骨"北院益元堂"成为平乐郭氏正骨医术发展的主流。郭树楷开创平乐正骨"南院人和堂"。第三代传人郭贯田等两人。第四代传人郭聘三（1865—1929）等六人。第五代传人郭灿若（1895—1950）等五人。

孙树椿

男，汉族，1939年7月生，河北省蠡县人。2006年5月，中医正骨疗法被列入第一批国家级非物质文化遗产名录传统医药类，项目编号Ⅸ-6。2007年6月，孙树椿入选为第一批国家级非物质文化遗产项目代表性传承人，中国中医科学院申报。孙树椿于1958年进入北京中医学院（现北京中医药大学）中医系学习，1964年毕业后至1985年在北京中医学院附属东直门医院任住院医师，主治医师；后入中国中医科学院骨伤科研究所工作。孙树椿大学毕业后，得到了北京骨伤科名医刘寿山先生的亲授真传，对宫廷正骨学派要义体会颇深。40多年来一直在从事骨伤科的临床、科研和教学工作，真正领悟了"机触于外、巧生于内、手随心转、法从手出"的正骨推拿要旨，形成了"入其法而又出其法"的独特手技。擅长治疗各种骨伤科疑难疾病，对中医骨伤手法钻研尤深。共培养博士研究生七名，培养硕士研究生八名，国家中医药管理局选定为名老中医，并批准师带徒三人。

施杞

男，汉族，1937年8月生，江苏省东台市人，现居上海。2006年5月，中医正骨疗法被列入第一批国家级非物质文化遗产名录传统医药类，项目编号Ⅸ-6。2007年6月，施杞入选为第一批国家级非物质文化遗产项目代表性传承人，中国中医科学院申报。施杞出身于中医世家，祖父为故里名医。1957年，考入上海中医学院。1963年大学毕业后，先后拜沪上中医骨伤科大家石筱山、石幼山先生为师。深入系统地学习了石氏伤科流派的学术思想和临证经验，继承发展了石氏伤科"以气为主，以血为先"的学术精髓，同时还向王氏（王子平先生）、魏氏（魏指薪）伤科流派虚心求教，他自1986年至2006年连续三届担任全国中医骨伤学会会长，更有机缘博采众长，兼收并蓄。施杞在诊治颈椎病、腰椎病、骨关节炎、骨质疏松症、陈旧性骨折、脑外伤以及内伤疑难杂症等方面积累了丰富的临床经验。他提出"恢复脊椎平衡"、"颈椎病从痹论治"、"益气化淤补肾法防治脊椎退行性疾病"等学术观点，建立了脊柱病"围手术期"中药治疗方案，发展了中医脊柱病学。半个世纪以来，施杞培养出一大批既秉承中医传统理念、也熟稔现代科学方法的复合型人才，其中硕士76人、博士51人、博士后9名、高徒19名、进修人员500多名。

北京

Ⅸ-7 同仁堂中医药文化

卢广荣

女，汉族，1938年2月生，现居北京。2006年5月，同仁堂中医药文化被列入第一批国家级非物质文化遗产名录传统医药类，项目编号Ⅸ-7。2007年6月，卢广荣入选为第一批国家级非物质文化遗产项目代表性传承人，中国北京同仁堂（集团）有限责任公司申报。卢广荣出身于一个农民家庭，1958年进入同仁堂工作，开始从事贵重中药材检验鉴别工作，1959年正式拜师学艺，是同仁堂第一位女性中药师。她是鉴别贵重中药材牛黄、麝香、人参、鹿茸

等的全国知名鉴别专家，独具慧眼，仅凭手感和肉眼就能鉴别。1987年，卢广荣凭着自己的精湛绝技摘取了"全国十大药星"的桂冠。被国家中医药管理局确定为全国老中医药专家经验师承制导师。如今，卢广荣已收过8个徒弟，孙海林、赵晓刚等都是她的得意门生。

金霭英

女，满族，1940年生，北京市人。2006年5月，同仁堂中医药文化被列入第一批国家级非物质文化遗产名录传统医药类，项目编号Ⅸ-7。2007年6月，金霭英入选为第一批国家级非物质文化遗产项目代表性传承人，中国北京同仁堂（集团）有限责任公司申报。金霭英1978年进入同仁堂集团公司，历任北京同仁堂制药厂质检科副科长、科长、副厂长，对同仁堂的传统制药技艺、药学典籍和质量管理方法进行了深入学习和研究，并深受同仁堂质量文化及诚信文化的熏陶及教育。依靠现代科技手段研究同仁堂传统中成药，用环氧乙烷、紫外线、蒸汽等多种灭菌方法探讨确保药品疗效的灭菌方法。主持完成了《乐氏世代祖传丸散膏丹下料配方的整理与研究》（简称《同仁堂传统配本整理与研究》）；配合国务院发展研究中心进行《同仁堂发展战略研究》。为同仁堂中医药文化继续传承和发展作出了突出贡献。

关庆维

男，汉族，1960年11月生，北京市人。2006年5月，同仁堂中医药文化被列入第一批国家级非物质文化遗产名录传统医药类，项目编号Ⅸ-7。2007年6月，关庆维被列入第一批国家级非物质文化遗产项目代表性传承人，中国北京同仁堂（集团）有限责任公司申报。关庆维出身于著名中医世家，祖辈关月波、关月樵都是京城名医，他曾先后随父亲关霨研修内科杂病、伯父国医泰斗关霦（字幼波）研修肝

病、赵世生研修儿科杂病、李鸿祥研修心脑病、奚宁研修针灸、王田蕴研修全息医学、刘韵远研修脾胃病、焦树德研修痹证、郝子林研修中风证、李树苍研修中医妇科。1979 年入读北京医药学校，1981 年毕业于北京医药学校中药制剂专业，分配到同仁堂制药厂工作。 1985 年考取中华社会大学中医系，系统地学习了中医的理法方药及辨证论治、四部经典以及西医的物理诊断、化验诊断和人体解剖，病理和药理。现任北京同仁堂名医馆馆长，主治专长内、妇、儿、皮肤科疑难杂症。尤擅肝胆疾患、过敏等涉及免疫系统疾患的诊治。他参与创立了北京首家"名医馆"，确立了同仁堂"名医、名药、名店"的发展战略，成为中医药文化的一个亮点。关庆维已经带了 6 个徒弟，有本科、硕士、博士，多数毕业于北京中医药大学。

田瑞华

男，汉族，1960 年 8 月生，现居北京。2006 年 5 月，同仁堂中医药文化被列入第一批国家级非物质文化遗产名录传统医药类，项目编号 Ⅸ -7。2007 年 6 月，田瑞华入选为第一批国家级非物质文化遗产项目代表性传承人，中国北京同仁堂（集团）有限责任公司申报。田瑞华 1982 年 7 月毕业于北京中医学院（现北京中医药大学）中药系。1990 年 12 月至 1994 年 3 月在日本熊本大学攻读硕士和博士学位，从事植物化学方面的学习与研究。现任中国北京同仁堂（集团）有限责任公司总工程师。先后参与开发了多种剂型的新药，经申报批准的有十几个品种，并在药材鉴别、处方配伍、工艺设计、质量检验、生产技术等方面掌握了很多知识，积累了一定的经验。同仁堂科技公司自成立以来，更是直接参与或指导了各项科研活动，在 61 个和黄项目研制、为出口试制 12 个产品、与医科院药用植物研究所合作开发二类新药舒心缓释片、筛选科技公司重大新产品项目等方面发挥了重要作用。

浙江

Ⅸ -8 胡庆余堂中药文化

冯根生

男，汉族，1934 年 7 月生，浙江省宁波市人，现居杭州。 2006 年 5 月，胡庆余堂中药文化被列入第一批国家级非物质文化遗产名录传统医药类，项目编号Ⅸ -8。2007 年 6 月，冯根生入选为第一批国家级非物质文化遗产项目代表性传承人，浙江省杭州市申报。冯根生出身于一个医药世家，其祖父冯云生、父亲冯芝芳均是闻名遐迩的国药老字号胡庆余堂的资深药工，冯根生 14 岁时进入著名的国药号"江南药王"胡庆余堂做学徒。1972 年 7 月，杭州第二中药厂成立，冯根生被任命为厂长。1992 年 9 月，任中国（杭州）青春宝集团有限公司董事长。1996 年，冯根生在胡庆余堂濒临倒闭、负债近亿元的情况下，力挽狂澜，兼并了胡庆余堂，保住了这一百年老店。率领企业从原来的中药作坊，成长为国内最大、能力最强的大型现代化综合性制药企业，为中药走向国际化作出了巨大的贡献。

四川

Ⅸ -9 藏医药（甘孜州南派藏医药）

唐卡·昂翁降措

男，藏族，1930 年 3 月生，四川省德格县人。2006 年 5 月，藏医药（甘孜州南派藏医药）

被列入第一批国家级非物质文化遗产名录传统医药类，项目编号Ⅸ-9。2007年6月，唐卡·昂翁降措入选为第一批国家级非物质文化遗产项目代表性传承人，四川省甘孜藏族自治州申报。唐卡·昂翁降措于1959年3月在德格县藏医院参加工作。他在藏医药学的研究和实践中，勇于探索，勤于实践，不断总结前人的学习经验、方法，并潜心钻研藏医药理论，成为甘孜州藏医药的带头人。在藏医临床工作中，对治疗胃肠、肝胆、风湿、瘫痪等疾病及糖尿病有独到之处，成功地研制生产了贵重藏药"仁青佐塔"及仁青系列名贵藏药13种，常用藏成药150余种，为继承发展藏医药事业作了大量的工作。曾先后于1987年、1992年、1994年分别参与了《全国中等藏医专业·妇科学》、《中国民族民间秘方大全》、《中国民族药物大全》的编写工作。1991年省中医药管理局为其确定继承人1名，已经出师。

格桑尼玛

男，藏族，1937年4月生，四川省丹巴县人。2006年5月，藏医药（甘孜州南派藏医药）被列入第一批国家级非物质文化遗产名录传统医药类，项目编号Ⅸ-9。2007年6月，格桑尼玛入选为第一批国家级非物质文化遗产项目代表性传承人，四川省甘孜藏族自治州申报。格桑尼玛自幼从师学习藏医药理论和实践经验，具有40余年的藏医药科研、制药、医疗工作经历，在藏医药科研制药方面具有突出成就，擅长藏药（特别是名贵藏药）的生产加工及运用藏医药知识治疗心脑血管、胃病及某些疑难杂症。在继承前人的经验和总结自身技能中，运用传统的藏药加工炮制工艺和改进其方法加工炮制药物，收到明显效果。他先后3次成功研制生产了名贵母本藏药"仁青佐塔"，加工炮制名贵藏成药"仁青系列"14种及常用藏成药250余种。在藏医医疗中，对肝胆疾病、风湿、瘫痪、

糖尿病的治疗有独到之处。在藏医执教工作中，他为甘孜藏族自治州培养了200余名藏医药中等专业人才。撰写学术论文《藏医药的加工炮制方法》、《加工炮制名贵藏药中矿类药物的取毒经验、方法》、《藏药的识别方法》等篇。他的继承人杨宝寿，现在在四川省甘孜州藏医院工作。

西藏

Ⅸ-9 藏医药

强巴赤列

男，藏族，1929年10月生，2011年2月卒，西藏拉萨人。2006年5月，藏医药被列入第一批国家级非物质文化遗产名录传统医药类，项目编号Ⅸ-9。2007年6月，强巴赤列入选为第一批国家级非物质文化遗产项目代表性传承人，西藏自治区申报。强巴赤列的祖父和父亲都是西藏著名的医师，他师从祖父的学生，曾经担任过十三世达赖喇嘛首席保健医师的钦绕诺布。强巴赤列先后编写有关藏医藏药和天文历算方面论文80余篇、论著8部、教科书13种。他的《历代藏医名人传略》、《四部医典形象论集》为藏医填补了这方面的空白，分别获1991年中国医史文献图书评比优秀奖和金奖。《四部医典》被公认为是藏医学的基石，但原文是古老的颂体韵文，藏文水平一般的人很难看懂，需要用现代语言来解释。1988年强巴赤列对医典挂图做了注解，整理和翻译了《四部医典彩色挂图》，后又主编25万字的《藏医曼唐大详解蓝琉璃之光》，对80幅挂图（其中小图5000多幅）作了全面诠释。2006年，强巴老人虽然双目失明，但还是以惊人的毅力重新整理并主编了410万字的《藏医四部医典八十幅曼唐释难蓝琉璃之光》，

该书是目前诠释《四部医典》最有分量的著作，被称为是 21 世纪藏医论著的里程碑。

IX -9 藏医药（拉萨北派藏医水银洗炼法和藏药仁青常觉配伍技艺）

尼玛次仁

男，藏族，1959 年 8 月生，西藏尼木县人，现居拉萨。2006 年 5 月，藏医药（拉萨北派藏医水银洗炼法和藏药仁青常觉配伍技艺）被列入第一批国家级非物质文化遗产名录传统医药类，项目编号 IX -9。2007 年 6 月，尼玛次仁入选为第一批国家级非物质文化遗产项目代表性传承人，西藏自治区申报。尼玛次仁考入拉萨市卫校藏医班，接受全国藏医首批师承制培养，师从著名藏医药学大师措如·才朗。1996 年，尼玛次仁跟随西藏藏医学院原院长、著名藏医措如·才朗教授学习水银洗炼法和仁青常觉的制作。作为掌握藏药制作"秘笈"的第十三代传人，西藏藏医学院院长尼玛次仁没有独享"拉萨北派水银洗炼法"这一绝技，而是著书立说、将藏药制作最核心的秘密公诸讲堂。2004 年，尼玛次仁编著了 21 世纪藏药专业本科教材，其中介绍了水银洗炼法的基本概念和工艺程序。尽管当时引起很多老专家的反对，他们认为把这特殊的工艺公诸于世，是违背传统的行为。但是，尼玛次仁的做法受到了学生和学界的欢迎。为了更好地传承这一技艺，尼玛次仁还编著了《水银洗炼法的历史》。2013 年获"第二届中华非物质文化遗产传承人薪传奖"。

索朗其美

男，藏族，1962 年 5 月生，四川省德格县人，现居拉萨。2006 年 5 月，藏医药（拉萨北派藏医水银洗炼法和藏药仁青常觉配伍技艺）被列入第一批国家级非物质文化遗产名录传统医药类，项目编号 IX -9。2007 年 6 月，索朗其美入选为第一批国家级非物质文化遗产项目代表性传承人，西藏自治区申报。索朗其美 1981 年参加工作，1991 年 7 月在西藏藏医学院工作，2001 年 7 月任藏医专业副教授。索朗其美师承其叔叔著名藏医学家措如·才朗，研习了藏医药和历算学等学问，秉承其导师博大精深的藏学，掌握了多种疑难杂症的秘方，是措如·才朗唯一的亲传继承人。索朗其美系西藏第一代藏医药硕士研究生，在整理收集藏医药专门针对疑难杂症的秘方和验方，在保护和整理的基础上加以利用。索朗其美现任西藏藏医学院副教授、硕士研究生导师、西藏藏医学院研究所所长等职务，带领培养了不少学生，为藏医药发展输送人才。

嘎务

男，藏族，1950 年 10 月生，青海省囊谦县人，现居拉萨。2006 年 5 月，藏医药（拉萨北派藏医水银洗炼法和藏药仁青常觉配伍技艺）被列入第一批国家级非物质文化遗产名录传统医药类，项目编号 IX -9。2007 年 6 月，嘎务入选为第一批国家级非物质文化遗产项目代表性传承人，西藏自治区申报。嘎务主要从事藏药药用动物、植物和矿物学研究，曾任西藏藏医学院实验标本中心主任；省部共建重点实验室"藏医药基础实验室"主任；国家中医药管理局中医药科研三级实验室"传统藏药炮制加工及质量控制实验室"主任。嘎务主编出版了《晶镜本草》（民族出版社）；编写了 21 世纪本科教育规划教材《常用藏药学》；作为副主编编写了 21 世纪本科教育规划教材《水银洗炼法》，《藏药冶炼学》；主持并参与了"藏药浴秘方、验方整理、挖掘和研究"、"传统藏药治疗疑难疾病配方集"、"藏药标准化研究"、"藏药材标准化建设项目"等"十五"国家科技支撑计划项目和省级科研项目。

多吉

男，藏族，1957 年 3 月生，现居西藏自治区拉萨。2006年5月，藏医药（拉萨北派藏医水银洗炼法和藏药仁青常觉配伍技艺）被列入第一批国家级非物质文化遗产名录传统医药类，项目编号Ⅸ-9。2007年6月，多吉入选为第一批国家级非物质文化遗产项目代表性传承人，西藏自治区申报。多吉1978年毕业于拉萨市卫生学校（藏医专业）。多吉多年从事传统藏药的鉴定、藏药炮制与工艺等研究，以及藏药的开发、生产与管理工作。主持并参与了"滋补酥油丸"新剂型改造项目；"滋补酥油丸"孵化器项目；藏药"佐太"传统工艺研究项目；彩轮牌圣康香剂改研究与开发项目；山南地区贡嘎县中药材种植基地建设项目；濒危藏药材：棱子芹、喜马拉雅紫茉莉、莳萝子种植研究；藏药清血康胶囊的基础研究项目。独立完成了"圣康香"的开发研制任务，参与了乙肝用藏药"206"、"209"等新药的开发工作。主持编写了21世纪藏药本科规划教材《内科学》，5年制藏药本科专业实用教材《藏药冶炼学》，一级学术著作《藏药材炮制规范》。

第三批国家级非物质文化遗产项目代表性传承人

北京

Ⅸ-6 中医正骨疗法（宫廷正骨）

刘钢

（编号：03-1446），男，汉族。2008 年 6 月，中医正骨疗法（宫廷正骨）被列入第一批国家级非物质文化遗产扩展项目名录传统医药类，项目编号Ⅸ-6。2009 年 6 月，刘钢入选为第三批国家级非物质文化遗产项目代表性传承人，北京市护国寺中医医院申报。刘钢 1978 年毕业于首都医科大学中医系，1997 年通过参加国家中医药管理局组织的拜师会，成为全国名老中医吴定寰教授的徒弟，是护国寺中医医院宫廷正骨研究室主任、清代上驷院绰班处宫廷正骨第五代传承人，在骨伤治疗方面身怀绝技。他在整理前人经验的基础上，不断地在临床研究中积累和比较，突破了前人单从实践层面论证的不足，将理论与实践结合起来，为后人的学习和研究提供理论基础和支撑。刘钢目前也收有徒弟，鼓励学生大胆创新，形成自己的治疗风格。在 2013 年 6 月又收学生 5 人。

Ⅸ-6 中医正骨疗法（罗氏正骨法）

罗金殿

（编号：03-1447），男，汉族，1931 年生，河南省夏邑县人。2008 年 6 月，中医正骨疗法（罗氏正骨法）被列入第一批国家级非物质文化遗产扩展项目名录传统医药类，项目编号Ⅸ-6。2009 年 6 月，罗金殿入选为第三批国家级非物质文化遗产项目代表性传承人，北京市朝阳区申报。"罗氏正骨法"作为家传的医术，罗金殿师承罗有明，系罗氏中医药家族史的第六代传人。他在继承传统中医骨伤科医技的基础上，又通过系统中医理论和实践，发展完善了业已成熟的罗氏正骨法，并且有所创新。在对骨折、骨关节脱臼、颈椎综合征、腰椎间盘脱出症、颈椎间盘脱出症、风湿性脊柱病、膝关节病伴骨质增生等的治疗上，积累了丰富的临床经验。在对高难度外伤性颈、胸、腰椎骨折伴截瘫患者的诊疗上，也颇有独到之处。多年来发表多篇论文与多部论著，主编的《罗氏正骨法》，荣获 1997 年首届国际民族医药展研评一等奖。研制的多种治疗骨伤的药，疗效显著。罗金殿现任北京朝阳罗有明中医骨伤科医院院长。他十分重视培养接班人，在"罗有明诊所"内坐堂行医的以第七代传人为主，如罗素兰、罗勇、罗素霞、罗伟等，如今，"罗氏正骨法"已经传至第八代。

山西

Ⅸ-4 中医传统制剂方法（龟龄集传统制作技艺）

杨巨奎

（编号：03-1442），男，汉族，1933 年 10 月生，山西省太谷县人。2008 年 6 月，中医传统制剂方法（龟龄集传统制作技艺）被列入第一批国家级非物质文化遗产扩展项目名录传统医药类，项目编号Ⅸ-4。2009 年 6 月，杨巨奎入选为第三批国家级非物质文化遗产项目代表性传承人，山西省太谷县申报。杨巨奎出身中医世家，1946 年时，到太原中医老字号"体全堂"工作，先后师从韩玉辉和张涛两位药理名家，学习中药炮制。后负责筹建山西中药厂，潜心研究中医名药龟龄集和定坤丹，龟龄集和定坤丹的处方和工艺由杨巨奎定稿，进入国家档案馆。采用优先法理论，优化龟龄集的制作工艺，对龟龄集的药理和抗衰老作用用现代科学理论和方法进行了证实。1978年，研制出高级滋补酒龟龄酒。在其任山西中药厂厂长期间，收集整理各地明方偏方，研发新药，为保存和弘扬中医药作出了十分重要的贡献。编著了《全国中成药产品集》并发表多篇论文。1997年退休后，杨巨奎在太谷县创办了山西黄河中药有限公司，继续从事中医药的研发工作。

内蒙古

Ⅸ-12 蒙医药（赞巴拉道尔吉温针、火针疗法）

乌兰

（编号：03-1462），女，蒙古族，1963年12月生，内蒙古自治区古科右中旗人。2008年6月，蒙医药（赞巴拉道尔吉温针、火针疗法）被列入第二批国家级非物质文化遗产名录传统医药类，项目编号Ⅸ-12。2009年6月，乌兰入选为第三批国家级非物质文化遗产项目代表性传承人，内蒙古自治区申报。1986年，乌兰毕业于内蒙古医学院蒙医专业，但那时蒙医疗术只是掌握在大学老师及一些老大夫手中，还没有正式进入医疗机构。1988年，乌兰所在的内蒙古中蒙医医院首创蒙医五疗科，并在国内外挖掘、寻找散落在民间的医务人员和学院教师所掌握的蒙医传统疗术，将只有4个人的蒙医五疗科发展为遍及内蒙古自治区，有122所蒙医中医医疗机构，正规从业人员达800余人。成为国家重点专科、国家中医药管理局重点研究室、国家中医药管理局"十一五"、"十二五"重点专科、

内蒙古自治区领先学科，为这个学科的建设和发展作出了突出贡献。乌兰现任内蒙古自治区卫生厅副厅长，蒙中医药管理局局长，组织各类蒙医药培训和传承工作。2012年6月乌兰获"首届中华非物质文化遗产传承人薪传奖"。

阿古拉

（编号：03-1463），男，蒙古族，1965年5月生，内蒙古自治区扎赉特旗人。2008年6月，蒙医药（赞巴拉道尔吉温针、火针疗法）被列入第二批国家级非物质文化遗产名录传统医药类，项目编号Ⅸ-12。2009年6月，阿古拉入选为第三批国家级非物质文化遗产项目代表性传承人，内蒙古自治区申报。阿古拉的父亲是蒙医，曾任扎赉特旗第一任蒙医院院长。阿古拉1987年毕业于内蒙古医学院蒙医专业。1987年第一次明确提出"寒热平调"、"引病外除"、"整体调节"等蒙医传统疗法学独特理论体系，1990年主编第一部蒙医传统疗法理论及临床系统研究专著《蒙医传统疗法》。他还广泛深入开展传统疗法搜集整理研究，挖掘整理了三十余种未曾系统搜集过的蒙古族民间传统疗法，进行理论探讨的同时，大胆应用于临床，取得了相当显著的效果，对蒙医传统震疗、茶洒疗法等奇特疗法的教学及理论研究均产生了重要影响。现任内蒙古医科大学副校长，在蒙医药发展和传承方面，建立了从专科一直到博士生，留学生的配套人才培养机制；收集整理名蒙医的思想和理论；对蒙医药文献进行系统整理等。

上海

Ⅸ-6 中医正骨疗法（石氏伤科疗法）

石仰山

（编号：03-1448），男，汉族，1931年3月生，原籍江苏无锡前州镇石家岩，现居上海市黄浦区。2008年6月，中医正骨疗法（石氏伤科疗法）被列入第一批国家级非物质文化遗产扩展项目名录传统医药类，项目编号Ⅸ-6。2009年6月，石仰山入选为第三批国家级非物质文化遗产项目代表性传承人，上海市黄浦区申报。石氏伤科疗法自开创者石仰山曾祖父石兰亭起，已逾130多年。石仰山1950年开始从父石筱山学习中医伤科、针灸、外科，并师从黄文东医师攻读医学经典著作，1955年开业行医，是石氏伤科疗法第四代传人。他将石氏伤科疗法的"手法"骨伤科治疗法发展为"比摸"手法，判断病情准确度达到80%。遵循先辈"十三科一理贯之"的辨证施治之古训，博采众长，把中医各派各科的长处融会应用于伤科临床，他熟练运用先辈"外伤内治"的方法，强调气血兼顾，内外结合；用药特色方面石仰山注重内外兼顾，整体调治，善于以损伤为主结合体质、兼邪，辨证施以内服药。改良石氏伤膏（现名复方紫荆消伤膏），1999年获得卫生部三类新药批文。石仰山教授先后编撰出版多本骨伤治疗专著，发表专业论文20多篇。从其父开始已经收外姓徒弟，石仰山已收外姓徒弟5人。

江苏

Ⅸ-4 中医传统制剂方法（雷允上六神丸制作技艺）

李英杰

（编号：03-1443），男，汉族，1960年3月生，江苏省苏州市人。2008年6月，中医传统制剂方法（雷允上六神丸制作技艺）被列入第一批国家级非物质文化遗产扩展项目名录传统医药类，项目编号Ⅸ-4。2009年6月，李英杰入选为第三批国家级非物质文化遗产项目代表性传承人，江苏省苏州市申报。六神丸制作技艺原由雷氏家族世代相传，工艺处方绝对保密，一般采用单传。新中国成立后，雷氏后人将六神丸制作技艺秘方献于国家，后以师承方式相传。1920年，李英杰的父亲李根生进入雷允上学徒，掌握了六神丸的配方，带徒弟徐志超。1981年，李英杰进入雷允上工作，拜徐志超为师，掌握了六神丸的制作技艺。在国家五年一次的质量奖评比中，六神丸分别于1984年、1989年两次蝉联国家优质产品质量金奖。目前苏州范围内只有李英杰掌握雷允上六神丸制作技艺。

山东

Ⅸ-4 中医传统制剂方法（东阿阿胶制作技艺）

秦玉峰

（编号：03-1444），男，汉族，1958年1月生，山东省东阿县人。2008年6月，中医传统制剂方法（东阿阿胶制作技艺）被列入第一批国家级非物质文化遗产扩展项目名录传统医药类，项目编号Ⅸ-4。2009 年 6 月，秦玉峰入选为第三批国家级非物质文化遗产项目代表性传承人，山东省东阿县申报。秦玉峰 1974 年进入东阿阿胶厂工作，师从老药师同兴堂第七代传人刘绪香钻研阿胶传统炼制技艺，很快掌握了阿胶传统生产各个工序的操作，成为东阿阿胶制售坊的第八代传人。2006 年，秦玉峰接任东阿阿胶股份有限公司总经理，启动阿胶价值回归工程，采用文化营销策略，恢复了中断上百年的九朝贡胶生产，开发多种新产品，获全国中药行业"八五"技术改造优秀工作者，先后获发明专利十余项，获得省级及以上科技成果 8 项。使阿胶这一优秀的中医药养生保健文化得以传承和继续。秦玉峰有 3 个徒弟，这些徒弟历年的产品一次合格率都为百分之百，历年产品优等品率排名也都靠前。

河南

Ⅸ-3 中药炮制技术（四大怀药种植与炮制）

孙树武

（编号：03-1440），男，汉族，1920 年 12 月生，河南省武陟县人。2008 年 6 月，中药炮制技术（四大怀药种植与炮制）被列入第一批国家级非物质文化遗产扩展项目名录传统医药类，项目编号Ⅸ-3。2009 年 6 月，孙树武入选为第三批国家级非物质文化遗产项目代表性传承人，河南省焦作市申报。孙树武从小跟父亲孙占立学习四大怀药的种植和炮制，1964 年到武陟县医药公司工作，师从武陟最有名望的四大怀药种植与炮制老艺人张敬堂。孙树武对于怀药的炮制有独到见解，从选种育种到加工都有一套特殊体系。他有着独到的见解。为了增加怀药产量，

他进行优良品种选育，对土壤化验分析，进行研究增加"四大怀药"的抗病性、抗虫性。1986 年他组织成立了武陟县"百疗绿色"怀药保健品有限公司，加工的四大怀药原药行销国内外。2006 年他与河南师范大学共同进行太空育种实验。

李成杰

（编号：03-1441），男，汉族，1932 年 11 月生，河南省沁阳市人。2008 年 6 月，中药炮制技术（四大怀药种植与炮制）被列入第一批国家级非物质文化遗产扩展项目名录传统医药类，项目编号Ⅸ-3。2009 年 6 月，李成杰入选为第三批国家级非物质文化遗产项目代表性传承人，河南省焦作市申报。李成杰 8 岁起跟随父亲种植怀药，曾参与出版《四大怀药》一书。几十年来，他专心关注四大怀药的命运，1980 年开始自费搞起怀药研究。1990 年离休后，全力投入研究地黄。一边培育地黄，一边遍访古怀庆府山野，寻访地黄传说与地黄踪迹。先后在各种杂志上发表《地黄的栽培与留种》、《怀地黄育苗移栽试验》、《焙地黄新法》等多篇地黄炮制文章。

Ⅸ-6 中医正骨疗法（平乐郭氏正骨法）

郭艳锦

（编号：03-1449），女，汉族，1949 年 11 月生，河南省洛阳市人。2008 年 6 月，中医正骨疗法（平乐郭氏正骨法）被列入第一批国家级非物质文化遗产扩展项目名录传统医药类，项目编号Ⅸ-6。2009 年 6 月，郭艳锦入选为第三批国家级非物质文化遗产项目代表性传承人，河南省洛阳市申报。郭艳锦为平乐郭氏正骨法第六代传人郭维淮的侄女，现为平乐郭氏正骨法第七代传人。自幼随父学医，1997 年在卫生部指导的老中医拜师仪式上，正式拜父亲为师，三年后出师。现任河南省洛阳正骨医院副主任

中医师，擅长骨性关节炎、劲肩腰腿痛、骨质疏松等疾病的诊断与治疗。平乐郭氏正骨目前已传至第七代传人郭志忠等十数名郭家子弟和第八代传人郭芫沅等多人。

广东

Ⅸ-11 传统中医药文化（潘高寿传统中药文化）

区欲想

（编号：03-1461），男，汉族，1933年4月生。2008年6月，传统中医药文化（潘高寿传统中药文化）被列入第二批国家级非物质文化遗产名录传统医药类，项目编号Ⅸ-11。2009年6月，区欲想入选为第三批国家级非物质文化遗产项目代表性传承人，广东省广州潘高寿药业股份有限公司申报。区欲想是潘家远亲，1950年进潘高寿药厂当制药工人，跟随堂兄弟区煜光、区祥宗学习枇杷露制作工艺。1956年，潘高寿公私合营后，潘家人离开潘高寿，区家后代传承着潘高寿的技艺。区欲想在遵循继承的基础上发扬传统中药的理念，参与了各项技术改进工作，从明火提炼、浓缩改为蒸汽加热，从手工灌装到半自动机械灌装，促进了枇杷露生产技术的发展。他全面掌握了潘高寿川贝枇杷露的生产技艺和质量要求，对潘高寿中药文化有深刻的认识。退休后，常常回厂指导年轻人在生产传统古方正药方面的要点，以保持潘高寿传统中药的文化内涵。

重庆

Ⅸ-5 针灸（刘氏刺熨疗法）

刘光瑞

（编号：03-1445），男，汉族，1955年5月生，重庆市渝中区人。2008年6月，针灸（刘氏刺熨疗法）被列入第一批国家级非物质文化遗产扩展项目名录传统医药类，项目编号Ⅸ-5。2009年6月，刘光瑞入选为第三批国家级非物质文化遗产项目代表性传承人，重庆市渝中区申报。刘氏先祖世代为医，到第十代传人刘少林时，以针灸、火熨、滚石等绝技为特征的刘氏刺熨疗法完全成型。刘光瑞幼承家学，2002年，刘少林去世，刘光瑞继承少林堂中医传统，为刘氏刺熨疗法第十四代传人。刘光瑞在继承少林堂中医传统的同时，参照西医，从中寻找中医治疗术的科学规律，在行医实践中对传统的刺熨疗法加以改进，使其在治疗风湿关节炎、跌打损伤、颈腰椎病、头痛失眠等重庆地区常见疑难病症方面更加稳定有效。同时，他将少林堂单纯的行医治疗扩展到医学教育和研究领域，创办了中国民间医药博物馆和岐黄中医药技术学校。将多年来的研究理论和实践结合，出版中医药专著十余部。少林堂研发的中医药产品有4项获国际大奖。经刘光瑞亲手培养，刘氏刺熨疗法的第十五代传人已经成长起来，已经有三人成为市级非物质文化遗产传承人。

西藏

Ⅸ-9 藏医药（藏医外治法）

米玛

（编号：03-1450），男，藏族，1946年生，原籍西藏拉萨市人。2008年6月，藏医药（藏医外治法）被列入第一批国家级非物质文化遗产扩展项目名录传统医药类，项目编号Ⅸ-9。2009年6月，米玛入选为第三批国家级非物质文化遗产项目代表性传承人，西藏自治区藏医学院申报。

Ⅸ-9 藏医药（藏医尿诊法）

格桑次仁

（编号：03-1451），男，藏族，现居西藏自治区山南地区。2008年6月，藏医药（藏医尿诊法）被列入第一批国家级非物质文化遗产扩展项目名录传统医药类，项目编号Ⅸ-9。2009年6月，格桑次仁入选为第三批国家级非物质文化遗产项目代表性传承人，西藏自治区山南地区藏医院申报。

Ⅸ-9 藏医药（藏药炮制技艺）

丹增彭措

（编号：03-1453），男，藏族。2008年6月，藏医药（藏药炮制技艺）被列入第一批国家级非物质文化遗产扩展项目名录传统医药类，项目编号Ⅸ-9。2009年6月，丹增彭措入选为第三批国家级非物质文化遗产项目代表性传承人，西藏自治区藏医院申报。

索朗顿珠

（编号：03-1454），男，藏族。2008年6月，藏医药（藏药炮制技艺）被列入第一批国家级非物质文化遗产扩展项目名录传统医药类，项目编号Ⅸ-9。2009年6月，索朗顿珠入选为第三批国家级非物质文化遗产项目代表性传承人，西藏自治区藏医院申报。

Ⅸ-9 藏医药（藏药七十味珍珠丸配伍技艺）

洛桑多吉

（编号：03-1455），男，藏族，1956年9月生，西藏自治区达孜县人。2008年6月，藏医药（藏药七十味珍珠丸配伍技艺）被列入第一批国家级非物质文化遗产扩展项目名录传统医药类，项目编号Ⅸ-9。2009年6月，洛桑多吉入选为第三批国家级非物质文化遗产项目代表性传承人，西藏自治区藏药厂申报。洛桑多吉1970年做赤脚医生，后考取拉萨市卫生学校，学习藏医药，1978年毕业后进入西藏自治区藏药厂。洛桑多吉在学习藏医药过程中曾拜师于土登格桑、强巴赤列等诸多藏医药学专家。他钻研藏药的配制和炮制技术，特别是继承发掘甘露精华之王"坐台"的炼丹绝密技艺，也获得了"药用水银粉"的专利授权。先后研制生产了"索罗喜汤止咳糖浆"、"邦孜久尼消炎止痛针剂"、"麝香针剂"、"三棵针针剂"、"杂滴松汤针剂"、"罗布顿汤冲剂"及"索罗喜汤糖浆"等新剂型。先后编写了《坐台炼治秘诀》、《传统藏药加工炮制实践库》、《甘露藏药使用指南》、《"坐台"的发明与传承》、《常用藏药采集手册》、《源远流长的藏医药理论》、《藏药材图谱大全》等论著，为藏药事业的发展和继承奠定了厚实的基础。洛桑多吉现任西藏自治区藏医院藏药厂书记、副厂长、副主任药剂师。

Ⅸ-9 藏医药（藏药珊瑚七十味丸配伍技艺）

白玛加措

（编号：03-1456)，男，藏族，1938 年 6 月生，西藏自治区洛扎县人。2008 年 6 月，藏医药（藏药珊瑚七十味丸配伍技艺）被列入第一批国家级非物质文化遗产扩展项目名录传统医药类，项目编号Ⅸ-9。2009 年 6 月，白玛加措入选为第三批国家级非物质文化遗产项目代表性传承人，西藏自治区雄巴拉曲神水藏药厂申报。白玛加措在 1964 年毕业于西北民族学院医学系。1965—1980 年在西藏那曲地区申扎县医院工作并担任该院院长。在申扎县行医工作期间，白玛加措针对藏北高寒缺氧，加上特殊的饮食习惯，高血压、冠心病、高血脂和多血症等心脑血管疾病的发病率普遍较高的实际情况，潜心研究心脑血管疾病，并经过 15 次的反复配方、调整、实验和 3 万多人次的临床应用和观察，研制出了当今著名的名贵藏药"珊瑚七十味丸"。该品于 1998 年荣获西藏自治区和那曲地区科委两级科学技术进步奖，1997 年被授予国家发明专利。1996 年筹建西藏雄巴拉曲神水厂并担任藏药厂董事长。他编写的《藏药矿物学》、《藏药新配方概论》等专著，获自治区科技进步奖，并在藏医界产生了很大影响，对藏医药的进一步发展起到了推动作用。现任西藏那曲地区藏医院院长。

青海

Ⅸ-9 藏医药（藏医药浴疗法）

李先加

（编号：03-1452)，男，藏族，1963 年 9 月生，现居青海省西宁市。2008 年 6 月，藏医药（藏医药浴疗法）被列入第一批国家级非物质文化遗产扩展项目名录传统医药类，项目编号Ⅸ-9。2009 年 6 月，李先加入选为第三批国家级非物质文化遗产项目代表性传承人，青海省藏医院申报。李先加 1985 年毕业于青海省海南州民族师范学校首届藏医中专班，被分配到青海省藏医院一直从事藏医药浴临床工作。1992 年毕业于西藏藏医学院。对治疗风湿性关节炎、类风湿性关节炎、皮肤病、神经系统疾病有独特的见解和临床治疗方法，特别是在银屑病、鱼鳞病等皮肤病方面，已取得了突破性进展，并成功地治愈了多例典型病例患者。

Ⅸ—9 藏医药（藏药阿如拉炮制技艺）

俄日

（编号：03-1457)，男，藏族，1963 年 7 月生，青海省海晏县人，现居青海省西宁市。2008 年 6 月，藏医药（藏药阿如拉炮制技艺）被列入第一批国家级非物质文化遗产扩展项目名录传统医药类，项目编号Ⅸ-9。2009 年 6 月，俄日入选为第三批国家级非物质文化遗产项目代表性传承人，青海省金诃藏药药业股份有限公司申报。1989 年任青海海西州蒙藏医院院长，筹建蒙藏医院住院部、制剂室等项目工程，在海西建立了第一家蒙藏药制剂厂；研究开发了藏医药名贵药品"七十味珍珠丸"等 300 余种制剂药。2005 年任青海省藏医院医务科主任，参与了"藏医放血疗法治疗冠心病的临床研究"、"十五味黑药散治疗结肠炎的临床观察"、"藏医泄脉疗法的挖掘继承与治疗规范研究"。俄日自 2007 年起在金诃藏药药业股份有限公司工作，现任公司质量总监。主要从事藏医药的研究与开发、藏药生产与质量管理、组织筹划藏药材"佐太"、"赛太"的炮制。目前，金诃集团已建立了规范化的"师带徒"制度，俄日作为享受国家级政府津贴的藏医药专家尼玛的传习弟子之一，及藏药阿如拉炮制技艺传承人，现在在公司定期进行藏药材的炮制工艺技术指导培训。他与尕玛措尼已有传承弟子班玛才仁、关却多杰、索南才让、豆格加等。

尕玛措尼

（编号：03-1458），男，藏族，1956年7月生，青海省玉树县人，现居青海省西宁市。2008年6月，藏医药（藏药阿如拉炮制技艺）被列入第一批国家级非物质文化遗产扩展项目名录传统医药类，项目编号Ⅸ-9。2009年6月，尕玛措尼入选为第三批国家级非物质文化遗产项目代表性传承人，青海省金诃藏药药业股份有限公司申报。尕玛措尼从小开始习医，1972年3月至1983年3月在玉树州玉树县结古镇东风大队做医生，1982年6月至1989年10月在玉树州藏医院工作，1989年10月至1996年1月在青海藏医学院筹建办公室工作，1996年1月起在青海医学院藏医系工作，自2006年9月至今在金诃藏药股份有限公司任技术顾问。参与和主持新型藏药"吉堪明目液"开发研究、藏医放血疗法研究与应用、三味檀香散抗心肌缺血药效研究及活性成分分析等国家和省级科研项目。目前，金诃集团已建立了规范化的"师带徒"制度，举办藏药材炮制、药材识别传习培训班8期，参加人数达94人。他与俄日已有传承弟子班玛才仁、关却多节、索南才让、豆格加等。

Ⅸ—9藏医药（七十味珍珠丸赛太炮制技艺）

桑杰

（编号：03-1459），男，蒙古族，1943年7月生，现居青海省西宁市。2008年6月，藏医药（七十味珍珠丸赛太炮制技艺）被列入第一批国家级非物质文化遗产扩展项目名录传统医药类，项目编号Ⅸ-9。2009年6月，桑杰入选为第三批国家级非物质文化遗产项目代表性传承人，青海省金诃藏药药业股份有限公司申报。桑杰从12岁开始跟父学医；曾在北京中医药大学中药系学习，先后任职于多家藏医院；2006年开始在金诃藏药药业股份有限公司任首席专家。桑杰对现代医学、中医学、蒙医学、藏医学都有较高的造诣，他应运多学科知识，在临床上积累了独具特色的治疗方法，对治疗内科、妇科、心脑血管疾病方面尤为擅长。先后完成《藏医混乱品种的鉴别》等多项国家级科研课题，参与编写《青海省中草药汇编》、《青藏药用动物》、《青海省藏药标准》等论著。七十味珍珠丸赛太炮制技艺是藏医药领域技术水平最高、工艺最复杂、周期最长、难度最大的一项炮制工艺，炮制流程十分讲究。桑杰和尼玛是目前能够掌握七十味珍珠丸赛太炮制技艺的少数几位专家。金诃集团已建立了由桑杰、尼玛为主的制度化"师带徒"，定期进行藏药"赛太"的炮制工艺技术培训，并确定传承人。已有传承弟子万玛、太果、索南昂秀、多杰才让等。

尼玛

（编号：03-1460），男，藏族，1933年12月生，青海省共和县人，现居青海省西宁市。2008年6月，藏医药（七十味珍珠丸赛太炮制技艺）被列入第一批国家级非物质文化遗产扩展项目名录传统医药类，项目编号Ⅸ-9。2009年6月，尼玛入选为第三批国家级非物质文化遗产项目代表性传承人，青海金诃藏药药业股份有限公司申报。尼玛幼年时出家到海南藏族自治州共和县千布录寺。1948年起拜著名藏医却布智先生为师，开始学习佛教及传统藏医药；行医度日，医术精湛，现在是青海金诃藏药股份有限公司首席专家。已有传承弟子俄日、班玛才仁、关却多杰、索南才让等。2012年尼玛获"首届中华非物质文化遗产传承人薪传奖"。

第四批国家级非物质文化遗产项目代表性传承人

北京

IX -2 中医诊法（葛氏捏筋拍打疗法）

葛凤麟

（编号：04-1935），男，汉族，1955年6月生，山东省蓬莱人。2011年6月，中医诊法（葛氏捏筋拍打疗法）被列入第二批国家级非物质文化遗产扩展项目名录传统医药类，项目编号IX -2。2012年12月，葛凤麟入选为第四批国家级非物质文化遗产项目代表性传承人，北京市海淀区申报。"葛氏捏筋拍打正骨按摩疗法"源于清朝山东蓬莱，创始人葛献宝（1860—？），他将"导引按跷"之术与武术的"点穴法"相结合，演绎出了这种独特的正骨疗法。其第二代继承人葛占鳌与第三代继承人葛长海在继承该疗法的基础上进行了完善和创新，形成了独特的捏筋拍打技术。1958年葛长海在北京铁路总医院成立中医正骨按摩科，将该疗法系统化、理论化，并正式命名为"葛氏捏筋拍打正骨按摩疗法"。葛凤麟为第四代传承人，继承和发扬了这一祖传的绝技，经他发展后的"葛氏捏筋拍打疗法"主要应用于颈、腰椎病、关节疼痛等骨科病症，适合日常养生保健，强身健体。他多次举办大范围的培训班传承这一传统疗法，并出版了《捏筋拍打疗法》等书籍和教材；采用数字化技术手段对葛氏捏筋拍打正骨疗法进行全面、系统的记录。目前已传至第五代葛少侠和张葛，除此之外，他正式招收的徒弟已有四五十名，没有正式拜师的更是不计其数。

IX -2 中医诊法（王氏脊椎疗法）

王兴治

（编号：04-1936），男，汉族，1953年6月生，北京市人。2011年6月，中医诊法（王氏脊椎疗法）被列入第二批国家级非物质文化遗产扩展项目名录传统医药类，项目编号IX -2。2012年12月，王兴治入选为第四批国家级非物质文化遗产项目代表性传承人，北京市西城区申报。王兴治为"王氏脊椎疗法"第十三代传人。王兴治的历代祖先，就是以针刺脉络、穴位拔罐、配伍中草药行医治病的。据称，顺治年间的御医王汝清是其家族第一代入宫的御医。王兴治在其父王广太年纪老迈之后，开始给父亲打下手，并在40岁时决意学艺。经过耐心操练，潜心体会，终于掌握了这门绝技。对治疗各类脊椎病、脑血栓、乳腺增生等疾病有特殊疗效。他成立了自己的中医门诊部——国葆堂，服务于大众，还说服父亲不受门第之限，接受外姓人作为徒弟，他已经有了常起、李静、袁娜等多名弟子。

"王氏脊椎疗法"传承谱系：第一代王汝清——第四代王昭恩——第五代王鸿祥——第六代王庆德——第七代王师坤——第八代王家琪——第九代王衍星——第十代王承均——第十一代王泽珍——第十二代王广太——第十三代王兴治。

IX -11 传统中医药文化（鹤年堂中医药养生文化）

雷雨霖

（编号：04-1948），男，汉族，1926年9月生，现居北京。2008年6月，传统中医药文化（鹤年堂中医药养生文化）被列入第二批国家级非物质文化遗产名录传统医药类，项目编号IX -11。2012年12月，雷雨霖入选为第四批国家级非物质文化遗产项目代表性传承人，北京鹤年堂医药有限责任公司申报。雷雨霖14岁进入鹤年堂做学徒，精通中医药药物的药理与药性，掌握了一套鉴别药材真、伪、优、劣的娴熟本领，尤对"地道药材"的性状特征有其独到的鉴别技能。在中药炮制方面，有较深的理论造诣和丰富的实践经验。在中成药方面，运用深厚的中医理论对于常用中成药处方来源、历史考证、药物组成。在中药调剂方面，熟练掌握审方、计价、调配、复核、付药等各环节的正规操作和技能技巧。雷雨霖在传承中对中药炮制技术的每个细节要求都非常高，比如药材的精选、净制、软化、切片、蒸、炒、炙、煅、筛、簸、攘、拿、熬、煮、煎、炼、搓丸药、熬蜜膏、制水丸、研磨、中药鉴别等各环节都有严格的标准和程序要求。现已培养出多名徒弟（如王国宝、雷松、雷友）为新一代鹤年堂传承人。

山西

Ⅸ-2 中医诊法（道虎壁王氏中医妇科）

王培章

（编号：04-1937），男，汉族，1932年11月生，山西省平遥县人。2011年6月，中医诊法（道虎壁王氏中医妇科）被列入第二批国家级非物质文化遗产扩展项目名录传统医药类，项目编号Ⅸ-2。2012年12月，王培章入选为第四批国家级非物质文化遗产项目代表性传承人，山西省平遥县申报。"道虎壁王氏妇科"起源于金、元时期，相传二十九代延续八百余年历史。王培章是王氏妇科第二十七代、傅山女科第九代传人。他4岁受医学启蒙，12岁随父侍诊，17岁独立行医。他在治疗的时候能够根据病症随

机应变，辨证治疗，在六十余年的临床实践中，治愈各种妇科疑难病症不计其数，在治疗妇科病方面有奇效，人称"当代傅青主"。与长子王温共同撰写《傅青主妇科家传应用》一书，1987年由山西科技出版社出版，并于1992年再版。多年来撰写学术论文发表在国家级、省级刊物上达20余篇。

备注："道虎壁王氏妇科"传承谱系：据王氏家谱记载，始祖王厚即为名医，因避战乱从太原郡迁居平遥东泉镇。第四代传人王时亨是宋朝名医；第八代传人王士能为元朝名医；第十一代传人王景刚率两名侄子迁居平遥道虎壁村定居行医；第十九代传人王聘宇为明末御医，拜师傅山虔诚学医，此后王家便以傅山女科代代相传；第二十代传人王笃生为清代名医；第二十五代传人王集一、王兴一、王德一三兄弟均为清末民国医生；第二十六代传人王裕普、王裕祥、王裕泰、王裕宽是近代医生；王裕普有六子一女，其五子一女全继承王氏妇科医学，他们是儿子王培章、王培尧、王培让、王培谦、王培义，女儿王仙娥；第二十八代传人王温、王恭、王楷明、王华、王禧、王阳、王乐、王轶芳、王剑红；第二十九代传人王振兴，王转兴、王耀兴、王豪、王大兴、王嘉兴、王高兴、王成兴、王伟兴、王光兴。

Ⅸ-4 中医传统制剂方法（龟龄集传统制作技艺、定坤丹制作技艺）

柳惠武

（编号：04-1941），男，汉族，1955年1月生，山西省太谷县人。2008年6月，中医传统制剂方法（龟龄集传统制作技艺）被列入第一批国家级非物质文化遗产扩展项目名录传统医药类，项目编号Ⅸ-4。2011年6月，中医传统制剂方法（定坤丹制作技艺）被列入第二批国家级非物质文化遗产扩展项目名录传统医药类，

项目编号Ⅸ-4。2012年12月，柳惠武入选为第四批国家级非物质文化遗产项目代表性传承人，山西省太谷县申报。柳惠武出身于中药世家，父亲是有400多年历史的老字号中药店广誉远的资深药师。在父亲的教导下，加之从小耳濡目染，柳惠武学得中药制药技艺，全部掌握了龟龄集和定坤丹独特的炮制、升炼工艺，整套工艺流程分类繁琐，制作要求极为严格，他坚持古法炮制，严守工序。他在收授徒弟、传承技艺时要求很高，道德品质好是柳惠武选徒弟的首要标准；其次他认为学好中药，最好能有扎实的传统文化功底。2013年，获第二届"中华非物质文化遗产传承人薪传奖"。

Ⅸ-6 中医正骨疗法（武氏正骨疗法）

武承谋

（编号：04-1945），男，汉族，1936年6月生，山西省高平市马村镇掌握村人。2011年6月，中医正骨疗法（武氏正骨疗法）被列入第二批国家级非物质文化遗产扩展项目名录传统医药类，项目编号Ⅸ-6。2012年12月，武承谋入选为第四批国家级非物质文化遗产项目代表性传承人，山西省高平市申报。武承谋从1948年到1951年随其父武根定（武氏正骨法的创始人）学习武氏正骨法和练"唾骨法"；1952年开始运用"武氏正骨法"于临床；1957年武根定去世后，他成为武氏正骨掌门人。在1969年6月创建"高平县马村公社掌握村卫生所（骨科）"即后来的"高平市武承谋骨伤专科医院"。经过几代人的努力，武氏正骨形成了独特的正骨技术，根据骨伤患者的具体情况，采用自己独特的正骨修复手法，并配服"武氏接骨方"，加以武氏推拿按摩舒筋法恢复后期功能，效果显著。其子武天宝和儿媳、女儿、女婿（史永叶、武仙娥、李勇）均已掌握武氏正骨疗法精髓，在市内和原村乡陈庄村附近开办武承谋骨伤专

科医院总院和武承谋骨伤专科医院永安门诊（骨二科）两处治疗基地。武氏正骨第四代传承人武文杰（武天宝之子），毕业于长治医学院，现已接过了武氏正骨的接力棒。

内蒙古

Ⅸ-12 蒙医药（蒙医正骨疗法）

包金山

（编号：04-1949），男，蒙古族，1939年6月生，内蒙古自治区科尔沁左翼后旗人。2011年6月，蒙医药（蒙医正骨疗法）被列入第二批国家级非物质文化遗产扩展项目名录传统医药类，项目编号Ⅸ-12。2012年12月，包金山入选为第四批国家级非物质文化遗产项目代表性传承人，内蒙古自治区科尔沁左翼后旗申报。科尔沁正骨流派的创始人娜仁阿柏是位渥都干（女萨满），其子包达尔玛承继其业，成为第二代科尔沁蒙医正骨医师。包达尔玛将技艺传给其二子包玛沙。包金山7岁时，即跟随叔父包玛沙学习正骨技艺，15岁时已经能够独立行医。包金山后又进内蒙古医学院学习蒙医。在多年行医实践中，他不断总结、归纳和创新祖传正骨理论，先后出版著作7部，在国内外刊物上发表论文54篇。尤其是《祖传正骨》（蒙文版），使蒙医正骨有了系统的理论、文字的记载。在他的努力下，蒙医骨伤科这一独特医学治疗科创立，填补了蒙医学的一大空白。包金山打破了祖传正骨的传内不传外的祖训规矩，如今桃李满天下。其子包占宏继承了父业，其治疗手法和效果显著。

上海

Ⅸ-2 中医诊法（朱氏推拿疗法）

朱鼎成

（编号：04-1938），男，汉族，1951年2月生，江苏省嘉定县人，现居上海市。2011年6月，中医诊法（朱氏推拿疗法）被列入第二批国家级非物质文化遗产扩展项目名录传统医药类，项目编号Ⅸ-2。2012年12月，朱鼎成入选为第四批国家级非物质文化遗产项目代表性传承人，上海市申报。朱鼎成是全国著名中医推拿名家朱春霆之子，毕业于上海职工医学院。朱氏世代行医，朱春霆继承其家传二百余年的深厚中医临床经验，师从江苏邗江一指禅推拿名师丁树山学习推拿医术，在一指禅推拿的基础上，创立了"朱氏一指禅"。强调推拿治病应重视中医整体观念，博采众长，融合己见。朱氏一指禅推拿有推、拿、按、摩等十二种手法，其手法柔中寓刚，刚柔相济，以柔和为贵，用力深透、有节律且持久，以指代针、力透篾谷。对内科、妇科、儿科、伤科、五官科等，特别对于失眠、颈椎腰椎疼痛、肩周炎等疾病有很好疗效。朱鼎成现在是上海华东医院推拿科主任。致力于将朱氏推拿疗法发扬光大，但目前还未找到合适的传承人。

备注：朱氏推拿传承谱系：一世医朱鸿宝著有《内外合参》二十卷，二世医朱士铨著有《伤寒一得》四卷，三世医朱裕著有《疡科治验心得》一卷、《临证医案》四卷、《续内外合参》八卷。四世医朱芝孙精于中医内、外科，饮誉淞沪。朱春霆12岁由其父亲授《黄帝内经》，15岁随父临证。目前传世的一指禅推拿承传脉络，可上溯至清朝咸丰年间的河南少林寺李鉴臣法师。1861年李鉴臣至江苏邗江，将一指禅推拿术传给丁凤山，丁凤山得李氏真传，著有抄本《一指禅》，丁凤山将此术传给后裔丁树山，故丁树山是一指禅推拿的第三代传人，朱春霆即为一指禅推拿术第四代传人，朱鼎成为第五代传人。20世纪50年代在上海成立了中国第一所推拿学校，并设立了推拿门诊部，朱春霆任校长和推拿门诊部主任，先后培养了500余名学生。

Ⅸ-4 中医传统制剂方法（雷允上六神丸制作技艺）

劳三申

（编号：04-1942），男，汉族，1946年9月生。2011年6月，中医传统制剂方法（雷允上六神丸制作技艺）被列入第二批国家级非物质文化遗产扩展项目名录传统医药类，项目编号Ⅸ-4。2012年12月，劳三申入选为第四批国家级非物质文化遗产项目代表性传承人，上海市黄浦区申报。劳三申18岁中学毕业后进入中联制药厂参加工作，1963年，经组织政审挑选，被认定为六神丸的继承人后，进六神房当学徒，师从王式训。自1986年至今，任六神房房长，负责六神丸配料、生产、工艺、成本核算全过程，并承担师带徒任务，传承该项祖传技艺。由劳三申主要负责开发的六神丸衍生产品麝香保心丸，获中华人民共和国国家经委颁发的优秀新产品奖、上海市优秀新产品一等奖。由劳三申主要负责开发的六神丸替代产品六应丸，获中华人民共和国国家经委颁发的优秀新产品奖、上海市重大科技成果奖三等奖。在劳三申之前，六神丸一直是单传，只有一人掌握配方，如今劳三申将技艺传给了两个徒弟。

备注：雷允上六神丸制作技艺传承谱系：雷允上——雷子纯——雷滋藩——雷显之——王式训——劳三申——张雄毅——传俞仁伟、陈坤、金敏、王圣洁等。

浙江

Ⅸ-6 中医正骨疗法（张氏骨伤疗法）

张玉柱

（编号：04-1946），男，汉族，1947年12月生，浙江省富阳县人。2011年6月，中医正骨疗法（张氏骨伤疗法）被列入第二批国家级非物质文化遗产扩展项目名录传统医药类，项目编号Ⅸ-6。2012年12月，张玉柱入选为第四批国家级非物质文化遗产项目代表性传承人，浙江省富阳县申报。张氏骨伤疗法创自清代道光年间，在浙江久负盛名，与河南洛阳、山东文登、广东佛山张玉柱并称为我国骨伤四大流派。张玉柱的父亲张绍富14岁从父学医，17岁出师行医，在正骨手法、固定技术及理论方药等方面取得突破性飞跃。张玉柱师承其父，1964年开始学习张氏骨伤疗法，5年后独立坐堂，后入富阳市人民医院骨伤科工作，为张氏骨伤疗法第五代传人。他继承和发扬父亲张绍富正骨经验，将现代正骨理论与张氏传统医术有机结合，擅长四肢骨折的整复，对颈椎病、腰腿痛、股骨头坏死、外伤性截瘫、骨关节炎、骨不愈、脊椎损伤、脑挫伤后遗症等方面独具疗效。他形成30余种正骨手法、10多种秘制膏药及中药制剂，并将张氏骨伤疗法整理成书《张氏中医骨伤诊疗技术》出版，对张氏骨伤诊疗技术从理论上加以系统总结，留与后人。张玉柱已先后带教5名徒弟，孟春是其中的优秀代表。张培福、张玉明、张玉良等也是优秀人才。

安徽

Ⅸ-2 中医诊法（张一帖内科疗法）

李济仁

（编号：04-1939），原名李元善，男，汉族，1931年1月生，安徽省歙县桥亭山人。2011年6月，中医诊法（张一帖内科疗法）被列入第二批国家级非物质文化遗产扩展项目名录传统医药类，项目编号Ⅸ-2。2012年12月，李济仁入选为第四批国家级非物质文化遗产项目代表性传承人，安徽省黄山市申报。1943—1948年，李济仁师从新安名医张根桂研习中医，并更名"济仁"，与其妻张舜华（张根桂之女）一同成为新安一代名医世家"张一帖"第十四代传人。在继承的基础上善创新，是"新安医学"研究领域的奠基人之一。在临床治疗方面他继承"张一帖"心法，妙方独具，对于外感急症常一剂奏效；对于疑难杂症，则合参新安汪机"培元派"调补气血、固本培元思想，主张辨症与辨病相结合。精擅内、妇科疑难杂症，尤擅痹病、痿病、肿瘤等顽疾治疗，有《济仁医录》等专著10余部，论文百余篇，并参编《内经》、《中医基础理论》等高等学校规划教材。是首届"国医大师"、首批"全国500名老中医"，培养了一批中医骨干，其长子张其成是"张一帖"第十五代传人，现任北京中医药大学教授。

张舜华

（编号：04-1940），女，汉族，1932年1月生，安徽省歙县定潭人。2011年6月，中医诊法（张一帖内科疗法）被列入第二批国家级非物质文化遗产扩展项目名录传统医药类，项目编号Ⅸ-2。2012年12月，张舜华入选为第四批国家级非物质文化遗产项目代表性传承人，安徽省黄山市申报。定潭的"张一帖"源远流长，被誉为新安医学第一家。张一帖远祖可上溯到北宋名医张扩，张扩之后人张杲就是我国现存最早的医学史著作《医说》的作者。明代嘉靖年间的张守仁医术高超，常一剂而愈，始称"张一帖"。张根桂是新安世医"张一帖"第十三代传人，张根桂唯一的儿子夭折，次女张舜华便立志学医，悉得家传，成了远近闻名的"女张一帖"。张舜华临床擅长内、妇科。尤其对外感病、急性热病有神效。从事中医临床40余年，主要著作有《张舜华临证医案传真》等。她与丈夫李济仁突破家传囿规，培养指导了一批研究生作为"张一帖"世医传人，其中研究生22名，高级学徒2名，形成了一个博士团队。

山东

IX -4 中医传统制剂方法（东阿阿胶制作技艺）

杨福安

（编号：04-1943），男，汉族，1963年9月生，山东省平阴县人。2008年6月，中医传统制剂方法（东阿阿胶制作技艺）被列入第一批国家级非物质文化遗产扩展项目名录传统医药类，项目编号IX -4。2012年12月，杨福安入选为第四批国家级非物质文化遗产项目代表性传承人，山东省平阴县申报。杨福安现任山东福胶集团副董事长、总经理，教授级主任中药师、国家执业药师。1983年，20岁的杨福安从莱阳中医药学校毕业，被组织分配到平阴阿胶厂工作。经过30多年的潜心研究，杨福安探索出了东阿镇福牌阿胶保持传统特色的三大独特优势，一是中国阿胶之乡山东东阿镇历代精湛熬胶技艺，二是现存唯一传统熬胶的狼溪河水，三是

以狮耳山前、狼溪河畔之乌驴皮为标准的纯正原料驴皮。在阿胶的研制开发过程中，杨福安大胆采用和引进先进的生产设备及质量检测理化指标。杨福安还以中医药理论为指导，开创了福胶的中药现代化之路。他在从事阿胶科研、生产等各方面研究的过程中，撰写了《中国阿胶》等专著与论文，将撰写了《中国阿胶》一书。他率队研发新产品48项，获市以上科技进步奖25次，国家发明专利13项，完成工艺技术开发24项，组织实施了8项大型改造项目。

湖北

IX -4 中医传统制剂方法（夏氏丹药制作技艺）

夏小中

（编号：04-1944），男，汉族，1958年1月生，湖北省京山县人。2011年6月，中医传统制剂方法（夏氏丹药制作技艺）被列入第二批国家级非物质文化遗产扩展项目名录传统医药类，项目编号IX -4。2012年12月，夏小中入选为第四批国家级非物质文化遗产项目代表性传承人，湖北省京山县申报。夏小中是夏氏丹药制作技艺第三代传人，湖北夏小中医院院长。他幼时跟随湖北省名老中医、先父夏方清习岐黄、炼丹摊膏药，1979年任职于湖北京山县人民医院住院部，1985年创办中南地区第一所中医外科痔瘘专科医院，1986年创办湖北京山夏小中医院。夏氏丹药制作技艺可追溯到夏小中的祖父夏洲志和祖母王氏，沿用古老技艺，将化学成分配方经研末、结胎、封固、加温、开罐等程序，研制出"白降丹"（是一种外用药物），具有拔毒消肿、去腐杀虫之功效，对于蜂窝组织炎、慢性骨髓炎、全身各部的化脓性感染等疑难病

症有良好的效果。因而夏氏丹药的制作技艺被誉为荆楚一绝。他们将这些技艺传授给长子夏方清，夏方清又传给其两个儿子夏大中和夏小中。他们都继承了祖传医术和炼丹技术，并开创了大中医院和湖北夏小中医院。

湖南

Ⅸ-15 苗医药（癫痫症疗法）

龙玉年

（编号：04-1950），男，苗族，1935年11月生（一说1936年10月生），湖南省凤凰县柳薄乡米坨村人。2011年6月，苗医药（癫痫症疗法）被列入第二批国家级非物质文化遗产扩展项目名录传统医药类，项目编号Ⅸ-15。2012年12月，龙玉年入选为第四批国家级非物质文化遗产项目代表性传承人，湖南省凤凰县申报。龙玉年是龙家医疗技艺第十三代传人。龙玉年13岁起跟随父亲学医。1953—1962年在乡和公社卫生院当苗医，1962年后因公社体制调整，自己独立行医至今。龙玉年治疗疾病有自己的独到之处，对症下药，方法多样。分药物治疗法、推拿疗法、火针疗法、针挑疗法、巫医疗法等。其药方配伍，以手抓确定剂量，治同样的病，视年龄、体量、性别适可而止。其中以癫痫症的治疗最为独特，以猪心和十几味苗山特有草药为主，内服外敷，疗效显著。龙玉年收徒授业20余人，包括其两个弟弟龙玉昌、龙玉山。龙玉山曾任凤凰县中医院院长。龙玉年之子龙绍文在他的教导之下，深得真传，成为很有苗族医技实力的传承人。

云南

Ⅸ-19 彝医药（彝医水膏药疗法）

余惠祥

（编号：04-1953），男，汉族，1952年10月生，云南省楚雄彝族自治州人。2011年6月，彝医药（彝医水膏药疗法）被列入第三批国家级非物质文化遗产名录传统医药类，项目编号Ⅸ-19。2012年12月，余惠祥入选为第四批国家级非物质文化遗产项目代表性传承人，云南省楚雄彝族自治州申报。余惠祥1968年跟师学习中医、彝族医药；先后师从徐天鹤、李金斗、鹤先启等老彝族医生，系统地掌握了彝医水膏药疗法等传统技艺。1971—1979年在合作医疗站从事中医药、彝族医药工作，之后一直从事彝族医药的研究工作，参与了多项彝族医药研究项目，参加编写了三部彝族医药专著。2005年至今任楚雄州中医院彝族医药研究科主任、楚雄州彝族医药研究所副所长。传承徒弟杨国卉、何春荣、刘本玺、余秋红等四人，传授了彝族医药水膏药疗法何彝族药物的识别、采集、加工和栽培技术。传承谱系清楚，为弘扬传承该项目作出了重要贡献。

西藏

Ⅸ-9 藏医药（藏药炮制技艺）

占堆

（编号：04-1947），男，藏族，1946年5月生，西藏自治区日喀则人，现居拉萨市。2008年6月，藏医药（藏药炮制技艺）被列入第一批国家级非物质文化遗产扩展项目名录传统医药类，项目编号Ⅸ-9。2012年12月，占堆入选为第四批国家级非物质文化遗产项目代表性传承人，西藏自治区藏医院申报。占堆是中国西藏藏医药学会会长，著名藏医药专家，西藏自治区藏医院院长兼副书记。占堆出身于藏医家庭，祖父是后藏地区唯一擅长利用针拨术治疗白内障的民间藏医，后将医术传于两个儿子。占堆8岁起在老家日喀则随叔父学习藏医，12岁时，随调入"门孜康"任教的叔父来到拉萨，进入当时西藏的最高医学学府"门孜康"继续学习藏医。1959年毕业于门孜康医算院。占堆以藏医药文献整理研究、藏药新药开发与疑难病症的临床治疗研究为主要工作方向，开展了大量的藏医药医疗、科研与教学工作。编辑编著出版了《中华本草·藏药卷》、《西藏藏医药》等专著，其中《中华本草·藏药卷》获2004年中华中医药学会科技学术著作二等奖。主持多项有关藏医药开发和研究的国家级课题。

宁夏

Ⅸ-17回族医药（张氏回医正骨疗法）

张宝玉

（编号：04-1951），男，回族，1946年9月生，宁夏回族自治区吴忠市人。2008年6月，回族医药（张氏回医正骨疗法）被列入第二批国家级非物质文化遗产名录传统医药类，项目编号Ⅸ-17。2012年12月，张宝玉入选为第四批国家级非物质文化遗产项目代表性传承人，宁夏回族自治区吴忠市申报。张氏回医正骨创始人张华坤是清代大阿訇，熟知回族民间医药，传子张成仁，张宝玉16岁跟从父亲学习，是张氏回医正骨第三代传人，并将真正发展壮大。张宝玉形成了一整套治疗方法，提出了治疗骨折

采用"手法接骨个性化，手法复位和回族药物相结合，固定与功能锻炼相结合"的诊疗理论和方法；研制出骨伤外用膏"活血化瘀回药膏"、"接骨续筋回药膏"，用于临床，对促进骨折愈合、消肿止痛有良好效果。发扬光大"四效"（简、便、验、廉）、"三不"（不开刀、不打石膏、不用金属物穿刺牵引）、"三术"（手法复位术、小夹板外固定术、祖传秘方回药膏外敷术）的回族骨伤医学特色疗法。1986年在吴忠创建张宝玉回医正骨医院；2003年在银川创建张宝玉传统回医骨伤专科医院。张宝玉的3个儿子张金东、张金海、张金垒都已继承祖业，成了张氏回医正骨的第四代传人。2013年，张宝玉获"第二届中华非物质文化遗产传承人薪传奖"。

Ⅸ-17回族医药（回族汤瓶八诊疗法）

杨华祥

（编号：04-1952），又名穆罕默德尤素福，男，回族，1952年8月生，宁夏回族自治区银川市人。2008年6月，回族医药（回族汤瓶八诊疗法）被列入第二批国家级非物质文化遗产名录传统医药类，项目编号Ⅸ-17。2012年12月，杨华祥入选为第四批国家级非物质文化遗产项目代表性传承人，宁夏回族自治区银川市申报。杨华祥出身于中医武术世家，其祖父杨明公精通医道，教门颇深，对中国古代的易学和内经学潜心研究，掌握内病外治疗法，结合临床实践完善了汤瓶八诊，包括头、面、耳、手、脚、骨、脉、气等八种诊疗方法。第六代传人为杨耀钧，1970年，随第七代传人杨华祥支边迁居宁夏，晚年协同杨华祥在宁夏对汤瓶八诊进行了系统整理。杨华祥1987年成立"伊斯兰医疗康复中心"，将"汤瓶八诊"正式推向临床，这也是杨氏家族将其祖传技艺首次推向大众。目前，汤瓶功第七代传人杨华祥正致力于汤瓶功资料的进一步挖掘和整理，注册了"汤瓶八诊"商标，并

申报了技术专利。并开办了宁夏唐平八珍康复理疗国际连锁机构，在酿下医科大学开设了"汤瓶八诊"培训学院，为传承和保护"回族汤瓶八诊疗法"培养了大批人才。

新疆

Ⅸ-21 维吾尔医药（木尼孜其·木斯力汤药制作技艺）

阿布都吾布尔·阿吉

（编号：04-1954），男，维吾尔族，1941年10月生，新疆维吾尔自治区和田地区人。2011年6月，维吾尔医药（木尼孜其·木斯力汤药制作技艺）被列入第三批国家级非物质文化遗产名录传统医药类，项目编号Ⅸ-21。2012年12月，阿布都吾布尔·阿吉入选为第四批国家级非物质文化遗产项目代表性传承人，新疆维吾尔自治区和田地区申报。

Ⅸ-21 维吾尔医药（维药传统炮制技艺）

艾比不拉·玉素甫

（编号：04-1955)，男，维吾尔族，1942年3月生，新疆维吾尔自治区人。2011年6月，维吾尔医药（维药传统炮制技艺）被列入第三批国家级非物质文化遗产名录传统医药类，项目编号Ⅸ-21。2012年12月，艾比不拉·玉素甫入选为第四批国家级非物质文化遗产项目代表性传承人，维吾尔医学高等专科学校申报。

民　俗

第二批国家级非物质文化遗产项目代表性传承人

广东

Ⅹ-14 瑶族盘王节

盘良安

男，瑶族，1936 年生，广东省乳源县必背镇桂坑尾村人。2006 年 5 月，瑶族盘王节被列入第一批国家级非物质文化遗产名录民俗类，项目编号 Ⅹ-14。2008 年 2 月，盘良安入选为第二批国家级非物质文化遗产项目代表性传承人，广东省韶关市申报。其 9 岁开始拜师学艺，师从盘才良；13 岁时随师父赵良顺学习祭祀礼仪，14 岁时成为师父的助手，并负责师男的唱跳；20 岁可以独立主持各种法事仪式，如：度身、拜盘王、祭祖等活动，是"拜盘王"仪式第十二代传人。他熟悉瑶族盘王节的传说、仪式过程，而盘王节集中体现了瑶族饮食、工艺、服饰、信仰等传统文化，可以说盘良安是瑶族传统文化的掌握者。其已从事"拜盘王"活动六十余年，是目前必背镇唯一能够全面掌握主持"拜盘王"仪式的总师爷。按照拜盘王仪式的规定，学习主持这一仪式的人只有经过挂灯（瑶族的成年礼仪）、度身等礼仪后才能传授。目前盘良安打破了这一传承模式，把拜盘王仪式技艺分成几个小段，排练出适合各种场合进行展示的仪式，传授给年轻弟子。如今，能够跟随他进行技艺展示的弟子已有几十个了。

Ⅹ-45 瑶族耍歌堂

唐买社公

男，瑶族，1943 年生，广东省连南瑶族自治县三排镇油岭村人。2006 年 5 月，瑶族耍歌堂被列入第一批国家级非物质文化遗产名录民俗类，项目编号 Ⅹ-45。2008 年 2 月，唐买社公入选为第二批国家级非物质文化遗产项目代表性传承人，广东省清远市申报。唐买社公 5 岁开始学唱瑶歌，11 岁时基本掌握了排瑶山歌的分类，能跳好 9 套 36 节的长鼓舞。13 岁时，他成为几百人露天耍歌堂时最小的长鼓舞鼓手。他不仅熟唱各种瑶歌，而且唱得各有特色，不同场合有不同的表现与感染力，可以热力四射，也能和风细雨，对歌更是声若洪钟、余音缭绕，而且他还能自创一格，即兴吟唱和把酒对歌，被称为"歌王"。其子女和孙女一家三代都能言传瑶歌。目前在家乡油岭小学开办学习班，传授瑶族的人文、地理、历史、文化，教大家学唱历史来源歌、优嗬歌、生产劳动歌、风俗歌、情歌等。2013 年，获"第二届中华非物质文化遗产传承人薪传奖"。

广西

Ⅹ-46 壮族歌圩

刘正城

男，壮族，广西人，广西壮族自治区南宁市新江镇团阳村人。2006 年 5 月，壮族歌圩被列入第一批国家级非物质文化遗产名录民俗类，项目编号 Ⅹ-46。2008 年 2 月，刘正城入选为第二批国家级非物质文化遗产项目代表性传承人，由广西壮族自治区南宁市申报。刘正城自幼在家乡受到当地老一辈歌手的熏陶感染，15 岁起师从刘炳中，并在歌圩实地学习，20岁当歌师。以山歌表现手法娴熟、触景生情、即席而歌见长，精通嘹啰山歌表演技艺，如今已自成理论体系，被自治区文化厅授予广西"十大歌手"称号。代表作为《哼嘹啰》。2005年后，南宁城区文化馆多次深入新江镇团阳村普查挖掘壮族嘹啰山歌，对刘正城进行辅导，使其表演技艺更上一层楼。目前，刘正城积极协助城区文化馆开展非物质文化遗产保护传承工作，培养了刘建满、刘凤英等两位传人，他们已可以登台表演。

云南

X -27 傈僳族刀杆节

李学强

男，傈僳族，1959年生，怒江傈僳族自治州泸水县鲁掌镇三岔河村人。2006年5月，傈僳族刀杆节被列入第一批国家级非物质文化遗产名录民俗类，项目编号X -27。2008年2月，李学强入选为第二批国家级非物质文化遗产项目代表性传承人，云南省泸水县申报。李学强自幼喜爱文艺表演，常跟祖父参加各种文娱活动，对傈僳族风俗和传统文化了解比较全面，能盖新房、搬迁、下种、婚丧等择吉日和演唱傈僳族民歌。但他15岁时，爷爷即去世，他也还没有学会"上刀山、下火海"。这项技艺"只传孙不传子，只传男不传女，传子就学不会"。16岁，祖父"托梦"给他，告诉他要将"上刀山、下火海"学会。梦醒后，李学强举止怪异，通过"开香路"（即通过"尼扒"——傈僳族通鬼神之人，举行仪式）后，他即会这项技艺。目前他完全掌握了这项绝技的全套程序、要领和仪式，能赤足在锋利的钢刀上做倒立、旋转等各种高难度动作；赤足踩踏淹过脚背的火焰，并能用舌头舔烧红的链子和犁头。1999年，泸水县泸峰民族民间艺术团成立，他加入了艺术团专门从事此项绝技表演。这项绝技目前尚无传人。

除李学强外，胡学忠也是"上刀山、下火海"绝技的传人。他是李学强的表弟，也自称是祖父在梦中传给他的。

X -41 白族绕三灵

赵丕鼎

男，白族，1942年生，云南省大理白族自治州大理市喜洲镇作邑村人。2006年5月，白族绕三灵被列入第一批国家级非物质文化遗产名录民俗类，项目编号X -41。2008年2月，赵丕鼎入选为第二批国家级非物质文化遗产项目代表性传承人，云南省大理白族自治州申报。赵丕鼎生于白族民间艺人世家，曾祖父、祖父、父亲都是白族民间大本曲表演艺人，从小耳濡目染，对白族民间文化艺术产生了极大兴趣，他对大本曲中的"三腔"、"九板"、"十八调"烂熟于心，又集众家之长，把南腔、北腔的特点融会贯通，灵活运用于不同唱本及人物表现之中。演唱吐字清楚，唱腔圆润，能一人多角，变换声腔，富于表现。白族大本曲演唱艺术是白族绕三灵民俗活动的组成部分，因而他对绕三灵民俗活动的历史渊源、民间传说也颇为了解，熟练掌握绕三灵民俗活动各种祭祀、礼仪、表演等，是白族民间传统文化的领头人。现赵丕鼎收集整理的传统本子曲有八十多本，改编和新创作本子曲近100个，整理出版了《辽东记》、《梁祝配》、《蝴蝶泉》传统本子曲三部，出版MTV专辑两部，培养了大批大本曲传承人，其中二女儿赵冬梅比较出色。

第三批国家级非物质文化遗产项目代表性传承人

河北

X -54 民间社火（桃林坪花脸社火）

赵喜文

（编号：03-1471），男，汉族，1935年1月生，河北省井陉县小作镇桃林坪村人。2008年6月，民间社火（桃林坪花脸社火）被列入第一批国家级非物质文化遗产扩展项目名录民俗类，项目编号X -54。2009年6月，赵喜文入选为第三批国家级非物质文化遗产项目代表性传承人，河北省井陉县申报。赵喜文的曾祖父、祖父、二爷爷、大叔、父亲都是水平较高的武术老师。在这样的家庭的氛围熏陶下，赵喜文自幼爱好文艺武术，成为花脸社火必不可少的头会。从25岁至今一直在本村社火武会担任领队、教练，是桃林花脸社火的第五代传人。赵喜文在社火表演中饰刘备，持双剑，主要出演三国故事"三英战吕布"一出。他还得祖上多名艺人真传，学习并掌握了画脸谱技艺，可配制花脸的颜色，并在出汗时不混稀，颜色鲜亮动人。掌握了"跑阵"阵法，在社火表演前队员在令旗师傅带领下穿插奔跑各种阵法，场面壮观。他曾任村花脸社火的武术师傅、画脸师傅、令旗师傅兼领队。赵喜文收桃林坪村的何素庭做关门弟子，传其桃林坪花脸社火画脸颜料的秘方，使其成为桃林坪花脸社火下一代传承人。

X -81 灯会（苇子灯阵）

蔺文艺

（编号：03-1474），男，汉族，1948年生，河北省邯郸市义井镇人。2008年6月，灯会（苇子灯阵）被列入第二批国家级非物质文化遗产名录民俗类，项目编号X -81。2009年6月，蔺文艺入选为第三批国家级非物质文化遗产项目代表性传承人，河北省邯郸市申报。蔺文艺从9岁开始学艺，每年元宵节负责指挥苇子灯阵表演。其擅长的灯阵有"四马投堂"、"八马套九星"等，可以分四套表演完成。他至今仍在组织苇子灯阵活动。由于当地青年人外出打工，传承困难。

X -87 抬阁（芯子、铁枝、飘色）（隆尧县泽畔抬阁）

赵云山

（编号：03-1478），男，汉族，河北省隆尧县人。2008年6月，抬阁（芯子、铁枝、飘色）（隆尧县泽畔抬阁）被列入第二批国家级非物质文化遗产名录民俗类，项目编号X -87。2009年6月，赵云山入选为第三批国家级非物质文化遗产项目代表性传承人，河北省隆尧县申报。赵云山为隆尧县泽畔抬阁第二十一代传人。自20世纪80年代以来，多次组织泽畔抬阁参加市、县演出活动。他对于宣传传承、弘扬畔抬阁起到了承上启下的作用。

山西

X -54 民间社火

杜同海

（编号：03-1470），男，汉族，1938年9月生，山西省潞城市翟店镇贾村人。2006年5月，民间社火被列入第一批国家级非物质文化遗产名录民俗类，项目编号X -54。2009年6月，杜同海入选为第三批国家级非物质文化遗产项目代表性传承人，山西省潞城市申报。贾村民间赛社是民间社会的缩影，明万历二年"迎神赛社理解传薄四十曲宫调"手抄本（原南贾村赛社用本）已有400多年历史，清中叶至民国是赛社兴盛时期。杜同海自幼耳濡目染，深受民间社会魅力的吸引，10多岁就开始民间社火表演，成年后热衷于民间社火的发掘、整理和研究。经过几十年的努力，杜同海形成了一整套民间社火资料，掌握了民俗文化活动表演艺术、传统知识和技能，保存了大量与之相关的工具、实物、服饰、道具、手工制品，收藏有大量民间社火资料。将《迎神赛社礼节传簿四十宫调》翻译成现代文字和简谱，并在1997年和2006年，两次把赛社文化完全复原。其编撰的《迎神赛社总选》也已经完稿。

江苏

X -50 秦淮灯会

陆有昌

（编号：03-1466），男，汉族，1944年1月生，江苏省南京市人。2006年5月，秦淮灯会被列入第一批国家级非物质文化遗产名录民俗类，项目编号X -50。2009年6月，陆有昌入选为第三批国家级非物质文化遗产项目代表性传承人，江苏省南京市申报。秦淮灯彩的制作技艺以家庭传承为主，"陆氏灯彩"便是秦淮灯彩传承家庭之一，是一个灯彩世家，陆有昌自幼受到家庭的熏陶，10岁起跟随父亲学扎花灯。从祖父陆世荣、父亲陆开明，到陆有昌和其兄陆有文这一辈已传了三代。其擅长扎制荷花灯、飞机灯等十多种传统的秦淮灯彩。2006年扎制的莲花灯入选国家特种纪念邮票；2010年扎制的荷花灯被送至上海世博会江苏馆。2001年，陆有昌与其兄一起开办了江南龙灯厂。代表作品："荷花灯"、"飞机灯"、"九龙照壁灯组"、"麒麟送子灯"等。陆有昌未正式收徒，但是跟他一起工作的工人，已经能够独立操作制作花灯。

顾业亮

（编号：03-1467），男，汉族，1962年生，江苏省南京市人。2006年5月，秦淮灯会被列入第一批国家级非物质文化遗产名录民俗类，项目编号X -50。2009年6月，顾业亮入选为第三批国家级非物质文化遗产项目代表性传承人，江苏省南京市申报。顾家是灯彩世家，顾业亮自幼受家庭熏陶，耳濡目染，8岁学扎灯，18岁时拜著名的灯彩老艺人李桂生为师。所扎制的花灯"仙鹤"、"双龙戏珠"分别在秦淮工艺灯彩协会作品展上获一等奖。1993年，他在南京承包了夫子庙工艺彩灯厂，与同事们共同策划了2001年以来多次的金陵大型灯展，参与设计了"魁星点斗"、"招财进宝"、"喜临门"等极具艺术影响力的现代灯彩作品。其中"雄师恭迎盛世年华"、"秦淮画舫"彩灯花车在南京国际梅花节上获创作一等奖，"金龙戏珠"获第六届中国艺术节优秀奖。2003年被联合国技术信息促进系统中国国家分部南京中心评为"国际工艺美术大师"。顾业亮开设花灯工作室，授徒多人，已有崭露头角者。还到校园，开设"秦淮灯彩课"，普及彩灯知识。

浙江

X -87 抬阁（芯子、铁枝、飘色）（浦江迎会）

张根志

（编号：03-1479），男，汉族，1942 年生，浙江省浦江县前吴乡寿溪村人。2008 年 6 月，抬阁（芯子、铁枝、飘色）（浦江迎会）被列入第二批国家级非物质文化遗产名录民俗类，项目编号 X -87。2009 年 6 月，张根志入选为第三批国家级非物质文化遗产项目代表性传承人，浙江省浦江县申报。张根志自幼喜爱文艺，1994 年，在妻子的支持下，张根志恢复了有百年历史，但在 20 世纪 60 年代就已绝演的寿溪村叠罗汉表演队。并将寿溪村叠罗汉与浦江迎会抬阁表演结合，形成了由 18 名小演员组成的大型会桌"蟠桃盛会"。其气势磅礴恢宏，是中国迎会史上的首创，《中国文化报》将其誉为"中国第一会桌"。2001 年，"蟠桃盛会"赴杭州参加第五届中国国际民间艺术节开幕式，获得最佳表演奖。2006 年"八仙赴盛会"获"鼎龙杯"中国飘色艺术大会演银奖。

安徽

X -81 灯会 （肥东洋蛇灯）

邵传富

（编号：03-1475），男，汉族，1946 年 2 月生，安徽省肥东县解集乡大邵村人。2008 年 6 月，灯会（肥东洋蛇灯）被列入第二批国家级非物质文化遗产名录民俗类，项目编号 X -81。2009 年 6 月，邵传富入选为第三批国家级非物质文化遗产项目代表性传承人，安徽省肥东县申报。洋蛇灯传自明代，其工艺独特，与其他形式的扎灯方法迥然不同，全凭老扎灯艺人的经验，一般在家族内传承，且传男不传女，并凭悟性和长期实践的体会及感觉学习，该工艺传承难以言表和形成文字。1970 年，邵传富被洋蛇灯第九代传人邵华德看中，成了第十代传人。现邵传富掌握着编扎洋蛇灯技术及玩灯的各项艺术，组织洋蛇灯参加了 1984 年合肥市庐州灯会、1992 年省七运会开幕式演出、1993 年中国相声节开幕式演出、2004 年省暨合肥市"万众欢腾闹元宵"大型踩街等活动。邵传富教其二儿子邵华勇学艺，主攻舞蛇头。

X -87 抬阁（芯子、铁枝、飘色）（肘阁抬阁）

刘文昌

（编号：03-1480），男，汉族，1951 年 8 月生，安徽省临泉县杨桥镇人。2008 年 6 月，抬阁（芯子、铁枝、飘色）（肘阁抬阁）被列入第二批国家级非物质文化遗产名录民俗类，项目编号 X -87。2009 年 6 月，刘文昌入选为第三批国家级非物质文化遗产项目代表性传承人，安徽省临泉县申报。刘文昌自 4 岁起，便随其叔父参加抬阁班演出，扮演孙悟空和"水浒"等戏剧中的人物。他年轻时，每逢抬阁班演出活动，他都参加，成了抬阁班正式的成员，目前是肘阁抬阁第五代传人。刘文昌熟悉抬阁的扎彩、绑架等内容，他扎彩技艺非凡，花果虫鱼栩栩如生；绑架功夫精湛；同时他也亲身参与抬阁演出，并在传统表演的基础上对抬阁进行了创新，增加笙和唢呐，表现出喜悦欢腾的气氛。代表剧目有《刘海戏蟾》、《刘全进瓜》、《三国》、《困同台》、《吴凤岭》、《戏牡丹》等。刘文昌培养众多抬阁新人，而且杨桥镇成立了"肘阁、抬阁"非物质文化遗产保护领导小组，并拨付资金建立了"肘阁、抬阁"非物质文化遗产展示馆，建立传习基地，请刘文昌等进行实地讲解和理论授课。

福建

X -87 抬阁（芯子、铁枝、飘色）（福鼎沙埕铁枝）

刘端富

（编号：03-1484），男，汉族，福建省福鼎市沙埕镇人。2008 年 6 月，抬阁（芯子、铁枝、飘色）（福鼎沙埕铁枝）被列入第二批国家级非物质文化遗产名录民俗类，项目编号 X -87。2009 年 6 月，刘端富入选为第三批国家级非物质文化遗产项目代表性传承人，福建省福鼎市申报。沙埕铁枝于每年的正月十三日至十五日举行这一传统节俗活动。传承者多为刘氏族人，传至刘端富为第五代。刘端富完成过的作品主要有"红楼梦"、"十二金钗"、"真假美猴王"、"七仙女"、"牛郎织女"、"嫦娥奔月"、"妈祖巡境"、"宝莲灯"、"八仙过海"、"和谐发展"等。

广东

X -87 抬阁（芯子、铁枝、飘色）（吴川飘色）

黎明

（编号：03-1485），男，汉族，1931 年生，广东省吴川市人。2008 年 6 月，抬阁（芯子、铁枝、飘色）（吴川飘色）被列入第二批国家级非物质文化遗产名录民俗类，项目编号 X -87。2009 年 6 月，黎明入选为第三批国家级非物质文化遗产项目代表性传承人，广东省吴川市申报。 1981 年飘色创始人陈趣珩的儿子——陈寿全师傅到村里协助制作飘色。黎明在这一年开始真正接触飘色，从此开始潜心研究飘色，掌握了整套制作技艺，设计飘色达 36 板之多。从 1982 年开始自行设计制作飘色。现在的飘色，经由一板飘色过渡到一屏一飘，发展到现在的一屏 13 飘，甚至多屏多飘。代表作有"六国封相"和"八仙过海"。黎明从 2008 年开始便举行飘色培训班一直持续到现在，培训了一批飘色人才。

X -87 抬阁（芯子、铁枝、飘色）（河田高景）

彭娘耀

（编号：03-1486），男，汉族，1928 年生，广东省陆河县河田镇人。2008 年 6 月，抬阁（芯子、铁枝、飘色）（河田高景）被列入第二批国家级非物质文化遗产名录民俗类，项目编号 X -87。2009 年 6 月，彭娘耀入选为第三批国家级非物质文化遗产项目代表性传承人，广东省陆河县申报。彭娘耀 17 岁即师从河田高景第十四代传人彭汉周，开始学习高景制作。他长期从事河田高景的设计、制作和组织排练、表演，经常带队参加当地民俗活动巡游或民间艺术展演，经验丰富。

广西

X -7 京族哈节

罗周文

（编号：03-1464），男，京族，广西壮族自治区东兴市江平镇万尾村人。2006 年 5 月，京族哈节被列入第一批国家级非物质文化遗产名录民俗类，项目编号 X -7。2009 年 6 月，罗周文入选为第三批国家级非物质文化遗产项目代表性传承人，广西壮族自治区东兴市申报。哈节是京族的传统歌节，主要流行于广西的京族居住地区。哈节活动可分为四个程序：首先是迎神，其次是祭神，最后是入席和唱哈。各地都有专门用于哈节活动的建筑物——哈亭，通常由哈亭亭长主持全部活动。罗周文自 1995 年担任万尾村哈亭亭长至今。每年万尾的哈节都由罗周文负责，其稔熟于哈节的民间传说、节日程序、祭祀活动。他还把举办哈节的每一项环节都用文字记录了下来，以便将这一传统节日能够完整地传承、举办下去。目前的传承状况并不乐观，年轻人多不重视传统节日。

重庆

X -51 秀山花灯

石化明

（编号：03-1468），男，苗族，重庆市秀山土家族苗族自治县清溪场镇下街村人。2006 年 5 月，秀山花灯被列入第一批国家级非物质文化遗产名录民俗类，项目编号 X -51。2009 年 6 月，石化明入选为第三批国家级非物质文化遗产项目代表性传承人，重庆市秀山县申报。

彭兴茂

（编号：03-1469），男，土家族，2006 年 5 月生，秀山花灯被列入第一批国家级非物质文化遗产名录民俗类，项目编号 X -51。2009 年 6 月，彭兴茂入选为第三批国家级非物质文化遗产项目代表性传承人，重庆市秀山县申报。

四川

X -82 羌 年

肖永庆

（编号：03-1476），男，羌族，四川省茂县人。2008 年 6 月，羌年被列入第二批国家级非物质文化遗产名录民俗类，项目编号 X -82，2009 年 6 月，肖永庆入选为第三批国家级非物质文化遗产项目代表性传承人，四川省茂县申报。羌年是羌族的新年，于农历十月初一举行，一般为 3 —5 天，过节期间要举行还愿敬神，敬祭天神、山神和地盘业主（寨神）。全寨人要吃团圆饭、喝咂酒、跳萨朗等，整个活动仪式由释比（羌族宗教职业者，主持各类宗教活动，也是羌族最权威的文化人和知识集成者）主持。1974 年，肖永庆跟随父亲学习释比。经过 8 年的学习，他开始成为一个真正的羌族释比。其所会传唱的释比经典，被收录于由 48 位释比参加的 2009 年四川民族出版社出版的《羌族释比经典》。

王治升

（编号：03-1477），男，羌族，1933 年生，四川省汶川县绵虒镇羌锋村人。2008 年 6 月，羌年被列入第二批国家级非物质文化遗产名录民俗类，项目编号 X -82。2009 年 6 月，王治升入选为第三批国家级非物质文化遗产项目代表性传承人，四川省汶川县申报。王治升 12 岁时跟随父亲学习释比唱经，随父亲参加过方圆几十里羌寨的6次祭山会。据他说，他父亲去世时，他只学会了父亲掌握的释比经的八成，也未盖卦（即举行正式成为释比的仪式）。曾经为附近村民主持过一些葬礼、盖房安家仪式、婚丧嫁娶的占卜、医病等。王治升目前是羌族为数不多的释比，其所会传唱的释比经典，被收录于由48位释比参加的2009年四川民族出版社出版的《羌族释比经典》。2011年6月，王治升在汶川县羌锋村成立了释比经典文化学习班并招收了6名学员，在经费不足的情况下，他带领大家自掏腰包添置设备器材，拍摄和录制了大量释比唱经。

Ⅹ-87 抬阁（芯子、铁枝、飘色）（大坝高装）

钟郁文

（编号：03-1481），男，汉族，四川省兴文县大坝镇人。2008年6月，抬阁（芯子、铁枝、飘色）（大坝高装）被列入第二批国家级非物质文化遗产名录民俗类，项目编号Ⅹ-87。2009年6月，钟郁文入选为第三批国家级非物质文化遗产项目代表性传承人，四川省兴文县申报。1986年，钟郁文拜高装师傅陈国英为师，学习了从投庄（搭平台架子）、捆装、扮装到化妆等一整套技艺，特别擅长捆装和扮装。2008年，大坝高装《哈三妹出征》参加广东番禺第七届中国民间艺术节暨"山花奖"中国民间飘色（抬阁）艺术展演与评奖，获"山花奖"银奖。代表剧目有《天仙配》、《西游记》、《水漫金山》等。

除钟郁文外，大坝高装还有老一辈传承人聂泽高，年轻一代的李陶已经成为第十一代传承人。

Ⅹ-87 抬阁（芯子、铁枝、飘色）（青林口高抬戏）

符恒余

（编号：03-1482），男，汉族，四川省江油市青林县口古镇人。2008年6月，抬阁（芯子、铁枝、飘色）（青林口高抬戏）被列入第二批国家级非物质文化遗产名录民俗类，项目编号Ⅹ-87。2009年6月，符恒余入选为第三批国家级非物质文化遗产项目代表性传承人，四川省江油市申报。青林口古镇的高抬戏源于清初，流行于我国岭南闽粤一带，由闽粤地区的移民带入江油，已有340多年历史。

邓均朝

（编号：03-1483），男，汉族，四川省江油市青林县口古镇人。2008年6月，抬阁（芯子、铁枝、飘色）（青林口高抬戏）被列入第二批国家级非物质文化遗产名录民俗类，项目编号Ⅹ-87。2009年6月，邓均朝入选为第三批国家级非物质文化遗产项目代表性传承人，四川省江油市申报。邓均朝1962年跟随青林口高抬戏老艺人聂学铭、王监武学习高抬戏及川剧艺术，一直是青林口业余川剧团台柱，擅长扮演文、武小生。1979年至今组织历届庙会、物资交流会、民族艺术节高抬戏表演，是青林口高抬戏的第八代传人。他的主要工作是负责高抬戏服装、道具的收集整理，以及参与高抬绑扎、演员的着装、化妆。20世纪90年代中期他对高台戏进行了创新，把川剧精华中的变脸、吐火两大绝活儿融入其中。2006年，在广州市番禺区举办的"第八届中国民间文艺山花奖"中国首届民间飘色（抬阁）艺术展演中，青林口高抬戏获第八届中国民间文艺山花奖。代表剧目有《秋江》、《踏伞》、《打雁》、《白蛇传》、《西游记》等。目前尚无传人。

X -104 三汇彩亭会

王安大

（编号：03-1487），男，汉族，四川省渠县三汇镇人。2008 年 6 月，三汇彩亭会被列入第二批国家级非物质文化遗产名录民俗类，项目编号 X -104。2009 年 6 月，王安大入选为第三批国家级非物质文化遗产项目代表性传承人，四川省渠县申报。王安大从小就喜欢扎彩亭，看见长辈们在扎彩亭，他就在一旁细心观察，逐渐成了手艺最全面的一位传承老艺人，目前是三汇彩亭第七代传人。扎亭子的关键技术是秘而不宣的，老一代艺人对项目代表性传承人进行"口传心授"，来保证彩亭艺术的承传与发展。三汇镇政府成立了"三汇彩亭研究会"，作为三汇彩亭会保护与开发利用的专门组织，也得到了渠县政府的财政支持。

贵州

X -70 水书习俗

欧海金

（编号：03-1472），男，水族，贵州省黔南苗族布依族自治州人。2006 年 5 月，水书习俗被列入第一批国家级非物质文化遗产名录民俗类，项目编号 X -70。2009 年 6 月，欧海金入选为第三批国家级非物质文化遗产项目代表性传承人，贵州省黔南苗族布依族自治州申报。

潘老平

（编号：03-1473），男，水族，贵州省黔南苗族布依族自治州人。2006 年 5 月，水书习俗被列入第一批国家级非物质文化遗产名录民俗类，项目编号 X -70。2009 年 6 月，潘老平入选为第三批国家级非物质文化遗产项目代表性传承人，贵州省黔南苗族布依族自治州申报。

云南

X -11 景颇族目瑙纵歌

岳麻通

（编号：03-1465），男，景颇族，云南省德宏傣族景颇族自治州陇川县人。2006 年 5 月，景颇族目瑙纵歌被列入第一批国家级非物质文化遗产名录民俗类，项目编号 X -11。2009 年 6 月，岳麻通入选为第三批国家级非物质文化遗产项目代表性传承人，云南省陇川县申报。

西藏

X -121 藏族天文历算

贡嘎仁增

（编号：03-1488），男，藏族。2008 年 6 月，藏族天文历算被列入第二批国家级非物质文化遗产名录民俗类，项目编号 X -121。2009 年 6 月，贡嘎仁增入选为第三批国家级非物质文化遗产项目代表性传承人，西藏自治区申报。贡嘎仁增 10 岁就在"门孜康"历算院学习，至今编制历书长达六十余年，是目前仅存的几位精通藏历并负责编撰藏历的专家之一。贡嘎仁增等人开始将用原始工具"萨雄"（一种沙盘，为了节省纸张）计算的数据，与计算机计算的数据相对照，大大提高了藏历的准确性。经贡嘎仁增和徒弟们编制的藏历，现在是西藏发行量最大的书籍，是藏地民众在生产和生活中都会翻阅查询的。

第四批国家级非物质文化遗产项目代表性传承人

山西

X -71 元宵节（柳林盘子会）

白有厚

（编号：04-1972），男，汉族，1946年6月生。2008年6月，元宵节（柳林盘子会）被列入第二批国家级非物质文化遗产名录民俗类，项目编号X -71。2012年12月，白有厚入选为第四批国家级非物质文化遗产项目代表性传承人，山西省柳林县申报。

内蒙古

X -34 成吉思汗祭典

王卫东

（编号：04-1961），男，蒙古族，1952年8月生。2006年5月，成吉思汗祭典被列入第一批国家级非物质文化遗产名录民俗类，项目编号X -34。2012年12月，王卫东入选为第四批国家级非物质文化遗产项目代表性传承人，内蒙古自治区鄂尔多斯市申报。

X -108 蒙古族服饰

斯庆巴拉木

（编号：04-1981），女，蒙古族，1941年1月生，内蒙古自治区鄂尔多斯市乌审旗苏力德苏木人。2008年6月，蒙古族服饰被列入第二批国家级非物质文化遗产名录民俗类，项目编号X -108。2012年12月，斯庆巴拉木入选为第四批国家级非物质文化遗产项目代表性传承人，内蒙古自治区申报。斯庆巴拉木的外祖母朝伊吉浩日乐精于制作蒙古族服饰、头饰、绣花、绣靴，并把技艺传给斯庆巴拉木的母亲。在母亲的耳濡目染和言传身教下，斯庆巴拉木8岁开始跟母亲学习蒙古族服装和靴帽的裁剪、衲缝、绣花，以及蒙古族男士配饰和妇女首饰的制作工艺。她缝制的蒙古族服饰全部由她自己设计，具有浓厚的鄂尔多斯地区特色。服装种类繁多，衣配饰丰富，结构复杂，绣花图案包罗万象。1978年起，斯庆巴拉木成立了家庭作坊，除了潜心研究传统鄂尔多斯服饰文化外，还对外承揽业务。她将手艺传授给三个妹妹，均已出徒，成为蒙古服装能手，其家族服装缝制的传承谱系已经延续到第六代。此外，还培养了许多徒弟，其中，奥德恒绍布德、阿拉坦其木格、敖东绍、金鱼、杨咏、杨亮、杨明等已经成为"鄂尔多斯西部蒙古族服饰及制作工艺"新一代传承人。

浙江

X -4 七夕节（石塘七夕习俗）

陈其才

（编号：04-1956），男，汉族，1942年12月生，浙江省温岭市石塘镇人。2011年6月，七夕节（石塘七夕习俗）被列入第二批国家级非物质文化遗产扩展项目名录民俗类，项目编号X -4。2012年12月，陈其才入选为第四批国家级非物质文化遗产项目代表性传承人，浙江省温岭市申报。石塘小人节是分布于温岭石塘镇的石塘、箬山一带，在七夕当日向七娘妈为未满16岁的儿童祈愿的节日。陈其才从小受家庭及周围的影响，迷恋上纸亭、台阁等的制作，帮人制作纸亭、台阁，也帮助乡邻操办七月初七日小人节的仪式。1967 年开始，在自己家扎制纸亭、纸轿、花圈，熟练掌握纸亭、纸轿等的制作技术。他对石塘小人节的全套礼仪程序比较熟练，经常帮助乡邻操办过节事项，也组织东海村天后宫的寿诞仪式等，在当地具有一定的影响。他提供的纸亭参加过温岭市的工艺美术展览，有两个纸亭被市文物办收藏。1997 年 6 月，他开始担任石塘镇的业余文保员，负责对文保单位"东海天后宫"的日常看护工作。此间的每年元宵都要扎制台阁；每年的农历六月都要扎制纸亭、纸轿等，供小人节所用。

Ⅹ -84 庙会（张山寨七七会）

胡文相

（编号：04-1974），男，汉族，1931 年 6 月生，浙江省缙云县胡源乡胡村人。2011 年 6 月，庙会（张山寨七七会）被列入第二批国家级非物质文化遗产扩展项目名录民俗类，项目编号 Ⅹ -84。2012 年 12 月，胡文相入选为第四批国家级非物质文化遗产项目代表性传承人，浙江省缙云县申报。胡文相为胡村第四代张山寨七七会首事。

安徽

Ⅹ -119 珠算（程大位珠算法）

汪素秋

（编号：04-1985），女，汉族，1979 年 10 月生，安徽省黄山市人。2008 年 6 月，珠算（程大位珠算法）被列入第二批国家级非物质文化

遗产名录民俗类，项目编号 Ⅹ -119。2012 年 12 月，汪素秋入选为第四批国家级非物质文化遗产项目代表性传承人，安徽省黄山市申报。汪素秋从小喜欢珠算，并得到外公的悉心指教，同时参加学校的珠算兴趣班，掌握了正宗的程大位珠算法。1998 年毕业于安徽省师范学校，入黄山市屯溪区大位小学任数学、珠心算和科普教学工作。到目前为止，经她教授珠心算的学生有近千人。她多次组织学生为海内外嘉宾做珠心算表演，接受中央电视台《大风车》栏目、安徽省电视台《徽州寻梦》栏目组等新闻媒体采访拍摄；论文《将珠心算融入低年级数学教学中》在安徽省珠心算经验交流会上发言交流；2009 年组织选手参加安徽省第十二届少儿珠心算比赛获少儿组团体一等奖，并被评为省优秀珠心算教练。2009 年指导学生在全国珠算选拔赛中荣获团体二等奖，指导的选手程光旭被省珠协选中并代表安徽省参加全国珠心算比赛。

福建

Ⅹ -36 妈祖祭典

林金榜

（编号：04-1962），男，汉族，1949 年 3 月生，福建省莆田市湄洲岛人。2006 年 5 月，妈祖祭典被列入第一批国家级非物质文化遗产名录民俗类，项目编号 Ⅹ -36。2012 年 12 月，林金榜入选为第四批国家级非物质文化遗产项目代表性传承人，福建省莆田市申报。1997 年 9 月，湄洲妈祖庙董事长举行换届选举，林金榜当选为董事长，自此连任四届湄洲妈祖庙董事长，卓有成效地管理湄洲妈祖庙。他认真揣摩自清代以来司祭的历史沿革及其文化内涵，自 1997 年始，在每年"祈年典礼"、"妈祖庙会"、

"海峡论坛"、"中国·湄洲妈祖文化旅游节"等重大节庆中，均担任主祭角色，并组织民俗专家对祭典乐舞进行改造完善，整个祭拜过程沿袭古制、凸显民俗，不断丰富，日臻完善，在海内外享有盛誉。

广西

X-14 瑶族盘王节

赵有福

（编号：04-1959），男，瑶族，1946年8月生。2006年5月，瑶族盘王节被列入第一批国家级非物质文化遗产名录民俗类，项目编号X-14。2012年12月，赵有福入选为第四批国家级非物质文化遗产项目代表性传承人，广西壮族自治区贺州市申报。

X-17 毛南族肥套

谭三岗

（编号：04-1960），男，毛南族，1959年10月生。2006年5月，毛南族肥套被列入第一批国家级非物质文化遗产名录民俗类，项目编号X-17。2012年12月，谭三岗入选为第四批国家级非物质文化遗产项目代表性传承人，广壮族自治区环江毛南族自治县申报。

X-47 苗族系列坡会群

梁炳光

（编号：04-1965），男，苗族，1941年4月生，广西壮族自治区融水苗族自治县安陲乡乌吉村人。2006年5月，苗族系列坡会群被列入第一批国家级非物质文化遗产名录民俗类，项目编号X-47。2012年12月，梁炳光入选为第四批国家级非物质文化遗产项目代表性传承人，广西壮族自治区融水苗族自治县申报。苗族系列坡会群，农历正月初三日至十七日广西壮族自治区融水县各乡镇村屯的民间节日活动，体现在歌、舞、乐等苗族传统文化形态。梁炳光年少时通过自学，习得一身精湛的芦笙制作技艺，制作的芦笙质地好，声音洪亮，深受广大苗族同胞的青睐。此外，他还善吹苗族几十种芦笙曲调，会跳各种民间芦笙舞。2008年，为庆祝北京奥运会开幕，梁炳光专门制作了一把高10.5米、底座宽2.95米、重219.5公斤的"芦笙王"。据他说到现在所制作的芦笙已有1万多把。如今，他仍然在从事芦笙制作，并不断改进技术，并带出了大批徒弟。融水县大部分芦笙制作师傅，都是其传人。

湖北

X-84 庙会（当阳关陵庙会）

关章训

（编号：04-1975），男，汉族，1941年1月生。2011年6月，庙会（当阳关陵庙会）被列入第二批国家级非物质文化遗产扩展项目名录民俗类，项目编号X-84。2012年12月，关章训入选为第四批国家级非物质文化遗产项目代表性传承人，湖北省当阳市申报。

湖南

X-69 女书习俗

何静华

（编号：04-1971），女，汉族，1934年10月生，湖南省江永县允山镇人。2006年5月，女书习俗被列入第一批国家级非物质文化遗产名录民俗类，项目编号X-69。2012年12月，何静华入选为第四批国家级非物质文化遗产项目代表性传承人，湖南省江永县申报。何静华从小受到母亲等老辈们唱写女书影响，耳濡目染地接触到女书。14岁时，已会唱女书歌40多首，能认写常用女书500多字。1996年，丧子之痛触发了何静华用女书来倾诉悲伤，她用女书写成《静华写书在扇上》以慰藉心灵之痛。从那以后，何静华开始重新研习女书，抄写女书原件唱本160多本，创作了《何氏修书诉可怜》、《静华思逝儿》、《十念亲娘》、《十教儿女》等50多部女书作品。致力于女书的研究、传承和教学，挖掘女书内涵。她曾在自己家里办起"静华女书院"，为爱好女书的当地妇女讲授女书，集女书教学、女书字画和工艺品展销于一体。前来参观的人络绎不绝，也有26人来女书院学习女书。

X-87 抬阁（长乐抬阁故事会）

陈范兴

（编号：04-1976），男，汉族，1952年8月生，湖南省汨罗市长乐镇人。2011年6月，抬阁（长乐抬阁故事会）被列入第二批国家级非物质文化遗产扩展项目名录民俗类，项目编号X-87。2012年12月，陈范兴入选为第四批国家级非物质文化遗产项目代表性传承人，湖南省汨罗市申报。陈范兴不到10岁便学踩高跷，能在4米的高跷上徒手行走，做出扭、跳、弯腰、后仰等各种惊险动作。1965年，师从民间艺人梁作林学习故事小锣鼓套路，掌握了小锣鼓整套击打技艺。1966年，师从民间艺人李宗勉学习扎"地故事"、"地台故事"、"高彩故事"、"高跷故事"等的制作，掌握了各种扎"故事"的技能。全面继承了故事会的各项内容、表现手法和制作技艺。20世纪70年代长乐故事会一度中断。1985年，陈范兴召集镇上的老人恢复了这一传统习俗。陈范兴利用生活中的素材编写创作常乐故事。2006年，陈范兴担任长乐故事会总账，带领长乐故事会参加各种演出。2008年，长乐故事会《大战陆文龙》获得了第七届中国民间艺术节暨"山花奖"中国民间飘色艺术展演银奖。

广东

X-87 抬阁（南朗崖口飘色）

谭浩彬

（编号：04-1977），男，汉族，1945年12月生，广东省中山市南朗镇崖口村人。2008年6月，抬阁（南朗崖口飘色）被列入第二批国家级非物质文化遗产名录民俗类，项目编号X-87。2012年12月，谭浩彬入选为第四批国家级非物质文化遗产项目代表性传承人，广东省中山市申报。谭浩彬从13岁开始就跟随村中的飘色"八音师傅"谭帝春学习飘色伴奏，加入八音锣鼓班"雅歌风"为飘色出巡演奏，精于"八音锣鼓"。自1960年后，谭浩彬开始负责崖口中堡村的飘色出巡活动。他掌握了独特的飘色制作技巧，技术精湛，根据力学原理制作了"秋千色"，极具动感，独树一帜。2000年谭浩彬正式被村民推举负责整个崖口村飘色的组织策划出巡工作，有着村民代表、寺庙管理者和飘色传人的多重身份，具有较强的影响力。谭浩彬一直为崖口飘色，尤其是飘色巡游八音锣鼓班的传承奔波劳碌。

云南

X -10 火把节（彝族火把节）

普顺发

（编号：04-1958），男，彝族，1937 年 11 生，云南省楚雄彝族自治州高峰乡海联村人。2011年 6 月，火把节（彝族火把节）被列入第二批国家级非物质文化遗产扩展项目名录民俗类，项目编号 X -10。2012 年 12 月，普顺发入选为第四批国家级非物质文化遗产项目代表性传承人，云南省楚雄州申报。普顺发出身于毕摩世家，18岁的时候，他开始学习毕摩，随从伯父普茂惠（已故彝族老毕摩）学习彝经和祭祀礼仪。1987 年普茂惠去世后，普顺发成为主祭司，开始主持各种祭祀活动。他和伯父普茂惠一起采用汉字注音的方法整理撰写《毕摩祭祀经》、《火把节祭经》、《丧葬经》共三本草稿五千余字，还与州彝文研究所唐慧臣合写《高峰乡彝族火把节调查报告》一文，刊载在 1994 年《彝族文化》。他主持的彝族火把节祭祀活动，程序严谨，祭祀经典完整。此外，他还能熟练掌握大刀舞的表演技艺，是一个不可多得的民间艺人。

X -65 苗族服饰（昌宁苗族服饰）

陶美元

（编号：04-1970），女，苗族，1965 年 4 月生，云南省昌宁县耈街彝族苗族乡打平村人。2008

年 6 月，苗族服饰（昌宁苗族服饰）被列入第一批国家级非物质文化遗产扩展项目名录民俗类，项目编号 X -65。2012 年 12 月，陶美元入选为第四批国家级非物质文化遗产项目代表性传承人，云南省保山市申报。陶美元自幼跟从祖母和母亲学会了苗族服饰制作，包括麻纺、织布、染色、挑花、刺绣等苗族服饰的全套手工技艺；而且还熟练掌握了苗族服饰文化习俗、历史渊源，将这些内容用苗族服饰小调唱出。陶美元在当地传授苗族服饰制作，已经有 200 多名徒弟，为苗族服饰文化的传承起到了重要作用。

X -87 抬阁（通海高台）

公孙馨

（编号：04-1978），男，汉族，1949 年 10月，云南省通海县四街镇七街村人。2011 年 6 月，抬阁（通海高台）被列入第二批国家级非物质文化遗产扩展项目名录民俗类，项目编号 X -87。2012 年 12 月，公孙馨入选为第四批国家级非物质文化遗产项目代表性传承人，云南省通海县申报。公孙馨 18 岁开始从本村高台老艺人杨绍堂、杨立寿学习高台制作技艺，35 岁开始自己装高台，从篾扎纸裱开始到铁架的安装、独立地创作设计造型，目前是七街高台队唯一掌握全套高台制作手艺的艺人。他制作的高台人物造型、服饰，以及道具、布景等独具匠心，造型美观、生动；制作技艺精良，具有戏剧、舞蹈、杂技、武术等各种艺术特色的综合交融，达到了"神、奇、险、秀"的境界。公孙馨带领着通海高台队伍代表云南省两次赴广州参加了中国民间艺术节暨山花奖中国民间飘色（抬阁）艺术展演与评奖活动，获"第九届中国民间文艺山花奖·民间艺术表演奖（民俗礼仪表演）入围作品奖"和"第七届中国民间艺术暨山花奖中国民间飘色（抬阁）艺术展演银奖"。公孙馨授徒多人，其中有杨丽琼、公孙辉、常金焕、刘开林、赵永乔、沈菊萍等。

陕西

Ⅹ-54 民间社火（陕西省洋县悬台社火）

李俊芳

（编号：04-1967），男，汉族，1929年3月生。2008年6月，民间社火（陕西洋县悬台社火）被列入第一批国家级非物质文化遗产扩展项目名录民俗类，项目编号Ⅹ-54。2012年12月，李俊芳入选为第四批国家级非物质文化遗产项目代表性传承人，陕西省洋县申报。

甘肃

Ⅹ-71 元宵节（永昌县卍字灯俗）

陈永清

（编号：04-1973），男，汉族，1958年2月生，甘肃省永昌县红山窑乡毛卜喇村人。2008年6月，元宵节（永昌县卍字灯俗）被列入第二批国家级非物质文化遗产名录民俗类，项目编号Ⅹ-71。2012年12月，陈永清入选为第四批国家级非物质文化遗产项目代表性传承人，甘肃省永昌县申报。陈永清从1975年起跟随卍字灯会第四代承人李吉海学习永昌卍字灯会技艺，掌握了卍制作技艺，以及卍灯会的展演组织形式等。并于1979年、1991年参与举办卍字灯会，2000年至2011年负责举办卍字灯会8届。陈永清在继承前人灯展制作技艺的基础上，在材料选用、幕布图景内容和表现手法上大胆创新。陈永清的长子陈兴涛跟随他学习永昌卍字灯会的彩灯、图景绘画制作技艺，参与永昌卍字灯会展演活动等已逾10年。目前除了音乐方法还有所欠缺之外，基本掌握了灯会的各项技能。

Ⅹ-114 裕固族服饰

柯璀玲

（编号：04-1984），女，裕固族，1962年1月生，甘肃省肃南裕固族自治县人。2008年6月，裕固族服饰被列入第二批国家级非物质文化遗产名录民俗类，项目编号Ⅹ-114。2012年12月，柯璀玲入选为第四批国家级非物质文化遗产项目代表性传承人，甘肃省肃南裕固族自治县申报。1984年，柯璀玲从西北民族学院美术专业毕业后，调入肃南县文化馆工作。开始收集、整理裕固族文化和各种民间技艺，收集裕固族文物上千件，学习毛编、皮雕、刺绣、织褐衫等各类民间技艺和创作，开发出民族布艺堆绣、民族皮雕皮画、民族服饰、各类民族工艺挂件、绳艺沙画等几十种民族文化作品，有9件作品获省级或国家级奖项。她所经营的公司成为肃南县重要的裕固族服饰传承基地。

Ⅹ-139 婚俗（裕固族传统婚俗）

安福成

（编号：04-1986），男，裕固族，1943年12月生。2011年6月，婚俗（裕固族传统婚俗）被列入第三批国家级非物质文化遗产名录民俗类，项目编号Ⅹ-139。2012年12月，安福成入选为第四批国家级非物质文化遗产项目代表性传承人，甘肃省张掖市申报。

青海

X-43 热贡六月会

当曾本

（编号：04-1963），男，藏族，1970年4月生，青海省同仁县隆务镇四合吉村人。2006年5月，热贡六月会被列入第一批国家级非物质文化遗产名录民俗类，项目编号X-43。2012年12月，当曾本入选为第四批国家级非物质文化遗产项目代表性传承人，青海省同仁县申报。

夏吾才让

（编号：04-1964），男，藏族，1978年2月生，青海省同仁县保安镇浪加村人。2006年5月，热贡六月会被列入第一批国家级非物质文化遗产名录民俗类，项目编号X-43。2012年12月，夏吾才让入选为第四批国家级非物质文化遗产项目代表性传承人，青海省同仁县申报。

X-56 土族婚礼

董思明

（编号：04-1968），男，土族，1963年9月生，青海省互助土族自治县东沟乡大庄村人。2006年5月，土族婚礼被列入第一批国家级非物质文化遗产名录民俗类，项目编号X-56。2012年12月，董思明入选为第四批国家级非物质文化遗产项目代表性传承人，青海省互助土族自治县申报。董思明1983年跟随乔志良学习土族文字。后跟从舅爷——土族婚俗"哇日瓦（主婚人兼媒人）和纳什金（娶亲人），将主婚词和迎亲歌用土文记录下来，闲暇时学习。在28岁时，他主持了第一场土族婚礼。他熟悉土族婚俗，主持多场土族婚礼。他同时也擅长土族歌舞，

对土族问答歌《唐德勒格玛》、《幸木斯里》以及土族叙事诗《拉仁布与吉门索》等非常熟悉。2009年10月，互助县文化局请他帮助筹建"中国土族风情园——彩虹部落"，带领家人和村民向游客展示土族风俗。

X-57 撒拉族婚礼

韩占祥

（编号：04-1969），男，撒拉族，1942年7月生，青海省循化撒拉族自治县街子乡团结村人。2006年5月，撒拉族婚礼被列入第一批国家级非物质文化遗产名录民俗类，项目编号X-57。2012年12月，韩占祥入选为第四批国家级非物质文化遗产项目代表性传承人，青海省循化撒拉族自治县申报。韩占祥毕业于西北民族学院教育系，是撒拉族第二代大学生。从事民族民间文学搜集、整理和研究三十多年，掌握了大量的民俗文化知识。1984—1989年参与编辑了撒拉族民间文学的《故事》、《歌谣》、《谚语》等三套集成，四本资料性极强的原始文学素材。根据各地撒拉族婚礼习俗总结出较为完整和极具代表性的传统婚礼，稔熟于婚礼程序，精于婚礼祝词和《伊秀儿玛秀儿》、《骆驼戏》、《哭嫁歌》等婚礼歌曲的演唱独树一帜，也创作出了许多喜闻乐见的撒拉族文艺作品。2007年2月出版的《中国少数民族古籍总目提要》一书中搜集整理过55万字的撒拉族部分。2004年8月获得文化部民族民间文艺发展中心"特聘民间歌手"称号，并获得国家民族民间文化保护工程领导小组办公室文化部民族民间文艺发展中心颁发的"突出贡献"奖。

X-87 抬阁（湟中县千户营高台）

李富先

（编号：04-1979），男，汉族，1963年3月生。

2008 年 6 月，抬阁（湟中县千户营高台）被列入第二批国家级非物质文化遗产名录民俗类，项目编号 X -87。2012 年 12 月，李富先入选为第四批国家级非物质文化遗产项目代表性传承人，青海省湟中县申报。

X -113 藏族服饰

旦增多杰

（编号: 04-1983），男，藏族，1946 年 11 月生。2008 年 6 月，藏族服饰被列入第二批国家级非物质文化遗产名录民俗类，项目编号 X -113。2012 年 12 月，旦增多杰入选为第四批国家级非物质文化遗产项目代表性传承人，青海省玉树藏族自治州申报。

新疆

X -49 新疆维吾尔族麦西热甫（维吾尔族却日库木麦西热甫）

艾力·依布拉音

（编号: 04-1966），男，维吾尔族，1928 年 4 月生。2008 年 6 月，新疆维吾尔族麦西热甫（维吾尔族却日库木麦西热甫）被列入第一批国家级非物质文化遗产扩展项目名录民俗类，项目编号 X -49。2012 年 12 月，艾力·依布拉音入选为第四批国家级非物质文化遗产项目代表性传承人，新疆维吾尔自治区阿克苏市申报。

X -100 塔吉克族婚俗

艾克木山·马达力汗

（编号: 04-1980），男，塔吉克族，1969 年 9 月生，新疆维吾尔自治区塔什库尔干塔吉克自治县人。2008 年 6 月，塔吉克族婚俗被列入第二批国家级非物质文化遗产名录民俗类，项目编号 X -100。2012 年 12 月，艾克木山·马达力汗入选为第四批国家级非物质文化遗产项目代表性传承人，新疆维吾尔自治区塔什库尔干塔吉克自治县申报。

X -108 蒙古族服饰

米的可

（编号: 04-1982），女，蒙古族，1945 年 9 月生，新疆维吾尔自治区博湖县人。2008 年 6 月，蒙古族服饰被列入第二批国家级非物质文化遗产名录民俗类，项目编号 X -108。2012 年 12 月，米的可入选为第四批国家级非物质文化遗产项目代表性传承人，新疆维吾尔自治区博湖县申报。米的可自小跟随母亲学习刺绣技艺，已有近 50 年的手工刺绣制作经验，其手工刺绣的蒙古包用品、蒙古袍等服饰艺术品深受当地蒙古族民众喜爱，并获得多个奖项。

香港

X -5 中秋节（大坑舞火龙）

陈德辉

（编号: 04-1957），男，汉族，1946 年 12 生，香港人。2011 年 6 月，中秋节（大坑舞火龙）被列入第二批国家级非物质文化遗产扩展项目名录民俗类，项目编号 X -5。2012 年 12 月，陈德辉入选为第四批国家级非物质文化遗产项目代表性传承人，香港特别行政区申报。陈德辉从小就参与舞火龙活动，从 1970 年开始做舞火龙的总指挥。

索　引

D

H

J

J

M

N

O

P

X

Y

Z